1. 本书是教育部人文社会科学重点研究基地华中师范大学中国农村研究院 2016 年基地重大项目" 作为政策和理论依据的深度中国农村调查与研究 "（16JJD810004）的成果之一。

2. 本书是华中师范大学中国农村研究院"2015 版中国农村调查 "的成果之一。

中国农村调查

（总第36卷·家户类第5卷·中等家户第3卷）

徐勇　邓大才　主编

天津出版传媒集团

天津人民出版社

图书在版编目(CIP)数据

中国农村调查. 总第 36 卷, 家户类. 第 5 卷, 中等家户. 第 3 卷 / 徐勇, 邓大才主编. -- 天津 : 天津人民出版社, 2020.5

ISBN 978-7-201-15969-0

Ⅰ. ①中… Ⅱ. ①徐… ②邓… Ⅲ. ①农村调查–研究报告–中国 Ⅳ. ①F32

中国版本图书馆 CIP 数据核字(2020)第 073961 号

中国农村调查(总第 36 卷·家户类第 5 卷·中等家户第 3 卷)

ZHONGGUO NONGCUN DIAOCHA

出　　版	天津人民出版社
出 版 人	刘　庆
地　　址	天津市和平区西康路 35 号康岳大厦
邮政编码	300051
邮购电话	(022)23332469
网　　址	http://www.tjrmcbs.com
电子信箱	reader@tjrmcbs.com

策划编辑	王　玪
责任编辑	王佳欢
装帧设计	汤　磊

印　　刷	北京虎彩文化传播有限公司
经　　销	新华书店
开　　本	787 毫米×1092 毫米　1/16
印　　张	43.5
插　　页	6
字　　数	1000 千字
版次印次	2020 年 5 月第 1 版　2020 年 5 月第 1 次印刷
定　　价	750.00 元

总　序

2015 年是华中师范大学中国农村研究院历史上的关键一年。在这一年,本院不仅成为完全独立建制的研究机构,更重要的是进一步明确了目标,特别是进行了学术整合,构建了一个全新的调查研究计划。这一计划的内容包括多个方面,其中,中国农村调查是基础性工程。从 2015 年开始出版的《中国农村调查》便是其主要成果。

学术研究是一个代际接力、不断提升的过程。农村调查是本院的立院之本、兴院之基。本院的农村调查经历了三个阶段。

第一阶段主要是基于项目调查基础上的个案调查(1985—2005 年)。

20 世纪 80 年代开启的中国改革开放,起始于农村改革。延续二十多年的人民公社体制废除后,农村的生产功能由家庭所承担,社会管理功能则成为一个新的问题。这一问题引起我院学者的关注。1928 年出生的张厚安先生是中国政治学恢复以后较早从事政治学研究的学者之一,他与当时其他政治学学者不同,他比较早地关注农村政治问题,并承担了农村基层政权方面的国家研究课题。与此同时,本校其他学者也承担了有关农村政治研究的课题。1988 年,这些学者建立起以张厚安先生为主任的农村基层政权研究中心,由此形成了一个自由结合的学术共同体。

作为一个学术共同体,农村基层政权研究中心有其研究宗旨和方法。在学术共同体建立之初,张厚安先生就提出了"三个面向,理论务农"的宗旨。"三个面向"是指面向社会、面向基层、面向农村,"理论务农"是指立足于农村改革实践、服务于农村改革实践。这一宗旨对于政治学学者是一个全新的使命。政治学研究政治价值、政治制度与政治行为。传统政治学更多研究的是国家制度和国家统治,以文本为主要研究素材。"三个面向"的宗旨,必然要求方法的改变,这就是进行实地调查。自学术共同体形成开始,实地调查便成为我们的主要研究方法。

自 20 世纪 80 年代中期,以张厚安先生为领头人的学者就开始进行农村调查。最初是走向农村,进行全国性的广泛调查,主要是面上了解。1995 年,在原农村基层政权研究中心的基础上,成立了农村问题研究中心,由张厚安先生担任主任,由 1955 年出生的中年学者徐勇教授担任常务副主任。新中心的研究重点仍然是基层政权与村民自治,但领域有所扩大,并将研究方法凝练为"实际、实证、实验",更加强调"实"。这种务实的方法引起了学术界的关注,并注入国际学术界的一些研究理念和方法。我们的农村调查由面上的了解走向个案调查。当时,年届七旬的张厚安先生亲自带领和参与个案村庄调查,其代表作是《中国农村村级治理——22 个村的调查与比较》。这一项目在全国东、中、西三个地区选择了 6 个重点村和 18 个对照村进行个案调查,参与调查人员数十人,并形成了一个由全国相关人员参与的学术调查研究团队。

第二阶段主要是基于机构调查基础上的全面调查(2005—2015 年)。

1999 年,国家教育部为推动人文社会科学研究,启动了教育部人文社会科学研究重点基地建设。当年,华中师范大学农村问题研究中心更名为"华中师范大学中国农村问题研究中心",由徐勇教授担任主任。2000 年,中心成为首批教育部人文社会科学重点研究基地。在基地成立之前，以张厚安教授为核心的研究人员是一个没有体制性资源保障、纯因个人兴趣而结合的学术共同体，有人坚持下来，也有人离开。成为教育部研究基地以后，中心仍然坚持调查这一基本方法，并试图体制化。其主要进展是在全国选择了二十多家机构作为调研基地，为全国性调查提供相应的保障，并建立相互合作关系。

作为教育部重点基地，中心是一个有一定资源保障的学术共同体，有固定的编制人员，也有固定的项目经费，条件大为改善，但也产生了新的问题。这就是农村调查根据个人承担的研究项目而开展。这不仅会导致研究人员过分关注项目资源分配，更重要的是易造成调查研究的"碎片化"和"片断化"，难以形成整体性和持续性的调查。同时，研究人员也会因为理念和风格不同而产生分歧，造成体制性的学术共同体动荡。为了改变调查研究项目体制引起的"碎片化"倾向，2005 年，徐勇教授重新规划了基地的发展，提出"百村观察计划"，计划在全国选择 100 多个村进行为期 10 年、20 年、30 年以至更长时间的调查和跟踪观察。目标是像建立气象观测点一样，能够及时有效地长期观测农村的基本状况及变化走向。这一计划得到时任华中师范大学社会科学研究处处长石挺先生的鼎力支持。2006 年，计划得以试行，主要由刘金海副教授具体负责。最初的试点调查村只有 6 个，后有所扩展。2008 年，在试点基础上，由邓大才教授主持，全面落实计划，调查团队通过严格的抽样，确定了二百多个村和三千多个农户的调查样本。

"百村观察"是一项大规模和持续性的调查工程，需要更多人的参与。同时它又是一项公共性的基础工程，人们对其认识有所不同。因为它要求改变项目体制造成的调查"碎片化"和研究"个体化"的工作模式，为此，学术共同体再次出现了有人退出、有人坚持、有人加入的变化。

2009 年正式启动的"百村观察计划"，取得了超出预想的成绩：一是从 2009 年开始，我们每年都要对样本村和户进行调查，调查内容和形式逐步完善，并形成相对稳定的调查体系。除了暑假定点调查以外，还扩展到寒假专题调查。每年参与调查的人员达五百人左右，并出版《中国农村调查》等系列著作。二是因为是调查的规模大，可以进行充分的分析，并在此基础上形成调查报告，提供给决策部门，由此也形成了"顶天立地"的理念。"顶天"就是为决策部门服务，"立地"就是立足于实地调查。这一收获，使中心得以在教育部第二次基地评估中成为优秀基地，并于 2010 年更名为华中师范大学中国农村研究院，由徐勇教授担任院长，邓大才教授担任执行院长。三是形成了一支专门的调查队伍并体制化。起初的调查者有相当一部分是没有受到严格专业训练的志愿者。为了提高调查质量，自 2012 年起，研究院将原来分别归于导师名下指导的研究生进行整合，举办"重点基地班"。基地班以提高学生的调查研究能力为导向，实行开放式教学、阶梯性培养、自主性管理，形成社会大生产培养模式，改变了过往一个老师带三五个学生的小作坊培养方式。至此，农村调查完全由受到专门调查和学术训练的人员承担，走向了专业化道路。四是资料数据库得以建立并大大扩展。过往的调查因为是项目式调查，所以资料难以统一保管和使用。2006 年，我们启动了中国农村数据库建设。随着"百村观察计划"的正式实施，大量数据需要录入，并收集到许多第一手资料，资料数据库得以迅速扩展。

第三阶段主要是基于历史使命基础上的深度调查（2015 年至今）。

农村调查的深入和相应工作的扩展，势必与以行政方式组织科研的现行大学体制发生碰撞。但是已经有一个良好开端的调查不可停止。适逢中国的智库建设时机，2015 年，华中师范大学中国农村研究院成为完全独立建制的研究机构,由 1970 年出生的邓大才教授担任行政负责人。

中国农村研究院独立建制,并不是简单地成为一个独立的研究机构,而是克服体制障碍,进一步改变学术"碎片化"倾向,加强整合,提升调查和研究水平,目标是在高等学校中建设适应国家需要的智库。实现这一目标有五大支撑点:一是大学术,通过以政治学为主,多学科参与,协同研究;二是大服务,继续坚持"顶天立地"的宗旨,全面提高服务决策的能力,争取成为有影响力的决策咨询机构;三是大调查,在原有"百村观察计划"的基础上构建内容更加丰富的农村调查体系,争取成为世界农村调查重镇;四是大数据,收集和扩充农村资料和数据,争取拥有最丰富的农村资料数据库;五是大平台,将全校、全省、全国、乃至全球的农村研究学者吸引并参与到农村研究院的工作中来,争取成为世界性的调查研究平台。这显然是一个完全不同于以往的宏大计划,也标志着中国农村研究院的全新起步。

独立建制后的中国农村研究院仍然将农村调查作为自己的基础性工作,且成为体制性保障的工作。除了"百村观察计划"的持续推进以外,我们重新设计了 2015 版的农村调查体系。这一体系包括"一主三辅":"一主"即以长期延续并重新设计的"中国农村调查"为主体;"三辅"包括"满铁农村调查"翻译、"俄国农村调查"翻译和团队到海外农村进行实地调查的"海外农村调查",目的是完善农村调查体系,并为中国农村调查研究提供借鉴。

现代化是一个由传统农业社会向现代工业社会转变的过程,这一转变是从农村开始的。农村和农民成为现代化的起点,并规划着现代化的路径。19 世纪后期,处于历史大转变时期的俄国,数千人参与对俄国农村调查,持续时间长达四十多年。20 世纪上半叶,日本在对华扩张中,以南满洲铁道株式会社为依托开展对中国农村的大规模调查,持续时间长达四十多年,形成著名的"满铁调查"。进入 21 世纪,中国作为一个世界农业文明最为发达的大国,正在以超出想象的速度向现代工业文明迈进。中国需要也应有能够超越前人的大规模农村调查。"2015 版的中国农村调查"正是基于这一历史背景设计的。

"2015 版的中国农村调查"超越了以往的项目或者机构调查体制,而具有更为宏大的历史使命:一是政策目的。智库理所当然要出思想,但"思想"除了源自思考以外,更要源自于可供分析的实地调查。过往的调查虽然也是实地调查,但难以对调查进行系统化的分析,并根据调查提出有预见性的结论。在这方面,19 世纪的俄国农村调查有其长处。"2015 版的中国农村调查"将重视实地调查的可分析性和可预测性,以此提高决策服务的成效。二是学术目的。调查主要在于知道"是什么"或者"发生了什么",是事实描述。但是这些事实为什么发生?其中存在什么关联?这是过往调查关注比较少的,以至于大量的调查难以进行深度的学术开发,学术研究主要依靠的还是规范方法,实地调查难以为学术研究提供必要的基础,由此会大大制约调查的影响力。"2015 版的中国农村调查"特别重视实地调查的深度学术开发性,调查中包含着学术目的,并可以通过调查提炼学术思想,使其作为一种有实地调查支撑的学术思想也可以间接影响决策。为此,"2015 版的中国农村调查"在设计时,除了关注"是什么"以外,也特别重视"为什么",试图对中国农村社会的底色及其变迁进行类似于生物学"基因测序"的调查。三是历史传承目的。在现代化进程中,传统农村正在迅速消逝。"留得住乡愁"需要对"乡愁"予以记录和保存。20 世纪以来,中国农村发生了太多的变化,中国农民经历了太多的起伏,农民的历史构成了国家历史不可或缺的部分。"2015 版的中国农村调查"因此特别关注历史的传承。

基于以上三个目的，"2015版的中国农村调查"由四个部分构成：

　　其一，口述调查。主要是通过当事人的口述，记录20世纪上半期以来农村的变化及其对当事人命运的影响。其主体是农民个人。在历史上，他们是微不足道的，尽管是历史的创造者，但没有哪部历史记载他们的状况与命运。进入20世纪以后，这些微不足道的人物成为"政治人物"，尽管还是"小人物"，但他们是大历史的折射。通过他们自己的讲述，我们可以更加充分地了解历史的真实和细节，也可以更好地"以史为鉴"。口述史调查关注的是大历史下的个人行为。

　　其二，家户调查。主要是以家户为单位的调查，了解中国农村家户制度的基本特性及其变迁。中国在历史上创造了世界上最为灿烂的农业文明，必然有其基本组织制度为支撑。但长期以来，人们只知道世界上有成型的农村庄园制、部落制和村社制，而没有多少人了解研究中国自己的农村基本组织制度。20世纪以来受革命和现代化思维的影响，人们对传统一味否定，更忽视对中国农村传统制度的科学研究，以至于我们在否定自己传统的同时引进和借鉴的体制并不一定更为高明，使得中国农村变迁还得在一定程度上向传统回归。实际上，中国有自己特有的农村基本组织制度，这就是延续上千年的家户制度。家户调查关注的是家户制度的原型及其变迁，目的是了解和寻求影响中国农业社会变迁的基因和特性。

　　其三，村庄调查。主要是以村庄为单位的调查，了解不同类型的村庄形态及其变迁实态。农村社会是由一个个村庄构成的。与海洋文明、游牧文明相比，农业文明的社会联系更为丰富，"关系"在中国农村社会形成及其演变中居于重要地位。中国在某种意义上说是一个"关系国家"，但是作为一个历史悠久、人口众多、地域辽阔、文明多样的大国，关系格局在不同的地方有不同的表现，由此形成不同类型的村庄。国家政策要"因地制宜"，必须了解各个"地"的属性和差异。村庄调查以"关系"为核心，注重分区域的类型调查，通过不同区域的村庄形态和变迁的调查，了解和回答在国家"无为而治"的传统条件下，一个超大的农业社会是如何通过自我治理实现持续运转的；了解和回答在国家深度介入的现代条件下，农业社会是如何反应和变化的。

　　其四，专题调查。主要是以特定的专题为单位的调查，了解选定的专题领域的状况及其变化。如果说前三类调查是基本调查的话，专题调查则是专门性调查，针对某一个专题领域，从不同角度进行广泛深入的调查，以期获得对某一个专门领域的全面认识和把握。

　　"2015版的中国农村调查"是一项世纪性的大型工程，它是原有基础的延续，也是当下正在从事、未来需要长期接续的事业。这一事业已有数千人参与，特别是有若干人在其中发挥了关键性作用；当下和未来将有更多的人参与。历史将会记录下他们的功绩，他们的名字将与我们的事业同辉！

　　2016年6月，教育部公布了对人文社会科学重点研究基地的评审结果，我院排名全国第一，并再获优秀。这既是对过往的高度肯定，也是对进一步发展的有力鞭策。为此，本院再次明确自己的目标，这就是建设全球顶级农村调查机构、顶级农村资料数据机构，并在此基础上，形成自己的学术领域和学术风格，而达到这一目标，需要一代又一代人攻坚克难，不懈努力！

徐　勇

2015年7月15日初序

2016年7月15日补记

凡　例

作为教育部人文社会科学重点研究基地，华中师范大学中国农村研究院历来重视农村调查与研究，《中国农村调查·家户类》是基地新版"中国农村调查"项目的重要成果，在付梓之际，特作以下说明：

1. 根据徐勇教授提出的"中国家户制度学说"，家户制度是中国的本源型传统和基础性制度，并在此基础上形成独特的中国农村发展道路。本项目旨在通过传统时期的家户调查揭示和挖掘这一本源型传统和基础性制度。

2. 在家户对象的选取上，本项目以1949年以前的完整家户为调查对象，并根据人口规模进行分类。其中，7口人及以下为小家户，8至13口人为中等家户，14口人及以上为大家户。本项目所调查的家户，分布在全国绝大多数的省份，具有广泛的代表性。每一位调查员在调查之前均受过严格的学术培训，每个家户的调查时间在15天以上。

3. 每一篇家户调查报告分为"家户的由来与特性、经济、社会、文化、治理"五章，重点围绕家户的"特性、特色、关系与层次"开展调查和写作。同时，在每篇报告的后面附有调查员的调查小记、日记等，供读者了解整个调查的进展与历程。

4. 在报告写作中，"市县名、乡镇名、村庄名、家户名、人物名、部门单位"等均为实名。报告中出现的照片、人名、数据等信息，均得到了访谈对象或数据提供者口头或书面授权。另外，写作中引用的档案材料、政府部门提供的资料、历史材料等均标注出处。

5. 本项调查主要通过老人口述获取信息、数据；因而报告中的数据可能不甚精准，其中土地面积、粮食计量单位也实难统一，仅供参考，请各位读者、学者在引用、使用的过程中酌情处理。

6. 在考察家户变迁时，调查有时会涉及土地改革、"文化大革命"等内容，但是调查者均怀揣学术研究之心，从家户的变迁与发展的历史视角去调查和写作，力求客观、真实地反映中国家户形态。

7. 在出版方面，项目组组建了审稿与编辑小组，严格审查、校审每一篇家户调查报告，并从中遴选出优秀的报告，集结成卷出版。

8. 《中国农村调查·家户类》的重点在于传统形态的调查，是一项抢救历史的学术工程。由于时间仓促，其中不免有错漏，也希望海内外学术界、读者提出批评、建议，帮助我们提高这套丛书的质量。

《中国农村调查》编辑组

目　录

10

第一篇

合力共生：耕读报国的和善家庭
——冀中傅家庄傅氏家户调查

报告撰写：王美娜[*]

受访对象：傅恒元　王素珍

[*] 王美娜(1994—　)，女，河北衡水人，华中师范大学中国农村研究院 2017 级硕士研究生。

导　语

　　傅家祖籍为河北深县大冯营乡，即现今河北深州市①大冯营乡。傅氏家族从明成化年（1465—1487年）始祖回乡立祖，历时五百多年，四门下分支总数达一百三十支，繁衍人口千余人。傅氏家族历经劫难，虽农多仕少，但门风优良，以和善为美为良。到1949年之前，傅平进已是傅氏家族"张"门分支中第十九代后人，傅家也成为一个具有十一口人、三代同堂、思想先进、以和为贵的大家庭，全家共同居住于一个三进院落。至1951年前，傅治安、傅平进先后离世，傅金安回归家庭并婚育，傅家由最长者傅张氏当家，子辈有长媳崔珍甫、次子傅金安、次媳王素贞三人，孙辈有傅恒昌、傅恒菊、傅恒欣、傅运杰、傅淑芬、傅恒元共六人，另有傅张氏的外孙傅克民寄养于本家。

　　傅家经营二十亩土地，自给自足经营传统小农生活，另有家庭成员参军、出任公职。傅家在傅张氏的带领下，在生产生活中都十分团结、和睦，在家庭生产、分配、消费中均遵循"共同生产、共同消费，义务相同、权利均等"的无差别待遇原则。傅家思想先进、重视子女教育。傅家子女接受新式思想教育后，先后投身革命运动，因此傅家常年劳作的多是妇女和孩童。他们合力经营二十余亩土地，虽然没有人力物力再从事其他副业，但二十亩地产足以使得傅家在传统农村社会中成为中等家户，有能力保障大家庭成员的成家立业、娶妻生子、教育医疗等相关活动，一般情况下可以收支相抵，收成好的年头还略有结余。

　　傅家并没有成文的家规家训，但傅氏家族在傅家庄是大姓，也是大家族，在村里的声望最高。在和善治家、思想开明、支持革命运动等因素的影响下，傅家由此更受到了村民的尊敬和钦佩，声望较高，较具影响力。

---

　　① 深州市：汉初设县，隋初置州；1913年，"深州"改为"深县"；1994年6月，撤县建市。

第一章　家户的由来与特性

　　傅氏家族从明成化年(1465—1487年)始祖外出至山西贸易未归而得以回归立祖,历时五百多年,在本村四门下分支总数达一百三十支,繁衍人口千余人。傅氏一族历经劫难,虽农多仕少,但门风优良,以和善为美为良。傅平进作为"张"门分支中第十九代单传的儿子,成为本门支中三进院落的房产和二十亩地产的唯一继承人,每年创造千元以上的财产,使傅家成为村中的中等家户。傅家思想先进、重视子女教育,自1937年抗日战争开始,傅家的家庭发展与国家命运紧紧相连。傅家子女接受新式思想教育后,先后投身革命运动,留在家中耕作生活的皆为妇幼,家庭的内外事务主要依靠傅张氏操持,基本处于自给自足的处境。在当时,傅家由此受到了村民的尊敬和钦佩,声望较高,较具影响力。

一、家户迁徙与定居

　　傅氏家族自明成化年经历"红军肆毒"[①]一难之后,立祖傅家庄,得以五百多年二十四代人的传承,已经在当地具有重要社会地位和影响。傅平进与傅张氏夫妇为傅氏中门四小股"张"分支"附二"第十九代子孙,房屋、土地等均系继承父命祖业而得。

(一)劫后重生的傅氏家族

　　据可溯傅氏族谱记述,傅氏家族从明成化年立祖,至清康熙五十六年(1718年),历时二百五十三年,由十一代孙傅三垣修订的《傅氏族谱》中有"傅族家谱原序"的相关抄录如是:"傅氏籍贯原系此(乡)处基址,本在此乡,前不可考。后自明朝红军肆毒,别祖在家俱登鬼录。而鼻祖是时贸易山西,因此免遭劫难。及还续娶鼻祖母。孤守此乡,独立无邻,乃自故显村邀请今东乡杨门之始祖而居。生二代祖一人自兹以往,渐传渐盛至三代祖则三兄弟势若鼎足。"由此可见,当今傅家庄里的"傅"姓家户均系本乡原住居民。族谱保存于傅族长辈手中,王素珍及其长子傅恒元只知有族谱而未得以深入研究族谱信息,只在日常生活中听长辈和邻里说起,甚至他们以为自家是从山西洪洞县迁居而来。傅恒元说道:"小时候听戏里都是那么唱的,也没人真知道到底什么年间就立祖了,我们手里的老家谱也早都没有了,咱也不是什么文人,谁关心这个啊。"只能遍访傅氏辈分已高的长者,才找到《傅氏族谱》,因此详细可考据信息均来自于族谱记述。

---

　　① 至2007年,十九代孙傅丙申再修《傅氏族谱》过程中查证,族谱原序中的"明朝红军肆毒"实为明朝头包红布之造反者与北方游牧民族战乱不息、烧杀抢掠,村村冒狼烟、户户无人迹,以至于傅氏其他祖人都在此次战乱中逝世。唯有始祖外出至山西贸易未归而得以幸免,始祖归来续娶始祖母,傅氏一族得以继续繁衍生息。始祖二代单传,三代则兄弟三人,势若鼎足,于是有"中、西、东"三门之分。

(二)五百余载二十四代之大族

据族谱记述,自鼻始祖生二代祖一人,自兹以往,渐传渐盛,至三代祖则兄弟三人,势若鼎足。于是有东门、西门、中门之分。中门居长,西门次之,东门居三。东、西两门再世单传后方差盛。惟中门再世双传,一支乏嗣,一支复增四支。为其长子累计单传五世而折。其次子所生奉母命而迁至保定府高阳县肇基于傅家营。焉其三子生子四子,分为"耒、寒、张、列"四小股。其四子未及再世而绝。自此而大三门中振振绳绳、脉络分明。

始祖之后二百五十三年,傅三垣修订族谱按祖坟排列,以千字文代祖名;又经二百零六年,由敬思、文珠、运昌续谱;又经八十三年后,由丙申等人续写傅氏族谱。综合所有族谱资料及更新至当下实际状况,傅氏中门四小股"耒"繁衍至十五代;中门四小股"寒"繁衍至十五代后,再分三附分支,分支附一繁衍至二十四代,分支附二、三均至二十三代;中门四小股"张"繁衍至十五代后,再分两附支,两附支均繁衍至二十四代;中门四小股"列"繁衍至二十四代。傅氏西门分支繁衍至十五代后,再分两附支,分支附一繁衍至二十三代,分支附二繁衍至二十四代。傅氏东门分支繁衍至十五代,再分两附支,分支附一繁衍至二十三代,分支附二繁衍至二十四代。

傅氏一族在本村四门下分支总数达一百三十支,繁衍人口千余人。代际、门支均可通过族谱考证,繁衍人口为傅恒元根据所知情况进行推算而来。由于傅氏一族历经五百余年,繁衍代系过多,各股门支变化愈多,使其各家之间的关系越模糊,多有"面而不识,不知列祖列宗之后人"。除族谱以外少有文献记录可征查询,而在实际生产生活中,多以五服为基本的社会交往范围,以本家家长的身体健康和经济情况决定是否分家。

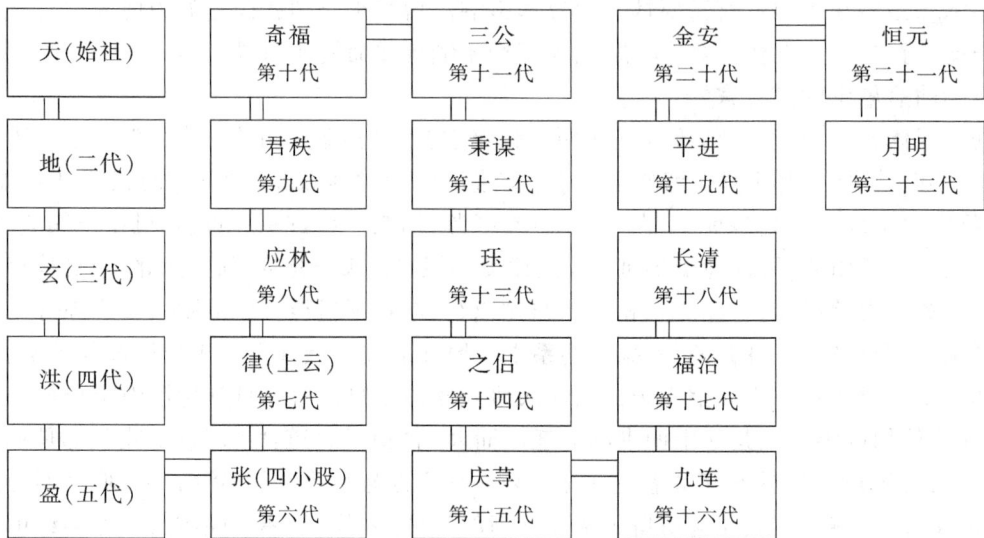

图1-1 傅氏谱系图

(三)适应时代,耕读报国

据原族谱和村间流传,鼻始祖从山西贸易归来时,经过明朝红军肆毒一事的傅氏一族无人幸存。房产和地产均系继承原祖之地,始祖以山西贸易之收入用来重新修葺房屋、垦殖土地、购置生产生活用具。由于祖籍、祖宅和土地长期于此,鼻始祖的重建和融入本村生产生活都得到了村民的充分认可和极大帮助。鼻始祖之前的先祖的迁徙渊源已无从考证，自此之后，傅氏一族成为有房产、地产的在本地长期居住的中等家族。王素珍及傅恒元认为，傅氏家族、家户历来忠厚、本分、自给自足，从不与人发生冲突、争执，傅家是与人为善的"老好人"。

在可知范围内，傅平进一支早在第十六代傅九柱之下分为三支之后，自第十七代傅福治开始至傅平进一代，本支皆为单传。因此，在1945年以前，傅平进、傅张氏为本支房产、地产的唯一继承人，也是傅氏本支的当家人。这也与王素珍表述的"房、地都是一代一代传下来的"说法相吻合。1938年抗日期间，二儿子傅金安参军入伍而离家；1943年，长子傅治安死于偶然事件；1945年，傅平进因丧子伤心过度跳井而亡。1945年之前，傅平进是傅家的外当家人，1945年傅平进去世后，长子已逝，次子傅金安在外参军未归，长女、三女都已外嫁参加工作，次女1940年参军入伍未归，傅张氏一人当家，带领一家妇孺艰难度日。1947年，傅金安在抗日战争结束后转编第四野战军，在战斗中负伤致残，回归家庭后成为外当家人。

傅张氏在1949年之前作为本支、本家最年长、辈分最大者，一直得以保持内当家人的地位。至1951年全面土地改革运动前，傅家在傅张氏和傅金安的团结带领下，靠祖辈继承的二十亩土地，一面支持家庭成员参军、加入中国共产党参加工作，一方面在维持基本生活的基础上全力支持家庭成员接受教育。傅家虽然只是中农成分，但在抗日、新中国成立、国家建设的各关键历史时期做出了无私的贡献，在本家族、本村以忠厚善良、思想先进、无私奉献而享有盛誉。

二、家户基本情况

（一）中户自立

1951年前，傅家同居共财的人口为十一人，三代同堂，傅张氏当家，其下有长媳崔珍甫、次子傅金安、次媳王素珍；长子屋里有孙辈傅恒昌、傅恒菊、傅恒欣三男，傅运杰、傅淑芬二女，次子屋里有孙辈傅恒元一男；另有傅张氏的外孙傅克民寄养于本家。孙辈七个孩子都是未婚。家中无收养、过继和其他非亲属成员。傅家有从祖辈继承而来的二十亩土地，对傅家的成员结构和数量来说，靠土地的经营所得基本能够满足生产生活需求。

表1-1　1951年傅家户情况表

家庭基本情况	数据
家庭人口数	11
劳动力数	4
男性劳动力数	2
家庭代际数	3
家内夫妻数	3
老人数量	2
儿童数量	7
其他非亲属成员数	0

（二）妇幼合力共生

1937年之前，是傅家人丁兴旺的鼎盛时期，傅平进夫妇上养父母，下教两子三女，平辈堂兄弟姐妹众多，长子傅治安20多岁就在村中行医，并兼任党支部书记。1943年，傅治安被一户村民请到家里调节家庭矛盾，争吵中被在村中巡逻的游击队误以为敌军偷袭而开枪误杀而亡。此后的四年中，傅平进、傅张氏带领长媳崔珍甫及其三儿两女生活，次子傅金安参加抗日战争，傅张氏的三女儿傅治芳离婚后加入中国共产党参加工作而离家，把自己的儿子傅克民留在傅家生活。长子已逝，次子参加抗日战争生死未卜，满眼望去，一家皆是妇幼，二十亩土地一下子成为傅平进难以负荷的重担。傅平进为人谦和，性格较为内向，"平常都是不言不语的"，最后一时想不开跳井而亡。

傅平进刚刚去世，1945年8月28日，深县在中国共产党的领导下得以解放，转而进入农业生产的修养期。此时失去傅平进的傅家更是负重前行，虽然其长女傅藏在此期间经常和丈夫一起为娘家干农活，但傅张氏实在无法从根本上解决一家老小的生产生活问题，于是委托党组织和能联系上的入伍老乡，打听找寻傅金安的消息和下落，几经辗转傅金安才于1947年回到家中。在此之前的几年，傅家只有傅张氏、崔珍甫及孙辈的五个孩子。1947年至1951年，傅家常年居家生活者中只剩母亲傅张氏，子辈有长媳崔珍甫、次子傅金安、次媳王素珍，还有孙辈的七个孩子。

家中此时人口众多，十一人中有七个孩子、三个妇女，因此没有收养外姓子女。傅家有从祖辈继承而来的二十亩土地，对妇幼为主的家庭来说，劳动力已严重不足。虽然傅张氏先后遭受丧子、丧夫的悲痛，但她拒绝保甲长为其安排的助工①帮助，自立自强，携一家妇幼全力完成劳动生产、自给自足。即使在农忙时，全家老幼都早出晚归，也不愿花钱雇工。因为家里的经济来源甚少，更不愿意给别人添麻烦，因为"外债好还人情难了"。

表1-2 1951年傅家家庭成员情况表

序号	姓名	家庭身份	性别	年龄(岁)	教育情况(年)	婚姻状况	健康状况	政治面貌
1	傅平进	外当家	男		1年	已婚	去世(1945年)	无
2	傅张氏	内当家	女	72	0	已婚	良好	无
3	傅治安	长子	男		6	已婚	去世(1943年)	中国共产党党员
4	崔珍甫	长媳	女	39	0	已婚	良好	无
5	傅金安	次子,继任当家	男	32	6	已婚	残疾军人	中国共产党党员
6	王素珍	次媳	女	26	短期学校	已婚	良好	无
7	傅恒昌	长孙	男	18	10	未婚	良好	中国共产党党员
8	傅恒菊	次孙	男	16	15	未婚	良好	中国共产党党员
9	傅恒欣	三孙	男	10	8	未婚	良好	中国共产党党员
10	傅运杰	长孙女	女	17	8	未婚	良好	中国共产党党员
11	傅淑芬	次孙女	女	13	8	未婚	良好	中国共产党党员
12	傅恒元	四孙	男	1	10	未婚	良好	无
13	傅克民	外孙	男	5	6	未婚	良好	无

注：傅家是当之无愧的先进革命家庭，大部分成员都先后加入中国共产党，无宗教信仰。

---

① "村里安排的助工"，指抗日战争期间，村里为鼓励大家积极抗战而为青壮年参军入伍后的家庭生活、生产困难的家庭提供劳力帮助，帮工只产生极少的费用(或餐饭)且由村里承担。

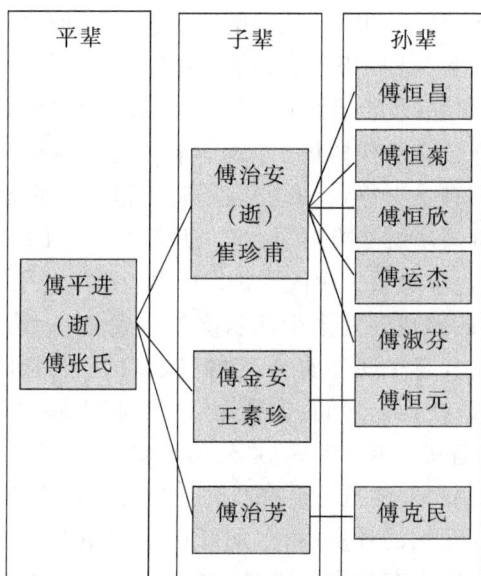

图 1-2　1951 年傅家的家户结构图

(三)两通三进大宅居

傅家庄的整体村落面积与周围村庄相差不大,但傅家庄的方位处于周边村落中最靠南边的,而且离主干道仅有一千米。而傅家院落又位于傅家庄村的中南部,虽交通方便,但闹匪闹贼时是相对很不安全的区域。

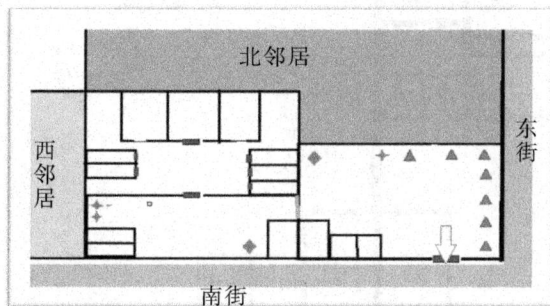

图 1-3　家户邻里空间结构图

傅家房屋是从父辈继承而来,已经没有可考证的出处,至傅张氏、王素珍两代生活时,傅家院落北面是后邻居的院所,以傅家房屋北墙墙壁为界;西面是西邻居的院所,以两家的墙壁相隔;南面为村里的主街道之一,较为宽敞;东面是街道,与南面街道形成十字交叉路口。就大范围地区的县乡地势来看是西高东低,但小范围上傅家庄整体地势平坦,村民集聚而居,此外均为农田。因此,傅家院落周围没有大规模的空地及水渠设施。

傅家房屋布局为三院式,坐北朝南。进入西北为正房,主居室需要过三道大门,第一道是朝向为南的正大门,正大门是老式双开的"大烧门"①。

---

① 大烧门:是当地方言,指木制双开大门。

7

进门是第一个院子，土质较硬，用作晒场。院落的北面和东面都分别种着枣树、椿树、榆树。院子西南角有一处木制棚子，夏季用来吃饭。棚子旁边另有一处"猪套茅"①。草棚旁边是第二道门。

第二道门只有一个"大门垛"②，没有大门。第二个院子西南角有一处牲口套厕，用来喂养牲口，原理同"猪套茅"，此外还有两棵椿树。东南角有一处木制棚子和一棵枣树，该木制棚是厨房，靠墙一面用土、青砖砌有一个锅台，此外是用砖木搭的放置盆、碗等厨房用具的简易台子，一张小低平桌，座椅是购买来的小方凳，厨房内并没有专用的家具。

第三道门是双开木制门，位于第二个院子的北面墙中部，进第三道门有两面影壁墙③，两趟相交的青砖路。傅家的青砖路也是傅家生活状况的体现之一。第三个院子是傅家的主居院落，正北方有三间正房，两侧各有一间耳房④。正房里东间为上，是傅平进和傅张氏的房间，家长当家，家中贵重东西都存放在他们房间，如钱财、房契地契、单据等。正房中间是堂屋，屋子中间是一张长桌，常年摆放着敬天地、菩萨、关公的香炉，房间西南角处有一个水缸，堂屋两侧都有灶台，灶台关联着两侧房间的炕。正房西间是傅金安和王素珍夫妇的房间。正房的每个房间都有半开的木制门。两侧的耳房中，东间耳房主要用来存放粮食，设置了专门用来防潮、防鼠的粮食囤；西间耳房用来存放农用工具和杂物。

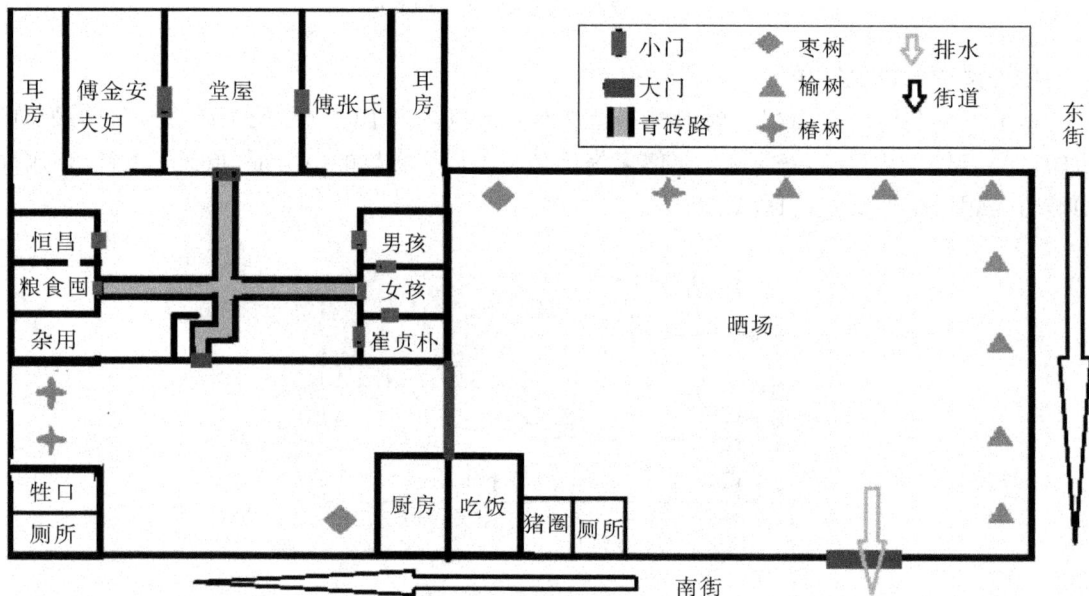

图1-4　傅家院落空间结构图

北方院落中在正房与配房⑤之间都有或宽或窄的夹道，或用来排水，更多的是风水讲究。傅家人把正房看作"头"，配房看作"身"，头身之间没有夹道就等于人没有脖子、没有喉

---

① 猪套茅：当地方言，指厕所与猪圈之间相隔一个土坑，人的粪便与猪的粪便在此混合造粪，成为农田的肥料。

② 大门垛：当地方言，指悬空的门梁，但没有实质的大门等其他设置。

③ 影壁墙：北方院落中，当大门与主屋相对时，在入口处建造的隔壁其目的是给主屋遮挡不好的风气。

④ 耳房：当地方言，相对于正房而言，其高度比正房低一米，宽度是正房的一半，且没有门框和实体门的设置。耳房多用于存放杂物，而非居住。这种房屋构造表明耳房地位低于正房。

⑤ 配房：当地特指院落中与正房用夹道隔开、分立于东西两侧的房屋。如果院落正房建有耳房，则配房高度与耳房相同；若无耳房，配房一般低于正房六十厘米，但东西两配房的高度一定是相等的。配房单间面积无定制但一定低于正房。

咙,这样就不能成活,房子没有通风透气的设置就会让生活在院子里的人时运不济。傅家也不例外,正房与配房之间夹道宽两米,配房有东配房和西配房,东西配房高度相等,同耳房一致,比正房矮一米。东配房有三间,长媳崔珍甫带着五个孩子分别住在这三间房间;西配房有两间房间和一个木制棚子,一间是傅恒昌婚后夫妇居住,一间设置有粮食囤,棚子用来日常杂用。

家中正式房间都是砖坯混建房屋,棚子都是木制搭建。有人居住的房间都是土坯盘炕,设置了烧炕的灶台。夏季天气炎热,一般不在有人居住的房间烧火做饭,而在第二个院子的棚子里做饭;冬季天气寒冷,一天三顿饭,分别在有人居住的房间灶台烧火做饭,这样既能取暖又能做饭,节省燃料。院落中的排水通道都是由院里走大门出水,水道一方面是因地势而自发形成的,另一方面也有"人走哪儿,水走哪儿"的讲究。

(四)耕读并重

1951年以前,傅家的土地亩数由于几代单传,并未受到传统的分家析产的波及;而近代以后,傅家青壮年积极参加革命,并未全力发展家庭经济,一家妇幼就靠这继承而来的二十亩土地生活并供孩子上学。因此,在相当长的一段时期中,傅家的土地长期维持在二十亩未有变动。

劳动力方面,除去家中人口更替的因素,基本保持在一位中年男性、三位中年女性和五个帮忙的孩子的水平上。对于耕种二十亩土地来说,所有家庭成员都积极参加农业生产,才能勉强维持农业生产。

牲口方面,家中常年与邻居傅东来家伙同养一头牛、一头驴,用来耕地等农业生产。此外家中常年养一头猪,养成后待有合适的价格就卖掉换钱,平常还可以造粪形成农用肥料。

房屋方面,傅家有十间房间、三个棚子、两套厕所,无租佃及其他职业。当时全家辛辛苦苦干活,"一年打来一年光",仅有在外参军、参加工作的小姑子和儿子能给家庭节省一部分生活费用。每年消费百分之九十来源于农产品。因此,一般年景好时,傅家的收支能相抵并部分结余,而光景不好时,二十亩土地的农产品也能基本保证傅家一家老小的温饱问题,只是不再有多少结余了。

即便如此,傅家仍然非常重视孩子们的教育问题,不论男女,到了八九岁的上学年纪,都极力为孩子提供上学的机会,而每个孩子能上什么层次的学校都取决于孩子是否能凭自己考上,而非其他。私塾、小学、初中、师范、大学等不同层次的学校都在发展之中,孩子们年龄差异迥然,伴随着他们的成长,傅恒昌接受私塾、初中、师范共十年教育,毕业于武强师范学校;傅恒菊接受私塾、初中、高中、大学共十五年教育,毕业于内蒙古农业大学;傅恒欣接受小学、初中八年教育,后参军转业当工人;傅运杰、傅淑芬接受小学、初中八年教育;傅恒元接受小学、初中、高中共十年教育;傅克民寄养在傅家阶段同傅家子女一道接受过几年小学教育,离开傅家生活后,傅家不再承担傅克民的教育责任。

傅家傅治安、傅金安及其二妹、三妹都是在抗战、解放时期加入中国共产党,傅恒昌、傅恒菊、傅恒欣、傅运杰、傅淑芬都先后在学校、工作期间加入中国共产党。

表 1-3　1951 年前本户家计状况表

土地占有与经营情况		土地自有面积	20 亩	租入土地面积	0 亩
		土地耕作面积	20 亩	租出土地面积	0 亩
生产资料情况		大型农具	大车 1 辆		
		牲畜情况	驴 0.5 头、牛 0.5 头		
雇工情况		雇工类型	长工	短工	其他（ ）
		雇工人数	0	0	
收入	农作物收入				
	农作物名称	耕作面积（亩）	产量	单价	收入金额（折算）	收入共计
	玉米	13	350 斤/亩	1 角	455 元	
	小麦	17	250 斤/亩	1.5 角	637.5 元	1621 元
	花生	1	100 斤/亩	2 角	20 元	
	高粱	3	250 斤/亩	0.5 角	37.5 元	
	谷子	3	250 斤/亩	1 角	75 元	
	豆类	折合 1 亩	180 斤/亩	2.2 角	396 元	
支出	食物消费	衣服鞋帽	燃料		肥料
	折合 650 元	50 元	100 元		人畜粪肥
	赋税	医疗	其他		支出共计
	折合 200 元	100 元	100 元		1200 元
结余情况	结余 421 元	资金借贷	借入金额		0
			借出金额		0

（五）和善开明大家庭

1949 年以前，傅家当时并无人担任过乡长、保甲长、会首等职务。但 1932 年至 1943 年，长子傅治安为人善良、明辨是非、通达世事，是傅家庄村民中最早一批加入中国共产党的人，担任党支部书记。此外，傅治安还懂得医术，在村中治病救人。因此，傅家在当时具有一定声望和地位。村里家户出现矛盾纠纷或家户个人无力承担的困难时，都会向傅治安寻求帮助。1938 年，傅金安加入中国共产党，入伍参加抗日战争。1940 年，傅金安二妹傅玉璞[①]在冀中军区文工团参加工作，并参与解放战争。三妹傅治芳受家庭氛围影响，革命意识强烈，思想先进，在村中加入中国共产党，发动农民配合农村革命运动，1945 年 8 月，傅家庄解放后得以在深县么头乡、西马庄乡、百四庄乡三个乡镇任妇联会主任。傅家在官府没有任何特殊关系，青壮年不论男女都是有识之士，为革命成功事业无私奉献。傅张氏、崔珍甫、王素珍等人虽是家庭妇女，但她们对傅家儿女全身心参加革命事业提供了极大的支持。

此外，傅家并未因自己对革命的贡献而骄傲自满。1947 年，傅金安回归家庭之后，仍然教导子女与人为善、内敛含蓄，从不沾惹是非。傅金安经常在夏天晚上乘凉时，带着附近的孩子

---

① 傅玉璞：参加革命后更名为张英。

们学拉二胡,至今二胡学得最好的要数傅恒元。乡间邻里中,傅家无论当家人在不在家,多有互相帮忙的事情,少有欺凌傅家妇幼的情况发生。

(六)傅家基本特性

1.当家人

1951年前,傅家有三代同堂。1945年之前,傅平进是外当家,也是大家长,掌管着家里的重要财务,对重大事项有决策权。傅张氏是内当家,掌管着家里的内务琐事,如什么时候给谁添什么衣服等。1945年傅平进去世后至1947年傅金安回家之前的两年中,傅张氏成为家中辈分和年龄最大者,又长期掌管家庭内务,自然而然成为唯一的大家长和当家人,外交、内务都取决于她,重要财务也掌管于傅张氏手中。1947年傅金安回归家庭后,成为外当家,负责对外交往,傅张氏仍然是内当家,却掌管全部财务和家庭内务。傅张氏作为大家长,长期掌管家庭内务和财务,在重大事项上傅张氏和傅金安是共同商议而决定的。傅家主要是以农业生产为生的家庭,没有家庭副业,因此在实际生活中,相互之间经济往来较少,主要是"干活吃饭"。家长傅张氏对家庭的吃穿用度管束是十分严格的,更不允许有私房钱。王素珍记忆最深刻的是每到做饭的时候要先向婆婆请示,"吃什么饭,放多少米,炒什么菜",多放一点儿油婆婆都会不高兴。

2.中等家户

当地有大户、中户、小户家户分类的说法。一般而言,土地达到一百亩上下,家庭人口达到二十人以上,无论有无家庭副业都算得上大户。土地达到五十亩左右时,人口在十五人左右,就可以说是上中户。土地在二三十亩,人口在十人以上,就可以说是中等家户。土地在十亩以下,人口不足十人,就是小户家庭。当时村里主要是农业生产生活,家家户户都以种地为生,仅有极个别的大家户有一部分家庭副业。因此,谁家有钱没钱主要还是看土地多少,地多粮多,粮多钱多。一般小户家庭多给大户人家做长工、短工等活计,以增加自己无地或少地的生活经济来源。

此外,除了土地规模、副业、人口等,傅家庄对家户的大小区分中还会考虑居住时间和代际的方面,村中老户姓氏比较集中,主要以傅氏和杨氏为多,其中更以傅氏为主。村民一般认为,小姓氏即为小户。小户不仅指近代迁徙而来的个别家户,还包括各种原因而新立的门户,比如入赘的女婿,在女方父母去世后,更改孩子姓氏为男方姓氏,此后该门支则成为女婿的门支。而傅家是本地老户,历经五百多年,繁衍二十四代。1949年前后的傅家在傅氏家族里是人口相对较多、子孙繁盛的一支。在村里,傅家上下三代、代代有儿子,人口数达十三人,也处于比较多的水平上,属于中户。

所以土地多少是决定家户规模的首要因素,其次是综合土地以外商业、副业等能形成收入的财富因素,最后才是人口、代际因素。家户大小就是看"家户"有多少地,谁家是大户小户和声望没什么关系,声望是日常积善积德的行为得到大伙的好评才有的。有土地、钱财的同时人丁兴旺,更有声望的家庭才能有更高的社会地位,才更受人尊敬。有些家庭即使有地、有财、有人,但没有善行,不忠、不孝、不义,村民是不会和他们有什么交往的。

3.自给自足

傅家拥有二十亩土地,每年创造千元以上的财产,在村里处于中等水平。传统上,土地、财产、人口是人们看待家户规模的几个角度,而一个家户是否具有声望和地位,要更多地取决于该家庭成员在与村民的日常交往和重大集体事务时的表现。土地、财产、人口对于家户在村里的地位的影响属于非主要影响因素,声望都是居于三者之上的重要影响因素。在傅家庄村里,傅家论土地、财产、人口等,哪一项都不是最多的,但傅治安为人善良、明辨是非、通达世事,还懂得医术,在村中治病救人。傅治安的善行善举都被村民看在眼里,因此他担任党支部书记组织抗日,是众望所归,使得傅家在村中也具有重要地位和较高的声望。虽然后来傅治安英年早逝,但傅家子女傅金安、傅玉璞、傅治芳同期都参加了抗日和解放战争,是村中积极参加和支持革命的佼佼者。在当时,傅家更是受到了村民的尊敬和钦佩。因此整体看来,傅家在村里处于中等水平,但声望较高,较具影响力。

第二章　家户经济制度

　　傅家以父系继承的二十亩沙白土地、三院式同居院落、完备的大小生产资料、基本自足的生活资料为经济基础。全家人共同致力于农业生产,以生产生活废料饲养家畜,总体上保证家庭的收支平衡,略有盈余。傅家生产生活资料的分配和消费都要由家长傅张氏决定,其他家庭成员多是处于参与、提议、听从的地位,并不发挥决定性作用。傅家的借贷情况和生产生活资料基本自足,不用向他人借用,但有亲戚朋友向傅家借钱粮和生产生活资料。

一、家户产权

(一)家户土地产权

1.二十亩沙白耕地

　　1949 年前,傅家有二十亩土地,分为三大块。本村土地整体地势为西高东低,土质普遍是沙白土,属于劣质土地,农业耕地都集中分布在本村村落周围。傅家的二十亩土地因此皆为西高东低,劣质沙白土。傅家土地财产在各代家长当家的管理中,随着家庭经济能力和家庭结构的变化,对土地和房屋进行过买卖变动,到傅平进与傅张氏接手傅家时,已经没有能证明历代傅家土地变更过程的地契或其他有效证明的文书。傅家的每块土地的大小不一,分布也比较分散,在村庄的南部、西北和东北分别各有一处田地。在傅张氏所知范围内,即上至三代,下到 1951 年大规模的土地改革运动,虽然土地并无固定所有和经营权之说,全部私有,可以进行买卖,但傅家一直保持独立经营、自给自足的状态,并未进行买卖或交换变更。

　　在 1949 年之前,当地农业既没有灌溉设施,也没有沟渠或河流经过。傅家的土地经营也都是处于靠天吃饭的境况,风调雨顺的年头能多产些粮食,就能有些结余;风雨不济时全家人不得不"勒紧裤腰带"过日子,"能吃个半饱,不觉得饿就不错了"。傅家面对此种情景,靠自家多年的积蓄,在离家较近的村南的一块菜园地中挖了一口五米深的土水井。水井狭小,以人工手摇"辘轳"的方式汲水,水源只够供给菜园浇菜使用,并不能解决大面积的农业灌溉问题。傅家家中并没有水井,全家人的生活用水仅依靠在全村村西头的一口公共水井。这个水井是全村人出力一起挖的。村中除了个别大户人家自己有水井以外,大部分人都使用这口公共水井。

2.继承傅氏祖辈遗产

（1）家户所有

　　傅家的二十亩土地都是傅平进从父亲傅长清手中继承而来的,为家户私有财产,亩数、块数、分布方位都没有发生交易变更。傅家无赠予、开荒或其他土地来源。

傅家无论老幼都认为土地是属于全家人的,自己家有土地所有权和独立经营权,它不独归于任何个人或家长。共同劳动经营土地所得用来共同供养全家老小,是土地的基础意义。全家人都有参加劳动的义务,也有享用劳动产品的权利,当涉及土地交易时由家长代表签字,代表全家共同意愿。傅家的二十亩土地是完全独立归属于傅家的,没有和别人共有的情况,更没有属于个人的土地产权。傅家在1951年之前没有涉及分家问题,也没有设置专门的养老地。

傅家庄村民中有些家户存在养老地的形式。他们多是根据自家儿女的生产生活状况,在分家之时,名义和收益归属老人所有的部分土地,在父母身体条件允许且愿意耕种之时,由父母耕种并享有收益;当父母年老无能力耕种之时,可根据其意愿将土地转交给子女或其他能赡养老人的子辈手中耕种。接手耕种其土地者享有部分土地收益的同时,有责任赡养老人、料理老人后事。老人在世时,养老地的处理由老人自己决定;老人过世后,养老地一般由拥有继承老人土地、家产的儿子等人平均分配。

(2)所有权归属范围

傅家土地公认归属于家庭所有。在当时土地有份的全体家庭成员中,其实自动剔除了已出嫁的女儿、过继给别人的儿子、寄养在本家的孩子,他们都不算"本家人"的成员。在傅家当时的实际情况中,土地有份者包括:傅平进与傅张氏夫妇、长子傅治安夫妇及其五个孩子、次子傅金安夫妇及其子女,不包括已外嫁的大女儿、离异离家的小女儿、寄养在傅家生活的外孙傅克民。虽然傅克民已改姓,且生活在傅家多年,但在傅家人眼里,傅克民是区别于傅家本门支血脉的孩子,不具有继承土地和决定与土地相关任何权益的事务的权利。但外出参军的傅金安、外出求学的傅恒昌、未出嫁的傅运杰、未成年的傅恒元、嫁入的媳妇王素珍等人始终是有份的。同等情况中,入赘的女婿也有份。

虽为一家人,分家之后未归属到名下的就不再有份了。已经分家的兄弟、已经分家而且父母单独吃住、常住家里的其他非家庭成员,如管家、保姆、长工、丫鬟等,都是没有土地份额的,而且有一个不成文的社会契约是"家户一旦分家,是把土地、家产都分配,无论继承大小多少,远距离的是不直接分配的,只在本村长期生活的才会分给。应有继承人的土地、家产可以通过折算优先兑换给其他继承人,其他继承人不愿意兑换,其次才兑换给本族其他家户"。

傅家关于承认土地有份者,是不区分土地类型的,有份者共享所有类型土地,承担共同义务。首先,傅家长期以妇幼为主,土地相对显得较多,家庭成员必须更加团结一致;其次,傅张氏迫于生活压力,性格较为"厉害"①,对家务管理甚为严格,从不允许有私房地、私房钱等追求个体收益和享受的事情发生。因此,傅家历来没有私房地。此外,由于长期没有分家,傅家直至1951年之前都没有设置养老地。

(3)态度与认知

傅家所有成员都非常认可土地应该属于全家人共同所有、共同经营、共同收益,而非个人所有、个人经营、个人收益的,并且认为,以当时的生产条件,个人根本没有能力完成农业生产,牲畜、大型农具的成本相对来说是极其高昂的,个人无法负担也无法独立完成使用。

---

① 厉害:当地方言,代指人的性格强势、脾气直爽。

比如,耕地时,需要用牛或驴、耧子、盖等大型生产资料,个人很难买得起,也必须通过多人协作才能完成劳作。土地归属于全家更有利于集体耕种,可以共同承担负担,也可以集中全家人的力量共同面对农忙。又如,夏季收割麦子经常赶上突然的阵雨,个人独立农忙的话,很容易来不及收割或麦子被雨浇在晒场里,而造成不可挽回的经济损失。因此,土地属于全家所有要比分配到个人更有利于应对当时的生产生活现状,集中集体力量解决现实困难,也更有利于家庭的团结与和睦。

王素珍作为儿媳,是认同家长在土地产权上具有相对更大决定权的,但也相信家长同样会以整个家庭的共同利益为最高追求,而不是片面追求个人收益或短期收益。这种认知不单是针对土地问题上认同家长的权力和决策,更来源于日常事务的深度交融,相互之间培养出来的对家长的信任和凝聚力,使其自然而然地认为集体生活更有力量、更有安全感。

3.地边儿公认公正

(1)地边儿①

各家各户都有自己的土地,既然有"自家"与"他家"之说,土地就必有分界,否则无所依凭,就难免引发纠纷。傅家土地与四邻土地以埝心为边界,田埂中心两侧分别归属两家所有。"田埂"实际上就是在分界处陇起的高出地表十厘米左右的土陂,当地俗称"地边儿"。"地边儿"是在土地买卖、分家或其他土地变更活动发生时,变更土地的当事人互相商议、经做证人当场查看而公证确认,以三方共同认可的土地归属范围为准,从而形成边界。"地边儿"是农民日常生活中最常应用的事实边界。该边界一经确定,当时当场就以所定边界下挖二尺,用圆形管具塑成圆管形状,以白灰置入圆管,掩埋后才形成地下"灰眼"。地下二尺的深度足可以避免日常土地耕种毁坏"灰眼",以圆管塑形,集中放置白灰,可以保证"灰眼"长期保存,防止挥发入土。"灰眼"一般在相邻土地上在能成为直线分界的两头定点,做"灰眼"标记分界。地下"灰眼"是得到多方认可的相对最公正的土地边界,土地四邻都自然互相认同并充分尊重各自的土地边界,其农业生产更是严格遵循土地边界。当土地邻里发生边界争议时,便可循迹找到"灰眼",验证地上田埂的分界是否正确。

(2)独立经营

农户各家对土地边界的认可不单单停留在土地是否归于本家适用范围上,更在于土地的所有权和经营权都是归属于全家成员的。土地的耕种、收获、继承都是对于本家庭成员而言,此处的家庭成员区分同家户分家时对家庭成员身份的认定是一致的。以傅家实际情况而言,土地有使用权和继承权的有:傅平进与傅张氏夫妇、长子傅治安夫妇及其五个孩子、次子傅金安夫妇及其子女,不包括已外嫁的大女儿、离异离家的小女儿、寄养在傅家生活的外孙傅克民。其中,外出参军的傅金安、外出求学的傅恒昌、未出嫁的傅运杰、未成年的傅恒元、嫁入的媳妇王素珍等家庭成员始终是有份的。此外,入赘的女婿在当时的社会认同中具有家庭成员的正式身份,由此也就享有傅家家内成员的权利。

此外,虽为一家人,但分家之后的兄弟、已经分家而且父母单独吃住、常住家里的其他非家庭成员,如管家、保姆、长工、丫鬟等不具有决定傅家土地边界或任何权益相关的决策的权利,也不具有使用权和继承权。

---

① 地边儿:当地方言,指各家接壤土地的区分边界。

（3）心理默契

傅家全体家庭成员对自家所拥有的土地情况都具有清晰的心理认同，并认为土地归全家共同所有，只有自家成员可以耕种、使用自家土地，外人不能随意侵占自家土地。这种心理认同使得傅家人尊重边界，力求保障自家土地产生的收益与后续权益都归属于傅家自有。因此，傅家也不会随意侵占他人的土地，认为侵占他人土地或土地收益是"招惹是非，更是毁人饭碗的损事"。

（4）家长经营

傅家土地经营权归全体家庭成员所有。自家的土地种什么、种多少、怎么种都由自家商议决定，是自家的内部事务，不需要同外人商量，外人也没有权利干涉傅家土地的使用。傅家土地的产出全部归傅家家户所有，什么时候收割、如何收割、收割之后如何分配一般是当家人和下地干活的儿子、媳妇等人共同商议决定的，家长在此类活动中并不坚持一人决定，外人仍是无权干涉的。宗族、村庄、分家后的父母兄弟等都是不能进行干涉的，一般也不会有人去主动提出异议的。传统农村都属熟人社会，从基本的日常交往到生产生活，甚至是社会治理都自有其"法则"，尤其是涉及关系一家老小的土地问题，各家户都尤为重视，谁都不愿意自己的土地被他人侵占，一旦产生土地边界、粮食纠纷，要么找村里人评理，要么就报官。他们首选的是乡俗权威，其次是政府庇护，但无论如何是不能任凭他人随意侵占自己的土地或粮产。

4.家长做主

傅家土地皆来源于父辈继承，虽然几次变更当家人，但自民国至土地改革运动，并未对土地进行买卖、租赁、置换、典当等土地交易活动。在那些年，傅家中青壮年先后在家生活，但始终是以妇幼为主的结构状态。傅张氏性格比较直，又始终是家长，关于土地、粮食等重要事项或主管或监督，从不怠慢。即便傅家家道艰难，家长也不敢将继承来的土地轻易交易。此外，傅家向来团结和睦，即便有坎儿有难，家庭成员或出谋划策，或尽心出力，从没有人拥有自己的私房地和私房钱，也从未发生过只顾自己痛快不顾大局的事情。"祖辈土地扩大了是好事，不管为什么事，一旦缩小算是败家，要被同族同村人笑话的。"就算出了紧急状况需要钱粮，当家人又不在，傅家在家的成年家庭成员是可以向近亲或者好友借钱借粮的，但土地是不能动的。如傅平进不在，傅张氏可出面借钱；傅平进、傅张氏都不在，长子或次子可去；其次，长媳、次媳可去。

1945年之前，傅平进是外当家，也是大家长，掌管着家里的重要财务，对重大事项有决策权；傅张氏是内当家，掌管着家里的内务琐事。1945年傅平进去世后至1947年傅金安回家之前的两年中，傅张氏成为家中辈分和年龄最大者，又长期掌管家庭内务，自然而然成为唯一的大家长和当家人。1947年傅金安回归家庭后，成为外当家人，负责对外交往，傅张氏仍然是内当家人，掌管全部财务和家庭内务。傅张氏作为大家长，长期掌管家庭内务和财务，在重大事项上傅张氏和傅金安是共同商议而决定的。土地的买卖、租赁、置换、典当等土地交易活动是家户自己的家事，一般是家长请交易活动双方都信任的证人担保作证，商谈土地交易事宜后，当面签立文书，一式三份，相关当事人都要签字、按手印，不必专为此事告知或请示四邻、家族、保甲长，他们也没有权力阻止或允许。以当时村里的社会默契来说，类似土地、房产交易变动，是优先本家的堂兄弟等"当家子"的；当家子没有人愿意接手可以再优先姑、舅、姨等"亲戚"的;亲戚里再没有,会轮到好友至交;最后才是"不相干的外人"。

此外,在土地买卖、租赁、置换、典当等交易关系家庭生产生活的重要活动时,傅家家长以外的家庭成员都可以提出自己的建议或意见,而且家长会着重在意两个儿子的意见,媳妇一般不会主动提意见。他们可以提意见,但绝不能擅自做主。傅家家风向来团结和睦,各成员更多的是处于听从的状态,从来不会也不敢与家长起冲突。

5.多方认可,无人侵占

傅家的土地有着多重认可和保护,傅家内部、外部都公认其土地的所有权、经营权、收益权清晰明确地归属于傅家,一直没有出现过土地被人侵占的情况。自家人可以很清晰明了地知道傅家在什么地方、有几块土地、分别种着什么作物。左邻右舍大概知道傅家在哪一片有几块地,地邻很清晰地知道自家土地与傅家土地的边界。家族成员中除关系较近的兄弟叔侄等人外,其他人只是大概知道傅家有多少土地,具体在哪、种什么并不清楚。村庄的管理者等人根据土地登记册可以清晰明确地知道谁家有多少土地、分别在哪,但对每家每户具体都种什么并不清楚。当地乡镇官府直接管辖、承认各村级土地,各家户都根据实际情况保管官府、村庄认可的地契,文书上包括土地的亩数、位置、边界等详细内容。

1949年以前,不只是乡村本身认同土地的这种所有权的归属和保护顺序,除农民自己外的邻里、家族、村庄、官府都首先承认各农户所拥有土地的所有权、耕作权、收益权。无论是谁发起的土地的买卖、租用、置换活动都必须得到家户家长的同意。

如果两家人因为土地边界发生矛盾,一般查看灰眼即可。有的需要两家协商,如果实在无法协调,同家族的大多以家族长辈为见证、调解人进行妥善处理;双方属于不同家族的话,一般会请保甲长作为见证、调解人进行妥善处理。但如果当土地产权被其他有权势者强力侵占时,不仅全家人都不能够容忍,家族成员也会助力抗争。当然,战争时期,农户谁都不敢惹"当兵的",类似军队肆意侵占的话,农户只能自认倒霉、隐忍不发,也不会形成耻辱或懦弱的家庭形象,其他村民也多是持同情、帮扶的态度,保甲长也是无可奈何,县乡官府也要根据自己的实力形势相机决策,不会轻易为了一家两户的问题做出重大牺牲。

(二)家户房屋产权

1.三院式大宅,三代同居

傅家院落是傅家十七代孙傅福治因为兄弟众多,祖屋不够住而盘下该院落的地皮,重新建造而成的。当时家丁兴旺、经济富足,房屋是按照"六面砖"①"三进院落"的规制建成的。除房屋六面为砖之外,建造材料主要为泥坯、木材等。直至1949年新中国成立时,傅家房屋在村里都是建制比较好的房屋,传承到傅恒元一代,傅家四代人都生活在这座院落中。傅家宅基地的面积为六百二十四平方米,房屋的建筑面积为二百四十平方米。

傅家房屋布局为三院式,坐北朝南,进入西北为正房主居室需要过三道大门,第一道是朝向为东南的正大门,正大门是老式双开的"大烧门"。进门是第一个院子,土质较硬,用作晒场。院子西南角有一处木制棚子,夏季用来吃饭。棚子旁边另有一处"猪套茅"。草棚旁边是

---

① 六面砖:指建造时,房顶、地面、房屋四个外面均用青砖。一般富足人家才置办得起此种规制的房屋,可以彰显该家户的经济实力和社会地位。

第二道门,第二道门处只有一个"大门垛",没有大门。第二个院子西南角有一处牲口套厕,用来喂养牲口,原理同"猪套茅"。东南角有一处木制棚子——厨房。第三道门是双开木制门,位于第二个院子的北面墙中部,进第三道门有两面影壁墙,两趟相交的青砖路。第三个院子是傅家的主居院落,正北方有三间正房,两侧各有一间耳房,耳房的宽度也只占正房的一半。整体看来,傅家院落属于比较形象的大四合院形式。

该院落中有正房、耳房、下房和棚子四种类型的房屋,共计十六间。正房坐北朝南,中间是堂屋,屋子中间是一张长桌,常年摆放着敬天地、菩萨、关公的香炉,房间西南角处有一个水缸,堂屋两侧都有灶台,灶台连着两侧房间的炕。堂屋一般为正式会客、宴客的场所。正房两间里屋一般都是当家人、长房或儿子居住,东间为上,是傅平进和傅张氏的房间,家长当家,家中贵重东西都存放在他们房间,如钱财、房契地契、单据等。正房西间是傅金安和王素珍夫妇的房间。正房的每个房间都有半开的木制门。正房两侧为耳房,耳房多为存放粮食、农具等家庭杂物,设置有专门用来防潮、防鼠的粮食囤。下房概指东屋、西屋等次于正房的房屋,且东屋地位高于西屋,多为在家中没有当家地位者居住。如傅治安结婚时年轻有为,家庭地位、社会地位都比较高,其夫妇二人住在正房,当时傅金安未婚时住在下房。傅治安去世后,傅金安回家结婚并当家,住进了正房,而崔珍甫只能带着孩子住在下房中的东屋。而傅恒昌作为孙辈、子辈结婚时则住进了西屋。棚子在三个院子中均有设置,共有四处,有存储杂物、喂养牲口或做饭吃饭等功用。正房要比耳房高出一米,在一般东、西配房和耳房高度相等;或者是耳房比正房低六十厘米,耳房再比配房高四十厘米,但东、西配房二者的高度一定是相等的。

2. 家户成员共有房屋

(1)家户共有

在傅家成员看来,未分家时,家里的房屋虽有居住别次,但都是属于全家成员共有共享的,既不专属于家长个人,也不专属于任何一个家庭成员所有。分家之后,以分家单为凭据,房间归属才能算是专属个人或小家庭。傅家房屋虽不算村中最多的,但相对于家庭成员总是更替周全,从未出现房屋紧缺而与他户共享共有的情况。

家中正房中,以东为上,东间始终是傅平进、傅张氏夫妇专属,傅平进去世后,为傅张氏固定居住。正房堂屋为全家公用,是会客、宴客的正式地点。正方西间先后是长子傅治安夫妇、次子傅金安夫妇的固定住所。其余房间则依家庭成员辈分、家庭地位和是否已婚的实际情况进行分配居住。耳房、草棚等房舍是常年专门用来存放粮食、农具、杂物的场所,属全家人共有公用。在供家人居住的房屋使用上,以正房东、西,东下房、西下房为顺序,提供给父辈、平辈、子辈居住。其中正房首先是长辈、当家人居住,其他人员可视情况决定。

分配给各小家庭的房间,各小家庭有自由居住、布置的权利,如傅恒昌之妻成婚时的陪嫁橱具都摆放在他们自己房中,由傅恒昌夫妇布置、使用,其他小家庭没有权利干涉这些用具的使用。家长可以召集家庭成员对成员所住房屋进行商议、更改,全体商议妥善以后,各自住进该房间。家长对个房间的使用还要遵循"无人时,公公不进儿媳屋,小叔子不进嫂妹屋"的基本礼俗约束。当然,其他家庭成员也要遵守这种礼俗。对于公共空间的使用,家长有支配决定的权利,家庭成员可以提出建议,但不能最终决定。这种各间各屋的家庭分配在分家之前不代表专属含义,只是家庭共同生活未免搬挪费事的一种生存常态。

（2）传儿不传女

傅家家庭成员对房屋所有权的认同和对土地的归属与认同是一样的，都是全家共有，自给自足，不容侵占，在房屋继承上则必须遵循"传儿不传女"的礼俗。在傅家有房屋居住使用权利的包括：傅平进与傅张氏夫妇、长子傅治安夫妇及其五个孩子、次子傅金安夫妇及其子女，不包括已外嫁的大女儿、离异离家的小女儿、寄养在傅家生活的外孙傅克民。傅克民虽已改姓，但无论从傅家成员还是四邻村民看来，傅克民仍然是"外姓"子女，不是傅家血脉下的正式成员，他只能暂时在傅家吃穿住用，并不具有房屋所有权，更不具有继承傅家房屋的资格。

但外出参军的傅金安、外出求学的傅恒昌、未出嫁的傅运杰、未成年的傅恒元、嫁入的媳妇王素珍等人始终是有份的。此外，入赘的女婿在村民眼中和媳妇的角色一样会成为一个家庭的正式成员，因此也有本家户房屋的所有权。虽为一家人，分家之时房屋同样当作家产进行分配，分家之后未归属到名下的就不再有份了，已经分家的兄弟、已经分家而且父母单独吃住、常住家里的其他非家庭成员，如管家、保姆、长工、丫鬟等都是没有房屋所有权份额的。

（3）共同维持和保护

傅家所有成员都认同房屋应该属于全家人共同所有、共同居住，而非个人所有的资产，并且认为，以当时的社会经济条件，房屋共有、家庭成员共同生活是实现土地共有、共同经营、共同收益的现实基础。这种认知首先来自于传统社会的家国观念，先有国后有家，先有家而后有我。乡村社会也不例外，从现实角度出发的道德教育就是要"我"首先对家庭、其次对家族、再者对国家负责。在长此以往的意识形态下，人口、房屋、土地、家产的建设、维护、扩张都成为所有家庭成员的责任和追求。

傅家也不例外，尤其是在这段时期傅家成员家风更为团结和睦，经历家人亡逝、战争破坏的种种劫难，傅家全体成员更把此院落当作栖身、立世的根基，它不仅仅是属于当时的家庭成员共有，更属于未来傅家子孙所有。

3.边界清晰，不容侵犯

（1）墙头儿[①]

傅家房屋与四邻的房屋有边界，北面以正房北墙加晒场北墙为界，西面以院落西墙与西邻居为界，南面以南墙及街道为其与对面邻居的边界，东面以晒场东墙及街道为其与东邻居的边界，各种边界都是在院落建造之初始由地理位置决定。傅家院落位于街道交叉路口，西面又是与邻居并排，由此形成东、南两面临街，北、西两面靠邻的边界。这些围墙边界即"墙头儿"，就是各家各户最不能让步的自我保护边界。

四邻、村庄、政府都不能越过其家户房屋的墙头儿修建房屋。各家户的房屋都归各家户所有和支配，是家户的私有财产，如土地一样不容外人侵犯。在傅家看来，"扒人家墙头儿"和"种地时越过别人家地边儿"的性质是一样的，都不能为家庭成员接受。因为家庭日常生活中经常与四邻家户打交道，若自己家的房屋、墙等被别人侵犯而默不作声，就会被别人认为自己家好欺负。有过这样的先例以后，便是相当于告诉村里人，人人都可以欺负他们家，"不要

---

① 墙头儿：当地方言，指院落围墙。

19

说以墙为界了,就是放在过道里的自己家的柴草被别人抱去烧火做饭了,傅张氏都会上门去讨个公道,不能轻易纵容这种事情发生"。此外,院墙、门锁的另一方面边界作用还在于防卫、安保。院墙、门锁的状态就能显示出他人是否可以进入傅家院落。大门不锁的情况下,无论开关,外人若想进入,都可一边喊人一边进入,如果家里没人,应当即刻出来,不能停留,否则被人撞见就难逃偷盗的嫌疑。如果只是孩子在家,还可等大人回家后再说事或闲聊。

（2）傅家人自用

傅家房屋所有权的认同和对土地的归属与认同是一样的,都是全家共有,自给自足,不容侵占,外人无论什么原因,不经傅家同意不可随意居住或使用,更没有继承的资格。傅家房屋有继承权利的是子辈的各个房头,女儿无论当时有无外嫁,虽可居住但都没有继承房屋的权利。比如,傅家分家时,傅张氏、傅治安已逝,具有房屋所有权的有傅治安的妻子崔珍甫、傅金安夫妇,而其他同辈姐妹及次辈的儿子、女儿不直接作为房屋继承者。在此次的分家中,除了崔珍甫和傅金安具有继承权,其他所有家庭成员只具有使用权。其中,寄养在傅家生活的傅克民只能暂时在傅家吃穿住用具有使用权,并不具有房屋所有权,更不具有继承傅家房屋的资格。

（3）强烈的心理认同

傅家所有成员对自家房屋都有清晰的心理认同,认同房屋应该属于全家人共同所有、共同居住,而非个人所有的资产。所谓家业,重中之重的就是家庭房屋,傅家也认同家户房屋的守护、扩建、丰富可以光耀傅氏门楣,使自己无愧于祖先,更可以使自己在村子里"挺直了腰板过日子"。而代代继承的房屋在自己这一代被人侵占、侵犯,是败家、无能的行为,也会使自己甚至自己的子孙在村里"抬不起头来"。

（4）家长管理

傅家房屋由内外当家人共同管理。房屋屋顶修缮、窗纱更换、门路修理都是内外当家人商议决定后,资金是傅张氏从保管的家庭共有钱财中提取。涉及买卖、拆除、修缮、重建等关于房屋的重大事项时,不能只靠家长直接决策,还要同家庭中其他已成年家庭成员商量,傅家在此类事项中都是经全家人共同同意后进行的。邻里、宗族等人会根据关系亲疏结合自己的见解有分寸地提出建议或想法,但不会参加主要意见。他们一方面认为"亲朋好友应该互相帮衬,出谋划策、借钱出力都是应该的,谁都有用得着谁的时候";另一方面又认为"各人自扫门前雪,莫管他人瓦上霜""人家一家子的事情不能瞎参合,小心里外不是人"。因此,邻里、宗族、村庄等外人对傅家房屋的经营管理都处于各自的分寸把握之内,不能也不会强加干预。即使是亲父母、兄弟,在分家之后,对于各自房屋变动的重大事项都不会主动干涉。此外,若分家后的兄弟共同享有去世的父母房屋的所有权和经营权时,那么双方也共同享有对该房屋的买卖、拆除、修缮、重建的权利,任何单方不能擅自做主,必须经过该房屋的全部所有者同意后才能进行经营管理。

4.家长最终决定

傅家在房屋买卖、典当、出租、建造等活动中,由整个家庭充分讨论决定。1945 年之前,傅平进和傅张氏是家长,是主要支配者,而长子傅治安具有一定家庭地位和社会地位,他的意见被主要参考,傅金安的意见次之,三姐妹的意见再次。至 1951 年之前,傅金安与傅张氏是家长,是主要支配者,长媳崔珍甫代表长房小家庭的整体意见,其意见被主要参考,王素珍与傅金安同意意见或不提意见,三姐妹意见最次。对有无房屋的支配活动的权利与是否拥有房屋所有权和继承权是相应而生的,有所有权、继承权就有管理经营权,就能参加主要意见,但一切意见又要尊重家长的最终决定权。傅金安回归家庭并成为外当家人,当他准备结婚时,崔珍甫带着几个孩子还住在正房西间中。傅张氏作为大家长提出让崔珍甫带着孩子去住下房东屋时,傅金安默不作声,三姐妹不在家,崔珍甫一方面敬畏婆婆不愿违逆其心意,另一方面自己一个人势单力孤,最终搬去下房东屋居住。当傅恒昌作为长房长孙要结婚时,当家人傅张氏、傅金安仍然住在正房中,其母崔珍甫与姐弟兄妹四人还住在下房东屋。当家人傅张氏提议把下房西屋收拾腾挪出一间来成为傅恒昌夫妇的长期住所。当时傅张氏认为,长辈在各自的房间居住已久不便腾挪,且没有小辈比长辈住所"高级"的道理,因此其他家庭成员也不敢提出异议。

傅氏家族由于历经五百多年的历史,三门二十四代,祖屋在家族历代繁衍分化中早已无迹可寻。对傅家来说,傅福治所建的"六面砖""三进院落"规制的房屋,傅家四代人都生活在这座院落中,传承到傅恒元一代已近百年。傅家的房屋、宅基地在土地改革运动前从未出现过买卖、典当、出租、建造活动。在1981年分家后,分得该院落的傅恒信、傅恒亮等人家庭经济状况逐渐好转后,共同商议拆除、分地、重建为两套院落,归各自所有。此事中,分家后与老宅无直接关系的傅恒元对新房屋的建造出工出力,但并未对房屋建造的关键事项提出决定性意见,涉及的资金往来也不算作对新房屋的所有权的占有,只源于血缘亲情的互相帮助。

5.其他成员参与意见

傅家在房屋买卖、典当、修建等活动中,除先后"两任"家长之外的家庭成员都不能发挥支配作用外,无论老少都有提出自己意见的权利。家长亦是在全体成员达成基本一致意见之后才享有最终决定权,在此之前家长也不能擅自决定,其他成员就更不能擅自决定。如果当家人不问他人意见而决定的事情,其他成员也只能听从。

6.产权公认,三级保护

傅家以"为子当孝,为弟当敬,为父母当慈,贫者当恤,节妇当重,孤幼废疾者当养"为代代相传、生存立世的根本。傅平进、傅治安、傅金安几代人更是善待家人、族人、邻里,并且为保护村民、抗日战争、解放战争都做出极大的努力,都为傅家在村庄的善良、忠义形象奠定了基础。因此,邻里、族人、村庄对傅家的房屋产权亦是充分尊重与认可,从未出现过房屋边界、所有权、经营权、收益权等相关产权侵占事件。

在当时的社会状态中,房屋产权与土地产权同样重要,都是农民生存发展的必要经济基础,各家户都非常看重自家的房屋。首先,家家户户的房屋出于安全防盗的考虑,都有明晰的高墙分界;其次,经常打交道的邻里、村民都有各自的居所房屋,没有侵占他人房屋的必要;最后,各家各户对自己和他人的房屋都有清晰的心理认同和保护意识,不会任人随意侵占。因此,傅家周围的街坊邻居对各自的房屋产权都给予充分的认可和尊重,相互独立、互不干涉。

当家户房屋需要买卖、租用、置换时,交易双方都必须在双方家长商议交易条件,并对交易条件充分认同,同时公证人当场公证,经书写文书,当事人签字、按红手印等一系列公认的程序后,才能使交易最终达成。在此之前,如果家户家长不同意,谁都不能随意买卖、租用、置换、侵占家户的房屋。邻里、家族、村庄、官府都在各自所处或所辖的社会关系范围内对这种交易程序和文书给予充分认可和保护。

（三）生产资料产权

1.大小农具自备，牲口与他人共有

傅家长期拥有、耕种二十亩土地，种地是主要收入来源，因此农具配置较为齐全。傅家人口、土地在本村算是上中等农户，农用具损坏或需要置办时会及时置办，尽可能不向其他家户借用。大型耕作农具有：犁、耙、盖、耢子、耧等，此类工具主要用于粮食收割后与新耕种相接之际翻土、松土等活动，大多需要借助多人和畜力共同协作完成。小型耕作农具有锄头、铁耙等，多用于菜园种植。土地改革运动前，傅家土地无灌溉水利设施，只有村南的菜园子里有一口自打土水井，以辘轳取水直接灌溉。当时，粮食收割、脱粒均为人工，因此多用小型农具，如大镰刀、小镰刀、大镐、小镐等。傅家还有专门用来存储粮食的囤和防暑防冻的地窖。农用运输工具有大车，大车为木制，车轮外身用铁皮包钉，避免磨损以延长使用寿命。

傅家常年与友邻、同族傅东来家共有一头牛、一只驴。此外，当家庭成员需要出远门走亲访友时，就会用驴套大车当作交通工具。此外，傅家自买自养五六只鸡、一两头猪、一只母羊，鸡蛋、成猪、羊产生的成本和效益都归属傅家家庭共有。

2.生产资料基本自足

傅家上述生产资料来源情况分为三种：首先是与傅东来共买共有的牛和驴，其次是来自父辈继承的大小用具若干，最后是伴随生产生活中，农用具损坏后傅家自行重置完全自有的农具。以傅家当时的土地规模和家庭条件来说，牛、驴是耕种土地的必需品，但又是傅家自己无法同时承担的高档耐用品，因此只能同他人共买、共养、共用。傅家素来尽自己所能置办生产生活的必需用具，从不愿也不看好经常同他人借用，认为这不是农村人生活应有的状态。

一般小型农具是从离家两千米的大冯营乡镇集市购入的，附近集市的价格相差不大，而且大冯营集市是离傅家最近的，小型的生产生活用具一应俱全。大型器具或牲口大都是从距家十千米左右的榆科镇集市买入，榆科镇是当时全县首屈一指的大型集市，有专门的农具贩售和牲畜交易区。傅家与傅东来的牛、驴就是在榆科镇集市上购买的，傅家的犁、耙、盖等大型农具也多从榆科镇集市上购买。购买生产资料的钱都来自于家庭多年的积蓄。王素珍当时所用家中的农具大多是木制、铁制工具，一直没有懂木工、铁器的内行人，因此家中很少有农具能自制。

3.生产资料为家户所有

（1）全家共有

家庭成员认为，家里的农具、牲畜等生产资料都属于全家人共有，而非属于某个个人。傅家无论是内外当家人，还是普通家庭成员（不包括寄养在傅家的傅克民）对于傅家继承而来及后期置办的生产资料都享有所有权和使用权。而与傅东来家共有的牛、驴，因购买时双方家庭各出一半的钱，这些钱来自于双方家庭成员的共同财产，并不是来源于一个家庭，也不是来源于一个家庭的家长个人所有，更不是来源于两个家庭中的任何一个个人所有。因此，牛、驴的所有权和使用权属于两个家庭共有，但两家户成员中不具有正式的家庭成员身份的人不具有任何所有权。

当初两家喂养、使用两头牲口时，不论春夏秋冬、农忙农闲，都严格按照每家五天的时间喂养和使用。在傅家实际生产生活中，由于土地、家产都是融为一体、不分家的状态，因而私有生产资料并不能增加个人的收入、改善个人生活,因此从现实意义上杜绝了置办个人私产的动机。傅家在这段时期是地多劳力少收入微薄的时期,傅张氏对家庭成员的经济管束也很严格,个人和小家庭也很难有购买私房农具的资金。总之,傅家不存在属于某个个人所有或者小家庭所有的生产资料。

（2）劳动力共享共用

傅家家庭成员对生产资料所有权的认同和对土地、房屋的归属与认同是一样的,都是全家共有共用,不容外人随意霸占。在傅家生产资料所有者包括:傅平进与傅张氏夫妇、长子傅治安夫妇及其五个孩子、次子傅金安夫妇及其子女,不包括已外嫁的大女儿、离异离家的小女儿。虽然寄养在傅家生活的外孙傅克民已经改姓,但无论从傅家成员还是四邻村民看来,傅克民仍然是"外姓"子女,不是傅家血脉下的正式成员,始终只能是享有使用权,而不能享有所有权。

但外出参军的傅金安、外出求学的傅恒昌、未出嫁的傅运杰、未成年的傅恒元、嫁入的媳妇王素珍等人始终是有份的。虽为一家人,分家之时生产资料同样当作家产进行分配,分家之后未归属到名下的可以借用,但不再有所有权。已经分家的兄弟、已经分家而且父母单独吃住、常住家里的其他非家庭成员,如管家、保姆、长工、丫鬟等虽然可以借用,但都没有生产资料的所有权。上述所有在傅家生活的人员都可以正常使用生产资料从事农业劳作,但所有权一定是按照上述归属方式而自然形成。

（3）全家共同保护共享收益

傅家成员都认同生产资料应该属于全家人共同所有,而非个人所有,而且以当时的社会经济条件,土地共有是家庭生活得以维系的先决条件,也就势必决定了生产资料也必须共有,才能使家庭成员的共同生活真正实现共同经营、共同收益。生产资料所有权分配给个人,不利于团结家庭成员共同经营土地。但家长可以根据生产资料的特有属性和生产现状决定哪个家庭成员可以使用哪种生产资料。比如,在傅家耕地时,傅平进是男性,有力气,则经常是把耪子使用大型农具的人;崔珍甫、王素珍是女性,力气小,通常是在后面用小型农具铁耙碎土块、找平面的。而需要盖地的时候,人力无法完成,需同时套用两只牲口——牛、驴并用,需要有人牵牛、牵驴把握方向,还需要有人坐在盖上增加盖的重力。这种生产活动就要求家长主要支配、协调全家人、畜、物共同完成。而生产资料归家庭成员私有一方面是不适应这种生产生活的现实状况的,另一方面也不利于家庭的团结与和睦。

4.家长最终决定

（1）家长实际支配

傅家在生产资料的购买、维修、借用、使用中,家长是实际支配者。1945 年之前,傅平进和傅张氏是家长,是主要支配者,而长子傅治安具有一定家庭地位和社会地位。当大家长傅平进不在家时,其妻傅张氏可作为家庭的大家长决定家中生产资料的相应活动,且傅张氏也一直保管家中的钱财,可以充分决定相关事宜。傅张氏也不在家时,其长子傅治安因其家庭地位和社会地位可以作为暂时支配者,决定生产资料的购买、维修、借用等活动。至 1951 年之前,傅金安与傅张氏是家长,是主要支配者。傅金安是外家长,负责傅家对外交往的迎来送往、乡村礼俗等事。傅张氏是内家长,负责家庭内部经营、分配、管理等事,且傅张氏为长辈,在不涉及重大家庭事项的时候,傅金安也要听从母亲的决定。因此,傅金安不在家时,傅张氏可作为家庭的大家长决定家中生产资料的相应活动。傅张氏也不在家时，不太紧急的活动可以推延，实在事急应当从权时，由于两个儿媳交往关系很好，通常是共同商议决定生产资料的维修、借用活动。她们虽可以作为暂时支配者，但她们手中不掌管家庭财务，所以仍不具有购买的权力。

（2）家长在生产资料购买中的地位

在生产资料的购买活动中，对家庭生产生活影响大的主要是牲口、大型农业用具。因为牲口在当时较为珍贵，一方面畜力能胜任人力不足的农业劳作活动，另一方面牲口价格高昂，傅家这种纯农业家庭无力单独负担。而大型农具如犁、耙、盖、耢子、耧等在一年四季五谷杂粮的种植、管理、收获、耕地过程中都会用到，借用王素珍的话是"咱就是种地的人家，地又多，干什么活都不是一天两天能干完的，没干活的家伙什儿没法活啊！"因此，对于以妇幼为主、地又多的傅家来说，家长必须综合考虑生产生活、经济条件等家庭状况，合理安排牲口、大型农具及小型农具的购买。傅平进当家时多与傅张氏商量购买什么农具、怎么购买、购买几件等相关事项。傅金安与傅张氏是家长时，傅张氏年迈不再下地，多是傅金安根据需要向傅张氏提议，两人商量妥善之后，傅张氏从家庭公款中出钱，傅金安出门赶集时购买。傅家的生产资料购买不必告知或请示四邻、家族、保甲长。

傅家共二十亩土地，一年中收获的五谷杂粮除了一家人吃用之外，剩余部分则由家长去集市上出售，或直接以市价卖给人多地少需要购买粮食的本村其他家户。此外，傅家养的猪、羊、鸡等家畜出售后也成为重要的经济收入。当时家里的牛、驴生病、死亡、重置都是靠这些收入来维持的。牲口、大型农具都是耐用的生产资料，并不需要年年置办，因此各种生产资料的轮替使用与置办都能基本满足生产需要。

（3）家长在生产资料维修中的地位

土里刨食的农民，无论穷富都以勤俭为宗旨，小到一粥一饭，大到生产生活用具都要"节俭着使"[1]。傅家家庭成员在使用农具时都十分小心，一旦发现铁锨松动、盖条缺少等小问题就会及时修理。一般性的小问题，家庭成员都可以进行维修，王素珍在地里用铁耙分畦时铁耙头松动，自己拿砖头砸砸钉子就能解决。但如果问题比较大需要技术或者力气时，都是由家庭中的成年男性——傅平进、傅治安、傅金安等人进行维修。除非当生产资料坏得彻底、修无可修时，才会重新添置新的农具。傅家在生产资料的维修活动中，谁发现坏了谁就会提出来，自家人动手的维修不限定只能当家人做，只要能修好就行。需要外人维修或会产生费用的维修一般是家长安排、决定的，自家人商议确实有必要维修才会去修，由傅张氏从家庭公款中出钱。如果当家人不在，简单维修在家的成员都可以进行；需要费用的维修则需要傅张氏回家后从家庭公款中出钱才能维修。

（4）家长在生产资料外借中的地位

傅家农业用具置办较为齐全，但在日常与左邻右舍交往中也不可避免会有邻里来傅家借用农具的情况。无论是大型农具还是小型农具，傅家独立享有所有权的农具一般都会借给

---

[1] 节俭着使：当地方言，指在使用生产生活用具时，要小心使用并爱护农具、防止农具毁损，以减少维修和重置的费用。

邻居使用，但牛、驴是两家共有的牲口，傅家为免于闲话、纠纷，一般不会外借给他人。在不是当下急用的农具借用中，小型农具一般除孩子以外的家庭成员都可以做主外借，借完要知会家长。大型农具一般要经家长当面同意才能外借。当下要用的农具，无论大小，都要先告知家长，由家长决定是否外借，并决定外借之后本家的生产活动怎么安排。如果当家人都不在，其他家庭成员可以决定小农具是否外借。可以推延的借用时，可以等家长回来后再做决定，实在事急应当从权时，由于两个儿媳交往关系很好，通常是共同商议决定。

（5）家长在生产资料共用中的地位

傅家的生产资料中只有牛、驴两只牲口是与傅东来家共有共用的。牛、驴的购买、喂养、使用、治病、出售等一系列活动都是以两家家长作为家庭代表商议决定的。购买时，一家出一半的钱，买来每家喂养五天，喂养期间可用于农业生产；治病也是两家一起去给牲口看病，钱一家出一半，牲口出售时一家分一半钱。无论春夏秋冬、农忙农闲，都是遵循这种规则。傅家在自家喂养使用的五天内，使不使用、如何使用不用跟他人商量。傅家决定和傅东来家共同喂养牲口就是因为两家之间有几十年、几代人的交情，互相信任、互相支持。所以如果牲口在共用过程中出现问题，任何一家的家长不在家时，该家家庭成员都可以信任另一家家长做出的决定。关于牲口的问题，当时各家各户都极其看重，除了日常喂养外，家长以外的成员对共有的牲口不能做出重要决定。

5.其他成员参与意见

除家长以外的家庭成员对生产资料没有购买权，可以进行简单的农具维修，对部分小型农具有借用权，对生产资料都具有使用权，对农具的购买、借用、维修等都可以提出建议，但最终都要听从家长的决定。整体看来，其他家庭成员大多处于从属地位。

6.多方认可，无人侵占

傅家庄是典型的以种植业为主的农村，虽然家户土地数量参差不齐，地少的穷苦人家可以给大家户当长工、帮工，且村里超过半数都是傅氏家族的后人。长期相处下来，各家各户都或多或少拥有土地及生产资料，相互之间的借用默契也基本形成。一般能在生产资料方面产生相互关系的，要么是左邻右舍，要么是地邻，要么是同族本家，这些都是知根知底的可靠关系，谁都不会借而不还、据为己有。住得远、不是血缘或朋友关系的就算是上门要借东西，家长也会问清缘由，小心处理。不属于家庭的生产资料不经其家长同意不能随意使用、占有。傅家生产资料虽然有时邻居借用时间比较久，但从未出现过借了不还以致侵占的情况，更没有不经同意就拿走的情况。其他村民、家族成员、村庄和官府承认和保护家户的生产资料产权就如同承认和保护家户的土地、房屋等产权一样，任何与之有关的买卖、租赁、置换都要经过家长的同意才能进行。产生纠纷时首先是家户双方协调沟通，其次是家族长辈调解或邀请双方认可的乡村权威进行调解，最后是靠官府力量解决。

（四）生活资料产权

1.基本自足，全家共享

傅家最明显的特征就是自给自足，在生活资料方面大到晒场、地窖，小到锅碗瓢盆，或父系继承，或自家购买，或自食其力种植，全家人齐心协力，除媳妇的陪嫁家具外，从无私房物品和钱财,都共劳共食。

自从傅家院落建成时就在一进院落中建设了四百平方米左右的晒场,用于晾晒小麦、棉花、豆类等;在二进院中挖了地窖,用来存储红薯、白菜等过冬怕冻的粮蔬;在三进主居院落的耳房和下房西屋中分别设置粮食囤,用来存放粮食和棉花等,是真正意义上的粮仓。傅家家中没有水井,在村南的菜园地中有一口自家的土水井,用辘轳汲水来灌溉蔬菜。这口土井大概五米深,不知道是哪一代人所挖。傅家一应的桌椅板凳、橱具等家具较为齐全,油盐酱醋、锅碗瓢盆等生活用品基本能维持生活,家家户户还都只能用煤油灯的时候,傅家已经能点得起泡子灯了。可以看出,在左邻右舍中,傅家生活资料虽不算最好的,但已经能达到中上等水平。

傅家的晒场、地窖、粮食囤、水井都是自制,来源于父系继承,到傅平进、傅金安时多为修修补补。桌椅板凳、家用橱具、锅碗瓢盆等生活用具大部分是日常生活中陆续购买添置的,但也有一部分是在家庭成员婚嫁时专门置办的。而全家共享的小米、高粱、面、油、菜、棉花都是通过土地种植、加工而来,酱油、黄豆酱、豆豉都是自己用黄豆加工制作而成,而醋、盐、布匹、年节时的肉、寻医问药这些生活资料都是购买而来。从每年的收支规模来看,折合约一千元左右。全家人就是靠共用这些生活资料而维持日常生活,当家中有婚丧嫁娶、生孩子等需要宴请宾客的大型活动时,家里的生活资料不够用了才去借别人家的。一般大户人家人多事多,又有经济条件,置办的桌椅板凳、锅碗瓢盆足够应付村里家户的婚丧嫁娶生子这种场合,但傅金安与王素珍结婚时并不是空口白借的,还要给人家一两毛钱。这种习俗,在喜事上表示同喜,在丧事上表示出借人不沾晦气,还有的小家户没必要借太多,自己家又不够,就同左邻右舍借一部分,凑合了事就好。

2.产权为家户所有

（1）全家共有

傅家的生活资料是属于傅家同居共财的全家成员所共有的,但其中不包括外嫁的女儿和寄养在傅家的傅克民,他们在傅家生活期间可以使用,但始终不具有所有权和继承权。生活资料所有权既不归属于家长个人,也不归属于其他成员个人独有。傅家一个三节的躺柜是继承上一代傅长清的,傅平进和傅张氏接手后,由于傅治安、傅金安结婚需要而分别放在了他们的婚房中,成为他们各自房头的生活用具,这躺柜不能说是家长或个人自己的,全家人都可以听从家长的分配而使用。至土地改革运动前,傅家历经磨难,全家人齐心协力同吃同住同劳动,基本上吃穿用度都来自于土地收入,年节之间也不进行分割,都由家长统一保存、平均分配。所有的生活资料都是全家成员共有,不存在与其他人共有的情况。每年给孩子添什么衣服、添几件,傅张氏或是直接按人头买好布料给孩子母亲,或者会一视同仁把买布的钱给孩子母亲,由她们去做成衣服。

（2）全体成员共有共用

傅家对拥有生活资料所有权的家庭成员范围和对土地、房屋、生产资料的归属与认同是一样的,都是全家共有共用。在傅家生活资料所有者包括:傅平进与傅张氏夫妇、长子傅治安夫妇及其五个孩子、次子傅金安夫妇及其子女,不包括已外嫁的大女儿、离异离家的小女儿、寄养在傅家生活的外孙傅克民。虽然傅克民已经改姓,但生活资料仍不能有他的一份。虽为一家人，分家之时生活资料同样当作家产进行分配，分家之后未归属到名下的就不再有份了。已经分家的兄弟、已经分家而且父母单独吃住、常住家里的其他非家庭成员，如管家、保姆、长工、丫鬟等虽然可以借用，但都没有生活资料的所有权。上述所有在傅家生活的人员都可以正常使用生活资料，但所有权一定是按照上述归属方式而自然形成。

（3）强烈的心理认同

傅家成员都认同生活资料应该属于全家人共同所有，而非个人所有，而且以当时的社会经济条件，土地共有、房屋共居、生产资料共有也就势必决定了生活资料也必须共有，才能使家庭成员真正实现共同生活、共享成果。生活资料所有权分配给个人，极其容易因多少、优劣难以均衡等问题产生嫌隙，不利于团结家庭成员共同经营。但家长可以根据生活资料的特有属性和家庭成员的生活状态进行合理分配，物尽其用，这种生产活动就要求家长主要支配、协调全家人、畜、物力共同完成。傅金安未婚时家中的橱柜没有专门分配给他用，而结婚后不但有了自己夫妇的房间，还分给了他们夫妇一节躺柜。

3.家长支配，成员听从

家长是生活资料的主要支配者，家中的生活资料的购买和有偿维修都必须经家长同意，从傅张氏掌管的家庭财务中出钱。需要借用生活资料时，家长是最有面子的，一般不会被拒绝。生活资料的购买、维修，其他家庭成员可以提出建议或意见，但最终还要听从家长的决定。这些决定也不受家族、村庄、官府的管辖和支配。借用时，家庭成员可以经家长同意后以家长的名义去亲朋好友家借来。在日常生活中，傅张氏无论是不是亲自做饭，对做饭时做什么饭、放多少米、炒什么菜、放多少油等琐碎生活资料的用度都会掌管。因此，家庭成员在实际生活中也非常注意把握其中的分寸。

4.产权侵占与保护

傅家的橱柜、锅碗瓢盆、油盐酱醋、衣物等生活起居用品从未出现过被他人无由侵占的情况。一方面这些物件都是家庭内部成员天天都要用到的东西，另一方面这些物件很少能和院外的人、事扯上关系，他人也没有偷盗的可能和必要。不属于自己家庭的生活资料不经其家长同意不能随意使用、占有。傅家生活资料虽然有时邻居借用时间比较久，但从未出现过借了不还以致侵占的情况，更没有不经同意就拿走的情况。

傅家二十来亩土地，分布在三处，一年四季种着不同时令成熟的粮食，而劳动力又有限，在照看不过来的情况下，很容易出现玉米被别人掰了几颗、高粱穗被别人折了几支、白菜被别人抱走几棵、花生被别人拔了几棵等现象。这种粮食的丢失算不上太大的经济损失，又抓不到人家的现行。一般做这种事情的也都是本村的村民，随便几颗、几支的东西，就算知道了是谁干的，也不能怎么样。碰到不讲理的村民，你张口问的话，人家就说吃了，都是乡里乡亲，任凭你也再说不出什么了。所以傅家为避免出现这样的情况，等庄稼快成熟时就经常去地里溜达，一旦庄稼成熟就尽快收回家，在自己院子里的晒场上进行处理。当人手不够、不可避免还是出现类似情况的时候就只能认倒霉了。在村中生活的都是知根知底的，谁是什么样的人，大家都十分清楚。听说谁家的庄稼被人偷了的时候，自己心里或是同情，或是看热闹，也会猜测是谁干的，不管猜得对不对却从不会跟外人说，一方面没有真凭实据，另一方面不想得罪人招灾惹祸。

村庄在麦子快成熟时会组织村中的年轻人分片式地"看青"。但其他时令的庄稼是没有这种安排的。村庄和官府承认和保护家户的生活资料产权,就如同承认和保护家户的土地、房屋、生产资料等产权一样。他们的认可与保护更多地体现在出现纠纷时进行的调解、公证、裁决,具有公共权力的强制性。此外,任何与之有关的买卖、租赁、置换都要尊重家户的权利,获得家长的同意才能进行。产生纠纷时首先是家户双方协调沟通,其次是家族长辈调解或邀请双方认可的乡村权威进行调解,最后才是官府力量解决。

二、家户经营

(一)生产资料

1.劳动力自给,无劳力调剂

傅治安在1943年去世前是医生、村党支部书记,平常不太参加农业劳动。至1945年之前,傅家主要参加农业劳动的有傅平进、傅张氏、崔珍甫三人。1951年之前,傅家主要参加农业劳动的有傅张氏、崔珍甫、傅金安、王素珍四人。此外,家里孩子们傅恒昌、傅恒菊、傅恒欣、傅运杰、傅淑芬等兄弟姐妹五人从十一二岁放学、放假时就开始帮着大人做拉秸子、拔草、收粮食等农活,年纪较小的就帮着给家里的牛、猪、羊等牲畜割草。由于傅治安平时较忙又早逝、傅金安前期参军入伍、傅平进又跳井去世,傅家前前后后能参加农业劳动的男性始终只有一个,甚至还有两年没有男性。因此,傅家女性上到当家的傅张氏、子辈的妯娌两个,下至孙辈的十多岁的女孩儿都必须参加劳动生产。当然,傅家不论男孩女孩到该上学的时候,家长都会支持孩子们去上学。只有大风、大雨、生病起不来床时才能不下地,要不然总是要干活儿。

在傅张氏的带领下,全家人起早贪黑地种着二十亩土地,虽然极其辛苦,但始终坚持不雇工。就连最忙的麦收、秋收时,都没雇过短工,宁可更起早贪黑,也不愿意花钱雇工,他们觉得但凡能不花的钱就不花,每年能有的进项收入实在太少,大家能省就省。

2.土地的自给自足,无土地租佃

1951年之前,傅家自有父系继承的土地二十亩,以各时期家中的劳动力情况而言,这些土地足够自家耕种。当时种地没有任何水利设施,全是靠天吃饭,地力不足、雨水不足时产量就很低,况且家庭几乎没有其他经济收入,所以傅家人一般会全部耕作这些土地。二十亩土地对当时的生产生活来说不算少,但也谈不上达到出租的程度,三五亩的土地很难找到合适的佃户,也很难谈成恰当的价格,且大多人还是认为土地租佃的收益始终不如自家自种。出租土地的一般是土地几十亩、上百亩的大家户。土地为家户所有或者家户经营,生产和报酬得以紧密联系的条件下,家户有可能自由支配自己的产品,这就使家户有可能改善生存状况,使其成员有可能实现为全家人挣个好生活、为子孙积累下好基业而荫及后人的希望。这种希望始终是推动中国农业生产的基本动力。

3.牲口共有,伙养共用

傅家与傅东来家共有一头牛、一只驴。常年用牛来耕地,农忙活计多的时候就牛、驴并用。当需要出远门走亲访友时,就会用驴套大车,当作交通工具。一头牛、一只驴足够满足两家的耕地和出行需求。

牲口在当时较为珍贵,一方面畜力能胜任人力不足的农业劳作活动,另一方面牲口价格高昂,傅家这种纯农业家庭无力单独负担。因此,对于以妇幼为主、地又多的傅家来说,家长

必须综合考虑生产生活、经济条件等家庭状况,合理安排牲口的购买。而傅家与傅东来家是世交,住得也近,两家都是好脾气的人家,也同是傅氏族人,两家的土地规模相差也不大。因此,傅家决定与傅东来家共买、共养、共用牲口。

牛、驴都是在距家十千米左右的榆科镇集市上专门的牲畜市场购买的,双方家长在集市上找了专门懂牛的中间人,以黄牛的牙来判断买的是不是年轻力壮的好牛。双方家庭各出一半的钱,这些钱来自于双方两家家庭成员的共同财产,并不是来源于个别家庭或个人。因此,牛、驴的所有权和使用权属于两个家庭共同所有。牛、驴的购买、喂养、使用、治病、出售等一系列活动都是以两家家长作为家庭代表商议决定的,除了日常喂养外,家长以外的成员对共有的牲口不能做出重要决定。购买时,一家出一半的钱,买来每家喂养五天,喂养期间可用于农业生产;治病也是两家一起去给牲口看病,钱一家出一半,牲口出售一家分一半钱。无论春夏秋冬、农忙农闲,都是遵循这种规则。傅家在自家喂养使用的五天内,使不使用、如何使用不用跟他人商量。当初两家喂养、使用两头牲口时,不论春夏秋冬、农忙农闲,都严格按照每家五天的时间喂养和使用。一般各家各户都有自己应对生产生活的过法,也都知道牲口是各家的“宝贝”,很少有人上门借牲口。当牛下了小牛以后,仍然按照每家五天的方式喂养,让小牛跟着大牛一起生活。傅家的牲口没有出现过被偷的情况,不管牲口在谁家时被偷了,双方都束手无策。两家人都是明理之人,认为遭窃这种事情是谁也不想的,也相信对方已经尽力,最后只得再商议着重新买。此外,傅家自买自养五六只鸡、一两头猪、一只母羊,鸡蛋、成猪、羊产生的成本和效益都归属傅家家庭共有。

4.农具一应俱全,无须外借

傅家长期拥有、耕种二十亩土地,种地是主要收入来源,农具损坏或需要置办时会及时置办,尽可能不向其他家户借用,因此农具配置较为齐全。大型耕作农具有:犁、耙、盖、耢子、耧等,此类工具主要用于粮食收割与新耕种相接之际翻土、松土等活动,大多需要借助多人和畜力共同协作完成。小型耕作农具有锄头、铁耙等,多用于菜园种植。粮食收割、脱粒均为人工,因此多用小型农具,如大镰刀、小镰刀、大镐、小镐等。傅家还有专门用来存储粮食的囤和防暑防冻的地窖。农用运输工具有大车,大车为木制,车轮外身用铁皮包钉,避免磨损以延长使用寿命。现有的农具可以满足自家的生产需要。

(二)生产过程

1.农业耕作

傅家主要从事单一的旱地农业耕作,无家庭副业及其他手工业。每年傅家都会根据实际情况分别种植常见的五谷杂粮,有小麦、玉米、高粱、黄豆、绿豆、花生、谷子、时蔬瓜果等。种什么、种多少、怎么种家庭成员都可以提出建议,但全体家庭成员都要听从家长的最终决定,关于农业耕作的一切决定都不必告知或请示四邻、家族、保甲长。

高粱、黄豆、绿豆、花生、谷子、时蔬瓜果之类一般是谷雨前后,种瓜点豆。高粱、谷子是主要的吃食,种植面积一般在三亩左右。黄豆、绿豆、花生是杂粮中产量低但经济价值较高的,家用较少,一般种植面积在一亩左右,不指望种杂粮获得收入,更多的是家中有需要时能自给自足不用花钱买。一般7月15日左右收获高粱,8月收获黄豆、花生,9月收获谷子。主要粮食作物玉米一般是6月中旬人工播种,7月份除草,9月份看青,10月上旬收获。10月秋收之后,立马接着把所有收获完粮食的空地都经过犁地、耙地、盖地,然后种上小麦,直到次年四五月份除草,6月上旬收获。

在年复一年的农业劳作中,麦收和秋收是农业劳作任务最重的时候,犁地、耙地、看青、平整晒场等需耗力最大的劳作一般都以男性为主,而锄草、种麦、收麦、种秋、收秋、收集粪便之类虽然烦琐但工作量较大的劳作,全家老少妇孺都要参加。傅家在耕地时,傅平进是男性,有力气,则经常是把耤子、使用大型农具的人;崔珍甫、王素珍是女性,力气小,通常是在后面用小型农具铁耙碎土块、找平面的。需要盖地的时候,人力无法完成,需同时套用两只牲口——牛、驴并用,需要有人牵牛、牵驴把握方向,还需要有人坐在盖上增加盖的重力。这种生产活动就要求家长主要支配、协调全家人、畜、物力共同完成。除草或用手拔,或用锄榜,或用小镰刀割,农具轻便好用,男性、女性甚至孩子也能做。日常喂牛喂驴、收集粪便大都是崔珍甫和王素珍,她们忙不过来时几个孩子可以合力完成。傅家日常的劳作整体分配都是家长做主,实际劳作过程中都是大家商量着协同完成。

2.饲养家畜

傅家常年与傅东来家共养一头牛、一只驴,自养一两头猪、一只母羊、五六只鸡,此外还有一只看家狗、一猫。

养牛、驴:一般牛、驴是在二进院的同一个棚子里,傅家家庭成员以妇幼为主,所以多是王素珍妯娌两人负责割草或用铡刀铡玉米秸秆,她们忙不过来时几个孩子可以合力完成。喂养牛、驴是为了完成农业劳作和运输。活畜价值要比死了的价格高得多,能把自家的经济损失降到最低。等到牛、驴或老或病,傅家或傅东来家有人看出牛、驴不能再养的时候,双方家长就会商议着找中间人把它们卖掉,不会等到死在家里再处理。牛、驴的购买、喂养、使用、治病、出售等一系列活动都是以两家家长作为家庭代表商议决定的,不必告知或请示四邻,家族、保甲长。此外,除了日常喂养外,无论家长在不在家,家长以外的成员对共有的牲口都不能做出重要决定。

养猪:傅家常年养着一两头猪,猪圈和牛棚紧挨着,都在二进院里,这种设置是为了方便粪便收集。厕所、粪坑、猪圈、牛驴棚连成一体,人粪和猪圈的粪便都可以自动冲流到粪坑中,每日牛、驴的粪便都可以直接收集扔到粪坑里,可降解的日常生活垃圾如烂了的菜,也都扔在里面造成肥料。一般喂猪吃草面、麸子、玉米面掺和而成的面子,穿插着也会喂草,喝当天的刷锅泔水。面子一般是王素珍妯娌两个一起用村里公用的石碾磨成的,一次会备下半个月左右的面子。有了这些面子,无论是傅张氏还是孩子,在王素珍妯娌两个人忙不过来的时候,都可以帮着喂养。养猪是用来出售的,以形成经济收入。一般养成之后大概二百斤,先后由傅平进和傅金安赶到榆科镇、辰时镇或武强镇等大集上的牲畜市场上,找合适的中间人,联系合适的收购者。卖的钱都要交到保管家庭财务的傅张氏手中。过年过节都是傅张氏拿钱称几斤肉。猪的购买、喂养、治病、出售等一系列活动,都由家长做出决定,不必告知或请示四邻、家族、保甲长。此外,除了日常喂养活动外,无论家长在不在家,家长以外的成员对猪都不能做出重要决定。

养羊:傅家养羊没有专门的圈,只是在羊脖子上拴根皮子绳,大部分时间是用楔子钉在地上,就能保证羊不能乱跑。天气不好,刮风下雨时就把羊牵到棚子里。一般每天给羊喂草、树叶、青菜、花生秧、豆秧等,有什么喂什么,这种抱来就能喂的草料,无论是傅张氏还是孩子,在王素珍妯娌两个人忙不过来的时候,都可以帮着喂养。养羊是用来出售的,以形成经济收入。一般会尽量让羊生小羊，然后再把老羊卖掉，小羊可以继续生养，始终保证家中有羊，又能不断地创造经济收入。羊的出售，同样也是先后由傅平进和傅金安牵到榆科镇、辰时镇或武强镇等大集上的牲畜市场上，找合适的中间人，联系合适的收购者。卖的钱都要交到保管家庭财务的傅张氏手中。羊的购买、喂养、治病、出售等一系列活动，都是由家长做出决定，不必告知或请示四邻、家族、保甲长。此外，除了日常喂养活动外，无论家长在不在家，家长以外的成员对羊都不能做出重要决定。

养鸡：傅家养的鸡主要是吃粮食、菜叶、剩菜等，一般是家长说什么剩菜或剩饭不要了，其他家庭成员才能拿去喂鸡。养鸡一般是从集市上买来的小鸡，慢慢养大后开始下蛋，收来的鸡蛋要由家长或家中比较会做生意的人拿到集市上去卖，崔珍甫当年就赶集卖过鸡蛋。鸡不怎么下蛋之后也要拿到集市上卖掉，卖鸡蛋和卖鸡的钱都要拿回来交给傅张氏，成为家庭的经济收入。一般不会给鸡看病，而鸡的购买、喂养、出售等一系列活动，都是由家长做出决定，不必告知或请示四邻、家族、保甲长。此外，除了日常喂养外，无论家长在不在家，家长以外的成员对鸡都不能做出重要决定。

养狗、猫：防盗、防鼠是农村生活中很重要的两项工作，猫、狗一般是农户必养的家畜。各家各户的猫、狗来源都是看谁家的猫、狗下了小猫、小狗，养到能喂食时就要来自己家养。送猫送狗一方面使原生家庭不必养太多小猫小狗成为家庭的负担，另一方面又帮助了别的家户，当自己家的猫、狗因为或老或病或死而没有的时候也能去别家要。要小猫小狗和送小猫小狗，不必告知或请示四邻、家族、保甲长。傅家养狗主要是为了看家护院，三进式的院落较深，家里人住的院子离大门口较远，晚上若有什么异常情况，如果不养狗，睡在屋子里的人很难察觉。养猫是为了看守家里的粮食不被老鼠、黄鼠狼等动物糟蹋。狗和猫都是靠吃饭时的剩饭剩菜喂养。

（三）生产结果

1.农业生产的收成

一年中玉米、小麦、高粱、花生、谷子是主要的粮食作物，都是一年收一季。黄豆、绿豆、各种蔬菜都是看当年的种植情况收获，并不是年年必种的作物。一般玉米和豆类套种，讲究的是"四眼的玉米两个眼的豆"，玉米折算大约每年种十三亩，每亩均产量折算约三百至四百斤。豆类套种三亩，折合面积不到一亩，产量一百八十斤。小麦折算大约每年种十七亩，每亩产量折合约两百至三百斤。高粱一般种植三亩左右，亩产约两百五十斤。谷子一般种植三亩左右，亩产约两百五十斤左右。一般在小满时看麦穗颗粒是否饱满就能看出麦子的收成如何。七月十五时看当年雨量如何，不旱不涝的年头证明雨量适中，玉米能获得丰收。1947年时，雨季雨量较为充沛，正应了玉米生长的节点，都是及时雨，当年的庄稼都受益。当时村中流传着一句老话，"中华九年，碾子不翻身"，是说1920年时，一年无雨，是大旱年，导致村中公用的石碾都不再有人用了，表明家家没有收成。

相对来说，上述大喜大灾的年头还是很少的，每年大体都能维持在基本的范围内。傅家土地共同经营，产生的收成也属于全家共同所有，但要由家长统一管理和支配。傅家大人都比较关心收成如何，小孩子一般不懂这些，不会考虑这方面的事情。最关心的当属家长，尤其是傅张氏，因为她掌管家庭的收支，一大家子的饮食起居各项开销她是最了解的，也就更关心是不是能有相应的进项，以免入不敷出。

只要没有大灾大难,生产的粮食基本够吃,剩余部分可拿到集市上卖掉,粮食产的少时家里就会节衣缩食也不至于外借,取得的收益属于全家共同所有,并交由家长统一管理和支配。至土地改革运动前,家里的收支基本上处于均衡并稍有盈余的状态,虽算不上富裕日子,但总能顾得了一家子老幼的基本需要。

2.家畜饲养的收益

一年可以饲养一头猪、一只羊、六只鸡。每年饲养牲畜的数量相对较为均衡,一般也是因为繁殖量的自然波动引起的略有出入而已。猪羊鸡的买卖都是自然循环的,卖了再买,买了养大再卖,傅家不以饲养家畜为主要农活。至土地改革运动前,饲养的家畜优先出售,换取钱或者食物,间接满足家庭需要。这些家畜形成的收入更多的是贴补家庭费用上的意义,家庭需要主要还是依靠经营土地的收益。喂养家畜,以猪为例,首先需要购买猪的成本,再加上给猪的吃食又耗费了很多粮食,到最后把猪养成出售,其收益的一部分又要用来购买新的小猪,所赚取的收益不多,但取得收益仍属于全家共同所有,由家长统一管理和支配。此外,饲养家畜还有一项重要的隐性收益就是造肥,猪羊牲口的粪便是造粪肥的重要发物,是能增强地力、促进收成增长的又一重要因素。

三、家户分配

(一)家户单位下的家长主导

1.以家户为基本分配单位

傅家进行收益分配时,以傅家家庭成员为主体。除非家户与宗族或村庄共有土地、买卖等能形成收益的资产,否则宗族成员和村庄管理不干预家户分配事务。傅家属于中等农业家庭,几乎半个世纪内都是一子单传,与傅氏宗族其他门支之间的共同土地、房产、买卖都没有直接关系,更不享收益权,因此不涉及宗族分配,进行家户分配时也就不必告知或请示四邻、家族、保甲长。村中有专门留有公用地,种植经营所得的粮食一部分用于村中请来的私塾先生,一部分用来分配村庄管理者,剩下部分用于照顾村中的无人赡养的鳏寡病残。整体上,整个村庄中大部分都以家户为基本分配单位,家庭成员所获得的收入也都以家庭经营收益为主。傅家对拥有分配权的家庭成员的认定范围与对土地、房屋、生产资料、生活资料的所有权归属与认同是一脉相承的,包括以下形式:

第一,具有制度性分配资格者包括:父辈为傅平进,其夫妇为家长,享有分配的主动权;平辈为傅治安、傅金安两兄弟具有分配收益权,若两兄弟去世则由其妻子享有,妻子再逝后,由其儿子共享一股分配收益权;子辈不享有分配收益权。虽然傅金安外出参军、傅恒昌外出求学、王素珍是新嫁入的媳妇,但傅家从血缘和家族上始终承认他们是本家庭中具有正式的分配资格的人,此外入赘的女婿也有份。但不包括:已外嫁的大女儿、离异离家的小女儿、寄养在傅家生活的外孙傅克民。他们几人从家族上已经不算是傅家本家庭的人,也不会记入族谱。同时,已经分家的兄弟、已经分家而且父母单独吃住、常住家里的其他非家庭成员,如管家、保姆、长工、丫鬟等人,他们虽然具有正式的血缘和家族关系,但已经不具有共劳共食的基本条件,因此也都没有制度性分配资格。

第二,非强制性制度规则下实际享用傅家家庭收益的包括:傅克民,他在傅家生活长达七年之久,已经改姓,衣、食、住、行、教育、医疗都受傅家养育。即使他不具有分配家庭收益的名义权利,却已实际享用傅家的家庭收益。

傅家虽然遵循乡土社会中对家庭成员享有分配权益的认定规则,但所谓分配并不是把年间的收入都均分给享有分配权益的家庭成员,而是把家庭视作一个基本整体,家中生活的成员在衣食住行都同等对待。虽然傅金安享有收益资格,但他在参军期间不但享受不到家庭收入的收益,还要把参军的生活费、复员费节省下来带给傅张氏。傅恒昌虽然也享有收益资格,但他外出求学不在家参加劳动、不同灶同食,傅家还是每月让他带走很多干粮,给他必要的生活费用。

2.家长分配,成员听从

傅家家庭收入都是由家长主导进行分配的,外当家先后由傅平进、傅金安担当,内当家一直是傅张氏。赶集买卖由内外当家商量好了以后,一般是外当家去买,回来以后家里吃什么、用什么、用多少、怎么用都由内当家决定。以做饭为例,农忙时大家都要下地,干完活或者一起回来,或者让做饭的先回来做饭,其他人还要再干一会儿,而让谁回家做饭就是家长定的。除傅张氏以外的人回家做饭前都要先问好了做什么饭,去菜园子里摘什么菜,是炒还是凉拌,炒的话用棉花籽油还是用花生油……事无巨细。当然,一家人积年累月地在一起生活,这些规矩和各种用度都是了然于心的,王素珍一般是问一下做什么饭,就知道该怎么做了。

以此为规矩,家中的零用钱、衣物、食物都由家长决定,其他家庭成员只能根据实际情况提出建议或想法,但最终决定权仍是家长,就算有的家庭成员感觉不公或者不如意也只能忍气吞声。以做衣服为例,每年家中的孩子什么时候添什么衣服都是由傅张氏决定。但孩子们的年岁相差较大,所需布料多少不一,傅张氏只是估计两个媳妇给各自孩子做衣服的大概花费,这中间的差别就很容易引起姐娌两人的比较。有时会让小的孩子捡大孩子的衣服继续穿,而免去添新衣的花费,其他家庭成员根本不敢有怨言。

如果内外家长其中一个要出远门,一般会提前交代给另一个,留下一部分钱在家中以备不时之需,两位家长都要出门时,会提前交代给两个儿媳妇。在此期间,不允许其他家庭成员进行重要的家庭收入分配活动。代行管理的成员也只是暂时性地负责家中生活起居,下地干活。

(二)农业收入分配

傅家的农业收入主要是玉米、小麦、高粱、花生、谷子等粮食作物,都是一年收一季。黄豆、绿豆、各种蔬菜都是看当年的种植情况收获,并不是年年必种的作物。一般玉米和豆类套种,讲究的是"四眼的玉米两个眼的豆",玉米折算大约每年种十三亩,每亩均产量折算三百至四百斤。豆类套种三亩,折合面积不到一亩,产量约一百八十斤。小麦折算大约每年种十七亩,每亩产量折合两百至三百斤。高粱一般种植三亩,亩产约两百五十斤。谷子一般种植三亩,亩产约两百五十斤。无论以上粮食用于家庭消费还是用于出售,全部按照当时的市价折合约为一千六百元。

当时,官府、村庄都有各自的土地,以雇用佃农的方式收取粮食,形成公务所需费用。官府一般一年分秋收、麦收两次,收取定量的钱或粮,遇上灾年官府会主动减免。村庄一般靠自有的土地就够开销,一般没有大型的公共活动不会要求全体农户缴纳粮食。当初为防备日本兵,全乡各村都组织挖地道,整个傅家庄各家各户都要负责自己家及临街的部分,地道贯通全村主要干道,耗费了巨大的人力物力,但当时并没有出现征粮征税的事件,而是由村庄组织各家户出劳力、自家给自家劳力送饭等任务到户、自给自足的方式进行。而家中没有劳力的,该家户所负责的任务,由保甲长组织分配给村中其他人,以村中公共粮食管他们几顿饭,也没有额外报酬。但当村里需要修井之类,村民无法完成的工程或任务,需要大量资金来解决问题时,就需要各家户摊派出钱或出粮来解决。乡村摊派一般都以某个事件为名义进行,不会主动减免。傅家家长作为傅家的代表而参加意见,对这方面的摊派任务,一般会先交上粮食,只要不是太过分就不会拒交,不愿招惹官府。

(三)家畜收入分配

傅家一年可以饲养一头牛、一只驴、一头猪、一只羊、六只鸡。牛、驴主要用于农业生产和农业运输。喂养家畜,以猪为例,首先需要购买猪的成本,再加上给猪的吃食耗费了不少粮食,到最后把猪养成出售,其收益的一部分要用来购买小猪,由此所赚取的收益不多。此外,饲养家畜还有一项重要的隐性收益就是造肥,猪羊牲口的粪便是造粪肥的重要发物,变相增强地力、促进收入增长。猪、羊、鸡的买卖都是自然循环的,饲养的家畜出售换取钱财或者食物,间接满足家庭需要。这些家畜形成的收入不分别立账,直接纳入傅张氏掌管的家庭财产里,用于家庭开支,贴补了家庭生活费用,实际得到分配更多的是在家同劳共食的家庭成员,而不是严格按照享有制度性分配资格者才能享有。

(四)家庭衣物分配

傅家的衣物分配的安排主要取决于内当家傅张氏,家庭成员可以提出自己的建议,有时孩子得知要做衣服,闹着自己也要穿新衣服,傅张氏会根据孩子们衣服的多少最终决定给谁添,不必告知或请示四邻、家族、保甲长。傅张氏一般在根据家庭成员的辈分统一分配,过秋或过麦时给大人添置所需的新衣,一般是在过年时给孩子们添置新衣。傅家没有其他副业,添置新衣的布料、棉花穰子都要购买,所以傅张氏只是根据各家孩子的多少大概估计着给媳妇现钱。具体她们去买什么样的布料,能做成几身,怎么做,都由儿媳妇自己决定。傅家的衣服,傅张氏一般只负责给傅平进做,其余平辈和子辈的衣服都由王素珍妯娌两人做成。傅平进去世以后,傅张氏一人管家,也不再自己做衣服,全家老少的衣服就全由王素珍妯娌两人完成了。所以买布、裁衣都是当时做媳妇的必备技能。一般添置新衣不算紧急的事情,一般当家人外出不在时,其他各家庭成员不能也不会擅自做主添置衣服。家庭成员的衣服也不是年年都能添的,一般衣服开线、开口、破洞之类的问题都要由妇女负责缝缝补补。只要不是衣服本身糟了、破得不能缝补的时候,当家人不会允许把衣服扔掉。家里男孩子衣服容易破,每次被家长看见都会一边缝补着,一边责怪,告诫孩子要爱惜衣服。

(五)家庭食物分配

傅家的食物来源较为简单,要么是地里的产物,要么是在外的傅金安、傅恒昌等人带回家孝敬老人、买给孩子们解馋的稀罕点心。傅张氏对地产从来不进行批量分配,产多的就留存起来,日常大家都同劳同食,有食物也是大家一起吃。而在外的家庭成员带回来的点心都放在傅张氏屋里,傅张氏不说要给大人吃的时候,大人一般不会说要吃。但傅张氏一般会根据点心多少而决定是当场把点心都分给孩子们,还是放起来谁想吃了谁就来跟她要。食物分配都是由傅张氏决定的,不用和其他家庭成员商量,也不必告知或请示四邻、家族、保甲长。可以享有食物的并没有制度性的分配资格规则,以在场为基本条件,均有份。吃饭之类的食物分配要优先"最老和最小"的基本顺序,很少很少的时候会煮一个鸡蛋,这个鸡蛋一般会掰给傅张氏和家中最小的一两个孩子,傅金安、王素珍这样的中年人是不吃的。但夏季时,瓜果梨桃之类量多又易得,一般家庭成员都知道它们放在哪,自己想吃就可以拿,只要不是很过分的一天吃很多或者一下子吃光,傅张氏也不会说什么。

(六)家庭零花钱分配

傅家零花钱的分配几近于无,全部由傅张氏决定,不用和其他家庭成员商量,也不必告知或请示四邻、家族、保甲长。家庭开支于吃、穿、教育、医疗的循环运转中,除了过年给孩子几毛钱的压岁钱,平常很少专门给孩子们零花钱。对成家的儿子、媳妇来说,傅张氏给到他们手里的钱都是有事有数的,要么是用来买家用生活用品、要么是用来买农具、要么是用来随份子的,不会出现没有名义的零用钱。傅张氏想给孩子们一点儿"福利"时,会让外当家赶集时给孩子们带些吃食。天气很热的时候,傅张氏听到街上叫卖冰棍儿的,会给孩子买几根。一般不会给孩子现钱,孩子们也很敬畏傅张氏,不挨打就算好的了,更不敢闹着要钱花。傅张氏不在家时,更不会有人给孩子零用钱。

(七)分配统筹

1.考虑:全家需要,收支平衡

整体来说,傅家的分配统筹需要首先考虑家庭全体成员的需要,这其中又以具有制度性家庭成员资格的成员为首要,如傅治安、傅金安等人,其次才是非制度性家庭成员,如傅克民。这种区分在当时的社会意识形态中是天经地义的,所有成员包括傅克民都认为,自己是寄住在外婆家的,不是一个血脉,能得受外婆照顾已应感激,不能抱怨是否偏心。

傅治安去世后,傅张氏只有傅金安一个儿子,又是参加抗日、解放战争负伤归来,她格外心疼这个儿子。因此在傅金安结婚时,傅张氏做主安排崔珍甫及其儿女去下房东屋去住,崔珍甫内心不平,却不敢表现出来,一方面自己势单力孤,另一方面又怕家长进一步克扣他们的生活用度。她私下教育子女,要自己抓住机会,努力上学,靠自己来转变自己小家庭的命运。因此,虽然崔珍甫心里有意见,但还是没有导致家庭不和睦的地步。

2.次序:食物分配为先

傅家在分配自家产品的时候,地租赋税优先于自家消费,自家消费中以食物、衣物、零花钱为顺序,完全去除了私房钱和地的分配,一切家庭分配都以傅张氏做主,统一经营,统一管理,统一分配。家庭重要花销方向,傅张氏会跟家庭成员商议。如果种地的年头不好,自己家人吃都不够,这一年几乎都不会添置衣物,更不给孩子们零用钱了。

3.数量:分配规则

傅家虽然遵循乡土社会中对家庭成员享有分配权益的认定规则,但所谓分配并不是把年间的收入都均分给享有分配权益的家庭成员,而是把家庭视作一个基本整体,家中生活的成员在衣食住行都同等对待。此外,在分配时,家中的弱者相对更受照顾一些,这种强弱对比是以辈分、身体状况、生活压力等角度考量的,如傅张氏在其年老时,儿媳妇怀孕、坐月子期间,小孩、家庭成员生病期间,都会在食物分配中受到照顾。除此以外,家长与其他家庭成员在任何家庭分配上都是一样的,没有特权之说。虽然傅金安享有收益资格,但他在参军期间不但享受不到家庭收入的收益,还要把参军的生活费、复员费节省下来带给傅张氏。傅恒昌虽然也享有收益资格,但他外出求学不在家参加劳动、不同灶同食,傅家还是每月让他带走一些干粮,给他必要的生活费用。在年景不好的时候,傅家主要分配目标就是维持一家老小不饿肚子,尽量保证不耽误家里的孩子上学,而衣物、零用钱分配均可停止。在粮食不够吃的时候,老人、病人、孩子都可以优先吃。

四、家户消费

(一)家户单位的自给自足

1.家户总体消费及自足程度

傅家收支均针对同劳共食的全体家庭成员,都由家长安排、家户独立承担,整体看来是自给自足,收支均衡,略有盈余。

傅家以平均水平计算,玉米折算大约每年种十三亩,每亩均产量折算三百至四百斤。豆类套种三亩,折合面积不到一亩,产量约一百八十斤。小麦折算大约每年种十七亩左右,每亩产量折合两百至三百斤。高粱一般种植三亩左右,亩产约两百五十斤。谷子一般种植三亩,亩产约两百五十斤。无论以上粮食用于家庭自己消费还是用于出售,全部按照当时的市价折合约为一千六百元。一年中,用于食物、衣服鞋帽、燃料、医疗、教育、人情交往等用途,折合约在一千两百元,占总收入的75%左右。家中最大的开销就是日常的柴米油盐。日常饭食、蔬菜都可以通过种植收获而来,基本不用花钱。傅家收入能够维持家庭基本消费,略有盈余,这种收支、结余在村里属于中等水平。若赶上灾年,粮食收成不好,只能是全家都节衣缩食,从没出现过借钱粮,不到万不得已更不会全体逃荒。傅家从没出现过借钱、借粮的情况,就算是收成不好,靠往年积蓄的粮食也能勉强过活。傅张氏久经战乱和灾荒,早已养成了勤俭持家的习惯,具有很强的忧患意识。

傅家的一应消费与傅家的生产相对应,由家户自己全部独立承担,以傅家家庭成员为主体。只有鳏寡病残等弱势群体无人赡养的情况时,宗族中关系较近的同辈或子辈家户才会承担该弱势群体的生活医疗等消费,宗族内无人帮扶时,村庄才会每年用公共土地的粮食补给一二。与傅金安同辈的堂兄弟傅雨未年老后无妻无子,一方面傅家和傅雨未是同一个祖爷爷,当时在村中生活、相距较近的就数傅恒元了;另一方面傅恒元年纪属于同辈中的较小者,所以傅恒元夫妇为傅雨未养老、看病、操办后事。

2.傅家的不同消费类型及其次序

傅家作为基本消费单位,以全体家庭成员为消费需求主体。根据傅家能产生直接物力、财力消费的情况,把傅家消费主要分为两大类:第一类为家户自主消费,是傅家成员内部自我消费的部分,包括家中食物消费、衣物消费、医疗消费及教育消费;第二类为家户涉外消费,是傅家成员在对外界的社会交往中形成的消费部分,包括家内外的红白喜事消费、人情消费等。这些花销中,食物消费与涉外的人情消费最为重要,主办红白喜事,那当属食物消费为最大、最主要,也是最必需的。但傅家向来思想开明,与人为善,因此教育和人情消费向来是较为看重的,是居于食物消费和自家红白喜事之后的两项。最后,傅张氏向来勤俭持家,能缝补的衣服就要缩减新衣添置;傅家当时去世的成员多是偶然性事件,其他成员身体较好,因此并未产生多多少医疗费用。当时医疗条件有限,傅治安在很长一段时间内行医治病,自家人寻医看病的费用也就少了很多,而且大病一般看不出来,就算看出来了,如果家庭条件不好的话,也大都放弃治疗。

因此,在傅家的消费结构中,首要的是食物消费、自家红白喜事消费;其次是教育消费、人情消费;最后是衣物费用、医疗费用。

(二)家长主导与成员参与

傅家的各项消费中,傅家成员内部自我消费的部分,包括家中食物消费、衣物消费、医疗消费及教育消费都是由内当家傅张氏一人决定,其他家庭成员可以提出建议,但不必告知或请示四邻、宗族或保甲长。比如,外当家先后由傅平进、傅金安担当,内当家一直是傅张氏。赶集买卖由内外当家商量好了以后,一般是外当家去买。除傅张氏以外的人做饭前都要先问好了,做什么饭,去菜园子里摘什么菜,是炒还是凉拌,炒的话用棉花籽油还是用花生油,每件东西的消费都要保证家长知情。以此为例,家中的食物消费、衣物消费、医疗消费及教育消费都由家长决定,实际生活中,傅家成员都互相认可傅家的基本生活理念,对家户自主消费安排的比例、方式等都比较认可,因而没出现影响家庭和睦的意见和争吵。家户内部自主消费不必告知或请示四邻、家族或保甲长,非紧急的事情,家长不在家的话,其他家庭成员不会擅自做主。如果内家长要出远门一般会提前交代给外家长,留下一部分钱在家中以备不时之需,两位家长都要出门时,会提前交代给两个儿媳妇。在此期间,不允许其他家庭成员进行重要的消费活动。

而第二类涉外消费,是傅家成员在对外界的社会交往中形成的消费部分,包括家内外的红白喜事消费、人情消费等,主要由外当家决定,但还要和内当家商量。因为傅家的财务都在傅张氏手中,若傅张氏不知情或不认可,很难把钱拿出来。一般傅家有红白喜事时会根据情况自动告知四邻、家族,一般不会涉及保甲长。人情消费方面,一般是好友或同族亲戚才有该项消费,这种场合该怎么随礼、随多少不仅需要内外家长商量,还需要和其他朋友、同族亲戚商量应该怎么办。在家庭涉外的消费中,一般除家长以外的家庭成员不会有意见或想法,家长也不必和他们商量。

(三)家户自主消费

1.食物消费

傅家一家子的生活开销很大(光做饭、洗碗就得两儿媳合力完成),一年所消费的食物折合约六百五十元,占总体消费的55%,其中有90%来源于傅家土地里生产,有约六十五元用于向外购买的盐、醋、肉食等,比例是10%。家中最大的开销就是日常的柴米油盐。日常饭食、蔬菜都可以通过种植收获而来,基本不用花钱。若赶上灾年,粮食收成不好,只能是全家节衣缩食,从没出现过借钱粮,不到万不得已更不会全体逃荒。傅家从没出现过借钱、借粮的情况,就算是收成不好,靠多年的积蓄的粮食也能勉强过活。所谓"节衣缩食"就表明,一旦家庭遇到灾年或者经济状况不好的时候,首要就是停掉衣物开销,其次就是简省饭量,延长余粮的使用时间,等待新粮。食物消费全部以家户为承担者,除非家户与宗族或村庄共有土地、买卖等能形成共同的资产收益,或者家户为老弱病残而无赡养者,否则宗族成员和村庄管理者都不会为家户提供食物消费的帮扶。

2.衣物消费

傅家的衣物消费的安排主要取决于内当家傅张氏,每年约有五十元用于添置衣帽鞋服,占总体消费的4%左右。傅张氏一般根据家庭成员的辈分统一分配,过秋或过麦时给大人添置所需的新衣,一般是过年时给孩子们添置新衣。傅家没有其他副业,添置新衣的布料、棉花穰子都要通过购买而来,所以傅张氏只是根据各家孩子的多少大概估计着给媳妇现钱。具体她们去买什么样的布料,能做成几身,怎么做,都由儿媳妇自己决定。傅家的衣服,傅张氏一般只负责给傅平进做,其余平辈和子辈的衣服都由王素珍妯娌两人做成。衣物所需完全来自外购,家庭成员可以提出建议,有时孩子得知要做衣服,闹着也要穿新衣服。傅张氏会根据孩子们衣服的多少最终决定给谁添,经常是一件衣服让孩子捡着穿,即大孩子穿不了了留给小孩子穿,而具体的如何消费,不必告知或请示四邻、家族、保甲长。添置新衣不算紧急的事情,一般当家人外出不在时,其他各家庭成员不能也不会擅自做主添置衣服。家庭成员的衣服也不是年年都能添的,一般衣服开线、开口、破洞等都要由妇女负责缝缝补补。只要不是衣服本身糟了、破的不能缝补的时候,当家人不会允许把衣服扔掉。衣物消费全部以家户为承担者,除非家户为老弱病残而无赡养者,否则宗族成员和村庄管理者都不会为家户提供食物消费的帮扶。

3.医疗消费

傅家至土地改革运动前,每年的医疗费用大概为一百元,占总体消费比重的8.3%,是以全家人口为基数,如果是常见的头疼脑热花费不了太多,但傅金安刚回家的两年腿上有伤,经常买药调理,其他成员身体状态都较为健康。傅家对医疗消费都是比较重视的,傅恒元还不懂事的时候,看到桌上放了一碗水,抱起来就喝,其实是王素珍做饭时刚刚烧开盛出来晾着的。全家人一下子都着急了,赶紧去请大夫来医治,全家人精心照料了他很久才能顺利吃饭。傅家当时去世的成员多是偶然性事件,其他成员身体较好,因此并未产生多少医疗费用。当时医疗条件有限,傅治安在很长一段时间内行医治病,自家人寻医看病的费用也就少了很多。医疗消费全部以家户为承担者,除非家户为老弱病残而无赡养者,否则宗族成员和村庄管理者都不会为家户提供医疗消费的帮扶。

4.教育消费

傅家每年平均花在教育上大约四十元钱,主要用于部分学费和笔墨纸砚,占总体消费的3%。傅家非常重视孩子们的教育问题,不论男女,到了八九岁的上学年纪,都极力为孩子提供上学的机会。不管是家庭条件不佳还是农忙得不行时,从未因任何原因勒令孩子不许上学。而每个孩子能上什么层次的学校都取决于孩子是否能凭自己的能力考上,而非其他。当初上学并没有太多的学杂费用,私塾先生的费用是由村庄负责的,傅氏家族在这一问题上并不发挥什么作用,只需要独立负责自家孩子笔墨纸砚就行。后来的小学、初中也没有过多的收费,一个学期5元的学费对傅家来说还能够基本维持。孩子们开始住宿时也是自己从家带干粮,节衣缩食。

私塾、小学、初中、师范、大学等不同层次的学校的发展,孩子们年龄差异迥然,伴随着他们的成长,傅恒昌接受私塾、初中、师范共十年教育,毕业于武强师范学校;傅恒菊接受私塾、初中、高中、大学共十五年教育,毕业于内蒙古农业大学;傅恒欣接受小学、初中八年教育,后参军转业当工人;傅运杰、傅淑芬接受小学、初中八年教育;傅恒元接受小学、初中、高中共十年教育。

(四)家户涉外消费

1.人情消费

农村的人情消费更多的是送粮、送布、送食物,不太讲求送钱,因为家家户户都很穷,能保证穿衣吃饭就很好了。春节、中秋节、元宵节、清明节、中元节、十一月"送寒衣",各家各户办婚、丧、嫁、生子、回娘家等大大小小的来往,各家各户都需要人情消费,而互相走动的多是亲戚、朋友、邻居,不同的亲疏关系就决定了人情消费的规格和方式。每年傅家不算人情来往的粮布,婚嫁最基本的还要有两毛钱的礼钱。只算村里其他人家办红白喜事随礼的就需5元左右。此外,大大小小的人情走动消费出去的干粮、面、帐子①全部折合起来约有60元,占总体消费的5%。傅家相当看重人情交往方面的事情,都由内外当家把握着,宁可多随往一点儿,也不愿小气地为省点儿粮食之类的让四邻、族人背后议论,会觉得丢了自家的面子。傅家以人情消费为必需消费,不管多富多穷都要有的消费。一般情况下,傅家日常生活的对外开支主要用于这些方面,能够维持人情消费。但傅平进刚去世,傅金安还未回家的那两年,傅家经济比较困难,也有没钱随礼的时候,但以一条六尺长、两尺七宽的帐子①布代替。

(1)过节走亲戚

傅家因过节而走亲戚的多是在春节或中秋节时,由于傅家是傅氏家族的一个门支,需要走动的亲戚比较多,包括傅家媳妇的娘家,傅家的叔伯、姑、舅、姨等。凡是成年男性都要给长自己一辈的亲戚走动,尤其是过年。一般外村的亲戚多在春节时走动,平常无事不会有太多走动,如傅金安看老丈人这种专门专项的活动只到过年才有。在农村,连过年都不再去的亲戚基本上互相之间的关系就断了。

过年时,经济条件好的家庭会专门在年前买年货时就备下走亲戚的点心、糖果之类的食物,条件不太好的也要专门准备白面包子或者白面馒头等日常不太吃得到的食物,过年走亲用的馒头也需要花很多心思,有的夹上红枣做成枣饽饽,有的混合高粱面或者彩色面做成传说中的"五毒"的样子,即蝎子、蛇、蜘蛛、蜈蚣、蟾蜍五种。制作这些东西是为了图吉利,祈求来年吃下这些东西的人五毒不侵,顺遂安康。一般是傅张氏和两个媳妇一起把家里需要走亲戚的人用的礼物都准备好。关系越近的亲人走的人情消费越高。比如,成年男性去看望长自己一辈的叔、伯、姑、舅、姨等亲戚,要带点心或者至少应是五毒馒头或枣饽饽,这类亲戚的走动中媳妇不能出面,成年后的儿子可以随同父亲一起去,代表他已经成人开始接触家庭的对外交往。

(2)他家婚丧嫁娶走亲戚

农村的婚丧嫁娶中,并不是只有主办时才会有花费。一般同族中关系近的家庭中,有子辈新结婚的,除了结婚时随往的礼物之外,婚后第三天新媳妇还要在婆婆的带领下,把本家的大娘、婶子这种最知己的当家子拜访一遍,做大娘、婶子的还要给几毛钱当作礼物,过年时还要请新媳妇来家里吃饺子。在当家子的老人去世后,自家的子辈还要备下礼物去探望与去世老人同辈的其他在世的老人,希望他们健康、顺遂。

烧纸走亲戚也是重要的一项,傅家成员本家的老人去世后的一个月、两个月、一百天,本家及族中关系最近的叔伯当家的儿子、女儿都要带着礼物、烧纸等来傅家一同为老人上坟烧纸。自此以后的每年的忌日,就是傅家自家的儿子、女儿、媳妇一同去坟上烧纸。每次烧纸回来以后,傅家都会作为主家准备下饭菜,招待来的兄弟姐妹。此外,有一种迷信说法,谁做梦梦到了自家去世的老人,就是老人过得不好,或者缺钱或者缺衣服,家长就会负责买下一些"纸活儿"②。

---

① 帐子:指整块六尺长、两尺七宽的布,分白布、蓝布、红布三种,根据场合和寓意不同选择不同的颜色。
② 纸活儿:指祭奠死者的纸钱、纸衣、纸元宝等。

（3）生孩子走亲戚

傅氏家族中，五服之内的本村亲戚中谁家生了孩子，等孩子过"十二晌"①或者过满月时，傅张氏都会根据关系、辈分的大小准备好礼物，或自己或让媳妇专程去人家家里为孩子庆祝。准备的礼物要么是买布做的小孩衣服，要么是自家的鸡下的鸡蛋，实在什么都没有的可以直接送块帐子布。主家会准备相对较好的饭食，一般是炖菜，招待来往的宾客。待各家人要走时，主家还会统一准备馒头或其他吃食放在各家来时的篮子中，视作主家的谢意。生孩子在当时的社会中是具有很大风险的，经常有孩子生下来养不活的情况，生下来的孩子能活过十二天、一个月就是基本成活了，因此顺利添丁进口是各家户都极为看重的事情，每家都差不多要生五六个孩子，这一系列活动和花销也就在传统农村中慢慢形成习俗，各家各户都免不了有这些花销。

2.自家红白喜事消费

结婚消费：傅家子女的婚姻花费都来源于傅张氏掌管的家庭财务，其花费主要用于宴请，定金和彩礼很少，最多做几身好衣服。1949年前的婚事很好操办。一般家里的孩子到了结婚的年岁，就会有村里的媒婆上门找家长说论此事，村里的媒婆与各村的媒婆都有联系，谁家什么条件适合找什么样的媳妇或婆家，她们都会商量着去一家一家地说。经双方家长同意后，两家的家长见过面，看着孩子不错就定下了，也不用定金不用礼钱。等回了家以后，男方会给女方做几身新衣服当作彩礼，男方会准备好婚房，只要女方父母不挑剔就能成婚。结婚的花费主要在宴请上，发红纸请帖、请抬轿的、谢媒人、宴请四邻、族人、朋友等，大多以饭菜、馒头、枣饽饽等自产自做的食物解决，而且还会收到各家各户的人情随礼，实际上并不会有太大的开支。农村人都把娶媳妇当作自家把之前随往出去的礼物往回收的时候。

丧葬消费：自家人去世时主办丧事，一方面自家家长主持一切开销，同族中会有专门管丧事的炊事班子，有帮着主家料理村民吊唁的接待、回礼事宜的人员。丧葬消费主要开支就是买丧葬衣物、棺材的费用，管事的、帮忙干活的、挖坟坑等人的烟酒钱，以及来来往往的亲戚、村民的伙食谢客等等。丧葬是农村社会仅次于婚嫁的大事，仅靠一家两家的力量是难以完成的，谁家有这种事，不光同族的人要去，同处一村的村民也是要随往"乡亲礼"②的。

五、家户借贷

（一）傅家的债权

至1951年之前，傅家在傅张氏的主要带领下，条件好了吃得好点儿，条件不好吃得差点儿，向来勤俭持家，家庭成员也都老实本分，一家人虽没享大福大贵，但也没忍饥挨饿靠借钱过日子。只是亲戚、四邻由于青黄不接或婚嫁、看大病灾荒年等，向傅家多多少少借过钱。傅家在保障一家老小基本生活的情况下，一般因婚嫁、看大病这种情况很容易答应借给。傅家多年的生产生活中从未涉及贷款的来往行为。

傅家借贷关系都以大家庭的财产为单位，小家庭和个人不能代表傅家进行借贷。借钱和

---

① 十二晌：指新生儿出生满十二天时，本家告知四邻、族人自家新添了孩子，为其庆贺的活动。当时，村庄里办过十二晌的，就不再办满月酒了，二者择一而办。

② 乡亲礼：指在红白事中，非同族的四邻或村民也要随往的礼钱，乡亲礼的钱或食物的数量虽少，但是最基本的礼物。

借给别人钱都是自家与他家、自家与他人之间的借贷关系,自家借给别人钱是把全家共有的钱借出去了。借钱的个人或家庭共同负有还钱的责任与义务。由于借贷行为负有相关的家庭责任,因此当家人轻易不会允许自家个人私自产生借贷关系,也不会委托外当家以外的其他家庭成员出面借贷。当家长不在,家庭中遇有重要或紧急状况时,例如,一次傅东来出门在外,家里孩子突然生病,傅东来放在家里的钱不够给孩子看病了,傅东来的大儿子来傅家借钱,傅张氏看孩子着急,就借给了他们几块钱,把病看了。傅东来回家后,得知此事,因事出有因,并未打骂孩子,而是抓紧把钱还给了傅家。

家中的金钱借贷都出自傅张氏的手中,小家庭和个人一方面没有钱参与,另一方面没有当家做主的权利。因此,决定傅家自己和不和别人借钱、借不借给别人钱都是傅张氏最终决定的,出面处理的都是外当家,不需要和其他家庭成员商量,也不必告知或请示四邻、家族、保甲长。一般外家户的个人来向傅家借钱时,儿子、媳妇都不会擅自做主接待这种事情,要么不以为然,要么跟人家说"让你们当家的自己来跟俺娘说,俺当不了家"。

(二)借贷形式

借钱有一定的顺序,如果是日常的小病、买油盐酱醋等小钱,亲戚、朋友、四邻都可以借。如果是看大病、办红白事等需要大量用钱时,首要先找自家亲戚借,尤其是自家亲戚中有钱的人,当然,以当时各家自己的经济生活条件,谁都不能一下子拿出许多来,亲戚借不够了再去找四邻、朋友等人借一部分,等自家的粮食收了、有钱了再慢慢还。

传统时期的农村生活,各家各户都很穷,有钱省着花,没钱不花,不到万不得已谁也不会去借钱。而能产生借贷关系的大部分都是自家的亲戚或朋友,都是知根知底的人。出面借钱的都是家户的家长,或者是家户中已经成家的儿子代表父母而来,能全权代表家户的借钱意愿,同时也暗含着其家户全体家庭成员都有还钱义务的默契。傅家的借贷行为中傅张氏是实际决定者,傅平进、傅金安是先后的借贷行为的出面处理者。因此,借贷都是借多少还多少,不作抵押、不考虑市价和物价,也不立借钱文书,更不专门找中间人,不会要求借款人的还款期限,是双方自己"心里有数"的借贷,双方都认为这种关系是基于双方的真亲情或友情才能形成的,傅家也不会应允亲戚朋友为借钱而请客的事情。做抵押、写借条、找中间人、付利息都被认为是与生人之间的交易,全无情分可言。

傅家虽然经常借给亲戚朋友钱,但也从未要求亲戚朋友做抵押、写借条、找中间人、付利息,也没有组织建立"钱会"等用钱组织。在传统农村里,给平民百姓放高利贷被认为是不道德的事情。

(三)还债情况

1.家长还债

傅家从未有过贷款情况,多有借给其他亲戚、朋友、四邻的小数额款项。一般小数额的借款,亲戚、朋友、四邻都是知根知底的,方便时三五天、多则几个月,家长就会代表家户主动把钱还上,一般都会送到傅家来,亲手交到傅张氏手中。傅家没有红白喜事、看急病等紧急用钱时,不会上门要账。若非这种情况,上门要账会被别人议论"借钱的人不过日子、借钱不还,让人家堵在家里要账"。因此,把借的钱给人家送还到家里是默认形成的习惯。

无论借的钱是多是少,是一次性还清还是分几次还完,傅家都不会主动做出约定,全取决于来借钱的人的实际情况。一般情况下,或早或晚都能还上,谁家借了钱不还的名声被传出去以后,再有借钱的事别人是极不情愿再和他们家打交道的,而债权人什么凭证都没有也只能认倒霉。有时,明知道冒着不能还的风险,由于亲戚关系在,怎么也不好意思叫人家当面写欠条,到最后真的不还了,就成了"冤大头",有苦无处说。借钱实在还不起可以用收获的粮食顶替,粮食的折合计价以还款时的市价为准,是村中各家各户借贷的默契;借的粮食也可以用钱还,同样还钱的多少也以还款时的粮食价格为折价基准。其中粮价变动中产生的差价无论多少,双方都不会提出异议。而借钱的债务人一般会自行把握这个程度,宁可多给一些,也不会因为这种差价损坏了两家的感情。

2.父债子偿,夫债妻偿

傅家的借贷关系里,没有家长的允许其他家庭成员绝对不能擅自做主借钱粮,若引起家庭内部争斗,严重时家长可以勒令谁借的钱粮谁还。而其他家庭成员不知情时家长做主出面借来的钱粮,就代表全家也必须跟着一起偿债。傅家成员都认同,无论父亲或是丈夫,只要代表家庭借来的钱粮,无论借了多少,傅家全体成员都有责任偿还这些债务。无论因为什么原因欠下的债,粮债、钱债,甚至是因为赌博,欠债还钱都是天经地义的,家庭内部的分歧可以还完钱以后家庭内部再解决。

家长去世或者做主借债的人去世后,债务同家产一样,需要由其家人承担。实际上,家长去世如果不分家,那么在家庭继续生产生活的成员依然有责任还债。若是分家,如果家中有儿子,那么已经外嫁的女儿不继承家产也不负责债务偿还,未外嫁的女儿没有偿还能力,也不负责偿还债务,因此是由继承家产的儿子分摊负责偿还债务。不管欠下多少人的债,一般在当家人去世后由家族长辈当见证人分家析产时就会总体计算家庭的资产和债务,由欠债总额平均分配给继承家产的儿子,分别摊派到个人负责偿还。如果家中没有儿子只有女儿,就以女儿为家产和债务的继承者,平均摊派。如果家长去世后无子,那么债权人的债权作废。

六、家户交换

(一)家户单位下的家长主导

1949 年以前,傅家的经济交换都是由家长以整个家庭为主体,傅张氏为实际支配者,一般也直接负责与四邻或家族的经济交换,而需要出门去集市上进行的经济交换,很多时候傅平进、傅金安为先后代表人受傅张氏委托负责交换。每年收成的黄豆,傅家的妇女都要进行加工,有的做成黄豆酱,有的做成酱油。黄豆酱一做基本上够吃一年,成为经常上桌的咸菜之一。只有自己做不出来的生活必需品,如油、盐、醋等这些东西才会花钱买,但这些经常会有流动商贩走街串巷地叫卖,傅张氏可以在家门口买到一些解决家里的需要。但生活用品或者农具之类的物件很少有流动商贩,只能是与外人打交道、经常赶集上店的男人们去买了。傅家其他家庭成员农闲时跟傅张氏说一声,也可以去集市上逛逛,只是凑凑热闹、看个新鲜。傅家的经济交换除了和交换的对方商量外,不必告知或请示四邻、家族、保甲长。傅家家庭内的小家户实际上就是崔珍甫与傅金安夫妇的交往,他们之间少有涉及经济利益的交换,孩子们之间的交换也多是生活或学习用品,一般经由崔珍甫和王素珍商量同意就能交换。傅家涉及钱粮的经济交换不论是小家庭还是个人，都不能私自做主。一方面他们没有自己的粮食和钱，另一方面也没有权力做主交换。

（二）以集市交易为主

农户进行经济交易的场所主要就是集市。一般傅家不能自制的生产生活必需品，大部分都通过赶大冯营集集中购买。傅家庄紧邻大冯营村，傅家庄立村五百多年，但仅有一两户大财主，而大冯营村财主远多于傅家庄，村庄面积大、人口多，处于多个自然村的中心，按照农历每逢"一、六"的日子都形成集市，是三乡五里中生产生活用品集中交易的地方。而傅家庄又离大冯营村地理位置最近。慢慢发展中的集市，不光为专门从事倒卖生意的商贩提供商品，更有附近各村各户把家中自产的剩余产品拿来交易，鸡蛋、五谷杂粮、自编箩筐等都可以买卖交易。有时为了交易方便，甚至不必卖了换成钱币再去买别的东西，可以直接物物交换，如三斤半棉花籽换一斤油、一斤麦子换六斤西瓜、一斤芝麻换四两香油、三斤玉米换一个盆、一个鸡蛋换一斤小葱等交易规则不胜枚举。去大冯营村赶集多是购买日常用品，是无须傅张氏叮嘱的，内外家长对去哪儿赶集最为合适都有基本的默契。

大冯营乡在深县正东方与武强县交界处，距离县城大集较远，大型的牛羊牲畜市场未在大冯营集市上开设。榆科镇和辰时镇分别位于傅家庄的南北两侧，相距都差不多，约八千米。"三、八"是辰时镇大集的开市时间，"二、七"是榆科镇大集的开市时间。因此，当傅家需要进行家畜交易时，傅张氏与傅平进或傅金安会联合共养家畜的傅东来家，商议是去辰时镇或榆科镇进行交易。这两个镇上都有专门牲畜交易市场，是除县城以外的两大集市，经纪中间人较多，大冯营乡的乡民们大都去这两个镇赶大集。傅家去赶两个大集时多为套牛车或驴车去，大约两个小时。一般早上外当家会四五点起个大早，把要卖的东西装了车，去了卖完以后看情况再把傅张氏交代的要买的东西买回来，一般到家就下午两三点钟了。买卖价格都靠去得早，自己互相打听着价格变动，互相比较。一般集市上的价格没有定数，同样都是卖茴香，有的人看自己的茴香不新鲜了一捆两斤一毛钱就卖，有的人不论茴香新不新鲜，一捆两斤两毛钱，少一分都不卖。选购的人们根据自己的需要和还价技巧，直到双方心甘情愿买卖的时候就成交了。

一般集市上才有类似"市场管理部门"，他们多是由当地村庄的管理者组织的人员，收取一定的交易费用，名义上是维护集市安全。不出摊位贩卖东西的人们是不用缴纳费用的，因此傅家很少和他们打交道。一般自家要卖点儿鸡蛋什么的一会儿的工夫也就结束了，躲着点儿收费的人，完全可以蒙混过去，不得已蒙混不过去的时候，也是负责赶集买卖东西的外当家和管理部门的人们打交道。

（三）以流动商贩交易为辅

流动商贩是当时农村生活中常见的交易现象。一般能在家门口完成的交易都是生活用品居多，锅碗瓢盆、大盐、陈醋、冰棍、凉粉、油条、香油、豆腐、杂面条等都会在街头巷尾出售。流动商贩的存在使各家各户各取所需，既方便了生活，又大大丰富了"多粗粮少副食"的农村吃食。但即使再怎么方便，除非傅张氏委托，否则除傅张氏以外的家庭成员不会进行任何东西的购买。傅张氏不交代好买什么、买多少，放下买东西的钱，外当家也没办法购买。

傅家也经常与流动商贩打交道，尤其是逢"一、六"时，有的商贩在集市上没卖完会转而就近走街串巷来到傅家庄。这时多已近中午，家家户户都吃午饭或歇晌了，街面上人比较少，此时的商贩急于甩货回家,价格经常会比集市上的低很多。而代表傅家与流动商贩进行交易的通常是傅张氏,一方面她了解家中需要买什么东西,另一方面只有她有钱并且有权力决定买什么、买与不买。一般傅张氏出面买东西时,傅家的其他成员尤其是孩子也会跟在一旁,看家长与流动商贩斗智斗勇地砍价是小孩子们觉得新奇热闹的事情。一般傅家急需的用品,比如醋、盐等,只要傅张氏能谈下合适的价格基本上都能成交。但有时也碰上卖碗、卖盆的,这种非急需的东西,只要谈不下很便宜的价格,傅张氏一般不会购买,会等到真的需要购买时再去集市上或者再碰到流动商贩时再买。

(四)交换过程中的细节

1.货比三家

傅家大到牲畜交易,小到盐醋盆碗,任何涉及金钱或粮食的经济交易除了傅张氏本人,或有傅张氏明确授权的家庭成员外,其他家庭成员没有资格进行任何交易,包括货比三家、熟人交易、经纪交易、过秤、过斗和赊账等经济交易。傅张氏、傅平进、傅金安在日积月累的交易中早已纯熟地掌握了农村买卖的交易法则。其中货比三家是最基本的技能之一,哪家便宜、哪家东西质量最好、哪些东西的性价比最高,都要进行比对。一般会用很久的农用工具,傅家人会挑质量较好的买,一般的日常生活用品会挑便宜的买。

2.经纪交易

经纪交易是当时农村常有的专职,粮食、树、木头、猪、羊、苹果、梨、桃等当地的各种交易都有专门的内行经纪人。经纪人靠调和买卖双方的价格,俗称"两边吃",获得利益。以牲畜为例,傅家本村没有特别懂行的牲畜经纪人,傅家的牲畜交易傅张氏和外当家商量好了决定要进行牲畜交易,再由外当家出面与傅东来家商议。当时女人除了回娘家轻易不会出远门,于是商量好之后,一般是外当家和傅东来家共同到榆科镇或辰时镇赶大集,根据当时的行市,找到合适的经纪人联系合适的买家或卖家。经纪人专门从事收集一种或几种牲畜的买家与卖家的需求信息,并从中调和,以买卖双方都认可的价位成交,经纪人从买卖之间挣取差价,或与其一方达成口头协议,以获取返点,挣得利益。一般经纪都是该行业内非常懂行的人,一头牛,他们看牛的体态和牙齿就能看出牛的年龄和耐力,就能判断这头牛真正值多少钱。买家和卖家一般很少见到面,只根据和经纪人商议好的价格卖出去,也根本不知道卖出去的牲畜究竟买方付了多少钱。经纪人有经纪人的行话,有自己的买卖信息体系,如果不是很熟的亲戚或朋友,他不会透露是根据什么先后顺序寻找买卖下家的。

3.过斗过秤

无论是钱货交易还是物物交换,都需要进行过秤或过斗。过秤或过斗是交易活动的必要步骤,对于此时谁在场监督并没有严格的规矩。傅家专门有一把小秤,每次交易回来的生活物品,傅张氏都会自己称一下,看是不是亏了斤两,多了还好,若是少了,就会告知外当家这次买东西被人骗了,傅张氏会唠叨几句表示不满,但也不会过分苛责以免伤了和气,外当家下次出门交易时也会更加小心。若傅张氏自己出面进行交易的话,她会看着对方过秤,也会拿自己的小秤当场过秤,确定没有问题了才会付钱或交换。集市上的固定商贩一般不敢缺斤短两,都是三乡五里经常打交道的人,一旦这样的名声传出去,他很难在集市上再顺利做买卖。而流动商贩买卖的活动范围很大,很难明确保证不会缺斤短两,傅张氏进行交易的过程中也会注意这一方面。一般流动商贩的口音和当地不一样时,买东西的村民都会问东问西,打探他们的来路。如果是不熟的流动商贩给的东西缺了斤两,傅张氏也没有办法,只能认倒霉,埋怨自己当时不注意。

4.赊账还账

一般的集市买卖、村民家户之间的交换等各种经济交易中,只要是熟人,不管是当时没有现钱还是不便搬运粮食,只要说一声达成口头协议就能赊账。1949年以前,傅家庄没有商铺,因此也没有商铺赊账的。但是在集市上,若因为偶然因素,比如价格变动使外当家带的钱不够时,确是家庭所需的东西,外当家可以先把东西拿回去,告知傅张氏,傅张氏再把钱给外当家拿去还账。傅家能有资格赊账的,要么是傅张氏,要么是傅张氏委托出门购买或交易的人。傅家的媳妇、孩子未经傅张氏的许可轻易不敢赊账,若家庭成员真私自赊了账,傅张氏也不能不认,但回了家以后,该家庭成员一定会被傅张氏责备。

集市上赊下的账是下一次赶集时还,不到结算归账节点或重要的节庆,一般不会有人上门收账。在熟人社会的农村中,一家一户积年累月都在同样的圈子里生活,除了生活需要必需的交易以外,名声在很大程度上影响了他人对自己的看法和态度。"一个篱笆三个桩,一个好汉三个帮",一个人能力再强也需要他人的帮忙,一个人能赊一次账不还,下一次所有的人都不赊给他。

第三章　家户社会制度

傅家在 1951 年之前有三对已婚,分别是傅平进与傅张氏、傅治安与崔珍甫、傅金安与王素珍,傅家的孙辈子女都处在未婚求学的阶段。傅家的婚配观念具有明显的区别,傅张氏及其子辈都遵从父母之命、媒妁之言,没有多少个人的考虑。而傅家的孙辈子女已接受新式的思想教育,自傅玉璞开始因为参加革命而脱离父母对自己婚姻的控制,追求自由恋爱;傅恒昌也是傅家孙辈中第一个在外自由恋爱并结婚的。傅家在生育中并没有过多的人为干预,大多顺其自然,倒也儿女双全,于是也免去了过继、抱养等。傅家向来门风淳朴、父慈子孝、宽厚待人,因此在家户的分家、继承、赡养老人、内外交往中都是中规中矩,既没有大的波折,也没有突破傅家庄村庄社会的传统规则。

一、家户婚配

(一)家户婚姻情况

1.婚姻状况:三对成婚,子女多未婚

1951 年之前,傅家有三对已婚,分别是第一代傅平进,妻为傅张氏;第二代长子傅治安,妻为崔珍甫;次子傅金安,妻为王素珍。一对定亲,第三代长孙傅恒昌,妻为郭书从。傅治安与崔珍甫于 1930 年前后完婚,至 1943 年傅治安去世时,两人共育有三儿两女。傅平进于 1945 年去世,与傅张氏育有两子三女,除傅治安、傅藏在当地农村支持革命运动外,其他子女均先后参军入伍,全身心投入革命运动。傅平进去世时,傅张氏 66 岁。傅治安去世时,崔珍甫 31 岁,两人一直守寡未改嫁。傅金安于 1947 年回家,并于 1947 年经崔珍甫推荐,娶了与崔珍甫同村的好友王素珍。1951 年子辈傅恒昌于武强县师范学校毕业,并在武强学区内教小学,在家人的主持下定亲。傅家其他家庭成员年纪尚幼,都是未婚,没有到了年纪娶不上或嫁不出去的成员。20 世纪 60 年代时,傅治芳离婚转而投身乡镇妇联工作,在此不做过多陈述。

傅家成员的婚姻中,主要是家长做主,只要不是五服内的同族亲人都可以,走正常的说亲程序,媒人双方沟通,双方父母同意,不限制远近。一般家庭条件好的家庭,附近三乡五里的都知道,都愿意把女儿嫁去好人家,少挨饿受冻。因此,一般家庭条件好的更有可能娶本村或本乡的姑娘。

2.婚姻观念:半守旧礼,半开新风

傅家固守旧礼而完婚的主要就是傅平进、傅治安和傅金安三人,他们都是通过父母做主、媒人牵线而结婚的,双方结婚前从未谋面。而父母为子女婚姻所做的考量中,首先就是家业大小,他们通常认为宗族门楣对个人为人处世,以及生产生活能力有极为重要的影响,大

家户的孩子说话办事都比小家户的孩子懂理、大方,大家大户一般看不上小门小户出来的子女,这是各种门户都默认的规则。因此,什么样的人家,过什么样的日子,父母和媒人都会自主为子女找门楣相当的家户,以免受委屈。其次,是男要强壮有力、能吃能干,这样才能下地干活;女孩要能操持一家老小洗衣、做饭、纺线、女红等。最后,如果一大家子人口兴旺、家庭和睦也是各家父母都乐见的,几世同堂又和睦相处的家庭必然有自家生产生活的规矩,反过来说,人们也认同越有规矩的人家越容易团结、发家。

傅家自由恋爱、自由婚姻的新风是傅玉璞开启的,傅家子女从这一代开始接触、支持并从事革命工作。傅玉璞受傅恒昌影响,1940年加入中国共产党,在冀中军区文工团工作,解放战争时南下,任"星火针织厂"书记、广州东方宾馆市政府接待处支部书记。她的婚姻完全脱离了"父母之命、媒妁之言",父母都不知道她身在何处、为什么更换姓名、什么时候结的婚。傅治芳本已接受父母之命、媒妁之言而完婚,并育有一子。但接触新文化后,她担任村中的妇救会主任,加入中国共产党,后因无法忍受妇女地位的低下而坚持离婚,一心投入解放、建设工作,担任深县么头乡、西马庄乡、百四庄乡三个乡镇的妇联会主任。在傅治安一代人的开化影响下,傅家子辈最早定亲的长子傅恒昌在武强县读师范学校时与郭书丛相识,两人相恋三年,在武强县一起毕业后结婚,并参加工作。所谓婚礼,只是两人在当教的住处办了一桌酒菜,宴请了当时的领导和同窗,家长和其他家庭成员都没有出席。回家后,傅家也未补办婚礼。

(二)婚前准备情况

1.父母之命,媒妁之言

傅家儿女的婚姻形式深受国家战争、民族解放的影响。20世纪40年代之前,傅家儿女严格遵守着"父母之命,媒妁之言"的旧礼。傅家儿女大约到十七八岁,如果没有继续就学、参军或工作在外,就开始有媒人为他们说亲事了。傅治安和傅藏都是通过这种方式结婚的。傅治安到结婚年龄时,傅张氏碰到村里的媒人,就会知会媒人"俺家大儿子大了,有哪家的好姑娘您可给留意着啊",媒人接收到这样的信号以后往往都会很热情地应答,等有她们认为合适的姑娘时就会上门说。一般女儿的婚事父母不会主动和媒人说,都是媒人打听着谁家有姑娘,多大了、身板怎么样、家里什么条件等方面,每人都会了然于心,估摸着有门当户对的人家时,就会先去女孩家跟家长说。如果女方家长同意了以后,媒人才去告诉男方家长,赶紧准备着去女方家里见面。只要双方家长一见面都没有意见,这门亲事就定下了。

关于子女的婚事都是傅平进和傅张氏两人商量着决定的,等媒人找上门来,说下哪家的姑娘,傅平进夫妇觉得家户相当,可以试试的话,就知会媒人牵线让两家的家长见个面,儿子本人对结婚的对象毫无概念,因此对婚事也没有意见可言只能听从。在婚事没有最终敲定时,家长也不必告知或请示四邻、家族、保甲长等本家庭成员外的任何人。一般男方娶媳妇时,在未定亲之前的一段时间是不声张自家要说亲事的,因为女方在此期间经常会有其本家的知己亲戚替她们打听村民们对男方的品品、家庭的为人处世等。这是决定双方家长对儿女婚事能不能成的关键"考评"。

2.在外成员,自主操办

傅家成员思想开明,知书达理,赤心爱国。傅平进和傅张氏对此持支持和成全的态度,尽自己的最大努力种地,保住孩子们的生活,其他事情,两位家长并不严令干涉。在傅治安开化思想的影响下，平辈的兄弟姐妹们争相加入中国共产党并支持革命运动。其中，傅玉璞自1940年参军入伍后未归，其婚事完全由自己决定、自己完婚，未告知任何家人，后期解放战争结束后，国家政局稳定，傅玉璞才回家看望父母。傅藏思想开化后，虽起先接受了父母之命媒妁之言的婚姻，但终难忍受，不听父母、亲戚规劝，自己坚持做主离婚，并把儿子寄养在傅家长达七年。按照当时的状况傅平进夫妇对在外的孩子们的婚姻和恋爱不会进行任何干涉，是任其自主操办，在外办过婚事的成员回家也不会在按照习俗再办一次婚礼。只是第一次回家时，儿子要带着媳妇或者女儿带着女婿去宗族关系最近的叔伯家中拜访，算是公示给四邻、族人。

3.婚配标准与婚姻目的

在以傅平进和傅张氏做主的"父母之命，媒妁之言"的婚配中，挑选儿媳妇的标准，首先要能生育；其次，洗衣做饭、干农活、做针线、会纺线等一系列活计要做得来；最后，长相、家世、年龄、身体状况等条件只要相差不太大都能接受。傅家的女婿首先要看经济条件，家里地多，精通种地或者有手艺都是很不错的对象；其次是在家里要说话算话，最起码能说得上话；最后，长相、家世、年龄、身体状况等条件只要相差不太大都能接受。而不以家长做主的婚配中，傅玉璞、傅治芳两人的婚姻选择都以个人幸福为目的，以投身革命运动为追求，都不以烦琐的生活细节能力来判决自己的结婚对象，更不会过多考虑传宗接代之事。

傅家以傅平进和傅张氏做主的子女婚姻都是以生儿育女、传宗接代为目的。结婚是每个人由不懂世事的孩子转变为上孝父母、下教子女的大人，到了一定年纪都应该承担的家庭责任，更是父母完成一项重要人生任务的标志。他们羞于谈论爱情，不明白什么才叫"个人的幸福"。傅张氏为子女的婚配自动遵循着门当户对的规则，从不奢求靠子女婚姻来改变什么，只希望自己的子女婚配能够保证繁衍子嗣、努力种地、维持一家老小安稳度日，能够吃、够穿、够用就是求之不得的好日子。到傅治安、傅金安一代，虽屡遭困顿，但他们子嗣甚多，到后来每支都有三儿两女，甚至儿子傅治安去世后，崔珍甫首先不离不弃，始终忠贞于傅家；其次仍有能力帮助傅张氏维持20亩土地的种植，维持一家生活，保障大大小小的孩子们顺利上学，这在当时是极其难得的。

而不由傅张氏做主的婚姻中，傅玉璞在革命过程中完婚，属于完全自由恋爱，一方面是由于双方对共产主义信仰的追求，另一方面也是追求个人幸福。傅治芳则是实在难以忍受父母做主下的婚姻生活，对方是严格的传统思想的农民，傅治芳受新思想熏陶已久，经常参加村中党支部组织的妇女运动，极力想摆脱男方家庭对她的工作和思想的束缚。在当时的状态和时局中，傅玉璞和傅治芳都不再以生儿育女、传宗接代为目的，一心系于革命运动。

4.聘礼或嫁妆

傅家子女成婚时间都在20世纪三四十年代，农业生产全靠人力和畜力，一无水井二无沟渠，农业生产效率很低，又加之战乱影响，家家户户都很穷。当时结婚虽为大喜，但也只能简便从事。男方家长在媒人的带领下去女方家，三方了解完实际情况之后，达成口头协议。回家后，男方家长给媒人一个帐子，是给新媳妇做新衣服用的，这就是所谓的聘礼，再无其他。再怎么穷的人家也会尽量给一身衣服，有条件的大家户可能会多少给点儿钱、多做几身衣服，但不会太多。在整个过程中，结婚之前男女从未谋面，双方父母也不知道自己应允的未来媳妇或女婿到底长什么样子、是个什么脾气。

女方的嫁妆是完全根据家长意愿和自家的经济条件决定的，即使女方什么陪嫁都没有别人也不能说什么。但传统农村习俗会给女儿象征性地陪送橱、柜、碗、壶等，数量多少由家长决定，没有定数。傅家子女成婚的聘礼或陪嫁都是跟着社会形势进行的，除了出门在外、自由恋爱的子女，在家成婚的傅家子女都没有正式的定亲仪式，全凭双方父母和媒人的口头决定。定下以后除了做身衣服，再接触就是商量结婚的时间和具体操办的细节，傅金安迎娶王素珍时，正好赶上日本人在当地一带扫荡，双方都不敢声张，连轿子都没请就把王素珍接来了。一方面确为局势所迫，另一方面不管什么形式都是双方父母做出的决定，谁也不敢有什么意见。

（三）婚配过程

1.定亲

以傅金安与王素珍的成婚过程为例，傅家以传统形式婚配的都是以这种方式进行的。傅家为参军归来的傅金安娶媳妇，是在傅张氏的决定下进行的，其他家庭成员都不能提出意见。傅金安参军在战争中受伤，家中又接连出事，于是傅金安一回家，傅张氏就开始筹划着为他结一门亲事，一方面稳定傅金安的生活，不想让他再外出参军或参加工作；另一方面是延续二房头的香火。于是，傅张氏与家庭成员商议着想娶哪里的女孩儿。虽然傅家接连出事，且傅金安负残，但在农村过日子都认为只要有地在就能吃喝不愁，况且傅家土地还有二十亩，所以崔珍甫提议娶她们村的姑娘。在傅家经历那么多困顿后，傅张氏是很信任崔珍甫的，于是托本村的媒人去联系榆科镇北杏园村的姑娘。媒人去王素珍家说明以后，同意与傅张氏见面，由于傅家当时没有男人当家，傅张氏去女方家里见面后，两家都没什么意见，这门亲事就定下了。没有礼物，没有定金，傅金安和王素珍更是素未谋面。

2.下聘

定下亲事后的下一环节就是下聘礼、定婚期。这一环节之前的意见都是通过媒人传递的，两家家长也不再有任何形式的来往走动。在整个婚礼过程中，但凡涉及双方家庭对接的细节都要由双方家长共同商议决定，此外傅家家庭成员和族人之间的礼仪和细节都可以由傅张氏和主管婚礼的人商议决定。

傅张氏是秋收忙完之后带着花布去的，花布就是傅家给王素珍做新衣的，也是实际意义上的聘礼。傅张氏此去的目的就是与王素珍的父母商定子女结婚的日子，以及他们举办婚礼的细节，包括怎么答谢媒人、结婚所要居住的房间、婚礼请多少人、办多少桌、婚礼上娘家要随从去的本家人和当家子的人数，以及他们在婚礼中的"任务"。陪在自家女儿身边的是王素珍的大娘、婶子等，上女席的也是婶子、大娘，上男席的是叔叔、伯伯，如果女方家里的人员有什么特殊情况，男方家里要做出相应的调整。

此外，与女方商定完婚期还要一并确定女方是否有陪嫁。如果有陪嫁，当时习俗中的陪嫁有一种基本的形式：两个竹筛，每个筛子中放上麦秸、筷子、碗、镜子、盆、水壶、毛巾、麸碗、棉花碗、盐碗、碳碗等，用一个扁担挑起，都是代表孩子成家立业的必需品。一般小家户是一个挑，但也有大家户或者讲究多的家户会在数量上相对多一点儿，准备三个挑或六个挑。在婚礼的前一日，男方专门根据女方的准备派人去女方家挑回，是谓"担挑"。

3.婚礼

婚礼筹办环节主要是男方操办，在举办婚礼之前的事务商定中，傅氏族人不会参与意见。这时傅张氏要带领家庭成员把办婚礼要用的粮食、用具等基本准备出来,然后请傅氏一族的专门管理人员来主持事务。傅氏家族专门有帮忙打理傅氏一族各家户的红白事的几个成员,分别负责食材、人员、礼俗方面的组织和运行,以顺利完成各家各户的婚丧嫁娶事务。在婚礼之前的聘礼和定婚期该班组成员不会涉及,均由傅张氏做主。傅张氏本来与女方家长商定是由四人抬的轿子把王素珍接来,但赶上战乱怕路途中太过声张而出现意外,于是也没派轿子,王素珍跟着迎亲的人们走回来的,也没有按约定放炮仗。

以当时的社会和家庭条件,中等规模的婚礼即两桌荤席,其中一桌女桌是男女双方家族中的长辈与王素珍主座,另一桌是男方的爷爷、叔伯及女方来的叔伯长辈,这两桌是以果席、碟席、荤席、菜席流水更替的席别规格安排的。果席包括水果和点心,在数量上要求经济条件好的家庭摆八盘,经济条件差的也要摆上至少六盘,但不管多少盘品类必须不能重复;碟席包括心、肝、肺、杂①、猪耳、肠等等;荤席上要求"八碟八碗","八碟"是八个炒菜,包括鸡、鱼、肉、肘及其他四个炒菜,"八碗"是大酥肉、小酥肉、红肉、白肉等油炸类肉品,其余傅家的家庭成员和家族成员都在院子里吃没有荤的大锅菜。

4.回门

傅金安与王素珍婚后第二天,傅张氏要准备烧鸡、鱼、方形猪肉、猪肘子等"四腥食盒"、芝麻糖、麻花、块糖、水果等"四素食盒",由傅金安带着去看望岳父岳母。在这一环节中主办方是女方家族,傅张氏、傅家其他家庭成员及傅氏家族成员都不再出席,也不再参与意见。"回门"是当地习俗中非常正式的一个环节,代表双方婚事的正式结成。傅金安要正式带着傅家的媳妇王素珍来拜访和答谢王素珍的父母,一方面是对岳父岳母的正式拜访,另一方面代表此行之后王素珍就成为傅家的人了。女方家族为了自家的女儿在婆家能受重视,会宴请本族的成员,人越多、越齐心、越热情,他人就越不能小觑。

(四)婚配原则

1.结婚次序:男女分论,长幼有序

傅家儿女的婚姻顺序自有分类。首先,傅家儿女的婚姻顺序不进行纵向要求,同辈中长幼相较而论。因为长辈每家每辈都可能会有特殊情况而不能婚嫁的家庭成员,如果严格遵循这种顺序的话,万一家庭中有一个身体、精神或其他方面有缺陷而不能顺利婚嫁,那下一辈的子女婚嫁也会被耽误。其次,同辈子女中,男孩排序中,老大没有特殊情况而未娶亲的话,老二是不能娶亲的,否则老大就会被认为是娶不上媳妇的光棍。最后,女儿的婚嫁顺序是没有定数的,不同男子的婚嫁顺序有关联,单论的女儿排序中也不进行婚嫁顺序限制。因为有的家庭可能房间比较少,男子婚后需要单有一间房间,而家里又盖不起新房,这时把女儿嫁出去正好能解决住房问题。傅家长子傅治安在傅金安之前结婚,傅家大女儿在傅治安之前结婚,三女儿在二女儿之前结婚,二女儿最后结婚。对于子女结婚的顺序问题,不论大家户、小家户,不论几世同堂,男子同辈中的长幼顺序是必须要遵循的。其他两代人之间的婚嫁顺序、女儿之间的婚嫁顺序是各家户自己决定的,没有必需的社会规则。

---

① 杂:当地方言,指猪脸肉、肉糕或其他肉类等。

2.结婚花费:家户承担,男聘女陪

操办婚事男女双方都需要花费。傅家主要是雇吹锣打鼓班子、给女方买衣服、宴请本家族成员、准备回门荤素食活。王家的主要花费在给女儿准备担挑陪嫁、宴请本家族成员。以上费用和粮食都分别由男女各方家庭独自承担,折合男方花费约为五十元钱,外加一袋粮食约一百斤;女方约为 20 元钱,外加一袋粮食约一百斤。傅家子女的结婚形式与婚配花费都是跟随社会形势变化,子女无论婚配与否都要听从家长的安排。此外,傅张氏会根据自家的实际情况和女方家庭的实际条件来决定婚礼的操办花费,这些费用都算是家庭共同财产出的,除了女方陪嫁来的东西,以外分配给各小家庭的物件和房间仍然是大家庭所有,都是正常的家庭可分配继承的资产。子女结婚都是各家户家长的"任务",亦是一个家庭的整体责任,大户、中户、小户的婚姻花费只是区别于量的大小多少。

(五)其他婚配形式

傅家属于新式思想的中等水平家户,在三代同堂中都有儿有女,子孙众多,均未出现娶小婆、童养媳、改嫁、入赘的情况。傅平进去世后,傅张氏带领一家人继续生活,安分守寡。傅治安去世后,崔珍甫带着孩子跟从婆婆继续生活,安分守寡。傅金安与王素珍从一而终。傅恒昌从小接受新式教育,自由恋爱,一夫一妻。但娶小婆、入赘是当地极为普遍的情况,主要目的是传宗接代、延续香火。

1.小婆

纳妾在当地称为"小婆",是家庭条件富足的大户人家才会有的现象,而且无论家长或者儿子,必须得到家长的允许才能纳小婆。只要经家长决定,其他家庭成员、四邻、族人、保甲长等人都没有权力干涉。而条件艰苦的家庭连自家人糊口度日都难,能娶上媳妇就是好事了,即便没有儿子也娶不起、养不起小婆了。而与家长"申请"纳小婆的理由中,最理直气壮的就是大婆即正妻不能生育,或者生的都是女儿,不能生儿子传宗接代相当于夫妻两人的罪过,是不孝。因此,不管是家长还是正妻都不能阻止其纳小婆。其次是家产多,希望多有子嗣继承、发展,也希望家中的家务能多个人帮助大婆,这种现象是相对较少的。当时,小婆的地位很低,本来妇女就要事事从家长、从夫,而小婆除了听从家长、听从丈夫的以外,还要听从大婆的安排。所以愿意让自己女儿给别人当小婆的家庭一般都是家庭条件不太好,或者没了母亲的。大家户都愿意挑家世清白、长相好、身体好的姑娘为小婆,但是家户中等的人家出不起高价的聘礼,又急于传宗接代,就顾不得女子是否有过婚姻,只要身体好就行。纳小婆和娶媳妇一样,都需要给聘礼、单设房间、娶闺女的话办婚礼等。但总的比起来,娶小婆的花费和细节要简单得多,尤其是娶结过婚的小婆,很有可能是不办宴请的。

2.入赘

入赘在当地的说法是"倒插门",也称"上门女婿"。各家户若是某一代上没有儿子、只有女儿,而其家庭有一定经济能力,能养家糊口,那么首选的方式就是从本族的近亲中寻找合适的过继人选,近亲的儿子过继过来成为本家子女后,再为其主办婚事,这样至少本家户的后续子孙还是本家族的血脉。但如果本家族的成员中也没有儿子可供过继,就只能通过为女儿招上门女婿的方式延续本家户的血脉。女方选择倒插门的男性多是 19~22 岁、身体健康,当然如果女方是首婚那么也会要求男方也是首婚,而对其家庭经济条件、兄弟情况、父母情况、是否本村没有特别严格的要求。而愿意把自家的儿子入赘给别人的家户,要么是多年娶不上媳妇，要么是自家家庭条件不好或者自家儿子多，有足够的子女继承家产和赡养父母。在村里，女方招入赘女婿并不丢人，而男方上门被大家认为是不好的事，自家儿子相当于给人家"做媳妇"去了，虽然不用改自己的姓氏和子女的姓氏，但在实际生产生活都低人一等，在女方家中也不能当家。

倒插门的结婚程序和安排与正常的男女婚配的基本流程是一样的，唯一不同的是，女方承担了正常婚配中的男方在定亲、定婚期、婚礼举办的环节的责任。自男方家长同意儿子做上门女婿后，婚配的花费和方式都由女方家长做主，不用告知或请示四邻、家族成员、保甲长等其他人员。

（六）婚配终止

1.休婚

休妻在当地叫作"休婚"。傅家成员脾气秉性都很温和，一方面不会苛责家中的媳妇孩子，另一方面傅家娶来的媳妇都比较勤劳朴实、相夫教子、敬养老人，因此傅家从未有过休婚的情况。在傅家庄，或多或少有过这种现象。不孝敬公婆、不会生儿子、不恪守妇道等都可以成为休婚的理由，一般是丈夫对妻子的某些行为忍无可忍时才会主动休婚。当时社会中，妇女地位低下，休婚只需婆家写一份休书即可，育有的子女只要婆家想要想养就必须留在婆家，陪嫁可以由媳妇带走，但婆家不需要进行任何经济赔偿。很多时候外村嫁过来的姑娘已经被休婚了，娘家人才知道出了事，也没办法替女儿讨回公道，还会埋怨女儿嫁人后不好好过日子，被人休回来给娘家丢人。有的女性明知回娘家也不会有好日子过还会给娘家丢人，就干脆一走了之，去别的地方另寻下家。

傅家庄村里也出过一次特殊的休婚事件，杨家院里的一个中等家户，父母之命，媒妁之言，把新媳妇娶进门。这个新媳妇和丈夫两人并没有什么不和，新媳妇也恪守妇道，但自从她进门起婆婆就看不惯她的言行举止，总是觉得她什么都做得不对、做得不好，不到一年的时间婆婆就反悔了，严令儿子休了媳妇。前前后后，婆婆在生活中各种刁难媳妇，媳妇本身地位低也不敢反抗。最后，儿子受不了母亲的再三吵闹，只得听从母亲的意愿写一纸休书，写明休婚原因和时间并把媳妇送回了娘家。休婚是自己家庭做出的决定，经丈夫和家长同意就可以，不必告知四邻和家族成员或保甲长等人。

2.守寡

傅家傅张氏和崔珍甫都守寡。1943年，傅治安被一户村民请到家里调节家庭矛盾，争吵中被在村中巡逻的游击队误以为敌军偷袭而开枪误杀而亡。崔珍甫守寡时年仅31岁，已育有三个儿子两个女儿，当时大儿子8岁，最小的儿子刚刚出生不到两个月。1945年，傅平进由于长子去世、次子参加抗日战争生死未卜，一家皆是妇幼，二十亩土地一下子成为傅平进难以负荷的重担，最终一时想不开跳井而亡。傅张氏守寡时已经66岁，还有一个儿子三个女儿，且都已成人，儿子和小女儿未婚。就这样，傅张氏和崔珍甫都守了寡。

媳妇只要嫁进婆家不被休婚，就会被视为婆家正式的家庭成员，丧夫的妇女只要愿意在婆家生活，愿意继续赡养侍奉公婆、抚养子女，公婆及其他家庭成员都不会主动安排媳妇改嫁，也不会把她们送回娘家。傅平进去世后，傅张氏成为家中最年长、辈分最高、最有权威的家长，崔珍甫也愿意留在傅家帮助婆婆渡过难关，更舍不得放下自己的五个孩子。崔珍甫的去留只需和傅张氏商议、说明即可，不必告知或请示四邻、家族、保甲长等其他成员。而傅家当时除了傅张氏和崔珍甫和孩子们，别的家庭成员都在积极参加抗战，长子傅治安20岁就在村中行医并当过保甲长，因此傅家虽接连遭难，家中没有青壮年劳力，但傅家庄的各家各户都很尊敬傅家成员，从没出现过欺负傅张氏、崔珍甫孤儿寡母的事情。傅家在邻村的大女儿傅藏也经常回家帮助母亲干些农活。

丧夫之后的崔珍甫一生未改嫁，一开始是听从婆婆的一切安排，后来是听从傅张氏和傅金安的安排。崔珍甫以努力劳作、侍奉傅张氏、操持家务为责，在中等水平的傅家虽然过得辛苦，但也是衣食无忧，主要是自己还有子女，凭借自己的儿子，崔珍甫就可以在将来分家时与傅金安的房头拥有一份等价的家产，成为自己和孩子安身立命的不错选择。另一方面，崔珍甫以自己的能力也不能完成重劳力的活计，在很多时候还是需要傅金安夫妇的帮助，因此她甘愿选择在傅家陪伴守护孩子生活。傅张氏和崔珍甫死后都是以正式的傅家媳妇的名义与其丈夫合葬的，如果改嫁的话，就失去了傅家成员的正式身份，也就不能葬入祖坟。而嫁出去的女儿，就是别人家的成员，不能葬回娘家的祖坟。

傅家在傅金安回归家庭后成婚，傅家就变成了傅张氏当大家长，傅金安分担涉外的社会交往的外家长职能，后来傅金安与王素珍也育有三子一女。虽然傅张氏和傅金安都如常对待崔珍甫及其子女，但毕竟家庭的财力、物力有限，崔珍甫不愿自己的孩子在将来的婚姻和工作上受到家庭的限制，就抓紧了傅家支持子女接受教育的机会，不断私下教导五个孩子要努力读书，将来自食其力。相反，傅金安与王素珍的五个子女从小在傅张氏和父母的关爱中长大，虽没有过分溺爱，但自小没有太多受到农村的"挫折教育"[1]。傅治安虽不在世，但在崔珍甫的养育之下大儿子毕业于师范学院当了老师、二儿子毕业于内蒙古农业大学从事畜牧兽医行业、三儿子毕业后当了正式工人，两个女儿也都自己找了工作当了工人，五个孩子都是中国共产党党员。傅金安的五个子女中，只有傅恒信初中毕业后当了文艺兵，是中共党员，其余子女都不是靠自己上学独立找的工作。相较之下，崔珍甫在傅家对子女的教育起了极为重要的作用，因此直到傅张氏去世后，傅金安夫妇也一直非常尊敬崔珍甫，又同居共财生活了将近三年的时间，后来分家也是由于子辈结婚的越来越多，不便再共同生活。

二、家户生育

（一）生育基本情况

傅家傅平进这一辈一子三女，傅治安这一辈是两子三女，傅恒昌这一辈中有六子四女，家中父辈和兄弟几人虽然屡遭困顿和劫难，但傅家家庭条件足够一家老小温饱，因此子辈的孩子数量众多，还能得以顺利成长，没有出现夭折、丢弃、过继给他户、溺死等情况。虽说孩子们都顺利长大，但也有过很多惊险万分的情况，在这里简单叙述一二：傅恒元刚4岁的时候，家中因为农忙，大一点儿的孩子都去地里帮家长干活，家中就剩傅恒元自己在家玩。傅恒元可能是自己在家太无聊，想顺着之前家长领他走过的路去地里找父母，结果不熟悉地形路势，走到村口的大积水坑边玩起了水就忘了要找父母的事情。正好路边有经过的村民，一看小孩子在水坑边玩耍，一时着急就喊了一声，本意是把小孩儿叫到安全的地方来，结果傅恒元没明白是怎么回事，还以为是有人要打他，一失神滑倒掉进了水坑里，恰好有傅家的

---

① 挫折教育：当地的俚语，指孩子不听话时，父母就以打骂的方式教育子女。

族几个人过来,赶紧下去把傅恒元救上来。当时傅恒元太小,救上来以后已经昏过去,村民赶紧去叫傅金安,送去医生那里才救回一条命。

以当时的社会状况,家中无论地多地少,无论几世同堂,在生育子女的问题上都是越多越好,而且儿子越多越好。最终的家庭规模的区别只在于能不能养得活,在小家户家庭中灾年、生病、意外等情况都可能导致孩子的夭折、家庭的困顿,而大家户有足够的经济条件解决灾年、生病等情况,也能或多或少地应对一部分意外事件,能在原生家庭顺利成长的多为中等及以上的家庭。

傅家从未出现未婚生子的情况,在当时的思想中,女性婚前基本是大门不出二门不迈,婚前与丈夫都是素未谋面的,若谁家有未婚就生育的情况,是给祖宗丢人,全家甚至全族的人都跟着丢人,会被三乡五里的人们指指点点。

(二)生育目的与态度

1.傅家生育的目的与态度

傅家的生育最重要的目的首先就是传宗接代,延续家户、家族的血脉,有了儿子,才能有血脉的延续,才能有傅家家业的不断传承和扩大,才能有傅家门楣宗祠光耀的可能;其次,生育儿子还能保证傅家当前的祖辈和父母能得以美好安稳的终老;最后,生了儿子,还能使傅家在农业生产中有长久的青壮年劳动力。前两者,可以说是在传统意识中最重要的目的,但以生育来增加劳动力才是家庭生育的最现实的意义。没有儿子的话,以上的家庭、家族传承意义和生产意义均无从实现,使该家户在以其为目标的传统意识形态中失去航标。

傅家的生育观念中虽然没有表现出对女孩的歧视,但从生育的基本目的中即可看出都是针对儿子而言的。

而之所以对生男生女的态度有如此大的区别,是因为女性从出生那天起到养大,家长和其他家庭成员都十分清楚"女儿将来嫁到别人家就不是自家的人了",对原生家庭来讲,女儿的作用只在十二三岁可以开始帮父母干农活、做家务活计,直到十八九岁嫁人之前。此外,女儿不能入族谱也是一个很好的例证,也可以看出,生男生女的区别与态度最根源于维护本家家户的延续与利益,都是以本家家户的整体利益为考量。

2.傅家对待不同生育类型的看法

傅家从未出现非婚生子的情况。在当时的思想中女性婚前基本是大门不出二门不迈,婚前与丈夫都是素未谋面的,若谁家有非婚就生育的情况,是给祖宗丢人,全家甚至全族的人都跟着丢人,会被三乡五里的人们指指点点。

傅家子女往往是在 19 岁至 22 岁之间结婚,没有早婚早育的情况。当时一方面没有外在力量限制各家户的生育规模,另一方面没有成熟的医疗技术控制生育数量,只要结婚后怀上了孩子,哪家也不可能愿意打掉。所以当时的家户生育是不受身体以外的其他任何约束的,傅家子女婚后一般两年就开始生育,"能不能怀上、能生多少,既不强求也不限制,能生多少就生多少"。

傅家对待子女数量的问题,在儿女双全的基础上,处于"顺其自然"的状态,不非要强求多少儿子、多少女儿。王素珍认为能生多少孩子是自己与多少孩子有福缘、是天命,"有的人家生了九个孩子,都是女儿,就属于'没有有儿子的命',有的人家生一个是儿子、生一个是儿子,但偏偏他们家媳妇就是想要个女儿,也就偏偏她'没有生女儿的命'"。傅家生儿女的多少并不取决于是不是在村里挣不挣面子的问题，而是取决于自己的土地和家庭条件是否能负担得起。

一般无论大户、中户还是小户人家，都想有个儿子传宗接代、延续香火，而强调多生多育的大部分都是大户或中户人家，在当时有能力早婚早育证明该家户具有一定的经济实力。但对于非婚生育，无论是什么样的家户，都会以其为耻，都会遭到别人的指指点点。

（三）生育过程

1.夫妻决定，顺其自然

傅张氏和傅平进从未干预过傅治安及其他子女的生育问题，生不生、生多少都是由他们小夫妻自己决定的，而傅家两兄弟的生育处于自然而然的状态，有了就生，没有能以人力干涉的事情。

2.家户承担，母亲照顾

傅家的媳妇怀孕以后，前几个月并没有什么特殊待遇，"该怎么干活就怎么干活"，可能会做轻便一点儿的活儿，如去帮忙做饭和做家务，但绝不会在家什么都不干地养胎，等月份大了干不了重活时，会让家里大一点儿的孩子平常照顾一点儿，身体有不舒服或者什么情况时，可以让孩子跑腿儿报信，请村里的接生婆来家中接生。等快生的几天，以及生了以后坐月子的一个月里，傅家对产妇会有饮食上的特殊待遇，会由自己的亲生母亲搬来照顾起居，饮食上以鸡蛋补充营养为主。一般傅家的媳妇都要坐月子满一个月，具体饮食的好坏、鸡蛋的多少并没有定数，只根据当时的家庭条件由家长决定。生育本身并不产生多少费用，关键的费用在于举办"十二晌"或"满月酒"。

（四）生育仪式

在傅氏家族中，五服之内的本村亲戚中谁家生了孩子，无论男女，都要为孩子举办庆生的"十二晌"或"满月酒"，从孩子出生之日到第十二天时，正好经过了十二天，是为"小满月"，小满月和大满月在仪式上二者择其一举办即可。孩子过"十二晌"或者过"满月"时，傅张氏都会根据关系、辈分——提前通知到傅家的近亲和叔侄舅伯等本家亲戚，庆生的当天中午会准备相对较好的饭食，一般是炖菜，招待来往的宾客。各家亲戚会准备好礼物，或自己或让媳妇专程去傅家为孩子庆祝。准备的礼物要么是买布做的小孩衣服，要么是自家的鸡下的鸡蛋，实在什么都没有的可以直接送块帐子布。傅家待各家人要走时还会统一准备馒头或其他吃食放在各家来时的篮子中，视作主家的谢意。此外，媳妇的亲生母亲会准备一份厚礼——一百枚鸡蛋、两身孩子的新衣服。

生孩子在当时的社会具有很大风险，经常有孩子生下来养不活的情况，生下来的孩子能活过十二天、一个月就是基本成活了，因此顺利添丁进口是各家户都极为看重的事情，也是非常值得庆贺的事情。每家都差不多要生五六个孩子，这一系列活动和花销也就在传统农村中慢慢形成习俗，这些花费都要由大家庭承担。媳妇的亲生母亲送的一百枚鸡蛋、两身孩子的新衣服，是不纳入大家庭所有的，鸡蛋是媳妇在月子里就要吃的，衣服就给孩子穿了。此外，活动过程中所收到的礼物，无论是吃食还是帐子都归大家庭所有。

在"十二晌"或"满月酒"的礼俗上，无论大户、中户还是小户都是一样的流程，不同的是，大家户条件好，招待宾客的酒席会丰盛很多，小家户会办得简单一点儿。

(五)孩子起名

傅家的儿子都要遵循族谱的规则,每代人之间都有不同的字,以区分长幼,女孩不入族谱,也不能按照傅氏的字号起名。傅家的三代人的名字傅姓不动,傅平进一辈,与叔伯家同辈的兄弟一样走"平"字,余下的空字由自家的当家和父母商议决定。傅治安一辈与同族等辈的兄弟一样,傅字姓不动,走"安"字,中间空字由各家的家长和父母商议决定,傅家两兄弟分别为"傅治安""傅金安"。傅恒昌一辈与同族等辈的兄弟一样,傅字姓不动,走"恒"字,第三个空字由各家的家长和父母商议决定,傅家六个儿子分别为"傅恒昌""傅恒菊""傅恒欣""傅恒元""傅恒亮""傅恒信"。"恒"字是傅家自定的字,当时族谱内的字号已经有很多重复,不同的门支下各辈分与年龄不断分岔,傅家傅恒昌出生时算是这一代中的长子,因此从他开始另定"恒"字,后面的兄弟因袭之。

傅家能跟随族谱的字号起名的必须都是儿子,女儿的字是没有特别要求的,有个能方便生活的称呼就行,所以起名都是要等孩子出生了以后看能否成活、是男是女。傅家的孩子没有小名,从下生起了名字以后就附随一生。一般三世同堂、四世同堂的家庭老人比较多,思想比较传统,会要求自家的子女都按照字号来取,赋予多一些的含义。而大家户文化水平相对更高一些,自家人根据族谱也能给孩子起很不错的名字。

三、家户分家与继承

(一)分家

1.长辈逝世、子辈渐离

傅家在 1951 年之前并未分家,甚至在傅张氏于 1959 年去世后,崔珍甫和傅金安夫妇还同居共财、共劳共食了将近三年的时间没有分家。

首先,傅家庄各家户分家的主要原因一般都是当家的长辈去世、子辈小家庭之间生活多有不便,当时有一种风俗是"老人在时不分家,老人去世后尽量不分,人多好过活"。这种理念一般为中等家户所坚持,他们家户总体土地中等或偏多,但地力一般不足,所以产出不高但劳动力需求大,因此不分家既能保障劳动力需求得到满足,又能使每个小家庭有吃有喝。否则一旦分家,每个小家庭都会分化为小家户,使土地亩数减少、所收获粮食就更少,难以过活。久经历练的老人都明白这其中的道理,因此在他们活着时都不会主张分家,子辈们也不敢提分家。但当老人去世后,子辈们大都已婚,不再有高于各小家庭地位的权威力量来调和与处理他们之间的问题,分家便成了必然的选择。

其次,一般房产、地产、副业多的大户家庭会坚持一种理念——大家户决不能分家,或尽可能不分。因为一个大家庭的成长和发展壮大建立在全体成员的各司其职、共同努力的基础上,家庭的繁荣在此时已成为家族的荣耀,所以大家庭的家长为了延续家族的经济实力和荣耀就不会允许分家。

最后,"穷家早分""穷捣鼓"[1]也是当地的一种现象,个别的小家户会有老人不愿当家,在五六十岁时就会主持进行分家,因为本身家产较少,儿女相对较多,本身不多的生产生活资

---

[1] 穷捣鼓:当地方言,指家庭生活中越是拮据,生产生活资料就越显珍贵,每个人都想占有更多的一部分来满足自己的生活需要,因此就会产生很多矛盾和纠纷。捣鼓,即争吵打闹。

料无法满足家庭成员的生产生活需要,因此父母为了省事,干脆分家,让儿子们各自奔各自的前程,有能力就过好日子,没能力就过穷日子,但是凡具有分家继承家产权利的儿子,也具有赡养老人的责任和义务。

傅家庄里各家户的分家,除了大家户分家较为麻烦需请保甲长、族长主持外,其他中小家户分家时,家庭以外的成员都不会随意干涉。但在街头巷尾,每家每户都会有交往不错的家户,私下聊到各家的大事小情都难免说论一二。这种形式既是村民家户之间互相关心的必要交往,另一方面又成为村间舆论的"制造厂"。这种社会交往中总会有他人的观点或多或少的互相渗透,具体的影响却由其自己把握,他人无法考量。

2.分家资格

各家户的分家活动是在一辈一辈之间进行的,当家的家长去世后,具有分家析产资格的只有家庭内部成员且是已逝家长的儿子,不针对子辈的女儿、孙辈子女,其中自动剔除了已出嫁的女儿、过继给别人的儿子、自家认的干儿子、寄养在本家的孩子等"不算本家人"的个别成员。儿子去世后不改嫁的媳妇及其子女也有资格分家。家户的所有家产都进行分配,无论继承大小多少,远距离的是不直接分配的,只在本村长期生活的才会分给。至于孙辈是否能独立生活,还要等子辈分完大家庭之后,由子辈决定是否要把所得的家产进行下一步的分家。

在传统农村中,越大的家户家产基业越大,自有严格的家户代际继承发展的规矩,长辈去世,子辈往往兄弟众多,长辈在去世前就会安排好自己去世后家中由谁当家、由谁协助管理,大家户的分家被认为是败家。而小家户则没有过多的规矩,长辈去世、兄弟不和等都可以成为分家的理由。

3.分家见证人

分家是以家户为单位,分配拥有的所有资产,参与分家的成员的资格、分家的方式、如何分配都不是以一个或几个受分的儿子决定,必须由本家或本家族的叔伯长辈或保甲长为见证人,当场商议如何分,全部成员一致同意后,写立分家单,所有参与的人员都要签字、按红手印确认,分家单一式多份,每位受分家产的成员都手持一份,除此以外的成员都没有资格干涉或参与其中的事务。由于见证者在家族或村庄中有权威,分家程序具有公正、公开性,因此分家单成为证明自己分得家庭资产的合理合法的凭证,若日后兄弟之间有资产更易、侵占、纠纷等,见证人是承认分家单真实有效的证人。另一方面,家族长辈有管教各兄弟的权力、保甲长都有调解其兄弟纠纷的权力。兄弟之间和睦、友好的家庭可能不会去请保甲长,在自己家庭内部就能解决分家问题。但请家族长辈是必需的,参与分家的成员都可以去请,父母去世后,家族长辈拥有对分家的儿子、媳妇等人在社会事务上的说教权力,在当时的社会中,子辈都要听从长辈的要求和意见。见证人去世后,本家族叔伯家的儿子也有参与调解的责任和义务。

4.分家单

按照傅家庄的传统分家规则,无论大、中、小户家庭分家都必须写立分家契约,只是针对大、中、小户的实际情况不同,可由保甲长、族长、长辈、重要亲属等担任主持者、中人、见证人,进行分家。一般家族长或家族中具有公信力的长辈可主持家户的分家事宜,叔伯、婶娘、平辈中不具有分家资格的姐妹等可做中人,同辈中叔伯家的兄弟可做证人,村中担任保甲长或其他在村中具有公认权威的人可做村证人。

具有分家资格的儿子，可以根据自家的生产生活状况提出自己预先设想的基本需求。比如，子女众多且大都已婚的小家庭则需要的房间较多，在家从事农业劳动者较少的家庭则较少需要劳动工具。因此，主持者、中人、证人共同参与并写立契约，就是为了协调各个儿子之间的利益问题，也是为了保证日后各家生活的稳定性，维系各小家庭之间的和谐关系。所有在场的具有分家资格者、中人、证人等都需要在分家单上签字、按手印。署公历年月日，原则上所有签订的人员日后以此为据，不得侵占他人资产。分家单一式多份，各分家主体各执一份保管。因为分家之后，每人分别成为其家庭的大家长。此外，分家单即是对过往大家庭家产的追溯根源，也是对自家财产的合法契约，若自家的房、地、物件等方面与别的家户产生纠纷时，分家单也是自家据理力争的合理证据，是自家家户单元对自有资产的保护。

5.多方认可与保护

经过家族，保甲长见证并写立文书的分家，在自家家庭成员、四邻、家族、村庄、政府的各种身份视角上，家户分家的过程、结果都是具有合法性意义的，任何外界人员想要与其家户进行交易、置换、征兵、纳税等相关活动时，都必须首先依据分家之后的家户情况进行。家族对家户分家的认可，体现在日常生产生活中的交换、借贷、社会交往等行为时，都与新的家长、家庭进行相关活动。家族中的红白事、礼俗往来、宗族祭祀等活动都以新家长代表该户进行，是否是家长并不影响族谱的写立规则，即使是女性当家，也不会专门添进族谱。家族中若真有女性能把家族发扬光大，或声名远播时，家族的长辈可以提议把她加入家族发展的大事既要，夹附在族谱之中。

较具规模的家户分家都会有村庄的管理者出面公证，因此村庄是清楚各家各户的生产生活状况的。上级官府安排下来的税赋、征兵等任务，村庄管理者会自动根据分家之后的各家新户作为新的缴纳单位进行征纳。官府并不直接出面询问、管理各村各家户人口的规模、结构、更替问题，甚至在1949年之前傅家庄与相关官府之间也没有户籍制度的相关设置。

(二)继承

1.继承资格

傅家的家产继承与分家活动一脉相承，自家儿子无论是否成年、婚育都会有其应得的一份家产得以继承，媳妇可以依靠丈夫共享所分得的家产，女儿从始至终都不会写进家谱，也不享有继承家产的权利，傅家以外的成员没有资格分得家产。傅张氏当家时，拥有等同的傅家家产继承权的有傅金安和崔珍甫，虽然傅治安去世，但崔珍甫既未改嫁又育有三儿两女，所以完全有资格成为一股继承者。傅张氏去世后的分家也是以此为根据进行的。出嫁了的傅藏、傅治芳，在外从军的傅玉璞，都不享有继承权。

如果无子女的老人年老时，其家族中的近亲成员出力照顾赡养，待老人去世后，其家产一般由赡养送终的近亲成员享有。在极个别的情况下，也有家长和子女极为不和，年纪大了以后，自行寻求自己信任的同族的子辈侄子、外甥来赡养自己，会提前交代给自己的儿女和族人，当自己去世后家产由赡养自己的人来继承，家庭成员、族人都不能干涉，当然，家人和家族都不管的事情村庄更不会插手。

2.继承条件

正常的家庭关系中,只要是儿子,无论是否成年、婚育都会有继承家产的资格,当家人也不能轻易否定其继承的资格,也无须立下字据。若家户无儿子,只有女儿,可由女儿平均享有继承权。家产继承也会按照儿子的长幼进行分别继承,只有女儿的会按照女儿长幼顺序进行,二者的长幼次序不能混为一谈。在继承家产时,若家长在世,要首先尊重家长的意见,对平常照顾老人较多的子女可以适当多继承一些,其他子女或家庭成员也不会有什么意见,认为是其应得的。但若儿子因残疾、精神障碍等其他不可抗力因素而不能从事农业生产,甚至生活自理都困难时,可由家长做主,把他应继承的家产作为照料他的回礼,即自家拥有继承资格的兄弟中谁愿意照料他谁就可以拥有他所应继承的家产,无须字据。大部分家庭凭一己之力很难做到完全照顾一个残疾或有精神障碍的人,因此由拥有继承家产资格的兄弟商议,谁愿意共同照料的可以几个兄弟轮流照顾,家产由参与照顾的兄弟平均继承。

在非正常的家庭关系中,一般来说只要能为老人养老送终的儿子也都享有家产的继承权,新任家长也不得不顾及这种长期形成的社会规则。除非家长生前完全公开公认,他已与子女断绝关系,且在事实上,该子女未尽到赡养、送终的义务,则该子女不具有继承家产的权利,家长就可以以社会规则的名义剔除该子女的继承权,无须字据。在乡村社会中,即便是父母与子女之间不合,但为父母养老送终也是最基本的责任,为父母"披麻戴孝"是为人子女、立足村庄的基本品质,赡养与照料的好坏只能看作村中的流言,但是不赡养、不送终却足够让一个小家户背上永久的骂名。在乡村社会中,这种道德约束具有很强的力量,以至于到现在人们仍然愿意多花点儿钱、多花点儿时间和力气,也不愿意落得坏名声。村庄中经常说:"他们再怎么不对也是父母,也是兄弟,就算什么都不论,你也别忘了大伙都看着你呢,别给自己走绝路。"所谓"绝路",就是村民心中的道德行为标准,不敬畏、不赡养老人的家庭会给自家带来厄运,遇到困难遭际也不会得到大家的同情或帮助,甚至会有人认为他家活该。

3.继承内容与调处

当地的继承从事实角度出发,与分家相一致,主要是房、地、物、公共财产等家产继承。傅家的可继承家产中没有世袭性的公职或宗族身份,也没有大型的副业家产。可进行分配的就是一套三进十六间的院落,二十亩土地,一套较为完整的农业生产劳作、存储工具,一套家人使用的生活器具,一份傅张氏保存下来的财产。全供傅金安和崔珍甫两股进行平均分配。

在正常的家庭关系中,家产继承是在家长或新家长的主持下经本家族长辈见证而和平过渡的,遵循的是乡规民约,其他家庭成员也毋庸置疑。在非正常的家庭关系中,家长去世时留有遗言或意愿的,后人必须按照家长当初的遗言办理,其他家庭成员必须遵循,无须字据,也没有立字据文书的习惯,全靠他人作证或长辈主持。不遵循的家庭成员可与家族长辈交涉,在家族长辈仍不能解决时,可由家长出面邀请保甲长进行调解。

四、家户过继与抱养

(一)过继

傅家每代中都有儿子,并没出现过继的情况。在当地过继是常有的现象,家中无子是最主要的原因。此外,因占卜中家中的子女命格较弱不易成活,家长就会考虑找一个与自己子女命格相合的孩子过继到本家养育,可以为本家子女化解灾难和厄运。一般生了男孩的家庭就不会出现过继的情况。若是自家没有儿子,是否需要过继并不是严格性的规定,而要尊重家长的意见,家长确实想要过继儿子,可优先寻求本家兄弟家中儿子较多的家庭商议,如果兄弟不愿意过继,那不能强求过继。他们相信有无子女或能否有合适的机会过继子女是天命。

过继的基本目的首先是传宗接代,延续家户、家族的血脉,有了儿子,才能有血脉的延续,才能有家业的不断传承和扩大,才能有门楣宗祠光耀的可能;其次,有儿子还能保证傅家当前的祖辈和父母能得以美好安稳的终老;最后,有了儿子,还能使傅家在农业生产中有长久的青壮年劳动力。这也是为什么有九个女儿的家庭无论多艰难都要过继儿子,否则永远被人指点说生不出儿子的"绝户头子"①的原因。

过继时以儿子多少的数量进行考察,遵循亲兄弟、同族近亲、同族远亲、远方别族的基本顺序进行。但也不是绝对,还要根据自家与各家的关系如何,有的家户和自家兄弟关系并不融洽,即便自家兄弟有条件过继,但依然不能成事。出继的家户找到后,出继的顺序要从儿子中年纪小的优先——过幼不过长,"长子长孙,老太太的命根"就是指长子、长孙都是老一辈家长的心头最重者。最终家庭是否需要过继,过继到大家庭还是哪个小家庭,需要家长同全体家庭成员及父母商量,过继的具体形式以出继的家庭的意见为主,本家户尊重出继家庭的意愿,可由中人从中联系,且需要经本家族或保甲长见证并议立文书,双方家长签字按手印。

(二)出继

傅家自家的经济实力能够满足全体成员的基本生活需要,在家族中该门支下已无其他家户,关系最近的一个门支也是三代以上的同胞兄弟,到傅恒昌一辈时关系已远,因此也没有亲戚找傅家过继子女。

出继的主要原因是经济状况不好而又子女众多,一家人的生活无以为继,家长才会和父母商量并做主把孩子出继到别的家庭,以减少本家的口粮需求,又能让孩子得到比本家更好的生活条件。出继子女并不能得到直接的金钱和物质回报,否则就落下卖孩子的话柄。此外,还有一种出继的情况,即本家子女的命数与父母或兄弟相克,为给家庭成员化解灾难而把子女过继到别的家庭,此类过继不论男女,能找到合适的家庭接收即可。

家庭中成员出继,如果是过继到同族亲人中,就需经家族长辈见证并写立文书;若过继到别的家族,只有本家户家长亲自邀请本家族长辈参与,家族长辈才会过问,而村庄管理者不涉及家户的过继、出继及回继事宜。子女出继到别的家庭之后就不再属于本家户的家庭成员,而成为他户的家庭成员,入他家户族谱,享有他户的家产继承权。出继的文书就是要保证出继行为的确定性,而且子女的出继是过继家庭极力想隐瞒的事情,不想让孩子感觉自己是外人,没有归属感的孩子在长大后很容易离开过继家庭,而使过继家庭的物力、财力、精力白费。

(三)回继

成功过继的子女若在过继家庭的生活状况稳定、融洽,则双方家庭在此事上就不再往来。但在出现特殊状况时也有过回继。回继一般是孩子长大后本身与入继家庭融合不好,不愿

---

① 绝户头子:当地方言,指该家户没有儿子传宗接代,只有女儿,待女儿出嫁、父母去世,该家户就此完结了。

意在入继家庭生活;或者孩子入继后,入继家庭又育有了儿子,从而不受太多关怀并失去了财产继承的权利。这些情况都能引起回继。而回继的事宜只能靠孩子和入继家庭的家长商议,因为签有文书,所以孩子的原生家庭不能出面,只有得到入继家庭家长的同意,原生家庭的家长才能把儿子接回。此外的家庭成员、族人、保甲长都不能干涉回继的事宜。出继家庭把孩子接回之后,以本家儿子的原有身份对待,儿子继续参加劳作,上养老人下教子女,为老人养老送终,并享有等同的家产继承权。

(四)抱养

傅家子女众多,没有从别人家抱养孩子。在村里抱养子女的情况时有发生,主要是因为本家户无儿无女,这种情况下无论是家庭条件好坏都会想抱养孩子。首先考虑是本家族内过继,因为过继之后的子女最起码还能是本家族的血脉,过继不成才会抱养。抱养分抱男孩还是女孩,家庭条件好的一般抱男孩居多,抱养男孩的花费或百八十块钱或两袋150斤的粮食,抱来的男孩就可以继续传宗接代,延续香火,成为壮劳力,赡养老人等。家庭条件差的一般抱女孩,几乎是抱养男孩的一半花费,因为是女孩长大后如果嫁人就不能传宗接代,如果传宗接代还要为她操持招上门女婿,所以家庭条件差的,就指望少花点儿钱,有人赡养自己终了就行。

在傅家庄的实际情况中,能在本村内成功抱养的家户关系中基本上也能达成过继的共识,所以本村内抱养情况很少,都是中人从外村、远村甚至是外地联系合适的抱养家庭,村里人甚至认为近距离内的抱养和买卖孩子在事实上没什么区别,只不过离得近攀点儿人情关系会让双方家庭觉得自己并不是趋于钱粮而有的行为。愿意被抱养的家庭要么是家庭实在经济困难,要么是中人与中人之间有联系的亲戚关系辗转而来。因此,傅家庄发生的抱养活动,大都是双方家庭从未谋面,对方家庭子女众多或家庭困难,甚至孩子是被人拐骗而来的,他们都不会故意去打探,而给予中人钱粮,由中人与对方家庭交涉,完成抱养。而双方家庭若有亲戚关系,孩子又有一定的记忆能力之后,就需得到孩子的同意。抱养家庭为了好跟孩子相处,免去孩子与原生家庭的纠葛,从来不会和孩子提及任何相关的话题,更不会和孩子的原生家庭相往来。

抱养是长期以来解决双方家庭需要而形成相对固定的乡规民约的活动,本家族内的抱养要经双方家庭的家长和家族长辈共同商议决定,其他关系的抱养不必经家族长辈见证。抱养无须写立文书字据,无须经保甲长同意首肯。家户的实际规模和人口结构不受保甲长限制,其他征兵、赋税以各家户承认具有本家庭成员资格的数量进行,抱养来的子女具有正式的家庭成员身份,享有继承权。

五、家户赡养

(一)以家户为赡养单位

傅家在赡养老人方面是由家户成员共同承担的内部事务,不必告知或请示四邻、家族、保甲长等家户外的成员。儿子负有直接赡养傅平进、傅张氏的责任和义务,即傅治安、傅金安;其次是女儿傅藏、傅治芳、媳妇王素珍等众人都有责任赡养照料老人,若女儿先于老人去世,女婿不负有赡养责任,但若是儿子去世,媳妇不改嫁如崔珍甫则负有赡养老人的责任;再次是孙辈子女,父母辈里没有能负担赡养老人的能力时,孙子辈的子女则负有照顾赡养老人的责任。但同居共财的家户一同生活，全体家庭成员都必须孝敬长辈，孝敬老人，其中又以儿子、儿媳、孙子、孙媳为主。赡养老人是全家成员的基本责任，自家成员不能自主、自觉地完成赡养老人的任务时，家族的长辈如叔伯、姑舅表亲等人才会出面协调，乡间四邻也都会对其兄弟或后辈子女进行舆论干涉，协调不成才会请保甲长等村中具有一定威望的乡绅来从中调和。

（二）儿子的江山，闺女的吃穿

农村老人的赡养形式遵循着这样一种基本原则：儿子的江山，闺女的吃穿。意思是儿子享有老人的房产、地产、一生财产积蓄的继承权，等同于继承了老人一生打下的江山，老人老后也要依靠自己的江山生活，也就是指望儿子来承担自己养老的吃、穿、医药、送终等一系列费用和责任；闺女的吃穿是指父母把女儿从小养大，照顾衣食住行，接受教育，而女儿成年稍微能回报父母养育恩情之时就嫁去了别人家，也没继承家里的家业，所以女儿虽然不必承担主要的医疗、养老费用，但必须三五天、半月的时常带着吃食、衣物等生活方面的用品来看望父母，一方面是尽孝，另一方面是帮助兄弟。

傅平进的去世较为突然，去世时自己还能自理生活、下地劳作，没有形成赡养需求，而真正体现赡养意义的老人为傅张氏。傅张氏生前不允许分家，因此傅张氏的老年生活是与儿子、媳妇、孙子等人同居同食，由崔珍甫、傅金安、王素珍三人赡养送终，傅家的三个女儿，在家离得近的如傅藏则会经常来看望。当时家里的土地、房产都是归大家庭统一经营管理，供养傅张氏的花费也都源于家中的土地经营收入，傅金安、崔珍甫、王素珍三人是大家庭中的主要劳动力，亦是主要的日常照料者，傅张氏的三个女儿虽也为直系子女，但外嫁后不参与本家劳动、不参与收益分配、不共居共财，因此也不直接承担主要的赡养责任。傅恒昌兄弟几人年龄大一点儿，又主要忙于学业，接受教育，只有节假日回家帮助父母干活儿，照顾傅张氏生活起居。傅家的赡养形式是由傅张氏作为家长、作为老人自己的意愿决定的，不必征求其他家庭成员的意见，在傅家人眼里看来是自然而然的事情。儿子、女儿、媳妇、孙子都以上述基本职责各安其位，力尽所能地孝敬、陪伴傅张氏，并没有因赡养老人的问题自作主张，或产生意见纠纷。

在家户赡养的形式上，无论大户、中户、小户不是都基本遵循着"儿子的江山，闺女的吃穿"的原则，其差异在于儿女数量的多少和比例结构，子女多的老人会经常得到子女的看望和陪伴，子女少的老人要显得孤单些，儿子多的家庭各小家庭照顾老人的责任负担要轻一些，女儿多的家庭在赡养老人上儿子就可以省去很多衣食费用。此外，家户条件富足的情况，老人的生活水平要比条件不好的家户的老人生活安逸一些。并且以当时的社会风俗，无论是否三世同堂或四世同堂，或是一般的小家庭都会以老人的意愿为重，不敢违背家长意愿。

（三）治病

傅张氏身体不适时，如果是头疼脑热的小毛病，傅金安或者任何家庭成员陪傅张氏去村里的医生那里看病抓药就行，傅张氏掌管家庭财务可以直接做主买药。如果是大病，傅金安就要去请医生到家里来看病，傅金安、崔珍甫、王素珍、傅藏、傅治芳等人作为直系负有赡养责任的人，要根据傅张氏的病情商议去哪里为老人看病、看与不看、怎么照顾、如何分班等一系列后续问题。按当地民约，老人看病是儿子掏钱，女儿帮忙伺候，由于当时傅家没有分家，为傅张氏看病的钱就是用的傅张氏掌管的家庭共同财产，其所有权是归属于傅家实际劳动生产生活在一起的成员的、没有外嫁的女儿的份额。但在照顾老人的事情上，崔珍甫、傅金安、傅藏、傅治芳、傅玉璞五人承担直接责任，崔珍甫是替傅治安照顾母亲，傅玉璞从军在外不能侍奉，余下几个子女都以平等的身份轮班照顾傅张氏。

老人生大病的医治、照顾都是由子女共同商议决定的，傅张氏年老需要照顾时逐渐把家庭的大小事务转移到傅金安手中，因此傅张氏生病的照顾事宜也都是由傅金安主持的，其余家庭人员更多的是协助照顾老人，女儿、媳妇多是提出自己的意见和想法，与傅金安商议，最终统一意见。女儿不能私自决定是否进行下一步治疗，因为女儿不负责治疗的费用，一切涉及经济开销的行为都要经过儿子的同意。

（四）送终

傅张氏去世后，傅家也没有分家，丧葬的花费由傅金安接管的家庭公共财产开支，并没有与崔珍甫进行分家或分摊。在丧葬过程中，傅金安承担了傅家家长的一切职责，在丧葬的礼俗中，守灵、谢礼、哭坟、打幡、洒水等都是傅金安一人承担。崔珍甫只承担了作为长媳的"抱罐子"的任务。出嫁的女儿作为娘家人与婆家人的交往桥梁，傅张氏去世时，傅藏的女婿要在出殡当天准备鸡、鱼、肉、肘四大荤和心、肝、肺、猪脸四小荤，外加四碟果盘，女儿在此过程中，除了哭灵，不再承担任何责任。未出嫁的女儿只需守灵，不必承担内外社交。

六、家户内部交往

（一）父子关系

1.权利义务互存

父子关系是家户关系中极为重要的一种关系，父系社会中儿子为家庭生产生活的中心，关系香火、宗族、门楣发展。父亲对于儿子的抚养和教育往往以严厉著称。傅恒元回想自己印象中的父亲总是一脸严肃，调皮、淘气的后果往往迎来父亲的呵斥和棍棒。父亲始终坚持对子女的教育、教养责任，教会儿子农业生产技能、社会交往技能，在子女生活中担负为子女婚嫁的任务。在当时，各家各户的经济能力差距相对较小，婚嫁的花费也没有定数，聘礼要求很低，即使条件不好的家户也能为儿子定下一个与自家门当户对的媳妇。因此，不管子女教育和婚配的父母就会被认为是不负责任的人。教育、谋生、婚嫁是父亲最重要的三项任务，至于是否能留有家业则要以家户的实际情况为准，儿子不能在家业的事情上埋怨父母。

在传统社会中，无论子女年龄大小都要尊敬、听从父母的安排和决定。子女年龄较小时无论对错都会自觉地听从父母的言行，而子女长大后有了自己的主张和见解，会对父母的行为做出自己的意见表达，但不可与父母争执、批评。父慈子孝，是传统社会人们对父子关系的美好向往，父亲关爱子女的生活，子女孝敬、照顾父母终老。

2.父子日常交往

傅家的父子关系都较为融洽，傅恒元经常和父亲聊天，傅金安当年在外当兵抗日，又转而参加解放战争，傅恒元经常与父亲了解外面的种种情况，而在傅恒元长大的过程中，也是父亲带着他与亲戚朋友交往、外出，才慢慢融入了社会。傅金安一般很少与子女一起喝酒，在傅家除了年节之外，没有人经常喝酒，而年节时喝酒多是和拜年的亲戚宾客喝酒，小孩子无论男女都不许上桌，只有儿子成年以后开始步入社会时，父亲会有意地在年节走亲拜访时把儿子带上一起去，儿子才开始喝酒。

傅恒元对父亲的敬畏是从小形成的,傅恒元儿时调皮、淘气后往往迎来父亲的呵斥和棍棒。慢慢长大以后,除非涉及花钱、交往等涉外的需要父亲首肯或处理的事情才会去找傅金安说。自己心里对兄弟姐妹的不满,或者对别的同学的喜欢与不喜欢这类的感情问题是不会和父亲聊的。傅恒元小时候,傅金安经常在夜晚乘凉时,把他们兄弟姐妹几人叫在一起,给他们拉二胡,直到现在傅恒亮还会拉当年傅金安给他们拉的曲子。傅金安对待家庭中的子女都是一视同仁,不分是侄子、儿子、侄女、女儿这种亲疏远近,都给予他们接受教育的机会,同样的照顾和医疗,同样的关注。

3.冲突关系及调适

傅家家风十分纯良,性格都较为内敛,很少发生冲突,若儿子犯错,父亲可以呵斥、打骂,但若不是重大的错误,傅金安也不会轻易动手。儿子犯错后被父亲知晓,就算父亲打骂,儿子也不能顶嘴,更不能还手。傅恒元十来岁的时候,在家里玩,没有去地里帮忙,一不小心打碎了一只盛菜的盘子,一下慌了神,生怕父亲回来知晓后打骂自己,一时胆小就藏到了存放蔬菜的地窖里,不敢出来。结果父母家人从地里干活回来,到了吃饭的时间也不见傅恒元,一家人着了急,全都家里家外地找他,找到了半夜,傅恒元又冷又饿坚持不住了,出来想吃东西,王素珍看到了,这才把他带到傅张氏和傅金安面前,傅恒元才说了实话,是怕奶奶和父亲的打骂才藏了起来。傅张氏和傅金安看孩子可怜兮兮的样子也不忍心责骂,赶紧给他做了些饭吃。就算傅家的孩子犯了大错,发生矛盾时,傅金安也会听从傅张氏的意见,傅张氏认为该打,傅金安就会打;傅张氏认为不该打,即使傅金安很生气,也就只是呵斥几句,不会再打。无论是呵斥还是打骂,王素珍都不能拦着。但是父子冲突属于家户内部事务,如果家庭成员不邀请,那么四邻、宗族成员、村庄管理者都不会介入。

(二)婆媳关系

傅家在土地改革运动前几经遭难,但在傅张氏的主持和坚持下总能挺过来,而傅家的两个媳妇崔珍甫和王素珍一直与傅张氏共进退,关系一直很融洽。在傅家的生产生活中,三位女性都是家中的主要劳动力,傅张氏一般不会严令苛责两位儿媳。但傅张氏作为一家之主,在生产劳动上一直是以家长的身份给她们分配任务,在生活中儿媳妇作为晚辈要洗衣、做饭、裁衣、喂养家畜等,凡是该做但婆婆不做的事儿媳妇都要做。从儿媳妇一进门,婆婆就会慢慢把要求儿媳妇做的事情形成规矩,儿媳妇若是不会,婆婆会手把手教会她们,除非农忙,否则婆婆不会做过多的家务。此外,在傅家,婆婆也不必伺候儿媳妇坐月子,儿媳妇坐月子都是把亲家请来家里,当娘的伺候女儿坐月子是当地形成的习惯,现在依然沿袭,但现在多是因为儿媳妇觉得婆婆伺候得不好,不如母亲懂自己的心思也不会觉得不好意思,但在传统农村社会中是因为为婆家生儿育女是做媳妇的本分,婆婆是家里的长辈,是应该由年轻人来照顾伺候的,伺候人的劳累事不应该由婆婆做。

而傅张氏对两位儿媳妇的责任更多的是撑起家门,让两位儿媳妇能带着孩子在傅家过有吃有穿的生活。当时的农村,因为家里穷吃不起饭以至于儿媳妇常年不在婆家生活,四邻乡民都会说长辈不混日子、养不住人。傅张氏与两个儿媳之间形成了很默契的相互关系,傅张氏安排两人的劳动生活事务,并给予她们及家庭生活的相应用度,王素珍妯娌俩根据婆婆的要求努力完成家庭中的事务而免于婆婆的呵斥。农忙时节的傍晚,崔珍甫和王素珍等人劳作归来,在路上割些杂草、抱些秸秆回家,傅张氏做了些简单的几乎没什么油的饭菜,妯娌俩喂了牛羊牲畜,洗手去盛饭,叫婆婆、傅金安及孩子们来吃饭。婆婆和傅金安坐下开始动筷后全家人开始吃,待吃完后,傅张氏转身回了屋里,妯娌俩把一桌子的锅碗瓢盆洗刷干净,剩下的水若是直接倒了泔水桶,婆婆会直接出来说:"泔水不是要喂猪的吗,你干嘛给扔了,多浪费啊,你给倒了猪吃什么?"婆婆一边数落着又回到屋里,妯娌俩谁也不敢说话,下次是绝对不敢再把泔水扔掉了。

直到现在,王素珍提起关于婆婆的事情,最深刻的就是怕婆婆,"什么都怕,什么都要听婆婆的",做什么饭、放多少米、能不能赶集、能不能出门、干什么农活、怎么干,甚至连孩子淘气后该不该打等都要听婆婆的。"婆婆说得对就得听,说得不对的,若她要坚持还要听"。俩儿媳也体谅婆婆一个女人撑家的不易,宁可自己受委屈也不会跟婆婆起冲突,因为一旦起冲突,傅金安在中间也很难做。

(三)夫妻关系

傅家有三对夫妻,年纪大的夫妻关系一般来说是最为平等的一个时期。"多年的媳妇熬成婆"的隐性含义就是年老以后,媳妇除了以丈夫为重之外又成了一家之中最为主要的权力拥有者。丈夫为了妻子在大家庭中的威信,也不会再像以前一样随意数落媳妇。但无论媳妇在大家庭的地位如何变化,始终要以夫为纲,事事以丈夫为重。傅家年轻的夫妻中傅治安和崔珍甫、傅金安和王素珍两对夫妇,由于傅治安读书还是医生,傅金安读书后又参军多年,两人对待妻子都比传统中的丈夫少了很多命令、规矩,从来没有打骂过妻子,多了很多照顾和关注。王素珍怀孕、生产后、生病时,傅金安都会在生活中对她多加照顾,起居饮食、请医生、买药等事宜上从不耽误,王素珍对此虽然表达得很含蓄,但还是能看得出来,王素珍很欣慰。

而崔珍甫和王素珍都是传统女性,在娘家长大,并没有读多少书,只是上过一段时间的短期学校,思想上也非常认同以夫为纲,无论农闲农忙都从不让傅金安下厨做饭,小事小劳能自己动手的绝不麻烦傅金安。在日常生活中,洗衣服、做衣服、做饭都十分周到,甚至连洗脚王素珍都会给傅金安兑好热水。王素珍对傅金安十分信任,傅金安决定要做什么事,王素珍从不反驳,无论对错都会听从并支持,但傅金安也会询问王素珍的意见,王素珍可以自由表达自己的想法,至于最终怎么决定王素珍不会纠结傅金安是不是听了自己的意见。傅金安夫妇从未闹过大矛盾,每天都奔波于大家庭的生产生活,当时的夫妻关系更多地体现为"天天干活儿,养儿育女乱忙活"。

(四)兄弟关系

傅家傅恒昌一代是兄弟关系最丰富的一代,共六个兄弟、四个姐妹,傅恒昌作为傅家子辈中的长子,因傅治安早逝,傅恒昌成为傅治安一脉的顶梁柱。傅恒元是傅金安一脉的长子,是傅金安最得力的助手。在村里面,兄弟越多、子辈越繁盛越能使家庭更加兴盛,兄弟之间在生产生活等各种问题、困难时都可以互相帮衬。

在傅家的兄弟关系中,傅恒昌在崔珍甫的私下教育下,特别承担了"长兄如父"的责任,小兄弟之间在傅恒昌的带领下都一起帮助崔珍甫做各种家里家外的活计。此外,只要大家庭不分家,无论母亲在不在世,傅恒昌都要帮助各位兄弟姐妹的学业、婚嫁。有一段时间崔珍甫生了病,傅恒昌一个人又要照顾生病的母亲,还要照看弟弟妹妹,虽然弟弟妹妹经常吵吵闹闹,但傅恒昌从来没有很严厉地打过他们。傅家子女的教育都是交由学校负责的,傅家的家长和父母、兄长等人都不直接管制孩子们的作业，"天天忙地里都忙不过来，哪有时间管他们写不写作业，老师也不会留那么多作业，放了学孩子们就帮家长干活去了"。

成年成家以后的兄弟，无论长幼都是要互相帮扶，长兄照顾弟弟被认为是应当应分的，兄弟帮助哥哥解决困难被认为是尽自己的心意、是尊敬兄长。傅家的成年兄弟之间没有绝对的服从要求，大家以平等的身份商议来解决问题，傅恒元几兄弟分家时也是在家长和家族的主持下进行的，老二家日子不太好过被分到了老宅里，生产生活都可以很平和地过渡，而老大傅恒元为了照顾老二的这一点就足足等了一年才重新建好房子有了住所，其中产生的一切费用傅恒元都没有严令要求几兄弟什么时候必须把家产中他应得的资产给他折合成多少钱。

（五）堂兄弟关系

在傅家，叔伯兄弟与亲兄弟不同，傅恒昌、傅恒菊与傅恒欣是亲兄弟，傅恒元、傅恒亮与傅恒信是亲兄弟，两对"三兄弟"之间是叔伯兄弟，傅恒昌和傅恒元分别为两个小家庭的长子，两个长子之间、六兄弟之间都有教育、保护小兄弟的职责，小兄弟都要尊敬、听从哥哥们的话，在农忙、社交、各家婚丧嫁娶等大事上都是一体的。但区别在于，无论父母是否过世，傅恒昌对傅恒元几兄弟没有帮助解决婚嫁问题的直接责任，同样傅恒元对傅恒昌几兄弟也不负有直接的责任。

（六）妯娌关系

傅家的妯娌关系就是体现在崔珍甫和王素珍身上，她们两人在娘家时一起长大，在婆家的家庭地位是一样的，每天的生产和生活任务都是一起的，所面临的家庭环境也是一样的，所以两人的关系十分融洽，一直处于互帮互助、互相安慰和帮扶的状态中，两人很少争吵，什么事情都是商量决定，"有什么好吵的，俺俩都是不爱吵闹的脾气，谁不干活啊，人家婆婆让干什么就干什么啊，反正都是听婆婆的"。而且傅家算不上规矩很多的家庭，大家只要干好活就能有饭吃，妯娌俩娘家的经济条件也差不多，不会出现谁特别多的私物私享，傅张氏也不允许这样的事情出现。

（七）姑嫂关系

傅家与崔珍甫、王素珍同辈的大姑子、小姑子有三人，傅藏嫁到了大冯营离家较近，傅家有什么突发状况或者婚丧嫁娶等事关重大的活动时，都可以及时回来娘家；傅玉璞自从成年后参军离家，就很少回家，几乎不再参与傅家的生产生活事务；而傅治芳自从婚嫁后很少回娘家，忙于革命运动时为了不给家里添麻烦，甚至有五六年没有在傅家生活，只是偶尔回来看看母亲。因此，傅家三姐妹与崔珍甫和王素珍的姑嫂关系中，真正打交道多的就是大姐傅藏。傅藏比两个媳妇的年龄都要大一些，因此在很多婚丧嫁娶的礼俗处理中给了她们两人很多建议和帮助。在当时的社会环境中，王素珍自认为，其实当媳妇的是不敢惹人家做女儿的，因为有婆婆在，婆婆和自己的亲生女儿肯定是一条心。因此，在很多时候，王素珍妯娌俩对傅藏是十分敬重的。

（八）叔嫂关系

根据傅家成员的实际生活状态，傅家的叔嫂关系很明确，主要是傅金安与崔珍甫。傅金安与崔珍甫年龄相差较多，崔珍甫刚过门时，傅金安还是个未成家的小伙子，对于嫂子的事情从来不会过问，也不方便过问，两人并没有很多接触。后来傅金安参军回来后，傅治安和傅平进已经先后去世，傅金安成了家中唯一的青壮年，又当了外当家，在生产生活中都会对崔珍甫有很多帮助，但他们之间严格遵循着"小叔子不能进嫂子房间"的礼俗，在当时叔嫂之间非常注重保持距离，有什么事情傅金安都会当着大家的面说清楚，不会引起不必要的误会。

（九）外甥寄养关系

傅平进与傅张氏的三女儿傅治芳离婚离家参加革命，便把幼子傅克民留在傅家，交由母亲照顾。傅家孙辈的子女中，傅治安一脉的子女年龄均在十五六七岁，傅金安一脉的子女中傅恒元、傅恒欣与傅克民年龄还算相当，所以傅克民刚刚来到傅家时，和傅恒欣、傅恒元交往玩耍最多。生活中，傅克民的起居饮食都是跟傅家其他成员一样，没有特别优待，也没有特殊苛待。在傅张氏的主张带领下，傅克民同傅家子女一道接受小学教育直到离开傅家。虽然傅克民在非强制性制度规则下实际享用傅家家庭收益，但傅克民仍区别于傅家本门支的血脉的孩子，不具有土地、房屋、生产资料生活资料的所有权和参与意见的机会。

对于以上的种种，傅家成员、傅治芳、傅克民对此都有共同的认知，认为是理所当然的。傅张氏对傅克民亦是慈爱，傅克民同其他孙辈子女一样对傅张氏尊敬，在家里也会积极地做些力所能及的家务和农活，关系十分融洽。

七、家户外部交往

（一）邻里街坊关系

傅家在与四邻街坊的交往之中没有必需的责任和义务，更多的是家庭与家庭之间的互帮互助，都以诚相待，会你来我往，若有一方总是计较得失，家庭之间的相互关系就会失衡。傅家和傅东来家的关系最好，两家是世交，都互相体谅并信任，共养牛和驴，在农忙时两家若有需要就会一起干活，两家人先帮一家把玉米收回家，再帮另一家收回家。这样两个家庭的劳动力和农用工具都可以得到充分有效的利用，大大提高了生产效率。两家人都没有惜力偷懒的现象，否则不会形成如此长期稳定的交往关系。

在农村，拆建房屋、迎亲嫁娶、筹办丧事、生子满月等都是需要家户的家族成员和四邻协力帮助的，单凭一家一户的力量根本无法完成。当年，傅东来家修缮房屋，几乎与他们家交好的半个村子的青壮劳力都赶去他家帮忙，但并不在他家吃饭，因为大家的家庭条件都有限，能盖房能修缮得起房屋就很不错了，肯定没有能力再承担这么多人的饭食，到饭点时大家都会自觉回自己家吃饭。这种"帮工"的习俗和方式已经成为民约的一部分，谁家有类似的事情大家都会去帮忙，等到自己家有事时也会有很多曾经帮助过的人来帮助自己。

（二）地邻关系

与地邻的日常生产生活除边界外，并没有太多交集，土地的种植、经营、收获和分配都是各自家庭做出的决定，互相之间也并没有影响和沟通。傅家向来仁厚，与地邻从无冲突。傅家成员对自家所拥有的土地情况都具有清晰的心理认同，并认为土地归全家共同所有，只有自家成员可以耕种使用自家土地，外人不能随意侵占自家土地。各家各户都有自己的土地，既然有"自家"与"他家"之说，土地就必有分界。否则无所依凭，就难免引发纠纷。傅家与各地邻之间都是互相尊重彼此的权利和利益，不会故意侵占，也会保护自己的土地。

傅家土地与土地四邻以埂心为边界，田埂中心两侧分别归属两家所有。当然，自己更不会随意侵占他人的土地。农户各家对土地边界的认可不单单停留在土地是否归属本家适用范围上，更在于对土地的所有权和经营权的归属认可。"田埂"实际上就是在分界处陇起的高出地表十厘米左右的土陂，当地俗称"地边儿"。"地边儿"是在土地买卖、分家或其他土地变更发生时，变更土地的当事人互相商议、经证人当场查看而公证确认，以三方共同认可的土地归属范围为准，从而形成边界。"地边儿"是农民日常生活中最常应用的事实边界。地下"灰眼"也是得到多方认可的相对最公正的土地边界，土地四邻都自然互相认同并充分尊重各自的土地的边界，其农业生产更是严格遵循土地边界。当土地邻里发生边界争议时，便可循迹找到"灰眼"，验证地上田埂的分界是否正确。

（三）亲戚关系

傅家与亲戚之间的关系也是十分融洽，本村内的亲戚会在日常、年节、农忙经常交往，外村的亲戚在生产上很少有接触，在年节和各家各户的婚丧嫁娶、生孩子等这些大事上无论多忙多远都是要互相往来的。此外，傅氏家族里，如果某一辈有鳏寡病残等弱势群体无人赡养的情况时，宗族中关系较近的同辈或子辈家户才会承担该弱势群体的生活、医疗等消费，宗族内无人帮扶时，村庄才会每年用公共土地的粮食补给一二。与傅金安同辈的堂兄弟傅雨耒年老后无妻无子，一方面傅家和傅雨耒是同一个祖爷爷，当时在村中生活、相距较近的就数傅恒元了；另一方面傅恒元年纪属于同辈中的较小者，所以傅恒元夫妇为傅雨耒养老、看病、操办后事。

第四章　家户文化制度

在 1951 年之前傅家屡遭劫难,但在傅张氏的主持下,团结家庭成员共同面对,依然重视教育,傅家成员中除了傅张氏和崔珍甫在娘家时没有读过书,其他上至傅平进,下至傅恒昌等孙辈子女都接受了不同程度的教育,尤其是孙辈子女,他们接受教育的平均年限都有 8 年之久。傅家能不断向前发展离不开傅张氏对家庭成员整体性意识的凝聚,她拒绝保甲长为其安排的帮助,携一家妇幼全力完成劳动生产、自给自足,虽然没有大富大贵,但在傅家庄的传统社会中应有的社会习俗、信仰、娱乐活动都有一定程度的参与。

一、家户教育

(一)教育概况

傅家在 1951 年之前,家中十一个人里有七个孩子、三个妇女,但是傅张氏先后遭受丧子、丧夫的悲痛的同时,拒绝保甲长为其安排的帮助,她携一家妇幼全力完成劳动生产、自给自足,因为家里的经济来源甚少,更愿意把自家的开销节省下来供孩子们读书。

傅家向来重视教育问题,不仅仅单纯为了光宗耀祖,更是坚持知识对人的引领作用,只有识文断字、有文化的人才能解决很多困惑,方便日常生活。傅张氏、崔珍甫在娘家时家庭条件艰苦,没有上过学。傅平进早年上过私塾,具体年限已经不得而知;傅治安读过四年私塾;傅金安读过两年私塾、四年小学;王素珍在娘家时读过短期学校;傅藏、傅治芳、傅玉璞三姐妹也都读过私塾,赶上运动又读过一段时间短期学校,后来闹乱就都不读了。傅治安一代几人都接受了或多或少的教育,且在傅治安的带领熏陶下,五个兄弟姐妹都先后参加革命,加入中国共产党,思想正派先进,为下一代子女树立了极为重要的榜样。"丰衣足食以立身,达官显贵以立功,书香门第以立言,最后是帝王世家以立天下。"所描述的次序正是和《大学》的"古之欲明明德于天下者,先治其国;欲治其国者,先齐其家;欲齐其家者,先修其身一身修而后家齐,家齐而后国治,国治而后天下平"的条理上相通。前者恰是后者在各个阶段上的价值诉求的体现。而傅平进与傅治安两代人,在面对国家危难的形势下,可以在有基本的老小吃食的保障下,摒弃了立身的烦忧,进而争求立功、立言,甚至是救国,积极投身革命。

家族的兴旺与荣耀体现在家族权力的扩大、声望口碑的提升、财富的稳定增长等方面。根据费孝通先生对欲望和需要的阐释,人类并不是为行为而行为、为活动而活动的,行为或活动都是手段,是有所为而为的。因此,人类的行为总是有所动机,这包含两种意思:一是人类对于自己的行为可以控制即为意志;二是人类取舍之间有所根据,这根据即为欲望。该欲望是指文化事实,是人们在生存之外找到的若干价值标准,比如真善美、信达雅、仁义忠孝等价值取向。以此也就可以理解,为何在传统社会中,无论家庭发展到达官还是富商的地位,在发展初期都会扩张土地,这使其有能力应对人口生产快于物质生产的矛盾,使其有力量抵御自然风险。在发展稳定时期,会致力于修阔门庭、改善家风、修家谱、祠堂,甚至投入供给公共事业等活动中去,这使其具备家庭所力不能及的声望、地位,以彰显家族的兴旺和繁荣。

到后来,傅家越来越重视孩子们的教育问题,不论男女,到了八九岁的上学年纪,家长都会做主极力为孩子提供上学的机会。而每个孩子能上什么层次的学校都取决于孩子是否能凭自己的能力考上,自己想考哪里、将来想做什么、是否种地都由孩子自己的发展决定,如果自己实在找不到出路,就只能回家种地。私塾、小学、初中、师范、大学等不同层次的学校都在发展之中,孩子们年龄差异迥然,伴随着他们的成长,傅恒昌接受小学、初中、师范共十年教育,毕业于武强师范学校;傅恒菊接受小学、初中、高中、大学共十五年教育,毕业于内蒙古农业大学;傅恒欣接受小学、初中八年教育,后参军转业当工人;傅运杰、傅淑芬接受小学、初中八年教育;傅恒元接受小学、初中、高中共十年教育。

(二)私塾教育

傅平进早年上过私塾,具体年限已经不得而知;傅治安读过四年私塾;傅金安读过两年私塾、四年小学;王素珍在娘家时读过短期学校;傅藏、傅治芳、傅玉璞三姐妹也都读过私塾,赶上运动又读过一段时间短期学校,后来闹乱就都不读了。傅家人非常注意代际的传承,而这种传承很大一部分源于家长对知识文化的尊重,虽然傅家的女性不能入家谱,但女孩子可以和男孩子一样接受教育。家里的孩子到了一定年纪,家长和父母都会支持自家的子女接受教育。

村庄的私塾是保甲长请来的,在傅敬思的院场里,本村各家各户都可以把孩子送来读书,村里会专门用归属村庄所有经营的土地收入来支付教书先生的报酬。村庄留有近五十亩土地,雇用村里土地少的家户劳力来种植,经营收入一小部分分给佃农,大部分成为村庄管理者、教书先生、各家鳏寡残若群体、少量上级摊派的钱粮任务等一系列公共事务产生的费用来源。所以当时对傅家来说,供孩子们上学就需要家庭多负担一些笔墨纸砚的费用,不用负担教书先生的工资在当时是非常普遍的事情。此外,当时的各种工资或报酬的体现很多不以金钱衡量,而是以粮食衡量,一个教书先生一年的报酬是二百斤麦子、三百斤玉米。

傅家庄并没有把私塾老师请回家教课的现象,领孩子去上学只需要在孩子上学的第一天由家长或父母带过去,报上自家家长的姓名,让先生心中有数即可,也不用专门请教书先生吃饭、拜访、送礼等,一般只有大户人家才会在家设学堂。这种形式区别于村庄的公共学堂。私人学堂都是大家户自家子女众多,而且有经济能力单独负担请一个教书先生的费用,才会自己找适合的教书先生。当时的私塾大概用四年时间学习千字文、弟子规、算术、识字等基础性的知识。

(三)学校教育

傅家子女的教育情况是伴随着政治形势和教育体制的变迁而变化的。1930年,傅家庄在傅敬思的场院里成立了公办学校,校委就是由傅敬思和傅化成担任,请了两名教师,傅家庄村里有百余人入学接受教育。到傅恒昌一代,大部分子女都开始接受新式教育,一般在傅家庄村西南角上的小学上一到四年级,大冯营乡里上五六年级,要是能考上初中就会去到县城。傅恒昌、傅恒菊两人都是考上的武强县初中,傅恒欣、傅运杰、傅淑芬都是考上的深县初中,傅恒元当时年纪还小,还在村里上小学。傅恒昌接受小学、初中、师范共十年教育,毕业于武强师范学校;傅恒菊接受小学、初中、高中、大学共十五年教育,毕业于内蒙古农业大学;傅恒欣接受小学、初中八年教育,后参军转业当工人;傅运杰、傅淑芬接受小学、初中八年教育;傅恒元接受小学、初中、高中共十年教育。以上傅家子女的上学问题家长并不干涉,只要自己愿意考、考得上,上哪里、学什么家长都会尊重孩子的意愿,并没有因为种地缺乏劳力而阻止孩子上学。

(四)家教与人格

傅家的父母对子女的影响极为深远,以傅金安和王素珍为例,傅金安自小上学,偶然间跟随傅氏家族的长辈学会了拉二胡,于是在对傅恒元兄弟姐妹几人的培养中,几个孩子都接受了不低于八年的教育,并成功找到了心仪的非农业工作。至今傅恒元还是全家中二胡拉得最好的。王素珍在傅家生活多年,完全融入并形成了傅家妇女的行为和交往方式,教导自家的女儿洗衣、做饭、做针线、为妻为母,除了教育和涉外的工作事务,王素珍把毕生的精力都用于子女身上,因此傅家的几个孩子都形成了温和、善良、尊重知识、喜好读书的性格。在傅家调研的十多天里,从来没有见到傅家的家庭成员大呼小叫、争名夺利的事情出现,四邻乡民对傅家的成员的性格和品质都十分信任,都说傅家是个非常和善的家庭。

傅恒元小时候看到过年大家开始吃年夜饭时,傅张氏总是会在堂屋里摆放好天地、灶王、财神、菩萨、宅神、门神六大家神,以祈求来年家中一切顺遂。这种行为也不是人人都能做的,一般都要由家中最长辈的女性或长媳做,男性一般不参与。傅家遇到困难的时候,由于平常的善行,亲戚、朋友、四邻都很乐于帮助。傅家的家族家户意识正是推动他们乐善好施的动力来源。

(五)劳动技能习得

傅家长期以妇幼为主的家庭结构,使得傅家的子女,无论男女都不得不早早地参与到农业生产中,傅治安一脉的五个子女年龄相对要大一些,在帮家长干活时往往会比其他子女干得更多,但是傅张氏以及崔珍甫和王素珍等人对子女的农活技艺的传承并没有保留或区别对待。因为在她们看来,无论男女,在长大成人之后,都必须干农活,而为了孩子们以后自己能过好日子,她们希望每一个子女,包括傅克民都要学好农业技艺。除了农业劳动技能之外,崔珍甫、王素珍两人在日常的生活中还会注意把洗衣做饭、缝衣补洞、日常礼俗,以及琐碎的日常小事如何处理等潜移默化地传授给傅家的女孩子们。

二、家户意识

(一)家人意识

傅家对家庭的独立性具有明确的意识区分,同居共财的家庭成员、具有直系血缘关系的成员都是自家人。傅家对自家与他家的亲疏远近有自己的四种认定:首先,没有分家的直系亲属都是"家人",还包括过继来的孩子、招上门的女婿、收养的孩子、妻娈子女等,无论他们去到哪里、做什么,只要没有分家就都是家人。其次,五服之内的亲人,他们互相之间都具有血缘关系,但又不是共同的经济和生活单位,叔伯、出嫁的姑姑和姑父、舅舅、舅妈、嫁出去的姨姨(母亲的姐妹)和姨夫、已经分家的兄弟之间都算是"自家人"。无论他们相距多远、是否联系,互相之间的血缘关系就注定了无论发生什么事,彼此都是自家人。再次，五服之外，若根据记忆或家谱，家户之间具有早年的血缘联系，但彼此现在的生产生活已经不再有什么联系，尤其是在过年过节、婚丧嫁娶、生孩子等重大事件时都不再联系走动的家户之间就成为"当家子"。最后，四邻、乡亲，甚至交好的朋友不算是家人、自家人、当家子，只能是"外人"。

家人在傅家人眼里看来是一切生产生活的终极目标，生产生活、参加工作都是为了让家人得到更好的生活和更好的发展。傅家发生困难、纠纷时而需要帮助时，自家人、当家子等有亲属关系的家户都会比外人更加热心和尽力。在长期的家户交往过程中，各家户之间都自然形成家户内外的意识，都清楚自己在每件事中处于一种什么样的位置，所以外人一般也不会轻易卷入别人家的内部事务。无论什么性质的社会，家庭总是最基本的抚育社群。而家庭的进阶则为家族，家族是扩大了数量和复杂化结构了的家庭。家族虽然包括生育功能，但不限于生育功能，还可能包括政治、经济、宗教等复杂功能。为了经营这许多事业，家庭或家族必须是长期延续的，不因个人的长成而分裂，不因个人的死亡而结束。中国的家是延续性的事业组织，家的大小依事业的大小而决定，主轴是父子、婆媳的纵向之间的传递绵延。因此，长期发展下来，血脉的延续已经成为许多中国人生活价值的底线，是一种不可能在向后退的生存限度，人们已形成一种无意识的本能，自觉地凝聚于家庭利益和目标周围，担负家庭的责任。

（二）家户一体意识

傅家的家庭生活始终以家人为中心，以和气、团结为原则与亲戚、四邻、乡民、村庄打交道，让家人得到更好的生活和更好的发展。所以傅家在 1951 年之前都没有分家，家庭成员中婆媳、父子、父女、母子、母女、叔嫂、叔侄、妯娌、兄弟姐妹等各种关系十分丰富，互相之间都会尽己所能、尽己之力帮助家人解决问题。傅恒昌、崔珍甫的私下教育特别承担了"长兄如父"的责任，小兄弟之间在傅恒昌的带领下都一起帮助崔珍甫做各种家里家外的活计。尤其是傅金安回归家庭后，傅治安和傅平进已经先后去世了，傅金安成了家中唯一的青壮年，又当了外当家，在生产生活中都会对崔珍甫有很多帮助。崔珍甫和王素珍二人在娘家时一起长大，在婆家的家庭地位是一样的，两人每天的生产和生活任务都是一起的，所面临的家庭环境也是一样的，所以两人的关系十分融洽，一直处于互帮互助、互相安慰和帮扶的状态中，很少争吵，什么事情都是商量决定。

傅家分家时，可以根据各小家的生产生活状况提出自己预先设想的基本需求，崔珍甫的子女婚后需要有住房，所需房间较多，但在家从事农业劳动者较少，农业劳动工具可以少分，而傅治安的子女年纪尚小，所需房间不多，但日常生活所需费用和粮食较多，需要更多的劳动工具和放置空间。此外，即使两个家庭分开过，但是在农忙或重劳动时，傅金安和王素珍都会主动帮助崔珍甫解决，缺钱给钱、缺粮给粮。后来，傅玉璞和傅治芳的日子好过一点儿以后，虽然只身在外，却总是自己生吃俭用，把节省下来的钱不定期地往家寄，以帮助傅家缓解紧张的经济状况。即使后来分了家，傅玉璞和傅治芳也会把带回来的钱、吃食或礼物之类的都准备两份，一份给崔珍甫，一份给傅金安和王素珍。艾勒塔斯称："中国人对财富、荣誉、健康拥有强烈的动机，对家庭与祖先有能力表达虔敬，这些毫无疑问是决定性的文化因素，足以开出一种勇猛的经济行动。"很多时候，中国人并不是为了个体的存在而生活和工作，家庭（家族）意识才是激发大部分中国人肯定其生命意义和工作伦理的原动力，这个原动力塑造了中国人勤劳、节俭和"卖命"工作的形象。

（三）家户至上意识

家人在傅家人眼里是一切生产生活的终极目标，生产生活、参加工作都是为了让家人得到更好的生活和更好的发展，而这一切都基于个人对家庭的牺牲和奉献，无论面对什么艰难都要把大家团结在一起。傅治安和傅平进先后去世，如果不是傅张氏和崔珍甫两人对傅家这个大家庭的不放弃，傅家很有可能就此没落，她们二人牺牲了个人幸福和青春。傅张氏当时还是小脚，也要早出晚归地忙于农活；崔珍甫守寡时刚刚生下傅恒欣，刚满31岁，正值年轻。如果当时她们两人有任何一个放弃了对家庭的坚守，都不会有后来傅家的繁荣。

后来，傅金安回归家庭，全家都重新投入到生产生活中，他们的目标已经变成为家庭为子女打下坚实的基础，以便将来应对任何困难，并且要全力支持子女上学，摆脱这种命运。傅家成员的思想和行为都混杂在家庭和家人的事务之中，很少思考"我是谁，我这么做为了什么，我能有什么好处"。尤其是在年轻人看来，老人安享晚年，孩子不缺衣食教育就是幸福。

傅金安参加抗日战争并没有受大伤，而且被顺利改编进入了解放军第四野战军，是多次立功的军人。但在一次执行任务中腿上负伤正在养伤，突然接到母亲传来的噩耗——哥哥和父亲先后去世，家中只剩妻儿老小。他面对眼前的军人职责和前途，想想家庭的遭难，自己又身负有伤，只能选择回家养伤并主持大局。因为在当时的家庭意识中，不能不管父母死活和兄侄姐妹，否则是不孝。在传统社会中，家庭延续和发展的内生性欲望经过价值取向的熏陶成为行为的指导，促成了家族的兴旺与繁荣，其结果也恰好符合社会发展的必要条件。

（四）家户积德意识

"积善成德""好事不出门，坏事传千里""静坐常思己过，闲谈莫论人非"，傅家向来待人和善，任何时候都会想着做好自家的活计和事情，过自己的日子，不掺和别人家的事情。只有自己多做积德行善的好事，以后自己家遇到事情，才能有更多的人愿意帮自己，"三十年河东、三十年河西"，不要狂妄自大，否则以后自家出事只能让别人看笑话。

所以傅张氏当家也好，后来分家后崔珍甫也好，都不是爱管闲事的人，但都为人和善，能帮则帮，四邻乡民借用柴米油盐、农用工具等都不会拒绝。传统时期，土地贫瘠，缺少肥料，缺少机械动力，粮食打得少，经常闹饥荒，也就经常有要饭的上门，甚至有时候一天来两三次，傅张氏从来不会恼怒，都会拿些干粮、热水之类的吃食给他们。在傅家看来，要饭都是不得已的事情，但凡谁能有口饭吃也不会出来要饭。在一次腊月里，还有两天就要过年了，傅家来了一个要饭的老太太，当时大冷的天，她只穿了条薄裤子。傅家人看了十分心疼，把家里人穿的棉裤给她穿上，还专门给她炒了个菜，热腾腾的窝窝头，老太太感激得说不出话来，老太太已经好几天没吃上口热乎东西了。傅张氏甚至说要老人留下来在傅家一起过年，老人执意不肯，过年是自家人热闹的事，不愿意给别人家添麻烦，最后还是走了。

此外，除夕夜时，傅氏家族的成员会一起去傅氏宗祠里祈求下一辈人的平安健康。一个家庭和家族的命运与平常家庭成员和家族成员的所作所为是息息相关的，所谓"多行不义必自毙"就是这个道理。老人积德，福泽子孙；老人缺德，一家遭殃。傅家对于无德的人会自动不和他们打交道，在各种事务中都尽量和他们保持距离。除非是自家人或者他们严重侵害了自己的利益，否则，外人不会当面对他们的行为做出评判和处置，外人也没有权力说要处置人家。

三、家户习俗

(一)节日习俗

1.春节

春节是农村家户习俗中最为重要的节日，从腊月二十开始准备年货和打扫房屋等各种活动，腊月三十开始才算正式的春节开始，春节开始各家户都开始拜访亲朋好友。腊月二十三、二十六、二十九都是家户大扫除的好日子。在傅家庄各家户大部分都是在腊月二十五、二十六、二十九这几天赶大冯营集置办年货，包括菜、肉、炮仗、布料等。腊月三十下午贴自家写的春联，家庭中的男丁各辈各门支都要上坟祭祖，媳妇和女儿等女性成员不用参与。腊月三十晚上才是妇女的主场，各家户的本村当家子家的同辈媳妇都要聚在一起，按照辈分一一拜访本家族或本门支的各位奶奶、婶子、大娘，进门看到长辈的时候或临走的时候要磕头，表达对长辈的尊敬，希望她们福寿绵延。大年初一早上一家人都要早起，男性在这天早上要和本村的当家子的同辈兄弟聚在一起，按照辈分一一拜访本家族或本门支的各位爷爷、叔叔、伯伯，进门看到长辈的时候或临走的时候要磕头，表达对长辈的尊敬，希望他们福寿绵延。

在除夕夜前后的这两场拜访是历史沉淀下来的礼俗，绵延至今，且男女有别，未出嫁的女儿不能参加。傅家到了大年初一时，家里的孩子无论男女都会给长辈磕头拜年，傅张氏会为孩子准备一两毛的压岁钱。此后，傅家的男丁要就是走亲戚、访朋友，包括傅家媳妇的娘家，傅家的叔伯、姑、舅、姨等。凡是成年男性都要给长自己一辈的亲戚拜年，经济条件好的家庭会专门在年前买年货时就备下走亲戚的点心、糖果之类的食物，条件不太好的也要专门准备白面包子或者白面馒头等日常不太吃得到的食物。过年走亲用的馒头也要花很多心思，有的夹上红枣做成枣饽饽，有的用混合高粱面或者彩色面做成传说中的"五毒"的样子，即蝎子、蛇、蜘蛛、蜈蚣、蟾蜍五种。制作这些东西是为了图吉利，祈求来年吃下这些东西的人五毒不侵，顺遂安康。一般是傅张氏和两个媳妇一起把家里需要走亲戚的人用的礼物都准备好。这类亲戚的走动中媳妇不能出面，成年后的儿子可以随同父亲一起去，代表他已经成人，开始接触家庭的对外交往。

过年都是讲究一家人在一起图个团圆，在这段时间里所有在外辛劳奔波一年的家庭成员都要回家过年，此时的家庭成员认定范围和家户对"家人"的认定是一样的，任何一个人的缺席都会使过年变得不完整。傅家从来没有因为自家人过年而男女分开桌吃饭，只有在来了客人拜访时，人口太多，一桌坐不下，男性一般坐上桌，菜饭比较丰盛会喝酒，女性和孩子一般坐一桌，方便盛饭端菜照顾孩子。1949年以前的拜年，传统的农村社会中没有丰富多样的奇特商品，大家都很穷，也没能力购买，有条件的家庭能有余粮做些平常吃不到的吃食就很好了，也就是会带几个干粮，没条件的家户就空着手去，不带礼物也不会有人说什么。

春节时，傅家庄通常会在除夕夜由村里组织敲鼓、耍狮子。在大年初一下午，会有踩高跷、跑旱船、扭秧歌、说快板等一系列文化娱乐活动。除夕夜，婆婆傅张氏也会摆好各位家神的香火，在年夜饭开桌前烧香礼拜。

2.元宵节

当地的元宵节并没有过多的习俗，只有傅家的女儿在正月十四时回娘家看看傅张氏，但已经不像过年时那么多礼俗需要提前准备。傅家每年正月十四下午会准备好食材，正月十五时,早上还会像大年初一一样起得很早,饺子下锅时由傅金安放一挂鞭炮,中午一家人会一起熬一次大锅菜,当天全家人都不用干活,只是崔珍甫和王素珍还是要忙碌于一家老小的饮食起居。傅家通常在过年时就酱好了元宵节要用的肉食,蔬菜也用不了多少,因此元宵节的自家礼节和花费很少。此外,元宵节晚上,村庄会组织人们敲鼓、舞狮、唱戏等一系列文化活动。在当时元宵节的灯节习俗已经趋于没落。傅家也没有自己制作元宵的习惯,但是会在包饺子时在里面包上一枚硬币,家人中谁吃到这枚硬币谁就是来年最有福气的人。这也是贫乏的生活中的一点儿彩头。

元宵节已经不再有走亲串巷的习惯,元宵节过后等不到出正月,大家就要开始逐渐忙碌于各种事情。年前年后是农家人都很清闲的农闲时间,很多喜事会选到这个时间举办,因此很多情况下年节不光是春节和元宵节的象征,在乡村社会中谁家有婚嫁的喜事,一下就会波及很大范围的村民忙于此事。一般同族中关系近的家庭中,有子辈新结婚的,除了结婚时随往的礼物之外,还要请新媳妇来家里吃饺子。

3.清明节

傅家的上坟烧纸钱讲究"早清明,晚十一","清明"即清明节,"十一"是农历十月一日后天气转凉,要提前给去世的亲人烧"寒衣纸"。清明节是一年中第一次给自家去世的亲人烧纸"送钱",一般是家中的儿子和去世老人的儿子亲自带着四种不重样的贡品上坟烧纸,如果不是老人去世的前一百天或者丈夫不在家时,媳妇才会代替儿子去,其他情况媳妇都要在家为回娘家烧纸的女儿们准备丰盛的饭食。傅家的烧纸一般在清明前一周就开始了,而清明当天就在自家祭拜一下关公。傅家并不太注重插柳之类的习俗,但会遵照清明的节气进行新一年的耕作。此外,当时有一种迷信说法,谁做梦梦到了自家去世的老人,就是老人过得不好,或者缺钱或者缺衣服,家长就会负责买下一些"纸活儿"给过世的老人烧一烧。

此外,在傅家,类似于清明节的烧纸还有七月十五中元节、重阳节等。四次烧纸只有清明节最正式,需要外嫁的女儿们回来参与,其他三次由本家的儿子们一同去烧就可以。

4.中秋节

中秋节是傅家所看重的仅次于春节和清明的第三大节日,中秋节是一年中过半的象征,且多与秋收相合,是丰收的季节中求得一家团圆的节日。傅家由于傅金安一辈大多在外,他们不会因为节日而决定是否回家团圆,但傅张氏看着家中一帮孩子总是不忍心他们比别人家的孩子缺了什么,也总会在过节时买几斤猪肉,给孩子们做一顿肉菜吃。"八月十五月正圆,中秋月饼香又甜",傅家每年中秋节时都会给孩子们买几块月饼,过过俗说中的"小元旦"。当地还有一种认知,即中秋下雨收成必定不好,实际上这种认知表面上像是迷信,但正好契合了雨天和八月十五的节气。八月十五正是各种粮食、果蔬成熟的季节,一旦下雨就很难收运回家,要么会糟蹋在地里,要么成熟过久会因为潮湿而发霉变质,总会影响收成。

(二)婚丧习俗

1.结婚习俗

以傅金安与王素珍的成婚过程为例,傅家以传统形式婚配的都是以这种方式进行的。傅家为参军归来的傅金安娶媳妇,托本村的媒人去联系榆科镇北杏园村的姑娘。媒人去王素珍家说明以后,同意与傅张氏见面,由于傅家当时没有男人当家,傅张氏去女方家里见面后,两家都没什么意见,这门亲事就定下了。没有礼物,没有定金,傅金安和王素珍更是素未谋面。

定下亲事之后的下一环节就是下聘礼、定婚期。这一环节进行之前的意见都是通过媒人传递的，两家家长也不再有任何形式的来往走动。在整个婚礼过程中，但凡涉及双方家庭对接的细节都要由两方家长共同商议决定。此外，傅家家庭成员和族人之间的礼仪和细节都可以由傅张氏和主管婚礼的人商议决定。

傅张氏是秋收忙完之后带着花布去的，花布就是傅家给王素珍做新衣的，也是实际意义上的聘礼。怎么答谢媒人、结婚所要居住的房间、婚礼请多少人、办多少桌、婚礼上娘家要随从去的本家人和当家子的人数，以及他们在婚礼中的"任务"。陪在自家女儿身边的是王素珍的大娘、婶子等，上女席的也是婶子、大娘，上男席的是叔叔、伯伯。

此外，女方有陪嫁习俗：两个竹筛，每个筛子中放上麦秸、筷子、碗、镜子、盆、水壶、毛巾、麸碗、棉花碗、盐碗、碳碗等，用一个扁担挑起，都是代表孩子成家立业的必需品。一般小家户是一个挑，但也有大家户或者讲究多的家户会在数量上相对多一点儿，准备三个挑或六个挑。在婚礼的前一日，男方专门根据女方的准备派人去女方家挑回，是谓"担挑"。到婚礼筹办环节中，傅张氏本来与女方家长商定是由四人抬的轿子把王素珍接来，但赶上战乱，怕路途中太过声张而出现意外，于是也没派轿子，王素珍跟着迎亲的人们走回来的，也没有按约定的放炮仗。

王素珍婚后三天不做饭，不做任何活计。傅金安与王素珍婚后第二天要"回门"，傅张氏要准备烧鸡、鱼、方形猪肉、猪肘子等"四腥食活"，芝麻糖、麻花、块糖、水果等"四素食活"，由傅金安带着去看望岳父岳母。"回门"是当地习俗中非常正式的一个环节，代表双方婚事的正式结成，傅金安要正式带着傅家的媳妇王素珍来拜访和答谢王素珍的父母，一方面是对岳父岳母的正式拜访，另一方面代表此行之后王素珍就成为傅家的人了。

2.丧葬习俗

当时傅家傅治安和傅平进去世的殡礼习俗都是由傅氏家族的丧葬主持者主持进行的，都是按照七天的规制存放出殡的。此节以傅平进的丧葬为例。一般有人去世，都会有自家的当家子派人去该家户的亲戚家中报送消息，无论远近，外村也要去。这七天中，第一天是老人去世后，当家子收到报丧人报丧后来吊唁，其他四邻、乡民可以帮忙但并不参加吊唁。当天傅张氏就拿钱给主事人去买了白布回来，傅家的叔伯关系的媳妇要负责为所有来吊唁的当家子根据亲戚关系的远近按照不同标准做出他们应戴的"头箍"和"孝帽"，"女戴头箍男戴帽"，此外还要为去世人的直系子女扯出"白单裤"和"麻衣"，象征"披麻戴孝"是孝子，在上面都要坠上棉花和十字交叉的白布条象征着去世的老人有棉衣，有筷子和碗有饭吃。这些装束都是以与去世人的亲属关系远近而形成的规制。

第二天是入殓和入棺环节，老人去世后随即穿上寿衣，入殓要经过离家、送街、坐轿、投币垫背、入棺、开光、盖棺、钉钉等一系列环节。在这个过程中，只有傅家的当家子才能参与，而且要按照男女有别、辈分相差的原则和顺序进行。需要注意的是，与去世老人同辈或比他辈分大的同家族成员不必穿戴规制装束，也不必经手这些环节。

第三、四、五、六天都是由孝子守丧的时间，此间孝子不离家、不出门，更不能去别人家，否则会给别人家带来灾难，这是全村人都信奉的一点。因为以前有户人家办丧事，兄弟几人不和，吵了架，大姐一气之下穿着白单裤就跑回了婆家，还是直接奔着自己已经外嫁的女儿的婆家去的，结果她前脚刚进院，还没有十分钟，女儿家的院墙外面就着起了熊熊大火。此后,谁家遇到丧葬活动都不会去别人家给人家添晦气,也不会让穿孝的人进自己家的家门。

第七天就是出殡,当天所有收到消息的当家人和有过交往的四邻、村民都可以来傅家吃大锅菜,而当家子的女儿、媳妇还要带着盛有十六个饺子的盘子来,先给去世的老人上贡,上完贡就由傅家自己人磕个头端下来给大家吃了。

以傅氏家族的习俗,生下来就夭折的孩子是不用立坟头的,因为他没有名字没有入谱,没有真正在这个世界上生活过,只是在祖坟上找到其辈分大概刨个坑埋掉就行。其他非正常死亡并没有什么特殊的安排,只是按照辈分、年龄、家庭实际状况决定举办葬礼的规格大小、花费多少等相关事情。

烧纸走亲戚也是重要的一项,傅家成员本家的老人去世后的一个月、两个月、一百天,本家及族中关系最近的叔伯当家的儿子、女儿都要带着礼物、烧纸等来傅家一同为老人上坟烧纸。自此以后的每年的忌日,就是傅家自家的儿子、女儿、媳妇一同去坟上烧纸。每次烧纸回来以后,傅家都会作为主家准备下饭菜,招待来的兄弟姐妹。

四、家户信仰

(一)家神信仰

1949 年前,傅家会在堂屋中间的长桌上常年摆放着敬天地、灶王、财神、菩萨、宅神、门神六大家神的香炉,天地、财神在长桌的正中间,保佑一家来年万事安泰、存天地之气、财源滚滚;菩萨在房间的西北角;关公老爷在房屋的东北角,是文财神,保佑来年风调雨顺;宅神在院落中间位置,保佑家宅安定,无意外之灾;灶神在锅台旁边,保佑来年灶台兴旺、有吃有喝;门神在大门的两侧,可以驱鬼避邪。傅张氏会在年节时把六神的主要位置上,即在堂屋摆上贡品供六神享用,再烧以纸钱,一边磕头一边与诸神对话,分别请求诸神保佑自家全体家庭成员来年万事顺利、平安和睦。到了正月十六那天,就把这个祭祀完的总神的纸烧掉。

每年过年摆放贡品、彻夜点香、烧纸钱、放炮等花费都不少,但这也承载了傅张氏对在外子女的担忧,是她寻求自我心理安慰的一种方式,更是她连年生活的希望和精神寄托。而且在当时的礼俗中,除了傅张氏这种一家之长辈、女性的身份才可以做这样的事,才有资格代表家庭与诸神对话。各路神仙的香炉不是想立就能立住的,是需要傅张氏同诸神多年的对话、供奉和虔诚培养出来的,其他家庭成员都不能代替,除非傅张氏去世后,由崔珍甫接手,然后长期虔诚供奉,这种衔接就类似完成了一项继承。其他女儿、儿子、小孩子都不可以拜奉,以免胡乱跪拜扰乱诸神。

(二)祖先信仰及祭祀

傅氏一族的祖坟仍没有动,虽然经历很多变革和年代,但每年过年傅氏子孙都会上坟祭拜、放鞭炮,家族中的长辈会根据祖坟的大小情况及时修缮,他们的修缮并没有过多的仪式,是由家族中的长辈祭拜之后,用铁锨把祖坟散落的土堆重新培放在一起,各辈子孙依次把各辈祖先的坟堆重新修整一番即可。傅氏祖坟由太始祖开始依次在其后方按辈分排列,很多时候傅氏族谱的修订就是基本依照祖坟的排列位次、顺序来编写、区分。后来家族成员过多,原祖坟的地方已经排放不开更多坟位,于是在村庄西侧与祖坟相隔大概四百米左右的地方开新的坟区。到现在,傅家的祖坟面积已经有二十余亩,全部遵循血缘辈分以排区分,每辈成员按门支、长幼顺序排列,妻子与丈夫合葬,有妾者的会把妻妾分别放在男性的两侧,其子女分别在两侧之下继续按照上述原则排列。

如今的傅家对祖先以及祖代沿袭的相关情况已经不再清楚,也不太关心这些"虚无"的事情,"都是祖祖辈辈这么过的,一代一代的也没有详细的记述,自己家的老家谱早不知道在哪一代的时候就没有了,又不是人人都有那种意识,吃穿都顾不上谁还管得了别的事情"。在傅家,关于祖先的印象更多的是年节祭拜时对近两代过世的同门支亲人的祭祀,王素珍当年婚后年节时和婆婆一起去过祠堂,但后来闹乱就全部拆除了,此后傅氏家族已经数不清有多少年没有共同祭拜过祖先了,傅家庄里其他姓氏的家庙或祠堂也早都不知踪迹。各家各户家里也不摆放过世老人的牌位,更不用说祖先牌位了。但过年过节如果不上坟祭拜,尤其是儿子,会被村庄、家族、家庭、四邻等家庭内外的成员认为是不肖子孙。傅家以"为子当孝,为弟当敬,为父母当慈,贫者当恤,节妇当重,孤幼废疾者当养"为代代相传、生存立世的根本。傅平进、傅治安、傅金安几代人更是善待家人、族人、邻里,而且为保护村民、抗日战争、解放战争都做出极大的努力,都为傅家在村庄的善良、忠义形象奠定基础。

(三)族谱传承

对傅氏家族的年轻人来说,祖先对现世的意义或许不大,但对傅氏家族的长辈来说,他们冒着被批斗的风险保留下来的老家谱就是他们对自己家族传续的坚守。如今,于2007年由傅丙申主持最新更定的家谱是结合以往大家谱、各门支家谱等先后共十七册家谱信息编纂而成的。傅丙申在讲述自家的家谱时,从祖先立族到各门各支子孙繁茂都如数家珍,十分激动,"我族历代虽农多仕少,但不乏名人志士。这是傅氏家族的骄傲,为发扬家族光荣传统,以示后代光跃门庭、奋发图强并发扬光大,做些历史记载是必要的。中华民族是由多个家族组成,每个家族都是民族的细胞,若每个家庭都能光耀祖宗,为本族争光,无疑中华民族就有希望"。从傅丙申的族谱记叙中可以看出,他们作为老一代家族主持的代表,以家族为本,以家族为荣耀,以家族为国家的基本单元,家族的荣光是家族成员的共同愿望。

即使他们也在自己的践行中适应社会时代的发展,在保持对祖先的基本敬畏之下,但又融合了男女平等的新思想,"原定'钦、明、文、思、安、礼、恭、志、让、光'排字已属过去,望今后子女起名不要与上三代重复,时代变革,男女都一样,子女都应该注册填名,出嫁后注明去向。族谱六十手一续,是傅氏子孙的责任"。在傅氏家族中,儿子出生办满月时就可请家族中掌管家谱保存、记述的长辈来家中喝满月酒,长辈就会自觉把族谱带上,在晌午开席时在本家族众人的见证下加入族谱。

在中国传统社会中,以血缘关系为基础的家族组织是最基本的社会组织形式,聚族而居、累世同堂;宗法制度的长期统治下,不同地区、层级却得以形成同样的家族结构、权力结构、财富凝聚和分配体制。在现代社会中,完备的家族制度和实体性家族组织已不复存在,但传统社会的家族共同体成员在日常活动中所采取的习惯性的行为方式,已经内化为既定的心理结构,成为一种目的性意识,表明家庭的价值取向。传统中国人家族意识的价值取向有两个限度:上限是家族的兴旺与荣耀,下限是血脉的保有和持续。这种价值取向长期根植于中国人的头脑之中,深刻影响着当代中国人的价值取向和行为方式,并在诸多社会层面发生作用。

五、家户娱乐

(一)结交朋友

傅家家族兄弟姐妹众多,年龄不一,各家各户比邻相助,孩子们自然而然形成各自年龄相当、男女相别的玩伴圈。此外,傅家成员为人和善,且都自小上学,同村、同乡、同县上学、同期入伍等各种情境下都演化出傅家子女各自的交友范围。家庭成员交朋友没有固定的标准,但基本遵循男女有别的原则,分别结交忠厚、老实、善良的人为朋友,傅家成员成年后的家户之间坦诚交往的朋友较少,但都是为人忠厚的家户。主要是傅东来家,傅家与傅东来家是世交,住得也近,两家都是好脾气的人家,也同是傅氏族人。家庭成员都可以交朋友,不必得到当家人的同意,小孩交朋友不必得到大人同意,但妻子交朋友要得到丈夫同意。家庭成员的朋友如果在家里留宿要知会家长,得到家长许可才行。

"盟兄弟""干姐妹",都是交友之间见证和巩固友谊的方式。拜盟兄弟和干姐妹的一般是青春年少的人们,家长对孩子的人品、性情都认可时,不会进行限制,还会支持这种活动,因为这种形式下的儿女可以多几个真心挚友,将来有难处可以多几个人互相帮衬。在他们的理解中,这种形式已经使几个孩子成为干亲的关系,在各方家中有红白喜事时要发请帖、随往礼物、帮忙。在结拜时,几个家长都会在家中备下饭菜,几兄弟连续几天在彼此家中吃饭,饭要在堂屋对着其父母磕三个头,把各自家庭的其他辈分和差别都更换为兄弟平辈的相应称呼。女性则要简单一些,不用磕头,但辈分和红白喜事的礼俗与男性都一样。

(二)打牌

打牌在傅家庄有多种群体形式。老太太一般以纸牌为主,玩"打愣",多是就自己手中的牌形成三对一个单的形式,赌注很小,是老年人消遣时间的一种娱乐方式。"顶牛"一般赌注较大,是年轻男性玩的,家庭条件一般的男性去玩顶牛,一般会被认为是混日子,不思进取的败家子。傅家忙于农业生产,家中子女众多,傅张氏要么忙于家事,要么忙于农事,从没有打牌的习惯,而且傅张氏不喜欢打牌,认为打牌的人都不会好好种地,会耽误好多事,因此傅家没有人打牌,一方面家长不允许,另一方面家庭成员要么忙于生产,要么忙于学业,没有人有时间去玩。

(三)串门聊天

1949年前,傅家平时不串门,有涉外事务时,男人可以去,女人不能去。小孩在家长允许时能出去串门,因为孩子在他们看来是纯真的,目的单纯,只是为了找玩伴而已。另一方面,孩子们要么上学,要么要给家里干活,玩耍时间很少。只有老人在不能干活以后经常在街头坐着,或四邻家串门聊天或打牌。傅家多年艰苦,傅张氏老了也闲不住,要么去地里逛逛捡点儿花生、麦子、玉米,什么节令捡什么。串门都是农闲时聊些家常杂事,不会留在别人家吃饭,到了饭点还在人家坐着聊,会让人家觉得这个人不懂事。农忙时各家各户都忙着收粮食,是大事,去人家串门闲聊往往也会让人家觉得不懂事。

串门时,自家有白事的话头一个月内不能串门,怕给人家带去晦气。人家有喜事自己不能说不吉利的话扫兴,不能穿白衣服。男性不能串寡妇的门,女性不能串光棍儿的门。这些不成文的规定或准则都是在日常的生产生活中自然形成的乡规民约,各家长、家户、家庭成员都熟知的俗约。如果不遵守,别人家会认为这个人不懂礼貌,缺少家长的管教。

（四）逛庙会

1949年前,傅家庄村里没有庙会,榆科镇位于傅家庄的南方,相距约十二里地,平常"二、七"是榆科镇大集的开市时间,而深县的庙会当时主要就是依托榆科集市筹办,一般一年举办两次,每次三到五天,三月开春时、十月秋收刚结束这两个时节都是各家各户刚刚开始或结束农业活动,都有时间和购物需求。庙会上应有尽有,除了以往赶集的生活用品、果蔬、农具、牲畜等市场外,歌舞、杂技、字画、稀奇怪物应有尽有。傅家参加庙会多是带着孩子看个热闹,多多少少买些家里需要的东西。此外,傅家庄村里还有说书人,是自发的行为,并非村庄组织,没有任何报酬。傅家人是否去赶庙会,是由傅张氏决定的,如果傅张氏同意去的话,就会给傅金安或王素珍点儿零用钱,用来给孩子们买点儿吃食,但不会多。庙会与集市的时间和开市不受冲突,只不过到了庙会时,由于庙会物资集聚量大,价格反而便宜,并且还有很多免费的热闹看,很多家户都会想去赶庙会,赶集的人就少了很多。有时赶集的商贩图了赶庙的客流量大,也会去赶庙会出摊位。

（五）其他娱乐活动

傅家庄在过年过节的时候,通常会在除夕夜时由村里组织敲鼓、耍狮子,在大年初一下午,会有踩高跷、跑旱船、扭秧歌、说快板等一系列文化娱乐活动,这些基本的文娱设施村庄会有一部分。大户人家办红白喜事会花钱雇专门的吹打班子,来唱戏、说书等活动,傅家人一般也会去凑个热闹,一家老小都可以去,一般是同辈或朋友间约着一起去,只要征得了家长同意,孩子和孩子一伙,媳妇和媳妇一起等。傅张氏如果说要去地里干活,不能去看,那大家就只能跟着去地里干活,自己不能不干活就跑去看热闹。

第五章 家户治理制度

傅家的家长即傅张氏,是傅家家户治理的权力主体,外家长以1945年为界分别由傅平进、傅金安担任。傅张氏的当家地位是长期形成的,外当家的地位则是由不同时期、傅家成员的不同情况而促成的,他们对家户的治理不同程度地依靠成文的家训、默认家规、族规族法等。在家户生产生活自给自足范围内的活动都是由傅张氏和外当家商议决定,但在傅家一己之力难以担当的公共事务中,就需要求助于社会、村庄、官府等,如防备盗匪、战乱、灾情等。在国家事务方面一般不会有直接的联系形式,都间接体现在纳税、征兵和摊派劳役等具体的活动中。傅家没有偷税、漏税、被抓壮丁的情况,相反傅家子女自傅治安一代到傅恒昌一代都自愿参军、参加中国共产党,分别为抗日战争的胜利、解放战争的胜利、1949年后的建设事业贡献出自己的力量。

一、家长当家

(一)家长的确定

傅家的家长是伴随自家的发展而形成的,最主要的影响因素是辈分,其次是能力。1945年之前,傅平进是外当家,也是大家长,掌管着家里的重要财务,对重大事项有决策权,傅张氏是内当家,掌管着家里的内务琐事。1945年傅平进去世后至1947年,傅金安回家之前的两年中,傅张氏成为家中辈分和年龄最大的,又长期掌管家庭内务,自然而然成为唯一的大家长和当家人。1947年傅金安回归家庭后,成为外当家人,负责对外交往,傅张氏仍然是内当家人,掌管全部财务和家庭内务。傅张氏作为大家长,长期掌管家庭内务和财务,在重大事项上傅张氏和傅金安是共同商议而决定的。傅家称呼家中最有权威的那个人为"当家的",当家的和管事的是二合为一的,当家就是主理家庭内外事务,1945年之前是傅平进,1945年之后是傅张氏。傅家的家庭成员都是团结在一起一路走来的,不管是对傅张氏还是傅金安都十分信任,并且尊重、听从他们对家庭事务的主持。王素珍直接称呼傅张氏"娘",称呼傅金安为"孩子他爹",对傅张氏母子的当家都十分信任。家庭以外的成员都是按各家各户之间的辈分和社会关系来称呼,只有比傅张氏辈分和年龄都大的人才会称呼她为"平进家的"。由此可以看出,按辈分、年龄是首要原则,其次是男女性别,长辈中男性去世才会由女性当家。

(二)家长的权力
1.权力的来源
傅家家长的权力是伴随祖祖辈辈的繁衍发展承袭而来的,更是祖祖辈辈发展过程中积淀形成的默契法则,当家的权力来源于这种默契法则,但离不开家庭成员的认可和支持,在祖辈的发展中可以说既有对家长权力的赋予权,又有对不能承担家庭家长职责的控制,如果当家人不思进取、吃喝嫖赌等败坏家风,傅氏家族的人可以不听他的管理,而自发形成新的具有家长权力和责任的人。

家长管理的范围是整个家庭方方面面的事务,所管理的成员是同居共财的家庭成员。虽为一家人,分家之后就不再受原来家长的管理了,已经分家的兄弟、已经分家而且父母单独吃住都不受原有家长的管理,常住家里的其他非家庭成员,如管家、保姆、长工、丫鬟等人只有在其工作范围内受家长管理,在其他事情上不受限制。家长通常在土地买卖、房屋建设、嫁女儿、娶媳妇等大事上会与家庭其他成员商量,大家都可以提出自己的建议或意见,而且家长会着重在意两个儿子的意见,媳妇一般不会主动提意见。他们可以提意见,但绝不能擅自做主。傅家家风向来团结和睦,各成员更多的是处于听从的状态,从来不会也不敢与家长起冲突。

2.财产管理权

傅家的收入主要来自农业生产,小部分来源于家畜饲养。只要没有大灾大难,生产的粮食基本够吃,剩余部分可拿到集市上卖掉(粮食产的少时家里就会节衣缩食),也不至于外借,取得的收益属于全家共同所有,并交由家长统一管理和支配。至土地改革运动前,家里的收支基本上处于均衡并稍有盈余的状态,虽算不上富裕日子,但总能顾得了一家子老幼妇残的基本需求。一年可以饲养一头猪、一只羊、六七只鸡,每年饲养牲畜的数量相对较为均衡,一般也是因为繁殖量的自然波动引起的略有出入而已。猪、羊、鸡的买卖都是自然循环的,卖了再买,买了养大再卖,傅家不以饲养家畜为主要任务。此外,饲养家畜还有一项重要的隐性收益就是造肥,猪羊牲口的粪便是造粪肥的重要发物,是能增强地力、促进收成增长的又一重要因素。这些家畜形成的收入更多的是贴补家庭费用,家庭需要的满足主要还是依靠经营土地的收益。

相对来说,每年大体都能维持在基本的范围内,傅家土地共同经营,产生的收成也属于全家共同所有,但要由家长统一管理和支配。傅家大人都比较关心收成如何,小孩子一般不懂这些,不会考虑这方面的事情。最关心的当属家长,尤其是傅张氏,因为她掌管家庭的收支,一大家子的饮食起居各项开销她是最了解的,也就更关心是不是能有相应的进项,以免入不敷出。

傅家的贵重物品由傅张氏掌管,如地契、分家单、过继单、现金等贵重物品都由傅张氏自己藏起来,别人不会知道她把东西藏在了哪里。衣物、生活用品等不重要的物品由家庭成员各自放置使用。当家人一定管钱,当家人就是管钱人,就是管理家庭公共财物的支出、收入和分配,如果分开以后就无权设置了。大到土地房屋买卖、租佃或典当、聘礼、彩礼,小到零花钱,家长都是做决定的人,傅张氏一般会公平分配,但除媳妇嫁妆外,不会允许家庭成员有私房地、钱、粮。

3.制衣分配权

傅家的衣物分配的安排主要取决于内当家傅张氏,家庭成员可以提出建议,有时孩子得知要做衣服,闹着也要穿新衣服,傅张氏会根据孩子们衣服的多少最终决定给谁添,不必告知或请示四邻、家族、保甲长。傅张氏一般根据家庭成员的辈分统一分配,过秋或过麦时给大人添置所需的新衣,一般是过年时给孩子们添置新衣。傅家没有其他副业,添置新衣的布料、棉花穰子都是购买而来,所以傅张氏只是根据各家孩子的多少大概估计着给媳妇现钱。具体她们去买什么样的布料,能做成几身,怎么做,剩不剩衣料棉花等,都由儿媳妇决定。但不会允许媳妇把东西卖掉,导致自家的孩子没衣服穿。傅家的衣服,傅张氏一般只负责给傅平进做,其余平辈和子辈的衣服都由王素珍妯娌俩做成。傅平进去世以后,傅张氏一人管家,也不再自己做衣服,全家老少的衣服就全由王素珍妯娌俩完成了。所以买布、裁衣都是当时做媳妇的必备技能。一般添置新衣不算紧急的事情,一般当家人外出不在时,其他各家庭成员不能也不会擅自做主添置衣服。家庭成员的衣服也不是年年都能添的,一般衣服开线、开口、破洞之类的都要由妇女负责缝缝补补,只要不是衣服本身糟了,破得不能缝补的时候,当家人不会允许把衣服扔掉。家里男孩子容易破衣服,每次被家长看见都会一边缝补着,一边责怪、告诫孩子要爱惜衣服。

4.劳动分配权

在年复一年的农业劳作中,麦收和秋收是农业劳作最重的时候,犁地、耙地、看青、平整晒场等需耗力较大的劳作一般都以男性为主,而锄草、种麦、收麦、种秋、收秋、收集粪便之类,虽然烦琐但工作量较大的劳作,全家老少妇孺都要参加。傅家在耕地时,傅平进是男性,有力气,则经常是把耧子、使用大型农具的人,崔珍甫、王素珍是女性,力气小,通常是在后面用小型农具铁耙碎土块、找平面的。需要盖地的时候,人力无法完成,需同时套用两只牲口——牛、驴并用,需要有人牵牛、牵驴把握方向,还需要有人坐在盖上增加盖的重力。这种生产活动就要求家长主要支配,协调全家人、畜、物力共同完成。除草或用手拔,或用锄榜,或用小镰刀割,农具轻便好用,男性、女性甚至孩子也能做。日常喂牛喂驴、收集粪便大都是崔珍甫和王素珍,她们忙不过来时几个孩子可以合力完成。傅家日常的劳作整体分配都是家长做主,实际劳作过程中都是大家商量着协同完成。

此外,农闲时,傅家的女性还有一项工作就是给大户人家纺线,人家把要纺线的棉花穰子送来,王素珍几人再把它们纺成线给人家送过去,没有任何报酬,只是纺线过程中产生的废棉絮能留给自家,傅张氏再带着王素珍她们把废棉絮搓成小段,慢慢地纺成劣线。傅家媳妇冬季农闲时就用这些线来给一家老小做衣服、做鞋。家里年纪大的老人一般就是带带孩子,是否还会去做农活要以她的身体健康状况和个人意愿为主。傅家早年艰难,家里的小男孩和小女孩都是在十多岁就开始参加劳动生产,年纪较小的孩子也需要帮着家里做砍砍草、捡柴火等力所能及的一些农活。

5.婚丧嫁娶管理权

傅家儿女的婚姻形式深受国家战争、民族解放的影响。20世纪40年代之前,傅家儿女严格遵守着"父母之命,媒妁之言"的旧礼。傅家儿女大约到十七八岁,如果没有继续就学、参军或工作在外,就开始有媒人为他们说亲事了。傅治安和傅藏都是通过这种方式结婚的。傅治安到结婚年龄时,傅张氏碰到村里的媒人,就会知会媒人"俺家大儿子大了,有哪家的好姑娘您可给留意着啊",媒人往往都会很热情地应答,等有他们认为合适的姑娘时就会上门说。一般女儿的婚事父母不会主动和媒人说,都是媒人打听着谁家有姑娘,多大了、身板怎么样、家里什么条件等方面,媒人都会了然于心,有估摸着门当户对的人家时,就会先去女孩家跟家长说。如果女方家长同意说了以后,媒人才去告诉男方家长,赶紧准备着去女方家里见面。只要一见面双方家长都没有意见,这门亲事就定下了。

关于子女的婚事都是傅平进和傅张氏两人商量着决定的,等媒人找上门来,说下哪家的姑娘,傅平进夫妇觉得家户相当,可以试试的话,就知会媒人牵线让两家的家长见个面,儿子本人对结婚的对象毫无概念,因此对婚事也没有意见可言只能听从。在婚事没有最终敲定时,家长也不必告知本家庭成员以外的任何人。当时的婚嫁没有正式文书,也不用涉及签字事宜,婚嫁与离异都要经家长同意,女方如果是被休婚,女方家长也不能左右。

丧葬后事方面,家长去世时留有遗言或意愿的,后人必须按照家长当初的遗言办理,其他家庭成员必须遵循,无须立字据,也没有立字据文书的习惯,全靠他人作证或长辈主持。不遵循的家庭成员可与家族长辈交涉,在家族长辈仍不能解决时可由家长出面邀请保甲长进行调解。

6.对外交往权

在对外关系中,家长可以代表整个家庭,代表整体家户单位,可以家庭的名义向外人进行借债。在村庄的开会、投票等事宜中,也由当家人代表家庭去参与。在家户与四邻、家族、村庄、官府等各种社会主体交往的过程中,当家人都是交接的家户代表,如交税纳粮、登记造册的主要家户责任人就是家长。

傅家成员的外出基本是为了参军或完成学业,都是经家长同意和支持的,傅张氏并没有指望他们能给家里寄回多少钱物,更多的是希望他们以现在的努力能实现家国理想,换取子女以后生活的安稳和幸福。傅家的子女都非常懂事、孝顺,他们总是节省下生活津贴花销,把省下来的钱寄回来给当家人。傅恒菊在家结婚,婚后由于在外工作,不想与妻子两地分居,就征得傅金安和崔珍甫的同意把妻子带到了工作的地方,两人一同工作生活。

7.家长权力的约束

在傅氏家族的传承下,傅家从未出现借债不还、吸食鸦片、沉迷赌博、抛弃妻子、不守妇道等败坏门庭、破坏家风的现象。在傅家庄,有这样行为的人和家户都不会有长久的发展,要么是败光家业,要么是受家族村民舆论谴责而不能在村庄立足。被家人强烈认为不具有当家能力甚至会败家的家长,家庭成员可以联合起来向家族长辈请愿,更换本家户家长。

如果家长私自跟外界借债长期不还,且用于自己私事而不用于家庭公共事务,家庭成员也有还债的责任,虽然会规劝当家人但还是不得不管,父债子还天经地义。家长对家庭成员的偏颇不一视同仁,对其中几个儿子有所偏爱,其他人也没有办法,只能忍受。只要家长做的事在情理之中,大家都能承认家长的权力。

(三)家长的责任

作为一个家长,傅张氏与傅金安共同操持着家中的农业生产生活、对外交往等必须管理的事情。家长除了要管理家庭成员的温饱、取暖、制衣、婚嫁、丧葬、家庭和谐、对外交往之外,还要保持家庭收支平衡。傅家的忧患意识强烈,平常十分节俭,就是担心家庭中但凡有不测,可以有钱粮来应对。家长还要保证家庭和谐相处,尽量以公平公正的行为处事,以减少发生一些内部矛盾。自家的小孩犯错误了,家长或父母都可以代表本家庭去给别人家认错。

傅家家长能维持一家衣食住行无忧,赡养老人善终,教育子女通达世事,当以"为子当孝,为弟当敬,为父母当慈,贫者当恤,节妇当重,孤幼废疾者当养"为代代相传、生存立世的根本。借债不还、吸食鸦片、沉迷赌博、抛弃妻子、不守妇道等败坏门庭、破坏家风的家长或家庭成员都不会有长久的发展,要么是败光家业,要么是受家族村民舆论谴责而不能在村庄立足。被家人强烈认为不具有当家能力甚至会败家的家长,家庭成员可以联合起来向家族长辈请愿,更换本家户家长。家长年纪大了以后,是不是继续当家,首先要根据家长的意愿,其次要根据家长的身体和精神状况,没有能力管理整个家庭是要由家长说出来,其他家庭成员不能主动说出要家长卸任的话,否则是不尊敬家长。

一个家庭只能有一个家长,内当家和外当家总会有一个人确定最终的家庭决定,傅金安虽然是家庭对外交往事务的代表,但在重大事务上,傅张氏仍是长辈、大家长,拥有最终决定权。

(四)家长的更替

傅家当家人很少长期外出,也不会找代理当家。家长更替更多的是家长去世后,家庭成员承继家长位置。傅张氏去世后,两个小家庭并没有分家。傅金安原外当家继续担任,而家庭内务就由崔珍甫和王素珍两人商议决定。小事各自在范围内做主,重大家庭事务由他们三人共同商议,如土地买卖、房屋建设、嫁女儿、娶媳妇等,若有生病或者因身体其他原因无法照料家庭,另两人会共同商议做主。

在一个大家庭里,如果要更替当家人,会首先从同辈当中选择接替人,比如父辈傅治安与傅金安两兄弟没有分家,傅治安去世后,傅金安首先来接替而不是傅治安的长子傅恒昌。傅家的新当家人不限定,只是按照辈分、长幼的原则进行承继。如果一个家庭没有儿子全是女儿,那么长女当家。如果有多个女儿,让哪个女儿嫁出去哪个女儿留在家里招女婿是由家长决定的,家长在安排女儿婚配时就做好打算,会尽量要长女招上门女婿,但也会根据女儿的性格和能力进行选择。如果招了,都是由女儿自己当家。

二、家户保护

(一)社会庇护

傅家人在生产生活上与别人家发生一些矛盾,若不是严重到能挑起两家不和的事情,一般不用调解;若非要调解,需要当家的代表家庭出面调解,若调解不成,两家还属同族,就可以邀请同家族的长辈出面协调;家族中也解决不了的就要邀请村庄管理者或两家都信任的乡绅等人从中调和。在农村,很少遇到两家人争执不下要惊动报官的。傅家的孩子淘气、犯错,如果确实是自家孩子的错误,傅家的家长或父母都不会姑息,带着孩子去道歉,孩子回家还会受到家长的惩罚。但如果不是自家孩子的错,傅家的家长和父母都不会让孩子去道歉,更不会主动调解,反而会要求还自己孩子一个公道。当傅家人遇到困难或危机,最先寻求的总是家庭保护,傅金安战争中受伤首先选择复员回家养伤;傅治芳后来离婚,儿子没有办法自己独立养育,把孩子寄养在娘家,傅张氏主持大局总是会尽力出面帮忙。一般是家长会代表家里出面,不论男女性别。父母年轻时,保护孩子多一点儿;父母年老时,还是孩子保护父母多一些。总体来说,是男性保护女性多一些。

(二)情感支持

傅家成员性格温和主要是从事农家生活,不太注意心理或情感表达,但家庭成员在外面受了委屈,被欺负了,回家一般向自己的母亲或兄弟姐妹诉说,孩子们也可能和奶奶傅张氏说,但若是因为自己淘气惹了别人,闯了祸不敢跟家里说,怕被家长和父母责怪,但会跟自己要好的兄弟姐妹说,跟兄弟姐妹诉说之后一般会得到安慰;和家长说后,家长一般会评断自己做得对不对、是怎么回事。傅家是团结和凝聚力很强的家户,是所有家庭成员的情感归宿和寄托。有时傅张氏出门碰到什么新鲜事,或村里谁家有什么事,也经常和傅金安、崔珍甫、王素珍他们说,家庭成员是家庭中朝夕相见的人,彼此都十分了解互相的脾气秉性和生活状态,是最有共同话题的,也是最有共同利益的团体。他们的一切努力和经营都是为了彼此生活得更好、更舒畅。所以家才成为每个人的最后的港湾,家庭成员在外面待的时间长了会十分想家。春节、元宵节、中秋节等都是传统的团圆节日,家户团圆是自古以来最为值得庆贺的事情之一,每逢佳节倍思亲就是这个道理。在外面遇到挫折、过得不开心就会更容易想家,相反,出门在外能遇到故人、遇到亲戚都会很高兴很亲切,更不用说家人。

(三)防备旱灾

1949年之前,大喜大灾的年头还是很少的,每年大体都能维持在基本的范围内,旱灾、涝灾、蝗灾、火灾、雹灾中只有旱灾发生的概率大一些,傅家庄的农民提起旱灾来,都是束手无策的无奈。一般在小满时看麦穗颗粒是否饱满就能看出麦子的收成如何。七月十五时看当年雨量如何,不旱不涝的年头证明雨量适中,玉米能获得丰收。当时村中流传着一句老话,"中华九年,碌子不翻身",是说1920年,一年无雨,是大旱年,导致村中公用的石碌都不再有人用了,表明家家没有收成。傅家在1951年之前,没有真正经历过断粮的生活,或多或少、或好或坏的粮食总能有孩子们一口吃的。收成不好时,全家都会更加听从家长的调配和粮食使用,吃小麦、谷等,都不去皮直接吃,年轻人会优先照顾老人和孩子,老人会节省衣食留给孩子,节衣缩食、同舟共济,全家人一起团结起来渡过难关。而且傅张氏一生屡遭劫难,具有非常强的忧患意识,她每年在保证一家基本有饭吃的情况下,不会把所有剩余的粮食都卖掉,而会存一部分粮食以应对不时之需。所以傅家在每次劫难中都能重生,也没有过逃荒的现象。旱灾时,傅金安会跟随村庄的组织,到村里的大坑里清扫,"扫大坑"是清理村庄荒废大坑的活动,寓意老天爷赶紧下雨,盛水的大坑已经准备好了。傅张氏自己在家也念佛、拜神。

灾害发生时,当时的国家、村庄、富裕人家都没有多余的粮食进行赈济,有些善良仁义的财主会主动减租或免租,对贫苦的人家会多少给点儿粗粮。傅家没有接受过财主之类的慈善救济。当时的社会若是发生旱灾,各家户都是尽量从自家的家族亲戚里看谁家钱粮多就借一些,等缓过来以后,再还给亲戚。家庭之中由家长出面寻求。

(四)防备盗匪

1949年前,傅家庄没有闹过大的匪患,偷鸡摸狗的小盗也多是三乡五里的小混混,并不能形成抢劫牲口、钱财,绑票甚至撕票这种恶性抢劫。傅家的院落深、院墙高,没有遭过劫匪。对待劫匪,村庄村民都会有共同的敌对情绪,谁家发现小偷或者劫匪,如果是轻罪,如偷粮食偷钱等,家长或家庭成员都会直接殴打以示教训,一般不会报官,报给村里人也是一样把小偷教训、殴打一顿,或者让他家里来人解决这件事。如果是重罪,如杀人、放火,也会直接殴打,然后报官,都是各家家长或年轻力壮的人上手打,老人、媳妇、孩子一般不会参与这种事情。

1.家户自我防御

傅家在房屋建筑上有专门的设置来防盗防匪。首先,院落外墙高达三米,木制全封大门,三进院落中外院宽敞但不放置重要贵重物品;二进院落靠近主居院落,养了牲口和家禽;三进院落是家庭成员的主要居所,重要的钱粮、贵重物品都在这里存放,而且三进院里还常年养狗看家护院。其次,三院分设两道大门,每天夜里都上锁。最后,各居所房间的门都是"摇门",是整个院落防匪防盗最巧妙也是最后一道关卡。

2.村庄防御

傅家庄没有专门的防御措施,但每年夏秋收粮、过年前后这段时间都会组织村庄里的青壮年男性看守村庄,多是打更巡夜,在那段时期大家都很紧张自家的粮食,若有什么动静,打更的人一喊,各家各户的狗就开始叫,大人们就都起来了,无论是谁家遭遇劫匪全村人都会帮忙追击劫匪,不会让村里的人干着急而束手无措。

(五)防备战乱

傅家庄本村内没有经历过大的战争破坏,但日军侵袭期间经常被搜刮,也遭遇过乱杀人乱抢东西。1942 年,日本侵略者火烧村民傅华甫,同时抓走傅根僧、傅密田、傅丙如、傅玉玺等,他们也被日军残酷地杀害了。当时,傅家庄已于 1938 年建立了中国共产党党支部,傅家庄的村民就此开始跟着中国共产党开展革命运动。抗日战争爆发后,为了维护广大群众的人身安全和财产不受损失,傅家庄成立了"维持会",会长是傅贵成,还组织各家各户挖地道,日本兵来的时候,全家都躲到自己挖的地道里,平日老人、媳妇、孩子都不让出门,实在不得已要出门也会穿得破破烂烂,脸上抹得乌漆麻黑的,让别人看不出是个女孩子,以免被日本人糟蹋。傅家没有人被随意抓走。当时傅家庄村里,有不小心被日本兵发现了被抓走的,当时日本兵在傅家庄抓人主要是为了盖炮楼。当时就算是自己家人被抓走了,也不敢问、不敢找,家长、家族、村庄谁也不敢找。

即使是在特殊时期,傅家也没有枪支或修缮房屋或修建炮楼,对傅家来说再怎么修缮也抵抗不了军队枪支,而且傅家也没有经济能力去修建炮楼。所以在村庄组织各家各户挖地道时,傅家全体家庭成员都参加了,当时的地道是以村庄的主干道为主,各家各户负责自家临街的路段,两家接通为准,吃住在自家,老弱病残的家前路段由村庄找人帮助挖建。战乱时期,没有人逃出去躲避,傅家的青年都外出参军或在本地参加革命运动,老人、媳妇、孩子就在家坚守阵地,地道是他们的最后堡垒。知道傅家有地道的具体安置的只有傅家家庭成员,邻居、乡亲都知道彼此挖了地道,但地道在家里的疏通口外人并不知道,当时傅家庄经历抗日战争而活下来的人大部分是依靠地道才保住了生命,有时一天日本兵去两三次,谁都不敢动弹、不敢出声。在战乱时期,傅家成员在村里的作用并不明显,但傅金安参加抗日游击队四处打仗,胜利后转编为第四野战军,傅治芳在大冯营妇救会当领头人,傅玉璞参加文工团南下抗战。傅家的子女都为抗日战争做出了自己的贡献。遇到敌人的时候,傅家最先保护家庭老人和小孩的安全。

在战乱或盗匪多发的时候,村庄里组织青壮年男性看守村庄,多是打更巡夜,在那段时期大家都很紧张,若有什么动静,打更的人暗号一出,各家各户人们就都躲到地道里去了,甚至战乱或匪盗较多的时期,家长就把孩子和老人安置在地道里,每天年轻人出来做饭、处理生活垃圾。

(六)其他保护

傅家的经济条件在村庄里算中等水平。传统时期农业生产水平低下,没有足够的人力畜力,缺少水利灌溉,所以粮食打得少,经常闹饥荒,也就经常有要饭的上门,有时候甚至一天来两三次，傅张氏从来不会恼怒，都会拿些干粮、热水之类的吃食给他们。在他们看来要饭这都是不得已的事情，但凡谁能有口饭吃也不会出来要饭。闹慌闹乱时，穷人来跟傅家借粮食，即使傅家知道他们可能还不起还是会多少借给他们一些，只是不想真的饿死人，他们借了确实不还也不会去找他们要。

三、家规家法

（一）成文家训

傅氏东门十四代子孙傅庠生、傅连城编纂的《东门家谱序》中提到："虽多立门户分三支，实联若一体，脉脉相关，世相好，无相尤，庶不失敦伦睦族之至。意自此以往，凡我族本支之人，为子当孝，为弟当敬，为父母当慈，贫者当恤，节妇当重，孤幼废疾者当养，果尔乡里称为美族人人悉化，善士岂不幸甚。万有不孝不悌、败常乱伦之人，当与家族长约请悬家谱定行家训，重责不恕。其情最新、其法最严，可不戮哉，可不勉哉。"这一家训成为傅氏一族成文的家训，但傅家没有正式单独成文的家规。

自此以后，这篇家训始终被编纂在家谱之上，历代承袭。对于这些家教、家规、家训，傅家成员如今并不十分清楚，但在傅家祖祖辈辈的熏陶下，在1951年之前，从未有过不孝不悌败常乱伦的人或事。后期时傅金安早逝，王素珍主持下的家庭已经分家，傅恒元、傅恒亮、傅恒信三兄弟轮流照顾王素珍。傅恒亮去世后，傅恒亮的妻子没有改嫁，依然占有傅家的房产、土地，但从不履行赡养责任，与各兄弟的交往中贪图小便宜、耍奸猾，在村庄中多有风流事流传，傅家兄弟姐妹深感有辱门风，傅家从来没有丢过这样的人，傅恒元几兄弟就自觉与她断绝了一切往来，房产、地产、子女婚嫁、老人丧葬都不再往来。

在这个过程中，包括傅张氏傅家成员不清楚家谱家规的记载，但傅氏门风由此可见，已经深入傅氏家族成员的生活理念之中，并没有经过专门的学习或教育，都源于早年祖祖辈辈对家谱家训的坚守。但经过战乱，傅氏家族的一体性遭到强烈的破坏。

傅家成员的行为处事首先是在家庭中形成的基本基调，"为子当孝，为弟当敬，为父母当慈，贫者当恤，节妇当重，孤幼废疾者当养"，家族中的子女、父母、媳妇等各种角色关系中，任何违反基本原则的行为都会受到家长、家族的制止和道德舆论的审判。媳妇不能与公公婆婆顶嘴，不能不听婆婆的安排，不能随意回娘家；女儿不能和其他男性随意交往，不能够随便串门；小孩不能顶撞长辈，不能不听长辈的安排。

（二）默认家规

傅家祖祖辈辈沿袭下来的家训到土改前已经成功塑造了傅家人和气包容、内敛正气的家庭品格，形成了无形的门庭风气而不再需要太多严苛的规矩和惩罚警戒，体现在做饭、吃饭、宴请、请示、房屋安排等方面。傅家的家庭氛围比较温和，没有很多严格的规矩，在日常的生产生活中遵循的默认规则都是基于基本的社会行为规范和乡俗礼节，这些默认的规矩大家都会自觉遵守。

1.做饭规矩

傅家农闲时都是崔珍甫和王素珍两人做饭，但是每到做饭的时候要先向婆婆请示，"吃什么饭，放多少米，炒什么菜"，放油放多了婆婆都是要不高兴的。只有在农忙时，其他家庭成员都在忙于农活，傅张氏才会承担做饭的任务。但过年过节时，需要准备白面包子或者白面馒头等日常不太吃得到的食物,过年走亲戚时用的馒头也需要花很多心思,有的夹上红枣做成枣馍馍,有的用混合高粱面或者彩色面做成传说中的"五毒"的样子,即蝎子、蛇、蜘蛛、蜈蚣、蟾蜍五种。傅家每个有炕的房间都有灶台,尤其是在冬天,家里没有取暖措施,全靠在做饭时烧的与火炕相通的灶台,但是一家老小众多房间也多,大家就尽量分别住在三个房间里,早上在崔珍甫的房间做,中午在傅金安和王素珍的房间做,晚上在婆婆傅张氏的房间做。这种顺序是因为傅张氏年纪最大、辈分最高,是一家之主,晚上又是最冷的时候,所以晚上这顿安排在傅张氏炕头烧火做饭。其次,傅张氏做主下,傅金安是外当家,又是儿子,午饭多在傅金安的房间烧饭。最后才是崔珍甫,婆婆认为她房间的孩子们都长大了,平常也不在家,就她自己早上烧一次不太冷就行了,崔珍甫作为儿媳妇什么也不能说,要听傅张氏的。

2.吃饭规矩

傅家吃饭时,都会在桌子上吃,全家老小都凑在一张桌子上吃,没有固定座位,妇女、孩子都可以上桌。夏天时,傅家在院子做饭的棚子里都有吃饭的桌子,冬天时,在哪屋里做饭在哪屋里吃。

家里人把粮食都看得很珍贵,吃饭必须把饭菜都吃完,小孩能剩下饭食,大人们会教小孩子们吃饭不许吧唧嘴、不许出声。傅家生产生活的习惯,不能有私房钱、粮,不能开小灶,否则会分离家庭的凝聚力。傅家每个家庭成员吃的饭都是大锅饭,不会有小灶,否则会产生家庭矛盾。在外的家庭成员带回来的点心都放在傅张氏屋里,傅张氏不说要给大人吃,大人一般不会说要吃。但傅张氏一般会根据点心多少而决定是当场把点心都分给孩子们,还是放起来谁想吃了谁就来跟她要。食物分配都是由傅张氏决定的,不用和其他家庭成员商量。可以享用食物的并没有制度性的分配资格规则,以在场为基本条件,均有份。吃饭之类的食物分配要优先"最老和最小"的基本顺序,很少很少的时候会煮一个鸡蛋,这个鸡蛋一般会掰给傅张氏和家中最小的一两个孩子,傅金安、王素珍这样的中年大人是不吃的。但夏季时,瓜果梨桃之类,量多又易得,一般家庭成员都知道它们放在哪,自己想吃就可以拿,只要不是很过分,一天吃很多或者一下子吃光,傅张氏也不会说什么。

3.宴请座席规矩

日常傅家的生活中没有严格的座席次序,但在婚丧嫁娶等涉外的需要宴请的大事时,以当时的社会和家庭条件,中等规模的婚礼即两桌荤席,其中一桌女桌是男女双方家族中的长辈与王素珍主座,另一桌是男方的爷爷、叔伯及女方来的叔伯长辈,这两桌是以果席、荤席、菜席三个流水更替的席别规格安排的,其余傅家的家庭成员和家族成员都在院子里吃没有荤的大锅菜。最长辈要坐北面正对门口的单位上座,宴请宾客坐左上为最高礼遇,其次是右上,依次根据血缘亲疏、辈分大小排列下来,正坐门口帮忙递菜的是辈分最小的。当宴请主要的娘家人,如婆媳妇,那么上座的首先是娘家来的客人,娘家来的人在按照他们的性别分席、按辈分分座次。大型宴请或过年过节时,男性多是和拜年的亲戚宾客喝酒,妇女、小孩无论男女都不许上桌,只有儿子成年以后开始步入社会时,父亲会有意地在年节走亲拜访时把儿子带上一起去就开始上桌了。

4.请示规矩

生产活动中的请示。对于土地的经营管理,家里由傅张氏说了算,全年农业生产与种植计划,耕地、犁地、播种、除草、看护、收割、打场各项农业生产环节中的分工,生产工具的使用与借用、换用,牲畜的喂养与使用,经营模式与是否需要雇工,副业的选择与经营等经济生活中的事务都是傅张氏最终做决定,家长以外的家庭成员都可以提出建议或意见的,而且家长会着重在意两个儿子的意见,媳妇一般不会主动提意见。如果老人年纪较大,不直接参与生产经营活动,家庭成员不需要请示老人,还是由儿子决定。

家庭生活中的请示。自家每餐吃饭做什么吃什么都需要请示傅张氏,什么时候做衣服、谁来做也是需要请示傅张氏。购买生活必需品等日用物资需要请示傅张氏。购田置业等大宗交易需要请示傅张氏,同时需要与全家成员共同商议。傅家家中小孩上学需要请示傅张氏,然后由家长领着去学校。

外界交往中的请示。家庭成员外出活动,如上街赶集、到庙宇烧香需要请示傅张氏;走亲戚、宴请来客需要请示傅张氏;结交朋友,或成为拜把子兄弟、仁兄弟需要经过傅张氏首肯;借粮借款必须请示傅张氏。

请示的形式。傅家对简单的生产生活日常交往等都是简单的口头请示汇报,只有在遇到在土地买卖、房屋建设、嫁女儿、娶媳妇等大事上会与家庭其他成员商量,召开家庭会议。若老人不同意,家庭成员就只能遵照老人的想法执行。若家中的老当家人过世,家中的晚辈们遇到问题,如果老奶奶还愿意当家,就应该向老奶奶请示,如果老奶奶不想再当家而且老爷爷没有留下遗言的话,就由老奶奶指定接下来是由谁当家或是否分家等下一步事情。几兄弟分家后遇到涉及老一辈生活或去世老人的后事或祭祀事宜时,必须仍然需要向长辈老人请示。

5.房屋及进出居室的规矩

傅家房屋布局为三院式,坐北朝南,进入西北为正房主居室,需要过三道大门,第一道是朝向为南的正大门,正大门是老式双开的"大烧门",进门是第一个院子,土质较硬,用作晒场。第二道门处只有一个"大门垛",没有大门。第三道门是双开木制门,位于第二个院子的北面墙中部,进第三道门有两面影壁墙,两趟相交的青砖路。第三个院子是傅家的主居院落,正北方有三间正房,两侧各有一间耳房,整体看来,傅家院落属于比较形象的大四合院形式。

傅家院落风水有一种说法是"以东为上,不走西门,改个门,死个人"[1],是源于村庄里原来有户人家原本是东门,为了方便走车,改成了正南门,结果没过多久他们家老爷子就过世了。自那以后,傅家就相信了这个说法,各支系的院落无论如何修缮、重建,都不会轻易改变大门的设置方向。

正房两间里屋一般都是当家人、长房或儿子居住,东间为上,是傅平进和傅张氏的房间,家长当家,家中贵重东西都存放在他们房间,如钱财、房契地契、单据等。正房西间是傅金安和王素珍夫妇的房间。下房概指东屋、西屋等次于正房的房屋,且东屋地位高于西屋,多为在家中没有当家地位者居住。如傅治安结婚时年轻有为,家庭地位、社会地位都比较高,其夫妇二人住在正房,当时傅金安未婚时住在下房。傅治安去世后,傅金安回家结婚并当家,住进了正房,而崔珍甫只能带着孩子住在下房中的东屋。而傅恒昌作为孙辈、子辈结婚时则住进了西屋。棚子在三个院子中均有设置,共有四处,有存储杂物、喂养牲口或做饭吃饭等功用。正房要比耳房高出一米,东西配房高度相等。

---

① 当地关于院落建筑方面的风水讲究。

傅金安参军回来后,傅治安和傅平进已经先后去世了。傅金安成了家中唯一的青壮年,又当了外当家,在生产生活中都会对崔珍甫有很多帮助,但他们之间严格遵循着"小叔子不能进嫂子房间"的礼俗,在当时叔嫂之间非常注重保持距离,有什么事情傅金安都会当着大家的面说清楚,不会引起不必要的误会。分配给各小家庭的房间,各小家庭有自由居住、布置的权利,如傅恒昌之妻成婚时的陪嫁橱具都摆放在他们自己房中,由傅恒昌夫妇布置、使用,其他小家庭没有权利干涉这些用具的使用。家长可以召集家庭成员对成员所住房屋进行商议、更改,全体商议妥善以后,各自住进该房间。家长对个房间的使用还要遵循"无人时,公公不进儿媳屋,小叔子不进嫂妹屋"的基本礼俗约束。当然,其他家庭成员也要遵守这种礼俗。对于公共空间的使用,家长有支配决定的权利,家庭成员可以提出建议,但不能最终决定。这种各间各屋的家庭分配在分家之前没有专属含义,只是家庭共同生活未免搬挪费事的一种生存常态。

6.制衣、洗衣的规矩

（1）制衣方面

傅家的制衣的安排主要取决于内当家傅张氏,家庭成员可以提出建议,有时孩子得知要做衣服,闹着也要穿新衣服,傅张氏会根据孩子们衣服的多少最终决定给谁添。傅张氏一般会根据家庭成员的辈分统一分配,过秋或过麦时给大人添置所需的新衣,一般是过年时给孩子们添置新衣。傅家没有其他副业,添置新衣的布料、棉花穣子都要通过购买而来,所以傅张氏只是根据各屋孩子的多少大概估计着给媳妇现钱。具体她们去买什么样的布料,能做成几身,怎么做,都由儿媳妇决定。傅家的衣服,傅张氏只负责给傅平进做,其余平辈和子辈的衣服都由王素珍妯娌两人做成。傅平进去世以后,傅张氏一人管家,也不再自己做衣服,全家老少的衣服就全由王素珍妯娌两人完成了。

（2）洗衣方面

家里老人、外当家、内当家的衣服首先由媳妇洗,老一辈的婆婆若是过世,基本上整个家庭成员的衣服都要由儿媳妇洗,未成家儿子的衣服由母亲洗,成了家儿子的衣服由媳妇洗。未出嫁女儿的衣服自己洗,或者是10多岁的女儿在家就主要帮助母亲洗家里人的衣服了。这种形式是自然而然形成的,和妇女在家庭中的地位有重要关系。即使在冬天也是如此。傅家洗床单被罩时有时会去村里的大基坑边上,用草木灰或碱洗,用棒槌来敲。洗小件的家常衣物就在家洗。早年用草木灰放在水里沉淀,沉淀后把清水倒出,泡上衣服,草木灰就扔掉了。洗衣水就直接泼在院子里或者倒进厕所坑里用来造肥。无论是贴身衣物还是外穿衣物都是按照这种规则进行的。此外,家庭成员的衣服也不是年年都能添的,一般衣服开线、开口、破洞之类的都由妇女负责缝缝补补。只要不是衣服本身糟了,破得不能缝补的时候,当家人不允许把衣服扔掉。家里男孩子容易破衣服,每次被家长看见都会一边缝补着,一边责怪、告诫孩子要爱惜衣服。

（三）家庭禁忌

1.生产上的禁忌

傅家的生产非常注意时节时令,什么时候干什么都安排得井井有条。王素珍在说道老时令俗语时头头是道,包括"二月二,龙抬头;三月三,打地摊——天气暖和了;六月六,看谷秀——看谷子的颗粒是否饱满；七月七，掐着吃——家里粮食接不上茬时，地里的庄稼蔬菜都能吃了，掐着吃；八月八，大车小车往家拉——庄稼都成熟了；九月九，财神爷往家走——所有粮食都收完了；十月一，送寒衣——天气转凉，给逝去的亲人烧纸送衣服"，这是关于农家一年的重要节点结合生活需要而形成的。此外，还有傅家严格遵循的：清明前后，种瓜点豆等，傅家菜园子里的菜基本上都是这个时候种下的，或早或晚都不能长好，会影响接下来一个夏季家中是否能吃得上菜的重要节令。另外，头伏萝卜，二伏菜；麦子黄稍，急得搓脚——着急吃，熟不了；立秋不立秋，六月二十头，等等。

2.生活上的禁忌

当地在婚嫁上，新媳妇结婚时要在头上系红绳，表明是明媒正娶的妻子，等媳妇接到婆家之后，由婆家的婶子、大娘等人给拆了。当天吃晚饭时，要吃一碗煮不熟面皮的饺子，取"生""子"的含义。第二天的早上可以去灶台扒一把灰，然后跟婆婆要"掏灰钱"，含义是婆家对日后媳妇为家庭操劳家务的奖励。新媳妇刚进门的时候三天不干活儿，婚后第三天新媳妇还要在婆婆的带领下，把本家的大娘、婶子这种最知己的当家子拜访一遍，做大娘、婶子的还需要给几毛钱当作礼物。新媳妇进门第一年时，做大娘、婶子的还需要新媳妇来家里吃饺子。此外，新媳妇第一年从正月初六之前回娘家，到初九不能回婆家，初七在娘家过，有"初七不摸锅，摸锅死掇窝"的说法；正月十三不能在婆家，名为"躲火"；正月十五不能在婆家，名为"躲灯"；正月十六那天必须回婆家，说是"十六不空床，空床死婆娘"；正月十七回婆家，前三年要带回大饼和方肉；出正月时要去娘家，不出正月死公公；过清明住婆家，不住死公公；芒种住婆家，婆婆闹黄病；农历十月一，送寒衣，婆家腌菜，否则婆婆烂一块；腊月二十三，上婆家，天大的媳妇不过二十三，二十二就要到婆家。

丧葬方面，孝子一百天不能剃头、不能穿色彩鲜艳的衣服，是谓"丑孝"。大年初不能五更开门，要等太阳升起来了才开。家里有老人去世的第一年，男女都不用去走访拜年。过年时，初一不能动剪刀，正月不能剪头发，否则不死姑父就死舅。

（四）族规族法

傅家是傅氏家族的重要门支，家族的族规祖训就是原东门家谱序上记载的，"虽多立门户分三支，实联若一体，脉脉相关，世相好，无相尤，庶不失敦伦睦族之至。意自此以往，凡我族本支之人，为子当孝，为弟当敬，为父母当慈，贫者当恤，节妇当重，孤幼废疾者当养，果尔乡里称为美族人人悉化，善士岂不幸甚。万有不孝不悌败坏常乱伦之人，当与家族长约请悬家谱定行家训，重责不恕。其情最新、其法最严，可不戮哉，可不勉哉"。自此以后，这篇家训始终被编纂在家谱之上，历代承袭。对于这些家教、家规、家训，傅家成员如今并不十分清楚，但在傅家祖祖辈辈的熏陶下，在1951年之前，从未有过不孝不悌败坏常乱伦的人或事。在后来社会发展的不断加速中，族谱祖训的普及教育被遗落，能承继傅氏家族门风的家户都是自觉遵守，而再无外力组织或监督。家族的公共权力和事务都伴随着家族联系的减弱而消弭殆尽。

四、村庄公共事务

1949年之前，傅家庄的村庄管理是依托各家各户对保甲长的简单多数选举，只要在村里公正行事、明辨是非、通达世事能得到大家的认可就可以担任保甲长，负责村庄的管理事务。当时傅家参与的村庄公共事务有关于保甲长、征税等事务的会议,组织饮水井修建,根据时事组织必要的防护设施,如抗战时组织各家各户挖地道,庄稼成熟时的看青、守晒场等。这些公共事务中,需要男青壮劳动力的傅家先后是傅治安和傅金安参与,中间几年,傅家是不参与的。此外,傅家庄在当时都是土路,且地形较为平坦,不必专门修桥或修路,老祠堂当时已经破败,但是村庄不只傅姓,傅氏家族没人组织修缮,村庄也无人挑头修缮,因此傅家庄没有修桥、修路、修庙的公共事务。

(一)村庄会议

村里组织召开的会议主要分为两种:一种是选举保甲长,另一种是关于各种税务征收,傅家都是家长去开会,其他人去不行,不能代表家长的意见和权力,最多只能是信息中转。如果家长不在家,家里有儿子或其他成年男性可以代去,一般妻子不可以代替当家人去。傅张氏在傅金安没回来的两年里,全权管理傅家一切大小事务,即便有时因为太过忙碌不去开会,但涉及税务事项时也会出门打听或者去找保甲长问清楚,对自己有疑问或有意见的地方傅张氏也会提出来,具体能否采纳要听从村庄的意见。村里人并不会因此对傅张氏有意见,而且会对她抱以同情、理解的态度。傅张氏去参加也可以发言,因为她代表整个家庭的意见,而且当时傅家还有一定的声望在,各家各户包括保甲长都是很尊敬傅张氏的。

(二)打井淘井

傅家庄进行过集体打井淘井的活动,当时村中只有一口公共饮水用井,没有条件自己挖井吃水的农户都需要村庄集体打井。该井位于村庄正西,村口位置,地方宽敞,是由砖砌成的土井,除了砌的一圈砖外没有其他防漏措施。打井时由村庄组织,各家各户出一个劳力,不会有人多出,也不会有人不出,因为村庄打井是全村人共同使用,中间不产生劳务费用,也没有福利分配,每家每户都是在自己家里吃饭,打井是共同劳动。村里打井淘井必须找各家家长,找其他人不能决定家庭成员的劳动分配,必须经家长同意派人去参与打井活动。家长派任何一个人去,成员都要听从家长的安排。傅家没有主动号召过村民们打井淘井,更多的是跟随村庄管理者的号召,大家都去,傅家也去。村里组织打井淘井等不能靠村民劳力解决的问题,比如租借打井的器械所产生的花费,首先使用村庄公共土地的收益进行开支,村里的钱粮不够时才会按照总家庭户数来均摊,均摊费用的方式和多少,村庄管理者需要与各家户的家长进行商议,如果征费过多,各家各户就会反对。

小家小户自己打不起水井的就都使用公共水井,为避免过于拥堵和用水不便,大家大户还会有自己的私人水井,或者中等水平偏上的家户就联合起来共同打一口水井,几家人共同在方便的院场或街道上选址,共同出劳动力挖一口土井,虽然不用砌砖,但打水的人少,也不会过于浑浊。傅家在村南的菜园子里挖了一口土井,当时挖的土井只有五米多深就可以出水。其他家户不经傅家家长同意不能私自使用,在日常生产生活中,只要知会一声,傅张氏就会同意,因为活水不断出新水,村民们都喜欢用新水做饭。村庄中没有专门设置看护水井的人员,但在当时的村庄里外来人员不多,各家各户都很注意水井的使用,教导自家的孩子不能往水井里乱投东西,过来路往的行人谁看到有人破坏水井的环境,往里面乱扔东西都会出面严令禁止。

(三)村费征收

村里要进行村费征收必须找家长,因为每家每户只有家长才掌管一家的财务决策权,其

93

他人不当家也没有权力,外当家可以代表家庭,将村费直接交给村里的人,有时家长也会委托家中的成年男子去交。傅家庄在1949年以前征收的专用于村庄服务村民的费用几乎没什么。抗战期间,党支部组织各家各户挖地道,而村中临街居住的老弱病残的家户应当负责的路段就由村庄召集人员挖这些路段。当时并没有钱财报酬,就是村里组织管中午饭,当时村庄的公共用地的开支殆尽,主要从各家各户两季上交的粮食和税费中扣留来弥补这项开支。也有家里没有钱交村费的,一般家长就会躲着不见保甲长,也不去交,要么就说忙没时间交,要么就是忘了,要么就直接说没钱不交,其他人也没有办法。如果傅家当家人出远门,会留下一点儿零用钱,让家里人以备不时之需,但类似村费征收的钱是不够的,保管人会直接告诉村庄要等家长回来再说,实在不行还要由家中的成年男子去跟亲戚借,等家长回来后立即告知家长。

（四）治理灾害

1949年之前,大喜大灾的年头还是很少的,每年大体都能维持在基本的范围内,旱灾、涝灾、蝗灾、火灾、雹灾中只有旱灾发生的概率大一些。傅家庄的农民提起旱灾来,都是束手无策。一般在小满时看麦穗颗粒是否饱满就能看出麦子的收成如何。七月十五时看当年雨量如何,不旱不涝的年头证明雨量适中,玉米能获得丰收。当时村中流传着一句老话,"中华民国九年(1920),碾子不翻身",一年无雨,是大旱年,导致村中公用的石碾都不再有人用了,表明家家没有收成。傅家在1951年之前,没有真正经历过断粮的生活,或多或少、或好或坏的粮食总会有孩子们一口吃的。旱灾时,傅金安会跟随村庄的组织到村里的大坑里清扫,"扫大坑"是清理村庄荒废大坑的活动,寓意老天爷赶紧下雨,盛水的大坑已经准备好了。傅张氏自己在家也会念佛、拜神。

灾害发生时,当时的国家、村庄、富裕人家都没有多余的粮食来赈济,有时仁义善良的财主也会主动减租或免租,甚至对贫苦的人家会多少给点儿粗粮。傅家没有接受过财主之类的慈善救济。当时的社会若是发生旱灾,各家户都是尽量从自家的家族亲戚里,谁家钱粮多就借一些,等缓过来以后,再还给亲戚。家庭之中由家长出面寻求。

（五）维护村庄治安

1.防匪患

1949年前傅家庄里没有闹过大的匪患,偷鸡摸狗的小盗也多是三乡五里的小混混,并不能形成抢劫牲口、钱财,还是绑票甚至撕票这种恶性抢劫。傅家的院落深、院墙高,没有遭过劫匪。对待劫匪,村庄村民都会有共同的敌对情绪,谁家发现小偷或者劫匪,如果是轻罪,如偷粮食偷钱等,家长或家庭成员报给村里人把小偷教训、殴打一顿,或者让他家里来人解决这件事。如果是重罪,如杀人、放火,也会直接殴打,然后报官,都是各家家长或年轻力壮的人上手打,老人、媳妇、孩子一般不会参与这种事情。

每年夏秋收粮、过年前后的时期,村庄都会组织村里的青壮年男性看守村庄,多是打更巡夜,在那段时期大家都很担心自家的粮食,若有什么动静,打更的人一喊,各家各户的狗就开始叫,各家各户的大人们就都起来了,无论是谁家遭遇劫匪全村人都会帮忙追击劫匪,不会让自己村里的人干着急而束手无措。看青的人员不会有特殊的报酬,是年轻力壮的人们对各方土地和村民的一种服务,是一种公共责任的承担,是对老弱民众利益的保障。

2.防战乱

傅家庄本村内没有经历过大的战争破坏,但日军侵袭期间经常被搜刮,也遭遇过乱杀人乱抢东西。当时,傅家庄也建立了中国共产党党支部,组织各家各户挖地道,日本兵来的时候,全家都躲到自己挖的地道里,平日老人、媳妇、孩子都不让出门,实在不得已要出门也会穿得破破烂烂,脸上抹得乌漆麻黑的,让别人看不出是个女孩子,以免被日本人糟蹋。傅家没有人被随意抓走。傅家庄村里有不小心被日本兵发现了抓走的,当时日本兵在傅家庄抓人主要是为了盖炮楼,就算是自己家人被抓走了,也不敢问、不敢找,家长、家族、村庄谁也不敢找。

在战乱或盗匪多发的时候,村庄里组织青壮年男性看守村庄,多是打更巡夜,在那段时期大家都很紧张,若有什么动静,打更的人暗号一出,各家各户人们就都躲到地道里去了,甚至闹乱厉害的时期,家长就把孩子和老人安置在地道里,每天年轻人出来做饭、处理生活垃圾。

(六)开展集体活动

傅家庄在过年过节的时候会组织公共的集体活动,例如,通常会在除夕夜由村里组织敲鼓、耍狮子,在大年初一下午,会有踩高跷、跑旱船、扭秧歌、说快板等一系列文化娱乐活动,这些基本的文娱设施村庄会有一部分。这类活动是形成默契的民俗,每年都是在同样的时间和地点开展,如果有变动,村庄管理者会提前在村里放出消息,邻里相传,消息很快就会被家家户户所知晓。大户人家办红白喜事会花钱雇专门的吹打班子,来唱戏、说书等,傅家人一般也会去凑个热闹,一家老小都可以去,一般是同辈或朋友间约着一起去,只要征得了家长同意,孩子和孩子一伙,媳妇和媳妇一起等。傅张氏如果说要去地里干活,不能去看,那大家就只能跟着去地里干活,自己不能不干活就跑去看热闹。

五、国家事务

(一)纳税

傅家庄的纳税以家户为基本单位,以家户的土地面积为计税基准,每年分麦收和秋收两季征收,在战争时期经常有各种所谓的军队来搜刮粮食,都打着征税的旗号,村民已经无从分辨,但很多人家偷偷把自家的粮食要么藏在地窖里,要么藏在地道里,轻易不敢在外面放。一亩地交多少斗要跟随兵家要求,村里的管理者没有办法,只能挨家挨户告知,告知到家长才算,否则其他家庭成员不能做主,也不会应酬这些事。傅家有一段时间没有成年男性,只有傅张氏婆媳三人经营生活,所以每次纳税时都是保甲长告知傅张氏,傅张氏有时让崔珍甫陪她一起去,有时和傅东来家一起去,若有什么突发状况也能有人照应。当时的交粮或交钱村庄不直接接收,要由家长知情后,自动筹集好钱粮交到县城。据王素珍所知,主要是田税,傅家的土地相对于人口需求量来说还算略有富余,但每次按时交粮以后,每年总会有一段青黄不接的时候,全家就要节衣缩食,等新粮食成熟。

(二)征兵

1.抓壮丁

傅家庄本村内没有经历过大的战争破坏,但日军侵袭期间经常被搜刮,也遭遇过乱杀人乱抢东西,抓壮丁的军队不管他们是不是家庭中的独子还是老几,只要身强力壮,十六七岁以上就行,傅家没有人被随意抓走。当时傅家庄村里,有不小心被日本兵发现了抓走的,当时日本兵在傅家庄抓人主要是为了盖炮楼、做苦力等,被抓壮丁很累很辛苦,大家都会很谨慎地躲着,也有的紧急入编打仗,但他们又没有经过专门的训练,被日军抓了以后很少有活着回来的。

1942年,日本侵略者火烧村民傅华甫,同时抓走傅根僧、傅密田、傅丙如、傅玉玺等被日军残酷地杀害。傅家庄已于1938年建立了中国共产党党支部,傅家庄的村民就此开始跟着中国共产党开展革命运动。抗日战争爆发后,为了维护广大群众的人身安全和财产不受损失,傅家庄成立了"维持会",会长是傅贵成,还组织各家各户挖地道,日本兵来的时候,全家都躲到自己挖的地道里,平日老人、媳妇、孩子都不让出门,实在不得已要出门也会穿得破破烂烂,脸上抹得乌漆麻黑的,让别人看不出是个女孩子,以免被日本人糟蹋。

战乱时期,傅家没有人逃出去躲避战乱,傅家的青年都外出参军或在本地参加革命运动,老人、媳妇、孩子就在家坚守阵地,地道是他们的最后堡垒。有时一天日本兵去两三次,谁都不敢动弹,不敢出声。在战乱时期,傅家成员在村里的作用并不明显,但傅金安参加抗日游击队四处打仗,胜利后转编为第四野战军,傅治芳在大冯营妇救会当领头人,傅玉璞参加文工团南下抗战。傅家的子女都为抗日战争做出了自己的贡献。遇到敌人的时候,傅家最先保护家庭老人和小孩的安全。

2.自愿参军

由于傅家庄的基层党组织建立较为及时,在抗战时期大部分征兵加入了中国共产党,国民党在傅家庄的征兵情况进展不大。傅家没有被国民党征兵的情况,而且傅治安、傅治芳同期在1939年和1941年先后加入中国共产党。傅治安在1942年3月担任傅家庄党支部书记,在傅家庄组织革命运动。傅治芳在大冯营妇救会当领头人,一心投入解放、建设工作,1949年后担任深县么头乡、西马庄乡、百四庄乡三个乡镇的妇联会主任。傅玉璞受大哥傅治安影响,1940年加入中国共产党,在冀中军区文工团参加工作,解放战争时南下,任"星火针织厂"书记、广州东方宾馆市政府接待处支部书记。傅金安1938年参加抗日游击队四处打仗,胜利后转编为第四野战军。当时傅家的青年子女都加入了中国共产党,或自愿参军,或在本村担任要职组织革命运动,是当时村庄参军的积极表率和领头人。

1942年,日本侵略者火烧村民傅华甫,同时抓走傅根僧、傅密田、傅丙如、傅玉玺等,他们也被日军残酷地杀害。种种恶行大大激发了傅家庄及傅氏家族全体成员的激愤。1938年继傅耐堂之后,傅尚和、傅尚达等十几人加入中国共产党,当年冬天又有傅茂盛、贾兰珍等七名同志加入中国共产党。至1940年又有傅书永、傅文绍、傅治芳等十几名同志加入中国共产党。至1951年,又有二十多名同志加入中国共产党。至1951年,傅家庄正式的中共党员达七十余人。

自此以后在傅家庄,其他军队的征兵活动屡受抵制,无法进行。而参加中国共产党军队的大部分都是受压迫而自愿起来反抗的年轻人,已经不再需要厉令严苛的挨家挨户的征兵活动。村庄对独子家庭一般会动员其参加本村的革命运动,而不会征兵离家打仗,因为家户的血缘思想比较浓厚,家长不会同意让自己的独苗去打仗。当时当兵走了的人每家会给一个大洋,当兵多的家庭在农忙时,村里会安排人帮助他们一起收粮食。

傅家子女们加入中国共产党、参军入伍,得到了傅平进和傅张氏的同意和支持,傅平进自小也读过私塾,他对当时的形势和国家命运也有忧国情怀,他和傅张氏都一直尽力维持经营二十亩土地,为自家的子女和共产党的军粮征集贡献自己的力量。在外参军的傅金安等人并没有钱粮分配,只能跟着军队吃穿用度的标准领取,只有在战争结束或伤员复员时会给一些路费。傅家的劳动力多年处于不够的状态,但傅家从未去向村里请求劳动力支援来帮家里种地,都是尽量早出晚归,靠自给自足。在傅治安、傅平进去世,傅金安没有回来的两年里,村庄主动安排劳动力来帮助傅张氏和崔珍甫麦收、秋收、耕地等重劳力活计。傅家家谱中写道:"我族历代虽农多仕少,但不乏名人志士。这是傅氏家族的骄傲,为发扬家族光荣传统,以示后代光耀门庭、奋发图强并发扬光大,做些历史记载是必要的。中华民族是由多个家族组成,每个家族都是民族的细胞,若每个家庭都能光耀祖宗,为本族争光,无疑中华民族就有希望"。从傅丙申的族谱记叙中可以看出,他们作为老一代家族主持的代表,以家族为本,以家族为荣耀,以家族为国家的基本单元,以为国家的奉献为荣光,以国家有希望为自己家族的希望,为家户、个人的希望。

(三)摊派劳役

　　1937年以前,官府、村庄都有各自的土地,以雇用佃农的方式收取粮食,形成公务所需费用。官府一般一年分秋收、麦收两次收取定量的钱或粮,遇上灾年官府会主动减免。村庄一般靠自有的土地就够开销,一般没有大型的公共活动不会要求全体农户缴纳粮食。当初,为防备日本兵,全乡各村都组织挖地道,整个傅家庄各家各户都要负责自己家及临街的部分,地道贯通全村主要干道,耗费巨大的人力物力,但当时并没有出现征粮征税的事件,而是由村庄组织各家户出劳力、自家给自家劳力送饭等任务到户、自给自足的方式进行。而家中没有劳力时,该家户所负责的任务由保甲长组织分配给村中其他人,以村中公共粮食管他们几顿饭,也没有额外报酬。但当村里需要修井之类,村民无法解决的工程或任务,需要大量资金来解决问题时,就需要各家户摊派出钱或出粮来解决。乡村摊派一般都以某个事件为名义进行,不会主动减免。傅张氏作为傅家的第一责任人,其他成员不会参加意见,对这方面的摊派任务一般会先交上粮食,只要不是太过分,就不会拒交,不愿招惹官府。

　　此外,村庄的私塾是保甲长请来的,在傅敬思家的场院里有两间空房,本村各家各户都可以把孩子送来读书,村里会专门用归属村庄所有经营的土地收入来支付教书先生的报酬。当时村庄留有近五十亩土地,雇用村里土地少的家户劳力来种植,经营收入一小部分分给佃农,大部分成为村庄管理者、教书先生、各家鳏寡残弱群体、少量上级摊派的钱粮任务等一系列公共事务产生的费用来源。此外,当时的各种工资或报酬的体现很多不以金钱衡量,而是以粮食衡量,一个教书先生一年的报酬是二百斤麦子、三百斤玉米。

调查小记

2017 年 7 月 14 日

河北省深州市大冯营乡傅家庄村傅氏家族的深度调查是我成为华中师范大学中国农村研究院大家庭的一员之后从事的第一项调查，也是非常重要的调查。如何找寻合适的老人、如何顺利完成访谈工作、如何形成高水准的调查报告都让我倍感压力。调查培训工作一开始，立即向父母"求救"，母亲一口答应说找到了一位非常合适的老人，结果回家找到老人一了解才知道，老人当年只是两代人生活，且只有六口人，完全不符合此次调查的要求。历经了各种情况的老人，耳背的、记不清的、不当家管事的等，在苦苦寻求了两天之后，依然一无所获，几乎让我崩溃。老天不负有心人，在母亲的帮助下，找到一位远房亲戚家的老人。王素珍老人已经 94 岁，对 20 世纪三四十年代的经历和家庭生活都有足够的了解，更难得的是老人如今耳聪目明而且十分温和健谈，一下子让我如获至宝，我略带薄礼前往正式开始调研。又因为有朋友的亲戚关系在，老人及其家人都十分理解和配合我的访谈，在不知不觉的"闲聊"中获得了很多重要的信息，让我的家户调查进行得相对顺利了一些。

2017 年 7 月 16 日

虽然开始之前认真学习了师兄师姐培训时做的课件，但访谈的第二天就发现基本提纲里的思维逻辑和框架与之前想象的还是有很大的出入，自己对家户的理解还不是很深刻。遇到的第一个困难就是关于傅家的家族溯源问题，虽然傅家的老奶奶非常配合我的工作，但如今的傅家成员自己也不清楚傅氏家族的渊源，在进行第一章的家户迁移和定居的访谈时就陷入僵局，而且在第一章就涉及了家户的成员、房屋、土地、社会交往等一系列的问题，这让我一下子不知如何整理、如何进行。考虑到提纲的整体性和将来撰写报告的特色性，我决定正式开始先仔仔细细地把提纲的各章节的思维逻辑和问题意识进行梳理。

2017 年 7 月 18 日

提纲的调整花费了两天的时间终于完成。听傅恒元爷爷说，以前在村里听人说过去有家谱的，不知道流传到谁家谁的手里，似乎听人提起过家谱都是按代际向下流传保存的，四大门支的最长辈都是保存者。于是，我顺着这个信息，在母亲的帮助下，最终找到了傅家当前最长辈的傅丙申，原来他在 2007 年时就配合村庄完成了傅氏家谱的整理和延续。征得老人同意后，我才能把家谱拍照留档，老人还很热情地为我讲解傅氏族谱的来渊源、编纂逻辑、标识含义等一系列问题。有了这个家谱，并经过傅丙申爷爷的讲解，一下子让我对傅氏家族包括对傅恒元家户的繁衍和代际情况有了很明确的理解，使调研可以顺利并有质量地向前推进。

2017 年 7 月 20 日

在第一章基本情况了解清楚之后，我根据提纲的整理，大致把调研顺序改为了第四章、

第三章、第五章和第二章,这样一来很多问题可以分门别类,方便老人回忆和叙述,老人的脾气很好,傅恒元爷爷今天还把以前老宅子上用的铜锁翻找出来,给我讲述当初的经历。王素珍太奶奶还很生动地讲述了傅恒元爷爷小时候淘气把碗摔掉后,十分害怕奶奶生气而打他,自己居然藏在地窖到后半夜才出来,父母看到孩子因为打破一只碗碟就害怕成这样也十分心疼,又好气又好笑就没再忍心责怪孩子。聊到老物件时,傅恒元爷爷还很认真地思考自家有什么老物件,最后从院子的犄角旮旯里找到了1949年前还一直用的老"泡子灯",耐心地解释泡子灯的原理和构造,泡子灯比较费油但是风吹雨打都不会灭,而且产生的油烟比较稀。当时很多家户都还只能用煤油灯时,傅家就已经开始穿插使用泡子灯了,足可以显示当时傅家的经济条件还是很不错的。

2017年7月22日

今天,调研进度到一半了,发现傅家真的是一个非常和气、和谐、和睦的大家庭,如果用一个字来形容的话就是"和",家长与其他家庭成员、父母与子女、兄弟、叔侄、妯娌等家庭成员之间的关系都很融洽,但又不失规矩,父慈子孝,上养父母、下教子女,从来没有出过什么大逆不道、伤风败俗之类的事,甚至连大争大吵都很少。傅家一家人的思想觉悟非常高,经历了抗日战争、解放战争,且都有家庭成员参加,傅治安一代五个兄弟姐妹就有四个人以各种形式参加了革命,并加入了中国共产党。在这个过程中可以想象,傅家的其他家庭成员在那个年代是付出了多少心血和精力,耕种二十亩土地,还养育了六子四女。傅家无论老幼都非常支持子女教育,傅家只有傅张氏、崔珍甫两人在娘家时没上过学,傅家的其他家庭成员,不论男女,到了八九岁的上学年纪,都极力为孩子提供上学的机会。而每个孩子能上什么层次的学校都取决于孩子自己是否能凭自己考上,而非其他。

2017年7月24日

今天,和王素珍太奶奶聊到关于婆媳关系时十分有趣,老太太说"婆媳关系就是什么都得听人家的,她说得对的你要听,说得不对的你还要听,让干什么就干什么,你不干人家就唠叨你,厉害了就让丈夫揍你,你能怎么办"。听完老太太这句话我还是很不理解,当时做媳妇的地位就这么低吗?为什么不能多一些理解?结果老太太随便举了一个例子:就在平常生活中,婆婆无论是不是亲自做饭,对做饭时做什么饭、放多少米、炒什么菜、放多少油等琐碎生活资料的用度都会管着。做饭前,要问"娘,今天咱们吃什么饭啊,炒茄子行吗?"婆婆回了吃什么、炒什么就要做什么,要到吃饭时,婆婆看做的不是说的饭,就要质问两个儿媳妇,为什么不按她说的做。听到这样的事例也是让我十分惊讶,在调研的不断推进中,各种在现在听起来十分新奇,但于当事人又是十分痛苦的事件都在不断浮现出来。这次家户制度的调查让我重新认识了农户、农村和传统农村社会,也让我有了认知上很大的刷新。

第二篇

掌柜"拿"家：农耕家户的治理与维续
——陇中蔡家队坡村周氏家户调查

报告撰写：周世东[*]
受访对象：周俊庭

---

[*] 周世东（1991—　），男，甘肃定西人，华中师范大学中国农村研究院2016级硕士研究生。

导　语

　　蔡家队坡是自然迁移形成的村子,周家是第一个来到蔡家队坡的迁移户,在繁衍过程中遇到变故,欲返回老家陕西省子洲县,后因机缘又重新回到蔡家队坡安家立户。周家在繁衍过程中又有几个外来户迁移进来,形成了以周姓为主体的村子。蔡家队坡总共有二十六户人,周姓占了二十户,保存了较为原始的和具有地方特色的家户形态,同时加上外来户的影响,使周家的家户内容更为丰富。

　　1949年以前,周家有三代十口人,"掌柜"周生录、妻子张氏、母亲刘氏,一女六子,长女周香莲、长子周俊发、老二周俊庭、老三周俊明、老四周俊刚、老五周俊德、老六周俊权。家种六十亩土地,牲口六头,一套完整的四合院,为蔡家队坡二等农户。

　　周家是"掌柜"当家,分家以前全家人生活在一起,称为"同家生活",全家只有一个"掌柜","掌柜"的传承是老一辈"掌柜"指定新一辈"掌柜"。分家以后,形成一家多户的局面,这个过程被称为分家立户,长辈继续和未分家的儿子一起生活,这个家被称为"老家","老家"有一个"老家掌柜"。分家出去的儿子单独成立一户,这个户被称为"新家",实为一家人,分家出去的儿子是"新家掌柜"。不管是"老家"还是"新家",都是"掌柜"当家。

　　周家的"掌柜"对家庭事务具有决定权,在家户经济中,"掌柜"负责生产、经营、分配、消费。在对外交往中,"掌柜"作为全家的代表对外交流,安排家户婚配,参加集体活动,协调对外事务等。在家庭内部交往中,"掌柜"统筹安排家庭事务,不服从"掌柜"的安排视为不孝,周家有很多家规,虽不成文但极为严格。周家的"掌柜"就是通过这种集中管理的方式,再辅以严格的家规,对家庭成员进行奖励惩处,保证了家户的有序发展。

第一章 家户由来与特性

周家祖上从陕西省子洲县"冲发"①到甘肃省临洮县,最终在蔡家队坡占了一块无主的土地安家立户。居住期间经历了灾荒,欲返回陕西省子洲县,在外流浪两年后终返回蔡家队坡。在1949年以前,蔡家队坡的农户大部分是周姓,外姓人家仅占几户,形成了以周姓为主体的村子。本章主要从家户迁徙与定居、家户基本情况两个大方面对周家进行介绍。

一、家户迁徙与定居

(一)蔡家队坡迎来"冲发"户

"冲发"是甘肃话里一种贬义的迁徙,是因为在老家干了坏事,在当地没有办法生存,只能像遇洪水一样被冲走,被迫从环境好的地方迁徙到环境不好的地方。周家的祖上居住在陕西省子洲县,村子里面人稠地狭,为了谋生,祖辈经常干一些小偷小摸的苟且事,故而招致家族的不满和排挤。同治年间,因社会动荡,周家与家族关系恶化,受到了家族的驱赶,祖辈终是在老家生活不下去,便随着逃荒的人"冲发"到了甘肃省定西市临洮县。周家刚开始迁徙时,没有固定的迁徙方向,只是跟着逃荒的人随便走,在逃荒的过程中,人们相互了解,知道西边人少地多,没有开发的荒山多,生存机会大,就这样来到了临洮县,最终在蔡家队坡占了一块无主之地,开家立业。

(二)"黑金子"②与地方动乱

中华民国早期,周家在蔡家坡队属于中等偏上的人家。但是周仁在当"掌柜"期间,经常吸"黑金子"。由于"掌柜"周仁在家里拥有绝对的权威,全家没有办法使其戒掉"黑金子",家境由此开始衰落。"掌柜"周仁开始变卖家庭财产和土地,生活开始无法维持下去。在中华民国18年(1929年),地方动乱事件影响到了周家,"掌柜"周仁开始带着全家逃荒,准备返回自己的老家陕西省子洲县。在经过通渭县的时候,周家人为了生存,给县上的一个大户"拉长工"③。在"拉长工"期间,周家的三老太爷、周仁的大儿子、大儿媳妇、大孙子四人先后饿死,两年后"掌柜"周仁也病死,老二周生录自然成了周家的"掌柜"。恰逢动乱事件也开始平息,"掌柜"周生录带着全家回到蔡家队坡。回到蔡家队坡之后,周生录为了复兴家业,亲自给头等户

---

① 冲发:原指发配犯人,此处的意思是在当地做了不好的事情,被家族的人赶了出来,从一个地方逃荒到另一个地方。

② 黑金子:指大烟,意思是大烟的价格很贵,赶上了金子的价格。

③ 拉长工:指去给头等户或者是大户人家干活,一般是半年或者是一年,用粮食开工钱,在干活以前会协商好工钱是多少。

"拉长工",带领全家开荒地,加上原有剩余的土地,继承了部分土地,后面又买了一些土地,总共有了六十亩地产和一套四合院。

（三）经六世发展壮大

周家的祖辈一世从陕西省子洲县来到甘肃省定西市临洮县蔡家队坡,二世有两个儿子,"上院"一房,"下院"一房,"上院"为大房,"下院"为二房。到了三世,"下院"一房有三个儿子:大老太爷,二老太爷,三老太爷。到了第四世,也就是周仁这一辈,周仁是大老太爷的长子。到了第五世,也就是周仁的儿子,周仁的大儿子过继给了三老太爷,家中只剩下二子周生录。到了六世,兄弟六个,老大周俊发,老二周俊庭,老三周俊明,老四周俊刚,老五周俊德,老六周俊权。经过六世的发展,周家从原来的一户人发展为一百多户人,分别居住在蔡家队坡、白杨林、圆山、窑店等地方。

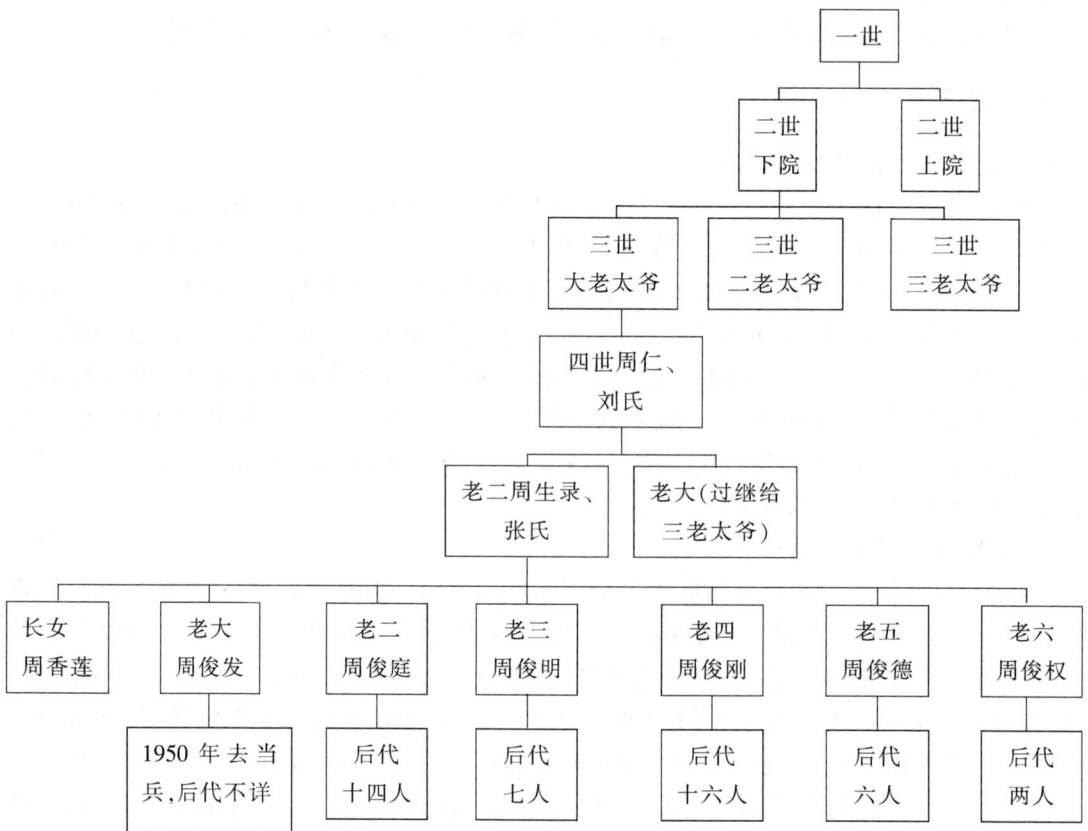

图 2-1　家户世袭结构图

二、家户基本情况

（一）三代十口人

1949 年,周家有三代十口人,"掌柜"周生录,上有守寡的母亲刘氏,同辈有妻子张氏,子辈有六男一女。周家有四个劳动力,其中男劳力两个,即"掌柜"周生录、长子周俊发,女劳力两个,即张氏和长女周香莲。无劳动能力和半劳力六人,即刘氏和五个未成年的孩子。

表 2-1 1949 年家户基本情况表

家庭基本情况	数据
家庭人口数	10
劳动力数	4
男性劳动力	2
女性劳动力	2
家庭代际数	3
家内夫妻数	1
老人数量	1
儿童数量	5
其他非亲属成员数	0

表 2-2 1949 年家庭成员情况表

成员序号	姓名	家庭身份	性别	年龄	婚姻状况	健康状况
1	刘氏	母亲	女	61	守寡	良
2	周生录	掌柜	男	41	已婚	优
3	张氏	妻子	女	40	已婚	优
4	周香莲	长女	女	19	未婚	优
5	周俊发	长子	男	18	未婚	优
6	周俊庭	二子	男	17	未婚	优
7	周俊明	三子	男	15	未婚	优
8	周俊刚	四子	男	11	未婚	优
9	周俊德	五子	男	8	未婚	优
10	周俊权	六子	男	4	未婚	优

(二)老实的"庄稼汉儿"

1949 年以前,周家以种地为生,没有发展副业。周家人口多,劳动力单薄,为此养了六头牲口;三头牛、三头驴,主要靠自家的牲口,维持着日常生活和耕作需要。周生录当"掌柜"期间严谨有序,收入够全家支出。周家每年种小麦三十亩,亩产约一百二十斤;小豆十亩,亩产约一百五十斤;玉麦①四亩,亩产约一百斤;其他作物大约每年种两亩左右,外加牲口收入,除了正常支出外,每年都有结余。

---

① 玉麦:一种农作物。

表 2-3 1949 年前家计状况表①

土地占有与经营情况	土地自有面积	60 亩+部分荒地				
	土地耕作面积	60 亩				
生产资料情况	大型农具	"三拐一端"的犁,"抹子"等				
	牲畜情况	3 头驴、3 头牛,其中有 1 头驴"伙养"				
雇工情况	雇工类型	长工		短工		其他
	0	0		0		0

收入	农作物收入					其他收入	
	农作物名称	耕作面积	亩产量	单价	收入金额(折算)	收入来源	收入金额
	小麦	30 亩	120 斤	1.2 角	442.8 元	小牛	240 元
	小豆	10 亩	150 斤	1.1 角	165 元		
	玉麦	4 亩	100 斤	9 分	36 元		
	土豆	2 亩	2000 斤	5 分	200 元	小驴	100 元
	荞麦	2 亩	70 斤	8 分	11.2 元		
	糜子	2 亩	70 斤	8 分	11.2 元		
	谷子	2 亩	80 斤	8 分	12.8 元		
	草	每年剩下八亩土地,要是能种完,就种完;要是种不完,给牲口种些草料,或者将土地歇下来当"歇地"。					
	合计					1219 元	

支出	食物消费	衣服鞋帽	燃料	肥料	租金	
	320 元	180 元	5 元	0 元	0 元	
	赋税	雇工支出	医疗	其他	支出共计	
	240 元	0	20 元	200 元	965	

结余情况	结余 254 元	资金借贷	借入金额	0
			借出金额	0

(三)安稳的持家理念

周家虽然经历了"黑金子"事件与地方动乱,但是对家庭的繁衍壮大抱有很大的期望。周家希望自家的孩子知书达理,绝不能"败家"。孩子到了十二至十三岁的时候,"掌柜"周生录将他们送去读书,老二周俊庭和老四周俊刚读了六年的完全小学,其他的几个孩子都读了四年的小学。孩子到了十三四岁的时候,"掌柜"周生录一边让他们上学,一边教孩子耕地。读完小学,孩子的年龄刚好十七八岁,成为一个全劳力。周家人认为,孩子读了四五年书,能懂一定的人情世故、待人接物之道,外出则不会吃亏。周家不指望孩子能吃上国家的公粮,即去官府当官,能守住自家的一亩三分地就好。周家对国家的态度是"纳完皇粮不怕官",只求尽到义务,每年新粮下来之后先给国家纳粮上税,做好这些就不用害怕官府,这就是周家的持家理念。

---

① 当地有"大一亩"的说法,就是一亩五的土地按照一亩计算。按照"大一亩"计算,周家的土地有可能达到八十至九十亩之间,在报告中按照受访者的口述和当时的习惯,统一记为六十亩。"大一亩"这是一种生活的智慧,将实际的亩数算少,纳粮上税的数目也会减少。当地 1949 年以前交易不发达,多数物品都是按照粮食折算,一头牛大概值两千斤小麦,三头驴大约一头牛的价值,驴按照八百斤小麦计算,赋税一年大概两千斤小麦,每人每年四百斤粮食(杂粮),一口人一年一套衣服,一套衣服大概两百斤小麦。

（四）周家与邻居房屋同高

周家住在山的阳面，中间有块地方凹进去，这种地形在当地被称为"阳凹"①，主房一般有三种走向，东北主，正北主，西北主，都是面向阳面。周家和邻居家相邻，东北主方向，两家的墙挨在一起，以墙中心为界限区分两家产权。当地有"葬坟看庄请阴阳"的说法，在建造房屋以前，要请"相士"或者"阴阳"②看风水，看房子的走向。周家和邻里相处多年，双方没有发生过矛盾，两家人遵守乡俗，盖房子只能和邻居房屋同高，不能超过对方的房子。蔡家队坡是建在山脚下的自然村，两家人住房多为相邻，形成了住房同高的乡俗，如果谁家修建的房子高度超过邻居房子高度，会被认为是欺负邻居，斜③住了邻居的气运，这是大家所不能容忍的，周家多年来和邻居相互扶持，邻里关系和睦。

（五）掌柜"拿事儿"

在周家，当家人是"掌柜"，在家庭事务中拥有最后的决定权。对于这种决定权，是成为"掌柜"之后自身所带有的，用当地的话说就是"掌柜"能"拿住事儿"。"拿"不仅仅是一个字，而是一种文化。"拿"这个字用在周生录身上很贴切，周生录能"拿"住家庭成员，也能"拿"住每年的农作物生产，还能在对外交往中做主，管家时游刃有余，就像拿在手里一样。周生录当"掌柜"很严苛，亲自给头等户"拉长工"，以身作则，攒下了一套四合院。周家所有的事情几乎都是"掌柜"周生录一手包办，不容许家庭成员顶嘴，不容许小辈忤逆长辈，不执行"掌柜"的决定就是不孝，即使"掌柜"的决定是错的，家庭成员也要执行。周家拥有严格的家规，孩子经常受到责罚。当地对于这种持家有度的"掌柜"很推崇，这是一种很厉害的表现，也就是一种"拿"文化。

（六）对外交往追求平等

周家没有担任过乡长、保甲长、会首等职务，只担任过轮流的"头人"。周家为普通的二等户，社会地位一般，在村子里没有什么特别的声望。迁到蔡家队坡六世繁衍，是本地的老户，老户经营的时间比较长，具有一定的势力。周家为了保护自家的利益，可以共同抵制新搬来的农户。当地的农户分为头等户、二等户、三等户。蔡家队坡有三家是头等户，头等户大概有一百多亩土地，牲口十头以上，劳力充足，在乡镇上有一定的声望。二等户大概有十户，周家为二等户，二等户大约有六七十亩土地，牲口六至七头左右，劳动力够用。三等户十户左右，土地一般在三十亩以下，牲口一至三头或者没有。周家对外交往中重视对等，有"三钱的不和两钱的做朋友"的说法，意思就是钱多的看不起钱少的，条件好的家庭不愿意和家庭条件差的人交往。周家主要和二等户、三等户交往，很少和头等户、保甲长等打交道。周家的上院大部分是头等户，虽然祖上是一个祖先，但是经过几代繁衍，关系已经变淡，各自交往的都是条件相差无几的家庭，对外交往中很看重平等。

---

① 阳凹：在当地读"yángwā"，一座山，中间有凹进去的地方，就像抱在怀里一样。

② 相士：看风水的先生，阴阳的主要职责是老人过世之后给老人超度，使老人渡过奈何桥，同时也看风水、合八字等，各有偏重，相士偏重看风水，阴阳偏重超度。

③ 斜：在此是遮住的意思。

第二章　家户经济制度

家户是一个基本的经济单元,在内部能够进行合理的消费和适当的分配,同时还能够和外界进行细致的经济交流。1949年以前,周家在当地属于普通的二等农户,基本上做到了年年有结余,其中有家庭经济基础作为支撑,有家庭成员的奉献,亦有"掌柜"对家户经济的统筹。本章主要从家户产权、家户经营、家户分配、家户消费、家户借贷、家户交换等多方面对周家的家户经济进行介绍,呈现周家在1949年以前具体的家户经济形态。

一、家户产权

1949年以前,在土地产权方面,周家有六十亩土地,土地以埂埡为界限,家户成员集体所有,别人不能侵占,"掌柜"在土地买卖、租佃、置换等活动中拥有最终的支配权。在房屋产权方面,周家有一套完整的四合院,居住有序,"掌柜"进行调节和支配。在生产资料产权中,周家有三头牛、三头驴,大型的生产工具主要是"三拐一端"的犁、石碾子、抹子等,生产资料基本齐全,"掌柜"代表全家进行支配。在生活资料产权方面,周家通过自制和购买等置办了供全家所需的生活资料,别人不能随意侵占。

(一)家户土地产权

1.四类土地,大小不一

周家的土地都是旱地,土质为黄土,没有灌溉条件。土地是祖上来到蔡家队坡开垦的,一辈一辈地向下传承。到了周仁初当"掌柜"时期,周家总共有五十亩土地,"掌柜"周仁经常抽大烟,卖掉了二十多亩。周生录当"掌柜"时期,开荒四五亩,继承了三十多亩,从别人手中买了四五亩土地,再加上原有的土地,总共有六十多亩。在蔡家队坡,土地总共分为四类:头等土地、二等土地、三等土地及开垦的荒地。周家有头等土地十亩,二等土地四十亩,三等土地十亩。六十亩土地分为三十多块,土地亩数大小不一,最小的土地有半亩,最大的土地有六亩。头等土地平坦肥沃,主要分布在坪上,就是在山底和山沟中间的平坦地带,常年耕种,地墒保持比较好;二等土地主要分布在山底或山沟边上不平坦的地带;还有是新开垦的,地墒不好,土地不肥沃,种了之后产不了粮食,需要沃几年,才能产粮食。再有部分土地分布在山坡上,很不平坦,主要就是给牲口种草料,种不了当"歇地"也可以,这类土地主要就是为了占地方。前三类土地是中华民国政府明文划分,纳粮上税时要作为参考,按照登记的亩数纳粮。开垦的荒地没有登记造册,不需要给国家纳粮上税,周家开了五亩左右,种草料满足牲口所需。

2.土地为家户所有

周家的土地产权属于全家人,并不属于"掌柜"或者是某个家庭成员单独所有。周家对家人的界定范围是具有血缘关系的男丁,周俊庭兄弟六人,结婚之后分家,只按照家里男丁数量分配土地和财产,最小的儿子和父母一起生活。周家没有私房地和养老地,经六世繁衍,一直遵循着长辈和小儿子一起生活的习俗。周家的长辈过了 60 岁就不需要下地干活,小儿子承担主要的赡养责任,其他的几个儿子共同分摊养老的粮食和平时的消费,在实际生活中,小儿子承担的责任比较多。

对于家庭的土地产权,同一辈具有血缘关系的男丁都有份,这种继承与血缘关系有关,并且与生俱来,就算是有分配不均的遗嘱,也不能发生效力。周家在三世的时候,下院的土地分为三份。四世周仁为独子,大太爷的土地分为一份传承。五世周生录兄弟两人,理应分为两份,但老大过继给三老太爷,按照一份向下继承。老大过继之后按照三老太爷家人对待,继承三老太爷的土地,因此只要是具有血缘关系并且是同一辈的男丁,就有继承土地的权利。周家的土地产权家里的女人没有份,不管是嫁出去的女儿还是没有嫁出去的女儿,都会被认为是"别人家"的人或者是"外人",迟早都要嫁人,没有资格获取土地产权。按照当地的习俗和周家的规矩,嫁进来的媳妇,没有继承土地的权利,她们的权力附属于小家庭的男丁。

在当地如果没有生儿子,只生了女儿,女儿招了上门女婿,此时女儿拥有家里男丁的地位,享有土地继承权,上门女婿没有份。当地结了婚就有分家的习俗,老人和未分家的其他儿子一起生活,老大结婚时父母年龄在四十岁左右,基本上已不可能生养,根据已有孩子的数量分土地。等其他兄弟结婚后再分家时,已经分家的兄弟没有份。如果分家后父母又生养了一个男孩,按照剩余的土地分配,不能再要回分出去的土地。当地有分家的习俗,但是周家认为土地应该属于全家人,不应该分配到每一个人,周家有"越分家越穷"的观念,全家人应该在一起生活,这样有助于家庭和睦,有利于农业生产,但是根据当地的习俗和实际的压力,周家最终还是分家了。

3.土地以埂埂为界

周家的土地和四邻的土地有边界,边界为埂埂。蔡家队坡以梯田地为主,平整松地时犁会将一边的土弄到另一边,这个过程在当地叫"回土"。开垦土地有先后,先从外地迁移来的人先占一块地方,先占的地方比较平坦,通常相对海拔比较低,开垦土地比较容易,后面来的人占的土地比较陡峭,海拔相对比较高,开垦土地比较困难。先开垦土地的人将土地开好之后,后开垦土地的人在边上接着开垦,开垦土地时不能将土"回"到开垦好的土地上去。梯田海拔高低不一样,两块土地相邻,海拔高的土地为上块,海拔低的土地为下块,要是两块土地相对海拔很小,上块土地的所有权人"回土"太厉害,就会侵占下块土地,损害下块土地所有权人的利益。同理,下块土地的所有权人在最后"回土"时多"回"两次就会将上块土地"回"下去,损害上块土地所有权人的利益,久而久之两块土地之间形成了边界,这个边界就叫"埂埂"。两块土地的边界经过耕种人的踩踏,土地所有权人的修整,边界开始硬化,这个边界就更加明显。四邻不能越过这个边界生产,家人可以在自家土地上耕种。周家对家庭的土地拥有清晰的心理认同,不容许别人侵犯自家的土地产权。村里有新户迁来的时候,周家人会想尽办法赶走新户,不能让新户损害自家的利益,土地受到侵犯时,不管有没有分家,家庭成员会一致对外。

1949 年,周家与村民发生了土地"埂埂"侵占事件,村民在下块土地耕地时"回"土,多

"回"了周家的三"杠①"土地，周生录作为"掌柜"，代表全家去协商。协商时村民不承认侵占了周家的土地，双方发生矛盾，"掌柜"周生录回到家里感觉受了气。为了分出一个高低，周生录叫了几个儿子和关系好的人去给自己壮势，双方大打出手，都有轻微受伤，最后"乡老②"出面解决了冲突。"乡老"是亲房家族的一个老长辈，家里有四代人，村里人们不管大小都叫"老太爷"，"老太爷"是按照重孙子的辈分称呼，就像孩子他"大"，孩子他爷爷一样，按照辈分最小的叫。在蔡家队坡隔壁村子也有一个乡老，不管辈分大小都叫"六爷"。此时的"老太爷""六爷"等称呼，是一种社会地位的象征，说明在村子里面有权威，用当地的话说，就是这种人说话时能镇住别人，说话双方都爱听。最后双方在乡老家里喝酒表示言和，这次事件双方都有出手，事情闹得比较大，所以都买了酒，要是遇到小事情，像调节夫妻间闹矛盾，双方吵架之类的，不买酒也行。但是当地的大部分人为了面子，一般都买酒。土地产权被侵占时，周家不能容忍，周生录协商无果，甚至大打出手，从这个方面可以反映侵占别人土地产权的后果，土地产权被侵占是一件很耻辱的事情，遇到这类事，全家会一致对外，关系好的亲房也会提供帮助。

4."掌柜"具有土地支配权

在土地经营方面，"掌柜"有最终的决定权。有权决定种什么、怎么种，决定之后，家庭成员都要服从。在收益分配方面，土地的产出归全体家庭成员所有。在土地租佃和置换活动中，"掌柜"只需要向家里人说一下就可以，"掌柜"完全可以做主。在土地买卖中，家庭成员不能替代"掌柜"的支配地位，如果"掌柜"外出长时间不在家，长子周俊发代理"掌柜"职务，在土地买卖活动中，就算是长子周俊发代理"掌柜"，也不能做出决定。"掌柜"外出时间短，必须要等到"掌柜"回来之后做主，最终的决定权在"掌柜"手中。周家的长子周俊发外出当兵之后，老二周俊庭在村里小学当教师，实际上形成了周生录为内当家，周俊庭为外当家的现状，但是在土地买卖中，老二周俊庭也不能做主。要进行土地买卖时，周家到了晚上吃饭的时候，"掌柜"周生录会向自家的男丁征求意见，妇人没有资格提意见，最后由"掌柜"周生录做主。

5.土地买卖与顺序

周仁当"掌柜"期间经常抽大烟，刚开始一亩两亩地卖自家的二等土地。在1929年逃荒的时候，准备舍弃家业逃回老家，就大规模地卖土地。卖掉了一等土地十亩，二等土地十几亩，当时情况紧张，没有来得及全部卖完就走了。周仁前后总共卖掉一半土地，卖给了上院的三个亲房，当时上院的亲房是头等户，也只有他们有能力购买，并且有能力耕种。买卖土地时需要一个"把凭"作为证据，请一个代书人写"把凭"，还要请一个"见证人"作为见证，最后买卖双方在"把凭"上按手印。

在当地进行土地买卖时，"掌柜"不需要请示四邻、家族亲房、保甲长，但是在土地买卖中周家有明确的优先次序，有"前院的水不向后院流"的说法，首先卖给离周家血缘关系最近的人，先问亲房，亲房不要问亲戚，亲戚不要问四邻，四邻不要问村内，村内不要问村外。这是根据血缘关系、地缘关系及可操作性安排的。首先问亲房，亲房的人血缘关系最近，同时生

---

① 杠:这里的杠和二牛抬杠的杠的意思一样,牛从地的这一头耕到那一头就是一杠,是一种单位,三"杠"就是过来过去向下"回"了三次土。
② 乡老:在村子里年龄比较大,辈分比较高的老人,说话有权威,有威信。

活在一个村子内,买下来具有很好的耕作条件。其次是亲戚,亲戚和亲房的人相比,同样具有血缘关系,但是没有了地缘的便利,耕作条件不便利,买土地的可能性不大。再次就是四邻和其他的异姓村民,他们都具有地缘的优势,但是没有血缘关系,排在了后面,在当地土地买卖中主要是根据血缘关系安排。

周家逃荒两年,逃走时没有打算再回来,居住时间久了,心里还是放不下自家的产业,临走时给甲长说了一声照看自家土地。后因机缘又回到蔡家队坡,回来时剩余的土地也没有被人侵占,这也从侧面说明了当时人们对土地所有权的认可。周家回来后继承了三老太爷的部分土地,加上剩余的土地,有五十多亩,又从一个上院亲房手中买回了五六亩二等土地,买回土地的程序和前面一样。至此周家又重新有了六十多亩土地。

6.姓谁的土地永远姓谁

蔡家队坡是外来户迁移形成的自然村子,村民对各种产权有很清晰的认识。周姓在当地占了绝大部分,"姓谁的土地永远都是姓谁的,子子孙孙都是姓谁的",村民都清楚地知道哪块土地属于谁,不会随意侵占别人的土地。如果有人要进行土地买卖、租佃、置换等,只能找"掌柜"商量,也只有"掌柜"才能做主。在当地有两户寡妇家庭,"寡妇门前是非多",当地人不会主动招惹是非。这种孤儿寡母的家庭和别人发生矛盾,或者是产生土地产权纠纷时,不管寡妇家庭占不占理,人们都会倾向寡妇家庭,这是当地多年来形成的习俗,是对弱势群体的一种保护。普通家庭发生土地产权纠纷时,一般由"掌柜"代表整个家庭出面进行协商,"掌柜"协商无果,只要开口向亲房寻求帮助,亲房就会提供帮助。两家人发生大矛盾时,就会请出"乡老",双方各出一半的酒钱,或者双方都不出酒钱,在乡老家里解决纠纷。蔡家队坡村子不大,谁的土地大家都"门儿清"①。闹了矛盾谁占理村民都清楚,最后闹到"乡老"家里时,村民都会帮占理的家庭或者是弱势群体,走的路不平了,过路的人都会铲。一个人一种观点,二个人有可能两种观点,但是三个人评价时,基本就不会有错了,有不平事旁人也看不惯,用当地话说就是"得罪众人,自己也就没有路走了",就是基于这样的一种观念,村民不会随意侵犯别人的土地产权。

(二)家户房屋产权

1.四合院落,居住有序

周家的住房背靠东北方向的大山,背靠大山可以使家庭稳固。总体住房结构为四合院,四个角为角房,东北方正中为主房或者叫厅房,中间左右两边为廊房,西南方为大门,大门前为门房和晒场,左侧为杂货房和厕所。靠着主房的一排房子为上房,其他的房子为下房。除了主房之外,其他的房子又可以分为东房和西房。住在上房的人地位比较高,住在下房的人地位比较低,主房的地位最高,主房左边的角房为大两间,地位仅次于主房,其次是右边的角房,再次为下房。东房和西房中,东房的地位稍微高于西房。

---

① 门儿清:就像走自己家里的大门一样清楚,表示很熟悉。

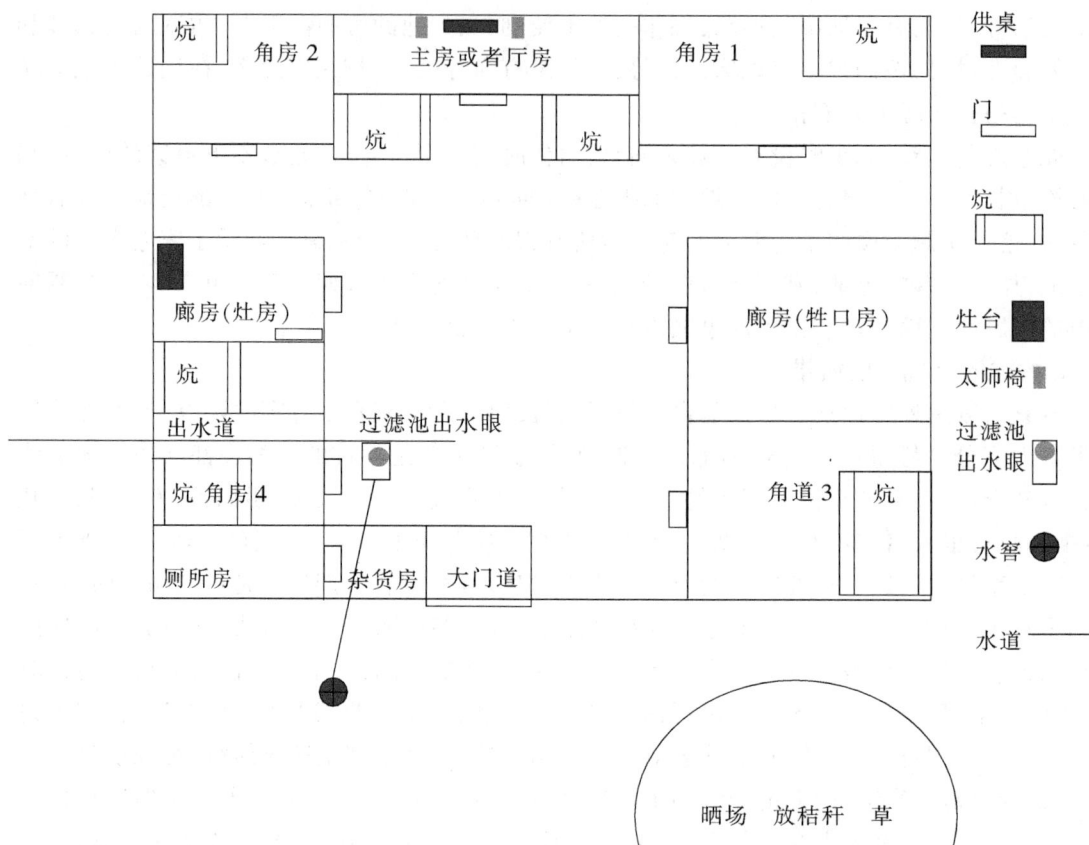

图 2-2　家户住房结构图

（1）主房介绍

主房或者厅房的总体结构是"深门浅窗"，主房地基的高度要比其他的房屋高，建造时窗户在门的前面，门比较"深"，窗户看起来比较突出，"浅"了出来，"浅"出来的两部分正好修炕，"深"进去的这部分叫"门檐"，这就是"深门浅窗"叫法的由来。住在主房的人是周家的长辈，只要长辈在，小辈不容许住进主房。长辈都过世，老大住进主房。长辈为了带孩子，可以带着不懂事的孩子一块住在主房，孩子长到一定的年龄，不管男女，要搬离主房。周仁过世之后，主房主要是刘氏和孩子住。主房的门为"活四扇"，就是有四扇门，门上有雕花，雕花的名字叫"珍珠倒卷帘"。在门两边有两"门架子"，平时的时候，主房开两扇门，遇到红白喜事，或者是大年三十遇到亲房上门烧香的时候会将四扇大门都打开，这是表示对别人的尊重，也是开门迎祖先的意思。门的正前方为供桌，供桌的两边为太师椅，平时这个太师椅只能由长辈坐，男性长辈过世后，女性长辈、长子或者是"掌柜"能坐这个位置。周家的长辈一般住在主房右边①的炕上，左边②的炕上一般不住人，家里来了客人，会让客人住在左边的炕上，以左为

① 指角房 2。
② 指角房 1。

112

尊,住在左边的炕上表示对客人的尊重,此时周家的女性长辈会和没有结婚的女儿住在一起或者是住在灶房的炕上。

（2）角房介绍

1949年以前,刘氏健在,住在主房,"掌柜"周生录和张氏住在左边的角房,左边的角房为大两间,右边的角房为小两间,本地都叫两间,但是左边的角房比右边的角房大,住在左边角房的人地位也比较高。左边的角房为大两间的原因是:在当地人们一般都生两个孩子,这是因为医疗条件有限,防止遇到意外,就算是遇到意外,还有一个儿子可以养老送终,儿子结婚之后就要分家,刚分家的儿子没有经济能力盖好主房,所以就盖了大两间的角房。在大两间的角房里面有炕,刚分家的时候还会修建灶台,建造了灶房之后才会将灶台打掉,在灶房里面重新修建一个灶台。同时与生活有关的事情都会集中在这个大两间的角房中,时间久了,就形成了左边的角房为大两间的惯例。刘氏过世以后,"掌柜"周生录和张氏住进了主房,老二周俊庭住在了左边的角房。按照周家的家规,这是不符合规矩的,左边的角房本来是应该老大周俊发住,但是老大周俊发外出当兵,经常不在家,所以老二周俊庭住进了左边的角房。老三周俊明住在右边的角房,老四周俊刚、老五周俊德、老六周俊权住在下房左边的角房。长女周香莲住在下房右边的角房。在当地按照一般的习惯,如果第一胎生的是女孩,女孩可以住在四个角房中的任何一个中,但是周家的家规严格,周香莲在出嫁以前的一段时间和刘氏住在一起,其他时间只能住在下房右边的角房或者是灶房。

（3）廊房介绍

进大门中间左右两边的房屋为廊房,按照当地的习俗灶房只能建在进大门的左手边,周家的灶房就建在进大门的左边。但是也有例外,刚分家的时候没有经济能力修建灶房,在角房里面修建了灶台,有了经济能力之后修建了其他的房屋,但是灶台一直没有搬走,将角房当成了灶房。周家的灶房边上有一个隔间,在这个隔间里面有一个炕,炕上住的一般都是家庭妇女,为了方便妇人做饭。在灶房安排一个隔间,来客人的时候,妇人不能上桌吃饭,在这个隔间里面或者是灶台边上吃了就可以。隔间还有一个重要的功能就是孕妇生孩子的地方,按照周家的说法,怀孕的妇女身上阴气比较重,安排在阳气比较盛的灶房,生出来的孩子健康,大人也健康,同时也是为了方便家里的婆婆、未出嫁的姊妹或弟媳照顾。周家右边的廊房为牲口房,在当地牲口房可以建在下房的任何一个角房,或者是右边的廊房,还可以建在杂货房的位置,周家将牲口房安排在右边廊房的位置是因为家里的劳动力单薄,牲口是主要的劳动力,同时也是全家的支柱。将牲口房安排在院内,可以有效地防止外人对牲口的侵犯,更好地保护家庭财产,安排在廊房的位置,也可以侧面反映出周家对牲口的依靠。

（4）大门及门房介绍

1949年以前,蔡家队坡农户的大门主要有三种形式:"提斗吊碗门""三破间门"及一般的门,周家的大门为"三破间",在当地属于中等家庭修建的大门。在大门的边上有一个门房,这个门房顾名思义,就是为了看大门而建的房子。这个房子的主要功能就是看大门,守护家里的财产和晒场上的东西。像秸秆、草垛,还有没来得及收拾的粮食,以及为了在冬天取暖而准备的杂草。大门房还有一个重要的功能就是为了保护自家的房屋不受别人的侵犯,离围墙一定的范围是绝对不容许别人侵犯的。如果村里两家人闹了矛盾,最常见的一种行为就是"取土",即挖动他人房屋围墙附近的土,甚至挖别人主房后面的土,再过分一点儿就是在别人"庄窠"附近栽树,这在当地人看来,被"取了土"就会乱了自家的气运。别人在自家"庄窠"附近栽树就会"斜"了自家风水,所以在别人"庄窠"附近"取土"、栽树往往是两家人要闹矛盾的前奏。1949年以前,当地是"掌柜"当家,比较重视孝道,乡俗规矩多,这个大门房同时也是为"戴孝"的人准备的,当地有老人过世,小辈在百天以内不容许串门,只能待在家里,串门是不孝的表现,村民也不会让"戴孝"的人进大门,怕冲撞了大门,破坏"门荫"①。"戴孝"的人要是遇到紧急的事情,在大门房商量就行,这是孝道的表现,不是怠慢客人的意思。

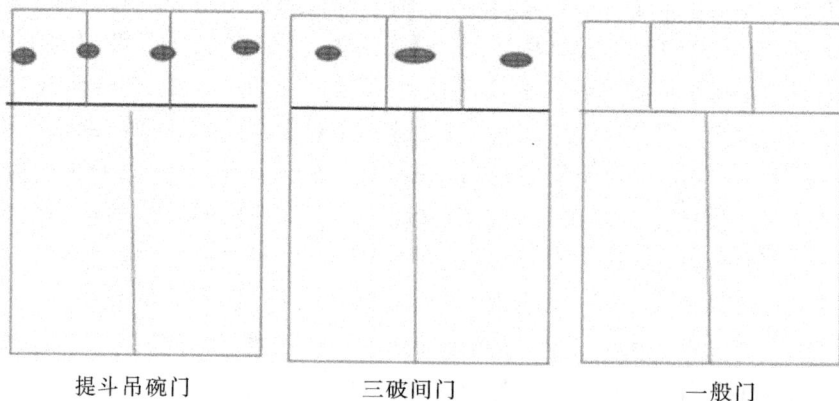

提斗吊碗门　　　　　　三破间门　　　　　　一般门

图2-3　大门的主要形式

（5）"过滤池"及"水窗眼"介绍

周家的"水窗眼"和"过滤池"连在一起的,"水窗眼"和"过滤池"在当地的房屋建设中被暗含为"聚水汇财"之意,其修建的好坏与家庭财运密切相关。修建"水窗眼"和"过滤池"的程序与修建主房的程序一样,足见修建"水窗眼"的重要性。修建"水窗眼"时,"掌柜"要请"相士"或者"阴阳"专门算一个日子,才能动工修建。周家相信风水之说,"掌柜"周生录让周俊庭跟着当地的"相士"周宝山专门学习了一段时间的风水知识。"水窗眼"和"过滤池"在院子的左下角,下雨的时候,如果水窖里的水是满的,打开水窗眼,将院子里的水放出去流走,水窖如果未满,打开过滤池将水放进水窖。过滤池里面是细沙,将脏东西过滤掉,水经过管道流到自家大门边的水窖内。当地大多数家庭吃的水都是窖水,这个水窖只能建在大门的左下角,这是当地的一种风水之说。

2.房屋为家户所有

周家的每个房屋居住什么人有严格的限定,但是房屋为家户共有。周家对家人的界定为男丁,男丁不管有没有结婚、有没有成年,都能拥有一份房屋房产。因此,外出打工的男丁、未成年的儿童有房屋所有权,嫁出去的女儿、没有出嫁的女儿、嫁进来的媳妇没有房屋所有权。家里没有生儿子,只有女儿,这时的女儿有房屋产权,入赘的女婿没有房屋所有权。结婚分家时,男丁可以代表妻子,有孩子的还可以代表孩子,只能分到一份房屋,这里分到的一份房屋并不是将原来老房子的一部分分给某一个结婚的儿子,而是按照分家时家庭的具体情况,给分家的儿子一份建造房屋的钱,这是当地的习俗,让分家

---

① 门荫:指家庭的风水,祖上积攒下来的家庭底蕴。

的儿子在村里的另一个地方修建两三间房子。这个新修建的房子就是"新家",原来一起生活的房子是"老家","新家"修建好以后,就要从"老家"搬到"新家"。虽然已经分家,但是"老家"和"新家"有一个共同的"家",分家是分立出去了一户人,只要长辈没有过世,还是一家人。对于"老家"的房屋,自家的老人始终有份,当地的习俗是老人和小儿子一起生活,也有例外情况,就是将所有的儿子都分出去,此时的老人还是"老家"房屋的所有者。

3."庄窠"有界限

周家的房屋和四邻的房屋有边界,这个边界线在当地不是很清晰,但是毫无疑问的是这个边界一定有。用当地的话说"绝对不能靠近别人的'庄窠'去挖土,绝对不能在别人'庄窠'附近栽树,反正这么做就是对的"。当地人也不知道为什么是这样,但是一定要这么做才对,这是一件很神圣的事情,两家人的关系好,这个界限比较模糊,两家人关系不好,这个界限可能变得清晰,但是不管关系好还是不好,到了一定的程度就绝对不能越过。周家和邻居有一堵墙共用,这堵墙是两家人共同修建,两家人共同保护,靠谁家的墙谁来维修。周家的主房后面的地方除了自家人,禁止任何人侵犯,这是因为主房里面有供桌,供奉"家神"和祖先,侵犯了主房后面的边界会被认为侵犯了"家神"和祖先,是对祖先的不敬。这时要重新请"阴阳"算日子,重新"回土",接送祖先,房屋的其他地方在一定范围内也不容许别人动土。周家房屋的买卖、拆除、修缮、重建等,"掌柜"拥有最后的决定权,家庭男丁能提意见,家庭外的成员不能干涉。房屋修缮重建时,"掌柜"要带礼品去"阴阳"或者"相士"家里算一个吉日,到了吉日才能动工,可见房屋的重要性。同时在周家的大门边上有一个门房,这个门房有一个重要的功能:就是保护房屋不受侵犯,保护房屋产权。

4."掌柜"管着"窝"①里事

当地有"鸡不大,窝不大;涝坝②不大,癞呱子③不大;鸡的肚子,老鼠的眼,吃不多,看不远"的说法。家里的"掌柜"管着"窝"里事儿,周家亦是如此。周家没有专属于小家庭的房屋,房屋为家庭成员集体所有。儿子结婚后,房屋拥挤住不下时,在"掌柜"的主持下可以重新调整房屋。在房屋出租中,"掌柜"处于支配地位,也具有最终的决定权。房屋买卖在当地不是很常见。有这么一句话专门描述房屋买卖:"一尺长的牛肋骨,永远向里弯。"周家有过逃荒的经历,准备逃回老家不再回来,于是准备卖掉房屋,但是没有卖掉,这在当地是一个房屋买卖的特例,因为卖掉自家房屋的人极少。另一方面,房屋都是自己看风水自己修建,这是当地的习俗,别人住着风水好,自己住着风水不一定好,别人能镇住的房屋,自己不一定能镇住,鉴于此买房屋就更加少见。周家准备卖掉房屋时周仁在当"掌柜",周仁先问了亲房的人,其次是亲戚,后面问的是邻居和村内村民,再次是村外的人,这个与买卖土地的原因是一样的,过程也和买卖土地的过程一样。房屋与土地相互辅助,房屋建在自家的土地上,土地也在自家房屋的周围。建造房屋是属于全家的大事,单个家庭很难完成,"掌柜"找"阴阳"或者"相士"算好吉日后,在吉日的前几天,"掌柜"亲自上门请人帮忙,告知四邻和家族亲房,四邻和家族亲

---

① 当地多儿话音,在当地"屋儿"、窝儿、屋里、家的外延基本相同,按照当地的发音习惯,用"窝"更加贴切。
② 涝坝:当地指大树坑,南方就是小一点儿的池塘。
③ 癞呱子:癞蛤蟆。

房的人需要上门帮忙。

5.占人房屋没活路

侵占别人的房屋会引起全村的道德谴责,引起众怒,当地是一个熟人社会,村民会一致帮助有理的人,迫使没有道理的人做出让步。用当地的话说"做事情不能引起众人的不满,要是引起众人不满,也就没有活路了"。村民认可周家的房屋产权,不会干涉周家房屋买卖、租用、置换。周家在当地属于老户,房子从祖上流传下来,侵占这样的房屋任何人都不能容忍。在当地有新户到来时,需要政府安排,要是没有政府的安排,村里的老户不容许新户进来,刚来的新户在村里没有势力,没有能力侵占别人的房屋。外人如果想要买卖、租用、置换房屋,只能和"掌柜"商量,其他家庭成员没有权利处置家庭房屋,不经过"掌柜"的同意或者是依靠势力强买强卖,当地不会承认这种买卖。

周家的房屋没有被侵占过,但是在当地也会发生房屋产权侵占的小摩擦,这是由上面所说的边界不清晰引起的,当地是自然发展起来的村子,刚开始都会集中居住在"阳凹",共用一堵墙的情况很常见,由于这个界线是模糊的,平时人们相处时都会尽可能远离这个界限,以免引起不必要的麻烦。但是一旦要修建新房,这个界限就会变清晰,修建的房屋会越建越好,通常会变得宽敞高大,这时就会侵犯邻居的利益或者是其他人的利益。这时"掌柜"会代表全家和邻居协商,总体的规则是先修建房子的人不能损害后修建房子人的利益,只要"掌柜"代表全家去协商,邻居也会认为是给了"面子",在合理的诉求内就不会发生矛盾。发生矛盾最重要的原因就是因为没有协商,这会被认为是没有给"面子"的表现。如果在修建新房的过程中谁家的树有碍房屋建造,"掌柜"也会出面协商,只要给一个合理的价钱,树主人就会立马挖掉,从这个地方也可以反映出村民对房屋产权的保护与认可。

6.连搬三年一根棍

周家老房屋传到第四代时,有了一套完整的四合院,在村里属于中等偏上的住所。周家总共有十八间房屋,厅房三间,每个角房二间共八间,左右廊房各两间共四间,杂货房一间,门房两间。一间房屋深为3.5米,宽为2.5米,房屋为东北主方向,窗户朝向西南,墙体为土墙,建房的木头为白杨。周家始终遵守以左为尊的观念,木头的大头都朝向左边,不同的房屋有不同的功能,严格按照家规使用。周家的房屋是从祖上继承下来的,在1949年以前,前后总共居住了四代人,每一代人都是在祖屋地基的基础上修建翻新。周家有"连搬三年一根棍"的说法,不能经常迁移,因为每一次的迁移和变换住所都会舍弃大量的财物,连搬三年,舍弃大量的东西,什么都没有了,基本上又要从零开始,安定的住所是家户发展的基础。

(三)生产资料产权

1.牲畜"自养"与"分养"

周家在1949年以前有三头牛、三头驴,三头牛可以单独耕地,驴的体力差,需要"搭驹"。其中三头牛和两头驴为周家单独使用,还有一头驴和亲房的人"分养"。刚开始分养时双方有约定,最少分养两年,两家人共同喂养,用的时候共同使用,生下来的小驴对半分,按照市场的估价进行分割。但是在后面耕种的时候出现了问题,这个约定很难实行,因为有人养的天数多,有人养的天数少,到了用牲口的时候,有人用的天数多,有人用的天数少,对一方不公平,双方产生了矛盾。最后双方经过协商,重新做了一个约定,周家出一头大驴,亲房负责喂养,大驴的所有权归周家,耕地时双方协商使用,养死了要给周家赔偿。大驴生下一头小驴时,双方如果散伙,请中间人估价,小驴可以归任何一方,拿到小驴的家庭要给对方估价一半的补偿。老驴生了两头小驴,第一头小驴归亲房,第二头归周家,这么约定是因为第一头小驴经过一年的饲养驯服,可以下地干活,第二头小驴不能下地干活,这也是当地不成文的一种规矩,是为了照顾分养的家庭。周家还和亲房的人分养过羊,周家不缺牲口,和亲房分养驴最主要的目的就是能换得和亲房分养羊的资格。在1949年以前,羊在当地不是很值钱,只能将羊卖给当地的回族人,很少有汉族人专门饲养羊,当地村子里面的大部分羊都是分养的,亲房出大羊,周家负责喂养,在当地放羊的通常都是孩子,周家就是周俊庭负责放羊,羊生下的小羊羔两家对半分,周家和亲房分养驴和羊,对双方都有利。

2.家户农具基本齐全

周家大型的农具主要有"三拐一端"的犁、石碾子及抹子和独轮车。犁头上面要套一个铁铧,犁架子需要请专门的木匠做,铁铧需要请铁匠打,做一个"三拐一端"的犁大概需要一百五十斤粮食,折合当时的价钱约十八元,请铁匠打一个铁铧大概需要十元。石碾需要请专门的石匠做,大概需要做两天,费用需一百斤粮食,折合当时的价格需要十二元。抹子在当地的生产中必不可少,平整土地的时候要靠它,因为是纯手工制作,大概需要十元。独轮车是全木头制造,可以自己做,也可以请木匠做,造型像猪嘴,也叫"猪嘴车"。其他的都是小农具,主要有镰刀、铲子、连枷、背篓、铁锹、木撬,还有给牲口套的整套鞍子。周家的这些农具基本上够生产,不够就去借或者去买。

3.生产资料为家户所有

周家的生产工具、牲畜为家户所有,生活在一个大家庭的人都有份,生产资料是每一个人生活所必需的,离开了生产资料个人生活就无法维持。因此,周家外出打工的家庭成员、没有嫁出去的女儿、未成年的儿童、嫁进来的媳妇及招的上门女婿,都有一份生产资料的所有权。嫁出去的女儿失去了这种权利,但是在婆家又会得到这种权利。对于已经分家的兄弟,在分家时已经分得了生产资料,即从"老家"分出去的生产资料,成立"新家"后只享有"新家"的生产资料,再也不能从"老家"二次获取生产资料。周家的"掌柜"在生产资料中拥有最终的处分权,对生产资料进行集中管理。周家认为,生产资料应该属于全家人所有,不应该将生产资料分配到每一个人,分配到每一个人不利于生产,集中管理有利于生产力的凝聚,集中全家人的智慧和力量进行生产,有利于提高生产效率,生产资料分散是不明智的表现。

4."掌柜"在生产资料中的支配地位

周家的"掌柜"周生录在生产资料的购买、维修、借用等活动中处于实际的支配地位,长子和长辈能提意见,其他小辈不能提意见。在周家人看来,尊卑有别、长幼有序,这是家里和气的表现。"掌柜"周生录在家,生产资料的购买就由周生录做主,平时都是周生录亲自去集市买。如果周生录没有时间去,也可以指派任何一个儿子去买,一般是指派老大周俊发。老大周俊发年龄长,和其他的几个兄弟相比,见识相对比较多,在买卖时不至于吃亏,回来之后要向"掌柜"周生录报账。在生产资料的维修中,"掌柜"周生录出面比较少,大多数情况下都是指派老大周俊发去集市维修,只有请匠人来家里维修时,周生录会亲自出面。在生产资料的借用时,"掌柜"在家,一般由"掌柜"出面,一是出于对对方的尊重,二是借用的生产资料用坏了,处理起来方便。"掌柜"长时期外出不在,长子周俊发代理"掌柜"职务,在购买、维修、借用生产资料中可以做主,老大周俊发也可以指派其他的几个兄弟去做。在没有分家以前,全家人"同家生活"时,关于生产资料的一些小事情,只要是为全家人好,家庭的任何一个成员都可以做,长子也可以代表"掌柜"做一些事情,这也是培养下一代"掌柜"的表现,只要是在能力范围内,村内的人都认可。

5.生产资料的侵占:做人不"值价"[①]

"人借物,及时还,再借物,就不难。"这是周家奉行的借物原则,不管是什么人,只要是借东西,用完之后能及时还,下次再来借东西,肯定借给别人,这说的是做人要守信,要"值价"。周家的生产资料出现过被别人侵占的情况,村民借走了周家的木撬,用坏了之后没有赔,也没有还回来,也没有什么说法,周家要了多次,要的时候对方承认,但是就不还回来。出现了这种事情,全家人只能选择容忍。木撬价格不是太贵,不好意思硬性要人家赔,只能选择吃亏,这是小事情,其他村民也会装作不知道,能不惹麻烦就不惹麻烦,这种事情在村民之间时有发生,就是为了贪一点儿小便宜,贪了这种小便宜,再想借别人东西就难了,全村人都知道他做人不"值价",也就没有人愿意再借他东西。

6.外界对家户生产资料的认可与保护

村民和亲房都承认周家对生产资料的所有权,不会随意侵占周家的生产资料,如果需要购买或者是借用周家的生产资料,首先会与"掌柜"周生录商量,"掌柜"周生录同意,才能拿走或者是借走,"掌柜"周生录不同意,不能强买强卖。在同一个村子生活,村民和家族的人碍于面子,也不会随意侵占周家的生产资料。万一发生生产资料被侵占的事件,如果生产资料价值小,不值得大动干戈,"掌柜"代表全家出面协商,能顺利解决最好,解决不了就选择忍气吞声。如果非要说一个理,或者是侵占的生产资料价值大,协商未果,只要"掌柜"请求家族亲房的人帮忙,家族会出面保护周家的产权。在当地的村子里,借物不还是最主要的侵占类型,没有明确抢占的现象,借物不还的人会被认为是"不值价",村子的人们以后都不会借给他东西。周家是老老实实干活的二等农户,全家人都想过安稳过日。"掌柜"周生录的想法就是"纳完皇粮不怕官",只要纳完了粮食和税款,就不用怕保甲长侵犯自家的生产资料。

(四)生活资料产权

1.家户生活资料及来源

1949年以前,周家有一个晒场,大概有三百平方米,在房子的南面。周家有一个水窖,是1949年以前挖的,做水窖时要请一个专门的窖匠[②]指导,挖模子时窖匠坐在地面上指挥,周生录在下面挖。挖好模子之后,窖匠回家,全家的男丁在"掌柜"周生录的带领下准备后续工作。拉着驴去黄玉驮红土,将拉回来的红土弄细晒干,在挖好的模子边上挖一个坑,将红土倒进去,倒进水泡上三天。第三天将窖匠请回来,还要请十几个人来帮忙。从第四天早上开始,在挖好的模子里掏孔,将泡好的红土泥巴塞进去。塞进去等几天泥巴干了,开始拿着木槌打,越打越紧,连着要打七八天,水就不渗了。等到有大雨一次性将水窖放满,在水的压力下,红土和模子里面的土结合越紧,盛水的效果越好,放的水渗干之后一个水窖就做好了。做一个水窖,不仅要请人帮忙,还要给"窖匠"付一千多斤粮食的工资。周家还有一盘石磨和

---

① 值价:可以作为价值理解,就是值多少钱,用在此处是指在做人方面要守信。
② 窖匠:专门做水窖的匠人。

一个石碾,大概要花三百斤粮食。凳子和柜子请木匠做,工资拿粮食计算,三天大概需二百斤粮食。平时的油盐酱醋等生活用品齐全,这些都是"掌柜"周生录去集市置办,或者是让儿子去集市置办。一部分筐需要"掌柜"周生录亲自做,还有一部分要购买。背篓刚开始都是自己做,后来在集市上有卖的,并且又轻质量又好,周家就开始买了。在周家,只要是生活用品,自己家里能做的都会尽量自己做,做不了的才会请匠人或者是去集市买。

2.生活资料家户所有,禁止"割大麦"①

在分家以前,周家的生活资料归全家人所有,没有专属于小家庭私有的生活资料。"掌柜"买回来的生活资料,或者是"掌柜"指派儿子买回来的生活资料,抑或者是自有及自产的生活资料,不容许几个儿子"割大麦",生活资料归全体家庭成员所有。因此,外出打工的家庭成员、没有嫁出去的女儿、未成年的儿童、入赘的女婿、嫁进来的媳妇都有份,但出嫁的女儿没有份。在分家以后,能分割的生活资料都会分给要分家的儿子,这部分生活资料分家后不能和"老家"的家庭成员共享,分家时不能分割的生活资料可以共同使用。周家的石磨可以共同使用,共同使用时,"掌柜"会提前安排好使用的顺序、使用的时间。分家后家里的水窖也可以共同使用,水分足的年份可以随便使用,水分不足的年份,会限制用水量,使水窖的水足够所有人使用。石磨和水窖这两个生活资料没有办法分割,也没有办法及时修建和置办,所以在分家后的一段时期内是共有的,以后要是不置办,可以长时期共有。周家认为,生活资料应该归属于全家人,分开使用时,容易"割大麦",私藏泛滥,不利于家庭和睦,只有共同使用才能使家庭更好发展。

3."掌柜"对生活资料具有支配地位

周家没有小家庭生活资料,"掌柜"是生活资料的实际支配者,生活资料全家共同使用。在生活资料的购买时,"掌柜"周生录自己完全能做主,不需要请示任何人。"掌柜"没有时间购买时可以指派一个儿子去购买,购买回来之后需要交账。在生活资料的维修中,全家人谁有时间或者是谁有能力维修,谁就可以维修,对全家有利的事情,谁都可以做,这个没有任何限制。家庭成员没有能力维修时,可以请专门的匠人来维修或者是拿到集市去维修,请匠人或者到集市维修时,"掌柜"周生录和长子周俊发出面的机会多一些。在生活资料的借用时,一般需要"掌柜"周生录亲自出面,"掌柜"不在的时候由长子周俊发代为出面。"掌柜"周生录长时期不在时,长子周俊发代理"掌柜"职务,可以行使"掌柜"职权。

4.外界对生活资料的认可与保护

生活资料与每天的生活相关,在周家,如果被偷了粮食,或者是偷了凳子,这是非常丢脸的事情,连自己家里的东西都看不住,说出去只会让大家笑话,与其说出去还不如全家人都忍了。在村内,村民都承认周家的生活资料,不会随便侵占。如果要买卖、租用、置换周家的生活资料,要找"掌柜"周生录协商。在族内,亲房之间都相互串门,对方有什么生活资料相互之间很清楚,没有办法侵占,拿回去也没有办法使用,在当地的这种熟人关系中,形成了一种相互监督的作用,生活资料能得到更多的认可与保护。

二、家户经营

1949 年以前,周家人多劳力少,牲口充足,通过请工、换工、帮工、人工换牲口、牲口之间

---

① 割大麦:当地的俗语,不是收割麦子,是禁止私藏的意思。

的"搭驹"等形式对劳动力进行调节,在农业耕作的过程中精心安排,并且饲养了一群家畜,做到了年有结余。

(一)生产资料

1.自家劳力构成

1949年以前,周家有十口人,四个劳动力,"掌柜"周生录,妻子张氏,长子周俊发,长女周香莲,其他家庭成员都是半劳力或者是无劳动能力的人。"掌柜"周生录和长子周俊发常年参加劳动,自家的农活干完了,为了增加收入,时常去头等户家里"拉短工"。张氏和周香莲很少下地干活,留在家里做家务,给全家人做饭。周香莲已经定亲,经常出门抛头露面不符合当时的社会观念,只能在家里干家务。另一方面女儿迟早要出嫁,是"别人"家的人,以后不会在家里生活,不用太苛求,乘着在家过一段轻松的生活,到了婆家,就要按照婆家的规矩生活,算是一种对女儿出嫁前的特殊照顾。周俊庭和周俊明为半劳动力,并且在学校上学,放学之后可以帮着家里干一些农活。刘氏年龄已过六十,无法参与家庭劳动,只能在家里帮着带孩子或者干点儿轻家务活。其他的几个儿子年龄小,都是未成年的儿童,不用下地干活,周家的劳动力明显不够用。在当地,就算是别人家里劳力闲置,外人也不会无缘无故加入生产,只有个别情况才会加入周家的农业生产,别人家里的农活都干完了,两家人的关系比较好,可以无偿帮几天工。根据当地的习俗,这种帮工就算是无偿的,碍于人情关系,还是要给别人还工。

2.劳力调剂

(1)请工:临时工和"麦客子"

周家劳动力不够用,到了秋收的时候会请"麦客子"上门收割。请工由"掌柜"周生录决定,周家有六十多亩土地,五十多亩需要在秋季集中收割,并且多是小麦和玉麦,这种作物不等人,需要集中几天收割完毕。周家能下地干活的劳力只有两个,根本不够用。到了秋收的时候,会有专门"串庄"①的"麦客子","掌柜"周生录会找到他们问价钱,要是"麦客子"要出的收割价钱合适,周家就会在门前请到"麦客子",要是"麦客子"要出的收割价钱不合适,"掌柜"周生录会到县城去请"搭市"②的"麦客子"。周家耕种的土地多,在县城"搭市"的"麦客子"收割便宜,五十多亩收割下来能省不少钱,这也算节省了一笔家庭开支。到了冬天的时候,周家没有什么紧急的农活儿,并且会闲暇一段时间,"掌柜"周生录和长子周俊发时常到头等户家里"拉短工",家里剩下的劳动力便会更少。在当地,冬天干的活儿主要就是除粪③,张氏和周香莲都是女人,这类重体力活儿干不了。周家养着六头牲口,还有十几只羊,有时还会生几头小牲口,攒下来的粪很多。周家的牲口房在右边廊房的位置,要将攒下来的粪拉到外面的晒场,是一件困难的事情,一个劳力要干七八天。"掌柜"周生录会请一个村外的人干活儿,一般不会请本村的人,这是因为本村的人关系太熟,不好谈价钱,招待起来比较麻烦。当地有一个习俗,请本村的人干活儿要吃得稍微好些,要不然人们在背后会议论,周家拉不下这个面子请本村人,相比本村,请外村的人就没有这些顾虑,双方可以砍价,招待方便,能管饱饭

---

① 串庄:串就是串门的意思,就是在村子里面到处走,找活儿干的意思。

② 搭市:在县城有一个人才市场,到了收割麦子的时候,会有很多"麦客子"在那里等着和雇主谈价钱。

③ 除粪:将牲口房的粪拉到外面的晒场。

就行,能拉下"面子"来办事。

（2）帮工:"汇庄子"与自愿帮工

1949年以前,在周家并不是每年都有自愿帮工,自愿帮工的人是自愿来到周家干一天或者干两天活,不图报酬,能管吃管喝就行。这种帮工一般都是亲房、亲戚,还有关系好的邻居或是朋友来,关系不好的人不会来帮工。还有一种帮工就是"汇庄子",这是一种集体性的活动,也是在村庄层面的活动,遇到红白喜事、做水窖等,一家人没有能力单独完成,需要借助集体的力量。"掌柜"周生录出面请一个"总理"①帮忙,然后"掌柜"周生录和"总理"挨家挨户上门请人。先请亲房的人,因为亲房的人需要提前两三天来帮忙,像做饭、劈柴这些活都是亲房的人做。其他村民前一天晚上到周家集合听"总理"安排就可以。"汇庄子"时一户人要出一个代表,谁家要是不去,"总理"记得很清楚。"总理"是村里比较权威、能领导大家干活儿的人,不去的人家里发生红白喜事或者大事,需要请"总理""汇庄子"的时候,"总理"不会答应帮忙,这种不参加"汇庄子"的人就会被排除在这种活动外。"汇庄子"是一种村庄层面的公共服务,完事之后"掌柜"周生录要给"总理""喜面儿"②或者"挂红"③,感谢"总理"的帮忙。红白喜事完事之后,"掌柜"或者是家人要带点儿东西挨家挨户表示感谢。像做水窖这种事情,干完的当天晚上,要将干活儿的人都请回来吃一顿。同样道理,别人遇到这类事情,"掌柜"周生录也必须去参加,去给别人帮忙,不参加就会被排斥在这种公共服务之外,周生录不在,张氏或者长子周俊发必须要去一个。

（3）人工换人工:工是换的,礼是追的

1949年以前,周家经常换工,"工是换的,礼是追的",这是"掌柜"周生录经常说的一句话。周生录很愿意换工,自己闲别人忙的时候去和别人换工,这样自己家里忙别人闲的时候,才能来到自己家里干活儿,这是一种生活策略。周家种六十亩土地,劳动力明显不足的情况下,只能选择以这种形式和别人换工,这是一种很明智的行为。工是相互之间换的,礼是相互之间追的,给别人帮了忙,需要帮忙的时候别人才能来帮忙,红白喜事给别人追了礼,自己家里遇到红白喜事的时候别人才能来随礼。周家换工的时候愿意找亲房和邻居,因为亲房和邻居居住比较近,相互之间都知道对方的农活干得怎么样了,换工的时候也比较容易开口,甚至不需要说话,对方就明白是要换工的意思,到时候对方也会来到周家还工。

（4）牲口换人工:"一架"④换一天

周家牲口充足,人力不够用。一个村里二十几户人,村民的牲口数量人们相互之间很清楚,"掌柜"周生录经常找没有牲口的人家换工,没有牲口的人家也会主动找到周家来换工,两家的"掌柜"相互协商一下,就可以牲口换人工。协商的主要内容就是耕种日期,换工的天数,牲口饲养,以及其他的一些与耕种有关的事宜。这些事情都是"掌柜"周生录做主,"掌柜"和别人商量这些事情的时候,小辈没有资格插话,这是"掌柜"周生录从小教育孩子们要记住

---

① 总理:在村子里面比较有权威的人,能号召大家干活儿,多数时候总理和乡老就是同一人,或者总理是乡老的儿子,乡老年龄太大,总理借着乡老的权威也可以号召大家干活儿。

② 喜面儿:感谢礼。

③ 挂红:这是一个动词,用在这个地方就是一个名词,意思是给总理一条红色的被面,可以让总理拿走,也可以让总理戴着,通常是让总理拿走,这是一个整套的过程。

④ 一架:一个牲口耕一个早上,或者耕一个下午是耕一架地。

的规矩,小辈插嘴会被认为是没有教养的表现。在当地牲口换人工,一般都是"一架地"换一个全劳力干一天,也就是一个牲口干半天,还工的时候一个劳力要还一天工或者两个劳力还半天工,没有牲口的人家一般是两个劳力来还半天工,周家缺人力,这对周家来说很划算。

（5）同类牲口换工:搭驹

周家的牲口很充足,还经常和别的农户牲口换牲口,周家和别的农户牲口换工时一般选择同一类牲口,这在当地被称为"小换工"或者"搭驹"。"搭驹"的"驹"一般偏向同一类牲口,像"马驹儿""骡驹儿""驴驹儿"等。周家出一个牲口,别的农户出一个牲口,搭成一对耕种,周家和亲房分养的一头驴就属于这一类性质,亲房牲口单薄,分养一头驴可以形成长期"搭驹"的局面。有时周家会出两个牲口,别的农户也出两个牲口,四个牲口搭成两对同时耕种。这样做主要就是为了赶上时间、赶上季节、赶上雨后的耕种。对别人来说是"小换工"或者"搭驹"就是简单的牲口换牲口,但是对周家来说,性质就有可能完全不一样了,也算是一种牲口换人力。牲口换工的时候是需要人来操作的,需要人来扶犁。像种小麦、谷子、糜子、荞麦这些农作物的时候,一般一个牲口后边需要跟一个或者是两个人。和别人进行"搭驹"或者是"小换工",对不缺牲口的周家来说,相当于拿着牲口换了两个或者是三个人力。周家人力少,还是很愿意和别人来"搭驹",这种"搭驹"对双方都有利。

（6）异类牲口换工:搭套

对于"搭驹"和"搭套",当地人没有那么细致的区分,本质就是两个牲口搭在一起干活。但是二者之间还是有细微的区别,"搭驹"是同一类牲口搭在一起,"搭套"有可能是不同类的牲口搭在一起,在不区分的情况下,可以叫"搭驹",也可以叫"搭套"。对于爱惜牲口的人来说不一样,周家很爱惜牲口,一般不会选择和别人"搭套",只有在个别情况下才会选择和别人"搭套"。"搭套"偏向于不同类的牲口搭在一起,当地的牲口主要有马、骡子、驴、牛四类,这四类牲口可以两两搭在一起。马的体力最好,一般很少和其他的牲口搭在一起,"搭套"的马一般是未成年或者是年龄小,还不能完全发挥马的作用,这时才会"搭套",这种"搭套"主要是为了调教牲口,成年的马不需要"搭套",体力完全够用。

当地最常见的"搭套"就是牛和驴,一头牛要顶二至三头驴,牛的肩膀宽,驴的肩膀窄,牛和驴相比,牛个体高于驴,并且体力也比驴好,通常来说这两类牲口很难搭在一起,生活中也确实是如此,但是对于困难家庭,没有办法才会这么干。爱惜牲口的人通常会说这是"踢踏"牲口,意思就是用脚踢牲口或者是踩踏牲口,是不爱惜牲口的表现。因为不同类的牲口硬性搭在一起,不管从体力还是个体方面,两类牲口都吃亏,两个牲口出力不一样,走的时候节奏也不一样,会将牲口的脖子处或者是前跨部磨破。耕种是季节性的,一旦磨破会长时间摩擦,很难长好,除非农闲时牲口休息了。不同类牲口"搭套"是不明智的表现,只有条件不好的家庭,牲口单薄的家庭才会这么做,同时这也是困难家庭无奈下被迫做出的选择。

（7）分养增添牲口

周家有多余的牲口,亲房没有牲口,周家和亲房分养了一头驴。周家没有羊,刚好亲房有羊,周家分养了亲房的十几只羊,两家人刚好互补。多养一头驴,每年要耗损饲料喂养,还要耗损人力,分养出去之后省了喂养的饲料,还有耗损的人力,每两年还能多得一头小驴,家里的牲口不够的时候,还能临时补充一下劳力。羊在1949年以前不是很值钱,除了回族收

122

购,没有人愿意买羊,也没有地方去卖,在当地有几个头等户,头等户家里很愿意雇一个小孩放羊,雇小孩每年的支出少,还能增添一群羊羔。周家也不愿意花钱买羊来养,于是分养了亲房的羊,周俊庭从上学起放的羊就是分养的,白天上学就将羊圈起来,到了下午放学之后就到没有开垦的山上去放羊,就这样临时凑时间"分养",一年也能得到七八只羊羔,也算一笔不小的收入。周家和亲房分养驴,一是图一个清闲,二是每两年还能得到一头小驴,同时也是周家不缺牲口的现象。

3.地多有"歇地"

周家自有土地六十亩,并且还有部分荒地,土地足够耕种。一年能种五十亩左右,周家通过换工、请工、帮工、"搭驹",以及牲口换人工等形式也只能种五十亩,每年总有种不完的土地荒下来。对于这些种不完的土地,周家没有"团出去"①,也没有卖掉。下了雨之后,周家就趁着地面的湿气,在一部分荒地上面撒上糜子,或者是燕麦,拿着耙子拉一下,或者是拉着牲口,背上"抹子"去抹一下,就是将种子和土拌在一起,出来多少算多少,全当是给牲口的草料。这种草料要求能出来就行,也不要求能准时收割,草料出来长到一定的程度,还是绿色的时候,就可以收割给牲口吃。要是没有时间收割了,可以放到冬天,等冬天落了霜,草料都干了,也能收割给牲口吃。还有一部分实在是种不了,每年都轮着歇下来当"歇地",提高土质,保存"地墒",使土地更肥沃。

(二)生产过程

1.农业耕作

(1)男主外,女主内

周家主要从事农业耕作,家畜饲养。家里四个劳动力,有比较明确的分工,通常都是男主外,女主内。下地干活的主要是"掌柜"周生录和老大周俊发,负责耕种、除草、收割、将农作物拉回晒场、耕地、碾场②、平整晒场、除粪等。以上这些农业活动主要是男性劳动力承担,张氏也会在个别环节提供帮助,例如撒种子,还有就是麦苗出来之后要除草,这些都是轻体力活,女性能干好。张氏和周香莲都是小脚,外出干活不方便,主要承担家务活,给全家人做饭。刘氏留在家里做一些轻体力的家务活,帮着家人带孩子。在周家,重体力活一般是周生录和周俊发干,总体的安排是男性以外为主,女性以内为主。

(2)耕作过程

每年开春,雪融化之后周家就开始种小麦,小麦是周家种植的主要农作物,耕种的亩数要占到总土地数量的一半。周家每年需要缴纳两千斤小麦,还有家里的开销主要是从小麦中来。种完小麦开始种小豆、土豆和荞麦,这些都是种植比较早的农作物,种植这些作物前后需要历时一个月。种完这些作物后,开始种玉麦、糜子,这是中期作物。后面种谷子和燕麦,这两种作物可以等下了雨之后再种,主要是给牲口的草料,可以在秋后种,也可以在秋前种,秋前种可以成熟,叶子干的也比较早,秋后种植不能成熟,叶子都是绿的,可以从地里面直接收割喂牲口。秋后所有的农作物都成熟了,将作物收割后"摞"③在地里面放上一个月,一个月后将

---

① 团出去:租别人的土地,在当地叫团,租金在当地叫团颗。
② 碾场:就是将地里的农作物拉回晒场,在晒场上摊开,用石碌碡滚压脱粒。
③ 摞:收割好的作物需要一件一件地捆起来,然后以十二件为单位摞在一起在地里放上一段时间,主要是自然晒干,然后拉回自己的晒场。在晒场上要将拉回的农作物摞成一个垛子,等到有时间了就碾场。

收割好的农作物拉回晒场摞成一个草垛。等土地上面的作物空了,这个时候就要开始犁地,为第二年的耕作做准备,时间如果充足还要犁两次地,使土质更加松软,"地墒"保持得更好。犁完土地后就是碾场,将作物脱粒后搬回家中,草在晒场上摞起来,这样就完成了一年的耕作。

(3)耕作安排

周家每年的耕作计划、农作物种植的类型,以及作物亩数都由"掌柜"周生录安排。周家一年种三十亩小麦,十亩小豆,四亩玉麦,土豆、荞麦、糜子、谷子这些农作物每年种植两亩左右。在种植的过程中,"掌柜"周生录扶犁,周俊发和张氏轮流撒种子,一人在休息时要拿着榔头打地里面的土块。除草的时候"掌柜"周生录和老大周俊发必须下地,张氏可以去也可以不去。收割的主要任务由"掌柜"周生录,老大周俊发,还有周生录请的"麦客子"完成。张氏和周香莲在家做饭,做好饭之后送到收割庄稼的地里。老二周俊庭放学之后去放羊,其他几个孩子放学之后可以帮着收割或者帮忙带小工具,刘氏照看小孩子。收割完之后"掌柜"周生录和老大周俊发负责背回来,之后在晒场上碾场,这项任务主要是"掌柜"周生录和老大周俊发来干,用牲口拉着石碾子脱粒,脱粒完成之后将粮食背回家里。

2.家畜饲养

1949 年以前,周家总共有六头牲口,三头牛、三头驴,其中一头驴"分养"给了亲房。对于饲养的牲畜,只要有人清闲了,谁都可以喂养。铡草一般是"掌柜"周生录、老大周俊发或者老二周俊庭干。周家每年都养一头猪,喂猪是妇人干的活,猪吃的东西主要是土豆,石磨上面磨粮食过滤后剩余下来的麸子①,还有洗完锅的油水,养猪主要是自家消费。在当地,马和骡子这两种牲口最好,马的个头大,体力足,骡子没有后代,个头中等,耐力和体力好。当地经济不是很发达,很多的东西都是按照粮食计算,按照当时的市价,一头骡子能顶两头牛,周家不养马和骡子这两类牲口,因为养这两类牲口容易引起别人的觊觎,放在家里不安全。周家养的是牛和驴,按照周家的说法:"蔫牛丑妻家中宝,俊妻快马杀人刀",养牛不容易引起官府和"强人"的注意,更加容易保护牲口,娶媳妇要娶丑的,娶漂亮的媳妇会引起别人的惦记,容易惹祸。通过当地的这句俚语,可以看到当地人对牲口的重视,以及更加倾向于养哪种牲口。牲口除了种地就是驮粮食搞运输,牲口老死了一般是自己吃,因为老死的牲口身上没有多少肉,也卖不了多少钱。要是大牲口病死了,一般是卖给开饭馆的人,舍不得丢弃,卖了能得几个钱。当地人也会根据的牲口的病情做出选择,最好在牲口病死以前卖给饭馆的人,这样能卖得多一点儿。村民一般不会吃病死的大牲口,要是没有来得及卖掉,就会将牲口的皮子剥下来,身体丢掉,小牲口老死或者是病死了,煮熟之后也可以吃,但是汤不能喝。在当地的集市,有人因为吃了病死的牲口得了病,最后丢了命,出现这种事情官府也不会管,开饭馆的人和出卖牲口的人谁都不承认,事情也就不了了之了。

3.手艺传承和学"相士"

周家没有什么正经的手艺人,但是背篼和筐的制作方法,老一辈人必须要教给小一辈。在当地,背篼和筐是最基本的生产和生活资料,编制这两样东西需要提前两个月做准备,首

---

① 麸子:小麦在石磨上磨过之后剩下来的小麦皮。

先要到附近的山上去拔席棘①，要做一个背篓，至少要出去拔两三次才够，做一个筐出去拔一次就行。拔回来之后当地人会习惯性地将席棘捆起来挂在房檐下面，一方面是尽快将席棘晒干，还有一个原因就是防止席棘折断。需要编背篓编筐的时候，将席棘从房檐上取下来，这时要小心谨慎，防止席棘折断。取下来之后泡在水里，等到泡软之后就可以编背篓编筐了，经过了晒干和水浸，席棘会变得非常柔韧，编出来的背篓和筐能用两三年。

1949年以前，"相士"在当地非常吃香，结婚时要请"相士""合八字"；修建宅子的时候要请"相士"看风水、算吉日；老人过世要请"相士"看墓地风水，算下葬吉日；家里不顺时要请"相士"做法事；遇到喜事也要请"相士"看日子等。请"相士"帮忙时，要给"相士"带一定的礼物或者是财物，不管带什么东西，都是非常讲究的，并且形成了默认的规矩，也给做"相士"的家庭带来了一笔不少的收入，因此很多人都愿意学做"相士"。周家非常相信风水之说，在"掌柜"周生录的要求下，周俊庭也跟了当地的"相士"周宝山学了一段时间，周俊庭都是晚上跟着学，因为两家人离得远，后面就不跟了，没有学成。

4.家庭成员外出②

1950年，老大周俊发外出当兵，周俊发外出当兵时没有结婚，也没有带走家里的任何人。1949年下半年部队开始征兵，老大周俊发有了当兵的想法，首先要和"掌柜"周生录商量，周俊发也听取了全家人的意见，起初"掌柜"周生录没有同意，周俊发就偷偷报了名，后来偷着到新兵报到处报到，开始了三个月的新兵训练。"掌柜"周生录心里非常着急，怕儿子当兵上战场死在外面。"掌柜"周生录到处打听当兵的政策，他了解到征兵是自愿的，不是"派兵"，在新兵训练结束以前还能让儿子回家，新兵训练结束成了正式兵就不能回家了，回家算逃兵。周生录赶紧赶到新兵训练处要带儿子回家，在新兵训练处，负责新兵训练的人对周生录进行了动员，最终周生录同意让周俊发当兵。在1950年年初，周俊发成为正式兵跟随部队离开。

（三）生产结果

1.农业收成略有结余

周家的农作物一年可以收获一季，小麦和其他杂粮一年能产六千多斤，土豆一年能产四千多斤。在当地影响农作物收成的主要是雨水和下雨的时间，蔡家队坡十年九旱，一年之中，七月份的时候就能知道收成好不好，不同的年份收成变化不大，雨水充足的一年收成好一些。当地有"七阴八下九不晴，初十还要下一个大天明；七月七，连阴带下要到十月一"的说法，到了七月的时候，要是雨水足，收成肯定好，没有雨水，肯定是歉收年。"八月十五月落早，人没吃粮马没草，明年肯定也不好"，这是对第二年的估计，到了八月十五，月亮要是落得早，第二年的收成肯定也不好。"羊马年，把粮攒，当年的收成不要马上就吃完，谨防鸡猴饿狗年"这是对一轮的估计，就是在十二年内，羊年和马年的粮食不要吃完，防着鸡年、猴年和狗年的饥荒。以上是当地的农业俚语，分别是对一年内、两年内、十二年内的一个预计，在地处西北的蔡家队坡，这种农业俚语流传了几百年，基本上不会差太多。

---

① 席棘：一种柔韧性比较好的植物。

② 当兵四年以后，1956年周俊发回到家里探亲，并在家里结婚，结婚后带着妻子去了新疆建设兵团，一直在新疆当兵，在新疆安家，之后回来过一次。后面分家时由周俊庭主持，征求意见，放弃继承权，20世纪90年代回家探过一次亲。

周家收成属于全家人共有,由"掌柜"统一管理和支配,家人都关心收成。收成不好全家人都要挨饿,最关心收成的是家里的"掌柜"。万一没有吃的粮食,"掌柜"要去借别人的粮食,能不能借到粮食,关系全家人的生活。收成不好的年份,"掌柜"压力最大。1949年以前,周家的收成能满足全家人需要,只有个别年份不能维持,不能满足需要的时候,"掌柜"出面向别人借粮食。大多数年份周家都有余粮,"掌柜"周生录会将余粮驮到"斗行"换成钱,满足家庭的日常开支。

2.牛羊出在"门荫"里

周家每一年都养猪、十几只羊、六七只鸡,影响家畜数量最主要的因素就是看"掌柜"的能力,"掌柜"当家当得称职还是不称职。"掌柜"当家称职,每年都有盈余,有精力饲养家畜补贴平时生活,"掌柜"当家当的不称职,家庭开销困难,也就没有能力饲养家畜,按照当地的说法,这就是"牛羊出在门荫里"。在1949年以前,家畜主要就是贴补家用,很少有人去卖掉自家的家畜。家畜饲养的数量主要看"掌柜"的能力,"掌柜"能力好、家庭成员齐心,养的家畜就能不断繁殖。在周家,主要的经济来源是小麦和小豆,家畜的收入甚少,养家畜就是为了贴补日常生活,例如过年时杀一头猪,来客人时拿鸡蛋炒一个小菜,抑或杀一头羊给生孩子的妇女补身体等。家畜带来的收益归全家人使用,"掌柜"负责支配,妇人负责具体的操作和管理。

三、家户分配

家户分配是家庭成员赖以生存的保障,公平合理的分配能保障家庭和睦,激励家庭成员做出更多的贡献,使家户更好发展。周家在分配活动中,"掌柜"拥有主导地位,其他成员参与分配,分配对象为家户内的全体成员,分配来源是家户收入,主要有食物分配、衣物分配、零花钱分配,以及其他的分配,在分配中公平与特殊相结合,灵活统筹,满足分配所需。

(一)分配主体

1.家户为主体,分家后责任不断

周家在分配活动中,没有宗族分配和村庄分配,家户分配是主要的分配形式,在全家范围内展开分配。周家在没有分家以前"同家生活"时,"掌柜"主持分配,家户内的每一个成员都有分得东西的权利。分家以后,父母和没有分家的儿子在"老家"生活,分出去的儿子成为独立的一户人,在"新家"生活。长辈不过世,实为一家人,在分配中形成了两个"掌柜"——"老家掌柜"和"新家掌柜"。这两个"掌柜"在"老家"范围和"新家"范围内展开分配,但是相互之间还要考虑对方。"老家掌柜"分配时先考虑"老家",其次要考虑分家出去的"新家",例如遇到荒年,"老家"有粮食,分出去的儿子家里断粮了,虽然分家了,但是还要留出一部分给分家的儿子。"新家掌柜"分配时,首先考虑"新家",其次还要考虑"老家",例如"老家"父母在世,年龄过60岁,要留出养老的粮食,还要预估父母可能花费的一些费用,父母过世,要准备葬礼所需的费用等。

2."掌柜"主导,家庭成员参与分配

周家进行分配时,在没有分家以前,只有一个家庭。分家后虽然有"老家"和"新家"的区别,两家的收入是独立的,相互照顾是一种责任。1949年以前,周家大部分的分配事务由"掌柜"周生录做主,"掌柜"是全家人的核心,需要家人尊重,"掌柜"决定的事务全家人都要执行,除非决定特别不合理,家庭成员才能提意见。周家在灶房做饭的人要遵循一条规矩,就是

"三天不能做重饭",做什么饭由刘氏和张氏决定,"掌柜"周生录可以插手。在做衣服方面,做什么衣服,做好了给谁穿,以及与针线有关的其他分配,也是张氏和刘氏决定。"掌柜"不在,长子周俊发代理行使"掌柜"职责,"掌柜"回来之后要向"掌柜"报账。周家在分配活动中以"掌柜"为主导,刘氏和张氏参与多,其他人参与少,妇人有管理灶房,分配衣物的权力,长子只有在"掌柜"不在时才有权力分配,其他成员对不合理的分配有提意见的权利。

(二)分配对象

1.分配对象:家户成员

周家在分配时,分配对象为家户内的全体成员,家户内的成员可以平等地享受到分配权,亲戚、朋友、邻居没有分配权力。周家在分家以前,只有一个家庭,全家人在一起生活,所有的家庭成员都在一个锅里吃饭,每一个家庭成员都有分配的权力。分家以后形成一家多户的局面,"新家"和"老家"实为一家人。"老家"分配时,首先在"老家"家户成员内分配,其次要照顾"新家"的成员,"老家"对待"新家"的态度依然是一家人。"新家"在分配时,首先考虑"新家"的家庭成员,还要照顾"老家",这时"新家"并不是完全独立,依然附属于"老家"。不管"老家"还是"新家",始终都有割不断的血缘关系,始终属于是一个大家庭。

2.分配物来源:家户农业收入

周家的分配物来源主要是家户农业收入,集体分配的主要有食物、衣服和零花钱。分配食物时,"掌柜"周生录在秋收后会有一个总体的计划,按照全家人的需要,统筹全家人一年所需要的粮食。分配衣服时,只要是家庭内的成员,每年都能分到一套。周家做衣服的布一部分需要买,一部分自制,买布需要"掌柜"周生录做主,首先要将家里的余粮拉到"斗行"卖掉才能买布。自制的布是用羊毛织的,叫"荷子",周家养的羊不是很多,每人穿一件"荷布"衣服是不可能的,谁的衣服破了谁就可以穿,"掌柜"周生录可以有特权,因为"掌柜"对家庭做的贡献多。分配零花钱时,"掌柜"周生录会根据需要公平分配,争取满足每个家庭成员的需要。

(三)分配类型

1.农业收入分配

周家在农业分配中首先要纳粮,主要是公粮和学粮,每年纳粮两千斤小麦,占了将近小麦总产量的一半。纳粮的比重很高,遇到灾荒年景,村民会向保甲长说明情况,保长向乡镇、县官府反应。县官府了解之后会适当减免。纳粮时需要到县城去交,两千斤粮食需要拉着牲口驮好几次才能完成。纳完粮,粮库管理者会给一个条子,回来之后将这个条子交给甲长,甲长登记记录,一年的纳粮就算完成。周家每年还要纳税,税种很多,有人丁税、屠宰税等,一年要交好几次,交税的时候甲长来收,一般交现钱。税款交不上,首先是甲长来催,困难家庭交不起时,甲长人品好,可以先垫着交了,要是不通人情,如实报给保长,保长会报到乡官府,最后官府强制执行。缴纳税金的时候,甲长直接通知"掌柜"什么时候来收取,让"掌柜"准备好现钱,纳税时由"掌柜"一人做主就可以,"掌柜"要是不在家,长子可以行使"掌柜"职务,"掌柜"回来后要报账。

2.家户其他收入分配

周家主要是农业收入分配,没有手工业、副业收入,其次还有食物、衣物及零花钱分配,没有私房钱和私房地的分配。周家的"掌柜"周生录和老大周俊发有时候会到头等户家里"拉长工"或者是"拉短工",挣回来的钱也是家户集体收入,老大周俊发去头等户家里"拉短工",

回来的第一件事情就是要到"掌柜"周生录的房间去报账,将挣回来的钱交给"掌柜",算集体收入,分配的时候按家户收入计算。

(四)"掌柜"在分配中的地位

1."掌柜"拥有家户财物管理权

周家在衣物、食物、零花钱的分配活动中,"掌柜"是家中实际的支配者,周家所有的东西都是家庭成员集体所有,但是"掌柜"拥有家户财物的管理权。1949年以前,有一段时期周家靠近主房右边的角房没有人住,这个角房被当作仓储间,在里面储存粮食,以及其他的贵重物品。在这个房间里面有一个专门放钱的小箱子,在这个小箱子和角房的门上都有锁,钥匙掌握在"掌柜"周生录的手中。"掌柜"指派任何一个儿子去集市回来之后要报账,老大给头等户"拉短工"或者是"拉长工"回来的第一件事情就是到"掌柜"周生录的屋子去报账。老大周俊发代理"掌柜"职务时,"掌柜"周生录回来还是要向周生录报账,"掌柜"在经济活动中有支配权,周家的财物管理权全都落在了"掌柜"手里,财物管理权在谁的手中,谁就在分配中占据了主导地位。

2."掌柜"分配食物

周家的大部分食物都是自产,对食物分配而言,从"掌柜"开始决定种什么农作物,种多少农作物,"掌柜"对一年的食物消费就有了一个初步的计划。秋收之后,对粮食总产量做一个估计,给国家纳完粮食之后还剩余多少,全家人一年能消耗多少粮食,留下足够的粮食给全家人分配,多余的粮食卖掉补贴家用。要是粮食的总产量不够全家人使用,就要从上一年的结余中补贴或者是去借别人的粮食进行分配。对于肉食食物而言,"掌柜"有权决定要不要养猪、养羊、养鸡,还能决定每年养多少,就算是养了这些家畜,也有权决定要不要杀,杀了之后给谁吃,例如家里要是有老人,生病的人,或者是孕妇,"掌柜"有权决定他们优先吃。

3."掌柜"分配衣物

在衣物分配中,由"掌柜"周生录决定,决定时不需要和家人商量,每个人每年都可以分到一套衣服,因为全家人都有,前后没有顺序。周家每年在过年以前做新衣服,这是"掌柜"周生录要尽到的责任。在1949年以前,布匹的质量不是很好,颜色也非常有限,给家里的每一口人添一件新衣服是非常困难的事情。一是做一套衣服需要一百五十斤粮食,全家十口人就需要一千五百斤粮食,是一笔很大的开销。二是要将这一千五百斤粮食驮到县城"斗行"卖掉,拿到钱之后才能买布匹,一千五百斤粮食需要用牲口驮四五次才能全部驮到"斗行"。从秋收之后到过年以前,"掌柜"周生录要抽时间将粮食全部驮到"斗行"卖掉,布匹买回来之后交给张氏和刘氏。周家养了十几只羊,羊毛剪下来捻成线,交给"荷匠"织成"荷布",可以做二件"荷褂","掌柜"有权决定谁穿这个"荷褂",并且有优先穿"荷褂"的权利。

4."掌柜"分配零花钱

在零花钱分配中,"掌柜"也拥有决定权,分配零花钱时,不需要和任何人商量,"掌柜"可以随时给、任意给,也可以决定给多少。一般情况下不会太多,分配零花钱时没有顺序,也没有什么原则。零花钱的分配比较严格,"掌柜"周生录不在,长子周俊发代理"掌柜"时不能分配零花钱,零花钱只能由"掌柜"分配。给零花钱的时间一般是恰逢庙会,或者是唱戏及节日。"掌柜"给点儿零花钱,家庭成员可以去凑热闹,外出的时候还可以图一个喜庆,过年时也可以给点儿零花钱,买块糖之类的。在周家,每一个人都可以有零花钱,但是零花钱的数量不一定一样多,例如长子周俊发去给头等户"拉短工",带着工钱回到家里给"掌柜"周生录报账,挣回来的钱补贴全家人使用,"掌柜"可以给点儿零花钱作为奖励。周家的零花钱是"掌柜"给的,年景好的时候多给一点儿,年景不好的时候少给或者是不给,根据具体的情况而定。

(五)家庭成员在分配中的地位

1.长子在分配中的地位

周家的家规极为严格,"掌柜"周生录对长子周俊发抱有很大的希望,"掌柜"不在时,长子周俊发可以代理"掌柜",周俊发在自己的能力范围内对某些事情可以做主,也可以给周生录一些建议,其他的几个兄弟都要尊重周俊发,不容许和周俊发顶嘴。在分配中,除了钱之外,只要是为了家庭好的事情,周俊发可以处理,在紧急情况下,与钱有关的事情,周俊发也可以做主。1950年年初,长子周俊发外出当兵,老二周俊庭代替了长子的位置。

2.妇人分配做好的食物

在周家,与灶房有关的事情家里的妇人能决定,周家的男丁一般不会干涉。在当地比较古板的家庭,男丁甚至不进灶房,并且当地有这么一种认识,灶房就是女人该待的地方,做好"茶饭"是妇人的责任,新媳妇上门做不好"茶饭"会被认为是没有教养的表现,也会被婆家看不起。周家有"三天不做重饭"的习惯,三天以内做什么饭,刘氏和张氏能做主,做什么饭全家人就吃什么饭。周家一年的粮食收入基本是固定的,同时还要考虑一年的收入,做饭时要有一个总体的计划。做饭"掌柜"能适当地干预,周生录想吃什么饭,妇人一般都会做,这也是对"掌柜"的一种支持。平时农闲的时候,周家全家人吃的饭都一样,吃得相对比较差,到了农忙的时候,周生录和周俊发相对吃得好一点,早上的时候,刘氏和张氏会给周生录、周俊发烧一点"蛋汤",在当地俗称"烧喝的",对于耕地的人来说这是必需的。周生录和周俊发是全家的主要劳动力,干活的时候吃得好一点儿,其他家庭成员谁也不会有意见。食物分配中,通常的人都会认为农忙的时候吃得好,农闲的时候吃得差,在当地的现实生活中并不是绝对的,因为没有将春节算进去。农忙和农闲相比,农忙的时候吃得好一点儿是一种假象,绝大部分肉食是在春节期间消费的,这个时候恰逢农闲,农忙时的那几个鸡蛋和春节的肉食消费相比就算不了什么了,这样算下来总体的情况应该是农闲的时候吃得好,农忙的时候吃得差。

3.妇人分配针线活

"掌柜"周生录将布匹买回来交给刘氏和张氏,张氏和刘氏在做衣服的时候,可以按照实际的情况做主,全家人的衣服不可能在几天内全部做完,谁的衣服先破了,就给谁先做,谁经常出门,衣服就要做得好一点儿。小孩子的衣服破了,也可以将大人的破衣服裁了做小孩的衣服,刘氏和张氏要根据实际的情况具体安排,想要衣服做得讲究一点儿,就得交给当地的裁缝。周家的衣物大部分都是自己做,这样可以省去手工费。周家每年能做两件"荷褂",做好之后一般是给"掌柜"周生录穿,这样全家谁也没有意见。到了冬天太阳出来后,周生录还要到外面去放牲口,穿着"荷褂"能御寒,还有一件"荷褂",谁的衣服破了就可以给谁穿,刘氏和张氏完全能做主。

(六)分配统筹

1.考虑全家需要

周家在分配时首先要考虑全家人的需要,做一个两年的计划,今年的农业收成是为明年做准备,明年的农业收成是为后年做准备,当年消费的是前一年的农业收成,第一年种植什么作物关系第二年的分配。当年的农作物收割之后拉回晒场，从晒场上将粮食扛回家的时候，虽然没有过称，也会估计一个总体的收成。分配的时候首先会考虑到全家人的需要，根据实际的情况分配，不会有任何的私心，尤其是分配衣服的时候，要是分配不公，家庭成员会有意见，家庭成员有了意见，就是分家的前奏，"掌柜"在分配的时候要特别重视公平，维护家庭和睦，这是当家好不好的重要表现。

2.食物分配为先

周家在分配的时候，首先要立足于食物，这是最基本的需求。"掌柜"首先考虑的就是一年的粮食问题，这是周家的大事。周家六十亩土地，收入的粮食每年都够用，周家不会抗税，也不敢抗税，在分配的顺序上，周家首先考虑的是食物分配，其次是衣物的分配，最后才考虑零花钱分配。吃饱是全家人最基本的需求，食物分配是最基本的分配，也是首先要考虑的问题。其次考虑的就是衣物，1949年以前，衣服的布料不是很结实，穿不到一年基本上就破了，劳动力需要外出干活，要有一件能穿得出去的衣服。要是农业收成不好，刚好够全家人所需或者是不够全家人消费，可以减少在衣服方面的消费，首先解决全家的温饱问题，与此同时，也会减少零花钱的分配，或者是不分零花钱。

3.公平与特殊结合

周家的分配原则是公平和特殊需要相结合。公平就是要考虑全家人的需要，保证家庭和睦，食物分配和衣物分配会根据实际的情况，做到各取所需，家庭的每一个成员都有零花钱，但是也会给家庭做出贡献多的人多给一些零花钱。特殊需要是要考虑到家里的老人、孩子、孕妇，及自家的劳动力，老人生病时可以吃得好一点。老人过世前，给老人置办一套老衣，这是当地的习俗；正在长身体的孩子，也可以吃得好点；孕妇在生育以前需要补身体，生养以后身体虚弱，结合自家的实际情况，在生养以后的一个月或者是更长的时间内可以得到家庭的特殊照顾。周家的"掌柜"周生录和老大周俊发是家内的主要劳力，干重体力活的时候也可以特殊照顾，刘氏和张氏在做饭的时候会考虑到这些，对于这类照顾，家庭成员不会有任何质疑。

4.分配灵活调整

周家在分配过程中，首先要考虑纳粮和上税，纳粮比重稳定，税的种类多且没有固定的税款，要考虑到税款的支出。食物分配是最主要的分配，占周家总体收入的一半左右，食物是生活必需品，变动不会太大。其次是衣物分配，一件衣服需要一百五十斤小麦，全家十口人，并且衣服消费必不可少，这是"掌柜"必须要考虑的问题。最后是零花钱分配，零花钱分配没有固定的数量，食物分配、衣服分配会影响到零花钱的分配，年景好的时候零花钱多，前景不好的时候零花钱少，"掌柜"会灵活调整。

1949年以前，周家辈分最高的是刘氏，年龄已过60，不管家庭事务。其次是周生录夫妇，除了刘氏，周生录是"掌柜"，又是家里的长辈，周生录做出的分配决定，全家人都会支持，遇到特别不合理的分配，家庭成员可以提意见，"掌柜"周生录通常会做出适当的调整，有时"掌柜"周生录也会为了维护自己在家中的权威，不调整自己做出的决定，就算是决定不合理，全家人也要执行"掌柜"的决定。

四、家户消费

消费是家户成员对外交往的纽带。1949年以前,周家主要有食物、医疗、衣物、住房、教育、人情,以及其他方面的消费,各种消费比重不同,各种消费从家户农业收入中支出,"掌柜"在消费中统筹全局,其他家庭成员辅助,使消费自给自足,满足家庭所需。

(一)家户消费及自足程度

1.食物消费自给自足

1949年以前,食物消费是周家最主要的消费,每一年的食物消费基本能自给自足。在具体的消费中,小麦主要用来纳粮,剩余的拉到"斗行"换钱贴补家用。小麦是最好的口粮,只有在干农活或者是过年的时候才吃,平时舍不得吃。周家一年能消费两千四百斤杂粮,平时吃的主要是玉麦、荞麦、糜子、谷子,以及小豆。周家每年能消费四千斤土豆,土豆可以当作蔬菜吃,其中有一部分还可以用来喂牲口和家畜。在肉、蛋、蔬菜等方面,周家都是自给自足,每年养一头猪,多数年份还杀羊和鸡,土鸡不是每天都下蛋,这一个月下蛋,下一个月就可能停了,土鸡是每隔一个月都要"造窝"①,尽管土鸡不是每天都下蛋,鸡蛋也不是很多,但是足够全家人使用。周家还会在离家比较近的土地上种些蔬菜,加上土豆,能满足周家需要。以上这些消费来自农业收入,周家很少外购或者向别人借粮食,遇到荒年才会外购或者向别人借粮,同时全家也会节衣缩食,减少家庭零花钱,减少衣物的消费,平时多吃土豆,减少粮食消耗。食物消费基本占了总收入的一半,周家在村子里属于中等偏上的农户,除特殊年份每年都有结余。

2.衣物消费产购并用

周家每年衣物消费需花费一千五百斤粮食,折合当时的价款大概为一百八十元。这是除了食物消费,纳粮消费之后的第三大消费,占总体消费中的五分之一左右。周家的衣物消费来自两方面:一方面从外面买,"掌柜"周生录将布匹买回来之后交给刘氏和张氏做,还有一部分交给裁缝去做;另一部分自产,周家养了十几只羊,每年能做两件"荷褂",将羊毛剪下来自己捻成线,交给荷匠织成布,拿回来自己做衣服。衣物是生活必需品,更是个人私人物品,家里人的衣服破了,不能借别人的衣服,当地人都比较困难,就算是向别人借衣服,别人也不会借,万一没有衣服穿了,只能向别人借粮或者是借钱做衣服。

3.住房消费满足需求

周家有一套完整的四合院,加上门房,总共十八间房屋,有八个炕,能满足日常生活需求。刘氏住在主房,周生录夫妇住在上位左边角房,老二周俊庭和老三周俊明住在左边的角房,老四周俊刚、老五周俊德、老六周俊权住在下位左边的角房。主房左边的一个炕及灶房的炕没有人住,来客人的时候才会动用这两个炕。门房里面的炕要看具体的情况,在碾场期间,"掌柜"周生录会住在里面,晒场上面有没来得及收拾的粮食或者是秸秆,到了晚上的时候需要人守着,防止晒场上的东西被人偷掉。在一年之中,有几天会出现小偷小摸的事情,周生录也会在门房住上几天,守护自家的财产,平常可以住,也可以不住,周家有多余的炕可供全家人调节,住房能满足家户基本需求。

---

① 造窝:当地的土话,就是土鸡每隔一个月就会掉毛,这期间不会下蛋。

4.医疗消费以老人为主

周家医疗消费比重不大,主要是刘氏消费,张氏有时也会生病,其他家庭成员身体健康,一年下来也就生点儿小病,靠着自身扛几天也就好了。1949年以前,只有在县城里面才有正当医生,当地大部分都是"光脚"医生,就是各处走,到处串庄,到各个村子去看病的医生。"光脚"医生看病时只给人开方子,开完方子后要到"光脚"医生家里去取药,或者是到镇上、县城的药房去买药。大部分都是中草药,西药很少,周家一年下来也就是买几副草药。有一次刘氏生病,家里没有钱,"掌柜"周生录带着周俊庭,拉着自家的两头驴驮着两袋子粮食去"斗行"。到了"斗行"已经是下午时分,粮食没有卖掉,周生录就将粮食放在"斗行",拿了"斗行掌柜"的钱急忙返回来。回来之后去请镇上的医生,医生嫌太远,周生录说了好多好话才请动医生。在周家,老人在医疗方面的消费比较多,同时周家人也比较看重孝道和家庭和睦,家里有人生病时,会倾尽全家的力量治病救人。

5.教育消费比重较大

1949年以前,周家教育消费较多,老二周俊庭和老四周俊刚读了六年的完全小学,其他四个弟兄读了四年的初小。消费主要在两个方面:一是给老师的学费,二是自己买课本的费用。老师的工资来自两个方面,国家给的工资,当时被称为学粮,学生自己还要拿一部分。一个学生一年的学费和课本费大概是两百多斤小麦,周家为了减少自家的负担,不会让几个孩子同时去读书,一个孩子读完之后另一个才能去,有个别年份两个孩子可以同时去,按照年龄大小读书,读四五年之后就不让读了。长女周香莲是女孩,长大后要嫁人,迟早要成为别人家里的人,没有读书。周家六个男孩,两个读了六年的完全小学,四个读了四年的初小,这在当地很少见,读了完全小学,再读三年的师范,就可以在小学当正式的教师,可惜的是周家的孩子没有读。周家教育孩子的理念是读一些书就可以,能懂道理就行,不需要读太多,外出不吃亏,基本的账能算,到了十七八岁在家老老实实种地。

6.人情消费多种多样[①]

(1)走亲戚

1949年以前,周家在红白喜事方面的人情消费不是很多,但基本上每年都有。一个村子二十多户人,按照20岁左右结婚,一年也就发生一两件红白喜事。周家在走亲戚这一方面的消费稍微多一些,不管自家的收成好不好,在这方面的消费不会减少。周家的亲戚主要是周生录这一辈的人,周生录有两个妹妹,每年至少会去两次,过年的时候去一次,周生录去集市办事,经过妹子家门的时候也会去妹子家,去的时候带一点儿"挂面"。1949年以前,当地的物品不是很丰富,"挂面"就是手工擀的面,将面晒干后绑成一把,周生录一般会带着两把去,带礼物一般都是双份,一把挂面也就是一块钱,带"挂面"显得比较体面并且不贵。到了冬天的时候,周生录会去看自己的舅舅,舅舅是除了父亲周仁和母亲刘氏唯一一个有资格教育周生录的人,周生录对舅舅比较尊重,每年都会去给舅舅拜年,平时闲暇的时候也会去拜访舅舅,去的时候带半斤茶叶或者是带一点儿散装的点心,这是当地的风俗。去妹子家或者是去舅舅

---

① 此处的分类有重叠的地方,这是按照当地的风俗分的,当地人也这么分,走亲戚这一块和其他几类重复最多,此处的走亲戚和其他几类相比,少了一点儿血缘意味,是一种概括的说法,关系好的人相互来往,也可以叫"走亲戚",其他几类的针对性更加强。

家的时候,周生录都是亲自去,有时候还会带上老六周俊权,如果将来分家了,周生录就要和小儿子一起生活。以上是一般意义的走亲戚,但是走亲戚的范畴比较的宽泛,关系好一点儿的人相互来往也可以叫"走亲戚"。

（2）"转娘家"

"转娘家"是刘氏和张氏回自己的娘家看自己的弟弟或者哥哥,刘氏回娘家的时候,一般要在娘家住一周左右,甚至是更长的时间。刘氏年龄已过60,来去的时间短,身体经不住折腾,对于老人"转娘家"当地还有一种说法:"来一次,少一次。"对于过了60岁的人,回一趟娘家就意味着以后要少转一次娘家,多住几天所有人都能理解。刘氏回娘家一般住在自己小兄弟的家里,就是俗称的"老家",刘氏的父母在分家以后也是和自己的小儿子生活在一起,刘氏就是在"老家"长大的,回娘家的时候理所当然也就应该住在"老家"。刘氏"转娘家"时周生录要送过去,返回时周生录要去接,同时也能顺便看一下自己的舅舅。

张氏回娘家的时候一般是当天返回或者是在娘家过一夜,一般是独自去或者是带着老六周俊权,给娘家人带一点儿"人字糖"及自家土鸡产的蛋,"人字糖"是"糖萝卜"做的黄色块糖,在当地属于比较珍贵的东西。和张氏相比,刘氏转娘家周生录接送,带的东西也稍微好点儿、多一些,算是一种特殊的照顾,一般是带茶叶、点心、鸡蛋之类的。

（3）"吃初月"

"吃初月"是指妇女生了孩子,在孩子满月的时候办的满月酒。在村内,谁家的孩子要办满月酒,张氏会去厨房帮忙干活,周生录也会去帮忙,周生录一般在满月酒当天招呼客人。到了满月酒快结束的时候,全村的人会坐在一起吃一顿,在吃的过程中,生了孩子的人家会抱着孩子在院子里面转,让来的客人看一下孩子,名义上是让客人看孩子,其实就是向客人要红包。客人也愿意给孩子红包,顺便粘一下孩子身上的喜气,吃完之后还要"随礼",就是随份子。"随礼"一般是一升小麦,或者是二升小麦,一斤小麦的价格在九分到一毛二之间,按照一毛计算,一升小麦十五斤就是一块五角,二升小麦就是三块。要是去村外"吃初月",周生录会代表全家参加,周生录不在家,老大周俊发去,和村内的人相比,村外的人关系没有那么密切,可以带一升粮食,或者是随一块五角钱就可以,随份子不会太多。

（4）"抬先人"

"抬先人"是指长辈过世需要安葬,安葬的时候是抬出去的,在当地叫"抬先人"。1949年以前,当地有结婚之后就分家的习俗,"掌柜"和长辈一般情况下是同一人,长辈过了60岁,就会将"掌柜"的位置传给小辈,长辈在当"掌柜"期间的权威仍然会留在家中,老人过世是一个家庭中最重大的事情,全家会举办一个隆重的葬礼,要是办得随便一点儿,村民会在背后指指点点。老人为全家人操劳了一辈子,死的时候草草了事,冷冷清清地办了丧事,后辈会被别人说成是不孝顺,在背后会被别人戳脊梁骨。因此,不管家庭条件怎么样,一定会尽最大的努力办好丧事,甚至不惜向别人借钱借粮。长辈过世后的安葬费很高,对一个普通家庭是一个很大的负担,用"抬"这个字也很贴切。当地的丧事活动小辈和妇女很少参加,这种事情一般是周生录去,随礼一般是三块钱,会比其他的红白喜事稍微多一点儿,这既是风俗,突出对别人的重视,也是好面子的表现。

（5）"看女子"

"看女子"是指父母亲去看出嫁的女儿,女儿在婆家生了孩子,或者是生病了,父母要去看一下。"看女子"时带什么东西没有什么讲究,因为是长辈去看晚辈,重在心意和亲情。带的东西一般是鸡蛋或者是粮食,带这些东西可以给女儿家补贴家用,显得比较实惠。周家"看女子"主要是刘氏和张氏去,刘氏去看自己出嫁的女儿,就是"掌柜"周生录的姐姐或者妹妹,因为刘氏年龄大,外出不安全需要周生录亲自接送。周香莲1950年出嫁,周生录只有一个女儿,张氏和周生录比较偏爱,一年去的次数多一些。"看女子"还有一个重要的原因就是出嫁的女儿在婆家受了欺负,在这个时候"看女子",娘家出面的人数会比较多,意在给出嫁的女儿壮势、撑腰。娘家人去得多,就是在气势上压倒对方,让婆家人以后不敢欺负女儿,要是娘家人叫了亲房的人"壮势",所有的花费都是娘家出,这种情况下花费就更加多。

(6)说媳妇

娶亲办酒席在当地叫"说媳妇","说"暗含中间的媒人,娶媳妇时男方家庭首先找一个和女方关系好的媒人,让媒人去女方家庭"说"一下,这时女方的家庭碍于和媒人的关系,只要媒人开口"说"了,并且双方的家庭条件差不多,这门亲事说成的概率变大了,这就是为什么叫"说媳妇"的原因。"说媳妇"是当地比较重要的事情,生了儿子,父亲有一个重要的责任就是要给儿子"说媳妇",给儿子"说不上媳妇",相当于没有养这个儿子,这个父亲也会被别人看不起,认为没有尽到父亲应该尽的责任。能"说上媳妇",对家庭来说是一件大事,关系家庭的繁衍和传承。这种酒席都是"掌柜"周生录亲自去,随份子是二块钱,或者是二升小麦,顺便与有喜事的东家唠叨几句,联络一下感情。

(7)贺寿

在当地有"贺寿"的习俗,就是祝寿,不管男女,只要到了60岁,在大年初一就可以给老人举办一个60岁的"贺寿"典礼,当地人对这个很重视。"贺寿"是一种孝道的体现,办的酒席一般是"碗菜",但是人们为了面子还是要多随份子,周家一般是二块钱,或者是二升小麦。"贺寿"和其他的红白喜事相比,参加的范围要窄很多,周家只参加亲戚、村子内的"贺寿"活动,外村的"贺寿"活动很少参加,其他人也一样,参加的范围窄了,随份子比其他人情消费多一块或五角,总体下来还是比其他的人情消费少。

7.其他消费

周家总共有六个儿子,老四周俊刚吃了"初月"。还有一些很零碎的消费,有庙会的时候通常要去庙上烧香,祈求神佛保佑全家平安顺利,到了过年的时候给祖先买点香、蜡、黄纸等祭奠用品,以及一些逢年过节的货物。在农业生产中,修缮各种农业工具的消费,以及为了扩大家庭农业生产所必需的消费,这些对周家来说都是必不可少的消费。

(二)家户消费中的主体、地位与比重

1.家户承担消费

周家在消费中,即没有宗族负担,又没有村庄负担,主要是本家户负担,其他个人也不会提供什么帮助。周家在村子里属于二等户,家庭的总体收入和其他农户相比,经济水平中等偏上。在食物、衣物、住房、人情、红白喜事、教育,以及医疗方面都是本家户自己承担。周家的经济条件相对比较好,在消费方面没有享受过特殊的待遇。在蔡家队坡,从宗族和村庄这个层面上看,谁家的经济条件差,在红白喜事中大家可能会多随一点儿份子,当作人情方面的照顾,村民不会无缘无故地提供帮助。

2.不同消费类型在家户中的比重

周家有食物、衣物、医疗、教育和人情等方面的消费。食物方面的消费最大,其次是衣物,后面是教育,比较低的是医疗和人情。周生录六个儿子,孩子的教育费用加起来也是一笔不小的开支。粮食、食物、医疗和衣物是必需的消费,理性来说,教育和人情方面的支出是可以减少的,但是周生录常说的一句话就是"工是换的,礼是追的",人和人之间相处要讲究对等和诚信,别人帮了自己,这个人情一定要还。周家很重视人情方面的支出,就算是家庭条件不好,也要借钱参加人情方面的活动。

3."掌柜"在消费中的地位

"掌柜"周生录在粮食、住房、人情、红白喜事、教育、医疗消费中具有决定作用,不需要和家人商量自己就能决定这方面的事情。"掌柜"有了决定也不需要告知四邻、保甲长,是家中实际支配者。每年的粮食打下来,周生录心里有一个总体的数字,粮食放在仓储间里,周生录有这个房间的钥匙。住房有严格的规定,需要调节时也要得到周生录的同意。人情活动,红白喜事,请人看病主要是周生录参与。在教育消费中,周生录有权决定谁读书、谁不读书、读几年书,"掌柜"做的关于消费的决定,全家人都要服从。

4.刘氏和张氏在消费中的地位

在食物消费中,"掌柜"周生录有一个大概的计划,主要是刘氏和张氏具体操作。1949年以前,周香莲没有嫁人,在灶房干活的主要就是刘氏、张氏和周香莲。与食物有关的事情,例如做什么、怎么做、做多少这些张氏和刘氏决定。在蔬菜、肉、蛋类食物的消费中,刘氏和张氏随意分配,可以公平分配,也可以不公平分配,到了干重体力活的时候,可以给自家的劳动力特殊照顾。在衣物方面,"掌柜"将布买回来,刘氏和张氏有权决定先做谁的衣服,做什么样的衣服,与针线有关的活儿,一般都是妇女来管。

5.周俊发与周香莲在消费中的地位

"掌柜"周生录不在,周俊发代理"掌柜"职务,与钱财有关的事情,等"掌柜"周生录回来还要报账。当周俊发代理"掌柜"职务时,作为长女的周香莲、周俊发这一辈中的老大,周香莲可以给周俊发提意见。这是作为同辈,且在周生录不在的情况下才发生这样的事情,周生录在家的话绝不容许发生。

五、家户借贷与还贷

家户借贷是家户难以支撑时为了继续发展而采取的紧急措施,有效的借贷可以使家户渡过难关继续繁衍生息。1949年以前,周家的经济条件比较好,很少向其他家庭进行借贷,只有遇到红白喜事时,"掌柜"代表家户进行借贷,全家承担责任,还贷时从家户收入中支出。

(一)借贷

1.借贷的具体情况

1949年以前,周家找别人借过钱,周家也借给过别人钱。周家向别人借钱最主要的原因有三个:一是家里发生了"贺寿""吃出月"等喜事,就算是每年的收入都有结余,一时也会周转不开;二是需要现钱,遇到老人生病,自家没有现钱时,卖掉余粮又赶不上,这个时候只能向别人借钱,卖掉粮食之后还回去;还有一种原因就是自家的粮食确实不够吃了,这种情况只有个别灾荒年份才会遇到，只能向别人借钱或者是借粮，最坏的情况就是逃荒。在当地，发生红白喜事借钱相对比较容易一些，尤其是老人过世，借钱最容易。借钱是为了"抬先人"，只要开口借，并且有能力借，多数人都不好意思拒绝。借钱最难的情况就是赌博欠了债，对于一个二十几户人的小村子，谁经常赌博，赌博的时候谁输谁赢了，大家都清楚，相互之间也了解对方的人品，给经常赌博的人借了钱，这个钱就要不回来了。

2.借贷单位:家户

周家借钱主要是"掌柜"周生录出面，"掌柜"是全家人的代表。在当地，人们借钱时会说"是谁家借的钱，谁家借了谁家的钱"，一般不会说个人。一个家庭的钱主要是由"掌柜"管理，借钱的时候要给家里人通知一下，通知的意思就是以后要省吃俭用，秋收以后要给别人还钱，要是还不了，有可能拿第二年的一部分收成来还债，让家庭成员都有一个思想准备。借钱时不需要告知四邻、家族、保甲长。周家的"掌柜"不在，长子周俊发要是为了家庭的发展而借钱，能得到家庭成员的认可，"掌柜"回来报账时，也能得到"掌柜"的承认，还钱时从全家的收入中支出。"掌柜"不在时，代理"掌柜"要是为了个人或者是其他的个别家庭成员借钱，"掌柜"不会认可，会迫使借钱的人立即将钱还回去，如果借回来的钱花完了，这时也就没有什么办法，只能教训一顿，然后拿全家的收入还债。

3.借贷主体:"掌柜"

周家在借贷中，"掌柜"周生录具有实际的支配地位，"掌柜"不在，长子周俊发代理"掌柜"，只要是为了家庭，就能代表全家人借钱。"掌柜"在，也可以指派老大周俊发去借钱，这时老大周俊发行使代理"掌柜"职权。老大周俊发去借钱，外人还是比较认可，没有分家以前，老大的代理"掌柜"身份是当地人默许的，如果对方要求写一个"把凭"，按手印的时候周俊发按了就可以。在周家，只有"掌柜"周生录和代理"掌柜"周俊发能代表家庭借钱，外人一般情况下也只给"掌柜"借钱，其他成员借钱时，对方会让"掌柜"来。老大周俊发外出当兵后，老二周俊庭行使代理"掌柜"职权，也能代表全家人借钱。

4.借贷责任

周家所有的财物都是家庭集体使用，小家庭没有私有财产，借贷是"掌柜"代表全家人去，借了钱之后全家人都有责任还钱，还钱时从全家的收入中支出。1949年以前，周家有四个劳动力，周生录、张氏、周俊发及周香莲，老大周俊发外出，长女周香莲出嫁后，周家三个劳动力，周生录、张氏、周俊庭。不管是什么时候，借钱时是以家庭的名义，家庭成员都有责任还钱，但是主要责任始终是落在家庭的劳动力身上，劳动力承担得比较多，其他家庭成员都是半劳力或者是无劳动能力，承担的责任小，随着年龄的增长，承担的责任也会增加。

5.借贷过程

周家借钱时首先找亲房和亲戚，然后是邻居，最后找村民或者是有钱的头等户。找亲房、亲戚、邻居借钱的时候一般不需要利息，也不需要保人和抵押;找村民和头等户借钱时，有利息并且需要抵押和保人，抵押一般是土地、牛、驴、骡子和羊等。这种差异是由血缘关系和交往关系决定的，血缘关系近、两家人的关系好，借钱就容易;血缘关系远，关系陌生，相互之间不相信，借钱就比较难。借钱时如果两家人关系不好，需要写一个"把凭"，在"把凭"上写借钱的数额，利息是多少，借钱日期，什么时候还钱等基本情况。在当地会写字的人很少，写"把凭"的时候需要找一个代书人，这个"代书人"同时也是见证人，写完"把凭"之后，在"把凭"上要写上代书人是谁，要是有一个保人，保人也要在"把凭"上按手印。找村民或者头等户借钱时利息很重，大概需要三分，周家要是能从亲房、亲戚和邻居借到钱时，就不会找村民和头等户借钱，只有从亲房、亲戚、邻居借不到时，才会考虑村民和头等户。

(二)还贷

1.还贷方式

周家借了别人的钱，在没有什么特殊情况下，都是由"掌柜"周生录亲自上门还钱，这是当地默认的，借了别人的钱，到时候要还到出借人的家里。借了亲房、邻居、亲戚的钱，这些钱没有利息，每年秋收以后"打完场"，收了粮食后要尽快将粮食驮到"斗行"换成钱还给对方。向对方借的是钱，如果对方缺小麦，或者是杂粮，正好家里有多余的粮食，对方要是提出了要求，可以还小麦或者是杂粮，还贷的方式比较灵活，可以用小麦和杂粮代替钱财。借了村民和头等户的钱，约定什么时候就是什么时候还钱，这个钱有利息，提前还钱也可以，要将全部的利息还清。要是一时忘记还钱或者是家里没有钱还给对方，这时对方也可以来家里要，家里有钱一时忘记了，对方已经来到了家里，一般要给出借人吃一顿好的，好好款待对方，表示歉意。出借人上门了，家里没有钱，要是有多余的粮食，牲口，可以拿粮食和牲口来还，除了利息之外，出借人还要多收一点利息当作其中的劳务费。要是向头等户借了钱到期还不上，头等户家里需要"短工"或者是"长工"，可以去头等户家里干活，拿自己的劳务顶替还贷，这在当地叫作"以工补贷"，这种还钱方式在当地很常见。

2.超期责任

借了钱到了期限还不上，亲房、邻居、亲戚的钱可以等到下一年还，这个钱第一年没有利息，但是如果要到第二年才能还上，还的时候要加上当地约定俗成的利息。借了村民和头等户的钱，到了日期还不了，有保人让保人还，没有保人但是有抵押物的。出借人要是开明一点儿，可以宽限日期，甚至宽限到下一年，但是要多增加利息，因为有抵押物，出借人也不怕还不了钱。出现最坏的情况就是拿走抵押物，宽限日期这种情况在当地比较多，一般不会强行拿走抵押物。既没有保人，也没有抵押物，也没有可供拿走的财产，这个时候最常见的就是"以工补贷"。还有一种就是借贷到期还不了，借钱的人家里没有多余的东西，是以土地作为抵押，出借人明显是看上了对方的土地，到期直接将土地产权拿走，这也是当地人最憎恨的一种行为。

3.父债子来还，人死债不灭

父亲借了债，在分家以前，所有的儿子都有责任要承担债务，父亲死了之后，新"掌柜"要承担父亲借的债务，代表全家人还债。要是父亲借了债，在债务没有还清以前分家了，家里有多少个儿子债务分摊成多少份，因为分家时是按照儿子的数量来分的，分家出去的儿子结婚了，并且有劳动能力，应该承担自己该还的份额，没有分家的儿子如果年龄小，由"老家掌柜"代替未成年的儿子还债。借债时"掌柜"代表全家人出面，分家了也应该所有的"新家"以及"老家"共同承担债务。借债以前已经分家了，"掌柜"和未分家的儿子或者是小儿子一起生活，即"老家"，由"老家"的所有家庭成员承担责任，"掌柜"过世了，未分家的儿子或者是小儿子承担责任，这个钱"新家"的几个儿子没有用到，自然也就不用承担责任。如果分家后"掌柜"和小儿子生活在一起，小儿子出了意外并且没有留后，这时"新家"的成员要承担责任，代替"老家"还债。分家后"老家掌柜"和小儿子生活在一起，小儿子出现意外家里有后，这时孙子承担还债的责任。在当地还债责任是代代相传,债务永远不灭,"老家"无后时会转移到"新家",直到一个大家户里面没有男丁。债务的责任主要落在男丁的身上,这种债务不会找女儿要,女儿是"别人"家里的人,这就是"父债子来还","掌柜"过世债务不消灭,直到大家庭没有男丁为止,这就是"人死债不灭"。

4.薄心

周家借了别人的钱,要是请了保人,到了还钱的时候,这个钱还清了,保人同时也就没有了责任。但是在借钱的时候,保人肯担保,说明相信周家有能力还清,并且相信周家的为人。还清了钱,拿回了"把凭",这时候要感谢一下保人。感谢保人的时候要给保人带一包散装点心,或者是带几个鸡蛋,数量不在多,能表示心意就可以,带的这些东西被称为"薄心",但是一定要家里的"掌柜"带去,亲自表示感谢。"薄心"的意思不在于带什么东西,而在于心意。"薄心"也可以在刚借到钱的时候表示,借钱说明缺钱,给保人带的东西多,对借钱的人来说,意味着增加了负担,这也是"薄心"的另一层含义,家里困难,实在是拿不出多余的东西给保人,"薄心"要是重了,就失去了借钱的意义,所以"薄心"重在心意,还钱不仅是给出借人还,也要给保人还心意。

六、家户交换

交换是各个家户之间、家户与商人之间,以及家户与其他人之间各取所需的过程,有效的交换能够保证家户及时得到生产和生活所需的物品。1949年以前,周家的交换很频繁,以家户为单位,"掌柜"在交换中起核心作用,其他家户成员参与交换,与集市、斗行、人市等客体交换时通常会货比三家,讨价还价,寻求最合理的交换结果。

(一)交换单位与交换主体

1.交换单位:家户

周家在经济交换活动中,由"掌柜"周生录进行安排,家庭成员有建议的权利。周生录有时也和家庭成员进行商量,但是"掌柜"具有最后的决定权,代表全家和别人进行交换。家庭成员也有部分交换的权力,周家的财物管理权在"掌柜"手中,"掌柜"会给家庭成员零花钱,家庭成员可以拿着零花钱和别人进行交换,但是这种交换不会影响家庭交换,与家庭交换相比,零花钱交换金额少,困难家庭甚至没有零花钱,对家户交换的影响更小。周家交换的时候不需要告诉四邻、家族、保甲长。"掌柜"不在,老大周俊发可以代理"掌柜",代替家庭进行部分交换。

2.交换主体:"掌柜"

周家在交换活动中,"掌柜"是家庭交换的中心,交换活动都要围绕"掌柜"的意志来进行。"掌柜"不在,老大周俊发行使"掌柜"职权,担任代理"掌柜"。"掌柜"周生录安排交换的具体事项,交换所需要的全部费用从家庭农业收入中支出。除了个别不影响家庭的小额交换,没有经过"掌柜"的同意,其他家庭成员不能进行经济交换。对于其他的一些交换,例如食物、针线之类的,刘氏和张氏可以决定,并不影响掌柜的主体地位。

(二)交换客体

1."掌柜"与集市

周家需要购置物品时要到附近的集市,离周家比较近的集市有三个,窑店、塔湾、赞滩。

周家主要是"掌柜"作为全家的代表和集市的人进行交换。妇女很少赶集,周家的孩子年龄小,不参加集市交换活动。窑店的集市离周家三十多千米,"逢集"的时间为一、四、七;塔湾的集市离周家大概七八千米"逢集"的时间为三、六、九;赞滩的集市离周家大概十千米,"逢集"的时间为二、五、八。当地交通道路和工具不便,一般是走着去集市。塔湾和赞滩的集市离周家相对比较近,去哪个都可以,一年也会去几次窑店,都是当天去当天回,要是当天回不来,就得住在集市,还要多花钱,多消费伙食费。赞滩和塔湾两个集市距离差不多,周生录一般是根据产品的价格决定去哪个集市。除了"掌柜"周生录之外,老大周俊发也能代表全家人在集市进行交换,但是要得到"掌柜"的同意,不能擅自代表家庭和集市的人打交道,也不能单独和集市打交道。

2."掌柜"与"斗行"

1949年以前,当地的交易渠道非常有限,想要将家里的粮食换成钱,周家只能去县城的粮食行"斗行",周家经常和"斗行"的人打交道。打完场给国家纳完粮,便会将自家多余的粮食驮到"斗行"换成现钱贴补家用。要是自家没有吃的粮食,也可以从"斗行"买粮食。周生录早上从家里出发,拉着两个牲口驮着四袋粮食去县城,顺利一点儿当天能返回,要是不顺利就得住在"斗行",到了"斗行"之后将袋子里面的粮食倒出来,倒进"斗行"的木头匣子里,让收购粮食的小贩看,"斗行"的"掌柜"也可以从中间撮合。"斗行"收取的费用是一斗粮食收取半升,就是一百五十斤粮食要收取七斤半作为费用。粮食当天没有卖掉,"斗行掌柜"会给卖粮食的人安排住宿和伙食,给牲口安排饲料和牲口房,从中间收取一定的劳务。要是等着急用钱且粮食没有卖掉,周生录可以直接从"斗行掌柜"那里拿到一半的钱,粮食交给"斗行掌柜"处理,"斗行掌柜"收取翻倍的服务费用,粮食相当于抵押。"斗行掌柜"不会随便处理掉抵押的粮食,粮食价格浮动不是太大,双方都清楚粮食价格,"斗行掌柜"会诚信处理,要是随便处理掉,"斗行掌柜"便会丧失信誉,生意就会被其他的"斗行掌柜"抢走,失去赖以生存的工作。周家的大部分现钱都是拿着粮食去"斗行"换的,拿着换来的现钱可以置办农具、生产资料、生活资料。去"斗行"交换是体力活,一般都是"掌柜"周生录出面,妇女是小脚,不能走远路,要是卖的粮食多,周生录便会带着老大周俊发或者是老二周俊庭。有时老大周俊发也可以独自去"斗行","掌柜"周生录会提前交代好去哪个"斗行",粮食的价钱是多少,这些要得到"掌柜"周生录的授权,不能擅自代表家庭和"斗行"打交道,也不能单独和"斗行"的人打交道。

3."掌柜"与"人市"

在当地县城最繁华的中心十字有一个"人市",在人市找活干的人是"搭市"的人,站在人市找活干叫"搭市"。周家主要是由"掌柜"周生录和人市的人打交道。每年到了秋收的季节,周家地里的小麦和其他的杂粮作物全都熟了,周生录便会到县城的中心十字去找搭市的"麦客子"。秋收的时候,周家人都会在家干活,雇佣"麦客子",这是全家比较重大的事情,首先要找靠谱的人,老大周俊发在这方面没有经验,"掌柜"周生录还不放心将这样的事情交给周俊发。周生录到了人市之后要从各方面考量搭市的人,首先和搭市的"麦客子"进行简单的交流,就会发现谁是要急忙找活干的人,谁不是急忙找活干的人。急忙找活干的人就是搭市好几天都没有找到活;不急忙找活干的人刚给别的雇主干完活,可能要休息一两天,今天找不到活明天还能接着找,不是很着急。急忙找活干的人多少天都没有"开张",

兜里没钱,需要急忙找一个雇主,因此这类人要的价钱比较低,不着急的人和这些人一块儿竞争太吃亏,必须要将价钱压得更低才行。其次要看"麦客子"的身体条件,人们都更加愿意找年轻体力好的"麦客子",在这个方面年老的"麦客子"就失去了优势,但是年老的"麦客子"要比年轻的麦客子手法更加娴熟。经过对比就会发现常年当"麦客子"的人腰都有点儿驼了,当"麦客"的都是白天干活,天气热,穿着短裤子,没遮住的地方晒得很黑,遮住的地方白,人们更加愿意要这种特征明显的人,说明这种人经常给别人干活,必然有其潜在的优势。通过简单的交流和观察,"掌柜"周生录会锁定一些目标。最后就是谈价钱和吃食,大多数"麦客子"对吃食没有什么要求,只要能管饱就行。收割价钱在当地有三种:一是包出去一部分,按照亩数计算工钱,二是计件计算,收割好了之后数数量,三是按天数计算。周生录一般会选择包出去,按照天数和计件算工钱比较吃亏,"麦客子"会磨洋工①,将麦捆扎小,这些是"掌柜"周生录多年来总结的经验。通过对各种因素进行考虑,周生录更加愿意到县城的人市找"麦客子",选择的余地比较大,并且收割价格便宜。

4."掌柜"与"脚户"

"脚户"是从外地来的生意人,因为常年拉着骡子在外面行走,要卖掉牲口身上驮的货物,每年要走很多的地方,全都是靠着脚走,对于这类人,当地人叫"脚户"。一般情况下,一个脚户拉着三四头骡子,或者是更多的骡子,在骡子身上驮着要卖掉的货物,主要是羊毛褂子、山羊褂子,还有布料这些上档次的东西。从最便宜的地方进货,或者是自己亲自生产,然后驮在骡子的背上,走到哪里卖到哪里,在哪里卖完,又回到进货的地方。"脚户"一般是家里兄弟多,或者是没有家的人,一般没有老婆。在当地,有好几个脚户当了上门女婿安家立户。脚户带的东西比较贵,一件东西要上百斤粮食,周家都是"掌柜"周生录和脚户打交道,要买脚户的东西花费比较大,财物管理权在周生录的手中,和脚户打交道的权利自然就落在了周生录这里。如果脚户想要住下来,首先要与"掌柜"周生录协商,协商好之后一般会安排在门房,脚户给一定的费用,周家管吃管喝管住。

5."掌柜"与"毡匠"

1949年以前,周家没有棉花做的被子,只有用羊毛做的几张"羊毛毡",炕上铺的就是席子,能有几张羊毛毡,就算是好户了。头等户盖的也是羊毛毡,只有个别家庭才能盖上羊毛做的"荷叶被子",做羊毛毡需要专门的匠人——毡匠。要做羊毛毡的时候,"掌柜"周生录会提前安排好,一个羊毛毡需要十几斤羊毛,周家养的羊不多,给家里人通知之后就意味着全年的羊毛要攒下来,不能用来做衣服,这关系的家庭成员不能穿到"荷褂",所以"掌柜"会提前通知。"掌柜"周生录长期不在家,周俊发不能做这样的决定,其他的家庭成员也不能做主,做羊毛毡要攒两年的羊毛,甚至是好几年的羊毛。攒够了做羊毛毡的羊毛,"掌柜"周生录带点儿东西亲自去请毡匠,周家要管吃管喝管住,还要给毡匠开工资,工资从全家的收入中支出,这个事情只能由"掌柜"周生录来决定。

6."掌柜"与"铁匠"

1949年以前,当地没有大量的铁器,铁器需要找当地专门的铁匠定做,在当地集市上有一个铁匠铺子,打铁的人被称为铁匠,铁匠的职责就是专门打造各种铁质工具。在铁匠铺子

---

① 磨洋工:就是偷懒,不好好干活。

的门前也有打好的工具，但是铁匠根据普通标准打的铁质工具不一定符合人们的心意，大部分铁质工具都是人们亲自去定做。定制人给铁匠说好样式，交代好尺寸，铁匠当场制作，周家也是如此。制作铁质工具都是"掌柜"周生录亲自去，周家的铁质工具主要有铲子、铁锹、铁铧、铡刀、镰刀、菜刀等，一把铁锹大概需要二百斤粮食，按照当时的价格相当于二十元，铁铧和铡刀的价格更贵，定做这些东西时，周家还是相当谨慎，家里的铁质工具要小心使用，尽可能多用几年。定做的时候周生录一般会守在铁匠铺子，看着铁匠打好之后才放心拿走，防止铁匠在制作的过程中不用心。

7."掌柜"与"中人"

在当地集市上有一个牲口市场，主要是买卖牛和羊这些牲口，这个市场有很多中间人，经常在集市上转悠。这些人通常认识的人比较多，靠着关系在中间赚点儿小钱，或者是在当地比较有声望，说话管用，这类人叫"中人"，就是中间人的意思，说的再好听一点儿就是"经纪"，从中间撮合买卖双方达成交易，收取一定的报酬。协商价钱时为了不伤感情，中间人将卖方的手拉起来揣进袖口或者是衣襟下面，用手摸一下卖方的要价是多少，然后也用手摸一下买方的出价是多少，三方都不说话，所以叫"黑摸"或者"黑揣"。要是卖方和买方的价钱差距太大，中间人也就不撮合了，双方也不知道对方给的价钱，不伤感情。要是卖方和买方给的价钱差不多，中间人从中撮合一下买卖也就成了。这个协商过程需要身体的接触，1949年以前除了夫妻，这种接触是绝对不可以的，不是一个家庭的男女之间开玩笑都会被认为是伤风败俗的表现，更何况是身体的接触。周家想要卖掉家里的牲口，只能是"掌柜"周生录出面，与中间人、买方进行协商。周俊发的年龄在二十岁左右，对于一个经常在集市打交道的老道的中人来说，周俊发显得太"嫩"，中人不买周俊发的帐，周家买卖牲口的责任自然就落在"掌柜"周生录的手中。

8."掌柜"与"牙行"

在县城有一个买卖牲口的市场"牙行"，买卖牲口最看重的东西就是牙齿和体力。在牲口买卖中，当地的人们会看牲口的牙齿，是"对牙"还是"四牙"，通过牲口的牙齿来判断牲口的年龄，通过看牲口的"膘"来判断体力，"牙行"的名称因此而来。当集市给的价钱太低，并且赶了几次集市牲口都没有卖出去，"掌柜"周生录就会将牲口拉到县城的"牙行"去卖，"牙行"和"斗行"的性质一样。"牙行"和当地的集市相比，在"牙行"交易价钱比较公道，周生录每次去"牙行"以前都会打听一下行情，哪个"牙行掌柜"的名声好，才会将牲口拉进去交给"牙行"的"掌柜"。"牙行"的"掌柜"将牲口找一个固定的地方拴起来或者是圈起来，让买牲口的人来看，"牙行掌柜"也可以从中间撮合，最后收取一定的手续费，要是急忙用钱，"牙行"的掌柜可以提前支付一定的钱，牲口算抵押，这个抵押的牲口"牙行掌柜"不能随便卖掉，牲口价钱变数大，多卖十块钱就是一百斤粮食，只有"牙行掌柜"和出卖人同意时才能卖掉。"牙行掌柜"要收取劳务费用。在牲口买卖活动中，"掌柜"周生录做最后的决定，并且周家离县城比较远，大多数时候都是"掌柜"周生录亲自去。

9."掌柜"与"羊客"

在当地，狭义的"羊客"是贩卖和贩买羊的人，广义的"羊客"还包括买羊回去自己养，当地集市或者是县城开饭馆的人买回去卖肉，或者是当地的回民买回去自己吃，还有一部分汉民在年前也会买羊回去自己消费。"羊客"与"牙行"以及当地集市的牲口交易有区别，"牙行"

与当地集市的牲口交易是卖方主动,"羊客"是买方主动,主体与客体不同,"羊客"上门时卖方有更多的主动权。遇到买羊回去自己养的"羊客",周生录会将羊的价钱抬高,因为这种"羊客"不会因为几块钱放弃买到好羊,遇到好羊买回去自己养对买方有利。遇到开饭馆的"羊客",这类"羊客"一般是找生病的牲口,或者是不好的牲口,这类牲口价钱便宜,买回去杀了就是卖给别人,贪图便宜。周家有生病的牲口便会卖给这类"羊客",因为只有他们敢要,要是留在家里死了,亏得更多。周家要是有生病的牲口,在牲口没有死以前"掌柜"周生录也会将这类人叫到家里,便宜将生病的牲口处理给他们。对于买回去自己消费的"羊客",他们的价钱比较公道,只有双方觉得合适,买卖才能成。

10."掌柜"与"荷匠"

"荷匠"是当地织布的匠人,当地人很少用棉花,大部分人都选择用羊毛。羊毛和棉花相比,羊毛的产量少,相对来说羊毛的价格更贵,选择羊毛是违反常理的表现,但是当地人还是选择用羊毛,羊毛能够自产自用,也是小农生活的体现,尽可能实现家庭生活自给自足。"荷"就是羊毛的意思,羊毛做的褂子就是"荷褂",羊毛做的裤子就是"荷裤",羊毛做的长衫就是"荷衫",羊毛做的鞋就是"荷鞋",羊毛做的被子就是"荷叶被子"。当地用羊毛做的物品,叫物品名字的时候在前面加上"羊毛"或者是"荷"字,基本上不会出错,在"匠"的前面加了一个"荷"字,经过了前面的描述,意思就很清晰了,就是经常与羊毛打交道的匠人,这些匠人将羊毛做成生活物品。周家的妇女有闲暇时间就会将羊毛捻成线,就是将一堆羊毛一缕一缕的连续不断理出来,在一缕羊毛的下面吊一根筷子,在筷子上缠点儿重物,转起来就会将羊毛捻成线。刚开始干的时候不熟,有时细有时粗,干得时间久了,"羊毛线"就会越来越均匀,所有的线捻好之后,"掌柜"周生录会将线交给荷匠织成布,用羊毛织成的布叫"荷布"或者"荷子"。在当地只有荷匠才有织布的机器,织成布之后"掌柜"周生录就会将布拿回家,让刘氏和张氏做成衣物,这样可以减少手工费,其实也可以交给荷匠做,但是荷匠要收取一定的费用,荷匠的手工费是按照布的长度来收取,多年来价格很稳定。每一个荷匠的织布机宽度是固定的,经过两次就会知道宽度是多少,所以按照长度来收取费用,"掌柜"周生录也不会与荷匠砍价,织多少布就会给荷匠多少钱,不会赊账,多年来都保持着这种默契。

11.家户成员与"货郎儿"

在当地,流动商贩叫"货郎儿",商贩担着两个箱子,箱子的容量有限,里面装的货物都是些小物品,主要有针线、扣子,还有小镜子、小玩具这些,周家经常和流动商贩打交道。周家的任何一个家庭成员都可以和流动商贩打交道,流动商贩带的物品小并且非常便宜,周家的家庭成员基本上每年都有零花钱,拿着零花钱足够买一些小物品。买东西的时候还可以和货郎儿讨价还价,拿着自己的零花钱可以和货郎儿随便打交道,"掌柜"不会插手,如果要拿家庭的钱买东西,需要"掌柜"同意。在与货郎儿打交道时,"掌柜"的地位没有那么重要,来流动商贩时,是妇女和小孩子最高兴的时候,妇女可以买头绳、镜子之类的,小孩子可以买一些小玩具。

12.家户成员与"裁缝"

在当地裁缝有两类:第一类就是"荷匠"兼"裁缝",一边织布,一边还能干着裁缝的活;第二类就是专职的裁缝,不织布,但是有一个专门的裁缝铺子,别人可以拿着买回来的布定做衣服,在裁缝铺子里面也有卖的布,可以买裁缝的布,也可以让裁缝做衣服,专门的裁缝只负责给别人卖布和做衣服。和第一类裁缝打交道的时候,主要是"掌柜"周生录出面。和第二类裁缝打交道时,"掌柜"周生录和家里的妇女都能去,其他家庭成员也能去,裁缝需要测量身板。荷匠织好布以后拿回家,家里的妇女会缝制成衣服,但是也有例外的时候,因为荷布和买回来的布相比,买回来的布比较光滑,荷布比较粗糙,穿几天之后荷布就会起"毛球",线头露在外面扎人,穿着不舒服,不能当作内衣穿,一定要在荷衣的里面穿一件衣服。为了让荷布穿着舒服,可以交给裁缝处理一下,处理过的荷布要比原来柔软,裁缝具体是怎么处理的,当地人都不知道,这是裁缝的家传手艺。也有人想偷窥裁缝的绝活,只看到了裁缝将布放在了水里,在里面加了一点儿东西,加的东西是什么没人看清,裁缝就是靠着手艺过活。

(三)交换过程

1.货比三家

周家在交换过程中会货比三家,这个过程主要由"掌柜"周生录来完成,尤其体现在与"斗行"交易以及和"铁匠"交换的过程中。斗行有好多个"掌柜",一个好的"斗行掌柜"主要有这些表现:秤是否公平,收取的费用是否合理,做人是否比较老实,办事是否公道。周生录在进斗行以前都会打听一下斗行的情况,经过多年的交易,周生录对斗行的每一个"掌柜"都有了一定的了解,但是还是会根据情形选择其中一个斗行。打造铁器的时候,周生录会在两个集市中选择一个,问一下周围的邻居谁在近期内打过铁质工具,哪个铁匠打的东西结实,周生录就去哪个铁匠铺子。在当地铁匠不是很多,一个集市也就一两个铁匠铺子,选择的余地不是很广,但是周生录还是会打听了解清楚之后才去。

2.熟人交易

周家在进行交易时,也会和熟人进行交易。熟人交易的时候,在价格方面也不是必然的比陌生人的东西便宜,因为不好讨价还价,双方之间就成了一种"凑合"的局面。东西的价格贵一点儿也不认为是贵,便宜一点儿当然更好,这次买东西贵一点儿,下次买东西就便宜一点儿,这是一种人情的交换。村里没有人在集市上做买卖,集市上相熟的人都是周生录常年交易时攒下的人脉。周家除了"掌柜"之外,老大周俊发也可以熟人交易,去交易的时候报周生录的名字,对方也就懂了,两人的关系好,提名时对方也"买账",货物自然也能便宜一点儿。

3.升、斗、石与过秤

在粮食交换的时候需要"过升",当时粮食的重量单位是"升""斗"和"石"。一升粮食十五斤,一斗粮食一百五十斤,一石粮食就是一千五百斤,"升"是最基本的单位,每一家都会有一个十五斤的"小升子",还有一种是三十斤的"大升子","大升子"就是为了图方便,用"小升子"量两次就是一个"大升子"的重量,"大升子"只有大户人家才有,像"斗"和"石"这种测量工具只有"斗行"才有。其他能过秤的东西尽可能会过秤,过秤时一般用商家的秤,周家有一杆秤,在集市称完了,周生录回家之后还要看一下有没有缺斤少两,一次吃亏就认了下次就不去这家,集市不是很大,出现这样的事情人们背后议论一下,好多人都知道了,去这家铺子的人也就少了。

4.赊账与还账

当地买卖时一般不能赊账,由于经济不发达,要是经常赊账,小本买卖的商人没有办法生存。赊账也主要发生在熟人之间,相互之间关系好,这次到集市的时候身上带的钱不够,可以赊账,赊账的时候要记账,下次来集市的时候还了。周家主要是"掌柜"周生录和周俊发去集市,赊账的也是周生录和周俊发,周生录和周俊发相比,周生录认识的人多,赊账的次数多一些,周俊发也只能在周生录的指派下才能赊账。其他家庭成员很少去集市,就算是去了,商铺的老板也不认识,自然就不给赊账。

第三章　家户社会制度

无数的家户形成了一个完整的社会,家户内的成员、家户成员与其他家户、家户与家户之间相互交流,进行有效的社会活动,在社会活动的过程中形成了社会形态和社会制度。本章拟从家户婚配、家户生育、家户分家与继承、家户过继与抱养、家户赡养、家户内部交往、家户外部交往七个方面对周家的社会制度进行介绍。

一、家户婚配

婚配是家户繁衍生息的基础,有效的婚配能保证家户延续。在周家,婚配是整个家庭的事务,"掌柜"作为当家人,在家户婚配中具有最后的决定权,长辈和同辈人参与决策,共同完成整个婚配事务。

(一)家户婚姻情况

1.一对夫妻,儿子未婚

1949 年以前,周仁过世以后,周家有一对夫妻,即周生录和张氏。母亲刘氏守寡。长女周香莲 18 岁时定亲,准备在 20 岁时嫁人。老大周俊发、老二周俊庭、老三周俊明、老四周俊刚、老五周俊德、老六周俊权未婚,周家没有光棍,没有休妻情况,家庭美满。

2.周氏同姓不婚

在当地,周家不容许同姓婚姻,周姓是当地的大姓,分布在圆山、白杨林、蔡家队坡、窑店、北向、南向等地方。这些地方的周姓人家都是一个祖先,基本都在五代以内,因此不容许同姓婚姻。在一个村子内,只要姓氏不同,出了五代以外,同村之间的男女可以结婚,蔡家队坡就有两户是村内婚姻。在乡镇范围内通婚最常见,由于交通不方便,限制了人们的交往范围,通婚的范围主要是以乡镇为主,同时也有部分通婚扩大到了县,出县的基本没有。

3.门当户对,适当变通

当地的农户被分为头等户、二等户、三等户。三类家庭的经济条件不一样,在修建大门时规模也不一样,头等户修建的大门一般为"提斗吊碗",二等户修建的大门一般为"三破间",三等户则是一般的大门。三类农户是官府的划分,加上修建大门时的排场,在两者的影响之下,接亲时就有了一定的差距,也就是所说的"门当户对"。一般是当官的访当官的、有学问的家庭访有学问的家庭、头等户访头等户。但在实际的婚姻中也会进行适当的变通,男方找女方的时候,头等户的男方首先倾向于找头等户的女方,这样双方之间可以增加势力,但也不是一定要找头等户的女孩,要是二等户或者三等户的女孩长得漂亮,为人贤惠、知书达理,头等户的男方也会找二等户或者是三等户的女孩。在这种情况下,双方的经济条件和生活水平有一定的差距,双方的势力也不一样,男方势力大,女方势力小,嫁进去难免要受气。女方的父母就得考虑男方的人品,父母是否好相处,女儿嫁进去之后是否会受到欺负,男方家庭人品好,相互之间可以结亲。要是差距实在过大,并且男方父母不好相处,便不能结亲,即使是女孩能嫁进去,也有可能会被"退回来"①。女方找男方,要是女方的家庭条件差,找一个好一点儿的男方就困难了,现实中女方家庭一般都会尽力找一个家庭条件好一点儿的男方,父母都希望女儿嫁过去过得好,没有哪个父母会对女儿的婚事草草了事。女方要是三等户,首访二等户,对女方家庭来说,这是最理想的婚配,要是访不到二等农户就只能访三等农户。在当地,结亲的主动权一般掌握在男方手中,女方处于被动地位。周家结亲时也非常重视门当户对,"掌柜"周生录给自己的儿子访儿媳妇的时候首选二等户,其次是三等户,对于女儿的婚事,周家希望女儿找一个经济条件好的家庭,但也常常担心头等户看不上自家的女儿。

(二)婚前准备

1.婚配做主:"掌柜"

1949 年以前,周家有适龄儿子到了娶媳妇的时候,主要是"掌柜"提出来,"掌柜"具有最后的决定权。周家家规严格,"掌柜"在决定婚事时需要与家里的长辈商量,同时也要与同辈人商量,即与张氏商量,张氏作为孩子的母亲,有权参与到孩子的婚配事务中。孩子作为小辈,他们提出的意见没什么分量,并不能影响"掌柜"的最终决定,"掌柜"的决定一旦做出,儿子就算是不同意也要听从"掌柜"的安排。婚配是一个家庭的内部事务,不需要与四邻、家族、以及保甲长商量,不管是三世同堂还是四世同堂,当地的婚配习俗中,家里有老人,"掌柜"必须要尊敬长辈,要听长辈对婚配提出的看法,也要听同辈人的意见,但是最终做决定的还是"掌柜"。

2.婚配标准

（1）男方找女方:"相女看大人"

周家在婚配中对女方有要求,要求女方会做"茶饭",能干家务,要精通针线活,懂得待人之道。这些要求由周家的长辈提出,因为要在一个家庭中生活,这是过门之后所必需的,周家的"掌柜"周生录也认可这些。周家对长相也有要求,不要求太漂亮,长相普通就行。按照周家的说法:"丑妻才是自己的妻,漂亮的妻是众人的妻。"意思就是说媳妇长得丑,只能是自己的,别人也不惦记,媳妇长得漂亮,容易引起别人的惦记,引起不必要的麻烦。周家的孩子长到十八九岁,"掌柜"就开始托媒人打听适龄的女子,一般要求女方小一两岁,十六七就可以。周家是二等户,一般找不到头等户的女子,能找到二等户最好,找不到二等户可以降低标准,同时要求女方身体健康,不能有遗传病史,这也是为了传宗接代考虑。1949 年以前,女孩的家教比较严格,女人很少出门抛头露面,一般都是通过媒人,找熟人打听,有了年龄合适的女子就会找媒人去问,因为没有见过女孩,很难确定女孩的条件,这时人们一般会通过大人的行为来判断女孩的条件。当地不让女子上学,都是通过言传身教式的教育让女子懂事,"相女看大人",这种判断有现实的根据,家里的大人老实,会干农活,懂得待客之道,女孩一般不会太差,通过大人潜移默化的影响,大人身上的品质也会在女孩的身上得到体现。

（2）女方找男方:注重条件和名声

1949 年以前,周家只有一个女儿,即长女周香莲。周香莲在 18 岁的时候定亲,20 岁嫁人,周家在选择男方的时候有要求:一是要注重总体条件,要求男女双方的家庭条件差不多,

---

① 退回来:当地的土话,意思就是休妻。

甚至男方的家庭条件好一点儿,这样嫁过去就能很快适应新的生活,周家希望能找到大户人家,女儿以后的生活有保障。二是要看名声和德行,当地人对名声很重视,名声就像是一个人的脸面。对男方的评价高,容易找到媳妇,人们要是在背后对男方的评价不好,这种人找媳妇相当困难。周家对长相没有什么要求,大众脸就可以,年龄要求双方差不多,在当地有"女大三,抱金砖"的说法,只要不小三岁就行。还有就是要会干农活,体力好,这两方面必不可少,一个男人首先要养家,这是前提,身体条件不好,干不了农活就意味着农业收入肯定少,这种情况很难找到一门合适的亲事。

3.给后人①"说媳妇"是责任

周家认为结婚最重要的目的就是传宗接代,生儿育女,子女少的家庭通过婚配可以增加人丁,充实家里的劳动力。婚配是整个家庭的事情,两家人之间结亲可以增加家庭势力,尤其是头等户和头等户之间结亲,更加能增加整个家族的势力。在当地,结婚晚会被认为是"掌柜"没有尽到当家的责任,当地有这么一种说法"养儿不说媳妇,会被认为没有养儿,老子该儿子一个媳妇"。意思就是说生了儿子,"掌柜"一定要给儿子找一个媳妇,这是当"掌柜"的责任,尽到了这个责任才算是一个好"掌柜"。给儿子找媳妇,当地人对这件事情看得很重,并把这件事情提到了一定的高度,并用一个字进行了高度的概括——功。给儿子找到了媳妇就是"功"成了,没有给儿子找到媳妇就是"功"没成。

这个"功"不仅仅是一个字,是一种文化,带有一种自我色彩、神学色彩和现实意义的文化,这种文化早已渗进老一辈人的骨子里。"功"具有自我色彩,可以将这个"功"理解为"武功"的意思,古代的皇帝以"武功"定国,用在当地就是"你皇帝的事情都没有我给儿子找媳妇重要"。"功"具有神学色彩,可以将这个"功"理解为死不瞑目,没有给儿子找到媳妇,死了没有脸见祖先,没有完成祖先交代下来的任务,就算是死了也不能闭眼。"功"具有现实色彩,儿子找不到媳妇就断后了,自己的"根"断了,当地人叫"绝户",这是一种精神上的打击,可见当地对婚配的重视。

4.婚姻包办

在 1949 年以前,周家禁止自由恋爱,周家的家教很严,长女周香莲平时都是待在家里,禁止抛头露面,尤其是定亲之后,都不许下地干活,就是在家里做茶饭。周香莲没有上过学,基本上没有什么外出的机会,接触同龄男性的机会比较少。只有大户家庭的子女才有在县城上学的机会,接触同龄异性的机会比较多。对于周香莲的婚配,周生录和张氏包办,并且询问了刘氏的意见,没有给周香莲说话的机会,婚事定了以后只给周香莲说了一声。

5."酒礼"和"陪房"

1949 年以前,二等户娶亲"酒礼"②大概需要一千五百斤粮食。不同的儿子结婚时"酒礼"不一样,因为每年收成不一样,女方家庭条件也不一样。女方家庭条件好,少要一点儿"酒礼",女方家庭条件差,多要一点儿。在同一个家庭中,不同的女儿结婚时"陪房"③也不一

---

① 后人:西北的土话,长辈叫"先人",后辈叫"后人"或者是后生。
② 酒礼:当地的土话,意思就是聘礼,在结婚以前要给部分聘礼,在结婚办酒席的当天要一次性给清所有的聘礼,因为是在结婚当天给的,所有有了"酒礼"的说法。
③ 陪房:指女儿出嫁时陪嫁的东西,是出嫁女儿私有的财产,就算是分家也不能分,要陪着女儿一起过生活,放在女儿的房间,所以叫"陪房"。

样,家庭条件好,"陪房"的东西多,家庭条件差,"陪房"的东西少,女儿之间也不会因为这个闹矛盾。

当地"酒礼"种类比较多,"酒礼"也不一定非得是小麦,还可以是现钱,男方家庭要是有一个多余的牲口,女方家庭刚好缺牲口,也可以当"酒礼"。当时一个骡子的价钱差不多等于两千斤小麦,和实际的"酒礼"差不多,拉一个骡子去更好。男女双方的家庭条件差不多,不缺几百斤粮食,要的"酒礼"就少点儿,可以拉头牛或者是拉头驴,少拿几百斤粮食也可以。总体来说头等户的"酒礼"比较多,二等户一般,三等户少点儿,根据经济情况而定。

（三）婚配过程

1."掌柜"在婚配过程中的地位

周家结婚的方案主要是"掌柜"制定,要进行婚配时"掌柜"来安排媒人,婚配的每一个过程都需要掌柜参加,婚配成功之后要办酒席也是"掌柜"来请人帮忙。"掌柜"在世,不管是在家里还是长期外出,其他家庭成员都不能决定家庭的婚配大事。老"掌柜"过世并且没有分家以前,长子继承"掌柜",此时才能拥有"掌柜"职权,决定家庭婚配事务。

2.其他家庭成员在婚配过程中的地位

在婚配过程中,"掌柜"对婚配具有最终的决定权,长辈和"掌柜"平辈的人都可以向"掌柜"提意见。家里长辈健在,同家生活时将"掌柜"的位置交了出去,就是儿子当"掌柜"时父母健在,对于这种情况,作为父母的比较着急,因为自己的"功"没成,在婚配中发挥的作用较大,长辈托媒人找到适龄的女子,就会问儿子的意见,父母是长辈,几乎所有的儿子都会同意父母的安排。对于子女的婚配,母亲有建议的权利,在周家,三代人共同生活,对于周香莲的婚事,张氏可以提意见,"掌柜"周生录会咨询刘氏的意见,其他家庭成员说话分量轻,甚至不起任何作用。

（四）婚配原则

1.结婚次序长幼有序

周家在周生录这一辈,长者先结婚,幼者后结婚,长者没有找到媳妇,幼者不能娶亲。到了周俊庭这一辈,老大周俊发外出当兵,出现了特殊情况,老二周俊庭先结婚,剩下的几个兄弟都是按照年龄,从大到小依次结婚。周家只有一个女儿,大女儿没有出嫁时,其他的兄弟不能结婚。在亲房有多个女儿的家庭中,大女儿没有结婚,小女儿不能先结婚,这个习俗不能破,就算是别人找了媒人来问小女儿,"掌柜"也不会答应,在当地结婚的次序很重要。长子没有外出,要是长子没有结婚,其他兄弟绝对不能结婚,长子结婚后,剩下的几个兄弟结婚顺序可以稍微有点儿错乱,兄弟多,媒人看上谁了,想给谁说亲就可以给谁说亲,"掌柜"也比较乐意这种事情。对于兄弟多的家庭,年龄首先有梯度,有了这个前提和限制,总体还是遵守长先幼后的顺序。多子女家庭和少子女家庭结婚的顺序基本一样,遵循长幼有序,不一样的地方就是多子女家庭会放低婚配标准。对于多子家庭来说,择偶标准太高很难找到合适的女子,要是老大结婚向后推两年,意味着其他的兄弟结婚也要推迟,可能导致其他的兄弟找不到媳妇。对于多女家庭来说,老大没有出嫁,其他的妹子不能出嫁,这个规矩绝对不能破,一味提高女子的婚配标准就会耽误其他妹子的婚配,当地女子过了20岁很难找到合适的人家,就会被别人称为"老姑娘",届时多女的家庭便会放低婚配的标准。

2.结婚花费等级鲜明

在当地,婚礼的花费主要体现在"酒礼"和摆酒席上。家庭收入不一样,摆酒席的档次也不一样。周家在摆酒席时大概花了八百斤小麦,杀了一头猪,还买了三十块钱的东西。当地的酒席分为三个等级,最好的是"八大碗",亲戚朋友来了,先上一盘凉菜、瓜子和糖,喝酒的人先喝着,喝半个小时之后,厨子准备好菜,最后八个菜一块儿上,一次性招待了。其次是"流水席",流水席就是一边来客人,一边招待,坐满几桌之后就开席,酒菜没有"八大碗"丰富,也没有那么大的排场,客人分一天招待完就可以。最差的就是"碗菜",碗下面是萝卜和粉条,上面是丸子还有几块肉,加香菜装饰一下,第一碗吃完了,要是没有吃饱,可以吃第二碗,第二碗没有第一碗好,上面没有丸子和肉块,只有粉条和萝卜,这个叫"简菜","简菜"最主要的目的就是让客人吃饱。

在周家,年龄大一点儿的儿子结婚分家之后,还有几个儿子没有结婚,分家时要适当考虑没有分家的儿子。儿子们结婚花费基本差不多。周家给别人随了多少份子,随了多少家,"掌柜"有一本账,记得很清楚。当周家办红白喜事的时候,来多少人基本上有一个数字,随份子是相互的。头等户、二等户、三等户在结婚的花费上等级鲜明,"酒礼"和酒席的档次也不同,头等户一般是"八大碗",二等户"流水席",三等户"碗菜",要是排场一点儿,三等户也可以办"流水席",二等户可以办"八大碗",当地人为了排场,一般会尽可能提高一个档次。在"酒礼"方面等级也很鲜明,主要根据对方的家庭条件来确定,家庭条件差,"酒礼"要多了也给不起,根据实际情况确定"酒礼"的数量。

(五)其他婚配形式

1.接小婆

在当地,纳妾被称为"接小婆",周生录这个房头没有接过小婆,亲房里面有接过小婆的人,接小婆最主要的原因就是"大婆"不能生育。小婆的人选一般都是家里的"掌柜"过世再嫁,即过了一婚的寡妇,未出嫁的姑娘条件好,一般不会给别人当小婆,除非家里条件太差,男方给的彩礼高,父母才会强迫女儿给别人当小婆。周家的"上院"亲房都是头等户,一个亲房结婚好几年,大婆一直没有生育,接了一个小婆,接了之后大概过了一年,大婆和小婆都生了孩子,当地的人经常拿着这件事情开玩笑。在当地,头等户的条件好,更加容易接小婆,二等户和三等户家庭经济条件差,不容易接小婆。

接小婆是本人提出,要与家里的"掌柜"、长辈进行商量。接小婆不需要告知保甲长,只要有条件就能接小婆。接小婆以前要请"阴阳"或者是"相士"合八字,八字相合就能娶进门,要是八字不合就不能娶进门,大多数小婆都是"掌柜"过世的寡妇,娶这种八字不合的寡妇命脉容易相冲。接小婆要给对方"酒礼",这个"酒礼"一般给婆家,不能给娘家,当地有一种说法:"一女不能要两次'酒礼'",接小婆的"酒礼"是娶亲的三分之一,大概需要五百斤粮食。接小婆是二婚的,办一个小典礼,请亲房亲戚来吃一顿,让亲房和亲戚认识一下人就可以。如果接的小婆是未出嫁的姑娘,要大办,与接亲的仪式一模一样,接小婆的钱从全家的收入中支出。

2.童养媳

(1)主贱

周家的二房有童养媳,找童养媳是因为家里条件富裕,有足够的能力多养一口人,女方家庭困难女孩给人做童养媳可以减轻家里的负担。男方和女方家庭条件差距大，同时男方也能看上女方，接回家之后，童养媳可以和婆婆生活，也可以是自己单独住一个房间，接进门就算是家里的一个劳动力。进门以后婆婆要教童养媳做针线活、做饭，学会守规矩，学不好就会挨打。这是因为女方家庭条件差，没有势力，从女方家庭接过来的当天，要给童养媳父母一些"酒礼"，在正式同房以前每年都要给女方家庭送粮食，给童养媳的父母送的粮食和一个正式的接亲差不多，大概需要一千五百斤粮食，还要多花一个人的口粮。男方家庭会认为女方家庭都是我在养，认为童养媳下贱，在当地叫"主贱"，经常打童养媳就是要打掉童养媳从娘家带过来的"贱气"，打掉身上的贱骨头。在通常的理解中，婆婆经常打童养媳，这个婆婆会被认为是一个恶婆婆，大多数的人都会向童养媳投去同情的目光，但是当地人对于童养媳有着特殊的看法。从表面看，经常打童养媳是婆婆没有看上童养媳的表现，婆婆瞧不起童养媳，因此才会经常打童养媳。童养媳一般从九岁或者十岁就接回来，这时的童养媳就是一个灵巧的小女孩，婆婆是看上了小女孩，才会选择这个小女孩做童养媳。找一个童养媳不仅要支出正常的"酒礼"，还要多出一口人的粮食，养一个童养媳总是吃亏的，当地人这么解释这个问题。婆婆经常打童养媳针对的是女方的家庭，也是让童养媳以婆婆为榜样，到处模仿婆婆，按照婆婆为人处世的方式做事，为家庭做出贡献。童养媳主要是"掌柜"安排，有长辈时还要和长辈协商，没有长辈时"掌柜"做主。

（2）上头

童养媳圆房在当地叫"上头"，找童养媳时不需要写文书，娶一个童养媳的花费主要由男方家庭承担。接童养媳时也要请媒人，男女双方的"掌柜"代表各自的家庭进行协商，协商好了之后要请"阴阳"或者是"相士"合八字，八字合就可以接进门，接进门到了十七岁左右要"上头"，因为是姑娘，所有的仪式都不能少。"掌柜"请"相士"算一个吉日，童养媳的酒席不需要太排场，摆一个流水席就可以。请亲戚朋友的时候说一句要"上头"了，对方也就明白是童养媳要圆房。在"上头"的当天，要请一个"佣香"①来给童养媳梳头，将头发盘起来，这也是"上头"的另一层含义，同房以前是姑娘，同房以后成了妇女，从同房以后起要将头发盘起来。"上头"以后男女就可以在一块儿生活。当地头等户一般不会找童养媳，中等的家庭才会找童养媳，一是因为找一个童养媳让婆婆好好教育，对以后的家庭发展有利，二是防止儿子找不到媳妇，童养媳主要出现在二等户中，三等户很少找童养媳。

3.改嫁

改嫁主要有两种原因，一种是被休掉，休掉之后回到娘家居住，改嫁需要娘家的"掌柜"做主。"掌柜"和父母如果不是同一个人，亲生父母的意见很重要，甚至起到决定作用。改嫁的时候男方还是要找媒人合八字，八字不合不能进门，男方要给女方"酒礼"，这时的"酒礼"娘家人不能全收了，"一个女儿不能卖两次"，这是当地的风俗，要给原来的婆家一半。原来的婆家给过娘家"酒礼"，之后被休了回来，因为原来的婆家损失了"酒礼"，第二次的"酒礼"分一半给原来的婆家算是一点儿补偿。

---

① 佣香：专门给"童养媳"梳头的人，"香"在这里的意思不是指专门给神佛烧的那种香，也不是熏香，而是"人"的意思，在当地红白喜事来的客人都叫"香客"，专门请来做一些特殊事情的人都叫"佣香"。"佣香"的书面意思就是雇来办事的人。

还有一种改嫁的原因就是婆家"掌柜"过世，女方不愿意待在婆家，回到了娘家，娘家人安排改嫁，拿到的"酒礼"要给婆家分一半。要是女方在婆家生活，改嫁时娘家有干预的权力，要是不干预，婆家很可能为了补回原来的"酒礼"，只要男方能出得起"酒礼"，就随便找一个男方改嫁了。女方待在婆家，改嫁时需要娘家人和婆家人都同意，这时拿到的"酒礼"婆家可以全收，因为生活在婆家，婆家需要多出一份口粮，娘家人在改嫁时也进行了干预，说明娘家人对改嫁的人家是满意的，此时的娘家人没有权利再分"酒礼"。改嫁的时候不需要契约，"酒礼"大概是迎亲的三分之一，需要五百斤粮食，还要举行典礼，典礼举行得比较简单，全部的费用由男方来承担。

4.上门汉

上门女婿在当地叫"上门汉"，有一句形容上门汉的俚语："上门汉，较下贱，赶出家门二年半；上门汉，借牛汉，一架要耕两架半。"上门汉没有地位，在家庭中被看得很下贱，两年半是揭短的话，意思就是干不到两年半就要被赶出家门。上门汉就是借了别人家里的牛来生活，耕地的时候要比别人耕得多，别人耕"一架"土地，上门汉就要耕"两架半"土地。女方招上门汉最主要的原因是没有生儿子，有多个女儿的家庭，长女招上门女婿，留在"老家"给长辈养老，这和有儿子、长辈和小儿子一起生活的习俗刚好相反。

为什么长女招"上门汉"，这里面有最现实的原因，长女是家里年龄最大的孩子，结婚之后将家庭事务交给长女比较放心，对家里的长辈养老更加有保障。还有一个原因就是家里突然出现一个上门汉，对陌生的上门汉不太信任，要是上门汉干几年突然走了怎么办，此时长女年龄大，有较强的能力撑起家庭。当地对长子和长女比较重视，从小对他/她们的教育比较严格，其他子女和长子长女相比，他们比较软弱，长女招上门汉可以防止家里的财产被上门汉侵占，基于以上的原因，再加上当地的上门汉有被赶出家门的先例，大多数上门汉都是怕老婆，也对养老更加有利。

没有生儿子，当地人更加愿意抱养一个，抱养来的人和上门汉相比，抱养比较可靠。男方当上门汉一般两种情况：一种是家里条件困难，没有经济能力找媳妇；另一种情况是家里的老婆死了，中途"折了人"，想要再找，找不到了。上门汉会被别人看不起，地位低下，比小妾和寡妇再嫁的地位都低，在上门的那一天，要是男方家庭有人，全家出来送一下，女方的家庭会叫几个亲房的人在门口迎接一下，认识一下上门汉的家人，没有什么典礼，接进门就可以，要是上门汉不好好干活，还可以将其赶出家门。招上门汉需要女方家里的"掌柜"主动请一个媒人去问，这时的男方家庭相当于嫁女儿。当上门汉不需要契约，花费不多，就是请亲房吃一顿饭，认识一下家里新来的人。在当地，上门汉的地位太低下，因此不管是什么人，不到万不得已不当上门汉。

5.换媳妇

在当地困难的家庭之间有相互"换亲"的习俗，用当地的话说就是"换媳妇"。换媳妇本质上也是一种门当户对的变通，困难家庭没有经济条件娶媳妇，这里的家庭主要是指男方，经济条件差，给不起对方要的"酒礼"，或者是男方身体条件差，女方看不上，或者是有残疾生活不便等，找到一门亲事比较困难，唯一可行的办法就是找到条件相同的男方家庭，两家人都有可出嫁的女儿，双方之间"换亲"。双方之间一旦"换亲"，两家人的命运就结合在了一起，就算是一家人过不下去，也不能休妻，要是一方休妻，另一方的家庭也就结束了，就算是过得不幸福也要一辈子过下去,这在当地很常见。"掌柜"是家里最权威的人,"掌柜"一旦做出了换亲决定,全家人都要服从,换亲是经济条件不好的情况下做出的无奈举动,女孩不愁嫁,可以找到条件好一点儿的家庭,但是为了家里的男丁能找到一门亲事做出了适当的牺牲。

6."脚户"上门

"脚户"上门可以看作"脚户"当了上门女婿,不能将"脚户"上门叫作"上门汉",这三种叫法在当地有区别,"上门汉"是一种贬义的叫法,上门女婿是一个中性词,不带有价值判断,人们为了给上门汉面子,不能在当面叫"上门汉",可以叫"上门女婿","脚户"上门有褒义的意义在。当地"脚户"上门的情况很常见,蔡家队坡有一户,隔壁村子有六户,还有一个村里面的当地人和外地的"脚户"结拜了兄弟,后面这个"脚户"娶了结拜大哥的妹妹当了上门女婿,并且连自己的姓氏都改了。

"脚户"上门和"上门汉"主要有两个方面的区别:一是财产方面的区别,上门汉上门时没有带任何的财产,只是单个的人去了女方家庭生活,给女方家庭当劳动力,靠着女方家庭的生产资料和生活资料生活,上门汉不好好干活时可以被赶出家门;脚户上门时带了大量的财产,一个正常的脚户有三四头骡子,村里有个脚户上门时,因脚户家人都过世,脚户带了四头骡子和赚来的所有钱财当了上门女婿,一个骡子按照两千斤小麦计算,四头骡子就是八千斤小麦,一个四五口人的家庭可以吃好几年。女方家是一个三等户,家里有四十亩土地,两头驴。脚户当了上门女婿,女方家庭一下富裕了起来,从最贫困的人家变成了中等人家。第二个区别是地位不同,"上门汉"地位很低,"脚户"上门地位较高,脚户虽然到了女方的家庭去生活,但是脚户带了大量的财产,如果脚户的财产超过了女方家庭的财产,可以理解为脚户娶了女方,女方家里的财产,例如房屋、土地、牲口等可以当作是陪嫁的嫁妆,即当地人所说的"陪房"。脚户上门可以当"掌柜",上门汉几乎没有当"掌柜"的情况,当地村里的脚户上门时带的东西比较多,刚上门就当了"掌柜"。

7.亲房上门

亲房上门带有上门女婿的性质,但更多的是带有过继的性质,对于过继的人,当地默认有继承权,而上门女婿的继承权更多地转移到了子孙的身上。在周家的亲房里面有一户人,生了两个儿子,大儿子结婚之后分家了,和小儿子生活在一起,小儿子结婚之后生了两个儿子,外出干活时不慎跌下悬崖死了。出现了这种情况,当地的惯例是老人可以和大儿子一起生活,同时小儿子也有了后,必须要给小儿媳妇一定的待遇,可以准许小儿媳妇再嫁,但是生了两个儿子,这种情况再嫁时一般要带走一个,家里的老人不希望自己的孙子被带走,选择了一个亲房的小伙子做上门女婿。这种情况在当地很少见,算是一个特例,大儿子已分家,小儿子有孩子,还选择亲房上门不符合当地习俗。亲房上门之后不好好干活,整天喝酒打媳妇,并且赌博欠了债,村里人对这种行为非常憎恶,有一次打媳妇下手过重,媳妇在炕上躺了半个月才下炕干活。经常打媳妇,娘家人不干了,娘家人、婆家人、亲房三家进行协商,以上门女婿的名义将亲房送了回去,儿媳妇选择了再嫁,再嫁时带走了小儿子。

(六)婚配终止

1.休妻

周家这一房没有休妻的情况,上院的亲房休过妻,休妻最重要的原因就是不能生育。到了休妻的时候,不能因为不生育这一个原因就休掉,还要多找几个理由,比如作风不端正,茶饭做得不好，不孝顺公婆，好吃懒做等，一定要凑够几个原因，不然人们在背后会说闲话。休妻主要是丈夫提出，丈夫和妻子的感情好，就算是公婆不满意媳妇，也不能提休妻，因为要考虑休妻之后还能不能再找一个媳妇。丈夫休妻的时候要和长辈以及"掌柜"商量，要是休掉了，找不到媳妇，长辈和"掌柜"一般不会同意。生了儿子，给家里添了男丁，不能休妻，除非做了不光彩的事情。上院的亲房在休妻的时候请了一个代书人，还要请女方家里的"掌柜"，写完之后男方在休书上按手印，女方将休书带走。休妻时需要给女方一定的财产，女方在家里待了几年，按照一定的标准给补偿，出嫁时的嫁妆女方带走，男方给的"酒礼"不退。休妻的赔偿按照家庭的实际情况给，因为家庭条件不一样，要按照收入水平给赔偿。休妻之后没有夫妻关系，按照"拉长工"处理。休妻主要发生在头等户，头等户家庭条件好，休掉之后能还能找到媳妇，二等户和三等户休掉之后一般找不到媳妇，或者是只能找寡妇。

当地有一户人，男人怕老婆，经常吵架。老婆嫁进来之后生了两个女儿、一个儿子。由于男人非常软弱，是名义上的"掌柜"，实际上老婆掌握了财物管理权，鉴于这种情况，村里人也默认了老婆的地位，办事也开始找妇人，当地人形容这种家庭时，对妇女更多的是同情，家里有一个强势的女人，还能维持整个家庭的运转。1948年正月十五的下午，两口子吵架并且动了手，老婆将家里男人的脸给打肿了，拿着棍子吓唬男人，并将男人赶出了家门。男人出家门时嘴里大声说着"我要去跳崖，我今天就死给你看"，并且向悬崖的方向走去，由于经常吵架，妇人也没有放在心上，也没有开门，男人就向悬崖的地方走去，走到了悬崖边上，在悬崖边上站了一会，刚好有一个村民在悬崖边上的一块土地上烧野草。

当地有正月十五放火的习俗，在这一天放火比较吉祥，烧掉地里或者是埂垃上的野草顺便也就烧掉了野草上的草籽，到了第二年出来的杂草就少了。烧野草的人也不知道情况，后来就回家了，到了晚上放火的时候男人还没有回来，老婆开始着急了，放完了火，还没有回来，这个时候老婆更加生气，放火这是当地的风俗，全家人的大事，老婆开始怀疑是不是去亲房家里打牌了，就去经常打牌的人家里找，找去的时候刚好亲房的几人都在打牌，在地里烧野草的那人也在，妇人说明了情况。烧野草的人补充了几句："我今天看见你们家的人在悬崖边上，我在地里放火，没上心，后来我回来的时候瞄了一眼，他不在悬崖边上。"打牌的人着急了，真的跳崖了？打牌的七八个人赶紧去崖底找，到了崖底没有找到，就动员了全村的人去找，连隔壁的村子都找了，全村的男人没睡觉，找了一个晚上还是没有找到。第二天去亲戚家里找，没有找到。第三天的上午在一个最远的亲戚家里找到了，下午叫回了家里，全村的男人有的一个晚上没睡觉，有的两个晚上没睡觉，脾气不好的还动手打了这家的男人。经过询问，烧野草的村民没有说谎，他确实看见男人站在悬崖边上，男人趁着烧草的村民不注意偷偷跑了，当晚就跑到了远房亲戚家里，一场闹剧牵动了全村人。

男人下午回来的时候要休妻，铁了心不过日子了，全村的男人都在这个家里调解，亲房的二太爷、三太爷、"尕爸"①全都出动，经过了这么一出闹剧，男人的脸彻底没有地方放了，想休妻找回一点儿面子，并且都惊动了隔壁的村子，全村人都知道经过了这么一出，休了妻子想要再找几乎不可能，都不主张休妻，经过二太爷、三太爷、"尕爸"的劝说，妇女主动承认错误，男人暂时不休妻，当天就这么结束了。第二天这家人觉得没脸见人，杀了家里的羊，给全

①尕爸：父辈中最小的人。

村人赔不是。

2.守寡

周家守寡的人是刘氏,周仁 1929 年过世,有三个孩子:儿子周生录和两个女儿。周仁过世之后,刘氏是家里年龄最大的人,没有受到任何欺负,周生录的几个舅舅都在,舅舅是除了刘氏,唯一有资格教育周生录的人,丧夫的妇女要是没有孩子,可以留在婆家守寡一辈子,也可以在婆家的安排下再嫁,还可以回到娘家,娘家人安排再嫁。要是丧夫的妇女有孩子,在当地一般不会再嫁,想要再嫁也可以,孩子要留在婆家,有两个男孩的,可以带走一个,能从婆家出嫁,也能从娘家出嫁。没有孩子,也没有再嫁,分家的时候不能分到家产,只能和公婆、小叔子一块生活。有了儿子,分家的时候能分到丈夫的财产,没有儿子,分家的时候分不到财产,丧夫的妇女只有生了儿子才能埋进祖坟。丧夫后没有再嫁不会受到别人的歧视,在家中的地位和其他儿媳地位相同,再嫁主要由婆家的"掌柜"和娘家的"掌柜"做主。

二、家户生育

生育直接关系一个家庭能不能延续。1949 年以前,周家的家庭成员都是正常婚配,婚配后一般会生育多个孩子,周家人认为多子多福,孩子多不仅可以增加家庭的势力,同时也是传宗接代、增添劳力的需求,周家为此会特殊照顾怀孕的妇女,孩子生下来之后也会严格按照辈分起名。

(一)生育基本情况

1.婚配正常,无光棍

周家在周仁这一辈有一男二女,周仁婚配,妇女出嫁。在周生录这一辈总共有两男两女,周生录是老二,三老太爷家里没有孩子,老大过继给三老太爷,这也符合家里的长辈和小儿子一起生活的习俗。妇女正常出嫁,全都婚配。周俊庭这一辈总共是六男一女,长女周香莲 1950 年正常出嫁。周家在村子里属于中等偏上水平,家庭条件较好,生育中没有夭折事件。

2.无未婚生育,亲房偶有丢弃孩子

周家没有出现过未婚生育的情况,因为家庭观念比较保守,家规严格,只有一个女儿,没有让女儿上学,也不让出门抛头露面。在结婚以前,接触同龄异性的机会较少,未婚生育与当时的社会观念不符合,出现这类事情会被别人认为没有家教,整个家庭也会受到道德的谴责。

在周家的亲房,有丢弃孩子的情况,亲房家里娶了一个小婆,大婆和小婆总共生了六个儿子,家里没有能力抚养了,冬天的时候,就将大婆刚生下来的一个孩子丢在门外的一个"栓子"①里面,小婆晚上上厕所听见孩子哭,告诉家里的老太爷,老太爷将孩子抱回家抚养长大。在生育孩子的问题上,只要家里有足够的经济水平,可以多生,在当地有多子多福的说法,结婚早能当上爷爷或者是老太爷的人会被认为是有福气的人。

(二)生育目的与态度

1.传宗接代,增添劳力

周家认为,生育最主要的目的就是传宗接代,生儿育女意味着家户的延续,生孩子不是夫妻个人之间的事情,而是整个家庭的事情。没有孩子会被别人看不起,甚至被别人认为"断了

---

① 栓子:当地用小麦秸秆编的一种盛粮食的工具。

154

根",没有一个好的"命数",命里面没有这个"种",或者是家里人做了什么坏事,老天在惩罚,使其断后成为"绝户"。

周家更加倾向于生男孩,男孩长大之后就能开荒占地,增加家庭势力,但是也不排斥生女孩,照顾一个女孩长大需要付出很大的精力,但是一个女孩出嫁能得到大约相当于一个骡子的聘礼,这在当地也算是一笔不小的收入,生了女孩,也算家里的半个劳动力。

2.早婚早育,多子多福

周家的男丁一般在 18 到 20 岁之间结婚,结婚一年内生育,提倡早婚早育。头等户更加愿意早婚早育,这是家庭兴旺的表现,亲房的头等户男丁一般 16 岁结婚。周家很愿意多生,1949 年以前,当地有很多荒山,孩子长大了可以开垦土地生存,孩子多可以增加家庭的势力,不会受别人的欺负,生的孩子多,长大之后就是劳动力,相互之间也能照应,在村子里可以巩固家庭的地位。在当地一般会生两个以上的男孩,因为医疗条件差,怕生了病得不到及时救治,或者是救治不好而早逝,也有可能出现意外"断了根"。早婚早育能当上老太爷的人也会被别人尊重,在别人眼里,老太爷总是经历的事情比较多。这种老太爷也能称得上"乡老"或者是半个"乡老",也会因为当上老太爷给自己带来社会地位,同时也会被认为是有福气的人。

(三)生育过程

1.生育照顾

周家的妇女在怀孕期间干的活儿会减少,这类事情主要是婆婆安排,原来属于妇女干的活,婆婆和未出嫁的女儿或者是其他的儿媳妇分担。怀孕的妇女平时会多休息,前期干的都是轻活,怀孕六个月后基本不需要干活,怀孕的时候会吃得好一些,家里的鸡蛋留给孕妇吃,要是孕妇身体不好,还可以宰几只家里养的土鸡补身体。周家有个习惯,生孩子要在灶房隔间的炕上生产,等到怀孕八九个月,孕妇行动不方便的时候,让孕妇搬到灶房隔间的炕上,方便家里的婆婆、未出嫁的女儿,以及其他儿媳妇照顾。

2.请产婆

周家的孕妇要生育的时候需要请产婆,村子里面没有产婆,产婆家离周家比较远,周家的婆婆会经常留心,问孕妇的身体情况,不能确定什么时间生育时,为了保险起见,"掌柜"会提前去请产婆,让"产婆"来瞧一下,"产婆"看过之后估计一个生产时间。要是在一周内,产婆可以留下来照顾,给产婆一定的费用。等到生产之后,"产婆"观察两天,孕妇情况稳定就会离开,这时要给产婆表示一点儿心意,一般是"掌柜"代表全家给产婆一副"大馍馍",这是必不可少的。产婆待的时间长,给产婆一件上衣,待的时间短,给一双自家做的鞋就可以,可以是男鞋,也可以是女鞋,产婆可以自己穿,也可以带回家给家里人穿,还要按照产婆待的时间给工钱。

3.坐月子

孕妇在分娩后会休息一个月,在当地被称为"坐月子","坐月子"期间不能吹风,就在炕上休息。周家对分娩后的妇女有特殊照顾,"掌柜"专门到县城的市场去买几只乌鸡和鸽子,乌鸡有补药的作用,鸽子肉补身体,一只乌鸡分几天吃。分娩后的妇女要是身体恢复慢,还可以杀两只自家的土鸡补身体。在这一个月里由其他妇女轮流照顾,主要由婆婆照顾,在怀孕期间及分娩后所需的费用从全家的收入中支出。不同类型的家庭在生孩子方面没有差异,家庭条件好,怀孕和分娩后吃得好一点儿,身体恢复快;家庭条件差,吃的稍微差一些,但是一个月的"月子期"不能少。

4.吃初月

周家在妇女分娩后一个月,会给孩子举办一个满月仪式,在当地叫"吃初月"。第一胎不管是男是女都要举办满月酒,第一个孩子的满月酒比较正式,家里得了孩子,这是一种对外的交往,是在告诉别人多了一辈人。第一胎是女孩,以后生了男孩还要举办一次满月酒,这是告诉别人,"家里有后了,没有断根"。"吃初月"的时候,娘家人必须要请,需"掌柜"亲自去,请的时候带礼物,最好挨家挨户去请,要是时间不容许,"掌柜"到娘家可以将准备的礼物交给娘家的"掌柜",让娘家的"掌柜"作为代表去请。在当地,这个规矩不能破,要是不请,娘家人不来,"吃初月"的时候要带回礼。举办仪式的费用家户承担,收的份子钱归家户所有。

(四)孩子起名

1.长辈起名

在当地,首先是长辈给孩子起名,老太爷一辈的人在世由老太爷一辈的人起名字。老太爷一辈的人过世,爷爷辈的人在世由爷爷辈的人起名字。起名字时有所侧重,男性长辈可以给任何一个孩子起名,女性长辈一般给女孩起名,很少给男孩起名字。以上长辈不在,到了父亲一辈,首先请伯伯起名字,大娘可以给女孩起名字。父母和"掌柜"不一致时,首先是父母起名字,其次可以让"掌柜"起名字,起名字时按辈分从高到低,年龄从大到小的顺序。

2.撞姓

在孩子"吃初月"当天,家里的长辈要是没有起好名字,"掌柜"或者是孩子的父亲可以带着孩子外出"撞姓"。"撞姓"时在孩子的怀里放一个馍,抱着孩子去外面撞人,撞见的第一个人可以给孩子起一个名字。遇到第一个人时说一句这样的话:"我这个孩子送给你了,你看这个孩子心疼不心疼",顺便将孩子怀里的馍送给这个人,碰到的人也就明白了,这是要给孩子起名字。撞到的人也愿意给孩子起名字,被撞到的人沾了喜气,以后好事不断。"撞姓"起名字有两种情况:一种是在前面加姓氏,还有一种是在前面不加姓氏,周家的亲房"吃初月",长辈没有起好名字,抱着孩子外出"撞姓",撞到的人给孩子起了一个名字叫"赵家保",碰到的人姓赵,"赵家保"算小名,在官府的登记中还是姓周,叫"周家保"。"赵家保"的意思就是这个孩子我赵家的人保护了,以后不让别人欺负孩子,本来是周姓,孩子叫"赵家保",明白人一听就是"撞姓"起名。还有一种就是在前面不加姓氏,取一个类似于"家保"的名字,像"家剩""家胜""家旺""家起""家合""家馨",这类名字一般都是祝福孩子健康成长,保佑家庭兴旺的意思。

3.迎喜神

孩子在"吃初月"以前,家里的长辈没有起好名字,也可以抱着孩子出去"迎喜神"。就是抱着孩子出去碰动物,和"撞姓"相比,有一点儿细微的区别,出去撞人叫"撞姓",出去碰动物就叫"迎喜神"。出门碰见狗,可以叫"狗娃""狗儿"之类的名字,名字中一定要有一个"狗"字。要是碰见一头牛,可以叫"牛儿""牛牛""牛娃儿",名字中一定要有一个"牛"字。在当地有"贱名好养活"的说法,起这样的名字不会被别人取笑,在周家和周家的亲房中,就有这样的小名,"牛娃儿""牛牛"。

4.按辈分和长辈年龄起名

按照辈分和长辈的年龄起名的一般是大家户,起这种名字是三世同堂或者是四世同堂的大家庭。按照辈分起名时,家里有几辈人就叫几辈,例如"二辈""三辈""四辈""五辈"等,名字起"四辈"的最多,起四辈就意味着家里有人当上了老太爷,这是最喜庆的事情,当地村里就有两个叫"四辈"的。起"二辈"和"三辈"的少，一般的家庭都有两代或者是三代人，起"五辈"这个名字的很少见，意味着五世同堂，家里的老人将近要活到百岁。按照年龄起名，可以根据父亲的年龄起名字，也可以根据爷爷的年龄起名字，例如父亲到了31岁生了儿子，儿子的名字可以叫"三十一"，41岁生了儿子可以叫"四十一"依次类推，可以叫"五十一""六十一"。按照爷爷的年龄起名字，一般是从41岁起，可以叫"四十一""五十一""六十一"，当地按照年龄起名字的主要就是这四个。

5.起学名和大名

"撞姓""迎喜神"、长辈起名，按照辈分和长辈的年龄起名，这些起的都是小名，在没有分家以前，官府户口上登记的都是"掌柜"的姓名，官府登记户口最主要的作用就是纳粮上税，没有分家按照一户人纳粮上税就可以，在家庭叫的都是小名。分家后才会叫大名，起大名比较正式，周家起名字有严格的辈分排序，依次为"生""俊""满""军""学"，在孩子上学的时候，父亲或者"掌柜"带着孩子去报名，老师会问孩子是哪一辈人，老师会给孩子起一个名字，这个名字是老师起的，叫"学名"，这个学名是正式的名字，以后会当成大名使用。孩子要是不上学，家里的"掌柜"会请一个有学问的人或者是自己为其起一个大名。

6.名字象征

周家在1949年以前没有出过读书人，为了区分辈分，名字的第二字有严格的管理，这个字是整个家族年龄最大的人定，"生""俊""满"这些字都是希望家庭繁衍生息，发展壮大，家有盈余的意思。在家庭内部，起小名也会体现出家户的长幼有序。周家对长子比较重视，不管是起大名还是小名，名字都会比较正式，到了老二的时候，就叫老二或者二蛋，老三叫老三或者叫三娃、三蛋，最小的叫"牛牛"等。到了"满"字辈，有"满存""满库"等名字，这是希望家里每年都有结余。

三、家户分家与继承

分家是家庭壮大的表现，有效的继承能保证家庭的稳定。周家分家主要是儿媳妇提出，除了上门女婿，同一辈男丁都有分得财产的权利，为了保证分家公平公正，会请代书人与见证人作为见证。在继承中，继承的资格是天然赋予的，不会因个人的意志而改变，周家在继承中也遵循了当地默认的规矩。

（一）分家

1.分家的缘由：媳妇提出

周家分家由儿媳妇提出，由于家规严格，儿子一般不敢提分家。周家的儿子结婚之后到另一个儿子结婚之前的这段时间，结婚的儿子会在"老家"生活一段时间，为修建"新家"有一个缓冲的时间。儿媳妇提出分家后，"掌柜"可以同意，也可以不同意。儿媳妇有分家想法的时候，家庭开始不和睦，尤其是对于兄弟众多的家庭，结婚的儿子越多，家里内部矛盾就会越来越深，对于分家这件事情，"掌柜"具有最后的决定权。周家的"掌柜"心里不愿意分家，因为不分家可以在村里坐得更加"稳"，家里的人口多，在村子里面的势力自然就大，别人也不会欺负。但是在实际生活中，"掌柜"总是被迫分家，分家是家庭内部事务，外人无权干预。

2.分家资格：男丁有份

在周家，只有男丁有资格分得家产，家庭的外部成员不能分得家产，未成年的儿子、不在家的儿子、过继过来的儿子、"大婆"和"小婆"生的儿子、改嫁带过来的儿子,都有分得家产的资格。未出嫁的女儿不能分得家产,分家时如果有未出嫁的女儿,可以跟着父母和小儿子一起生活。儿子过世,留下了孙子,这时孙子可以代替父亲分得一份家产,一个男丁只能代表一个小家庭分得一份财产。家里的男丁有分得家产的资格,但是每一个男丁不一定分得一样多,有的儿子结婚了,有的儿子没有结婚,要给没有结婚的儿子多分一点儿,为了将来长大娶媳妇用,其他的儿子不能有异议。周家是按照同一辈男丁数量来分家产,不是按照人口分家产,小家庭内不管有多少孩子,小家庭内的男丁只能代表小家庭分到一份家产。

3.分家见证人:亲房、亲戚、邻居

周家在分家时要请见证人,见证人由"掌柜"去请,请见证人首先请亲房,其次请亲戚,再次请邻居。这么安排有一个好处,请亲房、亲戚和邻居,相互之间都比较熟悉,有血缘关系或者是地缘关系,就算是分家以后双方不满,碍于面子也不会闹得太厉害,家丑不可外扬。见证人的主要责任就是见证双方分家公平公正,没有矛盾,没有异议,防止以后闹矛盾,见证人去世,第二代不用承担责任。在当地,不同类型的家庭,分家的规矩一样,分家主要是由家里的"掌柜"做主,"掌柜"过世,长子主持分家,为了保证公平,大多数人都会请见证人。

4.分家清单

周家分家时要写一个分家清单,由"掌柜"请当地的先生来写,这个先生被称为"代书人"。分家清单上主要写财产主要有什么,分为几份,每份分的是什么,以此作为凭证。分家时家产分为几份,这个清单要抄写几份,分完后每户人一份,分家的几户人都要在上面按手印,见证人和代书人也要在上面按手印。除了代书人和见证人,其他人不能干预,见证人是"掌柜"请来做见证,保证公平分配,代书人是按照"掌柜"的要求书写财产清单,最后也要在分家清单上签上自己的名字,按上自己的手印,这个时候的代书人其实也充当了见证人的角色。

周家的祖上没有出过读书人,请一个见证人和代书人相当于请了两个见证人,就算一个见证人过世,还有一个见证人在世,保证了分家以后不会闹矛盾。见证人和代书人不要分家清单,周家分几次家,就要写几次分家清单,兄弟多,第一次分家时按照兄弟人数分,比如老大分出去了,长辈和剩下的几个儿子一起生活,老大分出去干活不认真,收成不好,长辈和其他的兄弟干活认真,每年的家庭收入比较好,为了防止老大以后出现反复,认为分家不公平,每分一次家,就会写一个清单作为凭证。

周家的繁衍生息始终与一个人有着密切的关系,即"相士"周宝山。在此处添加一个"相士"周宝山家族的分家案例,使家户内容更为完整。"相士"周宝山①家族有三个房头,周宝山原本不姓周,是从外地迁移到当地落户,来到当地之后发现周姓是大姓,为了尽快融入当地,改姓周,加入了当地的周姓大家族中,加上有"相士"的手艺,改名叫周宝山,分家案例是二房头的事情。二房头有兄弟两个,老大周永强,老二周永录。周永录在外面放羊回来的时候,经过别人种小豆的土地,就钻到了别人家的地里,摘了两兜豆荚,一边吃一边回家,回到家里之后就

————————

① 周宝山是当地的相士,影响了周家的几代人,与"庄窠"有关的事务几乎都会用到周宝山,家户婚配中,周宝山可以算日期,可以合八字。分家中周宝山可以看新家的风水,决定开工的日期。与信仰有关的方面,相士都可以参与,在社会的公共事务中,相士可以算日期参与公共决策,与宗教神佛有关的方面,相士可以起决定作用。

拿着豆荚馋妹子,和妹子开玩笑,刚好被老大周永强看见,周永强过去就是一记耳光,打了自己的弟弟,还跟弟弟说:"家里就兄妹三人,并且这么困难,为什么不给妹子分一点",周永录受了委屈,这时周永强也结婚了,周永录要坚持分家,两兜豆荚就是分家的导火索。

在分家的过程中,请了大房的三哥做见证,小辈都叫"三爷爷"或者是"三爷",相当于"乡老"的地位,分家时没有写清单,因为家产太少,没有必要写。家产主要有三头牲口以及配套的鞍子,分别是:一头大尖牛①,一头骡子,一头黑驴②;十几只羊、四十亩土地、四个柜子、四张席子、若干粮食,几乎没有钱财,还有一些其他的生产和生活资料。"老家"主要有一个主房,两边两个角房,还有一个牲口房。分家时老大要从"老家"搬出去,为了给老大盖新房,周永强和周永录从窑店的集市去买椽子,并且将椽子从二十里外的窑店集市扛回来,还偷了一部分林区的树木盖了一间角房,盖好之后周永强搬离了"老家",分家时财产一人一半,下面是分家表。

表2-4　分家表

	老大周永强	老二周永录
牲口分割	黑驴、大尖牛	骡子
柜子分割	两个	两个
席子分割	两张	两张
房子	"新家"房子	"老家"房子
羊、土地、粮食,其他的生产和生活资料每人一半		
驴大概值700斤粮食,牛大概值2000斤粮食,骡子大概值3000斤粮食,配套的鞍子跟着牲口走。		

分家之后会涉及家族的"家神"和祖坟问题,这也是一个分家事项。"家神"原本就在二房的"老家",按照"家神"跟着长子走的习俗,"家神"可以去老大周永强家,但由于周宝山是"相士",当地人很相信风水之说,在"相士"周宝山的干预下,认为"家神"留在二房不好,也不宜留在大房,最后将"家神"搬到了"相士"周宝山的家中,三个房头共用一个"家神",后来又搬回了二房的"老家"。分家后老大周永强总觉得家庭不顺,便去问"相士"周宝山,"相士"周宝山认为是祖坟问题,于是将二房的祖坟搬了出去,祖坟一分为二。周宝山家庭的老人过世没有葬入祖坟,祖坟一分为三。最后出现三个房头共用一个"家神",祖坟一分为三的情况,"相士"周宝山起了主要的作用。当地只有一个"相士","相士"不仅对自己的家族产生影响,更对周生录家的前后三代产生了影响。

5.分家保护与认可

当地分家最主要的特征就是分家以后必须要从"老家"搬出来,搬进刚盖好的"新家",这个"新家"就是大两间的角房。这个过程也是在向同村的人宣示分家了,但分家以后依然是一家人,只是从一户人变成了两户人,亲房里面或者是家族里面有活动,这个时候就要单独去

---

① 尖牛:公牛。
② 当地最常见的驴是麻驴和黑驴,个体很小。

请。例如亲房有红白喜事，要单独去请，不能只请"老家"而不请"新家"，家族有祭祖活动时"新家"可以单独代表新的一户人参加祭祖。在村庄层面上，有公共活动时要看成是独立的一户人，例如要修庙，收钱时可以单独去收。在官府层面，村子的保甲册子上会增加一户人，纳粮征税是以户为单位，新成立的一户人独立纳粮交税，征兵亦是如此，要单独计算人口。分家以后的"新家掌柜"要到甲长家里去报户，新增一户人，甲长报到保长，保长报到官府，官府也会承认这种户籍变动。

（二）继承

1.继承资格

在周家，大婆生的儿子、过继的儿子、小婆生的儿子、改嫁带过来的儿子都有继承权。入赘别人家的儿子、出嫁的女儿没有继承权，女儿没有出嫁，招了上门女婿，这种情况下女儿有继承权，上门女婿没有继承权。不同辈分的继承人继承权平等，长幼兄弟之间的继承权平等；大婆和小婆生的儿子继承权平等；亲生、过继、收养的儿子继承权平等。不同的继承人，继承权没有优先顺序，每一个有继承权的人都可以得到一份财产。家里有儿子，女儿和侄子均无继承权；没有儿子，女儿出嫁，在当地有过继侄子的习俗，侄子尽了孝道，可以享有继承权。周家的三老太爷没有子孙，周仁的大儿子过继给了三老太爷。只要有儿子在，"掌柜"就不能指定其他继承人。

2.继承条件

只要是儿子，一定有继承权，就算是不孝顺、不给老人养老送终也有继承权。周家没有被驱逐出门的子孙，当地拥有继承资格的人是固定的，即同一辈的男丁，这是多少年遗留下来的规矩。亲房、宗族、村庄不能影响继承的条件，家里的"掌柜"在，有"掌柜"在的继承规则，家里的"掌柜"不在，自有"掌柜"不在的继承规则，长子自动成为"掌柜"，这时自会形成一套长子当家的规矩。

3.继承内容

在当地，除了继承家里的财产及土地之外，长子还可以继承大庙上"头人"的位置，一个大庙，里面有八大"头人"，平时主事的只有三大"头人"，遇到大事情八大"头人"一块商量，像重塑金身，修建庙宇，举办庙会这些需要八大"头人"一块商量。平时都是大"头人"、二"头人"、三"头人"主事，这三大"头人"的位置一辈一辈向下传，只能传给家里的长子，传的时候要得到其他"头人"的认可，要是能力太弱，实在担不起责任，其他的几个"头人"可以要求换"头人"，换作其他的儿子，或者是其他家庭的人，这时需要在大庙上烧香许愿，经过具体的仪式才能换"头人"。除了这些，长子还能将"家神"请到自家，"老家"的长辈在，"家神"一直在老家，"老家"的长辈过世，可以将"老家"的"家神"请到长子家中。

4.继承权的确立与调节

当地继承人的身份是默认的，就像"神"赋予的一样，如果生下来的是儿子，就自动拥有了与继承相关的资格，不会在继承人身份问题上发生纠纷。当地产生纠纷最主要的原因是财产分割，分配不平均或者是"掌柜"有私财，在产生这些纠纷时，"掌柜"会请"乡老"来主持调解双方矛盾。周家的亲房，有长辈立下遗嘱的情况，遗嘱的内容大概是这样的：死后大部分财产归小儿子所有，小部分财产归大儿子，大儿子知道后认为不公平，继承了"掌柜"的位置后请"乡老"来主持。"乡老"作废了遗嘱，两个儿子重新分配、重新分家。当地继承人根据传统来确定,继承是家庭内部问题,只有"掌柜"请人主持公道或者做见证时别人才能干预,其他任何情况下都不能干预。

周家的三老太爷没有子孙,于是周仁将自己的大儿子过继给三老太爷,在逃荒的过程中,三老太爷全家饿死,留下了五十多亩土地。最有资格继承三老太爷土地的就是周仁的大儿子,但大儿子一块饿死并且没有留下后代。按照当地的习惯,这时二老太爷、大老太爷有了平等的继承权。最后经过共同协商,三老太爷的土地分为三份,周生录代表大老太爷继承一份土地,二老太爷的家庭继承一份,还有一份由周生录代表周仁的大儿子继承,因为周仁的大儿子尽了照顾三老太爷的责任,周家总共从三老太爷这里继承了两份土地,总共三十多亩。

四、家户过继、抱养、买卖及认亲

通过过继、抱养、买卖孩子可以使没有孩子的家户继续繁衍,认亲可以丰富家户之间的关系。1949 年以前,过继、抱养、买卖孩子最主要的作用就是养老,"掌柜"在其中发挥核心作用,过继、抱养、买卖的孩子不会被区别对待,能得到与亲生孩子一样的待遇,村民和官府同样认可这种关系。通过正式和非正式的认亲可以使两家人有名义上的关系,得到名义上的孩子或者是亲戚,拉近两家人之间的关系。

(一)过继

1.过继原因和目的:养老

周家没有儿子时才会过继,生了女儿可以招上门女婿,有人照顾不需要过继。没有儿子并且女儿嫁人,家里没有男丁,这时需要过继或者是抱养。周家三老太爷没有子女,周仁将大儿子过继给了年老的三老太爷。过继最主要的目的就是延续香火,老人无力自养时可以赡养老人。周家在选择过继时,过继家里较年长的儿子,一方面符合长辈和小儿子生活的习俗,还有一方面就是将年长的儿子过继过去之后可以直接干活管事,立刻能承担家庭事务,过继年龄小的孩子相当于抱养,还要培养一段时间,选择过继时说明老人的情况已经不容乐观。周仁是独子,周生录兄弟两个,三老太爷没有儿子,二老太爷只有一个儿子,只能将周仁的大儿子过继给三老太爷。过继亲侄子或者是侄孙子知根知底,双方都安心,与继承有关的事项也能得到别人的认可。

2.过继次序:亲侄子—同族亲房—远房

周家以及亲房过继时有顺序,首先考虑亲兄弟的儿子,也就是自己的亲侄子,亲兄弟没有儿子或者只有一个儿子,考虑同族亲房,同族亲房过继不到,可以考虑远房,根据血缘的远近安排。亲侄子血缘关系最近,也是最理想的过继人选,在身边长大,知根知底,过继之后将财产留给亲侄子也最合理,相当于在处理家庭内部关系,别人无法插手干预。要是过继同族亲房,双方之间有血缘关系,相互之间也是知根知底,但是就会成为处理两家人之间的关系,有时甚至会产生财产纠纷。过继远房时,和前两者相比,在信任度方面就会降低,一时之间也不能了解对方的人品,不到万不得已不会过继远房亲戚。

3."掌柜"在过继中的地位

出继时,"掌柜"和父母是同一人,"掌柜"直接可以决定,因为出继的是自己的亲生儿子,"掌柜"有这个权利,另一方面侄子有照顾叔伯的责任。要是"掌柜"和父母不一致,"掌柜"和亲生父母共同才能决定,亲生父母不同意,"掌柜"不能出继,只有"掌柜"和亲生父母都同意,才能出继。出继时要请亲房的长辈做一个见证，入继家庭不需要给钱财。入继家庭一般具有血缘关系，两家人相离不远，出继的孩子要尽到赡养责任，老人过世后，出继的孩子成为财产继承人，这相当于一种变相分家，分到的不是亲生父母的财产，而是叔伯的财产。出继时不需要写契约，出继过去之后就成为别人家里的孩子，要在保甲册子上进行登记，按照入继家庭的一口人对待，有了正式的登记，可以当作契约看待，也可以当作官府认可与管理的凭据。

4.回继

周家过继出去的孩子，没有回继的情况，在整个家族和村庄内，也没有出现过回继的情况。过继的孩子一般带有血缘关系，双方之间都是知根知底，在过继以前，双方要协商，在正式的过继中要请亲房长辈作为见证，对过继的孩子有深入的了解。过继之后，能得到亲房的认可，过继的孩子也会成为别人家里的一口人，过继的孩子和儿子一样，不会差别对待。在当地对于没有儿子的人来说有"绝户"这种说法，但是对于无子的老年人，更多的是同情。另一方面，一旦过继出去，出继的孩子长大的家庭就不会给他留下任何财产，如果过继后不好好赡养老人被赶了出来，两家人都不会认可，被过继的孩子也就失去了生活的基础，鉴于这个考虑，过继的孩子也会好好孝顺老人。

（二）抱养

1.抱养原因和目的:养老

没有儿子才会抱养，有女儿，女儿招了上门女婿不需要抱养，抱养最主要的目的就是养老。有儿子，没有女儿，可以抱养一个女孩。没有儿子时，抱养的都是男孩，男孩从小养大总会有感情，要是没有儿子抱养女孩，女孩长大后再找一个上门女婿，这在当地出现得极少，绝大多数人不能接受。女孩和男孩相比，在农业耕种方面确实有差距，要是招的上门女婿不好好干活，女孩的体力差，就会削弱养老的目的。抱养孩子首选亲戚，然后考虑没有血缘关系的孩子，抱养亲戚家的孩子，对方信得过，也比较容易抱养成功，双方也有一定的血缘关系，长大之后比较可靠。其次选亲房，就是兄弟或者堂兄弟的孩子，抱养亲房的孩子，要趁着孩子年龄小就抱过来，整个亲房的人不说，孩子也不知道，但是亲房居住近，和抱养亲戚家的孩子相比有一个坏处就是人多口杂，容易说漏嘴，对孩子的成长不利，对抱养的家庭也不利。抱养亲戚和亲房家里的孩子能容许孩子的亲生父母来看，双方之间的血缘关系割不断。然后就是抱养没有血缘关系的孩子，在这种情况下，不容许孩子的父母来看孩子，抱养家庭也会对孩子的身世隐瞒不说，防止孩子长大之后有抱怨，对养老不利。

2.抱养概况

被抱养者家庭条件差，子女多，没有能力养活的情况下才会同意被抱养。抱养者家庭条件好，用当地的话说就是"别人家里的家底好，吃穿不受困难"。在这种情况下，被抱养家庭将孩子送给抱养的家庭，被抱养的家庭才会放心。抱养一般选择年龄最小的，抱养之后成为家中的一员。抱养男孩，能享受到亲生儿子的待遇，平等地拥有继承权。没有儿子抱养一个女孩，女孩招了上门女婿时，此时的女孩享受男孩的待遇。有儿子并且抱养了女孩，抱养的女孩能享有亲生女儿一样的地位，但是不能拥有继承权，如果抱养的女孩招了上门女婿，能得到和男孩同等的权利。

3."掌柜"决定抱养,不能反悔

抱养时，"掌柜"要与家庭成员商量，"掌柜"拥有最后的决定权。被抱养的孩子年龄一般

是最小的,需要被抱养家庭的"掌柜"、孩子的亲生父母同意,或者是双方都同意。抱养亲兄弟或者是堂兄弟的孩子,一般不需要给财物,要是被抱养家庭困难,需要给财物,抱养过去之后拥有继承权,这是最实在的回报。抱养亲戚家里的孩子,可给可不给,这个要看对方家庭的条件,还要看双方"掌柜"协商的结果。抱养没有血缘关系的孩子,不容许孩子父母来看,抱走后断了来往,被抱养家庭困难,一定要给对方财物,算是对抱养家庭的感激,要给对方五百斤左右的小麦,还可以适当多给。抱养没有血缘关系的孩子要选择距离远一些的,这样才安全,中间一般会有介绍人,介绍人会说清楚抱养家庭的条件,从中间进行斡旋。抱养时不需要签订契约,在当地有"一口唾沫落地,不能反悔"的话,抱养家庭给了财物,孩子抱走后绝对不能反悔。

4.抱养认可与保护

孩子抱走以后,被抱养家庭不能反悔,在抱养问题上,大户和小户没有什么不同,因为抱养孩子的家庭大部分都是没有儿子,或者有儿子,没有女儿时抱养一个女儿,或者是既没有儿子也没有女儿,才会抱养一个儿子或者是女儿,总之是没有孩子或者是嫌孩子少才抱养。抱养回来的孩子与亲生的孩子一样,对抱养的孩子一视同仁,孩子被欺负时,亲房会提供保护。孩子抱养回来后,在村庄的保甲册子上登记,得到官府的认可。村民不会看不起被抱养回来的孩子,抱养时孩子年龄小,完全不懂事,孩子从小到大人们都不会拿孩子的来历说事,当地有这么一句话描述这类事情,"打人不打脸,骂人不揭短",拿着别人无后来"揭短",会受到村民的谴责。

(三)买卖孩子

1.买卖孩子原因和目的:养老

在当地,主要是没有孩子的家庭会买孩子,有孩子的家庭也会有买卖孩子的情况,买卖孩子有男有女,最主要的原因就是养老。家里有男孩子一般不会买男孩子,买回去的孩子和亲生儿子一样享有继承权,这样做相当于分散家产。要是家里条件容许,有了儿子,也会有买卖女孩的情况,买女孩子算家里的半个劳动力,同时长大了出嫁,也可以收取一定的聘礼补贴家用。卖孩子最主要的原因就是家庭收入低,经济条件差,养不活才会卖孩子,独子不管家庭条件怎么样都不会卖,当地对"根"很重视,卖掉独子意味着家里"断了根"。买卖孩子出现在两个陌生的家庭之间,家庭相熟就是收养、过继、抱养。买孩子一般都是买年龄最小的,买回去的时候不懂事,孩子不知道身世,对买孩子的家庭有利,买回来之后就是家庭一员。

2."掌柜"在买卖孩子中的地位

对于卖孩子的家庭,"掌柜"和父母一致,"掌柜"权力比较大,最后"掌柜"决定就可以。"掌柜"与孩子的父母不一致,孩子的父母要和"掌柜"商量,双方都同意才能卖掉孩子。对于买孩子的家庭,主要是家里没有男孩子,或者是有男孩子而买一个女孩子。买孩子时"掌柜"要与家庭成员商量,最后由"掌柜"决定。买卖孩子要付钱,大约给七百到九百斤粮食,不需要契约,给了财物孩子带走就行。买卖孩子一般需要一个介绍人,没有介绍人找不到卖孩子的家庭。买最小不懂事的孩子,不需要考虑孩子的意愿,在买卖孩子中亲房和村庄不干预,卖孩子的家庭不能反悔,买孩子的家庭会按照亲生孩子的要求培养孩子。在买卖孩子的问题上,只有困难家庭养不活才会卖掉孩子,有需要的家庭才会买孩子,这与家庭类型、规模没有必然的联系。

3.买卖孩子的认可与保护

对于卖孩子家庭一方来说,卖孩子是由于家庭困难,在村子地位低下,卖孩子也是无奈之举,与其孩子养不活被饿死,找一个经济条件好的人家让孩子活命是最好的选择。亲房和村民对卖孩子这类事情肯定会有议论,卖给了正当的家庭,孩子能活命,卖孩子的家庭不会受到太大的谴责,这也是为了孩子活命做出的无奈选择。对于买回来的孩子,亲房和村民都认可,买孩子最主要的原因是无后,买回来就是为了以后的养老,孩子买回来经过多少年的培养,相互之间有了感情,亲房也认可孩子的地位,不会被差别对待。买回来的孩子在保甲册子上进行登记,1949年以前官府对于买卖孩子放任不管,只要出现在保甲册子的名单上,不管是亲生的还是买的,到了年龄就得纳粮征税,对买回来的孩子一视同仁。

(四)认亲

1.收"干女儿"和"干儿子"

收"干女儿"或者是"干儿子",对于收的一方来说是名义上的收养,实际上没收养,收的一方要主动,并且与孩子的父母关系好,就可以和孩子的父母协商收"干女儿"或者是"干儿子"。这种情况看重的主要是孩子的父母,孩子是一个中介,对方父母同意就可以找一个吉日,让孩子带着茶叶、点心之类的礼品来磕头认拜"干大"①"干妈",孩子磕头之后要给孩子红包。经过正式的磕头仪式,两家人就因为孩子的关系连接在一起,相当于近亲房的关系,不在一起生活,逢年过节的时候要相互走动,遇到红白喜事相互帮忙,"干大"和"干妈"过世要戴孝。

2.认"干大"和"干妈"

收"干女儿""干儿子"对应的就是认"干大"和认"干妈"。认"干大"和"干妈"时,认的一方主动,因为想认的一方家庭条件困难,生活不顺利,孩子经常生病,幼童经常哭,就算是亲生父母也哄不停,通过正常的请医生看病之后,孩子依然不见好转,还是不断生病,经常哭闹,这时孩子的父母就会采用迷信的方式,去"相士"的家里问一下,是不是家里沾上什么邪气或者是"动了土",还是其他的原因。"相士"通常会认为是"犯线"了,"犯线"就是孩子的身上缺少"线",需要在孩子的身上戴一根"线",将孩子身上缺的"线"给补上。同时也是小孩家里的人太弱,镇不住邪气,让邪气带走了孩子身上的"线",才使孩子有如此的表现。这时孩子的亲生父母就会给孩子找一个"干大"或者是"干妈","干大""干妈"家庭条件较好,人畜兴旺,能镇住邪气入侵,家里最好有"家神",加上"家神"保佑,肯定能镇住邪气。

周家有"家神",并且条件比较好,因此周家收了两个"干儿子"、一个"干女儿"。这种情况下要认"干大"和"干妈"时比较正式,孩子的父母要和对方去谈,因为是有求于对方,一定要放低姿态,两家的经济水平有一定的差距,有高攀的嫌疑,要是两家人的关系好就没有前面的说法了。认"干大"和"干妈"时,要请"相士"算一个吉日,在吉日当天,父母带着孩子去磕头认拜,带的礼物要贵重一点儿,同时每年的这一天都要来"戴线",一年换一次,直到孩子长大成人。到了认的"干大""干妈"家里,"干大"给孩子弄一根很粗的羊毛线,粗一点儿是因为要戴一年,不容易断,其次怕孩子太小,将孩子勒着,或者是出现什么意外,还要将羊毛线染红,讲究一点儿的家庭还会在这根线上串一个"麻钱"②,保佑孩子健康成长,也保佑孩子的家庭

---

① 干大:干爹,在当地,父亲叫"大"。
② 麻钱:当地的土话,就是外圆内方的铜钱。

顺利。戴线时孩子跪在主房的供桌前,孩子磕头,磕头主要是给祖先磕,给祖先磕完头之后要给"干大"和"干妈"磕头。经过这种正式的仪式,两家人关系更加密切,到了每一年的这一天都要来戴线,逢年过节相互来往。

3.结拜

在当地,结拜主要是男人和男人之间结拜兄弟,女人和女人之间结拜姊妹,男人和女人之间不能结拜,女人会被认为是不守妇道。结拜在当地比较常见,也是一种交往的方式,两人一旦结拜,只要人品好,就能得到对方家庭的承认。在逢年过节、红白喜事,以及平时的交往中都可以相互走动,看望对方的父母等。称呼时也有一定的讲究,如果对方父母比自己父母年龄小就叫"大""妈",要是对方父母年龄大就要叫"伯""大娘"。结拜的时候没有什么正式的仪式,双方可以在任何地方跪下磕头,也可以口头说了算。结拜之后,第一次上对方家要给对方的祖先和父母磕头,第一次一般不能少,以后可以不磕头。

五、家户赡养

有效的赡养是人年老时的保障,是老人对家庭做出贡献的回馈。周家的赡养方式是养老粮,以家户为单位,小辈承担责任,治病与送终活动中,所有的儿子都要尽到照顾责任,老人未过60岁,治病的钱从"老家"出;过了60岁,小病小灾的钱从"老家"出,遇大病或者送终时所有儿子承担责任。

(一)赡养单位:家户

赡养老人是家户内部事务,家户之外的人在特定的条件下才可以干涉,分家前,家户内的每一个人都有赡养老人的责任。在周生录这一辈以前,周家只要有儿子结婚就会分家,长辈和小儿子生活在一起,小儿子承担的责任大,其他的几个儿子承担责任轻。老人每年吃的粮食、医疗费用几个儿子平分,出嫁的女儿不需要承担赡养责任,在老人病重时可以来照顾,未出嫁的女儿要尽到照顾的责任。

(二)赡养主体:小辈

只有一个孩子,由这个孩子承担赡养老人的责任。家里有多个孩子并且没有分家,由所有的儿子共同承担责任。分家后老人和小儿子生活在一起,小儿子承担平时照顾老人的责任,其他的费用几个儿子平摊。没有儿子有女儿,由女儿承担赡养责任,如果女儿招了上门女婿,女儿和上门女婿承担赡养责任。既没有儿子也没有女儿,当地为了防老,在40岁左右会抱养一个孩子,或者是到了年老的时候会从亲房过继一个孩子。没有过继也没有收养,亲房宗族会插手,让老人的亲侄子或者是其他亲房的人照顾。

(三)赡养方式:养老粮

周家养老的方式主要是养老粮,长辈和小儿子生活在一起,小儿子承担日常的照顾责任,老人养老消费的粮食几个儿子平摊,这是当地主要的养老方式,也是当地默认的养老方式。长辈过世,老房子就是小儿子的,只要是家庭成员就要承担赡养老人的责任。在赡养老人的事务中,其他成员能向"老家"的"掌柜"提意见,但是不能擅自决定事务,对于重大的赡养事务,不管是分家还是没有分家,"老家"的"掌柜"要和其他的几个儿子协商。在赡养老人的形式上,头等户、二等户、三等户没有什么差异,多子女和少子女的家庭也没有什么差异,年老时要给老人提供养老的粮食。

（四）赡养责任:平摊

周家在分家时,不会安排养老钱粮问题,周家有儿子结婚,一段时间内就会分家,分家时长辈年龄不是很大,会和余下的几个儿子一起生活,最后和小儿子一起生活,平时都是小儿子照顾,60岁以前能下地干活,帮助几个没有分家的儿子,到了60岁不能下地干活时,所有的儿子承担养老的粮食和其他必需的费用,一年结算一次。平时花的钱都由小儿子垫付,小儿子没有能力垫付时,可以向其他的几个儿子提前结算,一个老人一年按照四百斤粮食提前结算一次,结算的时候需要考虑其他儿子的经济情况,今年给不了,可以下一年给,今年能给一部分,下一年收成下来后,补上剩余的一部分。

（五）治病与送终

家户成员是老人治病与送终的实际承担者,在分家以前,治病与送终的费用从家户收入支出。分家以后,老人和没有分家的几个儿子生活在一起,年龄未过60岁,治病的钱由未分家的儿子承担。除小儿子,其他几个儿子都分家出去了,并且老人年龄没有过60岁,治病的费用都由小儿子承担。老人60岁以后,遇到小病小灾,一般是小儿子单独承担,碍于人情,没有办法跟其他的兄弟要钱,生大病时,几个儿子共同承担费用。总之,在老人养老与送终时,老人生病,所有的儿子都要尽到照顾的责任,小儿子承担的稍微多一些,生病的钱具体情况具体分析,在送终时,所有的儿子都要承担责任。如果有儿子不出钱,几个儿子可以协商解决,要是解决不了可以请"乡老"解决,"乡老"解决不了就要请官府人员。老人生病时,出嫁的女儿可以来照顾,这是当地的风俗,表示女儿的孝心。

（六）赡养认可与保护

在当地,养老经过几代人的积淀,形成了一种固定的养老方式,成了一种默认的习俗,亲房家族,村庄都认可当地的养老方式,有儿子不承担赡养责任,会被别人看不起。出现赡养纠纷时会请当地的"乡老"或者亲房的长辈进行调节,这是必需的过程。不到万不得已不会与官府打交道,在村庄层面,要是有人不赡养老人,虐待老人,保甲长也会出面调解。

六、家户内部交往

家户内部交往是家庭是否和睦的关键,周家父子同心,父亲要承担给儿子娶媳妇的责任,儿子要尊敬父亲,维护父亲权威。婆媳之间关系融洽,婆婆要教会儿媳日常的家务活儿,媳妇要孝顺公婆。夫妻关系和睦,丈夫要干农活儿养家,媳妇要做好茶饭,承担教育子女的责任。周家兄弟比较多,平时相互扶持,长兄要尽到照顾弟弟的责任,弟弟也要尊重兄长。

（一）父子关系

1.父给儿娶媳妇,儿要尊敬父亲

在周家,父亲生了儿子,有责任将儿子抚养成人,给儿子娶媳妇是父亲的责任。用当地的话说就是"老子该儿子一个媳妇,养了儿子,不娶媳妇,等于没有养儿子"。周生录对儿子能随便使唤,儿子不听话,可以打骂,当地有"一天一顿,风调雨顺;三天不打,上房揭瓦"的说法,打骂不是太狠,就是踢两脚,或者是拿手抽一下,在周家这是很正常的事情。张氏也会时常揍儿子,拿起手中的笤帚或者是靶子之类的揍两下。周生录的话儿子必须无条件地服从,就算是周生录做得不对,在当时一般也不敢提出来,事情过去了,事后提一下就可以,不能责备周生录,不能让周生录难堪。在当地好父亲的标准就是能"拿"住一个家,使家庭和睦,不闹矛盾,这样的父亲就是好父亲。一个好儿子的标准就是听父亲的话,讨好一下父亲,让父亲高兴。在当地,不同类型的家庭中,父子关系基本没有什么差异,经过祖辈的发展,这是大家所默认的,"拿"不好家的"掌柜"就不是好"掌柜",经常"犟"父亲的儿子就不是好儿子。

2.父子交往融洽,维护父亲权威

周家父子之间关系比较融洽,父子之间不能开玩笑,不能一起喝酒,在吃饭时可以和父亲坐在一起,可以给周生录说一些建议。周家的几个儿子很怕周生录,周生录在家中比较权威,儿子心里有事一般在兄弟之间说,不会给周生录讲,在几个儿子看来周生录不好接近,平时都比较严肃,甚至让几个儿子感觉家里冷清。周家父子之间发生冲突的次数不多,"掌柜"要维持整个家庭和睦,有时势必会强势,不讲理,也会强制儿子做一些事情,儿子不喜欢做也会吵几句嘴,这是没有办法避免的。周生录和某个儿子发生冲突,其他几个儿子会偏向周生录,在当时"犟"父亲就是不对,张氏也会劝儿子给周生录"服软",兄弟也会鼓励去给周生录承认错误。不管周生录有没有错,通常会骂几句顶撞他的儿子,这是为了维护周生录的权威。周家大一点儿冲突就是闹分家,娶了媳妇,要是在一个家庭过不下去,这时就会闹分家,闹得比较厉害就会请娘家人来调节或者是请亲房的长辈来调节,调节不下去分家就可以。

(二)婆媳关系

1.婆婆照顾儿媳,儿媳孝顺公婆

婆婆要教儿媳妇做茶饭、针线活,还要指导儿媳妇做家务。儿媳妇在怀孕和坐月子的时候,婆婆要尽到照顾的责任。婆婆对儿媳妇能随便使唤,可以打骂,但是不能经常打骂,打骂太厉害儿媳妇回了娘家,还要接回来。儿媳妇没有犯大错误,不能将儿媳妇赶出门,婆婆的话媳妇必须无条件服从,婆婆说的不对,儿媳妇也不能当面顶撞。在当地好婆婆的标准是要教育好家里的女儿,在媳妇怀孕和分娩之后要照顾好媳妇,管理好家里的妇人。孝顺婆婆,照顾家庭这是一个好媳妇的标准,在婆媳关系上,各家庭之间本质上没有什么不同。周家婆媳之间关系融洽,在平常的生活中,婆媳之间能开玩笑,经常一起做家务,时常聊天,媳妇怕婆婆,婆婆能管理家里的妇人。媳妇有事可以和婆婆说,在媳妇看来,婆婆比较好相处,在日常交往关系中,不同家庭婆媳之间有差异,家庭越大,妇人越多,婆媳关系越复杂;妇人少,婆媳关系比较简单。

2.平时关系融洽,大冲突引发分家

在周家,婆媳之间发生过冲突,冲突的次数不是太多,分家主要就是婆媳关系引起的,冲突发生后家庭成员一般站在婆婆一方,周家的"规矩大",儿子从小接受"掌柜"周生录的教育,不敢顶撞长辈。发生大冲突,请娘家人调节,调节不好就分家,在当地娶一个媳妇相当不容易,发生矛盾不能直接休掉,分家是最好的选择。

(三)夫妻关系

1.丈夫养家,妻子做好茶饭

丈夫对妻子最主要的责任就是干活养家,在妻子怀孕时照顾妻子,生病时请医生看病,丈夫对妻子可以随意使唤,不可以随意打骂妻子,妻子犯了错误,可以打骂,但是不能打得太厉害。要是丈夫说得或者是做得不对,可以提出意见,妻子不可以批评丈夫,要尊重丈夫。能

养活家庭，在妻子怀孕时尽到照顾责任，在妻子生病或者有什么特殊问题时丈夫能及时解决，这样的丈夫是好丈夫。妻子要尽到教育子女，给全家人做好"茶饭"，做好针线这一类的活儿就是一个好妻子。周家属于小家户，比较注重家庭内部关系，有些权利与义务不是很明确，大家庭会更加追求夫妻之间的权利和义务。

2.夫妻团结和睦，维护丈夫脸面

周家夫妻关系比较融洽，相互之间能开玩笑，也会经常聊天，妻子平时怕丈夫，丈夫有休掉妻子的权力，在妻子的眼中，丈夫是妻子的天。在日常关系中，经济条件好的大家庭丈夫休掉妻子的概率高，小家庭比较稳定。周家几代人没有出现休妻，很注重夫妻之间的团结与和睦。周家在夫妻相处中发生过冲突，次数不是很多，发生冲突之后就是吵嘴，丈夫打几下妻子，打完之后妻子也不敢回娘家，回娘家会被娘家人送回来，被丈夫打几下就回娘家，这样的妻子不是好妻子，也会给娘家人丢脸。在当地，丈夫打妻子这种事情很正常，打完之后妻子忍了，不能过分哭闹，家丑不可外扬，要维护丈夫脸面。发生冲突后家庭成员多数时候站在丈夫一方，极少数时候才会站在妻子一方，夫妻之间的冲突一般都是自己解决，到了冲突解决不了的时候，男女双方的长辈调节，双方达成谅解，周家没有发生过休妻事件，夫妻关系比较稳定。

（四）兄弟关系

1.长兄如父

兄长对弟弟要尽到照顾责任，父母不在，在当地一般是长子成为"掌柜"，要负责给弟弟娶媳妇。父母过世，长兄如父，老大要承担父亲的责任，抚养未成年的弟弟，教给弟弟谋生之道，不分家可以一同生活，如果分家，有多少个兄弟，就要将财产分为多少份。兄长对弟弟能随便使唤，可以打骂，但是不能打得太厉害，不能将弟弟逐出家门，也不能将弟弟卖掉。兄长的话，弟弟要听从，兄长说的不对，弟弟可以提出意见，但是不能顶撞兄长，这是对兄长的不尊重。兄长要尽到照顾家庭，照顾弟弟，父母亲过世，长兄承担父亲责任，这样的兄长才是好兄长。弟弟要尊重兄长，听从兄长的话，这样的弟弟是好弟弟。在兄弟之间的权利和义务方面，大家庭的长兄权力更加明确，小家庭长兄权力不明显，大家庭兄弟关系复杂，小家庭兄弟关系简单。

2.兄弟关系总体和睦，小矛盾不断

周家兄弟相互之间关系比较融洽，相互之间经常开玩笑，会在一起喝酒，经常聊天。弟弟不怕兄长，但是要尊敬兄长，心里有事情愿意说给兄长听。兄长比较好相处，但是兄长有时候也会打弟弟，打了弟弟，弟弟只能认了。兄长有照顾弟弟的责任，要是被家里的大哥打了，就相当于代替父母教育弟弟，父母不在，大哥充当的就是父母的角色。在大家庭中，长子和其他兄弟的这种关系更加明显，长子权利要比其他兄弟多。小家庭中，兄弟之间权利和义务关系不太明显，相处起来比较融洽，家庭辈分越多，越凸显长子地位。

周家兄弟之间也发生冲突，兄弟比较多，发生冲突的次数就多。周家兄弟之间发生冲突就是吵嘴，吵嘴的原因很多，甚至是鸡毛蒜皮的小事也有可能引发吵嘴，由吵嘴引发打架，这在几个兄弟之间很常见。发生冲突后，不敢让父母知道，过几天就和好。在兄弟之间发生冲突时，要是让父母知道，父母不会站在任何一方，不管年龄大还是小，先揍一顿，让双方都知道打架不对，然后听一下打架的事由，告诉对错。周生录和张氏都可以打孩子，张氏打孩子的次数更多，对于这种兄弟之间的关系，兄弟越多冲突越多。

七、家户外部交往

周家对外主要是邻里和村民交往,邻里交往中相互扶持,有时也会闹点儿小矛盾,和村民交往时要相互尊重,发生矛盾时"掌柜"代表全家处理,解决不了时请"乡老"协调。

(一)邻里关系:你有一本经,我有一本禅

在当地,房屋主要坐落在大山的脚下,邻里之间共用一堵墙很常见,周家和邻居就是共用一堵墙。有这么一句形容邻里之间的话:"你有一本经,我有一本禅",双方不和谐就会立马吵起来,各有各的道理。邻里之间相处,一定不能损坏对方的财物,不能侵犯对方"庄寨"的边界,不能在对方"庄寨"边界内取土,这是对方不能容忍的,要是动了对方的风水,要闹大矛盾。邻里之间相互交往,不能在背地里说对方坏话,没有不透风的墙,在背地里说了对方的坏话,传到邻居耳朵里双方不免吵架。在双方共用的道路上,不能损害道路。邻居家里有红白喜事,需要帮忙时,邻居会过来请,"掌柜"和女主人谁来都行。待人接物这一类事务,需要邻居家里的"掌柜"来请,邻居关系和谐,双方就会达成一种默契,自愿帮忙,如果双方土地相邻,一定不能侵犯对方土地权利。

(二)村民关系:钉子来,钻子去

与村民相处,关系不会像和邻居那么紧密,人敬我一尺,我敬人一丈。用当地的话说就是"钉子来,钻子去",意思就是你向我的身上插钉子,我就向你的身上插钻头。村民之间相处是一种对等关系,与邻居相比,村民间的交往相对疏远。一定要尊重对方,别人才能尊重自己,在称呼男性长辈时要叫"大"或者是大伯,称呼女长辈时要叫"大娘""婶子",爷爷一辈要叫爷爷、奶奶,还有一种叫法就是不管男女,爷爷和奶奶都叫"太太",为区分男女,可以在"太太"的前面加上男或者女,也可以加上一些限定词。平辈之间可以相互叫名字,如果对方年龄大,在名字后面加一个哥、姐、嫂子更好。要尊重对方的财物,这是村民之间必须要遵守的。当地都是梯田地,村民之间的土地纵横交错,不能侵犯对方的埂埂,要承认对方土地产权。对于村庄层面的活动,像谁家有盖房子、红白喜事等,"汇庄子"的时候必须要去,这是必须要尽的义务。家庭有事,对方来帮忙了,村民有事必须要去,要是不去,会被别人说闲话,以后家庭有红白喜事对方也不会来。

(三)外部交往中的矛盾调解

对外关系主要就是邻居关系和村民关系,两家人发生矛盾一般是吵架,对外冲突的单位是家户,处理冲突的代表人是"掌柜"。邻里矛盾和村民矛盾闹大了,双方的家庭成员都会出动。周家和村民发生了埂埂侵占事件,刚开始"掌柜"周生录和对方协商解决,没有解决好,"掌柜"周生录叫了亲房和几个儿子去壮势,双方矛盾成了多方矛盾。村民都会维护自家利益,一旦发生矛盾,两家人协商解决,解决不了就会演变成几家人的矛盾甚至是宗族矛盾,最后双方请求"乡老"出面调解,双方的矛盾才会平息下去,一般不会闹到官府。

第四章　家户文化制度

　　文化是人类在社会历史发展过程中所创造的物质财富和精神财富的总和，家户文化是一个家庭在繁衍生息中所形成的物质财富和精神财富，在历代传承中所留下的家庭底蕴。本章拟从家户教育、家户意识、家户习俗、家户信仰、家户娱乐五个方面对周家的家户文化制度展开详细介绍。

一、家户教育

　　良好的教育能提升家户整体的文化素质，对家户长远发展有利。除了女孩，周家的每个男孩都有受教育的机会，通过家户和学校教育，再加上自身教化作用，形成特定的人格。

（一）教育概况

　　1949 年以前，周家从周俊庭这一辈才开始读书，老大周俊发上了四年小学，老二周俊庭上了六年完全小学，老三周俊明上了三年，其他兄弟年龄小，还没有上学。周家的孩子从 12 岁或者是 13 岁开始读书，读四年或者是六年，读完后刚好十六七岁，成为一个全劳动力。读几年书刚好懂事，外出不会被骗，基本的账务会算，这是周家让孩子上学最主要的原因，也是周家的教育方式。周家的孩子不会同时去学校，一个孩子读完另一个孩子去。孩子分开去上学，学粮分摊到每一年，可以减轻家户负担，保证每一个孩子都有上学的机会。孩子读完小学，"掌柜"便不让孩子读书，回家干活，周家有的孩子读了六年的完全小学，是因为孩子之间年龄有差距，隔了两三岁，要是孩子想上学，可以多读两年。周家不让女子上学，在整个亲房里面，也只有一户人家的女子上过学，周家认为女儿是"别人"家里的人，长大要嫁人，抛头露面是在败坏风俗。

（二）学校教育

　　在当地的隔壁村子有一个官办小学，周家的孩子上学时"掌柜"送孩子去报名，请老师给孩子起一个学名，也就是大名，学名可以正式登记在保甲册子中，以前叫的都是小名。周家的男孩子都可以去学校读书，女孩子去学校不符合当地的风俗，老师也不愿意收女学生。上学需要交学粮，学粮主要是家户承担，"掌柜"想让孩子去上学，孩子不愿意，留在家里干活就可以。家里是爷爷当"掌柜"，孩子是否接受教育爷爷要和孩子的父亲商量，最终的决定权在爷爷手中。"掌柜"让孩子去读书最主要的目的就是让孩子知道一些道理，孩子读书不是个人的事情，而是整个家户的事情。

（三）家户教育

　　孩子没上学以前的教育主要来自家户。孙子主要由爷爷教育，爷爷外出时也会带孙子，跟孩子说一些节日习俗，例如节日是怎么来的，上坟的时候也会带着孙子，让孙子知道那个坟头埋的是谁，太爷叫什么名字，祖太爷叫什么名字，也会教一些勤俭节约的习惯。周家的孙女主要是刘氏和张氏教育,教的东西主要是如何做好茶饭、家务、针线活儿等。周生录教给儿子的就是耕种技巧,周家从十二三岁就开始教孩子种地和交往的技能,如何使用牲口,怎样待人接物。不同辈分的人对孩子教育的侧重点不同,对男孩的教育主要侧重待人接物和耕种谋生,对女孩的教育主要侧重家庭照顾、"茶饭"、针线和家务这些。孩子在一个什么样的环境中成长,这个环境对孩子有潜移默化的影响。邻居、亲戚、同龄人也会对孩子有一定的影响,孩子长到十五六岁就会被认为长大了,要承担家庭事务。

(四)人格形成

在周家,周生录和张氏及其他家人的思维方式和性格,对孩子的成长会产生影响,家庭相处模式和平时的生活氛围也会对孩子的性格产生影响。周家的家规比较严格,周生录平时都是不苟言笑,周俊庭觉得家里比较冷清。周俊庭当过教师,还跟"相士"学习过一段时间,性格稍微偏外向,其他的兄弟都内向。在周家,孩子要是犯了错误,回家先被揍一顿,事后才会听原因。节日习俗这些都是男性长辈教,周家教育孩子最多的话就是不能败家,不能当"败家子",家庭成员遇到困难时家人会提供帮助。周家平时都是"掌柜"管事,其他成员很少参与,要是"掌柜"突然不管事,其他家庭成员会有点儿不习惯。

(五)劳动技能

周家需要教给小孩子劳动谋生的技能,男孩子主要学习耕地、牲口饲养、使用牲口、收割庄家,这些都是男孩子必须要学的东西。女孩子学习的就是撒种子、做家务,不学习这些,嫁人之后什么都不会,会被婆家人看不起,认为在娘家的时候没有教养,什么都没有学会,嫁到婆家后还要婆家人教。孩子长到十二三岁就要认真教育,"掌柜"可以教任何人,但是男女学习的侧重点不同,"掌柜"主要教男孩子,张氏或者是刘氏教家里的女孩子。在劳动教育过程中,"掌柜"或者是长辈会让孩子亲自实践,亲自操作。女孩从 10 岁开始,刘氏和张氏便会开始教育,女孩子不仅要帮助父母干活,还要照顾弟妹,在出嫁前一定要学会做茶饭、针线活,不好好学习会受到批评。

(六)家庭教化

在 1949 年以前,周家有日常的规矩、德行和品行,主要通过言传身教的方式进行。小辈要尊敬长辈,不能和长辈顶嘴,长辈与外人说话时,小辈不容许插话。吃饭的时候长辈不动筷子,小辈不能动筷子,这些日常规矩,主要是教会孩子如何做人做事,待人接物。家庭的教化主要是"掌柜"和长辈进行,家庭成员犯了错误,由"掌柜"进行惩罚,例如自家的孩子和别人家里的孩子打了架,需要"掌柜"带着孩子亲自去道歉,批评教育也是由"掌柜"进行,"掌柜"代表家庭对外承担责任。

二、家户意识

家户意识是家人对自己家庭的认识和看法,以及在日常的生活中所形成的潜在观念。周家对自家人和非自家人有清晰的界定,在日常生活中都是以家户利益至上,注重家庭和睦,兄弟之间团结,周家的老人也时常给"家神"、庙上的"神佛"烧香,祈求保佑全家平安。

(一)家人意识

1.自家人

周家觉得只有儿子、孙子一类的男丁才属于自家人,其他的人都是外人,自家人和外人最主要的区别在于血缘关系或者是不是家里的男丁。没有分家以前,叔叔、伯伯、儿子、孙子属于自家人。分家之后要是长辈没有过世,叔叔和伯伯算自家人;要是长辈过世,叔叔与伯伯不算自家人。分家以后只要长辈在,长辈居住的家庭永远都是"老家",搬出去的儿子与"老家"相比永远都是"新家"。长辈过世之后,"新家"也会开始繁衍生息变为"老家",所以有老人在世和老人过世的区别。老人在世时,所有的"新家"都要对"老家"承担一定的责任,老人过世以后,这种责任变弱,甚至是没有。家庭成员不听"掌柜"安排,犯了错误,被家里的"掌柜"赶了出去,还算家里人,犯了错误属于败坏门风,但是血缘关系割不断。"掌柜"和其他女人生了孩子,"掌柜"承认并且带回家算自家人,要是"掌柜"不承认,不属于自家人。

儿子常年在外打工,经常不回家,算自家人。过继的孩子算自家人,过继时需要请人作见证,过继的孩子和亲生的孩子一样,享有同等财产继承权,同时也能得到亲房、村庄、保甲长的承认。收养和买回来的孩子算自家人,享有亲生子女的待遇,并且有继承权,也能得到别人的承认。没有生儿子,招了上门女婿,此时上门女婿不算自家人,亲生女儿算自家人,上门女婿要是不好好干活,还可以被赶出家门,上门女婿与过继、抱养、买卖的孩子不同,过继、抱养、买卖的孩子相当于子女的地位,上门女婿相当于借了女方家的牛养活自己。有妻妾的家庭,妾不算自家人,小妾所生的孩子算自家人,小妾地位低,但是小妾生下来的孩子有血缘关系,与"大婆"所生的孩子一样,地位相等。

2.非自家人

外人就是家里的没有出嫁的女儿、上门女婿及没有生活在这个大家庭之中的人。出嫁的姑姑、姑父、舅舅、舅妈、嫁出去的姨娘、姨夫、嫁出去的女儿,这些都不是自家人,属于亲戚的范畴。没有亲戚关系,两家人平时相互帮忙,在危难时刻比较靠得住,这样的人不算自家人,上门女婿和平时寄宿在家里的人也不算自家人。

3.自家人与非自家人区分

邻居、亲戚、村民、家人、外人就是一种心理和血缘为主导、地缘辅助的心理认同。在这个大家庭之下,有一部分是家人,有一部分不是家人,像家里的没出嫁的女儿,明显在一个大家庭之下生活,但是不属于家人,因此周家对家人的界定不单单是属于物理边界,而是一种心理和血缘上的认同,通过血缘关系加上一定的心理作用,再加上一定的生活范围,对家人做出了界定。

(1)地缘界定

一个大家庭没有分家,下面有几个小家庭,这个大家庭是由几个小家庭组成的,自家人的范围属于这个大家庭下的所有男丁,只有大家庭中的男丁才有资格成为家人。大家庭已经分家不住在同一个院子里,此时有了"老家"和"新家"的区分,老家长辈在世时,"老家"和"新家"有血缘关系的男丁是家人。

(2)血缘界定

自家人是有血缘关系并且生活在一个大家庭的名义下的男丁,没有分家以前有血缘关系的男丁都是自家人,分家以后成立的"新家"算一户人,长辈没有过世就是户,是一个"新家",只有长辈过世才能算一个真正的家。通过这个区分,周家将家里的妇人排除在了家人的范围之外,出嫁的女儿不算家人,没有出嫁的女儿迟早要嫁人,也不算家人。

（3）心理界定

家人是对自己最重要的人,平时家人可以闹矛盾,但是当家庭受到侵害时,全家人可以一致对外。只要有血缘关系,家里的长辈没有过世,不管做了什么,犯了错被逐出家门,或者是做了败坏门风的事情都是自家人。家里发生冲突的时候,亲戚、邻居、村民一般不能主动介入,因为他们是外人,只有"掌柜"出面请,外人才会介入调停,外人要是随意介入别人家的家事相当于侵犯别人家的边界。同时周家也不会主动介入邻居家的事情,邻居家里发生了矛盾,周家的态度是装作看不见、听不见,要是邻居家里的"掌柜"出面来请,周家可以作为一个调解人的身份出现。周家也不会主动介入亲戚家里的事情,要是女儿在婆家平白无故受了欺负,可以主动介入讨回一个公道。另一方面,周家可以以舅舅的身份介入亲外甥的事情,这在当地是容许的,其他的事情都不能主动介入。对于抱养、过继、买卖的孩子,没有直系的血缘关系,但是在一定的程度上,他们是家人,这种界定是通过长时期一块儿生活,心理上得到了认可。周家对家人的界定只能通过列举的方式,以上血缘、心理、地缘不能单个拿来作为界定家人的标准,只能通过结合的方式来界定。

（二）家户一体意识

1.家户相互扶持

周家没有分家以前,所有的家庭成员同家生活,兄弟之间在生产与生活中相互帮助。周家兄弟之间关系好是因为家规严格,犯了错误要受到惩罚,这是周家兄弟从小接受的教育。周家很重视在当地的"势力",兄弟之间团结关系好,才能在当地更好地生活。"掌柜"是对外的代表,家庭成员受了欺负,"掌柜"去协商,协商未果就会带着全家人去理论,甚至是找亲房的人帮忙讨回公道。在分家的过程中,某个兄弟条件不好,身患重病、没有劳动力、身体残疾,或者是丧夫丧妻,"掌柜"会对这个小家庭特殊照顾,分家的时候多分一点儿或者是与小儿子一起生活。分家之后,各兄弟之间关系会变淡,但是与"老家"经常有联系,老家的长辈到了60岁,要承担养老粮与其他的费用,虽然分家了,只是成立了几户人,依然是一家人,各户在一定程度上还要受到"老家"的节制。

2.家户共同目标

在周家,增加农业收入是家庭成员的共同目标,每一个人都要为家户农业收入努力。分家以前,每年的农业收入属于家户所有。分家以后,小家庭的每一个成员都要为成立的"新家"努力。周家没有什么光大门楣的愿望,"掌柜"也不希望自己的子孙"吃上国家的饭",就是希望子孙能守住自家的土地,儿子长大之后能开更多的荒地。"掌柜"希望儿子之间相互团结,不受人欺负。周俊庭这辈,每一个男孩子都读了书,最少四年,最多六年,这在当地很少见,读完完全小学可以上师范,出来之后官府安排工作,但是周家的孩子没有一个读师范,上师范要交一千五百斤学粮,这是一方面的限制,更重要的是"掌柜"周生录的意愿导致的。周生录经常说:"攒下银两催命鬼",周生录就是这种观念,希望家庭收入每年有结余,安安稳稳过日子,守住自家的一亩三分地就好。

（三）家户至上意识

周家人认为,家庭要比个人重要,没有家庭就没有个人,用当地的一句话说就是"家没有了,人就不全换了"。周家很重视家庭团圆,周生录经常这么说:"家全夜月圆是少,人是流云散处多"。1949年以前,周家的老大周俊发到了冬天的时候便会给当地的头等户"拉短工",

"掌柜"周生录如果让周俊发回来,老大周俊发就要立马回来,要是不让周俊发"拉短工"了,周俊发就得立马回家,按照周生录的指示办。周家的观念首先是要做好家庭的事情,当家庭利益和个人的利益发生冲突时,首先要照顾家庭利益。周家的儿子儿媳妇闹了矛盾,儿子提出休妻时,"掌柜"会慎重考虑,几乎不会同意休妻。休妻时要给妻子一定的补偿,不能要回"酒礼",想要再找一个媳妇,必须从家庭总体收入中支出。周家的每个孩子都读了书,读几年书由"掌柜"决定,儿子必须要服从。在儿子的婚姻问题上,完全由"掌柜"包办。1949年以前,禁止自由恋爱,就算是儿子有喜欢的女孩,"掌柜"不同意就不能结婚。"掌柜"不喜欢儿媳妇,希望儿子休掉儿媳妇,儿子一般会照办,但是要承担再找一个儿媳妇的责任。

(四)家户积德意识

周家的老人有积德行善造福子孙的意识,平时也经常到庙里去烧香,自家也有"家神",每天早中晚都烧香。周家的老人不是"爱管闲事"的人,在村子里有爱管闲事的人,就是谁家有闲事就向谁家走,哪里有热闹便向哪里凑,平时好喝一点儿酒,喝完之后说点儿闲话,对于这一类人,人们能不招惹就不招惹,怕别人说闲话。周家的老人们相信善有善报,恶有恶报,同时也认为要做好积德行善比较难,不仅要修身养性,尊重别人,不和别人闹矛盾,还要不说脏话。一个家庭中总会出现一个"孽咯人"①,会影响到家庭的声誉,不利于积德行善,周家人在平时放羊或者是农闲的时候,也会去填补路上的坑,为别人方便就是为自己方便。

三、家户习俗

习俗是一个地方最主要的文化,通过对家户习俗的了解,可以反映出一个家庭的内部关系。周家过的节日主要有春节、二月二、清明节、端午节、腊八。春节以大家庭为单位,其他节日可以一起过,也可以分开过,当地还有婚庆、丧葬、农事等习俗,每一类习俗都有各自的讲究。

(一)节日习俗

1.春节

(1)春节前的准备

在春节前一个月,周家会为春节做准备,在腊月二十左右,"掌柜"周生录到集市买菜,买各种调料,还要买一些给神佛用的物品,例如香和蜡烛,这是祭拜的必需品。周家到了腊月二十三的时候就会扫房,也就是俗称的"小年",二十四的时候要接"灶爷",这与当地董家的习俗不同,董家是二十四扫房,二十五接"灶爷"。二十四接"灶爷"接的是"富灶爷",二十五接"灶爷"接的是"穷灶爷"。这种差异是因为一个传说,古代有一个姓吕的秀才,家里穷,到了二十三的时候家里什么东西都没有,接"灶爷"用的香、蜡烛、饼都没有,就给"灶爷"许了一个愿,将日期向后推了一日。周家每年都养一头猪和一只羊,到了二十八的时候宰杀,当地有"七不杀猪,八不杀马,九不杀羊"的说法,逢七的日子是猪的生日,逢九的日子是羊的生日,所以逢七不杀猪,逢九不杀羊,杀了不吉祥。大部分的人都会选择在二十八的时候杀猪宰羊,三十儿会请当地的先生写对联,这个对联先生会根据周家的具体情况写,与农业、收成、家庭和睦有关。

---

① 孽咯人:行为不检点的人。

（2）大年三十儿：和气饭

到了大年三十儿，不管是什么人，都得回家，不管分家还是不分家，所有人都要到"老家"去吃"和气饭"，也就是我们现在说的"年夜饭"。"老家"的长辈会提前吩咐，准备好当天晚上的饭。饭做好之后的第一锅，要先给祖先吃，长辈带着全家的男丁在正房给"家神"上香，上完香之后就是祭祖，祭祖之后全家人才能吃饭。周家的桌子是八仙桌，长辈坐在上位，老大坐在左边，其他的几个兄弟没有讲究，可以随便坐，妇人不能上桌吃饭，只能在灶房吃。

（3）春节拜年走亲戚

春节总共十五天，从大年初一开始到正月十五。大年初一早上，儿子要到"老家"的正房去烧香，孙子要去给长辈磕头，长辈给压岁钱，然后去亲房长辈家中给长辈拜年，给长辈拜年必须要磕头。大年初二，儿子可以给岳父拜年，或者是给舅舅拜年，拜年的顺序不能错，尤其是大年初二，大年初二只能给岳父和舅舅拜年，岳父和舅舅的辈分比较高，要放得高一点儿，不能怠慢。到了初三的时候就可以随便给亲房、亲戚、朋友拜年，没有什么限制。初三晚上，所有的儿子或者是孙子，一个小家庭至少出一个人，要到"老家"的正房去烧香祭祖，家规严格的家庭长辈带着小辈统一烧香祭祖；要是家规不严格，可以分开烧香祭祖，在接下来的几天中可以随便玩耍，吃一些好的。

（4）元宵节送火

正月十五的晚上，一个小家庭出一个男丁要到"老家"的正房去烧香祭祖。吃饭比较早，到了晚上的时候要"跳火"，还要送火把，在白天扎一个火把，到了七八点钟跳完火，家里的年轻人就扛着火把往当地最高的山上送，送到山顶最好，这叫"送火"，意思是烧干净了，重新开始，这是对下一年收成的期待，希望下一年有一个好收成。种庄稼就是这么一年一年地重复，过完正月十五，地面融化，人们的清闲日子也就随之结束，重新开始种地。

2.二月二吃大豆、猪头肉

农历二月初二，到了这一天当地的人都会炒大豆或者是"烫大豆"。这些都是家里的妇女完成，在周家主要是刘氏和张氏做。要是炒大豆，要提前三天准备，将大豆拿出来泡在水里或者是埋在湿土中，泡一天左右拿出来晾干，在锅里炒，或者从炕洞中拔出来烧红的灰，放在灰里烫一下，这样做出来的大豆比较酥，也可以直接炒或者是烫，直接炒出来的大豆太硬，不好吃，大部分家庭都是泡过之后才炒或者是烫。

二月二还有一个重要的习俗就是吃猪头肉，当地的大部分家庭比较困难，不是每家都会有猪头，有猪头的人吃猪头肉，没有的人可以随便吃点儿肉意思一下。吃猪头肉的意思是吃完了要重新开始养猪，或者是重新开始耕作的意思，但大豆是每家人必须要准备的食物。

3.清明节扫墓祭祖

清明节这一天要扫墓祭祖，周家家规严格，在祭祖时要提前准备祭品，妇人要做好"盘馍馍"——专门祭祖用的祭品。就是在面里加点儿油，从里面到外面盘起来，每年的清明节妇人都要准备这样的祭品。没有分家前，"掌柜"带上祭品代表全家人去祖坟烧香。分家以后，"新家"的"掌柜"要到"老家"去集合，等到所有的家庭成员都到齐了，由"老家"的长辈或者是"掌柜"带领前去烧香祭祖。"老家"长辈在，一般是"老家"的长辈带着去，祭拜完事之后，要给坟头添土，有的老坟经过一二十年，坟头下陷，要将坟头添起来，还要将坟地的杂草除掉或者是焚烧掉，重新整理坟地的边界，防止坟地变小，祭拜完可以回各自的家庭，也可以回"老家"。

4.端午节"插柳""绑花线"

到了农历五月初五这一天,周家的"掌柜"周生录会早起到自家的柳树上摘一些柳树枝回来,插到自家房屋的每一个门上。在当地,端午节在门上插柳树枝的意思是驱邪,希望接下来的一年家庭顺利,邪气不要进入,保护全家人身体健康。同时在当地还有一个习俗,就是"绑花线",在小孩的手上或者是脚上绑上花线。"绑花线"主要是妇人来做,给未成年的孩子手上或者是脚上绑上一条花线,寓意也是驱邪,希望小孩外出顺利,不要被什么东西咬了,也不要遇到什么不顺利的事情,这是长辈对小孩的一种保护方式。在"绑花线"的时候,刘氏或者张氏会告诫孩子见着蛇要躲开,要远离悬崖,不要做一些危险的事情,通过这种方式保护孩子。

5.腊八吃"糊涂饭"

到了农历腊月初八这一天,当地有吃"糊涂饭"的习俗,就是用大米或者是小米做的稀饭。没有大米或者是小米,可以用面做一点儿"面糊糊",比较稠比较黏,再添一点儿"浆水"。做什么饭不重要,一定要做的黏稠,要有"糊涂"的寓意。到了这一天,长辈也会要求吃"糊涂饭"。吃"糊涂饭"的寓意就是希望全家人在家庭内不要太精明,要"糊涂"一点儿,帐不要算得太细,这样家庭才能和睦。吃"糊涂饭"也是对长辈的尊重,有的家庭也会用面做一些"面疙瘩"给老人吃,面黏在一起,也是"糊涂饭"的一种形式,让老人吃一顿好的,孝敬老人,全家也借着吃"糊涂饭"的名义调节一下家庭矛盾,希望家庭和睦。

(二)婚庆习俗

1.请媒人"占"媳妇

周家的儿子到了十六七岁,"掌柜"便会托熟人或者是找媒人到处打听适合的待嫁女子,媒人或者是所托之人打听到年龄合适的人,就会来到男方家里找"掌柜"商量,要不要拿着礼物去问对方。商定之后,男方的"掌柜"给媒人买点儿东西,这个东西是为女方家庭买的,让媒人带着去问女方家的"掌柜",愿不愿意让女子嫁过来,要是女方家里的"掌柜"或者是父母同意,媳妇就算是"占"了,媒人初步做媒成功。

2.请"相士"合八字

媒人牵线成功之后,男方家的"掌柜"要请一个"相士"合一下男女双方的八字,需要男方的"掌柜"、媒人、"相士"去女方家中合八字。主要有四种结果:上婚、中婚、下婚,还有八字不合,前三种情况能结婚,八字不合不能结婚,男方家的"掌柜"去的目的之一是合八字,合八字就是一个过程,在现实中,基本所有的八字都和。还有一个目的就是去看女方的实际情况,通过观察女方父母的言行举止,来判断女方的家庭教养,通过媒人的介绍,最好还能看一下女方相貌,八字合了,要是男方同意娶女方,就可以定亲。

3."扎酒"定亲

"扎酒"就是"定亲酒",男方同意娶女方,双方家庭通过媒人相互协商,约定一个日期,双方在某一天"扎酒"。"扎酒"的时候男方父母带着亲房、亲戚,还有媒人大概十几人来到女方家。女方家也会请来亲房长辈、亲戚,双方坐在一块儿喝一次酒。这个酒由男方准备,还要给女方准备三套衣服,双方喝酒协商聘礼,何时正式迎娶,喝完酒之后就算正式定亲,男方不能悔婚,女方不能再许他人,双方带去的人算是见证人,同时也是相互认识一下对方的亲人。

4.大婚前的准备

在大婚前,男方家庭要准备酒席,还要准备好聘礼,在大婚时要一次性给清。还要准备"襟服",就是头上盖的盖头。男方家庭的"掌柜"要到尼姑庵去借尼姑的"淑衣",就是尼姑穿过的,做过法的衣服。还要借"阴阳"的护心镜,准备一块"离娘肉",女方在离开娘家时有哭嫁的习俗,这块"离娘肉"就当是女方离家的补偿。还要为迎娶新媳妇请两个人,一个是迎亲"佣香",为了迎娶女方,找一个迎亲"佣香"专门牵着驴去接新媳妇,这个"佣香"还要与新娘的八字相合。还要请一个"娶女客",新媳妇进门之后要梳头,在进门以前是姑娘,进门以后就是家里的妇人,要将头发盘起来。

5.迎娶新媳妇

新婚的前一天晚上,接亲的"佣香"、媒人,还有迎接新媳妇的其他人一块儿出发去接新媳妇。到了新媳妇家的时候,让新媳妇盖上"襟服",穿上"淑衣",带上"护心镜",穿戴这三件东西最重要的原因就是晚上走的时候挡住邪气。新媳妇出门的时候要哭,哭的时候将"离娘肉"交给娘家人。到了婆家进门的时候,新媳妇的脚不能沾地,需要迎亲的"佣香"抱进去。首先在门前放一个火盆,从火盆上跨过去,寓意是以后过日子红红火火。后面放一桶水,再从水上跨过去,寓意是节流,家庭收入年年有余,在院子中放一个马鞍,从马鞍上跨过之后放下新媳妇。"娶女客"拿出梳子,将女方的辫子盘起来。院子正中间放着一个升子,新婚男女各拿一方拜天地,先拜东方,依次是南方、北方、西方,拜完后送进新房。在新房里面放着"三公道",一是秤、二是砣、三是尺,长明灯连烧三天。

6.婚礼

在婚礼当天,亲戚、朋友、亲房的人都会来。安排酒席一轮安排十桌,第一轮安排娘家人与"喂家"人,这是规矩,不能破,娘家人与"喂家"人血缘关系最近,地位要放得高一些,不能怠慢。在第一轮酒席吃到中途时,一对新人要出来给大家敬酒、磕头。新人在"娶女客"陪同下,出门见客人,出来之后"总理"说话,"新媳妇出来见人了,大家吃好,喝好,一对'新人'给大家磕头",新人在主房门前磕四个头,磕完头要挨个敬酒。新人相互认识对方亲人,这是第一轮,后面的几轮都是如此,招待客人完毕,当天婚礼结束。

7.闹洞房

婚礼结束当天有闹洞房的习俗,这是年轻人、爱热闹的人及爱管闲事的人才干的事情,稍微上点儿年龄的人都不会干这个事情,上年龄的人闹洞房会被认为是为老不尊。闹洞房的时候会对新人各种刁难,例如当众亲一下,或者是其他刁难的方式。当地闹洞房比较有特色的有两种方式:一是掐新媳妇,一群人上去一顿掐,新媳妇全身红一块,紫一块,象征着红红火火过日子,几轮下来新媳妇就得哭几次;二是"扎烟",逼着新媳妇抽烟,婚礼当天东家会买好纸烟招待客人,让新媳妇放在嘴里点着了,用嘴唇含着,闹洞房的人将烟叼走。以上两种方式闹洞房最常见,掐得红一块紫一块,点烟时见火,寓意都是红红火火过日子。

8.回门

婚礼三天后,一对新人要按照当地的习俗"回门",即新人共同回娘家见娘家的亲人,这是婚礼后第一次上门,比较重视,男方要准备礼物,娘家的每一个亲房都要去。还要准备"四色礼物",即四种不同的礼物,以此表示对娘家人的重视。要是当天回不来,可以不用去娘家,走到半路,在路边烧香祭祖,中途返回就可以,结婚后的第一个大年初二必须要去拜年。

(三)丧葬习俗

1.丧葬准备

周家在老人过世以前,会给老人准备死后穿的"老衣",买好做棺椁用的木材,请当地的木匠来做好棺椁。老人过世以后,周家的"掌柜"会挨家挨户上门请人帮忙,到门前要磕头,请"总理"出面安排"汇庄子"。"总理"会专门安排人去请"相士"回来看风水,算一个日子念经、超度、下葬,还要专门安排人报丧,将老人过世的消息报给亲戚、朋友,请一个厨子来做饭、做菜,安排人买丧事用的物品。

2.念经悼念

念经的时候还要请"阴阳",按照"阴阳"算好的日子在当天下午开始念经,一直到第二天的下午。晚上主要是"阴阳"超度过桥,就是超度死去的老人过奈何桥,还有"跑城",找一个空旷的地方,一般是在晒场,在四方埋四根木头,做成一个城的样子,"阴阳"带着孝子跑一下,寓意是给玉皇大帝上表,希望消除老人以前的罪孽,死后顺利投胎,重新做人。在当地,家庭条件好一点儿的人家还会请几个"吹响",就是吹唢呐的人,吹几首哀曲,表示对老人的悼念。第二天早上,要将老人的遗体装棺入殓,装进棺椁摆正后,所有的亲人看最后一眼表示悼念,在"总理"的安排下一个一个观看老人遗体,看完后放盖钉棺。

3."领羊"

当地老人过世以后,在葬礼的当天必须要有羊作为祭品,几个儿子准备一只羊,要是有女儿出嫁,女儿回来吊唁时一般会带一只羊作为祭品,有几个女儿就会有几只羊。老人过世以后会将老人的遗体放在供桌的后面,"领羊"就是将羊拉过来让羊站在主房的门前,头朝着老人的遗体,所有的孝子跪在门前,让羊在门前摇一下身子,意思是老人知道了,愿意接受这一只羊,愿意接受子孙的孝心。有的羊不需要采取任何的措施就摇,但是多数羊是不会自动摇身子,这时就需要人们采取措施,硬性在羊的耳朵里面或者是鼻子里面灌水,羊就会立马有反应,即使一次没有反应,多来几次羊总会有反应。采取了措施,大部分的羊都会被"领",但是有的羊就是不摇身子,帮忙的人还是会继续采取措施。最后要是羊实在没反应,意思就是过世的老人对羊不满意,对子孙不满意,在"总理"的帮助下,几个儿子或者是回来吊唁的女儿会说几句悼念老人的话,让老人安心地走,或者是哭几声表示孝心,接着对羊采取措施,直到羊有反应,这一整个过程就是"领羊"。

4.下葬

封棺后请八个人抬棺到墓坑下葬,只是下葬在祖坟,妇人不能靠近祖坟,只能在远处观看,要是不葬在祖坟,任何人都可以靠近。抬到坟地将棺椁下放到墓坑,"阴阳"要摆正棺椁,摆正的方位主要有"东坟、北坟、南坟"等,摆正后从长子开始填土,每人填三把土表示悼念,最后请人填满,立好坟头。

5.丧棒文化

(1)丧棒与娘家、"喂家"

在当地,丧棒的材质主要是柳树和桑树,有枣树的地方还有枣树制作的丧棒,其他材质的丧棒比较少。娘家人就是奶奶、母亲家门上的人,即舅老爷、舅舅家族的人。"喂家人"就是爷爷的姊妹、父亲的姊妹、姐姐或者是妹妹家族的人。在当地还有一种叫法,奶奶、母亲家族的人被称为"上喂家",爷爷的妹子、姐姐或者是父亲的妹子、姐姐家族被称为"下喂家"。有这种区分是因为血缘关系,娘家人的血缘关系最近,所以被称为"上","喂家人"的血缘关系稍微远点儿称为"下",平辈人之间称为"姑舅",母亲家庭的血缘近,但是亲戚还是以"父系"为主。

长辈过世,所有的儿子都要身穿全孝服①,娘家人和"喂家人"来到家门口,这时所有的儿子手里都要拿一个长方形托盘,在托盘里面放上丧棒,将托盘顶在头上,跪在门前迎接娘家人和"喂家人"。娘家人和"喂家人"就会问长辈是怎么过世的,几个儿子是否照顾周到,是否孝顺老人等等,几个儿子的回答如果让娘家人和"喂家人"满意,并且老人在世时几个儿子都孝顺,这时娘家人和"喂家人"就会将带过来吊唁的慰问品放在托盘中,表示不再盘问,并且对几个儿子的回答很满意。此时"总理"会喊一声"开门",站在门口迎接客人的人就会喊"进",娘家人和"喂家人"就会进门。如果娘家人和"喂家人"对几个儿子的回答不满意,并且老人在世的时候几个儿子不孝顺,老人是儿子折磨致死的,丧事办的不是很好等等,这时丧棒就会发挥实际作用了。要是来的娘家人和"喂家人"里面有长辈,长辈就会拿起丧棒一顿打,丧棒的作用就是用来教育孝子的,除了娘家人和"喂家人",其他人谁都不能劝阻,这在当地是规矩。姑姑和舅舅有权力教育侄子、外甥,打完孝子,要是娘家人"愿意"进门,就将带来的东西放在托盘里,进门就可以,意思是还愿意认这个亲戚。要是打完了不进门,表示两家人断绝关系,当地有一户人就是这样,舅舅来到家门,孝子顶着托盘,托盘里面放着丧棒,儿子对母亲不孝顺,有时还打母亲,过世以前也没有好好照顾,丧事办得不好,舅舅上门之后就是一顿打,外甥不认错,舅舅家门的势力大,打了一顿,没有进门就走了,丧事办完之后,外甥拉着一头羊上门去道歉。

(2)丧棒的长短

在当地,丧棒的长短主要是"一肘"②,就是手指到胳膊肘的长度,大约为一尺一半,还有二尺长的丧棒,大约是一条胳膊的长度,意思就是家里的老人过世了,家庭少了一条胳膊,一半的支撑没有了,突出了老人在世时对家里做的贡献,以及小辈对长辈的重视。丧棒有一尺半和二尺长的区别,主要考验的是与娘家和"喂家人"的关系,还有这家人在村里的地位。丧棒的长度短,走的时候要拄着丧棒走,腰弯得比较低,这时头抬得比较低;丧棒的长度长,走的时候头抬得高。当地为了突出孝道,以及对娘家人和"喂家人"的重视,丧棒的长度基本上都是一尺半长,走的时候都要弯下腰走。还有个别家庭用的是二尺长的丧棒,这种家庭一般是家里出了当官的,或者是很富有,在村里地位高,用二尺长的丧棒,走起来头抬得高,突出在当地的地位。

(3)包丧棒纸的厚度

在丧棒的外面要包纸,这个纸包得比较讲究,纸很薄并且容易破,当地一般是包一层白纸或者是黄纸,在外面找一根麻绳绑着,规矩比较大一点儿的家庭对这个很重视,要求拿丧棒的时候要轻拿轻放,最后在坟头插丧棒的时候外面的纸是完整的,这体现了儿子对过世长辈的孝心,要是包丧棒的纸都掉了或者是破了,表示诚心不够,没有认真拿好丧棒。有的家庭

---

① 全孝服:指脚上穿的是麻鞋,其他从头到脚都是白色的,只有血缘关系最近的一辈才是全孝服,其他的孝子可以带一个白色帽子,或者是在头上系一个白色带子。

② 一肘:就是手指尖到胳膊肘的长度。

不重视这些,包丧棒的时候外面包了厚厚的一层,用麻绳绑结实,最后插丧棒肯定是完整的,包纸的层数体现的是孝子对过世长辈的孝心。

（4）丧棒成活

"一肘长"的丧棒,从树上砍下得及时,并且在特殊的时间和特殊的环境中插进坟头,丧棒会成活。当地的丧棒制作多用柳树,有几家农户插在坟头的丧棒成活并且长成了大树,对于插下去的丧棒成活了,到底好不好,人们说法不一。一部分人认为好,这是祖先保佑子孙的意思,还有一部分人认为不好,会破坏祖坟的风水。周家的祖坟上插下去的丧棒也成活了,长成了一棵很大的柳树,有段时间周家不是很顺利,认为是祖坟的柳树破坏了风水。周家想要将祖坟的柳树砍掉,周生录出面和其他的亲房进行协商。砍掉祖坟的柳树是大事,对于整个家族来说,周家仅仅是一户人,就算是周生录代表家庭进行了协商,周生录的意见也不会起太大的作用,即使最后的意见统一了,最终的决定权也不在周家,而是在"相士"手中,"相士"看了风水,做了最后的决定,周家也不会不尊重"相士"的决定,恰在这件事情上,周生录也没有找"相士",这件事情就不了了之了。

6.其他丧葬习俗

周家的女性过世,一律不能进祖坟,女人死后进祖坟会坏了坟荫。家人外出时,出了事故或者是见血死亡,不能进祖坟。未成年死亡不能进祖坟,这在当地被称为"少亡"。没有后代死后不能进祖坟,年未满40周岁死后不能进祖坟。

当地有三种祖坟,"方十九",能埋七代人;"方十七",能埋五代人;"方十五",能埋两代或者是三代人。周家的祖坟为"方十七"。当地有埋进祖坟三天"收土"的习俗,就是埋进祖坟三天后要给老人烧纸,重新整理坟头。还有"犯七"的说法,按照当地人的理解就是老人过世,下葬后不安心,要在逢七的日子回来托梦给小辈或者是看一下生前的一切,下葬后的四十九天内,每到逢七的日子都要到坟头烧香祭祖。还有"百天"纸,到了一百天的时候,亲戚、亲房到祖坟烧香祭祖,表示悼念。

（四）农事习俗

到了每年农历四月初八这一天,庙上的"大头人"和轮换的"头人"会用庙上的钱买只鸡,献给庙上的"神",让"神"保佑农业丰收。每年轮到周家的时候,都是周生录当"头人",在四月初八这一天,要是周生录当"头人",早上就得出发,和几个"头人"商量一天要干的事情,例如去集市上买黄蜡,买回来之后要"灌蜡",就是在一个锅里熬着蜡,在木头签的一端缠上棉花,在棉花上沾上黄蜡,要灌好几捆,一年在庙上烧的蜡都是在这一天灌的。还要买好七色纸,和木头签一起做成小旗子,给"神"献鸡的时候将血粘在旗子上,到了晚上的时候将这些旗子分给村民,让村民插到自家的田地里,保佑田地里面的庄家不受旱灾、虫灾,一年下来有一个好收成。

（五）家户习俗单元

周家在过年的时候是以家户为单位,周家对家庭团圆很重视,过年时全家人一起过,大年三十儿晚上的时候会聚在一起吃"和气饭",平时出远门的人在大年三十儿晚上必须赶回来。没有家的人可以和兄弟一起过或者是和亲房的人一起过,过年是以大家庭为单位。在分家以后,除了过年,其他的小节日"新家"可以单独过。嫁出去的女儿不能回家过年,除非休掉,否则无故不能回家,但是可以在过年的时候来拜年。

四、家户信仰

信仰是一种精神需求,家户信仰是一个家庭对生活的热切期盼,周家有"家神""三清教主",每天早中晚都祭拜"家神",希望家神保佑全家健康、平安。周家平时也会祭拜祖先,祖坟能保佑家庭兴旺发达。当地有"三神庙""土地爷庙""山神庙",也会时常上香许愿,通过这种仪式来满足内心的精神需求。

(一)家神信仰及祭祀

1.家神:三清教主

1949年以前,周家供奉家神,家神是"三清教主",即"元始天尊""通天教主""太上老君",周家的家神是1949年以前请当地画神佛像的人画的,请人专门做了一个神柱,神柱摆放在主房的供桌上。主房地位最高,长辈居住,神柱放在中间的供桌上,突出家神的地位最高,家神只能由男丁供奉,只要是男丁,成年和未成年人都能祭拜。平时烧香和过年烧香不一样,平时早中晚烧香只要是男丁就可以,过年烧香时由长辈带领,先点上蜡烛,在蜡烛上将香点着,全家人一起叩拜,拜完之后放炮,放炮是家里男丁去点。烧香的时候需要贡品,每次吃饭前都要给家神献上"献饭",贡品由长辈或者是"掌柜"摆放,周家的祭拜仪式主要是长辈或者"掌柜"来主持,突出对祭拜的重视。

2.家神的作用

周家供奉家神的作用就是为了请神佛保护家人健康,保护子孙平安,保佑做生意的人能做好生意,外出的人平安归来,干农活一年下来有一个好收成。周家人认为,供奉家神有作用,每当家里有不顺心的事情,周家就会烧香祭祖,或者是请当地的"相士"来家里收拾一下,事情就会变得顺当。周家拜神的时间是固定的,每天的早中晚都要烧香,要是有"献饭",烧香的男丁会去灶房端"献饭"。烧香时不容许妇女进主房,遇到重大节日也会去拜佛,过年的时候拜神佛比较隆重,拜神佛的时候,小孩子也可以跟着祭拜。

(二)祖先信仰及祭祀

1.祖坟庇护自家"门荫"

周家的祖先从陕西来,每次上坟的时候,长辈会给小孩子说哪个坟地是谁,祖先意味着家庭的"根",没有祖先就意味着失去了"根"。周家对祖坟非常重视,每次烧香的时候都会有"献饭",先让祖先吃。烧纸的时候要多烧,祖坟不顺,活着的人活得岁数少。周家认为祖坟的风水很重要,最好的祖坟是左龙右虎,左右两边的山将祖坟包住,这样的祖坟是最好的。埋的时候要按照山的走向,不能让祖坟缺水、缺金,每当家庭不顺,周家就会请"阴阳"或者是"相士"收拾一下自家的祖坟,使祖先在"下面"过得好。祭拜时不能让妇女去祖坟,老人去世下葬也不让妇女靠近,只能在看得见的地方叩拜。

周家认为自家的祖坟关系家庭的"门荫",祖坟的好坏关系自家的兴旺与发达,不祭拜祖坟就是对老人的不孝。祭拜祖坟能保佑家庭兴旺发达,周家有祭拜祖先的供桌,在供奉家神供桌的左边,供奉祖先的供桌比供奉"家神"的供桌低而且小。"家神"最大,其次是祖先,周家祭拜祖先的供桌上没有牌位和遗像,只有一个祭拜的香炉,在正房的正堂挂的是家神画像,不能放祖先遗像和牌位,放上去不符合传统,"家神"和祖先先比,"家神"地位高,同时挂上去是对"家神"的不敬。周家很重视孝道,长辈说的话小辈要听,尤其是家里的"掌柜",全家人都要尊重,"掌柜"做了错事,也不能顶撞。"掌柜"安排了错误的事情,家庭成员也要照办,顶撞父母就是不孝顺,同时不能当"败家子",当了"败家子"就是最大的不孝。周家把对过世老人与在世老人的孝顺结合在了一起,"掌柜"周生录很孝顺刘氏,刘氏回娘家看小兄弟,去女儿家里看女儿都是周生录陪着去。

2.祭拜祖坟怀念祖先

周家祭拜祖先的目的首先是孝道的表现,对逝者表示怀念,其次是希望祖先保佑全家人健康,繁衍生息。周家人认为,当官的家庭是因为家里的祖坟好,山脉的走向好,能包住祖坟,形成了好的"门荫",只有好的"门荫",才能保佑家庭出现当官的人。在清明节的时候,后辈会集体祭拜,祭拜的时候要带上祭品,就是家里平时吃的东西,寓意是自己吃的东西希望祖先也能吃到。"掌柜"和长辈在祭祀活动中占主导地位,祭拜的时候"掌柜"或者长辈在前面,后面按照辈分一排一排跪着。烧纸是前排的人烧,后面的人跪着就行,上香也是长辈或者"掌柜"代表后面的人去上香。女性不能进祖坟,也不能上祖坟,小孩子在上祖坟的时候跪在最后面,长辈教小孩跪在后面,小孩跪着就行,模仿前面的人磕头跪拜,只要跪着就行,不要求懂这一套程序,随着年龄的增长,"掌柜"和长辈也会教给孩子祭拜的规矩。

3."老家掌柜"在祭拜中的地位

每当清明、三天收土或百天的时候,周家的小辈都会到"老家"去。到了下午两三点的时候,在"老家掌柜"的带领下,所有人都会到祖坟,在祖坟跪拜烧纸烧香。"老家掌柜"在祖坟的正中先跪下,其他平辈的人两边排开,后面一辈一辈依次排开,点火、插香、给祖先献上"献饭"这些都是"老家长辈"最先开始,带领全家人烧香祭拜。烧完纸要在坟头上压纸,或者是在坟头上填土垅坟,都是"老家"的"掌柜"带着一起干,祭拜完毕回到"老家"吃饭,在大型的祭拜中,都是"老家长辈"起主导地位。

(三)庙宇信仰及祭祀

1.村庄信仰:方神、山神、土地爷

1949 年以前,在蔡家队坡有"三方神"①,一是"方神",即三神爷,平时人们都叫"方神","方神"的意思是保佑一方平安的神,在庙里有三个牌位:"九天神母""金花娘娘""水草大王"。在当地有一座大山,山上有一个"山神爷",地下有一个"土地爷","三神爷"保佑当地一方平安,"山神"保佑当地大山内的一切平安,"土地爷"是当地的"土地神",保佑地上的一切平安。庙在当地的山上,"土地爷"在山下,周家基本上每隔一个月便会去庙上烧香,平时什么时候去都可以,在逢年过节的时候,都是早上去,尽可能去烧头炷香,表示对神的尊敬,表示一下诚心,希望神保佑全家人顺心。去的时候带三个或者是五个点心、油饼,烧香时烧三柱,将点心放在神桌上,烧完之后掐一点儿献给神,其他的拿回家里,这是因为当地收入不好,不能浪费粮食。

2.祭拜"三神"

周家的男丁都可以去庙里祭拜,妇人不能进庙里,祭拜时可以单独去,也可以两个或者多个人一起去,也可以和亲房、村民一起去。去庙里祭拜的就是"九天神母""水草大王""金花娘娘"。"九天神母"代表的是天地,"水草大王"代表植物,"金花娘娘"保佑人,这三方神可以

---

① 三方神:在此指一种单位,是有三个神的意思,不是三个"方神"的意思,方神是保佑地方平安的神。

保佑当地一切事物。祭拜时以户为单位,一户人至少一个代表,"老家"去烧香的人代表的是整个家庭,周家祭拜的时候会和邻居或者是其他村民一块去,走在路上可以说话,消遣时间,祭拜时贡品都放在"神桌"上,一起跪拜烧香,献贡品的时候可以掐一点儿,贡品可以共用,每次烧香带的贡品和数量都相同,都是自己做的小点心或者是油饼这类食物,要带单数,因为单数代表的是神佛。在庙里烧完香之后,顺便可以给"山神"和"土地爷"烧香,不需要贡品,也可以不给"山神"和"土地爷"烧香,因为"方神"的地位高于"山神"和"土地爷"。

3.庙产

在当地有一块公共的土地,就是"庙产"。当地的"三神庙"在1949年以前修缮过一次,修建以后请了一个专门的看庙人,每天早中晚都给庙里的神烧香,庙上的香火钱不够日常开支,于是村民集体出资在庙的周围买了七八亩土地,专门供看庙人耕种,维持庙上的日常开支。"庙产"是"八大头人"商议过后,从几个村民手中买的土地,买土地的价格比当时的市价低,"八大头人"亲自和村民商量,是以"神"的名义买的土地,村民不好讨价还价,以相对低的价格出卖了,并且当地比较信奉"神佛",讨价还价也不吉利,以较低的价格出卖讨一个吉祥。

五、家户娱乐

娱乐是农闲时的一种精神放松,通过娱乐活动,可以和外界交流,也可以丰富家户的日常活动,周家主要的娱乐方式有结交朋友、打"牛九"牌、串门聊天、逛庙会、看社戏、听戏等。

(一)结交朋友

周家的家庭成员都可以有自己的朋友,结交朋友有一个基本的标准,在这个标准内家庭成员可以广交朋友。当地对门当户对比较重视,周家的家境在当地不是最好的,和头等户交朋友比较困难,男性只要能交到朋友,可以和任何一个人交朋友,周家的女性只能和女性交朋友。周香莲可以拜姊妹,但是不能和男性交朋友,和男性交朋友在当地被认为是不守妇道的表现。周家在当地的口碑比较好,在村里的朋友比较多,村外也有朋友,是在集市认识结交的。周家的孩子结交朋友,"掌柜"还是会考虑对方的家境和人品,不能让孩子跟着人品不好的孩子学坏了。

"掌柜"可以和任何人交朋友,不会受到任何限制,家庭成员的朋友要是想留在周家玩儿天,周家人会热心招待。"掌柜"的朋友来到家里,不需要和别人商量,来了之后要像亲戚一样招待。儿子的朋友主要是学校的同学,同学来到家里住一两个晚上,周家人也会好好招待。朋友要是常住,需要"掌柜"的同意,没有"掌柜"的同意,家里人不能做主。交朋友没有固定的仪式,双方都是大家庭,可以有一个正当的仪式,小家庭有没有仪式都可以。朋友之间可以相互串门,对方家庭有红白喜事必须参加,随份子的时候也比别人多,突出对朋友的重视,体现双方之间的友情。周家交的朋友主要都是庄稼人,交朋友时鼓励多交,但是双方还是会讲究"门当户对""三钱的不和两钱的交朋友"。双方都是庄稼人,说起话来对心思。朋友家中遇到困难会尽可能提供帮助,到朋友家中的时候会入乡随乡,遵守朋友家中的规矩。

(二)打牌:"牛九"

在1949年以前,当地打牌主要是"牛九",或者叫"长叶子",牌是长条状,因此叫"长叶子"。打牌在当地是一种不好的习俗,虽然在本地玩钱都比较小,只要是玩钱,人们都叫"赌博客"。"掌柜"周生录也会玩儿牌,但是对几个儿子管得很严,不许他们玩儿牌,几个儿子到了晚上也会偷溜出去玩儿,到了后半夜又偷偷溜回来。一块玩儿牌的主要是村内的人,谁都可以打牌,一般是同辈分的人玩儿,年龄大的人与年龄大的人玩儿牌,年龄小的人与年龄小的人玩儿。女性不能玩牌,"掌柜"周生录玩儿牌的次数多,其他家庭成员玩儿得比较少,因为家庭成员都没钱玩儿。到了冬天没事的时候就会出去玩儿,玩儿牌时只要身上有钱就可以,在牌场上不能欠账。"掌柜"周生录玩儿牌,家庭成员就算是有想法也不能说,打牌一般是在冬天,地里的庄稼都收割了,白天和晚上都可以,玩儿牌时几个经常玩儿的人商量一下去谁的家里,到了商量好的时间就在谁的家里集合,到了饭点时就散场,返回家里吃饭。打牌的人家不愿意管饭,要是管饭,喜欢打牌的人天天向家里招人,都去喜欢打牌的人家里吃饭。

玩儿牌的时候还有一种活动,就是吃"贫货",吃"贫货"是多少家人吃一只鸡或者是一只羊,一家人吃负担太大,所以叫吃"贫货"。输钱太多,会引起家庭矛盾,"掌柜"输钱,其他人心里就算是有气也不能顶撞,家庭成员输了钱,"掌柜"一般是打一顿,输光了找别人借钱翻本,能还得起就借,还不起就不借。"掌柜"或者是其他家庭成员输钱太多,矛盾就会闹大,其他家庭成员也会要求分家,"掌柜"的钱来自家庭收入,其他成员的钱是零花钱。家庭成员借了钱打牌输光了,赢钱的人可以去找"掌柜"要,欠债不能欠赌债,"掌柜"还清赌债后按照家规处置。

(三)串门聊天

1949 年以前,周家平时也串门聊天,家中的男人、女人、孩子都能串门聊天,男人出去串门聊天就是找打牌的人,既能坐在炕上聊天,也能打牌。女人出去串门聊天要有规矩,只能是白天出门,晚上不能出门,三四个妇人可以坐在一起聊天,出门的时候要打扮一下,最主要的就是整理头发。1949 年以前,没有头巾,当地只有毛巾,可以裹在头上,在头上不裹毛巾,要将头发盘起来,不能梳一个马尾头型,没有结婚的可以梳马尾头型。周家没有嫁出去的女儿基本不让出门,到了出嫁的年龄,串门会被别人指指点点。头盘起来在当地叫"手爬"或者叫"包头",盘起来的意思就是说明嫁人了,外出聊天要讲求规矩,注重男女之间的关系。遇到喜庆的事情不能穿白衣服,这些规矩都是当地的风俗,经过多少年,在当地成了一种默认的乡俗,违背这些,会被人们认为是不懂礼貌,对妇女来说就是不守妇道。村民、亲房、邻居也会来周家串门,过来之后一般是男人找男人,妇女找妇女聊天,对串门聊天的人,周家比较欢迎,会准备茶水,端茶倒水这是基本的待人接客之道,谁来了都要这么做,串门聊天就是聊家长里短,或者是与种庄稼有关的事情。

(四)逛庙会

1949 年以前在当地有庙会,周家很喜欢逛庙会,到了庙会这天,"掌柜"给家庭成员一些零花钱外出逛庙会,还可以顺便买点儿小东西高兴高兴。外出看庙会的时候,可以单独一个人去,也可以和家庭成员、邻居结伴而行,或者是几家人一块去,人多热闹。庙会在村外,离村子四五千米,走过去一个小时,庙会在每年的上半年举行,举行的次数不定。村庄的收入好可以每年举行一次,收入不好每隔几年举行一次,不举行庙会的年份要请一个"师公"[①]在八月十五做法事,办一个小道场。庙会一次持续三天,要是遇到给神佛"粉像",佛爷"塑身"大概需要四天,请的"喇嘛""师公"要提前到,还要抓蛇或者是外面跑的其他的活物,装在神像的肚

---

① 师公:指专门做法事的人。

子里,这在当地叫"填身",这就是多出来的一天。参加庙会时"掌柜"周生录会代表全家给神佛上香,保佑全家人平安。在庙会当天,不管男女都可以进去烧香,这一天对任何人都没有限制,女人可以进庙,但是当地的妇女很少有人进庙里烧香,因为回到家里会被"掌柜"责罚,尽管在庙会现场没有任何限制,但是回到村里,亲房、邻居、村民就会指指点点,认为女人进庙烧香这是败坏门风,大多数女人烧香都在门外,磕完头,会找一个男的,或者是"头人"将点着的香经过他们转进去插在香炉里。

(五)社戏

当地每年都有社戏,请人谈唱社戏主要是庙里的"八大头人"做主,平时主事的是前三大"头人",遇上大事"八大头人"一块协商。在当地还有七八个轮流的"头人","八大头人"每年都是固定不变。"头人"过世可以将"头人"的位置传给长子,轮流换当的"头人"每年都换,轮换的"头人"最主要的作用就是辅助"八大头人"管理庙里的事务。轮到周家的时候,"掌柜"周生录就是"头人"。轮换的头人最主要的作用就是帮着收钱、收食物、端茶倒水、给社戏里面的人服务。社戏的日子在正月初四到十五这几天,不管男女老少都可以出门看社戏,社戏在过年就是图一个喜庆。周家有家神,社戏来的时候周生录要以"掌柜"的身份在大门前迎接,放炮,给领导社戏的"头人"披红,将社戏请进家里"降香"①,社戏进门给"家神"唱几句。社戏的"头人"代表社戏给周家的"家神"上香,希望"家神"保佑周家人平安顺利,"社戏"出门的时候,"掌柜"周生录要代表全家人将社戏送出门,给社戏的头人送一点儿东西表示心意,送烟或者是饼、点心之类的,社戏出门后,"掌柜"周生录亲自点炮欢送。社戏给庙上的神上完香,会在庙前"进场"②表演,表演时什么人都能看,"掌柜"周生录代表全家买一串炮在社戏中间放,图一个吉利。

(六)唱戏

在当地,唱戏分为两种情况:一是社戏里面带有唱戏,社戏是表演和唱戏的结合,社戏表演完了就是唱戏;还有一种是村庄层面的集体活动,当地庙上的"八大头人"通过协商,可以请人给庙上的"三神爷"唱戏,支出的费用从几个村子收,这个钱"八大头人"可以去收取,也可以由轮换的"头人"去收取,当地人比较信奉神明,给神唱的戏村民都会出钱。村子有唱戏活动,不管男女老少,任何人都可以去听,去的时候可以一个人去,也可以和家庭成员同去,还可以和亲房、村民、邻居结伴,家庭妇女外出要重视着装,和男性接触时要保持距离。

---

① 降香:当地的神佛用语,意思是给家神上香。
② 进场:指社戏给庙里烧完香,从庙里出来到空场地上表演的一段时间。

第五章　家户治理制度

家户治理是家长代表整个家庭进行对内、对外管理与交流的一整套活动,通过家户治理可以使家户有序化,有效的治理和保护可以使家庭成员得到归属感,对家庭成员进行奖惩可以激励家庭成员的积极性,通过家规家法可以规范家庭成员的行为。本节拟从"掌柜"当家、"掌柜"不当家、家户决策、家户保护、家规家法、奖励惩罚、家族公共事务、村庄公共事务、国家事务九个方面对周家的家户治理展开细致的描写。

一、"掌柜"当家

周家是"掌柜"当家,分家以前新"掌柜"由老"掌柜"指定,分家以后,"新家"的男丁自然成为"掌柜"。成为"掌柜"之后,"掌柜"拥有财产管理权、劳动分配权、婚丧嫁娶等方面的权利,同时也要为家户的发展承担责任。

(一)"掌柜"的选择

当家人在当地叫"掌柜",周生录是周家的"掌柜",周生录当"掌柜"是周仁指定,也是除了周仁之外年龄最大的男性,周仁去世之后自动成为"掌柜",周家的"掌柜"按照年龄和辈分来确定。在当地只有少数女性能当"掌柜",女性当"掌柜"是因为同辈中没有男丁或者是女性能力出众,能管住其他成员。周家人很尊重"掌柜",因为周生录是长辈,周家很重视孝道,同时周生录更是以身作则,给头等户"拉短工",开垦荒地,攒下了一套四合院。周家对"掌柜"周生录很满意,成为"掌柜"之后没有什么特殊标志,在门牌上也没有写"掌柜"是谁,成为"掌柜"以后,在保甲册子上要将户主的姓名改过来,"掌柜"对外承担责任。

(二)"掌柜"的权力
1."掌柜"财产管理权

周家的收入主要来自农业耕种,财产以"掌柜"管理的名义共同所有。"掌柜"有管理全家财产的权力,能对家庭的财产进行分配。家庭成员外出挣回来的钱,回到家首先要到"掌柜"的房间进行报账,报完账,"掌柜"可以适当地给一些零花钱作为奖励,对于这个零花钱,家庭的其他成员不能有意见。周家人认为,家庭成员外出回来不报账,其他的家庭成员也会效仿,这样会耽误家庭的农活,这个规矩不能被破。周家的贵重物品都由"掌柜"保管,周家老大周俊发外出当兵以前,贵重物品放在"掌柜"周生录住的房间,外出当兵后,右边的角房空了出来,在这个房间里面放粮食,还有贵重物品,门上的钥匙由周生录掌握。周生录给零花钱时每个人都有,为了避免闹矛盾,会将零花钱给到每一个人的手中。儿媳妇进门带来的"陪房"归小家庭所有,"掌柜"不能随便支配。带过来的"陪房"里面有衣服,每年做新衣服的时候就会少做一套,等到将"陪房"的衣服都穿破之后才会做新衣服。分家时不能分"陪房"。在土地买卖的事情上，"掌柜"会与家里懂事的儿子商量，不会与妇人商量，周家的粮食供全家人统一消费，每天吃什么由张氏和刘氏决定，家庭成员不能随便卖粮食。周家的"掌柜"是对外的代表人，遇到事情也是"掌柜"外出活动，各种单子上的落款人都是"掌柜"周生录。

2."掌柜"劳动分配权

周家在劳动时有明确的分工，由"掌柜"周生录做出具体安排，家庭成员都要听从"掌柜"的安排，不听从会受到责罚，"掌柜"在家中失去了支配权，就是分家的前奏。周家的男性在农忙时抓犁，干重活儿。女性在农忙时主要撒种子，干一些轻体力活儿，年龄最大的人一般在家带孩子，60岁以上的老人不用下地干活儿。要是家里的孩子多，劳力多，周家的老人可以在五十几岁就不用下地干活儿。周家的男孩子从十二三岁开始"掌柜"就教孩子耕地，十六七岁左右成为全劳力，女孩子不下地干活儿，主要是在家里做饭，周家的女孩从十二三岁开始就要学习做茶饭。

3."掌柜"婚丧嫁娶管理

周家在娶媳妇、嫁女儿这方面，"掌柜"具有最后的决定权。如果是爷爷当家，爷爷同意孙子的婚事，父母不同意，爷爷一般会动员孩子的父母，经过动员不同意，爷爷有最终的决定权。孩子的父母同意，爷爷不同意，爷爷也具有最终的决定权。"掌柜"做最后的决定，也要承担做决定的责任。休妻的时候要得到"掌柜"的同意，"掌柜"不同意不能休妻，"掌柜"同意休妻时，"掌柜"作为男方的代表和女方娘家的父母交涉，休妻时女方娘家的"掌柜"要来作为见证，也要得到女方娘家"掌柜"的同意。儿子和儿媳妇关系融洽，不管公公婆婆满意还是不满意，一般不会提出让儿子休妻的决定。家庭有重大的祭祀活动也是"掌柜"带领或者作为代表进行，"掌柜"在过世之前，对没有做好的事情立了书面遗嘱或者口头遗嘱，在不违背当地风俗的情况下，新"掌柜"会按照老"掌柜"的要求办事，不按遗嘱办事是不孝的表现。

4."掌柜"对外交往权

在对外交往中，"掌柜"可以代表整个家庭，能以家户的名义向外人进行借贷，"掌柜"是户的代表，也是交粮纳税的主要责任人。有人外出"拉短工"或者"拉长工"要得到"掌柜"的同意，在外面挣的钱，外出的人回来就要向"掌柜"交账。家庭成员"拉短工"或者是"拉长工"期间想要自己的妻子出去陪同，要得到"掌柜"同意，妻子不告而别要得到惩罚。

5."掌柜"权力约束

周家的"掌柜"，一是通过指定的方式，二是分家后自然成了"掌柜"。指定了谁，谁就是"掌柜"，"掌柜"能力好，能一直担任；"掌柜"能力不好，管不住家就分家，周家没有重新选"掌柜"的做法。如果"掌柜"私自跟外界借钱不还，并且用于私事，一两次可以容许，家庭成员可以提意见，但是不能顶撞"掌柜"，要是"掌柜"长期不改，只能分家。对于"掌柜"欠的债务，家庭成员都要承担，欠债时没有分家，即使分家以后也要承担债务。周家的"掌柜"对内权力大，要是"掌柜"做了不该做的事情，赌博或者是抽大烟将家败了，到了万不得已时才会分家；"掌柜"做了为家庭好的事情，便能得到家庭成员的承认。

6."掌柜"权力的代理

周家要是不分家，"掌柜"到了年老的时候就会培养下一辈的"掌柜"。周生录当"掌柜"时，培养老大周俊发，周生录不在时，周俊发是代理"掌柜"，周俊发在一些事情上能代表家庭做主。周家的亲房有一个女儿，是家里的长女，在父母50多岁的时候开始代表家庭办事，长子没有能力,去给别人做了上门女婿。她自己招了一个女婿,成了"掌柜"。1950年周俊发外出当兵,老二周俊庭开始代理"掌柜"。

(三)"掌柜"的责任

作为"掌柜",必须管理好家庭事务,没有粮食吃,"掌柜"出面代表全家人借粮食,有人没有衣服穿,"掌柜"负责去买布,"掌柜"不仅要保证家庭成员的吃穿住行,还要保持家庭的收支平衡。"掌柜"要尽到给小辈或者是同辈兄弟娶媳妇的责任,如果"掌柜"是同辈兄长,要抚养未成年的弟弟成人,还要给弟弟娶媳妇。"掌柜"要保证家庭和睦,尽量减少家庭矛盾,尤其是在娶亲、休妻的过程中,"掌柜"拥有最后的决定权,要为最后做出的决定承担责任。家里的小孩子和别的小孩打架犯了错,由"掌柜"带着小孩去给别人道歉。在当地好"掌柜"的标准是管得住家庭,能给小辈或者是同辈兄弟娶上媳妇,家庭收入有结余,这样的"掌柜"就是好掌柜。周家"掌柜"的年龄大了,干不了重体力活儿的时候,就会将"掌柜"的位置传给年轻一代,自己帮着家庭干点儿轻活,带孩子。一个家庭只能有一个"掌柜",此时由新"掌柜"代表家庭承担责任。

(四)"掌柜"的更替

周家的"掌柜"长期外出不在家,长子周俊发代理"掌柜"职务。"掌柜"因为生病和身体条件不能管理家务时,长子自然就成为"代理掌柜"。老"掌柜"过世,指定新的"掌柜",新"掌柜"有能力同家生活,没有能力就"分家",分家后各个小家庭会产生新的"掌柜"。老"掌柜"过世,新的"掌柜"就是全家对外的代表,葬礼由新"掌柜"主持,新"掌柜"带头做表率。周家"掌柜"位置的传承是老"掌柜"指定新"掌柜",老"掌柜"会按照年龄、资历、能力来指定新"掌柜"。老"掌柜"有权力指定任何一个儿子当"掌柜"。没有生儿子,大女儿招"上门汉",一般是大女儿当"掌柜",要是上门女婿办事可靠,孝顺长辈,可以让上门女婿当"掌柜"。在实际的情况中,上门女婿当"掌柜"的情况极少。家里的"掌柜"换了,会向新"掌柜"交接放贵重物品房子的钥匙,同时移交家里的财产权,村庄保甲册子的户主换成新"掌柜"的名字,以前的"掌柜"大家会按照辈分称呼,换新"掌柜"时,不会告知四邻,新"掌柜"代表家庭办事时,外人也就知道换了新"掌柜"。"掌柜"换了,新"掌柜"遇到大事还是要和老"掌柜"商量,最终的决定权在新"掌柜"手中。

二、"掌柜"不当家

"掌柜"不在或者过世时会出现当家人的缺失,一个家庭中总会有一个当家人,周家的当家人是周生录,周生录外出长时间不在家时,由长子周俊发代理"掌柜",周俊发外出,老二周俊庭代理"掌柜"。

(一)长子代理"掌柜"

周家的"掌柜"周生录在世的时候就培养长子周俊发作为下一辈的"掌柜"。周生录外出长期不在家,长子周俊发代理"掌柜"职务,长子年龄大,经历的事情多,承担的事务相对较多,长子是"掌柜"最好的人选。长子代理"掌柜"时,在某些方面受到特殊限制,其他权力和老"掌柜"基本一样,家庭成员都要做好代理"掌柜"安排的事务。长子管家,遇到大事情要与家里的长辈商量,小财产管理权长子可以做主,长子拿家里的钱私自用了,会引起其他家庭成员的不满。长子当"掌柜",能以自己的名义和家庭的名义借钱,借了钱到时间还不了,家庭要承担责任,长子一旦当上"掌柜"或者是代理"掌柜",具有劳动分配权,能安排其他兄弟干活。

(二)兄弟代理"掌柜"

周家老大外出当兵,老二周俊庭代理"掌柜",这种情况比较特殊,这时老二代替了老大的地位,当上代理"掌柜"。周俊庭在某些特殊方面不能做主,像修建房子、红白喜事、大财务支出等,平时和代理"掌柜"周俊发的权力没有什么不同。兄弟当"掌柜",有重大事情时要与长子、长辈商量。代理"掌柜"对外做的事情,如果是为了家庭,会得到其他家庭成员的认可。处理小额财产或者是小事情,代理"掌柜"自己能做主,处理大额财产或大事情,要以实际"掌柜"名义做主。

三、家户决策

在周家,与厨房、针线有关的事情由刘氏和张氏做主,其他的事情主要由"掌柜"决定。"掌柜"长期外出不在家,长子周俊发代理"掌柜"。"掌柜"犯了重大的错误,例如抽大烟败家、赌博输掉了家里很多的财产,家庭成员可以不服从"掌柜"的决策,可以提出分家,但是在分家以前欠的外债,需要全家人承担。家户成员觉得"掌柜"的决策不正确,可以提一下意见。"掌柜"一个人独自做出决策而没有与家庭成员商量,只要是为了家庭成员好,家庭成员都会遵循"掌柜"的决策。如果是为了个人或者是明显不合理,家庭成员有不遵循和提出分家的权力。遇到红白喜事、修建房子这些大事"掌柜"需要与家庭成员商量。

四、家户保护

家户保护是家庭遇到困难时采取的一种紧急救险, 或者是平时准备的一些预防危险的措施,有效的保护能使遇到困难的家庭平安度过危机。周家的家庭成员遇到困难时会从家庭得到庇护,得到家庭的情感支持,遇到困难的时候也能从亲房家族得到帮助,周家为了家户的发展,在天灾、盗匪、战乱等方面也采取了一些措施。

(一)社会庇护

周家在生产生活中与别人发生矛盾时,"掌柜"代表全家人出面调解,其他人不能出面调解。如果"掌柜"是爷爷,小孩子与别人发生矛盾,由爷爷出面调解。家庭成员外出或者是在家内遇到危难、困难等,可以向家庭寻求帮助,家人会提供帮助。在周家,"掌柜"保护孩子多一些,男性保护女性多一些,当家人与其他人发生矛盾的时候,不论家人对错与否,其他家庭成员会站在家人一方。有家庭成员犯错,"掌柜"带着孩子出面赔礼道歉,"掌柜"和孩子的父母不一致,可以由孩子的父母带着孩子出面道歉,出面的时候给对方父母承认孩子犯的错误,回到家里可以由"掌柜"或者是孩子的父母惩罚。周家的几个孩子犯了错误,回到家会被张氏打一顿,张氏惩罚孩子的次数比周生录惩罚孩子的次数多。家庭成员受了欺负,对整个家庭来说,就是家庭受到了侮辱,如果家庭成员要讨回公道,"掌柜"代表家庭出面协商,要是想见一个高低,"掌柜"可以带领全家人去讨回公道。家人犯了错误,"掌柜"和孩子的父母不是同一人,有时孩子的父母也会帮着隐瞒,到了隐瞒不了的时候,就会交给"掌柜"处置。周家有一种观念,"好话不出门,坏事一阵风",家里不好的东西不想外传,但是邻里之间居住近,外传的机会很大,家丑外传对周家人来说是非常丢脸的事情,有损声望和面子。

(二)情感支持

家庭成员在外面受了委屈就会回家诉说，一般是找兄弟姐妹，跟家庭成员进行诉说之后，会得到家庭成员的安慰，家庭成员在家里能得到情感归属。嫁出去的女儿在婆家受了委屈或者是受了不公正的待遇，娘家人能去讨公道，但是不能接回来，嫁出去的女儿就是别人家里的人，一旦嫁出去就不能接回来，除非女儿跑回来或者是被休掉。家庭成员在外面待得时间长了，便会想家，遇到挫折或者是不开心的事情会更加想家。媳妇在婆婆家里受了委屈，想回娘家，就算是想娘家人，也不能经常回娘家，回娘家没有正常的理由会被认为是不守妇道的表现。周家的"掌柜"周生录对长子的期望很高，希望培养长子为下一辈的"掌柜"，"养儿赛过父，抽梁换金柱"，"掌柜"周生录更是如此，希望自己的儿子超过自己，但是也看到了其中的困难。周生录常说"老子英雄儿好汉，老子卖葱儿卖蒜"，面对现实的困境，最后希望儿子过得比自己好一点儿就行。

(三)防备天灾

1.同舟共济

1949年以前周家遇到过旱灾，收成不到平时的两成，遇到灾荒时全家会同舟共济。刚开始"掌柜"代表全家去头等户家里借粮食，家里的成年人也会去头等户家中"拉短工"补贴家用，挣回来的粮食全家人一起吃，不会留有口粮。家中的粮食不够，也会卖掉家里养的牲畜，同时"掌柜"也会让成年人出去"要馍馍"，在灾难面前全家人会更加团结。外出要回来的馍馍，"掌柜"安排老人和孩子先吃，其他人后吃。周家的小家庭没有私房钱，遇到灾荒时，小家庭的媳妇也会拿出自己的"陪房"补贴家用，供全家人度过困难，嫁进来就是周家的人，灾难过后也没有补助。

2.省吃俭用

遇到灾荒的时候，全家人会节衣缩食，尽可能吃粗粮，能用细粮换粗粮时尽可能会去换，但是很难换到，灾荒年间大家都会选择吃粗粮，小麦、谷子都会直接煮着吃，全家人还是吃不饱。遇到这种情况"掌柜"会到头等户家里借粮食，为补贴家用，"掌柜"周生录会去砍倒榆树，将外面的粗树皮刮掉，只剩下靠近木头的那一层，扒下来晒干之后切成小块，放在石磨上磨细，吃的时候在水里放点儿粗面，加上一点树皮，就是这样一半面一半树皮，这个叫"汤汤"，全家人就是靠着这个"汤汤"度过灾荒。

3.逃荒

1949年以前周家逃过荒。因为没有收成，周家被迫做了这样的选择，想逃回陕西老家，逃荒的时候将家里的大部分土地、房屋都丢弃了。逃荒途径通渭县给当地的大户"拉长工"。在此期间，老"掌柜"周仁去世，大伯、大娘、大伯的儿子去世，周生录成为周家的"掌柜"。周家逃荒是以家庭为单位，逃荒过程中的带头人就是"掌柜"，周家逃荒由老"掌柜"周仁决定。逃荒的路上就是一边走一边要饭，要饭由家庭成年男性去，要回来之后"掌柜"分配，周家在通渭度过饥荒，周家"掌柜"周生录带着全家返回蔡家队坡。

4.求雨

遇到旱灾，村子里面会组织求雨。求雨的队伍主要是村里的老人组成，在求雨的前一天不能吃东西，只能喝水。到了第二天光着脚去三神庙烧香，在庙院子的正中间放一口水缸，村子的老人光着脚到附近的泉上去提清水,提回来倒进水缸里,要是倒不满打几桶水窖的水补上,在水缸里面插上柳条,请一个"喇嘛"或者是"阴阳"念一本经,全村的老人跪着虔诚求雨,连着念三天经,求雨仪式结束。

(四)防备盗匪

1.土匪情况

1949年以前,在蔡家队坡有小股土匪,也有大股土匪,土匪抢劫时选择一家人,抢完之后立马就走,抢的主要是牲口、粮食和钱财。抢劫的家庭主要是牲口多,有骡子,有马,这一类家庭容易引起土匪的注意,牲口在当时也最值钱。要是逮到一两个手脚不干净的人,或者是小偷小摸,村民打一顿就放了,要是人数多,犯的是重罪就会交给甲长,甲长交给保长,保长交给官府处理。在村里有一户姓杨的人家,晚上来了十几个土匪,将家里的人都绑了,拉走了所有的牲口、粮食,还拿走了财物。土匪走了一段时间,杨家人挣开了绳子,报告了官府,还号召村民去追,追到了临洮,之后又追到辛店,此时土匪已经过了洮河,追不到了,追过去也没有办法查。

2.防御匪盗

当地的牲口房都会建在家庭内院,保护家里的牲口不被别人侵占,家家户户在大门前有一个门房。这个门房的作用就是保护家庭房屋,财产安全,多数家庭还会养狗,万一遇到小偷,狗听到声音叫起来,住在门房的人喊一声大家都知道了。要是遇到抢劫的土匪,住在门房的人大吼几声,可以防止其他家庭成员被抓住。当地的大户人家修建大门时会建一个门道,在门道上面修建一个高房,这个高房上面能住人,平时在高房上面放上几块大石头,万一有个别小偷或者是土匪破门而入,在高房上面的人会向下扔石头砸向对方。当地每家都有一个后门,也叫"小门",在后门不远处隐蔽的地方挖一个窑洞以防万一。经济条件好的家庭会备一两支枪保护家庭安全。万一遇到抢劫都跑不掉时,此时会让"掌柜"先跑,条件好的家庭,"掌柜"会埋一点儿财产,只有"掌柜"知道,"掌柜"跑了,其他人不知道具体情况,土匪求财,一般不会伤害人命,只能拿走一部分财产。

(五)防备战乱

1949年以前,村里没有发生过大战乱。周家为了躲避抓壮丁、躲避抢劫,也挖了窑洞,但是没有住过,也加固过大门的墙,在门板上加了门闩。遇到抢劫、战乱时,周家最想保护的人是"掌柜"周生录,家里的贵重物品、钱财都是周生录在管理,周生录跑了,其他人身上什么都没有,也不会有生命危险,要是"掌柜"周生录被抓住,家里什么都没有了。

(六)其他保护

周家的经济在村子里面算中等偏上的水平,有乞丐来到周家乞讨的时候会给点儿东西。当年的收入差,给的东西少点儿或者是给几个"洋芋";收入好,可以多给一些,先让乞讨的人吃上这一顿。村子里三等户家庭来找周家借粮食,对方能还得起就借,明知道对方还不起就不借。借了粮食到了还的时候对方没有还回来,"掌柜"就会到对方家里去要。在大湾小学边上有一个自卫队,离蔡家队坡两千米左右,自卫队大概有二十多人,全部配枪,周家没有能力交往到自卫队的人,"上院"的人和自卫队有交情,周家也会通过"上院"和自卫队的人"盘"一下交情,以后可能用得着。周家对亲房的孤寡老人、小孩子有时会提供帮助,不会对没有血缘的人主动帮助。

五、家规家法

家规是家庭成员犯了错误时惩罚的标准以及家庭成员遵守的准则，良好的家规家法能促使家庭成员以之为戒，端正作风，形成赏罚分明的家庭制度。周家的家规家法极其严格，主要有做饭、吃饭、座位、请示、请客、洗衣、家庭内部成员之间的规矩，家规家法经过了几代的传承，对周家产生了重要的影响。

（一）默认家规及主要内容

1.家规的形成

周家都是默认的家规，但极其严格，这些家规是周家六代人经过繁衍生息，在家户发展中自动形成，"掌柜"管理家庭时，会按照家规办事及管理后代。后代也要遵守这些家规，家庭成员不遵守家规，会受到家里"掌柜"或者张氏的惩罚。

2.做饭及吃饭规矩

周家做饭的时候有一个总规矩：三天不做重饭，由刘氏和张氏安排做饭事务。平时家里的饭都是张氏做，儿子婚配之后由媳妇做饭，张氏当下手。吃什么饭由婆婆决定，"掌柜"想吃什么，婆婆就会安排做什么，儿子提出来的建议，可以听也可以不听。周家有时在炕上吃，有时候在桌子上吃，除了刘氏之外，其他的妇人不能上桌或者上炕，张氏一般都是在灶房吃饭。在桌子上吃饭的时候，刘氏、周生录坐在上位，长子坐在左边，其他人没有什么讲究。小孩可以和刘氏、周生录坐在一起。在炕桌上吃饭的时候，周生录坐在炕上挨着窗户边的位置，对着炕沿，刘氏可以上炕，也可以不上炕，要是上炕，和周生录坐在一起，不上炕就在厨房和妇人一起吃。

吃饭的时候如果有长辈在，长辈不动筷子，其他家庭成员不能动筷子。吃饭的时候必须将碗里的饭吃完，不能剩下饭食，周家将粮食看得很重，大多数时候家庭成员吃的都一样。家里的劳动力、生孩子的妇女、生病的老人、去世前的老人有特权。"掌柜"周生录和长子周俊发干重体力活儿的时候，刘氏、张氏会特别照顾，早上起来后要"烧喝的"。对于怀孕的妇女，到了六七个月的时候可以不用干活儿，孕妇要是身体差，自家养的土鸡下的鸡蛋优先给孕妇，还可以杀几只土鸡补身体，家庭条件好还可以杀羊。分娩后，给分娩的妇女买两只乌鸡，还有鸽子补身体。

吃饭的时候，由家中的妇人盛饭，不需要男人盛，盛饭时有先后顺序，第一碗饭端上去，要先给"掌柜"周生录，到盛第二碗饭时，妇人去端碗要是"掌柜"没有吃完，要在边上等着他吃完再拿着碗去盛饭。在个别情况下，家里的男丁有时也会在自己的角房吃，吃完了由自己的妻子盛饭，也可以自己盛饭。来客人的时候，刘氏和张氏都不上桌，要将客人让在左边的上位。农忙的时候张氏要给地里干活的人送饭，要是请了短工或者是"麦客子"，所有人坐在地头吃，吃完饭由张氏或者是儿媳妇统一刷锅。

3.座位规矩

周家的正房之中有供桌，供桌的两边是太师椅，太师椅的左边是上位，这个太师椅平时只能由长辈坐。家里来了客人，长辈或者是"掌柜"可以坐在太师椅上陪客人。周家待客首先按照辈分，其次是年龄，只要辈分高就可以坐在太师椅上。在宴请的座位中有上位和下位之分，上位以房屋建造的走向区分，周家的房屋是东北主，东北方为上位，也就是正对大门的方向,主人和陪客可以随便坐,在落座之前,主客之间会相互推让上位。

当地有"娘家"和"喂家"之分,"喂家"就是男方家庭嫁出去的女儿组成的家庭,"娘家"是结亲之后通过儿媳妇带过来的亲戚,"娘家"和"喂家"相比,辈分相同,"喂家"地位稍高,"喂家"被称为"上姑舅","娘家"被称为"下姑舅"。在红白喜事中,周家先安排"喂家人",其次安排"娘家人","喂家"人坐满了主房,此时周家会将"娘家人"安排在"大门檐"下。客人中有头等户、保长等,这些人是主客,按照身份排序。自家建成主房时,周家有"贺"主房的习俗,会请木匠、石匠、泥瓦匠坐上位。

4.请示规矩

对于土地经营管理,像农业生产、种植计划、播种、锄草、收割这些事情主要是"掌柜"说了算。在家庭生活中,做什么饭由张氏和刘氏决定,儿媳妇做饭时需要向刘氏和张氏请示。做什么衣服由张氏决定,儿媳妇要在边上学习,媳妇能独立做衣服时需要向张氏请示。在外界的交往中,家庭成员要外出几天,需要向"掌柜"请示,外出一天内能回来,不需要请示,像走亲戚,请人来家里做客这些需要给"掌柜"说一下。向别人借粮食、借钱这些都是"掌柜"作为全家的代表去借,不需要请示别人,口头说一下就行。请示的时候要是老人或"掌柜"不同意,一般会按照老人、"掌柜"的意愿进行,年轻人也可以违背老人的意愿,但这是不孝顺的表现。周家刘氏年龄最大,在家中辈分最高,周生录是"掌柜",也是儿子,遇到事情一般要让刘氏知道,这是作为小辈的一种礼节,最终由周生录做主。

5.请客规矩

家庭发生土地交易,买了别人的土地,要请出卖者、代书人、见证人喝酒,当地通常认为,买者土地不够,出卖者土地足,是出卖者照顾了买者,买者要请喝酒表示感谢;主房屋封顶后"贺"主房时,要请木匠、石匠、泥瓦匠,这些活动由"掌柜"组织。在日常生活中,像结亲、孩子满月、老人祝寿,需要宴请"喂家人""娘家人"、朋友、亲房、村民、邻居等。孩子跟随师傅做学徒需要请客吃饭,这叫"拜师酒",在当地拜师傅比较正式,要给师傅带点心、茶叶、酒、糖,必要的时候还要做一对"大馍馍"。拜师当天,徒弟要下跪请师傅喝茶或者是喝酒,喝完之后拜师才算结束,请师傅喝酒吃饭表示感谢。双方发生矛盾,两方家庭调解不了时要请"乡老"出面调解,请"乡老"出面调解,发生矛盾的双方都需要备酒,调解的地方三方协定,一般是在"乡老"的家里,宴请人主要是双方当事人、"乡老",还有见证人,以及其他的利害关系人。

在宴请活动中,同一活动需要宴请不同的群体,饭菜的数量与质量没有差别。在红白喜事大型的宴请活动中需要请专业的厨师做菜,大型的宴请活动东家会请"总理""汇庄子",由"总理"安排具体事务,哪家出东西,哪家出人力,谁在什么地方干活,"总理"会安排好,大家也会服从总理的安排。在宴请活动中需要饮酒时,会将同一辈的人安排在一起,小辈不能和长辈一起喝酒。在红白喜事中,有专门陪客的"执客",东家和"总理"商量人选,一次开席安排十桌,需要十个"执客",这十个人需要能说会道,能喝酒,酒量不好,三四轮下来就醉了。"执客"要照顾客人,给客人端茶倒水,夹菜倒酒。东家在每一轮都会给来的客人敬酒,陪好客人的标准就是桌子上的菜没有吃完,拿上去的酒没有喝完,突出饭菜的分量。

6.修建房屋与进出房屋的规矩

周家修建房屋的时候要看风水,风水好自家的"门荫"就好,能保佑子孙繁衍生息。每当有房屋要修建,"掌柜"周生录就会去请周宝山来家里看风水算日子,请"相士"看风水算日子要给钱或者是其他礼物。周家的房间很充足,遇到家庭成员婚配,"掌柜"可以调节房间,周家的老大周俊发到了农闲的时候会去给头等户"拉短工",周家会给周俊发留有一个房间。周家在房屋居住中有很多忌讳,家庭成员都要遵守,不遵守会受到婆婆的批评或者是惩罚。在进出主房、角房门的时候要敲门或者是喊话之后才能进去。一大家子人生活在一起的时候,儿子和媳妇结婚后能一起进入公公婆婆的门,婆婆不在公公在,儿媳妇不能单独进公公婆婆的门。兄长和媳妇能一起进入小叔子的门,媳妇不能单独进入小叔子的门。兄长和媳妇或者是媳妇能单独进入小姑子的门,进门时敲一下门或者喊一声就可以,不需要有专门的人在场。小叔子在兄长不在时不能独自进入嫂子的门,母亲和小姑子能进所有的门,没有任何的限制。公公可以在儿子和儿媳妇都在的情况下可以进入儿子的门,儿子不在儿媳在,公公不能进儿媳妇的门。

7.制衣洗衣的规矩

周家的衣服主要是刘氏和张氏做,做的时候儿媳妇要在一边学,儿媳妇要是心灵手巧,也可以自己做,家庭成员的衣服主要是妇人做。刘氏的衣服主要是张氏洗,其他家庭成员的衣服由妇人洗,成了家的儿子,衣服由儿媳妇洗,未出嫁的女儿的衣服由自己洗或者是母亲洗,女儿也可以给母亲洗衣服,小孩子的衣服由嫁进来的媳妇或者是婆婆洗。当地没有河流,洗衣服都是在家里,洗的时候放在搓板上搓,洗"掌柜"周生录、刘氏、张氏的衣服时有一个专门的盆子,这个盆子专门供家里的长辈使用。洗"掌柜"周生录衣服时,除了刘氏和张氏的衣服,不能将周生录的衣服和其他妇人的衣服混在一起洗,洗完之后要尽快晾干,晾衣服的时候要将周生录的衣服放得高一点儿,和其他人的衣服区分开。周家还有一个供洗男人衣服用的盆子,一个供洗女人衣服用的盆子。刘氏、公公婆婆是长辈,可以用一个盆子。男人和女人的衣服一般要分开洗,谁洗衣服谁就负责晾衣服,洗完衣物的水随便倒掉,渗进地面就可以了,晾衣服的时候女人的衣服和男人的衣服分开,男人的衣服最好晾得高一点儿,女人的衣服低一点儿,低一点儿还有一个原因,就是防止有人不小心从下面穿过去,男人从女人的裤子下面穿过去这是耻辱,是女人骑在男人头上的表现。

8.长幼男女之间的规矩

在周家,"掌柜"的传承是老"掌柜"指定新"掌柜",全家人都要服从"掌柜"的安排,不听从"掌柜"的安排就是不孝。全家人都尊重长辈,长辈在,小辈当"掌柜"的时候要与长辈商量,最终的决定权在"掌柜"手中。在同辈男性当中,长兄如父,要是不分家,长兄就是以后的"掌柜",全家人都要听长兄的话。在男性和女性方面,嫁进来的人和自己家庭没有血缘关系,被视为旁人。家里未出嫁的女儿迟早要出嫁,被视为别人家里的人。在一个家庭中,女性的地位低于男性,商量事情女性不能参与,吃饭时女性不能上桌,周家在过年要给神佛上香、扫地的都是男性,不让女性进主房。

(二)家规家法的传承和执行

周家没有明文规定的家规,都是默认的家规,这些家规都是从上一辈人传下来,总共延续了六代人。周家会根据实际的情况对有些家规进行放松,并不是完全按照家规执行。"掌柜"在平日里都遵守这些默认的家规,发现有人违反会及时提醒,一方面教育了子女,同时也能避免子女受到惩罚。"掌柜"更是以身作则,给儿子娶了媳妇,几乎从不进角房。对家庭男女方面的事务,周生录比较古板,甚至儿子都觉得家庭冷清,更是难以启齿。这方面婆婆管得比较多,也管得比较严,和周生录相比,张氏惩罚儿子更多。

(三)家规家法的影响力

周家的家庭成员习得家规都是言传身教的方式,"掌柜"言行一致,甚至是古板,违反了默认的习俗或者是家规时,周生录会时常提醒,在这种环境中,经过长期的耳濡目染,就形成了习惯。小孩子学习家规,在年龄不到时,不需要恪守习俗或者家规,周家的孩子主要是长辈带,随着年龄的增长,长辈会教给孩子一些做人的道理和遵守的习俗。任何一个长辈都可以教育孩子学好,在这种环境中十几年,家规家法早就记在了心里,不需要问为什么,遇到这种事情就应该这么做。

(四)家庭禁忌

在生活中,有"七不杀猪,八不杀马,九不杀羊"的说法,在一年的三百六十多天中,遇到逢七的日子不能杀猪,遇到逢八的日子不能杀马,遇到逢九的日子不能杀羊,逢七的日子是猪的生日,逢八的日子是马的生日,逢九的日子是羊的生日,在牲口的生日杀牲口不吉利,有损自家"门荫"。"五月端午羊公忌,娘家叫了不能去。"这是说在端午节这一天,嫁出去的女儿不能回娘家,回了娘家以后会有血光之灾或者是引起整个家庭不顺,牲口无缘无故死亡等。在丧葬中,老人过世之后,家庭内的孝子在一百天内不许洗头,这是孝道的表现;老人过世后要披麻戴孝,穿粗布衣服,要为老人守孝百天。等到给老人烧了百天的纸,家里的孝子才能洗头,因为当地人相信老人死了之后能转世投胎,这个过程需要 100 天,在这 100 天内,老人就在家里附近徘徊,家人洗了头发将水倒出去,认为是倒在了"先人"的身上,或者是让"先人"喝了对祖宗不敬。

六、奖励惩罚

奖惩是一种惩罚和激励的机制,有效的奖励可以提升家庭成员的积极性,惩罚可以维护家庭治理有序。周生录会通过给零花钱的方式奖励为家庭做出贡献的成员,家庭成员犯了错误,会得到周生录和张氏的惩罚。

(一)对家庭成员的奖励

周家的家规是要公平公正。在生产生活中,家庭成员平时干活认真,收入增加时,"掌柜"会多给一些零花钱。在过年前,周家的每个成员都可以得到一套新衣服,周生录和周俊发有优先穿"荷褂"的权力,这笔费用从总收入中支出,可以算是给家庭成员的一个物质奖励。周家的成年男丁外出给头等户"拉短工",或者"拉长工"回家之后的第一件事情就是去"掌柜"的家里报账,报完账时,"掌柜"可以适当地给一些零花钱,这是为家庭做出贡献的奖励,其他家庭成员不能有意见。回来报账最主要的原因就是要保证家庭的农业生产,要是不报账,家庭成员都会外出给自己挣钱,挣回来的钱成了小家庭的私有财产,这样会耽误家庭的总体收入。

(二)对家庭成员的惩罚

在周家,长辈可以惩罚小辈,"掌柜"可以惩罚除了长辈以外的其他所有家庭成员。父亲和母亲可以惩罚自己的子女,丈夫可以惩罚自己的妻子,婆婆可以惩罚自己的儿媳妇,兄长可以惩罚自己的弟弟,长嫂也可以惩罚其他的弟媳妇。家庭内部在惩罚小孩的时候,亲戚、邻居、熟人等家庭外部人员不能介入,这是别人的家事,管别人的家事不符合道德理念。儿子在生产中不服从安排,平时偷奸耍滑,交代的事情没有办好,并且"割大麦",将家庭的公共财产私藏,晚上偷偷溜出去打牌等,做了这些事情会得到"掌柜"的惩罚。儿媳妇在生活中犯了错误,主要是婆婆惩罚,其他的家庭成员也会求情,邻居一般不会介入,要是惩罚得太重,或者是打得太厉害了,邻居有时也会介入。周家的亲房里面有一个公公,对儿媳妇非常的挑剔,动不动就是一顿鞭子,刚开始邻居看不过去,会经常劝解,但是邻居发现公公属于典型的"抬着走"的这类人,就不劝还好,越劝打得越厉害,后来儿媳妇经常被打哭,邻居也就不去劝了。家里的小孩子犯了错误,像偷了别人家里的东西,或者是和别的小孩打架,"掌柜"是爷爷,这时候是爷爷带着小孩去道歉,回到家里首先是爷爷惩罚,孩子的父母也有惩罚的权力。如果孩子偷了别人的东西,要给别人进行赔偿。打伤了别人家里的小孩子,要给人家赔偿医疗费用。小孩子做错了事情,孩子的父母过世,"掌柜"承担责任,首先是"掌柜"惩罚和教育孩子。惩罚只能针对家庭成员,不能针对家庭外的人,周家的孩子比较害怕周生录和张氏,周生录平时都是不苟言笑,张氏也经常打孩子。周生录将教育孩子的一部分事务交给了张氏管理,大多数时候,孩子犯了错误都是张氏来惩罚,孩子比较害怕张氏。周家的孩子犯了错误最主要的惩罚方式就是打骂和责骂,张氏惩罚孩子用的就是笤帚,经常打手和屁股。周家形成了"掌柜"周生录是红脸,张氏是黑脸的角色。受访者周俊庭说:"那个时候我的母亲经常打我,不是拿起手中的笤帚,就是拿起填炕用的填炕耙子,我比较害怕我的母亲。"周家严厉的家教从小便刻在了孩子的心里。

七、家族公共事务

在家户治理中,周家的"掌柜"代表家庭和家族交流,周家家族内的公共事务主要是"家神"和祭祖事务,在家族公共事务中参与的主体主要是"掌柜"或长辈,参与的主导人物是"掌柜"、长辈、长子。

(一)家族大事:家神事务

在家族内,公共事务就是与"家神"有关的事情。周家家户的传承是"老家"分家后独立出去几户人,周家的"家神"只能跟着长子走,在特殊情况下也可以跟着次子走,但是要经过家族的同意,还要请"阴阳"或者是"相士"掐算一下,向"家神"问一下是否同意住在次子家。"老家"的长辈过世之后,家族内部就会召开会议将"家神"搬到长子家中。周氏家族经过繁衍生息,居住在好几个村子,供奉的牌位不能满足需求,画像经过几十年的洗礼便会看不清,此时要追根溯源,找到大房的"老家"问清楚重新画像、做神柱、做牌位,与这方面有关的消费家族内部平摊。

(二)家神事务参与主体:掌柜和长辈

周家举办过大型的祭拜"家神"活动,例如搬"家神",重做画像、牌位、神柱等。参与家神有关的活动时,只能是男性参加,家里有长辈必须是长辈,没有长辈,同辈中的"掌柜"去。要是女性当"掌柜",家里要派出一个男丁作为代表,家中全部是女性,此时女性可以作为代表,在男性后面跟着就可以,不许靠近神佛。招了上门女婿,上门女婿不能代表,因为上门女婿被认为是外人,没有血缘关系,不是家族内的人。周家人认为,与神佛有关的事情,小辈不懂,只有长辈经历的事情多,才会懂与神佛有关的事务。

（三）家神事务参与主导：掌柜、长辈、长子

长辈过世并且已经分家，要将"老家"的"家神"搬到长子家中，这时长子发挥主导作用，长子同时也是"新家"的"掌柜"，由长子和"老家"的兄弟协商搬"家神"。长子找"阴阳"或者是"相士"算好吉日，在吉日那天，长子号召其他的兄弟去老家祭拜"家神"，祭拜完了，将"家神"搬到长子的家中，这时长子的家会逐渐从一个"新家"变成"老家"，到了大年三十都去长子家中祭拜"家神"。在重做画像、神柱、牌位的时候，"家神"在谁的家中，家中的长辈或者"掌柜"可以发挥主导作用。在祭拜活动中，"老家"长辈在，"老家"长辈发挥主导作用；"老家"长辈过世，"家神"搬到长子家中，长子即"掌柜"，也是"掌柜"发挥主导作用。

（四）其他家族事务

在家族内，要是有人生前无儿无女，也没有过继、抱养，死后无人安葬，这时候家族内的成员会集体出资买一个棺材，简单安葬。

八、村庄公共事务

村庄的公共事务关系每一个家庭的利益，但是每个家庭的参与程度不同，就会体现出不同的社会关系。当地的村庄公共事务主要有修建庙宇、修泉修窖、修路，国家有所需要时，还会纳粮征税、筹资筹劳。

（一）参与主体

1.村务会议

村里开村务会议时，"掌柜"周生录会代表全家去，周生录不在，可以派长子去，长子行使代理"掌柜"职责。如果"掌柜"是女性，女性可以参加会议，也可以派男丁去。1949年以前，女性抛头露面不符合社会道德习俗，女性是"掌柜"，也可以在前面发言，但是背后要受到人们的议论和言语谴责。代理"掌柜"开完会，要给"掌柜"说一下具体情况。"掌柜"或者是代理"掌柜"可以代表全家人提出一些关于村庄事务的建议，但是很少被采纳。

2.纳粮征税通知

1949年以前，蔡家队坡没有开过征税会议，税收标准固定，头等户、二等户、三等户都有一个征税的标准，在征税的时候，官府层层通知，最后保长通知甲长，甲长通知到各户。纳税时，甲长带着税收的账本去催款，当场登记征税，税种主要有屠宰税、人丁税、买卖税等。在纳粮时，甲长挨家挨户通知，在什么期间内，到什么地方纳粮，主要有公粮、学粮，纳完粮食后粮站给一个条子，回来交给甲长。

3.修建庙宇

修庙是村子的大事，要是几个村子共用一个庙宇，就是几个村子的大事。这种大事需要庙里的"八大头人"共同决定，"八大头人"通过之后与轮换的"头人"商量安排事务，一般是轮换的"头人"负责通知，一个头人负责一片。头人要通知到"掌柜"或者是长子，这是因为修建庙宇要出钱，只有"掌柜"或者是长子才有权利拿钱。修建庙宇不会因为出不出钱而争吵，争论最大的焦点是出多少钱。给神佛修庙宇，这是做善事，造福子孙的好事，人们都会出钱。到了出工的时候，"掌柜"周生录代表全家去，"掌柜"周生录不在，最好安排长子去，"掌柜"周生录和长子周俊发都不在的情况下，才会安排其他的儿子去，妇女不能去庙宇。

4.修窖修泉

当地人吃的水主要是泉水和窖水，窖水就是在门外挖一个水窖，在下雨前将院子扫干净，通过院子的过滤池将水引进水窖，在水窖里面杂质经过沉淀，上面的一层水干净清洁，吃上面的一层水。但是做一个水窖需要一千多斤小麦，还需要二三十个人的帮忙，做好前期工作之后，"掌柜"要上门请人帮忙。时间长了，水窖底部就会有一层淤泥，淤泥厚了水就开始变臭，没有办法吃，要重新将里面的淤泥掏出来，掏淤泥也要七八个人。

泉水就是在山底下面有一个泉眼，从地里面流出来水，将泉眼的四周掏空，箍上一圈石砖或者是井圈，人就可以吃水。没有水窖的人要经常吃泉水，泉水干净但是每天都要抬水，对于修泉，人们用的水量不一样，修泉会引起矛盾，谁家出多少工，谁家出多少钱，谁家出多少东西都要商量。修泉的号召者一般是"乡老""总理"，保甲长等，只有这些人才能将全村人号召起来，尽可能减少矛盾。修泉要请一个"相士"看日子，还要烧香磕头，要是家里出劳力，只能派男丁，任何一个男丁都可以去，周家通常是"掌柜"周生录去。修泉一家人没有办法独立完成，1949年以前蔡家队坡二十几户人，因此修泉就成了村内众人的事务，修泉关系全村人的利益，是村庄的公共事务。

5.修路

1949年以前，修路分为两种情况：一是国家摊派劳役修路，二是以村为单位自愿修路。村里修路必须找各家的"掌柜"，直接找家里的青壮年不行，还要开会协商。修路的时候是以"户"为单位提供人力，一户只出一个劳动力，要是自愿奉献，也有一户出几个劳动力的情况。以村为单位自愿修路，主要是村里的"乡老"和保甲长组织，由他们通知，修路时间为两三天，"掌柜"可以去，"掌柜"也可以指派其他成年的男性家庭成员去。下雨之后地里干不了活儿，每家便出劳力不出钱，集体在村内修路。

（二）筹资

村里在修泉的时候，每家出力都不一样，有的出劳力，有的出钱，有的出东西，只要开会协商一致就行。在修庙的时候，"八大头人"有一个总体的估计，要花多少钱，然后摊派到每一户，修庙出的钱是以户为单位，在正式收钱以前，"八大头人"会号召当地的人进行募捐，有时募捐的范围会扩大到整个乡镇。为了图吉利，募捐的人比较多，不够的钱由轮换的"头人"去村子里面按照户数收取。修庙不仅要出钱，还要出劳力，每户至少出一个男丁，按照工程的大小由"八大头人"安排出工的日期。要是家庭困难交不起修庙的钱，这个钱可以减免。经过募捐后再摊派到每户，收的钱就更少了，出不起钱的情况主要出现在三等户，这种家庭不是很多，交不起钱也可以多派劳力。在1949年以前，当地人不会为了神佛的香油钱和修建庙宇的钱发生争执的，发生争执不吉利，减免的几户人用庙里以前的香油钱顶替就可以，不会强行收取，迫使困难家庭卖粮食，或者是卖牲口。周家的"掌柜"不在，长子可以做主，周家认为收钱修建庙宇是造福子孙的好事，遇到这种事情如果长子不给钱，"掌柜"回到家要惩罚长子。

（三）筹劳

在修建庙宇、修路的时候，每一户必须要出人，修建庙宇时只能是男丁参加，可以是"掌柜"，也可以由"掌柜"指定其他男性家丁去。在修泉时，要请"阴阳"或者是"相士"算一个日期，还要烧香，只能是男丁，周家一般都是"掌柜"去，掌柜不在的情况下可以由长子去。修水窖的时候，给谁家帮了工，到时候就可以去请谁来帮忙，修水窖是一个体力活，并且很脏一般都是男性去。修水窖时不一定全村人都参加,要看水窖的大小,相互之间换了多少工,这个就像给别人帮工盖房子一样,单个的家庭很难完成,也算是一种相互帮工的村庄活动。

九、国家事务

周家虽是一个普通的家庭,但是在对外交往中不免与国家打交道,这个过程中可以体现周家与国家事务之间的关系,周家每年要给国家纳粮上税,不需要出劳役。

(一)纳税

1.纳实物税

当地是以户为单位进行纳粮,纳的粮食按照土地的亩数计算,一亩地大概三十斤小麦,在每年的十一月底开始纳粮,纳粮一年一次。纳粮名称有两种:一种是公粮,还有一种是学粮。周家的公粮和学粮加起来一年需要两千斤左右。在1949年以前,临洮县有一支国民党军队,还要给国民党军队养的马匹上草,每家都要上草,一部分是干草,还有一部分是给马匹吃的杂粮。每年上的草料多少不一定,部队要多少,平摊到每一户,国民党军队养的马匹多,这一年上的草就多,部队养的马匹少,上的草就少。根据实际的情况上草,上草没有固定的时间,也没有固定的次数,没有草料了就开始征收。

到了每年纳粮上草的时候,都是甲长通知到周家的"掌柜"。周家两个男性劳动力,每年都是周生录和长子周俊发拉着驴驮着粮食去纳粮,要驮好几次才能驮够两千斤粮食。纳粮有一个固定的期间,如果"掌柜"长时期不在家,并且在纳粮期间内无法返回,这时长子周俊发可以做主,周俊发此时发挥代理"掌柜"的职责。周家在收到纳粮上草的通知后,每年都会按时纳粮上草,不敢抗粮抗草。对于抗粮抗草的人,保甲长会催粮催草,最后官府强制征收。

2.纳钱财税

1949年以前,国民党的税很多,纳税没有固定的时间,也没有固定的名目,一年要交很多次。周家主要的税目有人丁税,人丁税每家每户都要交。周家每年养一头猪,有屠宰税,有土地种的人还有田税。每种税名目都不一样,但是都要交钱,交的时候甲长或者是保长带着纳税册子来收。

到了纳税的时候,保长或者是甲长就会通知到"掌柜",给一个缓冲时间,到时候甲长或者是保长会亲自找"掌柜"收取。在收到纳税通知后,周家会在固定的期间内准备好钱,保甲长来收的时候按时交上去,周家没有不纳税或者是推迟纳税的情况,亲房内也没有不纳税和推迟纳税的情况。在村里有一农户没有纳税,是一个三等户,家里没有钱,保甲长也没有给垫补,后面官府来人直接将牲口牵走,经过这事之后村民都不敢抗税。

(二)自愿参军

共产党的部队经过临洮县,长子周俊发自愿参军。周俊发读了四年书,1949年以后环境好转,周俊发希望有一个好前程才选择当兵。参军需要征求"掌柜"周生录同意,当家人不同意不能去当兵,刚开始周生录没有同意,周俊发偷着报了名,经过动员周生录同意。周俊发参军后,周家劳动力明显不够,土地有六十多亩,周生录会向亲戚寻求帮助,也会向村内的农户寻求支援,这些都是"掌柜"周生录出面。周家是军人家属,在村里能得到一定的帮助,只要周家有需求,村民会尽力帮忙。

(三)抓壮丁

周家没有被抓过壮丁,在村子里有过抓壮丁的情况,抓了大量的壮丁,周家那时孩子年龄都小,不符合条件。抓壮丁的时候有标准,首先不能是独子,并且已经成年,身体健康强壮。周家为了避免被抓壮丁,开了一个后门,后门的不远处挖了一个窑洞,只是这个窑洞没有用过。

(四)摊派劳役

1.按富裕程度摊派劳役

在当地摊派劳役时按照家庭的富裕程度来确定,当地保甲册子上将村民分为头等户、二等户、三等户。出劳力的时候首先从头等户出,头等户不足从二等户出,头等户和二等户加起来不足再从三等户出。当地摊派的劳役头等户基本能满足需求,只有少数情况下才需要二等户出劳役,三等户基本轮不上。周家没有出过劳役,出劳役有两种情况:一种是出钱,二是出劳力。出钱的本质还是出人力,出了钱官府找人出力。出钱的情况比较多,出人力的情况少。出劳力的时候官府负责一日三餐,统一管饭,出劳力有工钱,但是工钱很少,头等户都会选择出钱。在摊派中明确指出要出劳力时,如果头等户家庭不愿意出钱雇劳力,"掌柜"只能指派家庭成员出工。指派时一般不会是长子,而是其他成年的儿子。在当地,要是不分家,长子是未来"掌柜"的接班人,也是家里年龄最大,经历事情多,比较成熟,万一家里出现事情,长子能管事,同时也是防止外出出现不测。

2.花钱买劳役

村里需要出劳役时,保甲长需要找头等户的"掌柜"。头等户家里有钱,"掌柜"一般不会指派家庭中的人出工,而是选择出钱买一个劳役,让他人代替自家人出工。头等户的家庭一般会有短工或者长工,让短工或者是长工去干活,还有就是直接给保甲长钱,让保甲长想办法买一个劳役,直接省了中间步骤,但是要给保甲长一定的好处。

(五)选举甲长

蔡家队坡的保长由上级任命,甲长自己选举,十户人为一甲,选举的时候十户人每一户一个代表,一般是"掌柜"作为代表选举。如果是女性当"掌柜",女性"掌柜"可以作为代表进行选举。"掌柜"不在,代理"掌柜"可以作为代表进行选举。1949年以前,蔡家队坡只选举过一次甲长,"掌柜"周生录作为代表选举,选举前没有和家庭成员商量,"掌柜"的意见就是全家人的意见。

调查小记

现在回想起来，我与周俊庭老人的缘分可以追溯到2015年寒假，是我第一次做口述史调研。初出茅庐的我，什么都不懂，也不知道如何去挖掘有用的材料，亏得有老人的耐心讲解，我第一次感到实地调研不那么困难。我和老人整整聊了一个下午，那天下午的情景还历历在目。

2016年暑假，我完成了本科学业，离开了长春工业大学，进入华中师范大学中国农村研究院读研，正式开启了我的调查道路。8月份，我带着调查任务，再一次回访了老人。我去的时候老人不在家，外出捡杏子，我和老人的二儿子一边聊天，一边等着老人归来。时隔八九个月，老人见到我之后，第一眼就认出了我。老人说的第一句话就是："这不是咱们米家湾的亲戚么，赶紧进屋。"八九个月，足可以见到老人的变化，第一次走访的时候，老人还在抽烟，到第二次走访时，老人将烟都戒了，对于一个80多岁的老人，抽了将近六十年烟，能在晚年戒掉，相当不容易，老人的身体已经不容许他抽烟了。见到老人时，依旧热情，给我端来了蜂蜜，还有儿媳妇做的饼，我和老人聊了两天，我走的时候老人家对我说："有时间了就过来，我一直都在家。"

2017年7月份，我第三次回访了老人，做了家户调查，老人身体大不如从前，上了年纪，身体出现了各种不适，需要经常喝药来控制血压。这次调查，我和老人基本是在炕上完成的，高血压已经使老人不能正常坐在椅子或者是凳子上。大夏天，老人的炕依旧是热的，对于我，面对着繁重的调查任务，老人的耐心讲解，使我在感恩中有了些许的放松。我和老人聊了十天，给我讲解好多东西。经过三次走访，老人最后叫我"娃哥""你哥"，"娃哥"的意思就是孙子的哥哥，而"你哥"和"孙子的哥哥"意思差不多。

调查完成之后，我经过了半年的整理，完成了一份十二万字的调查报告，在2017年寒假，为了表示感谢，我在大年初八专门去给老人拜年，老人见我的第一句就是："你哥。""你哥"不仅仅是一种称呼，而是一种情谊。前后走访四次，和老人建立了"你哥"的关系，我深感荣幸。以上，我用最平实的语言写出了我和老人的经历，更是我感恩和感激的流露。

最后，祝老人身体健康，再次感谢周俊庭老人对我调研中的支持和帮助。

第三篇

中户自主:整体意识中的家户秩序
——湘东冠头村卢氏家户调查

报告撰写:王 琎[*]
受访对象:卢礼泉

* 王琎(1993—),男,湖南长沙人,华中师范大学中国农村研究院 2016 级硕士研究生。

导　语

　　湖南省浏阳市枨冲镇冠头村是一个人口规模较小的典型南方村落。卢氏祖居于此,是世代以务农为生的大姓家族。卢家在 1949 年以前,虽为仅有九口人的中型家户,但代际关系清晰,祖孙三代共同居住于祖传大宅第之内,齐心耕种经营十余亩水田,家资物产尚且有余,不遇灾年足可自给。同时,家长卢书鑫作为卢家核心与“大老板”,较为重视对家庭成员的文化教育与言传身教,膝下儿女均曾入学识字习礼,家中也奉行较为开明平等的思想观念,几乎不受“重男轻女”“男尊女卑”等封建思想的束缚,家庭内部无明显的等级秩序与尊卑之分,家庭氛围融洽和睦,讲求在家庭中“整体大于个体”。与此对应,卢家也没有制定森严的家规家法,但却极为注重规矩风俗,无论是在请客、吃饭等日常生活中,还是祭祖、拜庙等重大事务中,均按照约定俗成的方式进行。

　　卢家的家长为卢书鑫,内当家为郑淑珍,家中虽以卢书鑫的家长权威作为整个家庭的核心所在,但其他家庭成员在一般性事务中均可灵活决策并提出建议。卢家作为小型家户单元,在处置对内关系和对外交往方面,同样灵活自主而不拘于死板定式。由于在经济上能够基本实现自给自足,卢家对于各类事务拥有极强的自主意识,恪守“家事不受外人扰、自家决策自家事”的家户观念,即便涉及宗族和村庄中的重大决策,卢家也能尽力保持自家的相对主体性和自由性,很少受到外来个体或集团权威的压服掣肘,并时刻对外表露出浓厚的家庭整体观念与态度,任何事情都以全家为单位通盘考虑。

第一章　家户的由来与特性

卢家世代祖居于浏阳枨冲冠头村,属于当地的老住户、老村民。过去卢家的祖辈曾是村里的大户人家,坐拥良田百余亩、房屋数十间,家产丰厚、人丁兴旺,在当地具有极大的影响力,但后来因卢家家人沾染鸦片导致家道中落,不复当年盛况。卢家及至卢书鑫当家时期,仅有三代九口人,以家长卢书鑫和内当家郑淑珍为家户核心,维系家中基本生计,但卢家因中青壮年较多,因此尚且劳力充沛,足以自给。卢家共同居住于祖传大宅之中,大宅坐落于村中中央地带,靠山临田、面积颇大,二十多间房的位置、功能均遵循风水学说布局,颇有考究。同时,卢家还曾短暂出租房屋给外人居住,以获取租钱补贴家用。卢家虽家业渐衰,但是临近1949年前,仍然还有良田十余亩,基本可以实现家户生活生产的自给自足,且每年还略有经济上的结余,在当地属典型的中户人家。

一、家户迁徙与定居

(一)祖居冠头家业兴

卢家祖上三代都住在枨冲镇冠头村湾里组,祖上一共经历了多少代不得而知,最开始祖上从哪里迁出也无从考证,卢家的当家人卢书鑫只记得这些内容在卢氏族谱上有过记载。至于卢家的祖上为何迁至枨冲,卢家表示也不知原因,不过从卢家的当家人卢书鑫处可以了解到,卢家上溯起码十代人以上均在此处生息繁衍,在冠头村可以确认至少经历了五代人,但是几门几支就不甚清楚了。在1949年以前,当地也有卢氏家族,同时在原镇头镇①官塘村还建有一个老的卢氏家族祠堂,只是后来因破败不堪、遭到废弃,在原址附近修建了新的卢氏祠堂。

卢家的祖业均是承袭祖上。卢家当家人卢书鑫的公公②曾经是清朝时期的大财主,在当地属于大户人家,坐拥良田上百亩,分家时四个儿子每人都分到了四十担租③的土地。卢家就住在祖上那栋老屋子里,据说有几百年的历史了,后经子孙后辈不断修缮扩建,才有了1949年的规模。到了卢书鑫当家的时候,卢家的房屋、田地均位于村里的中央地带,屋子毗邻当时的财主王氏、唐氏家,并与王氏的佃户刘家相隔不远。

(二)祖辈染毒遭变故

卢家追溯到卢礼泉的公公那一辈,曾经发生过比较重大的家庭变故。卢礼泉的老公公④

---

① 镇头镇:浏阳西边某乡镇名。
② 公公:祖父、爷爷。
③ 担租:在描述土地面积时,一担租相当于一亩土地;在描述粮食产量时,一担租大致相当于一百斤。
④ 老公公:曾祖父、老爷爷。

曾经是村里出名的大户人家,家中祖业繁盛、良田众多。后来生育了四个儿子并分家立业,每个儿子均分到四十担租的田地,在当地也达到财主、富户的水平。但是卢礼泉的公公在外帮朋友"跑工"的时候,受到别人的蛊惑,染上了鸦片,被官府抓走坐了牢。因此,卢家这一支家道中落,卢礼泉的父亲卢书鑫不得不变卖家中土地将其从狱中赎出,此后又经历三个儿子的分家过程,到了卢书鑫手里就只分得十担租左右的田地。可以说,卢家祖上曾经农田众多、茶山繁茂,世代均以务农为生,属当地的农业大户、大财主,但后来经过儿子分家、沾染鸦片等事件的影响,家业不断遭到蚕食,以致最终逐渐走向衰落。

二、家户基本情况

(一)家户成员基本情况

1.三代九人同居共住

卢家在 1949 年以前有九口人,家庭的主要劳力是卢礼海,即卢书鑫的长子、卢礼泉的大哥。不过卢书鑫虽正值壮年,但身体较弱,无法承担繁重的农田体力活,平时在家以替他人看风水、算命为主要营生。当时卢礼海已经成家,并育有一个儿子卢勇福和一个女儿卢雨生。家中次子卢礼泉尚处青少年时期,能帮家中承担一点儿杂活,但是尚不能算作家中主要的农业劳动力。卢家没有老人,家庭负担尚且不大,一家人同财同居、同灶共食,人口不多,生活过得还算不错。卢家的劳力不多,但是基本够用,因此也没有管家、保姆、丫鬟或长工等非亲属成员常年住家的情况。卢家次子卢礼泉曾经有过"承继"给叔叔(卢书鑫的堂兄弟)的经历,但是这段过继基本上属于形式上的过继,因为其叔没有生育子女,且身体状况非常差,卢书鑫与他关系相对比较密切,为了在其过世之后田地能有人继承,因此将卢礼泉挂名过继。不久后卢礼泉叔叔病逝,其名下的几亩田产也就顺势并入了卢家。

表 3-1　1949 年前卢家家户基本情况表

家庭基本情况	数据
家庭人口数	9
劳动力数	5
男性劳动力	3
家庭代际数	3
家内夫妻数	2
老人数	0
儿童数	4
其他非亲属成员数	0

2.家中无老人

卢家在 1949 年以前没有老人,家庭成员中年龄最大的当家人卢书鑫也只有 47 岁,而内当家郑淑珍则比卢书鑫小两岁,正值中年。除此以外,卢家的长子卢礼海已经成为青年人,是家中主要的劳动力,卢礼泉和卢礼兴两兄弟也逐渐成长起来,能够为家中农业生产提供更多的帮助。不过卢家的第三代人,即卢勇福和卢雨生才几岁,尚属于儿童阶段,还需要家中大人的照顾。

3.重视知识文化教育

卢家除了郑淑珍是文盲以外,其他的家庭成员或多或少都上过几年学。当家人卢书鑫在小的时候曾经读过四五年的书,有一定的文化,加上他自学了很多风水学知识,因此平时经常给别人家看风水、算命。卢礼海夫妇都读过两年初小。卢礼兴和卢凰英则读到了四年初小毕业。卢礼泉是卢家文化水平最高的成员,一直读到了高小一年级才因为家庭条件无法供养而辍学回家。可以说,卢家对于教育比较重视,当家人卢书鑫也想方设法地为家中子女提供上学读书的机会。

表 3-2　1949 年卢家家庭成员基本情况表

成员序号	姓名	家庭身份	性别	年龄	婚姻状况	宗教信仰	健康状况	参与社会组织情况
1	卢书鑫	当家人	男	47	已婚	道教	中	无
2	郑淑珍	内当家	女	45	已婚	道教	良	无
3	卢礼海	长子	男	23	已婚	道教	优	无
4	唐淑宜	长媳	女	21	已婚	道教	优	无
5	卢礼泉	次子	男	17	未婚	道教	优	无
6	卢礼兴	三子	男	11	未婚	道教	优	无
7	卢凰英	次女	女	14	未婚	道教	优	无
8	卢勇福	长孙	男	4	未婚	暂无	优	无
9	卢雨生	长孙女	女	2	未婚	暂无	优	无

(二)家户空间结构

1.背山临田居村中

卢家的房屋位于村里的中央位置,是村里最好的地段了,背靠山岭,前临田地,同时离通往乡里的大路非常近,交通十分便利。不过卢家所在的冠头村属于典型的南方村落,虽地势平坦、水源丰富,但没有寨墙、寨河或者其他的公共设施。卢家的房屋左邻财主王氏家,右邻富户唐氏家,三家人相距非常近,且每家的山岭、土地彼此相连,与此同时王家的南边紧靠着其佃户刘家人。不过附近除了这四户人家之外,没有其他的农户家庭了。冠头村的人口比较稀少,只有四五十户左右的人家,每一户一般有六到七口人,且都是以散居为主,多是毗邻自家的山岭或者田地为居,同时也要兼顾水源,以方便农田水稻的灌溉。

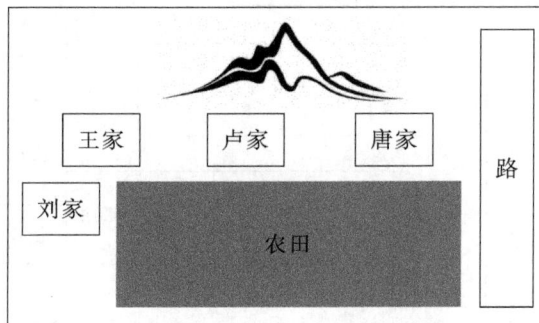

图 3-1　卢家房屋及其周围空间示意图

2.房屋布置讲究风水

过去建房屋都要看风水、看地形。首先,对于房屋的选址来说,房屋必须要建在地势平坦、临近自家田地的地方。其次,按照风水学说,南方农村房屋喜欢背靠山岭,一来是方便上山砍柴,二来是有"靠山"的讲究。最后,房屋内部的结构也颇有考究,有一定的主次、尊卑之分,而且还要兼顾生活生产的便利性。卢家的当家人卢书鑫是个算命先生,自然对这方面非常在意。卢家房屋的地理位置是卢家先祖早年的选择,其真实的选址意图已无从考证,但是房屋内部的结构,卢书鑫认为有一定的风水学意义蕴含在其中。

1949年前的卢家房屋是一个大宅子,里面有二十多间房间,空间非常大。房屋里有正厅、堂屋、杂物间、猪栏和牛棚、柴房、仓库、厨房以及卧室、耳房等,每一种类型的房间都各有其不同的功能设置。正厅是正门进屋的必经之处,属于坐北朝南方位,里面供奉有卢家先辈的牌位和香火炉台,属于卢家大宅最重要,同时也是最肃穆的地方。正厅的东边紧邻着堂屋,堂屋是卢家人平时用来闲聊开会的地方,摆放一张大桌和几张小凳子。正厅后面是房屋的天井,属于露天结构,四周围有排水的阴沟,是平时洗衣洗菜以及晾晒衣物的地方。厨房紧靠着天井,以方便做菜烧水等。厨房的东边是饭厅,里面放置一张四方木桌和四五条长板凳,是平时吃饭的地方。房屋的东边是卧房,包括主卧室、厢房、耳房等。主卧室是当家人卢书鑫和内当家郑淑珍的住所,位于东边最靠里面的位置。在主卧与厢房之间有耳房,耳房顾名思义,有互通彼此的说法,因此有两个门,一般是客人、亲戚来走动时的备用住所。厢房靠近主卧,是做客房之用。同时,由于卢家的长子卢礼海已经成家生子,因此分得了一间最大的厢房给其作为次卧。当时年纪较小的卢礼泉、卢礼兴与卢凰英则跟着父母住在主卧室,因为房屋层高较高,因此主卧室的房内架有二层小夹间,以架设木楼梯的形式给家中未成家的子女居住。

卢家一共有二十多间房,但由于卢家因属中型家户,除了正厅之外,对于其他卧房的设置没有严格区分尊卑,只有大小之别,即当家人住最大的房间,子女成家后再依次分配。此外,卢书鑫在成为当家人之后,稍微对家庭住房的安排有所调整,比如宅子的西边全部挪为杂物间、猪栏等,东边则全部用作居住,同时主卧房移到了靠最东的位置,有"东方为尊家业兴""家长居里镇祖业"的考虑。房屋厕所紧靠着猪栏和牛棚,以方便粪便肥料的收集。

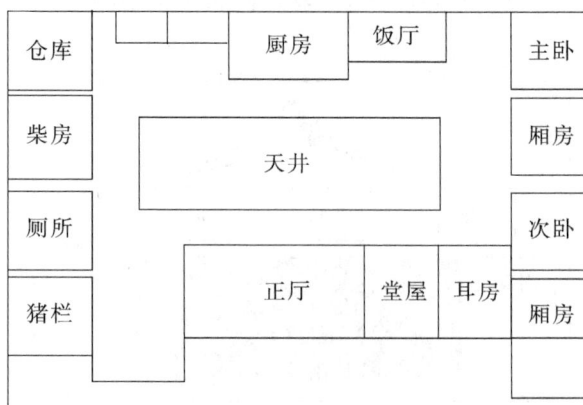

图3-2　卢家房屋内部结构示意图

3.家中闲屋曾短期外租

由于卢家在 1949 年以前的家庭人口并不多,因此有一部分房间租给了别人居住,另一部分则闲置或摆放了一些杂物。其中,靠次卧的一间厢房租给了一个姓杨的木匠,这个木匠早年丧子,无依无靠,曾经搬到卢家大宅中短期租住过一年左右;另外还有一位姓唐的单身婆婆,带着外孙住在卢家大宅的一间耳房中。她女儿的丈夫因病早逝,女儿后来改嫁他人,只给这位孤寡婆婆留下外孙,卢家人考虑其生活困苦,就腾出一间耳房无偿供其居住,但是她只住了不到一年的时间就告辞离开,投奔去了淳口的姐姐家中了。

(三)家户经济条件与社会政治状况

1.以务农为主业

1949 年以前,卢家以务农为生。卢家在卢书鑫当家的这一时期,家中有四亩旱土和十亩水田,都为自家田地,且由自家耕种。卢家也拥有大型农具,包括两张犁、两张耙,一辆小推车。像犁和耙这种大型的农具,一般是有牛的人家才会制[①],因为卢家有一头黄牛,所以这些农具全都置办齐全了。虽然卢家人的劳动力不算特别多,但是胜在劳力强,因此不需要雇工。

2.收支略有结余

卢家的务农收入主要靠水稻种植。一般来说,一亩水稻的收成大约为三四百斤,按照十亩来算则大概是四千斤的总收成。至于水稻单价,大概是两块银花边[②]一担谷,一担谷大约是一百斤,因此折算下来就是四十担谷左右,除去卢家自家需要消费和囤放的二十担谷,为四十块银花边左右的收入。至于其余四亩旱地,有三亩是种了番薯,一年大概能收一千五百斤,全部晒成番薯丝用来掺在饭里充饥;还有五分田是种了棉花,收成为二十斤左右,作为自家纺纱的原材料;还有五分田种了一些蔬菜瓜果,供自家食用。支出如果算上买盐买肉、衣物鞋帽、赋税人情等,卢家一年需要花费三十多块银花边,大体上能有少量结余。

表 3-3　卢家 1949 年以前家计状况统计基本情况表

土地占有与经营情况	土地自有面积		14	租入土地面积		0 亩
	土地耕作面积		14	租出土地面积		0 亩
生产资料情况	大型农具		犁 2 张、耙 2 张、小推车 1 辆			
	牲畜情况		黄牛 1 头			
雇工情况	雇工类型		长工	短工		其他(无)
	雇工人数		0	0		0

	农作物收入					其他收入	
收入	农作物名称	耕作面积(亩)	产量(斤)	单价(银花边斤)	收入金额(银花边)	收入来源	收入金额
	水稻	10	4000	0.02	40	—	—
	番薯	3	1500	0	0	—	—
	棉花	0.5	20	0	0	—	—
	蔬菜瓜果	0.5	200	0	0	收入共计	
	—	—	—	—	—	40	

---

① 制:制作。

② 银花边:民国时期通用的银币。

支出 (银花边)	食物消费	衣服鞋帽	燃料	肥料	租金	
	4.5	4	0	0	0	
	赋税	雇工支出	医疗	其他	支出共计	
	6	0	1.5	15	31	
结余情况 (银花边)	9		资金借贷	借入金额		2
				借出金额		2

(四)家户基本特点与特性

在1949年以前,卢家有三代人共同生活,卢书鑫为家长,同时也是外当家,郑淑珍则是内当家。卢家没有管家,也没有其他的当家人。这是自卢书鑫成家立业之后就一直如此,在分家以前都没有发生过变动。

卢家当地有大户、中户、小户的说法,这个说法与人口没有直接的关联,而是以土地作为主要的衡量标准。大户一般指的就是财主,有田地五十亩以上,家中财产实现了一定的积累,而且在当地有权有势,社会地位和声望比较高;中户是指田地在十亩左右,能够实现基本家庭生活自给自足的人家;小户则是没有田的人家,主要靠给大户人家"打租"为生,生活较为贫困,基本上是"饱暖生死全靠天"。

卢家的人口在村里属于一般水平,如果要按照人口为标准,只可以算作中户人家。家庭人口的数量多少会对这户人家在村中的地位产生一定的影响,人口多自然就代表着势力大,"人多势众"就是这个道理,人口直接决定着这个姓氏在村里能否拥有足够的话语权。卢家的财产、土地在村里只能算是中等的水平,吃饱没有任何问题,但是却谈不上大富大贵,为普通的中户标准。土地和财产相对于人口来说,更能决定家户在村里的地位和影响力。土地跟财富主要是一个概念,"土地就是宝",地里长出来的稻苗就是钱,因此就决定着一个家户生存所必需的物质资料与财富积累。有了足够多的财富,自然就意味着能够拥有更多的机会来谋得村里保甲长的职位,同时就更能"说得上话"了。

总的来说,卢家在村里属于中户的水平,各方面都位居中等,所以在村里的影响力也非常有限。不过因为卢书鑫本人有一定的文化水平,经常在给人家算命的同时,还帮别人家写文案、写文书,比较受到村里人的尊敬与欢迎。卢家所在的村庄也曾经做过保甲册,不过并没有头等户、二等户之类的等级划分,只对每家每户的具体情况进行简单的登记造册。

卢家人在本村本地生活起码超过一百年,属于当地的老住户。一般来说,住了超过五十年即为村里老住户,十年以内搬过来的才算是新住户。村里搬过来的新住户大多是从外地逃抓壮丁过来的,最新的一户是1947年的时候搬过来的一户刘姓人家,家长叫刘全贵,住在村尾的一个冲子①里。

---

① 冲子:山冲、山沟。

第二章　家户经济制度

在 1949 年以前,卢家拥有良田十余亩,房屋二十余间,各类生活生产资料均完整齐备,加之卢家的青壮年劳力较多,基本可以实现经济上的自给自足,并能在正常年岁获得一定的收入结余。与此同时,卢家无论是对家户财产、生活生产资料或分配等内部性经济活动,还是消费、借贷与交换等外来交往过程,均以家户大家庭作为最基本的主导单元,每个家户成员在其中作为个体参与对象始终处于从属与被支配地位,在对外事务上服从并接受卢家家长卢书鑫的决策和安排。在对内家务上听从内当家郑淑珍的安排与决定;面对外来的侵占与干涉时,卢家能够在卢书鑫家长权威的引导下,坚决捍卫家户合法产权与利益。

一、家户产权

(一)家户土地产权

1.坐拥良田十余亩

1949 年以前,卢家共有土地十四亩,包括十亩水田和四亩旱土。这十四亩土地都位于卢家宅子前面,分为大概十块,且连在一起。虽然卢家的这些土地离村中小河较远,但是田的四周分布有水渠和水沟,灌溉非常便利。卢家的土地较为肥沃,属于良田,地势较低、土地规整、泥土丰沃。自家人记事起,卢家的土地就没有发生过重大的变化,只听说在卢礼泉的爷爷手里曾经因吸食鸦片变卖过一部分土地,除此之外就未有过增减。

2.田地均承自祖辈

卢家的土地都继承自祖辈,没有发生过买卖的情况。对于普通家户来说,买地非常困难,一般需要花费五到六年的收成才能买到一块田地,且土地也存在一个公认的比价,所以说绝大多数家户不到万不得已不会卖田。卢家的十四亩良田和土地都是通过父辈传承下来的,临近沟渠、灌溉方便,土质松软且肥沃。卢家除了继承这种方式之外,没有通过赠予、开荒等其他方式获得过土地了。

3.产权归儿子所有

卢家认为,土地是归全家人共同所有的,没有属于个人或者家长的说法。1949 年以前,卢家没有分家,土地为大家庭所有,每个人都有一份,这些土地不存在与他人共有的情况,也没有明确到个人的土地产权部分。在当地,土地是属于一个家庭最重要的财产和生活来源,每个家户都非常珍视土地所有权。卢家属于典型的南方家户,有着极为浓厚的家庭观念与传统观念,所以家中不设置养老地或者私房地,"一家人不说两家话""一家土不分你我"是卢家骨子里根深蒂固的思想。同时卢家也认为,给老人养老是子女应尽的义务,因此不必专门设置养老地,子女会主动承担赡养老人的责任。家庭现有的土地将来都会分配给每个儿子,其实间接来说就是把养老的责任传承给了儿辈。

不过对于大家庭的所有土地,家长卢书鑫拥有绝对的支配权,他有权随意处置和变卖土地,对土地产权拥有最高权威。卢家认为,虽然家长相对于其他的家庭成员而言在产权处置上更有权力,但是这是由其权威所决定的,土地在归属上属于全家人比较好,这在一定程度上维护了一个大家庭之间的团结和睦,能够形成一种"大家"的思想与意识,并以此作为家户共同生活的约束和规矩。如果土地分给个人就没有这种效果了,相反还会促使家庭成员之间的分离。土地越分越少,家长的权威也就越削越弱。

在实际的土地产权归属问题上,卢家也有明确的界定标准。首先,土地产权实际不归属所有的家庭成员,比如女儿就没有土地的分配权,正所谓"嫁出去的女儿泼出去的水",女儿总归要嫁到其他人家,因此不论是否婚嫁都不能分到土地。对于儿子而言,则无论其年龄大小都能平等拥有家庭的一份土地产权,不过这个产权需要等到儿子分家的时候才能体现,包括儿子娶进门的媳妇都能拥有名义上的一份土地分配权。其次,除了入赘过来的女婿被当作儿子,享受一部分土地产权之外,常住家庭的外人同样没有土地的所有权。最后,分家即分地,一个儿子成家并要求分家后,本该属于他的那份土地就随之分出,由此他就跟原来家庭的土地再没有半点儿瓜葛,无论任何情况都不能再拥有原家庭的任何土地财产。

4.田以埂心为界

卢家的土地与土地之间存在明显的边界,这个边界以田埂的埂心为界,每一块田的四周都划分得非常清楚。边界在卢家人记事起就已经存在了,应该属于早年分家形成的。在边界以内就是属于自己家的土地,四邻绝对不能越过卢家的边界进行农业生产。同时,卢家自己的土地只能由卢家人自己耕作,外人不经过卢家同意不能随意踩踏进入,否则被知道了就容易产生矛盾。至于说土地的继承权,就只有卢家的儿子享有,这在儿子确定分家之后会逐一厘清,哪一块土地分划给谁,最终要写成地契文书,外人绝对不能插足。

卢家所有的家庭成员对自家拥有的土地有很清晰的心理认同,都认为土地属于全家人共同所有,是卢家最重要的财产。对于自家的土地与别人家的土地,卢家人也分得很清楚,而且绝对不能容忍自家土地被他人侵犯。至于土地的经营权则归家长卢书鑫所有,他决定着田里应该种什么、如何种、什么时候收割以及如何收割,即便是1949年临近新中国成立,卢书鑫的大儿子卢礼海娶了媳妇、成了家里的主要劳动力后也是如此,卢礼海每到播种生产或者收割的时候,都要请示卢书鑫。

卢书鑫在卢家地位极高、权威极大,如安排生产这种事情,他不会跟任何人商量,直接就对卢礼海下指示,别人都不能干涉。当然,土地的产出还是归卢家家户共同所有,家里的粮仓也属于大家共享共用,至于分配则由卢书鑫一个人说了算。不过在1949年以前卢家还未分家,所以也谈不上对粮食进行分配,毕竟整个家庭都在一个灶、一个锅里吃饭。

对于卢家土地的经营及收益权,宗族、村庄以及分家后的父母兄弟都无权干涉,因为土地是卢家自家屋里①的,怎么种、种什么都属于卢家自家的家事,外人一般不会过问。

---

① 屋里:家里。

5.家长占主导

卢家对于土地的处置,家长卢书鑫拥有绝对的支配权,任何有关土地的买卖、租佃等均要卢书鑫同意才可以进行。卢礼泉对其父亲的家长权威至今还记忆深刻:"土地是家里最宝贝的东西了,那我爷老子①是说一不二咧。"如果卢书鑫不在,那土地处置就由内当家郑淑珍做决定了,如果内外当家均不在,家中长子卢礼海也可以做主,但是并不存在代理家长的说法。总之,卢家是按照权威顺序依次做主的。至于卢家的其他家庭成员,在土地处置中则没有任何支配的权力,只要是家长拍板决定了,其他成员就不会提出不同意见。所以不论涉及土地的任何情况,基本上都要经过家长卢书鑫的认可同意。不过,虽然卢书鑫在家中拥有极高的威信,但是其他的家庭成员也可以随时提出对某件事情的建议,至于卢书鑫是否采纳就要视情况而定了,毕竟最终的决定权还是在他的手中。

6.土地侵占不容忍

卢家没有出现过土地遭到侵占的情况,只发生过极少的土地边界上的小矛盾。比如王家的佃户刘姓人家经常喜欢在边界上占点儿小便宜,偷偷越过埂心在卢家的土地上种一点儿作物。对于这种很小范围的土地侵占情况,卢家一般不会特别计较,只是会提醒那户刘家人及时清除掉这些作物。除了土地以外,对山岭的侵占才是卢家面临的最大问题。由于卢家、王家和唐家三家人的山岭都连在一起,因此边界划定比较模糊,虽然三家人曾经协商"挖沟为界,山尖分岭",但是卢家人曾经多次抓到唐家和王家人在自家山岭上偷树,并因此发生过矛盾冲突。对南方地区来说,山岭的归属以及山上树木的所有权地位仅次于土地,因为南方要"靠山吃饭",像捡茶籽榨茶油、砍柴烧火,是每户人家生活中必不可少的活动,所以一旦碰到山岭边界和树木偷伐的纷争,一般均会被视为涉及家户权益极为重要的事情,家人都不能容忍。这时家长就需要找四邻和村里的保甲长进行调节协商,有时甚至在两个家户之间产生面对面的冲突抗争,以此来捍卫本家户的利益与尊严所在。

7.土地产权互相承认

其他村民对卢家的土地所有、耕种以及收益等权利是持承认态度的,或者说这种承认是建立在家户之间相互认可的基础之上的。村里人几乎都知道彼此之间有多少土地、土地在哪里,国民党时期也颁发了具有法律效力的地契,没有该户人家的允许,其他人均无权踏足与侵占其他家户的土地,这不仅受到了法律的保护,同样也是村民与各家户之间达成的道德默契与行为认同。与此同时,家族、村庄与政府也对土地的权益持尊重承认的态度,在任何情况下,政府、村庄与家族都会尽可能地保护家户的土地权益,甚至是充当着土地纠纷之间的重要调解人角色。不过相对而言,家族一般是站在维护本族人利益的角度,而村庄与政府则更加倾向于保护有权有势的"老板们"的土地利益。因此,这种对于土地的承认存在着较大局限性,村里的保甲长经常会"睁眼说瞎话"。比如在村里李家与陈家的土地纠纷中,甲长因为收受了陈家三担谷子,就不按照地方法律与地契办事,非说李家的土地划界不清,要"重新丈量、以示公正"。后来李家吃了亏告到了乡里也无济于事,李家的当家人李贵三气得直跺脚,到各户人家中哭诉,但是大家都冇②得办法,不想得罪地方保甲长惹祸上身。

---

① 爷老子:父亲。
② 冇:没有。

(二)家户房屋产权

1.房屋占地亩余

在1949年以前,卢家的宅基地面积大概有一亩左右,属于单层建筑。房屋结构是典型的南方天井式大宅子,层高很高,所以一般会在房子里搭木板夹层,以充分利用空间。这种房屋结构与大小在南方农村都属于常见的形式,一般农户家均是如此。

卢家的房屋一共有二十多间,分别有正厅、堂屋、厢房、耳房、厨房、厅堂、厕所、仓库、猪栏牛棚等。其中正厅是正门进来的必经之处,属坐北朝南的方位布局,里面供奉有卢家先辈的牌位,并摆有香火炉台,属于卢家大宅最肃穆的地方;正厅的东边紧邻着堂屋,堂屋则是卢家人平时用来闲聊开会的地方,摆放有一张大桌和几张小凳子;正厅后面是房屋的天井,为露天的结构,四周围有排水的阴沟,平时用来洗衣洗菜及晾晒衣物;厨房紧靠着天井,方便做菜烧水等;厨房的东边是厅堂,里面放置有一张四方木桌和长板凳,是卢家吃饭的场所;房屋的东边是卧房,包括主卧室、厢房、耳房等。主卧室是当家人的住所,位于东边最靠里面的一间。在主卧与厢房之间有耳房,一般是客人亲戚来卢家走动时的备用住所;厢房靠近主卧,是做主要的客房之用;厕所与猪栏牛棚紧挨着房子的西南角,以方便粪便肥料的收集;柴房和仓库则是在房屋的西北角,背处阴凉以防止火灾的发生。卢家的大儿子卢礼海在成家之后,家里分了一间最大的厢房供其居住。

卢家的房间都是房屋的东边,有"东方为尊"的讲究,但是房子的朝向和布置就没有太多的讲究了,完全是按照房屋大小进行分配。卢家的房子是由土坯建成,土坯里面裹着竹子和木头,起到加固夯土的作用。自卢家人记事起到1949年,卢家大宅就没有发生过增减或其他变化了,内部房间的使用也没有进行过太大的调整。

2.继承自先祖

卢家的房屋继承自父辈与祖辈,在1949年以前只住了卢家三代九口人,有超过一百多年的历史了。至于房屋是何时修建、如何修建,卢家也不甚清楚。与此同时,卢家人也无法确定大宅是否进行过重建或修缮,也没有相关的文字记录留存下来。

3.房屋产权归儿子

卢家认为,房屋属于全家人,因为全家共同生活在一起,当然不分彼此。不仅如此,卢家的房屋也没有跟别人共用的情况。家中的房间也属于卢家大家庭共同使用,但是像长子卢礼海结婚之后分到的那间大厢房,就是属于其小家庭所有了,即使是家长卢书鑫也不能随意居住和使用。不过卢家的房屋不能说产权人人有份,正如土地一样,只有儿子拥有所有权,女儿是无权拥有的,嫁出去的女儿就更没有份了。但是媳妇以及男性儿童与入赘女婿都有继承的权利,这在分家时会与土地一样进行分割,并且尽量实现相对平等。

卢家认为,房间也属于全家人共同所有,只要没有分家,同住在一个屋檐下,就没必要进行清楚的区分界定,至多是分家后个人的房间不允许别人随意进出。至于在其他方面,对于卢家这种中型家户而言,并没有那么多的规矩。同时,卢家人认为房屋属于全家人所有是好事,有利于共同生活的氛围更加融洽轻松,一家人之间也不会过于斤斤计较。

4.以滴水线为界

南方村落以散居方式为主，卢家更是典型的南方家户，房屋与其他四邻的房屋相隔甚远，因此很少会出现房屋边界方面的问题。不过如果要准确区分房屋边界范围，一般是以房檐滴水线为标准。边界的划定主要由买卖或者分家产生，甚至更准确地说，这仅适用于紧靠在一起修建的两三栋房屋，独立大宅则没有这类边界问题。卢家对房屋的所有意识非常强烈，四邻或者外人绝对不能越过自家房屋边界修建任何的建筑与屋子。

卢家的房屋归其自家成员使用，继承权自然也归家人所有。但是如果要准确界定，房屋继承权仍然只属于家中的儿子，其他人都不具有继承权。除此之外，例如分家后的卢家长子卢礼海，他分到了卢家的最大的一间厢房作为婚房，那么就没有卧房的继承权了，但是依然能够享有大家庭其他公共空间的使用权。

卢家家庭成员对于自家的房屋有清晰的心理认同。一方面，卢家承认房屋归全家人共同所有，是属于本家户的共有财产；另一方面，也对自家房屋与别人家房屋有着极强的辨识能力，外人不允许侵占自己家的房屋，即使进屋也需要事先获得同意才行。

卢家的房屋由当家人卢书鑫进行管理与负责安排，不论是涉及房屋的买卖、拆除、修缮还是重建，都由卢书鑫一人说了算，甚至内当家郑淑珍也不能干预。只是一般情况下，碰到有关房屋的各种事宜，卢书鑫还是会与郑淑珍商量。至于外人或者宗族、村庄以及分家的兄弟姐妹等都不能对卢家人的房屋事宜进行干涉与插手。

5.家长实际支配

卢家房屋的实际支配者是家长卢书鑫，他能够决定房屋的所有权及使用权的全部事宜。不过自卢家人记事以来，卢家的房屋没有经历过任何的变动或者交易，因此对房屋买卖是否存在次序等问题不太清楚。如果卢家房屋产权确要发生变动，那依旧会按照家中权威的递减规则来做主，即家长卢书鑫在家就由卢书鑫拍板，卢书鑫不在就由内当家郑淑珍做主，再其次则是家中长子卢礼海做主。但是涉及如此重大的问题，无论如何最终都需要由家长亲自进行定夺，即使其他家庭成员做了决定也没有效力，因为只有家长才能获得外人的认可。

至于家中小家庭的房间，家长卢书鑫是没有权利再进行干涉的，因为既然已经分出去了，即使是没有实质上的分家，但是这间房子名义上已经分出去了。如卢家将厢房给长子卢礼海作为婚房，那卢书鑫就不能再去干涉小家庭的内部事务了，除非儿子决定搬出去住或者申请换房，否则不能轻易进行房间的调换。

卢家的房屋是祖上传承下来的祖屋，如果变卖也是可以的，而且家长卢书鑫在1949年以前出于对家庭人口数较少的情况考虑，曾经也产生过变卖部分宅所的想法。卢书鑫曾经对郑淑珍说："我们屋里才八九口人，宅子二十多间房，没有必要咯，不如卖一点儿出去换几担租的田回来。"但是由于没有谋到好的买家，就无疾而终了。除此之外，如果真的卖房，程序会比较复杂，需要先叫村里的保甲长或者有声望的乡绅一起到家里作见证，然后当着大家的面重新立地契。在立地契的时候，两家的当家人均需按手印，若没有当家人的手印，这份地契就无法获得承认。

在房屋的出租中，当家人卢书鑫依然最具话语权，但毕竟涉及同屋共住的问题，因此内当家郑淑珍的意见也非常重要，甚至占比较主导的地位。有一个例子能够较好地说明卢家出租房屋的情况:前述提到的唐姓单身婆婆因生活困难,跟卢书鑫提出想搬到卢家屋子租住的请求,卢书鑫回家后就与郑淑珍商量,起初郑淑珍不同意,认为 60 多岁的婆婆还抱着细伢子[1],会给卢家带来诸多不便,坚持不愿意让这位婆婆租住过来,后来卢书鑫与郑淑珍协商多次,才把这个事情定下。一开始郑淑珍准备要收一点儿租钱,后来与唐婆婆相处得不错,就把租钱也免除了。

卢家自卢书鑫这一代起,一直到 1949 年以前都没有典当或者建造过房屋,因此卢家不清楚这些活动的情况。但是这类事情如果发生,必然需要当家人卢书鑫的点头和同意,因为卢书鑫是卢家的家长,建房子和典当房子本来也属于外当家的分内职责。可以说,不论是房屋的买卖、典当还是修建,这都是当家人的事情,卢家的其他家庭成员没有权力干涉,甚至连"声都不会做"[2],均由卢书鑫个人做主,只有郑淑珍和卢礼海可以提一提意见。

6.房屋未曾被侵占

卢家的房屋没有出现过被侵占的情况,而且卢家所在的方圆几个村都没有听说过房屋被侵占的现象,因为房屋有很明显的产权归属与边界界限,村里家户之间彼此互相承认,即使出现了侵占的情况,村民都会为之抱不平,并且努力寻求各方的帮助。

7.房屋产权受外界保护

无论是冠头村村民还是卢氏家族或者当地保甲长、乡政府,都对卢家的房屋所有、买卖、租用和置换等权利予以承认。当房屋发生任何以上交易或者变更时,都需要与当家人进行协商与交涉,不经过当家人同意或许可都无法进行。卢家所在的村里曾经有一户张姓人家要卖房子,但是刚好碰到一个隔壁村的流子[3]想低价强买强卖。这件事情被张家的当家人张四老爷子告到了乡里,起初乡里只是交代两个村的保长与甲长进行调解,但是那个流子死皮赖脸在张家的屋子里不肯走。张家在附近几个村属于大姓,虽然张四老爷子家无权无势、家底单薄,但是张氏的族人就不愿意了,他们宗族的族长带着三四十个青壮年到张四老爷子家给他撑场子,吓得那个流子屁滚尿流地跑了,附近的人家也曾一起过去帮忙壮声势。

(三)生产资料产权

1.大多数承自祖传

1949 年以前,卢家拥有的大型农具包括两张犁、两张耙,还有一辆小的手推车。至于牲口,卢家则只养了一头黄牛和两三头猪。卢家的生产资料有一部分继承自祖辈,有一部分是找人制的。比如卢家的一张犁、一张耙还有那辆小手推车是自家原本就有的,属于卢书鑫分家时分到的。后来因为感觉犁耙不够用,所以卢书鑫就又找了租住在自己家里的杨木匠另外做了一张犁和一张耙。制这些大型农具一般需要先去山岭砍好木头,然后交给木匠做,规格尺寸也是按照自己家牛的大小以及实际需要确定的,基本上只需给一点儿手工费。像制犁耙等行头不需要特别多的花费,大概为一两块银花边的价格。一般制一张犁,木匠全工做下来只需一两天就能做好。

---

① 细伢子:小男孩,伢子即男孩。
② 做声:发表意见。"声都不会做"意思是不会发表意见。
③ 流子:流氓。

卢家的这些生产资料完全属于自家所有,不存在共用的情况。相对于别的一些小农户,卢家的工具算是比较齐全的,毕竟土地比较多,自家也养了牛,所以会想尽办法把生产资料置办齐全。一般来说,卢家不会将这些工具借给别人,因为农忙的时间点都差不多,如果借给别人,卢家自家的生产就会受到影响。

2.共享生产资料

卢家的牲畜、农具属于全家人所有,并不属于家庭中的某个人,也不单独属于家长卢书鑫。家庭的生产资料与土地、房屋一样,为全家人的共同财富,家中除了女儿之外人人有份。同时,卢家的生产资料也没有与别人共有的情况或者归属个人、小家庭的问题。

卢家认为,生产资料是全家人营生的重要工具,因而应该人人有份。但是由于家中财产最终都会涉及分家的问题,因此从实际出发,只有家中的儿子才拥有真正的继承权。除此之外,入赘的女婿以及嫁进来的媳妇也拥有一份,因为当地称呼入赘的郎①叫崽②,嫁来的媳妇则为女,所以是把他们当作家庭的一分子了。对于儿子而言,只要一正式分家,那么原来家里的东西跟他就没有任何关系了,毕竟他分得了家中平等的一份家产,因此就再没有资格干预其他的财产了。

卢家也认为生产资料理应属于全家人共同所有,因为身为家庭成员,不论其劳动能力如何,都为这个家庭的生活和生存做了贡献,那么生产资料就应该全家人人有份。这同时也有利于家庭的和睦团结,毕竟全家都在一口锅里吃饭、一个屋中生活,如果太过于计较生产资料权属的话,就容易"搞经"③。

3.当家长做主支配

卢家在生产资料的购买、维修、借用中,家长卢书鑫具有实际支配权。如果卢书鑫不在,一般内当家郑淑珍也能做主,或者家里的长子卢礼海也可以做出决定。但与此同时,由于生产资料的存在形式比较灵活直观,因此对其支配的权力没有像土地、房屋一样严苛。

对于生产资料的购买,卢家一般需要当家人卢书鑫做决定。曾经有一次,卢家的犁耙不太够用,长子卢礼海就产生了添置犁耙的想法,并将这个想法告诉了内当家郑淑珍。郑淑珍听后就对卢礼海说:"这个事情你要找你爷老子说去,我做不得主。"后来卢礼海经过卢书鑫的同意,才如愿以偿地添置了一张犁和一张耙。因为生产资料的添置相对需要一定的花费与成本,家长掌握一定的决定权,而且因为涉及农业生产,所以即使是内当家也无法全权做主。当然,家户自己购置生产资料,无须跟四邻或者家族、保甲长请示,这属于家户内部的私事,家户具有极大的自主权。

卢家在生产资料的维修方面持较为随意的态度,只要出现生产资料破损的情况,家里的任何人都可以拿到木匠那里进行修缮,至于费用则由家长卢书鑫统一结算。卢家最常去维修生产资料的是长子卢礼海,次子卢礼泉有时也会帮忙跑腿,拿着坏了的农具去木匠那里修。由于这是卢家农业生产中长期需要使用的工具,加上卢书鑫和卢礼海经常在田里干活,郑淑

---

① 郎:女婿。
② 崽:儿子。
③ 搞经:发生矛盾。

珍本人也需要操持家务,所以经常会使①卢礼泉帮忙。

卢家的生产资料没有发生过任何的借用以及共用情况,如果涉及此类生产资料的产权或使用权让渡,也要经过当家人卢书鑫的同意。

4.遇到侵占时坚决反抗

卢家也曾经出现过生产资料被外人侵占的情况,那是在一年春上②时节,卢家一家人刚春耕完,恰逢隔壁村的一个远房亲戚收亲③,全家人赶去喝酒。后来晚上回家的时候发现仓库里的一张犁不见了。当家人卢书鑫为此急得跳脚,在家里大骂:"哪个猪拐子④拿了我屋里的犁去了!"后来到邻居家挨家挨户问,才知道是王家的当家人王福兴家里的犁坏了,急着要春耕,跑到卢家又没找到人,所以没打招呼就去仓库把卢家的犁拿走了。为了这个事情,卢书鑫好长一段时间都不理王家的人,因为王家不经同意就拿走卢家的犁,让卢书鑫动了脾气。后来卢书鑫为了这件事还专门买了把锁把仓库锁了起来。

卢家出现的这件侵占事件,主要是邻居急着春耕犁田,未经过允许就把卢家的犁给拿走了。一般来说,这种情况是非常少的,不到万不得已大家不会去侵占别人家的生产资料,即使是拿了人家东西不还,别人都会说闲话,认为这家人是"强盗贼古里"⑤。卢家的生产资料遭到别人侵占,全家人都没有办法容忍,毕竟一张犁,属于非常值钱的大农具。遇到这种事情,外人大多会出来帮忙调解,家长也会四处找人去讨说法,必要的时候村里有声望的人都会出来说两句公道话。

5.外界承认保护

其他的村民对卢家生产资料的产权是持认可态度的,一般不会随意发生侵占行为。如果需要买卖或者借用,都会与卢家当家人卢书鑫商量,或者告诉内当家郑淑珍,让其转告卢书鑫。

卢家所在的村庄、官府以及其所在家族均对卢家的生产资料产权予以承认,若发生了侵占行为,卢家首先会找附近村民帮忙说理,然后请村里的保甲长主持公道。如果这样还无法解决问题,那么家长就会向家族求助,由族长出面向乡政府告状,事情一般会得到合理的解决。同时,卢家认为,生产资料是属于每个家户自己的私人财产,关系其自家生产的开展与进行,因此不论是其家中的生产资料发生买卖、借用等,都不需要向村里、官府或者家族报告,只需要自家决定既可。

(四)生活资料产权

1.生活资料按需添置

1949年以前,卢家有一个大晒场,当地也叫作"晒坪",位于卢家大宅的正门前面,面积大概有一亩左右,属于原来祖辈建房子时就预留好的。卢家没有水井,因为地属南方,附近水渠溪流较多,因此没有打水井的习惯。像磨、碾这类工具卢家也有,这属于生活必需品,是祖上传下来的。桌椅以及一些必要的家具卢家一样也不少,每一代当家人手里都会及时修缮和

---

① 使:派。

② 春上:初春。

③ 收亲:娶媳妇。

④ 猪拐子:骂人的方言粗话,相当于"猪仔"。

⑤ 强盗贼古里:小偷。

添置。油盐酱醋这些肯定也十分齐备,一般由卢家的内当家根据情况去集市上购买,大概一个月需要置办一次,只有到快过年的时候,才会提前多囤一些。

2.大部分需新添外购

卢家的生活资料基本上很少自制,因为卢家没有人会手艺活,所以几乎都需找人去做。家中的晒场是承自祖上,磨、碾这些也是自卢家人记事以来就已经有了的,属祖辈父辈传承。桌椅板凳除了家中本来承自祖辈的以外,新添的都是找村里的木匠做的。做桌椅不怎么需要花钱,木料都是卢家人去山上砍来,只需给木匠师傅一点儿手工费,一天就能做好一整套桌椅行头,还花不到一斗米的钱。不过卢家的生活资料中没有别人所赠予的,因为亲朋四邻普遍条件都一般,有些家庭生活资料自给都难以保证,更不用谈送给别人家了。

3.家户共同所有

卢家认为,生产资料属于全家人所有,不存在单独的个人所有,更不会出现与别人共有的情况。加上卢家在1949年以前没有分家,一直保持着同屋共住、同灶共食的状态,生活资料自然也不会有大家庭与小家庭之分。

对于家里的生活资料,那就属于人人都有份了,只要没有分家或者出嫁,就不分彼此。同时,卢家对于家里生活资料并没有很强的个人意识与家长意识。卢书鑫曾经说过,卢家的生活用度不必过于斤斤计较,毕竟大家是一家人,就算是分家分产,生活资料也带不走。不过对于家庭生活资料的支配和使用,如油米酱醋等,就归内当家郑淑珍及负责家中主要家务的大嫂唐淑宜来安排,即使是算当家人卢书鑫也不会过问。

卢家认为,生活资料应当属于全家人所有,因为这关系整个家庭生活的方方面面,如果归属某一个人就不利于家庭生活资料的分配与使用。同时,生活资料更多的是属于内当家郑淑珍的事情,所以她在生产资料的管理方面自然比其他人更有权力。

4.内当家可主导

卢家生活资料的实际支配者为家长卢书鑫与内当家郑淑珍,其他人一般不能做主。同时,由于生活资料更多涉及家庭生活的琐碎事情,内当家的实际权力要比外当家更大。但是生活资料的购买往往也会关系家庭的总体支出,因此在卢家同样要经过当家人卢书鑫的同意才行。不过因为卢书鑫对家中生活资料的具体情况不甚了解,所以一般由郑淑珍提出需要购买的东西以及数量,等卢书鑫同意后,再统一去购置。比如每个月需要买油盐酱醋的时候,母亲郑淑珍就会跟卢书鑫说家里要去"跑集"添东西了,这时卢书鑫就会盘算一下一共需要多少钱,然后去柜子里拿钱给郑淑珍或者唐淑宜。生活资料的购置一般是由郑淑珍负责,有时也会叫上唐淑宜陪其一同前往乡里购买。

对于家中生活资料的维修、借用等,卢家主要由家长卢书鑫决定,其他家庭成员处于不闻不问的地位,花费则从大家庭的钱里面共同支出。这些都不需要跟四邻或者家族、保甲长说,属于家户内部的事务。如果家长卢书鑫不在,内当家郑淑珍不可以代替卢书鑫做主,要等他回来一起商量后才能做决定。例如有一次,卢家的邻居唐家嫁女儿办回门酒,场面非常大,就在唐家门口的大坪摆酒席,至少摆了有二十多桌。唐家自家的桌椅凳子少了,就提前一天到卢家来借,但是刚好家长卢书鑫出去有事不在,家中只有内当家郑淑珍、大嫂唐淑宜、卢礼泉和卢礼兴,都做不了主。唐家的唐四老爷子只好一直在卢家等,等到卢书鑫晚上回来才跟

219

他开口借到。

5.侵占时有发生

卢家的生产资料曾经出现过被他人侵占的情况。有一年夏天,卢家的左邻右舍晚上吃过饭后,都会在外面的坪里乘凉。有一天人特别多,村里大半的人都出来乘凉、闲谈,卢家出于热心就把家里的椅子凳子搬出来给大家坐,最后走的时候发现少了四五把椅子。虽然当家人卢书鑫非常肯定是村尾刘满子给顺走的,但是因为那几张凳子没有做任何记号,只能认栽作罢。卢家的生产资料被侵占就属于别人贪图便宜、借走不还的,不过一般来说村里的侵占行为还是少,当着面没有人敢做,都是偷偷地占些小便宜,即使再贫苦的人家也不会出现故意侵占的情况。

卢家的生产资料遭到了侵占,全家人绝对无法容忍。但那一次没有去找刘家人说理,主要是凳子椅子没有做标记,无据可查,村里人虽然知道,并为卢家打抱不平,但是却没有办法帮忙讨回公道。另外,由于凳子椅子价值不高,不是贵重的家当,所以卢家最后忍气吞声,吃下了这个闷亏。

6.外界持认可态度

村里的其他村民对卢家的生产资料产权同样予以承认,一般情况下绝对没有人敢随意侵占。不仅如此,各家生产资料的情况,大家心里均有一杆秤,谁家有什么家当,左邻右舍都非常清楚。如果要进行生产资料的买卖、借用,都需要跟卢书鑫商量,没有经过同意不能强买强卖或者借走。

卢家所在的家族、村庄以及乡政府,都承认卢家的生产资料产权,而且在必要时候会对其进行保护,以避免发生产权侵占的情况。例如前述的卢家桌椅等生活资料被他人侵占,如果在有足够证据的情况下向村庄或者家族提出申诉,那么一定会有人出来帮忙主持公道。不过相对来说,卢家的家族会更加重视,保甲长一般会站出来说两句公道话,不会特别上心①。

二、家户经营

(一)生产资料

1.劳力基本够用

卢家在1949年以前有三个劳动力,准确说是有一个全劳力以及两个半劳力。卢家的主要农活由其哥哥卢礼海承担,当家人卢书鑫因为身体不太好,因此能力不是特别强,只能在田间从事一些不重的农活,算半个劳力。同时,卢礼泉已经有十几岁了,能够帮家里干一些必要的农活,也能算半个劳力。卢家的爷爷辈已经过世,叔伯辈也早就分家出去,到了卢礼泉这一代,妹妹卢凤英与弟弟卢礼兴还未成年,基本上没有太强的劳动能力。卢家的女性郑淑珍以及唐淑宜一般不会参加户外的劳动,当地有"妇女不掺外"的习俗与说法,因此卢家女性都只在家做家务、煮饭,或者帮忙喂猪、喂牛,卢家不将其作为劳动力计算。至于未成年儿童,虽然不会让他们去田里从事繁重的农活,但是每当放学后,也必须要帮家里去山上"捡柴棍子"和"打猪草"。因为每家每户都有很多的农活要做,都需要很辛苦才能勉强做完,所以外人不会无缘无故地参与帮助别人家的生产。

① 上心:较真。

卢家的劳动力虽然数量不多，但是也基本够用，因为卢家的长子卢礼海体力非常好，做农活很擅长，一个人可以相当于别人家两个全劳力。虽说劳力够用，但卢家也没有外出去找事做，一方面因为当地几乎没有去外面做工的情况，另一方面则因为卢家的劳力用来种田刚好勉强足够，再有人出去打工就会人手不够，所以卢家属于劳力刚好够用的范畴，无须到外面请工，也没有多余劳力去给别人家做工。

不过卢家有同别人换工的情况。卢家在1949年以前几乎每年都会在农忙时节跟别人家换工，因为田间最忙的时间每个家户都不一样，而且劳力一般都忙不过来，所以亲朋之间就会相互商量好什么时候换工，以解决劳动力短时间不够的问题。换工大多由卢家的当家人卢书鑫决定，一般会与内当家郑淑珍以及主要劳力卢礼海商量。换工需要跟四邻知会一声，不然邻居看到陌生面孔会以为有人到卢家的田里偷谷子。具体跟谁换工属于卢家自己的事，别人不会插手过问。换工有一个优先次序，卢家首先会优先跟自己的邻居换，因为大家的田连在一起，换工会更方便些。其次，则是优先跟家里的亲戚换工，因为亲戚之间的关系较为密切，换工更加"牢稳"[①]。

卢家换工找得最多的就是住在村头的卢福贵，他家和卢家是远房亲戚，相互之间关系比较密切，而且卢福贵人高马大，在当地做农活"数一[②]傲[③]"。换工不需要报酬，当地就叫作"兑工"，即相互兑换的意思，这家人帮那家人做一天农活，那家人再帮这家人做一天农活，彼此之间相互帮助。如果两家换工，卢家需要给过来帮忙的那个人提供三顿饭，从清早开始一直到晚上，不能亏待人家。有时要是当家人卢书鑫不在家，那么换工的问题也可以由长子卢礼海来决定，他跟别人私下约定好换工的时间，然后回来碰到卢书鑫告知一声就可以了。但卢家的内当家郑淑珍及其他的家庭成员都不能够对换工的事情做出决策。

2.共十余亩田地

卢家在1949年以前一共拥有十四亩土地，其中包括十亩水田与四亩旱田。这些土地足够卢家耕种，而且按照卢家的家庭人口数以及劳力数来看，是刚好满足需求的，因此卢家既不需要租佃土地，同时也不需要出租土地。村里像卢家这种能够基本满足自身生产生活需求的家户不是特别多，比如卢家附近的很多人家，要不是租田给别人的财主，要不就是求着租种别人田的小户人家，土地"坎坎好"[④]的十分少见。

3.牲口可互相调剂

1949年以前，卢家有一头黄牛和两三头猪，其他的牲畜就没有了。卢家的这些牲口基本上可以满足卢家的耕作需要，所以卢家不必去借用或者同别家共用牲口。卢家所在的村里也没有借用或者共用耕牛的说法，当地有自己独特的牲口调剂方式——"甩牛"。"甩牛"从方言词义上来说就是拿着鞭子驱使和赶牛，但是里面也包含着卢家所在村庄（这甚至可以说是浏阳地区的普遍情况）对耕牛调度的经济意义。对于没有牛的人家，需要去找有牛的人家帮忙"甩牛"，然后甩完再根据多少钱一亩来给付报酬。对于有牛的人家来说，则需要制备齐全的犁耙等大型农具，与耕牛"配套"使用，"犁跟牛走""有牛就要有犁"，自家负

① 牢稳：稳妥。
② 数一：特别。
③ 傲：厉害。
④ 坎坎好：刚刚好。

责耕牛的喂养。一般有牛的人家会固定帮附近几户没有牛的农户"甩牛",同时靠收取报酬补贴家用。

卢家属于有牛的人家,自然就有人找卢家去"甩牛",所以卢家曾经承包过村头李家、刘家还有张家近十五亩田的"甩牛"任务。卢家给人"甩牛"的报酬是按照比较固定的标准,即以粮食进行折算的,甩一亩田大约需要花费三四十斤的谷子。同时,"甩牛"不必区分彼此关系的好坏,也不论是不是亲戚好友或者邻居干部,都是同亩同价。卢家主要负责"甩牛"的是长子卢礼海,但具体给哪家人"甩",工钱多少、怎么付,这都必须由家长卢书鑫与别人家的当家人之间协商决定,其他的家庭成员都没有权力去干涉,即使是卢礼海也不能够代理卢书鑫行使决策权。

4.农具种类齐全

卢家没有任何自制的农具,因为卢家没有人懂这方面的手艺,所以都是找村里的木匠、铁匠订制。卢家自有的农具比较齐全,像是镰刀、锄头这些都较为齐备,基本上完全可以满足自家的生产需要,即使仍有缺少也会及时找木匠配齐全。当地一般的小型农具家家户户都有,但是像犁、耙及推车之类的大型农具就只有养牛的家里才会配备。正如上述所说,犁耙是跟"甩牛"联系在一起的,因此不存在借的情况,别人也不会借出去。但是小农具等偶尔因破损等原因需要借用是可以的,左邻右舍一般也愿意出借。

卢家曾经有一次借过隔壁唐四老爷子家的柴刀。那时卢家自家的柴刀因为小儿子卢礼兴不小心掉在了砍柴回家的路上,找了几天也没有找到。后来找到木匠重新制了一把柴刀,但要等到村里铁匠走亲戚回来才行,卢家这就碰到了家中没有柴刀的尴尬局面。这时家长卢书鑫只好去找隔壁唐家的家长唐四老爷子当面借柴刀。借农具一般要家长出面才行,别人是借不到的,且要当天借当天还,否则别人就不会再借给这家人了。不过借农具不需要给酬劳,属于邻里之间的相互帮助,但是如果损坏了农具,就需要家长亲自拿去修好,再亲自还给那户的当家人,甚至还要当面赔礼道歉。至于维修的费用,那就是一个大家庭共同承担,不会计较到弄坏的那个人头上。

(二)生产过程

1.男女各司其职

在1949年以前,卢家主要从事农业耕种与生产,同时还饲养了十几只鸡鸭。卢家没有特别多的副业生产,一般是让家中的次子卢礼泉和三儿子卢礼兴到山里砍一点儿柴卖,以作为家中的零花支出。此外,卢家也有一定的手工业生产,比如说纺纱织布。不过这主要为自家使用,不会用于外出售卖。卢家的各类生产基本上都按照劳力的强弱来进行分工,成年的男性如卢书鑫、卢礼海以田间耕种为主,未成年的卢礼泉、卢礼兴则是帮忙到田里打下手[①]及去山中砍柴;家中的女性以做家务为主,比如打扫卫生、煮饭、洗衣服等,同时也要负责喂养家畜及家禽。

2.家长安排生产耕种

卢家对于农业生产的安排有着非常严格的划分,比如犁地、耙地、插秧(当地叫作栽禾)、灌溉、割稻等重体力活都由卢书鑫和卢礼海负责,卢礼泉在年岁大一点儿的时候也会帮忙插

---

① 打下手:在旁协助,做一些简单的杂活。

秧及割稻。如晒谷子、收集粪便这些活相对于其他环节来说比较轻松,也无须出家门,所以一般是由卢礼泉和卢礼兴主要承担,内当家郑淑珍、大嫂唐淑宜、小妹卢凤英也会搭一把手。生产均由家长卢书鑫安排,一般根据每个家庭成员的不同情况加以考虑,不需要和谁商量。如果对于家长的安排有意见,完全可以提出来,但是一旦安排下去就不能随意变动了。曾经有一年,卢书鑫安排了家里的小儿子卢礼兴帮忙去田里插秧,但是卢礼兴刚好摔了腿,就跟卢书鑫提出做别的事。卢书鑫后来就安排卢礼兴去担粪,他担的时候不小心倒掉了半桶,卢书鑫为此把他狠狠地骂了一顿,还警告他如果以后不认真做的话就不准上桌吃饭,后来卢礼兴老老实实接受教训,没敢反驳。

卢家一年主要种植两种作物:水稻与番薯,家里的十亩水田均种植水稻,三亩旱地则种植番薯。除此之外,卢家在家门前还有五分左右的菜土,会按照季节种植一些时令蔬菜与瓜果,例如冬天一般种植冬瓜、萝卜和白菜,到了夏天就会种茄子、豆角与南瓜。水稻种植分为两季稻:一是早稻,二是晚稻。番薯一年四季都可以种植,基本上不需要花费太多精力打理。卢家的农业生产安排是由当家人卢书鑫决定的,家里没有人不服从,不过遇到每年天气情况的不同,家人也可以提一点儿意见。卢家的种植安排无须跟四邻或者其他人请示,大体按照自家的实际情况来进行。如果当家人卢书鑫不在家,一般就会由长子卢礼海来安排农业生产,因为他是家中的主劳力,对农业情况最熟悉,即使内当家郑淑珍也会听从儿子卢礼海的意见。

在正常的年岁里,一年的耕作过程主要会按照犁地、耙地、插秧、锄草、灌溉及割稻这些环节进行,一般需要按照二十四节气的顺序安排,因为水稻生长受到天气的影响很大,所以当地叫作"看天吃饭"。番薯相对水稻就"烂贱"①一些,基本上只要把土翻好种下就能收,产量相对也比较高,是卢家主要充饥的食物来源。卢家的犁地、耙地、插秧、锄草、灌溉及割稻基本上由卢书鑫以及卢礼海来负责,一来这是属于重体力活,二来也需要掌握一定的农业生产技能,家庭的其他成员因为劳力较弱或者年龄较小都无法胜任。不过像是插秧及锄草等,卢礼泉和卢礼兴年纪大一点儿也会帮忙做一部分,不过更多的是跟着去看、去学。卢家的女性完全不用下地劳动,她们劳力太弱,而且家中的家务也需要人料理,她们最多会管一下收集肥料与晒谷子这些事情,别的都不用去做。这些农业生产的安排主要是家长卢书鑫决定与做主,一般状况下没有人会不服从,最多是出于身体状况的考虑进行适当的调整。

3.妇女负责喂养牲畜

1949 年以前,卢家饲养了一些牲畜,包括一头黄牛、两三头猪和十几只鸡鸭。这些牲畜都由卢家的女性来喂养,男劳力不会过问和管理,因为男性需要下田或者干重活,像喂猪牛鸡鸭这些活比较简单,所以就安排女性去做。在卢家,喂养的任务主要落在了大嫂唐淑宜的身上,除此之外,内当家郑淑珍和女儿卢凤英也经常会帮忙一起喂养。对于不同的牲畜而言,卢家有不同的饲养方法,郑淑珍她们对此非常"清张"②。

卢家的猪都养在家里的猪栏中,主要喂食糠壳或者番薯叶,有时也会上山打一些猪草给

---

① 烂贱:比较容易存活,生存能力强。
② 清张:清楚。

它们吃了。卢家养猪主要为了卖钱,那会儿只要家里养了猪的,村里的屠夫张竹根就会在一定的时候来家里上户"收猪",一般人自己家是不会宰杀生猪的。当时卖猪会有一点儿收入,屠夫来家之后会现宰现称,有多少斤的猪就给多少钱,这个钱自然由当家卢书鑫拿着并保管。

卢家在以前种地主要是靠牛,牛是最好的种田牲口了,因为牛最"有劲"[①],而且听话好使,所以当地的农户都把牛当成自家人一样,不敢有半点儿亏待。卢家的牛主要用来耕地,除此之外就再没有别的什么用途了。如果是牲口老死了就会叫屠夫来宰杀,这种情况最多的就是牛。如果老牛自然死亡,家中会将其卖给屠夫,牛大多比较值钱,价钱要超过猪很多,牛的骨头还可以熬成一种当地叫作"牛胶"的补品。不过牛或者猪等牲口是病死的,那就不能拿去卖了,屠夫过来看了也不会宰杀,因为这种病牛、病猪吃了会害死人,要是让地方官府知道了会要把当家人抓去关起来。当然,有关牲口的买卖等事情都需要当家人做主决定,包括卖给谁、价钱如何,其他家庭成员都不能过问。如果当家人卢书鑫不在,那这种事情也可以由内当家郑淑珍做决定。不过卢家每次都将卖猪作为家中大事,卢书鑫从来没有缺席过。

除了牛和猪这些牲口之外,卢家还养了十几只鸡和鸭。不过不同于猪,鸡鸭的饲养不是为了卖,而是为了自家食用,特别是到了过年过节及家族祭祖的时候,都需要宰杀鸡鸭。鸡鸭的饲养同样是由卢家的妇女负责,主要也是卢家的大嫂唐淑宜来管。鸡和鸭的饲养过程大体差不多,一般是在家门前的坪附近挖一个洞,就作为"鸡窝"或者"鸭窝",然后平时把家里的一些糠壳与剩饭喂给鸡鸭吃,更多的时候则是采取放养的方式,让它们到外面去觅食。到了傍晚时分,为了防止鸡鸭乱走,卢家就会把它们用一块木板子盖起来关在窝里,第二天清晨才会放出来。一般情况下,鸡鸭也不能随意宰杀,卢家每次需要宰杀鸡鸭的时候,都是比较重大的场合或节日,平时主要是留着下蛋吃。每到要宰杀鸡鸭时,会由当家人卢书鑫去抓,没有他的同意其他任何人都没有这个权力。不过遇到要宰杀鸡鸭,家里人都可以跟卢书鑫提意见,比如在卢家长媳唐淑宜生第一胎的时候,内当家郑淑珍就跟卢书鑫提议杀鸡给唐淑宜吃,为她补充营养,卢书鑫欣然同意了。

4.闲时做副业

在1949年以前,卢家基本上没有从事过手工业和副业,主要是以务农为生。至于手工业,主要就是卢家自家进行的一些纺纱。比如内当家郑淑珍和大嫂唐淑宜每天晚上闲时纺纱,但是纺的纱基本上都供自家使用,没有多余的部分出卖。副业主要就是砍柴和养猪了,养猪是由家中的妇女来负责,砍柴则是由家中未成年的男孩,如卢礼泉与卢礼兴去做。这些方面的收入相对来说都不算多,特别是砍柴,基本上只能在满足自家需求的基础上赚点儿零花钱,而且所有的钱都需要统一上交给家长卢书鑫保管。卢家这些手工业与副业都没有非常明确的正式分工,家长卢书鑫也从来没有进行过细致的指派,均属于一种家户"自觉性"与约定俗成。因为基本上每家每户在1949年前都是按照这个模式进行生产生活的,不做事就没有饭吃,究其本质来看,确是迫于生活的无奈之举。

5.祖上手艺未传承

卢家没有任何手艺活传承,虽然卢书鑫的老爷爷据说会一点儿木匠活,但是到了卢

---

① 有劲:有力气。

书鑫爷爷这一辈就没有人继承了。而卢书鑫本身则有一点儿算命和看风水的本事,只是到了其儿子这一辈也没有找到传承人,因为算命和看风水需要一定的文化,卢礼海一直在家务农,没有时间去继承学习,卢礼泉与其弟弟卢礼兴也没有读太多书,所以都没有"接脚"①。

在1949年以前,卢家人也没有外出挣钱的情况,因为其家中务农基本可以保证家庭生活的无忧,且当地村庄基本上都是以自给自足为主,没有外出做工的风俗传统。

(三)生产结果

1.产量丰减均由天

卢家的粮食产量算是村里的平均水平,一年可以收获两季水稻,产量在正常年岁一般为一亩水稻产三百斤四百斤左右,卢家十亩水稻大概能收三四千斤。至于卢家家里种的三亩番薯,一年能收一千多斤。除此之外,卢家还种了几分的蔬菜瓜果,这就是按照季节来种,不同的蔬菜会有不同的产量,一般蔬菜自家吃不完,经常要送给左邻右舍一起分享。

至于影响农作物收成最主要的就是天气因素了,特别是降水:雨水太多就会导致水灾,雨水太少就容易引发干旱,当地称雨水为"天老爷的眼泪",每家每户都祈求能有好天气。除此之外,人祸也是影响收成的关键因素,比如说人的生老病死,这决定着家庭劳动力的强弱变化。卢家所在的村里有一户姓李的人家,有一年家里的当家人染病死了,刚好又是五六月"双抢"的时候,家里的儿子农活做不来,后来稻子差不多都被糟蹋了,要四处借粮接济。本来这户人家在当地算是中等水平,一下子就成了贫困小户了。

一般来说,到了每年六月份左右,就基本可以知道一年的收成如何了。不同年份的收成变动非常大,由于生产力不足,家庭普遍抵御自然灾害的能力比较弱。卢家对于哪一年收成好、哪一年收成差记得不是很清楚,只记得有一年闹干旱,卢家的收成差得一塌糊涂,当家人卢书鑫因为收成不好,一个人坐在田里哭,担心家里会饿死人。卢家的收成归全家人所有,并由当家人卢书鑫统一管理支配。至于家中的收成,那是全家人都要关心的,但家长卢书鑫肯定是最关心的那个人,因为这关系着一家人在第二年能不能吃饱饭的问题。

所以说粮食收成能不能满足家庭的需要还是要看年岁,当地叫作"靠天吃饭""天有你吃壮嘞嘞,天无你吃皮包骨"。哪一年要是天气好、收成好,家人都能吃得饱,多余的粮食还能囤到仓库里堆起来。遇到年岁不好,家长卢书鑫就要到处去跑,想办法买粮食、借粮食来"补粮"和"调剂"。在卢家所在的村庄,除了大户人家以外是没有人卖粮食的,一般人家即使是丰收了也会全部囤在粮仓里,因为谁都不知道明年能不能获得丰收,所以需要多留点儿粮食来防备天灾人祸的侵袭。

2.生猪以出售为主

1949年以前,卢家一年可以养两三头猪和十四五只鸡鸭,几乎每年饲养的数量都差不多,因为没有能力再多养了,如饲养生猪等牲畜,如果没有米是喂养不大的,鸡鸭养太多也不容易养活。所以卢家1949年前没有发生过家畜数量上的变化,当然也不存在哪一年多和哪一年少的情况。卢家饲养的这些家畜,除了猪主要是为了变卖以外,鸡鸭都是优先满足家庭的需要。猪每年会整头卖给屠夫,在屠宰的过程中会预留很少的一部分给家里

---

① 接脚:传承技艺。

吃。至于卖猪的收益,则属于全家人共同所有,需要交由当家人卢书鑫统一管理和支配。

3.纺纱以自足

卢家在 1949 年以前没有手工业收入,家庭自己纺纱属于自给自足,没有拿到市场上去卖钱。副业收入则主要靠卖柴,收入非常微薄,只能算是赚取一点儿零花钱。砍柴的副业收入每年都比较稳定,因为卢家自己有一片很大的山岭,柴草非常丰茂,受气候和人为因素的影响也很小。副业收入同样需要统一上交给家长卢书鑫,属于全家人共同的收入,不过卢家一般都是卢礼泉与卢礼兴担柴去卖,他们经常去乡上把柴卖了钱之后,从中偷偷拿出部分钱来,到附近的小摊上买块麻饼吃了。虽然家长卢书鑫知道这种情况,但是基本上是持默许态度的。

三、家户分配

(一)分配主体

1.家户统一分配

卢家在分配时是以家户为分配主体的,而卢家所在的家族以及村庄都没有集体的公共事业,不存在分配活动。所以说卢家的分配全部是以家户为主体,甚至从一定意义上来看,是没有"分配"这个概念的,因为卢家在 1949 年以前没有分家,都是采用同屋共住、同灶共食的方式生活,每年所有的收入都归家户统一所有,支出也是家户统一负责。但是卢家的这个统一分配是以"不分家""不出嫁"等为前提条件的,除此之外,只要是生活在一起的一家人都可以参与到分配中,其他同住在一个屋子里的非家庭成员,如之前提到的租住在卢家的唐姓单身婆婆与杨木匠都不能参与到卢家的分配中来。

2.家长权威不容置疑

卢家在进行分配时,是由家长卢书鑫主导的。不过卢家有内外当家之分,比如说吃什么、用什么,那就是由内当家郑淑珍来安排和决定,卢书鑫从来不会多问;但是对于买什么及需要在外面进行用品购置的时候,卢书鑫就占据主导位置。内外当家在进行这些决策时,一般不会与其他人商量,在正常情况下,家长权威也不允许遭受其他家庭成员的质疑与反抗。

3.内当家可做主

卢家的当家人卢书鑫如果不在,一般的分配就由内当家郑淑珍做主;如果郑淑珍也不在,那么家中的长子卢礼海也有权进行分配活动的安排。当然,卢家没有出现过内外当家人都不在的情况,因此这些分配权也只是根据卢家权威性大小的基本状况而做出的判断。

4.小家服从大家

在卢家只存在大家庭分配这一种方式,即便卢家的大儿子卢礼海已经结婚生子,但是他们的小家庭没有分家出去,那么一样是参加到卢家整个家户的共同分配之中,其小家庭没有自己的财产以及收益权。

5.外人无权"插杠"

卢家在进行内部分配时,无须告知或者请示四邻、家族或保甲长,因为这都是属于一个家户的私事,其他人无权干涉与介入,当地有说法叫作"自屋管自屋,冒事莫插杠",其中"莫插杠"就是指不要无缘由地插手别人家的闲事。

(二)分配对象

1.分配仅限家户成员

卢家在分配时,仅限于本家户内的成员,即在一个屋檐下居住、在一口大锅里吃饭的人,除此之外的亲戚、朋友、邻居等都不是参与分配的对象,即使是租住在卢家的租客也不能参与卢家的分配。

2.家庭收入用于分配

卢家在进行分配时的分配物均来自于卢家在农业、副业等生产中所得,其中最主要的就是农业生产的农作物,其余从家户之外所获得的都不能成为家户的分配物,因为只有卢家自家劳动的成果才可以算作在内,除此之外的均属于其他家户的所有物。

3.享受范围即为本家家人

卢家的家庭成员均可享受家庭分配权,按照卢家的说法是:他们一个家庭的基本生活生产都在一起,那么既然同属一个"家",就平等地拥有享受分配的权利,否则很难在一起共同生活。

(三)分配类型

1.家户农业收入分配

卢家的农业收成主要为粮食作物水稻的收入,并且在每年的农业收成中,卢家是不需要缴纳地租的。当地的地租只有租了财主土地的佃户才需要缴纳,而卢家属于自己有土地,因此并不产生地租。卢家的邻居唐家就是属于小型的富户,因此卢礼泉对于地租情况非常了解。卢家这个村里的地租属于分成租,按照"四六分成",地租占到总的收成里的四成左右,租金的负担非常沉重,每年都有很多佃户因为交不起地租而被财主"催命"和杖打的。但是如果遇到灾荒减产,当地的财主还算有良心,一般会主动地减免一点儿地租,毕竟财主与佃户同属一个村,多少要讲点儿情面,而且确实家中遭了大灾,交不上租也没有办法。

每年到了收租的时候,财主就会使了家里的管家去找佃户家要,时间一般为割稻的时候。地租大多会给粮食,没有人交钱,只有家里实在没有粮食了才会给钱,因为钱的用途比较广泛,上集市买东西都需要用钱。至于交租,可就不会管佃户家里有没有余粮了,有多少都要交上来,没有任何余地。如果交不上地租,除了之前说的会遭到财主"催命"及杖打外,来年也不会再把田地给这户人家租了,这是最严重的后果。因为农民要是没田种了,一家人都会面临饿死的危机。所以一般到了这个时候,佃户家的家长就要负责了,到处去借粮食交地租,以期来年可以继续租种。

卢家虽然不需要缴纳田租,但是需要缴纳田税。卢家纳税一般是一年三百到四百担谷左右,属于定额税,即按照当年产量的百分之十来进行缴纳。如果是遇到灾荒年,也可能会减免一点儿,但是是属于局部性的减税,村里会来统计"谁家受灾、受灾多重"的情况,很少会出现全部减税的情况。当地的田税缴纳均由保甲长负责催交,农户则是根据保甲长的通知去乡里的"田税局"或是"田粮处"交。每一年到了快秋收的时候,就需要交一次田税,税款都要以粮食进行折算,每家每户都必须先把税款交足才可以,这就不管家中是否还有没有余粮。如果没有按期交足税款,保甲长就会每天派乡丁来家里催,若一拖再拖,乡丁还可以把那户的当家人用绳子捆起来押到乡里官府。不过卢家所在的村中没有发生过这类拒交田税被抓的事情,村民一般都有缴税的"自觉性",因为大家都知道交这些田税,是要送到军队里去"养兵崽子"打日本兵的,而且从比例来看,田税也确实不算很高。

卢家缴纳赋税是由当家人卢书鑫来负责和决定的,不需要跟家里的人商量,家里人都十分清楚。缴税一般需要跟村里的保甲长打一声招呼,让他们清楚你们家是按时去缴了税,免得再到家中催促。在当地,卢家缴税的数额属于比较大的,因此必须要卢书鑫拍板才可以,其他家庭成员不能做主。如果卢书鑫不在,也需要等卢书鑫回家后才能决定。

2.家户手工业收入分配

卢家的内当家郑淑珍和长媳唐淑宜平时会做一些纺纱的活,但是每年纺纱数量很少,且是以满足自家生活上的穿衣需求为主,因此不存在手工业的收入及收入分配活动。除此之外,卢家人对村里的手工业分配情况也不太了解。

3.家户副业收入分配

卢家的副业主要就是养猪和砍柴,每年养猪收入还算可观,但是卢家人对具体的数额记得不是很清楚了。至于柴,则是由卢礼泉和卢礼兴将家中多余的柴背到集镇上去卖,因为集镇上的人有很多是要靠买柴烧火来做饭的。不过卖柴的收入非常低,通常是一担柴几毛钱,而且要交给家长卢书鑫。所以说卢家的副业收入不高,也没有听说过做副业需要缴纳其他费用,都是农户自己做自己卖。这份副业收入,包括卖猪及砍柴,都是由家长卢书鑫统一保管,不是家庭里某个人的收入,而是属于家庭统一收入,也只有当家人有权力调配使用这笔钱。

4.家户整体收入分配类型

从卢家实际情况看,是没有真正地进行收入分配的,最多是每年到了快过年的时候有衣物上的分配,其他如粮食、钱财之类的都是一家共同使用,不会具体分到每个家庭成员的手上。如果家里有人需要买什么东西,可以向当家人卢书鑫申请,一般情况下,只要是合理的要求,卢书鑫都会拿出一点儿零花钱。曾经有一次卢家的三儿子卢礼兴想吃麻糖,就向卢书鑫要钱去买,卢书鑫就拿了几毛钱给卢礼泉,让他带着弟弟到集市上去买点儿解馋。

卢家的衣物分配是等到每年冬天快过年的时候,卢书鑫会找到村里的裁缝给每个人做一身衣服,算作过年的"新衣"。这种衣物的分配不属于每年的必需分配,而是按需分配,只有谁的衣服缝缝补补实在没有办法穿了,或者小孩子长身体穿不下了,才会制新衣。在分配中,卢家是没有"次序"以及"特权"这些概念的,所有家庭成员一视同仁,按照需求给予合理的分配。

(四)家长在分配中的地位

1.无私房钱分配

卢家没有私房地,也没有对私房钱的分配,但允许家庭成员拥有属于自己的私房钱。例如卢家的大嫂唐淑宜就有私房钱,她靠着在家里偷闲做一些鞋子拿出去卖,赚点儿零花钱自己存着。对此当家人卢书鑫也没有说什么,"睁一只眼闭一只眼",其实内当家郑淑珍知道后心里还是有点儿不太舒服,不过却没有什么办法,毕竟卢礼海已经结婚成家了,自己的小家庭存点儿私房钱也算是比较正常的。

2.家长做主分配衣物

在衣物的分配中,卢家均是由卢书鑫做主。每到快过年的时候,卢书鑫就会询问内当家郑淑珍，看家里有谁的衣服不能穿了，需要制一身新衣。经过商量之后，郑淑珍就会按照卢书鑫的意思去找裁缝。如果家里有的人觉得自己也应该添衣服了，也可以跟家长卢书鑫直接提出，他答应了就可以再跟郑淑珍说，其他人都做不了主。

卢家分配衣物是按照"有所需，添其衣"的做法，一般是年底快过年的时候添衣。在一般情况下，当家人卢书鑫会主动安排，其他人也会提要求。比如在添置衣服时，首先由卢家自己收了棉花，然后把棉花分给郑淑珍与唐淑宜，她们会纺好纱、织好布，之后就会拿到村里找裁缝去做衣服，卢家自家是不会做衣服的。衣服是按照有需要为标准，不会每年每人都添置，但是会尽量保证公平。这样做家庭成员就不会有意见，因为大家彼此都清楚情况，加之农村的生活条件普遍不好，能够有合身的衣服穿，就算是日子过得很不错的了。如果衣服破损了，那就由郑淑珍和唐淑宜拿来缝补。破了衣服不会挨骂，一是因为那会儿都是穿纯棉的衣服，洗过几次就容易烂；二是大家都要去干活，弄破了也在所难免，没有人会太过于在意这个问题。

3.食物无须分配

卢家没有进行过食物的分配，大家都是同灶共食，在一口锅里吃饭。每次煮完饭之后，卢家人都是上桌自己吃，米饭也是有多少就可以盛多少，不具体到每个人的分量，自然也不存在由谁分配的问题。

4.零花钱不固定

卢家很少有零花钱的分配，有的时候小儿子卢礼兴想吃零食了，卢书鑫才会给其一点儿钱去集市上买。大儿子卢礼海已经成家了，有一些方面的花费向卢书鑫要一点儿零花钱，不过是否同意及零花钱的数额多少都是由卢书鑫决定。只是在一般情况下，卢礼海的要求是可以得到满足的，毕竟他作为家庭的主要劳动力，为家庭做的贡献最多。但是卢礼海的零花钱是按照具体的需要来给，不会每个月固定分配。其他人也是到需要的时候才能向当家人卢书鑫要，否则无法要到。卢家人管当家人要零花钱，主要是买吃的，像集镇上的油饼、麻糖之类的，其他大额的花费都是由家户统一安排。

(五)家庭成员在分配中的地位

1.家长居主导地位

卢家没有私房钱、食物及缴纳赋税、租金等方面的分配，实际上只对衣物、零花钱进行过分配。在分配的过程中，除了家长卢书鑫以外的其他家庭成员均不能发挥支配作用，不过可以对分配的各种情况提出意见。卢家的当家人卢书鑫如果不在，分配将无法进行。

2.衣物、零花钱按需安排

在衣物和零花钱的分配中，卢家的其他家庭成员可以按照自身的实际需求跟当家人卢书鑫提出自己的意见，当家人再根据情况进行分配，但是家庭成员不能代替当家人做出决定。如果当家人不在家，那么就无法获得零花钱。

3.食物无须分配

卢家是一个大家庭共同生活，属于同灶共食。每年卢家的收入及粮食都归整个大家庭统一管理，因而不存在食物分配的问题。卢家在吃饭时，是每个人到大炉子里自己盛饭，吃菜也是根据每个人的需要到桌子上的菜碗里去夹，吃多吃少都是成员自己决定，即便遭灾的年份，除了主劳力卢礼海能多吃一碗饭以外，其他人都是按照平均分量去盛，相对比较公平。

（六）分配统筹

1.分配兼顾公平

卢家在分配时,当家人卢书鑫会以全家的需要为前提来考虑,一般情况下会照顾到所有的人,不能有偏心的情况发生,否则容易引发家庭内部的矛盾。所以卢书鑫处理分配问题时心里都有一把尺子,比如昨天他给卢礼兴零花钱去买了糖,那女儿卢凰英向他要零花钱买东西,他就肯定会给。除此之外,如果去年给卢礼泉做了一身衣服,那到了今年,一般就会给去年没做衣服的人做,争取实现相对的公平。

2.吃饱穿暖为先

卢家在分配自家产品的时候,也是讲究一定次序的。首先就是要保证"有饭吃",不过无论如何,田税这些必须要交,不然来年就没有地可以耕种了,更没有办法保证家户的生存。所以一般情况下,卢家既要保证及时缴纳田税,又要保证家里人有饭吃,即使是去别人家借粮,也要保证家中没有人饿死。而卢家除了最先保证食物的供给之外,其次就是衣物的分配了,当地有一句谚语叫作"吃饱穿暖万事先",在不能确保吃饭及穿衣的情况下,其他方面的分配是无从谈起的。

3.分配规则灵活

卢家的分配是按需求进行的,非常灵活、可调,虽然没有确定的规则与方式,但是要保证总体上的公平与平均,以此来维护家户和谐。在分配中,卢家没有谁拥有特权,只能根据实际情况有一定的照顾。比如郑淑珍在怀孕期间就受到了一定的照顾,但是也仅仅是在她快生的那一个月,家里杀了一只鸡给她补身体,其他的照顾也就没有了。家里如果有病人,也会在饮食上多一点儿倾向性的照顾,例如谁感冒了,家里会多煮一碗姜汤给他喝,这些都是被卢家人所共同认可的。当家人卢书鑫在分配时,同样也不能拥有特权,卢家的吃穿住行都没有分开,全部是统一的标准。身为当家人,只拥有保管与分配的权力,但是涉及任何家庭分配时,卢书鑫总会尽量保证公平。

在年景不好时,卢家人的额外分配基本上都会暂停,特别是零花钱。曾经有一年闹了水灾,卢家的粮食歉收了,那年卢家就再没有人能要到零花钱去买吃的了,到了年底过年,也没有人能添置一件新衣服。因为粮食比往年减产了,所以卢家在吃饭的时候,米饭里的番薯比例比以往都高。不过卢书鑫每次都会交代清楚,让郑淑珍多称二两米优先给卢礼海吃,因为卢礼海作为家中主劳力,需要下田劳动,只有多吃饭才有力气干活。而卢书鑫则还是跟其他家庭成员一样,吃同样分量的番薯拌饭。

（七）分配结果

1.比重较为均衡

卢家在实际分配中,没有进行实质上的分配,根据卢家的估计,其家中的收入大概一成五左右是用于赋税,六成以上用来吃饭,其他部分的占比就不太清楚了。不过卢家几乎每年都可以自给自足,除了特别的灾年需要出去借一点儿粮食之外,很少出现分配不足的情况。

2.家长拍板定夺

对于已有的分配结果,卢家的家庭成员是可以提出不同意见的,一般这些意见都是内当家郑淑珍提得多一些,其次是已经成家的大儿子卢礼海。卢书鑫对于他们的意见一般会根据情况来采纳,如果他觉得有道理会同意,如果觉得不能接受,当场就会反驳,甚至会大发雷霆:"这个屋里我是家长,还是谁是家长咯?"然后一拍桌子。

3.根据年景调整分配

卢家每年的分配都会根据当年自家的生活生产实际,进行相应的调整,这个调整一般是家长卢书鑫来定,具体与那一年的收成有关:如果是丰年,那吃穿的分配就会多一些;如果是灾年,那么各方面的分配都要节约了。

四、家户消费

(一)家户消费及自足程度

1.消费略有结余

卢家在 1949 年以前,一般一年的花销在三十块银花边左右。这是不算自家留下来吃的那部分,如果算上吃的那部分粮食,大约为四十多块银花边。这些完全折算成粮食,大概是三十多到四十担谷左右,一担谷是一百斤,也就是三四千斤。卢家的花销按照正常年份,占到总收入比例的九成左右,在村里属于中等水平,基本上是可以维持消费的,但是也很难有其他方面的结余,在当地可以归到"比上不足,比下有余"的家户范围。

不过卢家也不是每年都可以维持这样的收支平衡,只要一碰到灾荒年,家里的粮食歉收减产了,那么卢家就要"扎紧裤子过生活"了。这个时候,卢书鑫就开始想办法节约家中的开支,最明显的莫过于"饭里的番薯丝又多了",除了主劳力卢礼海能多吃二两米以外,其他人都要吃更多的番薯丝来充饥,甚至有时候单吃番薯丝,然后拌一点儿青菜之类的用来填饱肚子。与此同时,灾年卢家也不会添置新衣新鞋,就算是到了过年的时候,吃肉都要少很多,菜里几乎没什么油水,刚吃完就会肚子饿。

不过总的来说,在卢家每年的消费中,粮食与食物的消费是最大的,其次是教育、衣物、人情和医疗。在这些消费中,粮食、食物和衣物是必需的,每年几乎都有开销,至于教育、人情和医疗等方面,则是根据每年的实际情况而定,没有完全固定下来。

2.粮食与食物无须外购

1949 年以前,卢家每年粮食的消费实际上是食物消费。而这部分粮食与食物消费大概占到总体消费的八成多左右,即一年需要二十担谷子用来供自家食用,同时还要花费一两担谷子换肉吃。

卢家的粮食基本上是自家土地里种出来的,很少有在外购买的情况。肉则是等到屠夫到家中卖肉时,顺便割上一点儿,或是过年过节到集市上买一小块儿。一般到了快秋收的时候,家里的粮食会出现"青黄不接"的情况,那一小段时间就要到集镇上购买一小袋粮食"过渡"。卢家的肉、蛋、菜这些也是能够维持家中日常消费的,只是肉和蛋只有在过年过节及家中来了客人的情况下才会拿出来,小菜靠家里那五分左右的菜土产出,完全足够自家食用。在一般情况下,卢家的粮食和食物基本能够满足和维持家中消费,只有到了某些灾荒年份,家中粮食大面积歉收,这才需要节约粮食,米饭的分量更少,掺进去的番薯丝更多,炒的菜里面油水也很少,过年过节吃肉的分量也不如往年。不过卢家人没有因为灾荒而真正饿过肚子,基本可以保证每个家庭成员吃饱。

3.制衣需请裁缝

在1949年以前,卢家每年的衣物消费大概为两三块银花边,占到总体消费的半成左右。这方面的花费主要是给裁缝做衣服所支付的手工费,一般制夏衣为两件衣服一斗米左右,冬衣则要贵很多了,折算到一件袄子两到三斗米。卢家的衣物基本上可以满足自家的消费,没有出现过跟别人家借衣服穿的情况。但如果恰逢灾年,家里日子过得艰难,那一年到头也不会给家里人添置新衣服了。

4.住房大有富余

卢家的房屋是一个大宅子,有二十多间房间,完全可以满足全家人的居住需要,且尚有富余。这些多出来的房屋,卢家将其中大部分作为厢房闲置,平时也用来放置一些家中杂物,有两间是短期租给了别人居住,其中一间租给了一位唐姓的单身婆婆,另一间租给了一位姓杨的木匠。这个唐姓的单身婆婆因为条件艰苦、生活不易,卢家人没有收其一分钱租金,至于那位杨木匠则是给了租金的,但是具体的数额不太清楚,一年大概为一两担谷子。不过这两位租客在卢家居住的时间都比较短,没多久都搬走了。

5.医疗多靠"土方"

在1949年以前,卢家的家庭医疗消费很少,因为当地看病主要是用"土方子",一般的病痛就靠身体硬抗,或者到村里药铺随便捡一点儿药吃,只有病得很重了,才会请郎中来治病。卢家没有老人,也没有"老病号子",所以一年下来这方面的支出很少。

至于治病花费,卢家全年最多是两三块银花边,这都是按家中有人生病去捡药的钱计算的,占到卢家一年消费比重的半成左右。关于医疗方面,卢家有这样一个例子:在卢礼泉十二三岁时,有一天晚上他和老兄卢礼海去山里推一车柴回家,突然一下子觉得眼睛看不见了,推着推着差点儿翻到沟里去。他把这个事情跟老兄卢礼海说了之后,卢礼海一开始还不相信,直到过一会儿发现问题后,才赶紧背着卢礼泉推着车子赶回了家里。卢礼泉最初以为休息一天就好了,没想到第二天还是看不清,不得已就只好让父亲卢书鑫请了当地的一个姓牛的郎中来看病。那个郎中把了把卢礼泉的脉,翻了翻他的眼皮,大手一挥说:"只要一副单子吃了就会好。"然后让卢书鑫去村里的药铺找宋医师捡药。那副单子是当地郎中的"土方子",叫作"夜明珠炖猪肝","夜明珠"就是"檐老鼠"[①]的屎。卢家请牛郎中过来看病,给了一斗米的报酬,到药铺捡药则花了大概一斗多米到两斗米的钱。按照方子把药捡回家之后,卢礼泉只吃了一副就药到病除了,非常神奇灵验,隔天卢礼泉就恢复视力了。可以说,当地的这些"土方子"价钱都不贵,如果只是小病小痛,一般的人家是可以负担得起的。

6.几乎无人情压力

在1949年以前,卢家的人情消费不大。当地"做人情"是不拿现钱的,也不用粮食折算,一般是在"走人家"或者去"吃酒"的时候随一些饼或者鸡蛋之类的物品,一年下来占到总消费的不到半成的比重。如果是过年过节,可能会视关系的远近有不同的送法:关系一般主要是饼和鸡蛋,关系好的则会送一块腊肉或者一条腊鱼;要是富裕一点儿的人家那就随礼更多了,中秋会有月饼,端午会送粽子。不过即使是家里条件再穷再困难,也不可能没有人情往来,当地叫作"再穷也有亲戚,再苦也有人情"。

---

① 檐老鼠:蝙蝠。

7.红白喜事大体平衡

在1949年以前,卢家红白喜事的花费相对较大,如果家里办一次白喜事或者红喜事,费用要占到正常年岁中家庭总消费的两三成左右。不过在卢书鑫当家期间,卢家没有操办过白喜事,只是卢书鑫听他父亲提到过在他爷爷过世时,家里曾经摆过三四桌酒,然后请了几个亲戚朋友过来"抬板子"①,还叫了道士念经。有些家户条件好的,甚至还会摆道场、做法事。

至于红喜事,是在卢礼海结婚时办过。卢家在家中共摆了十几桌酒席,光是这方面的花费就不得了。不过卢家人认同这部分消费,即使花费再多也不会有人说闲话。像卢家操办婚宴,那礼钱的收入基本上可以维持消费,因为红白喜事需要随红包,即使有些人家里条件不好,没有现钱拿,也会写一张"欠条"放在红包里,因为这份人情谁都不敢欠,就算是写条子、卖谷子都要把礼随来。对于卢家来说,办一场红白喜事不至于无法承受,因为家户是什么样的经济条件,就会办多大规模的酒席。家里如果没钱,少请两桌客人,也没有人会说闲话,且收到的礼金一般不会比花费的酒席钱少。

8.教育压力巨大

在1949年以前,卢家每年的教育消费相对较高,在有孩子上学时,占到了总消费比重的将近三成到四成。当地上学的费用分为不同阶段,初小的费用较低,是一箩谷粮米一年;高小的费用就很高了,不止要交学费,且由于上学的地方比较远,必须要寄宿,大概会花到六担谷一年。至于其他方面的费用就很少了,基本上可以忽略不计。正是因为教育费用的高昂,所以卢礼泉只上了初小毕业就没再上了,家里实在无力负担。家中其他几个孩子的情况也差不多,大多是读到初小左右。不过对比亲朋邻里的普遍情况,卢家算是读书较多的家庭了,只是限于家庭条件比较困难,卢家只能减少就读孩子的数量。卢家最开始是让家里的长子卢礼海辍学,因为他作为家庭长子,注定是家庭最主要的劳动力,所以当地有一句谚语说:"做崽不做大崽,做了大崽做牛甩。"也正是因为家里长子的主劳力地位,使得卢礼海比其他兄弟姊妹更早辍学回家帮助务农。

(二)家户消费主体与单元

对于卢家来说,各方面的消费均由本家户自行负担,家族及村庄不会为家户承担任何方面的消费,只有以下两种情况村庄与家族才会出面介入:第一,如果某家户只剩孤寡老人或者小孩,其死后的葬礼由家族筹措资金负责,若没有家族,则由当地村庄负责埋葬;第二是某家户遭到了严重的灾难,家族和村庄都会尽可能筹集善款或者借款帮助其渡过难关。除此之外,家族与村庄都不会干涉任何家户的消费,且当地也几乎没有出现过上述两种情况。

(三)家长在消费中的地位

卢家在粮食、食物、衣物、住房、人情、红白喜事、教育、医疗等方面的消费均由当家人卢书鑫安排并决定,一般涉及重要的消费事项他会与内当家郑淑珍商量。卢家的消费属于内部的私人事宜,无需向四邻、家族以及保甲长等请示,同时他们也无权对卢家的消费选择进行干涉。当家人卢书鑫如果不在家中,那么一般的事情可以由内当家郑淑珍做主或者大儿子卢礼海决定,但是一旦涉及重要的消费支出与事项,就只能由卢书鑫拍

---

① 抬板子:抬棺材。

板了。

(四)家庭成员在消费中的地位

1.大多由当家人决定

卢家的粮食、食物以及衣物消费属于一般的必需消费,除了家长以外的其他家庭成员无权干涉和决定,处于被支配的地位。当然,卢家的其他人如果对某项消费的决定不满意,可以提出不同的意见与建议,只是必须当面向当家人卢书鑫请示,否则就没有任何效力。

在实际的粮食、食物及衣物消费中,卢家不会区分谁先消费、谁后消费,是按照尽量公平的原则来进行消费,只不过要是碰到年景不好时,粮食与食物的消费就会优先让给主劳力卢礼海,其他家庭成员仍然按照公平进行消费。与此同时,如果卢家实在没饭吃了,那剩下的食物会优先留给小孩子消费,只是卢家没有碰到过此类情况,无具体实例可以参考。

2.家庭成员可提意见

卢家的房屋面积大,房间富余较多,因此不存在住房消费的次序问题。在一般情况下,住房安排是以当家人卢书鑫的决定为主,其他人虽然可以提出意见,但房间主要需按照家庭成员的实际需求决定。

3.成员无权干涉人情消费

卢家在人情消费中,其他家庭成员一般不能提出意见,必须由当家人卢书鑫做主决定,因为只有卢书鑫才清楚卢家的人情往来情况以及需要如何随礼与送人情。内当家郑淑珍在人情消费中也拥有很强的话语权,可以对部分人情的安排做决定。至于在实际消费中,是不区分谁的人情先做、谁的人情后做的,只要是有人情往来都需要进行人情消费。如果实在年景不好,那就会优先消费亲戚家的人情,特别是丈母娘家的人情,当地俗话叫"婆党为大",指的就是丈母娘家要优先走动。在这之后,才会安排朋友、邻居的人情消费。

4.红白喜事听家长

对于卢家的红白喜事消费,除家长卢书鑫以外的家庭成员不能插手决定,只能听从家长卢书鑫的安排帮忙搭把手。如果卢书鑫不在,那么就算是内当家郑淑珍也无权擅自做决定,因为红白喜事在当地算是一个家户较为重要的大事了,除了当家人以外都不能做主。

5.教育消费要请示

卢家在教育消费中,其他家庭成员同样不能做主,但有一个例外,那就是长子卢礼海的儿子,即卢家长孙卢勇福的教育消费,可以由卢礼海决定,只是也需请示家长卢书鑫的意见,因为毕竟涉及大家户共同出资的问题。在实际教育中,卢家没有男女区别,在经济条件能够负担的情况下都会供子女读书上学,只要到了该读书的年龄,卢书鑫就会带着小孩到学校报名。如果年景不好,那会按照年龄次序进行安排,长兄先辍学,把机会留给弟弟妹妹;其次,则是优先让家中的男孩读书,因为当地认为男孩子将来要当家管事,女孩子则迟早会嫁出去。

6.看病需家长同意

卢家在医疗消费中,除家长卢书鑫以外,就只有郑淑珍可以做主,其他家庭成员如果生病了要看郎中、开单子,均需要通过卢书鑫的同意才可以。卢家对医疗消费没有次序先后之分,因为当家人卢书鑫把家人看得都很重,认为只要生病了就要去治病,即使是年景不好,也会想尽一切办法对生病的家庭成员进行治疗。

五、家户借贷

(一)借贷单位

1.曾为御荒借钱粮

在 1949 年以前,卢家也曾找别人借过几次钱。其中有一次是因为当地闹了灾荒,卢家的粮食歉收了,到了第二年快秋收时,家中的囤粮所剩无几,只好去找别人借钱借粮。卢家一共借到了两块银花边,然后由卢书鑫拿着钱到集镇上买了一担粮回家。借钱在当地比较普遍,大多是因为家中闹灾荒,无法维持生计。在家里没有遭灾的情况下,别人也会愿意借钱,只是会收两到三分的利息。当地还有一些富户、"土老财"专门放高利贷,利息一般高达五分甚至还多。但大部分家庭会去找亲戚借钱,因为不需要利息。至于借钱也分不同情况,如果有的人家借钱是为了赌博或者吸食鸦片等,那除了高利贷是没有人愿意借的。

2.家户为借贷单位

卢家借钱是以家庭为单位。当地如果是以个人名义,一般是借不到钱的,因为对方不知道个人的实际偿还能力。同时借钱也只能由家长卢书鑫出面,只有他才能代表整个家庭。正如前面所提到的闹灾借钱,最开始卢书鑫想让卢礼海到离家三里外的一个表伯家去借钱,但是卢礼海跑去之后,人家不给借,说不能借给他个人,后来只好等到卢书鑫亲自出面到他家,才借到那两块钱的贷。

当地家庭的小额借贷一般不需要告知四邻、家族和保甲长,只有那些大户人家之间的大额借贷才需要请地方的乡绅见证。卢家的借贷是以整个大家庭为单位,如果是卢家内的小家户,比如已经成家的卢礼海一家,就没法单独借贷。因为在没有正式分家的前提下,贷方会考虑小家户尚无财产所有权的实际情况,所以肯定也不具备偿还的能力,如果到后来还不起就"恰判"①了。

(二)借贷主体

1.委托内当家代理

卢家在借贷中,家长卢书鑫是实际的支配者,但是卢书鑫本人一般不会亲自借贷,大多委托内当家郑淑珍去。因为卢书鑫作为卢家家长,总是"扯不下那块脸皮"。如果卢书鑫不在,其他人不能代替他做主与决策。所以说卢家在借贷的过程中,家长可以委托家庭成员借贷,但也只能委托内当家郑淑珍,其他家庭成员一般不会得到承认。与此同时,在这种情况下,借条上仍然需要签署当家人卢书鑫的名字,并且需写明是由郑淑珍代为签字,且必须附上郑淑珍的签字。曾经有一次卢家跟邻居王家借钱就是如此,卢书鑫不好意思开口,就委托郑淑珍去,借条就是严格按照这种规则签署的。

2.家长做决定

卢家除了家长卢书鑫以外,只有郑淑珍能对借贷的事情提一点儿建议,别的家庭成员甚至连意见都不能讲,更不要说擅自做决定或者插嘴了。因为这是涉及家长决策与家户生活

---

① 恰判:麻烦。

的重要事情，其他人过多提意见，会被认为是冒犯家长的权威。

（三）借贷责任

1.家长为借贷第一责任人

卢家属于大家庭借贷，这种借贷的第一责任人是家长卢书鑫。当家长在世时，其他家庭成员是没有责任还贷的，只有当家人过世之后，才会存在"父债子还"的情况。在借贷的过程中，当家人如果不在，那借贷和还贷都无法进行，因为这涉及家庭代表的问题，必须要当家人出面别人才会认账。所以家长其实是代表一个家庭，从间接关系上看，家庭成员均为还贷贡献了一份力量。除了这个家庭之外，外部的其他主体就没有责任帮助还贷了，"自家管自家"。一个家庭借了钱还不上，即使是再"阔气"的家族也不会帮助还贷。

2.全家均有还贷义务

在以家庭的名义借贷之后，家庭成员就负有同等的还贷责任，不过这个责任不会具体分配到每个人头上，也不会具体确定责任。但在实际的还贷过程中，必然会存在劳力强弱所带来的分配问题，即主劳力实际承担和分到的责任更大，劳力弱的自然就更少。

（四）借贷过程

1.以家当抵押借贷

卢家在借钱时给了抵押物，且这个抵押物不可或缺，虽然借贷的双方都是熟人，也都十分清楚地了解彼此之间的家底，但也必须用抵押的方式让贷方"心里有数"。抵押物一般是房子、土地这些，有时也会用家里的猪进行抵押，如卢家就是用猪作为抵押物。同时，打借条是借贷必需的手续之一，当地叫作"打条子"，一般由借钱的人写，内容基本上是"今某某人因故向某某人借款多少，以××作为抵押"，然后再加上还款的日期。还款时间一般情况下为一个月，不过也会根据实际情况灵活调整，如果是关系特别好的亲戚朋友，那就无须写明具体的借款期限了。写借条没有手续费，一般是按照约定俗成的方式进行，内容也根据惯例来，只有时间与金额是由借贷双方共同协商达成的一致。借条当然要署名，不仅需要当家人的签名，而且要"按手印"。像卢家的当家人卢书鑫曾委托郑淑珍去借钱，她就代签了卢书鑫的姓名，并且写明委托代签的情况，然后签上自己的名字并同样"按手印"，表明是以家长的名义进行的借贷。

在借钱的过程中，一般情况是不需要请保人或者证人的，只要"打了条子"就会认账。不过当地也有"请保"的情况，但是需要满足以下两个条件：第一是借贷的金额巨大，且涉及的还款时间比较长；第二是借贷的双方是通过熟人介绍认识的，相互之间本不相熟。如果满足这两项条件，那么贷方一般会亲自出面，请本地的亲戚朋友、村里的保甲长或财主乡绅来"见证"，同时要求借方请一个有声望的人为其担保。在借贷完成之后，借方要请这个保人吃饭，但是不会摆酒，只是单独酬谢保人。因为卢家是小额的借贷，所以不存在"请保"的问题。

2.借贷利息有高低

借钱在一般情况下也需要付利息，正常为两分到三分左右，如果是亲戚朋友之间的借贷则不需要，但是碰到向富户乡绅借高利贷，那利息一般会高达五分甚至更高。卢家曾经跟村里的刘财主家借过一次钱，就是六分的高息，不是因为万不得已，卢家是绝不敢去借的。至于借款期限，卢家那次是限期一个月，但是这并不是完全固定的，而是根据实际情况进行灵活调整。比如向亲戚朋友借钱,就不会过多地讲究具体期限了。同时,利息高低与还款日期都是由贷方提出和决定的,借方则会根据自己的实际还贷能力跟贷方积极协商,一般要等双方都接受了才能完成借贷的全部手续。

(五)还贷情况

1.家长亲自还贷

卢家借钱后等到还款期限时,需要送到对方家里去,这属于当地默认的借贷习俗。还款的时间需要按照借条上规定的日期履行,如果是亲戚朋友之间借钱,则没有规定具体时间,一般是等到秋收之后还。卢家还钱都是一次性还清的,其他家户也存在分批还钱的情况,只是如果分批还,利息会要高一点儿,其他的区别是没有的。

在当地,一般情况下钱粮均能够互通,其中粮食只能以水稻为主,两者之间会有一个公认的折算比例。卢家在还钱的时候,均由当家人卢书鑫亲自去,这代表着对借方的尊重,属于当地约定俗成的规矩。因为只有家长亲自去才比较正式,以后别人才会再愿意借钱给这户人。如果随便派人去还钱,会被认为是"摆架势"①。

2.家庭共同担债

"父债子还""夫债妻还"的情况在当地是存在的,而且是普遍受到认可的还债方式。不过这仅仅限于部分的家户借款行为,即父亲与丈夫借款是基于为整个家庭的生计考虑,且借款人确实是因为天灾人祸而失去偿还的能力。在以上的条件下,不论金额大小与借款双方的关系远近,儿子与妻子都有义务帮忙还债。卢家就属于这种情况,家长卢书鑫借款,家中长子卢礼海作为主要劳动力帮家庭还债。由于卢家没有分家,所以全家都一起帮忙还债。有的家庭子孙实在无法偿还负债,债主也不会拿走祖业,只是会找保甲长做主,看能否拿东西抵押变卖。如果有的借款人没有子女,那这笔债就成了"无头债",最后只能不了了之,谁都没法做主。

六、家户交换

(一)交换单位

1.家户为交换基本单位

卢家进行的经济交换主要为集市的交易,同时也是以卢家本家户作为交换的主体和基本单位的,所有交换均由家长卢书鑫安排决定,有时也会与内当家郑淑珍商量。这种交换属于卢家的私事,无须与四邻、家族和保甲长请示或者报告。如果当家人卢书鑫不在,那么一般情况下,郑淑珍也能够做主,但如果是特别重要的交换,就必须由当家人做主。

2.仅大家庭交换

卢家家庭内的小家庭是不能够单独进行经济交换的。比如说卢家的长子卢礼海虽然已经成家,并育有一个儿子,属于家户内的小家庭,但是他们不能单独去集市买东西或者进行交换。这主要是受到两个方面因素的制约:第一,卢家的生活与生产活动都是由大家庭共同组织,因此没有私人意义上的所有物;第二,卢家的财产是归家长卢书鑫统一保管和使

---

① 摆架势:摆架子,不给面子。

用的,卢礼海一家也没有经济上的能力去从事交换。所以卢家是以大家庭为单位,而不是以小家庭为交换的主体。与此同时,卢家家庭内的个人也不能单独进行经济交换,因为在卢家,财产属于家庭共同所有,即使是买卖或者交易某些物品,从某种意义上来说也是属于卢家全家人的事情,需要家长卢书鑫同意才可以。

(二)交换主体

1.家长支配交换活动

卢家在交换活动中,家长卢书鑫是实际的支配者,能够决定有关家户交换的所有事宜。除了家长卢书鑫以外的家庭成员,只有郑淑珍在交换中还拥有一定的支配地位,其他人都不能够擅自进行交换,也没有交换费用的来源。凡是涉及重大的交换,郑淑珍也不能决定,其他人更是不能做主。

2.家长可委托交换

卢家可以由家长委托家庭成员进行交换,一般是委托内当家郑淑珍、长子卢礼海或者长媳唐淑宜,交代他们去哪里、如何进行交换。这时卢书鑫会根据实际情况,给受委托的家人交换的费用,等到交换完成之后,剩余的费用需要全部上交给卢书鑫。比如卢家每次到集市买东西时,卢书鑫会事先盘算好大概费用,然后交给郑淑珍他们。等他们回来后知会一声花了多少钱,卢书鑫就会拿毛笔把账记好,然后将钱收回来锁到柜子里。要是没有卢书鑫的委托和同意,卢家人是不能擅自进行或者决定交换的,且其他家庭成员没钱也无法进行正常交换。

(三)交换客体

1.上集市交换需家长"拍板"

卢家需要购置物品时,一般是到集镇上的商铺里去,像是布匹或者日用品在商铺中都有卖。只有到了每年赶集时,卢家才会去集市上购买。在正常情况下,卢家是当家人卢书鑫与集市打交道,很多时候他也会带着家里人一块儿去。

卢家附近的集市不算多,一年到头也只有几次赶集的时间。卢家去的最多的集市就是每年农历二月二的"土地会"及隔壁普迹的"牛马会"。这两个集市开市的日子都不同,不存在时间上的冲突,所以卢家每年都会去赶这两个集。"土地会"离卢家比较近,一般走路步行过去就可以了,通常当天早上去,中午就能回来。"土地会"其实是当地"土地公"的朝拜日,后来因为专程过来"拜老爷"的人很多,所以各种小贩小摊都凑着过来做生意,慢慢就形成了一个附近有名的集市了。卢家到"土地会"上大多是购买一些平时生活用品,根据家中所需来挑选,其价格也比集镇商铺中便宜很多。

至于普迹的"牛马会",则是属于附近乡镇一个非常有名的集市,每年在春耕前会开一次。"牛马会",顾名思义主要是卖牛卖马的集市,一到开市的时候,全国很多做牛马生意的商人都会赶过来,"普迹"的名字也是由此得来,即"牛马等牲口走路留下了许多马蹄、牛蹄印迹"。"牛马会"是属于全国知名的集市,在集市开市的时候,附近好多个乡的村民都会过去看热闹、买牲口,卢家的一头黄牛就是在这里购买的。普迹的"牛马会"距离卢家大概有三四十里的路程,每到赶集的时候,卢家要六点钟起来,步行赶过去,一般要到下午四五点钟才回家。"牛马会"里面卖的最多的就是牛和马这些牲口,南方人一般以买牛为主。除此之外,集会上还有卖狗的贩子,当地人买狗主要是为了吃,而出名的地方特色美食"西乡狗肉"也是由此而来,在 1949 年以前就形成了风俗。

一般在这些集市上商讨价格与挑选物品都是由当家人卢书鑫做决定,其他人可以跟着在一旁看,但是不能插话。如果没有经过卢书鑫的同意,谁也不能擅自与集市上的商户打交道。

2.粮食行交换可授权

卢家所在的乡里有一家粮食行,但是这家粮食行并不是只做粮食的交换生意,同时也经营一些南北货。卢家时常会在这家粮食行进行交易,一般在秋收前后,家里没有粮食了,就会拿钱过来买几斤米过渡应急。与粮食行打交道的主要是当家人卢书鑫,至于买粮食的时间与数量也是由卢书鑫决定。

对于当地一般的家庭来说,很少有去粮食行卖粮食的,只有财主或者大户人家才有富余的粮食拿去卖。卢家主要是买粮食过日子,一次买得不会很多,有时候买三四斤,有时候买十几斤,只有一次卢家遭了灾,就借钱去粮食行买了一担谷。除了当家人卢书鑫之外,卢家的其他成员可以接受委托去粮食行买粮食,因为粮食的行情卢家都很清楚,只要提前讲好就没有问题,所以卢礼海曾经也帮卢书鑫去粮食行拖过粮食。不过这需经过卢书鑫的同意与授权,卢礼海本人是不能单独跟粮食行打交道的。

3. 内当家同流动商贩交换

当地流动商贩也是有的,卢家经常会与这些流动商贩进行交换。一般来说,卢家是卢书鑫与这些流动商贩打交道比较多,其次就是内当家郑淑珍和大嫂唐淑宜。卢家所在村里的流动商贩通常是挑着担子一家一户地串门,大多卖些生活日用品和小玩意,像是针、线、酱油或者小孩子玩儿的摇锤之类的东西。流动商贩因为是走家串户卖东西,比家庭自己去集镇买要更加方便,所以价格要稍稍贵一些。因此,卢家只有非常急需的一些日用品才会向流动商贩购买。

与这种小商贩打交道并不一定要当家人出面,操持家务的郑淑珍和唐淑宜与其接触得更多。卢家所购买的物品一来是生活必需品,二来也不是大件,她们都可以自己做决定,等之后再跟卢书鑫说。卢家与流动商贩一般不会再讨价还价了,因为很难"讲到价",同时,商贩开出来的价钱往往是大多数家户可以接受的,属于"薄利多销",没有丰厚的利润可言。

4.无"人市"机构

卢家在当地没有听说过"人市",也不知道有其他任何类似的劳动力出卖市场。一般来说,劳动力的雇用,包括短工、长工等,都是通过私人关系介绍的,没有专门的机构经营。

(四)交换过程

1.交换需货比三家

卢家在进行交换时通常会货比三家,一般由卢书鑫或者郑淑珍比对,有时也会叫家里的小孩子四处去问价钱。有一次,卢书鑫和郑淑珍去逛庙会,有一个摊子在卖针,大概是几分钱一口针。卢书鑫问过价钱之后,就让卢礼泉四处比对,最后是挑的一家最便宜的摊子买了三口针。因此,在货比三家这方面,并不一定要家长出面才可以的,家长也能够委托其他的家庭成员帮忙"比货"。

2.生人交易好"讲价"

卢家在进行交换时很少和熟人打交道,一来是村里的熟人大都以务农为生,做生意的很少;二来卢家认为,跟熟人不好讨价还价,"讲价"容易伤害彼此之间的感情。因此,卢家更加倾向于与生人进行交换。

3.经纪交易只认家长

卢家所在的村里有经纪,在进行一些如猪、牛和大型农具的交易时,村民就会找经纪过来介绍买家和卖家。当地称呼经纪为"闲教人",意思是这些人平时游手好闲、不务正业,主要靠收集村里的一些信息与介绍买卖为生。卢家与这些"闲教人"打交道最多的是家长卢书鑫,一般需要买卖什么东西就去找他们,他们就会根据已经掌握的信息,介绍和撮合双方进行交易。比如说卢家要卖犁,刚好另一家人要买犁,那么"闲教人"就会带着买家到卖家家里去看,一般会优先给本村人之间介绍生意。等到交易成功之后,买卖双方则需要给"闲教人"一点儿"辛苦费",正常情况下是一方给上几毛钱。除了家长卢书鑫之外,卢家的其他人是不能与这些"闲教人"进行交易的,同时"闲教人"也只认可与家长之间谈好的交易。

4.当家人当面过秤

在进行交易时,卢家一定会过斗、过秤。在集市和集镇上买东西,一般需让卖家当面过一遍秤,之后再拿回家过一遍自己家的秤。卢家的当家人卢书鑫曾经有好几次去粮行买粮食都发现缺斤少两的问题,但是又没有办法,集镇上只有这么一家粮食行,即使是拿过去人家也不会认账了。如果碰到其他商铺缺斤少两,那么以后都不会再去购买那家的物品。如果发现短缺得太多,有些家里的当家人甚至还会去"找麻烦",比如村里的李家就曾经到集镇上跟别人闹了矛盾,最后是村里的保长出面才平息下来。过秤和过斗这种事,一般要当家人完成,其他人要是觉得过秤有问题,也可以提出来帮忙再过一遍。因为卖家的秤通常都信不过,只有拿回家里称才知道卖家是否诚信。

5.赊账与还账

进行买卖时也可以赊账,不过一般只有相熟或者彼此关系要好的店铺老板才允许赊账。至于摆摊的商贩,那就没有赊账的情况了,因为摆摊流动性强,出摊时间也不固定,通常会担心收不回账。一般赊账的,大都是出门忘带钱或者带的钱不够,也有是因为家里困难,需要迟一点儿才能拿到钱。通常信誉好的人才可以赊到账,那些"老赖头"是没人会给的,因为大家都知道这些人到处欠账不还。赊账大都由买家口头赊账,然后店老板会拿个本子记下来。

收账则是在大年三十的晚上,店铺老板会拿钱请人专门去收。这个时候收账是有讲究的:因为是大年三十,当地有"大年初头一,要账不吉利"的说法,所以收账人就会提着一盏灯笼去敲门,一直到第二天清晨打更都不能让灯笼黑了,这样就表示"还是头一天晚上,没有到大年初一",别人就不好意思说收账不吉利的话。

卢家在交易中曾经也赊过账。赊账只有家长才有资格,不然店家是不会承认的,因此其他家庭成员都不能去赊,而且无法赊到。卢家赊账的那一次,是因为家长卢书鑫出门买米忘了带钱,后来在粮食行口头赊了账,到第二天他就让卢礼海拿着钱去还了。不过当地也存在卖家赊账给家中其他人的情况,这种赊账金额通常比较少,虽然家长没有同意,但是最后也不得不帮助还账。如果这家人全家都不还的话,那卖家会天天过来"讨账",最后这个家户在当地就"做不得人"了。

第三章　家户社会制度

卢家在婚配、生育、分家与继承、过继、赡养以及对内、对外交往方面，均是以大家庭作为主要社会生活单位，并体现出一定的家户自主特点：婚配是基于当地的一般风俗，以说媒和换亲为主要的婚配形式，由家长卢书鑫决策和安排；在生育方面，有着明确的传宗接代目的性，但是持较为开明的生育态度，起名讲究"五行"与"辈分"；分家与继承仅限于本家户的三个儿子参与，并且在结果上注重相对公平性；对老人的赡养被视为卢家所有子女的义务和责任，且在现实中实行共同轮流分摊的赡养形式；同时，卢家家庭内部关系较为和谐，成员之间的冲突矛盾极少，在对外交往中非常注重本家户的利益及整体性，既保证了在社会生活中灵活自主的特点，而且又在最大程度上维护了卢家的家长权威。

一、家户婚配

（一）家户婚姻情况

1."五服"之内不婚配

在卢家的家庭成员中，除了当家人卢书鑫与内当家郑淑珍结婚以外，就只有长子卢礼海结了婚，次子卢礼泉、"满崽"①卢礼兴和女儿卢凤英在1949年前均未婚配。卢家长子卢礼海的妻子唐淑宜原本是青草②人，论关系是卢礼海姑姑的女儿，也就是其表妹。这一桩亲事是通过卢礼海的另外一个姑姑介绍换亲换来的，因为卢家的大女儿，即卢礼海的妹妹嫁到了卢礼海姑姑家当了媳妇，所以那边就把女儿换到卢家来了，当地叫"兑亲"，属于比较普遍的风俗习惯。

从卢家的这段"兑亲"中可以看出，当地的通婚是认可"表兄妹"这个范围的，但是近亲之间仍旧不能结婚。这个近亲是限定在"五服之内"，"表姊妹"不属于这个范围。如果是同姓通婚，则不会被当地所认可，且家族也不会同意，认为这不符合"孔孟之道"。除了近亲之外，其他范围的通婚均不受限制，同村、同姓只要没有"五服之内"的血缘关系都可以结婚。但是卢家所在的村里，有一户唐姓人家和一户肖姓人家，由于祖上曾经闹过土地纠纷，因此双方家庭禁止通婚。

2.通婚讲究门当户对

在"讲亲"的过程中，当地对"门当户对"非常讲究，如果是门不当、户不对，那两边就不会谈亲事。例如卢家长子卢礼海和他媳妇唐淑宜的婚配，就是两家条件基本相当的，都

---

① 满崽：小儿子。
② 青草：浏阳东部乡镇名。

是差不多的经济状况与家庭规模。同时在 1949 年以前，当地没有自由恋爱，均需经过媒婆介绍。所以如果双方家庭条件差太多，媒婆或者亲戚也不会"讲亲"。卢家所在的村子里，一般大户与大户通婚，小户与小户通婚，只有中户人家在当地通婚的灵活性要大一些。例如比较好的中户有可能会和一些没落的大户"结亲"，差一点儿的中户则可以和好一点儿的小户通婚。

家庭人口的规模对婚姻也是有很大影响的。有些家庭子女比较多，就会把女儿送给别人家去当童养媳，在女儿几岁的时候经媒婆说好，送到男方家里去养。卢家所在村里有一户刘姓人家就是如此，当家人刘卫成生育六个孩子，家里实在负担不起，只好把两个女儿送到醴陵①去当了别人家的童养媳。而对于有些家里子女少的，特别是没有儿子的家庭，就会想办法"招郎"。不过不同类型的家庭之间，除了上述这些方面的婚嫁存在一定差异之外，其他就没有特别多的讲究了。

(二)婚前准备

1.家长决定儿女婚嫁

在 1949 年以前，卢家适龄儿子娶媳妇是由家长卢书鑫提出的，也是由他做主安排，儿子卢礼海不能提什么意见，更谈不上是否同意。不过在婚嫁大事上，卢书鑫还是会与卢礼海知会，把对方情况介绍一下，然后内当家郑淑珍也征求他的意见。

娶媳妇的事情如果定下来了，那就会通知四邻及保甲长，家族那边也需要告知，但是不存在是否允许的问题，只要符合"五服之外""门当户对"这些规矩就行。而结婚由卢书鑫与郑淑珍做主安排，即便是卢礼海的爷爷还在世，也必须由作为父亲的家长卢书鑫做决定。

2.婚配条件男宽女苛

在 1949 年以前，卢家对女方的基本要求就是会做家务、能持家，而且要本分、老实、勤劳。这些要求都是卢书鑫和郑淑珍提的，在"讲亲"的时候会跟介绍人说好。至于长相是没有特别多要求的，但是年龄一定要比自己的儿子卢礼海小，当地叫作"男可大十，女莫大一"，意思就是强调女方的年纪一定要比男方小。家庭条件则是要求"门当户对"，家庭差得太远就不行。不过卢家对生不生儿子这一点看得不重，认为"生伢生妹都是命，由不得个人"。而在这些要求中，卢家最看重的是女方能不能持家做事，因为不会做事的"婆娘"②没有哪一户人家愿意娶回来做媳妇。

卢家对于男方的要求就没有那么苛刻了，一般来说只要男方"长相顺眼"，有一点儿文化，家庭条件跟自家差不多就可以了。不过对男方的劳力会有一点儿基本的要求，起码保证要有养家糊口的能力，否则把女儿嫁过去之后，日子生计都无法保证。

大户人家比小户和中户人家更加看重婚配择偶标准，特别是对家境、文化以及长相非常在意，甚至在"讲亲"之前会让媒婆安排与双方父母见面，以应"找猪崽看猪婆，找婆娘看公婆"这句俗话。至于在其他类型的家庭中，只有少子女的家庭，对劳动力的强弱以及男女方的身体状况比较看重，别的方面的差别相对较少。

---

① 醴陵：湖南东部县名，与浏阳毗邻。
② 婆娘：老婆。

3.结婚主要是为添丁增嗣

卢家认为,结婚最重要的是生儿育女、传宗接代,但是因为当地多是"指媒为婚",所以根本谈不上爱情和幸福,主要是看"命好不好"。如果命好就可以碰到一个合适的人,命不好那就是"过一天是一天"。因此结婚更多不是个人意愿,而是要为了整个家庭着想。大户人家的通婚则更多是家族之间的联姻,为了扩大家族的势力和影响,更没有个人幸福可言。少子女的家庭就完全是盼着婚后多生育子女,给家里"添丁"。

4.婚姻主要看"缘分"

在1949年以前是没有自由恋爱可言的,甚至说自由恋爱的概念都没有,凡是婚姻主要是讲究"缘分",封建礼教的思想非常严重,即使是小男孩与小女孩都不能一起玩耍,当地有"妹子不出闺"的说法。即使有极少数男女是通过恋爱结合的,也必须要找媒婆去对方家中提亲、合八字,家长依然拥有否决权。卢家没有家庭成员是自由恋爱的,至于大户人家,对此就更排斥了,因为这些家庭的管教更严,更讲规矩。比如卢家所在村里的长湾①附近有一户张姓的财主,女儿张家小姐连门都不让出,整天关在家中,是最典型的"闺门小姐"。至于小户家庭,不管人口规模如何,都没有大户人家管束得这么严。

5."扎根"陪嫁基本公平

卢礼海结婚的聘礼为几担谷加上十几块银花边,是到了定亲时才送去的。定亲在当地叫作"扎根",意味着婚事扎成落定,媒人就会跟双方家长商量聘礼的事情。聘礼会根据每家人的实际经济情况来定,当地有很多人因为家庭困难结不起婚、讨不起婆娘。卢家的几个儿子的聘礼并不相同,因为聘礼多少不仅取决于卢家,还要看女方的要求,所以不可能一模一样,儿子之间也不会为此有意见。不过卢家几个女儿的陪嫁倒是差不多一样,因为当地陪嫁一般是铺盖加上床上用品,然后随上十块银花边,大多比较固定,且当家人卢书鑫为了兼顾公平,没有让陪嫁礼金之间差别太大。

"扎根"之后,就是媒婆经过两家人同意之后选定一个日子,男方把聘礼随到女方家中,至于时间则要看黄历上的"吉日"了。"扎根"之后两家人之间不会走动,要等到双方正式成亲以后才成为真正的"亲家"。此后一年三节两寿的时候就要相互来往,由两家的父母各自带一些礼物串门。毁婚的情况在当地也是有的,但是没有单方面的毁婚。一般是双方家长闹了矛盾,在"扎根"之后提出来,然后由男方找媒婆去把定亲时给的"扎根钱",即聘礼要回来,那这订婚就不能算数了。

大户人家相比于卢家这种中户及其他的小户人家而言,聘礼与讲究程度是天差地别的。一般来说,大户人家的聘礼非常"奢侈",具体价值不甚清楚,但是到了定亲时往往是一个个大箱子抬到女方家,且都装满了现钱和金银。如果是大户人家嫁女儿,那大户人家更是要给出嫁的女儿制一套全新的家具,像柜子、桌子、木床,都要一起带到婆家。大户人家送礼时,场面盛大,犹如平常人家过年过节一般热闹。

(三)婚配过程

1.家长决策婚配过程

在婚配的过程中,卢家的结婚方案是由家长卢书鑫制定的,家里也是由卢书鑫来安排媒

---

① 长湾:村中地名。

人及请人帮忙的,婚帖上落款也是卢书鑫的名字。这些事情均要由当家人一手操办,如果当家人不在那就无法安排。这在不同类型的家庭中相差无几,当家人拥有主持婚姻大事的绝对权和决定权,只是在多代同堂的家庭中,如果当家人不是新郎的父亲,那么当家人除了婚帖不署名之外,其他环节依然要由当家人来决策。

2.其他成员服从家长

在婚礼的过程中,除了家长卢书鑫以外的家庭成员不能插手,只能尽可能地听从卢书鑫安排,协助婚礼的筹备。不过大家都可以提意见,卢书鑫也会根据实际情况来决定是否采纳。如果当家人不在,那么很多事情就无法决策。至于有的家中有爷爷奶奶,那就要看其是否为家中当家人,因为只有当家才有实际的话语权。

(四)婚配原则

1.婚配次序以适龄优先

卢家的叔伯辈是按照长者先结婚、幼者后结婚的次序,包括卢礼泉这一辈也是如此。但是卢家并没有严格意义上的"兄长优先"规矩,只是如果长兄到了适龄年纪,就会开始考虑让其娶妻了,不存在兄长未娶亲,弟弟妹妹皆不谈婚事的情况。这在当地都是一样的,大户人家则会讲究一些,但是其他家庭不会刻意讲究结婚的次序,而是灵活处理、灵活看待。

2.花费大体公平

卢家操办婚礼的花费主要是体现在置办酒席上。在当地,一桌酒席大概是十几到二十块银花边左右,折成粮食大约为十担谷。这笔费用由卢家全家共同承担,几个儿子会尽量保证公平,花费也相差不大。分家则是等结婚后才予以考虑,因此不会存在儿子未结婚而需要多分一点儿家产的情况。大户人家相对来说,婚礼的花费要大很多,有的甚至会摆几十桌酒席,酒席上的菜也非常丰盛讲究,比如卢家的邻居唐家就是如此。至于其他家庭,大多是根据自家的经济实力来决定婚姻的具体花费,哪家人都不会"哈里哈气"[①]的只为充面子、搞排场。

(五)其他婚配形式

1.纳妾

卢家没有家庭成员纳过妾,因为一般人家是没有纳妾情况的,只有大户人家,如富户及伪保长、甲长这些人,才有经济实力纳妾,否则是会"搞不成器"[②]的。而在这些大户家庭中,纳妾主要分为三种情况:一种是正房太太生不出男孩,而家中迫切需要男孩来传宗接代、继承祖业,因此靠纳妾来延续香火;第二种是当家人个人比较花心,在拥有一定经济实力的基础上,想多纳几房妾室;第三种则是大户人家之间相互攀比,有的当家人在看到其他大户人家中风风光光地纳妾,认为自家若是不娶小妾,在当地就没有"脸面",跟其他人交往起来也少了底气。

同时,在大户人家中,有当家人纳妾的,也有少爷纳妾的。纳妾大多是找有钱人家的小姐,讲究门当户对,且必须是"红花妹子"。纳妾均是由家庭的家长本人提出,无须商量、强行纳妾,契约也无须订立,只是在"收妾"的时候,要请当地保甲长和村里人吃饭,以获

---

① 哈里哈气:蠢、笨。
② 搞不成器:不行。

得当地的认同。卢家的邻居唐姓富户家就曾经"讨过小婆娘",据说最开始唐家的正房太太不同意,后来唐家的家长唐四老爷子依靠家长权威,强行要求家人答应。后来唐四老爷子还专程为纳妾宴请过附近的村民四邻,场面非常盛大,村里有些名望的乡绅、保长都过来送礼贺寿。

2.童养媳

童养媳在卢家所在的村庄叫作童养媳。卢家是没有童养媳的,也没有送女儿出去当过童养媳。在1949年以前,给别人家送童养媳的大多是家庭条件不好的小户人家,这些人家因为女儿太多养不起,所以就送一两个出去给别人家养,以缓解自家的经济压力。而娶童养媳的人家主要是因为家中贫困,担心儿子长大以后找不到媳妇,只好从小就带一个童养媳在家中,待其长大以后延续香火。

童养媳大多是"指腹为媒",即两家人在童养媳还未出生的时候,就已经相互之间口头约定好了。等到童养媳长到五六岁的时候,其家人就会把她送到男方家里,而男方家则会拿一点儿粮食给女方家作为"喜钱"。至于文书这些是可写可不写的,如果实在需要写,则必须由双方的家长联合署名。在大户人家中是没有童养媳的,这是属于小户贫困家庭特有的一种娶嫁方式,但是由于卢家及其亲朋都没有过此类经历,所以对此不是很清楚。

3.改嫁

改嫁在当地被称为"二婚亲"。卢家没有改嫁的情况,只是当家人卢书鑫曾经提过,说他的一个哥哥死得早,嫂子只有三十多岁就改嫁走了,因为当时卢家已经分家很久,所以具体的情况不是特别了解。一般来说,当地的改嫁只有两种情况:一是死了男子,即丈夫早亡,妻子没有独立抚养子女与维生的能力,只得靠改嫁来脱离困境;二是丈夫家庭贫困,无法维持基本的生计,"养不活婆娘",妻子只得改嫁。

改嫁大多数是由女方提出,无须跟别人商量或者告知,但需要请当地媒人过来做介绍,待女方及改嫁过去的男方同意即可。至于文书契约等都不需要,聘礼、典礼也没有要求,只等男方派人来接过去就行了。但是对于二婚亲当地有一个讲究,就是不能用红轿子抬二婚新娘,因为新娘毕竟是第二次结婚了,用红轿子会显得不太吉利,甚至会给男方家带来"倒喜气",影响将来家族里子孙后代的命数和前途。比如卢家所在村庄的一户李姓人家,其长子就曾经迎娶过一位二婚亲的改嫁新娘。在新娘嫁过来的时候,这户人家刻意不透露风声,认为这并不是一件值得贺喜的事情,甚至都没有通知远亲近邻过来"吃酒",仅仅是托人抬着一架蓝布包裹的"轿子""过门"的,许多人都不知道他们家是迎娶新娘子。至于其他情况,卢家因为未曾接触过,所以也不甚了解。

4.入赘

入赘在卢家所在的村庄叫作"招郎",一般是女方家的女儿太多,想通过这种方式为家庭招揽劳动力,并继承家中的香火和祖业,与实际的家庭经济情况没有太多的关联。而对于男方来说,主要就是"崽多致贫",因为儿子太多了,没有办法收那么多媳妇。"招郎"对于本地人来说就叫"收儿子",所以郎过来女方家中是不会被看不起的,同时还能够享受与家中儿子一样分家的权利。"招郎"的条件一般是由女方提出,多是要求体力好、能干活,同时必须在之前没有娶过媳妇。卢家没有"招郎"的情况,且在其所在的村庄也比较少见。

"招郎"一般是由父母提出,然后与女儿商量,无须告知家族的族长。不过"招郎"需要跟保甲长请示，因为"招郎"以后，郎的户口需要迁过来，要参加村中的分田等事务。如果村中的田少、地少，那么保甲长就不会同意。"招郎"也不需要写契约，婚礼则由女方家里操办，花费也由女方家里承担。一般"招郎"会比正常结婚的花费要少一点儿，只相当于几担谷子的钱，仪式也要比正常的婚配简单一点儿。但是大户人家如果要"招郎"，那场面就会更大、更气派，这与家庭的经济条件是有关联的。

5.换亲

换亲在当地也叫作"兑亲"，即双方家庭的儿女互相嫁娶，一来一往进行"兑换"，是属于非常普遍的风俗习惯。卢家的长子卢礼海和长女卢凤英就是通过换亲进行的婚嫁，卢凤英首先嫁到了唐家做了媳妇，然后唐家又把女儿唐淑宜嫁给了卢礼海当老婆，当地叫作"嫁娶两全""崽女互换，亲上加亲"。

这种换亲的习俗在当地被广泛接受，且换亲习俗多存在于远房亲戚之间，如卢家和唐家就是亲戚，唐家的内当家是卢家当家人卢书鑫的妹妹，即卢礼海其实是娶了自己的表妹当妻子，虽有一定的血缘关系，但是却在"五服"之外，所以不算犯了忌讳。而在其他的大户家庭中，换亲的现象则更为普遍，甚至当地唐姓、刘姓的几个大财主家都是通过换亲来解决家中子女的婚配问题的，这样主要有两个方面的好处：一是双方家庭本身比较亲近熟悉，交往颇深、互相了解，没有隔阂与陌生感；二是遵循了大户人家之间要求婚配"门当户对"的原则与传统，同时也巩固了彼此家族之间的姻亲联系，避免了家财、家产的流失。

(六)婚配终止

1.休妻

卢家没有休过妻，只听别人说过村里有休妻的情况。休妻一般是没有生男孩的大户人家居多，或者是夫妻之间关系不好，经常吵架"搞经"。休妻大多由丈夫提出，公婆如果对媳妇不满意也可以提出来，但最终的决定权还是在于丈夫。如果妻子已经生育了儿子也可以休掉，但是女方会要求带走儿子，公婆就会不同意，因此经常会发生"争崽"的矛盾冲突。

休妻主要分为写休书和分财产两个程序。首先是写休书，休书要请家族的族长写，不需要给任何报酬。写休书在当地不是特别好的事情，不到万不得已族长是不愿意帮族人写的。写休书时要请女方的娘家人过来，同时还会叫一些本地有声望的人过来做见证，这样休妻才能得到村里认可，获得合法效力。其次，休妻要分割财产。但是一般来看，休妻大多只会涉及一些衣物杂物的分割，如嫁妆这些女方都可以带走，至于其他的赔偿就没有了，具体还是要看男方休妻时提出的条件以及后来双方协商的情况。

休妻以大户人家居多，在程序上大体相同，可能花费会比小户人家更多一些，财产纠纷的矛盾也更为复杂。例如卢家曾经听说隔壁村原先有一户王姓大户人家，当家人与其正房太太合不来，经常发生矛盾纠纷。为了把正房太太休掉，这个当家人费尽了周折，最后是家中近一半的田地分给女方才得以实现。

2.守寡

卢家没有丧夫的人，不过曾经短期租住在卢家的唐姓婆婆就属于丧夫丧子的单身守寡女性。除此之外，卢家所在村里的刘二裁缝也死得早，他的老婆四十多岁就带着一个儿子和一个家娘①开始守寡。在当地,守寡的人是不会受到婆家人欺负的,外人也不会欺压她们,甚至很多人看她们可怜,经常会给予她们一些帮扶和援助。比如在卢家租住的唐姓婆婆,卢家就因为她守寡孤单的缘故,没有收过她一分钱的租钱,并且经常无偿提供给她一些食物、衣料,供其基本生活。

丧夫的妇女大多会留在夫家照顾子女和家父②、家娘,只有夫家没有人了,才会去投奔娘家。对于这种守寡的妇女,夫家的家族是会予以其一定照顾的,很多事情族长都会"搭一把手",给一点儿族里的资助。丧夫的妇女如果是生了儿子,那儿子一定是要留在夫家继承祖业的,分家时也跟其他媳妇生的孩子一样,不会受到区别对待;要是没有生孩子,那就必须离开夫家,因为无子女就意味着没有了依靠,在家中的地位无法得到长期的巩固,即便留也留不长久,并且也不能平等地分夫家的财产了。

当地很多丧夫的妇女是可以改嫁的,但是更多的是通过"转房"的形式留在夫家,即转嫁给家里的小叔子当老婆。这种改嫁只需妇女本人同意即可,夫家不会再操心插手,甚至大多会表示同意和默许。如果是改嫁到外面,夫家也不会过多干涉。而守寡的妇女只要是选择留在了夫家,那么死后就可以埋到夫家的祖坟里,因为她可以算是家里的一分子。如果妇女改嫁走了,那就不行了。

二、家户生育

(一)生育基本情况

1.基本为正常生育

卢家卢礼泉的爷爷辈有四个男性,叔叔伯伯辈为两男一女,兄弟辈是三男两女,在村里总体看来属于中等水平。卢家生育的子女中曾经出现过夭折的现象,如卢礼泉的母亲本来生育八胎,但是有三胎在几岁的时候就早夭了。至于溺婴、丢弃和买卖的情况卢家是没有的,但卢家听说村里有的人家生多了女儿,就会溺死或者偷偷卖掉。在一般情况下,大户人家生孩子更多,养育得也更多,因为生育子女需要一定的经济条件,小户人家即使是生得多,但是也不一定能够负担得起,且最终能够顺利养活得就更少了。

2.无非婚生育

卢家没有出现过未婚生育的情况,甚至当地都不存在未婚生子的现象,因为即使是新婚夫妇也要到了结婚拜堂的那一天才真正见面。除非是女性被强盗奸污了,否则是不可能出现非婚生育情况的。

(二)生育目的与态度

1.生育是为继承"香火"

卢家认为,生育最重要的目的是为了传宗接代,继承"香火",对整个家庭来说,也意味着血脉的传承与延续。如果没有孩子,那卢家认为这是不完整的家庭,家长会想方设法地承继或者买孩子回家。同时儿子对于家庭来说,更是有非常重要的意义,因为儿子是家中未来的主要劳动力,没有儿子是不行的,这也是"招郎"习俗存在的重要原因之一。

---

① 家娘:丈夫的母亲。
② 家父:丈夫的父亲。

2.生育不看男女

卢家所在村庄的村民或多或少有"重男轻女"的思想。一来是因为男孩才可以"传姓",能够保住香火;二来是因为男孩是未来主要的劳动力,是家庭生产生活的重要支柱与依靠。不过卢家的家长卢书鑫思想比较开明,同时也有一定的文化水平,因此卢家对于家中添男添女都不是特别在意,认为"伢子""妹子"都可以。卢礼泉的兄弟辈也是到了成年十八岁左右才结的婚,女儿则大都是十六七岁出嫁,一般婚后一两年生育小孩,在当地来看不算是"早婚早育",属于比较正常的人家。

总的来说,卢家对于生育问题是倾向于"有就行"的态度,因为一般人家养育孩子比较难,家庭生活普遍困苦,所以如果没有条件,不一定愿意多生。卢家认为,生育一男一女是最满意、最幸福的,当地有一句谚语是:"一崽一女一枝花,三男四女是冤家",说的就是生育要讲究男女的数量和比例。当地有一些家里生儿子特别多的,并不一定会因此受到别人的尊重,只是其家中的劳力相对会更加充足。这是为家族添丁的好事,在族里会比较有面子,族谱上这一支会显得很有"势力"与兴旺。但是这种生儿子多的家庭,并非与家境的好坏有关系,因为生男生女并非是人为可以决定的。不过从整体上看,大户人家会多一些,因为他们生育孩子的数量本身就会比一般的小户、中户人家要更多。

(三)生育过程

1.顺其自然

卢家没有生不生、想生多少的概念,因为当地的节育技术非常落后,一般女性怀了就会生,根本不受主观意愿的控制和影响,卢家的家长也从来不会去要求生多少、生男孩或是生女孩。

2.怀孕有适当照顾

卢家的媳妇唐淑宜在怀孕以后,一样需要干活,只是不会分配重活。至于照顾,也是等到她快生产的时候才有,并由内当家郑淑珍负责。其间,在饮食上没有特别多的照顾,只是在怀孕快生的时候,家长卢书鑫让长子卢礼海抓了一只鸡杀了给唐淑宜吃,算是补了身子。

唐淑宜是在家里生产的,生产的时候既没有产房,也没有医院,甚至连产婆都没请,就是内当家郑淑珍帮忙接生的。不过到了唐淑宜生第二胎的时候,因为村里郎中说她胎位有些不正,当家人卢书鑫怕出问题,到了快生产的时候,就让卢礼海跑去请了"接生婆"过来帮忙接生。

卢家在生育方面的花费不是特别多,主要是请产婆及后来唐淑宜坐月子。这些花费都是由卢家一个大家庭共同承担的。唐淑宜在产后是坐了月子的,坐月子在当地必须坐一个月,但是唐淑宜身体恢复得比较好,坐了半个月左右就不坐了。坐月子期间卢家没有人专门去照顾唐淑宜,只在饮食上对她有所侧重,比如说每天早上会煮一个鸡蛋给她补一补身体。

(四)生育仪式

1.满月办喜酒

生育是必须要办仪式的。卢家在生了孙辈之后,就会摆满月酒,而其他家庭也有摆三周酒的情况。卢家生男孩与生女孩的仪式完全一样的,没有区别,只是生了男孩会更加欢喜。摆酒要请客吃饭,卢家生几个孙辈均摆了七八桌酒席,主要是请亲戚、朋友和关系好的左邻右舍。在这些人中，卢家自家的亲戚、媒婆及媳妇娘家的人必须请，且必须由卢礼海亲自登门一家一户去通知。请的时候不需要带礼物，只要告知一声既可。到女方娘家请丈人，则需要带上一挂鞭炮，叫作"报喜"。像是村里关系好的邻居和朋友，以及保甲长这些人都不需要去请，他们知道后一定会过来"吃酒"①。过来"吃酒"需要带礼物，一般是鸡蛋和米，鸡蛋必须是九个，有"九九长圆"的寓意。至于米，则大多是五六升左右，用小袋子装着。客人"吃酒"之后，主人家不需要回礼，因为这属于村民之间的人情往来，将来别人家摆酒的时候也是如此，"一来一往，不赚不亏"。

2.仪式喜庆热闹

卢家举办生育仪式，主要是为了热闹和喜庆，以祝福家中小孩能够健康成长，同时也是寄托对先祖的感恩和保佑之情。至于生育仪式的费用，则是由卢家整个大家庭共同承担，虽然没有份子钱，但是所有的鸡蛋、谷米这些礼食是归大家庭共同所有的。

3.仪式场面差别大

在生育仪式上，不同的家庭之间只有"场面"上的差别，大户人家宴请的范围更广、仪式更加盛大，酒席的规格也更高，这都是根据家庭的实际经济能力来定的。不过也有些少子女的家庭，在得了"崽伢子"之后，即便是借钱也会把仪式的场面弄大，甚至有的还要专门去祭祖祭天，以感恩祖宗、菩萨保佑家中得了男孩。

（五）孩子起名

1.起名看寓意

在当地，孩子的名字一般是请有文化的叔叔、伯伯或者其他亲属来起，一般要等到生完之后，看性别才能确定，"伢有伢名，女有女名"。至于辈分，就需要根据家族的规定，只有男性才能拥有辈分，并且在名字的中间确定一个"辈名"。小名则是要看生辰八字与五行风水，本着"缺啥补啥"和"烂贱好命"的原则起名。孩子的学名一般就是大名，或者在当地被叫作"书名"。

卢家卢礼海这一辈的儿子名字均由当家人卢书鑫起。他自己是算命先生，有一定的文化，而且懂"算卦"和"五行"命数。卢家的家族有辈分讲究，像卢家的辈分就是按照"富贵荣华美""诗书礼乐昌"来排序的，卢礼泉的父亲卢书鑫属于"书"字辈，而卢礼海三兄弟都是属于"礼"字辈，但是到了卢礼海的子侄辈之后，就没有那么多讲究了。至于小名，卢家同样非常注重，比如卢礼海的小名叫"水伢"，因为卢礼海五行中非常缺水，所以以"缺水补水"，五行才能齐全。二儿子卢礼泉的小名叫"泉伢"，也有五行补水的寓意。卢家小儿子卢礼兴的小名则更有特点了，虽然他生来五行比较均衡，但是卢书鑫算了他将来身体会比较羸弱、容易夭折，所以取小名叫"狗伢"，用这种"烂贱"的名字来寄托对他能够顺利长大的愿望。

2.注重五行与辈分

卢家家长的名字叫卢书鑫，是取"书"字辈，有五行缺金的含义。至于卢家内当家郑淑珍和长媳唐淑宜都属于当地常见的女儿名，其中"淑"表"贤惠淑德"的愿望。到了卢家兄弟姊妹这一辈，姓名分别为卢礼海、卢凤英、卢礼泉、卢礼兴和卢凰英，兄弟都是以"礼"字辈为中字，

然后结合风水五行起的,卢礼海与卢礼泉五行缺水,卢礼兴则是五行俱全,但是命数有阻,以"兴"来"镇命"。卢凤英和卢凰英则是取了"凤凰"美好之意,也是常见的农家女儿名。到了卢家的第三代就没有那么看重辈分与五行了,卢勇福是取"勇敢福气"之意,卢雨生则是有"雨天出生、若水温婉"的美好寓意。

在给孩子起名的时候,各类家庭都没有太大区别,均是以家族辈分加上五行风水补齐来命名。但是大户人家起名字,则更看重名字对于家庭以及个人未来命运的影响,因而会请一些权贵之人或者"命好"的人来起名,以"得来福气、贵气"。至于小户人家起名就会稍微简单、随意和"烂贱"一些,一般都是让家中有文化的亲戚朋友来取。

三、家户分家与继承

(一)分家

1.儿子成家后"分丫"

卢家分家是由长子卢礼海提出来的,因为他已经成家并且育有几个孩子了,所以就跟当家人卢书鑫提了分家的请求。在当地,分家只能由当家人或者儿子提出,儿媳妇是没有资格提的,而且必须要当家人同意才行,儿子无权决定是否分家。而家庭以外的成员是不能影响卢家分家的,曾经在1949年时,卢家的一个亲戚过来串门,说为什么卢礼海都已经生了两个孩子了还不分家,应该把家分了。卢书鑫当场就不同意,为此还发了火,认为这是卢家自家的家事,容不得外人来指手画脚。后来卢家跟这个亲戚的来往都少了许多。

卢家分家,一方面是由于长子卢礼海已经成家多年,有分家的基础,当地也有谚语叫作:"崽大分家,树大分丫";另一方面则是由于卢礼海的老婆唐淑宜与家娘郑淑珍之间存在一点儿小的争执,卢礼海为了避免婆媳矛盾激化,也就顺势提出了分家。

卢家所在的村里是有分家习俗的,一般儿子到了一定的年龄,或者当家人逐渐衰老时,就会开始筹划分家的事情,只有极少数当家人控制力特别强的,才能够镇得住家庭不分家。对于大部分个人而言,都有分家意愿的,因为分了家之后,劳动收入都归自己所有,同时也可以有效避免与兄弟姊妹之间的矛盾。在分家的原因方面,不同类型的家庭大体一样,儿子大了均会选择在适合的时候分出去,甚至很多大户人家是儿子一成家就分家的,相比来说,卢家算是分家比较迟的了。

2.儿子享有分家权力

分家产只有家庭内部的成员才有资格参与,外部成员均无权干涉,这是一直以来的风俗传统与"规矩"。在分家产的过程中,卢家的儿子卢礼海、卢礼泉及卢礼兴是家产分配的最主要对象,除此之外,媳妇也可以参与其中。如果有入赘招来的"郎",也有权参与分家产。

卢家分家不是一次性分好,而是先按照卢礼海提出的分家要求,把卢礼海一家分出去,至于卢礼泉以及卢礼兴,都是等到他们后来结婚的时候才分的家。卢家的女儿不能参与分家,"嫁出去的女,泼出去的水"。孙子同样也不参与分配,除非是有的家庭父亲早亡留下的遗孤,才有资格代替其父亲参与分配。不管是什么情况,卢家认为,只要是"儿子"都可以参与到家产分配中来,包括过继的、抱养的或者妾生和改嫁的,不过名义上的"干儿子"则不行。可以说,在分家资格上,所有的家庭都是一样的,因为这在当地属于一种规矩,很少有特殊情况的存在。

3.分家需请人见证

分家的时候是要请见证人的，卢家是当家人卢书鑫请了家族的族长及两个关系近的亲戚过来做的见证，而这也是一般的家户分家时最常请的人。见证人主要是给分家的过程做见证，避免在日后因为分家问题产生不必要的纠纷或者矛盾。分完家以后，见证人依然有为分家矛盾进行调解的责任，不过这个责任仅限于在场亲历分家的本人，其子孙后代是不会继承这份责任的。除了卢书鑫以外的其他家庭成员均不能够安排见证人，因为分家是家中最重要的事情，必须要家长决策和出面安排，才能获得外人的认可与承认。

不同类型的家庭在分家见证人的选择上存在一定差异，而主要的差异在于大户人家。大户人家因为分家时涉及的财产较多，加上家庭内部关系错综复杂，所以分家时会请吃"分家饭"，邀请当地有声望的保甲长以及乡绅财主过来，当面将分家的事宜说清楚，并请见证人在分家单上"按手印子"，以确保以后不会产生过多的纠纷。

4.在协商中有序分家

卢家在分家的时候，是由家长卢书鑫做主。他会根据几个儿子和家里的实际财产情况，先拿出一个简单的分家清单与方案，然后开"家会"，一起商量是否合理。这时其他家庭成员都能提意见，然后卢书鑫再根据意见进行适当的调整。

一般情况下，当家人如果最终敲定了分家的方案，那么其他人即使不服从也要接受，毕竟家长就是家中最大的权威。如果有的家庭家长已经去世了，那就由家里的内当家做主决定，其次是家里的长子。分家时，卢家其他家庭成员都不能做主，最多是针对分配不公平的情况提一提意见，至于家庭外部的成员是不能参与卢家分家的。即使是卢家请过来帮忙见证分家的亲戚朋友，也只能是见证，不能对卢家分家的安排提出意见，这是忌讳，要是对别人家的家事过多地指手画脚，会容易引起不必要的矛盾和冲突。

5.以"分字"为凭证

卢家分家的时候需要写分家单，当地叫作写"分字"。分家单一般由当家人写，如果当家人没有文化，那就要请家族或者村里有文化的亲戚代写，内容主要涉及"家中有什么财产，谁分什么，分多少"。最后是要当家人及参与分家的家庭成员共同签名，并且"按手模"。如果没有署名、按手印，那这份"分字"就没有效力。

卢家是当家人卢书鑫写的"分字"，分家单上写得非常清楚，比如哪几张桌子、几条凳子属于哪个儿子，都明明白白。最后，卢家提出分家的长子卢礼海和长媳唐淑宜都在"分字"上留了名字、按了手印，卢书鑫同样也署了姓名。分家单是家长卢书鑫一份，然后分家出去的儿子卢礼海一份，分别由自己保存，以作为分家的重要凭据。

6.分家受外界认可

家族对卢家的分家是认可的，因为族长见证了卢家分家写"分字"的全过程。此外，分家之后，家族里的家谱要重新修订，新分出去的家庭会从原来家庭的下面迁出来，等到之后家族开会，也是由分家出去的新家长卢礼海代表他自己的家庭去开会。

村庄对卢家的分家同样是认可的。卢家是在1949年以后分的家，而卢书鑫也曾经提到过在此之前其叔父辈分家时候的情况。那会儿分家是由老家长卢书鑫的父亲和分出去的新家长卢书鑫一起去找的保甲长说明情况，给他看分家时的"分字"。保甲长认定可以之后，就会在原来的保甲册上注明，等到第二年重新造册的时候，会给分家出去的卢书鑫家另立户口和户主,自此以后的纳税与征兵就跟原来的家庭没有关系了。

县乡政府对卢家的分家的认可也是一样的,保甲长在得知分家情况后,会同意并上报给乡里的官府,户籍就会发生变动,不过户籍变动的具体时间卢家人就不太清楚了。

(二)继承

1.儿子平等继承父业

家产的继承只有家庭内部成员才有资格,外部成员均无权干涉。而家产的继承只在两种条件下才能成立:第一是在分家的时候,家产由当家人做主拆分,由多个或一个儿子继承;第二种就是当家人亡故,那么不论儿子年龄多大,均由儿子继承,所以当地有"父股子承"的说法。

在卢家的家庭成员中,只有儿子卢礼海、卢礼泉及卢礼兴拥有家产的继承资格,女儿等均不可以继承家产。虽然卢家没有抱养孩子给他人或者逐子出家门等情况,但是如若发生了,这两种情况同样是不能继承家产的,属于"脱离关系"了。而入赘过来的"郎"以及未成年的儿子都有资格继承家产,"郎"虽是入赘过来,但是"郎算半子"。未成年的儿子即使因年龄原因暂时不能接管家产,但是会分一份家产到其名下,待其成年或成家后再交还给他。而不论儿子是否在家,均拥有平等的家产继承权。至于女儿,只要是外嫁了,就不属于自家人了,只有家中唯独有女儿的情况,那么女儿才可以借"招郎"来继承家中产业。但是拥有继承权的儿子是仅限于"被承认的儿子"这一概念的,即私生子无权继承。同时,如果不是父亲亡故的情况,孙子也无权继承爷爷的家产。

卢家不同继承人的继承权是平等的,无长幼尊卑之分,同样也没有优先次序之分,家产分配遵循尽量公平的原则。对于其他家庭中的妻妾子侄之间的继承关系,卢家人因为没有过多了解,所以不是非常清楚。在卢家家庭以外的成员,无论在什么情况下,其他家户外部成员均不能继承卢家的家产。假若家中没有子女,那其财产在父母亡故以后,在当家人未指定侄辈等人继承的情况下,将会由村庄统一收回,成为"义山""义田"及"义屋""义宅"。

当地一些没有儿子的家庭,大多会指定一个家户继承人,并且均通过"过继"的方式来实现指定继承的合法性。例如,卢家二儿子卢礼泉就是因为其叔叔没有子女,因此当家人卢书鑫就在卢礼泉的叔叔身体不行、快要过世的时候,从名义上将卢礼泉过继了过去,这样事实上就完成了继承人的默认指定,卢礼泉因此也就顺利地获得了他叔叔家的所有财产继承权了。

2.家长决定继承条件

在一般情况下,只要是儿子就一定可以继承家中的产业,但是像非常不孝顺或者被逐出家门以致"脱离了父子关系"的"放浪子弟",在分家产或者指定继承人的时候,家长就不会给予其继承权了。因为在继承的决定权上,家长是拥有绝对主导地位的。卢家就是如此,基本涉及继承的事情都必须由卢书鑫做主决定,除了当家人之外的其他家庭成员是不能决定和修改继承条件的。即使是当家人过世,家户也必须在确定和指定新的当家人以后,才能再次对继承问题进行决策。而在家中有儿子的情况下,除了儿子非常不孝等情况外,是不可以指定其他人为继承人的,正如当地流传的一句谚语所说:"家财不流外"。同时,对于家产的继承外人是无权干涉和影响的,家族族长及村里的保甲长也绝不会插手介入。

3.身份职位不能继承

卢家所在的村庄,继承就是指继承家产,家产包括土地、房屋、家具、钱财等,而家产之外的均不能继承,例如说身份职位等。比如,卢家所在家族的族长位置就不可以由族长的儿子继承,而是需要开家族大会共同推选。卢家人曾经参加过家族的族长推选会。总的来说,大会的推选形式是较为公平公正的。

4.基本由家长决策

在确定继承权时,必须由家长做主,包括继承权的分配、继承的条件等,如果其他家庭成员不同意,可以提出来与家长共同协商,不过最终的决定无论结果是否满意都必须遵从。在确定继承权之后,家长要写家产继承的字据,分家是写"分字",而家长决定单独由某人继承或者指定某人继承,就叫作立"遗愿字"。特别是对于大户人家来说,"遗愿字"即遗嘱是具有绝对效力的,且当地对遗言内容的认可度非常高。

在继承权方面的纠纷,主要是关于分多分少的问题。比如,卢家在分家的时候,就曾经发生过一点儿小矛盾:大儿子卢礼海因为个人劳力比较强,所以希望多分到一点儿水田,但是家长卢书鑫想多留一些田给卢礼泉和卢礼兴,多分一点儿房子给卢礼海。卢礼海一开始不太乐意,多次找到卢礼海进行协商。不过最后还是由卢书鑫拍板定了下来,没有让矛盾激化。当地有些家庭的继承纠纷闹得比较大,那就需要找地方上的乡绅和保甲长来调解,家族里也会派人过来帮助协商,不过最后结果如何,还是取决于这些家庭的家长意志。

四、家户过继与抱养

(一)过继

1.兄弟无子才过继

一般情况下,家户没有儿子就会选择过继。而卢家所在的村庄,更多是没有子女才会选择过继,要是生了男孩就不会过继了,即便是有女孩的家庭也不会过继,而是通过入赘的方式"招郎"进来。过继对于一个家户来说,最主要的目的就是延续香火和继承家业,这也是为什么只存在过继男孩的重要原因。

在正常情况下,只有本家兄弟之间才会进行过继,比如有一个兄弟没有子女,另一个兄弟有几个儿子,那么多子的兄弟就会过继一个儿子给无子的兄弟。但是这种过继多发生在亲兄弟之间,堂兄弟之间虽然也有,但是相对来说会少一些。过继并不是必需的,而是建立在相互自愿的基础之上。例如,卢礼泉就由卢家过继给卢书鑫的一个堂兄弟,因为他没有子女,家产无人继承,因此他提出让卢书鑫过继一个儿子给他,卢书鑫也欣然同意了。不过卢家也只是名义上出继了二儿子卢礼泉给了卢书鑫的堂兄弟,并没有发生实质上的过继关系,主要目的是为了继承他的家业与家产。

2.优先直系择中过继

过继要遵循一定的规则和顺序。首先,要优先亲兄弟之间的过继,然后才是堂兄弟及其他本家人之间的过继;其次,过继必须建立在出继方有多个儿子的前提之下,否则是不能过继的;最后,对于出继方来说,几个儿子是有"过中"的习俗,即有两个以上儿子,不能过继大儿子,也不能过继小儿子,而是过继处于中间位置的儿子,如卢礼泉就是家中的二儿子,卢家就优先将他出继给了他人。这主要是考虑到大儿子为家中主要的劳动力,小儿子则年龄太小,因此"择中而出"最为合适。

3.仅名义上出继

卢家所在村庄的过继只存在"完全出继",但是卢礼泉的过继算是一个特例,因为卢礼泉过继给其叔叔时,卢家已经知道他马上就要过世了。因此虽说名义上要卢礼泉过继过去,但是对于其叔叔无妻无子女的情况而言这只是为了给其一份心灵的慰藉,并以此继承他的几亩田地,实质上来说是没有真正过继的。而且在卢礼泉这位叔叔过世之后,卢礼泉又回到了卢家。从现实状况来看,当地是并不存在多种形式的过继类型的,因此也就没有过继形式的选择与决定过程。

卢家对卢礼泉的过继是写了契约的,当地叫作写"承继字",一般会请家里有文化的亲戚或者家族的族长来写,上面同时署上过继人的姓名、出生年月日和出继的时间。有些大户人家在写"承继字"的时候,还会附上家中的家规,以明确对出继儿子的管教和约束情况。"承继字"最后需要签上两方家长的姓名,家族的族长也需要署名,否则就没有效力。写完之后的"承继字"一式两份,由双方的家长带回去保管。

卢家出继卢礼泉没有请中人介绍的,而且当地都是关系好的本家人之间才会发生承继关系,所以不存在请人介绍的问题。但当地也有些人家过继的时候请了熟人牵线,这种就是属于远房亲戚之间的过继了。这种情况下的中人需要家里的家长亲自去请,但是有了中人以后就不需要证人了,族长的签字和出面就是最好的见证。请过来的中人不需要给其任何报酬,只不过签完了"承继字"以后,为了表示感谢,过继方需要请中人吃一顿饭。

4.外界认可承继风俗

卢家的家族对于卢家的过继是完全认可的,这首先体现在卢家签订"承继单"时族长的署名。但是卢家对过继以后家谱上相应变动的情况不太清楚,因为卢礼泉只是名义上的过继,其本人甚至都没去那位叔叔家居住过。而当地只要是正常情况下的过继,那其家族内部是不会予以区别对待的,均会承认双方过继的道德合法性。

村庄以及政府对卢家的过继也是持认可态度的,不过卢家在写"承继单"时并没有请保甲长过来见证,只是在后来专程和村里说了,否则也无法在卢礼泉叔叔过世后,将其家产与家业带回卢家。对于其他家庭过继的儿子,村里同样是持认可态度的,不会因为过继的缘故瞧不起或者认为过继子矮人一等。

(二)抱养与买卖孩子

卢家自家没有买卖孩子以及抱养的情况,而且当地及附近村庄几乎没有听说过有这两种情况的发生。因为当地有家庭如果没有子女,几乎都会选择用过继的方式来解决家庭"后继无人"的问题与担忧,所以不需要通过其他方式与途径来为家中添丁添嗣。

五、家户赡养

(一)赡养单位

赡养老人是卢家本家户的内部事务,家户之外的人是不能干涉的。而卢家家户的成员都需要承担赡养老人的责任。相对来说,儿子对父亲的赡养责任最大,例如卢家的家长卢书鑫在年纪逐渐大了之后,就是由家中的三个儿子共同赡养。家中的儿童因为年龄过小,因此不会帮助赡养老人,如卢家的三儿子卢礼兴就是在其成年之后才承担起卢书鑫的养老责任的。至于家中的妇女、儿媳及未出嫁的女儿也有赡养老人的义务,但是她们更多的是体现在对老人生活方面的照顾以及态度上的尊重。至于出嫁之后的妇女,则原则上不需要对家里的老人再负有赡养责任了,因为女方嫁到男方家以后,就负有赡养男方家老人的责任了。但是如果碰到娘家的老人有紧急情况,那出嫁的女儿也应该回娘家帮忙。如卢家的长女卢凤英在卢书鑫得了肺炎的时候,就回家帮忙照顾了半个月的生活起居。

对于不承担赡养老人责任的家庭成员,特别是儿子,会受到村里巨大道德舆论压力的谴责,村民们会在背后说闲话,认为这个人连自己的"娘爷"①都不孝顺,没有一点儿良心。除此之外,卢家所在的家族还会对这种不孝子进行族规惩罚。一般到了冬至家族祭祀的时候,这种人就会被带到祠堂,族长亲自打开祠堂门"打屁股"。在卢家的家族中,曾经有一个叫卢礼中的人,是卢礼海的远房表兄,因为不赡养他的父亲,并在一次与父亲的争论中动了手,而被族规严厉惩治了。

(二)赡养主体

卢家是有多个孩子的家庭,对于老人的赡养是分摊到每个儿子的身上,女儿在出嫁以后就无须负责老人的赡养了。卢家每个儿子都对父母卢书鑫、郑淑珍有着相同的赡养义务,在分家之后,三兄弟轮流接老人在家赡养,没有长幼之间的区别。

对于当地没有儿子的家庭来说,就会通过"招郎"来解决老人的赡养问题,即把女婿招到家中,"郎当半子"来尽儿子的义务。要是有的家户没有儿女,当地有一个慈善机构"义堂",专门负责对孤寡老人的养老,费用则由村里的富裕的乡绅和财主资助,村庄及家族在一般情况下都是不会承担的。

(三)赡养形式

1.多子共同赡养

卢家在没有分家之前,是采取轮流赡养的养老形式,即卢书鑫与郑淑珍每个月到一个儿子家吃饭住宿。到1949年以后分了家,卢家的二儿子卢礼泉外出工作了,卢家的养老方式也发生了变化。父亲卢书鑫跟着长子卢礼海一家生活,母亲郑淑珍跟着小儿子卢礼兴一家生活,而卢礼泉则是负责两位老人吃穿用度的花费,同时还把自己分家时的田地均分给了两个兄弟,算作两位老人的"养老田"。这种养老的方式是由卢家三兄弟与两位老人共同商议决定的,如果有儿子或者老人不同意,是没有办法实行的。

2.儿子商定赡养方式

卢家的养老方式最开始是由当家人卢书鑫提出的。那次卢书鑫专程把卢礼海几兄弟召集到堂屋开会,与他们几兄弟商量自己与郑淑珍养老的事情。至于具体的形式,则不存在由家中谁来决定的问题,因为当地有多个儿子的家庭都是采取轮流赡养老人的方式,这是约定俗成的,在无形中达成的默契,只需要当家人提出来,然后由每个儿子共同约定具体的轮流赡养时间和次序等问题。

---

① 娘爷:父母。

3.家户赡养形式各异

在赡养的形式上,大户、小户基本上是一样的,但是对于多子女和少子女的家庭来说则会存在一定的区别。多子女的家庭大多采用轮流赡养的方式,而少子女的家庭更多的是共同赡养或者独自赡养。而在四世同堂的家庭中,赡养老人往往还会存在对爷爷辈的赡养分配问题,因此会根据孙辈中子女的数量,采取共同赡养爷爷辈、轮流赡养父辈的灵活赡养方式,这就比三世同堂的家庭更加复杂多元了。

(四)养老钱粮

1.儿子共同承担

卢家在分家的时候,决定由三个儿子共同承担卢书鑫与郑淑珍的养老粮,这是由卢书鑫提出、三个儿子共同决定的。养老粮在卢家是折算成了养老钱,不会固定地按月、季给,因为两个老人都是轮流在三兄弟家吃饭住宿,只是卢礼泉外出工作之后,每次回家都会按两个老人的生活花费来给生活费,但是金额并不固定。一开始分家时,卢家三兄弟对两位老人的养老花费都是差不多的,到了后来由于卢礼泉的经济条件稍好,则是由卢礼泉一人负担。这都是由卢家三兄弟共同协商决定的,没有强硬地去规定或者要求。

2.各家决策各家事

在决定养老钱粮分配时,卢书鑫已经不再是家长了,卢家三个儿子各自成了自己家庭的家长。在卢家三兄弟自家中,就是由三兄弟做决定,其他家庭成员不能提出意见,但是可以提出合理的建议。比如在卢礼泉家中,卢礼泉与他媳妇起初提出要全部承担两位老人的养老钱时,两人之间还存在一定的分歧。但是卢礼泉依然强硬地拍板,坚持认为父母的养老应该由儿子负担。后来卢礼泉的媳妇也想通了这个道理,支持卢礼泉的决定。

(五)治病与送终

1.儿子分摊药费

卢家老人的治病与照顾是由三个儿子及儿媳共同承担的,如果需要出钱,则是每个儿子平均分摊,没有哪一个儿子会推脱。在卢书鑫与郑淑珍治病的费用中,二儿子卢礼泉承担得最多。比如有一次卢书鑫患了肺病,找乡里的郎中抓药,大部分的费用都是卢礼泉主动承担的。那一次为了照顾卢书鑫的起居生活,卢家的三个媳妇轮流去照顾,出嫁的两个女儿卢凤英和卢凰英也回家帮忙照顾了老人一段时间,只是没多久就赶回婆家做事去了。

卢家的老人如果生病了,是由三个儿子共同商量、决定治疗方案的,但是至于怎么治疗、如何照顾,则长子卢礼海做主比较多。因为卢家三兄弟虽然都分家各自当了家长,但是还会以长兄卢礼海的意见为主。

2.多子同办丧礼

在卢书鑫去世以后,丧葬费由卢家三个儿子一起承担,只是卢礼泉的经济条件比较好,因此出得更多一些。在丧葬的过程中,卢家的几个儿子有不同的职责:长子卢礼海抬灵牌,当"大孝子",卢礼泉和卢礼兴则是跟在卢礼海的后面。出嫁的女儿卢凤英与卢凰英回来之后就作为客了,不需要披麻戴孝,但是会在摆白喜事酒席时,出来帮忙接待来"吃酒"的亲戚朋友。虽然那会儿卢家已经分家了,但是卢书鑫是跟着大儿子卢礼海一家居住生活的,因此这些事情都是由卢礼海决定和安排。他去当地请一个"提调"①专门帮忙,丧葬过程中的主要事情均以卢礼海的意见为主。卢家关于丧礼方面的事宜是不需要跟家族商量的,也无须告知村里。

(六)外界对家户赡养的认可与保护

卢家所在的家族,对卢家的家户赡养是认可的。要是家族里面有人不赡养老人或者不尽赡养的义务,那这些人在家族里会受到鄙视,如果行为非常过分,不顾老人的生活甚至虐待老人,族里还会派人来核实和处置,"不孝子"要被抓去跪卢家祠堂。

村庄和县乡政府对卢家的家户赡养同样是持认可态度的,但是一般村里和县乡政府的人都不会过多地插手家户内部的这些事,最多是派保甲长过来调解劝说。有些家庭实在不赡养老人,那也没有办法,更不会有官方的处置惩罚,只有事情闹得非常大了才会过问,平常官府能出面帮忙说两句公道话就算不错了。

六、家户内部交往

(一)父子关系

1.权责明确

卢家的父亲是卢书鑫,同时也是卢家分家之前的当家人。卢家认为,父亲需要承担儿子的婚姻、教育的责任,同时也要教会儿子种田打柴的生活生产技能,并在分家的时候留有一份家产给儿子。这在当地一般人家中都是如此,如果父亲尽不到这些责任,就会被村里人说闲话,产生不好的舆论倾向。

卢书鑫对卢家三个儿子具有绝对权威,虽然不至于随意役使他们,且一般会与儿子商量说明,但是责罚的情况是时有发生的,正所谓"子不教父之过",父亲对儿子的不正行为进行矫正是最好的教育。要是儿子犯下无法原谅的错误,那父亲也可以将其逐出家门。不过卢家的父亲卢书鑫很少打骂三个儿子,多是以口头教育为主。对于父亲的要求,儿子一般情况下会无条件服从,当地有"父母话是千金"的说法。但是如果父亲说得不对,儿子也可以提出不同的意见,只是语气不能过于激烈。如果是父亲做错了事情,儿子不可以批评父亲,像卢家的家庭关系中都是严格遵守"孔孟之道"的,卢家称之为"天下无不是的父母",即使是父亲做错了儿子也不能批评。

在1949年以前,一个好的父亲就是以身作则、行为端正,能够"讲道理",给儿子以正确的教育和引导;一个好的儿子就是听话懂事,"不在外面乱来",不抽鸦片不赌博,能够在田里深耕细作,而且孝顺和尊敬父母。对于不同类型的家庭来说,父子关系是差不多的,可能大户人家对于儿子的教育会更严厉一些,同时也更强调对文化知识的学习。

2.儿时子惧父威

卢家父子之间的关系一般比较融洽,儿子大了以后开开玩笑是可以的,一起喝酒、抽烟也是常事,至于聊天谈心这些就要看具体情况。有的家户父子之间无话不说,但大部分父子之间还是有一定的长幼区别,儿子对父亲往往比较敬畏。卢家的三个儿子在没有成家以前,父亲卢书鑫对他们的管教很严厉,但是等到他们都成家立业了,父子之间的关系就发生

---

① 提调:清楚当地风俗习惯的能人,帮忙负责家中红白喜事的操办。

了很大的转变,卢礼泉还经常回家与卢书鑫一起喝喝酒。

不过绝大多数儿子都是比较畏惧父亲的,心里有事一般不敢找父亲诉说,因为父亲在家的时候,作为家长往往具有很大的权威性,做事专断,说一不二。如卢礼泉小的时候,就非常惧怕卢书鑫,一般的事情都不敢找卢书鑫说。而在当地,小户人家之间的父子交往都大体一样,但是大户人家可能儿子会更害怕父亲。少子女和多子女的家庭之间也存在一定的差异,多子女家庭中父亲的权威会更大,少子女家庭里的父亲对于儿子会比较宽松,毕竟只有一个儿子,父亲一般舍不得打骂。

3.父子偶有小冲突

卢家的父子之间也发生过冲突,但是次数非常少,主要是因为对于某件事情的意见不一致,双方就起了争执。不过卢家父子的这些冲突大多发生在卢家三兄弟成年以后,冲突也仅仅只限于口头上的吵架,没有发展到很激烈的程度。在卢家父子之间发生冲突时,母亲郑淑珍往往会站出来调解,即使是吵得比较激烈,双方赌两天气自然就和好了。曾经有一次在家中,卢礼海在关于其儿子卢勇福读书的问题上与卢书鑫吵了起来,后来两个人三四天都不理对方,卢礼海就算吃饭都是端着个碗躲到自己房里去吃。最后虽然没有人劝他们,但父子之间的关系自然就趋于缓和了。

卢家父子的冲突还没闹到需要外人介入调解的程度,但是村里有些家庭里的父子吵得很凶甚至打架的,那家族、邻居还有保甲长就会被请去调解。不过即使介入也多是给彼此讲清道理,不能强制性地去化解矛盾。如果这家人不去求他们出面帮忙,他们也不会介入,毕竟"清官难断家务事"。

(二)婆媳关系

1.权责清晰

婆婆对媳妇主要承担的责任是教会媳妇做家务。至于坐月子,则是要看婆媳关系好不好,一般情况下婆婆是会给媳妇坐月子的,而且在怀孕期间会主动帮媳妇承担一些家务。卢家的婆媳关系就算是不错的,婆婆郑淑珍经常会和媳妇唐淑宜一起做家务,在唐淑宜坐月子的时候,郑淑珍几乎帮着她分担了大部分家务。只是到了1949年以后,婆媳之间才产生了一点儿小矛盾。

婆婆对媳妇不可以随意役使,打媳妇的情况也很少见,主要是责骂,比如家务没做好、地没扫干净,婆婆都是会说媳妇的。但是一般婆婆还是不能把媳妇赶出家门。在卢家,对于郑淑珍说的话,唐淑宜不用无条件服从,而且郑淑珍如果说得不对,媳妇也可以提出自己的不同意见,只是当面批评婆婆的话一般不能说,媳妇毕竟是晚辈。同时,卢家认为好婆婆就是善于安排家务,和气好说话,能够与媳妇相互帮助、分担家务,照顾与体恤媳妇的感受;好媳妇就是会做家务,善良勤劳,孝顺公婆,性格脾气温和。

2.相处融洽

卢家平时的婆媳关系还算比较融洽,婆婆郑淑珍在媳妇唐淑宜刚进门的时候,经常带着她一起做家务,平日她们也时常会坐在一起聊聊家常、扯扯闲谈,只是到了后来快分家的时候,婆媳之间才发生了一点儿小矛盾。当地像卢家这样的中户人家,婆媳关系基本差不多,不会存在太大问题,大都可以融洽相处。

而在一般的家庭中,媳妇对婆婆还是有一定的畏惧心理,因为婆婆是内当家,管理着家庭生活的方方面面,拥有一定的家庭权威,如果媳妇有些事情做得不好就要挨骂。而且婆婆对于媳妇生活上的规矩也会有管教。不过具体的婆媳关系也要视情况而定,有的家庭婆媳很密切,无话不谈,但是有的家庭婆媳关系就紧张,媳妇会认为婆婆不好接近和相处。

3.略有小矛盾

卢家的婆媳之间几乎没有发生过冲突,只在临近分家的时候有一点儿小矛盾,且也没有摆到明面上来。但是当地别的家庭婆媳之间的冲突还是有的,甚至有的还比较激烈。一般婆媳之间的冲突都是以吵嘴为主,很少有打架的。发生冲突多是一些鸡毛蒜皮的家务事,比如婆婆嫌弃媳妇懒惰或者家务做得不好等。而一般婆媳之间发生冲突,都是在本家户内调解,不会让外人知道,家里的家长肯定也会介入,给双方进行思想情绪上的开导,同时尽量避免向外人声张。因为这属于"家丑",被别的人家知道了容易闹笑话。

(三)夫妻关系

1.夫妻权责有序

卢家认为,丈夫对妻子需要承担供养生活、相互照顾与关心等责任,当然也需要给妻子看病,并在妻子生病的时候提供必要的照顾,同时,丈夫也要和妻子一起经营好整个家庭,为生活生产的发展共同努力。卢家的丈夫对妻子不会随意役使,打骂的情况也不存在,夫妻之间保持着一种相互平等的关系,夫妻如果发生争执也是"床头吵、床尾和",彼此之间会相互尊重和理解。

卢家的丈夫主要是在外务农干活,妻子就是在家操持家务,分工非常明确。对于丈夫的要求,妻子不必无条件服从,而丈夫如果有说得不对的地方,妻子可以提出不同的意见,但是这种情况比较少,即使丈夫做错了事情,妻子也是私下提出,且口气不能过于严厉,毕竟丈夫在家中当家的权力更大一些。卢家认为,在1949年以前,好丈夫就是能有计划地安排家庭事务,不外出赌博或者打牌,能够对子女进行良好的教育,不在外面鬼混乱来;好的妻子则是贤淑温柔,能够守规矩,善于做家务,同时孝顺公公婆婆。对于不同类型的家庭来说,夫妻的权力与义务大致是相同的,只不过在大户人家家中,丈夫会比妻子的地位更高,妻子处于相对弱势的位置。

2.关系平等和睦

卢家平时的夫妻关系比较融洽,夫妻之间偶尔也会开玩笑。像卢礼海与唐淑宜夫妇的感情就特别好,两人经常坐在家里的堂屋里聊天,而且卢礼海很喜欢给唐淑宜讲历史故事,这些故事都是卢礼海小时候从父亲卢书鑫那里听来的。在1949年以前,卢家的两对夫妻都没有妻子怕丈夫的情况,相互之间非常平等,所以夫妻之间的相处很和睦,有什么心事会互相倾诉。但是相对来说,有些大户人家的规矩会更多一些,夫妻之间显得有隔阂,妻子不敢轻易与丈夫说事情,同时也比较惧怕丈夫的权威。至于其他类型的家庭,情况大多与卢家差不多。

3.夫妻间曾有冲突

卢家的夫妻之间也是发生过冲突的,不过相对较少。这些冲突主要是因为一些家庭的琐事,比如在钱粮用度等方面产生的矛盾,夫妻之间偶有斗嘴,但打架的情况是没有的。卢家在发生冲突之后,一般是家里人劝说,加之本身矛盾不大,彼此相互退让一下就没事了。夫妻发生争执时,卢家家人不会完全站在丈夫这一边,要看事情的对与错,实在是丈夫的不对,家人也会帮妻子说话。

卢礼海夫妻发生冲突时,多是家长卢书鑫介入。如有一次正在吃饭,卢礼海与唐淑宜斗嘴,吵得还比较激烈,卢书鑫当场就将筷子往桌上一拍,不让他们再吵了。而卢家发生的这些冲突均属于小矛盾、小分歧,家庭内部就可以解决好。但有些家庭闹得凶的,妻子的娘家人就会过来帮忙调解和劝说。

(四)兄弟关系

1.长兄为父

卢家的兄长对弟弟需要承担照顾看管、教其农活本领等责任,其他方面则没有太多的义务。但是有些家庭父母不在了,那兄长担负的责任就会很大,俗话叫作"长兄为父",兄长要承担本来作为父亲的义务,包括给弟弟娶媳妇,抚育其长大成人,并且在弟弟成家之时给其置办一份产业等。

卢家兄长对弟弟是不能随意役使的,但是打骂的情况比较多,大多是兄长嫌弃弟弟顽皮,就会给予一些教训。另外则是因为兄弟之间意见不合,就发生兄长欺压弟弟的情况。不过即使父母不在,兄长也是不能将弟弟逐出家门或者卖掉弟弟,因为当地虽然认可"长兄为父"的观点,但兄长毕竟与弟弟属于平辈,彼此之间的约束关系相对较弱。卢家的兄弟之间没有出现过兄长打骂弟弟的情况,并且在很多事情上,卢家兄长卢礼海会让着卢礼泉和卢礼兴,卢礼泉也很少欺负打骂卢礼兴。

对于兄长的话,弟弟不需要无条件服从,同时也能予以反驳,提出不同意见。兄长做错事了,弟弟提出批评是可以的。比如卢家的兄弟之间就是如此,卢礼泉对卢礼海提出的问题经常会发表不同的看法,如果卢礼泉有做得不对的地方,卢礼兴也会批评他。

在1949年以前,能够爱护照顾弟弟,帮助教育弟弟,并且在必要的时候,协助弟弟成家立业的兄长就是好兄长;而好弟弟就是能够听从兄长的正确意见,不顽皮乱来,能够力所能及地帮助兄长。

2.兄弟平等

卢家平时兄弟之间关系比较融洽,在一起的时候经常开玩笑、打闹,即使是长大成家了以后,也时常会聚在一起吃饭聊天。卢家的弟弟不怕兄长,因为卢家兄弟之间关系非常平等,小时候就是哥哥带着弟弟到田里帮忙、到山里打柴,所以兄弟之间都是互相倾诉,没有什么太多的顾忌。弟弟卢礼泉认为哥哥卢礼海非常好接近、好相处,因为卢家本身的家庭成员就不多,所以兄弟之间的关系亲密无间,卢礼海从来不会摆出老兄的架子。

但有的大户人家的弟弟就很惧怕哥哥,这一方面与年龄差距较大有关,同时还与家庭内部的制度存在一定关联。因为在大户人家中,兄弟之间往往相差岁数大,而且会有不同的生母,加之家庭内部明确的等级尊卑秩序,所以与小户和中户人家有所不同。

3.有过冲突

卢家的兄弟之间曾经发生过冲突,但是次数很少,多是以吵嘴为主,且只在小时候的玩闹中打过架。在发生冲突之后,因为是孩子之间玩闹的小事,所以卢家均是在家户内部解决。卢家人不会有意偏袒哪个孩子,毕竟在卢家大人看来,小孩子打闹是没有什么对错的,只是家长卢书鑫经常会责怪长子卢礼海,认为长兄应该更谦让两个弟弟。等到卢家兄弟长大了之后,如果发生吵嘴,那就是相互"打打圆场",尽量化解矛盾。当卢家兄弟之间发生冲突时,家长卢书鑫是会介入的。曾经有一次卢礼泉与卢礼海因为一点儿小事打了一架,卢书鑫就把他们两个带到堂屋里罚跪,最后兄弟两个人互相认错道歉才让起身回屋。对于兄弟之间发生的冲突,外人一般是不介入的,多是由父母来协调,很少会有家庭闹到村里或者族里的情况,而且外人一般也不愿意卷入其他家庭兄弟之间的争端中。

(五)妯娌关系

1.无明确权责关系

在卢家,嫂子对于弟媳没有明确的责任,主要是在弟媳"进门"①时,帮助弟媳熟悉家务,并且在平时的生活中相互关心和照顾。卢家的嫂子与弟媳之间是处于平等地位的,嫂子不能随意役使、打骂弟媳,但是有的家庭嫂子强势一点儿,就存在以大欺小的情况。对于嫂子说的话,弟媳无须无条件服从,但是一般情况下,弟媳也不能批评嫂子,有意见也只能是通过自己的丈夫去提。

在1949年以前,能够给弟媳提供帮助和照顾的嫂子就是好嫂子,而乖巧听话的弟媳就是好弟媳。但是大户人家或多子女家庭的妯娌关系相对来说会稍显复杂一些,这与家庭规模以及家庭内部的权威秩序是有关系的,一般的小户、中户家里就没这么多的规矩与讲究。

2.妯娌相互扶持

卢家妯娌之间平时关系非常好,从来没有发生过冲突和矛盾,嫂子唐淑宜对几个弟媳都很客气,而且因为妯娌都是外嫁到卢家的,所以相互之间关系比较亲密,闲着的时候经常聚在一起聊天。卢家的弟媳不怕嫂子,心里如果有事,会跟嫂子诉说。而嫂子唐淑宜也没有架子,妯娌之间关系平等。但是卢家隔壁的王家嫂子与弟媳就经常闹矛盾,甚至还发生过大嫂打弟媳的情况,弟媳后来非常惧怕、疏远那位大嫂。在日常交往的关系上,妯娌关系与家庭内部的规模和权威秩序也有很大关联,大户人家及多子女家庭中常常存在大嫂与弟媳不和的情况,而且大嫂往往比弟媳具有更大的权威,是仅次于内当家的"管事婆"。但是一般的小户和中户人家,妯娌之间的交往就较为平等、密切了。

(六)其他关系

1.兄妹关系:礼让妹妹

卢家兄妹之间关系比较和睦,卢家的兄弟认为妹妹应该多获得关心和照顾,在生活中能够帮助妹妹卢凰英的地方,卢礼海和卢礼泉一般会有求必应。同时,卢家的兄长们从来没有和妹妹卢凰英发生过冲突或者矛盾,有问题时会尽量让着妹妹,不与她争。而卢家妹妹在出嫁之前遇到事情,也会找卢礼海和卢礼泉诉说,兄妹关系非常融洽。

2.叔嫂关系:互相尊重

卢家的叔嫂关系是建立在彼此尊重的基础之上的。以卢礼泉为例,卢礼泉与其大嫂唐淑宜的关系非常融洽,但是由于唐淑宜是卢礼泉的长辈,同时也是外嫁过来的女性,所以平时彼此的交流不多。卢礼泉更多的是怀着尊重的心态去与大嫂唐淑宜交往,自己的事情一般不会和大嫂诉说,更不可能与她发生冲突与矛盾。

---

① 进门:指女人嫁到丈夫家。

七、家户外部交往

(一)远亲不如近邻

卢家与邻里之间没有明确的责任与义务,而是在相互关心和帮助下自然而然形成的一种邻里关系,"远亲不如近邻"就是说的邻里之间的密切程度。在平时,卢家与邻居唐家和王家之间会相互帮助,比如说谁家地里种了菜,摘了以后都会每户分一点儿;晒谷子的时候,邻居晒完了就会过来一起帮忙。因此卢家与邻里之间是自愿帮忙的,只要是看到了对方有需要,都会过来搭一把手。但是卢家与邻里之间,认为筹办红白喜事属于必要义务,要帮忙摆桌椅、扎纸花,最后办完了还会一起帮忙打扫卫生,因为红白喜事的筹办需要的人手较多,邻里之间如果不相互帮忙,那等到自家办酒的时候,别人也不会出力。

与此同时,卢家与邻居之间的关系也是比较融洽的,平时彼此之间的走动非常频繁。到冬天的时候,卢家经常会去王家或者唐家坐一坐,一起烤烤火、聊聊天。夏天的时候,几家人也时常聚在卢家的前坪纳凉消暑。卢家与邻居之间的来往,不仅限于家长卢书鑫,其他家庭成员之间同样会相互来往串门,比如卢礼泉经常到王家"歇脚",找他们的三儿子王家兴玩儿。卢家与邻里之间的交往是平等的,不存在哪一方惧怕哪一方,但是当地有的佃户住在主户家旁边,就不太敢去打交道,因为大户人家对小户人家会显得很强势,加上小户人家无权无势,就更加害怕与大户人家产生交集了。

(二)逢事过节亲戚常走动

亲戚之间的关系要视远近情况而定,对于关系比较近的亲戚,彼此需要承担相互帮忙、彼此互助的责任和义务,同时两家之间必定会经常走动。但是与远房的亲戚之间则没有这么多的规矩与讲究了,最多是在家中发生大事的时候有所往来,其余的时间接触的机会相对会比较少。对于关系较好的亲戚来说,平时要互相帮忙,而最多就体现在红白喜事方面。例如结婚时候的接亲,丧葬时候的抬棺,均对亲戚是有要求的,亲戚必须要来帮忙。在碰到家庭发生灾祸的时候,亲戚也要给予钱财上的支持,即使没有钱也要出一份力。

卢家与亲戚之间的关系还算不错,但是彼此的来往走动不是特别多。关系好一点儿的亲戚在过年过节的时候会互相串门,但是关系稍微远一点儿的亲戚就只在有事的时候才来往。卢家与亲戚之间的交往主要是由家长卢书鑫负责,其他的家庭成员很少直接与亲戚打交道。因为与亲戚打交道或者来往大多是在红白喜事时请他们过来吃酒,这必须要家长出面才可以。卢家与亲戚之间的关系是非常平等的,不会发生彼此之间惧怕的情况,只不过对卢家媳妇的娘家以及自家叔伯家会更加尊重,他们来了要作为高亲接迎,而这种亲戚之间的来往所有的家庭几乎都是一样的。

(三)朋友间有忙必相帮

朋友之间是谈不上具体的责任与义务的,即使是相互帮忙,也是按照自愿以及关系的远近来定,没有强制性的要求,只是关系要好的朋友会在必要的时候无私给予帮助。卢家成员的朋友,在有时间的情况下,都会来卢家帮忙筹办红白喜事之类的事情,平时有空也会相互串门,帮忙做一点儿杂活。

卢家与朋友平时来往非常多,关系比较密切。至于卢家家人的朋友,则大多是家庭成员的同学或者是村里关系较好的儿时玩伴,与他们打交道不局限于家长卢书鑫一人,而是家庭成员均可以和自己的朋友来往。卢家人与朋友之间必定是相互平等的关系,不存在谁惧怕谁,否则朋友的友谊就无法维持和发展下去了。

(四)与外村人交往甚少

卢家与外村人之间的关系是比较疏远的,如果彼此之间不是亲戚,那一般家庭的交往范围就仅限于本村之内,很少主动与外村人打交道或产生交集。在1949年以前,卢家曾经与一户外村张姓的佃农关系比较好,卢家办红白喜事的时候,张家的当家人张利三还专程赶过来吃酒。除此之外,双方的交往与彼此互助就非常有限了。

八、对外冲突及调试

(一)对外冲突的单位

卢家在处理对外冲突时,均是以本家户为单位的,且要由当家人卢书鑫代表卢家出面处理。在正常情况下,卢家的其他家庭成员是不能处理对外冲突的,除非是家长卢书鑫不在场,且冲突非常激烈,那么家中长子卢礼海才可以代表卢家先行进行协商。曾经有一次,卢家二儿子卢礼泉与小儿子卢礼兴到山上砍柴,发现有一个人在偷砍他们家山岭的树,他们俩就跑去与其理论并吵了起来。后来卢礼兴跑回家去叫卢书鑫过来,但是卢书鑫当时外出去给别人家看风水了,长子卢礼海只好急急忙忙跟着过来协调,等卢书鑫回来之后,还口头表扬了卢礼海,认为事情处理得好,为卢家争得了十担柴的赔偿。

(二)处理冲突的边界

卢家在处理冲突的时候,是以卢家整个家户的利益为最先考虑的。同时,处理冲突的时候,只能由卢家的家长或者其他家庭成员自行做主,其他的外人均不能插手与干涉。

(三)家长在对外冲突中的地位

卢家与邻居唐家曾经发生过冲突,那次冲突是因为唐家有人在卢家的山上砍了柴,被卢礼海无意间撞见了,后来是卢书鑫出面,与唐家的当家人唐四老爷子协商才解决的。卢家与朋友之间的冲突也是有的,但是都属于个人之间的小事情,私下协商就解决了,不需要家长出面。

除此之外,卢家人还发生过一次与外村人的"争水"冲突。那次是隔壁村靠近长湾那头的几户人家把卢家附近的一条小溪口子给堵住了,导致溪水流不到卢家水田的沟渠里。卢书鑫得知后非常气愤,急忙提着铲子过去,跟他们吵了一架,说卢家水田的沟渠几十年都没有被堵过,一定要找他们的麻烦。卢家与外村人之间的这次"争水"冲突一度惊动了两个村的保甲长,甚至连乡上都知道了,派人过来打听询问。虽然两个村的保甲长当时都来调解,但是卢家人怎么也不肯退让。最后是那几户人家主动道歉,帮卢家人疏通了沟渠才作罢。

除了那次与外村的"争水"以外,卢家与外界的冲突都通过合理的协商手段得以解决,没有演化成家户之间的直接冲突,也没有发展到外力介入的程度,家长卢书鑫在这些对外冲突的解决过程中始终扮演着代表卢家全家解决冲突和化解矛盾的权威性角色。

第四章　家户文化制度

卢家虽然仅为中型家户,但却有着极其丰富的家户文化生活。卢家非常注重知识文化教育,家庭成员或多或少接受过私塾或者学校教育,并在平时的家户生活中,家长卢书鑫和内当家郑淑珍均会有意识地对子女进行正确的家庭教育和技能训练。同时,卢家有着浓厚的"自家人"意识,认同卢家作为统一整体的定位,每一位卢家成员均优先考虑本家户的利益,"行善积德"以祈求全家的"福报"。除此之外,卢家的家户习俗与宗教信仰始终保持着高度统一,并随着祖辈传承的观念以及家长卢书鑫的意识来加以体现。虽然卢家日常节日习俗简化、道教信仰单一,但却极大地维护了卢家家户的规则秩序。至于在家户娱乐方面,卢家坚持广交良友、抵制恶习,通过卢书鑫的引导与安排,经常与四邻串门聊天,每年参加村中庙会,充实了本家户的文化生活。

一、家户教育

(一)家户教育概括

1.重视文化教育

在 1949 年以前,卢家成员的普遍教育水平在当地算是比较高的。当家人卢书鑫曾经读过四五年的老书,有一定的文化水平,而且写得一手好毛笔字,但是内当家郑淑珍没有上过学,是文盲;卢家的兄弟姐妹都上过学,其中长子卢礼海读了两年的初小,不过没毕业。二儿子卢礼泉读了四年的初小和一年的高小,小儿子卢礼兴和小女儿卢凰英均上过四年初小。卢家更早一辈人的教育情况就完全不及卢书鑫和卢家晚辈们了,卢书鑫的父亲曾经读过两年书,但其母亲却是"大字不识一个"。

卢家在卢礼海这一辈都是六七岁开始启蒙去上学的。除了卢礼海以外,其他的兄弟姐妹都至少读到了初小四年级毕业,大概十一二岁左右才没有再继续学业了。不过总体上来说,卢家的子女接受教育的水平算是比较高的,当地很多人都是文盲,卢家的晚辈们至少会写字、认字。

2.家中子女均弃学务农

卢家几兄妹结束读书的原因各有不同:长子卢礼海是因为上了两年学之后,家长卢书鑫让他帮忙做农活,所以没等读到毕业就回家了;而卢礼泉、卢礼兴以及卢凰英都是因为家中没有供其读书的条件,才被迫放弃学业的。因为他们到学校读书,老师要靠学生带来的口粮度日,到了后来很多家庭都拿不出这一份多余的饭菜,不得不让孩子回家。不仅如此,卢家的孩子即使是在学校读书,到了十三四岁也要去田里搭把手或者到山里砍柴,只有长子卢礼海是十一二岁就跟着父亲卢书鑫下田学做农活了。

不让孩子继续读书是卢家家长卢书鑫提出的。在卢礼泉读完一年高小之后,卢书鑫对他说:"泉伢啊,你读完这期就回屋里吧,屋里实在是供不起你读书了。"卢家其他几个孩子也是如此,虽然大家心里都想读书,但是实在是家里没有条件。至于家中孩子是否上学的事情,家里的其他成员是没有发言权的,均由卢书鑫拍板决定。

3.男女平等就读

卢家有多个孩子,卢书鑫尽力让每个孩子都上学,其中卢礼泉成绩最好,所以一直供其读到了高小一年级。同时,由于在卢礼泉读书的时候,他的大哥卢礼海已经能够帮家里分担许多农活了,所以卢书鑫也就同意让卢礼泉多读了一年高小,可见,能否读书并不是完全取决于他的学习成绩。当地很多家庭条件差的,一个孩子都没上过学的情况也很普遍。卢家没有爷爷辈的当家人,但是卢家人认为,如果是爷爷辈当家,那孙子的上学问题也应该是由他自己的父亲来决定,爷爷辈的长者可以表明是否支持的意见,但是不能完全替孩子的父亲做出决定。

卢家送孩子去接受教育的目的,主要是为了孩子的前途,希望孩子读书之后能够跳出农门、有所成就,而且读书拥有一定文化后,就可以去学校做老师,当了老师就不用去服兵役了。同时,家里的小孩接受了教育,也让家里的氛围不一样了,使整个家庭更加和睦。

卢家的女孩和男孩一样都接受了平等的教育,这主要是因为当家人卢书鑫自身的文化水平比较高,希望子女能多读一点儿书。但是当地一般家庭的女孩子读书要比男孩子少很多,因为大多数家庭认为,女孩子读书再多也没用,迟早是要成为别人家里的媳妇。只有极少数像卢家这样的家庭,或者是经济条件好的大户人家,才会供家中的女孩子去读书和接受教育。

(二)私塾教育

卢家的家长卢书鑫小时候读的就是私塾,当地叫作"读老书"。后来到了卢礼海这一辈,卢礼泉也曾经读过半年左右的私塾。卢礼泉读的那间私塾是乡上一位老先生开的,刚好这位老先生是卢书鑫的同学,所以卢书鑫就让刚读完一年高小的卢礼泉过去上了半期的学。当地的私塾不多,收的学生也比较少,且不招收女孩。卢礼泉上私塾,是经过家长卢书鑫同意才去的。

读私塾的费用比较高,一年分为两个学期,一个学期要两担谷的学费。不过除了学费以外,书本笔墨这些都不需要再另外交钱了,同时吃饭也由自家解决,没有额外的餐费。卢礼泉上私塾的钱是大家庭共同承担的,因为卢家没有分家,所以家庭支出都归整个家庭一起负责。

卢礼泉去读的那间私塾离卢家不是特别远,大概是两里路左右,走路需二十分钟左右。私塾是在老师的家里开办的,卢礼泉去上学都是一个人自己去,因为卢礼泉刚读完高小一年,有十三四岁了,不需要家人接送,只有年龄小一些的,才需要父母接送。上课的地点一般是在私塾老师家,但请私塾老师到家里去给孩子上课的情况也有,均是大户有钱的人家,他们会由家长去乡里专门请这种老先生过去,其他一般的人家是没有这个条件的。

在私塾上课,主要是学习三个方面的内容:第一是读四本老书,卢礼泉只记得其中的两本《幼学》和《增广》,其他两本就记不太清楚了;第二是学算术,掌握使用算盘的技能,即珠算;第三是学习写毛笔字,从习帖子开始练。卢礼泉上私塾的时候正好是下半年,到了过年的时候,他自己一个人到老师家里拜了年,但是没有带礼物,卢书鑫也没有专程请私塾老师吃饭。虽然卢书鑫与那位老师是同学关系,但是他们之间的接触来往并不是很多,而且在过年之后,卢礼泉就没有再去私塾上课了。卢礼泉在私塾一共学习了一个学期,那会儿叫作"半年期",因为一年是两期,实际上学却只有大概三个月左右的时间。

(三)学校教育

卢家在卢礼海这一辈基本上是去学校里读的书,当地叫"读洋书",学的都是国民党的教材和孙中山的遗嘱等内容。学校建在乡上,每年卢家家长卢书鑫和郑淑珍都会送他们去报名。

卢家的孩子可以去学校读书,不论性别和年龄长幼,只要到了读书的年纪,卢家的家长卢书鑫就会带着去学校报名上学。不过其他一般的小户家庭则是由家长指定一两个孩子去读书,且女孩子一般不让去学校。卢家这种让孩子全部去上学的情况属于极少数。

到学校上学是需要交学费的,初小的学费不贵,只要一箩谷,相当于几毛钱,会发语文和数学两本书;高小就很贵了,要六担谷一个学期,同时会增加地理、自然和历史等课程。卢家小孩的学费均由卢家全家人共同承担,因为卢家没有分家,自然就不会产生费用由谁具体负担的问题。卢家的孩子去读书,是没有为了自己或是全家而读这一概念的,因为孩子即使读过书,跳出农门的机会还是非常小,大部分人"一辈子就在泥巴里"。所以卢家只希望孩子能学一点儿知识,将来掌握一些基本的技能,主要目的还是为了谋生。

(四)教育的家户单位

1."父带崽,娘教女"

卢家小孩的教育主要来自于家庭,而卢家父母对于小孩的教育是有明确分工的:父亲卢书鑫主要是教卢礼海三兄弟读书写字及做农活,而母亲郑淑珍则是教两个女儿做家务和纺纱,"父带崽,娘教女"是当地普遍的风俗习惯。卢家因为没有爷爷奶奶辈,所以不存在爷爷奶奶对孙辈的教育问题。

卢家的父辈主要教会孩子一些生活上的规矩与生活生产技能,其中男性主要教男孩吃苦耐劳与深耕细作的的品质和知识,而女性则更加偏重教会女孩勤劳持家与煮饭烧菜的技能。

2.家户教育意义大

其他的亲戚一般是不会对卢家的小孩子进行教育的,至于附近的邻居,如果有时碰到在田里干活,偶尔会教一教卢家的孩子插秧与撒种的技巧。曾经有一次,卢礼泉坐在田埂上看卢书鑫与卢礼海插秧,隔壁的唐四老爷子就跑过来拍了拍他的肩膀,告诉他为什么要这么栽禾,禾苗的间距多宽是最合适的。而当地同龄人对卢家小孩成长的影响也是比较大的,因为差不多大的细伢子都是一起玩儿、一起做事,彼此之间的交流比较多。不过与家庭比起来,这些外在的因素对小孩教育的作用并不是特别明显。

卢家的小孩子一般到了七八岁左右读了一点儿书,就被家人认为是长大了。而到了能够帮家里承担一些农活家务的时候,才会被视为是真的懂事了。比如在卢礼泉十二三岁的时候,有一次他主动提出要和哥哥卢礼海到田里学做农活,母亲郑淑珍就感慨卢礼泉终于懂事了。

（五）家教与人格形成

1.注重言传身教

卢家的父母及其他家人的一言一行,包括说话方式、思维方式和性格脾气都对卢家孩子的成长过程产生了深远的影响,卢家的家庭相处模式与生活氛围同样也对卢家孩子的性格形成产生了重要作用,如当家人卢书鑫性格非常外向,喜欢到外面和别人打交道,平时在家里也喜欢聊天、说故事,所以卢家的子女都非常的活泼外向。

卢家子女做人做事的道理都是从父母和家人那里习得的,像卢书鑫时常会给孩子们讲一些富有深意的小故事,教他们做人的道理。有一次卢礼海和卢礼泉打了架,卢书鑫就把他们叫到堂屋讲孔融让梨的典故,告诫他们兄弟之间要互相谦让。卢家小孩在犯错误的时候,卢家父母也会及时纠正他们的不好行为,比如有一次卢礼泉出嫁的姐姐卢凤英回娘家,卢礼泉看到就说了一句:"大姐你怎么又回来了?"因为这件事,卢礼泉的母亲郑淑珍就严厉地教育了卢礼泉:"你姐姐回家怎么是'又'咯!她经常回家不是好事吗!"后来卢礼泉从这个"又"字里懂得了说话一定要有讲究,不仅要懂礼貌,而且要善于考虑别人的感受和想法,这是卢家的家人教会卢礼泉的人生道理。

卢家小孩对风俗习惯的学习,同样来自于家人的言传身教,比如过端午节吃粽子是为了纪念屈原,过年放鞭炮是赶"年兽",都是父亲卢书鑫从节日的仪式及故事中教会他们的,并且成了今后他们严格恪守的风俗习惯。

2.遇事互相扶持

卢家信奉"勤劳致富",家长卢书鑫经常会劝勉卢家的几个小孩子多做事、少闲谈,靠双手踏踏实实地干就能有出息。同时,卢家非常认同"家和万事兴"这个观念,只要家人之间有一点点矛盾,卢书鑫都会不高兴,他会劝说家人不要斤斤计较,"和和气气是一家人"。所以卢家人之间基本上没有发生过大的冲突争执,并认同"和气生财"的道理。

卢家人在遇到困难的时候,是家人给予的帮助最多。比如,卢礼泉在没有分家之前是父母卢书鑫与郑淑珍供养他读书生活。在1949年之后,卢书鑫还积极支持卢礼泉外出工作,让他不要有任何后顾之忧。正是卢书鑫拿出家里的部分积蓄,卢礼泉才最终能够安心外出。在卢家分家之后,同样是家人给予了卢礼泉最多的支持,像卢礼泉的老婆就非常体谅他的辛苦,让卢礼泉不要操心家里的事情。所以卢家认为,家是最温暖的,一个人无论什么时候都不能够离开家庭。

（六）家教与劳动技能

1.劳动技能代代相传

卢家会教小孩子劳动技能,其中男孩就是由父亲卢书鑫教农业技术,比如栽禾、犁田等。除了种田以外,卢礼海几兄弟还要跟着卢书鑫学割猪草、砍柴。女孩则主要是跟母亲郑淑珍学习做家务活,比如郑淑珍就是带着女儿卢凤英学习做鞋子、纺纱,除此之外,还有煮饭、泡茶等技能也都要掌握。

女孩和男孩学习的劳动技能是不一样的,"女不主外,男不主内",女的学的是手上活,男的学的是体力活。卢家的小孩不能不学这些技能,因为当地有"根土为本"的说法,每家每户都是"靠土吃饭",如果表露出不想学或者不认真学的态度,那就要被卢书鑫或者郑淑珍训斥教育。卢家的这些农耕知识及手工技能是祖辈父辈们一代一代传下来的,是他们从以前的生产经历中总结出来的。

2.男女有分别

卢家一般是家长卢书鑫带三个儿子,母亲郑淑珍与大嫂唐淑宣教女儿,在这之间有明确的分工,这也是当地教育小孩约定俗成的规矩。卢家的三兄弟大多是在六七岁的时候就跟着父亲卢书鑫去田里了,刚去的时候可以在旁边玩儿泥巴,然后偶尔下田帮着卢书鑫做一点儿简单的农活。到了大概十岁左右,卢书鑫就会有意识地示范做农活给几个儿子看,让他们一边看一边学,然后慢慢模仿。在当地,每个男孩都必须学会做农活,这是农村孩子必备的生存技能,如果不认真学,卢书鑫就会严厉地责骂,因为不会做农活就意味着以后会"没得饭吃、饿肚子"。

当地形容女孩子做家务有一句谚语,叫作"七岁麻篮八岁纱,九岁鞋子十岁花"。说的是女孩子在七八岁时,就要跟着母亲学做家务了。卢家的女儿卢凰英也是如此,七八岁的时候就在家中跟母亲郑淑珍与大嫂唐淑宣学做一些简单的家务。除此之外,在卢家小儿子卢礼兴年幼的时候,卢凰英还要帮忙照顾他。在一般的家庭中,女孩子是必须学这些家务活的,一方面是要帮助家里,同时这也是未来出嫁时必备的技能。郑淑珍就曾经常叨叨卢凰英,让她做事勤快一些,否则以后会嫁不出去。所以女孩在出嫁前一定要学会纺纱、缝织、做鞋和蒸茶、煮饭这些技能,要是不会做家务就会被夫家嫌弃,认为娶了一个"圆手板"[①]的"婆娘"回来,什么事情都做不了。这种丑事传到外面,娘家人也会觉得"不争脸"。

(七)学手艺

卢家没有人掌握独门的手艺活,祖祖辈辈均是以务农为生。同时,卢家也没有人出去拜师学手艺,本来卢书鑫希望二儿子卢礼泉能够学一门木匠,但是卢礼泉嫌拜师学艺三年时间太长了,且受到当地"徒弟就是奴隶"思想的影响,死活不肯去,最后只能作罢。而卢家所在的村里是有一些手艺人的,不过他们的手艺并不一定传给自家的子孙,而是通过带徒弟的方式来进行传承。

二、家户意识

(一)自家人意识

1.家户即为自家人

如果从狭义上来说,家人就是兄弟姐妹与父母,其余的都为外人;如果是从广义上来看,则跟自己一个姓氏的亲戚族人均可以算作家人。不过卢家对家人的理解更加偏向于第一种观点,认为"自己最亲的人就是家人",即自己家的大家庭才算是自家人,叔叔伯伯以及姑姑、姑父、舅舅、舅妈这些人虽可以说是家人,但是不能完全算是自家人,因为自家人必须要在一个灶上吃饭。对于已经分家出去的兄弟,如果在同辈看来,那还是自家人,因为"分家不分情"。但是对整个家庭以及晚辈来说那就不是自家人了,因为彼此之间没有共同生活,也没有共有的家业财产了。

即使是亲戚,如果住得比较远且平时联系少的,同样不能算作自家人,毕竟"远亲不如近

---

① 圆手板:没有怎么做过粗活,一般用来形容大户人家的闺女。

邻"。至于"近邻"及平时互相来往密切的人就更不能称为自家人了,最多是算作"厚友",毕竟相互之间没有血缘关系,属于外姓之人。卢家常年打工且不回家的人是自家人,因为只要有直系的血缘关系,不管离不离开家都是最亲密的家人。如果家里有过继、收养的孩子,或者上门的女婿一样要算自家人。

曾经租住在卢家的两位租客,即唐婆婆与杨木匠不能作为卢家自家人。同时,卢家属于大家庭没有分家的情况,卢礼海虽然已经成家了,但是他们与卢家其他家庭成员住在一起,同灶共食、同房共住,彼此之间亲密无间,即使是卢礼海提出分房子,却没有明确说要分家,那也依然算是自家人。

2.外人不涉自家事

外人一般不会插手卢家的家事,除非是家中矛盾闹得很大,且邻居亲戚刚好在旁边,那么他们就会说两句调解的话缓和一下气氛。在正常情况下,外人过来帮忙调解是好事,但是如果外人说得太多、管得太宽,那就会让卢家觉得讨厌和不舒服了。同时,卢家从来不会去管别人家的闲事,只有邻居主动跟卢家说,卢家才会帮忙去调解一下矛盾。曾经有一次,唐家与一户张姓的人家吵架,因为卢家跟张家人关系还不错,唐家就找了卢书鑫去做调解,但是卢书鑫心里不太乐意,因为他认为对别人家的事情应该少插手,否则一旦没有处理好,还容易惹别人说闲话。

至于亲戚也是如此,卢家只有对亲戚与亲戚间的事情,或者是关系很要好的亲戚家事才会介入,一般亲戚家的事情均不会过问太多。比如,有些亲戚家的婚嫁大事,卢家人即使是知道了也绝不去多嘴,因为总是插手别人家事,很容易招惹那家人的讨厌,甚至引起不必要的麻烦。

3.自家交往少有防备

自家人是彼此最信任、最亲密的人,相互之间可以无话不谈。同时,自家人也是一生中最重要的人,要一起共同生活、抵御困难。所以自家人的标准主要是看血缘关系以及能否齐心了。卢家的自家人当中没有出现过谁让大家觉得有违"自家人"标准的情况。但是卢家人认为,如果自家人里面有人只为自己考虑,而不以整个家庭的利益为重,那就会改变他们将其视为自家人的想法和态度。

同时,对于卢家人来说,与自家人交往和外人交往是有很大区别的。跟自家人打交道会更加熟悉和自然,外人就显得拘束一点儿。而跟自家人可以开门见山,"有事说事",同外人打交道就要保留部分意见,不能随心所欲,更不能跟他们说太多的心里话和秘密。除此之外,卢家人认为,很多外人看起来和善,但笑里藏刀,因此对他们会多长一个心眼,有所防备。

至于称呼,自家人会叫得亲密一些,像同辈之间会叫小名,但是外人多是直呼姓名或者加上"哥""姐"等客气的称谓。卢家自家人之间也没有特别注重礼节,但是对外人就要礼貌多了,不能逾越当地基本的礼俗规矩。此外,卢家自家人是共同开支用度的,所以不存在借钱的问题,实在需要花钱的时候,肯定是先跟自家人开口。

(二)家户一体意识

1.家人相互扶持

卢家在没有分家的时候,三兄弟之间彼此相互帮助、相互扶持,生活或生产上的困难会共同应对。卢家的妯娌之间关系也比较和睦,大嫂唐淑宜对弟媳非常照顾和关心。卢家要是有人在外面受欺负了,那感觉是一家人都受到了欺压,卢家人会很气愤,并且会找对方讲理和讨公道。

后来在分家的时候,卢家三兄弟基本上是公平分到的家产。如果在卢家三兄弟中有人家庭困难或者重病,那其余的兄弟都会对其进行照顾。如卢礼泉的哥哥在分家时,因为已经育有几个小孩子了,考虑到这个问题,卢书鑫稍微对卢礼海有一点儿偏袒。但是卢礼泉和卢礼兴都对此没有任何意见,认为卢礼海的孩子多、压力大,并且之前做农业的时间更长,理应多分一些家产给他。

卢家在分家以后,卢礼泉到外面去工作了,生活条件和经济状况比哥哥卢礼海和弟弟卢礼兴要好,所以每到逢年过节回家的时候,他就会拿一点儿钱给两位兄弟,名义上是给他们照顾父母的"养老钱",但是实际上是对他们经济上的帮助。与此同时,卢礼泉还主动承担了卢书鑫与郑淑珍两位老人的所有养老开支,以减轻卢礼海和卢礼兴的生活负担。

2.家户的共同目标

"发家致富"是卢家每一个人的愿望,大家都希望能够通过自己的努力获得更多的财富。但是卢家人认为,致富并不是单纯可以靠努力实现的,而是讲究"天时地利人和",如果遇到了灾荒人祸,那一年的努力都要白费。不过家庭的致富也是共同的,只要家庭富裕起来了,那么家里所有的人都能一起享受更好的生活。

"光耀门楣"同样是卢家三兄弟小时候的目标,为了能够有出息,他们三兄弟读书都特别认真,虽然知晓"跳出农门"不易,但是他们和村里其他普通少年一样,希望找机会走出去。而家长卢书鑫在口头上没有对卢家三兄弟提过这些要求,只是在平时教育他们时,总是会表达出希望他们成才的愿望,让卢家三兄弟好好做人,"走路就要走正了"。当地一般家庭的小孩子,只要能够取得不错的成绩,最后到县里、乡里去当官或者老师就算是了不得的了。

卢家的共同生活目标是能够家庭和睦、吃饱穿暖,维持住家里的一份产业,保证每个人都自在快乐。家庭要是有人发达了,那全家人都会跟着沾光,甚至能给整个家族"长脸"。卢家每次去庙里的时候,都会祈求全家人平安健康,没有病痛厄运。卢家的内当家郑淑珍非常信教,每次在拜菩萨的时候都会跪拜好久,将卢家所有成员的名字和祈福词都默念一遍,以保佑全家的每一个人。

(三)家户至上意识

1.家庭利益高于个人

卢家认为,个人与家庭是不能分开的,"有家才有人",家庭比个人更重要。但是在实际生活中,要做到是比较困难的,因为家庭成员中总有人会存在私心,要为自己的利益考虑。比如卢家的分家,就是因为长媳唐淑宜认为如果不分家自家就吃亏,所以坚持让卢礼海提出来,卢礼海本人虽然不太愿意,但是为了避免家庭矛盾,只好答应了这个请求。也是因为分家这件事,卢家的其他成员一直对唐淑宜有一点儿看法。

不过如果在家庭利益与个人利益发生冲突时,卢家人基本上会优先考虑家庭利益的,因为家庭利益遭到了损失,那个人利益肯定也无法保住。卢家要是有人先考虑自己的利益,当家人卢书鑫就会对其批评与责罚。但卢家即使有人产生了这样的想法,也不会表露出来,像长媳唐淑宜一直都比较自私,卢家人是到分家的时候,才发现了她的这种想法,且对此也没有任何办法了。相比之下,当家人卢书鑫会更为整个家庭利益考虑。

2.读书礼让弟妹

卢礼泉曾因家庭条件窘迫,实在没办法支持他读书了,所以在读完高小一年后,主动放弃了学业。这种情况在当地是比较常见的,因为家里确实交不起学费了,所以也不能不顾现实增加家庭负担。卢家的孩子都去学校读过书,家里条件供养小孩读完初小的能力是有的,当家人卢书鑫也非常重视教育,如果有条件,绝对不会让孩子辍学回家务农。

卢家的长子卢礼海曾经为了让弟弟和妹妹读书,自愿放弃了学习的机会,只读了两年的初小,就回家帮卢书鑫做农活了。卢家的条件虽然能供卢礼海继续就读,但是在儿子里面必须有一个早点儿回家帮忙干活。因此有一次卢礼海放学回家后,流着泪主动对卢书鑫表示,要把读书的机会留给弟弟妹妹。虽然卢礼海放弃学业是心甘情愿的,却又是迫于现实的无奈,作为长子这是不得不承担的责任,对其个人而言肯定留有遗憾。

3.工作婚姻各有取舍

卢家在分家之后,卢礼泉去了外地工作,卢礼海与卢礼兴则留在老家赡养父母,兄弟之间相互照应,没有后顾之忧。对于卢礼泉来说,如果父母希望他回去,他肯定会放弃工作回家赡养他们,这是他作为一个儿子的责任。

在婚姻方面,卢家只有卢礼海与卢凤英的婚姻是由家里包办的,而卢礼泉、卢礼兴及卢凰英的婚姻都是在1949年之后了,属于自由恋爱。卢礼海的婚姻是听从家长卢书鑫的安排进行的"换亲",他自己是没有选择的,即使卢礼海在结婚之前有自己喜欢的人,也不可以顺着自己的想法,毕竟结婚是关系卢家整个家庭的大事。

(四)家户积德意识

卢家的家长卢书鑫有行善积德、造福子孙的意识,他和郑淑珍两个人经常会帮助村里有困难的人,比如别人家遭了灾,他们就会送一点儿粮食和菜过去;到了一些特殊的日子,也会领着全家人去敬神祈福,捐一点儿香火钱给庙里。除此之外,卢书鑫还经常会帮家族和村里人的忙,因为他文化水平比较高,字写得好,所以家族或者村里有人办红白喜事,写字、写帖都请他过去,他也非常乐意义务帮忙。同时,卢书鑫与郑淑珍相信善恶有报,认为现在做的事情不仅影响到"修来世",而且会对子孙后代产生影响。所以他们每年都会去祠堂祭祀,为的是能积累一些"福报",以求实现"积德在平常""人在做天在看"的初衷。

卢家人有如果出息了,会觉得"祖坟修得好",是"祖上积德"了,且认为家人的积德与否也影响到一家人的运势。卢家人对于无德的人是持鄙视态度的,认为这种人没有一点儿"德性",迟早会遭殃。他们会交代自家人少跟这种人接触,免得受影响。要是卢家有人无德,就会受到批评责罚。

三、家户习俗

(一)节庆习俗概括
1.重大节日习俗

春节是从大年三十开始算起的,而在春节之前,每家每户都要做一些准备,比如做大扫除或者去置办过年的年货等。大扫除必须要等过了腊月二十四日才行,因为当地人认为腊月二十四是"灶王爷上天庭去复命了",所以大扫除可能会惊动灶王爷。同时,腊月二十四也是当地"过小年"的日子,这一天除了妇女留在家中做卫生之外,其他人都要跟着当家人一起去乡上置办年货。卢家每年在腊月二十四这天会买一些鱼和肉,拿一部分回家熏成腊肉和腊鱼。除此之外,卢家还会购置一点儿旱茶,以便在过年的时候接迎来客。至于贴春联要等到大年三十日晚上才能帖,但是贴或不贴完全取决于每个家庭的规矩习俗了,有的家里无所谓或者找不到人写"联子"的就不帖。像卢家每年必须贴春联,一般在腊月二十四日那天会购置一些红纸回来,卢书鑫即兴写几副春联。

卢家过年是以家庭为基本单元的,一家人不管在做什么、在哪里,都要赶回来一起吃年夜饭守岁。但是一般来说,外人是不能跟自家人一起过年的,只能是真正意义上的一家人才可以,即使是出嫁的女儿与分家的儿子,都不能跟原来的家庭一起过年。过年的时候要祭祖拜神,而祭祖分为"家祭"和"族祭":"家祭"比较简单,就是在卢家自家的正厅里摆上一个方桌,然后放上水果及饭菜,插上香烛,由家长卢书鑫带着全家人一起跪拜家中的先辈长者,连家中的女性也要参与;"族祭"就要复杂一些,一般是由家族通知,然后家长作为代表到家族祠堂,由族长带领大家一起祭祖。不过无论是"家祭"还是"族祭",当地都没有一起吃饭摆桌的习俗,仅仅只是祭拜祈福,没有其他的讲究。

春节是一定要走亲戚的,当地有一句谚语叫作:"初一崽,初二郎,初三初四拜干娘。"意思就是说,走亲戚的时候是要讲究顺序的。对于已经分家和成家的家庭来说,初一要去父母家中拜年,体现"崽"的孝道;初二要到媳妇的娘家给岳母岳父拜年,表达对媳妇娘家的恭顺尊敬;到了初三、初四,就是去姑姑、姨妈等父母的亲属长辈家拜年,此后一直顺着亲戚关系的远近挨家拜年,持续到正月十五才结束。而走亲戚都是相互的,有亲戚来了自己家以后,必须要"回走",以体现对彼此的尊重。

到了过年吃年夜饭的时候,卢家是自家人围坐在一起吃,外人一般不会参加,只有极少数家户人丁稀少才会请外人来一同吃饭。卢家曾经有一年过年,家中还有唐婆婆与杨木匠租住在家里,快到腊月二十四了,卢书鑫就问他们是否愿意留下来吃年夜饭,他们都坚持不留,因为到了二十四,大家要去亲戚家一起过年了。至于其他的邻居朋友,最多是口头上客气地邀请一下,实际上是没有人会到别人家吃年夜饭的。

当地走亲戚就是去拜年,拜年的顺序也就是走亲戚的顺序。拜年一般是给亲戚拜年,至于保甲长这些人,就是看私人关系如何,一般是不需要去拜年的。在1949年以前,卢家与村里的保长关系比较好,所以每年会到保长家走动。去别人家拜年,大多是全家一起过去,不需要带礼物,不过家长要带几个红包,碰到对方家里有小孩子就给一些压岁钱。而拜年的对象则是单纯看彼此关系的远近,主要是去"嫡亲"家属家里拜年,其他人就不是必须的了。春节时,乡亲们会一起走动串门,当地叫作"串联",即串门联系、增进感情的意思。除此之外,村里就没有其他大型活动了,如元宵"耍龙灯"等都是要到乡里去看,村里是没有的。

清明节在当地是看农历日期,是在春分过后。当地人管清明节叫"挂山节",在这一天大家都要去祖坟上"挂山祭祖"。在拜完祖坟之后,回来的路上会摘些"艾草",回家做"艾粑粑"①。卢家的二儿子卢礼泉非常喜爱吃艾粑粑,每次到了快清明的时候,都会提前到山里去摘艾

---

① 艾粑粑:用艾草做成的糯米团子,是浏阳地区的民间小吃之一,与上海的青团较为类似。

草,然后放在厨房里等着郑淑珍来做。除了这些以外,当地的清明节没有什么其他的活动或者习俗了。

在1949年以前,当地普通家户几乎不怎么过端午节和中秋节,因为村民的条件普遍较差,没有过节的经济实力。当地有钱的大户人家则会在端午时组织划龙舟,不过要去隔壁的乡看,因为只有在那边才有一条宽一点儿的河。至于粽子,一般家庭是不会吃的,卢家也基本上没有吃过,只曾经在有一年的端午前后,卢家的一个亲戚到他家请客吃喜酒的时候,顺手带来了一串粽子,其他时候卢家就再也没有吃过了。而中秋吃月饼,就更是有钱人家里才吃得起了。月饼都是用油纸包着,夹着蛋黄或者豆沙馅,卢家只在家中丰收的那几年才去铺子里买过一两次吃。

2.红白喜事

卢家管娶媳妇叫作"收亲",即讨老婆进门的意思。"收亲"没有非常特别的习俗,主要是办一场婚礼,摆上十几桌酒席。酒席要去请双方家里的直系亲属,还有左邻右舍、家中好友,保甲长与家族族长也是必须要请的。卢家长子卢礼海结婚的时候,卢书鑫特意买了一沓大红油纸,叫家里人一起贴红联、红喜字,新房里面还贴上红色的纸窗花,剩下的红纸全部写成请帖,一家一家亲自送去。而卢家送请帖的顺序也是颇有讲究的:首先必须送到高亲家,即女方的叔伯长辈们,其次再去请男方的当家叔伯们。如果次序上弄混了,会被认为是"不懂规矩"而受人诟病。

至于"收亲"的其他风俗主要就是接亲与拜堂了。接亲必须要已婚的男性带着媒婆和接亲队到女方的家里去,但新郎本人不能出面接亲。比如卢礼泉结婚时,就是大哥卢礼海去负责接的亲。而在接亲的队伍快到男方家时,要由抬轿的人大声喊:"接亲咯!"随行去接亲的人一起敲锣打鼓,提醒男方家人放鞭炮迎接新娘。之后就是拜堂仪式了。仪式很简单,主要是跨火盆、三拜天地与敬茶水等。新郎和新娘首先需要在媒婆的带领下跨过家门口放的柴火盆,有"红红火火"与"跨过即为自家人"的说法;然后新郎和新娘三拜天地,并一同跪拜男方父母、奉敬茶水,以示对家长的尊敬和孝顺。

在举办完婚礼之后,新媳妇第二天就要开始下厨房做家务了。像给父母请安等仪式在结婚的当天就已经做过了,第二天无须再重复。至于规矩方面,卢家也是不那么讲究的,媳妇嫁过来以后办了酒席就可以了,第二天一切都照常。而"归宁"在当地也叫"回门",一般是在结婚第二天的中午,媳妇带着丈夫回娘家去吃"回门酒"。如卢家长子卢礼海结婚的时候,卢家是全家一起去了唐家吃的回门酒。对于嫁女儿的那家人来说,风俗就是上述的"回门酒"了,其他方面的习俗是没有的。

在1949年以前,卢书鑫经历了其父亲去世时的丧葬过程。卢书鑫的父亲去世以后,卢家派人专程到庙里请了道士过来摆道场,连续念经三天三夜。而家里的妇女要在棺材面前"哭灵""哭丧",并且只要一来亲朋好友祭拜过世的老人,就要一同在灵堂前下跪痛哭,以表达内心的哀痛。家里的儿子、孙子,包括儿媳妇在内则要为老人"守灵"。"守灵"的规矩是儿孙要跪在灵堂前三天三夜,一般称为"孝子""孝孙"共同"陪灵"。在"守灵"的时候就考验孝道了,特别是家里的家长或者长子,一般必须要守完全程,只有实在坚持不住了,才能兄弟之间替换休息一下。

卢家没有非正常死亡的家人,但是如果听说别家有人非正常死亡,那尸体就不可以进自家屋子,要在外面搭个棚子单独放置,而且这种情况不能做三天的道场,不超过一天就要埋掉。卢家曾经有几个小孩是出生后不久就夭折了,这在当地叫作"短命鬼""夭儿",死了之后要请道士用木盒子装起来,然后全部将棺木钉死后马上掩埋,什么仪式都不举办。

(二)家户习俗单位

1.过年过节以家户为单位

卢家在过年过节的时候,是以家庭为单元的。每年过年卢家人都要回家团圆,即使是后来身在外地的卢礼泉也肯定回家过年。但是离家比较远的家人就只能在外地独自过了,去别人家过年肯定不行。在没有分家以前,卢家是大家庭一起聚在一起过年,但是分家以后,即使是住在一个院子或宅子里,也是自己的小家庭过自己的年。

过年过节必须在自己家里过,嫁出去的女儿是不能回娘家来的,因为她已经出嫁给了别人家,那就是别人家的人了,回来就证明她在婆家待不下去,是有损娘家人脸面的。卢家的两个女儿自从出嫁以后,就再没有回家过过年。而卢家也没有留过亲戚在自己家过年,除非是"嫡亲"的亲戚,即直系的家人,或者是有家庭变故的亲属,卢家才会接纳。同样,卢家人也不会去别人家过年,因为过年是自家人的团圆,如果到其他人家中去,就容易影响和打扰他人。

卢家从来没有碰到过无处过年的人,因为当地人都是"论亲""看亲"的,即亲戚之间或多或少都会相互帮助和"留份情面"。比如曾经租住过卢家房子的唐婆婆,她家人都已经不在了,可以说是"无家无根"了。但是在过年的时候,她也坚决不留在卢家,而是选择去了她一个姐姐家。

2.年饭大家同聚

卢家人在过年的时候都要回来吃团圆饭,平时在外工作的也必须赶回来,一般情况不能缺席。但是对于平时的一些节日就不一定要求家人必须赶回来了。卢家在大家庭没有分家的时候,每年都聚在一起吃年夜饭。但是后来分家以后,即使是还住在一起,但都是自家做自家的饭,大年三十也是各自吃年夜饭了。

在过年那几天,卢家会轮流与一些亲戚家吃春饭,当地叫作"轮请"或"轮春",即关系好的一些亲戚朋友轮流在家摆饭,彼此串门,以增进相互之间的情谊。但是这仅限于关系要好的亲戚和朋友,关系一般的家庭之间是不会"轮请"的。

(三)节庆仪式及家长的支配地位

卢家在春节时是有祭祖仪式的,这均由家长卢书鑫主持与安排,其他人都听从他的调配,清明节的拜祖坟也是由卢书鑫做主决定。在农历"七月半"的时候,卢家会有"烧包"仪式,即将一些纸钱或者衣物之类的物品用黄纸包起来焚烧,包上要写清楚过世家人的姓名与生辰,在寄托思念的同时,有"烧钱管钱用,烧衣不挨冻"的寓意。而"烧包"的仪式同样是由卢书鑫进行安排,包括烧多少、烧何物,其他人只帮忙"扎包"。

四、家户信仰

(一)宗教信仰概括

在1949年以前,卢家是有宗教信仰的,虽然卢家的行为没有达到明显的信仰程度,但是却可以判断卢家的所有家庭成员都是普遍"信神"的,因为每到卢家有人生病或者逢年过节的时候,卢家人就会到村里的庙中去"拜菩萨"。而通过对卢家祭拜寺庙所供奉神仙牌位的分析来看,是属于道教的宗教范畴。

卢家所有成员均是在潜移默化中开始信道教的,无须经过家长或其他成员同意,而且村里人大多都去拜菩萨,当地的陶四王爷庙也是远近闻名的大寺大庙。卢家信仰的道教并没有教派上的区分,不论是卢家家族还是当地的官府,都对家户信神拜神的行为不予干涉。

而信教的行为在卢家人看来,给其全家带来了健康平安。曾经有一次,卢家的小儿子卢礼兴刚满六岁,突然每天晚上睡觉前哭闹、"讲胡话",说自己眼睛前全都是"鬼",之后便发烧大病了一场。本来卢书鑫给他找了郎中,捡了药材回来服用,但是却没有明显的效果。后来卢书鑫就抱着卢礼兴去了陶四王爷庙一起"拜老爷",然后找庙里的"大师"开了一个"符药",把那张符烧成灰,就着旱茶给卢礼兴喝了。第二天,卢礼兴竟然痊愈了,卢家人为此还专程去庙中答谢"陶四老爷",感恩其救了卢礼兴一命。

(二)家长的宗教信仰

卢家信道教,多是受到家长与长辈的影响。因为卢家的小孩从小就跟着大人们一起去陶四王爷庙,在潜移默化中的就信教了,这与家长的引导有很大关系。要是家长卢书鑫不信教,那卢家其他人信教的可能性就会小很多。同时,因为卢家是信的同一个宗教,因此在信教的过程中从未发生过意见上的分歧或者争端。但是如果卢家有人要信另外的宗教,那就不可以了,一方面家长卢书鑫不会同意,另一方面当地也有"一屋不拜二神"的说法。

(三)家庭成员的宗教信仰

卢家的家长卢书鑫信道教,所以卢家成员也均信道教,彼此之间没有发生过分歧或者摩擦。而家庭成员是不能和家长信奉不同宗教的,因为这会涉及家长同意以及信仰冲突的问题,久而久之就容易引发矛盾。当地有一户刘姓人家就是如此,这家的家长不信教,但是长媳非常笃信道教,因此经常受到当家人的指责批评,认为其"天天搞神搞鬼的",最后在当家人的明令要求下,这个媳妇不得不停止"拜老爷",终止了宗教信仰。

(四)祖先信仰及祭祀

1."家祭"与"族祭"

卢家对于自家祖先的情况不甚了解,也很少听到老一辈提到祖先的经历与故事,但是卢家是会祭拜祖先的,而祭祀分为"家祭"与"族祭"。卢家的"家祭"只限于对自家爷爷奶奶辈以及过世父母的祭拜,叫作"拜公公婆婆"[①]和"拜娘爷"。至于"族祭"则是对家族中先祖长辈的祭拜。卢家认为,祭拜祖先和先辈是必需的仪式之一,例如卢家自家的"家祭",是每天早晚都要"装香",到了过年过节还要全家人共同跪拜,如果不祭拜,就会被认为不孝。

卢家有专门的堂屋,在之前是专门摆放老一辈的灵牌排位,但是后来及至卢书鑫当家,就把祖先牌位全部移到了正厅,认为如此可以更好地表达卢家对祖辈的尊重。卢家在正厅只摆放了两个牌位,一是公公的,另一个是婆婆的,但没有放遗像。当地大部分人家里都摆放父母的牌位,最多是放至祖父那一辈,其他人是不允许"做牌"的,因为每家每户在分家之后,都

---

① 公公婆婆:爷爷奶奶。

只会供奉自己的父母了。

家庙和祠堂卢家是没有的,只是在卢氏家族里有一个老祠堂。祠堂的规模不是特别大,但是存在的时期非常久远,在1949年以前就有一定的年代和历史了。据说卢氏的这个祠堂是很早以前由家族筹资修建好的,但是具体是何时不得而知,花费情况也无从考证。卢氏祠堂里供奉的是卢氏家族的祖先,每年到了冬至的时候,卢氏家族就会举行祭祖典礼,下边分支的各家家长都要去祭拜。祠堂是非常严肃的地方,在一般情况下,祠堂的大门是不允许打开的,只有到了祭祀或者需要惊动族长出面惩罚族里不法之事的时候,才会由族长"开大门"。卢家没有听说过有人破坏祠堂的情况,因为破坏祠堂在当地是"犯大事",被知道了是要"打屁股"的,连"细伢子"都不敢到祠堂附近嬉闹。与此同时,卢家没有什么事情需要到祠堂里进行,只有在祠堂祭祀时才由家长卢书鑫去代全家参加。可以说,卢氏家族之间的联系不是很紧密,族人之间的彼此关系也相对较为松散。

2.男性才可"上谱"

卢家是有祖坟的,而且是由卢氏家族共同筹资修建的。但是祖坟修好之后,普通的卢氏族人都不知晓祖坟的具体方位,家族有人过世后,也无须埋到祖坟附近。至于家谱,原来卢家是有一本的,而且仅此一个版本,据说是明清时候就修订过,不过后来不慎遗失了,就再也没有找到。卢家的那本家谱一直是由当家人卢书鑫保管的,几乎很少拿出来,同时卢书鑫还特地交代了家中小孩子不能翻动。卢家的家谱是男性才可以"上谱",女性则不可以。但是嫁来卢家的媳妇可以与其丈夫一同"上谱"。而一旦卢家有新成员加入了,那就会写上家谱,如卢礼海结婚生孩子了,卢书鑫就将新成员的名字写到家谱上。

卢家非常重视孝道,因为卢家人觉得"孝"是非常重要的家庭美德,并将其列入不成文的家规之中。所以卢家的小辈必须要尊重家里的长辈,不可以"没大没小",长大以后也应该主动赡养老人、尊重老人,如果与家长发生顶撞,均属于"不孝"行为。比如曾经有一次,长子卢礼海因为一件事情与家长卢书鑫斗嘴,卢书鑫非常生气,就指着卢礼海拍桌子说:"你这个畜孽,不孝顺的东西!"看到卢书鑫发脾气了,卢礼海就不敢再顶撞了,挨了几句骂就跑回了房间。虽然卢礼海那次没有受到卢书鑫的惩罚,但是卢礼海却因此许多天不敢在卢书鑫面前大声说话。与此同时,卢家也有很强的祖先概念,家中一般上溯两代过世的老人即为"祖"。卢家若对老人不孝,就相当于对祖先不敬重,对不起"公公婆婆",也得不到"公公婆婆"的庇佑。

3.全家祭祖以求福泽

卢家对祖先和过世老人的祭拜,既有祈求他们保佑子孙后代的愿望,同时也是在世家庭成员对他们寄托和表达哀思。例如卢家在过年的时候要举行"家祭",全家人都会在正厅跪着,由家长卢书鑫带着大家"三叩首"。与此同时,卢书鑫还会说一些祭词,比如"娘老子①、爷老子,崽伢子今天带着一屋人给你们拜年了,希望你们可以保佑我们卢家越来越好,细伢子身体好,大人能做事"。除此之外,在祭拜祖先时,卢书鑫还会讲述一些卢家近年来经历的大事,比如说"收亲""嫁女"等,相当于给过世老人的"汇报"。

---

① 娘老子:母亲。

卢家在"家祭"的时候,要由卢书鑫安排和拿主意,其他家庭成员不能插手干涉。而卢家的女性同样可以一起祭拜卢家的长辈祖先,如未出嫁的女儿以及嫁来卢家的媳妇,因为她们都算是卢家自家人,是写到了家谱中的。至于未成年的小孩子也必须一起参加祭拜,需要规规矩矩地跪在后排。但是小孩一般只要磕三个头就行了,如果在祭拜的时候顽皮打闹,那就会挨训。至于烧纸这些除了三两岁小孩子之外都要进行,这是属于比较重要的祭拜仪式。卢家小孩如果不愿意祭拜祖先是不可以的,家长卢书鑫会批评教育他们,如卢家的孙辈卢勇福,曾经在一年"家祭"的时候贪玩儿,提出不想祭拜,他的父亲卢礼海差点儿发脾气打他。后来经过家人劝导,他还是乖乖地跟着磕了头。

(五)庙宇信仰及祭祀

1.家前一庙可祭拜

在1949年以前,卢家所在村庄里只有一个陶四王爷庙,这个庙是供所有人祭祀朝拜的,一般人家里有婚娶大事或者病痛灾祸都会去这个庙里求一求平安健康或者运势凶吉。陶四王爷庙坐落在卢家大宅对面不远的地方,卢家人走路大概五六分钟就到了。而卢家只要是家中有事或者逢年过节都会去庙里"拜老爷",特别是到了农历六月初二,陶四王爷的生辰,那方圆许多村庄都会过来"拜寿",因此在陶四王爷庙还形成了一个大规模的庙会。

当地陶四王爷庙最出名的就是"除病去痛"了,在庙里还分儿科、外科等不同的签筒,家中谁得了什么病,就拿着对应的签筒去求,可以求符方,也可以求药方。卢家因为距离陶四王爷庙比较近,所以一般是到晚上时候祭拜,一来晚上没有农活要干,时间比较充裕;二来晚上人比较少,可以多去请教庙里的"大师"。陶四王爷庙里主要供奉的就是陶四王爷,而祭拜陶四王爷的信徒大多数是为了保佑健康、祛除病痛。除此之外,庙里还供有关公、财神以及土地公公等佛神,其中关公是庇佑家人平安的,财神老爷是为家中求财的,土地公公则是祈求风调雨顺、田土丰沃的。而卢家所在村庄及其附近是没有私人庙宇的,仅有一个陶四王爷庙。

2.家户共同祭拜

卢家去陶四王爷庙中祭拜时,如果是六月初二陶四王爷生辰及过年,那全家人会一同前往。平时如果有事,那就是当家人卢书鑫或者内当家郑淑珍去就可以了,至于最终由谁代表全家去,是没有俗约规矩的,不论男女老少都可以到庙中拜神,也无须经过当家人的同意或者许可。卢家去祭拜,主要是以家户为单位,一般是家长卢书鑫作为代表,比如每年春耕前的祭拜土地公公,只能由卢书鑫去。而其他以个人名义的祭拜也是有的,比如当初卢礼兴病了,就是卢书鑫带着他去陶四王爷庙里求的签。至于具体由谁祭拜,是要根据实际情况来确定,相对比较灵活。

卢家到庙里祭拜是家人自行过去,不会叫上别人同伴而行。因为每家祭拜的原因都不一样,如果结伴一起去,会显得"诚心不够"。至于祭拜供奉的"贡品"更是要与别家的分清楚,且香烛钱必须要由自己家出,否则就没有祭拜的诚意了。卢家每次去庙里祭拜会带一点儿贡果以及副食品,像梨子和腊鱼腊肉、油饼等,几乎每年都一样,没有发生过太大的变化。这些贡品主要是"供给老爷吃的",以祈求能够保佑卢家全家健康、家中兴旺。贡品大多为家常日用的物品,在村里或者集镇上都可以买到。

五、家户娱乐

(一)结交朋友

1.男可交友、女受限

卢家的家庭成员都有自己的朋友,这些朋友大多是他们的同学或者邻居,家户一般不会加以过多的干涉。卢家人认为,和朋友交往,最看重的是性格合不合得来,有没有共同的语言, 至于交友的范围就没有太多限制了。比如卢家二儿子卢礼泉就和隔壁的唐自清关系很好,同时也与村尾陈家的几个儿子"玩得来"。卢家的其他成员在村中也交友比较广泛,附近的村民都比较相熟。但是卢家在村外就几乎没有朋友了,认识的大多为几个远方的亲戚,相互之间也没有特别多的往来。

卢家的女性相比男性而言, 对外交往就比较受限了, 一般只和隔壁的几位妇女关系要好,平时会聚在一起拉拉家常等。除此之外,她们不可以出去和外面的其他男性打交道。因为当地的封建思想依然存在,女性如果与家外的男性经常说话,别人就会认为是不守妇道。对未成年的女孩也是如此,一般家庭中的小女孩是不能跟其他家的男孩子一起玩儿的,更不用说要成为朋友了。

2.交友重品行

卢家的家庭成员可以结交自己的朋友,且无须经过家长卢书鑫的同意。只是卢家家庭成员平时交往的朋友,家人之间是互相知晓与了解情况的,如果觉得有些人"做人不行",那么家长卢书鑫就会指出来。比如长子卢礼海曾经和村头刘家的刘二伢走得非常近,但是刘二伢平时游手好闲,喜欢打牌赌博,卢书鑫在一次吃晚饭的时候就告诫卢礼海,让他少和刘二伢来往。

至于其他的家庭成员与朋友间的正常交往,卢书鑫是从来不过问的,因为只要对方"为人没有问题",那他就会默许和承认。不过卢家的女性同样不能跟外面男性交往过多,这是当地不成文的礼俗之一。而卢家的家庭成员如果有朋友要在卢家留宿,则需要跟家长卢书鑫打一声招呼。卢礼泉曾经有一位朋友到卢家来玩,后来晚上突然下起了大暴雨,他的朋友回不去了,卢礼泉只好跟卢书鑫请示,腾了一间房子出来给这位朋友住。但是这种情况非常少见,除那次以外,卢家基本上没有其他成员的朋友在家留宿的情况。

3.朋友之间互相帮助

卢家人交朋友不需要经过仪式,朋友之间也没有特别的称呼,且朋友也多限于个人与个人之间的交往,很少会牵涉家户。卢家与朋友之间会经常串门,如果卢家需要操办红白喜事,那卢家的朋友会主动提出来帮忙,不需要去请,而且朋友之间的帮忙都是义务的,不需要任何酬劳。比如卢家长子卢礼海结婚,卢书鑫的许多朋友及卢礼海朋友都到卢家来帮忙,像摆桌子、扎红花等杂活都是由卢书鑫的朋友负责的。

卢家交的朋友基本上都是以务农为业,因为当地人出去的机会很少,交际圈子本身就比较狭小,多是"做农人交做农人"。与此同时,朋友之间如果职业差别过大,也会缺少共同语言,显得格格不入,当地有"泥腿子不合铁拐子"的说法。而卢家家人的朋友大多是跟卢家生活条件相差不多的,但其中也有困难一点儿的小户人家,并非是家庭条件完全相当才能打交道、做朋友。

平时卢家与朋友之间会相互帮衬,有困难也会找关系要好的朋友协助解决。而卢家在交朋友的过程中,并没有太多的不成文规定或者准则,主要是交的朋友要"走正路","不搞歪门邪道"。为此,卢家人平时会互相提醒,以督促所有的家庭成员遵守原则,如果不遵守,家长卢书鑫或者其他家庭成员就会严厉提出,告诫其少来往。

(二)打牌

卢家当地打的牌叫作"跑壶里",平时也简单称之为"打牌",打的则是一种叫作骨牌的牌。打牌在当地是一件很不好的事情,一般只有不务正业的人才会打牌。卢家没有人打牌,因为家长卢书鑫认为打牌是极为不好的行为,不准家中任何人参与甚至围观。不过卢家隔壁的唐家几兄弟经常在村头打牌,一般是一群年轻人聚在一起打,也有老人聚在一起打的情况。这些人当中,大多为跑生意的商贾或者财主乡绅,有一定的闲钱,同时也有时间出来玩乐,一般的农民不会参与这些活动。这些人打牌基本上是下午开始打,有些则是等到晚上没事做了才去放松一下。在农闲的时候,这些人打牌的频率会更高。打牌有一个固定的地方,有人专门组织,人员也比较单一,很多人都是在打牌人的家里一坐一整天,连吃饭都是在这个人家里解决。

卢家所在的村庄,打牌多是以赌博为主要目的,只有极少数的人晚上打牌是单纯为了娱乐的。因此,乡政府有时候会派人来抓这些经常赌博的人,据说被抓住是要坐牢的。而当地有的人打牌输钱输得多的,闹到要卖田、卖屋了,家里天天争执、吵架,其他人也议论纷纷,普通的家户对于这些家庭则避之不及,唯恐与他们"沾上边"。卢家虽然对赌博行为是持反对和憎恶态度的,但是卢家却没有制定具体的家规家法来防止家人赌博打牌,只是在平时的教育中,有目的地灌输"打牌毁家"的思想。

(三)串门聊天

在 1949 年以前,卢家只要平时没事就会跟邻居相互串门聊天,这是不分农忙与农闲的。串门一般是晚上吃完饭,大家事情都忙完了,就到这家或者那家人家里坐一坐,扯扯闲谈,拉拉家常,聊一聊家里最近发生的事情,比如村里有谁家"生了伢",地里的收成如何等。

卢家出去串门是不分男女的,家庭成员均可出去,只不过男性一般是找男性聊天,女性只能找女性闲谈。串门大多是去邻居家,因为有的亲戚住得比较远,平时没有时间专程跑去串门。相互串门的家庭之间彼此是非常了解与熟悉的,因此串门没有不成文的规矩或者准则,也没有太多的忌讳与讲究。卢家出去串门,主要是和别人聊一聊家里最近发生的事情,但是像男人之间会经常谈论一下村里发生的大事,女的就是以"谈闲事"为主。

别人也会到卢家来串门,一般是邻居过来坐坐,有找卢书鑫的,也有找卢礼海、卢礼泉的。卢家对这些过来串门的人非常欢迎。当地人认为"来者就是客",所以有客人来了之后,郑淑珍和唐淑宜会马上斟茶倒水,炸一盘花生米,拿一碟子红薯干出来吃。如果是来了男性客人,那还要找些旱烟出来给他抽。

卢家不会全部出去串门,起码是要留一到两个人在家里看家"防贼"。卢家一般是妇女在家看家,郑淑珍与唐淑宜要是看家就不会出门,因为一个妇女留在家里卢家人不放心,所以就让她们两个人"搭个伴"。

279

（四）逛庙会

在1949年以前，卢家所在的村里每到陶四王爷生日时，会有非常盛大的庙会。这时卢家全家会一同逛庙会，不仅村里的邻居、朋友结伴同去，就连附近方圆十几里的乡亲都要赶来逛一逛，场面非常热闹。一般在庙会的前一天，卢家的邻居就会相约第二天结伴"赶热闹"。

庙会是在卢家大宅对面不远地方的陶四王爷庙举办的，走路六七分钟就到了。这个庙会是附近最出名的庙会，卢家每年也只会去这里逛一逛，其他地方的庙会就没有去过。庙会是每年的六月初二举行，因为这一天是陶四王爷的生辰，后来给陶四王爷"拜寿"的信徒越来越多，慢慢就形成了一个大型的庙会了。庙会是从六月初二的早上开始，一直到初四才结束，总共持续三天的时间，且一年只举办这么一次。

卢家参加庙会主要是为了朝拜陶四王爷，顺便也在庙会上买东西和看戏。而陶四王爷庙会是有一个专门的组织筹办的，每年会有香客捐钱资助陶四王爷生日，在举办庙会时，也会有香火钱收入支持庙会的各项开支。卢家的当家人卢书鑫最喜欢带几个小孩子一起去庙会看戏了。除此之外，郑淑珍和唐淑宜也会跟着一起看戏，这都是随她们自己的意愿，卢书鑫不会干涉过问。在庙会的那几天，卢家的一些亲戚也会赶过来参加，因为卢家大宅就在庙的对面不远，所以亲戚大多需要在卢家借住一两天。这时候卢家就会摆一桌饭菜请他们聚一聚，聊一聊亲戚之间的家常事。

陶四王爷庙会算是卢家所在村里规模非常大的了，附近很多小贩商人都会过来售卖东西，同时，方圆几个村庄的男女老少大多会过来。而卢家除了逛庙会，也会购买一些生活用品等，因为庙会上的东西往往要比商铺里的要便宜很多。

（五）其他娱乐活动

卢家所在的村子在过年过节时是不会公开举办娱乐活动的，大户人家办红白喜事也只是请亲朋好友一起吃饭，场面非常气派，来"吃酒"的宾客虽然很多，但是同样不会办娱乐活动。不过乡里有一个皮影戏和一个花鼓戏的社会组织，都是民间自主发起的，在农闲时，他们就会在乡里各个村流动表演节目，要给钱才能观看。卢家没有人参加过这些组织，但是都去看过，因为当家人卢书鑫酷爱看戏，所以时常会带着卢家的几个小孩去戏场。看一场戏的花费并不高，而且"细伢子"是不需要钱的。

第五章 家户治理制度

卢家在卢礼海三兄弟分家分产之前均以卢书鑫当家理事,为家中的权威核心。在卢书鑫当家时期,卢家大小事务几乎都要由卢书鑫做主决定,内当家郑淑珍只负责对家中部分家务进行料理。可以说卢家属于典型的农村中型家户,当家人即为家中辈分最大的成年男性,与其能力或者德行均无直接关联。而身为卢家家长的卢书鑫,不仅享有"说一不二"的绝对权威,同时还负有维持家户生计、进行家户决策、奖惩家户成员以及代表卢家参加家族和村庄公共事务的责任,在面对天灾人祸时,也要组织全家人共渡患难。除此之外,卢家没有成文的家规家法,只有默认的关于"孔孟"忠孝等家户习俗与规矩,家户成员在日常生活中均不得轻易逾越"约定俗成"的默认章法。而卢家参加家族、村庄和国家事务时,同样以本家户作为基本单元,在承担各项义务的同时,会尽可能地保证自家权益正义的合理伸张。

一、家长当家

(一)家长的选择

1.男性长辈为家长

卢家的家长为卢书鑫,一来他是卢家的"户主",二来他也是卢家辈分最大的男性,因此就默认成为卢家的家长。卢书鑫成为家长,更多的不是看其德性、学识或者能力,而是当地约定俗成的"规矩",因为卢家没有老一辈的人了,那作为家中"丈夫"及"父亲"的卢书鑫理所当然就是卢家的家长,没有人会对此提出任何质疑。

家长在当地一般叫作"户主",更多的是被称为"老板",而在家中管事的那个人就是家长。卢家的家长与管事的人都是卢书鑫,其他人都没有家长的权力和权威大。卢家内部称呼家长卢书鑫是按照关系来的,比如儿子卢礼海就叫卢书鑫"爷老子",没有其他特别的称谓。至于外人,一般就称呼卢书鑫为"卢老板"或者"卢当家"。卢家的家长是男性,这在当地是一种惯例与典型情况,女性则是内当家,即卢书鑫的妻子郑淑珍。

女性当家的情况在卢家所在村庄非常少,当地只有两家女性当家的家庭:一个是村头的陈家,因为陈家的丈夫性格非常懦弱,妻子很强势,在他们上面又没有老人了,所以基本上家里的大小事情都是由妻子出面;另一户也在村头,家长姓张,在讨了老婆没多久,这个张姓的家长就因病去世了,留下了两个年幼的儿子,他的妻子没有办法,只能出来当家管事。而除了这两户家庭的情况以外,当地没有其他女性当家的了。

2.家长权威受尊重

卢家人对于家长卢书鑫是非常信任的,家庭成员都很尊重卢书鑫,卢家的任何事情,只要是卢书鑫决定的，其他人就不会再反驳。与此同时，卢家人都认为卢书鑫当家当得好，因为在卢书鑫当家期间，卢家没有人饿过肚子、挨过冻。而且除了卢书鑫以外，卢家其他成员都没有资格当家。

当地在确定一个家庭的家长之后，是不需要在房屋的门牌上写家长姓名的，因为家长选择是属于家庭内部的事情，没有必要告知外人。而一个家庭的家长，在平时的交往中是可以看得出来的，会遵循基本约定俗成的规矩，附近的村民对彼此家庭的家长也都非常熟悉。

(二)家长的权力

1.家庭赋权范围广

卢家认为，家长的权力是由整个家庭所共同赋予的，比如卢书鑫作为家长，是因为他作为长辈、男性，理所应当能够安排卢家的大小事务。同时，卢书鑫曾经也是家庭的主要劳动力，为家庭做出了重大贡献，所以家长的权力能被全家人所承认与尊重。

卢家家长的管理范围是卢家事务的方方面面，从对外交往到内部安排，所管理的对象也是卢家的全部成员。同时，只要是涉及家庭内部的事情，家长都有权管理，比如卢书鑫虽然一般不过问家务事，让郑淑珍"当内家"，但是只要是卢书鑫开口了，那就要都听他的。不过卢书鑫在家里遇到大事时，会与家人一起商量，例如当初卢礼海娶媳妇的时候，卢书鑫就先和郑淑珍说了，然后在一天吃完饭后，把卢家人都叫到厅堂，说了说女方家庭的情况，算是征求卢礼海意见了。但是这种家庭会议不会经常开，只有涉及全家的大事才会召集大家商量。

2.家长"掌锁"管家财

卢家的收入主要来自种田及养猪卖柴等副业，这些收入都是以家长卢书鑫的名义归全家共有，包括卢家自家的田土房屋和其他财产。卢书鑫拥有管理全家财产的权力，当地叫作"掌锁"权力，同时家长也可以决定对家庭财产收入的使用和分配。比如卢家的成员在卖柴回家以后，就必须先把卖柴的钱亲手交给卢书鑫才能回自己房间，如果不先拿钱给卢书鑫，就要挨骂，并且会被怀疑藏了私房钱。卢家的家庭成员是不能有私房钱的，因为家庭的所有收入都必须归卢家大家庭共同所有。不过卢家的长媳唐淑宜曾经把卖鞋的钱私藏了一部分，到卢家快分家那会儿才被卢书鑫发现。而卢书鑫考虑到在分家时给卢礼海一家留有一点儿颜面就没有计较，如果是在早些时候发现，那卢书鑫就会对唐淑宜责骂惩罚，私房钱也会收归家庭。

至于贵重物品，同样是由卢书鑫来掌管，包括卢家的现金、地契和其他值钱的财物与单据。在卢书鑫的房里，放有一个大柜子，这些物品全都放在里面，而在柜子里还有个小抽屉，是专门用来放钱的。为了保证家中财物的安全，卢书鑫特意买了两把锁：一把锁住抽屉，一把锁住柜子，钥匙只有卢书鑫和郑淑珍两个人有。但是对于衣物这些卢家就比较随意了，平时都是四处摆放的，因为衣服是没有人偷的。可以说卢家的当家人卢书鑫全面管理着家中所有的财物，其他人都无权干涉和插手，同时认为这是极为正常的情况，不会认为是家长揽权。

卢家不会固定给家庭成员零花钱，只有有人使用时，才会跟卢书鑫提出，他再按照实际情况决定。比如卢家长子卢礼海成家以后，每个月都会找卢书鑫要点儿钱买旱烟抽，卢书鑫每次也都答应，然后回房拿钱给卢礼海。而聘礼、彩礼同样是由当家人卢书鑫来决定，其他人是不能插手的。只是卢家的媳妇唐淑宜,当初嫁到卢家所带来的嫁妆就归她所有,不能算作卢家的共有财产。即便是到了后来分家的时候,也不能算作卢家财产进行分配,而是完全由唐淑宜决定与管理。

在粮食方面,卢家是全家人一起吃的,至于每天吃多少、吃什么菜,那就是由煮饭的人来决定,在卢家一般是郑淑珍安排,唐淑宜有时也可以做主,家长卢书鑫是不会管的。卢家的粮食都放在仓库里面,仓库有一把大锁,钥匙是由卢书鑫和郑淑珍两个人分别保管,不需要指定专门的人去看守。如果没有当家人卢书鑫的同意,卢家谁都不能去卖粮食,因为粮食关系卢家平时的生计与生活,要是被发现偷偷卖了粮食,是要挨训挨打的。

3.家长决定制衣分配

卢家制新衣完全是按照需求来分配的,家里所有收上来的棉花均由郑淑珍与唐淑宜纺纱织布,然后大家庭统一调配,每年就算有剩余,也会放到仓库中由当家人卢书鑫保管。在纺纱织布完成以后,卢家会根据谁没衣穿的情况找村里的裁缝量衣做衣。不过到底给哪个家庭成员制衣,都是由家长卢书鑫决定和安排。

4.劳动生产由家长分工

卢家家庭成员在劳动生产过程中,是有男女老少分工的,比如田间的重体力活是由男性来承担,而家里的家务包括晒谷子、喂猪喂鸡等则是由女性来负责。在这之中,卢家又会根据年龄的大小进一步分工,比如卢礼海正值壮年,是家中的主劳力,而卢礼泉、卢礼兴年纪小,就只能安排他们帮忙打打下手。

卢家的分工是由家长卢书鑫具体安排的,但并不会一成不变,因为很多时候要"看事做事",能搭一把手就搭一把手,卢书鑫临时安排的任务也一定要服从。卢家没有年龄较大的老人,如果家中有老人,就要视其健康状况而定,身体好的可以下田,身体差一些的就在家帮忙喂喂猪、带带小孩。卢家的当家人卢书鑫在临近1949年的时候,身体就不太好,下田的次数越来越少,劳作均以长子卢礼海为主。卢家的男孩一般七八岁就跟着大人去田里学干农活,女孩也是七八岁就要做一些简单的家务,不过小孩要等到十六七岁,才能真正称之为家里的劳动力。

5.婚丧嫁娶听从家长安排

卢家娶媳妇和嫁女儿要听从当家人卢书鑫的安排,虽然卢书鑫会征求小辈们的意见,但是主要的决定权还是在卢书鑫手上。

卢家没有结婚后离婚的情况,如果卢家真的有人要离婚,那卢书鑫和女方的当家人是不会同意的,这在1949年以前是极为"丢格"①的事情,即使是有离婚的契约也无法得到认可与承认。与此同时,卢家也没有家长对媳妇不满意就让儿子与其离婚的情况,这在当地也非常罕见,主要是看父亲和儿子的关系如何,并且与当家人在家中的权威大小有重要关系。

卢家的"家祭"必须由当家人卢书鑫安排与主持,而"族祭"则是由卢书鑫代表卢家去参加。卢家家长卢书鑫过世之前,没有立过遗嘱,但是有些家庭的当家人,如果有愿望想要后辈完成的,后辈是不能推脱的。这是子孙的"孝道",不完成不仅家人不同意,外人也会说闲话,虽然当家人过世以后已经没有了权力,但是其权威和对子孙的影响还是存在的。

---

① 丢格:丢脸。

6.家长负责对外交往

在对外交往中,卢家的家长卢书鑫是可以代表整个卢家的,即使是在卢书鑫出门借债的时候,也同样能够以家庭的名义去借,就算卢书鑫想要个人借贷,别人还是会把他看作卢家的家长对待。而村里不管是投票选保甲长,还是交粮纳税,均要由卢书鑫代表卢家。

7.家长权力难制约

当家人的身份不是由能力来决定的,即使能力不强,同样可以是当家人,只不过实际的控制权可能就不在家长手里了。比如有的家庭妻子强势、丈夫懦弱,那么丈夫虽然名义上是家长,但是其本人却没有行使家长的任何权力。而在有的家庭,如果是家长因为私事而在外界长期借贷,那家庭成员是可以规劝的,不过结果如何还是要取决家长本人的态度。同样,那些由家长欠下的债务是需要由全家人共同承担的,就算是分家,也会均摊到每个儿子的身上,必须"父债子偿"。虽然卢家在1949年以前没有出现过这样的情况,但是假设卢家的当家人卢书鑫在外面有了债务,那卢家的三个儿子是有偿还义务的。家长如果瞒着家人做了什么不该做的事情,家庭成员即使不同意也没有办法,至多是对其失去信任,但毕竟家中还是家长当家,家长的权威并不会因此而受到动摇。

卢家的家长卢书鑫对三个儿子是一视同仁的,避免对某个儿子的偏爱,导致卢家家庭关系不和睦。但是当地有些多子女的家庭,当家人比较偏爱某一个孩子,"一碗水端不平",那家中经常会闹矛盾,不仅小辈们有意见,连内当家也会与家长产生分歧。

卢家在卢书鑫当家长的时候,没有出现过家长吸食鸦片的情况,但是卢书鑫的父亲曾经为了吸食鸦片,将卢家的土地变卖了一部分,以凑钱去买鸦片。不过即使是到了这种程度,卢家的家长地位仍然没有动摇,虽然卢家人对家长有意见,并与其闹过矛盾,但是没有办法改变其行为。就算是卢氏的族长出面,也只是对他教育一番,不能完全插手卢家家庭内部的事情。所以在一般情况下,家长只要做事在情理之中,是会得到家庭成员对他权力的认可的。即便是家长做出一些不太恰当的事情,家庭成员也没有太多的办法,只有太过分了,已经逾越家族甚至村里的道德法律界限了,那族长或者保甲长才会采取"祠堂杖打""官府抓人"等惩罚,对其家长权力进行制约。

(三)家长的责任
1.家长躬亲管内外

在卢家,作为家长的卢书鑫,基本上要对卢家大大小小的事宜进行统筹管理,像卢家有多少担粮食、能不能撑到明年丰收,是否需要去外面借钱度过灾年,都是卢书鑫需要考虑的事情。卢书鑫为了家庭生计是非常操心的,经常晚上算账、记账,并且要想办法保持每年家庭经济的适当结余。

除此之外,卢家的人际关系也需要卢书鑫来协调,比如长子卢礼海跟长媳唐淑宜吵架了,卢书鑫就要去调解、讲道理。卢家三兄弟打闹斗嘴,卢书鑫也要劝说批评。要是卢家有孩子在外面犯了事,卢书鑫也要出面道歉赔偿,比如卢礼泉小时候有一次去外面玩儿,打翻了别人家的几个瓷碗,卢书鑫就带着卢礼泉到那户人家里赔礼赔钱。

2.协调决策家中事

卢家人认为,好的家长是要能够兼顾所有的家庭成员,保持家庭的和睦,带领全家人团结起来为了更好的生活而努力,同时能够把家里的事情"调排"①好,保证所有的成员吃饱穿暖。如果家长总是"乱来",频繁地出去赌博、吸鸦片,不去田间做正事,那么家人都会觉得他不胜任。而有的家庭家长年纪大了,会主动把一些事情交给儿子去料理,或者直接让儿子当家长。

一个家庭是只有一个家长的,而且家长有内外当家之分,只有外当家才算是真正的家长。卢家就是如此,卢书鑫是外当家,同时也是卢家的家长,郑淑珍则是内当家。卢家所有的事情都要卢书鑫做主与决定,他有绝对的权威。

(四)家长的更替

卢家当家人卢书鑫没有外出务工或者经商的情况,虽然他曾经生过一些小病,而且在步入中年之后身体渐弱,但是在卢家分家之前,都是由卢书鑫担任家长,没有让其他成员代理的情况。

卢家在卢书鑫这一辈中只有他一个人,因此不存在同辈之间当家人接替问题。而有的家庭同辈有几个兄弟,那就是哥哥不当家了,弟弟接替哥哥当家人的位置,即"老大退,老二接"。除此之外,卢家因为情况比较简单,家庭关系不是很复杂,因此在接替顺序上基本遵循长幼来进行,比如说卢书鑫不当家了,那就是妻子郑淑珍接替,在此之后则是大儿子卢礼海,一直到卢礼泉与卢礼兴,这个过程中不会存在男女的分别,而是会遵循辈分来定。但是嫁出去的女儿是当不得家的,除非家中招郎,让郎来当家。

卢家当家人的更替是到了分家的时候才进行的。分家时,卢家三兄弟把家中的财产进行了分割,卢书鑫也把柜子里的财物分了,然后将各个房间的钥匙按照分配的情况分发下去。与此同时,卢书鑫把卢家的地契、房契也都一并转交了出来,特别是分家单,会与每个儿子一同签署名字,而"钥匙一拿、单子一分",卢书鑫就不当家了。

在此之后,邻居对卢家的称呼没有发生变化,只在保甲册上进行了变更,因为分家后的各个新家长就成了新的户主,收税征兵等要按照新的家户来统筹负责。同时,卢书鑫也会告知四邻,说他以后不当家了,要跟着儿子过日子养老了。这时卢家的土地全部分到了每个儿子名下,卢书鑫基本上不再插手当家决策的事情了。

二、家户决策

(一)决策的主体
1.大小事务家长定

卢家大大小小的事情基本上都是当家人卢书鑫说了算,而卢家内部的家务一般是郑淑珍做主,但也要在卢书鑫不过问的前提下才可以,只要是卢书鑫问及的,均要由卢书鑫拍板决定,其他人都没有权力干涉。曾经有一次卢书鑫外出走亲戚,因为到亲戚家的路程较远,卢书鑫要花四五天左右的时间才能回来,因此他在临走之前那天晚上,特意跟卢家所有人交代,说接下来几天他要出一趟远门喝喜酒,家里的事情都要听郑淑珍的安排。在卢书鑫走后的几天,家里的大小事务均由郑淑珍做主,像卢礼海出门做农活也要跟郑淑珍打一声招呼。

---

① 调排:协调。

2.遇到大事共商量

卢家的事情只要是家长卢书鑫决定了的,那就没有再做任何变更的余地了,但是在之前是可以提意见协商的。而对涉及卢家的重大事宜,卢书鑫在做出决策之前,一般会与其他家庭成员商量,大家有意见可以提出来,不过最终的决策权还是在卢书鑫手上。而不论卢书鑫最终如何决定,卢家的其他成员都要无条件地服从与接受。

(二)决策的事务

卢家的事情并不是所有的都必须经过家长卢书鑫做主,是要视情况而定的。比如涉及卢家全家的大事,如家庭成员的嫁娶、红白喜事以及子女上学等问题,那需要以卢书鑫的最终决策和安排为准。但是像家里煮饭烧菜等杂事细活,卢书鑫基本上不会过问,全部交由郑淑珍决定。而田里的农活在卢礼海"干惯了""干好了"以后,卢书鑫也只会在几个重要的时间节点过去看一看,至于农业生产到底如何安排,则交给卢礼海把握了。

三、家户保护

(一)社会庇护

1.冲突时多叫家长

在1949年以前,卢家曾经发生过与其他家户在生活生产上的矛盾或者冲突,均是由家长卢书鑫出面,其他人不能代表卢家进行调解。在当地,就算是小孩子之间打了架、犯了事,别人家也会说:"喊你们家当家的过来!"而卢家人出去碰到了困难阻碍,首先会向家长求助,家长知道后则会马上出面帮忙,其他家庭成员就不行,因为只有家长才会得到外人的承认。

在与别人家发生矛盾时,卢家人也不一定完全站在自家这边,而要看事情的对错。例如卢礼泉小时候曾经和别家小孩打架,卢书鑫知道以后还要骂卢礼泉,说别的小孩年纪小,为何不礼让他人。但是不管发生什么矛盾,无论事情是谁对谁错,卢家的家人都会尽力去化解矛盾,毕竟"左右都是乡亲",不能把关系闹僵了。像卢礼泉小时候在别人家玩儿,把碗给摔坏了,后来是卢书鑫带着卢礼泉过去赔礼道歉,说是卢家小孩给他们家添麻烦了,语气非常客气恭谦。

2.家丑不可外扬

卢家的家庭成员要是犯错了,则会根据实际情况进行处罚。如果只是一些小事,性质不是特别严重,卢礼海夫妇也是可以处罚他们的小孩卢勇福和卢雨生的。但是如果犯的错误比较严重,对卢家造成了影响,那一般就需要家长卢书鑫出面处罚了。卢家的小孩小时候犯了错误,母亲郑淑珍经常会帮他们瞒一下卢书鑫,否则被卢书鑫知道了就要挨打。比如有一次,卢礼泉在田里帮卢礼海做事,因为贪玩儿在田埂旁脚一滑,把一片禾苗压塌了。郑淑珍知道后就瞒着没有告诉卢书鑫,只说是不小心发生的意外。总的来说,卢家没有孩子有犯罪行为,大多只是顽皮好动,犯点儿小错误。

卢家非常认同"家丑不可外扬"的观点,即使是卢家夫妻发生矛盾吵了架,都不想让四邻或者外人知道,觉得这会影响到卢家的面子。特别是卢书鑫,极为看重外人对卢家的评价,只要听到别人提及卢家的不好,他都会不高兴,觉得脸上没光。

(二)情感支持

卢家的家庭成员如果在外面受了委屈或者被欺负肯定回家会诉说。而卢家的小辈们大多会找母亲郑淑珍去诉说,郑淑珍会安慰他们,告诉他们该怎么办、如何做。一般情况下,卢家的家庭成员是不会主动找卢书鑫去诉说的,因为卢书鑫对子女的要求比较严厉,卢家人都比较怕他。

到了卢家的女儿卢凤英和卢凰英出嫁以后, 她们在婆家碰到什么事情也会回来找郑淑珍倾诉。有一次卢凰英跟她丈夫吵了一架,一边抹眼泪一边跑回了卢家,郑淑珍就抱着她安慰了半天,最后让卢礼海到她婆家,跟她丈夫讲了很多道理才解决好的。

卢家的家长卢书鑫非常希望儿子有出息,能够靠着读书出人头地,在当地叫作"恨不得每只蚂蚁都抓上树"。但是卢书鑫也知道,在当地农村中,儿子要完全靠读书取得成就是非常困难的,所以他更多的是希望子女能健康平安,而不是真的寄望于他们可以"闯出多少名堂来"。而对于卢家的子女来说,不管是否有出息,只要回到了家,就会觉得有了依靠,心就"扎稳了根"。

(三)防备天灾

1.全家齐心抵御水灾

在1949年以前,卢家遭遇过一次非常严重的水灾。那次暴雨一下就下了十多天,卢书鑫还专门去门口不远处的陶四王爷庙里拜了土地公公,祈求少下一点儿雨,不要"涨大水"。可是有一天晚上,村中溪里的洪水一下漫了上来,把卢家的田都给淹了,而田中的禾苗也都浸死、泡死了。到了第二天,卢家人跑过去一看,雨虽然停了,但是田里全部积满了河沙,一季的水稻基本上没有多少收成了。卢书鑫马上将全家人召集过来,把田里的沙子担走,然后卢书鑫和卢礼海马上回家里,把仓库里保存的种子拿出来补种了一部分。在那一年,卢家人省吃俭用,卢书鑫还到外面借了钱买粮食,才度过了一段家中无粮的日子。卢家在那次天灾中,全家团结一致、共渡难关,家人之间彼此更加齐心了,大家都听从家长卢书鑫的安排,没有只顾着个人的私利。

2.节衣缩食,优先劳力

在发生水灾的这一年,卢家自家的仓库里是留有一点儿存粮的,因此在那年收成之前,虽不至于全家挨饿,但是卢家每天的饭量减少了很多,最明显的莫过于"番薯多了,米少了"。这时卢家就优先让主劳力卢礼海多吃一点儿,其他人则均摊下来分配,而这些都是由家长卢书鑫决定的。

因为卢家仓库中还有一部分存粮,所以没有马上去寻求救济,就算是需要国家救济,找村里也是要不到的,除非是家里受灾很严重,乡里才有可能拿出一点儿救济粮,一般的受灾家庭都申请不到。因此,卢家在遭受水灾的接下来一年,全家节衣缩食,吃饭要比正常年岁少很多,到了过年的时候也没有给家庭成员制办新衣,一年下来,基本上靠着番薯饭填饱肚子。卢家还没有到全家挨饿的程度,假设卢家真的没有饭吃了,则会先保证小孩子吃饱,然后再分配给家中的劳力与老人。

(四)防备盗匪

1.匪盗专劫大户

在1949年以前,卢家所在村里有一窝土匪,而且小偷也比较多。当地那窝土匪大概有十几个人，经常去附近村里的人家抢东西。小偷有三四个，一般到了深夜他们就去别人家偷钱或者值钱的家当。土匪抢劫多是到家里来直接抢，劫道的也有，经常会堵在村里到乡里的大路上"断路"。不过这窝土匪平时并不敢明目张当地去劫村，因为村里有乡丁，保甲长会召集乡丁反抗。而土匪抢劫多以抢钱为主，大多是抢大户人家和富裕人家，比如乡绅和财主家是最容易被抢的，因为土匪知道这些人家里值钱的东西多，不得^①白跑一趟。其次，就是绑架当地大户人家的小孩，听说有一户人家因为不给赎金，被土匪给撕了票。

卢家曾经遭遇过盗贼，但是没抓到现行。后来听说村头李家抓到了一个小贼，只有十四五岁，是外地过来的。附近的邻居知道以后，都拎着棍子去打他，把他打了个半死，最后是李家的当家人把他捆起来交给了保长，据说后来送到了乡里的官府上被处死了。在当地，小偷被抓住了就是死罪，即便是被村民打死了都不用偿命。

2.加固门闩以防匪患

卢家没有遭遇过土匪抢劫，因为卢家大宅位于村子中央地带，且四周家户人口众多，土匪不敢明目张胆地过来劫掠，而一般只在村头村尾袭击大户人家。不过卢家也采取了一些防范措施，比如卢家的大门就进行了加固，专门上了两把大木栓子，就是担心土匪进来。同时为了避免家中小孩被人绑票，卢书鑫特意交代家里的小孩卢礼兴和卢勇福、卢雨生，让他们平时少到村边玩儿。

(五)防备战乱

卢家所在的村庄在1944年经历过一次日本军队和国民党军队的"交火"。那一年听说日本人要来，村里的保甲长一家家去通知，而那会儿刚好下起大雨，卢家的当家人马上带着卢家人冒着雨跑到了山上的土洞里面。因为天下着雨，时间又紧，卢家只来得及把家中的现金、几袋口粮拿了出来，连家门都没锁就跑出来了。后来日本人当天晚上就进了村，但没过多久就撤走了。第二天早上，国民党的部队又进了村，据说是国民党第三十七军。他们到村子的时候天刚亮，他们就原地驻扎在村里吃早饭，没想到日本部队突然折返回来，打了国民党军队一个措手不及。

在那一次战乱中，卢家虽然没有人被抓走，但是财产损失非常惨重。日本人刚进村的时候就乱抢东西，后来国民党就更过分了。卢家家里原本有两头猪，第一头在第一天就被日本人给宰杀吃了，第二天另一头又让国民党拖走杀了，而且卢家很多木质家具都被他们烧了用来烤火和煮饭了。

卢家在那一段战乱时期，家中是没有枪支的，只有保甲长家里才会有，当地一般的财主乡绅都弄不到枪。为了不被战乱祸及，卢家特意又加固了大门，但是像炮楼、地道这样的建筑是没有的，甚至卢家所在村庄都没有。不过卢家人在战乱时期没有逃出去躲避战乱，就只发生过一次军队的交火。而在那次日本与国民党的交战中，村里没有人敢联合起来对抗，都是拖家带口的一起逃进了山林中。

(六)其他保护

卢家在村里属于中等水平，偶尔碰到乞丐来家中乞讨。卢家每次遇到都会给他们一点儿

---

① 不得:不能。

吃的,大概是量半升米左右,一方面是出于善心,另一方面也是担心这些乞丐纠缠。至于借钱或者借粮给穷人,卢家没有做过,最多是借给一些亲戚朋友,并且他们肯定会按时归还。而对于其他人,卢书鑫是不会同意借的,因为卢家自身不是大户人家,除非是公派下来的任务或者其他极少数情况,否则卢家不会乱施舍救济他人。

四、家规家法

(一)成文家规及主要内容

卢家没有成文的家规家法,只有默认和约定俗成的"规矩"与家风,并且均是随祖辈一直流传下来的。卢家的家长卢书鑫在平时的生活生产中,会有意识地给儿女们灌输做人的道理、做事的规矩,由此形成对家规家风自觉的遵循。与此同时,卢家儿女们也在父辈、祖辈的耳濡目染中,逐渐树立起了对墨守家规家法的内心认同,并且在今后的人生中,作为其行为规范的重要指南。

(二)默认家规及主要内容

1.习俗规矩全家守

卢家的家规家法是默认的,形成于一直沿袭下来的习俗、道德和观念,是约定俗成的一套规矩。在卢家正厅供奉祖辈牌位的地方就写着五个字:"天地君亲师",卢家人每天都会拜一拜,无形之中就形成了一种内心的认同。同时,卢家的家长卢书鑫在平时的生活中会经常提及"忠孝礼智信",告诫孩子要守规矩、会做人,"孔孟之道"要作为人的根本。因此,卢家的这些默认的家规,是长辈言传身教所形成的,不必"一纸一字"明确地细说,而是体现在卢家人的一言一行中。

这些默认家规是卢家家庭成员所必须遵守的,一方面依靠个人的自觉,另一方面需要家长卢书鑫对家庭成员的督促,比如卢礼泉有事情做得不对,不合规矩,卢书鑫就会批评和纠正他的行为,甚至是以"罚跪""挨打"的方法进行惩戒。

2.吃饭有规矩

1949年以前,卢家做饭是由内当家郑淑珍和长媳唐淑宜负责,一开始郑淑珍带着唐淑宜学,后来唐淑宜做惯了,就基本是唐淑宜来做,包括煮饭、烧锅等,郑淑珍只在旁边帮忙切菜或者具体督促一下。至于饭菜的安排,同样是由郑淑珍决定,外当家卢书鑫基本不会过问。一般情况下,卢书鑫不会对每天菜品的样式或种类提出要求,只是在家里来了客人,他才会嘱咐一声炒点儿荤菜待客,这时郑淑珍就要听从家长的意见。买菜平常是让负责做菜的唐淑宜去买,内当家郑淑珍或者当家人卢书鑫会决定买些什么菜,然后大致算一下价格,再拿钱给唐淑宜。等到唐淑宜买菜回来以后,要告诉卢书鑫或者郑淑珍花了多少钱,剩下的钱都要交还回去,不必非要记账。

卢家吃饭时是在餐桌上吃,一般情况下不能端着碗到处乱晃的,这是基本的规矩。上桌吃饭没有太多讲究,卢家人都可以上桌,但座次顺序会有讲究、首先,长方形餐桌的东边较窄的那头是上座,这是固定必须卢家的家长卢书鑫坐的。其次,上座的左手边是男性坐的,按照年龄辈分的大小依次坐下,卢礼海是长子,坐第一个位置,卢礼泉、卢礼兴和卢勇福依次往下。最后,上座的右手边是女性做的,同样按照年龄辈分来排序,第一个是郑淑珍,接下来是唐淑宜、卢凰英以及卢雨生。到了冬天的时候,卢家吃饭的屋子里会放一个小火盆,而这个火盆必须放在家长卢书鑫的旁边。

卢家的每一顿饭必须将全部饭菜都吃完,剩饭要挨骂。卢家的家长卢书鑫经常会教育家中的小孩子珍惜粮食,"粒粒皆辛苦",告诫他们粮食来之不易的道理。不过卢家每个家庭成员的饭量并不是一样的,所以不可能吃得一样多。在一般的年岁,卢家每次煮一大盆饭,然后每个人去盛饭,能吃多少就盛多少,没有人有意见。至于菜,则是放在桌上自己夹,没有什么顾忌或者讲究。但对家中的孕妇,卢家会杀只鸡给其"加餐"当作"私房碗",其他人就没有这个特权。如果家里收成不好或者遭了灾,那煮饭的总量就会控制一下,比如有一年卢家遭了水灾,全家人节衣缩食,除了主劳力卢礼海可以多吃一点儿米饭之外,其他人都是平均分饭,然后在碗里掺红薯丝充饥。农忙与农闲时吃饭会稍有不同,农忙时一般一日吃三餐,而且会让卢礼海和卢书鑫吃"少放番薯的饭",干活有力气一些。而农闲时,因为干活比较少,日照时间也短,卢家一天就只吃两顿饭。

卢家平时盛饭并没有太多的规矩,都是自己盛自己的,太小的小孩则是在吃饭之前由母亲先喂,没有特别多的其他照顾。不过在过年的时候,卢家盛饭就有讲究了,一般第一碗饭必须由长子卢礼海盛给当家人卢书鑫,然后第二碗盛给内当家郑淑珍,只有给他们盛好之后,其他人才能盛饭。至于菜,卢家不会事先盛好,而是各自到碗里去夹。在开始吃饭时,必须要等卢书鑫动了筷子以后,其他人才能动筷;如果来了客人,那就是客人先动筷子才可以"开席",而且一般荤菜的"肉碗"也要等客人开始夹了第一下,其他人才能去夹。

卢家是大家庭坐在一起吃饭的,没有卢书鑫的许可,所有人都必须规规矩矩地坐在桌子边上吃完饭,不能端着碗去别处吃,而卢书鑫本人也非常注意以身作则,每次都是吃完了饭才起身出门。即使在农忙的时候,卢家也不用去田里送饭,因为卢家的田地离家比较近,到了吃饭的时候可以自己回家吃。就算是碰到极特殊的情况,比如去山里砍木头,一时半天回不来,也会在出门的时候带饭。

刷碗洗锅是按照谁煮饭谁负责的原则,过去是郑淑珍洗得比较多,后来唐淑宜嫁过来以后,基本上就由其一人全部揽下了,有时卢凤英也会去厨房帮一帮忙。卢家没有专门的厨师,但在家里办红白喜事的时候,就要去外面专门请厨师,而厨师一般是做完所有的菜后才能吃饭,吃的菜就是席面上的那些菜,不会有什么特殊的照顾。

3.座次讲求辈分长幼

卢家在日常的座次方面,是遵循辈分长幼的原则,长辈要坐上座,晚辈只能坐下座。比如卢家的堂屋中有一张八仙桌,八仙桌的左边为大,即"左为尊",那就只能是卢家的家长卢书鑫才有资格坐。而八仙桌的右边,一般只能是卢家的内当家郑淑珍才可以坐,至于其他的家庭成员是没有资格坐这两把椅子的,否则会挨骂,被认为是没大没小。

卢家要是来了客人,一般是要坐上座的,不过需要视具体情况而定。如果客人跟家长卢书鑫平辈,那就可以坐在右边的那把太师椅上;要是辈分高于卢书鑫,那卢书鑫要把左边的那把太师椅让给客人坐,自己只能坐右边;如果客人是卢书鑫的晚辈,即便是客人也不能坐到太师椅上,只能坐在堂屋下边的位置。

在宴请客人的时候,卢家的主位就是平时卢书鑫坐的位置,即靠近东边的单边座,也是朝着正门方向的位置。如果客人比较尊贵,那主位会让给客人坐,作为主人的卢书鑫以及陪客则在主位旁边左右分次坐开,卢书鑫居左边第一位,陪客坐在右边第一个。卢家对于客人没有特别的称呼,只要按照平常的称谓即可。在落座之前,主客之间往往会推脱礼让一番,家长卢书鑫会说一些客套话,拉着客人一定要坐到主座上去。对于宴席的座次是按照辈分而不是年龄分配座位的,而且座位要按照婆婆的娘家、母亲的娘家、妻子的娘家,再到其他本家亲戚的顺序来安排,因为当地将娘家列为"母党",奶奶的娘家叫"老母党",母亲的娘家叫作"少母党",而妻子的娘家叫作"高亲",遵循"娘亲舅大"的规矩。至于本家亲戚,则是按照父亲那边的关系辈分来排序。邻居朋友的宴请座次就没有那么多规矩了,一般主座还是会让卢书鑫坐,下面就会根据邻居的年龄来排序,年龄越大,坐的座次越靠前;要是客人里面有财主或者乡贤,那卢书鑫会让他们坐主座,毕竟他们的身份地位要高一些。

办红白喜事同样遵循摆酒的规矩,即先"老母党""少母党"和"高亲",再是本家的叔伯。这些人按照辈分排序,排在最前面的两三桌均是主桌,需要专门请本家的平辈亲戚作陪。剩下的则是按照先地位身份,后年龄大小或者关系来排,没有那么讲究了。这些座次的安排是在发请帖的时候就已经定好的,会有一个"提调师傅"专门排座,卢书鑫在旁边决定最后的座次。在开席前,会有两三个家里的亲戚帮忙"引席",绝对不能出任何差错。

4.大事请示家长

在 1949 年以前,卢家的生产基本上要由家长卢书鑫决定和做主,比如什么时候要犁田了,那卢礼海就会请示一下卢书鑫的意思,卢书鑫说可以了,卢礼海才能牵着牛去田里。不过到了后来,卢书鑫年纪渐长,下田的时间越来越少,田里的农活大多是由卢礼海带着卢礼泉和卢礼兴去做,除非碰到非常重要的事情,一般不需要再请示卢书鑫了。卢家田间的农活和生产是按照四季、节气安排的,有其规律所在,卢家三兄弟都做惯农活了,卢书鑫也就不再过问和干涉了。

在平时的生活中,卢家家庭成员遇事是要请示家长卢书鑫的。像一日三餐的安排,是由内当家郑淑珍决定,无须再去请示了,但是如果碰到买菜或者购置生活物资等,那就要跟卢书鑫说一声,他同意以后才可以去柜子里拿钱。至于家中的其他琐碎事,卢书鑫一般是不会过多干涉的,但是一旦涉及"出钱""出资"或者其他重要的家庭大事,比如孩子上学、婚姻嫁娶等,都要请示卢书鑫。

卢家的对外交往同样是由卢书鑫负责和安排的,一般情况下,如果家庭成员要出门走亲戚或者外出,比如长媳唐淑宜回娘家、郑淑珍去拜佛敬神,只需跟卢书鑫说一声即可,谈不上请示,因为卢书鑫肯定是会答应的。但是卢家如果有人要出远门,那就要请示卢书鑫了,以便于他将接下来几天家里的事情安排妥当,否则就会出现没人做事的窘境。家庭成员交朋友、结兄弟卢书鑫是不干涉的,均由其本人自行决定。至于出去借粮借款就更不存在请示的问题了,因为卢家只有家长卢书鑫才能在外面借到钱和粮,其他人即使是想借也借不到。

卢家的请示大多为口头上的汇报,除非是碰到涉及卢家全家人的重大事情,卢书鑫才会召开家庭会议一起商量。如果卢书鑫不同意,那家庭成员就不准去做,没有可以讨价还价的余地,更不可以违背卢书鑫的意愿与想法。而卢家三兄弟在分家之后,基本上就不再向卢书鑫请示了,只有家中重要的事,比如卢礼泉的儿子,即卢书鑫的孙子在谈婚嫁时,才需要跟卢书鑫请示汇报一下,表示对他的尊重,其他的家中大小事都由自家家长决定就可以了。

5.请客多礼数

卢家在生产中没有雇工、土地交易、借用工具牲畜以及建新房等情况，并且在其他的生产中，当地也不存在请客的风俗规矩。不过在日常生活中，卢家是有很多请客情况的，比如红白喜事、小孩满月等。卢家办得最盛大的莫过于红白喜事的宴席了，像卢礼海结婚"收亲"以及卢凤英出嫁后的回门酒都是场合蛮大的。这些宴席在举办之前，要写好请帖一家一家送过去，卢家的亲戚朋友以及四邻宾客，还有村里的保甲长和乡绅都要去请的。除了红白喜事以外，其他宴请就没有那么正式了，无须"下帖子"，只要口头上邀请就行，同时酒席的桌数也会少一些。至于家中孩子上学，家长卢书鑫一般是不用请老师吃饭的，只有孩子去拜师学徒，才要摆"拜师酒"，请自家的亲戚朋友和当地有声望的人专门来见证。要是发生矛盾请人过来调解，那不管无论是最终调解成功还是理亏失败，都要摆上一桌饭，请调解人和帮忙的朋友。

如果是红白喜事这种大的宴席，那就要请当地的财主乡绅、家族族长以及保甲长等过来"吃酒"，并且必须写好请帖，由当家人卢书鑫送到他们家中。至于"少母党""老母党"以及"高亲"等贵客，是在重大宴席中必须请的人，也要卢书鑫去送请帖，来的时候还要由卢礼海和卢礼泉几兄弟去迎接。不过这是卢家办重要宴席才会请的，平时卢家的满月酒、回门酒等请的人就会少一些，最多是叫几个本家的亲戚或邻居好友过来吃饭，也没有那么的正式，只要口头邀请就行。

宴请中也是有很多"规矩"的，比如卢礼海结婚的时候，就请了二三十桌的客人来"吃酒"，其中有两三桌是主桌，让"少母党""老母党"和"高亲"这些主客坐。在宴席上，所有桌子的饭菜均是同样的标准，即使是主桌也没有区别。当地摆酒是有两种不同的酒席标准的：一种叫作"墨鱼宴"，属于低一点儿档次的，会有一大碗"墨鱼炖猪肚"作为主菜；还有一种叫作"海鲜宴"，是当地最好的酒菜标准了，有鱼有肉，还有一些海鲜大菜。但是无论是哪一种宴席，都必须要有"十大碗"，讲求"十全十美"。

宴席要由专门的厨师来掌勺，在宴席开始前一天，卢家就要派人把厨师接过来进行准备，他们会自带铁锅厨具，由卢家提供食材。卢家一般是在家里的厅堂、堂屋和正厅摆桌子，卢礼海那一次结婚还摆到了门前的地坪上。如果桌子和碗筷不够用，需要到邻居家去借，他们对于卢家办酒席借东西是非常乐意的，甚至还会主动过来帮忙一起收拾桌椅。

6.开席齐举杯

卢家办宴席是有一些"恰酒"①习俗的。首先是酒水标准，一般的人家是备一些家里酿的谷酒，一桌起码要两坛子，一坛大概两斤。如果是做客气的搞，那就要去乡上买瓶装的酒了，一桌起码要两瓶到四瓶，必须成双。此外，在开席之前，要有"提调"站出来说祝酒词，当地叫作"讲好话"。只有等到好话讲好了，"提调"带着卢家家长卢书鑫先敬了所有客人一杯酒，大家才能开始动筷子开席。开席之后，卢书鑫要从主桌开始一桌桌敬酒，每桌最少要举三次杯、喝三杯酒，对于一些身份尊贵的客人，更是要连喝三杯以示敬意。除此之外，其他客人之间的喝酒就比较随意了，没有那么多的讲究。

在宴请宾客的时候，一般是专门会请一个"提调师傅"来安排座席的，主客要坐主桌，主

---

① 恰酒：喝酒。

桌必须安排在正厅的里面,叫作"坐上桌"。在卢家红白喜事宴请中,还必须请陪客,陪客一般是家长卢书鑫的朋友或者亲戚,要能喝酒、懂规矩的,同时能"陪得住"贵客。陪客是要坐到主桌上去陪主客的,一般一张主桌起码要有两个陪客,其他桌上就不需要了。陪客最主要的任务是在席间帮忙敬酒,从桌上辈分身份最高的开始敬,一人三杯,"打一轮圈"。卢家认为,只要客人们吃好喝好了,对于卢家的安排没有意见,那就算是陪好了客人。而对于一些好酒的主客,把他们喝倒、喝翻也是一种"陪好"的表现。

在喝酒习俗中,要等热菜上了五碗以上,然后"提调"和主家的家长才会致祝酒词,再举杯敬在座的所有宾客,之后就可以开席动筷了。开席之后没有那么多讲究了,只要吃完了就可以放筷子先走,因为有的客人住得比较远,要早点儿动身回家。在当地同样有"贵客"的概念,一般是辈分高的、难得来的人称之为"贵客",主要是"娘家人"为大。除此以外,当地的一些财主、乡绅和保甲长也可以算作"贵客"。贵客要由当家人招待,而且还要安排专门的陪客去作陪,而贵客坐的主桌饭菜跟其他桌是一样的。要是有的贵客长辈没来赴宴,比如说娘家辈分最高的老人没来,那卢家还要专程"搭菜"由其家人带回去,即便是不"搭菜",也要捎一个红包表达心意。

7.居家规矩较少

卢家的房屋没有篱笆,也没有院子以及围栏,只有一个比较大的地坪,地坪比较空旷,甚至连树都没有种一棵。卢家所在的村子没有人专门打更的,因此没有太多时间的概念。不过好在卢家对面不远的陶四王爷庙会安排人定时敲钟,早上天亮打一次,到了深夜的时候又打一次,方圆一两里的人家都听得清清楚楚。至于睡觉,卢家就更没有其他的规矩了,一般是小孩子先睡,大人再睡,到了早上也是大人先醒,再把小孩子叫起来。当时有一句话叫作"早睡早起,发财到底",加上村里没有夜间的娱乐活动,所以九点左右卢家就会睡了,到了第二天早上五六点起来开始做饭,不分农忙与农闲时节。

卢家的堂屋、正厅以及厅堂、厨房都属于公共空间,是整个家庭一起使用的,所有私人用品如果要放在这些地方,都要征求家长卢书鑫的同意,否则就会挨骂。至于卢家每个人自己的房间,那就是私人空间了,在私人空间里是没有任何约束的,家长卢书鑫也不会随意干涉。

卢家在居住方面没有成文的规定或者准则、忌讳,相对比较宽松随意,只是在一般情况下不能随意进出其他家庭成员的房门,因为那是属于私人空间,就算要进去也要事先征得同意。比如,卢礼海成家之后,分到了一间卧房,那他就不能随意进出卢书鑫夫妇的房间了。同时,卢书鑫在一般情况下也不可以随意进出卢礼海夫妻的房间。卢家如果要议事,一般是在堂屋里进行,但偶尔也有到卢书鑫房里议事的情况,只是在进卢书鑫房门之前要得到他的许可才行。

8.妇女负责洗晒衣物

卢家没有人会做衣服,一般是郑淑珍和唐淑宜纺好纱、织好布以后,拿到村中裁缝那里去做。洗衣服则是统一由内当家郑淑珍和长媳唐淑宜负责,不管是哪位家庭成员,也无论是什么衣物,均由她们洗涤与晾晒。

卢家是在自家的天井里洗衣服。卢家的天井里有一个大水缸,每到了天刚亮的时候,卢礼泉和卢礼兴就会去河边担水,把水缸补满。卢家洗衣服是用"茶渣"洗,这种"茶渣"是榨茶油之后剩下的沉淀物,里面含有碱的成分。除此之外,卢家有时还会用"草灰"洗衣,"草灰"是稻草或秸秆烧成灰过滤之后的产物,也能洗干净衣物。

到了要洗衣服的时候,郑淑珍和唐淑宜会拿一个专用的大木盆子,搬两把椅子过来,坐在天井里一边聊天,一边用木棒捶打衣物。卢家洗衣用的棒槌是当初找木匠专门做的,据说被槌子捶打过的衣服要干净一些。在洗完衣服之后,将洗衣水直接倒在天井里,水会顺着天井旁边的水沟流出去。然后,郑淑珍和唐淑宜再晾晒衣服。而卢家有专门晒衣服的地方,当地叫作"晒棍",其实就是一根挂衣服的竹竿。衣服洗净拧干了全部晾在竹竿上,内衣外衣都是如此。在衣服晾干之后,需要统一收起来。卢家曾经发生过洗衣服洗破的情况,但是没有人会去计较,因为卢家人的衣服都是纯棉的,加上做工技术比较粗糙,非常容易就扯破了。如果衣服只是稍有破损,由郑淑珍和唐淑宜缝补一下就行了。

卢家洗衣服是有一些不成文的规矩的,比如男性的衣服不可以和女性的裤子一起洗,听说这样是为了"避免男的沾女的阴气"。除此之外,男女的贴身内衣也要分开洗,并且在晾晒的时候不能靠得太近。对于小孩子而言,就没有这些方面的忌讳了。

(三)家规家法的制定者

卢家的家规家法均是约定俗成和默认的,是祖祖辈辈口口相传下来的,称之为"老人言"或者"家训"。虽然卢家的家规家法并没有具体的成文条例,但在日常生活中,卢家都不会以轻易地违背。同时,由于家规家法是默认的,因此也不存在当家人组织修订的问题。

(四)家规家法的执行者

卢家的家长卢书鑫在平时的生活中,对成员不符合家规家法的行为会及时提醒。如果有家庭成员不依照家规家法办事,卢书鑫有权对其进行惩罚,轻则会挨骂,重则要挨打。同时,卢书鑫作为家长,会以身作则地践行将卢家默认的家规家法,给其他成员树立榜样。虽然卢家的家庭成员彼此之间可以相互监督,但是具体要去惩罚某个人,必须家长卢书鑫出面才可以的。

(五)家规家法的影响力

卢家的家庭成员是在长辈以身作则以及父辈的言传身教中获得了对卢家默认家规家法的认知和熟悉。同时,这也是卢家的家长卢书鑫在对孩子儿时的教育中不断进行灌输的结果。

卢家所有的家庭成员都要遵守家规家法,否则就会受到家长卢书鑫的惩罚以及批评。如果犯了比较大的错误,还会被罚跪甚至棍打。卢家人认为,家规家法对于家庭成员的行为是有纠正以及引导作用的,特别是对小孩子,家规家法能够最大限度地提醒他们什么可以做、什么不可以做,如果做了违背家规家法的事情,那就要承担严重的后果。例如在小时候卢家三兄弟都很调皮,有一次卢礼兴吃饭吃到一半端着碗就跑出去玩了,卢书鑫在桌上一下就发火了,一拍桌子追了出去,最后把卢礼兴抓回来在堂屋里跪了"一昼"①。自此以后,卢家再也没有人敢吃饭不规矩了。

---

① 一昼:半天,一般指白天的一上午或者一下午。

（六）家庭禁忌

卢家在生产中有这样一个说法：扯秧苗的那一天叫"开秧田门"，不能直接下田去扯秧，而是要把家里的成年男性都叫过来"拜秧田老爷"。一般到每年的这个时候，卢书鑫会带着卢家三兄弟一字排开，跪在田埂边上，然后摆上一张桌子，上面供上"三鲜"，即鸡、肉、鱼，之后再举一杯酒洒在地上，叩拜三下。在这一天，卢家的女性是不能出家门的，更不能跑来看祭拜。卢家人认为这是一种祈福的行为，是在生产条件落后的情况下祈求丰收的一种风俗做法，全家人都必须遵守。除此之外，卢家在生产方面就没有其他的禁忌或者需要注意的方面了。

在婚姻习俗上，卢家没有太多的忌讳讲究，只是在"讲亲"的时候，需要双方先合一下八字，合得来那就没有问题。而卢家的儿媳妇嫁过来之后，同样没有太多的忌讳或者规矩，只是新媳妇在头一年初二的时候，必须回娘家住一天，当地叫作"头年初二看爷娘，否则来年守空床"。至于婚嫁其他方面的忌讳卢家是没有的。

丧葬方面卢家是有一定忌讳的，如果父亲过世，儿子在一百天内不能剃头、不能同房，而且斋戒不少于三十天。这主要是当地对"孝子"的考量，是为了能够让过世的亲人安息，为后辈积德祈福，换一点儿福报。如果不这样做，街坊邻居就会说闲话，说这家的儿子不孝顺、不懂规矩。

过年的时候，卢家认为正月初一那一天是不能剪头的，必须在腊月二十四日小年之前去剪，不然就会把霉运带到新年，剪去了新年的好运。除此之外，在正月初五之前，卢家人扫地、扫垃圾只能由外往里扫，不能往外扫，否则就把财运"扫出去了"。这些规矩和忌讳，是祖祖辈辈传承下来的，卢家人必须严格遵守，如果违背了这些禁忌，不仅会被家长卢书鑫训斥，而且会给整个卢家带来不吉利。

（七）族规族法

卢家所属的卢氏家族是有成文的一套族规族法的，卢家的家长卢书鑫曾经在家里提到过其中的部分内容，让卢家的家庭成员都要遵守。卢家对具体的族规条例记忆非常模糊，只记得大多与自家的家规内容一致，主要列举的是"大道理和伦理道德"。卢家人认为，只要好好做人，做事守规矩，就不会触犯家规和族规。

卢家没有家庭成员违背过族规，但是当地的卢氏家族曾经有人因为"不守规矩"受到了家族族长的惩处。这个人在卢氏家族里是出了名的"丢祖格"，对父母非常不孝顺，所以被族长绑到祠堂里"打屁股"、罚跪。据说很早以前，卢氏家族里还有一个人偷了别人家的东西，被族长下令绑到楼梯上，扔到河里浸死了，只是卢家没有人看到过与经历过。而卢家家里的一般事情都由卢家管理，家长卢书鑫可以自行做主，只有涉及家里的大事，比如说租佃土地或者婚嫁招婿等，才需要请家族的族长来见证。

五、奖励惩罚

（一）对家庭成员的奖励

卢家对在生产生活中表现好的家庭成员是有奖励的，不过这些奖励大多是由家长卢书鑫口头表扬与激励一下，物质方面的奖励非常少。比如卢家二儿子卢礼泉的学习成绩非常好，卢书鑫知道后就会口头表扬他，鼓励他继续努力，当天晚饭还会让唐淑宜多煮一个鸡蛋给卢礼泉吃。长子卢礼海每年做农活，要是收成特别好，卢书鑫一开心就不仅只是口头表扬了，而是会给更实际的奖励。例如有一年，卢书鑫就交代郑淑珍，让她过年的时候找裁缝给卢礼海多做一件新衣，算作对那年收成好的"重奖"。

卢家的奖励虽然大多停留在口头上，但是卢家人认为，这是对卢家的家庭成员最好的激励。奖励范围包括卢家全部的家庭成员，外人家是与卢家自家的奖励没有任何关系的。卢家的奖励多是精神方面的鼓励与表扬，物质奖励比较少，这主要受到经济条件的限制，卢书鑫即使想给孩子奖励上学的机会，也不一定供得起。

卢家的奖励均是由家长卢书鑫决定。卢家的年轻人对家中长辈的孝顺，肯定会得到四邻与乡亲们的称赞，认为这是"家有福气"，是卢家的骄傲，传到外面都会获得他人的认可、称赞。

（二）对家庭成员的惩罚

1.家长长辈权力大

在卢家，只有长辈才有惩罚晚辈的权力，而且这个权力主要集中在家长卢书鑫的手上，一般情况下郑淑珍都不能轻易地惩罚子女，兄长就更没有私自惩罚弟弟的权力了。比如卢家的孩子调皮捣蛋了，在家不守规矩或是安排的生产不认真做，那就会受到当家人卢书鑫的惩罚。卢家家庭内部惩罚小孩的时候，外人是不可以介入的，因为这是属于卢家自家的家事，别人干涉属于"好管闲事"。

卢家小孩在外面做错了事，家长卢书鑫需亲自带去别人家赔礼道歉，如果造成别人家的损失，还要赔偿。卢书鑫在外面是不会惩戒儿女的，等到回家之后，卢书鑫就要让其罚跪或者面壁了，有的时候"发大气"①了，还要打一顿。不过卢家的几个小孩子都没有犯过太大的错，偷盗行为更是没有。有的家庭发生这种情况，就是"不得了的事"，当家人和孩子的父亲都要带着小孩去赔罪道歉，毕竟是"子不教父之过"。同时，家长要当着被偷人家的面将小孩打"手板"②和罚跪，否则以后别人会认为这家人教育不好，出了"小贼伢子"。

除了家长卢书鑫以外，郑淑珍在卢家也有一定的权威，是可以惩罚家庭成员的。生育子女后的卢礼海同样可以惩罚与教育他自己的儿子卢勇福和女儿卢雨生。在卢家，婆婆郑淑珍从来没有惩罚过儿媳妇，虽然在别的家庭有这种情况，但是卢家认为儿媳妇毕竟是外人，不能随意打骂。至于父亲惩罚儿子那就是理所应当了，而且父亲在教育儿子时，外人不能插手管闲事。

2.家庭惩罚只对内

卢家的家庭惩罚只能针对自家家庭的内部成员，不能对其他家户的成员进行干预，因为别家自有别家的规矩，代其惩罚会引起不必要的误会和矛盾。卢家的家庭成员是比较惧怕卢书鑫的惩罚的，所以一般情况下，卢家没有人敢顶撞卢书鑫。卢家的惩罚主要是口头训斥，重一点儿的就是罚跪、面壁以及"棍打"了。至于具体如何惩罚，则要看家长卢书鑫的意思了。

---

① 发大气：发大脾气。
② 手板：手掌心。

296

六、家族公共事务

(一)参与主体

卢家所在的家族,彼此关系相对比较松散,除了每年冬至的祠堂祭祀和清明组织的"祖坟挂山"之外,就没有其他的公共活动了。卢家每年的祭祀都是当家人卢书鑫一个人去,而清明挂山则是派三个儿子轮流去。卢氏家族的活动一般是只准卢家的男性参加,女性均不可以过去,因为妇女在当地连族谱上都不能留名字,祭祖活动就更加不可以去了。

(二)事务类型

1.冬至"打祭"

卢家所在的卢氏家族每年在冬至那一天会组织"打祭",即在祠堂祭祀祖先。祭祀会请当地的道士和"理生"念经,所有参加的家族成员跪拜,然后由族长宣读族规与近来族里发生的重大事情,之后就是聚在一起吃"祭祖饭"。

卢家参加家族祭祀的是当家人卢书鑫,其他人都不能参加。因为家族祭祀只有每个家庭的当家男性才能有资格祭拜,未成年的男孩也不能去。至于每年"打祭"的费用,则是会均摊到所有参加祭祀的家庭身上,卢家就由整个大家庭统一出这笔"祭祖钱"。

2.清明挂山

卢氏家族每年会在清明节举办清明会,但是当地不叫清明会,叫作"清明挂山",即由族长带领各家的代表去祖坟上祭拜烧香。卢家参加清明挂山最多的是卢礼海,除此之外,卢礼泉和卢礼兴也曾经去过两次。在清明挂山中,卢氏家族的人一起走到祖坟,先把祖坟周围的杂草清理干净,然后大家一起祭拜磕头,并燃放炮仗。清明挂山虽然族里每家每户都需参加,但是不需要各个家户再出费用,因为卢家的祠堂本身拥有十几亩公田,每年的收入主要就是用在挂山和平时的香火供奉上,基本可以维持这些日常开销。

3.筹资筹款

卢家所在的家族在修缮祠堂围墙时曾经筹措过资金。筹措是按照每一个族人的数量来进行分摊的,只要是上了族谱的族人,一个人是五十斤谷子,卢家是当家人卢书鑫担着送到祠堂去的。后来家族里还有过一次筹资,是因为当地有族人的生活条件非常艰难,族长就发动家族成员筹资捐助,这种情况仅有了一次,是有一年发水灾,将一户卢氏家族族人家的田、屋全部冲毁了,家族知道后马上开始组织筹款,帮其渡过难关。当地的筹资主要是筹钱,并不是强制的,像卢家那一年遭灾也比较严重,所以就没有参与那次家族的筹款。

七、村庄公共事务

(一)参与主体

1.会议

村里开村务会议的时候,卢家一般是由家长卢书鑫参加,有的时候卢书鑫不在,郑淑珍和卢礼海也可以代表卢家去,因为村务会议主要是签到,地方保甲长并不重视。而有的家庭如果是女性当家的,那女当家人也可以去,没有人会说闲话,同时这个女性当家人也可以在会上发言。开村务会议一般比较随便,多是走一下形式,任何人都可以提意见,卢书鑫在开会的时候,就会或多或少地代表卢家发表观点,至于是否被采纳,就要看保甲长的意思了。

村里的征税会议是必须要通知到每个家庭的家长的,其他家庭成员转告都不行。参加征税会议的家庭必须拥有土地的所有权,无地农民以及租种财主土地的佃户不用去,因为没有土地,就不存在交税的问题了。卢家所在的村庄没有开过佃农会议或者商人会议,一年到头都只有几个官府要求的大会,其他的会是不可能会组织的。

卢家的家长卢书鑫对村里的事务不怎么上心,一来是卢家的农活比较重,没有时间过多理会;二来是卢书鑫和卢家其他成员觉得村里的事情即便提了意见也不顶用,就是那么少数几个人说了算。所以卢家最多是自家人之间偶尔聊一聊村里的事情,从来不会去外面或者会议上过多地谈论村中事务。但是卢家对村里决定的事情是持认可态度的,也没有人提出反对意见,即使有想法也只能私下去和保甲长说。

2.修桥修路

村里修桥或者修路必须找每家每户的家长才可以,然后以家庭为单位出劳力。像卢家这种中户家庭,一次出一个劳力,有的家庭人丁兴旺,在劳力缺乏的情况下需要出两到三个劳力。修桥修路一般是由保甲长通知,比如卢家就会通知到家长卢书鑫。卢家去修桥修路大多是卢书鑫安排卢礼海去,他本人一般是不会去的。

在安排成员去参与村庄事务时,卢家会按照实际的劳力情况以及年龄来确定,必须是家中的主劳力,小孩子和身体弱的成员都不可以。如在卢家的三个儿子中,大儿子卢礼海去得最多,卢礼泉和卢礼兴基本没有去过,不是各自轮流。如果有的家庭缺少青壮劳动力,那就不用出劳力了,保甲长会想办法从别的家庭中多抽调几个人。修桥修路是不会让女性过去的,因为女性劳力太弱,即使去了也帮不上忙,而且一般家庭的妇女都有很多家务活,没有时间帮忙干这些重活,不可能代表一个家庭出劳力。

3.治理灾害与维护治安

卢家所在村庄曾经发生过非常严重的水涝灾害,发生灾害时,是每家每户抵御救灾的,村庄没有组织共同的救灾,保甲长都是自家救自家的灾,没有闲工夫管其他人家。

除此之外,村里基本上只会管理收税抓丁的事情,其他都不会过问。即使是在动乱时期,村里也没有组织过维护村庄治安,比如安排打更、夜间巡视等。村里是没有治安组织的,只有在乡里才有一个保安队,而乡里派到村里的叫作"乡丁""保丁",一个保只有一个保丁,他们的任务不是维护治安,而是帮忙收税抓壮丁,一提及打仗除匪,比普通村民逃得还快。

(二)筹资

村里组织修路修桥时,筹资每家每户一份,保甲长直接找到卢家家长卢书鑫,由卢家大家庭共同出资,筹资的费用也是由卢书鑫拿钱去交的,如果数额比较大,卢书鑫会和卢家的家庭成员知会一声。筹资的款项只能由卢书鑫去交,卢家其他人是不能代替他去的。

卢家每年都足额缴纳了这些费用,当地有的家庭确实交不起,那就先欠着,等收了粮食以后,再用粮食抵扣。如果家中的粮食也不够,那就多出几个劳力也是可以的。

(三)筹劳

卢家所在村庄组织修桥修路时,一般一个家庭出一个劳力。保甲长会首先找到卢家的家长卢书鑫,然后卢书鑫再安排卢礼海过去。而村庄里没有组织过集体的修堤修坝,以及其他管理水利设施的公共活动,附近只有卢家和其他几户人家为了方便农田灌溉,一起修筑了一个小水坝。到了每年临近夏天的时候,几家人会每户派一人去加固一下水坝,共同合作互助,平时则没有人专门管理。至于看水员、管水员以及看井人等公共性事务的管理人员,在村里同样也是没有的,因为在当地都是"自家人看自家田",村里不会另外组织与安排人手了。

在1949年以前卢家还未分家,即使大家庭中有卢礼海个人的小家庭,但仍然是以大家庭为单位出工筹劳的,所有的家庭成员均听从家长卢书鑫的安排。

八、国家事务

(一)纳税

卢家是以家户为单位进行纳税的,缴纳的为"田税",除此以外,无须再纳其他税了。纳税数额主要是按照土地的多少来核算的,像卢家的土地是一亩缴纳三十斤谷子左右的税,约占一亩地百分之十的产量比重,属于定额税。

卢家每年交税是在秋收前后,村里的保甲长会到卢家找卢书鑫说交税的事情,而且要亲自告诉卢书鑫,其他成员转告保甲长不放心。交税是以粮食进行折算,一年只交一次,卢家一次需要缴纳三百多斤谷子的田税。一般来说,卢书鑫在家里收完粮食之后,就会叫上卢礼海或者卢礼泉跟他一同去交税,因为卢家上交的粮食数额较大,卢书鑫一个人搬不动。

卢家有过一次没有按时纳税的情况,是拖了一段时间才交的。卢家推迟纳税因为天气不好,刚好卢家人又去远方的亲戚家"吃酒"了,耽误了晒谷子,谷子没有晒干是没有办法上交的。后来村里的保甲长来问卢书鑫是怎么回事,卢书鑫跟他们如实说明了情况,他们也就没有追究,只是交代卢书鑫要尽快晒好谷子交上去。

在当地,有的家庭一时半会儿交不起税,村里的保丁、乡丁就会去家中催税,每天去那户人家家里坐着。如果一直拖欠不交,保丁、乡丁就会经常在这户人家里蹭饭吃,甚至有的还会讨要跑路费、"草鞋费"。所以大部分家庭有粮食会马上交上去,实在是没有粮食交就会躲起来,躲到附近的山里头。不过这种躲来躲去的人家最终是跑不掉的,因为村里连过年都会来催,拖太久了还会把当家人抓起来。当地曾经有一户家庭因为交不起税跑到外地亲戚家去了,后来这户人家在村里的房子、土地全部被没收了。

(二)征兵

1.逃过征兵劫

在1949年以前卢家曾经被国民党政府征过兵。在征兵的时候,当地的保长专程到卢家家里来动员,不过最终因为一系列的机缘巧合,没有在卢家征到兵,因为当地征兵不征长子,而是要征二儿子卢礼泉。但是卢书鑫谎报了卢礼泉的年龄,所以卢礼泉因为年龄未满也没有被征走,之后没过多久就新中国成立了,卢家算是逃过了一劫。

当地征兵是以家户的男性人口来统计的,一旦有符合条件的成年男性,到了征兵的时候,保甲长就会通知其家中的家长,给出一个限定的"交兵"时间,否则乡里会派人来将其带走。而卢家是属于极少数没有被征过兵的家庭,因为当地一般的家庭起码都有一个儿子去当兵了,这个儿子大多为家里的老二,因为长子是主劳力,二儿子则年龄刚刚好。对于大部分家庭来说,当家人一旦指定了哪个儿子去当兵就必须要服从。

卢家也没有过买兵的情况,当地曾经有一些大户人家的儿子不想去当兵,当家人就花钱买兵。买兵是向特定的人买,而村里有一种人叫作"油条",没有亲人,平日在村里游手好闲,不愿意种田干活,就靠着给人家抵兵役来赚钱糊口。这种人常年帮人抵兵役,每次当了兵之后,过几个月就偷偷跑回来了,村里也拿这种人没办法。一般买兵是要由家里的当家人出面去买,这种家庭大多是大户人家,有一定的经济实力支付这笔"买兵钱"。买兵在当地是十担谷左右的粮食一个名额,由买兵的那个家庭共同承担。大户人家买兵主要是因为当兵辛苦,当地有"好崽不当兵"的说法,并且当兵不仅生活苦,而且基本上是"十个兵崽,九个死外",因此有条件的家庭会想方设法地买兵,以保全自家的男丁与香火。

在一般情况下,村里是不会向独子家庭征兵的,因为独子家庭要靠儿子做家中的主劳力,延续血脉,如果强行征走,很容易引起矛盾与反抗。至于被派兵的家庭,是得不到任何报酬的,因为国民党征兵是义务性质的,有条件的家庭必须要配合。

卢家没有被征过兵,因此也没有出现逃兵的情况。有的家庭如果出现逃兵,部队是会派人过来,找到那家的当家人要人。不过即使是找不到这个逃兵了,部队也没有任何办法,因为这是部队自身的管理问题,不能因此而去追究他家庭的责任。卢家更没有出现过被免兵的情况,那是只有独子家庭或者残疾家庭才享有的特权。至于军粮,因为当地的田税中已经包含了该部分,无须再征购了。

2.无抓壮丁及自愿参军情况

卢家没有人被抓过壮丁,因为卢家的当家人卢书鑫与当地的保甲长关系还不错,因此当地虽然有几次抓壮丁,但是没有到卢家来。而当地有其他人家是被抓了壮丁的,一般是随便去家里抓一个成年的儿子,看着身体不错就行,然后带去训练三个月再派去当苦力。为了避免家里的几个儿子被抓壮丁,卢家特意和住在卢家对面不远的保长套近乎,比如卢家的二儿子卢礼泉本该是被征兵或者抓壮丁的,但是卢书鑫找到保长去说情,请他吃了几次饭,保长就偷偷在保甲册上将卢礼泉的年龄改小了三岁,刚好躲过了那次兵役和抓壮丁。

1949年以前,卢家没有人自愿参军,不过卢家的一个远房亲戚据说是参加了王震①在北盛②白毛尖那边成立的地下党支部,算是自愿参加了共产党的部队,至于后来情况如何卢家就不太清楚了。

(三)摊派劳役

卢家所在的村里摊派劳役,是按照家户的人口来计算的,一般是一家出一个劳力,当地称之为"出劳"。卢家也曾经出过劳力,那是1944年左右,当地人听说日本人要从村里经过,乡政府就组织了附近各个村去挖路,以阻止日本军队的汽车通过。卢家在收到村里保甲长的通知之后,就让长子卢礼海做了劳力,至于钱是不需要摊派的,政府还会包一日三餐,全部由乡里统一负责。但是"出劳"没有工钱,属于义务摊派。

---

① 王震:湖南浏阳北盛人,开国上将,曾任中共中央政治局委员、国务院副总理、中共中央军委委员、中央军委常委、中共中央党校校长、中华人民共和国副主席等职。
② 北盛:浏阳北部一乡镇名。

村里的保甲长在摊派劳役之前会与卢家的家长卢书鑫事先打好招呼，然后卢书鑫再安排哪个。当地派遣劳力都必须与家长知会，不能私自做主去找家里的青壮年，不然就是对这个家户家长的不尊重，而且找到的青壮年也没有权力做主。村里在通知了卢书鑫以后，卢书鑫会具体安排哪个儿子过去。由于长子卢礼海是卢家的主劳力，体力比较强，因此卢家每次都是派他去"出劳"的，而卢礼泉和卢礼兴因为年纪尚幼，卢书鑫基本上没让他们去过。每一次卢礼海被卢书鑫派去"出劳"都不是特别乐意，但是又没有办法，他不能违背家长的意愿，而且作为卢家长子，他也有为家庭出劳力的责任和义务。

除了摊派劳力之外，卢家也曾经被摊派过所谓的保甲费，不过只有一年，是当地的每户人家分摊出资了一担谷子，而卢家是卢礼泉担到保长家交的。

（四）选举

卢家所在村庄的保甲长是通过选举选出来的，选举还算是比较正规，村里只要是满了十六岁以上的成年人都会发一张选票，然后开会让大家投票。卢家的二儿子卢礼泉曾经参加过一次村里保甲长的选举，那一次是村里在1949年以前的最后一次选举了，大家选了唐磨华当保长，三年的任期。村里的成年女性同样可以投票，只是很多女性不会亲自去投，而是会委托自家的丈夫或者当家人去。

投票是以个人为单位，而不是以家户为单位。卢家在选举投票之前，也不会一起商量人选，因为卢家人认为选保甲长是"假投票"，由谁当其实已经内定好了。村里的选举是在村里陶四王爷庙前面的大地坪上举行的，每次会有四到五个候选人，大部分人是随大流"瞎投"，还有一些人专门会在写选票的时候过来"收票"，美其名曰是帮忙填写，实则是鼓动怂恿投给某人，所以卢家对选举的结果是持漠视态度的，认为选举只是走形式和过场。

调查小记

2017 年 6 月 15 日　星期四　小雨

回家才休息几天,来不及调整调研的状态与心情,我便开始通过家人打听家户访谈对象的情况了。

经过家人多方询问与了解,终于在朋友家寻访到一位符合家户访谈条件的老人。伴着淅淅沥沥的小雨,我怀着一丝忐忑的心情前往这位老人的家中。老人姓卢,名礼泉,出生于1932 年,马上就要满 85 岁了。虽然老人年事已高,但是精神依旧矍铄、健步如飞,在知晓我的来意后,老人非常热情地拉着我坐下,表示愿意配合我的调查。虽然听其家人说,卢礼泉老人各方面条件都非常适合进行访谈,但是前期对老人受访条件的严格筛选过程还是不能少。令我振奋的是,通过与卢礼泉老人的简单交谈,他的确是最典型的家户受访对象:1949 年前家里没有分家,与父母住在一起,在他之前有一位兄长,此外还有一个弟弟、一个妹妹。老人的大哥在 1949 年前已经成家,育有一个儿子,家中刚好有八口人共同生活在一个屋子,同居共财、同灶共食、其乐融融。与此同时,卢礼泉老人的记忆力非常好,其身为家庭次子,且当时已有十几岁的年纪,对当时卢家的各种情况都历历在目、记忆犹新,娓娓道来时总是会穿插着一些家庭里发生的小故事,让我这次访谈的内容收获颇丰。起初我照着访问提纲进行提问,老人对有些问题的回答还比较生涩干硬,但是经过一个多小时的熟悉与引导,老人愈发讲得津津有味,仿佛将思绪拉回到了 1949 年前那个三世同堂的土坯大屋子,鸡犬相闻、晨沐钟声,田间吆喝声此起彼伏……

2017 年 6 月 16 日　星期五　小雨

昨日将近七个小时的访谈,让我对 1949 年前中国农村的家户概念有了更深入的认识与了解,它就像一根无形的丝线一般串联着农村家庭生活的点点滴滴,并且渗透进了每一位农民的行为与话语当中。为了更好地了解家户制度其他方面的内容,与老人进行更加深入的访谈,我早上七点半就赶到了老人家中,再次与其接续昨天的访谈。卢礼泉老人依旧是神采飞扬、笑容满面,对我的提问几乎是知无不言,虽然在问到几个关于当时风俗的问题时,老人经过长时间的回忆仍然未想起来,但是在与他温和的对话中,我依旧能够对 1949 年前中国湘东地区农村家庭的基本运行情况有大致的了解。可以说,即使没有访谈提纲上的引导与提示,老人的口中还是高频率地说出"家户"这两个字来,他甚至还解释说:"我们原来农村就是一家一户啊,所以这个家户提得太好了,你看我们乡下,种田是一家一户、交税是一家一户,就是最让人脑壳痛的征兵、抓丁都是一家一户抽一个咧!"老人表示,虽然不知道外国农村的情况,但是中国农村一直是家家户户的形式,这是没有缘由、约定俗成的客观现实。

老人虽然文化程度有限,但是在 1949 年后就去县城参加工作,后来还担任过县里的人事局局长、老干局局长,因此对许多农村发展问题有着自己的看法与敏锐的判断。

　　诚然,生活在富足幸福年代的我们,如果不是通过与这些曾经在农村里摸爬滚打的老人交谈,可能永远都不会知道那个年代里农村变迁的过程,也同样不会知道 1949 年前中国农村是怎样的制度模式, 而后来又经历了怎样的变化发展。追溯历史并不完全是为了写就历史,可能更多的是从历史的根源挖掘农村社会的色彩与制度的源头,以此映射当今农村社会的真实现状吧。

第四篇

人多力少：结构不均衡家庭的生存艺术
——川西南李台村阮氏家户调查

报告撰写：阮海波[*]
受访对象：阮修培

---

[*] 阮海波(1993—)，男，四川宜宾人，华中师范大学中国农村研究院 2017 级硕士研究生。

导　语

　　李台村位于四川省宜宾县孔滩镇,在明末以前尚未得到充分的开发,一是人口稀少,缺少劳动力,不具备开发的人力资源;二是李台村土质以沙土为主,质地贫瘠,本身又面临自然资源匮乏等问题,以至于李台村没有大户人家。

　　阮家是明末清初迁徙至李台村的新户,此后在此地繁衍生息。新户需要白手起家,逐步解决房屋、土地、食物、农具等问题。从第十七代至第十八代正好处于家户的过渡期,即阮家已经基本解决房屋、土地、食物等问题,开始进行家户的经济积累。在1949年前,阮家主要有三个特征。

　　首先,劳动力不足。在1949年前的一段时间内,阮家只有阮德明一个完全劳动力,而消费的人数达九人,这就意味着即使将阮家最大限度的劳动力投入到土地中,所获得的生产量仍然有限。而劳动力与土地、家户的地位密切相关,这无疑会对阮家生产生活产生影响。为了克服劳动力的短板,阮家采取了两个措施:对外与四邻换工、帮工,提高生产效率;对内提前让阮修培参加农业生产。

　　其次,家长权威。阮德明是当家人,也是家中唯一的完全劳动力,关系家户的粮食生产。因此,无论是对内还是对外,无论是生产还是生活都在其决策范围之内。家户内部以阮德明为中心,家户之间的交往以阮德明为资格代表。家长直接掌管钱、粮、地、具等,在其安排下进行婚姻、消费、祭祖等一系列活动。

　　最后,同姓过继。阮家为了传宗接代,就会在生育时对孩子的性别提出要求。当阮家没有男子的时候,就会考虑过继,优先的选择对象是同姓宗族的家庭。双方的当家人协商后,签订"抱约",之后就要遵守一定的规定。过继而来的儿子享有继承权,同样会写进族谱,不会受到不公平的待遇。

第一章　家户的由来与特性

阮家从湖广地区迁移至四川后,定居于四川省宜宾县孔滩镇李台村大山组银子坡。阮迪金一房经历过三次搬迁:第一次是从银子坡搬迁至大嘴上,第二次是从大嘴山搬迁至寒富弯,第三次是从寒富弯搬迁至草庙子。阮家有九口人,家中既有阮德明的继母甘氏,还有甘氏带来的陈某,可见阮家的家庭结构相当复杂。阮家有七间房屋,每一间都不大,整个布局相当紧凑,家中的九个人要挤住在这几间小屋中。阮家只有阮德明这一个完全劳动力,一个人的收入完全不能满足九个人的消费,导致家庭经济困难、入不敷出。与同村的家户相比,阮家人口多,但劳动力少,土地占有量处于中等水平,家户成员没有特殊的技术或职业,因此阮家的社会地位处于接近中户的水平。

一、家户迁徙与定居

(一)湖广入川,三次搬迁

在明末清初时,四川经过战乱,人口锐减,政府决定迁移人口。于是,将湖广地区的人口迁徙至四川。根据阮家族谱记载,"从湖广寶庆府汤縣西路洪城五都地名双井铺祖籍始此前代永昌一脉"。可见,阮家从湖北地区迁徙至四川,并非是因为有亲戚朋友,或者入赘到四川,而是受外在因素影响。

阮家迁移到宜宾之后,将居住地点选在了银子坡。此处位于山顶,可以避免自然灾害,同时又是在村落的边缘地带,较少人来打扰。根据祖上老人的言传,迁徙到银子坡落户的原因有二:一是当地以山地为主,可以隐居,鲜有被人发现;二是银子坡的土地尚未完全开发,也没有被政府或者大户人家控制,容易获得土地。阮家在银子坡经过十代的繁衍之后,开始搬迁,其中以阮迪金一房的搬迁最为明显。阮迪金一房第一次搬迁是从银子坡搬到大嘴山[①],搬迁的原因是由于祖上做牛生意亏本之后,出卖土地以抵债,无法在银子坡维持生活,因此祖上决定搬迁;第二次搬迁是从大嘴山搬迁至寒富弯,向易家租土地进行农业生产;第三次搬迁是从寒富弯搬迁至草庙子,至此定居。阮迪金一房三次搬迁具有一定的相同特征:一是租用的土地无法维持生活,或者租用土地的时间到期不得不搬迁;二是搬迁至某处之后需要告知当地的保甲长,但不需要送礼物;三是搬迁的决定都是由当家人做出,家庭成员服从安排即可;四是搬迁定居之后的住宿问题由出租土地的家户解决。

(二)多代单传

阮氏家族的第七代迁至四川已经繁衍至第二十一代。迁徙与代数情况主要是依靠家族

---

① 大嘴山:位于今天的孔滩镇草堂。

的族谱得知,同时,老人的口耳相传也能告知后代一定的事件。从第七代到第二十一代具体的繁衍情况如下:

第七代　　阮祖兴

第八代　　阮永贵　　阮永富　　阮永昌

第九代　　阮應★①　　阮應★　　阮應★　　阮應★　　阮應★　　阮應★

第十代　　阮忠礼

第十一代　阮孝仁

第十二代　阮世钦

第十三代　阮继有

第十四代　阮志发

第十五代　阮必贵　　阮必才　　阮必富　　阮必伦

第十六代　阮迪金　　阮迪银　　阮迪华　　阮迪古　　阮迪海　　阮迪河

第十七代　阮德正　　阮德永　　阮德模　　阮德明　　阮德源　　阮德钦　　阮德高

第十八代　阮修进　　阮修庆　　阮修云　　阮修华　　阮修伦　　阮修培　　阮修其　　阮修华②
　　　　　阮修权　　阮修成　　阮修勤　　阮修才　　阮修发　　阮修和　　阮修军　　阮修兵

第十九代　阮欲明　　阮欲华　　阮欲奎　　阮欲宾　　阮欲明　　阮欲寿　　阮欲兰③　　阮欲华
　　　　　阮欲群　　阮欲芳　　阮欲林　　阮欲彬　　阮欲君　　阮欲英　　阮欲连　　阮欲萍
　　　　　阮欲凤　　阮欲财　　阮欲聪　　阮欲兵　　阮欲芬　　阮欲香　　阮欲强　　阮欲操
　　　　　阮欲华　　阮欲军　　阮欲洪　　阮欲梅　　阮欲刚　　阮欲國　　阮欲雄　　阮欲珍
　　　　　阮　丽　　阮欲婷　　阮欲凤

第二十代　阮海波④　　阮俊龙　　阮嗣兵　　阮小威　　阮嗣波　　阮嗣芳　　阮嗣刚　　阮嗣富
　　　　　阮嗣英　　阮嗣连　　阮嗣鑫　　阮　强　　阮　敏　　阮梓衡　　阮嗣洪　　阮禾森
　　　　　阮晓霞　　阮韶航　　阮骁睿　　阮慈涵

第二十一代　阮凌枫　　阮景怡

二、家户基本情况

(一)一人供九口

1949年,阮家三世同堂,共九人。阮家的核心人物是阮德明与汪横丽,其为夫妻关系;阮家有两名老人,即阮迪华与甘氏,其为夫妻关系,甘氏是阮德明的继母,只知晓其姓氏,名不详,两位老人不参与农业生产活动;阮家的儿童有三位,分别是阮修培、阮修其、阮修华,阮修培参与一定的农业生产活动,其余两位儿童不参加农业生产活动。此外,阮家还有阮德明的

---

① 因族谱未记载,特用＊号表示。

② 不同房的成员存在同辈重名的情况。

③ 在修字辈以前,受传统观念影响,阮家的女儿不能写进族谱。欲字辈以后,阮家的女儿开始写进族谱,但是介绍的内容有限。

④ 从第二十代开始,阮家就没有严格地按照字辈来起名了。

两位妹妹:阮树芬、陈某,两位妹妹也不参与农业生产活动。就阮家的男女人数而言,男性五人,女性四人,男性人口多于女性,但是男性中未成年者居多,没有成为完全劳动力。

阮德明是成年男性,拥有完全劳动力。汪横丽经历了裹脚,主要承担家务,较少参与农业生产活动,只能算半个劳动力。随着阮修培与阮修其逐渐参与家庭的农业生产活动,两人算半个劳动力。在后文的叙述中,只计算参与农业生产的完全劳动力:一是参与农业生产的完全劳动力才能完全投入到农业生产活动中, 二是换工的计算以参与劳动生产的完全劳动力为依据,三是只有完全劳动力才能向家长提出建议。因此,阮家的劳动力只计为一个。从劳动力的角度来看,阮家的农业生产活动必须由阮德明来承担,但是一个人的劳动力支付整个家户的消费,实在难以为继。1949年银子坡阮家家户具体情况见表4-1。

表4-1 1949年银子坡阮家家户情况

家庭基本情况	数据
家庭人口数	9
劳动力数	1
男性劳动力	1
家庭代际数	3
家内夫妻数	2
老人数量	2
儿童数量	3

(二)结构复杂

在1949年前,阮家的主要劳动力就是阮德明[①],阮德明的母亲去世之后,其父阮迪华又娶甘氏为妻。夫妻二人并未生育子女,甘氏带来前夫的女儿陈某。阮德明有一个姐姐、一个妹妹,姐姐已经出嫁,因此阮德明在家中排行老大。1949年以前,阮德明与汪横丽育有四子,老大阮修培,老二阮修其,老四阮修华,其中老三夭折。1949年以后,阮德明与汪横丽又育有一儿一女,按照出生时间,女儿排行老五,儿子排行老六,可是"家庭人员并不是按照出生的顺序进行排行,而是将小儿子称为老五,女儿成为家庭中最小的孩子"[②]。可见,阮家的家庭成员构成相当复杂,既有当家人未出嫁的妹妹,又有继母带来的女儿。1949年银子坡阮家的具体家庭结构如表4-2。

---

① 当家人与家长既相互区别又相互联系:一方面,是家长,但是并不一定是当家人,同样,是当家人也并不一定是家长,如爷爷当家,父亲辈作为家长,但并不是当家人;另一方面,家长可以转化当家人,表现为父亲辈成为当家人,这时当家人与家长的身份相互重合。两者最本质的区别是当家人的权力远远大于家长的权力。在阮家,阮德明是家长,同时也是阮家的当家人。因此,在后文的叙述中,如没有做特殊的说明,当家人与家长是同义,互换使用。

② 在后面的叙述中,尊重家庭人员的称呼,将小儿子排行为老五。

表 4-2　1949 年银子坡阮家家庭成员基本情况

成员序号	姓名	家庭身份	性别	年龄	婚姻状况	宗教信仰	健康状况
1	阮德明	家长	男	—	已婚	佛教	良好
2	汪横丽	妻子	女	—	已婚	佛教	良好
3	阮迪华	父亲	男	—	已婚	佛教	良好
4	甘氏	继母	女	—	已婚	佛教	良好
5	陈某	妹妹	女	—	未婚	佛教	一般
6	阮树芬	妹妹	女	—	未婚	佛教	良好
7	阮修培	长子	男	12	未婚	佛教	一般
8	阮修其	次子	男	7	未婚	无	一般
9	阮修华	四子	男	4	未婚	无	良好

（三）紧凑布局

1949 年前,阮家房屋的后方是山地,曹门前是水田,院子有围墙,正好可以连接两方的偏房,左方偏房相隔的是邻居[1]。阮家房屋的整个地势西南高、东北低,利于排水。院子的正中间是堂屋,堂屋与院子之间通过一个门槛相连接,门槛的高度有五十厘米。堂屋的左方是偏房,堂屋的右方修建了一个碉堡,碉堡的下方是一间偏房,碉堡的上方是厨房,挨着厨房的上方是猪圈与厕所,再上方是牛圈。两个偏房的布局在堂屋的左与右,正好与堂屋对称。在右方的偏房下方开了一个门,正好通向院子,把门开在这里主要是为了方便牵牛去牛圈。阮家的房屋每一间都很小,面积狭窄。1949 年银子坡阮家房屋空间结构如图 4-1。

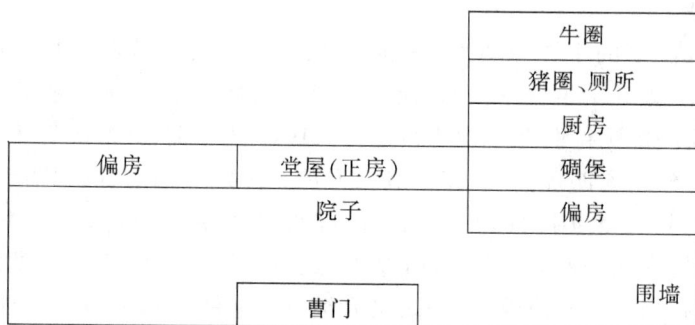

图 4-1　1949 年银子坡阮家房屋空间结构

（四）入不敷出

1949 年以前,阮家有土地五十八挑[2],属于自家所有,没有租用的土地。家有劳动力一个,即阮德明,同时编制"包子"[3],砍柴出售。每年的家庭收入主要来自于务农[4]、饲养牲畜,以及编制"包子",但是一个完全劳动力的收入要养活家中九个人,远远超出了一个劳动力的生

---

① 邻居:相连的邻居是阮家的另外一房,所以邻居又是亲戚。

② 挑:一挑土/田≈0.23 亩。

③ 包子:用竹子编制而成,用于装盐,有四个耳朵,可封口,技术娴熟一天可编制一个。

④ 每年的粮食收成都不足以支撑家庭的食用消费,因此粮食没有出售。

产能力。家庭收入无法支撑家庭的开支,需要向外借钱借粮维持。1949年银子坡阮家具体的收入与支出见表4-3。

表4-3　1949年银子坡阮家基本经济信息

土地占有与经营情况		土地自有面积	58挑	租入土地面积	0
		土地耕作面积	46.4挑	租出土地面积	0
生产资料情况		大型农具		水车1个、风车1个、犁头1把	
		牲畜情况		0.5头	
雇工情况		雇工类型	长工	请工	
		雇工人数	0	2	
收入	农业收入	农作物名称	耕作面积(≈挑)	产量(斤)	单价(毛)	收入金额(折算)(元)
		红薯	8.7	1000	1	100
		小麦	6	400	2	80
		水稻	9	350	5	175
		花生	8.7	300	6	180
		玉米	7	300	1.5	45
		油菜	7	100	7	70
	其他收入	名称	单位		价格(角)	收入金额(折算)(元)
		柴火	斤		0.1	100
		包子	个		5	100
	牲畜情况	鸡	斤		8	50
		猪	斤		6	70
	总计	970				
支出	食物消费	衣服鞋帽	人情费	打牌	租金
	1000元	15元	80元	10元	0元
	赋税	请工支出	医疗	其他	支出共计
	195元	20元	10元	10元	1340元
结余情况	结余 -370 元			资金借贷	借入金额	300元
					借出金额	0元

(五)接近中户水平

1949年前,阮家有三代人,阮德明是外当家,汪横丽是内当家。就阮家而言,没有其他的当家人,家庭贫穷,也不需要管家。未分家之前,当家人没有变动,只有分家之后,小家庭的当家人成为各自家庭的家长。在当地,家户地位的影响因素包括土地、人口数量、劳动力数量、技术、教育等因素,其中土地是基础性因素,人口因素中的劳动力是主体性因素,技术与教育是动力因素。

1.土地因素

在当地,所谓的大户至少拥有二百挑田,家人较少参与农业生产,而是通过佃户上交的租子生活。人口数并不能成为衡量大户的标准,如人口多,但是土地少,那么家庭无法成为大户。相反,土地多少以及土地的产量可以衡量家庭的经济条件以及在村庄中的身份地位。在后文的叙述中,大户、中户、小户都是通过土地来衡量,与人口数关系甚微。所谓的中户是指拥有土地七十余挑,家庭经济条件一般。而小户的土地不足七十挑,需要给他人做工维持家庭生活。对于土地有限的小户而言,面临两种困境:一是如果家庭成员较多,劳动力充足,那么土地的产量无法维持生计,成员会选择做工,或者送女儿去当童养媳;二是家庭成员较少,劳动力不足,能够耕种的土地有限,只能有选择性地耕种土地。因此,小户易出现有人无土地、有土地无人的情况。

大户、中户、小户之间最显著性的区别是土地的拥有量,拥有几百挑的土地就是大户;拥有几十挑的土地就是中户;没有土地,通过租佃,或者做工维持生活的家户就是小户。在大户、中户、小户之间,人口数量、劳动力数量不足以成为显著的区分标志,如既有家庭总人口为八人的大户,又有总人口为三人的大户;既有总人口为十余人的小户,又有三人组成的中户。

2.劳动力因素

如果说土地是支撑大户的基础性因素,那么人口数量,特别是劳动力数量就是中户与小户的主体性因素。虽然中户拥有土地,但是中户不能以大户的方式出租土地,土地的耕种需要家户自己完成,这时家户的劳动力数量直接关系家户的农业生产。因此,中户与小户只有在劳动力充足的情况下,才可以实现自家土地的耕种,进而维持生活。

对于小户而言,劳动力更是如此。租佃土地的目的是维持生活,而前提是家户拥有劳动力耕种。大户家庭不参与农业生产,而其土地靠佃户劳动力进行耕种,其租子同样依赖于佃户的劳动力。因此,小户的劳动力承担了两个责任:一方面,小户的劳动力需要通过劳动实现自身劳动力再生产;另一方面,小户的劳动力维持大户人家的生活以及其优势地位。可见,土地是村民的基础性因素,直接进行农业生产的劳动力,即耕者,是乡村的主体因素。

3.技术因素

土地与劳动力的地位决定技术因素在农村只能作为动力影响存在,而且只能在一定的条件下起作用。土地与劳动力可以从本质上推动家户的发展,提高家户的社会地位,而技术因素的作用并不明显,只是辅助性的存在。乡村中最重要的手艺人是木匠,木匠承担了修房、制作农具的主要功能,但是木匠本身只是一种技艺,一种求生存的生活手段,即副业,并非与家户地位直接相关。另一方面,技术的拥有者不受限制,大户、中户、小户的家庭成员都可以拥有技术,只是拥有的种类或者娴熟程度不同。

4.教育因素

传统乡土社会的教育在大户、中户、小户之间存在差异:大户多是将老师请到家中为学生传授知识,称之为私塾;中户的孩子多是送到老师家中,或者私塾接受教育;小户家庭的孩子接受教育的情况较少,即使接受也是在大户人家的私塾中完成。因此,教育是一种稀缺性资源,也是一种外部性资源,只不过给大户、中户、小户所带来的利益存在差异而已,即大户多于中户,中户多于小户。

对于大户、中户、小户而言,各自的影响因素不同,大户的影响因素是土地,土地越多,其地位越高,影响力越大;而中户的影响因素是土地与劳动力的匹配结果,劳动力与土地越是吻合,越能实现家户的发展;对于小户而言,充足的劳动力是影响因素,劳动力充足可以租更多的土地,经营副业等。

可见,如果仅仅依靠人口数量来划分家户的社会地位有失偏颇。不可置疑的是,劳动力因素确实是乡土社会的主体性因素,与土地紧密相关。从土地的占有量来看,阮家处于中户的水平,可是将劳动力因素加入一起考察时,阮家只能处于小户与中户之间。从阮家能够投入到农业生产的劳动力来看,因劳动力不足,土地曾一度出现荒芜的情形,又处于中户的边缘地带。因此,阮家的社会地位处于接近中户的水平。家庭土地的多少,可以成为衡量家户水平的依据,但是结合土地与劳动力所有量,才能有效地测量中户的实际水平。

第二章 家户经济制度

阮家的土地与房屋是祖上购买而来的,对于阮德明来说就是继承而来的。凡是家户成员都对土地、房屋、生产资料、生活资料享有所有权,只不过当家人能够独立地支配家户的所有资源与财产。阮德明可以将自己不能耕种的土地赠送给邻居耕种,但所有权仍然在阮家。为了解决家户耕田问题,阮家与黄家伙养了一头耕牛。阮家的成员会编制"包子",这也成了家户的一笔收入。阮德明能够对一年的收成进行分配,其他外人不能干涉。在分配时,要先保障纳税,然后是自足,自家分配要讲究公平,不能有私心。阮德明可以支配家中的粮食、衣服、医疗、人情等消费,在自家消费能力不足的时候,阮德明只能外出借钱借粮。还贷的责任由阮德明负主要责任,全家人一起承担。在家户交换活动中,由阮德明主导,其他家户成员没有资格进行交换。

一、家户产权

家户成员对土地、房屋、生产资料、生活资料等享有基本的产权,体现家庭的概念,但是支配权、决定权在当家人手中。由于劳动力少,无法在面临棒客[①]侵袭的情况下组织力量进行抵抗。

(一)家户所有土地

1.买地

明末时,阮家迁徙至银子坡,向杜家购买土地一百七十四挑、房屋一座。与其他地方不同的是,当地在土地购买中,卖家只有将地上的房屋和土地一起出售,才会发生交易行为。主要原因是刚迁徙来的新户没有居住的房屋,没有进行生产的土地,只能将土地与房屋一同购买。随后,一百七十四挑土地产生了继承,当时存在三房,因此土地分为三份,每房五十八挑。随着家族繁衍,另外两房的人口在不断地增加,土地越分越少,家户占有量减少。阮迪金一房做牛生意亏本,卖土地以抵债,加之阮家劳动力缺乏,其他外姓人员人多地少,外姓人员划去了一部分土地,导致阮迪金一房土地面积减少。[②]阮德明一房的土地保持不变。

1949年,阮家拥有五十八挑土地,由沙土与泥土组成,沙土面积较多,约三十五挑;泥土较少,约二十三挑。沙土主要是由经久风化的沙粒组成,土地总体看来是"红沙土"。沙土由沙粒构成,颜色呈红色,土质疏松,遇大雨容易出现小面积的泥石流,适合种植花生、红薯。泥土主要是黏性较好的土地,适合种植小麦、玉米。

---

① 棒客:当地将土匪称作棒客。《保路运动》中记载:"四川准备已甚充足,以袍哥、棒客为基础,人数众多,遍布全川。"
② 1949年后土地面积再次减少。

值得注意的是,阮家在描述土地时,使用的单位是挑,与现在的亩不同。这主要是与不同时代使用的计量单位不同相关,挑是从产量方面对土地进行的描述。可以看出,当时的农户关心的并不是土地面积的大小,而是土地产量的多少。在1949年前,阮家的土地没有被村庄或保甲长定期收回重新分配,土地的所有权掌握在家户手中,由家户统一经营。

阮家土地多,但是产量低,除了土地本身的原因外,还有三个原因:一是房屋修建在山顶的平原,而土地多在房屋附近,远离山谷的溪流,导致灌溉不便;二是家庭劳动力缺乏,无法投入到灌溉中;三是沟渠等灌溉设备不齐,加之少雨,土地具有一定的坡度,保水难度大,因此灌溉较少。①

2.人人有份

(1)家户占有

家里的所有成员对土地都有份,包括未出嫁的女人,有一个人就有一个人的土地,并不存在私房地、养老地概念,"老人不具有劳动力,无法在土地上耕作,留着只会长草",因此留有养老地显得多余,反而使得劳动力充足的家庭减少收成。

土地属于全家人所有,但存在大家与小家的说法。大家指的是家庭所有的人口,即以家长为核心组成的家庭;小家指的是以后的准分家对象,准分家对象指的是以后有可能成为分家的对象。例如,兄弟中有人结婚了,但并未分家,同时这个兄长又有参与分家的权利,那么兄长就成为家户的准分家对象。

每一个小家大概有十一二挑土,收成归大家统一分配、食用,所有小家土地加总之和为大家庭的土地。可见,虽然大家与小家可以同时支配一定范围的土地,但在收成上,小家要服从大家,不能占有私有用地。家长可以支配家户土地,但需告知家庭成员,告知的意思即是与家庭成员商量如何处置土地,获得家庭成员的认可。这种商量的程序主要是为了防止家长有所偏袒,当地的"为一家害一家"就是这个意思。所谓"为一家害一家"是指家长在分配时,偏向一家,那么一家获得较多,必然存在一家获得较少,不公平就会发生。换言之,一种不公平的分配方案对一家有利,那么必然对另一家有害。

土地产权由家庭所有成员享有,因此具有劳动力的家庭成员就可以在土地上耕作。就使用权而言,针对的对象主要是家庭的劳动力,成为劳动力之后,可以在土地上耕作。在当地,以16岁作为成年的标志,16岁以后就是完全的劳动力,可以进行农业耕作,在家庭中的地位得以提高,能够提出一定的建议。儿童或者老人虽然享有土地的产权,但是只有儿童是储存的劳动力或准劳动力,承担着劳动力更替的责任。老人已经丧失了部分劳动力,随着时间的推移,老人会退出劳动力范围。

(2)公平分配

土地产权的划分是以在家庭生活的人口为准,有多少人就有多少份土地。嫁出去的女儿与已经分家的儿子不具有土地产权。嫁出去的女儿可以享受婆家的土地产权,女儿在亲生父母家庭享有的土地产权由家户其他成员分享;已经分家的儿子在分家时已经得到一部分土地,因此两者都不再对大家庭的土地享有产权,也不再参与分配。家庭新增成员,如小孩与上门女婿都享有家庭土地的产权。上门女婿与小孩不同的是,家户对待两者的态度不同,小孩

---

① 到了合作社时期,用了三台抽水机才将溪水灌溉到山顶的土地,可见灌溉之困难。

315

常受到家庭的欢迎,代表着延续香火,家户对此持肯定态度;家户对待上门女婿这种事情实乃情非得已,因为家户没有儿子,才会出现上门女婿的事情。此外,当时经济、交通、通信技术、劳动力受限,阮家并未有长时间的外出务工者。

家庭成员对土地都具有产权,但一方面,家庭所有的土地有限,另一方面家庭拥有的土地好坏不等,这为家长在划分土地时增加了困难,既要保证采取的分配措施能够公平公正,不偏袒于其中一房,又要让分配的结果得到每一房的接受,不会产生怨言。因此,家长通常采取抓阄的方法,即在划分土地时,将家庭所有土地按参与分配的房数平均划分,写在一张纸条上,让每一房抓阄,抓到的土地就属于自己所有。这样分配的结果是,保证了分配过程的公平,每一房都参与了抓阄,抓的行动由自我发出,抓到土地的好坏也由自我承担。一代一代土地划分的结果是,家庭的经济实力被削弱,劳动力被分割,可能出现大户人家成为中户,再成为小户的情形。阮家的前三代有三房,劳动力充足,但土地有限,其中的两房就成为"搬户"①。此后,当地的阮氏家族就在三个不同的地方繁衍生息,各房的后代仍然保持着一定的联系,逢年过节相互走动。

阮家劳动力不足,土地归属全家所有具有一定的好处:一是可以实现劳动力之间的互补。假如家庭成员某个劳动力因为某事耽搁,或者外出,那么家庭其他成员可以继续从事农业生产,不至于让土地荒废。二是有利于劳动力之间的分工。在从事农业生产中,不同的家庭成员从事不同的工序,例如阮修培在稻谷的作业中承担前期的耕田、耙田。三是有利于家庭团结与和睦。土地不能分配到个人的手中,一方面不符合体统,另一方面不能体现家庭的概念,如果分给个人,那么家庭的概念将无法体现,也无法进行农业耕作,不能体现家庭团结的力量。此外,如果个人拥有产权,"个人就不愿意将劳动成果拿出来在大家庭中进行分享,那么如何维持大家庭的生产生活就会成为问题"。

3.泾渭分明

(1)石沟为界

家户土地之间有土地边界,边界的划分以方便为宜,例如以土地中存在的某一块石头为界限,或者在土中挖一条沟作为分界线。邻居不能越过自家的土地耕作,即使是在家庭劳动力不足的情况下,宁愿让土地荒废、长草也不能让邻居越过。出现越过的情况,原因有二:一是在耕作中没有注意到边界,耕作越界;二是为了获得更多的产量,故意越界。出现越界后,经过双方家长商量,下次注意耕作或者赔偿农作物。

(2)非户莫有

在道德上,亲戚、四邻、朋友等不能随意使用他人的土地。实际上,在阮家也并没有发生他人有意或者随意使用、侵占土地的情况。一方面,当地并不存在大户,仅有的保甲长只是扮演收赋税的角色,并不具体干预农户的生产、经营活动;另一方面,当地人少地多,大部分家庭都有自己的土地,加之生产工具落后,劳动力往往不足。因此,主动去耕作他人的土地,或者外人耕作阮家的土地都鲜有发生。如果要耕种他人的土地,要双方的家长出面商量,或者某一家有多余的土地,主动叫某人耕种,否则即使土地成为荒地,在不经所有者同意的情况下不得随意耕种。

---

① 搬户:当地将迁徙的家庭称为搬户,搬户寻找新的落户地点,该地要有土地、房屋。

土地属于家户所有还体现在土地的继承上,土地的继承与时间有关,在不同的时间场域下,拥有继承权的人数不等。女子出嫁之后不再享有对家庭土地的继承权;已经分家的儿子不再享有对家庭土地的继承权;入赘的女婿享有对家庭土地的继承权;分家时,若有未成家的儿子,且年龄较小,在获得土地之前,还要留一部分房屋或者家具归此儿子所有。出生在前的儿子与女儿享受父母、家庭的照顾较多,而未成家、年龄较小的儿子享受家庭的福利较少,因此为了公平,将特殊的财产留给此人作为一种福利补偿,阮修其就是最好的例子。判断某人是否具有家庭土地继承权最显著的标志是继承时在一口锅吃饭的人数。显然,外人与已经分家的人不能享受家庭土地的继承权。外人没有对家庭的收成做出贡献,没有给家庭带来福利,最根本的原因是不属于家庭成员,不是家庭团结的对象,因此不具有继承资格。已经分家的儿子在分家时,家长往往会分给他一部分土地,说明此人已经提前享受了继承权,因此在以后的继承中不再享受,但养老的义务与责任并没有随继承权的消失而消失。

(3)情深义重

家庭成员对自家的土地有强烈的心理认同:一是维持家庭生存的资料主要来源于土地,手工业与副业在阮家并不占主导地位;二是未成年的家庭成员受到父辈重视土地思想的影响,同时儿童是在自家的土地上长大的,对自家的土地自然"情深义重","长于斯"就是这个道理。阮家靠土地生活,对土地边界的认识格外清晰,阮修培在13岁时就熟知自家土地的边界。

4.当家人支配土地

阮德明是家中唯一的完全劳动力,在土地属于全家人所有的基础上,他对土地享有支配权、决定权,主要体现在土地置换、典当、买卖、租佃等活动中。除家长之外的其他家庭人员不能发挥支配作用,一方面,其他儿童尚未懂事,和他们商量无济于事;另一方面,家庭中的劳动力缺乏,没有具备商量资格的对象。在家户成员成为劳动力之后,家长做出决定前会告知家庭成员,但是并不是取得家户成员的同意。同时,家庭劳动力可以提出意见,以供家长参考。在1949年前的几十年内,阮迪金一房发生过土地置换、典当、买卖、租佃活动,可以通过其活动了解相关的内容。

(1)置换土地

在当地,土地置换的目的有二:一是将土地集中到自家附近便于耕种,所以在选择时,土地的地理位置成为优先选择的条件,谁的土地离阮家的近,便与之置换;二是"死于斯",家中老人去世,要埋在土地里,如果埋葬的土地不属于自家所有,就需要与他人置换,四邻与家族无权干涉家户的土地置换。阮迪金去世后,风水先生要求埋葬的地点并不是自家的土地,因此埋葬地所属的家户家长与阮家家长进行协商,便可发生土地置换行为。

(2)典当土地

在土地典当中,不需要告知或者请示保甲长、四邻、家族。在当地,典当的原因有二:一是将土地典当以获得现金,便于使用,解决用粮食交易的困难;二是解决农忙时支出缺口的问题。阮迪金在做牛生意亏本之后,为了继续将生意做下去,就将土地典当出去,换取现金。

(3)买卖土地

在买卖土地中,买方与卖方并没有明确的优先选择,因为买卖土地鲜有发生,只要买卖双方觉得合适,交易就可以实现。四邻与家族无权干涉阮家的土地买卖。因为保甲长代表官方对土地进行收税,因此保甲长可以干涉土地买卖,若保甲长不同意土地买卖,则家长不能继续进行土地买卖。为了维持大家庭的生存,如遇天灾等,大家庭的家长对小家庭的土地拥有处置权,可以进行买卖。家庭中属于小家庭的土地,即家庭中的某个儿子结婚,就会出现小家庭,家长在必要时可以收回统一经营,安排使用。但是这种情况极少,一是家庭新增成员较多,家庭成员土地分配出现不均,需要重新分配;二是遇到旱涝灾害,收成锐减,为了维持大家庭的生存,需要对小家庭的土地重新安排。

此外,能够进行土地买卖的家庭处于两极,要么极为富有,要么极为贫困,富有的家庭卖出土地给新户获得收入,贫困的家庭卖出土地以抵债,成为搬家户,一般的中户家庭不会产生土地交易行为。土地买卖交易完成之后,卖出土地的家庭需要请保甲长以及周围的邻居吃饭。阮迪金典当土地之后,并没有赚回本钱,反而欠债更多,再次亏本,只好出卖土地换钱。

(4)租佃土地

同样,佃户选择租佃的土地并没有明确的优先选择,因为出租土地的基本是大户人家,选择出租的对象较少。而要求进行土地租用的家庭较多,出租的大户处于有利的地位,大户可以选择有担保的佃户进行出租,因此新来的佃户往往难以获得出租的土地。四邻与家族无权干涉家户土地租佃。保甲长要对土地进行收税,因此保甲长可以干涉土地租佃。若保甲长不同意土地租佃,则家长不能继续进行土地租佃。租佃使用的土地不是小家庭的土地,因为租佃属于额外收益,没必要侵犯小家庭土地的权利。获得的租金属于全家人所有,一挑田的租金一般是三至四升稻谷,稻谷用于食用,全家人都得到了益处。阮迪金出卖土地之后就成为搬家户,迁徙到其他地方,就需要向当地的大户租土地维持生活。

在土地置换、典当、买卖、租佃等活动中,家长具有决定权,其他临时当家人没有权力擅自决定土地置换、典当、买卖、租佃等活动。所谓的临时当家人,是指当家人外出时,其他家庭成员作为家户临时代理人,决定家中大小事务,时间一般为早上家长出门至晚上家长回家的这一段时间,但临时当家人的权力要小于家长的权力。

5.维护土地

阮家的土地曾被地邻无意中侵占过,经过家长的交涉,对方承认阮家的土地在第二季的时候归还。可见,出现土地侵占现象之后,能够通过家长之间的沟通解决土地的侵占问题,无须经过保甲长的处理。阮家所在的地方不存在大户,因此大户对农户土地产权侵占的事情就不存在,加之阮家所在的地方农户家庭之间的贫富差距不大,社会成员之间的关系较为平等,因此在土地上侵占的现象较少出现。

当阮家的土地产权被侵占之后,家庭成员中主要的不满者是当家人以及家中的长辈,通常不会隐忍。家户成员不隐忍的原因在于:一是不存在大户,农户的势力相差不大,没有必要隐忍;二是土地是家庭维持生存的根本,全家庭的依靠,触犯生存的依赖之后,不得不抗争。其他的晚辈尚未懂事,对土地被侵占的严重性认识不足。事态发展较小时,通过家长之间商量解决,外人、保甲长不会干涉。只有当事态发展严重,出现打架的情况时,保甲长才会出面调停。如果土地侵占不是由自家造成,那么就应该由对方承担责任。如果家庭内小家庭经营的土地被侵占,那么大家庭的家长会以大家庭的名义进行干涉,经过协商维护自家土地的产权。但是同姓的家族并不会保护阮家的产权,家族不仅在土地上不保护家族成员的产权,在房屋、生产资料、生活资料等方面也都没有形成对家族成员的保护。

6.土地产权的认可

（1）村民认可

同在一个保甲长管辖下的村民承认阮家对土地的所有、耕作、收益的权利,但阮家具体有哪些土地,只有周围的亲戚与邻居才知晓。村民不会随意侵占阮家的土地:一是村民自家的劳动力不足,侵占土地后无法耕作,没必要侵占;二是土地的质量太差,在侵占土地与损坏人际关系之间衡量很容易做出决定。大家庭内属于小家庭所拥有的土地,大家庭会加以保护。当小家庭的土地被侵占之后,大家庭的家长会出面协商,保护小家庭的利益。从另一个方面来说,小家庭的土地就是大家庭的土地,只是暂时由小家庭经营,最终还是要由大家庭的家长进行统一分配,因此保护小家庭的土地就是保护大家庭的土地。

（2）村庄认可

村庄的保甲长承认阮家对土地的所有、耕作、收益的权利。保甲长知道其所辖农户总共的土地面积、大致的土地分布,但保长并不知道其所辖区域内每一农户的具体土地面积与分布。保甲长不可随意侵占阮家的土地,因为只要农户纳税,其他时间都处于闲散状态。当村里家户要买卖、租用、置换土地时,要与家长进行商量,若协商无果,不得强行买卖、租用、置换。当家户的土地被侵占以后,村里鲜有打抱不平的,因为在自给自足的农村,家户之间的交往较少,直接的经济利益联系较为淡薄。

（3）政府认可,但不保护

县乡政府承认阮家对土地的所有、耕作、收益的权利。虽然县乡政府并不知道家户有哪些土地,但县乡政府不可随意侵占家户的土地,一方面,皇权不下县,县乡政府对家户的影响较弱;另一方面,并没有修建公共设施的项目,因此县乡政府对家户土地影响很小。如果县乡政府要买卖、租用、置换家户的土地,会安排保甲长与家长商量,倘若商量无果,县乡政府可以强行买卖、租用、置换家户的土地。当家户的土地被外人侵占时,县乡政府不会出面保护,也没有县乡政府主持公道之说。

（二）房屋稀缺,全家挤用

1.陋房简室

1949年,阮家的房屋主要是继承而来,拥有宅基地面积约为一百三十多平,房屋建筑面积约为一百平[1],房屋建筑布局为平房,与同保甲长所辖区域内的其他家户相比属于较差的房屋。当地只有平房一种房屋建筑形式,平房的特点为以堂屋为轴心,左右两侧对称,堂屋外为庭院,在左右两侧会修建偏房。

阮家房屋的坐向是坐东朝北,共有七间房屋,堂屋一间、偏房两间、碉堡[2]一个、厨房一间、厕所与猪圈同为一间、牛圈一间。堂屋主要用于接待客人,办红白喜事,逢年过节用于祭拜老人[3]。偏房用于家庭成员睡觉、休息。碉堡用于躲避老虎与棒客,如果老虎与棒客来到家

---

[1] 修建房屋讲的是房屋的开间与进深,比如丈二或丈三的开间。

[2] 碉堡:高八米左右,用土加石灰制作,用于躲避土匪。

[3] 当地在逢年过节的时候要在堂屋祭拜老人。例如,大年初一早上,家里要将吃的东西摆放在堂屋的桌子上,一般是八位的方桌,放八个碗,将筷子放在碗上,家里的老人嘴里念着一些话,代表请祖宗前来享用。

户,家庭成员就会躲进碉堡避难,保障人身安全。厨房用于做饭与吃饭,平时不会在堂屋吃饭,一般在厨房放两张桌子吃饭。猪圈用于养猪,厕所与猪圈同在一个地方,主要是为了便于处理废弃物。牛圈在猪圈的后方,用于养牛。所有的房屋都没有窗户[①],堂屋与偏房的位置有讲究[②],两间偏房要以堂屋为中心对称。修建房屋的材质主要是土、木头、石灰。[③]

2.家户占有房屋

(1)家户所有

所有在家的家庭成员对家里的房屋都有份,嫁出去的女儿没有份,没有嫁出去的女儿有份,未成年的儿童有份,嫁进来的媳妇有份,已经分家的兄弟没有份。因此,房屋属于全家人所有,并不属于家庭的某个人或者家长所有。家户中出现小家之后,就会出现房屋共享的情况,例如两个儿子结婚之后,出现两个小家庭,两个小家庭共享堂屋,用于接待客人等。堂屋用于共享的原因是祖上留下的传统,会在堂屋写上红纸,记载的是祖先的名字。猪圈和牛圈与家长的副业有关,因此一直由家长使用,小家庭不可单独占用。在人多房间少的情况下,家长可以住在偏房的任意一间。

(2)房屋认知

房屋属于全家人所有,但不能将房屋所有权分配到每个人所有。在房屋产权上家长比其他家庭成员更有权力。房屋属于全家所有比属于个人所有要好,有利于家庭的团结与和睦,体现家庭的概念。不应该将房子划分到每个人所有,一是一口锅吃饭,不能将房子分到每一个人;二是将房屋分给每个人不能体现一家人的概念,不利于家庭的团结与和睦。此外,外人没有经过当家人的同意不得使用阮家的房屋。房屋的继承权以分家时一口锅吃饭的人数为标,已经分家的人不得使用与继承,因为分家的成员在分家时已经通过其他方式得到补偿,不得获得多余的财产。

3.阳沟

自家的房屋与四邻的房屋以阳沟为界,每一个家户都有自己的阳沟,因为南方多雨,为了防止下雨时雨水流到房屋内,导致屋内积水,因此在房屋的四周沿地基挖一条水沟用于排水。阳沟与地基相连,正好可以区分家户的房屋,因此阳沟可以作为边界。四邻不可以越过阳沟修建房屋,一是越过阳沟修建房屋有违体统;二是越过阳沟修建不利于采光。

家庭成员对自家所拥有的房屋有清晰的心理认同,能够分清自家与别家的房屋产权,不能容忍自家的房屋被他人侵占。房屋由家长来管理,买卖、拆除、修缮、重修由家长决定,但需要告知家庭成员。宗族、村庄不能干涉,分家后的兄弟与父母也不能干涉。

4.当家人支配房屋

在房屋的买卖、典当、出租、建造等活动中,家长是实际的支配者。如在房屋买卖中,由两家的家长进行安排,由各自的家长决定。阮家作为搬迁户,初到银子坡需要与当地的保甲长知会一声,在首次房屋买卖中需要告知保甲长,保甲长允许房屋买卖就可以继续交易,若

---

① 房屋的材质是土,不具备在修建的时候设置窗户的条件,所以使用亮瓦替代,亮瓦属于瓦片的一种,能够投射阳光,使房间明亮。

② 堂屋在中间,两侧的偏房以堂屋为中心对称,在当地称为"一正两环"。

③ 1949年前,当地没有砖,土是房屋的主要建筑材料,因此房屋又称土房;木头主要用于房梁,支撑房屋的空间结构;石灰是一种黏合剂,在土中加入可以使墙更加牢固。

保甲长不同意,则交易终止。实际上当地农户多为小户,经济困难,发生房屋买卖的情况极少。因此,有人卖房屋,能找到一个买家就是"幸运儿"。此外,对于小家庭所有的房间,家长拥有统一支配使用权。在两种情况下当家人要考虑重新安排房屋:一是家庭成员中有人结婚,需要新的房间安排;二是家庭成员增加,如新增儿童较多,要重新安排住宿。重新安排的原则是,照顾小家庭,注重遮羞,能挤则挤,[①]如阮修培结婚后夫妇二人被安排到碉堡中住宿。

阮家祖上是搬家户,房屋是购买而来,因此在银子坡并未修建祖屋,堂屋在一段时间内承担了祖屋的功能,如逢年过节的祭拜。土地与房屋是阮家维持生存、生活的根本。

5.棒客骚扰

（1）目标选择

棒客在选择农户时,一般是以小户与中户为目标,因为小户与中户势力有限,且缺少有效防御措施,反抗的可能性小,而大户人家有钱有势,且防卫设施较完善。因此,房屋是否被侵占,与邻里关系无关,而与家庭地位相关。家庭地位低下,更容易被侵占;家庭地位高,有势力,被侵占的可能性较小。

（2）时间短,损失重

阮家的房屋出现过被棒客侵占的情况,时间一般很短,只有几个小时,棒客侵占房屋的主要目的是获得房屋内的粮食与钱财。当棒客来临时,阮家的家庭成员就会躲进碉堡中,不会与棒客发生正面冲突,待棒客抢夺房屋中的粮食与钱财后,家庭成员才从碉堡中出来。因为阮家成年的、具有抵抗力的男子只有当家人一个,无法形成有效的抵抗,因此只能选择逃避的手段。

（3）难以抵抗

当棒客前来时,一个家庭势单力薄,难以抵抗棒客的侵占,因此全家人持容忍的态度,不会与其抗争。全村的农户以小户为主,村民都有被侵占的经历,因此家庭并不认为这是很耻辱的事情。农户分布较为分散,且各自为政,因此没有联合起来对抗棒客的侵占。保甲长汪某对棒客的行为持容忍态度,一是汪某本身残疾,行动不便;二是农户分布分散,难以组织形成集体的力量。棒客侵占房屋内的粮食与钱财,家长不需要承担责任,其他家庭成员与家长持相同的态度。

6.房屋产权的认可

（1）村民、家族、村庄认可

村民、家族、村庄承认阮家对房屋的所有、买卖、租用、典当的权利,不会随意侵占阮家的房屋。自从迁到银子坡之后,除棒客侵占外,阮家的房屋尚未受到村民的侵占。村民、家族、村庄要买卖、租用阮家的房屋,要与家长商量,如果当家人不同意,不能强行买卖、租用。当房屋被外人侵占时,家族不会打抱不平,也不会出面提供保护。当棒客侵占阮家的房屋时,其他村民、家族成员也处于自保状态,并没有联合起来反抗棒客的侵占行为。

（2）政府认可,但缺乏保护

县乡政府在名义上承认阮家房屋的所有、买卖、租用等权利,但实际上,农户的房屋所有

---

① 当时家中人多,但房少,两个偏房安排得很紧凑,有空的地方就尽量安排住下去。

权未得到真正的保护。一方面,银子坡地处山区,不是战略要地,无重要意义;另一方面,县权对农户的干预较少,导致县政府与农户的交往少,彼此不了解。县乡政府可以随意侵占阮家的房屋,可以买卖、租用阮家的房屋,不会与阮家进行协商。此外,县乡政府并未给阮家的房屋颁发"红头契约",也未给予公证,因此县乡政府给予阮家房屋的保护力度较弱。

(三)简单的生产资料

阮家的生产资料有两个特征:一是生产资料的置办是分时间段进行的,因为一个劳动力所创造的家庭收入太少,需要家户进行资产的积累才能购买;二是生产资料的来源具有多样性,最明显的是家庭收入较少,能够自己制作的就自己制作,实在没有办法自己制作的就请人制作或者购买。

1.自置农具

在1949年前,阮家有犁头、耙子、水车、锄头、镰刀、风车等生产工具,同时伙养耕牛一头,但是没有交通工具①。家户生产资料一部分购买而来,一部分请人制作,一部分自己制作,还有的是继承而来。购买的部分主要是带有铁器的农具,在集市上购买,如犁头的犁舌、犁面、犁嘴部分,锄头的锄刃,耙子的铁器部分。自制的部分主要与木头相关,如犁头的木制部分、锄头的把等。自制的农具依据其不同的工序与制作人员的娴熟度和制作时间不等,如犁头的把,制作慢的需要一天的时间,制作快的只需要半天的时间。继承而来的农具只有一部分,如拌桶。拌桶是用木头制作而成,呈长方体,四周封闭防水,无盖,有四个把手,便于拖拉,在收割稻谷时使用。

犁头、耙子、水车、锄头、镰刀、风车、拌桶完全属于家户所有,耕牛是共有。在1949年前的一段时间内,生产资料不齐全,例如犁头,家里没有置办,在使用时会借用邻居家的。倘若有能力购买齐全农具,阮家肯定会购买齐全。阮家在借用几回犁头之后,就通过卖柴攒钱,自己买了一个犁头,便于使用。

2.家户占有生产资料

家里的生产资料全部成员都有份,嫁出去的女儿没有份,没有嫁出去的女儿有份,未成年的儿童有份,娶进来的媳妇有份,入赘的女婿有份,虽是一家人,但已经分家的没有份。家户的农具、牲畜等属于全家人所有,不是某个人所有,只有家里的耕牛和黄家共有。共有的原因是购买耕牛的成本大,小户无法承担,同时饲养耕牛需要人力与粮食支持,因此单个小户人家无法承担饲养耕牛的成本。在家庭中,存在属于某个小家庭所有的生产资料。成婚的小家庭购买的农具就属于小家庭所有,如锄头。即使如此,也不能将生产资料分配到个人所有。因为生产资料属于全家人所有优于个人所有:一方面,家长可以统一分配生产资料的使用,物尽其用,人尽其才;另一方面,体现家庭的团结,利于家人的团结和睦。将生产资料划分到每个人既不合体统,又不利于家庭和谐。

3.家长支配生产资料

在生产资料的购买、维修、借用等活动中,家长处于实际支配者地位,只需与家庭成员商量,不用告知或请示四邻、家族、保甲长。所需费用由家庭集体承担,其实质是家庭平时的积

---

① 1949年前,当地没有修建公路,收割粮食用劳力,即肩挑。

累。如果家长不在,由家长的妻子做主。但是临时当家人所有的权限有限,受到掌握资源的限制,难以得到外界的认可。

阮家在耕地的时候没有犁头,家长就决定向邻居借用,家长会向家庭成员说明去借谁家的犁头,并与另外一家的家长说好借用的日期。阮家经过几次借用犁头之后,觉得很是不便,所以家长决定要买犁头,通过卖柴草凑钱。从凑钱到买犁头的整个过程由家长决定,虽然要与家庭成员商量,但决定权在家长手中。阮家的犁头买回来不久犁舌就坏了,家长就带去铁匠铺维修,以方便下次使用。

可见,在生产资料的购买、维修、借用等活动中,除家长之外的其他家庭成员不能发挥支配作用。在遇到与家庭成员关系较为密切的事情时,其他家庭成员可以提意见,但有资格限定,只有家中的长辈或者成年劳动力可以提意见。如阮家在购买耕牛时,家长的长辈可以提出一些建议,关于如何选好的牛,与另一家如何喂养等。

4.生产资料的认可

(1)村民、家族、保甲长认可

村民、家族、保甲长承认阮家对生产资料的产权,不会随意侵占阮家的生产资料。外人知道阮家的生产资料,如果要买卖、借用阮家的生产资料要与家长商量,如果家长不同意,则不能强行买卖、借用。如阮家共养的耕牛,有村民要借用,需要与家长进行商量,在家长同意的情况下,方可借用;如果借用行为未达成一致意见,不可强行借用。倘若阮家的生产资料产权被侵占,全家人不能容忍,会采取一定程度的抗争措施。如耕牛、水车等大型农具被侵占就会有强烈的抗争,而镰刀等小型农具激起的矛盾较少。倘若村中的生产资料出现被侵占的情况,村民较少出现正义的行为。生产资料被侵占,家长无须承担责任。

(2)政府认可,但不保护

县乡政府承认阮家对生产资料的产权,他们不会随意侵占阮家的生产资料。县乡政府对于各家具体的生产资料并不知情,也并没有详细的清单。如果要买卖、借用阮家的生产资料需与家长商量。在特殊情况下,如果当家人不同意,也能够强行买卖、借用。如在抗旱时,政府可以强行占用阮家的水车。

(四)生活资料的自足与置换

1.虽多不全

1949年前,阮家有晒场,面积约为三十平方米,在房屋的北方,自家院里的场坝是泥土所制,无法作晒场。家中有水井,由祖上迁到银子时所挖,具体花费不详。家中有磨、碾,由祖上置办,具体花费不详。家中有桌椅板凳、柜子等家具。只有油与盐,无酱、醋生活用品,油、盐可以在集市上购买,也可以在下乡的货郎手中购买。油、盐需要购买,"通常通过卖一些柴草换钱来购买,需要七钱多①"。

家中与木头相关的生活资料可以自制,如桌椅板凳、柜子等。如果家里的人能够自己制作,就自己制作,若不会,则请木匠上家制作,但要提前为木匠准备好制作的木头。水井与磨是继承而来,属于祖上的遗产,家庭中无赠予的生活资料。

---

① 七钱多:此处是指一斤盐的价格,以1949年的价格来换算,一斤盐约值一角钱。

2.家户占有生活资料

家里的生活资料是属于全家人所有,不属于个人。嫁出去的女儿没有份,没有嫁出去的女儿有份,未成年的儿童有份,娶进来的媳妇有份,入赘的女婿有份,虽是一家人但已经分家的没有份,比如已经分家的兄弟没有份。

家中人员结婚后出现的小家庭,用自己的钱财购买的生活资料属于小家庭所有,对于专属于小家庭的生活资料,其他家庭成员不能使用和支配,除非在家长做出统一安排的情况下。如家中的儿子要结婚,家长要将小家庭的生活资料安排在计划中,以方便使用,这时家中其他成员可以使用小家庭的生活资料。

生活资料应该属于全家人所有,不能将生活资料所有权分配到个人。家长在生活资料的产权上比其他家庭成员更有权力。生活资料属于全家所有比属于个人所有较为优越:一方面,家里的成员是在一口锅里吃饭,分到个人所有不符合一口锅的原则;另一方面,分到个人不利于家庭的团结与和睦。倘若分到个人所有或者小家庭所有,那么有可能出现各自为营的情况,也不利于家庭成员的生活安全、维持生活等。

3.当家人支配生活资料

在生活资料的购买、维修、借用等活动中,家长处于实际支配者地位,除家长之外的其他家庭成员不能发挥支配作用,长辈与成年劳动力可以提意见,不需要告知或请示四邻、家族、保甲长。在生活资料的购买中,由家长安排,家长可以决定购买什么,小的生活资料不需要商量,大型的生活资料需要告知家人。就小家庭的生活资料而言,在小家庭出现之初,家长要为小家庭购买一部分,作为成家之要,成家之后的其他生活资料由小家庭自己购买。阮修培结婚时,家长为其小家庭购买了部分生活资料,如床等,待小家庭组建后,其他生活资料由阮修培的小家庭自己负责。家中柜子坏了,家长会告知家庭成员将请谁来维修,然后由家长出面请木匠。阮修培结婚时,需要向邻居借用桌椅,家长会向家庭成员说明,然后家长去借,再安排家庭成员去搬回。

在生活资料的维修、借用中,除家长之外的其他家庭成员从属于家长,不起支配作用。如果家长不在,由家长的妻子做主。

4.关系生计问题

银子坡家户分布较为分散,没有大户,家户之间相互侵占生活资料与大户侵占农户生活资料的情况鲜有发生,即使棒客前来,也较少侵占阮家的生活资料。倘若阮家的生活资料被侵占,家庭成员不能容忍其侵占行为,因为生活资料直接关系家庭的生存,家庭成员会采取抗争的行为,如争吵等。倘若阮家的生活资料被侵占,其他村民持观望态度,不会有打抱不平的心理,也不会提供帮助。在一般情况下,保甲长不会过问生活资料被侵占的事件,也不会为村民伸张正义。倘若生活资料被侵占,家长不需要承担责任。

5.生活资料的认可

村民、家族、保甲长承认阮家对生活资料的产权,不会随意侵占阮家的生活资料。如村民知道某物是阮家的生活资料,如果要买卖、借用,需要与家长商量,如果家长不同意,不能强行买卖、租用。如有邻居要借用阮家的桌椅,要与阮家的家长商量,不得随意侵占使用。但是如果家户的生产资料被侵占,村民、家族、保甲长不会采取措施保护。

所在的县乡政府承认阮家对生活资料的产权,县乡政府不能随意侵占阮家的生活资料。县乡政府不能不经同意买卖、借用阮家的生活资料,如果县乡政府要买卖、租用阮家的生活资料,要与家长进行商量;如果当家人不同意,特殊情况下也能够通过强制力强行买卖、借用,但要用于公共事业。

二、家户经营

阮家只有一个劳动力,为了弥补劳动力的不足通常需要请工、帮工、换工。一个劳动力所获得的粮食产量较低,需要当家人砍柴、编制"包子"等作为家庭收入的补充。

(一)劳动力的多样弥补

1.家户劳力互换

(1)一劳撑家

1949 年以前,阮家仅有一个完全劳动力,即阮德明,而汪横丽在幼时因为裹脚的缘故,无法成为完全的劳动力,只能完成部分生产生活活动。甘氏好吃懒做,并不算是完全劳动力,因此阮德明长辈参加劳动的时间较少。女性中有汪横丽参与简单的劳动生产。家庭成员中的部分儿童,或者没有被家长安排劳动的家庭成员就可以不参加劳动生产。外人不会无缘无故参加阮家的生产劳动。因此,家长是家里的唯一劳动力,必须参加家庭生产,进而成为全家人维持生存的依托。如在耕田生产时,家长几乎承担了所有的耕田劳动,其他家庭成员没有承担。

(2)劳力调剂

①换工

1949 年以前,阮家的劳动力不足。在劳动力不足的情况下,通过换工能增加劳动力,同时也能提高生产效率。换工的选择依据关系与距离:一是距离较近,联系方便;二是几个家庭之间劳动力都不足;三是换工的时间为农忙时,即春和秋两个时间段。换工由家长安排,家长决定,家长只需告知家庭成员即可,不用告知或请示四邻、家族、保甲长。

换工的顺序依据收割的顺序有先有后,谁家的可以收了,就先收割谁家的粮食。换工以做工为报酬,换工的计算单位是天,即一天的工程。如阮家与汪家换工收割稻谷,阮家与汪家的水稻成熟时间不同,阮家的水稻先成熟,就先收割阮家的稻谷,汪家的水稻先成熟,就先收割汪家的稻谷。阮家给汪家做了两天的工,汪家也需要给阮家做两天的工,同时劳动力要对等,即阮家给汪家是一个劳动力做工,那么汪家给阮家也是一个劳动力做工。

②请工

1949 年以前,阮家存在请工的情况。在家庭人员无法完成生产生活时,就会出现请工的情况,如请木匠制作、维修家具。由家长安排,家长可以决定,家庭成员在吃饭时,家长会告知家庭成员,但不用告知或请示四邻、家族、保甲长。请工时有先后顺序,优先请做工技术好、踏实、肯干之人。对方和阮家是邻居或者好友的关系,或者通过朋友介绍请工。请工通常以支付粮食作为报酬,做工内容不同,支付的工资不同。如阮家的家长决定要做一个梯子,在晚饭时,告知家庭成员。第二天,家长去请木匠,做工后,支付一升稻谷或者玉米。

③帮工

1949 年以前,阮家会请帮工,一方面因为劳动力不足,另一方面因为粮食收割的时间紧迫。请帮工由家长安排,家长决定,要告知家庭成员,不用告知或请示四邻、家族、保甲长。请帮工时有先后顺序,优先请亲戚或者四邻,一是亲戚好说话,二是四邻毗邻,距离近。帮工会在阮家吃早饭、午饭、晚饭,帮工不会给报酬,待帮工有事,家长去帮工,以相抵。如收割稻谷期间,既有请工的存在,又有帮工的存在,请工会支付报酬,帮工不用支付报酬。帮工与换工极为相似,不同之处在于,换工的换回时间有要求,帮工的做工时间不定。

2.赠送多余土地

1949 年以前,阮家有土地五十八挑,由于劳动力不足,一家人一般可以耕作三十五至五十挑土地,因此就会出现荒地的情况。

阮家多余的土地没有以出租的形式给他人耕种,而是以赠送的形式给予邻居耕种,但所有权仍在阮家,待邻居没有耕种之后,剩余的土地又成为荒地。在土地赠送过程中,由家长安排,家长决定,只需告知家庭成员,不用告知或请示四邻、家族、保甲长。在赠送中,选择的对象是邻居,往往是劳动力充足的邻居或者没有土地的邻居。赠送的土地没有报酬,采取免费的形式给邻居耕种,邻居不需要给阮家一定的粮食作为租子。赠送要么是赠送对象主动找阮家,要么是阮家家长找需要土地的邻居。

3.伙养耕牛

1949 年以前,阮家与黄家伙养耕牛一头,一头耕牛已经足够满足耕作的需要。如果出现不能够满足耕作需要的情况,可以向邻居借用牲口。耕牛可以承担大量的农业生产活动,作为畜力缓解劳动力不足的境况。

在阮家还没有与黄家伙养耕牛的时候,通常借他人的耕牛使用,借用的对象是邻居或者好友。在对方没有使用的情况下可以借用,借用的时间是一天,当天必须归还,不用给钱,但在归还时需带上草料,如果不带上草料对方会不高兴,同时有可能下一次借用对方就不借了。借来之后,会割一些草来喂牛。借牛时,由家长决定,要告诉家庭成员一声。由家长与另一家的家长出面协商,必须是当家人才能借。阮家要使用耕牛耕作,家长会在吃饭的时候跟家庭成员说一声,如准备去借谁家的牛、什么时候耕作、安排谁去准备草等,家长会和对方的家长商量,确定借用的时间、什么时候去牵牛等。如果家长安排儿子前去,不会得到对方的认可。

阮家和黄家伙养耕牛,黄家的家长与阮家的家长是朋友关系,路程有三十分钟。与黄家伙养的原因是:一是有的家庭不需要或者不愿意伙养,那么就不可能与其他家庭伙养耕牛;二是恰逢黄家需要耕牛,那么基于双方的需要就可以伙养。黄家的土地面积多于阮家,成为买耕牛本钱划分的依据,土地面积越多,用的时候越多,那么出的钱就越多,反之亦然。阮家与黄家是两户人家伙养,同时也存在四户人家伙养的情况,又称之为一家买的一根牛脚。耕牛只有在耕田时使用,平时需要喂养,因此又将牛形容为“养兵千日,用兵一时”。

耕牛的价格为七至八担稻谷,双方按土地面积来分担。挑选牛的时候,一方面查看牛的嘴,看是否能吃,另一方面看牛的整体长相,是否生得好。喂养的时候,要么牵牛到田间或者有草的地方,要么割草回家给牛吃。平时喂养的时候,以一个月为单位,一家十天,那么另外一家就是二十天,分配喂养时间是以土地面积的多少来分。使用的时候,谁家使用就由谁家来喂养。如果都要使用,则以谁家更急需来决定。伙养的耕牛可以借给他人使用,短期使用不用和伙养人商量,可以借给亲戚、四邻、朋友。生了小牛之后可以喂养大,也可以卖掉,卖的钱与伙养人分。耕牛生病后,费用由伙养人一起承担。伙养时,由家长做决定,家长出去面谈,必须是当家人,不可以让儿子去。如阮家与黄家买牛的时候,必须由阮家的家长与黄家的家长出面洽谈,决定何时买牛、在哪里买牛、如何分配成本、如何喂养等。

4.先借用,后自办

阮家自制的农具多与木头有关,有犁头的犁架、锄头的柄等。而与铁质相关的农具大多是购买,如犁头的犁面、锄头的锄刃等。[①]因为家庭贫穷,只要能够自制的农具就不会去购买。现有农具不能满足自家的生产需要,因此在自家没有农具而又需要使用的时候就会向有此种农具的家庭借用。如阮家在一段时间内没有犁头,需要犁头的时候就会向邻居借,由家长出面协商。简单的或者成本低的农具基本上每家都会置办,而价格昂贵的农具只有部分家庭有,如水车与风车。因为农具共有不方便使用,因此农具不会采用共有的形式。

阮家在一段时间内没有犁头,需要向邻居借用。犁头一般在春耕时使用,因为在以前没有养耕牛,所以没有置办犁头。借犁头的对象一般是邻居,也有向朋友借用的时候。在邻居也要使用犁头的时候,就会选择两种方法:一是等邻居使用完,自家再借用;二是转移借用对象,向其他邻居或者朋友借用。

借犁头由家长出面,必须是当家人,其他家庭成员不可以去借,因为对方的家长不会认可。借用的时候要说明归还的日期,不能超出归还的日期。如果对方在期限之内来要,只能归还。归还的时候由家长去还,时间会选择在傍晚,因为傍晚对方的家长会在家,这样可以说明已经归还。

借的时候对方会说明农具是否完好,也会让家长检查一下农具是否完好。借用农具不需要支付报酬。如果在使用过程中农具损坏,由家长负责维修,若家长不能修好,则请人帮忙维修,维修花费的钱由家庭集体承担。借用邻居或者朋友的农具自然带来众多的不便,因此家长会考虑置办该农具。阮家在经过几次借用犁头之后,深感不便,于是家长决定置办该农具,因此家长会安排家庭成员去砍柴卖钱,凑钱来买犁头。借用农具存在不便:一是在借用时需要向对方说好话,有损家长的颜面;二是借用来的农具使用起来不方便,还要防止损坏。

(二)以农为本,各司其职

1.农业耕作

1949 年以前,阮家从事农业耕作,饲养家畜,也从事副业生产,就广义的副业而言,是农林牧渔业以外的其他生产事业,如饲养家畜、手工业等。阮家的副业主要包括饲养猪、编制"包子"、砍柴。就各部分的时间比例而言,农业耕作占据大部分时间且时间集中,约为 60%,用于饲养家畜的时间约为 10%,用于手工业的时间约为 10%,其他时间约为 20%。在家庭生产活动中,根据男女分工,兼顾长幼。成年男子成为劳动力之后,承担主要的生产责任;未成年男子,家长会安排一些简单的生产活动;家中的长辈不用进行生产活动,会在家中做一些简单的家务;家长的妻子承担主要的家务活动。

在收稻谷时,自家长辈分下都会进行分工。家长会根据稻谷的成熟时间决定收割的时间,向家庭成员说明收割的时间,与谁换工,收割那天的饭菜如何安排,其他家庭成员的分工等。在收割前几天,家长需要完成以下几个任务:把从田间到晒场的道路平整好,以便挑运;

---

① 在当时,可以用旧的铁器换新的铁器,再补差价,可以降低购买农具的成本。

将收割稻谷需要的农具准备好,需要借的就向邻居、朋友借;与换工对象商量好收割稻谷的时间,以便换工;同时请亲戚或者邻居来帮忙,说好收割的时间。收割当天,阮修培会在田间用镰刀割稻穗,家长会在拌桶中打稻穗①,换工与前来帮忙的亲戚会根据家长的安排或者选择适合自己的一项进行,汪横丽会在家中做饭。

（1）不违农时

农作物的种植是根据季节而进行安排的,四川南部属于一年两熟或一年三熟之间。阮家一年会种植水稻、玉米、花生、油菜、红薯、小麦。水稻 2 月插秧,8 月底收割;玉米 2 月播种,7 月底收割;花生 3 月播种,8 月中旬收;红薯 5 月插苗,9 月收;9 月播种油菜,次年 3 月收;小麦 10 月播种,次年 5 月收。不同农作物的种植面积不同,原因有三:一是家长可以根据当年的气候决定多种植何种作物;二是当时的水稻产量很低,加之水田较少,因此种植水稻的面积较少,相反,红薯的产量相较于水稻来说较高,因此种植的面积较大;三是不同的农作物需要与不同的土质相适应,如花生需要沙土种植,产量才高。当然,家长会告知家庭成员,哪一块土要种植什么,其他成员没有意见②。种植安排不需要告知或请示四邻、家族、保甲长。种植作物时,正值农忙,家长不会到处走动,因此不存在家长不在家的情况。

（2）分工合作

在阮家一年的耕作过程中,包括犁地、耙地、插秧、锄草、灌溉、割稻、种麦、收麦、种秋、收秋等环节。以种植水稻为例,在过年之后,家长会去耕田、耙田;家长会找一块不断水的田,在该田的一角,撒几行谷种,并盖上薄膜;下雨天,家长会去察看秧苗,不能让水把秧苗淹没,将多余的水疏走;待秧苗长到十五厘米左右,就可以进行插秧,家长会带着阮修培前去插秧,并教授阮修培插秧的基本过程;过一段时间以后,家长会去给秧苗施肥③;等到五六月时,家长会去给水稻除草,阮修培等人还未能识别水稻中的杂草,所以并未带领他们;水稻成长期间,若遇干旱,还要适当地进行灌溉;等到 8 月份时,水稻开始成熟,家长就会准备收割水稻的农具,以备使用;待收割时,家长会给家庭成员分配任务,家长与阮修培在田间,其他儿子能帮忙的就下田,家长的妻子在家做饭。

在耕田中,主要的工作由家长承担,家长的儿子尚未成为劳动力,不具备单独劳动的能力;叔伯辈已经分家,成为另外一房,不需要参与耕田。耕田不用告知或请示四邻、家族、保甲长。耕田是由家长进行,不存在家长不在家的情况,因此不存在其他人当家的情况。

2.饲养家畜

（1）饲养家畜概况

1949 年以前,阮家饲养鸡、猪、牛等牲畜,饲养猪最多的时候有两头,有几年没有喂养;鸡有三四只,有几年没有饲养;牛是伙养,不同年份饲养的牲畜数量不同,主要影响因素是粮食。在遇到天灾、缺少粮食的情况下,人的粮食都无法满足,那么饲养牲畜就是累赘。鸡和猪一般是由家长的妻子喂养,牛是由家长喂养,或者家长安排阮修培去放牛,或者安排家庭成

---

① 将稻穗用力向拌桶击打,会使稻谷脱离。
② 1949 年以前,阮修培等人年龄较小,尚未懂得种植,因此并未提出意见。
③ 当时没有化学肥料,使用的是粪肥。

员去割草来喂牛。以伙养牛为例，家长与黄家确定伙养牛之后，就会确定各自喂养的时间，家长会给牛修建一个牛圈，紧靠猪圈。到了阮家喂养的时间，家长会去把牛牵回家，安排儿子去放牛，或者安排儿子去割草回来喂养，牛很少有喂粮食的时候，因为粮食在当时相当缺乏。若遇牛生病，家长需要去买药或者请人来诊断。在冬天，家长还要为牛储存粮草，以便过冬。

在1949年以前，阮家曾养过猪。猪幼崽是到喂有母猪的家户中去购买，购买时间为早上，一是早上农户都在家，有时间进行交易；二是早上幼崽未进食，重量较轻，买的价格相对较低。一般用现金购买，若没有现金，就用粮食。猪由汪横丽来饲养，以红薯的藤蔓、水草、牛皮菜等料进行喂养，一天喂两顿，分别是早上与晚上，有的料需要煮熟，如牛皮菜、水草。在当地，喂猪的料统称为猪草，根据季节的不同，饲养猪的料不同，有什么草适合猪食用，就会喂养何种料。猪是养来卖，卖到当地的集市——白龙、漆树、孔滩，也可以卖给到村来收购猪的商人，一头猪可卖三十元左右[①]，由家长去卖，钱由家长掌管并进行安排。

（2）牲畜的另用

阮家以前种地主要靠牛与劳动力，牛用于翻耕土地。除了用牛翻耕外，还用牛推磨。如果牲口老死，像大型牲口，猪与牛等，就会向邻居或同一保甲长下的村民出售，出售价格以周围集市的价格为基准，有的村民给现金，有的赊账。在1949年以前，当地没有大型经营的餐馆，不会大量购买肉类食物，加之一家人也无法在短时间内吃完像猪与牛这样的大型牲口，所以向同一保甲长下的村民出售既可以卖钱，又可以自家人食用。

3."包子"手艺

1949年以前，阮家除了进行农业生产之外，还饲养家畜，经营一定的手工业，以获得副业收入。编制"包子"只是以家庭为单位，并未形成村庄集体经营。编制"包子"由家长进行，只有在农闲时或者下雨天没有农活才进行，属于兼职。从事手工业由家长单独进行，不需要分工，待家中儿子长大后会传授其技术。不需要告知或请示四邻、家族、保甲长。

4.外出做工

阮修华学木匠之后，开始外出做工。阮修华外出做工不会带家庭成员，因为需要做工的家庭不希望带有家庭成员一起去，做工挣钱多挣钱少是一个样，都不能带家庭成员。阮修华外出务工不用告知或者请示四邻、家族、保甲长。

（三）农业与副业

1.投入多，收成少

一年可以收获两季粮食，一季小麦，一季水稻，一挑田高产约为一百斤水稻，一丈土约产十六斤小麦，年份不同，产量有变化。影响农作物的收成因素有旱涝灾害、虫灾、劳动力、土质。判断水稻收成好坏的时间为6至7月，依据每一窝水稻茎秆的粗细，茎秆越大越粗说明收成越好。有经验的农户会用牛骨头与枯菜肥田，这样一窝水稻可能达到大拇指那么粗，以提高产量。判断小麦收成好坏的时间为2月，这时候已经过冬，小麦开始进入高速成长期，长得越高、茎秆越粗，收成越好。1949年以前，每一年的收成变化都很大，因为自然因素带来的减产还无法缓解，有的年份还是无收成。收成属于全家人所有，收成会放入家庭的粮仓，家长可以统一支配与管理。在缺乏副业与其他经济来源的情况下，全家人都很关心收成，特别是

---

① 这里的三十元是以1949年前的价格。

家长,家长要维持全家人的生活,解决缺粮的问题。

1949年以前,每一年家里的收成都无法满足家庭的需要:一是家庭未分家,在一口锅里吃饭的人数多,而每一年的收成有限;二是家庭劳动力缺乏,能够投入进行劳作的资源有限,以至于出现荒废土地的情况。因此,阮家人口与劳动力的悖论是,表面上家庭人数多,体现人多力量大,而实质上能够进行劳动生产的劳动力相当少,最少的时候仅为一人,以至于即使在年景好的年代收成也相当低。在家庭收成无法满足家人生存的情况下,采用两种方法:一是节衣缩食,如将红薯切碎煮成汤,或将小麦磨细,做成糊来食用;二是向有粮食的家庭借粮食,借的时间一般是6月至7月,正是青黄不接的时段。

2.饲养家畜

阮家每一年饲养猪的头数不确定,最多的年份有两头,有好几年一头都没有,有的年份有几只鸡。饲养的牲畜每一年都不同,主要影响因素有粮食产量、牲畜的购买价格、棒客的侵扰。若人都没有粮食吃,何来粮食饲养家畜,加之当时的粮食产量相当低,没有剩余;饲养牲畜都是用来卖,若购买的价格太高,家庭无法用现金或者粮食支付,同时卖牲畜也赚不了钱;棒客侵扰农户是常有的事情,而且棒客看见什么能吃、能用就拿什么,饲养牲畜反而会招致棒客前来。阮家饲养牲畜最多的年份是猪和鸡都喂养,最少的年份是猪与鸡一样都没有。

1949年以前,饲养的家畜都不是用于满足家庭食用,而是用于出售,作为副业获得家庭经济收入。因此,家畜不能够满足家庭的需要。家长把家畜卖掉之后,卖的钱由家长统一保管与支配,若卖的钱多,家长会顺便从集市上买几斤肉为家庭成员改善生活,但这种情况极少。吃肉对于阮家来说是相当困难的,要每隔一个月才能吃一次,有的年份几个月才吃一次。每一次家长上街,家庭成员都相当期待家长可以带肉回家,若家长带肉回家,家庭成员,特别是儿童会相当高兴。进行牲畜买卖都是由家长进行,其他家庭成员很少参与。

3.其他补充收入

家长在闲余时间编"包子",编制一个"包子"需要一天的时间,价格为五毛一个,"包子"都是在集市上出卖。一年中从事手工业的收入约一百元,以现金为主。影响手工业的因素有农业劳动时间、家务、编制技术、"包子"价格等。手工业的收入属于全家人所有,由家长保管,统一分配使用。

在农闲时,家长会安排阮修培卖柴,换一些零花钱,用于家庭开支。柴以挑为单位[①],一挑柴约两毛,在孔滩、白龙、漆树的集市上出售。一年通过卖柴获得的收入大约一百元,卖的钱要交给家长,由家长统一保管与使用。

牲口作为副业,为家庭增加经济收入。家长决定出售牲口,一般在集市出售,一头猪可卖约三十元,所卖的钱由家长保管,统一分配使用。

家庭中副业收入多以现金的形式存在,也有以粮食呈现的时候。影响副业收入的因素有副业投资成本、农业生产活动、劳动技能等。副业收入较多的年份,是各种因素处于温和状态[②],或者某一方面较好,适合副业的经营。无论是手工业的收入还是饲养牲畜的收入都是由家长统

---

① 有的集市也有用斤作为柴的单位,即一斤柴几分钱。

② 温和状态:当地是指各种因素不激进,例如不出现旱涝灾害,雨水适当。

一保管、分配使用，其他家庭成员要听从家长的安排。

三、家户分配

当家人所创造的收入有限，只能将仅有的资源掌握在手中，精打细算。每年的税收缴纳后，所剩无几，在家户内分配时只能以实物的形式呈现，而非现金，这样可以更好地进行家户经营。

（一）当家人对分配的支配权

1.分配主体

阮家在分配时，是以家庭成员为主体，宗族每年不会分配，同一保甲长下的村民也不存在分配的情况。家户分配在阮家的日常分配中占100%的比重。可见，家户是最重要的分配主体。阮家在分配中是以所在家户为基本分配单位在家庭成员中进行分配的。同时，从家户得到的收入来源来看，家庭的收入主要是家庭农业与副业劳动的结果，不存在其他的分配收入。以分家为例，阮家在分配时，是以小家庭为分配单位，大家庭是主体，宗族与村庄不参与分配，已经分家的兄弟成为另外一房，就已经不在分配成员范围之内。

未分家之前，阮家只在大家庭中进行分配，大家庭中所在的小家庭不进行分配。不存在小家庭分配的原因有二：一是小家庭没有取得支配权，不能在经济上取得独立，同时，小家庭没有掌握经济资源；二是大家庭的家长掌握家户的权力，但是在贫困交加的年代，即使是大家庭的家长所掌握的分配资料也是相当少，更不用说小家庭所能进行分配的资料。在阮家，小家庭中成员所赚取的钱必须交给家长，若没有交给家长，家长会责问，即使家庭成员已经成年，若不上交，仍然会遭到打骂。

2.当家人主导分配

阮家在进行分配时，是由家长主导。家中的钱是由家长掌管，上街也是家长去，因此买什么回家也是家长决定。家长在进行买卖时，会衡量家中的经济情况，有钱的时候会多买一些，没钱的时候少买一些。

家中的农具或者家务工具能自己制作的就自己制作，减少开支，不能自己制作的，就会请人制作或者到集市购买，购买大型的农具会与家庭人员商量，一般小型的农具或者家务工具不用商量，直接买回家就可以。家中吃什么处于两种状态：一种是在粮食不足的情况下有什么吃什么，特别是在灾害年间，"有红薯就吃红薯，有玉米就吃玉米"；第二种是家中有可供选择的食物，这时家长的妻子就会有选择性地做饭，但这种情况较少。

阮家除家长之外的其他家庭成员在分配时不具备支配地位，处于从属地位。家中的儿子逐渐成为劳动力之后，可以提意见，家长也会听取一些意见。随着儿子成为劳动力，家长劳动力的重要性开始收缩，话语权降低，家长会听取一些儿子们的意见，但决定权仍在家长手中。

其他家庭成员不可以擅自进行分配，一方面，家庭的财务并不在其他家庭成员手中，没有可以进行分配的资源；另一方面，擅自进行分配不合体统，会受到邻居的非议。家中的钱在家长手中，其他家庭成员没有钱财，外出挣的钱也要上交给家长，因此家庭成员没有掌握可供分配的资源，谈不上进行分配。

3.外人不得干涉分配

阮家在内部进行分配时,不用告知或请示四邻、家族、保甲长。因为其他人员并不属于家庭成员的一分子,没有在一口锅里吃饭,同时,外人没有参与阮家的生产生活,没有为家庭的维持做出贡献。例如,四邻虽然与阮家关系密切,平时经常串门走动,但是阮家与四邻并不是在一口锅里吃饭,四邻没有实质性地参与阮家的生产,也未为阮家的收入做出贡献。四邻在农忙时会参与阮家的生产,但劳动力参与多为换工,阮家的劳动力也会为四邻做工,因此即使四邻参与阮家的生产,但不是实质性的参与,而是以换工的形式参与。保甲长在收取税收或者摊派后,即所谓的款项,就不会干预农户的生产,因此保甲长都不会介入家户内部的分配。

(二)一锅内的分配

阮家在进行分配时,只有在一口锅里吃饭的家庭成员是分配对象,阮家的亲戚、朋友、邻居等外人不在分配范围之内。例如,阮家的朋友并不在阮家的锅里吃饭,也没有参与阮家的生产生活,因此不能成为家庭分配的对象。

凡是阮家的家庭成员都可以享有分配权,不存在一部分家户成员享受分配权的情况。在一口锅里吃饭,就会受到同一家长的管制,同时,也会在家长的安排下参与家庭生产生活,为家庭的发展做出贡献。相反,家庭有责任让每一个家庭成员都能分配到相应的资料,一方面是体现家庭的公正,实现家庭的团结与和睦;另一方面是保障每一位家庭成员生活必需的生活资料。

阮家进行分配的资料,主要来自于农业生产,如种红薯、稻谷、小麦,编制"包子"出售的钱,挑柴卖的钱与饲养牲畜的钱等。但是家长在分配的时候并不是直接分配现金,而是转化成为家庭福利、食物、实物等。如家长购买布匹分配给家庭成员,支付成员就医费用等。同时,家户以外无法获得收入,其实质是阮家并没有成为家户以外的分配对象。当时的保甲长手中并没有集体经济,又没有政府的建设资金、扶贫资金,因此保甲长不会给农户分配资料。

(三)先纳税,后分配

1.皇粮国税

阮家的农业收入包括小麦、水稻、玉米、花生、油菜、红薯等,由于土地并非是在大户手里租的,所以阮家不用缴纳地租。但在农业收成中纳税是农户必须承担的责任。在实际分配过程中,约有30%的粮食用于缴纳税额,剩余的粮食用于家庭分配。在战乱年代,四川是大后方,国民政府税额较高,有"寅吃卯粮"的说法。

当时纳税是以粮食来算,即一挑田需要缴纳多少斗或升的粮食。如果遇到灾荒年景,即使农户向保甲长求情,纳税额也不会减免。税款是由农户亲自去交,家长必须去。税额是一年缴纳一次,每年秋收时缴纳,以交粮食为主。收成不能优先用于满足家庭需要,必须先缴纳公粮,剩余的粮食才用于家庭生活。如果不缴纳税额,保甲长会前来催税,若催几次无果,会采取强制措施,用家中值钱的东西抵税。税额是每一个农户必须交足的,即使遇到灾害年代,收成锐减,农户也必须借粮食来缴纳税额。

衣物分配的钱主要来源于家庭的收入,如编制"包子"、卖柴、饲养牲畜,每年收入不同,买的布料尺数不同,同时布料价格每年不同,很难统一。家里的分配很难实现自给自足,就粮食而言,缴纳的税额太多,每年都要借粮食,或者凑钱到米行去买粮食,或者多吃粗粮。在钱不足的时候,减少布匹的分配,只有一部分家庭成员可以享受。每年的分配结果都不一样,当然会有所调整。一是每年的税额是定额,而收成不同,因此粮食余额不同,分配自然不同;二是每年的现金收入不同,用于买布匹的钱自然不同,购买的总数自然不同。因此,调整方案为:一方面,在食物方面多吃野菜,多加粗粮;另一方面,在衣物方面减少分配。

阮家在缴纳税额时,由家长安排,家长能够决定,不需要商量,也不用告知或请示四邻、家族、保甲长。税额每年都是定额,必须缴纳,与家人或者外人商量不会取得结果,因此无须商量,大家都知道,已经形成默认的规矩。缴纳税额时,家长必须在家,而且家长也知道,不会外出,因此此时不存在其他人当家的情况。

2.以实物分配为主

家中的收入分配,主要包括布匹、食物,无私房钱、零花钱。粮食来源于农业劳作,根据时节不同,收获的粮食不同,分配的粮食也就不同。一般来说,布匹是一年分配一次,即春节,同时,如果家中有新人增加,如婴儿,那么家长就会给新的家庭成员分配布匹。

(1)手工业

阮家的家庭成员在闲余时间会从事手工业,编制"包子",每年约一百元。在手工业的收入中,不需要交一部分给外人,如集主、保甲长。若将阮修华学木匠的手艺算作手工业,那么就需要将给他人做工的收入交一部分给阮修华的师傅。当然,交给师傅的那一部分不多,只是表示一下对师傅的尊重,遇逢年过节还需要将师傅请到家中做客。

家庭成员的手工业收入归家长所有,是由当家人统一安排使用,不得自己保留。若家庭成员到集市出售手工艺品,可以在集市上买一些东西,但回到家后,必须向家长说明,同时将剩余的钱交到家长手中。如阮修培学会编制"包子"之后,可以拿到集市去卖,卖的钱阮修培可以使用一小部分,但需向家长说明,同时将剩余的钱交给家长,由家长统一保管、安排使用。阮修华做木匠的收入,表面上是必须全部上交给家长,可实质上存在少交的情况,同时家长宠爱阮修华,也不会严厉责怪。但是家庭成员所赚的钱必须上交给家长,不能私藏,若被家长发现家庭成员私藏钱,不仅将钱没收,而且会严加责罚、打骂。阮修华做木匠的收入不能交给自己的妻子,必须交给家长,若这部分钱不交给家长,会导致三个后果:一是小家庭之间存在财富差距,引起其他小家庭成员的不满;二是不利于家庭的团结与和睦,有损家长的权威,不利于家长统一管理、支配;三是收入不公平、使用不合理,容易激发小家庭之间、小家庭和大家庭之间的矛盾。

阮家在分配时不是以零花钱的形式呈现,而是以实物的形式出现,一是家庭贫困,没有多余的现金用于分配;二是家长不放心家庭成员使用现金,因此大多时候是分配布匹。布匹的分配是以人头为标,大人分到的布的尺数相同,儿童的布的尺数相同。在分配时,资源在家长手中,其他成员无法成为当家人,因此不存在其他人当家的情况。每到新年,家长会给家庭成员分配布匹,大人六尺,小孩四尺,用于做新衣服,由家长说了算,其他家庭成员只有接受分配方案。当然,也存在分配的矛盾,有的小家庭对大家庭做出的贡献较大,却得到相同的分配结果;有的小家庭人口较多,分配到的布匹比其他小家庭多,就会产生矛盾。在家长看来,每一个家庭成员都应该分配,但是在小家庭看来,小家庭之间存在分配不公。

（2）其他副业收入分配

家庭成员有从事副业经营的，包括饲养家畜、编制"包子"、卖柴，每年的收入都不相同，如果饲养猪，那么这一年的副业收入有约三百元；若没有，则较少，只有约二百元。在副业收入中，不需要交一部分给外人，副业产品都是在集市上出售，不存在有中间人的情况，也不需要拿一部分给当地的集主、保甲长。

家庭成员副业的收入归家长所有，所卖的钱需要交给家长，实际上，家庭成员在集市上会使用一小部分，并不是全部的出售价格，但回家后需向家长说明。家庭成员使用的一小部分与交给家长的那一部分没有固定的比例，但有一个要求，那就是大头必须给家长。家庭成员不可以把赚的钱藏起来，如果被家长发现，不仅没收私藏的钱，还会受到责骂。当然，即使大家庭中出现了小家庭，副业的收入也不可以交给小家庭的妻子，如阮修培砍柴卖的钱必须交给家长，不能交给赵术群。如果这部分钱不交给家长会产生家庭矛盾，其他家庭成员的钱都交了，若自己的不交，那么其他家庭成员会感到不满，不利于家庭团结。钱交给家长之后，由家长统一安排使用，不用告知或请示四邻、家族、保甲长。钱是由家长保管，分配时由家长统一分配，分配原则是公平，但不以零花钱的形式呈现。

（四）家长支配，成员服从

1.资源带来的分配权

在衣物、食物、缴纳税额和分配中，家长是实际支配者。在这些分配中，家长必须在场。一方面，所有的资源都掌握在家长手中，只有家长才有权力分配；另一方面，家长分配才能体现公正，若家庭其他人员分配，不能取得其他人员的信任，也很难服众。如在分配布匹中，一年分配一次，家庭成员都很期待，若家庭其他成员分配，是否会庇护自己的小家庭，能否体现公平就存在争议。因此，在分配布匹时，必须由家长分配，其他人员在此时不可当家。

2.公平分布

（1）当家人买布

在衣物分配中，由家长安排，家长可以决定，家长需要和妻子商量，以决定每人的尺数。分配过程不用告知或请示四邻、家族、保甲长，因此分配活动只存在家庭之中，其他人员无权干涉，凡是在一口锅里吃饭的人都可以享有分配权，包括未出嫁的女儿、未成年的儿童。分配中分两种情况：一是在春节的分配中，春节前夕，家长会用家中凑的钱去买布匹回来，与妻子商量，一般成年人六尺、儿童四尺，由家长的妻子拿给小家庭的负责人，这样家庭成员都可以获得相应的份额，体现分配的公平；二是新生婴儿的分配，若家中有新生的婴儿，家长就会给婴儿购买布匹，其他家庭成员不会享有。布匹都是用钱购买，钱掌握在家长手中，其他成员没有当家的可能。

（2）添新衣

家里有两个时间会添衣服，分别是春节与新生婴儿的时候。添置新衣服是当家人来安排，衣服是自己家庭成员制作，在集市上购买的是布匹。在没有出现小家庭的情况下，家庭成员的衣服是由家长的妻子来制作。若出现小家庭之后，布匹由家长分配，小家庭成员的衣服由小家庭的妻子来制作，如阮修培的衣服，由赵术群来制作，赵术群还要帮忙制作家长的衣服与未成家子女的衣服。在分配布匹时，家中每个成员都有，否则会有意见。购买布匹时,由家长去购买,不用带着家庭成员前去。如果家庭成员的衣服破了,在没有出现小家庭的时候,由家长的妻子来缝补;出现小家庭之后,小家庭的衣服由小家庭的妻子来缝补,家长的妻子也会安排小家庭的妻子缝补未成家儿女的衣服。衣服破了之后会挨骂,一般是家长或者家长的妻子来骂,会说小孩子怎么这么不小心。阮修培成婚后,出现小家庭,赵术群一方面要负责小家庭的衣服缝补,另一方面还要承担婆婆交给的缝补任务。

3.妻子在生活资料分配中的地位

在衣物、食物、缴纳赋税和分配中,除家长之外的家庭成员不能发挥支配作用,不能擅自决定,因为分配的资源并没有掌握在其他家庭成员的手中。如在衣物分配中,除家长之外的其他家庭成员处于被支配地位。在春节前夕购买布匹的时候,家长会与妻子商量,主要是由于男性家长不懂衣服的制作要求,也不知道制作衣服需要多少布料。妻子可以提意见,建议购买多少布匹,在有新生儿的时候,小家庭的妻子可以向家长提出所需布匹的要求。

在食物分配中,由家长安排决定,家长要与妻子商量,不用告知或请示四邻、家族、保甲长。凡是在一口锅里吃饭的人员都可以享有,包括未出嫁的女儿。分配时有一定的原则,特殊群体特殊照顾,即孕妇与小孩会得到特殊的照顾。如在煮稀饭的时候,会将碗放在锅里,让米跳到碗里,碗里的米就给孕妇与小孩吃。这种做饭在当地被称为"跳米",有的家庭也会用这种方法优待老人。一般情况下,做饭是由家长的妻子完成,若家长不在家,那分配食物由家长的妻子来完成。在家长外出换工的情况下,家长不会在家中吃饭,这时妻子可以决定今天中午吃什么,但决定的范围不可超出客观条件的限制。

对于分配结果,家庭成员能不能提出意见要具体而言,就食物分配而言,家庭成员可以提出意见,说明自己想吃什么,在条件满足的情况下,家长会满足成员的要求。在衣物分配中,发表意见的是家长的妻子,其他成员较少发表意见。

(五)统筹分配

1.满足家庭成员需要

在分配时,要以全家人的需要为前提,应该照顾到家里所有人的需要。家长要做到分配公平,不要产生偏心,孕妇与婴儿的特殊照顾不属于偏心,应是特殊群体特殊照顾。如果家长有偏心,那么家庭成员会有意见,会导致家庭不和睦。阮修华降生之后,家长就产生了偏心,一是阮修培与阮修其都有残疾,支撑家庭的希望渺小;二是家长希望阮修华能够成为人才,所以送阮修华去读书,学木匠就是例证。当然,家长的此举肯定会引起家庭其他成员的不满,特别是在没有分家的情况下,收入由家长保管、分配、使用,花其他小家庭的钱去成就他人的前途,会引起小家庭的怨愤。

2.赋税优先

(1)缴纳赋税

农户在分配自家产品的时候,优先完成赋税,再进行自家消费。一是家长为了得到一个稳定的生存环境,即家庭成员的安全,不得不以交粮食换取生存,即使家庭成员过得相当不好;二是家族、村庄尚未形成抵抗赋税的组织与力量,不能与保甲长相抗衡,加之上交赋税已经形成传统,家长的思维已成定势。在这种情况下会产生两种结果:一是家庭成员在交税之后,自家吃不饱,通常节衣缩食;二是家庭成员越来越保守,难以形成力量与保甲长相抵抗。在干旱年间,阮家的收成较少,但是家庭成员的人数没有变化,在这种情况下,交税之后,全家人的生活比原来更为艰难,但阮家没有反抗。

（2）公平公正

在分配自家产品的时候,衣物与食物的分配有先后次序。在衣物与粮食充足的情况下,家长可以体现公平的原则,可是在不充足的情况下,家长不得不做出选择,甚至牺牲家长自己的利益。在粮食与衣物之间选择时,会优先选择粮食,肯定要先满足家庭成员吃的需求,实现劳动力的再生产;在进行粮食分配时,要优先照顾孕妇与婴儿;在衣物分配时,不充足的情况下,家长与妻子可以不分配,将衣物分配给其他家庭成员。从分配的次序中可以看出,粮食的满足是首要的,即民以食为天。粮食在分配时,要照顾家中的弱势群体;衣物分配时,可以适当牺牲部分人的利益。因此,相较于衣物来说,粮食更为重要。

3.对特殊成员的照顾

在分配时,家长需要遵循一定的原则,既要体现公平,又要照顾特殊群体。公平原则有利于实现家庭成员之间的平等,有利于家庭的团结与和睦。特殊照顾原则可以体现家庭对特殊群体的关注,传承美德。

（1）特殊照顾

在分配时,孕妇、小孩会受到特殊照顾,因为孕妇不是有劳动力,需要有人照看,同时,孕妇直接关系家庭的下一代,而小孩不成熟,是家庭的希望,在分配时,家长会多关注一些,特别是家庭的男孩。例如,在分配食物时,会采用"跳米"的形式优待孕妇与小孩,但特权有时间限制,待孕妇生育之后,就不再享有特权。同样,随着小孩的成长,享受的特权也将减少,家庭成员都可以理解,不会质疑,因为当小家庭形成之后,小家庭的人员也会得到相同的特权。老人不会受到特殊的照顾,如在吃饭时,老人会和家庭成员一起吃,家庭成员吃什么,老人也吃什么。

（2）公平公正

虽然分配的资源掌握在当家人手中,但是当家人在分配时为了体现家庭成员之间的公平,自己所得与其他家庭成员是相等的,在有些时候,家长还要牺牲自己的那一部分,分给家庭成员的其他人,以体现家长的角色与家长对家庭成员的关爱。在吃的方面,家长与其他人在一张桌子上吃饭,不开小灶。除日常分配外,家长会打牌与抽烟①,打牌与抽烟的钱由家长支付,实际上是家庭整体的收入。家长是当家人,钱由当家人掌管,面对家长的打牌与抽烟,家庭成员没有质疑,也不敢质疑。家长与好友聚在家打牌,经常是以钱为赌注,但是家庭成员都不会质疑,其他人的想法是,只要能有吃的就可以了。其实,家长打牌只是作为一种娱乐,并非是赌博,而且打牌的时间通常是春节或者农闲,因此家长打牌并没有激化家庭的矛盾。

（3）共渡难关

在年景不好的时候,税额不变,粮食与衣物分配减少。家长要维持粮食的分配,只有有粮食,家庭成员才能生活下去。在家庭的钱不足够买布匹分配的时候,家长会取消家庭部分人员的享受权,如家长取消自己与妻子的布匹分配,将布匹让给家庭的其他成员。在粮食不够

---

① 当时家长抽的烟是土烟,俗称叶子烟。据《宜宾县志》等书记载,市境最早种植叶子烟的是宜宾县,是"清顺治十六年(1659年)由什邡县引种",至今已有四百多年历史。

吃的时候,家庭成员并不存在谁可以优先吃、谁后吃的说法。因为大家庭仍然在一口锅里吃饭,吃的都一样,只不过吃得不好罢了,多加一些野菜,多加粗粮。

四、家户消费

劳动力创造的粮食收入主要是用于家户消费,较少用于集市交换,现金的获得只能通过家庭的副业。因此,副业成了为家户带来现金的渠道。副业获得的收入用于食物、布匹、医疗、人情、教育消费。家户的收入不能满足日常消费,就需要借钱借粮,节衣缩食。

(一)以借为常

1.食物消费

在 1949 年前,阮家一年的粮食消费占大头,接近 80%。自家粮食产量的 70% 用于自足,而这仅仅能够占到全年粮食消费的 50%。阮家粮食消费受影响的主要因素有:一是洪涝灾害的发生使得收成锐减;二是阮家的劳动力太少,投入到农业生产活动中的劳动力不足,还出现土地荒废的情况;三是税额较高,而且年年都要上交,本身收成就不多,使得生活苦不堪言;四是缺乏农业技术,虽然精耕细作,但是没有化肥,没有优良的种子,没有防治害虫的技术;五是家庭成员较多,每天都要消费;六是家庭人口的变化,人增加,自然消费就增加,但是粮食产量并没有相应的增加。

蔬菜类食物都可以通过土地生产而得到,购买的只是肉类,但吃肉的时候很少,在肉上的消费总价自然较低。蔬菜消费每年都会出现不足:一是蔬菜的季节性,有的季节土地不会生产蔬菜;二是蔬菜的种类较少,产量低,而消耗量大。因此,在食物消费不足的情况下,不得不找野菜、吃酸菜等。

2.布匹、医疗消费

在 1949 年以前,每年衣物的消费较少,只有十多元,全部是购买布匹,然后家人做成衣服,基本上每年只购买一次。从购买的次数就可以看出,衣服消费不能维持,顶多只是遮羞,缝补乃是常事。

每年医疗消费约十元,药是中药,由不同品种的草药构成,不同草药的价格不同,一次小病约三至四毛。看病都是家长带去,由家长支付,家里的年轻人不会有意见,因为大家都可能生病,收入不能维持医疗消耗,都会有缺口。当医药费不能维持时,就会出现拖延的情况,此时采取两种办法:一是请"仙娘婆"前来驱鬼,民间的一种能够驱病除魔的人,方言称为"仙娘婆";二是熬,把病拖好则罢,把人拖死则矣,即使是拖到死,最多是出售牲畜,没有出现过卖房卖地的情况。那时出售牲畜有人购买,而在大家都比较贫困的时候,卖房卖地也无人买,买了也没用。

3.人情消费

1949 年以前,随礼的形式是以红纸包白糖、橘红,或者拿米,很少拿钱,多以实物为主,每年人情消费约六十元。人情消费随关系不同而不同。遇丧事,若是重亲,则拿一条肉、一挂火炮、一升大豆、一包咸菜,即当地的腌菜,方言为寒菜,若没有寒菜,也可以带一些新鲜的蔬菜,有的也给钱;若是一般人,则是几刀钱纸。遇红事,若是重亲,则约四十斤米,有时还要写一副对联,挂在亲戚家,对联多是请人写;若是一般人,则是一包糖。重亲费用占人情消费的80%,一般关系的农户所占比例不大，是有选择性的来往。重亲的红白喜事没有选择性，必须前去，因为是在一个家族，而一般关系的农户就可以有选择性地前去。如是家长兄弟家的红白喜事，家长必须去，没有选择，而同一保甲长下的关系一般的农户，就可以有选择性地前去，以减少开支。

此外，人情消费还包括请师傅吃饭、给师傅送礼等，其中请师傅吃饭是必不可少的。当遇到非去不可的人情时，家里又没钱，只能多砍柴去卖，或者赶制"包子"，卖钱购买礼品。

4.教育投资

教育所需的费用并不高，并不是以现金的形式缴纳学费，而是采取拜师的形式。首先，学生要带一条鱼、一瓶烧酒，去拜祭孔夫子的像，再去老师家拜祭老师家里孙中山的像，然后把鱼与烧酒送给老师，这时家长会与老师商定一年的学费。学费为稻谷，可能是一担一年、一担五一年，也可能是两担一年。老师会告诉学生应该买什么书，需要学生自己购买。笔墨纸砚也需要学生自己买，一套约几毛钱，穷人家的孩子会用一些东西来替代，如用碗底来代替砚台。最初学习的时候，一般都会买质量较差的笔，待学习一段时间后，再买较好的笔。在"三观节气"①，或者插秧时会请老师到家里吃饭，但并不是所有的学生都可以请到老师，老师会看学生在学习方面的表现，若表现好就会去，表现不好就不去。

学校是老师的家里，由老师开设，所有的学生都去老师家里上课。大户家的孩子可以请老师去家里上课，会为老师设置教室，老师的其他学生也可以到大户家上课，这就是私塾。当时，一个老师收十二三个学生。虽然学生都是在一个教室学习，但是学习的内容并不相同，老师采取依次教授的方法，即先教一个学生，再去教另一个，前一个就根据老师教的内容进行学习。学习的内容天天都要进行检测，如今天学习的内容，三天之后的下午，学生会拿着书去找老师，老师会让学生背诵已经教授的内容，待学生背诵熟练之后，老师开始抽背诵内容的字，看学生能不能认识，第一次不认识，老师不打人，会让学生继续练习；第二次不认识，老师会问"你发不发恒心"，若学生回答发恒心，则打手掌心一下，若学生不回答或闷声，老师会用戒尺打手掌心两下。当地有一个自编的曲子，"《大学》《中庸》，屁儿打得通红"，说的就是当时老师的严厉。夏季，为防止学生在放学上学路上下河塘洗澡，老师会用带颜色的笔在学生的腿上画一个"剪刀鸭"，即鸭子的简笔画，画的时间为中午放学，下午到教室后，老师会进行检查，若学生的剪刀鸭不在了，学生就要挨打，而且会下狠手。不回家吃饭的学生就会自带红薯或者干粮吃。

教育费用包括报名费、学费、书费、笔墨工具费、请老师吃饭的费用等，其中学费最贵，最高的时候达两担谷子。阮家的大儿子与二儿子没有上学。一方面，两人都有残疾，眼睛不好，读书不便；另一方面，家里只有家长一个劳动力，没有钱上学。到了阮修华与阮修权的时候，家里情况好转，家长决定送两人去读书，学费由家庭集体出，阮修培砍柴卖后给阮修华、阮修权凑学费。可以看出，家庭成员对读书的事情很重视，也很支持。对于阮家来说，收入不能维持教育消费，这时，一是让儿子读到一定阶段就辍学，阮修华与阮修权都是小学毕业，阮修华先辍学，阮修权后辍学；二是动员家庭成员挣钱供应上学的消费，如砍柴、编制"包子"。

5.借钱借粮

在1949年以前，阮家的其他消费还包括打牌、抽烟、祭祀等，这部分消费较少，家庭成员

---

① 三观节气：指春节、端阳、中秋。

一般不会在意。这些消费并没有产生多大的经济负担,相反,还具有弹性,如当家庭经济困难时,家长就会少买烟来抽,减少打牌。

每年的粮食、食物、衣物、医疗、教育、人情等消费中,粮食消费所占比重最大;粮食、衣物、重亲礼、医疗是必需的消费,一般的人情消费、教育消费、打牌等是次要的地位;部分一般人情消费、教育消费可以舍弃。如阮家在经济拮据的情况下,可以舍弃同一保甲长下关系一般的农户的人情消费,同时,当无法供应学费时,成员可以选择辍学,投入农业劳动生产,转化成劳动力。

一年的收入远远不够家庭的消费,不同年份的缺口不一。为了维持生活不得不借钱借粮,节衣缩食,而借时多以粮食为主。[①]借粮食以斗为单位,同时,借粮食还有利息,利息高达50%至100%,如借一斗的稻谷,需要还一斗半到两斗。借粮食是家长出面去借,家长要询问好哪家邻居还有粮食,此邻居又会借出粮食,与邻居商定好借粮食的利息,说好归还的日期。一般来说,邻居之间关系较好、人比较熟,利息就会较低,如果不是很熟,利息就会较高。除了借钱借粮食外,家长还要组织家人节衣缩食,多吃粗粮,多吃野菜。阮家在银子坡尚未发生逃荒事件,一是银子坡本身地处偏僻之地,受到政府的影响小;二是家人已经习惯生活于此地,不愿意迁走。

（二）消费不足中形成的美德

在粮食、食物、人情、红白喜事、医疗、教育等消费时,主要是由家户负担,家族与保甲长都不会负担。因此,家户负担占据家庭消费的100%。家族与村庄没有负担家庭的消费,即使是在灾害年间。可见,家户负担相当重要,没有其他负担主体存在的情况下,家庭所有的消费负担都会分担在家庭成员的肩上。如粮食消费,在家户无法承担的情况下,通过借钱借粮、节衣缩食来应对。在宗族中,不存在宗族救济家户的情况,也没有保甲长代表政府发放赈灾粮。如蔬菜类主要来源于家户土地的生产,肉类来源于从集市的购买。因此,在家户之外,除在丧事中,菜以人情出现时,没有以其他支援形式出现。再如,购买布匹的钱主要来源于家庭平常的积累,如砍柴卖、编制"包子"。如果在钱不足的情况下,就减少购买的布匹数,出现部分成员没有分到布匹的情况,但是依然没有由其他主体来分担衣物的消费。

家户的消费远远超过家庭的收入,面对每一项消费支出,家庭都形成了与之对应的策略。随着这些策略的发展,其内核是家庭美德的形成——勤俭节约、容忍、艰苦奋斗。这些美德一代传一代,才得以形成中国农村的底色,形成独具一格的农业文明与传统的农业精神。

（三）家户成员在不同消费中的地位

1.建议

在粮食、食物、衣物消费中,除家长之外的家庭成员处于从属地位,不具有支配者的地位。但家庭成员可以提出意见,能够提出意见的有家长的妻子、成年劳动力。如妻子是粮食消费的实际操作者,家长要听取其意见,而成年劳动力能够参与粮食生产,家长也要听从其意见。

家庭成员中哪个上学是由家长决定,上学的开支是家庭成员集体承担,如阮修华上学,家长会叫阮修培去砍柴挣钱以供阮修华读书。若家庭实在困难,开支难以为继,家庭成员就可以提出是否继续上学的问题。这时家长就要考虑家庭成员的意见,最终进行决定。家庭成员是否

---

① 当时,邻居都较贫穷,如果借钱,可能借不到,同时,借到钱还要去购买粮食,不如借粮食方便。

上学的决定权在家长手中,不会存在让其他成员在此件事情上当家,而在是否继续上学的问题上,其他成员有建议权。在实际教育中,男的可以接受教育,女的不能接受教育,就教育的长幼而言,长者先接受,幼者后接受,在年景不好的情况下,先结束长者的教育消费,再结束幼者的教育消费。如阮修华先于阮修权接受教育,同样,阮修华先于阮修权辍学。

2.必要的消费

在人情消费中,除家长之外的其他家庭成员处于被支配地位,不起决定作用。人情消费涉及随礼的问题,而礼金掌握在家长的手中,家长可以决定是否参与人情消费。实际上,家长的决定权也受到限制,重亲家户必须参加,家长也没得选择,家长可以选择的是一般关系的农户。而其他家庭成员在人情消费方面很难提出意见,如重亲人情消费是无法提意见的,而随礼的礼物又是约定俗成的。因此,人情消费的钱由家长出,如果拿粮食也是家长安排,因此不存在其他人当家的情况。

同样,在红白喜事消费中,不同的情况下,家长具有不同的地位,同样其他的成员也是属于不同的地位。一是自家的红白喜事,这是家长没有选择的,只能操办,其他家庭成员可以提出意见说明怎么办,但要符合家庭的具体经济情况;二是重亲的红白喜事,这也是无法选择的,家长不能决定,必须去,如果不去,就会被邻居、家族议论,家庭其他成员与家长处于相同的地位;三是一般关系农户的红白喜事,这是家长可以决定的,家长根据两户之间的关系,加之考虑当时家庭的经济条件决定是否参与,其他家庭成员无法发挥支配作用。

3.不可控消费

在医疗消费中,家长与其他家庭成员基本上处于相同的地位。首先,医疗消费没有选择,能否继续医治是根据家庭的经济情况,而情况是所有成员都了解的。其次,无论是老还是少,只要得病都会医治,不存在谁先医、谁后医的情况,不同的是所处的经济条件能够让医治持续多久。最后,虽然家长可以掌握家庭的经济资源,但是家长无法控制病情,家庭也不会考虑是否医治,而是发动全家的力量拯救家人,只有在无力支持的情况下,才会进入"拖"的状况。

五、家户借贷

劳动力成为当家人后,需要对家户成员负责,对外借贷活动就是维持生存的一种方式。在劳动力不足的情况下,缺少的是粮食,因此借贷多以借粮食为主。当家人在借贷中享有决定权,能够决定向谁借贷、借多少,与对方进行协商。当家人也成了债务的第一责任人,同时,家户成员集体承担债务。

(一)当家人借钱借粮

1.借贷情况

1949 年以前,阮家找过别人借粮,而且较为频繁。阮家劳动力不足,生产的粮食不多,通过副业获得的收入较少,因此经常出现断粮的情况,不得不向邻居、朋友借钱借粮。借粮的时间一般是出现断粮或者遇到突发事件,具体而言是粮食不够吃或者出现灾害的时候,在这种情况下,邻居与朋友愿意借,但是借得不多,因为他们也会遇到相同的情况,特别是每年的 5 月和 6 月。同时,阮家也经常借钱,借钱的原因是粮食不足,当无法借到粮食的时候,只能借钱到米行买粮。借钱也不会借到多少,因为大家都比较贫困,积攒少。在债主有钱,而且没有短期的计划,又与家长的关系较好时就比较容易借到钱。一般而言,赌博输钱是不会借到钱的,一是借钱人的目的不当,二是债主会担心借钱人不能还上。就一年而言,借粮食多于借钱,因为粮食可以直接解决温饱问题,同时,农户之间的交往用粮食就足矣,如果借钱,还需要到米行去买。同时,还粮食比还钱方便,还钱还需要去集市交换。

2.借贷独立

在借钱时,家长是以一个家庭为单位,不会出现以几家人为单位的情况,也不会出现以村庄为单位。每一个家户都是自给自足,具有独立性,采取共同借贷较为麻烦,权利义务关系不明确,因此很少采取此种方式借贷,实际上,阮家也并没有过共同借贷的情况。

借贷时,由家长出面,借贷的目的多用于解决断粮问题。借贷是由家长安排,家长可以决定,但要与家庭成员商量,会告知家庭成员要找谁借贷、借多少等,不用告知或请示四邻、家族、保甲长。借贷人只能是家长,因为家长才有资格,其他人员不能擅自去借贷,家长也不会让其他人在借贷上做临时当家人:一是债主只认准家长,家长是唯一符合债主认定的资格;二是借贷需要一定的商订手续,特别是借钱的时候,如果数目太大,需要打欠条,这时的签署人只能是家长,其他成员没有资格签字。在阮家,尚未出现以个人名义单独借贷的情况:一是家长管束严格,家庭成员不敢逾越;二是债主不会借给除家长以外的人员,就算是家长去借贷,签署的名字虽然是家长一个人,但是在债务上,却是家庭成员集体分担。

在阮家的大家庭中出现小家庭之后,小家庭仍然在大家庭中吃饭,仍属于一口锅里吃饭的人,小家庭的权力在大家庭的家长手中。因此,小家庭不可以单独借贷:一是小家庭的粮食、衣物、教育等属于家长统一安排,小家庭没有取得生产资料的权力;二是只要未分家,债主就不会承认小家庭具有借贷的权力,当小家庭去借贷的时候,债主不会借贷给小家庭。

(二)当家人对借贷的支配权

在借贷中,家长是实际的支配者。借贷不能由其他家庭成员来代理,一定是家长。原因有二:一是债主只承认家长,不承认其他人;二是经济财产掌握在家长手中,其他成员只是分配对象,没有统筹安排的权力。只有分家后,小家庭的家长才有资格进行借贷。如虽然阮修培已经成为劳动力,但是家庭未分家,其不能代表整个家庭去借贷。

同时,不可以委托借贷。在借贷中,没有发生过由家长委托家庭成员借贷的情况:一是债主无法得知借贷人是否是家长的委托;二是在署名与真正的借贷人之间存在矛盾,容易产生纠纷。因此,家长不会委托家庭成员进行借贷。

在借贷中,除家长之外的家庭成员处于从属地位。家庭成员不得擅自借贷,只要未分家,成为独立的家庭,大家庭的借贷都是由家长进行,代表大家庭,借贷的债务由家庭集体分担。家长进行借贷前,在一起吃饭的时候会告知家庭成员家长准备去借贷,借钱或者借粮,准备向谁借,借多少。在借贷完成后,家长也会再一次告知家庭成员。两次告知家庭成员的目的是:一方面让家庭成员核对一下借贷的数目,另一方面是为了防止意外情况的发生,若家长离世,家庭成员知道家中的债务,继续承担负债的责任,避免产生纠纷。

(三)借贷责任家户共担

1.责任主体

大家庭借贷,签署人是家长,家长是第一责任人,债务由全家人分担,通过集体劳动生产来还清。家庭成员之外的人员或者组织,如宗族不具有承担家户债务的责任。同时,借贷行为的产生必须是大家庭的家长,其他家庭成员无法借贷,其行为不合理,无法取得资格与效应。

2.责任承担

借贷之后,家庭成员都具有债务责任,但第一责任人是家长。家长会安排家庭成员投入生产,获得收入。若是借的钱,就多安排家庭成员干副业,如卖柴;若借的是粮食,就在农业上多投入劳动力,精耕细作。受劳动力本身的限制,完全劳动力承担的债务较多,而未成年的非完全劳动力承担的责任较少。同样,成年男性劳动力承担的责任比成年女性承担的责任较多。

(四)高息借贷

1.借贷的抵押

借钱的时候需要抵押,抵押物多为能够转化成现金的东西,如家长去借钱的时候,"对方知道阮家饲养着猪,如果阮家还不起可以用猪来抵"。与其他地方不同的是,在借贷中并未出现抵押土地、房屋的情况。一是银子坡的农户较为贫穷,能借出的钱与粮食还不足以用房屋、土地来做抵押;二是债主与债务人都是知根知底的双方,债主知道对方能不能还清债务,若不能还清,有没有能够转化成抵押的东西,如饲养的猪。这种情况说明,当地的农户实用主义较强,知道若以土地作为抵押,即使得到土地,也没有多余的劳动力投入耕作,反而做了一个亏本的买卖,而猪等可以直接在集市上出卖,获得现金收入。如果出现不还钱的情况,会出现以人来抵押的情况,将人出卖,或者做工,或者将女儿作为童养媳。

抵押的情况只出现在借贷数目较多时,如果借贷较少不用抵押与写欠条。因此,若没有东西抵押,只能借贷少数。打不打欠条要根据借贷的数目,若借贷的数目多就需要打欠条,若借贷的数目少,就不需要打欠条。欠条的内容包括借贷人是谁、向谁借贷、借贷的是什么东西、利息是多少、借贷的日期、归还的日期。若借贷人不会写字,借贷人就会请人去写,请的人都是熟人,不需要手续费。借条需要署名,签署家长的姓名,家长不能委托其他家庭成员署名。

2.邀请保人

需不需要保人是以借贷数目来定的,若借贷的数目较大,就需要保人;若借贷的数目较小,就不需要保人。保人是由借贷人找,找的人必须是双方都认识的人,且经济条件不能太差。借贷完之后不需要摆酒席,不需要请邻居、亲戚前来。摆酒席的情况是家户遇到重大的事情,请袍哥①前来解决,摆酒席又称摆茶,输了礼的一方需要出茶钱。

3.借贷利息

借贷需要利息,利息较高,一般为50%至100%,如借一斗谷子,需要还一斗半或者两斗,利息最高时达300%,相当于高利贷。借贷的时间较短,一般是三个月或者五个月,还款时将本与利息一起还,并不分开还。借贷多少、借贷的利息、借贷的时间都是家长与债主商定,双

---

① 袍哥:发源于清朝初期,盛行于民国时期,与青帮、洪门为当时的三大民间帮会组织。

方协商才能决定。

(五)按期归还

1.当家人还贷

还款存在三种情况:提前还、按规定的日期还、延后还。提前还一般是债主遇到急事,提前要回债务,债主会到家里来,向家长说明情况,希望得到家长的理解,这时家长会想办法通过其他的方式来填补债务,如换一家人来借,或者先还一部分。按规定的日期还,是家长按在借贷时商定的日期归还债务。延后还是指到了还债的日期,家庭无法还清债务,这时家长会向债主说明情况,希望将归还的日期延后,再次商定归还的日期。

在正常情况下,即按规定的日期还款,一般是在秋收时节,此时粮食正好收割,家长可以还款,而在商定的时间时,绝大部分还款日期也是此时。正常条件下的还款,是家长在还款当天去债主家中还款,一般会选择傍晚。正常情况下的还钱会一次还清,提前还的情况可以分批还清。如果借的是钱,就还钱,借的是粮食,就还粮食,两者不可以互换。如果借的是小麦,可以还玉米。就饲养牲畜而言,喂牲畜玉米要优于小麦,所以债主愿意。还钱是家长去还,不能委托其他人员去还。如果对方来家里要,提出提前还钱,肯定是找家长。如家长借的钱,商定的是五个月连本带利还清,假如债主三个月就来要回,肯定是找家长,不会找其他人。

2.以工贷补

如果在借钱后,到期归还不上会出现三种情况:一是与债主商量,能否延期归还;二是以做工的形式来偿还,即"以工贷补",一天的工程算作多少粮食,或者多少钱,但要少于手艺人的做工,比如木匠;三是债主会采取强制的方式,直接以人抵债,如童养媳。在当地,尚未出现以地来抵债的情况,一方面,当地在借贷的时候并不以地来作为抵押;另一方面,当地劳动力不足,加之经济贫穷,地的作用太小。

3.父债子偿

阮德明借了债,应该由家庭成员全体来分担,共同挣钱来还。阮德明在世的时候,由阮德明安排成员来集体还钱,第一责任人是阮德明。如果阮德明不在了,则应该由几个儿子共同还钱,在已经分家的状态下,母亲是否承担还钱的责任,由几个儿子商量决定。从道德的角度讲,母亲不会承担,若父亲去世早,儿子尚未成年,则由母亲带领家人还钱。借贷金额的多少与母亲承不承担责任无关,相关的是大家庭是否分家,若未分家,再少的借贷额母亲都要承担责任。若已经分家,债务就应该由儿子来承担,考虑到存在未成家儿子的情况,会进行特殊照顾,如承担的责任少于已经成家的其他儿子。如果没有儿子,家庭的债务由母亲承担,同时,母亲负责向家庭成员分配相应的责任。如果儿女都没有,则完全由母亲一人承担。

分家之后,若家长去世,遗留下的债务由几个儿子共同负责,同时会考虑未成家儿子的情况,让其少承担责任。分家时,几个儿子肯定已经成年,因为儿子没有成年,家长不会让大家庭分家。成年之后,才能够成为独立的劳动力进行农业生产,得以生存。那么未成家的儿子就是已经成年但未结婚,在分家时,会得到额外照顾,因为其劳动力少,能够获得的农业收入有限。基于相同的原因,在分担父亲遗留的债务时,也会考虑到其能力不足。从该事件中可以看出,家庭成员之间存在宽容与理解,有利于和睦相处,也发扬了相互帮助的精神。

如果兄弟已经分家,兄弟的债务其他兄弟没有义务偿还。兄弟已经分家之后,就不在一口锅里吃饭,而是存在两个独立的家庭,相互之间的影响小。只有父亲留下的债务,兄弟会共同承担,其他情形下,兄弟没有义务承担。如果父亲去世时家庭没有分家,此时家庭欠多人的债务,还债的顺序根据家长在借贷时商定的归还日期,而不是关系与借贷金额的多少。如果家长去世,子孙无法偿还债务,不会出现债主拿走祖业的情况,因为当时属于搬迁户,不存在祖业。如果没有后人,能不能借贷是一个问题,因为债主会考虑借贷人能否偿还的问题,若不能偿还,或者在特定情形下找不到责任人,就不会产生借贷行为。

六、家户交换

劳动力不足导致家庭收入低,当家人就加紧了对收入的管理,家户成员的收入需要上交给当家人,所有的经济交换都要由当家人来进行,其他家庭成员没有进行交换的资格与资源。

(一)经济交换

1.当家人交换

家户在进行经济交换时,由家长安排,家长能做决定,部分交易需要告知家庭成员,但不用告知或请示四邻、家族、保甲长。大型事件的经济交易要由家长进行,如出售猪、购买牛等,小型事件的经济交易可以由其他家庭成员进行,但要告知家长,如阮修培编制"包子"。因此,在当家人不在的情况下,其他家庭成员当家必须是小型的经济交易,大型的经济交易要等家长来做决定。

2.小家交换

在家庭内的小家庭可以单独进行小型的经济交换。小型的经济交换一般是经营副业,由小家庭的家长安排,需要告知大家庭的家长,所取得的收入要交给大家庭的家长,不用告知或请示四邻、家族、保甲长。阮修培结婚后,小家庭产生,阮修培可以独自卖柴,或者编制"包子",但所取得的收入要交给家长,由家庭统一安排使用。

3.个人交换

在家庭内的个人能够单独进行经济交换,能够进行的人员是大家庭的家长与小家庭的家长,大家庭的家长可以决定家庭事务大小型的经济活动,小家庭的家长只能进行小型的经济交换,同时,其进行的经济交换受到大家庭的制约。无论是大家庭家长还是小家庭的家长进行经济交换都不用告知或请示四邻、家族、保甲长。

(二)当家人安排交换行为

1.当家人交换

在交换中,家长是实际支配者。其他临时当家人当家的时候,仅限于小型的经济交换,无权决定大型的经济交换。如家长外出,家长的妻子并不能决定出售家中的猪或者购买粮食,只能安排家庭成员砍柴出售等一些小型的经济交换,所进行的交易要告知家长,并上交收入。

2.当家人委托交换

在进行经济交换时,可以由家长委托家庭成员交换,如果大儿子在家,就委托大儿子进行,若大儿子不在家,就委托二儿子,以此类推,但家长找的委托人要有能够进行经济交换的能力。交换所需费用由家长支付,实际上是家庭的集体收入,不需要记账,剩余费用要上交给家长。如果未经过家长委托,家庭成员不能独立进行大型的经济交换,因为大型的经济交换直接关系家庭成员的生存问题,出现问题,后果严重。如家长可以安排阮修培去集市购买所需的生活用品,所需的费用由家长支付,剩余费用要归还家长,阮修培不能进行除委托之外的其他事务。

3.成员交换

在家户中,除家长之外的其他家庭成员处于被支配地位,虽然部分家庭成员可以进行小型经济交换,但仍然受到家长的节制,不能完全取得独立的地位。除家长以外的家庭成员不能擅自进行交换,受家长委托的交换所需费用由家长支付。大型的经济交易必须由家长决定,在当家人不在的情况下,其他家庭成员可以进行小型的经济交换。

(三)集市买卖

1.购买物品

家庭需要的物品一般是在集市购置。通常是由家长跟集市打交道,即当家人作为代表和集市打交道。较近的集市有白龙、孔滩、漆树,去哪个集市是由两个方面决定:一方面是需要购买什么物品,另一方面是集市中该物品的价格,家长进行综合考虑从而决定去哪个集市。白龙的赶集日期为每个月的2、5、8日,所谓的2、5、8日是指以阳历为标,其号数末尾数是2、5、8的日期就是白龙的赶集日期,路程为五里,需要走约三十分钟;孔滩的赶集日期为每个月的1、4、7日,路程为十三里,需要走约两小时二十分钟;漆树的赶集日期为每个月内的1、4、7,路程为十四里,走近道约为两小时。去漆树与孔滩赶集就要早起,五点就要上路;白龙较近,不需要早起,回到家中的时间一般是中午,正好可以吃午饭。影响赶集回家的因素有:一是天气是否晴朗,若是下雨天,路面湿滑,就要晚一些回家;二是买卖是否进行顺利,比如去集市卖柴,买家多,早点儿卖出去,就回家早,反之则迟。

获得产品的价格信息是平时家长与邻居的交流与互动。当家人之外,受家长委托的人可以作为代表和集市打交道,所需的费用由家长支付。家庭成员需要得到当家人的授权才能购置物品,不能擅自代表家户和集市打交道。若小家庭单独和集市打交道,只能进行小型的购置,一方面是因为小家庭的经济能力有限,另一方面是因为小家庭的购买权限受到家长的限制。如阮修培卖柴,选择的集市一般是孔滩,因为孔滩的买家多,且价格高于白龙,但是所卖的钱要交给家长。

2.粮食买卖

在白龙有一个米行①,在断粮的时候就要到米行买粮食,通常是由家长跟粮食行打交道。买粮食的时间多为青黄不接之时,如五六月。到米行买粮食不会买太多,最多也就二十斤,少则几斤,因为家里收入不多,没有多余的钱买粮食。买粮食会带一个专门的布袋,用麻布制作,用来装米。若家庭成员受到家长的委托,可以去米行买粮食,但是委托的次数较少,而且家长委托买粮食的时候所买的量只有几斤,不会太多。家庭成员不能擅自代表家户和米行打交道,也不能单独和米行打交道,除非受到家长的委托。一是家庭成员没有掌握经济资源,没有足够的能力与米行打交道;二是家庭成员的身份属于大家庭,不能脱离家庭的控制单独买粮。

3.流动商贩交换

当地存在流动商贩,家户经常与流动商贩进行交换。与流动商贩打交道要视情况而定,

---

① 白龙的米行,即所谓的粮食行,是由当地的大户掌控。1949年以后,将白龙米行改为粮站,又称经营站,主要承担收粮税的职责。21世纪后,粮站撤销,改为居民房。

若当家人在家就由当家人与之进行交易,若家长不在家,就由家庭其他成员进行交易。到农户进行流动的商贩多是卖一些小物品,如盐、针线,如果家里正好缺某一样物品,此时商贩来就会买,若不缺就不会买。若需要买大型的物品就要去集市上购买,因为流动商贩无法出售大型的物品。流动商贩的价格与集市上的价格相差无几。家长不在家的时候,家长的妻子向流动商贩购买过针线用品,家长的妻子会与商贩讨价还价。因此,与流动商贩打交道不需要必须是家长,家庭成员的其他人也可以。因为流动商贩出售的物品都是小型的,不太重要,所需费用不高,影响不大。

4.家长与市场管理者

当地的市场管理部门是乡公所,由家长跟市场管理部门打交道。当家人能够代表家户跟市场管理部门打交道,除当家人之外,家庭成员不可以跟市场管理部门打交道,即使得到家长的授权,也不能跟市场管理部门打交道。一是因为家庭其他成员没有资格代表整个家庭,对外还没有话语权;二是因为管理人员只认家长,不承认其他家庭成员的资格。

(四)当家人在交换中的地位

1.货比三家

在进行交换时,是否会货比三家会以所购买的物品而定。当时的集市能够提供的物品很少,且做生意的人本来就少,只有部分物品才有货比货的可能,而如米之类的物品无法进行货比货。货比货的过程由家长来完成,如果是其他人受到家长的委托去购买,则由委托人完成。如阮修培去集市卖柴,家长会让阮修培用卖了的钱买一些用品回家,此时的货比货就应该由阮修培来完成。

2.熟人交换

在进行交换时,存在与熟人交换的情况,熟人多是同一保甲长下的农户。与熟人在集市进行交易,有时候会根据当时的价格来进行,有时候会便宜一些;因此,在集市上购买东西时,不会刻意考虑与这些人进行买卖,因为与这些人进行交易不利于讨价还价,若购买的物品出现问题也不利于解决。

3.过斗、过秤

在进行交易时,会过斗。过斗的人员可以是卖家,也可以是集市上专门的人员。若是卖家,在过斗的时候,与买家熟悉就会多一些,不熟悉就要少一些;若是专门的人员来过斗,就会公平一些,但需要出费用,费用由卖家承担。集市上专门进行过斗的人,称之为"打行",又称"行秤",当时的进位是十六进位,他们会自备过斗的工具,哪里的买卖需要就去哪里。过斗时,必须要保证对双方的公平,体现交易的原则。

由卖家过斗时,若缺斤短两的问题较为严重,就会由家长出面去找他,若不严重就算了。由专门人员过斗,出现缺斤短两的情况较少。

4.赊账、还账

买卖时可以赊账,但不是以商铺为标,而是以是否是熟人为标,且声誉较好。若关系不好,且声誉不佳的人进行赊账就比较困难。若赊账的数目较小,直接口头就可以,若赊账的数目较大,就必须记账。收账的时间由双方商定,由家长出面商定。因此,只有家长才有资格赊账,家庭中其他成员不可以赊账。

第三章　家户社会制度

阮家家户成员结婚是由当家人提出来的,由介绍人在男女双方传递必要的信息。男方会在声誉与身体上对女方提出要求,而女方会在劳动力、品行上对男方提出要求。当家人会制订结婚的方案,在结婚的过程中当家人发挥主导作用。当家人不会让家户成员自由恋爱,个人的幸福要统筹到家户的集体利益上来。家户为了传宗接代,就会在生育上提出一些要求,要求多生孩子,而且是多生儿子。在家户没有儿子的情况下会进行同姓过继,解决无后的问题。凡是当家人的儿子都会享有继承权,通过在分家中的抽签来体现。家中的儿子要承担家户的养老责任,阮家通过抽签来解决养老的问题,要求家户成员做孝顺的子孙。对内,当家人要维护家户的团结;对外,当家人要维护家户的利益。

一、家户婚配

结婚并非单纯的个人爱情、幸福等,而是家户的事业。当家人在结婚中具有决定性的作用,可以决定是否同意婚事,如何进行选择,安排家庭成员在结婚过程中的事情。

(一)门当户对

在 1949 年,阮德明的长辈都已成婚,家中还有阮树芬、继母带来的女儿陈某未出嫁。当地不允许同姓结婚,允许同村结婚,通婚的范围以路程为标,约半天的路程为宜。

婚姻讲究门当户对,因为较为富裕的家庭与一个贫穷的家庭结为亲家,富裕的家庭会看不起穷人的家庭,也不愿意与穷人的家庭联姻。但是大户不一定就和大户通婚,在一定的情况下,大户会和中户、小户通婚。例如,大户的儿子身体不健全,有残疾,或者大户在穷人家领的"寒抱乖儿"①。"寒抱乖儿"不仅出现在富裕家庭,在穷人家庭也有。阮淑群是阮德明兄弟的女儿,其家庭贫穷,阮淑群在小时候就成为周家的"寒抱乖儿",但周家家庭也贫穷,并非富裕家庭。

小户也不一定只能和小户通婚,如小户的女儿在大户的儿子没有结婚的时候,可以与中户、大户结婚。赵家较为贫困,给他人做工。当时穷人家的男子会出现光棍的情况,没有足够的钱来结婚。富人家的女子出嫁的时候,就可以以土地作为嫁妆,因此富人家对结婚的要求较高。阮家有土地,在劳动力不足的时候,土地还有荒芜的情况。因此,就土地而言,阮家的家庭条件优于赵家的家庭条件。

家庭人口规模影响家庭婚姻,一是子女人数影响结婚的顺序,子女多的家庭就要从大的依次到小的,少子女的家庭没有太严格的限制;二是家庭人口结构影响婚姻,在三世同堂的情况下,婚姻要与爷爷辈商量,在四世同堂的情形下,爷爷辈会起到更多的作用;三是家庭人

---

① 寒抱乖儿:童养媳。

口规模影响家庭婚姻的成败,当时的观点认为,人口多,劳动力就会越多,家庭状况就会越好,在婚姻上取得的成功越大。

(二)择优而婚

1.家长决定婚姻

适龄儿子娶媳妇由家庭的当家人提出,儿子没有决定性的话语权,但当家人会告知儿子本人,不用告知或请示四邻、家族、保甲长。在当时的情况下,所有的儿子都在家,没有长时间外出的情况,因此不存在儿子离家很远要结婚的情况。如果家庭是三世同堂,结婚爷爷辈做主,儿子的父亲若没有取得当家人的权力就不能做主。如果是四世同堂,爷爷辈的权力更大,儿子的父亲受到节制的可能性更大。在一些情况下,邻居会有意地破坏结婚。存在于两个邻居之间的关系不好,通过说对方的坏话来破坏,加之农村消息的特殊传播渠道:一传十,十传百。

2.择优而行

男方对女方的要求一部分来自于传统的要求,一部分来自于具体家庭的家规等。男方对女方的长相要求一般,看得过去就可以;在年龄上,要求女方处于17~20岁,对女方的年龄要求较为严格,在插香环节尤为重视,不得出现任何问题;在家务方面,要求女方能烧茶煮饭、洗衣缝补,如果女方在家务方面的能力较差,过门之后,婆家的人会教女方,如当家人的妻子会教女方相关的针线手艺;在德行方面,要求女方名声好、德行好,品行好主要体现在婚后,无论是富是贵,女方都要跟随男方,不得逾越;对家庭条件的要求是与男方相当,或者低于男方也可以;最重要的是女方的身体状况要好,能够为男方生儿子。这些要求的提出都是基于传统的思想,即传宗接代,同时作为妻子可以操持家务。女方要对家庭"勤奋发恒",能够饲养牲畜,把家庭收拾得干净,否则不成体统。若邻居前来,看着家庭内凌乱、不干净,就说不上是一个家庭,和牛圈差不多。

女方对男方的要求主要是看身体与劳动力、家庭经济状况,一般是由女方的当家人提出。女方要求男方长相要看得过去,太丑不行;要求男方年龄不能太大,若大过女方5岁,结婚就很困难;要求男方的身体要好,能够成为劳动力,进行农业生产。虽然表面上女方的家长要求男方身体强壮,可在1949年以前,由于抓壮丁,反而出现身体强壮的男子不容易结婚、身体带有残疾的人还容易一些的情况。同时,男方的条件由媒婆代为传达,中间带有扩大、宣传的成分,真正结婚的男子没有媒婆说得那么好;女方对男方的名声德行有要求,因为名声好,女方的家长才放心。一般来说,女方对男方最重要的是身体,能够进行劳动。在当地有一个故事,一个放牛娃在大户的旁边放牛,此时大户的女儿正待嫁闺中,正好可以从窗户看见男子,两人正好看上,女方就是看上了男方的勤劳、有劳动力。家庭富裕的女方还要求男方带有手艺,如木匠,结婚就会容易些。总的来说,要求男方要沉稳、勤快,不赌钱,做事肯干,有劳动力,在女方需要的时候能够帮助女方干活,也能够当家做主,壮大家业。

在类型上看,大户更加注重择偶标准,大户要看土地的多少、家庭的名声、经营的副业等。多子女家庭和少子女家庭在择偶标准上存在不同,多子女的家庭择偶标准较低,少子女家庭如果经济条件好一些对择偶的标准要求就会高一些。三世同堂、四世同堂的大家庭在择偶标准上差异不大。

3.禁止自由恋爱

1949年以前,结婚的男女双方都未见过面,媒婆作为介绍人,从中间传递消息,不存在自由恋爱的说法。同时,家中也不允许自由恋爱,父母之命,媒妁之言,儿女只需遵从就可以。为了防止男女自由恋爱,女方的家长不允许女儿出门,也不能长时间串门;男方不允许儿子在其他家庭留宿。

大户家庭更排斥自由恋爱,因为大户家庭更有严格的家教、家规、家训,更加讲究面子,为了不失颜面,不得不严加管教子女。三世同堂、四世同堂的大家庭是否更排斥自由恋爱不是以家庭的结构为标,而是以大户、中户、小户而言。如小户是四世同堂,但家庭贫穷,对婚姻的要求少,与四世同堂的大户明显不同。

4.传宗接代

结婚最重要的目的是生儿育女,传宗接代,等自己老了的时候有人照看,即养儿防老。追求个人的爱情和幸福较少,在结婚前,男女双方没有见过面,没有所谓的爱情。只有等结婚后,男女双方才开始培养爱情,追求幸福。结婚既为了家庭也是为了个人,为了家庭是能够传宗接代,有家庭才体面,同时也是为了自己老有所依。大户之间通婚,可以扩大本家族的势力,属于"强强联合"。而少子女的家庭更希望通过婚姻传宗接代、延续香火。三世同堂、四世同堂家庭在看待婚姻上的不同主要是依据所在的家庭是大户还是中户。大户的选择性更多,可以退而求其次,而一般的农户选择较少,能成功的婚姻都不会轻易放过。

(三)家长制定结婚方案

1.任务分配

在婚配中,结婚的方案由当家人制定,具体安排者是其父母,如请媒人。婚帖署名是署结婚新人的名字。婚帖在当地称之为红帖,红帖主要发给同一保甲长下的农户,还有在远处的亲戚,对于远处的亲戚而言,只有知道红帖来了,才知道谁家要举行婚事。由当家人来请帮忙的,一般请邻居、亲朋好友来帮忙。结婚是家庭的大事,当家人肯定在家,不会出现其他人当家的情况。同时,在结婚中的流程中,家庭成员都会被安排不同的任务,在结婚的各个方面发挥作用。如家长与邻居商定好后,家长会安排家人去借桌椅等,结婚当天,由家长迎接客人,家中的女性会被安排做饭。

在大户、中户、小户里,家长在不同婚姻环节都是主导者,不同的是,大户、中户的家长作用更小,其当家人的作用更大,能主持大局。婚姻是由大家庭的家长做主,就阮修培的结婚而言,其家长就是当家人。若家长与当家人不同,如在三世同堂的家庭中,爷爷辈是当家人,那么爷爷辈发挥作用更大,父亲辈在一定程度上也要听从爷爷辈的话语。

2.统一安排

在婚礼过程中,除家长之外的家庭成员要听从当家人的统一安排,都会有具体的任务,由当家人说了算。其他家庭成员可以提意见,因为结婚的整个过程较为烦琐,流程与礼数较多,当家人或有遗忘,或有遗漏,或有不合理的地方,因此其他家庭可以提意见,以便完善。结婚的过程当家人肯定在家,不可能不在家主持大局,因此不存在其他人当家的情况。

如果家庭三世同堂,结婚者的父母不是当家人,那么父母就要听从爷爷辈的安排,在结婚过程中处于重要的地位,是具体任务的执行者。如果结婚者的父母亲是当家人,结婚者的爷爷奶奶发挥的作用不大,只是做一些力所能及之事。如果是四世同堂,而且还是大户人家,爷爷辈是当家人,其他家庭成员要听从安排,或者会请人从事一些活动。

(四)兄长优先结婚

1.长者优先

一般来说,叔伯辈是长者先结婚,幼者后结婚,长者没有找到媳妇,幼者就不能娶亲。但是并不一定会严格依据长者在前、幼者在后的顺序,还要看各自的缘分与能力。同样,在兄弟辈中,也是哥哥先娶亲,弟弟后娶亲,也存在弟弟先结婚,兄长未结婚的情况。在一般情况下,兄长未结婚,妹妹就不能嫁人,当地解释为兄长未结婚,可能家庭有问题;还有一种解释为在妹妹出嫁的婚礼流程中需要哥哥与嫂子发挥某方面的作用,因此兄长未结婚,不利于妹妹出嫁。

多子女的家庭与少子女的家庭是否更看重结婚的次序,要依据其家庭的经济状况而言。一般而言,家庭经济条件好,且是多子女的家庭,就会更注重结婚的次序;若是经济条件较差,且是多子女的家庭,就不会刻意遵守次序,因为经济条件的好坏也是结婚的重要因素,经济条件可以成为婚姻的资本。大户、中户、小户在结婚次序上没有太大的差别,都要遵循长者在前、幼者在后。三世同堂、四世同堂的大家庭,其在结婚次序上也讲究长者在前、幼者在后。

2.费用相等

婚礼所需花费包括插香、开更、聘礼、婚礼。开更是指媒婆拿男女双方的生辰八字找人算卦,以查看二人是否相符,开更之后,就不可以毁婚。聘礼包含猪肉、酒、米、布,猪肉一般是一头猪的一半,米四十斤左右,酒与布依据家庭情况不同而定。聘礼都是由家庭成员共同分担,所有的资源都是由当家人掌管,而当家人的资源都是来自于家庭成员的劳动。如果分家时有儿子还未结婚,当家人会给其多留一些。如阮家分家的时候,二儿子没有结婚,就先把家里的一部分家具、房屋等留出来,给二儿子,剩余的才分配。不同儿子结婚的花费相差不大,都要遵循基本的礼仪,不一样的话其他儿子会有意见。大户、中户、小户在婚姻花费上,大户多于中户,中户多于小户,一是多出在聘礼上,二是多出在结婚当天请客的花费上,即摆酒席。

(五)增加家户生育能力

1.找小

(1)后继无人

纳妾在当地被称为"找小",与正妻合称为大户小户。在穷人家庭,找小肯定是给儿子找小,已经有儿子之后,因为家庭贫困,当家人或者家长不可能找小,这样会增加家庭的经济负担。而富人家庭,当家人有儿子之后,也会找小,以壮大家庭的实力。富人家的儿子可以找小的范围较广,而穷人家的儿子找小可供选择的范围较窄,不能纳富人家的女儿,能够纳到长相好的女性的情况极少。而在当时,男女结婚之后很少离婚,找已经结过婚的女性的情况很少。

大户家庭更倾向于找小,因为大户人家家庭富裕,有足够的经济实力支撑生活,即使正妻可以生儿子,也可以找小。另一方面,大户人家找小还为了家庭的声誉,找小能够证明家庭的实力,可以扩大家庭的声望。找小与多子女的家庭、少子女的家庭、四世同堂、三世同堂无关,而与经济实力、能否生育儿子相关。

(2)找小的提出者

找小的提出者可以是儿子,也可以是当家人。如果是当家找小要与当家人的妻子商量,同时告知家庭成员,不用告知或请示四邻、家族、保甲长。当家人找小一般不会遭到反对,因为经济资源掌握在当家人手中。而如果儿子的妻子已经有儿子之后,儿子提出找小的要求,要通过当家人的同意,当家人会根据家庭的经济状况考虑。一般来说,若是富人家庭就会同意,若是穷人家庭就会反对,那么儿子就不能找小,除非分家之后,由儿子做主。

（3）找小的费用

找小与正妻结婚一样,同样要给对方粮食,一般是四十斤稻谷,还包括猪肉、布、酒等。找小也要举办结婚仪式,无论纳的是头回出嫁的闺女,还是纳的是结过婚的女性,典礼与结婚的礼仪一样。如果是大户人家、富人家庭找小,给小的举办的婚礼还要比正妻的婚礼更为隆重,以表示男方对女方的喜爱。找小的花费由当家人安排,当家人可以决定,要告知家庭成员,不用告知或请示四邻、家族、保甲长。

在找小的花费上,大户多于中户,中户多于小户。多子女的家庭和少子女的家庭要依据经济状况而定,同样,三世同堂和四世同堂的家庭的花费也要依据家庭的经济条件而定。如虽然家庭是少子女的家庭,但是家庭经济条件较差,那么在花费上就会较少;若是多子女的家庭,而家庭较为贫穷,那么在花费上可能较少,因为要安排所有儿女的结婚,支出很大。因此,找小的花费与家庭的子女数、家里代数相关性较少,而与家庭的经济条件直接相关。同时,家庭的经济条件可以直接决定几代人可以找小、可以找多少小。如富人家庭,当家人找小之后,还可以为已经有后代的儿子找小。所以家庭财产实力在找小中是一个重要的影响因素。

2.寒抱乖儿

（1）家户窘迫

童养媳在当地称为寒抱乖儿,因为家庭贫穷,没有能力养大成人,就会抱给有能力的家庭,让其抚育成人。在阮家的宗族中,出现过寒抱乖儿的情况,阮德正的大女儿阮淑群就是寒抱乖儿。阮淑群在几岁的时候就抱给了周家,周家经济条件也不是很好。如果接受寒抱乖儿的一家没有生男孩子,就不会接收寒抱乖儿,因为家庭接收寒抱乖儿的目的就是让其以后作为媳妇,对穷人家来说,接收寒抱乖儿就是为了防止以后自己的儿子不能娶妻。寒抱乖儿的年龄从几岁到十多岁都可以。若女儿已经十多岁,作为寒抱乖儿在男方受到不公平的待遇,她能找到回家的路,就算回家,其家长或者当家人也会打骂她,让其回去。娶寒抱乖儿由当家人来安排,当事人受到当家人的严格管教,不存在不同意的情况。当家人做主的同时,要告知家庭成员,不用请示保甲长、族长,与他们无关。

（2）寒抱乖儿的规则

寒抱乖儿不需要写文书之类的证明,而是在实践中形成了一套行之有效的规则,需要双方遵守:一是双方达成寒抱乖儿的协议之后,就要将女方送到男方家,男方应该拿给女方的粮食要按规定的时间送到;二是女儿到了男方家之后,由男方的家长进行教育,安排适当的劳动,女儿的父母不再进行管教;三是女儿长大以后,成为男方的儿媳,双方不得反悔;四是女儿在结婚后可以回家看望父母。可以看出,虽然没有形成纸质的契约或者约定,但是在实践中形成了各种约定,双方的权利义务关系都很明确。

（3）寒抱乖儿的费用

娶寒抱乖儿需要给女方粮食,一般多则一百斤左右,少则十几斤,不会给钱。在当时,给钱并不能直接解决生活问题,最直接的就是给粮食。女方的父母之所以愿意让女儿作为寒抱乖儿,一是因为家庭贫穷,无法抚养;二是因为将女儿送去做寒抱乖儿,可以获得粮食,缓解家庭的生活困难。女方的生父母不用告知家族、保甲长,也不用祭拜祖宗,不会摆酒席。娶寒抱乖儿的花费由当家人安排,当家人可以做出决定,要告知家庭成员,不用告知或请示四邻、家族、保甲长。如阮淑群作为寒抱乖儿,一方面是因为自己父母方家庭经济困难,无法维持生活;另一方面是周家正好需要,为了防止以后不能娶到媳妇。整个过程的费用由周家出,当然,做出寒抱乖儿决定的是周家的家长,但这些活动不用告知或请示四邻、家族、保甲长。

（4）家户在寒抱乖儿方面的差异

大户、中户、小户人家在娶寒抱乖儿的成因方面存在差异:大户人家娶寒抱乖儿,多是因为小户人家无法支付债务,不得已以人抵债。小户人家娶寒抱乖儿多是为了防止未来因为家庭贫穷无法为儿子娶到媳妇。在寒抱乖儿的花费方面,大户多于中户,中户多于小户。在安排方面都是由各自的家长决定,其他家庭人员无法决定。是否出现寒抱乖儿与家庭子女多少没有直接相关,与是否家庭为三世同堂、四世同堂无关,而是与家庭的经济条件相关。如富人家庭,其子女较多,但是并没有送出去做寒抱乖儿,因为其有足够的能力抚养,也不用担心以后家庭儿子娶不到媳妇。

3.招女婿

（1）继承家业

如果家庭没有儿子,有女儿,就会招女婿入赘。一是因为家里的女儿并不能成为劳动力,也不能成为当家人,不能代表家庭主持大局;二是家里没有儿子,入赘一个儿子,以作为自家的儿子;三是以入赘儿子继承家业,起到顶梁柱的作用。入赘的女方家庭条件决定着可以入赘什么样的女婿,家庭条件好,就可以入赘有本事的女婿,因对方的家庭条件也好。若女方的家庭条件一般,那么招女婿的范围就会缩小。在女方,家庭所有的孩子都是女儿,没有男孩,如果有一个男孩,就不会出现招女婿的情况。当家人会留一个女儿在家,用来招女婿,其余的女儿都要嫁出去。对于女方的家庭来说,其更愿意过继,过继分为过继外姓与过继本姓,而多数都选择过继本姓,这样继承家业的人仍然是本宗族的人员,不会是外姓人员。在阮家,阮迪华就是从其他房过继而来。当时,阮德明父亲辈没有儿子,都是女儿,没有招女婿,而是选择从其他房过继一个儿子。阮修培的儿子夭折了,只剩下一个女儿,就想从其他房过继一个儿子,但是过继的儿子没过几天就回家了,不愿意去阮修培家,因此过继就没有成功。之后,阮修培招了一个女婿,以充当自己的儿子,主持家庭的大局,负责养老。

对于男方来说,如果家庭经济条件较差,同时家庭儿女较多,又多个儿子,选择入赘是一个可行的办法,既可以减少结婚的费用,又可以降低家庭的经济负担,在这样的情况下,男方愿意入赘。入赘的女婿与家庭成员享有平等的身份与待遇,以后会成为家里的大当家人,不会存在被其他人看不起的情况。女方要求入赘的男子年龄与女方相差不大,身体健康、勤奋、会务农。就具体的入赘要求而言,不同的家庭要求不同,大户人家入赘的女婿要求较高,而贫穷家庭入赘的女婿要求较低,因为经济条件决定可以选择的范围。

（2）招女婿的规定

招入赘女婿时，当家人要与家庭成员商量，以决定哪个女儿留在家、要招谁家的，要求大家发表意见。如果父母是当家人，就可以决定，但都要告知留在家中的女儿。不需要跟家族族长商量，不需要与自己的兄弟商量，不用请示保甲长。在1949年以前，当地政府没有进行户籍管理，也没有所谓的结婚登记。结婚属于家庭自己的事情，不需要告知保甲长进行登记造册，双方以口头约定达成契约。双方都知道各自的权利义务关系，明确责任。男方一旦决定哪个儿子被招出去，就不能更改，结婚后，男方不能再支配儿子，也不得约束。女方的家长要对招进来的儿子进行教育，安排适当的体力劳动，尽快投入农业劳作中。入赘的婚礼由女方家庭主办，婚贴署名结婚新人的名字。结婚的花费由女方家庭来出，仪式和正常婚配相同，不同的是举办的地点。

大户、中户、小户在入赘的成因方面没有什么不同，即女方没有儿子，男方儿子多，双方正合意。不同的是，大户且家庭富裕的家庭能够选择入赘女婿的范围比中户、小户更大，能够提出的要求会更多。

（六）妇女的不平等地位

1."不干了"

（1）抽鸦片

休妻在当地称为"不干了"，阮家没有出现过"不干了"的情况。一般而言，"不干了"的原因是女性不生育。在一定情况下也有因为男性某方面原因导致离婚的。在当地有一个抽鸦片的故事，丈夫在家里抽鸦片，妻子看着丈夫抽鸦片，丈夫笑了笑，妻子对丈夫说："你还笑，看抽鸦片把你喝进去"。当时丈夫不是很明白，因为鸦片是抽的，怎么会把自己喝进去，同时，也不相信妻子有这个本事。之后，丈夫继续抽鸦片，导致家里没钱，不得不把妻子卖掉，给别人家当妻子，导致离婚。这时，丈夫才明白，妻子所说的"喝进去"实质是"哄"的意思，就是鸦片把自己"哄住了"，即被鸦片骗了。

（2）"不干了"的规定

首先，丈夫或者当家人提出"不干了"的想法，并告知家庭成员与家庭成员商量；其次，商定是否"不干了"，告知妻子的娘家人，由当家人做出决定是否"不干了"；再次，由丈夫书写休书，若丈夫不识字，就由亲戚、朋友代为书写，署名为丈夫的名字，不用支付报酬；最后，将休书给妻子，解除夫妇关系，女方回到娘家。"不干了"决定的做出，肯定是因为某方面的原因，不存在妻子不同意的情况，一方面女性的身份地位较低，另一方面只要是正当的缘由，大家都可以理解，包括妻子本人也是。"不干了"的决定，虽然妻子本人不能反对，但是如果婆家的"不干了"理由不充分，那么妻子娘家的人肯定会为自己的人伸张正义，不得让男方的人随意"不干了"。"不干了"的决定不用请示或告知四邻、保甲长、族长。如果妻子生有儿子，那么丈夫就不能休掉妻子，无论儿子是否成人。

对于"不干了"而言，女方不能分得财产。一是女性身份本来就低微，没有取得分财产的资格；二是当家人掌管所有的财产，平时统一支配，不计算夫妇的收入；三是"不干了"之后，女方已经不属于男方的家庭成员，不能分得财产。同时，男方也不用支付赔偿费，出嫁时的嫁妆归男方所有。

对于"不干了"的原因和条件，大户、中户、小户家庭之间没有什么不同。"不干了"最后的决定都是由当家人做出,休书都是由丈夫写,或者请人代写。大户、中户、小户在"不干了"花费方面有所不同,大户会给予女方一定的赔偿,而中户、小户给予赔偿的情况较少。

2.改嫁与守寡

(1)不得改嫁

1949 年以前,丧夫的妇女不能改嫁。改嫁面临着很多阻碍:一是婆家的人不会让媳妇改嫁,只要嫁入男方,就是男方的人员,听从男方家长的安排,男方的家长不同意其改嫁,就不能改嫁;二是娘家的当家人也不会同意其改嫁,因为改嫁之后有损娘家的声誉;三是如果女性改嫁,那么将面临很多非议,包括道德伦理的谴责;四是女性还要面临着为男方的父母养老送终的责任。

(2)守寡

丧夫的妇女很难决定自己的未来,都是由当家人做主,即家里的公婆做主,婆家的人会严格要求妻子继续遵守妇道。丧夫的妇女不需要回娘家,要留在夫家,丧夫的妇人也倾向于在婆家居住,可以避免流言蜚语,同时,娘家的人也不希望其回家。嫁出去的女儿,如果其丈夫去世,娘家的人是希望其一直在夫家,这样可以避免对娘家带来声誉上的影响。同时,又可以维护自己的名声。

妇人在夫家居住是由婆家的人安排,夫家的当家人能决定,不用商量,不用告知或请示四邻、家族、保甲长。阮迪华去世之后,甘氏成为家里的长辈。因为甘氏辈分高,不会受到家里人的欺负,反而很多事情都要听从她的意见与建议。如果妻子没有离开夫家,死亡后可以埋到祖坟。

对于守寡的原因,大户、中户、小户、多子女的家庭、少子女的家庭、三世同堂、四世同堂的家庭并未存在较大的差异。一是传统道德因素在作祟,不容许离开夫家;二是婆家与娘家的要求,婆家不会轻易放人,娘家也不会轻易地收人。不同的是,大户在守寡方面比中户、小户更为严格,而且有明确的规定,比如守寡的年份,要做些什么作为表达守寡的行为。

二、家户生育

家户生育的第一个目的是为了延续香火、传宗接代。同时,阮家缺少劳动力,就会要求多生育儿子,弥补劳动力的不足。阮家生育的儿子会写进族谱,意味着这一房后继有人,起名要依据阮家族谱中的辈分。

(一)重男孩贱女孩

1.男孩的重要性

阮迪华是从阮必贵这一房抱养而来,因为阮必富这一房没有儿子,都是女儿。阮修培这一辈有四个兄弟,一个妹妹,老三夭折。

生育最重要的目的是传宗接代,生儿育女对家庭来说意味着延续香火。没有孩子的夫妇会受到其他人的歧视,当家人会考虑找小的。如果没有儿子会过继,以顶替自己的儿子,或者找小。生育在家庭再生产上可以增加劳动力,意味着能够成为大的家族,对外的影响力也增大。

在子女生育上,农户更倾向于生男孩,女孩的地位低于男孩。生男孩目的是:一是可以延续香火,意味着家族的延续;二是意味着家庭进行劳动力再生产;三是为了养老,即养儿防老;四是为了幸福感,能够在外人面前抬起头来;五是增加夫妇之间的感情,若妻子没有生育或者没有生育男孩,夫妇的感情会受到影响。但是生育只能在结婚之后进行。对没有结婚就生育的情况惩罚得较为严厉,会受到整个家族的审判。家族觉得是一件很蒙羞的事情,影响整个家族的声誉。外人也会看不起当事人,而且会议论纷纷,觉得家庭的教育有问题。

2.早生多育

阮家的成员一般是 17 岁左右结婚,早的有 14 岁。生育年龄一般是 20 岁,也有 17 岁,当地人不认为是早婚早育。从某种角度说,家庭希望早婚早育,特别是长辈,因为他们看见后继有望,深感满意。同时家庭更倾向于多生,因为劳动力不足,希望通过生育来补充劳动力。一般生育四个孩子,其中儿子占多数,才觉得比较幸福、满意。在男孩的数量上,越多越好,越多越满意,在女孩上没有要求。之所以要多生,一方面是因为家庭的面子,另一方面是为了补充家庭的劳动力。

在 1949 年以前,阮家并未出现过没有结婚就生育的情况,不存在非婚子。一是女孩都会在家中,不允许出门,受约束较多;二是家庭对贞洁的重视,不允许出现没有结婚就生孩子的情况,会视为家庭的耻辱,整个家族都会受到蒙羞,同时,当事人还会受到整个家族道德批判,严重的还要进行公审,当众惩罚。

3.家户在生育上的差异

大户、中户、小户、三世同堂家庭、四世同堂家庭都存在一个基本的理念,希望妻子多生儿子,而生女儿觉得很"烂贱"。受传统的思想影响,重男轻女的观念根深蒂固。如果家庭女儿较多,会被遗弃,曾一度出现在路边就可以拾到女婴的情况,一方面表明家庭的经济困难,难以为继;另一方面说明,女孩在家庭的地位低微,以至于被抛弃,生命被践踏。大户的家庭会通过找小的方式增强家庭的生育能力,以达到人丁兴旺的局面。而小户与贫困的家庭希望通过多生儿子来增加家庭的劳动力,投入农业生产,以获得收入。

在非婚生育上,大户、中户、小户、三世同堂家庭、四世同堂家庭都很排斥,觉得是丢脸的事情,会感到蒙羞;在早婚早育上,大户人家的子女要读私塾,接受教育,生育要晚于中户、小户;在多生多育上,大户、中户、小户、三世同堂家庭、四世同堂家庭所持观点相同,都希望多生,大户甚至通过找小增加生育能力。

(二)家长对后代的期盼

1.家长的生育要求

在 1949 年以前,夫妇二人除客观原因之外并不能决定生不生、生多少孩子,而是遵循当家人的意志,夫妇二人执行便是。生孩子较多,主要是为了家庭的劳动力,同时,也是希望通过生育获得人才。如果夫妻的父母是当家人,那么当家人就会要求夫妻多生育,若夫妻就是当家人,那么生育的决定权在夫妻手中,具有较大的弹性。

妻子怀孕之后,不会参与重体力劳动,而是量力而行。如果妻子家庭是三世同堂,爷爷辈的人会额外关心孙媳妇的状况,会让家庭人员进行照顾,妻子干不干活不用申请,因为当家人一般不会给妻子安排农业劳动。妻子的日常照顾由婆婆负责,包括生育之后,因为儿子的结婚年龄较早,在照顾怀孕的妻子这方面很是欠缺,所以婆婆就承担了主要的责任。对妻子的照顾不需要当家人的安排,而是家庭成员都可以理解的。在饮食上,婆婆会对妻子额外关注。如婆婆会将细粮留给儿媳妇吃,其他家庭人员吃粗粮,儿媳妇如提出饮食上的要求,婆婆会尽量满足。家里有孕妇的时候,孕妇吃米,而其他家庭成员吃红薯,体现了家庭成员对孕妇的特殊照顾。

2.孕妇照顾

生育所需费用包括请产婆的开支、新婴儿的衣服、产妇的饮食费用,往后还包括满月酒等,所有的费用由大家庭来承担,其实就是所有家庭成员来集体支出。孕妇都是在家里生产,有的孕妇会请产婆,有的孕妇不会请产婆,由婆婆给孕妇接生。请产婆都是由当家人去请,由婆婆在家照顾儿媳妇,以免发生意外。

产后妻子要坐月子,一般是四十天,有的产妇只坐三十天,因为家庭的劳动力不足,不得已而为之。坐月子期间由婆婆与丈夫一起照顾。在饮食上有所照顾,会给月婆子吃鸡蛋,吃细粮,喂着鸡的时候,还要将鸡杀了,给月婆子炖来补身子。如赵术群生了第一胎之后,都是由婆婆来照顾,月婆子在吃的方面提出的要求会尽量得到满足,同时,家里杀了一只鸡炖来给她补身子。

在生育过程的不同环节中,多子女家庭与少子女家庭没有什么不同,孕妇都会得到额外的照顾。在大户、中户、小户家庭中,都有对产妇的照顾,大户经济条件好,给产妇的照顾多一些,吃得好一些。

(三)"打三招"

1.宴请宾客

阮家家庭成员在生育之后办"打三招",即满月酒,以庆祝新生婴儿满月、渡过最困难的时期。生男孩与生女孩在仪式上没有什么差异,都是相同的对待,如果父母或者当家人不为孩子办满月酒仪式,亲戚与朋友就会在背后议论,说这家人或者父母很"夹",即吝啬的意思。"打三招"的宾客不是通过宴请,而是其他人知道后,会自己做决定是否前去。但是作为娘家的人必须去,女儿在婆家生了孩子之后,婆家的人要告诉娘家的人,称之为报喜,而且还要带礼物,如新婴儿的衣服、吃的鸡蛋等。另外一个必须请的人物是媒人,之所以生了新生婴儿,其中媒人的作用功不可没。如果要通知远房亲戚,就会找人带信去,远房亲戚自己决定是否前去,但是一般把消息带到之后,都会前去。远房亲戚前去的时候必须带礼物,鸡蛋是必须要拿的,其他礼物还包括布与米等。如果是重亲,一般是一升米、一件衣服、二十个鸡蛋;若是一般的邻居、朋友、邻里就是十个鸡蛋。四邻不需要邀请就会来,他们还要帮忙做饭。吃满月酒没有回礼,只有等对方办事的时候才会前去,即礼尚往来。

阮家办"打三招"仪式的费用由大家庭负担,其实质就是所有成员来共同负担。所收的份子钱由当家人掌管,统一进行支配与使用,收到的米一部分给产妇留着,一部分由当家人支配使用。当然所得到婴儿的衣服与给孕妇的鸡蛋由产妇安排,其他成员不能分享,一是这些东西不适合分享,二是若用来分享,就不符合常理,有违体统。办"打三招"的仪式的目的是为了庆祝婴儿渡过满月,同时也是为了给家庭增加喜庆。特别是家庭生了男孩,家庭成员会很开心,也更愿意为男孩子办满月酒。办"打三招"也是一种宣传手段,通过"打三招"告知亲朋好友家庭有后。

2.家户在仪式上的差异

在办"打三招"的仪式上,大户、中户、小户之间没有什么不同,所不同的是,在办的酒席上,大户更为丰盛,宴请的人更多。三世同堂与四世同堂的家庭在仪式上存在的差异较小,如果家中有学手艺的人,要将师傅请来,同门师兄弟也会前来进行庆祝。

(四)姓名的构造

1.姓名缘由

阮家每一辈人的名字都是由三个字组成,第一个字是姓,即阮;第二个字是辈分,如"修""欲";第三个字就是孩子自己的字,孩子的字是由孩子的爷爷或者奶奶起,或者孩子的父母取好商量后,询问长辈,看是否可以。起名字不会询问族长、保甲长与有学问的人,因为孩子是属于自己家庭,与其他人员无关,他们也无权干涉。从名字的构成可以看出,孩子起名是按辈分来排。阮修培儿子的同样也是按辈分来起,到了阮修培的孙子辈就不是按辈分来排,但是称呼仍然按照辈分来,不能混乱。孩子有自己的小名,小名的由来有二:一是父母起的;二是小孩会拜一个干爹,由干爹起名,当然并不是所有的小孩都会去拜干爹。因为小孩小时候容易生病,或者体弱,当地就会采取拜干爹的形式以祛除病魔,希望通过拜干爹的形式进行镇压。还有一种说法是给小孩子算八字,算命先生会说小孩命中缺五行中的某行,然后必须去拜干爹。拜干爹时,都是由孩子的父母带着去,一般在早上,拜了之后,干爹会给小孩起一个名字,作为以后干爹对小孩的称呼。以后,两家之间在逢年过节的时候就会走动,成为亲戚。还存在另外一种情况,即一个小孩拜了多个干爹,因为拜的前几个干爹并没有改变小孩的现状,因此父母采取另拜干爹的形式。可以看出,拜干爹的主要目的是为了小孩的健康成长,甚至采取拜多个干爹的形式,以达到目的。

小孩有没有学名就要看是否上学,当然并不是上学就一定有学名。如阮修培没有上学就没有学名;阮修华上过学,但是学名就是自己的名字,并没有另外起一个。

2.家户在起名上的差异

在给孩子起名的时候,大户、中户、小户存在的差异不大,前面两个字都是固定的,只有最后一个字才能由当家人决定。多子女的家庭和少子女的家庭、三世同堂、四世同堂的大家庭与一般的小家庭在起名字上相差无几,都是由自家家庭的当家人决定,其他外人无法参与。

三、家户分家与继承

家中的儿子成家之后,就会产生小家庭,但是并没有各自经营,因个人本事带来的收入与支出方面的矛盾就会积累至爆发,以致分家必不可免。在分家的过程中,当家人可以决定分家的内容、分家的程序等。享有继承权的只有当家人的儿子,其他成员无权享有。

(一)统收统支带来的分家

1.收支不平

(1)收支差异

阮德明一房分家较迟,分家在 1949 年以前,因此分家与继承的内容考察阮德正一房。阮德正有两个儿子、两个女儿,两个儿子分别是阮修进与阮修庆。阮家[①]分家的主要原因是家庭的经济收入与分配的不公,次要原因是妯娌不和。家庭成员所有的收入都要上

① 在分家的内容中,阮家指的是阮德正一房。

交给家长,小家庭几乎没有什么收入,同时,由于家庭人员在能力、劳动力、手艺方面存在差异,所得的收入也存在差异,收入高的小家庭成员自然不满意将所得收入上交。因此,收入高的成员希望早分家,独立掌握财产。钱在当家人的手中,当家人出钱买了一头猪,给阮修庆买的,买回来了之后大家说是密毛猪,这种猪长得慢,大家就说不想饲养,当家人就拿给阮修进饲养,当家人说"你先喂着,等再买一个就用来分"。之后,阮修庆去买了一头八十多斤的猪,用的是大家庭的钱,但买回来之后,猪就生病,就叫人给猪看病,但没有医治好,就把猪杀死来吃,在分猪肉的时候,阮修进的小家庭只分到了几斤肉,感觉到不公平。然后,当家人又给阮修庆买了一头猪,买回来之后猪又生病,最后死了,又打理出来食用。之后又买了一头红毛猪,但还是死了。之后,阮修华的家庭知道使用大家庭的钱去为自己办事,使得其他小家庭产生了不满。因此,阮修华的小家庭自己出钱去买了一头猪,这样才开始喂养起来。在饲养猪上小家庭之间存在着矛盾,一是花大家庭的钱,为小家庭办事,让其他小家庭不满意;二是分配上存在不公平,可以看见当家人的意向。总体来看,小家庭之间的矛盾很多,其中经济矛盾是主要的矛盾,经济收入与分配的不合理导致分家这个结果。

一般来说,分家都是大家庭的家长提出,如果当家人未开口,其他成员最好不要提及,否则会受到家长的责骂。但是阮家的分家是矛盾的结果,却由儿子提出,家长没有办法只好分家。几个儿子成婚之后,小家庭之间的矛盾就会积累,最后爆发。最重要的矛盾是家庭收入的分配使用,能挣钱的人不希望自己的收入完全纳入大家庭,不得不提出来分家。

分家时,家庭里有两个儿子,一个女儿未出嫁。阮修庆读过书,学过手艺,是木匠,自然能比其他家庭成员能挣钱,但是所得的收入要上交给家长,由家长统一安排与使用。这时,阮修庆的小家庭自然不满意这样的经济分配制度,于是阮修庆提出分家。阮修庆是家里最有本事的人,加之家长格外的宠爱,因此对于阮修庆提出的分家,家长并没有进行严厉的惩罚,而是在经过商量之后,当家人决定分家。家长与家庭成员商定之后,决定分家,这时所有的儿子都同意了,没有不同意的。

（2）小户常态

对于中户、小户来说分家是一种常态,用当地的话来说,"一家人过不下去了就要分家,是一种正常现象"。一个家庭分家,邻居、朋友无权干涉,这属于家庭内部的事情。分与不分对于其他家庭来说影响不是很大,一是当地的农户之间收入差距不大;二是在差距不大的情况下,所有的家庭都面临着分家,难以形成大户;三是分家是正常的家庭现象,大家迟早都要分,只是时间问题。与中户、小户不同的是,大户并不一定会分家。因为分家会削弱家庭的实力,包括人力、物力、财力,但是并不意味着大户一定不会分家。

（3）家户在分家上的差异

在分家的原因上,不同类型的家庭存在着差异。大户不会分家,因为分家会削弱家户的势力;中户与小户之间分家存在妯娌的矛盾,越是经济困难的情况下,纠纷越严重。对于多子女的家庭来说,子女成婚之后,就会分家,因为所有的子女都成婚之后,父母或者当家人的责任已经完成,当家人会提出分家。少子女的家庭维持大家庭的局面更为持久,因为通过大家庭可以综合利用资源,相互扶持,获得生存。大家庭人员众多,性格各异,矛盾较多,而小家庭人员较少,矛盾主要集中在经济上。

2.分家内容与资格

（1）家长做主

分家时由家长做主，家长可以决定哪些家具拿出来分，如果有现金，还能决定拿多少现金出来分，能够决定家中的粮食拿多少出来分等，其他家庭成员都要服从，不存在不服从的情况。如果家长去世了，则由家长的妻子来做主。在阮家的另一房就出现了当家人去世，但家庭还未分家的情况。这时，由家长的妻子来做主，妻子去请宗族的长辈来做见证人，妻子会说明哪些东西会拿出来分，哪些东西留给自己使用。

分家时其他家庭成员不能做主，如果让其他家庭成员做主，其他小家庭就会不服，不认同也会不服从其安排。阮修进虽然是长子，但是在分家时，其也要听从家长的安排，不能擅自决定相应事务。若出现阮修进做出决定的情况，其他小家庭就会不服从，或者直接问家长，阮修进反而还要受到质疑。

（2）儿子分家

在家庭成员中，拥有分家资格的成员只有儿子，未成家的儿子会在分家前会单独留出财产以供使用。在分家前，会通知所有的儿子回家，只有全部儿子在场才能分家，否则不能分家。没有出嫁的女儿继续与父母居住在一起，但在分家时，并不分给女儿，因为女儿在以后要出嫁，分财产没有用。如果孙子的父母还在，那么就由孙子的父母出面进行分配，若孙子亡父，则由母亲出面进行分家。过继来的儿子取得全部财产，在没有儿子的情况下才会过继儿子，而女儿又不会参与分家，因此全部财产都属于过继而来的儿子所有。干儿子没有分家的权利，干儿子并没有与大家庭共同生活，而是与自己的父母共同生活，干儿子的情况与过继而来的儿子的情况明显不同，当家人对待干儿子与过继儿子的态度都不一样，干儿子不能成为继承人，而过继的而来的儿子直接是继承人。妾生的儿子有资格参与家庭分家。因此，只有当家人的儿子才有资格，其他外部成员在什么情况下都不会取得资格参与分家。如阮家在分家时，只有四个儿子有资格参与分家，就算是与当家人同辈的兄弟的儿子也没有分家资格。

在分家资格上，不同类型的家庭并没有明显的差异。大户、中户、小户、三世同堂、四世同堂、多子女的家庭和少子女的家庭在分家上都是只有当家人的儿子才有资格取得分配的权利，其他外部人员都无法参与分配。

3.长辈做证

（1）公平分家

分家时要请见证人，见证人由宗族的长辈担任。宗族的长辈作为见证人，能够公平地处理分配事宜。由当家人安排，当家人去请，并告知分家的时间。见证人主要起到监督的作用，保证分家的公平公正，处理分家时各个儿子的不满。分完家见证人还要负责处理可能出现的怨言。见证人去世了，不需要由他的儿子来承担责任，更与见证人的第三代无关。因为见证人是宗族的长辈，做事相当公正，不会存在偏倚的情况。因此，很少存在分家之后，还会去找长辈处理的情况。

除了当家人之外的其他家庭成员不能擅自安排见证人，因为其他家庭成员找的见证人其他小家庭会有意见，认为见证人存在偏倚，可能出现见证人对某一个小家庭负责，而对其他小家庭不负责,同时,也无法取得其他小家庭的认同。

家庭外部成员不能安排证人,首先,外部人员与要进行分家的家庭没有直接的关系,无权干涉;其次,外部人员不能获得小家庭的认可,会让小家庭怀疑其是否公正处理;最后,外部成员的见证人无法承担分家之后出现问题的责任。

(2)家户在分家见证上的差异

在分家见证人上,不同类型的家庭存在一定的差异,大户的见证人除了请宗族的长辈外,还要请保甲长作为见证人,而中户、小户没有必要请保甲长。

家庭外部成员不能影响家庭分家,除了家庭内部的成员,其他人无权干涉。分家的事情与保甲长无关,同样家族、亲戚也不能影响。在分家时,会请亲戚来作为证人,一般是宗族的老人。此时,作为见证人的亲戚能够产生影响,当其认为不公平的时候,可以提出意见,会影响分家的进行。阮德正一房在分家的时候,就请其他房的老人前来作为见证人,当然见证人不止一个,他们可以影响分家的进程,并提出较为公平的策略。

4.抓阄为据

分家时写的分家单在当地称为"抓阄",即将要拿出来分家的家具写在纸条上,每一个家具写在不同的纸条上,由见证人来写,不需要署名,只需写好每一样物品的名字。还存在另外一种情况,当家庭成员的知识文化水平有限的情况下,就会给家具标号,然后告知儿子们每一个家具的号数,在纸条上写上对应的号数。因此,纸条上写的并不是家具的名称,有可能是替代的号数。

纸条上不需要签署儿子们的姓名,见证人会将写好家具的纸条放到箱子里,由儿子们去抓阄,各凭运气,抓到什么就是什么,不得反悔。当然,并不是所有的东西都是通过抓阄来分配的,如粮食,当家人会说每一家多少粮食。阮修进在分家时,每一家都是三十斤米,没有多余的,体现得相当公平,家庭成员不会反对。

在分家时,当家人会适当地照顾没有成家的儿子。通常来说,当家人会在所有的儿子都已经成家之后才会提出分家,但是不可避免的是,有的儿子因为某些原因还没有成婚,那么当家人也不可能一直拖下去,还是得分家。那么在分家时,当家人会有意地先把一部分家具、房屋等留出来,拿给没有成婚的儿子,以示公平。如当家人把家里最好的一间房屋留给了二儿子,由二儿子处理。同时,其他小家庭的成员是不会反对的,因为这种照顾是约定俗成,大家都可以理解。

抓阄是一轮一轮来进行,假如第一轮分家里的家具,分配完毕,那么第二轮就有可能是分配农具,同样再写纸条再抓阄。已经抓阄的纸条由当家人保管,也可以由见证人保管。家庭外部成员不能影响分家抓阄,除见证人可以提出意见,仅在见证人觉得不公平的情况下,其提出的建议当家人会考虑。

在分家抓阄上,中户、小户、多子女的家庭、少子女的家庭、三世同堂、四世同堂的大家庭与一般的小家庭都是相同的程序,保证分配过程的公平。

5.分家的自主性

家族、村庄、政府会认可阮家的分家,一是家庭的分家是公平公正地进行,按照抓阄的程序走;二是分家时,请了家族的长辈,得到了家族、村庄、政府的认可,在分家后的宗族、村庄的相关会议或者事件的商定中,小家庭的当家人就会代表小家庭参与,不再由大家庭的家长代表小家庭参与。保甲长、县乡政府不会干预分家的过程,也不会干预分家之后的结果。

(二)单系儿子公平继承

1.继承资格

（1）资格限定

只有当家人的儿子与已经成婚的小家庭才有资格继承家产，家庭外部成员没有资格分得家产。一是外部人员并不是当家人的儿子，没有在一口锅里吃饭；二是外部人员有自己的家庭，会在自己的家庭继承。除非过继而来的儿子才能取得继承权，而且是全部继承。

存在入赘的情况时，入赘的女婿有权利继承；抱养给别人的儿子，只能在抱养的那一家继承，不能回到自己亲生父母这里继承；未成家的儿子有继承权，而且当家人会额外地照顾，以体现关怀；继承而来的儿子享有继承权，而且是独占；妾生的儿子是享有继承权的，而且与正妻的儿子拥有相等的继承权；干儿子没有继承权。

在阮家的家庭成员中，拥有继承资格的成员只有两个儿子。在当时，没有被逐出家门的儿子，也没有不在家的儿子，如果要进行继承，所有的儿子必须在场，以保证公平，何况在当时的社会条件下，所有的儿子都没有也不可能外出。同时，家族严厉禁止出现私生子的情况，因为这涉及整个家族的荣誉。

女儿唯一可以取得继承权的条件是，父母没有儿子，即没有亲生的儿子，又没有过继而来的儿子。在这种情况下，父母会招一个女婿，由女婿继承，其实质就是由女儿来继承。如果父母健在，孙子辈是不能取得继承权的；如果是亡父的孙子，由孙子代替父亲，或其妻子代替丈夫可以分得家产。在正常情况下，分家产都是由小家庭的当家人，即大家庭家长的儿子出面进行，一个人代表一个家庭。

在继承权的量上，所有的儿子都是平等的。如果在多子的家庭中，长幼兄弟之间的继承权具有相等的地位；妻生和妾生的儿子继承权同样相等；但是不存在一个家庭既存在亲生子又存在过继儿子的情况①。

不同的继承人在继承权上没有优先次序，都是儿子平等地继承，女儿与侄子都是没有继承权的。如果当事人没有结婚，或者结婚后没有生育，也没有过继等，那么由侄子养老，侄子可取得继承权。在当时，保甲长是不会管理没有结婚的人员，他们的生死不在管理的范围之内，因此没有结婚的人员通常由侄子照顾，并养老送终作为回报，当事人的财产由侄子继承，其他人员包括保甲长在内无法取得其继承权。

（2）对外封闭

家庭外部成员没有继承资格，无论在什么情况下家庭外部成员都没有继承资格。只要家庭中有儿女的存在，那么继承权就无法由外人取得。就算在侄子拥有继承权的情况下，也是以养老作为条件，否则同样无法取得。

在有儿子的情况下，家长不能也不可能指定其他的继承人。在当时的思想影响下，家长是不可能将继承权指定给他人的，如果给他人就会遭到议论，不利于家庭的发展。家长要生育儿子的目的就是传宗接代，如果家长要将继承权给予外人，那么家长又何必生育儿子，岂

---

① 一个家庭有了亲生子，就已经有了后代，就不会再去找一个过继的儿子，同样，只有家庭无法生育一个儿子的时候，才会找一个过继儿子，因此亲生子与过继儿子之间是排斥的关系。

不是多此一举嘛！

2.继承条件

（1）血缘关系

除了招出去的儿子,只要是当家人的儿子就一定可以享有继承权。当时,在当地还没有不孝顺、不给老人送终的儿子。当然,从道德上来说,不给老人送终、不孝顺老人确实应该减少继承或者不能取得继承权,但在"父为子纲"的情况下,儿子都要听从父亲的安排,而且从小培养的就是顺从。阮家的两个儿子没有哪一个可以不听父亲的教诲,就算是已经成家,有了小家庭,父亲仍然可以管教,两个儿子没有哪一个不孝顺,也没有谁不给老人送终的情况。

（2）对内限定

除了当家人之外的其他家庭成员不能决定继承,无论在什么情况下都是由自己的儿子来继承,或者是过继的儿子。当家人去世之后,由当家人的妻子来安排继承,当然,享有继承权的人一直都享有,或者说从出生的那一刻就已经享有继承权。在几个儿子之间都是平等地享有继承权,没有优劣之分。当然,没有成家的儿子,在继承的时候,要特殊照顾一下,保证其维持生活的必需品。

因此,在继承权问题上不会产生纠纷。一是享有继承权的人很明确,就是自己的儿子,没有亲生儿子的就是过继的儿子;二是家人与外人都知道谁有继承权,这是没有疑问的,已经是约定俗成的东西。同时,继承的时候由在场的见证人进行调节,以监督并保证公平地继承。

（3）对外独立

家庭外部成员不能影响继承,外部人员无权干涉,也没有理由干涉,各顾各家。在继承的时候,同宗族的长辈会作为监督人或者见证人而出现,保证公平地继承,没有私心、偏心。而四邻、朋友、保甲长无权干涉,也没有干涉的必要,与他们无关,各家自扫门前雪。如阮家在继承的时候,就算是当家人的兄弟也不能干预继承的进行。

3.继承内容

家长可以决定哪些东西拿出来继承,哪些东西自己保留使用。对于家长做出的关于继承的相关意见,其他家庭成员要遵从,因为所有的家产都是掌握在家长手中,不遵从没有办法,不得不遵从。在确定继承权的时候,不会写遗嘱,继承都是公平进行,每个儿子都有份,否则会说家长不公,同时也不存在将财产通过遗嘱的方式赠予外人的情况。

儿子可以继承的主要包括房屋、家具、农业工具、土地,对于宗族族长的身份不能继承。族长是由家族中具有声望、有德行的老人担任,不是通过继承而来的,因此不能通过继承得到族长的位置。阮家的当家人没有为官,也没有担任保甲长等职务,因此在继承时不存在继承这种职务纠纷的问题。就存在职务的家庭来说,保甲长是不能通过继承而来,前一任保甲长死后,新任保甲长是要通过选举产生。总之,作为儿子可以继承的一般是实物,能够看得见摸得着的,从某一角度来说,是直接可以投入进行生产生活的,而一些社会的职务是不可继承的。

四、家户过继与抱养

对于家庭收入有限的家户而言,无法通过找小、买卖的手段为家户添儿子,只能在家族同姓中过继。在过继的过程中,当家人代表家户处理过继的一系列问题,享有决定权。

(一)"抱约"

1.无子过继

（1）充房顶子

在没有儿子的情况下才会考虑过继,如果家里生有男孩就不会考虑过继。如果家里生有女儿,也会考虑过继的问题,因为没有男孩不能传宗接代,也没有后继的劳动力,影响农业生产。阮迪华就是过继而来的,当时这一房没有儿子,都是女儿,就从同姓的另一房过继了一个儿子,充当这一房。过继儿子是为了本房能有儿子,能够延续香火,也是为了能够产生劳动力。家庭对过继都是持理解的态度,都知道为什么过继。而本姓的本家人都理解这样的情况,也支持过继,出继的家庭也希望能够帮助过继的家庭延续香火。

（2）双向选择

一般来说在过继时会有一定的顺序,阮修培与阮修权是父母最疼爱的两个儿子,父母不会选择这两个过继,会选择中间的几个儿子过继。但是当阮迪华过继时,其他的兄长已经成婚,没办法,只好将最小的儿子过继到银子坡。过继的家庭会看自己的亲兄弟是否有多个儿子,若只有一个或者两个儿子是不会过继的,这时只有选择同族的其他家庭的儿子。

同时,对于过继家庭的双方而言,都是具有一定的原因才会发生过继的行为。出继的家庭要选择过继的原因是:一是家里儿子多,抚养的压力大;二是家里贫困,所有的儿子要结婚,经济困难;三是过继的是同姓的家人,家长放心。在阮家,只有在同姓之间才选择过继,一般是从另一房选择一个儿子过继,出继的家庭不一定是自己的兄弟,而是根据哪一房的儿子较多来选择。过继没有选择从外姓过继,外姓的人过继较为麻烦,同时过继过来也不放心。不存在兄弟之间、堂兄之间必须要过继,因为如果兄弟也只有一个儿子,那是没有办法过继的。阮迪华过继时,就不是兄弟之间,而是从本姓的一房过继而来。因此,过继也要看具体情况,要根据出继的家庭来考虑,没有哪个家庭必须出继的说法。

2.双方家长商定

（1）过继决定

过继时,由出继的当家人与过继家庭的当家人共同商定确定过继的儿子。同时,如果出继的儿子已经十多岁,较为懂事了,就要询问儿子的意见;若儿子只有几岁,还不是很懂事,就没有必要询问。出继的当家人要与全家人商量,决定出不出继,如果要出继,出继哪个儿子,不用请示家族族长,不需要跟保甲长打报告。出继儿子的决定必须当家人做出,过继的家庭也只有跟当家人商量才能做出最后的决定,其他家庭成员不能擅自决定,必须家长在家,因此不存在出继儿子时其他家庭成员成为暂时当家人的情况。

（2）过继过程

过继采取完全过继的形式,在当地已经是约定俗成,出继家庭与过继家庭需要商定对过继的儿子的相关权利与义务。过继的具体形式不用请示家族族长,不用跟村庄管理者打报告。阮迪华在过继时,两个家庭就决定了过继的形式,不用告知四邻、朋友、亲戚、保甲长。如果在出继时,出继的儿子已经十多岁,已经懂事了,就需要考虑出继者的意愿,如果出继者不愿意就不能出继。如阮修培没有儿子,曾想从其他房过继一个儿子,但是打算被过继的儿子不同意,只好作罢。

出继时,过继家庭不用给钱、物。一是两个家庭本身就家庭贫困,若给钱与物会加重经济负担;二是两个家庭是同宗族的亲戚,不需要给钱与物,只需要双方商定好相关的事宜即可。阮迪华在过继时,就没有给钱与物。

（3）真假"抱约"

过继儿子需要写"抱约","抱约"是双方行为产生效力的约定,分为"真抱约"与"假抱约"。"真抱约"就是过继的儿子要到过继家庭生活;"假抱约"不需要儿子去过继家庭,没有强行的约定。"抱约"主要写双方家长的姓名、过继儿子的姓名、过继的权利与义务。"写抱约"需要找保人,由保人来写"抱约",由双方家长署名,"抱约"必须署名,特别是"真抱约",只有署名才能发生效力,若没有署名对双方没有约束力。"抱约"一式两份,出继家庭与过继家庭各保管一份。

家族的人过继不需要介绍人或者中间人,大家都认识,平时在走动,都很了解各家的人员构成情况。但是双方的家长确定过继之后,需要请保人来写"抱约"。保人都是双方了解的人,当时识字的人较少,能够写"抱约"的人更少。保人的作用主要体现在:一是写"抱约",二是见证双方过继行为的产生。请保人写"抱约"不用给钱与礼物,只需要在出继的家庭吃中午饭即可。

过继一段时间以后,如果出继孩子的家庭不满意,受到"抱约"的约束,不能反悔;被过继的孩子也不能反悔,即使反悔回到亲生父母那里,也会被亲生父母带到过继的家庭,以示遵守"抱约"。如果被抱养孩子的家庭反悔也不行,同样会受到"抱约"的约束。

3.外界对过继的认可

家族、村庄、政府认可家户的过继行为,对过继行为不干涉。家族会将过继而来的儿子写在族谱上。家族对过继而来的儿子的继承不干涉。与其他家庭的儿子一样,家族对过继的小孩一视同仁,过继的孩子在族里不会被区别对待,也不会被他人瞧不起,与其他家庭的子女处于同等的地位,孩子不会受到欺负。相反,过继家庭人员对过继的儿子额外照顾,因为这是以后家庭的劳动力,养老的希望,最重要的是可以帮助这一房延续香火。村庄同样认可过继孩子的地位,保甲长不干涉过继的行为就是很好的证明。其他农户、保甲长会对过继的孩子一视同仁,过继的孩子在村里不会被区别对待,不会被他人瞧不起,与其他小孩处于同等的地位。政府认可过继的小孩的合法地位,等小孩成为当家人,保甲长在下达任务时,就是找过继而来的儿子。保甲长不干预过继而来的儿子的合法继承,承认其继承权。如阮迪华在继承家产时,一个人独自享有了所有的家产、地产,而保甲长不会干预,而是认可的态度。

在过继问题上,不同类型的家庭存在一定的差异。大户人家很少通过过继或者抱养来解决家中无男孩的情况,而是通过找小来解决。通过找小可以增加家庭的生育能力,进而增加生育男孩的可能性。同时,大户的经济财产不可能让同姓的人员来继承。中户与小户无法承担找小的经济支出,而通过过继可以减小经济压力。

（二）"孩约"

1.无后买子

如果家庭没有子女,又无法通过过继、找小来解决没有子女的问题,就只能通过买孩子来解决了。如果家庭生有男孩就不会买孩子,生有女儿也不会再买卖孩子。买卖孩子肯定是男孩,不会存在买卖女孩的情况,除非有的家庭在路上捡到其他家庭丢弃的女婴。买卖孩子主要是解决无后的问题,若买女孩无法承担传宗接代的责任。买孩子是为了延续香火,以后老有所依,增加劳动力。阮家没有买卖孩子的行为,无男孩都是通过同家族的家庭过继而解决,对其他家庭的这种行为持理解的态度。"买卖孩子是因为两家都有难处才会进行,如果没有难处谁又会愿意进行买卖孩子的交易!"

卖孩子的家庭通常子女较多,属于雇农,家庭贫穷,通过写土地①维持生活,或者给他人做工换取粮食、钱财以维持生活。而且家庭贫穷,无法抚养,又没有通过同家族的家庭人员进行过继等。如果不在人口上减少家庭成员,有可能集体挨饿,穷家庭没有办法只好卖儿子解决问题。买孩子的家庭特征有,父母在30岁左右,家庭贫困,没有子女,属于雇农或者佃户,家庭无法通过其他途径解决无后的问题,只得买孩子。

买卖双方之前并不认识,而且并不属于一个保甲长之下的农户,家庭条件都较为贫穷,如果买方家庭条件好,就会通过找小解决,而卖方家庭条件好,就不会卖孩子。因此,对于买卖双方来说,都是因为家庭贫困才产生买卖孩子的行为,满足各自的需要。

2.家长自主协商

买卖孩子需要中间人介绍,介绍人、买卖双方都是一般的农户关系。因为买卖只能在村外进行,如果不找介绍人很难得知买卖的信息。同样,买卖双方需要请证人,一般由中介人承担,并由中介人写"孩约"。是否要给中介人报酬要以具体情况而言,有的农户给钱,有的农户直接请保人在家里吃中午饭,只是形式上不同,其实质是一样。

买卖孩子时,由双方的当家人决定是否买卖孩子,买卖孩子一般是在孩子小时候进行,所以不需要考虑孩子的意见,当家人说了就算。当家人需要与其他家庭成员商量,不用请示家族族长、保甲长。在买卖孩子上,只能是当家人在家,其他家庭成员无法成为临时当家人在此件事情上做主。

买卖孩子有一定的规定,不能买卖长子与幼子,与过继不能抱长子、幼子一样。此外,买卖孩子一般选择在孩子不懂事时进行,不会考虑孩子的意见,只需要双方的当家人商定即可。

买卖孩子采取完全买卖的形式,就是交易成功之后,孩子交由买方,亲生父母不得领回孩子,不得再对孩子进行教育,所有的培养交给买方,由买方全权负责。买卖孩子的具体形式由双方当家人决定,任何单独一方都不能自行决定,孩子自己更不能决定。双方的当家人需要与其他家庭成员商量,但不用请示家族族长,不用告知保甲长,属于两个农户自己的事情,可以自行决定。买孩子时通常给钱、物,多少以双方的商量来定。给的钱、物作为卖孩子家庭的收入,以供当家人统一支配,维持生活。

3.孩约为契

买卖孩子需要写契约,即"孩约"。契约主要包括双方当家人商定的内容、孩子的信息、买卖时间、双方需要遵循的内容等,需要双方的当家人署名,署名才生效,否则不生效,一式两

---

① 写土地:当地租土地的说法,即向有土地的人家租土地来种,但出租的人家并不一定是大户,一些家庭有土地,劳动力不足,也可以出租。

份,一家一份。买卖孩子一段时间以后,如果买孩子的家庭不满意,不能反悔,受契约约束。同样,卖孩子的家庭也不能反悔,也受契约约束。买卖孩子是大事,买方需要投入人力、物力、财力抚养,如果后悔难以清算。如果孩子在买家已经懂事,若反悔,对孩子来说是一种伤害。

买卖孩子要有顺序。买卖孩子只能买卖外村的孩子,本村的孩子一般不能买卖。如果买卖本村的孩子,两个农户家庭距离较近,不利于买卖孩子的交易,交易容易被其他农户议论。就买卖外村的孩子而言,会优先买卖贫困家庭的孩子,这样的家庭有利于交易的成功。买卖孩子的过程是:首先,买方要找到中介人,通过中介人的介绍认识卖方;其次,在中介人的带领下,双方进行交谈;再次,双方商定好后,需要写契约,即"孩约";最后,双方完成交易,买方将孩子带回家,交易成功。根据契约规定,买孩子之后孩子就不再是原家庭的成员,是新家庭中的成员,与其他成员具有同等的地位,一个人独享继承权。在买卖孩子问题上,不同类型的家庭有差异。大户与中户不会进行买卖孩子的行为,只有小户的贫穷人家才会买卖孩子,因为小户不能像大户那样通过找小来解决。

4.外界对买子的认可

家族认可买来的孩子会写在家谱上对买来的孩子一视同仁,在家族里不会被区别对待,也不会被他人瞧不起,与其他成员具有相同的地位。买来的孩子仍然享有继承权,其他成员不得干涉。在实际中,买来的孩子会受到一些外人的非议,属于正常现象,大家都心知肚明。

村庄认可从外村来的孩子,保甲长承认其是本村的人员在村里不会被区别对待,不会被他人瞧不起,与其他人员具有相同的地位。等孩子成为家里的主要劳动力,乃是家庭的当家人,可以对外代表家庭处理事情。

五、家户赡养

劳动力不仅要承担家户的农业生产,还要承担家户养老的责任。养老责任的具体分配通过抽签来决定,抽到者要负责老人的生老病死,当然其他儿子为了尽孝道,也会做出一定养老行为。

(一)养儿防老

赡养老人是家户内部的事务,家户之外的人不具有承担养老的义务。老人的养老都是自己的子女负责,其他外部人员不需要承担其他家庭老人的养老责任。如果老人没有子、女,也没有通过过继、买卖等获得儿子,那么此家庭的养老由兄弟的儿子,即侄子负责。

一般情况下,家庭的养老都是自己的子女负责,具体来说,是由自己的儿子负责。就阮家来说,由四个儿子负责家里的养老。家里的老年人,当时阮家就是继祖母,她的养老由阮德明负责。阮家叔伯辈的养老与阮修培四兄弟无关;家中年轻人的养老,即成家的儿子的养老由自己的儿子负责。未出嫁的闺女有两种情况,出嫁后,由自己的儿子负责;若是没有出嫁,就由自己的兄弟负责。未出嫁的女儿不会对父母承担赡养责任,嫁出去的女儿也不需要承担养老责任,但逢年过节要回家看望老人。需要承担赡养责任的家庭成员如果不承担赡养责任,就会遭众人非议,邻居与朋友、村中的农户就会说此儿子没有孝心。针对防止儿子不孝,当地流传着一些故事:如果儿子不孝顺,就会遭到雷劈。曾经有一个儿子对自己的母亲不孝顺,一天晚上打雷,就在儿子的背上劈了几个字——"不孝之子"作为警戒。此后,该故事就用来教育儿子,要对自己的老人孝顺。

1.独子负责养老

如果家中的老人只有一个孩子,就由这一个孩子负责。如阮迪华是过继的儿子,就由他来承担抱养家庭的养老。如果家中老人的孩子是女孩,那么家庭会招一个女婿,由女婿与女儿共同负责养老问题。

2.多子承担养老

如果家户的老人有多个孩子,养老采取两种方式:一种方式是,在分家的时候,由几个儿子抽签决定养老问题,谁抽到父亲,就负责父亲的养老问题,谁抽到母亲,就负责母亲的养老问题。在抽签决定养老问题的时候,没有成家的儿子不参与抽签,由成婚的儿子负责养老问题,进行抽签。另外一种养老方式是,几个儿子轮流负责,如大儿子负责三个月,二儿子负责三个月,三儿子负责三个月,这种养老方式多出现家中只有一个老人的情况,如父亲,或者母亲去世后,另一位老人则采取轮流的方式进行养老。如果老人出现生病的情况,医疗费用由几个儿子分担。

3.婿侄负责养老

如果家户没有儿子,有女儿,家长就会招一个女婿,由女婿与女儿共同负责。如果家户既没有儿子也没有女儿,则由兄弟的儿子负责,即侄子负责。保甲长只承担自己家庭老人的养老问题,不承担其他农户的养老问题,也没有责任承担其他农户的养老问题。

(二)抽签

1.抽签养老

在赡养中,除家长之外的其他家庭成员都具有发言权,能够发表自己的意见,若家长不让其他小家庭的人发言,不利于以后的养老。但是其他小家庭的成员不能擅自做主,决定老人的养老方式。

阮家采用抽签的方式进行养老,没有成婚的儿子不负责养老。在承担养老钱粮的过程中,除家长之外的家庭成员能够发表意见,提出自己的想法,要经过大家的商量才能做决定。安排养老粮是根据采取的养老方式而定。若采取抽签的方式进行养老,老人不愿意与儿子一起居住,那么抽到的儿子要供给粮食,一般是每年三百斤稻谷。若以后老人不能劳动了,就要到抽到签的儿子家中养老。若是采取轮流的方式进行养老,该谁的顺序就由谁供给粮食。抽签只抽一次,抽到哪位赡养老人就是哪位,不能更改。抽签养老是阮家的赡养方式,根据当地的习俗进行,家长安排,需要告知家庭成员,不用告知或请示四邻、家族、保甲长。

2.家户在养老上的差异

在家户赡养的方式上,不同类型的家庭存在差异:大户人家由于不分家,家庭的老人都是由大家庭赡养,即老人与所有的儿子生活在一起,没有清晰的界限。而中户与小户都涉及分家的问题,分家后,老人就会由小家庭负责。多子女的家庭和少子女的家庭在养老方式上不存在差异,但是多子女的家庭分担在小家庭上的负担较轻,而少子女的家庭面临的养老负担较重。在养老钱粮上,不同类型的家庭存在差异:对于大户人家而言,不存在所谓的养老钱粮,因为不分家,都是在一起生活,几个儿子都在一起,平时一起照顾老人即可。而中户与小户无法维持大家庭的生活，不得不分家，同时，确定儿子的养老义务。

（三）照顾与丧葬费用安排

1.治病照顾

银子坡地区交通相当不便，医疗设施不健全，都是一些私人诊所，因此家中有老人生病会去请医生来家里治疗。如果未分家，就是家长决定。如果已经分家，就是由几个儿子商量决定采取何种医疗方法。大家庭分家之后，家长的决定性作用已经削弱，除家长之外的其他家庭成员在治病照顾中能发挥支配作用。几个儿子会在一起商定如何医治，医治的费用，怎样安排人照顾等，此时的家长只能听从儿子的安排。在一般情况下，都是需要几个儿子商定才能采取行动，若是紧急情况，可以由在家的儿子一人决定并采取措施。

父母的每一个子女都是老人治病照顾的实际承担者。在有的家庭，父母生病的费用不需要由女儿来承担，而是由儿子来承担，但女儿要来看望，看望的时候带礼物与钱。老人生病了由儿女共同分担，与养老方式无关，并不是说谁抽到哪个老人就要负责哪个老人的医疗费用。在分摊时，不会有儿子不出钱，可能出现的情况是，有的儿子家庭条件确实困难，其他几个兄弟可能会照顾一些，让其少出一些，但是碍于面子与四邻的议论，还是会分摊，不能成为四邻的笑话。老人生病了由儿女们轮流照顾，也有可能是谁有时间谁照顾，因为大家都要务农，只能进行轮流照顾，或者商定好，排好照顾的顺序，如有的照顾白天，有的照顾晚上，主要由儿子与儿媳妇照顾，同时，出嫁的女儿也要来照顾，孙子辈的没有强行要求来照顾，但是孙子辈的人也要来照顾，以表示孝心，减少四邻的说辞。如果家庭没有分家，直接是家长安排照顾。

2.丧葬费用安排

在没有分家的时候，老人的丧葬费用由大家庭支付，集体承担。老人去世后，若已经分家，丧葬花费的承担分为两种方式：一种方式是，老人在抽签的儿子家中，由抽到的儿子一个人负担，但此种情况很少。虽然老人在抽到的儿子家中，但是其他的儿子并不愿意让其一人负担，更重要的是，他们也要面子，不能让人议论，被人说没有孝心。另一种方式是，虽然老人在抽签的儿子家庭中，但丧葬费用由几个儿子来分担。在分家的情形下，出嫁的女儿也要承担一定的丧葬费用，在当地埋老人坟墓的砖、灰、石等由女儿出钱购买。

在丧葬过程中，长子要起带头作用，不能让几个儿子发生冲突，让外人看笑话。同时，其他几个儿子也要听从长子的安排，减少矛盾与摩擦。出嫁的女儿要回来哭灵，并承担一定的费用。不同人的角色主要依据传统的习俗与长子的安排，不可混乱，不需要与家族商量，也不需要与保甲长请示。

（四）不肖子孙

阮家所在的家族对家户赡养持认可态度。如果有儿子不愿意承担赡养责任，其在宗族里会被老人说，严重的还要受到众人的议论。当赡养出现问题或纠纷时，家族里的老人会出面干预，按照习俗的处理方式处理养老问题。

保甲长、县乡政府认可家户赡养的相关安排，不进行干预。如果有儿子不愿意承担赡养责任，保甲长、县乡政府不会干预，与其无关，也不会对其惩罚。而且将赡养纠纷上升至县乡政府不利于家庭的声誉，县乡政府也很少管这种事情。

六、家户内部交往

家户成员生活在一起,难免会因为各种小事发生矛盾或纠纷。当家人为了维护家户的团结与和睦,要尽量避免家户成员之间的纠纷与争吵,当成员之间的争吵过于激烈时就会介入,每个成员都要明白自己扮演的角色。

(一)父子关系

1.严父形象

(1)父亲责任

父亲对于儿子要承担的责任包括,要对儿子进行教育,抚养成人,如果没有抚养成人,或者教育不好,就会被人说道,严重的还会挨骂。儿子出去与人交往的过程中,出现一些不道德、不讲理的行为时,对方就会骂"你妈老汉儿死早啦"或者"没得老少"。这些话是对儿子的侮辱,说此人缺少父母的教育,不知礼教。父亲还需负责给儿子娶媳妇,如果儿子没有缘分不能娶到媳妇,做父母的只能在分家的时候多照顾未结婚的儿子;父亲需要教会儿子谋生之道,或者让儿子学一些手艺,如木匠,如果不让儿子学习谋生之道,以后很难成家,也不容易养活自己;父亲还要给儿子留下家业,在分家的时候分给儿子,不至于白手起家。

(2)16岁为界

在儿子还没有成为完全劳动力的情况下,用阮德明的话讲,儿子必须无条件服从,即使阮德明说得不对。因为在没有成为完全劳动力的情况下,儿子的判断能力有限,还不足以反对父亲的意见,即使阮德明在做错事的情况下。在儿子成为完全劳动力以后,即满16周岁后,可以独自进行劳动生产,儿子就可以对阮德明的话提出一定的意见,有时也会顶嘴。在儿子没有成为劳动力之前,阮德明所做的事情儿子不能批评。在儿子成为劳动力之后,可以对阮德明所做的事情提出意见,但是不可以批评阮德明所做的事情。一是阮德明还是家中的当家人,所有的资源都在他手中;二是批评阮德明的行为,就是对阮德明权威的挑战,不利于处理父子关系。所以无论儿子是否成年都不能对阮德明的行为提出批判,最多只是提出意见。

(3)好父亲

阮德明可以随意役使儿子,让儿子干什么活就干什么活。阮德明看见孩子做得不对,可以打骂,当年阮修培做错了一件事,阮德明直接拿起棍子打阮修培,阮修培被打得像"泥鳅"一样。换句话说,泥鳅很滑,到处钻,在这里是说阮修培被打得很惨。

阮德明在打儿子的时候,还会念叨"你以后还长不长记性",这句话表明阮德明一边打儿子,一边在教训儿子,让孩子以后在同样的情况下一定要做某事,或者一定不要做某事。这是一种传统的教育方式。虽然阮德明打儿子下手很重,但是阮德明不会将儿子逐出家门,也不会将儿子卖掉。

在阮家,儿子还是怕父亲,特别是在小的时候,父亲很严厉,做得不对直接打儿子,用当地的话来说就是"做儿子的哪儿有不怕父亲的",与之同时出现的话是"做娃儿的,哪儿有不做错事的时候"。作为儿子,在小时候做错事情很正常,被父亲打也很正常。但是儿子心里有事还是会跟父亲说,比如成家要做什么,在不是很了解的情形下会去问父亲,或者遇到事情与父亲商量。在儿子看来,父亲还是好接近的,相处得还是不错的。

过去,能够教育好儿子,让儿子学到本事,能够养活自己,同时,公平地处理家庭事务,特别是公平对待几个儿子就是好父亲。什么是好父亲,并不是由家里的人员说了算,也不是由儿子说了算,而是由其他人说了算,其他人说是好父亲,才能算得上是好父亲。

（4）家户在父子关系上的差异

在权利义务关系上,不同类型和人口规模家庭的父子关系有差异。在大户家庭中,父子关系更为严格,儿子必须听从父亲的教诲,父亲的话儿子必须听。大户人家的当家人更具有权威,不能让儿子乱作为。而小户的家庭规矩少,对儿子的约束少,没有大户那么多的礼节。多子女的家庭在管理上更为严格,而少子女的家庭在管理上没有那么严格。因为多子女的家庭要处理的关系较多,少子女要处理的关系相对较少。

2.父子矛盾

（1）父子交往

在阮家,平时父子之间的关系还算可以。在儿子结婚后,父子之间会开一定的玩笑,但不能太过分。逢年过节,父子也会一起喝酒,但仅限于已经成年的儿子才能喝酒。父子之间聊天的时间很少,特别是儿子成家之后,多是一些叮嘱的话语,或者儿子找父亲商量事情。父子在一起生活多年,难免会因为一些小事情发生冲突,但冲突的次数有限,因为与父亲顶嘴会挨打。

父子之间冲突的主要形式是儿子与父亲顶嘴。如在家长安排农业劳动的过程中,儿子会因为分工不满意而要求换一个,或者经常叫儿子做某事,儿子觉得很厌烦。再如,儿子卖柴,而所赚的钱都要交给父亲,没有自己的私房钱,这时候儿子会感到不满。发生冲突后,儿子与父亲会顶嘴,严厉时,父亲会打儿子。而这种矛盾过几天自然就好了,不需要外人插手。发生冲突后家庭成员不一定站在父亲一方,很少情况下其他家庭成员会插手父子之间的争吵。有的时候母亲会劝说两方,但不一定会站在父亲这一边。如果父亲不是当家人,父子之间发生冲突后,当家人不一定会介入。因为如果是父亲在教育儿子时发生的冲突,当家人不好介入,而这种教育冲突又很难识别。在父子之间的冲突较为严重的情况下,当家人会介入,说服双方。父子之间能够将冲突发展成一定的事态,一般只有成年的儿子才会有可能,如果是儿童,还不足以与家长发生大的冲突。父子之间发生冲突后,外人不能介入,与四邻、宗族长、保甲长等没有直接的关系,若外人介入,其他人也会说"管闲事"。

（2）家户在父子冲突上大的差异

在日常交往关系上,不同类型和人口规模家庭的父子关系存在差异:在大户家庭中,父子之间的关系往往要遵循众多的规矩,家教、家规较为正式。而小户父子之间的关系多是通过农业劳动来体现,在农业生产中进行调节。

在冲突关系上,不同类型和人口规模家庭的父子关系存在差异:在大户人家中,父子之间很容易发生冲突,因为大户人家从小管教就严,不允许与父亲顶嘴,特别注重父子之间的顺从关系。

（二）婆媳关系

1.婆婆地位

（1）婆婆指导

对于娶进来的媳妇,首先,婆婆要指导做家务,因为结婚年龄较小,儿媳妇很多家务都还不是很熟练,所以婆婆要教儿媳妇如何做家务,洗衣、做饭、缝补等;其次,在儿媳妇怀孕期间,婆婆要负责饮食,教导儿媳妇能吃什么,不能吃什么;再次,在儿媳妇坐月子的时候,婆婆要负责照顾儿媳妇,如果婆婆对坐月子期间的儿媳妇不理不问,外人就会说这家人的关系不好,就会在背后议论;最后,婆婆还要帮助儿媳妇教育下一代,如何处理邻里关系、亲戚关系等。

（2）避免打闹

婆婆对于儿媳妇不可以随意役使,只能骂不可以打。如儿媳妇做错了事情,婆婆可以骂儿媳妇,但是不能打,特别是怀孕期间或者坐月子的时候,即使婆媳关系不好,婆婆也没有权力将儿媳妇赶出家门。就阮家的婆媳关系而言,处理得还不错,几个儿媳妇都相处得很好,很少有打架过孽的事情发生。

过去,能够公平处理事情的婆婆是好的婆婆,能够在几个儿媳妇之间取得平衡、不偏心谁、不刁难谁就是好婆婆。如果儿媳妇听从婆婆的话,服从安排,肯干家务就是好儿媳妇。儿媳妇做的事情可能是婆婆或者家长安排,或者儿媳妇看见家里在忙什么就去做,或者哪里缺人就去哪里。如果婆婆说得不对,儿媳妇可以提意见,发表自己的观点。如果婆婆做了错事,儿媳妇可以提意见,但是不可以批评。一是婆婆是长辈,要尊重,不得批评;二是儿媳妇受到丈夫的管教,不得让其与婆婆斗嘴,更不用说批评。如果儿媳妇与婆婆发生激烈的冲突,还会影响到娘家的声誉,说儿媳妇在娘家管教不严,缺少家教,不利于娘家。

（3）家户在婆媳关系上的差异

在权利义务关系上,不同类型和人口规模家庭的婆媳关系存在差异:在大户,婆婆对儿媳妇承担的义务要少,而儿媳妇承担的对婆婆的义务较多。相比较而言,中户与小户婆婆对儿媳妇承担的义务较多。

2.融洽的婆媳关系

（1）媳妇对婆婆的尊重

在阮家,平时婆媳之间的关系处理得还算融洽,婆媳之间会开玩笑,也会一起做家务。如婆婆在缝衣服的时候忙不过来,儿媳妇就会来帮忙。婆婆与儿媳妇之间也会经常聊家常,说说娘家的情况、家务的安排等。虽然婆媳之间的关系还可以,但是媳妇还是怕婆婆。首先,婆婆作为长辈,儿媳妇要敬老,不得与长辈发生冲突;其次,如果儿媳妇做得不对,婆婆会骂儿媳妇,对于儿媳妇来说,也不愿意经常挨骂。当然,如果儿媳妇心里有事也会跟婆婆说,比如与丈夫之间的矛盾,不会做的事情向婆婆请教等。在儿媳妇看来,婆婆好接近、好相处,没有发生大的摩擦。

（2）家户在婆媳礼仪上的差异

在日常交往关系上,不同类型和人口规模家庭的婆媳关系存在差异:在大户,婆媳之间都是通过礼仪来体现,而在中户、小户人家,婆媳关系通过指导家务、做家务来体现,或体现在劳动中。在四世同堂的大家庭中,指导儿媳妇的不止一个人,爷爷辈的老人也会指导,而一般的小家庭只有婆婆在指导。

3.婆媳冲突

（1）对公平的需求

婆媳之间发生过冲突,但是冲突的次数很少。一是赵术群的婆婆本身就很好相处,很少有严厉的一面;二是赵术群自身也较为听从安排,服从婆婆的教导。因此,发生冲突的时候较少。在几个儿子都结婚之后,小家庭增多,发生的矛盾随之增加,因为小家庭对公平公正的要求更多。

在阮家,婆媳之间的冲突主要是斗嘴,但是还没有出现过打架的情形。斗嘴主要是儿媳妇觉得婆婆在处理妯娌关系时不太公平,有私心。

（2）儿子调节

婆媳之间发生冲突后,儿子会帮忙解决,缓和冲突,尽量劝说两方。过几天,婆媳之间的关系会自然恢复。发生冲突后家庭成员不会表明明确的态度支持谁,主要是劝说两方,指出两方的不足之处。婆媳之间发生冲突后,当家人很少介入,因为这种冲突不好管,两方都有对的一面,也都有错的一面。

婆媳之间发生冲突后,外人不能介入,与媳妇娘家、四邻、宗族长、保甲长无关。如果婆媳之间的冲突较为严重,可能出现的情况是,儿媳妇会回娘家找安慰,等丈夫前去接回。

（3）家户在婆媳冲突上的差异

在冲突关系上,不同类型和人口规模家庭的婆媳关系存在差异:大户人家更为注重礼教,婆媳之间的冲突多在礼教方面,婆婆经常指出儿媳妇在礼教方面的不足,导致冲突。而中户与小户人家,婆媳之间的冲突多是在家务上,即具体的劳动过程中,因为某一行为产生的冲突。在大家户中,婆媳冲突的诱因很少是因为处理妯娌关系,如不公平的分配,而小户人家的婆婆在处理多个儿子的儿媳妇时,表现得更为偏心,很多地方处事不公,导致冲突的发生。

（三）夫妻关系

1.夫妇相互尊重

丈夫对妻子要承担的责任包括给妻子看病,在妻子怀孕时照顾妻子,最重要的是丈夫要务农,或者做副业以增加家庭收入以养活妻子。丈夫对妻子不可以随意役使,也不可以随意打骂,特别是当妻子怀孕与坐月子的时候。夫妻之间因为小事情可能存在斗嘴的情形,但是丈夫不能打妻子。如果丈夫打了妻子,妻子的娘家会出面干预,这样不利于家庭的和睦。

过去,能够务农、有劳动力、能够挣钱、有手艺、对妻子不打不骂的丈夫就是好丈夫。妻子能够处理好婆媳关系,不吵不闹、不打牌,能够处理好家务的妻子就是好妻子。平时夫妻之间关系相处很融洽,会经常开玩笑,空闲时也会聊家常。在一般情况下,妻子不怕丈夫,因为很多事情丈夫都要与妻子商量,反而使得关系融洽。妻子有事情都会告知丈夫,如生病等。

丈夫的话妻子并不是无条件地服从。在家庭遇到事情的时候,多是夫妻商量决定。平时,丈夫的话妻子不反对就会执行。如果妻子有意见就会提出。如果丈夫做了错事,妻子可以提出意见,但是不能批评。一是丈夫是家里的当家人,不可以随意批评,否则对外影响不好;二是妻子依附于丈夫,并不掌管家庭的资源,因此妻子不能批评丈夫。

在权利义务关系上,不同类型和人口规模家庭的夫妻关系存在差异:在大户人家,夫妻之间的关系有很多约束,妻子要听丈夫的话。而在小户家庭,妻子要参与劳动生产,与丈夫交流的时间较多,能够与丈夫商量家庭中的大小事情。

在日常交往关系上,不同类型和人口规模家庭的夫妻关系存在一定的差异:大户人家的夫妻关系礼教多,聊家常的时间少,一起劳动的机会有限。而中户、小户的夫妻之间能够一起商量家庭的大小事件,能够一起开玩笑,增进夫妻之间的感情。

2.夫妻冲突

(1)家庭内部问题

夫妻之间相处久了会发生冲突,但冲突的次数不多。当丈夫的劳动力不行,又不肯干,家庭收入少,难以支撑家庭的时候,妻子就会提出要求,这时夫妻之间最容易发生冲突。但是即使冲突很严重,过几天自然就恢复,不需要外人的干预。夫妻之间发生冲突,一方面是因为家庭经济问题,家庭的收入少,而开支多,产生经济上的矛盾;另一方面是在教育子女的问题上没有达成一致的意见,如阮德明要儿子学木匠,而妻子可能要儿子学石匠,这时就会发生冲突。但是夫妻之间只是斗嘴,不是打架。

(2)内部缓解

夫妻之间发生冲突后,在家庭内部就可以解决。如果吵架不是很严重,过几天自然就恢复关系;如果吵架较为严重,大家庭的当家人或者婆婆就会说好话,劝解双方。夫妻发生冲突后,家庭成员不一定会支持丈夫一方。在大家庭中,要讲究家庭和睦,如果闹矛盾的次数过多,就会影响家庭的声誉。因此,发生矛盾后,都是劝解双方,说好话,化解矛盾。夫妻之间发生冲突,如果是小矛盾就让夫妻自己解决;如果是大矛盾,吵得相当厉害,当家人就会出面劝解双方。但是夫妻之间的冲突不能让外人来干涉,与四邻、宗族长、保甲长无关,否则会让他人看笑话。如果妻子将冲突告诉娘家人后,娘家人就会干涉;如果没有告诉,则不干涉。

(3)家户在夫妻冲突上的差异

在冲突关系上,不同类型和人口规模家庭的夫妻关系存在差异:在大户人家,夫妻之间很少闹矛盾,因为大户人家的规矩多,一旦发生矛盾,当家人就会介入,化解矛盾,避免事态扩大,以维护家庭的声誉。而在中户、小户家庭,夫妻之间的冲突只有发展到一定时候,当家人才会介入。

(四)兄弟关系

1.弟弟对兄长的尊重

(1)兄长的责任

兄长对于弟弟需要承担的责任包括在弟弟幼年时照顾弟弟,兄长在父亲的安排下需要挣钱给弟弟上学或者学手艺。如阮修培卖柴,挣的钱用于阮修华、阮修权上学。如果父母去世,兄长要负责抚养未成年的弟弟,在可能的情况下,还要教会弟弟谋生的手段,或者学某种手艺。同时,兄长也要负责给弟弟娶媳妇,但是弟弟能否娶到媳妇还要看个人的缘分。如果父母已经去世,而兄长不负责这些事情,那么兄长就会被人议论,被人说没有尽到作为兄长的职责,用当地的话来说:"你怎么这个样子当哥哥哦",实际上是贬低哥哥的为人。

如果弟弟还小,不能判断是非,那么弟弟要听兄长的话,要服从兄长的安排。如果弟弟成为劳动力,具有判断是非的能力,那么对于兄长的安排弟弟就有提出意见的权利。兄长做得不对的地方弟弟可以提出来进行商量。但是弟弟不能批评兄长。因为兄长是长者,弟弟应当尊重,不能随意地批评。

在弟弟还没有成家的时候,兄长可以役使弟弟,可以骂,但是不能打,阮修培作为哥哥,从来没有打过他的几个弟弟,最多只是说几句。待弟弟成婚之后,兄长就不能再随意地役使弟弟,因为弟弟有了家庭,有自己的事情,也已经成了当家人。虽然父母去世,兄长是当家人,但是兄长不能把弟弟驱除出家门或者卖掉。因为兄长没有权力卖掉弟弟,兄长会受到谴责,或者当地人的非议。

在过去,作为兄长不骂弟弟、不打弟弟、能够承担起作为兄长的责任就算是好兄长。作为弟弟能够听从兄长的安排,不与兄长顶嘴就算是好弟弟。阮修权是最小的弟弟,几十年里从未与阮修培顶过嘴,多是听从阮修培的安排。

在阮家,兄弟之间的关系还算融洽。几个儿子成年之后,经常会开玩笑,有时也会一起喝酒,遇到重要的事情也会商量。在阮家,弟弟还是怕兄长。因为弟弟做错了事情,作为兄长可以骂弟弟。同时,兄长是长者,弟弟要尊重长者。弟弟有事情,也会跟兄长说。如弟弟在外面遇到什么事情,或者弟弟的下一代要结婚等,都会与兄长商量。在弟弟看来,兄长还是好接近,很好相处。

（2）家户在兄弟关系上的差异

在权利义务关系上,不同类型和人口规模家庭的兄弟关系存在差异:在大户人家,作为兄长不用对弟弟负有太多的责任,弟弟的抚养由大家庭负责。而在小户,家庭没有足够的经济能力,弟弟的所有支出都是由兄长负责,兄长对弟弟负有较多的责任。

在日常交往关系上,不同类型和人口规模家庭的兄弟关系存在差异:在大户人家,兄长对弟弟较为严格,都是根据家里的规矩而来。弟弟有事情都会找当家人商量,很少找兄长商量。而在小户,要帮助当家人管理弟弟,兄长还要帮助当家人教弟弟务农,进行农业生产,兄长对弟弟负有较多的责任,且关系较好。

2.兄弟冲突与解决

（1）收支纠纷

就阮家兄弟之间的关系来说,小的摩擦是有,但是大的冲突较少。小的摩擦发生时,兄长都会谦让弟弟。大的摩擦体现在经济方面,兄弟之间挣钱能力的差异导致大的经济纠纷。但是家长在其中调节,还是可以缓解冲突。兄弟之间发生冲突主要就是吵嘴,相互说几句,找对方的不足与缺点,但是尚未打架。冲突产生的原因主要是关于家庭的经济问题,即收入与分配的不公平。当时,家长在,是当家人,小家庭还不敢把事情闹大,而且家长也会出面解决。

（2）家户内部解决

当兄弟之间发生冲突后,要么是自然恢复,过几天就好了;要么是家长从中解决,缓解双方的矛盾。如果出现小家庭,所属的小家庭会支持各自的当家人,而其他家庭成员不会明确表态支持谁,都是从中劝解、缓和矛盾。如果兄弟之间的冲突较大,家长就会介入,家长会劝解双方,停戈止息,然后分别劝说双方,基本上是先说兄长,再说弟弟。但是兄弟之间的冲突与外人无关,外人不会介入。

（3）家户在兄弟冲突上的差异

在冲突关系上,不同类型和人口规模家庭的兄弟关系存在差异:在大户家庭,兄弟之间的经济纠纷较少,很少通过各自的劳动获得收入,而家庭又不分家,减少了冲突,因此大户人家的兄弟之间较少发生冲突。而小户家庭面临经济的收入与分配问题,还面临分家问题,会产生纠纷。

(五)妯娌关系

1.妯娌的相互责任

(1)明确角色

嫂子对于弟媳要承担的责任包括教导弟媳做家务,在弟媳怀孕后照顾弟媳,在坐月子期间配合婆婆照顾弟媳。嫂子对于弟媳不可以随意役使,因为弟媳属于小家庭的成员,有自己小家庭的安排,嫂子不可以随意地役使弟媳。嫂子与弟媳发生矛盾,嫂子要让着弟媳。同时,双方可能出现骂人的情况,但是不能出手打人,否则婆婆与公公会出面干预。嫂子与弟媳因为打架传出去后不利于家庭的和睦。因此,嫂子与弟媳之间的矛盾婆婆都会及时处理,不能扩大事态的发展。如阮德明过寿,宴请宾客,当时收到的布匹,不同的人有不同的要求,赵术群觉得要拿六尺布做衣服,当时赵术群已经有了孩子,而有的人提出以后作为礼还给他人,用这些布用作"赶人亲"。这样就产生了矛盾。赵术群将猪养大,用来祝寿,而收到的布匹还不给小家庭用来制作新衣服。

嫂子的话弟媳并不是必须无条件服从。嫂子作为长者,可以安排弟媳做一些家务,或者让弟媳配合嫂子做农务。赵术群作为嫂子,要带领几个弟媳劳动。白天,赵术群要与几个弟媳进行农业生产。下午回到家,赵术群带一个弟媳去砍柴,其中一个弟媳就做饭。吃完饭后,几个一起洗碗,然后一起洗衣服。如果嫂子说得不对,弟媳可以提出意见。如果嫂子做了错事,弟媳可以提出意见,但是不能批评。过去,嫂子与弟媳之间不吵架、勤快就是好嫂子;弟媳能够与大家合得来,不斗嘴,能干家务的就是好弟媳。

在阮家,平时妯娌之间关系还算融洽,没有发生过较大的冲突与矛盾,妯娌之间会经常开玩笑,也会聊聊自己的娘家。在分家后,妯娌之间的聊天也没有减少。嫂子毕竟是长者,说的话还是有一些分量,作为弟媳的还是有一些怕嫂子。但是一旦因为纠纷斗嘴之后,怕就会隐退。弟媳遇到事情会跟嫂子说,比如儿子的教养等。在弟媳看来,嫂子好接近,很好相处。在阮家,因为缺少劳动力,阮修培与赵术群在一段时间内承担了主要的劳动,他们的辛勤劳动有益于其他儿子与弟媳的生活。就从这一方面来说,作为弟媳还是不能与嫂子吵架、斗嘴。

(2)妯娌关系在家户上的差异

在权利义务关系上,不同类型和人口规模家庭的妯娌关系存在差异:在大户人家,妯娌之间的交往较少,产生的矛盾也较少。同时,妯娌在经济上没有分配的矛盾,没有经济上的束缚。而小户家庭,因为家庭困难,既要维持大家庭的生活,又要考虑小家庭的积蓄。这样,妯娌之间就会因为经济上的分配而产生纠纷与矛盾。

在日常交往关系上,不同类型和人口规模家庭的妯娌关系存在差异:在大户人家,妯娌之间的关系主要是体现在日常的交往中,多是闲聊,很少因为经济上的矛盾而吵架。而在小户家庭,妯娌转战于大家庭与小家庭之间,难免不能取得很好的平衡,容易在经济上发生矛盾与纠纷。但是为了大家庭的利益,婆婆很快就会介入处理。

2.妯娌冲突

(1)蒜皮计较

妯娌之间发生小冲突较多,表现为斗几句嘴,没过几天就会恢复关系。而大的冲突不容易发生,因为婆婆起着重要的中间人作用。

妯娌之间发生冲突,主要是斗嘴,说对方的几句坏话,但是不会打架。吵架的原因都是因为家庭的小事,如农业劳动的分工、做家务等。

（2）内部解决

当妯娌之间发生冲突后,有两种解决方式:一是在小冲突的情形下,自然恢复关系即可;二是在大冲突的情形下,婆婆与公公会介入解决。婆婆与公公多是劝说双方,控制事态的发展,在家内解决矛盾。如果家长介入,都是劝说双方,家长会先说嫂子,然后说弟媳,逐步缓和冲突。小家庭的成员会支持各自的成员,而其他家庭成员不会有明确的态度。但是发生冲突后,外人不能介入。妯娌之间的冲突与四邻、宗族长、保甲长等没有直接的关系,他们无权介入,也没有理由介入。如果冲突较大,矛盾被某一方的娘家知道之后,娘家会为自己的女儿讨回公道。

（3）家户在妯娌冲突上的差异

在冲突关系上,不同类型和人口规模家庭的妯娌关系存在差异:在大户人家,妯娌之间发生冲突的解决方式是通过家庭的规矩,当家人发挥重要的作用。而在小户家庭,妯娌之间发生冲突后,多是由婆婆解决,只有大事情才由当家人解决。

七、家户外部交往

在对外交往中,劳动力互换成为主要内容,可以缓解阮家劳动力缺乏的现状。在处理对外矛盾或冲突中,家长为维护家户成员的利益,在事态扩大的情况下会进行干预。

（一）当家人交往

1.劳动力之间互换

邻里之间需要承担的责任和义务包括,在农忙时提供劳动力,或者以换工的方式;在缺少农具时,借给邻里农具;在邻居筹办红白喜事时,提供桌椅等工具与劳动力的帮助。如果邻里遇到喜事,需要邻居请对方才能去;如果遇到白事,不需要请邻居,邻居就会去帮忙。

亲戚之间需要承担的责任和义务较多,包括在农忙时要帮忙;亲戚遇到困难要协助解决,提供人力与物力;在亲戚没有儿子的情况下,自己家庭符合过继要求,还要为亲戚过继自己的儿子;如遇红白喜事,亲戚除了随礼是重亲外,还要提供劳动力帮忙,以体现家族势力。遇到红白喜事,自家的人员都要到亲戚家,能做什么就帮忙做,如妇女帮忙做饭,男子帮忙搬桌椅,或者帮忙接待客人。男女老少都有明确的分工,使得红白喜事有序地进行。

朋友之间需要承担的责任和义务包括,朋友会以换工的形式进行帮忙;在可以的情况下需要朋友提供财力支持;如遇红白喜事,收到通知后也要前去,但不需要帮忙,这时候朋友是客人的身份;朋友还要相互帮忙给对方家庭介绍未婚男女,如阮修华的妻子就是由家长的朋友介绍的,然后由媒婆促成。

2.请工为主

与外村人之间需要承担的责任和义务有互不侵犯各村的土地;共同维护连接两个村庄的道路与桥梁;可以以请人做工的方式要求外村人为本村人提供服务,但需要支付粮食或工钱,如阮修华是木匠,外村的农户可以来请阮修华为他们修建房屋等,但需要支付工资;遇到红白喜事,如果本村农户与外村的农户是朋友或者亲戚关系就可以前来,如果不是就不用前来。

3.交往差异

在权利义务关系上,不同类型和人口规模家庭之间的交往存在差异:在大户人家中,大户与四邻的关系多是以经济关系为主,没有纯粹的帮工,也不存在换工的形式,即大户可以通过钱购买劳动力以实现自我目的。而在中户与小户,与四邻的关系多是通过劳动力互换的形式进行,"你帮我,我再帮你"。穷人家的老人要求后辈一定要搞好团结,如果不团结,就没有办法在村庄待下去。搞好团结这几个字说的就是农户之间要团结,而团结的表现就是相互帮助,即通过劳动力互换提供帮助。家庭遇到白事,就需要四邻来帮忙,若没有四邻的人力投入,就难以将去世的老人送上山,即埋葬。因此,四邻都会相互帮助,相当于提前支付劳动力,等自家有事再还回来。

(二)搞好团结

1.邻里关系融洽

阮家与邻里之间关系还算融洽,一是阮家的邻里基本上都是同姓的亲戚,本身关系就较为密切;二是邻里之间都是互帮互助,劳动力互换很正常。同姓之间交往得较多,农闲时,都会一起聊天。农忙时,就会相互商量安排换工的时间。遇到红白喜事,都会提供自家的桌椅与劳动力。年幼老少都在各自的群体中交流与互动,小孩喜欢与邻居的小孩一起玩耍,而妇女多喜欢在一起聊家常,男人们要么在一起打牌娱乐,要么在一起聊一些话题。

邻里之间都是平等的地位,作为同姓的人,不会有谁看不起谁的情况。但是与四邻的外姓就不同,家庭较为富裕或者有手艺的四邻就会看不起没有手艺或者家庭贫困的家庭。如果四邻中有家庭成员是棒客,就会害怕其家庭。虽然棒客平时不在家庭之中,但是其也会回家,有的还带领其他成员来抢自己的四邻。阮家的邻居有一个家庭的成员就是棒客,曾出现带领其他棒客来抢自家周围邻居的情况,阮家也未曾幸免。虽然离开家庭的棒客已经不在原家庭生活,但是作为四邻还是惧怕其原家庭。

村里的大户人家,因为经济实力强,劳动力人数多,所以小户会惧怕。而如果四世同堂与三世同堂的家庭都是小户,那么通常不会让其他农户产生惧怕的心理。同时,有能力者也会让他人惧怕。有能力的人在当地称之为"那样点的"。其为统称,村里有钱、有知识、有文化的人等都可以这么称呼。

2.地邻平等

阮家与地邻之间关系还算融洽,平时经常来往,主要来往的表现形式是换工与串门。换工主要是由家庭的劳动力进行交换,而串门聊天不需要提出特殊的要求。

地邻之间处于平等的地位,都是小户人家,家庭情况差不多,没有高低贵贱之分,在一般情况下是不会出现一方惧怕另一方的情况。在大户人家,就会出现这种情况,特别是租大户田地来维持生活的佃户,面临大户的租金压力不得不惧怕。多子女的家庭与少子女的家庭,只要经济水平差不多,相互之间难以形成惧怕的力量与事态。同样,无论是四世同堂还是三世同堂,只要经济水平在一个层次,那么农户之间形成惧怕的力量还需要一段时间。

3.亲戚互助

在同宗族中,阮家的亲戚之间关系相处得很融洽。一是同姓家族的人都居住在四邻,既是亲戚又是邻居;二是因为距离近,平时交往多,农忙时都相互帮助。因此,在处理亲戚关系时较为容易,通过农业劳动就可以处理亲戚之间的关系。在农业劳动中,都是由家长出面,相互协商,确定换工的时间。

由于亲戚都是处于小户的水平,经济条件相差不大,没有资源占有上的优势。因此,亲戚之间处于平等的地位,不会出现一方惧怕另一方的情况。在大户人家,亲戚的经济水平参差不齐,那么就会出现经济条件差的农户惧怕经济条件好的大户人家。同样,四世同堂与三世同堂出现惧怕的情形也只有在经济条件上出现差距的时候,若没有经济上的差距,人口再多也无济于事。

4.对友真诚

阮家在处理朋友关系时也算融洽。阮德明经常与几个同龄人打牌,而打牌的地点就是自己家,既然朋友们把打牌的地点选在阮家,说明其朋友对阮家为人的认可。如果是家长的朋友前来,就由家长招待;如果是其他成员的朋友前来,就由当事人招待朋友。阮修华是木匠,其有师兄、师弟,而且在外的朋友较多,朋友来到家里都是阮修华与他们聊天。朋友之间在逢年过节会相互走动,如果是师兄弟关系,在特殊的时期还要聚一聚,如请师傅吃饭的时候就会聚在一起。

朋友之间是平等的地位,如果不平等,阮德明的朋友就不会来家中打牌。因此,就朋友关系而言,不会出现一方惧怕另一方的情况。就阮德明结交的朋友来看,多是一些小户,家庭经济状况相差不大。如果在大户人家,大户家庭成员结交的朋友多是大户,即一样身份地位的人,就他们之间的关系而言,少有出现惧怕对方的情况。大户人家的成员少有与小户的家庭成员成为朋友关系的情况,如果成为朋友,就存在小户惧怕大户的情形。

(三)维护家户利益

1.对外冲突

家庭在处理对外冲突时,是以家户为代表,家户之间进行解决。如当人们在聊天时,就会说哪家与哪家因为什么事情打架过孽,而不是使用谁与谁。可见,在人们心中,家是独立的,家户成为人们聊天的主体。

虽然家户是对外的代表,但是在具体处理对外事情上,当家人是代表家庭进行处理。如阮家因为土地边界问题与邻居发生冲突,这时是阮家的当家人与对方的当家人出面进行处理,家中的其他成员不能代表家庭进行处理。

其他家庭成员可以在一定情况下处理对外冲突,如果冲突的发生是个人,不是家户,或者由于两个人之间闹矛盾产生的冲突可以由个人解决。个人之间的矛盾冲突可以由个人解决,与处理的长幼顺序无关。而土地边界、借贷等冲突必须由当家人进行处理,其他家庭成员无权代表家户进行处理。

2.以自家为中心

当家户发生冲突时,当家人要维护自家的利益,不能让其他家户侵害负自身的权益。维护家户的利益有利于维护家户的声誉,在村庄树立良好的名声,但是维护的方法与手段要符合常理,不得强词夺理。

关于家户的冲突,双方都是当家人为代表,其他成员无法取得对方承认的资格。家户之间的矛盾冲突其他成员无权干涉,如四邻、亲戚、朋友、保甲长。阮家的土地边界冲突就是双方的当家人解决的,不需要其他人员干涉。

3.冲突类型及解决

在不同类型的冲突中,家长的作用不同。如果是家庭成员个人的冲突,并没有上升至家户之间的冲突,由家庭个人解决就好,如果家人解决不好,再由当家人出面解决。如果是家户之间的冲突,关系家户的利益,就会直接由当家人出面解决。无论是邻里冲突、地邻纠纷、亲戚矛盾,还是朋友冲突,都是由家长或者成员自己解决,与其他人员无关。同时,外力也不会介入,如四邻、家族、保甲长。

（1）成员自理

邻里之间会产生一些小矛盾,有的需要当家人出面处理,有的由家庭成员处理即可。邻里之间的冲突能否上升为家户之间的冲突, 主要看引起冲突的原因,若冲突事关家户的利益,那么当家人就会出面解决。如果只是个人的冲突,就由个人解决。如阮家向邻居借用了农具,在归还的时候,当家人并未看见农具损坏的地方,而所有者却发现了农具的损坏,于是产生了矛盾,最后当家人带回修理后再归还。

（2）家长协商

地邻之间曾因为树木、饲养的鸡等发生冲突,当事人就会斗嘴,最后由当家人出面进行协商,达成的结果是赔偿一定的粮食。地邻之间的大事就会成为家户之间的冲突,如关于地理边界等。

（3）家长处理

亲戚之间曾因为换工发生过冲突,即亲戚来帮忙收割稻谷,而当亲戚收割的时候,恰逢阮家的劳动力不在家,错过了换工的时间,于是亲戚不满意阮家的行为。最后,当家人向亲戚说明缘由,并补偿了劳动力。

（4）自我解决

当家人与朋友尚未发生过冲突,因为当家人与朋友主要是聚在一起打牌娱乐,没有其他农业劳动、经济利益等方面的交往,因此难以产生冲突。而家庭成员阮修华与朋友产生过冲突,他的朋友就是一起学木匠的师兄弟,此时解决冲突的人主要是阮修华自己,在冲突尚未上升至家户冲突的情形下,家长不会帮助家庭成员解决。

第四章　家户文化制度

阮德明重视家户成员的教育,当家人会选择有潜力的成员去上学,希望其学有所成、出人头地,其他家户成员要努力地增加家户的经济收入,以支付上学的费用,全家共同的努力更能体现一家人的概念与家户的团结。阮德明会教育自己的儿子,让他们养成良好的德行。阮德明会将编制"包子"的手艺传给长子,以增加家户的收入。当家人要组织家户成员祭拜逝去的老人,表达对祖先的感激与尊重之情。阮德明带领家户成员信仰佛教,希望宗教可以保佑家户成员平安、健康,保佑家户的繁荣昌盛。当家人求助于习俗、宗教、信仰,这些成了另一种寄托的方式,希望其为家户带来稳定与安全。阮德明会与朋友一起打牌,作为一种娱乐方式,当然当家人也对自己提出了要求,限制自己的娱乐,注重家户的长远考虑。

一、家户教育

阮家劳动力少,家庭收入微薄,但是当家人希望儿子有所成就,就不得不牺牲阮修培的利益,让其砍柴等赚取学费,支持阮修华上学。当教育的目的无法实现之后,当家人又将学习的目的转向木匠手艺。而当家人拥有的编制"包子"的手艺传给了阮修培,作为一种副业存在。

(一)选择被教育者

阮家在 1949 年以前,只有阮迪华上过学,读了三年,其他成员没有上过学。阮修培的兄弟中只有阮修华与阮修权上过学,两人都读了四年书,相当于小学毕业,阮修培与阮修其没有上过学。阮修华与阮修权结束上学的主要原因是:一是家庭贫困,难以维持上学的费用,阮家的副业较少,获得的经济收入有限,学费主要通过卖柴等获得;二是个人不愿意,不想上学,阮修华读书时,将学校的教学设备损坏,阮修培从家里凑了两元五角去赔偿,阮修华才又去读书。因此,结束上学既有主观方面的影响,也有客观的因素。孩子不上学,是当家人根据家庭经济情况与孩子的主观意愿进行综合考量。另外,社会运动也影响着孩子能否上学。阮修华读书的时候正好遇到农业社,就进入农业社赚工分,没有继续上学。因此,虽然当家人可以决定孩子是否继续上学,但是家里面的其他家庭成员对孩子是否上学也有发言权,主要原因是学费的维持是大家庭集体分担,其他成员对收入用于上学难免存在意见,当家人也允许其他成员提出意见。

如果家里有多个孩子,加之贫困,就不可能让所有的孩子都去上学,就会有选择性地让孩子去上学。在阮家,阮修培与阮修其身体条件不是很好,加之家庭劳动力不足,就没有让阮修培与阮修其去上学。等到了阮修华与阮修权的时候, 阮修培与阮修其已经成为家庭劳动力,缓和了劳动力不足的现状,同时阮修华与阮修权身体状况较好,因此家长将希望寄托在阮修华与阮修权的身上，就决定让阮修华与阮修权去上学。家庭送孩子接受教育的目的是为了让孩子有出息，能够光宗耀祖。在阮家，当家人在读书方面寄托的希望很明确，阮修培与阮修其身体不行不具备读书的条件，只能成为再生劳动力，而阮修华与阮修权身体条件好，就由大家庭分担供他们上学，当家人希望他们有所成就。家里供养小孩子上学可以改变周围邻居对家庭的看法，同时，能够体现家庭的寄托。

如果一个大家庭的当家人是爷爷，当家人的儿子们都有小孩，当家人会根据小家庭的条件与孙子的身体条件安排孙子们上学。当家人会与儿子们商量，也可以由儿子们提出，然后当家人决定。当然，作为孩子的父母很希望孩子能够接受教育，一是孩子可以成为家庭的希望，做父母的相当高兴；二是大家庭集体承担上学费用，减轻了父母的经济压力。爷爷做出决定的时候，不需要征求孩子的意见，孩子只需要听从安排即可。

如果是儿子当家，老父亲还健在，但并不当家，小孩子要去上学，儿子会同老父亲商量，征求老父亲的意见。阮德明曾在私塾读书，由阮迪华决定送其去上学。阮家没有让女孩接受教育：一是女儿的身体条件不是很好，所以当家人并没有多看重；二是受传统影响，没有让女孩子接受教育的传统。在大户人家，经济条件相对较好，会请老师在家中教书，有的家庭给儿子与女儿请一个老师，也有的家庭给女儿与儿子分别请老师。

（二）私塾教育

1.家长带子拜师

阮迪华是在私塾上学，走路需要半个小时，离家距离不算远。私塾都是开在老师自己家里，或者在大户家中。学生去拜师的时候需要父母或者当家人带去，带着拜师需要的礼品，按照拜师遵循的程序，然后由老师决定是否收学生。拜师完成以后，孩子去上学不用父母或者当家人一同前去。

在大户人家中，如果请了老师来家中为孩子教学，有的家庭会让所有的适龄子女都去上学，有的只允许男孩子上学，有的会给女孩子另请一个老师，男孩与女孩分开上学。不同家庭出现子女上学情况不同的原因是：一是大户之家经济实力存在差距，经济实力雄厚的大户就可以请两个老师，男女分开教授；二是大户之家存在观念差异，有的大户认为女孩子不应该上学，而有的大户认为女孩子可以上学。

2.学习内容安排

私塾学习内容依次为《人之初》《三字幼仪》《五言杂字》《百家姓》《张家书》《小儿语》《左传》《右传》《论语》《孟子》《大学》《中庸》①，老师会让学生买书，教完一本再教下一本。在私塾里的学习时间没有严格的要求，一天之中，哪个学生先到老师家中，老师就会先教哪个学生，老师采取轮流的形式进行教学，没有所谓的休息时间，中午吃饭时间，学生可以回家吃饭，也可以自带干粮在私塾里吃。学习没有寒暑假之分，一本书一般是以年为算，即一年学习一本书。

3.过节送礼

阮德明去私塾上学的学费是家庭全体共同承担，主要花费包括拜师、请老师吃饭、买书、

---

① 当时的教材与现在学习的教材不一样，即使是同一内容，如《三字幼仪》中，当时当地教授的是"天生物人最灵根本坏何为人"，现在是，"天生物，人最灵，一双手，称万能"。

文具等。过年的时候学生需要给私塾老师拜年,由父母或者当家人带去,需要带米或者糖之类的礼品,按照惯例,老师会收这些礼品。学生的家庭也会请老师吃饭,但是并不是每一个学生都能请到老师到家中吃饭,老师会有选择性地到学生家中吃饭。当阮修华与阮修权上学的时候,费用也是由家庭集体负担。此时,阮修培与阮修其已经成为劳动力,能够赚钱,所以阮修华与阮修权的上学费用绝大部分分担到了阮修培与阮修其的身上。

(三)学校教育

在阮家,阮修华与阮修权就是去学校上学,学校是由乡里开设的。阮修华与阮修权去报名的时候是由家长带去,家长即当家人。在阮家只有阮修华与阮修权去读书。一是家庭贫困,无法支付所有子女上学的费用;二是阮修培与阮修其有残疾,不适合当时的教育。另外,家长受传统思想的左右,将希望寄托在儿子身上,没有在女儿身上寄予厚望。

从当家人的安排可以看出,首先,孩子们去不去读书并不是自己说了算,而是遵循当家人或者家长的意见;从家庭的角度说,是全家人的希望。其次,就刚上学的孩子来讲,并不知道自己读书是为了自己还是大家庭,尚未懂事。最后,当孩子读了几年书之后,大多会因为主客观原因放弃上学,说明孩子还是没有明白当家人的意愿。

阮修华与阮修权上学需要交学费,学费是整个家庭来承担,一学期的学费只有几元。如果爷爷是当家人,学费由孩子的爷爷提供,其实质还是家庭成员集体承担。阮修华与阮修权的学费大部分都是由阮修培与阮修其通过砍柴等方式来凑的,其他家庭成员也通过副业为家庭成员上学做出过贡献。

(四)家庭内部教育

1.长辈教育

不同辈分的人对孩子的教育侧重点不同:爷爷辈注重对孩子宗族意识的教育,形成家庭概念,而父母注重对实用技能或知识的教育。在孩子小的时候,主要的教育主体就是孩子所在的家庭,爷爷奶奶会教自己的孙子如何为人处世,与小孩子一起要注意一些什么,家庭的区分,特别是同宗族中每一房与每一房的关系。爷爷奶奶会教自己的孙女一些基本的家务,叫孙女不要随意出门闲逛。父亲对男孩的教育主要是农业方面,如何务农,进行劳动生产,会教儿子基本的流程等,父亲教给女儿的知识很少,多是由母亲完成。

其他亲戚会教自己家的孩子一些知识,但是不是很多,主要是如何称呼亲戚,亲戚和自家是什么关系之类的常识。邻居也会教自己家里的孩子一些知识,多是一些实用型的知识,如农具使用、农业技巧。同龄人对孩子的成长影响不大,一是相处的时间不多,交流少;二是家长的作用太大,家长教的知识日益深化。与家庭相比,亲戚、邻居、同龄人对孩子教育的作用不大。而家中的幼者在接受父母教育的同时,还要接受兄长的教育,如果分家,接受兄长的教育较少。兄长的教育主要来自于父母亲,在吃饭的时候就会说遇到事情如何处理,应该怎么办,不能怎么办。如果犯错误,家长就会骂人,严重的家长会直接打人。家长在孩子做了错事时,父亲会让孩子跪着,然后用树枝打孩子。一边打一边说:"教你教不出来啊,是猪都教出来了。"从这句话中可以看出,孩子已经不是第一次犯错误,以前已经教育过相同的话题。同时,对于孩子再次犯错,父亲也深感无奈。

小孩子长到 16 岁就会被家长认为已经成人。16 岁,孩子已经学会了务农,能够进行农业生产,同时,随着身体的发育已经成为劳动力。当然,并不是每一个孩子都是以 16 岁作为成人的标志,16岁只是对于大多数孩子而言。有的孩子在小于16岁的时候,就已经成婚。因此,劳动力是成人的标志,成为独立的劳动力就标志着已经成人。

2.勤劳、团结

父母亲以及其他家人的思维方式和性格深刻地影响着孩子的成长,塑造着孩子的性格,从小所学到的习惯都是从家中习得,家长会带着孩子一起践行一些习惯。

阮家信奉"勤劳致富",也认同"家和万事兴"的思想。因为家庭劳动力不足,当家人不得不通过生育增加劳动力,因此家长很希望阮修培与阮修其早些投入劳动生产。在劳动力不足的时候,女性也要帮忙,做一些力所能及之事。而阮德明对儿子们搞好团结的教育也使得几兄弟之间并没有发生大的摩擦,虽然有斗嘴,但是从未出现过打架的情况。在孩子遇到困难的时候,当属父母提供的帮助最多,无论是经济上的支持,还是劳动力的投入,而其余的家人只是经济负担的分担者。阮欲财生病之后,阮德明提供了经济上的支持,到处找医生,为儿子减轻负担。

阮修培从小就被教育要团结人,与人搞好关系,阮修培深受这句话的影响,无论是对兄弟还是对朋友都是以礼待人,搞好关系,不骂人,不打人,家庭中的相处模式和平时的生活氛围能够对孩子的性格产生影响。因为从小家庭贫困,父母就会省吃俭用,而这种生活方式也传递给了几个儿子,特别是阮修培,其通过砍柴攒钱,给家庭增加经济收入。

(五)男女教育差异

1.学习农业生产

当家人会教小孩子学习一些劳动技能,如家长会教男孩子耕田、耙田,什么时候该种何种农作物,何时能收等,教女孩子洗衣缝补,必要时也会教基本的劳动知识。家长教给孩子的劳动技能孩子必须要学,不学或者不学好家长会骂人或者直接打人。家长不满意孩子学习技能,就会说"这都不会,有什么用,以后怎么办"。

家长的初心是为了孩子以后能掌握生活技能,能够独立地生活下去,同时正确地扮演生活角色。如教男孩子耕田就是为了男孩子以后学会耕种,能够养活自己的家庭。长辈们传授的劳动知识与技能,既有上一代传下来的经验,又有自己的经验总结,还有向他人学习的新知。男孩子4岁左右就会被家长带到土地边,一是家长为了能够随时照看孩子;二是能够进行劳动耕作,一举两得。这时候,孩子相当于"见习"。到孩子8岁左右,阮德明就会带着孩子一起安排一些简单的任务,如阮德明在耕田的时候,就让阮修培锄草。到了10岁左右,阮德明就会把基本的农作程序教给孩子,并让孩子进行耕作,如插秧的时候,阮德明会给孩子做示范,告诉孩子如何插秧,如何将秧苗对齐等。等到了16岁,孩子基本上可以独立进行劳动耕作。这些劳动技能就是孩子以后的"饭碗",必须要学习,不学习阮德明就会打骂孩子,直到孩子学会。如果小孩子不学习或者是不好好学习相应的劳动技能,会受到长辈的批评,严重的会挨打。如果被外人知道就会被议论,外人知道小孩子不学习劳动技能,就会说小孩子是"大户",其实质是在讥讽小孩子什么都不会,和大户家的小孩一样,或者说"有什么用!"其意在表达小孩子无用,不能文也不能武。

2.学家务

女孩子学习家务都是由母亲在家指导。在女孩8岁左右,就会教孩子洗碗、洗菜等;到9岁,就会学习做饭。至于洗衣缝补的劳务,都是先给母亲打下手,然后母亲示范,自己再实践。如果女孩子在家中排行靠前，需要帮助母亲照顾弟弟妹妹。学习劳务是为了以后能够做一个好妻子，不被婆家人笑话。如果女孩子不学习，就会被母亲骂，严厉的会被父亲骂。

女儿在出嫁前要学会如何洗衣缝补、做饭等。如果女孩子不会做这些家务活，嫁入夫家之后，会被婆家的人觉得没有教好，娘家人也会因此觉得丢脸。所以在出嫁前，母亲都会把该教的全部教给女儿。

就阮家的小孩子而言，都是由当家人教，即父母，没有请外人来教孩子。父亲主要负责教男孩子，母亲负责教女孩子，各学所长，有时候也交叉进行，如母亲教男孩子。

（六）失传的"包子"手艺

1."包子"手艺

阮德明会编制"包子"，是上一代长辈相传的手艺，上辈的叔伯都会，此手艺传承三至四代。这个手艺没有再传，因为已被其他的工具替代。"包子"主要是用来装东西，相当于现在的塑料袋，而编制"包子"程序烦琐，已被塑料袋取代。当时阮家编制"包子"是为了获得副业收入，而现在副业也已经被替代，年轻的一代也不愿意学习。因此，编制"包子"基本上延续到阮修培这一代。家里的手艺人会将手艺教给家里的小孩子，主要是教给男孩子，即传男不传女，如阮修培就学习了如何编制"包子"。不会教给外人，也没有招收徒弟。原因是，该手艺的影响力并不大，又缺乏吸引力。

由于家传的手艺是教给男孩子，因此阮德明教给了阮修培，没有教给女孩子。在阮德明看来，一是女孩子学编制"包子"的意义不大；二是女孩子在家中排行最小，女儿的时代已经不需要这种手艺。因此，家中的其他几个孩子都没有学习。

2.传人选择

家长在选择学习手艺人的时候要遵循一定的原则与条件：一是身体条件，要看儿子的手是否长得好，即适合编制烦琐的手活儿；还要看儿子的眼睛是否看得清，如果眼睛看不清楚也不行，如阮修其眼睛不好，家长就没有要求其学习手艺。二是长幼顺序，要让兄长先学，弟弟再学。在阮家，阮德明的手艺传给了大儿子与二儿子，其他儿子没有学习的原因是因为时局的变化，社会的发展，手艺无法成为谋生的手段。一方面，几个儿子之间年龄差距大，大儿子与阮修权之间年龄相差约 20 岁，这二十年正是社会巨变的年代，所以学手艺的传统意义被稀释。另一方面，学技术与读书是长久的求生存之法，因此家长会让小儿子去学习技术或者读书。

此外，学什么手艺与技术还受到主客观条件的影响：一是客观环境的需要，二是家长的心愿。每个儿子学什么需要告知家庭成员，不用告知或者请示四邻、家族、保甲长。阮修华学木匠由家长决定，家长认为前面的两个儿子都有残疾，干大事的可能性不大，而阮修华身体健全，家长格外宠爱，于是家长就决定让阮修华学习木匠。

学手艺的人平时在家同样做农活儿，编制"包子"只是作为一种副业存在，编制的时间多是在农闲或者下雨天。其他成员赞同编制"包子"，因为编制"包子"可以增加家庭的收入。如阮修华上学，其中一部分学费就是通过编制"包子"而来的。

3.传艺目的与费用

把手艺传承给后代，一是为了继承祖先的手艺；二是为了谋生，增加家庭的收入。此外，阮德明将手艺传给小孩子，即是为了孩子以后有一条谋生之道，也是为了要把家庭的技术传承下去。如果孩子不喜欢这门手艺,也要继续学习下去,采取增加学习时间的方式。在阮家的另一房,其父亲是木匠,要求儿子学习木匠活,可是儿子并不愿意。于是家长延长学习年限,用了三年的时间让儿子学会了木匠活,而当初自己学习的时候只用了六个月。学习手艺都是由当家人安排,在阮家就是由自己的父亲安排,不需要与其他人商量,父亲自己做主。

小孩子如果是向自家的父亲学习,就不会产生费用。编制"包子"的主要材料就是竹子,而当地盛产竹子,加上自家种植了竹子,因此不会产生费用。如果是向他人学习手艺,那么就会产生费用,费用包括拜师、请师傅吃饭等,此时的花费由家庭集体来承担。如阮修华学习木匠,其师傅是外姓人员,就必须给师傅送礼,请师傅吃饭,还要置办木匠活需要的工具,其产生的费用都是由家庭成员集体负担。

4.换手艺

阮修华就是由当家人安排学习木匠的,因为阮修华不愿意上学,而当家人对阮修华又寄予厚望,所以安排其去学习木匠。由当家人带着孩子去找木匠师傅,需要带一些礼物,包括米、糖等。如果是爷爷当家,就由爷爷带着去。当家人安排阮修华学习木匠的原因是:一是阮修培与阮修其不可能取得太大的成就,当家人只好将希望寄托在阮修华身上;二是希望阮修华学会手艺,以后能够成为"能人";三是学会后,能够为家庭争面子。因此,当家人安排阮修华学习木匠,既即是为了家庭的荣誉,也是为了阮修华个人的未来。

二、家户意识

阮家劳动力缺乏,为了避免受到外界的欺负,特别强调家户团结的概念。当家人要求在一锅里吃饭的人维护家户的利益,在家户内部分工合作。小家庭要以大家庭的利益为重,做兄长的要承担更多的责任,对家中的弟弟负责。

(一)一锅中的成员

1.家内一体

在阮家,就狭隘意义上的自家人而言,就是一起在一口锅里吃饭的人,家庭的所有资源统一支配使用。广义上的自家人的概念,就是同宗族的人员,在当地的同一个姓氏,或者嫁进来的媳妇,或者婚姻关系相连的亲戚。外家人与自家人最显著的标志是祸福不连,即外人的富与自己无关,自己的祸外人也不用承担。

在一口锅里吃饭,或者因为婚姻相连的亲戚就是自家人。与自家利益无关,经济不相连,又不属于同一个氏族的就是外人。自家人在情感上较为亲密,有什么事情可以求助,逢年过节会相互走动。而外人在情感上较为疏远,相互走动较少。

如果以狭隘的家庭意义而言,只有自己家这一个小家庭算自家人。将家庭的范围扩大,叔叔、伯伯、出嫁的姑姑、姑父、舅舅、舅妈、嫁出去的姨姨、姨夫、已经分家的兄弟都是自家人。可见,家庭概念的伸缩性很强,既可以小到几口之家,又可以扩大到整个亲戚、家族。

即使是亲戚,虽然居住得比较远平时联系少,但仍然是自家人。如果不是亲戚但是平时能够相互帮助、比较靠得住的人不是自家人,至多算是朋友。自家人至少要通过追溯三代能找到同一个宗氏,通过婚姻相连或者是家族派系的就算是亲戚关系。出去打工常年不回家的人是自家人。如果没有亲戚关系,日常相处寄宿在家庭的人不是自家人。当时没有人寄宿在阮家,阮家本身家庭人口多,住房就很紧张,而且当地没有寄宿在他家的习惯。过继来的孩子肯定是自家人,阮迪华就是过继而来的儿子,显然是自家人,没有被当成外人看。即使阮迪华不是过继的,就大家庭的概念而言,他仍然属于自家人。

如果一个男人娶了妻妾,妾是自己的家人,妾所生的孩子也是一家人。因为他们平时在一口锅里吃饭,福祸相依,而且具有血缘关系。阮修培因为儿子夭折,就招了一个上门女婿,显然女婿是自家人,与阮修培一起生活。如果家庭成员不听家长的安排,被父亲分出去或赶出去,这样的人仍然是自家人。因为被家长赶出去只能说明不听从家长安排,没有与其他成员一起吃饭,而并没有将其成员身份去除。如果一个大家庭没有分家,底下有几个小家庭,依然同住在一个院子里是自家人。不住在同一个院子里,分居但是没有明确分家仍是一家人。因此,所谓的自家人就是在一口锅里吃饭,有衣同穿、有饭同食、有福同享、有难同当。所以,自家人是自己最重要的人,不能与他们分离,重要的事情都要靠他们支持。

2.家外独立

没有福祸相倚、没有同一的当家人的人就是外人。如果邻居是亲戚那就不是外人,乡亲们中的除亲戚外的都是外人。外人是一个心理边界,存在对外人的防范,自家的事情肯定与自家的人商量,而不会找外人商量,这是明显的心理边界,家庭的事情不可外漏。如果通过追溯三至四代能找到相同的老人,虽然是亲戚,但是代数多了之后,关系自然就一般了。就外人而言,能够与外人交往,有选择性地成为朋友,在必要的情况下,还需要外人的帮助。认识家人自然是一起生活而认识,认识外人是通过家人或者亲戚,或者朋友。

外人不会介入自己家的家事。如在阮家因为土地边界发生矛盾时,亲戚、邻居们不会来管,如果外人介入了自己家的家事,一方面会认为对方是好意,劝说双方,缓和矛盾;另一方面也会认为对方是多管闲事,在当地有一句话就说明不要插手其他家庭的事情,即"拿钱不多管事多",意思为这种事情对自己没有利益,而自己还去多管闲事,是一种讽刺的表达。同时,阮家也不会介入外人的家事,无论是邻居家里发生的一些矛盾,还是邻居家与别人家发生的矛盾都不会去干涉。如果邻居是亲戚,就会出面说两句,都是由当家人去说。但是阮家在有些情况下会介入亲戚家的家事,比如亲戚与亲戚之间闹矛盾,不利于家族的和睦,这时候当家人会出面劝说。但是有些时候,如果介入别人的家事,别人也会不情愿。虽然介入亲戚之间的事情,可能初心是好的,可是双方当事人不是很满意,在话语上不会明确地表达,却在心里不满。

对阮家来说,与自家人交往相比较而言,与外人交往最大的不同是能否商量事关自家的事情。对于自家的人来说,事无巨细,都可以拿出来让大家知道,可是与外人交往就不同,有的事情可以说,而有的却不能说。如在与外人交往的时候,家庭的丑事不会拿出来说,有所隐瞒。对于自家人和外人,在称呼上有很大的不同:对于自家人可以直呼小名,或者直接用"你",而在称呼外人时,都要以姓开头,后加职业或者师傅之类的词,如陈木匠、李师傅等。在礼节上,家中的长幼不是很严格地遵循,有的时候还存在开玩笑的情况。而在对外交往中,礼节的遵循较为严格,见到长辈要按照辈分称呼,不可以乱了辈分开玩笑。在借钱时,都是先找亲戚,若不行再找朋友,自家人优于外人。在农忙换工时,都是先找自家人,若劳动力不足,再从外面寻求帮助。

(二)家庭共同体

1.家户的道义

（1）当家人管理

在阮家还没有分家的时候,大家庭几个兄弟都生活在一起,小家庭的经济资源由当家人统一支配使用,无论是挣钱多的阮修华,还是砍柴卖的阮修培,都要把收入交给当家人,由当家人安排。妯娌之间会在一起劳动,相互帮助,赵术群会带着弟媳去做劳务,一起干完某件事情,家里的家务也存在相互的分工合作。

（2）对弱者的照顾

如果在分家时,在兄弟之间存在特殊情况,如有重病,或者未婚者,当家人会进行特殊的照顾。如阮修其在分家的时候就没有成婚,当家人就先把一部分财产留给阮修其,再把其余的财产分给几个儿子。如果分家时,家中还有未出嫁的妹妹,那么妹妹有可能与家长一起居住,也有可能与兄长居住。如阮家的女儿,在分家的时候还未出嫁,就在阮修华家中生活,住了一年以后才出嫁。

分家之后,几兄弟之间的经济状况有所差异,但经济条件好的小家庭也会自愿扶持经济条件相对较弱的家庭。分家后,小家庭之间是独立的存在,各自进行收支核算。有能力的人就会挣更多的钱,而没有能力的人自然家庭的经济条件逐渐落伍。这时,有能力的小家庭需要在经济上、劳动力上对其他小家庭进行帮助。

2.光宗耀祖

（1）发家致富

还没有分家的时候,家里的每一个人都要为家庭的发达致富而努力。当家人在阮修华的身上寄予厚望,希望其可以带领家人走出贫困;阮修培不辞辛苦地砍柴,将钱花在弟弟身上,希望弟弟学有所成。如果一个家庭发达了,家庭里面的每个人都会跟着沾光,因为家庭发达是家庭成员共同努力的结果,也是每一个家庭成员的愿望。

（2）光耀门楣

光耀门楣应该是每一代子孙都为之奋斗的目标,而每一个新生的孩子都带着家长的厚望。在晚饭的时候,家长会教育孩子要勤奋,不要偷懒,要学会自立。在孩子读书的时候,家长会让孩子专心于学习,减少其农业劳动。家长会给孩子提一个基本的要求,即以后要当官,成为有地位的人。家长教育孩子时会说"当官的,祖祖辈辈都是当官的,杀猪的,祖祖辈辈都是杀猪的"。其意思是,孩子应当努力,改变职业沿袭的命运,为下代人谋划一个好的未来。如果孩子读书有成,考取了功名,能当上官,就是光耀门楣。

在没有分家的时候,大家庭的目标就是希望阮修华与阮修权有所成就,因此其他家庭成员都在努力地工作挣钱,花费在阮修华与阮修权身上。家庭成员自然希望家庭和睦、枝繁叶茂,如果家庭发达了,全家人都沾光,用当地的话来说,如果家中有人有本事了,家庭成员出去说话都有底气了,说话硬气了。

阮家每次祈福或者拜神的时候,都要祈祷保佑家里的所有成员都能平安健康,顺顺利利,抱财回家。如每一次参加庙会,家庭成员都会为家庭成员祈祷平安,希望后代有所成就。

(三)先大家后小家,立足长远

1.家户利益至上

就个人与家庭之间的关系来说,个人从属于家庭,"没有家就没有个人"。从家庭的经济收支来看,个人的收入要交给家庭,由家庭统一支配,进行长远的安排。同时,当家人存在的目的之一就是平衡家庭的收支,以维持家庭的生存。家庭为了培养人才,安排阮修培砍柴,阮修培没有考虑个人的利益,而是以家庭的利益为重,辛勤地付出。当家庭的利益与个人的利益发生冲突时,家庭成员会选择放弃个人的利益,成全家庭利益。如家中有人庆生,当家人安排阮修培小家庭喂养的猪用来作为正午的食材,阮修培没有以小家庭的利益为重,而是拿出了自己饲养的猪,以大家庭的利益为重。

当家人考虑事情要先考虑整个家庭的利益,还要立足长远,同时兼顾小家庭的利益。如当家人在考虑儿子们的未来时,就要优先考虑大家庭的情况。阮修培与阮修其在幼年时,家庭缺少劳动力,于是当家人希望他们成为家庭的劳动力,缓解劳动力不足的情况。到了阮修华时,家庭劳动力不足的情况得到缓解,于是当家人选中阮修华作为长远的目标来培养,希望其学有所成。如果家庭成员首先想到的是自己的利益,当家人会批评。如当家人安排家庭成员上街去卖某东西,如果成员将卖的钱私藏一部分,或者自己私自使用一部分,回到家中会受到当家人的责罚。

2.兄长的付出

因为家庭条件不好,没有足够的经济支持孩子上学,阮修培就没有上学。阮修权上完小学之后,由于家庭困难也辍学回家务农。而阮修华是看到家庭条件不好,从而提出自愿放弃了读书的机会,回家务农,选择去挣钱维持生活,照顾家人。阮修华以家庭大局为重,虽然是自己心甘情愿地选择,还是觉得有些遗憾,特别是多年后,时常后悔当年没有多上几年学。阮修培为了家庭的发展,放弃了自己发展的机会。为了让阮修华上学,为了让阮修华学得手艺,阮修培不得不辛勤劳动,砍柴、编制"包子"增加家庭的副业收入,以提供阮修华的消费。

阮修培牺牲了个人的发展机会,将发展的前途让给自己的弟弟,为了整个家庭更好的未来。如果没有阮修培做出的牺牲,恐怕阮修华与阮修权难以取得成就。但是自从分家之后,阮修华与阮修权的家庭条件越来越好,而阮修培没有上过学,没有学过技艺,所挣的钱远远不及阮修华与阮修权,因此阮修培与阮修华、阮修权的家庭经济差距越来越大。可见,阮修培为了阮修华的发展做出了巨大的牺牲,不惜以自己的前途为代价。

(四)行善积德

1.因果报应

老人们相信善有善报、恶有恶报,认为自己做的好事以后取得的回报,也相信自己做的事情会影响自己的儿女以及后辈。老人在祭祖的时候,就说向祖先说明一些事情,同时请祖先保佑自己的后代。

家中的老人有行善积德造福子孙的意识,平时都会施舍来到家门口乞讨的乞丐。每到祭拜菩萨时,老人都会买香火前去祈福。当家人作为代表会参与村中的事情,安排家中劳动力参与公共事务,如修公路、修桥。

阮家的老人在家人或者别人家看来并没有"爱管闲事",也没有爱打抱不平。一方面,家中的老人不愿意管其他家庭的事情,家户之间的界限清晰;另一方面,老人不能管其他家庭的事情,其他家庭的人员不愿意外人插手。如果家中的老人插手其他家庭的事情会被外人议论,自家家庭成员的人也会不满意老人的行为。

2.儒家"现报"

老人们在节气上祭祀祖先,会祈求下一辈人的平安健康。老人们相信"现报",即自己做的事情在不久的未来就可以得以实现。如果家中有人升官发财,学有所成,很有出息,家中的人会认为,一方面祖上的祖坟选择对了地方,得到了祖先的保佑;另一方面家人没有到处惹是生非,打架过孽,搞好了邻居关系。此外,祖辈的品德也是重要的原因,如乐善好施、行善积德、辛勤劳动等。

"老人积德,福泽子孙",或者"老人缺德,一家遭殃"这样的观点有其正确的一面,也有错误的一面。正确的一面是,老人积德这种品质所营造的家庭氛围会影响下一代的家庭成员,有利于家庭成员延续好的品格。错误的一面是,忽视了个人的积极能动性,每一代人都可以通过自己的努力实现人生理想,而不是享有前辈的恩惠。

三、过年与祭祖

祭祖在阮家具有重要的地位。祭祖是为了感谢祖宗的保佑,也是为了说明子孙的孝顺,不忘恩情。在祭祖活动中,当家人享有支配权,家户成员配合当家人进行一定的活动。

(一)过年迎新

1.过年前的准备

春节从正月初一开始算,到正月十五结束。春节需要提前准备,置办年货,如买肉、做黄粑。大扫除的时间为腊月二十,大扫除在当地称之为"打洋尘",但是时间并不一定是腊月二十,只要是过了腊月二十就可以大扫除,家庭都会选择早些日子完成。置办年货的时间为春节前的两到三个赶集日,腊月三十也可以去补充置办。一般年货都有布、肉、糖果等。贴春联的时间为腊月三十,但是为了减少家庭开支,大部分家庭都不贴春联。过春节是以家庭为基本单元,从吃团年饭就可以看出来,没有外来人员。不是一个家庭的人员不会一起过年,而且当地人最忌讳在外人家里过年,也不允许其他人在自己家过年。阮德明从未在外过年,也从未收留其他人员在自家过年,而且从小就教育子女不可在外人家里过年,其他人吃团年饭也不要去串门。同时,过年年夜饭都是自家人参加,外人不能参加,也不会邀请外人参加。居住在同一栋房屋或同一院落内的亲戚不参加年夜饭,但是会被邀请参加团年饭。团年饭参与人员的特点在于,只有被邀请的家庭才能去,没有被邀请的人不能参加。团年饭的实质就是自家人的饭,家庭不仅独立而且封闭。

2.年前团年,年后拜年

(1)团年饭

过年前,家里需要吃团年饭,参加团年饭的人员都是受到邀请的自家人,不被邀请的人不能参加。吃团年饭的时间是腊月二十四至腊月三十,在外村做工的人必须要回家吃团年饭,如阮修华就必须要提前回家,吃家里的团年饭。

如果一个大家庭没有分家,过年过节时就是聚在一起吃饭。如果已经分家,但是住在同一个院落内,是由小家庭举办,然后邀请其他几个小家庭一起吃饭。如阮修培的小家庭将团年的日期定为腊月二十五,阮修华把日期定为腊月二十六,阮修权将日期定为腊月二十七,这样就可以把小家庭吃团年饭的时间错开,同时又可以把年过得热闹。

(2)拜年送礼

无论是在过年前,还是在过年后,都会在亲戚之间轮流吃饭。过年前的饭称为团年饭,吃团年饭的时候,必须要祭祀祖先,还要放炮仗。过年后的称为拜年。团年饭的参与人员必须邀请才能前来,没邀请不能来,而拜年就有所不同,由自己衡量,想去就可以带着礼物去,不想去就可以不去,同时,主人也不会主动邀请。所以团年饭的参与人员与拜年的参与人员大不相同,拜年的参与人员范围大于团年饭的参与人员,包括四邻、朋友等。同时,拜年的人要带着礼物以表喜庆。

正月初一后走亲戚要依据一定的顺序,要先去宗族老人家中走动,然后去同辈中兄弟家中,不能乱了顺序。走亲戚的时间由对方确定,但是必须要过了正月初二之后才可以走亲戚,对方确定时间之后,告诉宗族的人员,然后大家一起去走亲戚,带的礼物一般是糖或一瓶酒。在一般情况下,过年走亲戚都是全家人一起去,当家人必须要去,对方才能认可。如果亲戚来了自己家,送来了礼物,那么当家人也要选择日期带着礼物去。如果不带着礼物去,就会被对方说"光收不出",其意为只收礼物没有送出礼物,表示对对方的不满。

3.禁止留宿

过年过节的时候都是在自己家里过,嫁出去的女儿不可以回娘家过年,要等到正月初二之后才可以回娘家。正月初二之后,已经不是回娘家过年,而是回娘家拜年,向父母拜年。回娘家的女儿需要带礼品,家庭条件好的女儿可以为父母带一个猪蹄,家庭条件差的可以为父母买糖与酒。

亲戚们都是在自己家过年,没有到其他家庭过年的习俗,即使其本人愿意到其他家庭过年,其他家庭也不愿意留宿其在家过年。因此,过年的时候,不会去别人家过年,都是在自己家里过年。一是当家人会教导孩子不让孩子出去过年;二是如果出去过年,邻居就会议论说其没有家,就连父亲也会骂人说其是乞丐。

(二)三大祭祖日

1.春节祭祖

春节主要的仪式是祭祖,一般都是由当家人主持进行,仪式有两次:一次是吃团年饭的时候,一次是大年初一早上。吃团年饭时,会给老人烧纸,以祭拜老人,向老人祈福,通常是几房的家庭成员一起祭祖,每一家都会端着祭拜的东西,集中到某一家人的堂屋,由老人们主持进行,向祖先们说一些话,并烧纸、蜡烛、香,每一个小家庭的成员都会到齐,包括小孩、女人。祭祖的时候桌子是用方桌,吃饭时,由家人向祖先说一些话,主要是保佑家人平平安安、顺顺利利、无病无痛、抱财回家等。吃完饭,由妇女们收拾桌子,男性很少收拾。春节期间,宗族的人会搞一些"吹号"活动,吹号是由宗族的年轻人发起,用竹子制成吹号的工具,或者组织打牌。吹号从腊月二十几就开始,直到正月十五结束。

2.清明祭祖

清明节主要是上坟地祭拜祖先,由家族几个小家庭的晚辈合伙进行,买好祭拜用的纸、蜡、香等。家族的晚辈要给祖先们跪拜、作揖,祈祷祖先保佑一切顺利。阮德明在清明节时,会与其他几房的人员商定清明会的时间,全家的年轻人都要参加。

3.七月半祭祖

七月半主要是给祖先烧纸,向祖先禀告家中的一切,祈祷祖先保佑后代。仪式由当家人主持,年轻人要作揖。每到七月半的时候,都是由阮德明安排,几个儿子作揖即可。

四、家户信仰

阮家劳动力不足,对外抵御风险的能力差。因此,当家人将求平安、稳定的状态寄托于习俗、信仰、宗教之中,并在生活中影响家庭成员。但是当家人对习俗、信仰、宗教没有明确的区分,导致三者相互融合。

(一)宗教、习俗相互交织

1.信佛

1949年以前,家庭成员主要是信仰佛教,即观世音等菩萨。每到庙会家中的老人都会参加,过年前夕,家中老人还要给灶王菩萨等烧纸。这些祭拜菩萨的行为成为习俗,一代一代相传。之后,习俗演化成信仰,成为家中必不可少的事情。

家庭成员在长辈的影响下,自然也传习了这些信仰,如阮修培等几个儿子仍然坚持当年阮德明的风俗行为。因此,信仰宗教的行为经过家中的老人传递,自然是得到了老人的允许。当然,这些信仰表现出来的行为不必得到当家人的同意。在阮家,只有信仰佛教,没有其他的教派。如果自家信仰其他的教派,家族、邻居、保甲长等都不会干涉。

信仰佛教使得家人做事有所畏惧,能够约束家庭成员的行为。当祈祷的愿望得到实现之后,自然祈祷的人就会觉得信仰对家庭有好处。而且祈祷可以减少家庭矛盾,因为大家的行为都受到约束,自然减少了家中的冲突。从某一角度来说,宗教信仰与习俗相互融合,很难分开,习俗表现为信仰,信仰又通过习俗表现出来。如阮德明给菩萨烧纸,即表现其对菩萨的敬畏之心,又是当地的习俗,成为每一个家庭必不可少的行为。

2.习俗与信仰的融合

在阮家,或者说在当地,信仰宗教并不是通过宣传,或者运动实现,而是融合在习俗中,年轻人目睹长辈的行为,然后模仿、转化为自我的习俗,从习俗演化为信仰。与其他地方不同的是,当你询问当地人的宗教信仰时,对方的回答是没有,但是其行为却是表现为信仰佛教。因此,一方面当地人并不能清晰地认识自己的宗教信仰问题,另一方面当地人却从事着信仰宗教的行为。其解释为,当地人将信仰宗教的行为视为习俗,而不是宗教。而其将信仰宗教看作习俗的原因是,这些信仰行为的习得是通过代际传递,并非宣传与鼓动。

家庭成员都向长辈学习,自然,家庭成员的习俗相同,那么其宗教信仰就相同,只不过没有察觉习俗是宗教信仰罢了。几个儿子都习得了阮德明的习俗,分家之后,仍然坚持相关的信仰行为。

(二)模仿中传递

首先,从阮家来看,其信仰是从父辈传递而来。就信仰的先后顺序而言,阮德明在先,儿子在后;长辈在前,晚辈在后,家长信仰某一宗教,其他家庭成员跟随家长一起信仰某一宗教,表现为相同的行为。

其次,如果当家人信仰一个宗教,其他家庭成员不可以不信。一方面家长的管教很严,家庭成员一般不可以反对;另一方面家长会让家庭成员做出相同的表现,其实质就是在改

391

造家庭成员。即使当家人不强求家庭成员信仰自己的宗教,但在长时间的渲染中,仍然会被改变。

最后,从家长表现的行为来看,确实是信奉佛教。从家庭成员习得的时间来看,家长在前,其他成员在后。家长通过在家中表现其信仰行为,然后带动家庭成员表现相同的行为。阮修培的信仰行为是从阮德明那里习得,从小就看阮德明的相关行为,自然日益熟悉。

(三)思想一元化

从阮家的宗教信仰习得过程来看,如果没有家长的影响,其他家庭成员很难形成相关的行为与信念。因此,如果家长不信教,那么家庭成员难以通过其他方式信教。如果家庭成员信仰宗教,要经过家长的允许,家长不同意就不能信仰。主要原因是,家长觉得没有必要信仰其他的宗教,用武之地不大,同时,该宗教没有给家长带来实质性的恩惠,使得家长难以信服。同时,家庭成员不可以信奉不同的宗教,如果家庭成员信仰不同,家长会认为家庭成员不和睦,不利于团结。

此外,如果家长不同意家庭成员所信仰的宗教,家庭成员只能放弃其信仰。如果家庭成员坚持信仰,则会被家长骂,严重的还要挨打。当家人虽然可以理解他们的心情,对不同信仰的追求,但是家长为了确保家庭的团结,也是为了家庭成员的安全着想,还是会强制让他们放弃其他的宗教信仰,以至于出现没有宗教信仰的回答。

因此,在阮家,没有出现过有多个人信奉不同宗教的情况。一是家中本身就有习得的宗教信仰,家人也受这种信仰的影响;二是家长不可能让家庭成员信仰其他的宗教,一旦家庭成员信仰其他的宗教就容易出现矛盾与冲突。

(四)拜神

1949年以前,阮家并没有明确的供奉神,但是其行为表现出了其信神的思想。财神是贴在堂屋的正中间,一进门就可以看见,希望家人抱财回家;关公与门神是贴在门框中,一边一个,其意为守门,保护家庭。家里老人、当家人、儿媳妇、成家和未成家的儿子、未出嫁的闺女、小孩子都可以拜。平时拜神和过年不一样,平时拜神要去专门的寺庙,而过年拜神,在自己的家中就可以,不需要去寺庙。在祭拜家神时要烧纸、上香,一般由当家人或者家中的老人来进行。在祭拜神时,需要供品,不同的神需要准备不同的供品,如灶王、菩萨的供品是素食,一般是花生之类的食物。

信仰神主要是为了保家庭平安,各方面都很顺利。财神的作用主要是保佑家庭成员能够挣钱,抱财回家;门神能够看家护院,保护家庭的财产。在阮家看来,祭祀家神有作用,而且作用很大。一是家庭成员受先辈习俗的影响,已经作为传统存在;二是如果不再信仰这些神,家庭成员出现困难之后,归咎的原因就会是不信某个神。

拜神的时间一般是过年前夕,不同的神祭拜的时间不同,如灶王的祭祀时间是腊月二十三晚。如果家中遇到特殊的事情,也会拜神,如家人在外做工遇到不好的事情,就会向神明祈祷。过年时候拜神要比平时更为正式,主要体现在供品上。在拜神的时候,由家长或者家中的老人来主持祭拜仪式,女性也可以主持祭拜,从小孩四五岁时,就会开始教祭拜神明的规矩,由当家人或者老人来教,所有的孩子都要教。阮家主要是由阮德明负责,阮德明教给了几个儿子相关的规矩。

(五)感激祖宗恩德

1.家族的记载

（1）族谱

家庭成员通过老人的言传都知道阮家从哪里来,而对于祖先的名字只有部分成员知道,能够识字、看懂族谱的人员才知道祖先的名字。祖先意味着根,能够找到自己最开始的地方,较为亲切。祖上给后人留下了土地、房屋、农具、生活用品等,最重要的是祖上将家庭成员分散开,不断地繁衍生息,以至于让阮家还存在且不断壮大。能够明白自己的祖上从哪里来,通过族谱了解祖上繁衍的情况,能够追本溯源,相对于其他家庭来说有荣誉感与骄傲。

族谱都放在柜子里,且用布等包裹。族谱对家庭成员来说意味着追本溯源,厘清辈分,也是判断是否是自家人的文本。写在族谱上的人主要是阮家的男子与娶进来的媳妇。上族谱的时间一般是隔三十年,由家中识字的人,要汇聚宗族的长辈,防止混淆。上族谱不会请人,是为了防止将人员关系错乱。族谱原有三本,三大房人一房一本,由每一房有声望的或者识字的人来保管。①

（2）感谢之情

每年过年,家庭都会祭拜祖先。一是感谢祖先的功劳,没有祖先,就没有现在的后代以及所成立的家庭;二是祈祷祖先的保佑,希望祖先能够继续保佑后代。祭拜祖先是每一个家庭成员必须要做的事情,表明自己属于祖先的后辈,能够继续传承家业。如果不祭拜祖先,就会被认为不是祖上的后代,不是家庭的人员。在阮家,还没有出现过不祭拜祖先的人员。

当年,阮家还没有修建家庙或祠堂。因为阮家是搬家户,居住时间不长,难以修建。同时阮家的几房家庭都贫穷,难以支付修建的费用。因此,堂屋既用于办红白喜事,接待客人,又用于祭拜祖先。祭拜祖先时,所有的家庭成员都聚集在堂屋,向祖先献上供品,由当家人或者老人说几句话,以告知祖先,然后后辈人作揖。

（3）强调孝道

阮家重视孝道,孝道关系老人的养老问题,也关系整个家族的声誉,不允许家中的人出现不孝的情况。如果出现不肖子孙,家族中的长辈就会告诫其行为。老人多是信仰"现报",老人会对年轻人说"如果你现在不供养老人,以后你的儿子也不会供养你"。这是一种警告,也是告诫年轻人为自己的养老着想。

在阮家,对于祖先的孝与对于在世老人的孝通常结合在一起。其表现为对祖先的祭拜行为多是由年轻人完成,如跪拜、作揖,而在世老人的养老也是由年轻人来完成。如果年轻人对祖先不孝敬,不进行作揖之类的行为,在世老人就会质问,"自家的老人都不要了,现在我在世你们都不孝敬祖先,如果我去世了,你们就更不管老人了"。因此,从某种角度来说,不孝敬老人就等于不孝敬祖宗。

2.作揖与祈祷

祭拜祖先一方面是为了表达对祖先的尊敬,另一方面是为了祈祷祖先保佑后代平安健康顺利。另外,祭拜祖先是为了让祖先知道后继有人,后辈人没有忘记祖先。祭拜祖先的日子为清明节与春节。祭拜的时候祈求祖先保佑,希望后代有所成就,能够抱财回家,小孩健

---

① 在"文革"期间,有两房的族谱被毁,仅剩下一本,在银子坡。

康成长。祭拜的时候,供品是猪肉、烧酒,进行祭拜的人会一边给祖先烧纸,一边祈祷,再作揖。祈祷保佑老年人长寿,无病无痛,保佑中年人抱财回家,保佑小孩子健康成长,以后升官发财。

家中的祭祀祖先的活动大多由当家人主持,其他成员参与。向祖先祈祷之类的话必须由当家人来说,或者家中的老人来说,家中的晚辈不能说。如阮家在举办祭拜活动时,都是由阮德明主持,阮德明向祖先祈祷,并要求儿子给祖先作揖、跪拜。家庭中的女性可以祭拜家里的祖先,女儿也可以祭拜。嫁进来的媳妇可以祭拜夫家的祖坟,而有的时候必须要祭拜。只要是阮家的人,都可以祭拜祖先,娶进来的媳妇是阮家的人也应该祭拜祖先,祈祷祖先的保佑。小孩子们在祭祀祖先的时候主要是跪拜与作揖,当家人向祖先祈祷之后,就会要求小孩子们作揖与跪拜。如果小孩子不愿意祭拜,那么当家人就会说:"你不跪拜、作揖,祖先就不保佑你。"

(六)带供品烧香

1.求佛拜神

1949年以前,村里有古龙庙。古龙庙主要有烧香、祈福的功能,同时保护一方的平安。古龙庙距离阮家约十分钟的路程,家中遇到事情或者过节就会到庙里祭拜。古龙庙供奉的都是菩萨,包括观世音等。平常是二月十九、六月十九、九月十九,这些日期是各种菩萨的诞辰日。拜菩萨主要是保佑家庭成员平安顺利,无病无灾。如阮德明就会去祭拜菩萨,祈祷家庭成员一切顺利。家庭成员也会去其他地方的庙里祭拜,因为不同的庙宇供奉的神不同,而不同的神的作用不同。去其他地方拜神不需要跟当地的管理人说一声,只需带着香火等去就可以。管理人员也很欢迎其他地方的人来庙宇祭拜,可以增加庙宇的知名度。如阮家去祭拜财神,地点在王四通。

2.祭拜吃斋

拜神时,儿媳妇、成家和未成家的儿子、未出嫁的闺女、小孩子都可以,都是由当家人或者老人带着去。拜不同的神,带着的人有不同,如阮家去拜财神时,当家人带着的主要是儿子,没有带女儿。

祭拜神时,是以家户为单位。老人、当家人、儿媳妇、成家和未成家的儿子、未出嫁的闺女、小孩子都可以去。如阮家在拜神时,都是由阮德明带着前去。在拜神时,可以和他人一起去,也可以家庭成员独自去。如果结伴而行的话,一般是找邻居一同前往,所需要的香火费用由各家独立承担,祭拜的东西不可以共用,所有的东西都要留给管理人员,或者用来支付请的工作人员,或者作为维修费用。阮家去寺庙祭拜时会带香火、供品,以及生活费。生活费交给管理人员作为中午吃斋饭的费用,不用带其他东西。去不同的寺庙所带的东西相差不大,但是家户都会根据自家的不同情况带不同的供品。

五、家户娱乐

阮家为了保持自身的独立,在交友上相当慎重,对德行方面提出了要求。当家人以打牌作为娱乐,受家庭收入的限制,并没有发展成为赌博。家庭成员可以串门聊天,但是受到时间的限制,特别是在春节。庙会为当家人为家户祈祷提供了机会。

(一)重德行

1.德性选择

在阮家,家庭成员都有自己的朋友。家庭成员交朋友的标准是性格好、品德优秀,最重要的是能够合伙。男性可以交同村一起玩耍的同龄的人,或者同一种职业、经常一起做工的人。女性可以与邻居成为朋友,但认识的人不多。家人都愿意结交同等经济水平、勤劳动,或者有共同爱好的人成为朋友。结交同等经济水平的人不会产生压力,没有恐惧之感,如果家庭成员与经济条件好的大户人家结交朋友,一是结交起来很困难,难以相处;二是结交以后会产生恐惧感,惧怕对方;结交勤劳动的人,可以共同干活,有相同的职业,阮修培结交的朋友就是有相同的职业,帮助他人"冲墙"①。兰久青、黄连坝、肖根书就是阮修培一起冲墙的好友;结交有共同爱好的人,可以有共同的娱乐项目、聊天的主题,阮德明喜欢打牌,其结交的朋友自然也是好打牌之人,经常在一起打牌娱乐。就阮家而言,在村里结交的朋友还算多;就家庭成员个人而言,因人而异,如阮修华结交的朋友就较多,既有一起学习的同学,又有学木匠的同门师兄弟。成为朋友,要么是从小一起长大,要么是通过职业相互认识,要么是拥有共同的爱好而走到一起。村外也有朋友,主要是以阮修华的朋友为主,通过木匠手艺而认识。家里的妇女少有和外面的男性交往,交往会受到限制,限制主要来自于家务的繁多与当家人或者丈夫的管制。

家庭成员都可以结交朋友,只不过因人而异结交的朋友多寡不同。家庭成员交朋友不需要得到当家人的同意,只不过当家人要告诉家庭成员要结交什么样的朋友,结交的朋友要告诉当家人与家庭成员,以便大家知晓。小孩交朋友不需要得到大人的同意;妻子交朋友不需要得到丈夫的同意,只需要告诉丈夫即可;儿子交朋友不需要得到父亲的允许;当家人交朋友不需要与其他人商量。就交朋友而言,家庭成员的选择性很大,都可以结交自己认识的朋友,只不过需要告知家庭成员一声,其他没有条件限制。

2.交友规则

家庭成员交朋友没有不成文的规定或准则,但是一些约定俗成的规矩要遵守。如果某个朋友得到了做工的信息,就会邀请朋友一起去做工。成为朋友之后,双方遇到红白喜事,或者逢年过节就会相互走动,礼尚往来。如果是师兄弟关系成为的朋友,就需要前去请,送礼一般是米或者糖。如阮修华的朋友,逢年过节都会来家里做客,只有相互走动,才能增进朋友之间的感情,进而增加两家人之间的联系。

相比于自家条件,所认识的朋友家庭条件都相差不大,都属于小户人家。主要收入来源是务农收入,通过副业获得的收入较少。在朋友中,没有为官者或富裕者。如果到农忙时,就会请朋友来帮忙,朋友有事情时也会前去。因为职业相同,也会介绍一起外出务工。

家庭成员的朋友如果在家里留宿要告诉当家人,以便当家人安排住处。阮德明的朋友要在家中留宿,告诉家庭成员一声就可以,不需要跟其他人商量。儿子的朋友要在家中留宿,告诉当家人即可,不需要与其他人商量。朋友留宿在家,自己就可以做决定,不需要当家人做决定。一是如果需要当家人做决定,不能显示出家庭成员的好客等礼仪;二是如果自己不能做决定,说明自己的身份太低,在家庭中的分量轻。因此,在这件事情上,当家人起的作用很小,会遵从家庭成员的意愿。朋友多是在交往中形成,在时间的积淀中自然生成,阮修培等几个

---

① 冲墙:是修建土房的一种方式。

冲墙的同行人在工作的时候相互了解,知道彼此的脾气、性格,在工作中相互磨合,时间久了自然就成为朋友,没有特殊的仪式。朋友之间的称呼没有那么正式,通常称呼朋友的小名或者外号。对朋友父母的称呼,叫叔叔、阿姨即可,没有特殊的称谓。

(二)打牌

1.当家人打牌

打牌在当地是一个统称,其下包括各种打法,如纸牌、长牌。如果几个好友聚在一起就会说打什么牌,如阮德明与好友聚在一起就是打"猫儿牌"①。打牌在当地并没有被认为是一件不好的事情,只是作为一种娱乐而存在,打发时间。如果将打牌发展成赌博,那就会被认为是一件不好的事情,会受到众人的评议。

在阮家,阮德明要打牌,地点就是自己的家,通常是与邻居或者好友一起。老人可以打牌,未成家的儿子、女性不能打牌。打牌需要赌注,而家庭中能赌注的只有老人与当家人,所以他们可以打牌。打牌会按年龄段来分,老人与老人打,年轻人与年轻人打。

与阮德明一起打牌的人家庭条件都差不多,如果与家庭条件相差太大的人打牌不会得到对方的认可。与阮德明一起打牌的好友主要有陈宗高、黄兴武、杨汉超等,几个好友的家庭条件都差不多,打牌只是一种娱乐。对方担心自己不能拿出赌注,同时,家庭成员也不会认可。虽然阮德明比较喜欢打牌,但是其他家庭成员对于当家人打牌没有看法。一是当家人的事情其他家庭成员很少提出意见;二是当家人只是将打牌作为一种娱乐,并非上升为赌博。

2.家人对打牌态度

打牌的时间主要是春节、下雨天、农闲时,频率最高的是春节。春节打牌频率最高的原因是:一是春节是一种假期,大家都没有事情做,有时间打牌;二是当地春节有打牌的习俗,无论男女老少,春节都可以打牌;三是过年打牌家庭人员不会反对。打牌一般是白天,晚上没有灯光,不具备打牌的条件。打牌的地点一般是在阮家,很少换地方。打牌会有赌注,主要是钱,但是数目小,没有上升为赌博,主要是娱乐为主,打发时间。如果遇到吃中午饭,好友会在阮家中吃饭,有的时候好友也会回家吃饭。如果是正月初一打牌,好友必须回家吃饭,不会留在阮修培家中吃饭。这是因为受当地的习俗影响,大年初一不可以在外人家吃饭。

如果当家人爱打牌,输钱太多会引起家庭矛盾,其他家庭成员会反对。当然,家庭成员会给当家人提出意见,但还不至于会给当家人施加压力。阮德明还没有出现过把钱输光的情况,当家人对于打牌还是能够进行调节的。如果某一段时间家庭条件较好,打牌次数就会多;如果某一段时间家庭条件较差,打牌的次数就会减少。

在没有分家的情况下,除当家人外家庭成员都不会去打牌。如果是春节,其他家庭成员可以打牌,钱来自于当家人,数目极少。如果家庭成员在春节输了钱,不能在外面借,当家人不会骂家庭成员。大年初一,忌讳打骂,即使家庭成员输钱,也不会被当家人骂。如果平时家庭成员去打牌,就会挨骂,加之输了钱,当家人会严厉惩罚。但是因为打牌的都是好友,没有出现过因为赌钱而发生纠纷的情况。好友之间赌钱可以欠账,如果不是好友就不能欠账。欠账与否与家庭经济条件无关,而是与是否是好友相关。打牌欠钱不用写字据,因为一般金额

---

① 猫儿牌:纸牌的一种。

都比较少,双方记住就可以,同时其他打牌的好友都在场,作为见证人。欠钱没有利息,也不需要东西抵押。

(三)串门

1.下午串门

1949 年以前,家庭成员经常串门,主要的聊天对象是邻居,即自己的亲戚。但是并不是家庭成员中的每一个都可以自由地去邻居家聊天,除了未出嫁的女儿外,其他成员都可以。串门聊天的时间一般为下午,如果串门是商量事情,就会选择在傍晚,这时对方家长就会在家。在农闲时,串门都会聊些家常,最近村庄发生的一些事情,或者评论某人。在农忙时,会商定一些换工的事情,或者借农具使用等。串门时,主人家会留客人在家吃饭,但是对方不会留下来,劝人留下来吃饭只是一种礼节。

串门时有不成文的规定或准则,比如中午不要去串门,吃团年饭不能去串门,如果要商定事情串门的时间要选择在傍晚等。一年中,串门最忌讳的就是碰见对方吃团年饭,吃团年饭是自家的亲戚一起吃饭,这时来了一个外人,打扰了一家人的团年饭,甚是不好。再如,大年初一去串门,主人家最忌讳对方说不好的话语,这样不利于家庭的运势。这些规矩都是不成文的规则,大家都要遵守,当家人或者家长都会给小孩子说明,什么情况下可以去串门,什么情况下不可以去串门。如阮德明就会教导阮修培大年初一不要说任何不吉利的话,也不要到其他人家里去吃饭等。

2.串门礼节

邻居与亲戚会来串门,谁在家就和谁聊天,如果是来商定事情,可以先告知家庭成员,再转达给当家人。如果有人来串门对其肯定是欢迎,主人家要把凳子搬来给客人坐,如果对方是能抽烟的人,还要给其拿烟。到自己家来的邻居、亲戚,就是客人,应享有待客之礼。因为他们觉得阮家好,为人处世不错,才会来串门,如果平时的口碑不好,想请都请不来。再如,阮德明打牌的好友都会把地点选择在阮家,其实质是对阮家为人的认可。

同时,如果家里人都去串门,要留一个人看家,一般都是儿媳妇,或者婆婆看家。如果媳妇们都想出去串门,那么就由婆婆看家,没有谁先去谁后去之分,如果婆婆不在家,就商量决定先后顺序。串门一般的聊天内容主要是邻里关系,村庄发生的事情,评论某人的人品等,很少涉及国家大事。阮家的主要串门对象就是亲戚,平时会聊一些家常,自己家发生什么事情、村庄的事情,媳妇会聊如何织衣服、纳鞋底等。

(四)庙会、耍龙灯

1.庙会概况

当地的庙会有静山寺、大成寺、新观音,庙会就在寺庙举行,三个庙会都位于外村,到三个庙的路程都较近,走路需要半个小时。去庙会时,由当家人带着小孩子去。庙会的举办时间为初一与十五,"初一十五庙门开";还有每年的六月十九,举办的时间为一天,这主要是去参加新观音一天的庙会,当地认为六月十九是观音菩萨的生日,所以要举办庙会。1949 年以前,每逢时节家人都会去逛庙会。家庭成员可以选择一起去,也可以单独去。如果是婆婆等去逛庙会就会与邻居、朋友一起去,因为她们之间有共同的语言与话题;如果是媳妇等去逛庙会就是几个儿媳妇一起,同龄人之间能够谈得来;当家人一般是单独一人,或者与儿子一起去。

2.庙会活动

去庙会一般主要是祈祷与还愿,不会有看戏等活动。所谓的还愿就是之前向菩萨祈祷的愿望已经达成,需要带着供品去向菩萨再次说明,相当于感谢之意。庙会的活动主要是祭拜,所有去的人会买香火,由庙会负责人招待大家的中午饭,即吃斋饭。庙会的费用都是由大家共同负担,即大家买香火的钱。

去庙会时,家里或者亲戚家里不用举行聚会活动。想去庙会的成员直接去即可,女性与孩子都可以去,不想去的成员在自己的家里。去庙会的成员要排成队祭拜菩萨,分为上午与下午两个时间段。然后请人为菩萨诵经,去庙会的成员跪拜菩萨。

庙会时,村里有赶集,如十五就是赶集的日期。如果家庭需要买卖东西就会去赶集,买卖的东西依不同情况而定。家中的儿媳妇可以去赶集,婆婆也可以去赶集,只有家中未出嫁的女儿必须要当家人允许才可以去。儿媳妇与婆婆去赶集只需要与当家人说一声就可以,或者说由当家人安排家庭成员去赶集,但是未出嫁的女儿不可以随意走动,必须得到当家人的许可。

3.耍龙灯

村里在过年过节的时候,会举行一些娱乐活动,如耍龙灯。在赶集的时候,耍龙灯的队伍会在街上表演,向街上的家户祈福,队伍走到家户门口,家户的人员要给耍龙灯的人一定的钱,以示吉利。

家里感兴趣的人都会去观看耍龙灯,但是很少参加,因为其成员主要是由老年人组成,与现代的老年协会相似。去的时候会约着其他人一起去,如婆婆去看的时候,会叫着邻居与好友一起去。家庭成员去的时候需要告知当家人,让当家人知道即可,当家人不会阻拦。

第五章　家户治理制度

阮德明是阮家的当家人,之所以成为当家人在于其是家户的唯一劳动力,也是家长几个孩子的长辈。阮德明掌管家中的一切资源,在财产、购买衣服、婚姻等方面具有决定权。当家人的权力也要求当家人履行一定的责任,包括维护家户成员的利益,在家户遇到困难的时候,要团结家户成员共同应对。家户成员要遵循一定的规矩,如上桌吃饭的座次等。家户成员违反了家中的规矩,当家人就要进行惩罚。同样,家户成员表现得很好,当家人会进行一定的奖励。家户与国家之间的关系,主要是通过征税来体现,具体而言就是保甲长代表政府征税。家户的当家人代表家户交税。同时,当家人还要参加村庄关于修桥、修路等公共事业会议,并且安排家中的劳力参公。为了协调好家户与国家之间的关系,家规、族规就会起着中间调适的作用。

一、家长当家

劳动力成为当家人,掌管家中的所有资源,主持家中的大小事务。劳动力能够进行农业生产,获得粮食,是家中的中流砥柱,家户成员对其相当信任。当家人能够对家中的事务具有决定权与支配权。当家人的更替与辈分、劳动力相关。

(一)当家人

1.劳动力当家

劳动力在家户中扮演着重要的角色。首先,劳动力本身存在一个周期,即非劳动力—非完全劳动力—完全劳动力—非完全劳动力—丧失劳动力,这个周期的运行与人的年龄相随。成为完全劳动力之后,就可以提出自己关于农业生产、家庭生活方面的意见,与此同时,原来的劳动力随着年龄的增长,逐步丧失话语权,退出家长之位。其次,成为劳动力意味着可以独立地进行劳动生产,能够为家庭带来农业收入,可以独立存在。再次,劳动力可以成为临时当家人,主持一定的对内对外事务,并逐渐过渡为当家人。最后,当家人之间的更替存在两种形式:一是大家分为小家,成为小家的当家人;二是大家未分家,由长子成为当家人,主持家中事务。

在阮家,阮德明是家长。一方面,其是长辈,论资排辈应该由其承担当家人的责任;另一方面,在一段时间内,其是家里的唯一完全劳动力。因此,就阮家的当家人而言,与辈分、劳动力相关,与学识、品行无关。主要因素是因为阮德明的身份,作为长辈,其余成员不得不听从其安排。

在阮家,家长即是家中最具有权威的人,也是家中具体管事的人。换句话说,家中的资源在其手中,无论是经济资源还是农业资源,可以通过掌握的资源进而获得应有的权威。在家庭内部,称呼是按照血缘关系而来,阮修培等几个儿子都叫阮德明父亲,汪横丽可以称呼阮德明的小名。在家庭外部,如果是亲戚之间,就按照家族的辈分来称呼;如果是四邻、朋友,可以根据年龄来称呼。男性是当家人,既是外当家,也是内当家。外当家与内当家并没有分离,而是家长一人承担,家中所有的现金都是由其一人保管。

2.对当家人的信任

所有的家庭成员都信任当家人,否则不会将个人收入交给家长。家长作为长辈,家庭成员肯定要尊重家长。"父亲当家没有什么不满意,只要阮德明可以带领大家维持生活,虽然省吃俭用,但是不会挨饿,大家就没有反对意见。"家中的其他人还没有成为劳动力,无法提出意见,因此除了阮德明之外,还没有家庭成员可以胜任当家人的职位。当家中的几个儿子都已经成为劳动力,有了自己的小家庭,这时候儿子们就可以提出意见,成为小家庭的当家人。

一个人确定成为一个家庭的家长之后,不需要在家里的门牌上写这个人的名字,四邻、亲戚、朋友都知道谁为当家人,如去四邻中随礼,在写家庭的名字时,记事的人直接写当家人的姓名,不会写其他家庭成员的姓名;如果分家之后,就会写小家庭当家人的姓名。

一个家庭只能有一个家长,对外代表整个家庭,不能出现有多个家长的情形,否则"政出多头",不利于家庭的团结。作为一个家长,他必须管理家中的吃、穿、住。家庭的房屋出现问题,当家人要及时地组织修补;家庭粮食不够吃,当家人要出去借粮食,或者借钱,还要负责从事副业赚取收入;家户没有衣服,要么购买,要么缝补。另外,所有的收入都在家长手中,家长要有长远的打算,如为儿子结婚准备聘礼的钱等,还要未雨绸缪,以备不时之需。家长要保证自己的权威,要通过妻子了解家庭的情况,及时处理矛盾,保证家庭和谐相处。如果自家的小孩犯错误了,要由当家人代表本家庭去给别人家道歉,才能重新恢复家庭的信誉。

能够对待几个儿子公平公正、不偏心,能够带领家庭成员致富的当家人就是好家长。如阮家的当家人偏心较重,在几个儿子之间表现得较为明显,容易产生小家庭之间的矛盾,并不算是一个十分优秀的家长。

家长受到家族的公审,由家族取消了其当家人的资格,那么其就不能胜任当家人的职位。当家人遭到公审的情形一般是做了不利于家族声誉的事情,如沉迷于酒色,与外人经常发生矛盾,打架斗殴等。如果家长年纪大了,没有劳动力了,就不能再承担当家人这个职位,由其大儿子当家,或者分家。

(二)当家人的权力

1.对家中资源的控制

首先,家长的权力是来自于辈分,其自身的劳动力,以及对家中资源的掌控,不是来自于天赋,也不是来自于祖先赋予,更不是家庭成员赋予。一旦确定为家长之后,所有的家庭成员都要承认其地位,能够对外代表一个家庭,开展相关的活动。如借贷,只有当家人去才会承认,其他成员没有资格,对方不认可。

其次,家长管理的范围可大可小,大的事情包括儿女的结婚,小的事情包括儿子的日常行为,既能安排家庭长远打算,也能指定每一天的任务。所管理的成员就是在一口锅里吃饭的人员,家长能够管到关系最远的一个人当属家中的孙子。如果女儿已经出嫁,那么就不能再管女儿的事情,交给婆家来管。

最后,家长遇到大事会与家庭其他成员商量,一般是在吃饭时告知大家,如果大家有意见就会提出,但是最终的决定权在家长手中。如阮修华不上学之后,家长就说让阮修华学木匠,告知家庭成员之后,虽然有意见,最后还是由家长做出决定。

在对外关系中,家长可以代表整个家庭进行交往与经济交易。如家长在借贷中,虽然签署的名字是家长本人,可是全家人都有义务还债。再如,阮家决定伙养耕牛时,是由当家人与对方的当家人进行商定,其他成员无权商定,耕牛买回来之后,全家人都要负责喂养。在保甲长召集的开会、投票等事宜中,由当家人代表家庭去参加。因为当家人是户代表,是交税纳粮主要责任人。每一年到了要缴纳粮食税的时候,保甲长就会通知每一家的当家人去开会,告知当家人相关的事宜。粮食收获之后,当家人带着粮食去保甲长家里过秤,并登记姓名,才意味着缴纳完成。

2.对家庭收入的掌管

(1)经济生活

阮家的收入主要来自于农业与副业,副业包括饲养牲畜、砍柴、编制"包子",家中的儿子长大之后,还包括做工的收入。做工的收入主要来自于阮修培"冲墙"、阮修华做木匠。财产是由当家人保管,其实质是全家共有,并不属于私人。但是当家人可以对全家财产进行管理与分配。如阮修培砍柴、编制"包子"的钱交给当家人之后,当家人用于家庭开支,如购买生活用品等。

家庭成员做工挣的钱回家之后必须交给当家人,如果不把钱交给当家人,当家人会主动询问,并责罚。如阮修华做木匠的工钱回家后要交给家长,不能私自处理。家庭成员不能有自己的私房钱,如果有人藏私房钱被家长发现后,家长会严厉地责罚,严重的会挨打。同时,家庭的贵重物品由当家人掌管。现金肯定是当家人管理,没有分开管理。当家人会随身带一个布袋,用于装现金,其他不能带在身上的贵重物品都装在箱子里,箱子需要上锁,只有一把钥匙。衣物等不重要的物品由母亲掌管,就放在家中的床上。虽然家长掌管所有的家庭收入,但是家长不会给家庭成员一些零花钱。家中所需要置办的东西要么是家长亲自购买,要买是家长安排人员购买,需要的钱家长会给安排的人员。

(2)社会交往

聘礼、彩礼的主要组成部分是依据当地的风俗,当家人可以根据家庭的经济状况进行适当调节。儿媳妇进家门之后所带来的嫁妆归小家庭所有,当家人不可以支配。大家庭分家时,不能分嫁妆,嫁妆是媳妇从娘家带来的,属于小家庭所有的物品,如果用于分配,娘家的人肯定不会满意。

在土地买卖租佃等重大事情上,家长会告知家庭成员,有意见的可以提,最后家长决定。告知的时间一般选择在晚饭时间,这时大家都在。在土地房屋买卖、租佃或典当的过程中,写各种单子的时候落款人是当家人的名字,其他成员的名字无效。家庭其他成员签订的单子不能得到别人的承认,对方也不会让其他家庭成员签署单子。

3.购买布匹

家庭成员安排制新衣的时间为春节前夕,一般是一年制一次,若家中有婴儿出生,会给婴儿置办。由当家人购买布匹,分配布匹给每一个小家庭成员,按照大人六尺布、小孩四尺布进行分配。当家人按照小家庭的人口进行分配,小家庭的媳妇负责制作衣服,还没有结婚的儿子就由母亲负责。

当家人分配给小家庭的布匹较少出现剩余的情况,一年只分配一次,多数年份都是布匹不足。如果当家人分配到的布匹有剩余,由小家庭支配,不用归还给当家人。

在家庭还没有儿媳妇的时候,家庭成员的衣服都是由母亲制作。家庭有儿媳妇之后,儿媳妇负责制作丈夫与孩子的衣服,有的时候婆婆也会安排儿媳妇帮忙制作当家人的衣服。阮修培结婚之后,赵术群要负责制作阮修培的衣服,有了孩子之后还要负责制作孩子的衣服,有的时候婆婆也会安排赵术群制作当家人的衣服。

4.家庭内部分工

家庭成员在进行劳动生产时,根据不同时段劳动力状况进行不同的劳动分工。在家庭只有当家人一个劳动力时,其基本上承担了所有的农业劳动,还要承担换工的劳动力。在阮修培成为劳动力之后,农业劳动就由阮修培与阮德明共同承担,阮修培逐渐成为主要的劳动力。家中的女性成员主要做一些轻松的劳务,在劳动力紧张的情况下也会承担一些劳动。如在收割稻谷时,当家人与阮修培在田间中"打谷子",还要将稻谷挑回家中,妇女主要负责在家做饭、晒谷子。

在农忙时,家庭男性劳动力主要在田间地里要么播种、插秧,要么收割粮食,女性劳动力主要在家洗衣、晒粮食等。在农闲时,男性会编制"包子"或砍柴,当家人有时会打牌,女性主要洗衣缝补,或串门聊天。

家里年纪大的老人一般在家休息,不用承担农业劳动,做一些力所能及的家务,如家中的继祖母。60岁以上的老人不再进行农业劳动,在家中做一些家务或者串门聊天。男孩子从7岁开始就要进行农业劳动,女孩从10岁开始进行农业劳动,但是小孩子的发育情况不同,参与农业劳动的时间就不同。如阮修其参与农业劳动的时间就要晚于阮修培。

5.婚丧嫁娶

(1)结婚

在娶媳妇、嫁女儿这种事情上,子女要听从当家人的安排,不能自己做主。如果是爷爷当家,当家人同意而孩子的父母亲不同意,仍然要结婚,因为决定权在当家人手中。如果孩子的父母亲同意结婚,而当家人却不同意,不能结婚,当家人不提供经济支持,小家庭没有实力举办婚礼。如果是爷爷当家,孙子辈结婚在请帖上写的是结婚人的名字,并非当家人的名字。

(2)离婚

家庭成员离婚时,需要得到当家人的同意或者直接由当家人提出。如果当家人不同意,家庭成员不可以离婚。如果当家人同意,还需要征得女方娘家当家人的同意,给对方一个合理的理由,婆家与娘家的当家人进行交涉,如果娘家接受离婚才能让子女离婚。如果家长对媳妇不满意,家长以当家人的身份就可以叫儿子和她离婚。如果父亲不是当家人的身份就不能让儿子与媳妇离婚。

(3)祭祀

家庭的祭祀活动是由当家人或者家中的老人作为代表进行的,家庭的大型活动都是由当家人与其他家庭的当家人进行商定,其他家庭成员参与就可以。如清明会时,每一房的当家人就会坐在一起商定清明会的事宜,当家人回家告诉家庭成员具体的时间,组织家庭成员参加。

此外,当家人过世之前,若把他想做但是在生前没有做完的事情立了遗嘱,后辈人会遵照老人的遗嘱办事,如果后辈人不做,就会被亲戚、四邻议论,说其不孝。

6.当家人德行

能力并不是成为当家人的最核心的标准,成为当家人的核心标准是辈分与劳动力,此外还有家长的为人处世与德行。如阮修华的能力虽然很强,但是在没有分家的情况下,其不能成为家庭的当家人,家庭成员也不能因为当家人的能力不强就要换掉当家人。这不符合体统,被外人知道后,也会被议论,不利于家庭的名声。家长私自跟外界借债长期不还,且用于自己私事而不用于家庭公共事务,家庭成员会提出意见,当家人就会克制自己的行为。如阮德明喜欢打牌,后来家庭成员无法忍受提出意见,当家人便改正了。当家人的负债由家庭成员共同承担,如果儿子们已经分家,由当家人的儿子们来均摊。

家长如对家庭成员不一视同仁,对其中几个儿子有所偏爱,很容易在小家庭之间产生矛盾与纠纷,甚至导致分家。如当家人过于偏爱阮修华,将其他儿子的收入都投入到对阮修华的培养中,其他几个儿子难免存在意见,而阮修华能挣钱之后,又不满意将自己多挣的钱交给家长统一支配,最后提出分家。家长如吸食鸦片成性,导致家庭衰败,若儿子已经成为劳动力就会约束当家人的行为;若没有成为劳动力,就不能采取相应的措施。同时,同家族的人员也会劝诫当家人,希望其改正不良习性。若家长不听从劝告,家族就会评审家长。

(三)家长更替

1.临时当家人

当家人出门换工、做工不在家时,不会找一个人来代替自己当家,而是由自己的妻子作为临时当家人。如果大儿子已经是劳动力,就由大儿子作为临时当家人。无论是妻子还是大儿子作为临时当家人,时限只有一天,晚上当家人就会回家,没有在外寄宿的习惯。

临时当家人只能决定一些次要的事情,大的事情无法决定,如置换土地,买卖牲口等。当家人生病或者因身体其他原因无法照料家庭,不会找一个人来代替自己当家,通常是由自己的妻子或者是长子来管理家中的事务。但是遇到重大事情的时候,要与当家人商量,征求当家人的意见。

当家人过世了就会分家,由儿子们担任各自小家的当家人。在分家的时候,会抽签决定供养老人的责任,商定负责未出嫁妹妹的生活问题。当家人过世时,葬礼的主持都是由大儿子负责,如果几个儿子都已经有自己的小家庭,就由几个儿子共同商定。如果几个儿子都没有成为劳动力,就由当家人的妻子负责。

2.正式更替当家人

(1)大儿子当家

在一个大家庭里,要更替当家人,会首先以自己的大儿子为当家人,而不会在同辈中选择。如果家庭过去的当家人有妻有妾,当家人过世后,没有分家,就由妻子的儿子来承担当家人;如果分家,妻妾的儿子就分别承担自己家庭的当家人的职责。当地的大户汪家就是如此,当家人去世后,妻妾的儿子进行了分家,小家庭的当家人由各自的儿子承担。

(2)女婿当家

新当家人根据各自的家庭情况不同而不同,没有严格的男女性别限制,如果家中没有儿子,那就只能由女性来当家。这时候,家长会选出一个女儿来招女婿,一般不会选大女儿与最小的女儿,而选排行居中的女儿。上门女婿来了之后,就由上门女婿承担当家人的职责。阮修培就为自己的女儿招了一个女婿,之后就由女婿成为当家人。

如果一个家庭关系很复杂,当家人过世了找不到接替人,当家人不会先立一个遗嘱选定以后的当家人。在阮家没有立遗嘱的习俗,当家人去世就是由儿子继承。

3.关系变化

家里的当家人换了之后,经济资源会直接交给新的当家人,家里箱子的钥匙也会给新的当家人,家庭成员的收入就会交给新的当家人,当家人要进行家庭的安排。新的当家人将代表家庭开展对外交往活动,外界也以新的当家人为准。家里有了新的当家人之后,大家依然会按照血缘与辈分关系称呼以前的当家人,新的当家人的称呼也是按照辈分与血缘关系来确定。但是村上保甲簿及村庄花名册上的名字要改成新的当家人的名字。

老人让儿子当家之后,会在闲聊时会告知四邻,以便四邻有事情可以找儿子商量,不用再找自己商量。老人还在世的话,家里的土地在当家人的名下,儿子要买卖土地会与父亲商量,主要是征求父亲的意见。如阮德明在赠予邻居土地耕种时,就要与继祖母商量,征求继祖母的意见,并告知家庭成员。

二、家长不当家

虽然阮家劳动力不足,但是还没有出现代理当家的情况。阮家认为这是一种侮辱。当家人不在的情况下,由长子当家或者妻子当家,但是他们作为临时当家人享有的权力会受到限制。

(一)家长不当家,长子当家

如果当家人出去换工、做工,或者有其他事情外出,那么家里就可以由阮修培当家。阮修培能够作为临时当家人,前提是必须已经成为完全劳动力,即成年。如果没有成年,则是由母亲作为临时的当家人。但是这种情形下的当家人有其自身的特点:

第一,临时性。长子只是临时当家人,没有财产管理的权力,经济仍然在当家人手中。如果当家人没有给予长子一定的资金,长子无法进行经济活动。在当家人外出前,长子可以提出资金的需要,说明缘由,然后由当家人决定。

第二,有限性。阮修培当家时,可以带领几个弟弟进行农业劳动,一起去砍柴等,若遇到其他人来商定事情,需要等家长回来之后进行告知,不能随意做决定。如果家中要买卖、租佃、典当土地时,签契约的时候写的是当家人的名字,如果写临时当家人的名字是无效的契约,家庭成员不会承认,对方也不会认可。如果家里晚辈结婚,婚帖上写的是结婚人的名字,不会写当家人的名字,更不会写临时当家人的名字。

(二)家长不当家,妻子当家

如果当家人外出做工、换工等,加之大儿子还没有成为劳动力,则是由当家人的妻子为临时当家人处理家庭事务。女性当家既可以管理家庭内部事务,也可以管理一部分外部事务,如邻居的喜事,妻子可以去帮忙,做一些力所能及之事。村里邻居在婚丧嫁娶方面需要请人帮忙,妻子可以去帮忙,但是随礼的名字要写当家人不能写妻子自己的名字。邻居的婚丧嫁娶等事情,既需要男性劳动力,也需要女性劳动力,因此不会出现被别人家笑话的情况。但是妻子作为临时当家人权力会受到限制。如遇到村里的公共事务,不能代表家庭出面处理;遇到与其他农户商定事情时,需要等当家人回来才可以商定,不能擅自做主;妻子不能以自己的名义去借钱,也不能以家长的名义去借钱,借贷必须要当家人本人才可以,其他家庭成员无法完成,如果妻子没有与当家人商量而私自决定一些事情,当家人知道后,妻子会挨骂,严重的还要挨打。

(三)家长不当家,其他人当家

1.上门女婿当家

如果家里没有儿子,父母会招一个女婿上门,父母年长之后,则由女婿当家。父母会将经济资源交给女婿,女婿代表家庭对外进行交往。女婿要负责父母的养老,还要对整个家庭进行长远考虑。

如果是上门女婿当家,女婿就会掌握所有的权力,对内对外都可以代表。如阮修培的女婿可以进行独立的活动,也可以做出家庭的决定。但是如果嫁出去的姑姑在婆家离婚,无处可去,回到娘家之后,不能作为当家人。当家人应由家庭中的男性承担,或者是当家人的女儿承担。

2.次子当家

如果家长年纪大了不想当家,而家长的长子又出远门不在家,那么就由次子来当家。次子当家的时候没有财产管理权。当家人与管理财产的权力没有分离的情况。即使大嫂比较有能力也不能当家。家中有男性,如果让女性来当家,会让外人笑话。如果次子是真正的当家人,那么所有的权力都会在其手中,可以成为家庭的代表,进行独立的活动。大嫂要配合二弟履行当家人的职责,协调家庭的矛盾,不吵架等。

三、家户决策

对于家中的事务,当家人有决定权,其他家庭成员可以提出部分意见以供当家人参考。

(一)当家人定夺

家里的大小事情是由当家人说了算,母亲可以拥有一部分权力,如安排家中的儿子处理相关的事宜,要求儿媳妇协助家务等。家外的事情也是由当家人决定,重大的事情当家人会告知家庭成员,让大家知晓,以便以后较为容易处理。在儿子成为劳动力之后,儿子就可以提出意见,并逐渐参与到当家人的决策中。兄长在家里说的话,其弟弟还是会听从安排,较少斗嘴。如阮修培经常安排弟弟做农活,但是弟弟没有斗嘴,都很尊重兄长。

如果当家人出远门,若大儿子已经成为劳动力,则大儿子成为临时当家人;若大儿子还没有成为劳动力,则由当家人的妻子说了算。阮修培还没有成年的时候,阮德明出门后,家里都是由汪横丽说了算,待阮修培成年之后,逐渐开始承担临时当家人的责任。

(二)考虑成员意见

家庭在土地的置换、牲畜的买卖、借贷、分家等事情上需要共同商量才能做出决定。当家人会在吃晚饭的时候告知家庭成员,然后大家提出意见,当家人综合考虑,最后做出决定,再告知家庭成员。如当家人决定伙养耕牛的时候,就告知家庭成员,与大家共同商量与谁伙养、伙养的方式等。家庭成员不会不服从家长的决定,只是在条件适合的情况下会提出意见,当家人就会更改决定。家庭中阮修培与阮修其成为劳动力之后,就可以提出自己的意见。如当家人决定让阮修华学习木匠的时候,当家人挑选的木匠师傅家庭成员并不喜欢,于是阮修培提出意见,当家人更换了木匠师傅。

同时,出现小家庭之后,当家人更不能随意作决定,需要找小家庭的当家人商量。但是即使家庭成员觉得家长的决定不正确会提出意见,当家人有可能更改,也有可能坚持执行,如果当家人不更改,那么家庭成员只有服从。

四、家户保护

当家人会维护自家成员的利益,保护其安全。对于家户成员而言,当家人是其最重要的支持者,其可以在家户内部获得情感上的倾诉与慰藉。当家人会团结家庭成员共同应对自然灾害,同舟共济,体现当家人的责任。

(一)保护家户成员

1.维护家庭成员利益

如果家庭成员在生产生活上与其他家庭人员发生一些矛盾,若当事人不能解决,或者双方家长认为解决的方法不妥,那么双方的家长就会出面调解。如果是家庭其他成员出面调解,不会得到对方的认可,也不能代表家庭的意见。如爷爷是当家人,小孩子与别人家发生矛盾,应由当家人去协调。家庭成员遇到危难或困难都会找家人,家人都会出面帮助解决。如阮欲财生病,小家庭没有钱,求助于大家庭人员,大家庭出钱进行医治。从事情处理的历史经验来看,都是父母保护孩子多一点儿,男性保护女性多一些。阮德明作为当家人,不仅要保护自己的儿子,还要保护自己的妻子。阮修培在同伴中受到欺负,家长会出面帮助阮修培,包括小家庭遇到困难,家长也会出面帮助解决。

如果家庭成员与其他家庭发生矛盾,那么家庭成员会支持自己的人员,无论事情发生的对错,最明显的表现是站出来为自己家的人说话,谴责对方的错误。如当家人在解决土地纠纷时,家人就站出来谴责对方,支持自己的家庭。如有家庭成员犯错,必须由家长带领犯错的家庭成员出面赔礼道歉,其他人不可以代表家长去赔礼道歉,如果不是家长去,对方不会认可。如阮修培将邻居的农具损坏之后,是由家长带领阮修培,并带着修补的农具向邻居道歉。如果家人被欺负,对整个家庭来说是一种侮辱,家庭人员会觉得不自在或者不舒服。如果家庭成员在事件发生时现场,就会站出来支持自己的家庭人员;如果是事后知晓,就由家长去讨回公道。

2.家丑不可外扬

所谓的"家丑不可外扬"主要是家庭关系没有处理好,出现问题,避免让四邻知晓。如果家庭矛盾让四邻知道,他们就会在背后议论,不利于家庭声誉。如在分家前夕,家中的矛盾较为突出,兄弟之间、嫂子与弟弟之间等矛盾已经一触即发,虽然家庭成员都知晓存在的矛盾,但是并不能在串门闲聊的时候说出自己家庭的矛盾,避免让外人笑话。如果家庭成员有人犯错,家里人会帮助隐瞒。一般是在出现小家庭之后,小家庭的成员犯错,小家庭的家长帮助其隐瞒,避免带来不必要的麻烦。阮修培结婚之后,家中的儿子犯错后,自己在私下进行教育,没有告知大家庭的当家人,避免儿子受到当家人的批评。

(二)家庭成员情感支持

1.诉说

如果家庭成员在外面受了委屈,被欺负了,回家之后会向家庭成员诉说。在没有分家之前,如果是妻子受了委屈就会向丈夫诉说;阮修培没有成为劳动力前受了委屈就会找阮德明诉说；阮修培成为劳动力之后，并已经成婚，就会先向小家庭成员诉说，再向大家庭的当家人诉说；如果是弟弟受了委屈，就会找兄长诉说，再向当家人诉说。分家之后，小家庭成员受了委屈，就直接找小家庭的当家人诉说；阮家的女儿受了委屈直接找阮修培诉说；妻子受了委屈直接找小家庭的当家人诉说，受委屈的人跟家庭成员诉说之后，家里人首先会进行安慰，如果家庭成员觉得委屈不能忍受，就会找当家人进行处理，家庭成员能在家庭里找到情感归宿，而且家庭成员会帮助其解决出嫁的女儿在婆家受到委屈或者是不公正待遇，娘家人会为其讨回公道，如果父母还在，就由父母前去；如果父母已经去世，就由兄长去讨回公道，但是父母与兄长都不会主动提出解除婚约，娘家人主动提出解除婚姻不合体统，也不利于家庭的声誉。

2.安慰

如果一个家庭成员在外面做工的时间长了就会想家。如阮修华在外做木匠的时候，时间久了之后，一方面觉得不自在，另一方面想念自己的家庭，加之在外面遇到挫折，就会更加想家，希望当家人帮助其解决。如果媳妇在婆婆家受到不公平的待遇，就会回到娘家请娘家人为自己做主，讨回公道。

（三）勤俭节约

1.同舟共济

（1）旱涝灾害

在当地，主要是旱灾与洪灾，时间多为春夏。若是遇到旱灾，粮食就长不出来，或者能收割的粮食极少，而且土地会裂缝，需要大量的雨水来浸润。最严重的一年是遇到旱灾，家中的红薯大量减产，家庭成员只好外出找野菜，向亲戚借粮借钱。如果遇到洪灾，虽然粮食减产，但是土地上的庄稼还在，或者粮食在土地里发芽。

当家庭遇到灾荒时，一是节衣缩食，勤俭节约；二是向外求助，借钱借粮。家庭成员面临粮食危机，只能有什么吃什么，大人小孩一个样，妇女儿童一个样，全家人携手解决困难。当家人需要向外借钱借粮，家中的妇女、儿童要外出找野菜，家中的劳动力要编制"包子"获得收入，以换取粮食，婆婆要精打细算。虽然全家人都在努力地与饥荒做斗争，但是时间长久后，经常出现吃了上顿没下顿的情况。可见，灾害面前，家人的分工更加明确，大家只有团结一致，共同对抗灾害。

（2）应对策略

发生灾害的时间多为夏春季节，家庭难以存储粮食相应对。一方面，夏春交替季节本就是青黄不接的时期，家中本来就会出现借粮的现象；另一方面，家庭人数较多，每日的粮食消耗较大。因此，家庭想要存储粮食以应对灾害几乎是不可能的事情。如果家里有粮食，就由大家共同食用；若家里有怀孕的妇女与儿童就会在饮食上照顾一下，但是比其他家庭成员好不了多少。

当然，当家人或者家中的老人会去古龙庙求神拜佛，一般是拜观世音菩萨。当家人会向邻里借钱借粮，但是不会向国家、村庄寻求救助，同时，村庄与政府也没有拨付赈灾粮或款。借来的钱用来购买粮食，粮食全家人共同食用，债务也由全家人共同承担。

因此，没有存粮，也没能通过借贷缓解饥荒，那么家庭成员只能勤俭节约，上山找野菜。在必要的时候，当家人会出售牲口来缓解压力，但是当家人不会出售土地、房屋。

2.家内节,家外借

遇到灾荒的时候,当家人对内的管理更为细致,会主动安排家中的食物,当家人会考虑如何延长家中食物的供给日期。必要的时候,当家人会拿细粮去换粗粮,或者减少细粮的食用,增加粗粮的食用。阮德明为了延长家中粮食的供给时限,让大家多吃玉米、小麦,吃稻谷的时候较少,当家人会将玉米、小麦用磨子碾碎,做成羹,以充饥。

吃小麦不用去皮,但是吃稻谷要去皮,在灾荒的年代,吃稻谷的时候较少,一般都是野菜或者玉米羹,家中人都吃不饱,当家人会向四邻借粮,四邻大多是亲戚,因此借用的对象一般是自家的亲戚。阮修培借粮时,多是向另外两房的家庭借,亲戚关系信得过,且不用担保。

(四)棒客

1.小户的不幸

1949年以前,当地存在棒客,即土匪,约有几十人。棒客经常到农户家抢粮、抢钱、抢物,出没的时间既有晚上也有白天。但是村庄尚未形成防御的组织。

土匪往往抢劫小户与中户家庭,其中小户最容易被抢劫。因为小户的劳动力不足,没有有效的反抗能力,而且小户在棒客来临的时候就会去躲避,不会抗争,而大户就会抗争,还有自己的反抗能力。土匪抢劫时,通常是几个人一伙,都是年轻劳动力,集中到一个农户,进入家中到处搜寻,见着有用之物就会带走。棒客只带走钱、牲畜、粮食等,不会带走人,也不会绑票。

如果在家庭内逮到小偷,就会直接殴打,不用交给保甲长。若是遇到棒客之类的劫匪,小户与中户都会直接躲避,要么躲到自家的碉堡,要么躲到山中的洞里。

2.各自为营

当阮家遇到棒客时,家庭成员就会躲进碉堡,后期碉堡出现损坏,家人就会躲进山中。为了防止家庭遭到棒客的抢劫,家庭成员会提前把粮食埋在外面的土地里,这样可以减少损失。由于邻里、家族、保甲长没有形成统一应对的策略,家中遇到棒客后,只能自家应对,重新收拾自己的家庭。

阮家曾被棒客抢走粮食、农具等。粮食被抢走之后,当家人只能向四邻借粮,要求家庭成员节衣缩食。农具被抢之后,能够自己制作的农具就自己制作,不能制作的要么上集市去买,要么请木匠来做。

为了防止棒客,阮家修建了碉堡,提前在山中找了一个山洞,用于躲藏。碉堡高约五米,且成圆形,棒客无法进入碉堡内,可用于储存粮食。山洞主要是藏粮食,或者躲藏。

五、家规家法

劳动力成为当家人意味着一个人要管理八个人,为了维护其权威,当家人需要借助一系列的规矩、家规、家法。当家人会在行为中灌输这些规矩,并要求成员遵守,不得违反。

(一)不成文的家规

1.在行为中教育

(1)间断学习

阮家没有成文的家规、家训,都是祖辈一代一代口耳相传。每一辈的人员都会添加适应时代的新的家规,进行调整、补充。家规与家训通过在农业劳动中或者吃晚饭的时候进行传授或教育。

虽然没有成文的家教、家规、家训，但是子女从小就被父母或者当家人灌输，已经耳濡目染。同时，家教、家规、家训并不是一次性进行专门的学习，而是在行为中传递与教育，遇到什么行为，就教育这一方面的行为。如家庭成员在吃饭的时候，当家人或者父母就会教育子女桌子的座位如何坐，夹菜时有什么讲究等。儿媳妇主要是由丈夫与婆婆进行告知。

家庭成员在日常活动中没有必要严格遵守家规，只有外出或者是来客人的时候才严格遵守。如果家庭成员只是一般地违反了家规，当家人或者父母会说道几句；如果家庭成员严重违反了家规，当家人将会打骂。如在吃饭时，夹菜的方法不对，父母会提醒一下，违反者并不会受到惩罚。如果家庭成员不尊重同族中的长辈，就会受到当家人的打骂，惩罚较为严重。

（2）家规冲突的调节

如果家规的内容和其他家庭的家规相冲突，要么坚持自家的家规，要么调节自家的家规以适应变化。家规与家族的规定相冲突时，一般会遵从家族的规定。如家规和国法相冲突时，会尊重国法，修改家规。当家庭成员出现反抗家规的情形时，家庭成员就会说服教育，特别是阮修华受过教育，其认为家规的内容存在与所学知识相矛盾的地方，就反抗家规，这时当家人就会劝说阮修华。

（3）规范约束作用

家教、家规、家训在家庭生活中主要发挥的作用有三：一是规范家庭成员的行为，利于当家人的管理；二是有利于家庭的团结，实现家庭成员的尊老爱幼；三是可以体现家庭成员的礼仪，特别是与外人打交道的时候，树立家庭良好的声誉。

2.注重对生活的规范

（1）散落的存在

由于阮家的家规没有以成文的形式出现，而是散落在农业生产、家庭生活的各个方面，直接对成员的行为进行规范。父母或者当家人在做事中传递家规，会明确地说明此行为应该如何做。如阮德明在向儿子说明送客的礼仪时，会对儿子说，在家中的哪个地方送客，送客要说些什么等。如果家庭成员违反家规将受到父母或者当家人的处罚，处罚的形式依据所犯家规的轻重而定。

（2）对女子的规定

首先，女性不得随意外出，特别是家中未出嫁的女儿。其次，娶进来的媳妇要跟随婆婆做家务，听从婆婆的安排，不得与公公婆婆顶嘴。再次，媳妇做事情要与家长或者是丈夫商量，征得其同意或者提意见。最后，如果媳妇要回娘家，需要告知丈夫或者当家人，但是若媳妇在婆家受到委屈之后，可以不用告知当家人或者丈夫直接回到娘家。另外，媳妇不得随意与其他男子接触，否则会被四邻议论。

（3）对男子的规定

家中的小孩子不能够顶撞长辈，男孩要跟随父母或是当家人学习农业劳作，女孩子要跟随母亲学习做家务。如果小孩子贪玩，会被当家人教育，也会被四邻议论其懒惰。如果小孩子做了不该做的事情，就会被父母或是当家人打骂。如果小孩子做了错事，还要由当家人带着去道歉。如阮修其小时候就比较贪玩，当家人时常教育，10岁左右，阮修其就不再懒惰，开始学习农业劳作。

3.对外无用

家里的家规、家训约束的范围是整个家庭,即在一口锅吃饭的人员,对外人没有约束力,外人也不得干预阮家的家规。同样,阮家的家规对亲戚,以及对朋友、熟人都没有约束力。阮家与四邻之间虽然是亲戚,在家族的规定上是重合的内容与要求,但是具体到每一个家庭后,就不完全相同。如阮家因为男子较多,对男子的家规较多,而且家长时常教育。而另外一房女子较多,家长对女孩子的家规较多。

(二)家规及主要内容

1.自我模仿行为

在风俗习惯与家规之间存在重合的部分,即当地形成的习性。这些规矩主要是在与外人交往中形成的礼仪。学习的途径有二:一是当家人或者父母的教育,即口耳相传;二是通过观察家户之间交往的行为找出相同的内容,从而自己模仿。

在当地形成的既定风俗需要每一个家庭成员遵守。家中的儿子是当家人或者父母进行教育,而娶进来的媳妇则由娘家人进行教育。默认的规矩是家户之间进行交往的礼仪,更是连接的桥梁。如在借牛耕种的过程中,要给牛喂草,还牛的时候还要带一些草一起去还,如果缺少这些草,恐怕家户之间借牛的行为就不会产生。如果在家户交往中不遵守必要的风俗习惯,就会受到外人的议论,说其没有教养,其实质是在损害其父母在子女教育上的声誉。

2.吃饭规矩

(1)女子做饭

家庭中没有娶进来的媳妇时,都是由母亲做饭。当家庭中有娶进来的媳妇时,就由婆婆与媳妇一起做饭。当阮修培、阮修华、阮修权都结婚之后,就是轮流做饭,但是没有做饭的媳妇也会有自己的事情需要完成。做饭需要的食材多是自家种植,不需要到集市上购买。若是家庭成员想吃肉,就由当家人去购买,或者当家人安排家庭成员去购买,买肉的费用由当家人支付,实际是全体成员支付。在遇到灾荒时,当家人会提出食物方面的要求。若是平时,就由母亲决定,家中的成员也可以提出自己的意见,母亲会尽量安排。洗碗与做饭的情况相差不大,家庭中还没有娶进来的媳妇时,都是由母亲来洗碗,待媳妇嫁进来之后,就由婆婆与媳妇共同完成。几个儿子都成婚后,几个媳妇之间就会商定做饭、洗碗的顺序。如果家中有客人来,就不必拘泥于固定的顺序,大家都会帮忙,以显示家庭团结。

(2)八仙桌规矩

阮家吃饭的时候会在八仙桌上吃,由于家庭成员较多,特别是小家庭产生之后,多是坐两桌,凡是家庭成员都可以在桌上吃,无论妇女还是小孩。在座次方面,上座是长辈,左右是长幼,不得乱坐。吃饭时,自己盛的饭与夹的菜必须吃完,若没有吃完,当家人或者是父母会当场进行教育,让其吃完,实际上都是吃不饱、没得吃,没有出现自己盛的饭还吃不完的情况。

另外,吃饭时,父母会教育孩子,手指放在筷子的什么位置,注意筷子的前后距离,夹菜要在盘子的那个位置夹菜,要就近夹,不能夹远处的菜。如果桌子上有两个菜相同,就只能夹离自己最近的那一个菜,而不能夹远处那个盘里的菜,如果夹远处的那个菜,就会被笑话"过河",其意为有近的不夹去夹远处,不符合规矩。同时,自己夹菜的时候,不能妨碍其他人。要左手端碗,不能把碗放在桌子上,右手要注意与其他人的距离。

（3）饭菜一样

每个家庭成员吃的饭都是一样,没有太大的差异。妻子做的稀饭会放在一个盆中,自己去盛自己的饭,吃的菜都放在桌上,自己夹就可以。这样,家庭成员吃的饭菜都是一样。但是孕妇与婴儿要适当进行照顾,如孕妇多一些细粮,其他成员多吃粗粮。但是家中的老人很少要求特殊照顾,因为家庭贫困,要是老人也要求特殊照顾,那么家庭需要特殊照顾的人就会增加,反而加剧贫困。同时,老人也不希望自己得到特殊照顾,而是与其他家庭成员吃一样的饭菜。

（4）待客之道

如果家中来有客人,堂屋的桌椅不够使用,部分家庭成员就会在厨房吃饭,将堂屋的桌椅让给客人。客人是长辈,就需要客人先动筷子;客人是一般的四邻、朋友,就需要当家人先动筷子。在农忙时,家里会换工,或者请来帮忙的农户。换工与前来帮忙的人都在堂屋吃饭,不能让其在地里吃饭。

如果家中遇到红白喜事就会请厨师来做饭,厨师要等所有的客人都吃饭了才能吃饭,吃的食物由自己选择,但是一般情况下,厨师会预留一桌,安排做饭的人一起吃,吃的食物与客人的一样。

（5）尊重长者

如果是家里人吃饭,需要老人先动筷子,其他家庭成员才可以动筷子。吃饭的时候,大家的第一碗饭会由晚辈盛,到了第二碗的时候,可以是自己盛饭,长辈也可以叫晚辈盛饭,晚辈也可以主动给长辈盛饭,没有硬性的规定。如果家中来了客人,客人的饭需要家庭人员给盛。就小孩子而言,如果小孩子可以自己盛饭,就由自己盛饭;如果不能自己盛饭,就由母亲给其盛饭,并照顾小孩子吃饭。吃饭的时候,嘴里不能发声,不能在老人面前摔碗、扔筷子等,如果有成员违背,老人会很不开心,严重的当家人会打骂。冬天寒冷的时候,家中的老人会手提一个火炉。火炉是由竹子编制而成,呈椭圆形,将做饭时燃烧未尽的木屑放入火炉中,上面放一层灰,以避免燃烧,这样就可以产生温度,从而取暖。家中的其他成员一般不会提火炉,会被外人耻笑。

（6）农忙送饭

如果在农忙时候,就需要家庭成员送饭。阮修培还没有成为完全劳动力时,家中的劳动多是由当家人完成。另一方面,当时家里没有时钟、手表之类的时间工具,都是通过太阳的位置估算时间。在外劳动的人没有回家由母亲送去,阮修培可以送饭后,就由阮修培送去。

3.八仙桌排座

就家里堂屋中八仙桌而言,上方是家中老人的座位,左右按长幼的顺序进行排,阮德明就会坐在上面,阮修培一般坐在左边。如果家里来客人,就坐在左与右边;如果来的是长辈或者老人就会坐在上边。当客人主要为本家亲戚时,座次会按照辈分排座,同时兼顾年龄。当客人中有奶奶的娘家、母亲的娘家、姐妹的婆家、自己儿女亲家等亲戚时,相互认识且更为熟悉的人更愿意坐在一桌,这一桌再按长辈在上、长幼在左右来排座。如奶奶娘家的人会更愿意选择坐在一起,而不是分开,同样,母亲的娘家的人也更愿意坐在一起,而不是打乱与其他人一起做,这样各家就会根据各自辈分排座。

如果是宴请师傅,如阮修华的木匠师傅,就会坐在上位,以示尊重。如果是请的帮工,座位就很随意,由自己选择。如阮家的农具损坏之后,就请木匠师傅来修理,吃饭时,木匠师傅可以随意做,但是一般而言,木匠师傅不会坐上座,而是选择左右两个位置,将上座让给主人家。当自家举行大型宴请活动,如结婚办喜酒等喜事时,四邻、朋友、亲戚等会与自己认识的人坐在一起,然后由他们自己安排座次,主人家不安排。

4.请示规矩

(1)生产活动

在土地的经营管理中,一般是当家人说了算,家庭中出现新的劳动力之后,可以提出意见,当家人进行考虑。全年农业生产与种植计划,如耕地、犁地、播种、除草看护、收割、打场各项农业生产环节都是由当家人决定,当家人说土地里种什么就种什么,当家人会告知家庭成员。生产工具的借用、换用需要当家人出面,其他成员没有资格开展活动。伙养耕牛等决定是由当家人做出,但需要告知家庭成员。换工与帮工都是当家人出面,换工是由当家人去换,请帮工是当家人去请。副业的选择与经营等经济生活中的事务也是由当家人提出,并告知家庭成员,安排家庭成员相关的活动。如果老人年纪较大,不直接参与生产经营,家庭成员需要请示老人。如阮家分家后,阮修培家中的事情还是需要请示阮德明,征求他的意见。

(2)生活安排

家庭每天的食物都是由汪横丽做,阮德明只是负责说明一个大概。因为家庭贫困,汪横丽做饭时,通常是家中有什么就吃什么,很少有存粮。如果家庭成员想吃什么就跟母亲说,若是需要到集市购买,就需要告知当家人,由当家人决定是否购买。家里每年做一次衣服,由当家人购买布匹,按人分配。购买生活必需品等日用物资要么是当家人购买,要么是当家人安排家庭成员购买。如果是购买牲畜等经济活动,由当家人决定,然后告知家庭成员,家中的劳动力可以提出自己的意见。家中小孩上学是由当家人决定,不是先请示,再决定是否上学。

(3)交往活动

家庭成员外出活动需要向当家人请示,如阮修培上街卖柴时,需要告知当家人,以便了解家庭成员的活动。如果家庭成员要进行与经济相关的活动时,需要告知当家人,或者请示当家人给予经济资助,然后才可以进行经济活动。走亲戚、宴请来客需要向当家人说明,由当家人安排家人。如阮修华请师傅前来,需要提前和当家人说一声,当家人可以安排家庭成员准备食材。

(4)征求意见

若家中的老当家人过世,家中的晚辈们遇到问题需要先向新的当家人请示,如果新的当家人不能做出决定,再向老奶奶请示,以征得意见。如果老奶奶与当家人的意见出现矛盾,就需要当家人综合考虑,再做出决定。

几个兄弟分家之后,如果大的事情仍然需要向老当家人请示。如阮家的女儿要出嫁,就首先找到阮修培,向兄长说明情况,再由阮修培带着妹妹去找阮德明,征求阮德明的意见。

5.请客规矩

(1)请劳动力吃饭

如果借用其他农户的生产工具或牲畜不需要请对方吃饭,只需要说一些客套话,或者带一些牲畜要吃的草。如借牛时,只需与当家人商量,然后归还的时候带一些牛吃的草即可,不用请吃饭。家中建房开工与上梁封顶时需要请客,一般是请换工与前来帮忙的人吃饭。宴请活动由当家人宴请,会提前几天就宴请。如阮家决定对老房进行修补时,就需要请帮工与换工吃饭。

(2)红白喜事请吃饭

家中定亲需要请客,只请自家的亲戚。如果是结婚、满月酒、老人祝寿等活动不需要宴请,邻里相互通知,各自决定是否前来。家中有白事,不需要请人来帮忙,邻里知道之后,会主动来帮忙。孩子上学需要请老师吃饭,孩子学手艺需要请师傅吃饭,在交易活动中有保人在,还需要请保人吃饭,如过继儿子的活动中,就需要请保人吃饭。家户之间发生争执之后,会请袍哥来解决,地点会选择在茶馆,理亏的一方负责出茶钱。

对于小户家庭而言,不会宴请村内大户、保甲长等村庄管理者、乡贤绅士,而是宴请家庭成员所学手艺的师傅,以及同门师兄弟。宴请时,当家人与学手艺的人员一同前去,当家人向师傅说明宴请的时间。如果家中有喜事,就会邀请奶奶的娘家、母亲的娘家、姐妹的婆家、自己儿女亲家亲戚前来,其他事情不会邀请这么多的人。邀请自家的亲戚只需要告诉一声即可,不需要下帖。

(3)宴请习俗

在宴请活动中,同一次宴席宴请不同的群体,饭菜的数量与质量没有差别,每一桌都是一样的配置。若家中有红白喜事,必须要有八大碗。如果宴请的人不多,则由婆婆与媳妇掌勺做菜,如果有红白喜事等大型宴请活动就需要请专业厨师掌勺,婆婆与媳妇帮助厨师做饭。大型宴请活动都在自家的院内举行,场地不够可以延伸至邻居家场院。大型宴请活动的厨具炊具需要向四邻、亲戚借用,不需要租。宴请的部分成员需要饮酒,根据个人的爱好,但是主人家必须每一桌都要放置酒,无论客人喝与不喝。开席之后,主人家会带着家庭成员一桌一桌向客人敬酒,对客人的光临表示感谢。

如果是小型的宴请活动,比如宴请阮修华的师傅,就由当家人来陪客,座位就有讲究。如果是大型的宴请活动,亲戚来陪客,就所有的桌椅而言在摆放上没有讲究。在小型的宴请活动中,主人家需要给客人倒酒、夹菜,如果是大型的宴请活动,就不需要主人家给客人倒酒、夹菜,由客人自己负责。无论是小型的宴请活动,还是大型的宴请活动,都需要男主人陪男客,女主人陪女客。但是在大型宴请活动中,并不是每一桌都安排陪客的人,而是在吃饭前与吃饭后陪客,避免客人无聊。

在大型宴请活动中,主人家把凉菜上完就可以动筷,凉菜一般是五个。开席前主人家不会发言致辞,也不用共同饮酒,而是挨桌敬酒。散席没有固定的要求,有的桌菜还没有上完就已经散席,有的桌喝酒的人比较多,就会迟一些散席。主人家不会和客人一起吃,而是等客人吃得差不多了再吃饭。散席之后,有的客人要回家,主人家还要送客人。

对阮家而言,师傅、老师算是贵客。贵客一般都是当家人来陪。招待贵客的饭菜要相对好一些。如请阮修华的师傅的时候,都是当家人亲自去,请来之后,由当家人陪客,而且师傅要坐上位。

6.家庭住宿规矩

（1）住宿安排

阮家的房屋朝向是坐东朝北,修建房屋时,房屋的朝向需要邀请人来看,当地称呼为"阴阳",实际为看风水。共有七间房,堂屋一间、偏房两间、碉堡一个、厨房一间、厕所与猪圈同为一间、牛圈一间。家人都居住在偏房,碉堡也曾用于居住。当儿子还小的时候,当家人会和儿子睡在一起,老人一般住在左侧偏房,结婚的儿子会住在碉堡中,如阮修培结婚后就有一段时间住在碉堡中。没有结婚的儿子会挤在一间房里,长子与其余的儿子没有区别。未出嫁的女儿和母亲在一起,阮德明多与未结婚的儿子在一起。晚上都是儿子们先休息,然后才是当家人休息。早上都是阮德明与汪横丽先起床,阮德明早起会去干自己的事,而汪横丽就是做饭,子女们后起床,若儿子成为劳动力之后,就需要与阮德明一样早起床。

阮家的院子呈长方形,正好连接两个偏房,院子里都是泥土,不会将桌子搬到院子中。农闲时,家人会搬凳子在院中休息,或者当家人在院中编制"包子"。院子中有一个曹门,曹门的方向与堂屋正门的方向正好相同。几个儿子都成婚之后,都有自己的小家庭,夜晚不能到其他小家庭的居室去。小家庭的成员只能在堂屋与院子休息,堂屋成为几个小家庭商定事情的地方。堂屋、猪圈、牛圈属于公共空间,两个偏房属于私人空间。所有家庭成员要保持公共空间的整洁、干净,不得损坏家用工具等。儿子不得随意进入母亲与妹妹的房间,成员要保持自己房间的物品摆放整齐。

（2）房屋风水

在房屋的修建和布局上,当家人需要去请"阴阳"来看一看,以决定房屋的朝向、堂屋的设置等,看了风水之后,需要给"阴阳"一升米与现金,现金根据家庭情况有所不同。风水关乎家庭的运势、后代的命运,以及家庭的团结与和睦。此外,阴阳可以看房屋在阳关的阴面还是阳面。

（3）结婚后的小家

如果家庭成员结婚需要用新房,当家人就会从家里挪地方给儿子住,如把碉堡挪出来给阮修培夫妇居住。但是即使房屋不足,也不会出现兄弟之间、叔侄之间轮住的情况,都是自家人挤一挤,能在家里什么位置放下床就在哪里住。

家中儿子结婚之后,媳妇不能随意进入公公婆婆的房间,只有婆婆叫媳妇帮忙的时候才可以进入。阮德明不能随意进入小家庭的房间,只有婆婆向儿媳妇说了之后,才可以进入。当小叔子还小的时候,嫂子要照顾小叔子,可以进小叔子的房间,等小叔子长大以后,就不能进入。家中小叔子较小的时候,小叔子的衣服都是由婆婆安排给媳妇做,即大嫂给小叔子做衣服、洗衣服等。大嫂可以进小姑子的门,有责任照顾小姑子。

7.媳妇制衣、洗衣

（1）制衣

阮家的衣服都是由妇女来缝制,家庭未有媳妇时,家庭成员的衣服由母亲缝制,成婚儿子的衣服由媳妇缝制,未婚的男子与未出嫁女儿的衣服由婆婆缝制,或者婆婆安排媳妇缝制。

（2）洗衣

家中儿子尚未结婚时,家里老人的衣服、当家人的衣服、子女的衣服都是由母亲洗。家中有儿子成家之后,衣服要么是婆婆洗,要么是儿媳妇洗,要么是婆婆与儿媳妇一起洗。

家里洗衣服一般是在田边,或者河边。如果家里的水充足,就在家洗;如果家里的水不充足,就在河边洗。洗衣服用的是茶枯,用棒槌敲打。所谓的茶枯,就是茶籽榨油后所剩的茶枯,将茶枯放在衣服上,用力地打、搓,就会出现泡沫。洗衣服用的木盆,即木头制作的盆子。家中盆子少,洗脸盆与洗衣盆之间经常互换使用。洗衣服的水要么留在盆里用来洗手,要么用来浇菜。因为家里的水都是去自家的水井挑,为了节约用水,就一水多用。

晾衣服都是由洗衣服的人来完成,当家人会用竹子或者木棒绑两个三角权,在两个三交权上面放一根竹竿,衣服就放在竹竿上晾晒。三角权就放在院子里,平时不用收到屋里。收衣服的人并不一定是洗衣服的人,傍晚谁有时间,或者母亲叫孩子去收衣服。如果儿媳妇洗衣服把衣服洗破了,会受到婆婆与当家人的责骂,儿媳妇要负责把洗破的衣服缝补好。

(三)家规的更改

家规家法主要是从祖上流传而来,每一代的当家人都会根据实际情况进行调节。流传的家规家法自从搬到银子坡就一直存在,部分家规家法还会继续流传下去,部分会得到修改。如吃饭的一些基本礼仪下辈子还会继续遵守,孝敬长辈不会更改。当家人会根据实际情况来对这个家规家法进行一定的修订,比如给家中的小孩起名,就已经没有遵从家族的族谱排名,多是由父母自己起。当家人进行修改时,需要告知家庭成员,家庭成员可以提出意见。

(四)当家人的惩罚

当家人在教育子女的同时,自己也要按照家规办事。如当家人教育子女要孝敬长辈,自己也要对继祖母孝敬,以给子女做一个表率。如果当家人有违反的情况妻子会提醒。

如果家庭成员违反了家规家法,当家人会提出来,当场进行教育。当家人进行家规家法教育都是在行为中进行,发现问题后,马上就会提出来纠正。子女被当家人教育之后,就会逐渐遵循家规家法,若没有遵守或者违反会受到当家人的惩罚。

(五)潜移默化的过程

1.当家人说教

(1)说教习得

家庭成员们是通过当家人的说教而习得,通常是在行为中逐渐教育,并不是通过专门学习的方式,而是日积月累。同时,当家人言行一致,以身作则,家庭成员在当家人身上学习。因此,家庭成员在日常生活中经过耳濡目染,逐渐习得家规家法。自家的小孩子都由当家人或者父母来教育,如果是爷爷当家,爷爷可以教育小孩,父母也可以教育小孩,叔叔伯伯、姑姑婶婶一般不会教育。

(2)家教修养

家庭成员都需要遵守家规家法,有家规家法才能体现家庭的概念,体现家庭的团结与和睦。家庭成员遵守家规家法才能体现家庭的教养,不至于被外人说道,又能体现个人的修养,对外可以团结人。

首先,家规家法可以直接约束家庭成员,使得成员的行为得以规范;其次,家规家法可以体现家庭的教养,树立家庭的声誉;最后,接受过家规家法教育的成员,在外可以团结人,不会打架过擎。在平时吃晚饭的时候,父母会进行教育,想到什么就教育什么,有的方面会提前教育。如果孩子们违反了家规家法,当家人或者父母会再教育一次,严重时会打骂孩子。

2.族规族法的约束

（1）族规

阮家属于阮氏家族,家族有一些不成文的规矩,需要每一个家庭遵守,不得违反。当家人会给家庭成员讲解家族的构成、各房人员的构成,以及如何称呼、各房之间的关系等。家族成员会一起干一些事情,如祭祖、清明会等。当家人在讲解家族的时候,就会说到家族的一些规矩,如家庭之间的关系如何处理、家庭要团结等。

族规的内容包括处理与外人的关系、家族内部的关系如何处理、家族老人的养老问题等。族规与家规之间存在重合的部分,从某种角度上来说,族规的内容来源于家规,而家规的内容又吸收族规的内容,两者相互借鉴、相辅相成。不同的是,族规的内容更多的是规定家族内家庭之间的关系,而家规更多的是规定人与人之间的关系。对于家族的成员来说,族规与家规都需要遵守,两者调节人与人之间的原理相差不大。

（2）家族公审

如果家庭成员有人违背了族规,所在家庭的当家人会提出批评。如果严重地违反了家规,家族的老人就会站出来批评他。如果成员严重地违反了道德,损坏家族的声誉,就要召集家族成员进行公审。

家庭内部以及家户之间的活动由家庭的当家人负责。家族中关于祖辈、长者的事情就会由家族来管,如招上门女婿、买卖土地、过继等都是由当家人来管,不需要家族出面管理。

六、奖励惩罚

当家人掌管着奖惩的权力,可以对家户内的成员采取惩罚措施,以树立其权威。在奖励上,通常是奖励全家所有的人,以食物为主。

(一)奖励吃肉

如果家庭成员在生产生活上表现较好,当家人可以代表家庭对个人给予相应奖励。当家人可以口头上夸奖,也可以上集市的时候,买一些糖果奖励给表现好的人。这种单独买糖果的奖励方式只适合于家中只有阮修培的时候,若家中有了阮修其,此种奖励方法就会取消。因为,如果再实行原来的个人奖励方案,就不利于成员之间的平等关系,当家人就会给每个孩子买一些糖果,以表示公平。另外,当家人可以给予全家人奖励,即当家人买猪肉回家,奖励全家人辛勤的劳动。奖励可以对家庭成员起到激励作用,特别是当家人上集市买猪肉奖励大家,会起到巨大的激励作用,家庭成员在以后的生产生活中会更加努力,增加家庭的收入。

当家人能奖励的范围只有整个家庭成员,外人的家庭成员当家人不能奖励。在家庭丰收或者副业收入较多的情况下,当家人会买猪肉犒劳大家,希望大家继续努力。但是当家人的奖励并不包括学手艺、读书等,因为这些并不能以奖励的形式出现,缺乏衡量的标准。家中阮修华上学时,取得好的成绩,当家人就会在家里夸阮修华,以资鼓励。家中的年轻人一直孝顺老人,不仅会得到家中老人的夸奖,而且还会在四邻、亲戚中树立好的形象,会得到家族、四邻、乡亲的称赞。

(二)当家人的惩罚权

1.惩罚主体

（1）家户惩罚

在一个家庭中,惩罚权范围最广的是当家人,当家人可以惩罚所有家庭成员,而其他家庭成员的惩罚权力视情况而定。其他家庭成员的惩罚权有一定的限制,只能适用于一定的范围之内。阮德明与汪横丽可以惩罚自己的儿女,阮德明只可以惩罚自己的妻子与子女,婆婆只可以惩罚晚辈,兄长惩罚的对象主要是弟弟。

儿子没有听从父母的安排,或者安排的任务没有完成,或者卖东西的钱没有交给当家人,这时儿子就会被惩罚。即使儿子已经成婚,有了小家庭,依然可以惩罚。如果媳妇们在生活上犯错,可以由丈夫惩罚,也可以由婆婆惩罚,但是都是以说教为主,不会打骂。当丈夫在惩罚媳妇的时候,婆婆会劝说自己的儿子;如果婆婆不满意媳妇的行为,丈夫会给母亲解释媳妇的行为。当家人或者父母在罚小孩的时候,亲戚、邻居、熟人等外部家庭人员一般不会介入。如果亲戚、邻居恰好遇见惩罚小孩,会劝说当家人与父母。

（2）家长承担责任

如果家里的小孩子做错事,如偷了别人家的东西,或者打了别人,若爷爷是当家人,就由爷爷代表家庭去道歉。小孩子回到家后,主要是当家人惩罚,要么是说教,要么是挨打。如果小孩子偷了钱,当家人就要去赔偿,同时小孩子也要被打。在家庭中,当家人或者父母对于小孩子的偷盗行为惩罚十分严厉。当地的俗语讲,"小时偷针,长大偷金",小孩子的偷盗行为会被严厉地惩罚。小孩子如果打了人,当家人要带着受伤的人去看医生,还要出医疗费用。

（3）其他成员负责

小孩子做错一些事,如偷东西、偷钱、打人等,若孩子的父亲过世了,由母亲或者兄长来负责。如果小孩子的父母已经去世,又没有兄长,那么只能由叔伯来负责。如果小孩子的父亲去世,由兄长与母亲进行教育,兄长要负责养育弟弟或者妹妹成人,能够独立地生活。

2.惩罚对象

家庭里的惩罚只是针对家庭成员,不能对家庭外的人进行惩罚,也较少地干预外人家庭内的惩罚。

家庭成员害怕被惩罚,因为当家人可以打骂犯错的人,但是并不意味着家庭成员惧怕当家人,只要不犯错误,完成当家人交代的任务,就不会被打骂。如果家庭成员对家长做出的惩罚不服,与当家人斗嘴,那么当家人只会惩罚得更为严厉,因为这是对当家人判断的直接挑战。

3.惩罚的具体形式

对家庭成员的惩罚,主要有打、骂、跪、警告等形式,但是不会将家庭成员赶出家门。家庭中的惩罚大多数都是由当家人发起,当家人会根据成员犯错的类型、后果是否严重、给家庭造成的影响等进行综合考虑之后才采取惩罚措施。如果所犯的错误较小,就是警告与教育,若严重,就会跪在堂屋。

七、家族公共事务

(一)当家人参与协商

阮家家族举办过的公共活动包括过年祭祖、清明会、春节吹号等。过年祭祖通常会选择在晚上,几房的家庭成员都集中在一处,带上供品、香火等,由家族的老人主持,晚辈给祖先作揖、磕头,祈祷保佑后代一切顺利。首先,当家人会代表家庭参加公共事务的会议,商量活动的相关内容。其次,当家人回家告知家庭成员,家庭成员按时参加即可。祭祖的活动一家人都要参加,无论是男孩、女孩、外来的媳妇,还是招进来的女婿。

召开家族会议的时候,都是当家人去参加,其他成员也可以前去。举办家族活动时,凡是家族的成员都可以参加,无论是儿子,还是女儿。举办清明会时,每个家庭的当家人会在一起商定清明会的相关事宜,由当家人负责通知家庭的成员。清明会当天,家庭的成员会一同前往。

(二)家族出资祭祖

在春节的时候,家族会组织大型祭祀活动,讨论事宜的时候是当家人前去,举行祭祀的时候是所有家庭成员都要参加,没有男女之分。祭祀的供品是所有家庭自带,可以带肉、香火等,或者由一个家庭垫付所有的费用,然后所有家庭来均摊。

举办清明会时,三大房的所有家庭成员都要参加。清明会的发起通常是由银子坡某一房的长辈提出,先是召集银子坡所有阮家的家庭代表开会,商定清明会的时间、所需费用等。银子坡商定之后,就会派人告知另外两大房的人员,说明时间等事宜。到了商定的日期,三大房的人就会在约定的地点聚集起来,然后到坟地进行祭祖。清明会时,所有的家庭必须参加,当家人不能找借口逃脱,当然一个家庭可以留一两个人看家。祭祖的地方有三处,即三大房的所在地,因此需要三大房各出一家招待人员,选择吃饭的一家一般是有老人在的家庭。

八、村庄公共事务

当家人要代表家户与保甲长进行沟通、交流,并参加相应的会议。当家人接到纳税、出力等通知后,就会回家筹备。在安排劳动力出工方面,当家人会公平地分配。

(一)保甲长组织会议

1.村务会议

村里组织召开村务会议,由保甲长组织,需要当家人前去,其他家庭成员不能代表家庭参加。保甲长组织召开村务会议的次数较少,一般是每年纳粮食税前,或者有新的摊派任务需要告知当家人。如果家里是女性当家,那么女性就可以参加保甲长召开的会议。女性当家肯定是因为家中没有男子能够承担当家人的职责,其他农户都是知晓缘由,不会非议。缴纳粮食税的会议是每一个家庭都必须参加的会议,不能因为其他的原因不参加,如果不参加,就会遭到保甲长的批评。召开村庄会议一般不会让农户发言,保甲长讲完相关事宜就可以自行回家。如果当家人有急事不能去或者已经外出,需要家庭成员去找回当家人,不能安排妻子、儿子等家庭成员参加会议。其他家庭成员参加会议不会得到保甲长的认可,也会破坏已经形成的体统。

一般来说,开会的农户只需要听保甲长讲就可以了,不会提出关于村庄的建议。村庄的发展都是保甲长考虑的事情,保甲长考虑之后,召集农户,告知农户,然后安排出劳动力、出钱等活动。

2.征税会议

村里的征税会议一般情况下一年一次,都是在征税前。保甲长会告知每一个家庭开会的时间,并要求当家人前去开会。前去开会的农户都拥有自己的土地,只是多少有差别,佃户等没有土地的农户就不用参加。

3.其他会议

（1）公益会议

村庄召开过修桥、修路的会议,同样是由保甲长通知家庭,由当家人前去。与征税会议不同的是,凡是保甲长下的农户必须参加,无论是有土地还是没有土地。在会议上,保甲长会说明修路、修桥的决定,在哪里修、什么时候开始修、修建的费用、需要每一个家庭出多少劳动力。家庭有钱的农户可以出钱,即用钱买劳动力。没有钱的农户只能派出自己家庭的劳动力,相当于服徭役。当家人回家后,就会告知家庭成员开会的内容,然后决定出多少钱,家里如何安排劳动力等。村庄会议并不是采取讨论的形式,而是保甲长直接宣告通知,不用农户提出意见。农户得到通知之后,只需要按照通知执行即可。修桥、修路对村庄有利,农户们都很积极地参加,也很愿意出钱与劳动力。

（2）村费会议

村里要进行村费征收, 都是保甲长前来通知, 只要在规定的日期内交到保甲长那里即可,由当家人去交,需要签字确认。如果家里没有钱交村费,当家人需要向四邻、亲戚借钱,或者副业收入攒起后交给保甲长。

4.公共事业

村里要修桥、修路、修庙,由保甲长找各家家长,不能直接找家里的青壮年,青壮年虽然已经成为劳动力,但是还没有成为家庭的当家人,还不能代表整个家庭,其能做出的决定有限。一般来说,村庄修桥等都是以家庭为单位来出劳动力,一个家庭出一个劳动力,具体出哪个劳动力由家庭商量决定。

召集村庄修路、修桥的会议都是由保甲长来通知, 但是并不是意味着必须当家人服徭役,也有可能当家人派自己的儿子去服徭役,只要是劳动力就可以。当家人在安排家庭劳动力参与村庄事务的时候,要体现家庭的公平。当家人需要把家庭负担的劳动力、徭役进行计算,与家中的劳动力进行分摊,不能一直安排家中的一个劳动力前去。如果家里没有劳动力,或者劳动力稀缺,可以通过出钱的形式抵消应出的劳动力。修桥修路不会让女性去,一是女性代表家庭去服徭役会被其他农户议论,不利于家庭的声誉;二是女性都是小脚,即裹脚的女人,不能劳动。

（二）村庄筹资

1.出钱或者出力

村里组织修桥、修路、修庙时,筹资是一家一份,以家庭为单位,保甲长直接找家庭的当家人,由当家人安排家里出钱与劳动力。

保甲长来告知缴纳村庄的筹资花费时,当家人需要告知家庭成员需要多少费用、多少日期之内必须上交。缴纳村庄筹资花费的人只能是家庭的当家人,缴纳的时候,当家人要向保甲长说清楚缴纳的是什么费用,保甲长做好登记之后就算完成。如果家庭无法上交村庄的筹资花费,要么向邻居、亲戚借钱,要么多出劳动力进行抵押。一般情况下,粮食不够吃,多数家庭不会选择卖粮来解决。

如果家户单独使用水井时, 打井与淘井的费用由家户自己承担。如果几个家户共享水井,那么打井与淘井的费用由共享的家户承担。

2.女性不得擅自交钱

如果当家人不在家,女性不能自我决定交钱给村庄,一是钱不在女性的管理范围之内,也拿不出来钱;二是如果女性交钱,其他家户会在背后议论其家中的男子没有权力。不会出现当家人外出多日不回家的情形,就算是换工与出去做工,当天晚上也会回家,不会在外留宿。

(三)村庄内部摊派劳役

村里组织修桥、修路、修庙时,根据规定,一家一个劳动力,由保甲长在组织开会的时候说明,当家人回家自行决定出哪个劳动力。如果家庭劳动力有限,只有一个,那么就没有选择的余地;如果家中有多个儿子、多个劳动力,就会轮流前去。如果一个大家庭下面有几个小家庭,当家人为了体现公平,会轮流要求小家庭的劳动力前去。如果大家庭中的小家庭没有主要的劳动力,就由其他小家庭承担,或者当家人自己负担。保甲长不会在意家中派哪个劳动力去,而是在乎是否能够按要求前去做工。

九、国家事务

当家人接到保甲长的任务后,就需要在家户中做出相应的安排。当家人为了防止家庭成员被抓壮丁就会寻找方法逃避,保护家户的安全与稳定。

(一)上交皇粮国税

1.秋季缴税

纳粮食税是由保甲长通知,保甲长在开会的时候会说明纳税多少、纳税的截止日期等。当家人代表家庭带着粮食去纳税,纳税是按照土地面积来计税,即一挑田纳税多少斗或升粮食。

纳粮食税的时间为每年的秋季,即秋收之后就会缴纳。粮食税是以粮食的形式呈现,要么是稻谷,要么是小麦,不能缴纳现金。在一般情况下,一年缴纳一次,可是政府通常以款子的形式要求农户再次上交。

2.当家人前去纳税

每年收税时,保甲长会亲自到家通知,当家人在家就直接通知当家人即可,如果当家人不在家,就告知家庭其他成员,成员再告知当家人。当家人准备好需要缴纳的粮食,亲自送到保甲长家里,等保甲长登记好,就意味缴纳粮食完成。如果家长不在家,保甲长会告知其妻子或者已经成年的儿子,由家庭成员转告。虽然告知的人是妻子或者成年的儿子,但是并不意味着妻子与儿子可以直接去缴纳粮食税。如果去,他们不会获得保甲长的认可,一旦出错,也不能承担相应的责任。如果一个家庭是女性当家,保甲长就只能通知这位女当家人,由女当家人负责去缴纳粮食税。

3.当家人借粮纳税

在收到纳税通知后,保甲长会一并通知纳税的截止日期。阮家每次都是在截止日期前缴纳,若遇到灾荒年代就需要向四邻、亲戚借粮食来缴纳。缴纳粮食税没有出现拖延的情况,一旦拖延保甲长都会前来催粮,反而损坏家庭的名声。如果推迟时间纳税,可能的原因是庄稼受到灾荒,但是不是很严重,需要一定的时间借粮。推迟缴纳时间后,保甲长会找家长催缴。当家人要么抓紧时间借粮,要么请求保甲长推迟时间。在特殊情况下,保甲长会延迟上交的时间。

(二)逃避抓壮丁

1.抓丁原则

抓壮丁的基本原则是"三丁抽一,五丁抽二",即家里有三个男孩就要抓一个去当壮丁,家里有五个儿子就会抓两个去当壮丁。抓壮丁的对象只要求身体健全,没有身体残疾,年龄、身高等标准都可以处于调控之中。抓壮丁时,抓壮丁的人虽然配有枪,但是面对农户的反抗,遭到殴打都不能开枪。因为一旦开枪,有可能伤害青壮年,抓去就不符合要求。家族被抓的壮丁参加过抗日战争,做过苦力,修过炮楼。

2.逃避的策略

为了避免被抓壮丁,自己家的人会到山里躲藏,或者几兄弟一起外出。抓壮丁后期,不再严格地遵守抓壮丁的基本原则,而是见到青壮年就抓。因为抓壮丁的无情,也因此闹出一些笑话。如保甲长有两个儿子,保甲长让小儿子围一个裙,蹲着上厕所,这样保甲长的儿子没有被抓。再如,有一个雇农,家有四个儿子,先是将二儿子抓走,之后其余三个儿子就在一起,不分开,抓壮丁的人来,兄弟几个用刀砍前来的人,而前来的人又不敢开枪,于是才保住了三兄弟没有被抓去。此外,有的家庭为了保住自己的家人不被抓走,通过出卖家庭的土地来换取壮丁。

当听到抓壮丁的风声,家庭的青壮年就会逃去山洞,或者地里。抓壮丁与遭遇棒客不同,抓壮丁的来时,不用全家人都出去躲避,只需要家中的男子去山里躲避即可。逃出去的成员要等到半夜才能回家,以避免被抓壮丁的人遇到。

在大户人家,如果家庭成员被抓壮丁,可以通过出高价把人买回来,赎买的钱直接给抓壮丁的人。对于一般的家户来说,无法承担高额的赎买费用,只能等待被抓的人回来。

(三)政府摊派劳役

1.一户一个

当地要修建公共工程时,就需要征调劳动力。摊派劳役是按照家庭来算,即一个家庭出一个劳动力,具体出哪个劳动力由家庭商量决定。当地修建公路时,阮家就出过劳动力。家庭选择出的劳动力必须是完全的劳动力,不能有残疾,不能选择年龄太大的人,要不然不符合摊派的标准。如果是大户人家,经济条件较好,就可以出钱购买劳动力,没必要自己家庭出劳动力。被选择去服劳役的成员,中午餐由政府负责,早餐与晚餐在家吃。出劳力的人没有工钱,属于义务性劳动。

2.保甲长通知开会

村里需要派遣劳役时,保甲长会通知当家人会开会,并统一向村里人说明。保甲长会说因为何事、何时需要摊派劳动力。然后由当家人回家商量安排家中哪位劳动力去服劳役,在一般情况下,只需要出一个劳动力即可。保甲长不会直接找农户家中的劳动力,毕竟其做事也要尊重农户的选择,只要农户出劳动力即可,不需要安排得十分详细。

3.当家人分配劳役

当家人开会回家后,会告知家庭成员,然后商量决定由谁前去服劳役。如果家中儿子尚未成为劳动力,就只能当家人自己去。如果家中有成年的劳动力,当家人就会安排儿子去。如果家中有多个劳动力,即几个儿子都已经成年,当家人要么选择一个去,要么会分摊给几个儿子。被指派服劳役的家庭成员不能不去,必须按照指定的时间到指定的地点参加劳动。如果不去,不仅会使当家人失去颜面,而且还会损坏家庭的名声,遭到四邻的议论。

(四)有限的民主

村中的保甲长都是选举产生,参加选举的人是各家的当家人,其他家庭成员不得参与选举。就选举而言,一家一票,不会以人口数计算选票。选票掌握在当家人的手中,由当家人出面投票选举,家庭其他成员无权投票选举。选举举行的次数较少,被选举出来的保甲长少则工作十年,多则几十年。因此,选举没有固定的选举期。在一般情况下,女性不能参与选举,没有选举权。但是如果当家人就是女性,家中没有男性劳动力,那么只能由女当家人投票。

在选举之前,家庭成员会商量一下,大家都会发表意见,对被选举人的人品、性格、学识等方面进行综合的判断,最后由当家人进行考量。如果其他家庭成员与当家人意见不同,当家人需要听取家庭成员说明的原因,进行综合考虑。阮家选举的甲长是汪家的人,汪家在当地算是大户,虽然是残疾,但是名声好,于是就选举汪家的人当选甲长。

调查小记

在 2017 年暑假"百村观察"项目培训结束后,一个新的名词——"家户制度"进入了我的认知领域,这也成了我的第一个调查任务。虽然接受了培训,但是对于什么是家户制度并不了解,对于如何寻找受访对象也不清楚。就这样,我带着众多的不解走上了访谈之路。

一、调查前的准备

与以往的暑期不同,2017 年的暑期是一个忙碌的调查假期。回到家中,没有给自己留出休息的时间,就找出了培训时候的课件,认真地看了一上午,又拿出了自己签订的合同,这才明白自己需要做什么:我首先要搞清楚的是要找一个什么样的访谈对象,什么样的访谈对象才符合要求。于是,我联系了负责培训的学长、学姐,又向同级的推免生请教,这才有了初步的了解。一是对年龄的要求,访谈的内容是 1949 年之前的家户,因此受访者要满80 岁以上,最好是 85 岁以上,只有这个年龄的老人才能对那个时期了解一二。二是对家庭人口数的要求, 老人的家庭在 1949 年的时候要有八口人以上, 这才能说明老人的家庭是一个大家庭,关系丰富,才有了解的价值。三是对性别的要求,受访者性别不同就会导致访谈的家户不同。受访者为女性,就存在是否出嫁的问题,这时候最好是询问受访者娘家的家户,询问受访者夫家的家户将影响调查的效果,因为受访者年龄的关系,嫁到夫家的时间不长,对夫家的关系、结构等还不是很了解。如果受访者为男性,就不会涉及娘家与夫家的事情,直接就可以询问受访者自己的家户。四是对家户内容的要求,一个家户没有土地,没有大型的生产工具,没有众多的生活资料,那么了解的价值就不大,因此要先经过简单的试问了解受访者的家庭,在了解家户的土地、房屋、生产资料、生活资料后才可以最终确定能否作为一个合格的受访者。

根据整理的访谈对象的要求,在家人的帮助下我找了三位受访者。第一位受访者是一名教师,小时候家庭是大户,本来以为得到了一块"宝",但是经过了解,他家中没有土地,也没有租他人的土地进行耕种,于是只好放弃。第二位受访者身体很健康,经常在路边打牌,这样的老人肯定思路很清晰,精神很好,但是经过初步了解,这位老人很多事情都回想不起来了,于是也只好放弃。在我失落的时候,家族的一位长辈打电话来,告知我家族中有一位老人符合要求。虽然是一个家族的,但是我对他并不是很熟悉。在经过试调查后,家族的长辈符合要求,终于把访谈对象确定了下来,与老人协商好访谈的时间后,我就回家开始准备了。

由于这是第一次访谈,我还是有点儿紧张,为了做好第一次访谈,我应该再准备得完备一些。首先,我把家户的提纲认真地看了一遍,做到心中有数。其次,我把录音笔又试了一遍,生怕其不能正常工作。最后，我上街去给老人买了礼品。我把所有的准备工作都做好后，开始对老人进行访谈。

二、克服调查困难

经历过调查，才知道调查的过程相当困难。在访谈的过程中主要面临两个问题：老人生病带来的访谈不便、老人的记忆能力不强与叙述能力较差。

初次见到老人的时候，老人还在地里干活儿，看起来身体很健康。但是经历了两天的访谈后，老人的身体出现了问题，已经去医院住院了。向老人的家人了解到，老人一直都有支气管病，经常要去医院治疗。在这种情况下，访谈已经不能进行下去了，只能将原计划的访谈时间延后。作为晚辈，我又给老人买了礼品去看望老人，也相当于孝敬老人，希望老人早日康复。老人好转一些后，告知我可以去医院访谈，这个消息让我很高兴，我也很感激老人。考虑到老人的身体原因，我将在医院访谈的时间一次控制在一个小时内，给老人留出足够的时间休息。

在访谈的过程中，另外一个大问题就是老人的记忆力不强，叙述能力也不是很好。我认为主要有三方面的原因：一是老人的年龄太大，记忆能力逐渐下降，能够回想起来的事情不是很多；二是暑假的气温很高，这使得老人更容易犯困，思维活跃不起来；三是老人没上过学，也就没有经过思维与叙述方面的训练。针对这几个问题，我采取了相对应的策略：一是跳出访谈提纲的框架、结构限制，顺着老人的思路进行，这样老人就可以多说，在必要的时候追问就可以得到想要的答案；二是调整访谈时间，最开始的几次访谈我都是下午两点去的老人家里，后来调整到下午五点，这样老人就不容易犯困了；三是遵从老人的叙述方式，多使用方言，这样就可以让老人觉得不拘谨。

三、调查启示

老人的整个访谈时长将近三十个小时，前前后后用了近两个星期的时间。经过这次调研，感觉自己体会到了很多，受益匪浅。

原来都是听学长、学姐传授调研技巧，只有到了"实战"的时候才会有更深刻的体会：调研不是套路，也没有固定的模板，而是因地因人而异。在选择调研对象方面，要考虑得相当全面后才能够认准访谈对象。我在调研的时候，也将受访者的要求列了出来，但是还是没有考虑到老人是否存在疾病这个问题，这样就会给整个访谈带来不便。在访谈提纲方面，不能根据访谈提纲按部就班地来，而是要灵活使用，多根据老人的思路来，这样还可以把访谈的氛围搞得轻松些。在调研访谈时间方面，要多考虑老人的休息时间，还要根据老人的身体状况来调整，不能一次性问几个小时，这样老人会感觉很累，也会产生厌倦的心理。调研员要重视自己的身份，就我而言，不仅是对老人进行访谈的调研员，还是晚辈，给老人买礼品是应该的，也是作为晚辈应该孝敬给老人的。

家户制是徐勇老师提出来的一个新的概念，与村社制、庄园制不同。家户制是我们传统社会的底色，只有了解自己社会的根基，才能发挥农业文明的优势，为国家治理农村提供资料。作为中国农村研究院的学生，需要了解传统社会的家户制，为抢救我们的历史文明做出贡献。

四、致谢

从暑假调研的培训，到寻找家户访谈对象，再从一稿到四稿，经历了十一个月才最后定稿。在这一路上，我得到了不少人的支持与鼓励。首先，我要感谢我的访谈对象，根据辈分来讲，我应该叫他一声"大爷爷"，是他给了我这次了解历史的机会。在将近三十个小时的访谈中，老人为我勾画出了传统社会的画面与人际关系，让我认识到了历史的村庄是如何治理的，国家与家户之间的关系如何来体现。其次，我要感谢李台村村民赵术群在调研中对我的照顾，每次我去访谈的时候，赵奶奶都会给我泡一杯茶来；天气热了，赵奶奶就去地里抱一个西瓜回来给我解渴。再次，我要感谢我的奶奶与父母，他们在家为了给我找访谈对象四处打听，为我能不能完成调查任务而担心，每隔几天都会询问访谈的进度，这对我来说是一种激励。最后，我要感谢学院的老师、师兄师姐的指导，感谢一起参与家户制度调查的同学之间的相互鼓励。

第五篇

以商助农:副业发达的中等家庭传承

——鲁中于堤村于氏家户调查

报告撰写:巩俊齐[*]
受访对象:于绥孝

---

* 巩俊齐(1994——　),女,山东淄博人,华中师范大学农村创新协同发展中心 2017 级硕士研究生。

导　语

　　于家位于山东省淄博市桓台县唐山镇于堤村。元朝时期，于氏始祖于仲德，自元朝至正年间，即1353年，因为战乱和饥荒，举家由陕西某地迁至现在的山东省桓台县于堤村，至今已有六百六十余年的历史。现于堤村各姓氏中，据家谱记载，没有比于氏早的姓氏，于氏的浮沉与于堤村可谓同气连枝。

　　于家的经济状况在于堤村中属于中等家庭。于师棣当家之前，于家的经济状况只是村里的贫下阶层，家庭经济情况很差，人多地少，勉强维持温饱都成问题。于师棣是一个勤奋好学、吃苦耐劳的人。早年背井离乡，独自一人去省城学手艺，一路从默默无闻的学徒工成为大掌柜，其中所受的艰辛可想而知。最让人敬佩的是，在省城的短短几年，他学会了制作烟丝和制作粉丝两种技术。正是因为于师棣的这两门手艺，在他当家的前十几年间就让于家的经济状况从贫下阶层成为于堤村的中等家庭。除此之外，于家的农业发展也没有落下，租佃了当地大户人家的十亩土地和自身的五亩三分土地，维持自身生活所需，但从不雇工，全靠家中的劳动力，自给自足。于家的房屋是祖辈传下来的祖屋，宅基地面积有两百平方米左右，建筑布局属于传统的北方四合院建筑布局。家长在于家享有绝对的权力，掌管家中的一切大小事务，包括土地、房屋的使用权。

　　1949年以前于家四世同堂，一共有十二口人。包括第一代人于师棣与妻子于田氏，第二代人于孔佑与妻子于张氏、姑姑张于氏，第三代人于缮孝与妻子于王氏、于缙孝与妻子于伊氏、于绥孝与妻子张桂英，第四代人长孙于忠修于1947年出生。其中五对夫妻，十个人均可看作劳动力。

　　1949年以前，于家没有分过家，于家虽然人口较多，但很少发生冲突，家庭内部关系和谐。于家家庭成员的教育平均水平不算太高，勉强算作村里的中等水平，但家庭教育很好，遵循于氏族规和于氏家规，积极参加宗族、村里和国家事务，乐于助人，和于家的亲朋好友以及村民相处融洽，在村里很有威望。1949年以后，因为于家的三个妯娌之间关系不和，无奈分家，把家里的田地和房屋平均分成了三份，至此，大家庭生活结束。

第一章　家户的由来与特性

据于氏族谱记载,元朝时期,于氏始祖于仲德,因为战乱和饥荒,举家由陕西某地迁至现在的桓台县于堤村,至今已有六百六十余年的历史。于家已经繁衍了二十一代,1949 年以前于家四世同堂,一共有十二口人。其中五对夫妻,十个人均可看作劳动力。家庭成员的教育平均水平不算太高,于家的自有土地较少,但因为副业发达,经济状况在于堤村中属于中等家庭。

一、家户迁徙与定居

(一)祖居陕西,迁入桓台

于家位于山东省淄博市桓台县唐山镇于堤村。于堤村位于桓台县城索镇西南方向,红莲湖畔。据于氏族谱记载,元朝时期,于氏始祖于仲德,自元朝至正年间,即 1353 年,因为战乱和饥荒,举家由陕西某地①迁至现在的山东省桓台县于堤村,至今已有六百六十余年的历史。现于堤村各姓氏中,据家谱记载,没有比于氏早的姓氏,于氏的浮沉与于堤村可谓同气连枝。

当时于家祖先选择于堤村,是因为于堤村西依猪龙河,当时被称为"耏水",周围有大片未经开垦的土地,适合生存居住,于是举家停留在此,繁衍生息,慢慢发展壮大,成为于氏家族。

(二)二十一代共生,四世同堂

翻看于氏族谱可知,在这六百六十余年的时间里,于绥孝的祖上已经在于堤村繁衍了二十一世之久,到了于绥孝这一代正好是第十九代,有于缮孝、于缙孝和于绥孝,于绥孝的二叔家还有一个堂弟。

于家一共经历了两次迁徙,第一次是于氏始自 1353 年因为战乱和饥荒,举家由陕西某地迁至文登县赤山堤子村。第二次是从明万历十六年开始,清军发兵,一次次进关,烧杀掠夺,当时于氏做官者众多,清军知其为官者就灭九族,为避嫌,外出者众多。于绥孝的祖先怕被清军屠杀,举家出逃,隐姓埋名,直到康熙年间才迁回于堤村,自此再也没有离开过这里。

(三)贫中转化,手工发家

1949 年以前,于家的经济状况在于堤村中属于中等家庭。于师棣当家之前,于家的经济状况只是村里的贫下阶层,家庭经济情况很差,人多地少,勉强维持温饱都成问题。于师棣是一个勤奋好学、吃苦耐劳的人。早年背井离乡,独自一人去省城学手艺,一路从默默无闻的学徒工成为大掌柜,其中所受的艰辛可想而知。最让人敬佩的是在省城的短短几年,他学会了制作烟丝和制作粉丝两种技术。正是因为于师棣的这两门手艺,在他当家的前十几年间就

---

① 详细地址已无从查证。

让于家的经济状况从贫下阶层成为于堤村的中等家庭。除此之外于家的农业发展也没有落下,租佃了当地大户人家的十亩土地和自身的五亩三分土地,维持自身生活所需,但从不雇工,全靠家中的劳动力,自给自足。

二、家户基本情况

(一)一家四代,人口较少

1949 年以前,于家四世同堂,一共有十二口人。包括第一代人于师棣与妻子于田氏,第二代人于孔佑与妻子于张氏和于绥孝的姑姑张于氏,第三代人于缙孝与妻子于王氏、于缙孝与妻子于伊氏、于绥孝及其妻子张桂英,第四代人长孙于忠修于 1947 年出生。其中五对夫妻,十一个人均可作为劳动力。

于绥孝的母亲是于堤村本村的,于家位于于堤村的村东头,而于绥孝的母亲家则位于村西头,于绥孝母亲的娘家是当时村里有名的大户人家,但因为当时的家主经营不善,家道中落,嫁给于孔佑,算是下嫁。于绥孝的二嫂于伊氏的娘家是果里镇西边村,而于绥孝的妻子张桂英与于绥孝的二嫂来自同一个镇不同村,是西义和村人。于绥孝的姑姑嫁到了隔壁县。

表 5-1 家庭基本情况数据表

家庭基本情况	数据
家庭人口数	12
劳动力数	11
男性劳动力	5
家庭代际数	4
家内夫妻数	5
老人数量	2
儿童数量	1
其他非亲属成员数	0

(二)于家家庭成员概况

在 1949 年以前于家一家人的健康状况都非常好,没有人去世。家中只有于绥孝的母亲有宗教信仰,其他人都没有宗教信仰。家中的成员都是正常结婚,没有出现寡妇、休妻等现象。家庭成员的教育平均水平不算太高,但仍属于村里中等水平。于师棣、于孔佑、于缙孝、于缙孝和于绥孝曾上过学。而于田氏、母亲和姑姑没有上过学。于师棣 7 岁开始上学,曾上过四五年的私塾,可以读书写字,之后因为于家经济比较困难,没有继续上学。于孔佑从七八岁开始上学,上过五年私塾,之后也是辍学回家帮忙。于缙孝、于缙孝都是从 6 岁开始上学,上过五年私塾,大哥于缙孝是因为于绥孝需要读书而放弃读书,于缙孝是因为从小不爱学习,读到五年级也是在于家家长的强烈要求下。于绥孝从 7 岁开始上学,上过三年私塾,之后去学校上学,曾上到初中一年级,但之后因为家庭劳动力比较短缺,于 12 岁辍学回家帮忙。

表 5-2　1949 年家庭成员情况表

成员序号	姓名	家庭身份	性别	出生年份	年龄	婚姻状况	宗教信仰	健康状况	参与社会组织情况	备注
1	于师棣	家长	男		62	已婚	无	健康	无	
2	于田氏	妻子	女		62	已婚	无	健康	无	
3	于孔佑	儿子	男		45	已婚	无	健康	无	
4	于张氏	儿媳	女		44	已婚	基督教	健康	无	
5	于缮孝	长孙	男	1923	26	已婚	无	健康	无	
6	于王氏	长孙媳	女		27	已婚	无	健康	无	
7	于缙孝	二孙	男	1924	25	已婚	无	健康	无	
8	于伊氏	二孙媳	女		25	已婚	无	健康	无	娘家果里镇西边村
9	于绥孝	三孙	男	1926	23	已婚	无	健康	无	
10	张桂英	三孙媳	女	1927	22	已婚	无	健康	无	娘家果里镇西义和村人
11	于忠修	孙侄	男	1947	2	未婚	无	健康	无	
12	张于氏	女儿	女		43	已婚	无	健康	无	

注：传统时期女性的名字大家很少知道，所以奶奶、母亲、大嫂、二嫂、小姑的名字不详。

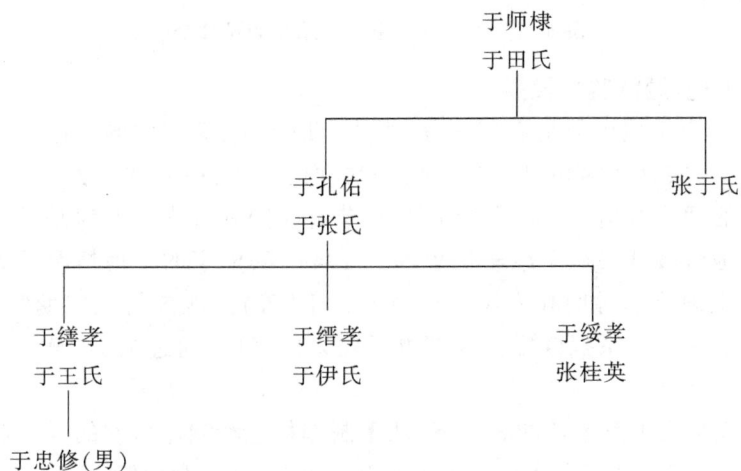

图 5-1　1949 年于家的家户结构图

（三）传统四合院房屋

1949 年以前于绥孝家的宅基地面积有二百平方米左右，房屋的建筑面积是一百八十平方米左右。房屋的建筑布局属于传统的北方四合院建筑布局。于绥孝家的房屋在村里属于中等以上，因为家族人口比较多，所以房屋建筑面积比较大。于家的房屋是祖辈传下来的祖屋，建筑材料是砖瓦房，很结实。属于传统的四合院造型，具有北屋、南屋、东屋、西屋，厕所多在东南角，大门与厕所斜对角或在一边。北屋一般由年龄最大的长辈居住，即于家的家长于师棣和妻子于田氏居住。于孔佑居住在大门相对的一边，即东面，表示地位较高。于缮孝结婚以后则居住在大门住在西边,于缙孝成家以后住在南屋。当时于绥孝还没有成家的时候就和父母住一间。厨房在西北角上,方便于家家庭成员去北屋吃饭。平常来客人的时候,一般是谁家的亲戚就住在谁那,如果是于家大家庭的亲戚,就住在南边的屋子里。家里的窗户都是面朝南边的,朝阳通风都很好。于家的房屋因为是祖屋,年代久远,需要不时地修缮一下,现在祖屋的面积就是于师棣扩建过的。

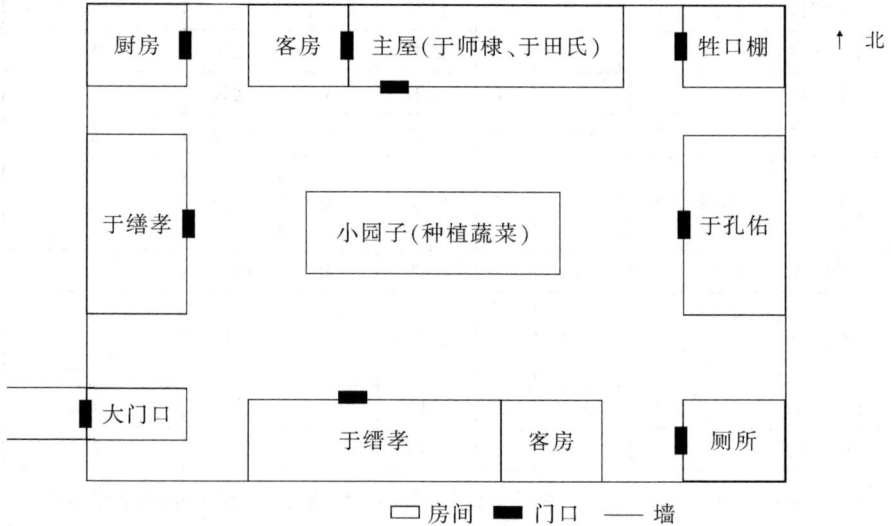

图 5-2 1949 年于家老宅基地的居住分布图

(四)中等家庭,经济实力较强

1949 年前于家土地亩数是五亩三分,租赁土地十亩,家庭中的土地主要为旱地,分布在村的西北角上,一共分为两块,以河为界,一块在河东头,一块在河西头。当时于氏祖先之所以选择在河的两边买地,是为了灌溉方便,节省时间和人力。因为是靠河地,土质比较肥沃,灌溉便利,地势较低。从于绥孝记事起到 1949 年,他家的土地情况并无变更,没有发生增减。只有在土地改革时期和人民公社时期,于家的土地被村庄定期收回后重新统一分配。于家的土地是从父系家族祖祖辈辈继承而来的,没有通过买卖、赠予、开荒的方式得来的土地。

于家家庭成员在于家家长的教导下,从事制作粉丝和制作烟丝的手工业。这两种手工业是按季节划分。每年于家都会在自家土地上开辟出几亩专门种植烟草叶,作为制作烟丝的原料。每年夏天烟草叶成熟,就是于家准备制作烟丝的时候。于家的女性家庭成员会把烟草叶晒干,等到农忙时节过去,烟草叶也就晒干,这时于家的家长就会召集其他家庭成员,男女家庭成员都有,利用晚上的时间,用他教的方法卷烟丝,然后拿到镇上的烟草公司卖掉。一般价钱不会特别高,因为烟草公司还会进行再一次加工。

冬天的时候,于家的家庭成员就会在家长的带领下,利用夏天留下的小麦为原材料制作粉丝。由女性家庭成员用磨把小麦磨成粉,男性家庭成员架锅熬粉,家长把熬好的粉做成粉丝后,女性家庭成员每天翻晒粉丝,大概半个多月就可以晒好了。等家长拿到附近集市上卖掉,利用卖来的钱置办年货和贴补家用。这些换来的钱归大家庭所有,交给家长统一管理分配。正是靠着手工业的补贴,才让于家在短短十几年间,从贫下阶层成为于堤村的中等家庭。

表 5-3 1949 年以前本户家计状况表

土地占有与经营情况		土地自有面积		5.3 亩	租入土地面积		10 亩
		土地耕作面积		15.3 亩	租出土地面积		0 亩
生产资料情况		大型农具		—			
		牲畜情况		1 头驴 15 只鸡 2 头猪			
雇工情况		雇工类型		长工	短工		其他
		雇工人数		0	0		0
收入		农作物收入				其他收入	
	农作物名称	耕作面积	产量	单价	收入金额(折算)	收入来源	收入金额
	麦子(上地)	12.3 亩	300 斤/亩	—	—	副业制作粉丝	几十块钱
	棒子(上地)	15 亩	250 斤/亩	—	—		
	烟草(下地)	3 亩	100 斤/亩	—	—	副业制作烟草	几十块钱
	—	—	—	—	—	收入共计	
支出	食物消费	衣服鞋帽	燃料	肥料	租金	税赋	公共支出
	自给自足				几石粮食①	几斗粮食	
	医疗	教育	其他	—	支出共计		
	几斗粮食	0	0	—			
结余情况	结余 一元			资金借贷	借入金额	几十块钱	
					借出金额	0	

(五)四世同堂,村中老户

1949 年前于家家中有四代人,包括第一代人于师棣与妻子于田氏,第二代人于孔佑与妻子于张氏和姑姑张于氏,第三代人于缮孝与妻子于王氏、于缙孝与妻子于伊氏、于绥孝及其妻子张桂英,第四代人于忠修。

当时没有内外当家之分,只有一个当家人就是于师棣。如果于师棣外出不在家,则由于田氏代理当家。但当于师棣年纪大了以后,当家人就换成了于孔佑。当地有大户、中户、小户的说法:土地面积多、经济实力强的,或者是当官的都算村里的大户人家;中户就是人口、土地适中,经济实力较强,能满足家庭成员温饱;而小户家庭则连家庭成员的基本温饱都很难维持。

于家在村里处于中等水平,属于比上不足比下有余。于家的土地不算多,但于家有自己的手工业贴补家用,经济实力还是比较强,综合来看是村里的中户人家。有三片瓦房保身,不至于沦落街头要饭,就是比下有余。没有三进三出的大院子,没有几十亩的田地就是比上不足。村里生活水平很差的家庭,房屋是土房,饭菜是乞讨而来,甚至孩子都被饿死了。当时于师棣从于家的老家长接手家庭的时候,于家的情况也是非常差的,于家能从低等生活水平的家庭成为中等生活水平的家庭,都是于师棣一步一步奋斗而来的。于家不是属于村里比较有

---

① 受访老人不清楚具体数量,只有大概印象。

影响的家户:一是因为于家的经济水平不是村里最好的;二是因为于家并没有出过当官的人或者读书人;三是因为于家不是村里的大财主,没有钱、没有地、没有读书人,当时在村里就是没有声望没有影响力的。

于家迁到本地有几百年的历史了,从于氏的先祖在陕西因为战乱迁徙到于堤村开始,一直居住在于堤村。这期间虽然遭受过战乱、灾荒等一系列事情,但于家都没有想过离开于堤村。这是他们的家,是他们居住多年的地方,他们不会离开。从年份上看,于家是属于村中老户。在于堤村,老户新户并没有明确的界定,一般是搬过来五年之内的算作新户,五年以上的就可以算作老户了。

第二章　家户经济制度

1949 年前于家共有十五亩三分的土地。其中有从祖辈继承的五亩三分土地和租赁的十亩土地。于家房屋是继承祖辈家业而来,建筑布局属于传统的北方四合院建筑,居住了至少八代人。于家的生产资料多以购买为主,小型生产工具则由家中的男劳动力手工制作而成。于家生活资料较少,多来自于自制。在家长制下,于家的土地产权、房屋产权以及生活和生产资料产权是属于整个大家庭所有。于家以家户为劳动单位,在 1949 年以前一共有十一个劳动力,全家人都需要参与家庭的生产活动,只是彼此分工不同。在分配时,以家户为分配主体,分配对象为家庭内部成员。于家的家庭消费自给自足,总体消费勉强维持。1949 年前,当于家生活遇到困难时,会由家长代表,以家庭为单位借贷。家长去世的话,遵循"父债子偿""夫债妻偿"的原则。

一、家户产权

(一)土地由祖辈继承

1.土地由继承和租赁而来

1949 年前于家土地亩数是五亩三分,租赁土地十亩,家庭中的土地主要为旱地,分布在村的西北角上,一共分为两块,以河为界,一块在河东头,一块在河西头。于家祖先之所以选择在河的两边买地,是为了灌溉方便,节省时间和人力。因为是靠河地,土质比较肥沃,灌溉便利,地势较低。从于绥孝记事起到 1949 年,他家的土地情况并无变更,没有发生增减。只有在土地改革时期和人民公社时期,于家的土地被村庄定期收回后重新统一分配。

于家的五亩三分土地是从家族祖祖辈辈继承而来,并没有通过买卖、赠予、开荒的方式得来的土地。因自家土地较少,人口较多,于家不得不从当地的大户人家租赁十亩土地,以满足家庭人口多的需要。

2.土地归全家人所有

于家的土地是属于全家人的,并不属于某个个人,或属于家长的,除非土地进行了分家之后才会属于各个小家庭。在家长制下,家里的一切都是属于整个大家庭所有,并不属于大家庭里的小家庭或是个人。土地是全家人都有份的,家里的土地没有和别人共有的情况,一般一家的土地就是这一个家庭所有。

家里的土地属于全体家庭成员,并不只是部分家庭成员有份。对于家庭中不同类型的土地,于家家庭成员的产权都相同。并没有私房地和养老地这一类型的土地。对于家庭中的土地产权,外出打工的、没有嫁出去的女儿、未成年的儿童、嫁进来的媳妇和入赘的女婿都有份,但嫁出去的女儿没有份。虽是一家人但已经分家的没有份,比如已经分家的兄弟没有份,已经分家而且父母单独吃住的也没有份的,常住家里的其他非家庭成员没有份。土地是有血缘关系的家庭内部成员所拥有的,外人即使在于家住了很长时间也不算家庭内部成员,没有土地所有权。

土地是应该属于全家人所有,不应将土地分配到每个个人,那样不利于农业生产和家庭内部和谐。家长比其他家庭成员在土地产权上更有权力,因为他要负责管理家里土地上的生产分配,只有比其他家庭成员更有权力才能更好地分配农业生产。土地属于全家所有是有优势的,有利于家庭的团结和睦与农业生产活动的分配,相比土地分到每个个人好很多。

3.土地以橛子为界,产权不可侵犯

当时于堤村的土地都是呈"田字状"的,以农田的沟渠为界分成差不多大小的四大块,每一大块里面又包含不同的小块,这些小块分别属于不同的几家人。于家的土地和四邻以橛子为界,有的时候会在两家地之间种上一棵小树苗,以小树苗为界。四邻不能越过于家土地的边界进行农业生产。土地对于村民来说是最重要的财富,每个人都特别重视土地的亩数,生怕别人侵占自己的土地。在这种特别看重土地权利的情况下,于家的土地在1949年以前没有出现过土地被外人侵占的现象。相反,如果有人侵占于家的土地,邻居、亲朋好友、宗族和其他村民都不会同意,反而会出面保护。

于家土地的继承权归于家家庭成员所有,外人不能享有。于家的土地于家的任何一位家庭成员都可以耕作使用。但除于家的家庭成员之外的任何一个人都不能不经同意就耕作使用。有些虽然是于家的家庭成员但也不能享有土地的继承权:一是出嫁的女儿,即使是于家人,但并没有继承于家土地的资格;二是出继的儿子,已经过继给别人就是别人家的孩子,继承的是入继家庭的土地,不享有于家土地的继承权。虽是家人,但已经分家的话也不能耕作和继承。拿于家来说,于绥孝、于缮孝和于缙孝分家之后,于绥孝家的土地,于缮孝、于缙孝就无权耕作和继承。于家家庭成员对自家所拥有的土地有清晰的心理认同,对于自家和别家的土地,家庭成员能分得清楚。知道哪块土地属于于家的,哪块属于别人的。也知道土地归全家共同所有,而不是属于个人。不能否容忍自家的土地被他人侵占。

于家土地经营权归家长,当时是归于家家长于师棣所有。具体生产活动的安排,即种什么、怎么种都由于师棣所决定。可以召开家庭会议,于家家长同家庭成员说一下具体的生产活动安排,家庭成员对于家长说的活动安排有意见的话可以提出自己的想法,但最终的决定权仍在家长的手里,家长采不采纳家庭成员的意见由家长决定,外人不能进行干涉。

4.家长在土地所有权中处于支配地位

于家在土地买卖、租佃、置换、典当等活动中,于家的家长是实际的支配者。一切安排和决定都由家长做主。如果当家人不在,则由于田氏做主。但外出办事时,由长子于孔佑进行代劳。如果是儿子当家,父亲还健在的话,则需要同父亲进行商议,父亲同意才行,父亲不同意即使家长同意也是不行的。如果父亲去世了,则由家长说了算。兄弟当家,需要召开家庭会议,几个兄弟联合同意才行。代理当家,则需要家长回来后做主,自己不能私自决定。对于家庭中属于个人或者小家庭所有的土地(如私房地),家长仍然拥有决策和支配权。必要的时候,家长可以支配这些土地。比如灾荒年,家里实在没有余粮,可以动用个人私房地的收成,渡过这个难关。

5.外界对土地产权认可与保护

于家的土地在 1949 年以前没有出现过被外人侵占的现象,包括产权侵占、边界、所有权、经营权、收益权等。在于堤村,家家户户的土地都是从祖辈那里继承而来的,或者通过买卖租赁等正规途径得来,外人没有侵占的理由。且于堤村风气淳朴,邻里之间相处了几十年了,谁也不会做这种有损道义的事情。相反,如果有人侵占于家的土地,邻居、亲朋好友、宗族和其他村民都不会同意,都会出面保护。

（1）其他村民对土地产权的认可与尊重

其他村民承认于家对自家土地的所有、耕作、收益的权利。每个家里的土地都是由祖祖辈辈传下来。每个家庭的土地位置除了买卖租赁之外,家里祖传的土地不会发生变化的,因此村民之间都知道彼此家庭土地的位置,也知道于家有哪些土地,不会随意侵占。即使是大户人家,他们的土地也是通过正当的方式得来的,不会出现侵占、强取豪夺这类事件。如果要买卖、租用、置换于家的土地,必须要与于家的当家人商量,如果于家当家人同意,则可以进行买卖、租用、置换于家的土地;如果不同意,不能够强行进行土地的买卖、租用、置换。对于大家庭内属于个人或者小家庭所有的土地,大家庭一定会加以保护。如果遇到有人强行侵占,全家人会站出来捍卫大家庭内属于个人或者小家庭所有的土地。

（2）家族对土地产权的认可与保护

于家所在的于氏家族承认于家对于家土地的所有、耕作、收益的权利。于氏家族的其他族人知道于家有哪些土地,以及土地在村里的哪个位置。于家和于氏家族的人都是本家兄弟,家族中的人不会随意侵占于家的土地。家族其他成员不能买卖、租用、置换于家的土地。如果家族成员要买卖、租用、置换于家的土地,必须要与于家商量,而且必须与于家的当家人商量。当于家土地被外人侵占时,于氏家族会打抱不平,或者出面提供保护。

（3）村庄对土地产权的认可与保护

于家所在的于堤村承认于家对于家土地的所有、耕作、收益的权利。他们知道于家有哪些土地以及土地的位置。他们不可以随意侵占于家的土地。村里不能不经于家家长的同意随意买卖、租用、置换于家的土地。如果村里要买卖、租用、置换于家的土地,必须要与于家的当家人进行商量。当于家土地被外人侵占时,村里会打抱不平,或者出面提供保护。

（4）政府对土地产权的认可与保护

于绥孝所在地的官府承认于家对于家土地的权利,村里每年都会进行分地,每家每户的土地都会记录在册,并上交官府,因此官府知道每户有哪些土地,包括土地在村里的哪个方位。理论上官府不可以随意侵占村民的土地,并应该对被侵占土地的村民给予相应的补偿,但实际情况却是县乡政府随意占用村民土地,既不会理会村民意见也不会给予补偿,村民也只能有苦不能言,逆来顺受。官府不能买卖、租用、置换于家的土地。如果官府要买卖、租用、置换于家的土地,要与于家的家长进行商量;如果家长不同意,理论上不能够强行买卖、租用、置换于家的土地。但实际上,在那个混乱的年代,官府会以多种不正当的理由不经当家人的阻拦,强行买卖、租用、置换于家的土地。当然,当各家的土地被外人侵占时,官府也会出面保护。于家的土地没有颁发"红头契约",但进行过公证,有官府开的地契。这种保护的力度是比较强的。当土地被外人侵占时,官府能够主持公道。

(二)房屋为祖屋

1. 传统的北方四合院建筑布局

1949年前于家的宅基地面积有两百平方米左右,房屋的建筑面积是一百八十平方米左右。房屋的建筑布局属于传统的北方四合院建筑。于家的房屋在村里属于中等规模以上,因为家族人口比较多,所以房屋建筑面积比较大。过去于堤村的房屋有以下两种类型:第一种就是传统的四合院造型,具有北屋、南屋、东屋、西屋,厕所多在西南、西北角,大门与厕所斜对角或在一边。若三代同堂的话,北屋一般由年龄最大的长辈居住,东西两屋由第二代居住,大哥居住在大门相对的一边,表示地位较高,于缙孝则居住在大门所在的一边,如大门朝西,大哥则住在西边,于缙孝住东边。如果第三代成年结婚则住在南屋。四合院类型的住宅多适用于家大人口多的、人口代际多的家庭,因此被当地村民所喜爱。第二种房屋是半包围结构,即三面有房,一面空出来,以此增加院子的范围,便于晒粮或者饲养牲口。这种房屋多适用于人口相对比较少,且家中有副业如饲养牲口或种地数目比较大,需要大面积的晒粮场地,这种半包围的住房结构拥有较大面积的院子,是种植业和副业较多人家的首选。

于家的房屋是祖辈传下来的祖屋,建筑材料是砖瓦房,很结实。属于传统的四合院造型,具有北屋、南屋、东屋、西屋,厕所多在东南角,大门与厕所斜对角或在一边。北屋一般由年龄最大的长辈居住,即于家的家长于师棣和妻子居住。于孔佑居住在大门相对的一边,即东面,表示地位较高。于缙孝结婚以后则居住在大门西边,于缙孝成家以后住在南屋。1949年以前于绥孝还没有成家的时候就和父母住一间。厨房在西北角上,方便于家家庭成员去北屋吃饭。平常来客人的时候,一般是谁家的亲戚就住在谁那,如果是于家大家庭的亲戚,就住在南边的屋子里。家里的窗户都是面朝南边的,朝阳通风都很好。于家的房屋因为是祖屋,年代久远,需要不时地修缮一下,现在祖屋的面积就是于师棣扩建过的。当时于师棣刚刚从省城打工回来,继承家长之位,手上的钱财比较宽裕,因此对于家的房屋进行了修葺,在院中多修葺了一间牲口棚,用来饲养家畜。不过家中始终没有买上牛,所以除了养驴之外,那个牲口棚还用来放一些于家的农具和生活琐碎物品。

2. 房屋来自继承祖辈留下的家业

于家的房屋作为祖辈留下的家业,居住了至少八代人了。祖屋可以修缮和扩建,但不可以拆除重建。因为那是祖辈留下来的,对祖屋好,就意味着孝顺祖先,所以祖屋一般不能轻易动。即使是灾荒年间,于家的家庭成员连饭也吃不上的时候,于家当家人都不允许家庭成员打祖屋的主意,当地的大户开高价购买,于家的当家人也没有同意。于家当家人告诉家庭成员,祖屋是根,是于家接近十代人的回忆,做人不能忘本,于家人就算饿死,也不能让祖屋落入外姓人之手。

(1)房屋是为家户所有

在没有分家的前提下,房屋属于全家人,并不是属于某个个人,也不是属于家长。于家的房屋是全家人都有份,没有和别人共有的情况。家中所有的房间都是属于大家庭,没有属于小家庭专属这一说法。不同的房屋空间在使用权利和使用次序上有一定的不同。正北,也就是上位的房子一定要给家中年龄最大、辈分最高的人。只要家长的父母还在世,即使是当家人也不能住正北、上位的房子。家长的父母在世的话,分配给家长的父母,家长的父母去世了的话,给家长居住。其他家庭成员按照辈分和年龄分别从左往右依次安排。

不能出现越级居住的情况,比如于缙孝把大哥的房子给住了,或者哥哥住了弟弟的房屋等,出现这种情况会被外人认为是长幼不分,整个家庭都会被外人耻笑,在村里抬不起头来。所以当时的房屋分配也是受到重视的。

（2）房屋所有权属于自家人

在没有分家的情况下,家里的房屋所有家庭成员都有份,包括外出打工的家庭成员、没有嫁出去的女儿、未成年的儿童、嫁进来的媳妇和入赘的女婿。但嫁出去的女儿没有份,因为嫁出去的女儿是泼出去的水,女儿既然已经出嫁,就是别人家的媳妇,与娘家人没有关系,因此不享有房屋所有权。虽是一家人但已经分家的没有份,比如已经分家的兄弟,已经分家而且父母单独吃住的都没有份。已经分家单过,就与大家庭脱离了关系,大家庭的东西他也没有资格继承。因为房屋是于家的,指的是同一口锅吃饭、有血缘关系的家庭成员,非家庭成员的人当然没有份。房屋属于全家所有更好,更有利于生产活动,提高工作效率,获得更大的收益,并且利于家庭内部成员的和睦,不会因为房屋的产权问题产生隔阂。

3.房屋产权不可侵犯

于家房屋与四邻的房屋有边界,以各家的院墙和房檐为边界。这样的边界清晰可认,有助于减少不必要的纠纷。街坊四邻要尊重彼此对房屋的权力,不能越过于家房屋的边界修建房屋。

于家房屋归于家所有家庭成员所使用,于家家庭成员以外的人不经同意不能使用。就算是外人借宿也必须经于家家长的同意才可以。房屋的继承权归于家家庭成员所享有,外人不能享有。即使彼此非常熟悉,甚至同吃同住,但因为没有血缘关系,仍然不能拥有房屋所有权。虽是家人,但已经分家的话也不能使用和继承,因分家之后就意味着这个家的东西与分家的人毫无关系,也失去了其所有权。于家家庭成员对自家所拥有房屋有清晰的心理认同,承认房屋归全家共同所有。对于自家和别家的房屋产权,家庭成员能分得很清楚,不去侵占别人的房屋,但也不能容忍自家的房屋被他人侵占。

于家房屋由于家家长来管理,因此房屋的买卖、拆除、修缮、重建由于家家长决定,不需要同别人商量,别人也不能干涉,即使是宗族、村庄也是不行的。但当地的官府却可以通过自己所拥有的权力来对于家的房屋产权进行干涉,即使是于家家长也不能对当地的官府说不。对于房屋的买卖、拆除、修缮、重建,分家后的父母兄弟等也不能彼此干涉。

4.家长在房屋所有权中占支配地位

在房屋买卖、典当、出租、建造等活动中,于家的家长是实际的支配者。一切安排和决定都由家长做主。如果儿子当家,父亲还健在的话,则需要同父亲进行商议,父亲同意才行,父亲不同意即使家长同意也是不行的。但如果家长的父亲去世了,则由家长说了算。对于专属于小家庭所有的房间,家长有权利支配。家庭人员出现变动(新增或者减少),家长是可以对房屋空间使用进行重新调配。如果有外人需要留宿,则一般让他跟家里的小辈挤一挤。

于家有祖屋,祖屋在于家人心中是神圣不可侵犯的,即使一家人穷困潦倒,都不会动卖掉祖屋的念头。有任何一个家庭成员动祖屋的念头,都会被家里的其他家庭成员鄙视,甚至受到家长的处罚。而在外人看来,卖掉祖屋的人是不孝之人,会受到外人的耻笑和诟病。

1949年前,于家没有买卖、出租和典当过房屋,如果买卖、出租和典当房屋的话,必须由家长决定和安排,需要开家庭会议跟家庭成员商量,最终才能做出决定。但不需要告知或请示四邻、家族、保甲长。因为这是于家自己的事情，其他人无法多加干涉。买卖时有先后顺序，先近亲后远亲，先本村后外村等。这是老祖宗的规矩，家里的东西优先卖给自己人，尽量不让它流到外姓人的手里。如果当家人不在，任何家庭成员，包括女当家人和长子都不能擅自做决定，一切要等当家人回来才行。

因为经济条件有限，加上于家三代以来的人口不是太多，祖屋的房屋勉强够用，因此于家并没有在当时建造过新的房屋，仅仅是对居住的房子进行过修葺。于家在房屋修建活动中，必须由家长决定和安排。需要跟家庭成员商量，家庭成员有意见可以提出来。只有新建房屋的时候，才需要摆酒请客，邀请四邻、家族成员和保甲长，于家只是对房屋进行简单修葺，不需要告知或请示四邻、家族、保甲长。

5.房屋没有被外人侵占过

于家的房屋没有出现过被外人侵占的情况。一般寡妇家庭、人口少的家庭更容易被侵占，与邻里关系不好的家庭也是容易被侵占的对象。当于家的房屋产权被侵占的时候，全家人不能够容忍，会尽全力去抗争。其他村民会打抱不平并提供帮助。保甲长是持中立的态度，两边不得罪，但只要有一方能找出证据，保甲长还是会公正地评判的。房屋被侵占，家长需要承担一定的责任，会想尽办法把被侵占的东西拿回来，其他家庭成员也会站在家长这一边，同仇敌忾。

6.外界对家户房屋产权的认可与保护

（1）其他村民对房屋产权的认可与尊重

其他村民承认于家人对于家房屋的所有、买卖、租用、置换的权利。村民和于家是几十年的老朋友和老邻居，不会随意侵占别人家的房屋，对于别人家对房屋的权利都是予以尊重。相反如果知道其他人侵占于家的房屋，村民会站在于家一边来保护于家的房屋。如果其他村民想要进行该房屋的买卖、租用、置换的话，需要和于家的当家人进行商议，告诉于家当家人自己的态度和买卖、租用、置换的价格。于家当家人会跟家人召开家庭会议进行讨论，价格合适并且其他家庭成员也没有意见的话就可以和村民签订契约进行房屋的买卖、租用、置换。如果多个村民都对于家的房屋有想要的意向，于家当家人会根据与于家关系的亲疏远近来决定购买者，一般顺序为自家兄弟和亲戚、邻居、本家族的人和同村的人，最后才是外村人。即使自家兄弟出的钱不如村里的人、邻居、外村人高，也是优先卖给自己兄弟。从老一辈就流传下来的产业不是在没有办法的情况下，不能交由外人，传亲不传外。如果是代理当家人或者女性当家人当家，房屋买卖、租用、置换一定要等到男当家人回来后才能做主，不能说代理当家人或女当家人做主，然后等当家人回来后告知。如果长子当家，需要长子和家主商议，家主同意后才可以进行房屋的买卖、租用、置换。如果于家当家人不同意，购买者不能够强行买卖、租用、置换。

（2）家族对房屋产权的认可与保护

于氏宗族承认于家对房屋的所有、买卖、租用、置换等权利。同家族的人不会随意侵占同族人的房屋。家族其他成员不能不经同意就买卖、租用、置换于家的房屋。如果家族成员要买卖、租用、置换于家的房屋，必须要同于家的家长商量，于家家长同意的情况下，才能进行房屋的买卖、租用和置换；如果不同意，家族的其他成员不能够强行买卖、租用、置换。同家族的人都是同气连枝的本家人，当一家的房屋被外人侵占时，家族其他成员会打抱不平，出面提供保护。

（3）村庄对房屋产权的认可与保护

于家所在的村庄于堤村承认于家家庭成员对于家房屋的所有、买卖、租用、置换等权利。保甲长等村里的官员不可以出于任何理由随意侵占村民家的房屋。村里更不能决定买卖、租用、置换村民家的房屋。如果村里要买卖、租用、置换家户的房屋，必须要与该家的当家人商量，如果当家人不同意，不能够强行买卖、租用、置换。当村民的房屋被外人侵占时，村里会抱不平，出面提供保护。

（4）政府对房屋产权的认可与保护

于家所在的官府承认于家对于家房屋的所有、买卖、租用、置换等权利。但官府不可以出于任何理由随意侵占于家的房屋，官府更不能在没有经过于家当家人同意的情况下买卖、租用、置换于家的房屋。如果官府要买卖、租用、置换于家的房屋，必须要与当家人商议，如果当家人同意，且家庭会议其他家庭成员没有异议，则可以进行买卖、租用、置换。如果当家人不同意，不能够强行买卖、租用、置换。当村民的房屋被外人侵占时，村民可以去县乡政府告状，打官司，由县乡政府出面保护，主持公道。

(三)生产资料以购买为主

1.于家生产资料仅限小型农具

于家在1949年以前因为家庭条件的限制，并没有水车、犁等大型农具，反而耙、锄头、镰刀等小型农用工具居多，甚至可以达到人手一把。牲口只有一头小毛驴，没有牛、马、骡等牲口。交通工具以牲口为主，自行车、三轮车等交通工具在当时并不常见，甚至大户家中也很少见到。家中外出多以毛驴为主，于田氏和母亲回娘家的时候也是以骑驴为主。

于家中的生产资料多以购买为主，小部分小型生产工具则由家中的男劳动力手工制作而成。购买的大部分是中型和大型生产资料，如水车、犁等，一般从本村和邻村的集市中，由家长带领男劳动力在集市期间赶集购买获得，购买生产资料的钱多为上一年家中的经济收入，由家长所出，若遇到价格比较昂贵，或家中并无余钱时则借亲戚朋友或左邻右舍的钱来进行购买。不到万不得已，一般不会选择购买大型生产资料，农忙时可以互相借用。如果是小型的农具，例如锄头、镰刀之类的可以进行手工维修，但还是要经过购买获得。维修时间较短，一般不会浪费工作时间，大多是晚上收工回家后进行维修。继承自父辈的生产资料也有，但为数不多，毕竟生产资料的使用年限有限，不会超过两代。大型农具父辈因为家庭情况也没有购买。

于家的锄头、镰刀、铁锹等生产资料是完全属于自己的，没有和其他家共有或者共用。因为如果共用的话，任何一家使用的时候，如果农具出现损坏，另一家就会怪罪弄坏的那一家，两家的感情就会受到影响，所以即使买不起也不会出现两家或者几家共用情况。没有的话，如果需要会借用街坊邻居和亲戚朋友的。如果有能力购买的话，不会选择购买齐备，仍然选择借用。因为大型的生产资料价格昂贵，于家没有那么多土地，买齐了的话，反而不划算。借的话，一年就用两次，两次的花费也不高，不会给家里造成负担，也不用承担维修的责任，一举两得。

2.生活资料较少，多来自于自制

1949年前于家有晒场，就是于家的院子，面积大约二十平方米左右。于家有过去挖的水井,有磨、碌、碾等生活资料和桌椅板凳等家具,都是以前置办。于家有油盐酱醋等生活用品,平均一个月置办一次。

于家的祖上就是木匠,桌椅板凳等家具都是自制,不需要购买。油盐酱醋等生活用品因为不会制作,只能通过购买获得。而磨、碌、碾等生活资料,不那么容易损坏,所以没有购买新的,都是继承父辈的。桌椅板凳等家具,油盐酱醋等生活用品,磨、碌、碾等生活资料,都没有别人赠予的。

3.生产资料所有权属于全家人

在没有分家的情况下,家里一切东西的所有权都是属于全家人的,单个人不能对家里的一切事物单独占有。那么生产资料应该属于全家人所有。生产资料的所有权不应该分配到每个个人,土地是属于家庭所有的,如果将生产资料的所有权分配到个人,不利于家庭内部的和睦。拿于家来说,于缮孝拥有犁的所有权、于缙孝拥有锄头的所有权、于绥孝拥有镰刀的所有权,去做农活的时候只能做自己拥有所有权的工具的任务,于缮孝只能播种,于缙孝只能松土,于绥孝只能除草,任务分散不仅降低了工作效率,也会为工具所有权的问题产生矛盾,不利于家庭内部的团结。再者说,土地是全家所有,收成归全家所有,生产资料的所有权也应归全家所有,不能分散到个人。

家长比其他家庭成员在生产资料的使用上更有权力。家长掌管着家里的大小事务,如果不在生产资料的使用上更有权力,如何安排其他家庭成员的生产工作,如何让其他家庭成员服从安排。因此,家长应该比其他家庭成员更有权力。生产资料属于全家所有和将生产资料划分到每个个人各有各的好处。但在没分家的情况下,土地和收成都属于全家人共同所有,那么生产资料属于全家所有更好,更有利于生产活动,提高工作效率,获得更大的收益,并且利于家庭内部成员的和睦,不会因为生产资料的产权问题产生隔阂。

4.家长在生产资料所有权中占支配地位

在于家生产资料的购买、维修、借用等活动中,于家的家长是实际的支配者。一切安排和决定都由家长做主。如果是儿子当家,父亲还健在的话,则需要同父亲进行商议,父亲同意才行,只要父亲不同意即使家长同意也是不行的。如果父亲去世了,则由家长说了算。兄弟当家,需要召开家庭会议,几个兄弟联合同意才行。只要其中有任何一个兄弟不同意,这件事情就不会通过。代理当家,则需要家长回来后做主,自己不能私自决定。

5.其他家庭成员仅有建议权

于家在生产资料的购买、维修、借用等活动中,除家长之外的家庭成员不能发挥支配作用。在家庭会议上其他家庭成员能提意见,但最终决定权还是在家长手里。如果家长不同意,任何家庭成员不能擅自做出决定,当家长外出不在时,要等到当家人回来才能做出决定,其他任何人不能代替家长做决定。因为生产资料的购买、维修、借用等活动,是家中的大事。对于大家庭内属于个人或者小家庭所有的土地,家长仍有权说了算,但私房地的所有者说话会比其他家庭成员相对有用一点儿。

6.于家生产资料没有被外人侵占过

于家生产资料没有出现过被外人侵占的情况。但于绥孝的叔叔家的生产资料被其邻居侵占过。邻居借于绥孝叔叔的犁很久了就是不归还,起初于绥孝的叔叔并没有在意,认为都是邻居,借来用用很正常,结果当于绥孝的叔叔农忙时需要用的时候,邻居却不承认这个犁是于绥孝叔叔的。于绥孝的叔叔知道后和他理论，但理论不过，只好找来了保甲长和于师棣，让于师棣作证犁真的是于绥孝叔叔的。结果，于绥孝的叔叔可以说出那个犁的特征，邻居却不行，于是保甲长最后判定那个犁属于于绥孝的叔叔。

一般寡妇家庭、人口少的家庭和与邻里关系不好的家庭都是容易被侵占的对象。当于家生产资料产权被侵占的时候，全家人不能够容忍，会尽全力去抗争。生产资料被侵占时，其他村民会抱不平并提供帮助。保甲长是持中立的态度，两边不得罪，但只要有一方能找出证据，保甲长还是会公正地评判的。如果生产资料被侵占，家长需要承担一定的责任，会想尽办法把被侵占的东西拿回来，其他家庭成员也会站在家长这一边，同仇敌忾。

7.外界对家户生产资料的认可保护

于家所在的官府、村庄和于氏家族承认于家对生产资料的产权，不可以随意侵占于家的生产资料。官府、村庄和于氏家族的其他成员不能不经同意就买卖、借用于家的生产资料。如果官府、村庄和家族成员要买卖、借用于家的生产资料，必须与于家的当家人商量。如果当家人同意，则可以进行生产资料的买卖、借用；如果不同意，官府、村庄和于氏家族的其他成员不能够强行买卖、借用。当于家生产资料被外人侵占时，官府、村庄和于氏家族会出面保护。

二、家户经营

(一)生产资料自给自足

1.以家户为劳动单位

于家在1949年以前一共有十个劳动力，分别为于师棣、于田氏、于孔佑、于张氏、于缙孝、于缙孝、于王氏、于伊氏、于绥孝和妻子张桂英。全家人都需要参与家庭的生产活动，只是彼此分工不同。男性一般都参与生产活动，如种地。女性则多是参与家庭劳动活动，如织布、洗衣、做饭等。于家的男性在农闲的时候也会外出打工，女性家庭成员就负责在家里照看家庭事务。作为家庭的一分子，每个人都必须努力工作，于家不养闲人，但老人、小孩子可以例外。女性甚至在怀孕期间都要劳动，但到了快要生育的时候，是可以暂停工作，也不会被其他家庭成员嘲笑。小孩子等到12岁左右就需要参与家庭劳动，做一些力所能及的工作。家庭中的生产劳动有的时候外人也会参与其中，但并不是无缘无故地参与。农忙的时候，于家和邻居会进行换工，彼此之间互相帮助。于家的亲戚朋友偶尔住在于家的时候，也会参与于家的劳动生产。

1949年以前，于家的劳动力勉强够用。农闲的时候，于家会有劳动力外出找事做，比如给别人当长工、做短工或者出远门打工。农忙时，劳动力不够用的话，会通过其他方式增加家庭的劳动力，比如请工、雇工或者邻里换工。于家一般多采用的是和左邻右舍换工。换工是由于家家长和邻居的家长共同商量决定的。这是两家的内部事务，换工不需要告知或请示四邻、家族、保甲长。换工时有一定的顺序，优先跟邻居换工，对方离于家比较近，方便干活。其次是和于家的亲戚朋友换工。换工不需要支付报酬，因为于家的劳动力帮邻居，邻居的劳动力也帮于家，两家互帮互助，互利互惠。

于家在农忙的时候，曾经雇过短工。由当家人决定和安排的，不需要跟其他家庭成员商量。因为是于家的内部事务不会不被允许，不需要告知或请示四邻、家族、保甲长。请雇工时有顺序，优先请自己的邻居和亲戚朋友，因为有钱给外人挣也是挣，不如给自己的熟人挣。而且熟人自己家也了解，会踏实地干活，不偷奸耍滑。劳务费一般是付钱，从于家大家庭的收入中支出。

2.土地以租赁为主

1949年以前，于家自有土地面积有五亩三分地，这些土地并不足够自家耕种，不能满足于家人的生活花销。于家一家人以一人两亩地计算，可以耕种二十亩地。因为不够自家耕种，所以于家去当地的大户人家那里租种了十亩土地，一共十五亩三分地，勉强维持于家一家老小的生活。于家租赁土地时，会去找村内的大户人家的家长，告诉他于家想租土地，大约租几亩，财主就会告诉于家家长地租多少、什么时候交租等情况。于家家长回来召开家庭会议，告诉其他家庭成员租地的具体情况，其他家庭成员可以发表自己的意见，讨论通过后的第二天，于家家长就会找相关的见证人和保证人，一般是家长的兄弟，来财主家签订契约。契约一式两份，双方各持一份，第二年土地就可以正式交给于家使用了。租地需要告知四邻，让他们知道以后于家的地在哪，不要随意侵占。保甲长和于家的族长也需要告知，以便以后遇到相关情况，可以请他们出面进行告知。

3.牲口较少，以租借为主

1949年以前，于家自有牲口只有一头驴，一般满足于家正常生产生活的话需要有牛。牛在犁地的时候是不可或缺的劳动力，但因为养牛的费用比较高，所以农忙的时候，于家只能选择租用或者借用别人家的牛。借牛的话，于家的家长会去邻居家借。邻居家的地相对较少，和于家农忙的时候可以错开一两天，彼此不耽误，并且于家和邻居家从上一辈开始关系就很好，只要于家家长开口，邻居家就同意。每次还牛的时候，于家家长都会带点儿礼物过去，因为给邻居家钱，邻居死活不要，所以只能带点儿水果和点心。一般借牛都是两天左右，于家自己也有牲口棚，会把牛放在牲口棚里喂养，于家会特意让家庭成员去山上割草来喂。如果借的时间长了，于家家长会主动帮邻居干一天活，当作补偿。如果于家当家不在的话，长子即于孔佑也是可以代替父亲来借牛。

4.农具多为购买

于家的农具都是购买，很少有自制的。但因为于家家传手艺是木匠活，农具坏了都是自己修。因为经济条件有限，很多大型的农具，如犁、水车等，都需要借用或者租用其他人的。在生产时需要借农具。在需要种新一季农作物的时候，因为家中的农具比较少，所以需要跟别人去借，会借犁、水车等，因为这样的农具价格比较高，于家没有购买。于家如果需要借，先找邻居和亲戚朋友，如果邻居和亲戚朋友没有的话，就需要去找大户人家借。借的时候不需要带礼物，但用完会付给他们一些酬劳。如果别人家也需要使用，先紧着别人家用，等别人家用完了，于家再用。借的话必须是家长去借，其他家庭成员不可以去借，除非当家人授权给这个家庭成员。借的时候需要说明归还期限，超出归还期限不行，必须要守信用，好借好还再借不难。别人家在期限之前来要，会先还给人家，因为是人家的东西。一般用完就会立即去还，只要家长在就由家长去还，家长不在时则由长子去还。还的时候要支付酬劳，一般不用多少，意思一下就行。借的时候会检查农具是否完好，以防万一，不然拿来就坏了，就说不清了。如果该农具使用时发生损坏，于家负责维修，如果需要花费维修费用于家出，从大家庭的收入中来支付。借别人家的农具不太方便，但于家不会考虑购买该农具，因为价格太高，于家负担不起。

(二)生产过程分工明确

1.遵循男女分工、长幼分工的原则

1949年以前，于家从事农业耕作、饲养家畜、副业和手工业的生产。农业耕作在家庭经

济中占主要地位,副业和手工业的生产在家庭经济中占次要地位,而饲养家畜在家庭经济活动中仅占次要地位。

不同生产活动中一般是遵循男女分工、长幼分工的原则等。男女体力不一样,干的活也不一样,分工合作,反而更快。男性主要承担家庭的重体力劳动,女性主要承担细致、花费较轻体力的劳动活动。老人干活看具体的身体情况而定,身体情况好,就干一些较轻、不花费体力的劳动。孩子也一样,视体力状况而定,能干就干,不能强求。

在不同的生产环节中,不同家庭成员的分工与安排由于家的家长决定。犁地、耙地、插秧、锄草、灌溉、割稻、种麦、收麦、种秋等地里的重体力劳动由男性家庭成员负责,收秋、看青、平整晒场、收集粪便等较轻的活则由女性家庭成员负责。如果老人和小孩子体力允许的话,可以负责看青、平整晒场、收集粪便等环节。

全家一年的农业耕作安排一年种植两季,分为夏季和秋季。夏季种植小麦,秋季种植玉米。小麦会秋天种植,夏季收获,玉米夏季种植,秋季收获。两种农作物轮换种植。于家每年夏季会种植九亩的玉米和一亩三分地的烟草,秋季就可以收获,烟草是于家制作烟丝的重要原料。每年秋季在玉米丰收之后,种植小麦十亩三分地,不会种植其他的经济作物。因为小麦是于家第二副业制作粉丝的原料。在1949年以前,小麦的用途远远大于玉米,所以小麦的种植亩数都会多于玉米。具体种哪种作物、由谁种植是由于师棣说了算,决定种什么、怎么种,需要与家人商量,每年正月里就会召开一次家庭会议,商量接下来一年的种植计划,比如今年种什么、具体种多少、大概的用途等。其他家庭成员可以提出自己的想法,但具体决定权还在当家人手里。种植安排是每个家庭的隐私,不需要告知或请示四邻、家族、保甲长。

于家一年的耕作过程有犁地、耙地、插秧、锄草、灌溉、割稻、种麦、收麦、种秋、收秋、看青、平整晒场、收集粪便等环节。不同农作物的生产环节基本一样,在犁地这一环节中,于家家庭成员安排中爷爷辈和小孩子什么都不需要做,因为活比较累不适合长辈和孩子来干。叔伯辈和成家的儿子是主要劳动力,在地里干活。妇女在家做饭,往返地里给干活的劳动力送饭。这也由家长安排和决定,要跟家庭成员商量,不需要告知或请示四邻、家族、保甲长。

2.女性家庭成员负责饲养家畜

1949年以前,于家有两头猪和十几只鸡。牲畜一般由家中的女性家庭成员喂养。男女分工不同,男性负责家庭外的工作,女性负责家庭内的琐碎事务,其中包括喂养牲畜。于家养过两头猪,由于家的女性家庭成员来喂猪,给它们喂麦糠、野草。经济状况紧张的话就是养来卖,生活条件相对富裕的话就是养来吃。卖的话一般是去集市,由于家家长领着于孔佑去卖。卖的钱回来是要交给当家人,当作大家庭的收入。

于家以前种地主要靠驴,当然牛是最好的,能干的活多,因为牛的价钱比较高,吃的东西也多,于家负担不起,因此只能养驴。牲口除了种地还可以当交通工具,于家的驴在农闲的时候可以拴上平板车当驴车,还可以推磨,解决了磨面粉的麻烦。牲口如果老死或病死,于家人可以吃掉它的肉打牙祭。如果不吃可以卖掉,卖给专门杀牲口的地方。价钱比起活着的牲口肯定差了很多,但多少可以弥补一些损失。有因为吃死牲口肉而生病的,会追究卖家的责任,但不会追究主家的责任,因为卖的时候已经讲清楚牲口是病死的。卖牲口由家中的当家人决定,不需要跟谁商量,当家人会把决定告诉其他家庭成员,其他家庭成员只需要服从就行了。

3.手工业种类较多

于家家庭成员在于家家长的教导下,从事制作粉丝和制作烟丝的手工业。这两种手工业是有季节划分的。每年于家都会在自家土地上开辟出几亩,专门种植烟草叶,作为制作烟丝的原料。夏天烟草叶成熟的时候,就是于家准备制作烟丝的时候。于家的女性家庭成员会把烟草叶晒干,等到农忙时节过去,烟草叶也就晒干,这是于家的家长就会召集其他家庭成员,男女家庭成员都有,利用晚上的时间,用他教的方法卷烟丝,然后拿到镇上的烟草公司卖掉。一般价钱不会特别高,因为烟草公司还会进行再一次加工。

冬天的时候,于家的家庭成员就会在家长的带领下,利用夏天留下的小麦为原材料,制作粉丝。由女性家庭成员用磨把小麦磨成粉,男性家庭成员架锅熬粉,家长把熬好的粉做成粉丝后,女性家庭成员每天翻晒粉丝,大概半个多月就可以晒好了。等家长拿到附近集市上卖掉,利用卖来的钱置办年货和贴补家用。这些换来的钱归大家庭所有,交给家长统一管理分配。这是于家补贴家用的办法,不会告知或请示四邻、家族、保甲长。

4.祖传木匠活的传承

于家的手艺挺多的,主要有祖传手艺——木匠活。于家的每个儿子都需要学习,不只是长子能学,其他儿子也可以学。制作粉丝和烟卷的手艺女儿能学,但是祖传手艺传男不传女,祖宗规矩,不能违背。如果不是祖传的,全家人都可以学习。每代的手艺由家长决定,不同儿子学什么手艺由于家家长决定。家庭成员学习什么是家庭内部事务,不需要告知或请示四邻、家族、保甲长。

5.外出仅限成年的男性家庭成员

于家家庭成员有外出的情况,但仅局限于成年的男性家庭成员,老人、小孩和女性家庭成员一般不会外出。老人和小孩是受身体条件的限制,而女性则是不允许外出。男性家庭成员更不能带着妻子外出。即使是新婚,男性外出时女性也是不能跟着的,无论挣钱多少。

(三)以手工业为主,农业为辅

1.农业生产的收成分为一年两季

一年可以收获两季的粮食,分别为夏季和秋季。夏季种小麦,秋季种玉米。因为玉米要比小麦好种一些,且对施肥和播种条件要求相对较低,成活率高,所以玉米的亩产要比小麦多一些。小麦每季可达到两千多斤,玉米每季可达到两千五百多斤。1949年以前,农作物的生产技术相对比较落后,因此农作物产量受生产技术的限制。在一年中芒种时候可以知道一年收成的好坏。因为生产条件不像现在这么先进,农作物的收成受天气的影响非常大,导致不同年份的收成变动比较大。一年内风调雨顺,那今年粮食就大丰收,如果今年雨水少,或雨水多都会造成农作物减产。在没分家的情况下,土地归全家人所有,全家人一起付出了劳动,农作物收成自然属于全家共同所有,然后收成由家长统一管理和支配。因为地里的收成是全家人的主要经济收入,所以不是仅仅只有家长挂心收成,其他家庭成员包括妇女和儿童都特别关心收成。只有粮食的收成好了,全家人才能吃得饱、穿得暖,不会忍饥挨饿。

1949年以前,于家有十五亩三分地,收得的粮食扣除租金之外,勉强能够满足家庭的需要。首先,家里没有红白两事、新生儿出生等花钱比较多的事情时,家里的粮食可以满足家庭成员的基本生活需求;其次,没有遇到灾荒战乱等突发情况,家里的收成可以维持家庭成员的温饱;最后,家庭成员洁身自好,没有赌博等不良嗜好,家里的收成也可以满足家庭成员的需要。如果家里遇上红白两事、婚丧嫁娶;灾荒战乱的年份或者某一个家庭成员有赌博这样的不良嗜好时,于家的粮食根本不能维持全家人的需要,甚至连温饱也维持不了。在这种不能满足的情况下,为了全家人的生计,于师棣会去借粮。首先会找邻居和亲朋好友借粮,在第一种情况即遇到红白两事时,邻居和亲朋好友会借粮给于家。但当遇到灾荒战乱时,邻居和亲朋好友一般不会借粮给于家,因为他们本来也是小门小户,家里余粮也不多。遇到天灾人祸时,他们也是受着没有粮食的痛苦,不是不想帮助于家而是无粮可借,有心无力。当邻居和亲朋好友都借不到粮食的时候,于家的当家人会向本村的大户人家借粮。向大户人家借粮的利息格外高,有时甚至需要抵押品,如房屋、土地等,如果没有按时偿还粮食和利息,大户人家将会收走于家的房屋和土地。所以不是迫不得已,一般不会去借大户人家的粮食。

有一次遇到旱灾的年份,于家的地里收成惨淡,仅仅达到往年的一半,粮食根本不能维持于家生活,迫于无奈,于家的家长去本村的大户人家那里借了二百斤粮食,以一年为限,到期需偿还二百六十斤麦子。如果不能按时归还,则收走于家的二亩三分地。为了保护自家的土地,第二年的时候全家人努力干活,终于按时还上了借贷。如果粮食的收成超过了家庭的需要,多余的粮食于家会做成粉丝,等到临近过年的时候卖掉,补贴家用。取得的收益属于全家共同所有,交由家长统一管理和支配。

2.家畜饲养的收益较少

于家一年可以饲养十几只鸡和两头猪。每年饲养牲畜的数量是不一样的,视家里的经济情况而定,如果家里今年收成好,粮食有富裕就可以多养一点儿鸡和猪。如果粮食减产,收成不好,家庭成员的温饱都难以解决,根本没有粮食饲养家畜,所以就会造成每年养的鸡和猪的数量不一样。生病、饲料的多少等都会影响家畜的产量。其中疾病是影响家畜产量最大的原因。因为1949年以前,于堤村的兽医特别少,即使有一两个,但因为收费太高,一般家畜生病只能任其自生自灭,不会给它看病吃药。有一年家里粮食丰收,除去交地租和做粉丝的粮食外,还有富余,于是于家的家长决定多养几只鸡和一头猪。那一年每个月可以吃上鸡蛋,过年的时候于家当家人还同意杀了一头猪,于绥孝兄弟几个都高兴坏了。但有一年,遇到旱灾,于家的收成特别不好,甚至达不到往年的一半,迫于无奈于家当家人只能跟于堤村的大户人家借粮。那一年于家整年都没有饲养任何家畜。

1949年以前,饲养的家畜是优先满足家庭需要的。这些家畜勉强能够满足家庭的需要。如果不能满足,于家的家庭成员会放弃吃肉,改吃素食,不会对基本的生活造成太大的影响。如果超过了家庭的需要,多余的家畜会由于家的家长带着于孔佑去邻近的集市上卖掉。每年腊月里,于师棣就会带着于孔佑去卖于家自己饲养的鸡和猪,赚取过年的花销。卖家畜的收益还是挺好的,每次可以卖一块左右的大洋,一家人过年的新衣和吃肉的钱就有了。卖家畜取得收益是属于全家共同所有,交由家长统一管理和支配。

3.手工业成为于家经济支柱

一年中从事手工业的收入较多,收入的形式是钱居多,有的时候也有粮食。影响手工业收入的因素主要有:首先,是家里粮食的收入,粮食收入的多少直接决定着今年于家手工业的规模。粮食收成好,富裕粮食多,于家就可以多生产粉丝拿到集市上卖钱;如果粮食收成不好,拿来做粉丝的粮食就少,生产粉丝的数量就少甚至有时候全年不做粉丝。其次,是天气的因素。粉丝最重要的环节是需要晾晒,这就需要有可以维持几天的好天气。如果期间遇到下雨、下雪或者阴天气温比较低等情况都会导致粉丝品质下降甚至不能成形。最后,就是人力的原因,受劳动力数量的限制,于家每年生产的粉丝都是有一定量的,因此于家的手工业只能是家庭内的小作坊,不能发展成为大作坊。

于绥孝记得有一年家里粮食丰收,除去交地租的粮食外,还有富余的粮食,数量也不少,于是于家的家长决定腊月的时候多生产一些粉丝,可以多赚一点儿钱,过年的时候给家里的每一个人添一件新衣服。但有一年,遇到旱灾,于家的收成特别不好,甚至达不到往年的一半,迫于无奈于家当家人只能跟于堤村的大户人家借粮。那一年于家整年都没有生产粉丝。手工业收入是属于全家的,交由家长统一管理和支配,用于全家人经济支出。

三、家户分配

(一)家长在分配中起主导作用

于家在分配时,以家户为分配主体。宗族每年过年过节会分配一些米和面,但数量很少,在于家日常分配中所占比重很小,对于家庭的消费来说几乎不占分量。村庄每年会分配,也是分配一些米、面等日常用品。分配的也不多,在于家日常分配中占比重也很小。因此,家户是最重要的分配主体,占日常分配中90%以上的比重。于家家庭成员在分配中是以所在家户为基本分配单位,只要是一口锅里吃饭,一间房子里住着有血缘关系的家庭成员都在分配的行列之中。虽是一家人,但已分家的兄弟以及单独吃住的父母不参与本家户的分配。

于家进行分配时,一切都是由于家的家长说了算,吃什么、用什么、买什么都由于家的家长决定并安排。有时候会在家庭会议上和其他家庭成员进行商议,询问其他家庭成员对于家长安排的意见和相关建议,但最终仍由家长做主。如果当家人外出不在家,由家长的妻子于田氏做主。如果于田氏身体不好,则由于孔佑代为分配,等家长回来后进行报告。一般家长都会默认长子的安排,不会提出意见。于家除家长之外的其他家庭成员在分配时处于服从和被管理的地位,听从家长的指挥和决定。其他家庭成员可以向家长提出自己的意见,但最终决定与否,由家长决定。如果家长不同意家庭成员的意见,家庭成员不能擅自做决定,否则会受到家长的处罚。

于家在大家庭分配之余,家庭成员各自所在的小家庭没有分配。只要没有分家,家里的一切东西都是大家庭的,小家庭没有也不能分配私人的东西。家户内部进行分配,是家户内部的事情,四邻、家族、保甲长作为外人不能参与其中。除非家庭内部出现矛盾和纠纷,需要有人调解的时候,四邻、家族、保甲长才会介入,但四邻、家族、保甲长不会介入于家的分配过程。调解完矛盾之后,家户内部之间的分配仍由内部之间进行。

(二)分配对象为家庭内部成员

在于家,分配的对象是于家的所有家庭成员,无论男女、老幼,都有权利获得于家被分配的东西。如果丈夫去世的话,妻子无论是否生育下一代,都有权利获得被分配的东西。如果父母都去世了,孩子即使还小也可以作为于家人得到被分配的东西,甚至会因为照顾他,多分一些东西给他,且其他家庭成员不能也不会有异议。对于未婚且马上到适龄结婚年龄的子女,于家分配的时候,也会稍微偏袒他们,因为多给他们分配一点儿,可以为之后的婚礼添置一些东西。家里的老年人分配的时候也会多加照顾,他们因为年龄比较大,牙口不好,因此分配食物的时候,会把软一点儿、比较好的食物分给他们,如白面馒头。但孕妇、生完孩子坐月子等情况,大家庭不会特意给她们多加照顾,一切分配与其他家庭成员一样。于家的任何分配都仅限同一口锅里吃饭的人,即有血缘关系的人,于家的亲戚、朋友、邻居和其他家户之外的人都不是被分配的对象。即使亲朋好友或者其他人在于家住过一段时间,和于家人同吃同住,那也不算是于家分配的对象。因为他们和于家没有真正意义上的血缘关系,对于家来说就是外人。于家的所有东西都是全家的家庭成员一起努力获得的,理应属于于家自己家人。

于家分配时,分配物的来源是于家在农业、手工业、副业生产所得。家户之外所得的钱财也作为收入的来源,如于家的男性劳动力在农闲的时候去外面打短工的收入,都应上交家庭,作为于家大家庭的收入。

(三)农业收成分配类型涉及种类较多

于家的农业收成一般由三部分构成,夏天的小麦、秋天的玉米和作为副业原料的烟草叶。在每年的农业收成中,主要分为三部分用途:第一部分用于缴纳地租,占收成的三分之一,能达到五六百斤粮食,而且要按时上交,延迟交的话,利息可能会更高。如果遇到灾荒年景,地租也不可以减免,但于师棣联合其他几个佃户一起求情的话,财主可能延迟缴纳,有的时候也会允许明年交,但缴纳的总数不会发生很大的变化。每年夏天收麦子的时候就是缴纳地租的时候,于师棣和于孔佑就会用驴车拉着缴纳地租需要的粮食去佃主家交粮。地租一年交一次,可以交钱也可以交粮食。每次一收到麦子先留下交纳地租和税款的粮食,之后才是满足家庭需要。因为如果不按时缴纳地租,财主不仅会立即收回土地,也会派人拿回于家的抵押品,抵抗的话甚至会挨打。

第二部分用于缴纳税款,占收成的三分之一。赋税猛于虎,1949年以前处于战乱动荡状态,为了养活军队,政府定的赋税很高。即使遇到灾荒年景,纳税额也不会减免。农户去求情,不仅不会减免,有可能还会挨打。每年夏天收麦子的时候也是缴纳税款的时候,于师棣和于孔佑就会用驴车拉着缴纳税款需要的粮食去保甲长那里交粮。税款一年交一次,可以交钱也可以交粮食。如果交不上税款的话,政府就会派人抓人,直到家人拿来税款才能把人放出来。

第三部分用于满足家庭的生活所需,占总收成的三分之一。每次交纳地租和税款的粮食之后才是满足家庭需要,可往往交完地租和税款,麦子就剩下一点点,扣除制作粉丝的原料,几乎所剩无几,所以于家一般吃秋天收的玉米。于家在缴纳赋税、租金时,由家长决定和安排不需告知或请示四邻、家族、保甲长,当缴纳不上的时候才会告知。

(四)以实际需要为分配准则

1.考虑全家的需要,保障收支平衡

于家在分配时,会以全家人的需要为前提,尽量照顾到家里所有人的需要。作为大家庭来说,分配的时候不能保证绝对公正,对于特殊的人和事情会特别照顾,分配的时候也会偏心一点儿。首先,对家里的老人会相对偏心一些。其次,对家里未成年的儿子女儿相对偏心一些。于家在粮食富足的情况下,会做粉丝和制烟卷这样的副业来补贴家用,分配私房钱的时候会额外分给未成年的儿子女儿一些,让他们可以准备一下以后结婚用的东西。但这种情况会在他们成婚以后就停止。最后,是家里未成年的孩子。孩子年龄小,吃的穿的难免不会像大人一样能忍受艰苦。因此，分配食物和衣服的时候，会以他们为先，优先给他们好的。有的时候其他家庭成员会对偏心有意见，但于家的家长都会及时解决，不会让矛盾升级，因此不会导致家庭不和。

2.食物分配为先

农户在分配自家产品的时候，"自家消费、地租赋税"的次序是先地租赋税，然后才是自家花费。即使自己吃都不够，也会交地租和赋税，不会抗税。因为税款是要上交国家的，如果不交税款，政府就会抓人，所以于家即使自己家人吃不饱，税款从来没有落下过。

在分配自家产品的时候，"私房钱地、衣物、食物、零花钱"的分配次序是食物、衣物、零花钱和私房钱地。实际上零花钱和私房钱地是几乎没有的。在1949年以前，家庭能够解决温饱，已经算是中等人家，粮食勉强够用，根本没有多余的粮食去置办私房钱地。

3.平均分配

于家在分配的时候会遵循一定原则，会在照顾所有人的基础上进行平均分配，尽量保证公平公正。于家作为一个大家庭，不可能做到绝对公正，所以于家当家人要做的就是在照顾老人、小孩等特殊人的前提下，照顾每个家庭成员的需要。于家的分配规则是：长者优先、孩子优先、未婚子女优先；有意见当面提，不能背后中伤别人。在分配时，老人、病人、小孩有特权，孕妇没有特权。老人、小孩和病人在吃饭的时候可以吃相对好的东西。老人的特权是一直都有的，但小孩和病人的特权不是一直都有的。小孩长到七八岁就没有这个特权了，病人直到病好特权也就结束了。没有家庭成员对特权提出质疑，因为这是大家都认可的对于老弱幼的照顾。

当家人在分配时自己是没有特权的。家长是一家之主，理应以身作则，不能搞特殊和差别待遇。否则会让其他家庭成员有怨言，难以服众，不利于家庭各方面的管理和家庭内部的和谐。因此，家长吃的和家庭成员一样，穿的和家庭成员也一样。基于日常分配之外，没有额外的分配。

在年景不好的时候，于家会维持粮食分配和衣物分配，停止医疗、教育、零花钱等消费。甚至遇到灾荒年份的时候，连衣物的分配都会停止。在粮食不够吃的时候，家庭成员老人和小孩可以优先吃，之后才是当家人和其他家庭成员吃。当家人在年景艰难的时候，反而更会与家庭成员待遇一样，不会有任何特权，否则会引起其他家庭成员的反感，不利于家庭管理和家庭和谐。

（五）地租赋税猛于虎

1.地租赋税占家庭分配的比重较大

在于家的实际分配中，吃饭是最大的花费，全家人衣食无忧、解决温饱问题就是全家人的奋斗目标。所以很大一部分的花费用在了食物上。1949年以前人们的衣服都是一件衣服穿几年的，所以在衣服上的花费很少。零花钱的花费就更少了，几乎没有。这所有的分配都是于家人自给自足的。

2.其他家庭成员不能反对分配结果

对于已有的分配结果，家庭成员一般不会、也不敢提出不同意见。但有的时候可能因为家长有自己的考量，分配得没有那么平均，有的家庭成员会对此提出自己的意见。一般都是已经成家儿子的媳妇和未成家的儿子的意见多一些，认为自己应该多一些，其他人应该少一些等。相反已经成家的儿子一般并不会提意见，因为成家之后，心智相对成熟，看事情比未成家的儿子要全面,明白自己的父亲作为当家人的为难,所以一般不会提意见。对于其他家庭成员提出的意见,当家人会召开家庭会议,在全家人都在场的情况下说明这件事,一方面让大家明白这样分的原因,另一方面是对有意见的人做出警示,告诉他们在一个大家庭里生活,要懂得相互谦让和包容,不能事事斤斤计较,家庭要以和为贵。

于家因为有做粉丝、制烟卷的副业,相对而言分配的东西比较多、比较杂。这样就容易在分配的时候引发一些家庭矛盾。在于绥孝没结婚之前,家里分配年前买粉丝的钱,于孔佑在留下大家庭里必要的花销之后,想把剩下的钱分给各个家庭,当作一点儿私房钱。本来是三家平分,但因为于绥孝没有结婚,于家的家长就想着多分给他一点儿,将来结婚的时候不至于没钱置办东西。钱分下去之后,于绥孝的大嫂就觉得这样分不合适,她家出了三个人做工,钱却是于绥孝拿的最多,于是于绥孝的大嫂就对于田氏说了自己的意见,应该三家平分,这样才最公平。于田氏将这件事告诉了于孔佑,于孔佑觉得此时必须慎重解决,不然会影响大家庭的和谐,以及于缮孝和于绥孝的关系。因此,当天晚上召集全家人开家庭会议,着重解释了为什么这么分,但没有指明是谁有意见。于家当家人进行解释,因为于缮孝和于缮孝都结婚成家了,而于绥孝还没有结婚,明年也到了该结婚的时候了,应该给于绥孝多分点儿钱,明年万一收成不好,就没办法结婚了。打那以后至于绥孝结婚以前,家里的其他成员没有人再对家长多分老三钱财的事提出过意见。

3.每年分配结果变化较小

每年大致分配结果几乎一样,不会有太大的变化,但也会根据每年的具体情况做出相应的调整。如今年粮食丰收,可以有更多的原料来做粉丝,过年的时候拿出去卖,卖来的钱贴补家用。有一年于家粮食丰收,就把卖粉丝的钱买了棉花和布,全家人每人一件新衣服过年。这时在衣服上,分配就会变多。如果于家有新生儿降生的话,家里在食物上的花费就会相应变多。而如果遇到灾荒和战乱的话,于家也会相应地缩小10%左右用于私房钱的分配、衣物分配和零花钱分配,转而用到粮食分配上。分配根据具体情况具体分析。每年都是家长根据家庭实际情况的变化做出调整。具体的分配结果,家长会在腊月底召开家庭会议,跟家里的其他家庭成员汇报一下今年家庭的总收入和各项花销,其他家庭成员一般不会对家长的分配提出异议。

四、家户消费

(一)家庭消费自给自足

1.于家的总体消费勉强维持

于家1949年前平均一年花销有五块大洋,按粮食算是七千多斤,折合成现在粮食的钱是八千块钱左右。占总收入的比例是90%左右,在村里属于中等水平,收入勉强能够维持消费。遇到灾荒年或者今年家里有大事如红白两事等,就会出现维持不下去的情况。维持不了的话,只能是节衣缩食、借钱借粮。但这种情况只有在万不得已的时候才会向外人借钱借粮。一是1949年以前家庭都不富裕,长久的借钱借粮别人也没法给你,二是作为一个大家庭,总是借钱借粮的话会被别人笑话。因此,不到万不得已,不会轻易借粮。如果会借粮,由当家人出面代表家庭向别人家借粮。首先会借自己家兄弟的粮食,然后是邻居和亲戚最后是去大户人家以高额的利息借粮。如果会借钱,由当家人出面代表家庭向别人家借钱。首先会借自己家兄弟的钱,然后是邻居和亲戚,最后是去大户人家以高额的利息借钱。

不会每年都不能维持,是在某一些年份不能维持。遇到灾荒,或者家里遇到大事,如红白两事的年份不能维持。不能维持的原因一是地里亩产量不高、家庭内部人口较多等家庭内部原因,二是天灾兵荒等外部原因。在家庭消费中是要勤俭节约的。如于家的院子里常年都会有一个大水缸用来腌咸菜,用咸菜来代替新鲜蔬菜;又如于家院子里常年都会养十几只鸡,平常可以吃鸡蛋,过年的时候可以卖掉用来贴补家用;再如用玉米面和小麦面和在一起做饼子,既能填饱肚子,又能节约粮食,一举两得。

2.粮食、食物消费所占比例较大

于家在1949年前每年粮食的消费占总体消费的比重是50%左右,超过一半,是所有消费中花费最高的一项。粮食基本是自产自销,几乎全是于家自己地里生产出来的,卖掉一部分之后留下的口粮。想遇到灾荒年,或者有一年家里有红白两事,过不下去,才会借钱借粮来渡过难关。1949年以前温饱都难以解决,粮食很珍贵,因此于家对于粮食年特别节约,不允许家里的任何一位家庭成员浪费粮食。

于家1949年前每年食物的消费占总体消费的比重是20%~30%,基本是自产自销,几乎全是于家自己地里生产出来的。于家的园子里特意辟出了一块地方用来种菜,满足家庭日常生活所需。很少出去买菜,偶尔于家的家长会到附近的集市上带回一些比较便宜的菜,如萝卜、白菜等。

3.衣物、住房、医疗、教育消费可有可无

于家1949年前每年衣物的消费占总体消费的比重是10%左右。制作衣服的布是家里的女性家庭成员织出来的,做也是由女性家庭成员做出来的,只有冬衣的棉花是于家家长从集市上买的。衣物勉强能够满足家庭消费需要,如果不能,不会向别人借衣服穿,而是节约着穿。于家的房屋勉强可以满足全家人的居住需要,如果不能满足,就在现有的房屋里面挤着住,不会借住或者租住别人的房屋。于家每年医疗消费所占比例比较少,基本上看病都是用土方子,很少去医院看大夫,老年人生病如果不是很严重也不看大夫。如果已经是治不好的病的话,老人也不会让治了,怕给家里造成负担。每年教育消费包括学费、笔墨纸砚、请老师吃饭等占总体消费的比重是20%左右,收入能够维持教育消费。维持不了了的话,会减少家庭就读孩子的人数或者让子女辍学,辍学有一定次序,先让年长的儿子辍学然后再是年幼的。

4.人情消费根据关系远近而定

于家1949年前每年人情消费包括走亲戚、随礼、请吃饭等,于家家庭成员认为这部分消费是可有可无的,对于关系近的亲戚朋友一定要随,关系远的就算了。收入能够维持人情消费,维持不了,关系远的就不再随了。

于家1949年前红白喜事的花费比较多,于绥孝的姑姑张于氏、于缮孝、于缙孝和于绥孝都纷纷结婚或嫁人,给于家的经济造成了不小的压力。收入基本够维持红白喜事消费,于家家庭成员很理性地看待这部分花费,认为该花就得花,这是一辈子的大事,马虎不得。但并不是盲目地花,当家里的经济情况确实不好的时候,会办的简单一点儿,新人也能理解,不会为了办喜事卖房子卖地。每年的粮食、食物、衣物、医疗、教育、人情等消费中,粮食、食物的花销是最大的,也是必需的,医疗、教育、人情是其次的,教育是可以舍弃的。1949年以前很多家庭因为经济条件有限,宁愿让孩子放弃学业,也不会放弃人情花费。

(二)消费以家庭为单位

于家在消费时,主要是由家户负担。宗族、村庄不会负担农户的任何花费。因此,家户负担比较重要。当家户自身无法负担某些消费类别的时候,外力会介入。主要是白事,没有钱给亲人举行葬礼的话,宗族会进行介入,召集相关的家族成员,用宗族里的钱,去帮助该家庭办理丧事。其他的事情外人一般不会介入。死者为大,如果白事办不了,不仅损害一个家庭的脸面,也会损害一个宗族的脸面,所以宗族会介入,而其他人也不会有意见。

村庄是不会负担农户的任何花费。除非遇到灾荒,全族的人无法生存的时候,宗族和村里才会想办法开仓放粮,所以家庭的粮食消费都是由本家户负担,家户负担很重要。

(三)家长在消费中拥有决定权

于家在粮食、食物、衣物、住房、人情、红白两事、教育和医疗等消费活动中,于家的家长是实际支配者。由于师棣做出决定,并安排具体事宜。在家庭会议上,就粮食消费活动相关的事情可以提意见,但当家人不一定会接受。如果当家人觉得你有道理,会接受你的意见。但如果当家人觉得你的建议不可行,可以选择不接受你的建议,执行原先的决定。即使这个决定不是你原来的想法,甚至与你的想法背道而驰,你也必须执行。这是于家的家庭内部事务,不需要告知或请示四邻、家族、保甲长,四邻、家族、保甲长也不会牵扯到家庭内部事务中来。在实际消费中,遵循老幼优先的原则。年景不好时,也是如此。

(四)其他家庭成员在消费中仅有建议权

于家在粮食、食物、衣物、住房、人情、红白两事、教育和医疗等消费活动中,于家除家长之外的家庭成员处于从属的地位,按照家长的命令行事。在家庭会议中,其他家庭成员可以提意见,但家长可以选择接受或者不接受。如果家长不接受家庭成员的意见,家庭成员不能擅自决定。如果当家人不在,则由女当家人做主。如果是儿子当家,父亲健在的话,则由父亲做主。父亲不在的话,则由长子自己做主。兄弟当家,则几个兄弟在一起开会讨论,但最终由当家人决定。代理当家,可以提出意见,但决定由代理家庭的家长做主。

五、家户借贷

(一)以家庭为借贷单位

1.生活遇到困难才会借贷

1949 年以前,于家生活条件并不是太好,遇到收成不好的年份,日子过不下去,只能找别人借钱。借钱是由于师棣出面。首先会找自己的亲兄弟,如果亲兄弟情况实在不好,再去亲戚朋友和邻居家借,最后才去找村里相熟的人借。不是实在借不到的话,不会走借贷这条路。1949 年以前,家里只要有点儿事,钱都是很难凑齐的,都需要借钱来周转,比如粮食不够吃、办红白喜事、发生灾荒、孩子上学、摊派交不上等。其中粮食不够吃、办红白喜事、孩子上学、摊派交不上等原因,借钱比较好借。发生灾荒借钱比较难借,因为发生灾荒,小户人家的生活都不好过,甚至连饭都吃不上,就算想帮忙,也是有心无力。只有村里的一些大户人家余粮比较多,真正到了灾荒的时候,只能找大户人家借贷,但利息比较高,还需要抵押品。如果因为赌博输钱的原因借钱,根本无人借钱给他。粮食不够吃、发生灾荒、摊派交不上等原因借钱的话,一般借粮食比较多,而办红白喜事、孩子上学等原因,借钱比较多。因为粮食转化为钱的话,会有一些贬值,所以不是非要交现金的话,很少借钱,都是借粮食。

于缮孝结婚的时候，因为家里的长孙结婚，希望婚礼隆重一点儿，但家里能拿出来的钱不多，于是没办法，只能由于家1949年以前的当家人于师棣和于孔佑去借钱。他们没有去找自己的邻居，因为当时邻居家的经济状况也不是太好。于是他们两人去找的自己的本家兄弟于某，和于某进行商量。于某同意以后，双方共同找一个中间人，负责写借款契约，而于家这边则要找一个保人，负责担保。中间人和保人找好以后，则在于某家中由中间人写下契约，契约内容为："某年某月某日，于氏家长于师棣借于某三块大洋，于一年之内还清，今有中间人，担保人作证。"然后于家的家长于师棣、中间人、担保人和于某分别签上名字，一式两份，由于家的家长和于某保存。

2.家长代表家庭借贷

在没分家的情况下，大家庭借钱都是以一个家庭为单位，不会以个人的名义去借钱。即使以个人的名义去借了，对方家庭也不会借给他。借钱是一个家的私事，家丑不可外扬，应该家庭内部解决，不会说借钱以几家人为单位或是与他人共同借贷。如果村里修路、修坝出现经济困难，则会以村庄的名义进行借款，但这是村里的事，与村庄居民没有关系。

于家都以家庭名义统一借贷，是因为遭遇灾害，粮食收成不好，家里无米下锅，只能通过借贷维持生活。借贷的事情由于师棣决定，然后召开家庭会议，告知家庭的其他家庭成员这件事情，之后安排借贷的相关事宜。借贷的事情属于各家的家务事，不需要告知或请示四邻、家族、保甲长，他们无权干涉。即使他们不允许，也不会阻碍于家借贷的事情。

如果当家人是男性，且在没有老当家的情况下，是由男性当家人做主，但如果家中有老当家，男性当家人则需要将借贷这件事情告诉老当家，在老当家同意的前提下，才能进行借贷。如果老当家不同意，则借贷事情暂缓。如果当家人是女性，则由女性当家人做主。但借贷的时候则由长子替母亲出面进行借贷。签名的时候写长子的名字，对方家庭也是认可的。如果兄弟当家，则由兄弟决定。因为兄弟之间是平辈的，所以需要先召开家庭会议，在通知到每个家庭成员且没有反对的情况下，才能去借贷。如果是代理当家，则需要跟被代理的那个家庭说清楚，被代理的家庭成员同意之后才可以去借贷。借贷的时候需要带着被代理家庭的儿子，一同去借贷，借贷的时候不仅要写代理当家人的名字，也需要写被代理家庭儿子的名字，方可生效。否则对方家庭不会借贷。并且代理当家人借的钱需要交给被代理家庭的人，有女性当家人就交给女性当家人，如果没有当家人，就交给这家的儿子，没有儿子就交给女儿。因为这钱不是以代理当家人的名义借的，所以代理当家人无权拿着，只可以在需要的时候向被代理家庭申请。如果是大家庭去借贷，对方一般都会借给他。首先，这是以家庭的名义去借，具备还钱的能力，不会担心借钱不还；其次，以家庭名义去借，不会担心借钱逃跑这类事情发生；最后，以家庭名义去借，如果不借不仅仅是个人的事情，而是两个家庭之间的事情，会影响两个家庭之间的和谐。所以以家庭的名义去借，是比较好借的方式。

在没分家以前，大家庭内的小家庭（由本家户内的某一对夫妻及其子女构成）是不可以单独出去借贷的。因为大家庭是由每一个小家庭组成的，小家庭要服从大家庭的决定，这个大家庭才能运转下去。如果大家庭里每一个小家庭都以自己的名义借钱，就无法维持大家庭的秩序。因此，家长是不允许小家庭以自己的名义去借钱的。于家的家长对于这方面管理非常严格，他严禁自己的儿子以各自家庭的名义去借钱，说大家管着你们的吃喝，有问题可以告诉我,大家一起商量,不要自己想办法,别人也不会买你这个脸面。

如果小家庭去借,对方一般不会借给他。一是容易引发两个家庭之间的矛盾。小家庭去借,对方家庭的家长不能保证小家庭是否得到了家长的允许,如果没有得到准许就把钱借给小家庭的话,很有可能得罪大家庭的家长,造成不必要的纠纷。二是小家庭可能不具备还款能力。小家庭的钱都归大家庭所有,借的钱小家庭很难还上,如果小家庭没有还钱能力的话,大家庭也不会帮忙还,所以一般不借给以小家庭名义借钱的人。

3.不允许个人借贷

在 1949 年以前,如果大家庭没有分家的情况下,家庭个人不能以个人的名义单独借款,即使是家庭家长也不能例外。首先,因为在没分家的情况下,个人是属于家庭的,个人的收入全部归大家庭所有,个人没有经济实力去偿还借款。其次,个人的所有日常消费都由大家庭统一分配,除了如赌博等不正当的原因之外,个人的正常生活是不需要个人以个人名义出来借贷的。就算家庭出现经济困难,也由家长代表整个家庭来借贷,不会以个人名义借贷的,并且以个人的名义去借钱,对方也不会借给他。因为他并没有能力还清贷款,就算拿着借条去他家要求还款,个人所在的家庭也会拒绝替他还款,因为他是以个人名义去借贷的,家庭不会也不能帮他还款,否则先例开了之后,家庭就没法进行管理,从而出现混乱。

(二)只有家长可以借贷

于家在借贷中,于家的家长是实际支配者。如果当家人不在,由女当家人做主。但具体去借贷的时候由长子代替女当家人出面,签字的时候签当家人的名字。如果女当家人年龄比较大,精力不够,由长子代替当家人进行借贷一事。如果当家人是男性,由当家人做主。如果是儿子当家,儿子需要请示老当家人,老当家人同意,儿子才可以去借钱。兄弟当家的话,需要召开家庭会议,把几个兄弟召集在一起,告知他们这件事,他们有意见可以提出来,但当家人拥有最后的决定权。代理当家则需要等当家人回来才能决定。

于家在借贷中,可以有家长委托家庭成员借贷的情况。有一年于家收成不好,家里也没有余粮,为了一家的生计,于师棣决定外出打工,在他不在家的这段日子里,让于田氏先借钱生活,等他回来后还清借贷。因此,当家人不在的话,会委托于田氏做主,但因为于田氏不宜出面,因此由于孔佑替于田氏出面签订契约。借条署名写于师棣的名字。如果未经过家长委托,家庭成员不能去借贷。在借贷中,于家除家长之外的家庭成员处于服从的地位。可以提出意见,但不能擅自决定。如果当家人不在,要等到当家人回来才能借贷。无论当家人是男性还是女性,情况都是如此。

(三)家长是借贷的第一责任人

大家庭借贷由当家人承担责任,其他家庭成员有责任还贷。因为大家庭借贷,钱是用在了大家庭的日常花销上,所以其他家庭成员作为家庭的一分子理应承担还款的责任。家庭之外的人没有责任还贷,家族没有责任还贷。如果是小家庭借贷和个人借贷,其他家庭成员没有还款的义务,因为钱是用在了私人身上,与大家庭无关。如果当家人不在,并且没有委托其他家庭成员去借贷的话,任何家庭成员不得以任何名义去借贷。需要等到当家人回来才可以,否则即使借了贷,大家庭也拒不承认。如果当家人在临走之前,委托了家庭成员去借贷,这个家庭成员可以以家长的名义代表家庭去借贷。

借贷之后,家庭成员都有责任偿还。借贷责任平均分担,并不会出现长辈要多一些、晚辈少一些,或者男性多一些、女性少一些,或者长者多一些、幼者少一些的情况。每个家庭成员在偿还借贷的责任面前是平等的。

(四)借贷过程由家长主导

借钱的时候需不需要抵押视情况而定。如果向自己的亲朋好友借钱且借钱的数目比较小,则不需要抵押品。如果是向大户人家或者高利贷借钱,借的数目比较大,则需要抵押品。如果没有东西抵押,就借不出钱来。一般先会抵押自己家中值钱的物件儿,其次是土地,最后才是祖屋。于家借钱的时候曾经抵押过自己家的小毛驴和一个祖传的瓷花瓶。在那种时候,祖传的瓷花瓶的价值是比不上土地和房屋的,所以只要抵押,于家的家长会首先选择这种不影响生存的物件。借钱一般是于家的家长出面解决。借钱的时候需要打欠条,当地称借条为借据。借条的重要内容写着"×××于×年×月×日借×××钱,在×年×月×日需将借款还清,否则×××有权接管×(抵押品)。甲方×××,乙方×××,见证人×××,担保人×××"。如果见证人和担保人有一个识字的话,借据则由他们两个写,如果文化程度都不高的话,则需要找一个专门的代笔人写,并且代笔人需要在上面签名。如果是当家人委托其他家庭成员借钱,则签家长和委托人的名字。如果钱数多的话,见证人一般会找双方家族的族长或者保甲长,如果借的钱少,找双方的邻居当见证人就行,不用给他们买礼物,因为邻居之间都是会互相帮助的。如果你要了别人的东西,你找别人帮忙的话,别人也会跟你要礼物,这样一来二往邻居之间的关系就变淡了,所以找他们帮忙,说一句话就行。

借钱要利息。如果向自己的亲朋好友借钱且借钱的数目比较小,利息较少甚至没有利息。如果是向大户人家或者高利贷借钱,借的数目又比较大,利息则比较高,有两分利也有三分利,每一个月交一次利息。即使缺钱,也不能建立一种用钱的组织,如钱会。首先,1949年以前的村民没有大的学问,没办法运营这种组织。其次,认识的人大都是村里的中下阶层,各家各户生活拮据,没办法拿余钱运营这种组织。因此,不会也不能建立这样一个组织。

(五)家长代表家庭还款

1.由家长出面还贷

还款有时是对方来要,有时是送到对方家里。这个不是默认的也不是讲好的,需要视情况而定。如果在规定时间内,有钱的话可以由家长亲自把钱送到对方家中。如果没有在规定时间内还款,可能对方就要来要了。一般是夏收或者秋收之后还款,因为这个时候正逢粮食丰收,家里有钱可以还清借款。钱充足的话是一次性还钱,钱不够的话是分期还完。只要在规定时间内还清借款,二者没有什么区别。如果借的是钱,可以还粮食;如果借的是小麦,可以还玉米。如果是于家去还钱,由于师棣去还;如果对方来家里要,是找于师棣要。

如果出现借钱还不上的情况,只能把抵押的东西给别人。如果到了期限无法偿还,找借钱的一方协调。如果借钱的一方同意的话,可以用"以工贷补"的方式偿还。实在还不上,又不想把抵押的东西给别人,需要卖地或者卖牲口来偿还,或者以地来抵。如果抵给别人,可以收回,由家长把欠的钱还上,然后拿钱把抵押品买回来。

2."父债子偿""夫债妻偿"

父亲借了债,儿子需要帮忙还。丈夫借了债,妻子需要帮忙还。无论什么情况下都必须还,还款方式在不同情况下是不相同的,看具体借款的金额而定。如果借款人与家庭熟识,也是如此。如果父亲不在了,债务是由儿子来还,如果有不止一个儿子,则需要儿子们进行平摊。如果没有儿子则女儿来还。如果儿女都没有,需要自己的兄弟或者宗族替他还。

家长去世后遗留下的债务由其他家庭成员承担。如果兄弟已经分家,兄弟的债务其他兄弟有偿还的义务。如果欠多人的债务,优先还家庭不相熟的人的债务,相熟的人排在后面。如果家长去世,子孙无法偿还债务,债主能拿走祖业。如果没有后人,需要自己的兄弟或者宗族替他还。

六、家户交换

(一)以家庭为交换单位

1.由家长决定家庭交换

于家进行经济交换时,都是由家长安排和决定,会跟家里人进行商议,但最终决定权是由家长自己做决定,旁人不允许有异议。家户之间进行交换或集市交易时并不需要告知或请示四邻、家族、保甲长,只需要进行经济交换的两家知道即可。除非进行经济交换的两家因为一些原因取消经济交换,不会出现有谁包括四邻、家族、保甲长等不允许的情况。如果当家人是男性,自然是由家庭中辈分最高的男性做主,即于师棣,除非爷爷辈年龄大了精力不足,主动让位给长子,但即使是这种情况,父辈也要听爷爷辈的意见,不得擅自做主。当丈夫去世后,于田氏才可以接替爷爷的家主之位,但这种情况是很短暂的,只要自己的孩子成年或成家后,这种当家权力仍然需要让出。除了1949年以前的封建思想的困扰,还有一部分便是女当家人会受身体条件即三寸金莲的影响,没法出远门,无法帮助家里进行采买和做生意。因此,家户之间经济交往的主体即使是女家主,也多由自己的孩子出面。如果是兄弟当家,在上有老人的情况下,不管是男性老人或者女性老人,仍然要经过他们的允许,但若老人不在了,很少有两兄弟不分家的情况。如果出现当家人出门在外,代理当家需要按照1949年以前当家人在家时做的安排有条不紊地进行工作,若当家人走时并未交代,则需要等当家人回来才可进行家户之间的经济交换,当然,若需要添置东西,小件可自行做主,等当家人回来进行告知即可,若购买大件则需要当家人回来,否则不能私自做主。

2.小家庭无私自交换的权利

大家庭内的小家庭(由本家户内的某一对夫妻及其子女构成)不可以单独开展经济交换活动,小家庭是大家庭的一部分,在没分家之前,要统一听当家人的安排,不可私自决定家中的活动,尤其是经济活动。因为若一家例外,其余几家也会破例,造成当家人难以管理家庭,因此统一规定,统一遵守,谁也不能例外。所以小家庭如果进行经济交换时,必须先告知家长,在得到家长的许可之后才能以大家庭的名义进行经济交换,如若私自进行交换被当家人得知则会按家规处罚。如果当家人不在,则要等当家人回来得到许可之后才能进行经济交换。如果当家人是女性,也要遵守当家人的决定。如果当家人不在,选大儿子当家,他所在的小家也无权在当家人不在的情况下以小家庭的名义进行任何形式的经济交换。

3.个人无权进行经济交换

大家庭内的单个人不能单独开展经济交换活动。1949年以前,一个家庭都有严格的家规,当家人拥有绝对的权威,没分家的个人一切以家庭为主,不能以自己的名义进行经济交换活动。原因有:首先,家庭的经济物资属于全家人,个人无权代表全家做出决定。其次,家长的地位神圣不可侵犯,未得到当家人的允许任何人不能以任何方式出售、交换家中经济物资。最后,方便家庭成员的管理,这种现象更是不允许发生。无论男性或者女性做当家人,只要你违反规定都是要受到处罚的,代理当家也具有相同的权威。

(二)家长是实际的交换支配者

于家在交换活动中,于家的家长是实际支配者。如果于家的当家人不在,由家长的妻子做主。如果是儿子当家,儿子外出,老当家人健在的话由老当家人做主,老当家人不在由儿子的媳妇做主。

于家在开展经济交换活动时,可以有家长委托家庭成员交换的情况。于家当家人如果外出的话,委托于田氏代为参与经济交换活动。交换所需费用从大家庭的收入中来,需要记账,等当家人回来后过目。剩余的费用再归还于大家庭。如果未经过家长委托,任何家庭成员包括女当家人和长子不能擅自进行经济交换。家长是一家之长,管理家中的所有事情,拥有家庭的最高权威和最终决策权,不经家长同意就进行交换,等于藐视家长的权威,会受到家长的惩罚,也会造成家庭之间的摩擦,不利于家庭和谐。在家庭中,于家除家长之外的其他家庭成员处于服从的地位,不能擅自进行交换。

(三)交换中家长是家庭代表

1.家长是家庭和集市打交道的代表

于家需要购置商品时,都是在集市中进行。于家需要买卖东西的时候,是家长代表于家进行采买。如果买的东西特别多,会叫着家里的男性家庭成员和他一起。但女性成员是很少去集市的。一是女性受封建思想的影响,很少出门;二是受裹脚的限制,不能走很远的路,即使是回娘家,也需要骑牲口才行。于绥孝的母亲回娘家,一般是骑小毛驴,不然很难走远路。于堤村一共有两个集市,一个是于堤村自己的集市,集市相对比较小,主要供于堤村村民日常的需求;另一个是于堤村和旁边的赵家庄、楼子村等几个村子一起的大集市,需要购买比较稀缺的东西可以来这个集市。还有一个更大的是位于县城的商城集,是这附近最大的集市。一般于家冬天卖粉丝的时候会去商城集,集市大,人流量大,可以卖个好价钱。但平常于家家长嫌麻烦,一般不会去商城集,都是去于堤村附近的两个集市。这两个集市中,于堤村自己的那个小集市持续一天,几个村子联合的是持续两天,而商城集则持续三天。去附近的两个集市,于家家长都是步行,来回一个小时即可。但去商城集的话,需要坐驴车,来回得两个多小时。

无论哪个集市,于师棣都习惯早上出发,中午在集市上随便吃点儿东西,下午或者晚饭前才会回来。如果买东西的话,会货比三家,一家家问价,跟摊主聊会儿天,选择物美价廉的购买。如果于师棣外出不在家,由于孔佑经于师棣的授权,代替于师棣去集市购买日常所需的物品。

2.家长是家庭和粮食行打交道的代表

当地有粮食行,于家在粮食行进行过交换。每年小麦和玉米丰收的时候,于家家长作为代表就会跟粮食行打交道。什么时候买粮食、什么时候卖粮食、价钱多少、买卖多少粮食等具体事宜,,都是由于师棣决定。买卖粮食时是用驴车拉到粮食行。如果于师棣外出不在家,由于孔佑经于师棣的授权,代替于师棣作为代表和粮食行打交道。未经家长授权,任何家庭成员不能擅自代表家户和粮食行打交道或者单独和粮食行打交道。

3.家长是家庭和流动商贩打交道的代表

于堤村当地有流动商贩,于家也与流动商贩进行过交换。流动商贩一般会贩卖自己手工做的一些吃食,如手工豆腐、粉皮等,也有比较新奇的小玩意,如小孩子喜欢的玩具等。当于家需要购买这些东西的时候,由家长作为代表跟流动商贩打交道。于家一般在东西比较着急使用、或者东西价格差不太多、不需要跑太远购买时,才会购买流动商贩的东西。如果东西不着急使用,且买的量比较大,会选择去集市上买,价格会相对比较便宜。具体是去买流动商贩的还是买集市上的,都由当家人做主,当家人购买的时候会跟商贩讲价,争取用最便宜的价格买到最多的东西。

4.家长是家庭和市场管理部门打交道的代表

于堤村附近的集市有市场管理部门,即集主。他们大多是于堤村或者附近的大户人家,承包了集市所在的土地,每年向政府部门缴纳租金,他则可以代替政府向商贩们收取摊位费。于家每年冬天卖粉丝的时候,需要交摊位费,由于家家长代表家户跟市场管理部门打交道。如果于家家长外出不在家的话,由于家长子于孔佑经于家家长的授权,代替于家家长作为代表和集主打交道。未经家长授权的话,任何家庭成员不能擅自代表家户和集主打交道或者单独和集主打交道。

当地有"人市",即出卖劳动力的市场,又叫劳务市场。于家的男性劳动力会在农闲的时候来这里找短工来做,贴补家用。于家的男性劳动力都可以跟"人市"打交道,因为每个人都是作为个体来劳务市场寻找工作,不需要当家人来替他们找寻工作,所以每个家庭成员自己跟劳务市场的管理人员打交道。

(四)交换中货比三家

于家在进行交换时,会货比三家,从中选择物美价廉的一家。这个过程是由于师棣去完成的。如果于师棣有事外出的话,可以由于孔佑去货比三家,但需要得到当家人的授权才可以。于家在进行交换时,会优先和熟人进行交换。如果是熟人,在同等质量的情况下能便宜一些。村里有人在集市上做买卖,买东西会优先考虑这些人,由当家人来完成这个过程。除当家人之外,需要得到当家人的授权其他家庭成员才可以和熟人进行交换。

于家在进行交易时,会过斗、过秤。需要过双方的秤或者斗,这样才能保证公正,双方交易才比较放心。如果遇到缺斤短两的情况,当家人会去找对方讨要说法,要么补齐斤两,要么交易取消。除当家人之外,长子可以来完成这个过程,但需要得到当家人的授权才可以。买卖时有的能赊账,固定的摊位、与当家人相熟的商铺可以赊账。摆摊的一般不能赊账,一是摆摊的都是小本买卖,承担不起赊账带来的风险。二是摆摊的小商小贩没有固定的摊位,四处流动,赊账后很难找到他进行归还,所以一般不赊摆摊小贩的账。

于家在交易时有赊账。处于卖家位置的时候,相熟的朋友邻居、自家亲戚和村里的大户人家才有资格赊账。相熟的朋友邻居、自家亲戚都和于家相熟,不担心跑了不归还,大户人家有承担还账的能力,不担心他不还。处于买家位置的时候,只有家长赊账店家才承认,家庭中其他成员不可以赊账。因为店家会担心其他家庭成员没有还款能力,如果未经家长同意单独赊账可以不认,但为了家庭声誉,家长也会还钱,还会给赊账的家庭成员处罚。

第三章　家户社会制度

　　于家共有五名男性成员在 1949 年以前结婚,均为相亲,遵循父母之命、媒妁之言结合,没有打光棍、守寡、离婚的现象。"门当户对"是必要法则,传宗接代是结婚的第一目的。婚配过程中家长具有决定权,除家长之外的家庭成员处于服从地位。婚配遵循长幼有序、结婚花费保持一致的原则。于家分家是由于绥孝提出来的,妯娌不和是分家导火索。分家除继承家产外还能继承一些权利和地位。继承规则上是以家庭的血缘和家庭地位为主,一般默认长子继承。养老以大家庭为赡养单位,由家里的男性成员承担赡养责任,平均分配老人的赡养义务。于家对外日常交往比较融洽,很少与外人发生冲突

一、家户婚配

(一)遵循父母之命、媒妁之言

1.家庭成员均正常结婚

　　于家共有五对夫妇在 1949 年以前结婚,分别为于师棣和于田氏,于孔佑和于张氏,于缮孝和于王氏,于缙孝和于伊氏,以及于绥孝和妻子张桂芳。只有一名女性成员出嫁,就是于绥孝的姑姑张于氏。于家没有打光棍、守寡、离婚的现象。六名家庭成员的婚姻都不是自由恋爱,均为相亲,依照父母之命、媒妁之言结合。

2."门当户对"是必要法则

　　婚姻对于普通村民来说是一辈子的大事,对于大户人家来说更是增进关系、扩大家族力量的跳板,因此门当户对就成为他们选择婚姻对象的必要法则。讲究门当户对主要有以下几点原因:对于小户村民来说,如果高攀大户人家的女儿,就会使亲戚之间存在自卑感和距离感,难以进行沟通。大户人家的女儿规矩多、家教好,小户人家的父母并不能适应,而且更重要的是大户人人家的女儿从小大门不出二门不迈,只会做一些女工等活计,不会小户人家所需要的管家和务农技能,不能适应小户人家追求生存为第一位的要求。就大户人家来说,家族的利益永远是第一位的,娶媳妇并不单单是一个人的事或者一个家庭的事,更多的是一个家族的事,因此选择媳妇首先看媳妇背后家庭甚至整个家族的实力,能否带给他们实际的意义,帮助他们的家族更上一层楼。所以门当就要户对。而且在那样一个阶层分明的社会里,大户人家一般都把小户女子视为低下之人,就算娶也是给以姜侍之位,当家人还是要找门当户对且又有管家能力的人。一是家庭需求不一样,一个需要生存技能,一个需要管家才能;二是亲戚之间的心理定位;三是夫妻之间的交流沟通。因此,大户会和大户通婚,小户要和小户通婚。

　　只有出现特殊情况时,才会出现门当不一定要户对的情况,即大户选择和中户、小户通

460

婚。就如于张氏 1949 年以前即为大户人家的小姐,家族在当地颇具威望,却因家道中落,迫于无奈嫁给了于孔佑。1949 年以前刚嫁过来的时候也经过了一段适应期和矛盾期。首先,作为大户人家教养的小姐,从小规矩森严,早请安和晚请安是一定要做的事,风雨无阻,而作为小户家庭来说,这种规矩是极为烦琐且不实用的。因为小户人家常常是日出而作日落而息,男家长和女家长早上一早就要下地干活,并没有时间等待晚辈过来问安,所以于师棣不得和于张氏商议放弃这一规矩,一切从简,晚辈心意到了就好。其次,就是于张氏在出嫁之前并未接触过农活,甚至没有下过地,除了手工、刺绣之外什么活计都不会做,这样的小户人家的媳妇受到了街坊四邻的嘲笑,冷言冷语下于张氏只能从头学起,一点儿一点儿学会农家生活所需技能。最重要的就是亲戚之间存在隔阂,即使于张氏的家族家道中落,但作为大户人家的规矩和气节却并未消失,对于于家的亲戚冷眼相待或高人一等的眼光,于师棣很是介意,两家很长一段时间彼此之间很少联络。

3.人口规模对婚姻有一定的影响

家庭人口规模对于婚姻的过程有一定影响,但对于结婚的人选有一定的要求。无论家庭中子女多少都需要走一样的流程,找媒人、男女两家见面、下柬子、结婚等。但可能对于结婚对象的选择有一定的要求,如子女少的家庭就希望找一个子女相对多的家庭的媳妇,认为那样媳妇的生育能力比较好,可以帮助家庭开枝散叶,传宗接代。三世同堂、四世同堂的家庭婚姻的选择就更加慎重,除了需要当今爱人同意之外,还需要上面的爷爷、奶奶或者太爷爷、太奶奶同意才可以。

(二)婚前准备由长辈做主

1.婚礼全部过程由家长决定

1949 年以前,如果家里当家的是父亲,家庭适龄儿子娶媳妇一般是由家里的女当家人即适龄儿子的母亲提出来,告诉男当家人。男当家人同意之后,女当家人就找当地的媒人,请她帮忙物色人选。如果这个家庭是三世同堂,当家的是爷爷,家庭适龄儿子娶媳妇一般是由适龄儿子的母亲告诉女当家人即孩子的奶奶,由奶奶告诉当家人即孩子的爷爷,如果爷爷同意,则由孩子的奶奶去找媒人。有时即使是父亲当家,但老当家还健在的话,父亲也要请示老当家,只有老当家点头同意,娶媳妇这件事才能提上日程,否则只能暂缓。所以适龄儿子娶媳妇由孩子的母亲提出,由家中辈分最高的人做主。如果四世同堂,则需要听老爷爷的话。只要家里的当家人和老当家都同意,即使儿子本人不同意也不可以。1949 年以前,讲究的就是"父母之命、媒妁之言"。父母长辈的话,做晚辈的只能听从,包括婚姻大事。

家中适龄儿子的婚姻大事,当家人和老当家同意后,就交给家中的女当家人进行安排。如果是三世同堂,则交给孩子的奶奶安排相关事宜,例如选择人选、何时双方家长见面、何时下柬(定亲)等等。可以和孩子的母亲、婶娘等进行商议,但最终由家中的当家人和老当家进行决定。如果当家人同意,老当家认为不合适,事情也不能进行。凡事都要听从老当家的。只是决定开始物色人选的时候,没有必要告知四邻、家族和保甲长,只有当事情真正定下来的时候,可以提前几天给四邻、家族和保甲长送去请帖,告诉他们这件喜事。四邻、家族和保甲长只是在结婚时帮忙和喝喜酒,不会参与到结婚的过程中去,不会介入家庭媳妇的人选和婚礼安排上来,因此不会出现他们不同意导致婚礼无法进行的情况。结婚是人生的大事,在农村就被称为"小登科",儿子作为新郎必须在场。如果实在有事来不了就延期或者等回来后再

461

定日子。不会出现找本家兄弟代替新郎成婚的现象。

在于家,于缮孝到了结婚年龄的时候,是由于张氏向于田氏提出来,说于缮孝已经到年龄该成家立业了,请于田氏去跟家长说一下。于田氏觉得合适,当天晚上就告诉了于师棣。于师棣同意后,于田氏就开始安排接下来的事情。她先去找了本村的媒人,告诉自家的孙子到了该找媳妇的时候了,请她帮忙物色着。有了合适的人选之后,于师棣就带着于田氏、于孔佑和于张氏去女方家,进行商议。双方觉得合适之后,就定下了下聘书、定亲和结婚的时间。等到结婚前的几天,于师棣就带着于孔佑把请帖送到了于家的亲朋好友、同族兄弟和保甲长的家里。到了结婚那一天,经过迎亲、送小饭等流程,婚礼就结束了,于缮孝和于张氏就这样结为了夫妻。

2.德行是婚配的第一标准

在1949年以前,于家的男性成员成婚都遵循父母之命、媒妁之言,由长辈决定结婚的对象。当家中的男孩子到了适龄结婚的年纪,就由母亲或者女当家人告知村里的媒人,请她帮忙留意合适的人选,然后把要求告诉媒人。这些要求都是由当家人和孩子的父母提出来的。

对于样貌来说,不用多么漂亮,五官端正,没有残缺,看着顺眼就行。对于年龄来说,没有特别大的要求和限制,可以比家中的男孩子大七岁左右,小的话可以在三岁年龄差上下。反而于家更愿意找年龄相对大的女性,认为那样的女性心智更加成熟,更加懂事,也会照顾体贴别人。对于身材来说,不能太瘦,胖一点儿可以,因为农村有"屁股大生儿子"的俗话,所以于田氏就不喜欢太瘦的女孩子,认为肩不能扛、手不能提,也不能生养。1949年以前于张氏嫁过来的时候,于田氏就不甚欢喜,因为于张氏出身村里的大户人家,身材赢弱。当于张氏生下于缮孝后,情况才有所好转。所以娶于王氏和伊氏时,于田氏特意要求不能太瘦。对于家世来说,最好是门当户对。可以比于家的地位低一点,但一定不能比于家高太多,于家并不贪图高攀大户,只希望亲戚之间可以和睦。于张氏是出身于大户人家,但1949年以前于孔佑娶于张氏的时候,于张氏已经家道中落,并不算高攀。于王氏、于伊氏和张桂芳的家世和于家都相当,没有特别好也没有特别差。

对于智力和能力方面,不要求找的媳妇有多聪明,但一定要智力正常,没有其他问题。能力上要掌握生活技能和生产技能,会持家,会做家务。上能伺候公婆,下能伺候丈夫孩子。对于德行最为看重,女方可以无才但一定要有德,心地善良,乐于助人,没有不好的名声传出来,如不孝顺、善妒等。除了女方的德行外,对于女方家庭的名声也特别看重,女方家庭遇到过官司、家庭不和睦或者在村里风评不好都是不行的。娶妻当娶贤,于家在选媳妇上特别重视德行和能力,家世次之,身材、样貌、年龄排在最后。从类型上看,大户人家更看重家世,其次是德行和能力,最后是样貌和身材。多子女家庭更注重女方的身材和能力。三世同堂和四世同堂的家庭则重视家世和能力。每个家庭的要求不同,择偶标准也就不同了。

1949年以前,于家的女性成员成婚也是遵循父母之命、媒妁之言,由长辈决定结婚的对象。当家中的女孩子到了适龄结婚的年纪,就由母亲或者女当家人告知村里的媒人,请她帮忙留意合适的人选,然后把要求告诉媒人。这些要求都是由当家人和孩子的父母提出来的。对于样貌来说,不用多么帅气,五官端正,没有残缺,看着顺眼就行。对于年龄来说,没有特别大的要求和限制,可以比家中的女孩子小七岁左右,大的话可以在三岁年龄差上下。反而于家更愿意找年龄相对小的男性,因为在那个年代女性的平均寿命要高于男性,找一个年龄小一点儿的男性,白头偕老的概率更高。对于身材来说,不能太瘦,胖一点儿、壮一点儿的更好。男性是家里的顶梁柱,是家庭收入的主要来源,只有身体强壮才能更好地劳动,养家糊口。对于家世来说,最好是门当户对。可以比于家的地位低一点儿,但一定不能比于家高太多,于家并不贪图高攀大户,只希望亲戚之间可以和睦。对于智力和能力方面,不要求找的丈夫有多聪明,但一定要智力正常,没有其他问题。能力上要掌握生活技能和生产技能,能够养活一家老小。对于德行最为看重,一定要有德,心地善良,乐于助人,没有不好的名声传出来,如不孝顺、善妒等。除了男方的德行外,对于男方家庭的名声也特别看重,男方家庭遇到过官司、家庭不和睦或者在村里风评不好都不行。

于家在选女婿上特别重视德行和能力,家世次之,身材、样貌、年龄排在最后。从类型上看,大户人家更看重家世,其次是德行和能力,最后是样貌和身材。多子女家庭更注重男方的身材和能力。三世同堂和四世同堂的家庭则重视家世和能力。每个家庭的要求不同,择偶标准也就不同了。

3.传宗接代是结婚的第一目的

在1949年以前,结婚最重要的目的是生儿育女、传宗接代。为了家庭繁衍生息、增加劳动力。大户人家更是把子女的婚姻看作扩大家族势力,获得经济利益的工具。少子女的家庭则是为了更好地传宗接代,延续香火。三世同堂、四世同堂的家庭都希望孩子早结婚,可以早一点生下一代,成为四世同堂或者五世同堂的家庭,也圆了家中长辈的心愿。那个时候结婚前男女根本没有见过面,感情更是无从谈起,都是从结婚后才开始慢慢培养,因为个人爱情结婚的事情几乎没有。可以说1949年以前的婚姻与生育相挂钩的。

4.禁止个人自由恋爱

以前的人是不允许也不会自由恋爱,所有家庭成员的婚姻都是父母之命、媒妁之言,不允许有两情相悦的事情。即使男女双方彼此有感情,家中也不会允许他们两个结婚,认为这种事情伤风败俗,不会支持还会想尽办法拆散他们。如家中会早早给男女双方分别定亲,打消彼此的念头,或者禁止他们两个见面,慢慢感情就会变淡。除了不允许还有一大部分是不会自由恋爱,因为当时根本不会有自由恋爱的环境。家中的女儿常年是大门不出二门不迈,都会留在家中学习织布纺纱,除了家中的男性是不会有机会见其他男性。家中的男孩子从小上学时就只有男孩子做伴,年龄大了就需外出打工或者下地干活,也很少有机会见到女性。就算男女双方有机会见面也是男方不说话,女方掉头就跑,怕被人说闲话,根本没法自由恋爱。于家的家庭成员都是相亲结婚,没有一个家庭成员是自由恋爱的。

大户人家比小户人家更排斥自由恋爱。婚姻在大户人家那里是筹码,是工具。可以扩大自己的家族实力,联络与大家族之间的感情,所以他们更不会让自己的子女自由恋爱,从而打乱自己的如意算盘。三世同堂、四世同堂的家庭规矩相对比其他家庭更加严厉,因此更不会允许自己家中的孩子违背长辈的命令,私自恋爱。

5.聘礼和嫁妆规格一样

在于家,于缮孝、于缯孝和于绥孝的聘礼是一样的,不会说有的儿子聘礼多,有的儿子聘礼少,当家人于师棣会一视同仁。作为长辈来说,都是自己的亲生孩子,手心手背都是肉,所以会做到一碗水端平。作为家长来说,只有每个孩子都一样多的聘礼,才不会让孩子们感觉受到不公平待遇,引发家庭矛盾,影响家庭和睦。同样的,女儿结婚的聘礼也是一样的,不会出现一个女儿多,一个女儿少的情况。

　　大户家庭和小户家庭因为双方的财力情况不同,准备的聘礼肯定也不一样。小户人家准备的聘礼就是几块大洋、几匹布和给新娘子准备的一身衣服。1949年以前于家给于王氏准备的就是三块大洋、两匹碎花布加一身特别流行的棉线料子的衣服。而大户人家准备的东西数量更多,花样也更加丰富。除了大洋、布匹和衣服外,还有三金,即金戒指、金耳环、金项链,三银,即银戒指、银耳环、银项链和"三铺三盖",即用棉花做的新被子和新褥子各三套等。多子女家庭因为孩子比较多,为了一碗水端平,可能每一个孩子准备的相对少一点儿,以防轮到哪一个孩子结婚的时候,家里经济情况不太好,没法给他准备相同的东西,会让孩子有意见。三世同堂和四世同堂家庭准备的东西可能没有大户人家那么多,但哪些东西寓意好就准备什么。

　　男女双方家庭"下柬子"在当时就相当于定亲了。"下柬子"指的就是男女双方的家长在相互见面,回家后和家庭成员商议没有异议,都同意这门婚事的情况下,约定一天,相互交换男女双方的生辰八字以及婚书,这就相当于定亲了。定亲之后,两家可以经常走动,尤其是过年过节的时候,双方的家长会带着礼品、点心或者瓜果等去自己的准亲家那里走动走动,双方联络一下感情。一般除非出现意外情况,如男女双方有任何一方突然去世或者生重病等,否则不能随意退婚。如果无故退婚,任何一方退婚的家庭都要付给另一方高额的赔偿,甚至会引发纠纷。这不单单是两个家庭的事情,有可能是两个宗族或者两个村子的事情。

(三)婚配过程中家长具有决定权

1.家长在婚配过程中占支配地位

　　在婚配中,于家家庭成员的结婚方案都是召开家庭会议,由结婚人的父母和当家人商议婚礼细节,最终由当家人做出决定。除父母和当家人之外,其他家庭成员也可以提出自己的看法和建议,但是最终是否采纳是由当家人说了算。决定好具体的实施方案之后,就需要实施相关事宜。一般琐碎的事情都是由孩子的母亲和奶奶来完成。于缮孝结婚的时候,就是于田氏和于张氏去找的村里的媒人,请她帮忙办理相关的事情,如联系两家见面,安排结婚需要的礼节和东西,婚礼当天安排当地的习俗等,所以需要给媒人带礼物,事情办完之后需要给每人红包。结婚日期定下之后,就需要提前几天写请帖,送给于家的亲戚朋友。无论家中的当家人是否是孩子的父亲,只要孩子的爷爷还在世,婚帖上就需要同时属孩子的爷爷和父亲的名字,以及新郎的名字。婚帖内容:"×××令孙,×××率子,×××于×年×月×日与××的女儿×××举行婚礼,到时敬请出席。"在于堤村,遇到红白两事的时候,庄里乡亲都会互相帮忙,不需要特意去找人帮忙。于师棣和于孔佑都是乐于助人的人,谁家有事他们都会去帮忙,所以于缮孝、于缙孝和于绥孝结婚的时候帮忙的人很多。结婚的时候,该家庭的当家人必须在家主持各种事务,任何人不能代替当家人的职责,如果当家人有事出门在外不在家的话,婚礼需要改期。

　　在大户家庭、中户家庭和小户家庭里,家长在不同婚姻环节中的作用没有不同,都是作为一家之长,对于所有的事情都是起到支配和决定作用。在多子女家庭和少子女家庭中也是一样的,不会因为人口发生变化,而影响家长的权力。但在三世同堂和四世同堂的家庭中,情况不一样。因为在三世同堂和四世同堂的家庭中,家里年龄最大、辈分最高的人是家主,但不是当家人。所以遇到晚辈婚礼的时候,必须要请示家主,由家主做主。家长的权力和权威性在这里受到了制约。

2.其他家庭成员处于服从和被指挥的地位

在婚礼过程中于家除家长之外的家庭成员处于服从和被指挥的地位，负责听从当家人的指挥，处理婚礼上的一些琐事。在商量婚礼具体事宜的家庭会议中，除家长之外的家庭成员可以就相关的事情发表自己的看法和建议，但具体是否采纳取决于家长和家主的决定。如果家长和家主不同意的话，其他人不能擅自决定，即使本人是新郎或者新娘也不可以。结婚的时候，该家庭的当家人必须在家主持各种事务，任何人不能代替当家人的职责。大户家庭、中户家庭和小户家庭都是如此。如果当家人有事出门在外不在家的话，婚礼需要改期。如果三世同堂，结婚者的父母如果不是当家人，一样处于服从和被支配的地位。但相比其他家庭成员来说，意见被采取的可能性更大，权力相较大。如果结婚者的爷爷是当家人，此时，结婚者的父母就处于服从的地位，结婚者的爷爷奶奶则处于决策者的地位。如果是四世同堂，则太爷爷和太奶奶处于决策者的地位。

（四）婚配遵循长幼有序的原则

于家叔伯辈是长者先结婚，幼者后结婚。因为长幼有序，如果长者没有找到媳妇，幼者就不能娶亲。如果哥哥没有娶亲，妹妹就不能嫁人。少子女的家庭更看重结婚的次序性。因为多子女家庭中孩子比较多，如果兄长因为某些原因没有结婚，有可能耽误下面众多弟妹的婚姻大事，所以弟妹会等兄长几年，如果还没有结婚，弟妹可以在兄长前面结婚。而少子女家庭孩子少，稍微等几年没关系，所以少子女家庭比多子女家庭更看重长幼结婚顺序。大户家庭、中户家庭和小户在结婚次序上没有差别，三世同堂、四世同堂的大家庭，其在结婚次序上也没有特别的讲究。

（五）其他特殊的婚配形式

1.纳妾

于家没有任何一名男性家庭成员纳过妾室，但是在于堤村有不少家庭给自己的孩子或者丈夫纳妾。纳妾一般都有两种原因：一是生育问题，妻子常年不怀孕，或者妻子只生下了女孩，没有生下男孩，需要纳妾生下男孩传宗接代；二是妻子年老色衰不够漂亮，男性想找一个漂亮的姑娘。这种情况多发生于大户人家，有钱有势，可以娶年轻貌美的妾室。家中没有孩子或者没有男孩的话，无论家庭是大户人家、中等家庭还是小户人家都可以纳妾，理由正当，不会被别人议论。但如果是因为嫌弃自己的正妻年老色衰而娶漂亮姑娘，会被人耻笑，说其是"癞蛤蟆想吃天鹅肉"或者"老牛吃嫩草"。不过因为这种原因纳妾的都是大户人家，所以普通老百姓也就是背地里说说。纳妾的人选因为纳妾的原因而不同，选择的标准也就不同。如果是为了生育来纳妾的话，多找多子女家庭的女性，因为1949年以前的人会认为这多子女家庭的女孩子，天生就是有福气的，能生孩子。其次是不能太瘦，丰满一些最好，适合生养。最后才是样貌和能力，长得五官端正，会干活能持家的更好。不过这个条件是次要的。因为对于想娶漂亮姑娘的家庭来说，首先第一项标准就是样貌，需要年轻漂亮；其次是身材，如果不是为了生养，那瘦一点儿才会好看；最后才是家世和能力，因为娶年轻女子的都是大户人家，所以女性的家庭和能力反而最不重要。中等家庭的一般都会纳贫困家庭的女性，当妾室对女性来说不是件好事，会影响终身幸福。一般家庭，经济条件只要说得过去，都不会让自己家中的女性给别人做妾室，所以只有贫困家庭，因为急需用钱或者养活不起那么多孩子,所以送其中一名孩子做妾室。纳妾都是纳未出嫁的女性,很少去纳寡妇和改嫁的女性。

如果是因为家中没有孩子或者没有男孩纳妾,有的时候是长辈提出来。一般都是男性的母亲或者奶奶提出来,然后由家中的家主和家长再做出决定。还有的时候,男性的妻子自己没有生育能力或者没有生下男孩,为了博得一个好名声,而主动提出给自己的丈夫纳妾。告诉当家人自己的想法后,由当家人最后做出决定。当家的如果要纳妾,当家人的父母还在的话,则由父母做主,否则只能以当家人的意愿为主。即使女当家人或者其他当家人反对的话也无效。纳妾的事情属于家庭的内部事情,不需要请示家族长、保甲长等。大户人家、中等家庭和小户家庭在纳妾的事情上都是由家长做主,无论纳妾的是谁。但如果家中有爷爷奶奶辈的人的话,则是由爷爷奶奶辈的人做主。

纳妾需要写契约,契约一般写"×××家的女儿×××在×年×月×日,同意嫁与×××令孙、×××率子×××为妾室。见证人×××,中间人×××(找人代笔的话也需要写代笔人的名字)"。女方家的家长、男方家的家主和家长、中间人、见证人,有代笔人的话也需要代笔人共同签上名字,这份契约才能生效。这份契约一式两份,男方家一份,女方家一份,中间人、见证人和代笔人不需要保留契约,只是起到见证的作用,而见证也只是这一天,而不负责见证一辈子。如果见证人或者中间人文化比较高的话,就由见证人或者中间人写这份契约,但如果见证人和中间人的文化水平不高,则需要再找有文化的代笔人。在契约安排上,大户、中户、小户,多子女的家庭和少子女的家庭,三世同堂和四世同堂的家庭都相同。

纳妾可以给女方家粮食,也可以给钱。如果是给粮食的话大约是三四百斤粮食,给钱的话是三块大洋左右。纳妾因为娶的一般是未出嫁的女性,所以需要举办典礼和仪式。但纳妾的典礼和结婚的典礼不一样。从典礼的规模上,纳妾典礼的规模与结婚典礼相比比较简单,仪式也相对简略,请来的客人也相对较少,多是自己家的亲朋好友,不会大面积散发请帖,女性的穿衣装扮也不如结婚典礼隆重。纳妾的花费和流程统一由当家人做主和决定,如果是家主在,则听家主的。会召开家庭会议,征求其他家庭成员的意见,但家长有最终决定权。纳妾这件事不需要告知街坊四邻、家族族长和保甲长,因为他们无权干涉家务事。但如果是纳妾仪式,则需要请街坊四邻家族族长和保甲长。

在纳妾的花费上,大户家庭、中户家庭和小户家庭不同。大户人家经济实力比较强,纳妾所花的费用相较中等人家和小户人家比较多,仪式也更加隆重。多子女的家庭和少子女的家庭、三世同堂和四世同堂的家庭费用与平常的家庭没有什么不同。

2.童养媳

养童养媳是为了给家里的孩子找媳妇,怕孩子长大了没有媳妇,不能给家里延续血脉传宗接代。于家当时没有养童养媳,一是经济条件不允许,二是不担心自己的儿子找不到媳妇,所以不急着准备嫁娶事宜。一般娶童养媳的主要原因是因为家里贫穷或者孩子有先天性问题,如残疾和智力受损,怕家里男孩长大后没有钱娶媳妇,所以就在男孩小时候就收养年龄很小的女童,等年龄长大了就嫁给家里男孩做媳妇,这样就不怕孩子长大后娶不到媳妇了。童养媳的家里一般没有钱,家里比较贫穷,而且家里子女较多,养不起那么多孩子,就把家里的女孩送去做童养媳。如果这家没有男孩,家里孩子不多而且家庭比较富裕不会送去做童养媳,毕竟送去做童养媳就不是自己的孩子了。

一般是在很小的的年龄才算童养媳,大概五六岁左右。娶童养媳一般是家里的女当家提出建议,由家里的男当家做出决定安排。一般不会关心当事人的意见,就算当事人不同意,家长做出的安排也要服从。一般是家里的男当家做出安排,由家里的女当家进行商议,安排如何娶童养媳,不会请保长、族长,因为是家庭内部的事情,所以由家庭内部做出决定。

收养童养媳需要写契约,契约一般写"×××家的女儿×××在×年×月×日,同意嫁与×××令孙、×××率子×××为童养媳"。女方家的家长、男方家的家主和家长、中间人、见证人,有代笔人的话也需要代笔人共同签上名字,这份契约才能生效。这份契约一式两份,男方家一份,女方家一份,中间人、见证人和代笔人不需要保留契约,只是起到见证的作用,而见证也只是这一天而不负责见证一辈子。如果见证人或者中间人文化比较高的话,就由见证人或者中间人写这份契约,但如果见证人和中间人的文化水平不高,则需要再找有文化的代笔人。

娶童养媳可以给女方家粮食也可以给钱。如果是给粮食的话大约是三四百斤粮食,给钱的话是三块大洋左右。亲生父母这边不需要告知家族、保甲长,因为是家庭内部的事情,所以由家庭内部决定。娶童养媳因为娶的一般是未成年的女童,所以需要举办典礼和仪式。典礼的规模与结婚典礼相比比较简单,仪式也相对简略。请来的客人相对较少,多是自己家的亲朋好友,不会大范围散发请帖。娶童养媳的花费和流程统一由当家人做主和决定,如果家长的父亲在的话,则听家长父亲的。家庭内部会召开家庭会议,征求其他家庭成员的意见。这样的事情一般会告知或请示家族、保甲长,因为这种仪式关乎宗族或者村里的脸面,所以需要请示宗族或者保甲长,确保仪式的正确性。对于养童养媳的原因和条件,娶童养媳的做主、决定、契约安排以及花费等方面,大户、中户、小户、多子女的家庭和少子女的家庭、三世同堂和四世同堂的家庭没有什么不同。

3.改嫁

改嫁在当地就叫作改嫁,于家1949年以前没改嫁的,都是一夫一妻到老。改嫁在1949年以前一般是不允许的,如果丈夫去世了,妻子一般选择守寡和守节,不会轻易改嫁。即使改嫁,去了其他家庭也会被别人嘲笑。当然也有一部分女性选择改嫁,改嫁的人一部分是因为被休掉,另一部分是因为丈夫去世。娶改嫁妇女的男方一般不是年龄大了,就是早年丧偶,几乎没有第一次娶妻娶改嫁妇女的人。改嫁前女性是在娘家住的,因为妻子决定改嫁了,就不算是夫家的人了,必须回娘家。

改嫁即使家长同意了,也要请示保长、族长,因为这在1949年以前是一件大事,涉及家族和村里的面子的大事。如果族长和保甲长也同意了,家长会安排女当家人找媒人,安排相关事宜。但如果族长和保甲长不同意,即使家长同意,也没有用。

改嫁的契约一般写"×××家的女儿×××在×年×月×日,同意嫁与×××令孙、×××率子×××为媳妇。见证人×××,中间人×××(找人代笔的话也需要写代笔人的名字)"。女方家的家长、男方家的家主和家长、中间人、见证人,有代笔人的话也需要代笔人共同签上名字,这份契约才能生效。这份契约一式两份,男方家一份,女方家一份。

改嫁男方也需要给女方聘礼,但相对比第一次嫁娶要少,大概给二三百斤粮食,给钱的话大概两三块大洋。举行婚嫁典礼,但因为是改嫁所以仪式会从简。改嫁的花费由男方来出钱,家长做出决定,家长和父母做出商量,一般不需要请示四邻、家族、保甲长。

改嫁的原因是因为女方年龄还小,还需家长决定,需要写契约,花费由男方安排。这些大户、中户、小户没有什么区别,多子女和少子女的家庭没有区别,三世同堂四世同堂和一般的小家庭没有什么区别。

4.入赘

男方家里贫困没有钱娶媳妇,女方家里只有女孩而且家庭富裕有钱,想让男孩入赘女方家里当劳动力,来延续血脉家族。男方家里因为贫困娶不起媳妇,女方家里有钱,家里条件很好,家庭富裕。女方家里多是姐妹,基本上没有兄弟,就是因为没有男孩所以才想要男方入赘。女方家庭更愿意招婿,因为入赘女婿更孝顺,和女方家里更亲近。男方家里只有因为没有钱娶不起媳妇才会勉强同意男方入赘。女方家里也同意招婿,招入赘的不会被同村里的人看不起,因为入赘女婿相当于半个儿子。入赘要求男方到女方家里住,要孝顺岳父岳母,而且生下的孩子要随女方的姓。要求男方年龄不大身体健康,家庭情况不会很在意,对兄弟情况、父母情况没有太大的要求。要求没有婚配,还是单身的男性。

招入赘一般要和家长商量,家长同意才能决定招入赘,父母不能单独决定,需要和女儿商量一下。不需要和家族族长商量,不需要和兄弟商量,也不需要和甲保长商量,因为这是这是家庭内部的事情。

需要写契约,契约一般写"×××家的儿子×××在×年×月×日,同意入赘×××令孙女、×××令媛×××为女婿。见证人×××,中间人×××(找人代笔的话也需要写代笔人的名字)"。女方家的家长、男方家的家主和家长、中间人、见证人,有代笔人的话也需要代笔人共同签上名字,这份契约才能生效。这份契约一式两份,男方家一份,女方家一份,中间人、见证人和代笔人不需要保留契约。如果见证人或者中间人文化比较高的话,就由见证人或者中间人写这份契约,但如果见证人和中间人的文化水平不高,则需要再找有文化的代笔人。

入赘需要办婚礼,一般就是在女方的家里办婚礼,结婚仪式和邀请客人都在女方家里,男方不举行结婚仪式。婚帖署女方家姓名,花费由女方家里出钱,粮食大概四五百斤,钱大概四五块大洋。仪式和正常婚配没有什么不同。

入赘基本上是由于男方家庭贫困,娶不起媳妇,入赘由家长决定。契约安排由家长和父母决定,入赘花费不多,基本由女方包办。入赘更倾向于家庭比较富裕的家庭,大户中户比较多,小户比较少。入赘少子女的家庭比较多,因为多子女的家庭孩子多,不需要入赘女婿,三世同堂四世同堂和一般的小家庭区别不大。

(六)婚配终止情况概述

1.休妻

休妻在当地叫"休弃"。于家上下三代从来没有休过妻。休妻由丈夫提出来,丈夫的父母对媳妇不满意的话也能提出休妻。但这是件大事,需要由当家人做主,与媳妇的娘家人商议,更要请示保长、族长,这件事不仅对于女方家是大事,对女方所在家宗族和村庄也是大事,事关家庭、宗族甚至一个村的脸面,双方不能对宗族和村庄有任何隐瞒,事无巨细,均要向族长和保甲长进行汇报。如果当事人不同意,但双方家长同意也是可以被休掉。但如果族长和保甲长不同意,即使当事人和双方家长同意也没有用。休妻一般只考虑男方,不会顾虑女方,即使女方为男方生下了男孩,或者男孩已经承认,只要各方都同意的情况下,也可以被休掉。

休妻的程序是先由丈夫或者公婆告诉当家人，当家人同意后告知女方的当家人，双方家长进行商量，如果女方当家人也同意的话，再告知男女双方的族长和保甲长。休妻要写休书，一般找当地有学问的人代笔，要给报酬。签休书的时候，男女双方的家长、族长和保甲长都要在场。休妻的话，不能分得财产，因为休妻之后就代表不是男方家中的人，当然不能分到财产。不需要给女方赔偿费，出嫁时的嫁妆女方可以带回。对于休妻的原因和条件、休妻由谁做主、契约安排、休妻花费等方面，大户、中户、小户有不同，小户人家更少休妻。多子女的家庭和少子女的家庭没有不同。三世同堂、四世同堂的家庭与一般小家庭也没有不同。

2.守寡

于家有丧夫的人，是于绥孝的二嫂，1949年后守的寡。丧夫的妇女不需要回娘家，可以留在夫家。本人倾向于留在夫家，因为嫁出去的女儿泼出去的水，女儿回到娘家没有地位。在夫家守寡，不仅会受到公婆的尊重，也会受到外人的称赞。如果生孩子，需要留在夫家，分家时能分到一份财产。如果没有孩子，依然能留在夫家，分家时也能分到一份财产。如果生孩子，和其他儿媳妇待遇一样。如果没有孩子，不会低其他儿媳妇一等，反而会高看一眼。因为没有孩子和丈夫，妻子依然坚持守寡，这在1949年以前会受到其他人的尊重和敬佩。丧夫的妇女可以改嫁，但在当时很难，甚至基本不被认可。因为在1949年以前的思想中，女子就应该从一而终，丈夫死了就要为其守寡，不能另嫁人，否则视为不洁。本人不可以做主，还是公婆做主，娘家也不能做主，因为嫁出去的女儿泼出去的水，娘家不能越权管理。如果没有改嫁，死后可以埋到祖坟，改嫁了则不行，跟是否生育儿子没有关系，不能埋到娘家的祖坟。

对于守寡的原因和条件、守寡由谁安排、守寡的权利和义务等方面，大户、中户、小户没有不同。多子女的家庭和少子女的家庭有区别，就是多子女家庭比少子女家庭更容易守寡。三世同堂、四世同堂的家庭与一般小家庭没有不同。

二、家户生育

(一)人口较少，男孩居多

于家爷爷辈两男，没有女孩。于家叔伯辈两男一女。于家兄弟辈四个男孩，于绥孝家中兄弟三人，堂兄一人，在村里算中等水平。于家的子女没有出现过夭折、丢弃、溺婴和买卖的情况。

在不同家庭，生育情况会有不同。大户、中户、小户人家有不同，大户人家的子女相比中等人家的孩子较多。大户人家的子女多是因为大户人家的男性有可能纳妾，娶多位妻子，孩子自然就多。小户人家孩子较少，是因为有的时候孩子太多了，会使得家中越来越贫困。三世同堂家庭、四世同堂家庭因为人口比较多，生的孩子也相对比较多，多为多子女家庭。

(二)传宗接代是生育的首要目的

1.传宗接代是最重要的事情

在1949年以前，农村家庭普遍认为生育最重要的目的就是传宗接代，延续香火。于家也不能例外。于家的当家人特别注重生育问题，找媳妇的时候会找家庭里孩子比较多，避免女性有不孕不育的隐患。生儿育女对家庭来说意义重大。首先，意味着这个家庭血脉的流传，传宗接代。其次，意味着家庭成员数量的增加，无论是宗族还是村里都增加该家庭的影响力。最重要的是生儿育女继承了家庭成员的希望，是这个家庭的未来。以后家庭如何发展，都是靠孩子来努力，因此孩子对于当时的家庭来说非常重要，意义非凡。

如果一个家庭没有孩子会被别人耻笑、看不起，男性能力也会受到质疑。因为没有孩子意味着这个家的血脉就此中断，后继无人，在1949年以前是一件大事。为了延续香火这个家庭只能从自己的兄弟或者同宗族的亲戚那里过继孩子。虽然这种事情在1949年以前很平常，过继的孩子也在宗族里受到同等的待遇，但相比自己亲生的孩子，家长的心里难免存在落差。在"母凭子贵"的年代，如果女性婚后没有生下男孩，婆家可以将其休掉另娶，也可以给自己的儿子纳妾，妻子都不能有任何怨言。对于家庭来说，没有儿子跟没有孩子的心理落差一样，因为在重男轻女的思想下，女孩在1949年以前的地位比男孩要低很多，且并不认为是"接班人"，因此只有女孩没有男孩也会被同宗族和同村人看不起。生育可以给家庭带来劳动力，注入新鲜血液，创造新的生产动力，所以格外受到重视。

2.于家多倾向于男孩

在子女生育上，于家当然是倾向于男孩，认为男孩可以传宗接代，延续香火。而女孩大了也是要嫁到别人家，成为别人家的人，到头来替人养孩子，得不偿失。没有结婚就生育在1949年以前是一件很丢人的事情。被外人知道会被嘲笑。未婚生子在1949年以前是大忌，女的甚至会被家族惩罚，重则浸猪笼。于家的家庭成员一般是十七岁左右结婚，十八九岁就会生第一个孩子。早婚早孕一是当时的传统，二是可更早地为家里生下男孩，传宗接代，更快成为劳动力，为家庭做贡献。

3.于家是更倾向于多生多育

于家是更倾向于多生孩子。在1949年以前孩子也是家庭实力的象征，孩子多了，就意味着这个家庭实力很强。因为1949年以前人与经济直接挂钩，有多少人就意味着有多少钱。尤其是男孩子多了，跟别人说话，家长的语气都特别硬气。孩子的数量没有特别的标准，越多越觉得幸福、满意。之所以要"多生"，除了因为面子或地位，以前生活水平和医疗水平有限，孩子夭折的情况经常发生，只有多生，家里的香火可以传下去。儿子多的农户，在村里比较受人尊重。

（三）孕妇没有特殊待遇

于家也是鼓励生育，支持多生。生孩子是一件大事，不仅是男方，还是女方也想生，夫妻的父母和当家人也有这样的要求。在1949年以前，孕妇在家中并没有特权，怀孕仍然需要干活。怀孕了并不会在家中地位提高，向家长申请了仍然需要干活，婆婆和长辈不会对此多加照顾。但临近生产的一个月，干的活会相对轻松一点儿。那时候生产都是在家里进行。生产前几天，婆婆会提前告知村里的接生婆，到生产那一天，会派家庭成员去请产婆过来。没分家的话，无论哪个孩子生育费用都由大家庭承担。如果分家了，则由各个小家庭承担。生产后孕妇需要坐月子，一般一个月左右。坐月子期间由婆婆来照顾。不会在饮食上有所照顾，吃的和其他家庭成员一样。不是有意克扣孕妇，是以前生活条件有限，没有钱买补品给她补身子。

在上述生育过程的不同环节，不同类型的家庭有一定的差异。其中大户家庭、中户家庭和小户家庭有不同。大户家庭孕妇坐月子吃得比小户人家的孕妇吃得好，得到的照顾更好。多子女的家庭和少子女的家庭有不同，少子女家庭的孕妇比多子女家庭得到的照顾要好。三世同堂、四世同堂的大家庭与一般的小家庭没有很大的不同。

（四）满月后要摆"满月酒"

小孩出生后，会举行满月酒，在当地叫作"送米"。摆满月酒的时候，于家的亲戚朋友和左邻右舍都会送礼物,礼物大多是小米,所以叫作送米。那个时候,于家会摆宴席,宴请前来送米的宾客。生男孩和生女孩在仪式上有一定的差异,具体差异体现在生男孩的满月酒相对比较隆重,生女孩的仪式相对较差,有的甚至不摆满月酒。有的时候族长也会来参加满月酒,1949年以前办于缮孝满月酒的时候,作为于家的长孙,满月酒很隆重,于家也邀请了族长来参加,请亲戚的话,近亲、远亲都要请。由家长派家庭成员去亲戚家送请帖。请的时候不需要带礼物,满月酒席过后会对来送米的宾客回礼,一般是鸡蛋。

生育时举办仪式的目的是为了庆祝新生儿出生,祈求他以后健康成长。没分家的话,无论哪个孩子举办生育仪式的费用都由大家庭承担。如果分家了,则由各个小家庭承担。没分家的话,收到的份子钱归大家庭所有;分家了,收到的份子钱则归小家庭所有。

在生育仪式上,不同类型的家庭有一定的差异。拿大户家庭、中户家庭和小户家庭来说,大户人家的满月酒相对比较隆重,对于家中的长子长孙的满月酒,有的则开三天流水席,请当地的吕剧戏班连唱三天。而中户人家和小户家庭因为经济实力有限,满月酒相对比较简单,花费比较少。多子女的家庭和少子女的家庭也有不同,多子女的家庭孩子比较多,满月酒摆得相对简单,有的孩子甚至不办满月酒,但少子女家庭因为孩子比较少,每个孩子满月都会摆满月酒,满月酒也相对好一点儿。三世同堂、四世同堂的大家庭与一般的小家庭也有不同。三世同堂、四世同堂的大家庭,亲戚多,满月酒也隆重。

(五)按照祖谱给孩子起名字

给孩子起名字是一件大事,无论家庭是否富有,家庭的重视程度都一样。普通家庭一般由孩子的父母和当家人给孩子起名字。大户人家除了孩子的父母和当家人起名字外,可以请当地的达官贵人起名字。名字有的时候是在孩子没有生下来的时候提前想好的,有的是生下来之后看是男是女之后再起。1949年以前男孩子起名字的话都是按辈分来的,名字的中间第二个字一般都是指的辈分。小户人家的孩子一般都有小名,如"多多"寓意多福多寿,"平平"和"安安"等,多为叠字,既好记寓意又好。上学的时候就不叫乳名了,多叫学名。

于家家庭成员的名字是按照辈分起的,并没有赋予特殊的意义。在1949年以前大家的名字都是按照族谱的辈分来起名字的,很少会像现在这样给予不同的意义。在给孩子起名的时候,不同类型的家庭有一定的差异。大户家庭、中户家庭和小户家庭之间不一样。大户人家孩子的名字除了家里的长辈起名字之外,还可以找当地的达官显贵来给孩子起名字,而中户人家和小户人家的名字多是自己父母和自家长辈来起名字。大户人家孩子的名字多比较正式,中户家庭和小户家庭孩子的名字多有个乳名,俗话说"贱名好养活"。多子女的家庭和少子女的家庭也不同,多子女家庭孩子的名字多为前两个字相同,后面一个字不一样,有时候几个孩子名字后面的字可以连成一句话,有特殊的意义。少子女家庭起名字不会这样,因为没有这么多的孩子。三世同堂、四世同堂的大家庭与一般的小家庭也有不小的差异。三世同堂、四世同堂的家庭起名字都是由家里辈分最高的人起名字,名字多带有晚辈对于长辈的期许,多有"宗""祖"和"望"等字眼。一般家庭虽然也会这样,但这类字眼带的相对较少。

三、家户分家与继承

（一）分家由家长主导

1.妯娌不和成为分家导火索

于家分家是由于绥孝提出来的，实际上是因为于绥孝的妻子和于绥孝的大嫂、二嫂之间的妯娌关系相处得并不好，与其天天闹矛盾，影响兄弟感情，不如分家。于是于绥孝的妻子跟丈夫说能不能分家。于绥孝也觉得大家住在一起因为鸡毛蒜皮的小事天天吵不好，于是跟家主提出来希望可以分家。所以儿媳妇也可以提出分家，但一般会对自己的丈夫说，由丈夫去跟家长商议。因为儿媳妇是家里的一分子，可以提出分家的建议。不过，一是1949年以前妇女地位比较低，在家里的话语权较弱，所以妇女一般不会就家里的事情在家庭会议上发言。除非成为女当家人，说话的力度才会大一点儿。二是作为媳妇，就1949年以前的规矩而言，不能跟自己的公婆提意见，所以才会借用自己的丈夫来表达自己的意见。分家的话，先要告知当家人，与当家人进行商量，如果当家人同意，可以进行分家，如果当家人不同意，则不能分家。分家的儿子们可以就分家的事情提出自己的看法，如果同意，则进行分家；如果有一个不同意则不能进行分家。如果说儿子不同意，当家人同意的话，要按照当家人的意愿来。商量分家事情的时候，必须儿子们都要在场，不能由自己的妻子或者孩子代替。

在于家，1949年以前分家的时候，由于绥孝提出，对于孔佑说明缘由。然后于孔佑会召开家庭会议，全家人都必须参加，包括妇女和儿童。在会上，提出分家的事情，让于缮孝、于缙孝和于绥孝回去想清楚，第二天给他答复。在第二天的家庭会议上，于缮孝和于绥孝同意分家，于缙孝不同意。于孔佑就说，既然你大哥和三弟都想分家，就分了吧，不然反而闹得一家人不和睦。于是于孔佑就找了中间人和见证人进行分家事宜。于家的外部成员会对继承的结果产生一定的影响，如当儿子不孝顺长辈的时候，族长可以出面剥夺他的继承权。因此，族长和保甲长都会对继承条件产生影响。

1949年以前村里人对于分家呈现中立的态度，既希望分又希望不分。分家的话兄弟之间矛盾和摩擦减少，可能相处起来更加和睦。但如果不分的话，家庭生产活动效率更高，劳动力充足，更有利于地里高收成的产出。所以分不分家，看家庭的具体情况而定。

在分家的原因上，不同类型的家庭有一定的差异。大户人家更不愿意分家，因为这样家庭实力就会削弱。而小家庭觉得无所谓，分和不分没什么两样。多子女的家庭和少子女的家庭也有差异，多子女家庭更愿意分家，不然人多嘴杂，家庭关系很难处好。少子女家庭则不愿意分家，不然农业生产的时候劳动力不够。三世同堂、四世同堂的大家庭更愿意分家，因为规矩比较多，相对不自由。

2.家庭内部成员才有分家的资格

在于家有资格分家产的是指在同一口锅里吃饭，有血缘关系的家庭内部成员。没有血缘关系的家庭外部成员是没有资格分得家产的，即使他可能跟于家关系亲密，甚至住在于家也不行。家庭外部成员分得家产只有一种情况，就是于家的当家人或者长辈在去世的时候留下遗嘱，遗嘱里面规定家庭外部成员可以继承遗产，有分家资格，不然作为家庭外部成员没有机会分得家产。

在于家家庭成员中，拥有分家资格的成员范围比较广泛。理论上和其他家庭一样具有分家资格的仅仅局限于家里的男性家庭成员,已成家的儿子、未成家的儿子、不在家的儿子、过继来的儿子、妾生的儿子和改嫁带来的儿子等都在有资格之列。但干儿子虽然也叫儿子,却与于家没有血缘关系,只能算关系亲密的亲戚朋友,不算自己家人,没有分家资格。除了儿子之外,女儿也可以有分家资格,女儿未出嫁能分家产,家产作为日后出嫁的嫁妆分得,但不会有房屋的分家权,因为女儿迟早要出嫁,未出嫁的女儿就跟父母一起生活。出嫁的女儿却没有分家权力,因为她已经出嫁,嫁出去的女儿泼出去的水,算作别人家的媳妇,所以没有分家权利。孙子也是可以享有和儿子一样的分家权,亡父的孙子能分得家产,并且会被另眼看待,多加照拂,叔伯会多分东西给他,甚至如果是长孙的话,还会分得二亩长孙地。这是其他人都没有的待遇,只给长子长孙。如果说丈夫死了,没有孩子,媳妇也可以作为分家的一分子,享有分家资格。

家庭外部成员一般没有继承资格。但如果在去世的长辈没有子女的情况下,因为没有继承人,只能由家庭外部成员继承,如侄子、外甥等。在没有儿子的情况下,家长不可以指定其他的继承人。因为还有女儿可以继承。只有在无儿无女的情况下,才可以制定其他的继承人。

在分家的资格上,不同类型的家庭有一定的差异。就拿大户家庭、中户家庭和小户家庭来说,大户人家的分家资格仅限于儿子和孙子,这是为了防止丰厚的家业落入外姓人之手。中户人家和小户人家则不会考虑那么多。多子女家庭和少子女家庭相比,多子女家庭中拥有分家资格的孩子比少子女家庭要多,分家容易产生矛盾。三世同堂、四世同堂的大家庭与一般的小家庭没有什么不同。

3.分家的见证人由家庭的熟人担任

分家是需要请见证人。见证人一般都是由于家的家长去请相熟的人,并且在村里或者族里说话有分量、德高望重的人。相熟的人可以更好地主持分家的事宜,德高望重的人做事使人更加信服,更有说服力。见证人起到的是证明和调解的作用,证明分家的全过程公平公正,事后有人有意见,也好有证明人。其次是调解的作用,分家难免起争执,见证人也可以在中间进行说服,让分家顺利进行。分完家见证人的责任也就结束了,不会见证一辈子,或者见证责任还要继承,这样的话就没人愿意当见证人了。也许以后有问题可以问见证人,但见证人却不承担相关责任。除了父亲之外的其他家庭成员也能安排见证人,就是家主,即于师椟可以,除此之外的其他家庭成员都不可以。

家庭外部成员不能为家庭分家事情安排证人。一是因为家庭外部成员对于家庭内部事务不清楚,无法找到适合家庭的证人。比如家庭成员之间有很大的矛盾,这个证人就需要能言会道一点儿,以防家庭成员在分家的时候产生纠纷。如果家庭成员之间有利益纠纷,就需要德高望重的人来当见证人,增加见证的可信性。所以作为家庭外部成员对家庭成员的事情了解较少,不易找到合适的人选。其次家丑不可外扬,分家属于内部事务,家庭内部解决,并不希望外人插手。最后作为家庭成员以外的人不会也不能安排证人。

在分家见证人上,不同类型的家庭有一定的差异。大户人家请的见证人相比较中户家庭和小户家庭来说可能更加德高望重,甚至是政府人员。如大户可能会请乡长做见证人,小户可能不会。

4.分家单人手一份

分家时是由家长做主,负责分家的一切事务,其他家庭成员必须服从。如果家长去世了,则由家主,即于师棣做主,除此之外的其他家庭成员都不可以代替家长做主。如果家长和家主都不在了,则由叔伯,即父亲的亲兄弟做主。家庭外部成员可以参与分家,一般多为担当见证人和代笔人等,如于绥孝的姑父担任分家时的证人。在分家谁做主、谁参与的问题上,不同类型的家庭没有什么差异。

分家时需要写分家单,请当地有学问、德高望重的人来写,最好这个人是于家的亲戚。分家单需要于家的家长、于缮孝、于缙孝和于绥孝以及见证人和代笔人签名,才能生效。分家单一般是交给家长和儿子们保存,中间人和见证人只需要在上面签字,并不需要保存分家单。因此,一般家里有几个儿子就准备几份。因为中间人和见证人,只是对于分家这件事的公平公正性做一个见证,证明分家这件事发生且生效,对于日后这个家庭会因为分家产生矛盾和争执与他们无关,所以并不需要保留分家单。而家长和儿子们需要对于分家所得的东西留个底,以防以后需要,所以只需要家长和儿子们有分家单就行了。

于家分家的时候的分家单一式四份,分别由于孔佑、于缮孝、于缙孝和于绥孝保存,以防以后就分家问题产生争议或需要的时候拿出来做个证明。在于孔佑去世之后,分家单就交给于张氏保管。一直等到于张氏去世,分家单才被销毁。家庭外部成员谁都不可以影响分家契约的签订,包括族长、保甲长。因为这是家庭内部的事情,家庭以外的人无权也不能影响分家契约的签订。

在分家契约上,不同类型的家庭有很大差异。大户人家的分家单会比小户人家的分家单写得更为详细,因为大户人家的家产要比小户人家要多,分家时分的东西也就更多更详细。多子女的家庭要比少子女的家庭更复杂,因为多子女家庭孩子较多,分家的人数多,分家单也要好几份,难免比少子女家庭更复杂。有三世同堂、四世同堂的大家庭与一般的小家庭也有不同。三世同堂、四世同堂的大家庭代际人数多,分家的时候不仅要看晚辈也要顾及长辈,难免产生争执和纠纷。

5.外界对分家认可与保护

家族对于家的分家是认可的。家族会在家谱上记上新家长的名字,在召开宗族会议时由新家长参加,进行宗族祭祀时也是以分家后的家庭为单位参加仪式。村庄对于家的分家是认可的,在保甲册上会写上新家长的名字,征兵、纳税时按照分家后的家庭为单位计算。官府对于家的分家也是认可的,分家后会马上变更户籍,成立新的家庭册子,以后下达指令也是按照分家后的小家庭进行传达。

(二)继承以血缘为依据

1.儿子享有优先继承权

家里只要有儿子,就一定可以继承家里的财产。但也有一定的条件,如果不孝顺,虐待老人,老人只要不同意,就可以在宗族出面干预下不能继承遗产。如果不给老人送终,也不能继承遗产。但被驱逐出家门的人可以继承。只要家中有当家人,除了当家人之外的其他家庭成员不能决定继承条件。家中的外部成员会对继承的结果产生一定的影响,如当儿子不孝顺长辈的时候,族长可以出面剥夺他的继承权。因此,族长和保甲长都会对继承条件产生影响。

2.继承的内容广泛

除了家产外还能继承一些权利和地位,比如家长的权利,可以参与一些选举和被选举。一般是家里主要继承人自动拥有继承的权利,其他人也会默认。继承规则上是以家庭的血缘和家庭地位为主,血缘最亲、地位最高就默认拥有。一般默认长子继承,如果长子不继承就由家长指定继承。对于宗族里的身份地位一般也可以继承。对于宗族里的地位继承还需要宗族长辈开会同意,如果认为身份没有问题,就能认可确定继承宗族地位。在继承的规则上以长子继承为本,如果长子不继承,就要家族长辈讨论,如果同意才能继承宗族身份。官职一般不可以继承,需要考取功名才能取得官职。

3.家长掌握继承权

在确定继承权时家长做主,确定继承人,以及继承人的继承份额,其他家庭成员必须遵从,如果不遵从有可能会被家长剥夺继承权。一般都是由血缘关系的远近来确定继承权。如果是默认按照血缘关系平均分配,则不需要立下字据,但如果不是,家长对于财产分配有其他要求,则需要立下字据。如果是大户人家,一般会留下遗言来安排家族产业。如果遗言与遗嘱不同,遗嘱的效力大于遗言的效力,以遗嘱为主。如果遗嘱与当地继承习惯发生冲突,仍以遗嘱遗言为主,以死者为大,其他任何家庭成员不允许有异议。

在继承权问题上有时会发生冲突。产生冲突的原因是因为遗产分配不公平,产生利益冲突。小冲突的话一般是家长来调解协商解决,或者宗族的长辈参与纠纷调解。但保甲长一般不会参与,因为是家庭内部的纠纷,由家庭内部解决。实在解决不了,会上诉到官府,直接由官府按照律法进行解决。但家庭成员一般不会走到这一步,这在当时是有损家庭和宗族颜面的事。在这种时候,双方就会互让一步,加速矛盾的解决。

在继承的资格和条件上,大户中户及小户没有什么差异,多子女的家庭和少子女的家庭没有什么不同。三世同堂、四世同堂的家庭和一般的小家庭有一点儿不同,三世同堂、四世同堂的家庭在继承者的选定上范围更加广,财产分割更加细致,当然相对的因为辈分比较复杂,也比一般家庭更容易产生纠纷。

四、家户过继与抱养

(一)过继

1.没有孩子是过继的主要原因

没有孩子和没有生男孩的家庭才会选择过继,是为了延续香火、传宗接代所做的无奈之举。生了男孩后就不需要过继了,但生了女孩后还需要过继,因为在1949年以前并不认为女孩可以是当家人,可以传宗接代。

出继的家庭一般会过继给自己的兄弟,防止自己的兄弟没有人养老送终,继承香火,所以选择过继。并不是只有兄弟之间才过继,堂兄弟之间也可以过继。如果自家兄弟和堂兄弟之间没有多余的儿子,只能从本家之间过继。如果兄弟没有儿子,其他兄弟、堂兄弟必须过继,这是为了自己兄弟的香火着想。再说孩子也不是送给了外人,而是自己的大爷、叔叔,只是从这家到了那一家,依然同宗同族。如果是本家,也必须过继。

于家每一代都有男孩,不需要过继,所以没有出现过过继的事情。于家对于过继的事情是支持的。于绥孝认为对于没有孩子的家庭来说,生活也缺少了盼头,不知道努力拼搏是为了什么,因此过继自己兄弟和亲戚的孩子,是人之常情也是可以理解的。并且孩子跟自己有血缘关系,对于这个过继的家庭来说也少了一些遗憾。对于孩子来说,过继给的是自己叔伯或者亲戚,还是姓自己的姓氏,在自己的宗族亲人里,反而多了一个人疼自己,没什么不好。

于绥孝觉得过继是一件两全其美的事情。

2.过继的次序按血缘亲疏决定

如果需要过继,有一定的顺序,优先过继自己亲兄弟的儿子。如果亲兄弟没有或只有一个儿子,再考虑过继同族的近亲。有自己有亲侄子,却过继别家儿子的情况。如果有几个儿子的情况下,出继有一定次序和规则,过幼不过长。首先,受传嫡传长的传统思想的影响,长子的地位和作用高于幼子。其次,长子已经熟悉家里的事务,心智已经成熟,是家里的主要劳动力,出继家庭不舍得。最后,幼子心智不太成熟,对于家庭中的事务和家庭成员,过继到另一个家庭中,更容易和入继家庭的父母培养出感情。

3.家长在出继过程中占支配地位

过继时,由出继家庭的当家人决定是否出继。如果出继者的父母不是当家人的话,出继者本人、出继者的父母即使不愿意也没有办法拒绝。需要召开相应的家庭会议,与其他家庭成员商量。等到家庭内部商量决定之后,告知族长和村里就行。因为过继一般是把自己家的兄弟的孩子过继到自己的兄弟家中,再远点儿就是本族兄弟的孩子过继到本族兄弟家中,没有出宗族、于堤村,所以宗族和村里不会多加干涉。只需要两家商量好之后,再告诉宗族和村里就行。

宗族和村里不会不同意过继,一是这是人之常情,没有男孩,过继一个男孩来传宗接代。二是过继的都是自己家的孩子,只是在族谱里,把这个家的孩子的名字写到另一个家的名字底下而已,不会造成什么影响,所以宗族和村里不会多加干预,只要两家同意就好。过继这样的大事必须等到当家人在的时候才能决定,任何人不能私自决定。如果当家人不在的话,就要等到当家人回来之后再行商议。过继在于堤村只有一种形式,就是完全过继,没有过继一半的说法。过继的具体形式由出继家庭和入继家庭,两家的家长共同商议决定。

出继时,入继家庭会给钱、物还有粮食。给多少看两家的协商情况而定。两家的家长商量决定给的钱、物,纳入出继家庭的收入,不能算私人收入。过继孩子需要写契约,这个契约的具体内容为"×××家的孩子×××,于×年×月×日过继给×××,双方不得反悔。甲方×××,乙方×××,见证人×××,中间人×××"。不署名不可以,由双方家长签订才可成效,一式两份,分别由双方家长保存。如果中间人和见证人有学问识字的话,可以由中间人和见证人来代笔,如果见证人和中间人没有学识,不会写字,则找专门的人进行代笔,代笔的人也需要在最后签上名字。

过继不需要有人介绍,因为过继的孩子一般是自家兄弟或者亲戚的,与入继家庭有血缘关系的人家,不需要中间人进行介绍,入继家庭自己就可以找到。需要请证人,都请出继和入继双方熟悉的人,同家族的德高望重的长辈。请见证人的时候要给报酬,带点儿小礼物,如点心等。出继时完全由出继家庭的当家人决定,不需要考虑出继者的意愿。如果出继者不愿意,仍需要得到家长同意,如果家长坚持,仍然需要过继。在家长不在家的情况下,其他家庭成员不可以决定出继。这种事情必须由当家人亲自决定,其他家庭成员,即使是女当家人、代理当家人、长子都无权替当家人决定这件事情。

4.不允许回继

过继时,没有出现过回继的情况,家长、其他家庭成员和家庭外部人员都不能安排回继。既然孩子已经过继就算入继家庭的孩子了,无论何种原因,不能以任何理由进行回继,宗族和村里也不会答应,因为这已经不是两个家庭的事情,而是事关宗族血脉传承的大事。如果回继,不仅族谱要变动,户籍也要变的,所以宗族和村里也不会同意。

在过继的资格、条件、次序等方面,不同类型的家庭之间存在差异。中小户家庭过继的话,资格要求比较低,从自家的亲兄弟到亲戚最后到族里的本家兄弟,只要有孩子年龄大小合适,家庭合适就可以。而对于大户人家来说,因为自身经济实力比较好,相关的亲戚朋友都愿意把自己的孩子过继给大户人家,所以大户人家要求过继的条件比较高。会考验孩子的智力,孩子原来家庭祖上三代是否有遗传病,孩子父母人品德行等。而对于三世同堂、四世同堂的家庭来说,过继一般都是自己家庭内部解决就可以了,很少从外面过继孩子。

5.外界对家户过继认可与保护

家族对无子家庭的过继是认可的。家族会在过继家庭的家谱上记上过继孩子的名字。会对过继的家庭进行保护,在本族内部,当有人对过继的儿子差别对待,被他人瞧不起时,会对相关人或家庭予以处罚。但一般在本族内部,过继的儿子并不会被差别对待,不会被他人瞧不起,更不会被认为矮人一等。因为过继的孩子,都是本家族的,其次过继的家庭都是孩子的亲大伯或亲叔叔,与亲生的没有两样,所以不存在差别对待,或低人一等的现象。

村庄对无子家庭的过继是认可的,一旦过继过来,村里会主动在保甲册上写上孩子的名字,承认孩子的身份。过继的孩子在村里不会被差别对待,不会被他人瞧不起,更不会被认为矮人一等。因为过继一般是因为身体原因或意外情况导致没有儿子继承香火,其次,过继都是过继的自己亲人的孩子,如当家人的亲哥哥或亲弟弟,不存在不好的影响。都是同村人住着,村民不会对过继的家庭或孩子另眼看待。官府对无子家庭的过继认可,会在税收或户籍上记录孩子的名字。

(二)抱养

1.没有孩子是抱养的主要原因

家中没有儿子的和只有女儿的才会抱养别人家的孩子,没有什么其他原因了。生男孩了就不会再抱养了。抱养的一般都是男孩,为了传宗接代,继承香火,因此抱养女孩的情况几乎没有。把孩子抱养给别人是为了给没有孩子和没有男孩的家庭继承香火。双方家庭之前是认识的,关系是比较好的。抱养家庭自己家儿子很多,像独子家庭不会把孩子抱养给别人。如男孩子多就不担心继承香火的事情了,但独子家庭自己也刚解决继承香火的问题,不会把孩子抱养给其他人。对方家庭情况一般比自己好。于家每一代都有男丁,不需要跟别人抱养孩子,因此没有出现抱养孩子的事情。

2.抱养以贫苦家庭为主

被抱养者家庭条件比较差,相对比较贫穷。孩子多,土地少,根本养不活家庭成员。被抱养者的家庭跟抱养者的家庭关系相对比较好,有的是自己家兄弟也可以是同族的。都抱养男孩来传宗接代,很少抱养女孩,几乎没有。家中有土地,但没有子嗣或者只有女孩没有男孩。有可能自己家兄弟也没有多余的孩子过继,所以选择抱养。

如果需要抱养,有一定的顺序。一般抱养的是外村的孩子。会优先抱养那些家庭经济情况不好,孩子比较多,但身体状况相对较好的家庭。抱养的过程是先经介绍人介绍,需要抱养的家庭去被抱养家庭看一看,经抱养家庭的家长同意之后,双方家长进行商量,商量同意后由抱养家庭的家长找见证人和中间人,有时也需要代笔人,签订契约后,就相当于手续完成,被抱养家庭的孩子就属于抱养家庭的孩子。抱养之后孩子就不再是被抱养者家庭的成员了，成了新家庭中的家庭成员。在抱养家庭里，与其他成员是一视同仁，拥有同等的继承权。

3.家长在抱养过程中处于支配地位

抱养时，由抱养家庭的家长决定是否抱养，不需要尊重孩子的意见，一切由家长说了算。需要与家庭成员进行商议，家庭成员可以提出自己的意见，但是否同意由家长决定。不需要请示家族族长，也不用跟村庄管理者打报告，因为这是家庭的内部事务。只需要在家庭商量好了之后，告知族长和保甲长就行。他们不会不同意家庭抱养，因为家里没有孩子，没法传递香火，在 1949 年以前是大事，他们只会支持，不会反对。如果当家人不在，家中任何的家庭成员不能私自决定，要等家长回来才能做决定。

抱养时，抱养家庭会给钱、物还有粮食。给多少看两家的协商情况而定。两家的家长商量决定给的钱、物，纳入出继家庭的收入，不能算私人收入。

抱养孩子需要写契约，这个契约的具体内容为"×××家的孩子×××，于×年×月×日抱养给×××，双方不得反悔。甲方×××，乙方×××，见证人×××，中间人×××"。不署名不可以，由双方家长签订才可生效，一式两份分别由双方家长保存。如果中间人和见证人有学问识字的话，可以由中间人和见证人来代笔，如果见证人和中间人没有学识，不会写字，则找专门的人进行代笔，代笔的人也需要在最后签上名字。

抱养需要有人介绍，介绍人和抱养家庭一般是亲戚朋友或者是左邻右舍，关系亲密。不找介绍人不行，因为抱养家庭不方便自己出面询问这样的事情。需要请中间人，一般请两方都熟悉的人做中间人。由家长带上点儿礼物去邀请。需要请证人，证人一般是两方德高望重的族人或者村里的干部。中人、证人都有见证这件事情，以防之后有哪一家反悔的情况。抱养有一定的次序，不能抱养长子，一般都会选择从小到大来抱养。抱养时不需要考虑孩子的意愿，如果孩子不愿意，但家长同意，依然可以抱养。家长不在家的情况下，其他家庭成员不可以决定出继。这种事情必须由当家人亲自决定，其他家庭成员，即使是女当家人、代理当家人、长子都无权替当家人决定这件事情。

抱养一段时间以后，如果抱养孩子的家庭不满意，不能反悔。契约一经签订就不能悔改。被抱养孩子的家庭反悔也不行。在抱养问题上，不同类型的家庭有一定的差异。大户家庭没有孩子或者没有男孩，更多选择纳妾而不是抱养。中户人家和小户人家则不一样，家庭经济实力有限，没钱纳妾，只能花较少的钱去抱养。三世同堂、四世同堂的大家庭与一般的小家庭也有不同，三世同堂、四世同堂的大家庭，人口多，孩子也多，没有孩子和没有男孩的家庭，大都选择过继而不是抱养。

4.外界对抱养的认可保护

家族对无子家庭的抱养是认可的。家族会在抱养家庭的名下记上抱养孩子的名字。会对抱养的家庭进行保护，在本族内部，当有人对抱养的儿子差别对待，瞧不起他时，会对相关人或家庭予以处罚。但一般在本族内部，抱养的儿子并不会被差别对待，不会被他人瞧不起，更不会被认为矮人一等。

村庄对无子家庭的抱养是认可的，一旦抱养过来，村里会主动在保甲册上写上孩子的名字，承认孩子的身份。抱养的孩子在村里不会被差别对待，不会被他人瞧不起，更不会被认为矮人一等。因为抱养一般是因为身体原因或意外情况导致没有儿子继承香火，不存在不好的影响。都是同村人,村民不会对抱养的家庭或孩子另眼看待。政府对无子家庭的抱养认可,会在税收或户籍上记录孩子的名字。

(三)买卖孩子

1.没有男孩是主要原因

买儿子的家庭基本上都是因为家里没有男孩无法传宗接代、延续血脉,所以才买儿子。一般来说生了男孩就不会买孩子了,因为1949年以前生活比较艰难,多养一个孩子对于一个家庭来说都是一件很艰难的事。如果生了女儿,没有男孩仍会买孩子,因为只有男孩才能传宗接代,才能养老送终。会卖孩子的不仅是男孩还有女孩,多数是因为家里没有钱,生活困难,家里孩子很多负担太大,如果不卖孩子可能会饿死。

把孩子卖给别人是为了让孩子能活下去,因为卖孩子的家庭贫困而且孩子较多,不卖掉孩子有可能会饿死。把孩子卖给别人,一般的关系比较亲近,而且家庭比较富裕,卖孩子的家庭比较放心。有时买卖双方不认识,而是由共同认识的熟人牵线搭桥认识。如果家里很贫困,养不起孩子,家里的男孩很多才会卖掉。如果家里只有一个男孩,不会卖掉,会尽力抚养孩子,来传宗接代养老送终。买孩子的家庭一般比较富裕而且家里没有男孩,想要个男孩传宗接代。

买孩子是为了传宗接代养老送终,也为了继承家业,等老了有人赡养。于家历代都有男孩,因此没有买卖过孩子。在生活艰苦的年代,买卖孩子很正常,于家还是比较支持的。

2.买卖孩子以贫苦家庭居多

一般是家里孩子比较多,而且家庭贫困养不起很多孩子的家庭才会卖孩子。卖孩子的家庭相对贫困,缺少收入,土地不多,收成不好养不起孩子。而子女又比较多,比较健康。卖的孩子的年龄不大,排行小,一般不会卖大龄孩子和长子,因为是成熟的劳动力。卖孩子的家庭跟买孩子的家庭相熟,生活条件熟悉,多是同族的。女儿也能买卖,养活不了就会买卖。家里没有孩子,或是只有女孩的家庭会买孩子。买孩子的家庭比较富裕,生活条件好,家里有基业。父母的年龄一般较大,生孩子比较困难,没有子嗣,有也是女孩。

买卖孩子有顺序,一般会卖年龄较小的孩子,长子年龄较大,是成熟的劳动力,不会选择卖,而且年龄小的孩子和买孩子的家庭容易培养感情。买的多是离得比较近的孩子,因为比较了解孩子的情况。多是本村,也有外村,优先买比较善良忠厚的家庭的孩子,家庭成员健康,没有什么疾病的家庭的孩子也优先。买卖孩子,两家要提前商量,写好契约。卖孩子后,孩子就不再是原家庭的成员了。买的孩子成为新家庭的家庭成员,和其他的成员一视同仁,没有什么不同,拥有同等的继承权。

3.家长处于支配地位

买卖孩子一般由家长做出决定,家长和父母商量。不会尊重孩子的意见,因为买卖的孩子年龄一般很小。会和家庭成员进行商量,但不需要请示家族族长。如果买来孩子则要和保甲长报告,给孩子注册信息。如果不同意也可以买孩子,偷偷买孩子不会被处罚,因为这是家庭内部的事情,家庭内做出决定。

买卖孩子要写契约,需要买卖孩子的父母家长签字画押。买卖孩子的形式由家长商量决定。孩子没有权利决定。买卖孩子一般由买孩子的一方决定买卖的具体形式,因为买孩子占据主动,家里比较有钱,占据了优势。买卖孩子会和家庭成员进行商量,不会请示家族族长。买孩子时要给钱或物,一般给几百斤粮食或是几块大洋,具体数量和种类由家庭里的家长商量决定。给的钱或物纳入卖孩子家庭的收入,但不是私人收入。

买卖孩子是要写契约的,这个契约的具体内容为"×××家的孩子×××,于×年×月×日卖给×××,双方不得反悔。甲方×××,乙方×××,见证人×××,中间人×××"。由双方家长签订才可生效,一式两份分别由双方家长保存。如果中间人和见证人有学问且识字的话,可以由中间人和见证人来代笔,如果见证人和中间人没有学识,不会写字,则找专门的人进行代笔,代笔的人也需要在最后签上名字。

买卖孩子一般不需要介绍,会选择就近的家庭买孩子,因为比较近更了解双方家里的信息,当然如果不认识也需要有人介绍。介绍人多和家里有亲戚关系,关系比较好。不找介绍人不行,因为不放心,担心是不是有什么问题。也需要找中间人,找比较年龄大有辈分的人做中人,由家长邀请。同时,需要请证人,证人请关系比较好的亲戚。中人、证人起到见证公正的作用。一般不需要给报酬,但是需要请吃饭,送些小礼物。

买卖孩子时,不会考虑孩子的意愿,一个是因为孩子小,另一个是家里条件不行,养活不起。即使孩子不愿意也要卖孩子。但需要家长的同意,家长点头同意才能卖孩子。家长不在家,其他家庭成员没有权利决定卖孩子。

买卖孩子一段时间后,如果买孩子的家庭不同意,不能反悔。因为买的孩子已经写到族谱里和村里的信息里,如果反悔,改信息很麻烦。如果卖孩子的家庭反悔,也不能要回孩子,因为已经签完契约,必须要遵守契约。在买卖孩子问题上,不同类型的家庭有差异。大户中户,一般家大业大,不会卖孩子,而如果人丁不旺会选择买孩子。三世同堂、四世同堂和一般的小家庭没有什么不同。

4.外界对买卖孩子的认可保护

家族对无子家庭买来的孩子是认可的。家族会在买来的孩子家庭的名下记上买来的孩子的名字,并且会对买来的孩子的家庭进行保护,在本族内部,会对买来的孩子一视同仁。当有人对买来的孩子差别对待,被他人瞧不起时,会对相关人或家庭予以处罚。但一般在本族内部,买来的孩子并不会被差别对待,不会被他人瞧不起,更不会被认为矮人一等。因为买孩子的家庭是因为身体原因迫于无奈才去买孩子来传递香火,并且买孩子的家庭对孩子跟亲生的没有两样,甚至更好,所以不存在差别对待,或低人一等的现象。

卖孩子的家庭是因为家庭生活困难,没办法给孩子提供好的生活环境,甚至连让他们吃饱饭的能力都没有,卖孩子是为了给他更好的生活。在这种情况下,不会被族里瞧不起或者差别待遇,反而会更被人同情。但如果卖孩子的家庭是因为其他原因,如吃喝玩乐、不务正业,则会被同村和同族的人瞧不起,甚至会由族里出面制止他们卖孩子的行为。

村庄对无子家庭的买孩子是认可的,一旦买过来,村里会主动在保甲册上写上孩子的名字,承认孩子的身份。买来孩子在村里不会被差别对待,不会被他人瞧不起,更不会被认为矮人一等。在1949年以前这种事情司空见惯,不存在不好的影响。都是同村人,村民不会对买孩子的家庭或孩子另眼看待。

官府对无子家庭的买卖孩子的事情是睁一只眼闭一只眼。作为政府,他们不会鼓励买卖孩子,但也不会出面干涉这种事情,只好采取中立的态度。只要双方同意,签订好契约,政府就会在税收或户籍上记录孩子的名字。买来的孩子在户籍和税收方面同其他人一样,不会被差别对待。

五、家户赡养

(一)以大家庭为赡养单位

赡养老人是家户内部事务,一般情况下家户之外的人不能干涉。但如果出现以下几种情况,则家户之外的人可以且必须进行干涉。第一种情况儿子不孝顺老人,不履行应尽的赡养义务。这时宗族和村里就会派人来对该老人的儿子进行思想教育,如不成功,则会采取处罚手段,轻则挨打,重则被宗族和村里除名,驱逐出村。第二种情况是,老人没有子女,无人照顾老人。此时需要宗族和村里对老人承担赡养责任。由宗族找相关的亲属负责日常照顾老人,村里给老人发一些养老金和养老粮等,解决老人的养老问题。

于家家户成员并不是每个人都需要承担赡养的责任。一般都由家里的男性成员承担赡养责任。嫁出去的女儿在家中有儿子的情况下,不需要承担娘家父母的赡养问题。她可以在过年过节的时候给娘家父母买点儿东西,但不会和儿子一样平分赡养责任,这也就是人们常说的嫁出去的女儿泼出去的水。如果说需要承担赡养责任的家庭成员不承担,轻则接受宗族和村里的批评,重则被宗族和村里除名,驱逐出村,一辈子被别人所耻笑。

于师棣和于田氏有一个女儿张于氏和一个儿子于孔佑,因为女儿已经出嫁,因此赡养的责任就交给了于孔佑和于张氏身上,负责照顾老人的日常起居和生老病死。于绥孝的姑姑张于氏只需要在过年过节回娘家的时候,给于师棣、于田氏带一点儿东西就可以了。如果她生活比较困难,什么都不带也是可以的,并不会被别人笑话。当于缮孝、于缙孝和于绥孝成年以后,对于自己的爷爷、奶奶也具有赡养的义务。于孔佑、于张氏年龄大了以后,照顾爷爷奶奶的责任可以交给他们。于孔佑和于张氏有于缮孝、于缙孝和于绥孝三个儿子,因此就由绥孝兄弟三人以及他们的妻子承担赡养义务。因为孩子比较多,所以于家实行的是平均分配老人的赡养义务。每户负责照顾一个月,期间老人的日常起居由该家庭负责,老人的消费如买衣服等和老人看病吃药的钱三个家庭平均分配。这样既可以保障了老人晚年的生活质量,也减轻了三个家庭的养老负担。

(二)老人独居,轮流照顾

如果是独子家庭,老人只有一个孩子,则由这个孩子抚养,无论男女。如果那个孩子是儿子,则由儿子赡养。如果那个孩子是女儿,则由女儿赡养。于师棣只有于孔佑一个男孩,因此,当于师棣年龄大了,则由于孔佑负责赡养。因为只有于孔佑一个儿子,所以不需要分家,老人直接和于孔佑一家住在一起,在一口锅里吃饭。于师棣和于张氏的日常消费和赡养的费用从大家庭里的收入中出,需要一直赡养到老人去世。

家庭是多子家庭,老人有两个或两个以上的孩子,则一律由儿子负责赡养。在1949年以前,即使老人的孩子里有多个女儿只有一个儿子,也一律由儿子负责赡养老人。如果老人有两个或者两个以上的儿子的话,则由儿子平均分配赡养职责。具体的分配方式主要有以下三种:第一种,如果没有分家的话,全家人包括老人在一起住,一口锅里吃饭,不用具体的平均分配赡养职责。老人的赡养费用,例如医疗费、平时的消费等都统一由大家庭的收入负担。第二种,如果分家不分房的话,则平均分配赡养职责。可以按天,几天轮一回;按周,一周或几周轮一回;按月,一月或几月轮一回;按年,一年或几年轮一回。一般都是按月,一个家庭一个月。轮换的时间短,不能很好地照顾老人,轮换的时间长,各个家庭有可能产生烦躁的心理,一个月时间不长也不短,既可以照顾好老人也不会让各个家庭感到疲累。在这一个月里,轮到哪家,哪家就每天按时把饭菜送到老人的房间,如果老人想买什么东西,由轮到的这家负责购买。但如果老人生病,医药费由全家人一起平分,不会只由轮到的这个家庭单独出。第三种是分家又分屋。这就需要在平分赡养职责的同时,商量好怎么接送老人。因为各个儿子分家后,各自出去建房立户不跟老人住在一起了,为了更好地照顾老人,需要把老人接到自己的家中进行赡养。这就需要到时间之后由上一个轮到的家庭把老人送到下一户去。同样的,当老人生病时,医药费也是全家人分摊。

于孔佑有于绥孝兄弟三个儿子。当于孔佑和于张氏年龄大了,由他的三个儿子平均分配赡养职责。1949 年以前,于绥孝他们三兄弟只是分家并没有分屋,所以他们商议每家轮流照顾一个月,老人需要的衣服、想买的东西以及生病的医药费都由三家共同分担。每个月开一次会议,算一下这一个月老人花的费用。轮到的家庭就会由媳妇每天一日三餐送到于孔佑和于张氏的屋里,吃完饭再由媳妇们收回餐具。老人的衣服也由轮到的家庭清洗。如果老人想买东西,例如于孔佑曾想买一套茶具,正好轮到于绥孝,于绥孝则去集市上给老人买了一套茶具,等到月末三家一同开会的时候进行汇报,由三家共同承担,另外两家需要把钱再还给于绥孝。平均分担职责,不但减轻了各个家庭的负担,也丰富了老人的晚年,更好地赡养老人。

如果没有儿子,则由女儿承担养老责任。如果儿女都没有,则需要老人的兄弟和侄子承担赡养责任。如果老人也没有血缘相近的亲属,宗族和保甲长则需要在这种情况下承担赡养责任。由宗族找相关的亲属负责日常照顾老人,村里给老人发一些养老金和养老粮等,解决老人的养老问题。

（三）轮流抚养是赡养的主要形式

于家养老并不是采用养老地、养老粮或者一家一个老人的方式,而是轮流抚养的方式。这种方式是于家世代养老传承下来的。当然如果于家的老人们有不满意这种方式的,也可以按照自己的意愿进行修改。养老的方式最主要是老人欢喜才可以,即使儿子等家庭成员不愿意也不能反对。于师棣年老的时候,因为只有于孔佑一个儿子,加上于孔佑的年龄也大了,总不能让老人赡养老人,于是于缮孝、于缙孝和于绥孝三家都需要轮流养老,减轻于孔佑的担子。

老人的赡养方式,因为具体的家庭情况不同,选择的方式也不同。老人的赡养方式的选择对于一个家庭来说是内部的事情,自己家决定就可以了,不需要告知或请示四邻、家族和保甲长。如果家庭成员不用心赡养老人,甚至虐待老人,家族和村里才会插手家庭内部养老的事情。

在赡养老人的事情上,于家的家长和其他家庭成员一样都处于服从者的位置上。听从家中老人的话,尽心尽力孝顺他们。于孔佑非常孝顺于师棣,于师棣对于家庭事务和孙子的婚姻大事有什么意见的话,于孔佑都以于师棣的话为先。家里好吃的好穿的也都会先给于师棣和于田氏。

在家户赡养的形式上,不同类型的家庭有一定的差异。中户和小户来说,因为每个家庭的经济实力有限,都会采取轮流养老的方式,既可以让老人得到更好的照顾,可以减轻各个家庭的负担。而对于大户人家来说,经济实力比较强,老人手里都有私房钱,即使孩子不给老人,老人也可以生活。这时候老人可以从各个家庭中平均划拨出一部分土地作为养老地,或者各个家庭定期给老人一部分粮食作为养老粮,给老人安排几个仆人,代替自己照顾老人。三世同堂、四世同堂的大家庭与一般的小家庭也有不同。三世同堂、四世同堂的大家庭,不仅仅由一代人赡养老人,有可能跟于家一样出现两代人赡养一代老人的现象。因为父辈都年龄比较大,孙辈的人也会出现同时赡养两代人的情况,养老压力比较重。

(四)治病与送终的费用平分

在赡养老人期间,老人生病,轮到谁家照看,谁家就负责请大夫给老人看病,但医药费并不由这个家庭进行负担。如果没有分家的话,老人生病,医药费是由大家庭收入中支出。如果分家了的话,老人的医药费是由几个儿子进行均摊。赡养于师棣时,于家没有分家,虽然于孔佑和于缮孝、于缙孝、于绥孝一起照顾,但生病时的花费都是由于家大家庭的收入报销。但当赡养于孔佑的时候,于绥孝和于缮孝、于缙孝已经分家,这时候于绥孝父亲母亲如果生病的话,所需花费就由于缮孝、于缙孝和于绥孝三人互相均摊。出嫁的女儿可以回来看望老年人,但不具有赡养的责任。

老人去世时没分家的话,丧葬费由大家庭进行报销。如果分家的话,则由各个家庭进行报销。如果老人是高寿去世的话,在于堤村,1949年以前算作喜丧,于氏家族和村里都会对老人的丧葬费给予一定的补贴。在丧葬中,长子与其余儿子职责不同。长子需要照看来往的宾客,安排丧葬礼仪的各项事宜。举行丧葬仪式的时候,长子站在最前面磕头,迎送祭拜的宾客。送葬时,长子需要站在前面举幡。出嫁的女儿会和丈夫一起回来参与送葬。

(五)外界对家户赡养的认可与保护

1.家族对赡养的认可与保护

于家所在的于氏家族对家户赡养是认可的。如果有儿子不愿意承担赡养责任,其在宗族里会被看不起,并且会遭受惩罚。当赡养出现问题或纠纷时,家族是否出面处置。赡养出现的问题不一样,惩罚的力度也不一样。如果儿子仅仅是赡养不及时,出现的问题较轻,首先,家族里族长会带领族里比较德高望重的人来对这个儿子进行思想教育,力求通过言谈解决问题。如果这个儿子不悔改,反而变本加厉,家族就会采取族规,对这个儿子采取鞭笞的处罚,即用藤条抽打。如果挨打之后仍不履行自己的赡养义务,或者有虐待老人的现象,宗族就会把这个人除名,驱逐出村。对于于家来说,孝文化是每个人都必须遵守的,每一代都着重教育的,所以在赡养问题上没有用到宗族出面。

2.村庄对家户赡养的认可与保护

于家所在的于堤村对家户赡养是认可和保护的。如果有儿子不愿意承担赡养责任,其在村里会被看不起,并且会遭受惩罚。首先会对该户的儿子进行劝说,如果劝说无效,就召集相关村民召开批斗会议,让他认识到自己的错误。如仍不履行自己的赡养义务,则会被驱逐出村,从保甲册中除名。

3.政府对家户赡养的认可与保护

于家所在的官府对家户赡养是认可的。如果有儿子不愿意承担赡养责任,会受到官府的惩罚。当赡养出现问题或纠纷时,官府会出面处置。如有老人因为儿子不孝顺,不履行赡养的义务,将儿子告上官府,官府会站在老人这一边,强制儿子履行义务,并对他进行罚款和拘留。

六、家户内部交往

（一）父子关系

1.权利义务对等

父亲对于儿子承担的责任是很重的，从小的时候就负责让儿子吃饱穿暖，抚养他长大。既然生下他就要对他负责，不会因为儿子太多，而不重视某一个，而是重视每一个孩子。除了让他健康成长，也要教会儿子怎么做人，怎么做一个男人，教会他基本的生活技能和家庭的手艺活儿，可以让他以后可以靠自己谋生，成为顶天立地的男人，不至于游手好闲。儿子大了负责给儿子娶媳妇，让他成家立业。如果到了规定年龄儿子还没有娶媳妇，就会被别人笑话，甚至传闲话，影响儿子和家庭的声誉。如果条件允许，父亲当然会想竭尽全力给儿子留下一份家业，但在那个年代，生活下去都很困难，家业更是无从谈起。于绥孝说1949年以前觉得父亲对自己太严厉，只有当了父亲之后才能明白父亲以前的苦心，原来当别人的父亲是如此操心。

1949年以前，父亲对于儿子拥有绝对的支配权，儿子都有点儿怕父亲，唯父亲命是从。父亲可以随意役使儿子，甚至打骂儿子，任何程度都可以，即使父亲失手打死儿子，按1949年以前的律法来说，父亲都不会被判刑。儿子惹父亲气急了，可以把儿子赶出家门。如果家里需要用钱，也可以卖掉儿子，而这种情况多发生在家里比较贫穷，孩子又比较多的家庭。

父亲的话儿子必须无条件听从，如果父亲说的不对，儿子也需要服从。不服从会被认为不孝，也会受到父亲的责骂。如果父亲做错了事，儿子可以挑一个合适的时机向父亲委婉地建议，建议的时候最好选在没有人的情况下，维护父亲的面子。且不能语气太重，这是对父亲的不尊重。但这种情况比较少，儿子一般不会跟父亲提意见，父亲做错了也要盲从。

在1949年以前，能把儿子从小养到大，让儿子有一技之长，心地善良，并为儿子娶妻成家立业就是好父亲。儿子要孝顺父亲，听父亲的话，不惹是生非，早日成家立业，分担父亲的养家职责就是好的儿子。

在权利义务关系上，不同类型和人口规模家庭的父子关系有一定的差异。大户人家的父亲除了上面说的责任外，还要教会儿子如何进行经营，守住自己的家业。中户和小户家庭中父子之间的权利义务关系没有什么不同。

2.父子间的日常交往比较融洽

平常父子之间关系比较融洽，父子之间很少会开玩笑，父子之间会一起喝酒，父子之间会经常聊天。儿子会怕父亲，因为父亲既是长辈又是一家之主，具有权威。儿子心里有事会和父亲说。生活中琐碎的事情不会说，涉及婚姻家庭的事情会和父亲说。在儿子看来，父亲不好接触，不好相处。不同类型和人口规模家庭的父子关系在日常交往关系上有差异。大户家庭间的父子关系讲究规矩，要求很多，中户小户的家庭父子之间关系规矩较少。多子女和少子女的家庭没有差异。三世同堂、四世同堂的大家庭父子之间关系讲究礼法规矩，一般的小家庭父子之间关系规矩较少。

3.父子间的冲突多由母亲调解

父子之间会发生冲突，这是比较正常的，常年生活在一起，难免有茶壶碰茶碗的时候，冲突的次数不多。如果发生冲突主要是有关家里的生产活动的事情。发生冲突的话，家庭成员会进行劝解协调，一般由女当家人即儿子的母亲进行劝解，因为母亲是双方都比较亲，家庭地位相对较高的人，开解效果比其他家庭成员要好。儿子会先跟父亲道歉，然后父亲原谅儿子，冲突就这样解决了。父亲不会给儿子道歉，所以只能儿子先低头。冲突都在家庭内部解决，不会传到家庭外面，因为家丑不外扬。发生冲突后，家庭成员都会站在父亲这边，无论父亲对错。一是因为父亲是家长，拥有对家庭事务的管理权。二是因为父亲是长辈，儿子是晚辈，儿子无论对错，都要尊敬长辈，而不能与长辈起冲突，所以基于以上原因，家庭成员都会站在父亲的一边。发生冲突后，家长会介入。首先会和儿子和父亲分别交流，了解他们的想法和发生冲突的问题所在。然后召开小型的家庭会议，由家长、父亲和儿子组成，当他们俩的面进行调解。发生冲突后，一般外人不会介入，大家都明白家丑不可外扬的规矩，知道即使自己是好心帮忙，也会给相关家庭造成困扰，因此除非父子打架或者冲突太严重，否则他们不会去劝架。

(二)婆媳关系

1.婆婆对媳妇享有指挥权

婆婆教导媳妇如何照顾丈夫和教育孩子，教导媳妇处理家务。作为婆婆，要负责媳妇坐月子，否则别人会说婆婆不够尽责。婆婆有权利随意役使媳妇，打骂媳妇，甚至将媳妇赶出家门。婆婆的话媳妇必须无条件服从，即使说的不对也要服从。不服从婆婆的话，媳妇会受到责骂。婆婆做错了事媳妇不可以批评，因为婆婆是长辈，媳妇必须服从。在过去能够体谅媳妇，照顾媳妇坐月子，不打骂媳妇的婆婆是好婆婆。而服从婆婆的话，孝敬婆婆的媳妇是好媳妇。在权利义务关系上，不同类型和人口规模家庭的婆媳关系没有差异。大户中户小户的家庭，媳妇都必须听从婆婆的话。

2.日常交往关系相对融洽

平时婆媳关系比较融洽。婆媳之间不会开玩笑，会一起做家务，茶余饭后会聊家常。媳妇会怕婆婆，因为婆婆是长辈具有权威，心里有事会和婆婆说，大事情小事情都会听婆婆话。在媳妇看来婆婆不好接近，不好相处。在日常交往关系中，不同类型和不同人口规模家庭的婆媳关系没有差异。

3.婆媳之间极少发生冲突

婆媳之间会发生冲突，但是极少。发生冲突以吵嘴为主，多是因为生活矛盾产生冲突。发生冲突后，以家庭内部解决为主。且家庭成员一般站在婆婆一方，因为婆婆是家庭长辈，无论媳妇是否有理，都不能和长辈顶嘴、争辩。

发生冲突之后家长会介入，协调矛盾，维护婆婆的权威。外人不会介入冲突，因为是家庭内部矛盾，家丑不可外扬，所以不会让外人介入。在冲突关系上，不同类型和人口规模家庭的婆媳关系没有差异。

(三)夫妻关系

1.丈夫对妻子有照顾的义务

丈夫要赚钱养活家庭，生活中要照顾妻子，尽到扶助义务。妻子病了要照顾妻子，给妻子看病，还要提供温馨的家庭，体谅妻子。丈夫不能随意役使妻子和打骂妻子。丈夫的话妻子不需无条件服从，如果丈夫说的不对，可以不服从；丈夫说错了，妻子可以提出建议；而丈夫做错了事,妻子也可以批评。在过去,为妻子提供优渥的条件,不打骂妻子,夫妻平等相处的丈夫是好丈夫;同时,照顾家庭,会做家务,体谅丈夫的妻子是好妻子。在权利义务关系上,不同类型和人口规模家庭的夫妻关系没有差异。

2.夫妻之间关系融洽

平时夫妻之间关系融洽。夫妻间会开玩笑,会经常聊家常。妻子不怕丈夫,心里有事会和丈夫说,无论大事小事。在妻子看来丈夫好接触,好相处。

夫妻之间会发生冲突,次数不多,多以吵嘴为主,而且是因为生活琐事产生的矛盾。通过家长和其他家庭成员的调解,互相谅解解决。发生冲突后家庭成员会站在丈夫一方,因为丈夫是家里的支柱。家长也会介入,矛盾发生造成冲突后介入,帮助矛盾化解。外人一般不会介入,因为是家庭内部的矛盾,所以会在家庭内解决。在冲突关系上,不同类型和人口规模家庭的夫妻关系没有差异。

(四)兄弟关系

1.兄长要照顾弟弟

兄长要照顾教导和帮助弟弟。如果父母不在了,兄长要负责给弟弟娶媳妇,需要抚养未成年的弟弟,且要教会弟弟谋生之道,并给弟弟置办家业,因为当地有长兄如父的传统观念。兄长不能随意役使弟弟,不可以随意打骂。如果父母不在了,不可以将弟弟逐出家门,并且不可以将弟弟卖掉。兄长的话弟弟不需无条件服从,兄长说的不对,弟弟可以提出建议;兄长做错事了,弟弟可以批评,因为兄长与弟弟是平辈关系。过去照顾、教导和帮助弟弟的兄长是好兄长。尊敬哥哥、听从哥哥话的弟弟是好弟弟。在权利义务关系上,不同类型和人口规模家庭的兄弟关系没有差异。

2.兄弟之间关系融洽

平时兄弟之间关系融洽。兄弟之间会开玩笑,会一起喝酒,也会经常聊天。弟弟不会怕兄长,有心事会和兄长说,小事大事都会说。在弟弟看来,兄长很好相处。

兄弟之间日常难免发生冲突,冲突次数不多。冲突多以吵嘴为主,因为生活中琐事产生小摩擦,但很少打架,产生激烈的冲突。兄弟之间发生冲突后,家长和其他家庭成员会在其中进行调解,帮助兄弟俩尽早重归于好。重归于好之后,要受到家长的家法处置,因为他们没有做到兄友弟恭,损害了家庭内部的和谐。发生冲突后家庭成员会站在兄长一方,因为哥哥年龄大,一般比较正确。在发生冲突之后,家长也会介入,且在还没有造成激烈矛盾之前介入。发生冲突后,外人不会介入冲突,因为这是家庭内部的矛盾冲突,不会让外人解决。在冲突关系上,不同类型和人口规模家庭的兄弟关系没有差异。

(五)妯娌关系

1.嫂子对于弟媳需要承担教导和照顾的责任

嫂子对于弟媳需要承担教导和照顾的责任。媳妇嫁过来,婆婆会承担教导媳妇家庭生活生产活动的责任,嫂子相比弟媳嫁过来的时间要长,对于家庭规矩的掌握也更加熟练。当婆婆年龄比较大或者有事时,一般是嫂子承担对弟媳的教导责任,教导她们相关的要求,使弟媳们不至于办错事受到家长的责罚。在大家庭里生活,大家都是一家人,不分彼此,弟媳相比嫂子年轻,长嫂如母,对于年轻的弟媳需要多加照顾。

嫂子不能随意役使弟媳,也不可以打骂,因为嫂子和弟媳是平辈关系,嫂子不是弟媳的长辈,嫂子无权打骂弟媳。对于嫂子的话,弟媳无须无条件服从,如果嫂子的话不对,可以不需服从,也可以提出意见;如果嫂子做错了事,弟媳可以批评,甚至可以互相提出建议。帮助弟媳,体贴大方,会持家,在平常生活中为妯娌解决问题就是好嫂子;好的弟媳需要尊敬嫂子,帮助嫂子处理生活中的琐事。

不同类型和人口规模家庭的妯娌关系有差异,人口规模大的家庭妯娌权利义务关系会模糊,大户间的妯娌权利义务关系会比较模糊,中户的妯娌权利义务关系会比较清楚,小户的妯娌权利义务关系会明确。多子女的家庭比少子女的家庭妯娌权利义务关系模糊,多子女的家庭妯娌关系比较复杂。三世同堂、四世同堂的大家庭比一般小家庭的妯娌权利义务关系要明确的多,因为大家庭的人口多,会比较重视家庭成员之间的家庭地位,所以在权利义务关系上会比较明确。。

2.平时妯娌之间的关系比较融洽

平时妯娌之间的关系比较融洽,会开一些玩笑,经常聊天,因为妯娌之间生活的比较近,有共同的话题。弟媳有时会怕嫂子,因为嫂子的年龄比弟媳要大一些,年龄上会带来压力。生活中的难题和困难会说,家庭中涉及经济的事情和丈夫兄弟间的矛盾则不会说。在弟媳看来,嫂子好接近但不会好相处,因为嫂子年龄较大,更加成熟所以会好接近,但是年龄带来代沟,所以不好相处。

在日常交往中不同类型和人口规模家庭的妯娌关系有差异。大户、中户之间的妯娌关系会比较差,小户之间的妯娌关系会比较好,因为大户中户的家庭人员多,家庭关系复杂,妯娌关系会比较复杂所以日常交往较少;小户的家庭成员少,妯娌关系会比较密切,日常交往会密切。三世同堂、四世同堂的妯娌关系比一般的小家庭的妯娌关系要淡薄,日常交往要少,因为三世同堂、四世同堂的家庭之间的家庭成员会重视家庭成员的地位,所以比小家庭的沟通会比较少。

3.妯娌之间的冲突比较少

妯娌之间发生过冲突,冲突的次数比较少,因为妯娌之间的关系亲密,发生的问题不多,能够及时解决。妯娌之间发生的冲突以吵嘴为主,多是因为生活中的琐事产生矛盾,引起冲突。发生了冲突会由长辈来调解解决。冲突发生过之后家庭成员会先了解冲突的原因,但一般会重视嫂子一方,因为维护嫂子的权威。发生冲突后家长会在没有造成严重影响的时候介入。发生冲突之后外人一般不介入其中,因为是家庭内部的矛盾,只有在造成严重的影响或者严重的后果之后才会介入到冲突之中帮助家庭进行解决。

不同类型不同人口规模家庭的妯娌关系在冲突关系中不同。大户之间的妯娌冲突关系会比较严重,比较多,中户小户之间的冲突会比较少,因为大户的家庭成员多,家庭关系复杂,产生的矛盾较多。多子女的家庭比少子女的家庭妯娌关系冲突关系多,冲突要严重,因为多子女的家庭成员多,产生的琐事要多。三世同堂、四世同堂的家庭妯娌关系在冲突关系中要少,因为家庭成员比较重视家庭成员的地位,所以重视矛盾的解决,发生的冲突较少。

七、家户外部交往

(一)对外交往时需要承担的义务

远亲不如近邻,在1949年以前邻里之间可谓亲如一家,彼此之间都需要承担相应的责任和义务。一是安全责任,当邻居不在家时,就要多留心邻居家的情况,起到保卫的作用,承担安全责任,以防有盗贼进行偷窃,造成邻居家的财产损失。1949年以前出门都不用锁门,只需要去隔壁邻居家说一声就可以了,其他的邻居也是如此,彼此都是最尽职的守卫者。二是照顾之责,彼此之间互相帮助,一家有困难的时候另一家要挺身而出。于家与周围的邻居之间相处得就特别的好,尤其是张姓的邻居。农忙的时候他们会进行换工,更快更好地完成地里的工作。有困难的时候互相帮助。1949年以前于缮孝结婚缺钱的时候,邻居主动借钱给于家,甚至不要利息,1949年以前两家的日子都不好过,却能慷慨解囊。

街坊之间的关系相比较邻居来说远一点儿,但关系依然很紧密。都在一条街住着,有的甚至是同宗族的本家兄弟,谁家有事如红白两事,除了随份子之外,需要有人帮忙的时候,于家的当家人和于孔佑都会空出一天时间去帮忙。

地邻之间就是同村的父老乡亲,地邻的责任多来自于地里。作为地邻,土地相连难免会有一些土地利益的纠纷,地邻之间很重要的一点就是尊重彼此的权益,不要侵犯别人的权益。于家1949年以前的地邻就故意把土地分界的橛子往外挪了五十厘米,侵占于家的土地,被于家家长看出来,找他们家的家长理论的时候,还狡辩称没有那么做。最终于家的家长找来了于堤村的保甲长重新进行测量,才找回了那五十厘米的土地。

在于家人的心目中除了家庭内部的家庭成员,亲朋好友可以说是很重要的自己人了。因此,无论亲朋好友发生什么事,于家的家庭成员都会尽自己的全力来帮助。

(二)对外日常交往比较融洽

邻里之间的交往是世代相承、平等的关系。对于1949年之前的农村来说,邻里之间的关系比较融洽,有的甚至比亲朋好友之间的关系还来的亲密一些,平时经常来往,亲如一家。有吃的东西会互相分享,有需要帮忙的地方也是竭尽全力帮忙,正印证了那句话"远亲不如近邻"。平常邻里之间的交往是世代相承的。邻居彼此之间都是从各家各户的老爷爷辈开始交往,有的少数十几年了,从爷爷到父亲,从父亲到儿子,从儿子到孙子,彼此都是从小的好伙伴,所以邻居之间的交往不仅仅局限于家长自己,而是整个家庭和另一个家庭之间的交往,甚至媳妇之间都会成为很好的朋友,彼此相约织布、赶集,更增加了邻里关系。

邻里之间的关系是平等的。不会因为说邻居是贫困家庭,就瞧不起他,两家根本不说话、不交流。在于堤村,邻居之间都是不同阶层交错安排的,有可能一个家庭的左邻右舍就是不同的阶层,左边是大户人家,右边是贫困家庭,但左邻右舍之间关系都挺好,当然同阶层之间的家庭关系会更加好,也更加好相处。

街坊之间的关系可能没有邻居那么密切,邻居之间居住的距离比街坊要更近。但也会经常交流,街坊之间打招呼,见面说话。街坊邻居之间的交往不是很刻意,因为地缘关系变得很亲密,有可能家长之间是好朋友,女性之间是好朋友,甚至小孩子彼此都是小伙伴。从上一辈大家彼此相熟。

地邻之间的关系不那么紧密。因为地邻家家庭是时常更换的,有可能今年你租村东边的土地,明年你就换成了村西头。时常更换的土地位置,让地邻之间的关系变得比较差,但彼此之间也是会相互帮助。因为家中的男性劳动力大多时间会在地里劳动,所以地邻之间的关系是由男性家庭成员来进行联系,不一定只能是家长。因为于家租种的是村里大户人家的土地,所以与大户人家是地邻,但彼此并没有因为阶层不同而产生隔阂,因为都是一个村里的老少爷们,关系反而还挺好,于家经济有困难的时候,都是他借钱借粮给于家。

朋友之间有分亲疏远近,亲密朋友之间的关系是很融洽的,甚至比亲戚更加融洽,平时经常来往。亲密朋友是按照自己的意愿进行交往的,都是得到自己认可的,所以关系很深厚。一般的朋友,见面都是点点头,打打招呼就好,关系相对比较远。

主佃之间关系因为有利益之间的往来,关系没有那么融洽,平时不经常来往。都是由家长和主户家庭进行交流,商讨相关事宜。但因为有租赁关系,主佃之间不是平等的,会出现一方惧怕另一方的情况。

(三)很少与外人发生冲突

于家一直与邻里街坊、地邻主佃和亲戚朋友之间和睦相处,很少主动与别人发生矛盾和冲突。但有的时候也免不了起冲突,一般都是因为家庭之间的利益冲突引起的纠纷。遇到这样的事情的时候,都是由家长出面进行解决。如果家长不在的话,其他家庭成员也可以处理对外冲突。如果于家当家人外出的话,会让女当家人代理当家,但遇到家庭冲突的话会让长子代为解决,等家长回来后进行告知。无论家庭内部家庭成员有什么样的问题,只要家庭遇到问题,全家人都会团结在一起一致对外。当两家冲突升级,愈演愈烈的时候,外力就会介入,避免矛盾过分严重。如果是宗族内的两个家庭的话,宗族就会介入,族长带领几个族里德高望重的长辈给两家进行调解。如果是两个宗族之间的话,此时村里就会介入,保甲长来给两家进行调解。

1949年以前,于家和村里的一户曾姓人家做地邻,彼此之间土地相连。曾姓人家把两家土地分界的橛子往于家这边挪了五十厘米,这样就侵占了于家的五十厘米的土地。于家家长来施肥的时候,发现自己家土地的沟渠树少了一条,查看下发现原来橛子被人动过,一气之下找曾姓的当家人进行理论。曾家的家长拒不承认,认为于家是无中生有,恶意中伤。于家的家庭成员知道这件事后,一起去找曾家理论,两家的矛盾不断激化,有几次两家成员差点儿动手打起来。这已经演变成了两个姓氏之间的矛盾,于堤村中两个姓氏见面也会彼此冷嘲热讽。村里开始介入,保甲长带领两家的家长、两姓的族长亲自去地里给两家丈量土地,结果确实是曾家的错,曾家自知理亏,主动向于家道歉,这件事才结束。

第四章　家户文化制度

于家在 1949 年前一家人的平均文化水平不算太高,但仍属于村里中等水平。孩子的教育主要是来自于家庭教育,且男孩和女孩在家庭中接受的教育不同。于家家户意识强烈,根据血缘关系的远近,划分亲疏。家人之间相互扶持,发家致富是全家人的共同目标。家户习俗内容较多,即包括节日风俗,又包括红白两事。于家家庭成员大多无宗教信仰,只是跟随传统,信仰家神,重视其祭祀。家长的宗教信仰不具有支配性,家庭成员可以信教。祖先在于家成员的心目中是神圣不可侵犯的,逢年过节必须祭拜祖先。在于家,结交朋友以个人兴趣为主,每个家庭成员都有自己的朋友。于家日常娱乐的主要方式包括打牌、串门、逛庙会等。

一、家户教育

(一)家庭成员教育水平较低

1.受经济限制较大

于家在 1949 年前一家人的平均文化水平不算太高,但仍属于村里中等水平。于师棣、于孔佑、于缮孝、于缙孝和于绥孝曾上过学。而于田氏、于张氏和张于氏没有上过学。于师棣 7 岁开始上学,曾上过四五年的私塾,可以简单地读书写字,之后因为于家经济条件比较困难,没有继续上学。于孔佑从七八岁开始上学,上过五年私塾,之后也是辍学回家帮忙。于缮孝、于缙孝都是从 6 岁开始上学,上过五年私塾。因为于家难以承担三个人同时上学,于是大哥因为于绥孝需要读书从而放弃读书,于缙孝则是因为从小不爱学习,上五年私塾也是在于师棣的强烈要求下。于绥孝从 7 岁开始上学,上过三年私塾,之后去学校上学,曾上到初中一年级,但之后因为家庭劳动力比较短缺,于是 12 岁辍学回家帮忙。从中可以看出,于家家庭成员结束上学的主要原因是家里经济情况不好,供不起孩子上学。还有就是家里面劳动力不够了需要回来干农活,十一二岁左右的小孩就可以算是劳动力要回家干活了。

2.家长拥有决定权

1949 年以前,农民家中的孩子不去上学有多种原因,有时候是当家人因为家里经济状况实在不好,供不起孩子上学,于是提出不让孩子继续上学。也有的时候是家庭能力有余,可以供孩子读书,但孩子自己读不进去书了,于是主动向家里提出希望辍学的请求,但最终决定权都在家长手里,即使孩子实在不想上学,家长不同意辍学,孩子就必须去读书,就如同于缙孝一般。除家长以外,家里面的其他家庭成员对孩子是否上学均有发言权。比如孩子的奶奶、父亲、母亲,都可以对孩子上学的事发表自己的看法,但最终仍由家长决定。

当家里有多个孩子时,即使家庭经济情况非常艰难,家长和全家人都会尽自己最大的努力,安排家中的孩子们去接受教育,哪怕只有一年,也会让家中所有的孩子去上学。于绥孝

1949年以前上学的时候,家里的经济状况不太好,于孔佑就提出让于缮孝辍学,让于缙孝和于绥孝继续上学。但于师棣没有同意于孔佑的建议。于家的当家人说,我们要一碗水端平,孩子们上学也是一样,尽我们最大的本事供孩子们上学,如果实在没办法了,我们可以让于缮孝辍学,但我们现在还没尽力,怎么能现在就决定,所以全家人当年省吃俭用供于缮孝、于缙孝和于绥孝上学。但很可惜的是,第二年,于家实在供不动了,只能让于缮孝辍学,隔一年于缙孝辍学。家庭条件不是特别好的时候,会优先考虑年龄,让年龄大的孩子先辍学,依次往下顺延。决定谁是否辍学也会考虑到孩子的年龄和聪明程度,如果孩子就是学习的料,喜欢学习,就继续供他读书;如果有的孩子确实不爱读书,就会早早让他辍学。

一个大家庭的当家人是爷爷,当家人的儿子们都养育有小孩子,那孙子们的上学则是由当家人,即孩子的爷爷决定并统一安排,并不是由儿子们自己决定自家的孩子是否上学。因为小家庭是属于大家庭的,应该统一受大家庭的管理,不能自己随心所欲地决定,不然家庭就没有规矩可言,更无从谈家庭和睦。因此孩子上学的事情需要接受家长的管理和安排。当家人安排家中的孩子们上学,具体是看年龄大小,优先选择适龄的孩子上学。力求不管家庭情况有多么不好,都会努力让家中的孩子去上学。而儿子当家的时候,若老父亲还健在并不当家,小孩子要去上学,儿子会同老父亲商量,并不是自己决策。虽然老父亲并不当家,但作为家主,孩子的爷爷对于孙子们的学业仍有决策权,所以当家人不能随意决策,要和老家长商量决定。1949年以前于孔佑当家时,就孩子的上学问题同于师棣讨论,征得爷爷同意后,才能安排于缮孝、于缙孝和于绥孝上学。

根据家庭经济情况不同,家庭送孩子接受教育的目的也是不同的。家庭经济状况比较好,可以支持孩子上完学且不用孩子干活贴补家用,让孩子学知识就是为了以后有成就,光宗耀祖。家庭经济状况不好的,虽然也想让孩子努力学习,为家里争光。但奈何经济条件有限,没办法供孩子上完学,所以只能希望他们能够识字,不至于成为大字不识一个的庄稼汉就行。于家也是第二种情况,受经济情况的制约,只是希望于缮孝、于缙孝和于绥孝识字懂点儿知识就行,并不求他们有很高的学问、光耀门楣。

让家里的小孩接受教育最基本的是会让家里的教育水平提高,不会出现大字不识一个的现象,减少在签订契约时上当受骗等情况。1949年以前学问高的人在人们心目中的社会地位普遍比较高,更受人尊重。最重要的是如果孩子学习能力好,可以学有所成、光宗耀祖。1949年以前的农村家庭是不会让女孩子接受教育的,即使是经济条件相对较好的大户人家也不会让女孩接受教育。于张氏出身于一个大户人家,也是书香门第,他们家的男孩每一个都接受教育,而她却没有接受教育。

(二)以私塾教育为主

1.私塾设立条件

1949年以前,只有一些有学识的人如1949年前的秀才、举人等在自己家中举办的私塾,当地称之为学堂,七八岁适龄的儿童一般都选择就读私塾。私塾一般是由当地有学识的人在自己家开设,这些人家庭情况比较宽裕,多是为了传道授业,并不以此为生,所以去私塾上学的学费并不是很高,方便家庭条件不好的孩子也可以上学。有时先生们甚至会对一些天赋较好但家庭困难的孩子免除学费。

于家1949年以前就把于孔佑、于缮孝、于缙孝和于绥孝均送去私塾读过书,不过于绥孝读了两年私塾后就转到了当地新建的学校,也就是现在的小学。1949年以前,经济条件的短缺直接导致教育资源的匮乏,送孩子上学是一家子的大事,必须经过各家当家人的同意才能上私塾,如果当家人不同意或者因家庭条件受限,不上学或者延迟上学的情况也是有的。当时私塾里上学的孩子的年龄不一,小的有六七岁的,大的有到十一二岁的,这种情况家人也不指望他能学识渊博或学有所成,只希望他读几年书,认识几个字就行。

1949年以前,上私塾的都是男孩子,各个家庭都不会让自家的女孩子来上私塾。当时奉行"女子无才便是德",即使是大户人家的女孩子,也只是在家学习女红和纺织等生活技巧,而很少叫她们读书识字,更不会有琴棋书画等特长。于绥孝的母亲出生在当时的大户人家,虽然后来家道中落,也算是当地的书香门第、名门望族,但她却没有学习过读书识字。

家里开私塾的都是当地读过书、有学问,多以清朝末期的秀才、举人等年老的学者居多,他们大多家里经济条件相对富裕,有较多的土地出租给别人,靠收租就可维持生活,不需要从事农业生产活动,有充足的时间来教授学业。并且不靠学费生活,这样学费相对较低,可以让贫苦的家庭负担得起,有时他们遇到资质比较好的贫苦人家的孩子甚至不收学费免费教学。家里房屋也比较充足,有足够大的地方来开设学堂。当地的大户人家会专门为自己家庭或家族的孩子开设的学堂,他们会雇用的老师,有当地的也有外地的,负责一日三餐和住宿。一般一年也分上下两学期,年中和年尾的时候会让先生回家休息一个月。这样的条件于家是达不到的,因此于家并没有开设学堂招收学生。

当爷爷当家时,家里有小孩需要去私塾上学是要经过爷爷同意,并不是孩子的父母亲同意就可以的。只要家庭没有分家,都是由大家庭全权负责孩子们上学的学费。没有家庭成员为家中孩子上学的费用承担提出异议。在于家,当时于缮孝、于缙孝和于绥孝上私塾的学费就是由全家的经济收入来进行承担。1949年以前的学费大约有三十斤粮食。花费主要包括两方面:一方面是教学费用,指的就是先生给学生上课的费用,即课时费;另一方面是书本费。1949年以前上学学习的是《千字文》《三字经》《弟子规》等文章,这种书平时很少买,因此需要专门的课本,一般都由私塾提供。上私塾需要的笔墨纸砚则是由学生家里购买,因为不同生活水平的家庭购买的笔墨纸砚的品质不一样,价钱也不一样,因此私塾一般不会统一准备,而是由学生所在家庭自行购买。于家在于堤村算中等家庭,于缮孝、于缙孝和于绥孝上学时都没有成套的笔墨纸砚,笔一般是兄长不用的或者买最便宜的,于绥孝当时上学时用的就是大哥淘汰下来不用的,有时候笔剩下只有不到一半的毛,用起来很难写字。当时上课用的纸是草纸,也就是现在学书法用来练笔的黄色的纸,这种纸质地比较粗糙,质量差,掌握不好用笔的力度的话,很容易把衣服用脏。于绥孝每次下私塾,他的右手袖子都是漆黑一片,回家总被母亲责罚。砚台更是稀缺之物,除了大户人家,基本上没有谁家的孩子真正用过。于绥孝小时候都会拿一种石头,两块一摩擦就能产生墨汁,这种石头在当时特别多,根本不需要购买,但现在却记不得具体叫什么名字。

私塾是由有学识的人开设在自己家中的,所以都是去老师家中上课。私塾距离于家并不远。第一天上学的话,都会由家里的当家人送孩子去私塾。一般都会在正式上课的前几天,由家长带着准备上学的孩子去老师家中拜访老师,给老师带点儿东西,如点心等,当家人带着孩子跟老师见个面,表达想让孩子念私塾的想法,恳求老师照顾。老师同意收下孩子,并告知当家人上学的时间和需要准备的东西,等到需要上学的那一天,再由当家人带着孩子跟老师见一面即可。平常当家人或者孩子的父亲是不会去接送孩子的。一是孩子到了上私塾的时候,已经六七岁了,家里距离私塾不远,完全可以自己回来或者与小伙伴们结伴回来。二是当家人和孩子的父亲白天很忙,根本没有时间去接送孩子。所以除了上学前和开学第一天,当家人很少来学校。那个时候私塾离孩子的家并不远,如果学生在学校里犯了错,老师一般会在晚饭后去那名学生的家里,找当家人和学生的父亲进行沟通交流,纠正孩子的错误。于绥孝在上私塾之前,是爷爷在一天晚上问他说想不想上学,他回答想上。于是,第二天爷爷就拿着礼品来到距他家不远的于先生那里,问于先生是否让他上学。先生同意后,第二天,于绥孝就正式进入私塾学习。

孩子的母亲一般不会送孩子去上学。一是1949年以前妇女都是裹小脚的,行动不方便。二是1949年以前讲究三从四德,女人大门不出二门不迈,因此不会送学生上学。村里的大户人家会把私塾老师请到自己的家中为孩子上课,由大户人家的家长决定请私塾老师为孩子上课。在1949年以前老师的地位是很高的,需要大户人家的家长亲自去请,商量上课的相关事宜。如果请到了塾师来家中为孩子教学,也不是所有的适龄子女都可以上学。只有家中的适龄男孩可以上学,兄长和弟弟也能够上学。女孩不能去上学,只能每天在自己的房间跟绣娘学习女红。

过年的时候家里要跟私塾老师拜年。由家长带着小孩去拜年,一般送笔墨纸砚或者过年的年货等礼物。私塾老师会接受这些礼品,一是别人一番心意拒绝不太好,二是过年的时候送礼很平常,不会被认为故意拉关系之类的。当家人会请私塾老师吃饭,私塾老师私下也会跟当家的讨论小孩子的学业。

2.私塾上课内容

私塾的教育非常注重启蒙,要识字、写字、学习经典文章,如《三字经》《千字文》《弟子规》和算术。四书五经属于秀才之上的人学习的内容,对于儿童来说学习相对较早。除了学习知识之外,也会强调儿童养成良好的道德品质和生活习惯。如对儿童的行为礼节,像走路、上课等都有严格的具体规定。在教学方法上,先生完全采用注入式。讲课时,先生正襟危坐,学生依次把书放在先生的桌上,然后侍立一旁,恭听先生圈点口哼,讲述完毕,命令学生复述相关内容。然后让学生回到自己座位上去朗读。凡是先生规定朗读的书本,学生必须一律背诵。另外,私塾中体罚盛行,遇上粗心或调皮的学生,先生经常揪学生的脸皮和耳朵、打手心等。于绥孝上课不认真听讲,和同学打闹,被先生抓住后,对他进行严厉的批评——打手心,并在当天晚饭后去家,告诉了于师棣具体情况,希望能加强对他的管教。

在1949年前,教育资源有限,孩子们上学年龄不一定,有早有晚,一般是六七周岁左右。在私塾一般上五年左右,因为每个孩子的家庭经济情况不一样,有的家庭经济条件好,可以供孩子读书,孩子就多上几年。有的家庭经济情况不好,上一两年就下来的。因此,就造成了私塾里上学孩子年龄参差不齐。私塾一般是早上七八点上学,中午十一点左右放学。下午一两点左右上学,四点左右放学,平均每天学习七八个小时左右。每天分为四节课,上午下午各两节,每节课大约一个小时左右。

(三)学校教育普及度较低

1949年以前,于绥孝曾被家人送去学校读过书。学校在村子的东头,是由政府出资建立,类似于现在的小学。学校只有小小的三间瓦房,一个校长三个老师,每个老师教一门课。没有年级没有详细的分年龄段,只是简单地把刚上学的叫作一年级,上了两年学的叫二年级,以此类推,总共有五个年级。上完五年级,如果家庭条件允许,孩子也愿意上学的话,可以去县里继续上初中。上学校学习不需要跟私塾一样提前带着礼物拜访老师了,只需要在规定的开学时间带着学费和文具去学校报名上学就可以了。1949年以前是由于家的家长,于师棣送于绥孝去报的名。

在于家,并不是家里所有的孩子都可以去上学读书,只有男孩子可以去学校读书,女孩子不允许去学校读书。首先,1949年以前,女性的地位比较低下,农村普遍认为男人是天,应该掌握知识,光宗耀祖。而女人只需遵从三从四德,在家从父,出嫁从夫,夫死从子即可。所以受封建思想的影响,即使是村里的大户人家也只要求自己的女儿会女红、纺织,并不会让她们读书写字。其次,1949年以前的女人都是裹小脚的,从四五岁裹第一次,十一二岁裹第二次,裹两次才是真正意义上的三寸金莲。在这个过程中,女性忍受非常人所能忍受的痛苦,行动不便,而从五岁到十二岁恰恰是上学启蒙的时间段,但因为1949年以前的旧风俗而耽误了。最重要的是"女子无才便是德"的古训深入人心,1949年以前,在于堤村,更是家家户户都会遵守的铁律。男孩子去上学也要遵从长幼顺序,先由年龄大的孩子上学,再让年龄小的孩子上学。但也必须有当家人同意才行,家庭生活困难的话,即使到了适龄年纪,当家人会让孩子晚一年上学,孩子以及孩子的父母也不能有意见。上学校读书每年都需要交学费,既可以交粮食也可以交钱。于家当时一般是交粮食,所以每学期开学,于师棣或者父亲都会带着五十斤粮食陪于绥孝去报名。学费是由整个家庭承担,所以上学的花费都由当家人从全家人的收入中缴纳。上学校读书的费用比上私塾的费用相对较高,不过1949年以前家里除了于绥孝读书外,没有其他的适龄儿童,对家里的生活没有造成太大的负担。

如果家长想让一个孩子去学校上学,但是这个孩子不想去,不可以不去,一定要遵照当家人的意愿做事。爷爷当家的话,小孩子是否接受教育是爷爷决定。如果父子俩的意见不相同,最终仍由爷爷决定。家长让孩子去学校上学的目的是让孩子学知识,不要成为大字不识一个的庄稼汉,并没有一定要孩子可以光宗耀祖。孩子们决定去读书,不仅是为了自己还是为了全家。为了自己可以读书写字,将来能学到更多更好的技能,从而更好地生活。读好书以后,可以更好地挣钱、养家糊口,从而发家致富、光耀门楣。

(四)家庭教育与私塾教育相结合

小时候孩子的教育主要来自于家庭教育。虽然当时的家庭会尽全力送孩子们去私塾或者学校接受教育,但在当时的环境下,孩子只上短短的几年学,并不能学到多少知识,因此主要的教育仍来自于家庭和家人。

在家庭中,男孩子和女孩子接受的教育是不同的。爷爷和父亲都会教男孩子三方面的知识:一是思想品格,如为人处事的态度,善良的品质等;二是生活技能,如良好的生活习惯;三是生产技能,如农耕技术、家传手艺。爷爷和父亲都会教女孩子两方面的知识:一是思想品格,如为人处事的态度,善良的品质等;二是生活技能,如良好的生活习惯。但不会教生产技能,因为男女生产技能不同,因此女孩子的生产技能由奶奶和母亲来教。

奶奶和母亲会教女孩子三方面的知识:一是思想品格,与爷爷和父亲教导的不同,爷爷和父亲教的是人生道理,而奶奶和母亲教的是作为女孩子应该知道的思想品格,如三从四德,对待公婆谦恭有礼等。二是生活技能,除了爷爷和父亲教导的家庭规矩之外,奶奶和母亲会教导女孩子在家庭中的生活技能,如做饭洗衣。三是生产技能,女孩子做不了太重的活,所以奶奶和母亲教女孩子织布、纺纱等技能。奶奶和母亲对男孩子的教育比较少,主要侧重于思想品格和生活技能方面,教导男孩子哪些能做、哪些不能做。

其他亲戚会教自己家的孩子一些知识,邻居也会教家里的孩子一些知识,比如思想品格方面的,在孩子做错事的时候及时纠正,引导孩子正确的人生方向。再者就是生产技能上,有的亲戚或者邻居掌握一门技术,可以让自己亲戚或者邻居的小孩去学习。于家的孩子就曾去亲戚和邻居家学过木匠活。同龄人对孩子的成长影响比较大,俗话说,近朱者赤,近墨者黑。跟认真上进的孩子玩,自己的孩子也变得认真上进,跟调皮懒散的孩子玩,自己的孩子也调皮懒散。于家的当家人在这方面就特别重视,严禁于家的孩子跟村里不学无术的人一起玩,以防孩子学坏。与家庭相比,亲戚、邻居、同龄人对于孩子教育的作用相对较小。

小孩子一般长大到十二三岁就被家长认为长大了,而结婚成家后就被大家认为真正长大成人。知道体谅长辈的辛苦,认真工作或者认真读书的时候就被家长认为懂事。

(五)家教与人格从小培养

当地有句俗话,叫"教好学好,看好学好",意思就是父母交给孩子好的东西,孩子就学得很好,父母做好事,孩子只是看着也能变得很好。由此看出,父母亲以及其他家人的思维方式和性格会在孩子的成长过程中产生重要的影响。一是在思维方式上,如果家人以照顾全家人的方式处理问题,会让孩子从小具有大局意识,不会为了个人的私利伤害家庭的利益。二是在性格上,如果父母和其他家庭成员总是微笑面对生活中的每一个挫折和困难,孩子们也会学着乐观地看待生活。这在1949年以前艰苦的岁月里是很重要的品质。于绥孝一直很感谢自己的爷爷,觉得他是影响自己最多的人,是爷爷的宽容、机智以及对生活的态度撑起了这个家,也教会了于绥孝怎么做人。

家庭中的相处模式和平时的生活氛围会对孩子的性格产生影响。家庭成员的相处是愉快的、和睦的,会塑造孩子活泼外向的性格。如果家中每天充满争吵和矛盾,孩子也变得越来越内向。关于做人做事的道理是从父母和家人那里得来的。平常家人就会潜移默化地教给孩子一些做人处事的道理。当孩子犯错误的时候家长会及时教育和纠正错误,以防错误越变越大,形成坏习惯。从小所学习到的风俗习惯是从家中习得,每次过年过节经常听家里人讲一些来历,看着长辈们进行一些特殊的仪式活动,久而久之就学会了。

于家一直信奉"勤劳致富"和"家和万事兴",也一直是这么做的。这也是于家的老当家,于师棣的治家理念。从二十几岁接过于家家长的重担开始,一直勤勤恳恳地工作,农忙时下地干活,农闲时寻找发家致富的方法,用做粉丝、制烟卷的副业贴补家用,把一个家徒四壁的于家发展为于堤村的中等家庭。拥有为人处事独有的智慧和度量,在当家期间家里一直和睦,从未出现大的家庭矛盾。于孔佑和于缮孝、于缮孝也是遵循老家长的治家原则来治理家庭。

在遇到困难的时候家人提供的帮助最多,其中家长和父母帮助最多。个人根本离不开家庭,有家才有个人,没有家就没有个人。在外面受了委屈,最想回的地方就是家,会到家里跟家人说一说,家长会带着兄弟们帮于绥孝讨回公道,互相帮助不计回报。

(六)男女家教有差异

于家会教小孩子学习一些劳动技能,男孩子学习劳动生产技能,如地里的活、手艺活等。

女孩子学习基本的生活技能和应该女性掌握的生产技能。基本的生活技能如做饭、做针线活、洗衣服等;应该女性掌握的生产技能有织布、纺线、喂养牲畜等。男女学习的知识必须要学,这是生活必备的生活技能和生存需要,如果不会这些就没法生活下去,因此为了生存和生活必须要学。如果不学就会受到家长严厉的批评和处罚,被外人知道也会嘲笑家庭教导无方,孩子好吃懒做、不学无术,被人们嘲笑,影响以后于家在村里的评价。于家的长辈学到这些农耕知识:一是家里的长辈教的,祖祖辈辈传下里的经验,二是自己从以往的生产经历中总结出来的。

教小孩子的家教与劳动技能,有的是当家人亲自教,也有当家人安排其他家庭成员教。一般男孩子是由当家人亲自教,或者男孩子的父亲和叔伯们教。而教女孩子则是由女当家人、女孩的母亲和大娘婶婶们教。

男孩子从七八岁开始就可以跟着父辈到地里参加劳动生产,劳动过程中父辈会通过亲自示范来教孩子学干农活。男孩子必须要学干农活,不可以不学。这是他们以后基本生存技能和养家糊口的本事,所以不仅要学而且要认真学。

女孩子的家务劳动是在家里学习的,主要是奶奶、自己的母亲和婶婶们教的,在这里面母亲教的是最多的。小的从七八岁开始做一些简单的家务,从十一二岁开始就要承担家务劳动了,女孩子还需要帮助母亲带弟弟妹妹。女孩子必须要学家务劳动,不可以不学。在1949年以前,这些家务劳动就像女生的基本生活技能一定要学习,以后在婆家才能更好地生活,做丈夫的贤内助,从而得到婆家的尊重。不学的话,嫁入夫家之后是会被人觉得无能,被人看不起,娘家人也会被人嘲笑教女无方,丢娘家的脸面,甚至会影响以后弟弟妹妹娶妻嫁人。

(七)手艺活儿由父辈教导

于家的木匠活儿是独门的手艺,这些手艺是长辈中的老爷爷,即于绥孝爷爷的父亲传下来的,已经传了四代了。不过这个手艺到了于绥孝的儿子这一代已经不往下传了。于绥孝的孩子们都不对这个感兴趣,也没有学习的,手艺就这么荒废了。

家里的手艺人会将手艺教给家里的小孩子,不会招收徒弟教给外人。于家有传内不传外的说法,手艺活一般是家传的,既然是家传的就代表在家庭内部世代相传,是隐秘的,只能传给自家的人。传给外人,手艺就会泄密,不能算是家传的手艺。家传的手艺主要教给男孩子,一是木匠活比较繁重女孩难以承受,男孩比较有力气,可以更好地学习。二是在1949年以前的思想来看,女孩迟早是要嫁人,嫁了人就是外人了,作为家传的手艺不能传给别人。综上两个原因,家传的手艺是传男不传女。学手艺有长幼顺序,要让兄长先学,弟弟再学。如果兄弟们年龄差不多,还可以一起学。

家里学习手艺的人都是由家长来指定的人,家长是按照年龄和聪明程度来选定这个人。年龄不能太小,否则没有力气来学习手艺。要有学习手艺的天赋,领悟能力比较强,才能事半功倍。学手艺的人平时在家里依然做农活儿,只有在农闲或者晚上吃饭后才进行学习,不会耽误地里的活。其他家庭成员是觉得掌握手艺活的这个人很能干、很幸运,比较羡慕。把手艺传给后代,一是为了继承祖先的传统,不让手艺失传,而是让孩子有个一技之长,以后可以用来谋生,不会出现没活干、没饭吃的情况。小孩子学手艺,既是为了自己以后有一条谋生之道,也是为了要把家庭的技术传承下去。即使小孩子不喜欢这门手艺,必须经过家长同意才能不学,否则会受到家长的处罚。

小孩子学手艺一般不会产生花费,因为小孩子去店里学手艺都是去当学徒工,店里或者孩子的师傅还会适当地给孩子支付一些工资。但刚开始去的时候,为了跟师傅打好关系,会请师傅吃饭,送礼等产生一些费用。这些费用由家庭来承担。于家有让小孩子到别处去学手艺的情况。于家的当家人小时候去省城学手艺,1949 年以前是同村的人将当家人带去省城找师傅。小孩子学一门手艺,是为了家庭更是为了个人,拥有一技之长的人才能更好地生活,不会没饭吃。而且也可以创造财富,帮助家庭致富。

二、家户意识

(一)有血缘关系的算作自己人

有血缘关系的算作自己家人,没有血缘关系的算作外人。自己家人也根据血缘关系的远近,划分亲疏。血缘关系越近,关系越紧密,成圆圈往外扩散,血缘关系越远,关系越疏远。自己家人是与自己血脉相连的人,是亲人,而外人则更像是朋友。朋友和家人在于绥孝的心里始终隔着一层,即使和外人的关系再好,也不如自己家人。

并不是只有自己家这一个小家庭算自家人,叔叔伯伯、出嫁的姑姑和姑父、舅舅、舅妈、嫁出去的姨姨(母亲的姐妹)和姨夫和已经分家的兄弟之间,都算自家人。不管分隔的距离多远,只要彼此之间有血缘关系相连,就算自家人。即使是亲戚但是居住得比较远平时联系少,这样也算是自家人。如果不是亲戚但是平时能够相互帮助、比较靠得住的人不算是自家人。虽然算自家人,仍然会分远近亲疏。

出去打工常年不回家的人算自家人。日常相处寄宿在于绥孝家中的人不算自己家人,因为就算住在一起,没有血脉关系他仍然算作外人。收养的孩子、过继来的孩子算自家人,孩子过继过来就跟自己亲生的孩子没有两样,当然算作自己家人。招上门的女婿虽然没有血缘关系,但是以后就是自己家的半个儿子,算自家人。

如果一个男人娶了几房妻妾,妾算是自己的家人,妾所生的孩子也算是一家人。因为妾也算男人的妻子,明媒正娶,只不过地位比较低,但仍然算男人的家人。而妾所生的孩子也是与男人有血缘关系,是男人的亲生孩子,当然算自己的家人。家长与妻妾之外的女人所生的孩子不算,只能算私生子,只有去祠堂里祭拜祖先,在族谱上写下他的名字,认祖归宗后,才能算作一家人。

如果家庭成员不听家长的安排,被父亲分出去或赶出去,这样的人算自家人,因为他跟其他家庭成员有血缘关系。一个大家庭没有分家,底下有几个小家庭,依然同住在一个院子里算自家人。不住在同一个院子里,分居但是没有明确分家这样算一家人。于绥孝认为自己家人就是自己最重要的人,不论遇到什么困难他们都会彼此互相帮助、互相依靠。

有血缘关系的曾经被看作自家人的人虽然做了错事,但只要不是伤害家人的事,仍然会被于绥孝认为是自家人,因为他们身上流着同样的血,即使犯了错,依然是最亲近的自家人。当然,看作自家人有一定的底线和边界,那就是不能做伤害自己家人的事情和侵犯自己家人的权益,不然把一个人看作自家人的想法会在这种情况下发生变化,不把他认作自己家人。

没有血缘关系的人都算外人。邻居、乡亲们算是外人,自己家的亲戚算作自己家人。外人是一个心理边界,根据血缘关系的远近来进行区分,血缘关系越近,关系越紧密,成圆圈往外扩散,血缘关系越远,关系越疏远。血缘关系远的亲戚,相对来说关系一般。于绥孝认为外人属于朋友,自家人属于亲人,二者不一样。外人跟自己始终隔着一层,而自己家人是血脉相连的人。无论跟外人关系多好,但在于绥孝心里自己家人仍然比外人重要。

外人不会管于绥孝家的家事,但自家人会。于家发生矛盾时,亲戚、邻居们会来管,进行调解和帮忙。但如果外人介入了于家的家事,于绥孝很介意和排斥。家丑不可外扬,他认为自己的隐私被别人见到了,心里很不舒服。况且自己家的事不希望外人插手,不然感觉自己的权利受到了侵犯。

于家不会介入别人家的家事,但如果邻居、朋友和外人产生矛盾,于家会站在邻居、朋友的一边帮忙解决问题。如邻居家里发生一些矛盾,于家不会去管,但如邻居家与别人家发生矛盾,于家会去管。一般都由于家的家长出面进行调解和帮忙。当遇到亲戚家有事的时候,会介入亲戚家的家事。作为关系近的亲戚,任何事情都可以,但作为较远的亲戚,只要不是涉及家人隐私的都可以。作为亲戚介入别人的家事时,别人不会不情愿。

与自家人交往跟和外人交往有所不同。与自家人交往关系远近,对于关系近的亲戚是无话不说,对于远的亲戚还是要有所保留。对于自家人和外人,在称呼上、礼节上和在平时打交道的时候没有什么不同。称呼、礼节和在平时打交道的时候都是按照辈分进行交流,不会根据远近而变得不一样。在借钱时和互助时是有优先变化的。借钱时先跟与自己家人借,后跟外人借。跟自家人借钱的时候也会根据血缘关系的远近,先跟血缘关系近的借钱,然后才是关系远的。互相帮忙的时候也是如此,求助先跟自己家人,后向外人求助。帮助别人的时候,先选择帮助自己家人,后选择帮助外人。

(二)家户一体意识

1.家人之间相互扶持

于家还没有分家的时候,于缮孝、于缙孝和于绥孝会在生产生活上相互帮助,共同处理家庭上遇到的困难。妯娌之间也会互相帮助,有的时候会产生分歧和争执。于绥孝的大嫂和二嫂关系一直不太好,彼此之间有一些争吵。有一次家长安排她们两个去看场,即夏天粮食丰收后晒粮食,因为各个家庭的粮食都晒在同一个晒粮场上,彼此的粮食难免有一些混杂。隔壁的晒粮人看于家的粮食和他们家的粮食边混在了一起,指着于绥孝的二嫂骂了起来,认为她故意将两家粮食混在一起,好趁机偷他们的粮食。于家二嫂向来是一个脾气比较软的,看到别人指责,想解释但插不上话,只能干着急。这时于家的大嫂站出来和隔壁那个人理论起来,隔壁那个人自知理亏,向二嫂道了个歉,这件事也就过去了。从这件事可以看出来,当真正遇到家庭里的任何一名家庭成员被欺负了,其他家庭成员都感觉到像受外人欺负一样。一家人都会义愤填膺,会联合起来帮助这个被欺负的人去讨个公道。

于家1949年以前分家的时候,于家的于缙孝因为早年当兵,家庭条件不如于缮孝和于绥孝好,当家人就对这个小家格外照顾。分家的时候会给他多分东西,会安排其他条件好的兄弟照顾他家。

2.全家人具有共同奋斗目标

发家致富在于家人的眼中是一件有意义的值得奋斗终生的事。从于家的当家人于师棣那一代开始,于家人一直在艰苦奋斗,在发家致富的道路上前进,并没有因为困难或者挫折而停下脚步。于家当家人于师棣小时候家境特别贫穷,连饭都吃不上,只有仅仅两亩三分地,根本无法解决一家人的生计。他的父亲身体不好,无法从事重体力劳动,只有十四五岁的他承担起了全家的生计。他就趁农闲时去同村或隔壁村的大户人家打短工,维持一家人的生活。在结婚以后,家中的父亲交由于田氏照顾,他自己孤身一人去省城当学徒工,这个过程很艰辛,刚开始做学徒工的时候就是给师傅端茶倒水、打下手,工资特别低,一年只有一块大洋,却忍受师傅的责骂和体罚,甚至全年无休,家中有事也不能请假。但于师棣都坚持下来了,从学徒工做到大徒弟,从一块大洋涨到五块大洋,家里的生活条件也在逐步上升。但于家的当家人并不仅仅满足于此,他不满足于学会一门手艺,而是掌握多项技能。他知道父亲年龄大了,他早晚有一天要回来管家,他的时间不多,所以倍感珍惜,在外几年的时间里,他学会了手工制作粉丝、手工制作烟卷和做木工活等,这也是以后于家做副业的由来。除了学手艺之外,他还找到了另一条发家致富的路就是倒腾小商品,他利用每年过年休假回来的时间,从省城批发一些新奇的小玩意,如香皂、小首饰等,在集市中进行售卖,赚取中间差价。经过于家当家人二十几年的努力,于家终于从贫苦家庭发展成了村里的中等家庭。于绥孝说,没有人比于家更明白什么是发家致富、什么是发家致富中的心酸,所以于家人始终相信努力会有收获。

发家致富是每个于家人的愿望,也是每个于家人为之奋斗的目标,家里的每一个人都会为了发家致富而努力。在于家,并不是仅仅依靠种地维持生活,受于家当家的影响,他们会开展副业,做一些小买卖,贴补家用。

夏天,他们会种一些烟叶,等到烟叶成熟了,由女当家人于田氏带领家里的女人和孩子把烟叶晒干,切成烟丝。等到当家人空闲时带领全家人把烟丝卷成烟卷,由当家人和于孔佑再带到集市上卖掉。卖来的钱交给当家人统一管理,家庭成员统一使用。冬天,他们会把夏天留下的一部分小麦用磨磨成粉,在大锅里熬成浓稠的汁,然后用特有的手法把汁拉成丝晒干,就做成了我们现在吃的粉丝。他们一般会在临过年的时候趁着年节的时候卖掉,因为那时候可以卖个好价钱。赚来的钱全部交给当家人,再由当家人统一发放。这个钱,当家人一般会买成布匹和棉花,分发给各家,给每个家庭成员做一身新衣服。每一个人都是于家的一分子,如果一个家庭发达了,家庭里面的每个人都会跟着沾光。光耀门楣并不是指一定要做出一番大的成就,当上高官或者成为多有学问的人才可以。在于家,于家家长经常给家中的家庭成员说,只要你老老实实做人,多行善事,帮助别人就算光耀门楣。因此,于家的家庭成员只要家里的经济状况允许,都会去帮助村里的贫穷家庭。于绥孝曾在夏收的时候,帮助村里的贫困家庭收割小麦,于家的家长听到后就夸他光耀门楣。于家的家庭成员是一家人,虽然有时候会闹些小矛盾,但心里都有彼此。家中无论谁祈福或者拜神的时候都会祈求保佑家里的所有成员都能平安健康。

(三)具有家庭至上意识

1.以大局为重,牺牲小我

家庭凡事以大局为重,牺牲小我,造福整个家庭。个人是家庭的一部分,有家庭才有个人,没有家庭就没有个人。个人远不如家庭重要,"没有家就没有个人"。因此,考虑事情的时候都是先想到家庭而不是自己。于家的家庭成员就是这么做的。

2.家庭利益大于个人利益

当家庭的利益与个人的利益发生冲突时,会为了家庭利益而放弃个人利益。如果家庭成员首先想到的是自己的利益,当家人会批评和责罚家庭成员不以大局为重。当家人考虑事情先考虑整个家庭的利益,其他家庭成员也都是以家庭为重。

于缙孝在1949年以前很喜欢读书,但是家庭条件不允许,家长希望他回家帮忙干活儿,于是于缙孝放弃读书的机会,回家帮忙。于绥孝说1949年以前大哥对于这件事一直念着,希望有机会继续读书。于缙孝看到家庭条件不好就自愿放弃了读书的机会,而选择去挣钱维持生活照顾家人。当于家遇到事情,当家人捎去口信告诉家庭成员,让他回家的话,家庭成员都要尽可能地回家。于孔佑在外打工,但是于师棣生病了,需要他在家帮忙照顾,即使省城离于堤村很远,于孔佑依然连着赶了几天路,回家赡养老人。

在自己的婚姻问题上,家庭成员都要听当家人的安排。如果自己喜欢上别人当家人不同意的话,就不能成婚。当当家人不喜欢儿子的媳妇,希望他们离婚时,儿子也要听当家人的话而放弃自己的婚姻。但一般当家人都不会这么做,反而会劝不和的夫妻好好过日子。于家的家庭成员都特别重视家庭,重视这个家,他们为了家庭能更好地发展而放弃其他个人的机会,凡事都以整个家庭为重。

(四)注重积德意识

于家的老人,像于师棣和于田氏都有行善积德造福子孙的意识。他们相信善有善报、恶有恶报,认为自己做的好事以后取得的回报会到自己的儿女以及后辈身上。于师棣和于田氏经常会到祠堂里去祭祀,就是为了祈求下一辈人的平安健康。老人认为德行是靠平时积累起来的,一直坚持下去才行,三天打鱼两天晒网的德行是没用的。平常他们就积极做一些好事,如只要条件允许,逢年过节,于家都会拿出粮食来救济村里的贫困家庭,希望帮助他们渡过难关。于家的家长一直认为,帮助别人就是帮助自己,如果你不帮助别人,在你困难的时候,别人也不会帮助你。当村里需要出钱出力来修葺大坝、祠堂等公益性事情的时候,于家都是最积极的一个,平均一家出一个劳动力的话,于家就会出两个劳动力。于家的家长在于家或者别人家看来属于"爱管闲事"的人,爱打抱不平、讲真话,如果他看不过去的事情都喜欢说上一句,特别为一些不在他管理范围内的事上心。每次别人家的红白喜事的时候,于家的家长只要去,不论以亲戚还是长辈等身份去,都首先拿起人家家里的扫帚开始帮他们打扫卫生。因为这个,于家的其他家庭成员没少说于家家长,他辈分高年纪又大,他一干活,让别人家的家庭成员和宾客很尴尬,像是虐待老人一般。但就因为于家家长的这种行为和态度,于家在于堤村的名声特别好,只要说起于家的家长,全都竖起大拇指。

如果于家有人升官发财,学有所成,很有出息,于家会认为是祖上一直在乐善好施、行善积德的原因。所以于家特别重视品德,对于家中的孩子从小就教育他们要做一个品德高尚的人。家中不要求他们有多大的本事,先学会做人就行。对于无德的人,于家的家庭成员特别看不惯,即使对方有钱有势,于家也不会与他们为伍。

三、家户习俗

(一)节庆习俗

1.春节习俗较为复杂

春节从腊月三十晚上开始算,春节前需要准备各种各样的事情。当地有顺口溜"小孩小孩你别馋,过了腊八就是年,腊八粥,喝几天,二十三、糖瓜粘,二十四、扫房子,二十五、炸豆腐,二十六、炖羊肉,二十七、杀公鸡,二十八、把面发,二十九、蒸馒头,三十晚上熬一宿,大年初一扭一扭"。腊月二十三拜过灶王爷，就进入正式的过年准备了。二十四，扫房子，所以打扫房子就成为年前第一项准备，称"扫房"，就是过年前的大扫除。二十五，炸豆腐。为什么要在这一天炸豆腐呢？因为民间传说这一天，玉皇大帝要下凡到民间微服私访，恰逢在家"看家"的灶王爷到宫里述职去了，所以没法替家里的主人在玉皇大帝面前说好话了。人们又怕玉皇大帝知道老百姓的日子过得好，再向他祈福不灵验了，所以故意装穷，才炸豆腐。二十六，炖羊肉，二十六这天炖羊肉，据说是因为"大鱼大肉"在过去的人们眼里，是年夜饭的最高境界，提前炖好了的羊肉，热透了在除夕的饭桌上端上来，是对全家一年辛劳的犒赏。二十七，杀公鸡，在腊月二十七杀鸡也是有讲究的。杀好的鸡，不是在当天吃的，要一直放到除夕才能吃，而且除夕夜吃的时候也不能吃完，要留下一点儿，留一些吉利到明天。二十八，把面发，过去社会发展低下，还没有现代比较方便的发酵粉，普通的面提前几天做好了容易坏，只有发面不爱坏，于是二十八这天就发面，准备正月初一到初五的主食，同时，这也是因为旧俗认为初一到初五期间不能动火蒸馒头的缘故。二十九，蒸馒头，以前春节期间忌做蒸、炒、炸、烙等炊事，因蒸与争谐音、炒与吵谐音、炸与炸(四声)谐音、烙与落谐音，均属不吉利，当地人在年前都要蒸出够全家吃上一个星期左右的馒头、花卷、豆沙圆包等。

大年三十晚上，中国人一般都会整晚通宵守岁，所以就叫作"三十儿晚上熬一宿"；而大年初一的一项重要活动，便是到亲朋好友家中和街坊邻居那里祝贺新春，也就是拜年。此外，人们也会在这一天出门逛逛热闹的庙会，观赏精彩的秧歌和高跷表演，为节日助兴，因此有"大年初一扭一扭"的说法。

过年最期待的就是置办年货，一般年货有腊月三十贴的春联，贴春联一般由家中的成年男性带着家中的男孩子贴春联。如果家中有人去世，三年内是不能贴春联的。表示对去世的人的思念。过春节是以家庭为基本的单元，一家子在一起过年。外人不会无缘无故来你家过年。

过年时需要祭祖和上坟。就上坟来说，如果没分家的话，是几兄弟一起祭祖。若分家了，则是一家一户祭祖。在家摆供桌祭祖是家长来主持，全家人都要祭祖，女性也要参加。祭祖的时候桌子可以用圆桌也可以用方桌。

春节的时候，初一拜年，初二自己嫁出去的女儿回娘家。之后的初三到正与十五之前都是走亲戚。先走谁，后走谁没有具体的规定，看亲戚们的时间安排而定。走亲戚是必须家长去走，其他家庭成员也要走，假设亲戚来了自己家，一定也要去亲戚家里，礼尚往来，更好地联络感情。

过年年夜饭全家人都需要参加，不分男女老幼都要上桌。外人可以来参加，外人参加不必须邀请，想来就可以来。但一般外人不在别人家里过年，因为自己的家里也在等着自己回去。如果不请别人也可以参加，如居住在同一栋房屋或同一院落内的亲戚可以参加。

先给自己家中的老人拜年，再给同一支的老人拜年。然后再是亲戚朋友和同家族中的长辈。这个顺序是按血缘关系的远近来决定。给自己家的长辈拜年都是正月初一去。但作为别人家的女婿的话，给自己妻子的长辈拜年是在正月初二，陪妻子回娘家的时候，由自己的大舅子带领下去各家各户拜年。如果保甲长等比自己辈分高的话，需给他们拜年，如果辈分低的话，则不需要。于堤村1949年前每年过年，会从初六到初八，请当地有名的吕剧班来于堤村连唱三天，每天晚上七点左右就开锣，一般每晚唱两个小时左右，到时于堤村所有的村民都可以参加。男女老少都可以看。

2.红白喜事习俗较多

于家婆媳妇,习俗比较多。首先新娘子在结婚前一晚上,面朝一个方向坐一夜,俗称"坐时辰",具体面朝哪个方向,由算命先生根据男女方的生辰八字得出。于家大嫂结婚的时候,就是面朝西南坐了一夜。其次是结婚当天,新郎接新娘子走的时候,新娘子不允许回头看,不然会对娘家不好。新娘子也不能脚沾地,需要新郎背新娘子或者抱新娘子。最后,下轿的时候先迈左脚,寓意第一胎生儿子,"跨火盆"寓意迎吉避凶。

嫁女儿的话,有哭嫁的习俗。新娘子哭得越厉害被认为越孝顺。举行婚礼的时候会请与家中交好的亲戚朋友、左邻右舍来做客,甚至可以请村里的保甲长和大户人家的家长出席,这些人出席的话要坐在主席,这时候就需要安排两桌主席,一桌新娘子的娘家人,另一桌是保甲长和大户人家。婚礼后第二天新媳妇需要去厨房做饭,然后等公公婆婆起床后,向公公婆婆请安。向公婆请安的时候,全家人都需要在场,接着就需要向哥哥嫂嫂请安,并与小姑子、小叔子打招呼。问安,改口按辈分依次叫人就好,没有具体的规矩或仪式。新媳妇一般在结婚第二天回娘家,由丈夫陪同,带上公公婆婆准备的礼物。

老年人的葬礼在于堤村算作喜丧,家中有喜丧的话一般会主张大操大办,办得隆重一些。关系亲近的家庭成员都需要参加,持续三天左右。若家庭成员非正常死亡,在埋葬上没有特殊的习惯。但举行葬礼的时间一般只有一天,越快越好,在家停留的时间很短,并且葬礼不允许大操大办、太过铺张,节俭最好。十六岁以下的小孩子死亡,在埋葬上也没有特殊的习惯。但在葬礼上,家中的爷爷奶奶不允许出席。

(二)以家庭为习俗单元

于家在过年过节的时候是以家庭为单元,即使每个儿子已经成家,只要没分家,每个家庭成员必须一起过节,不能有例外。如果分家了,则过年过节那一天会从自己家里回到父母住的房子大家一起过。如果分家了但还没有结婚,则一般会跟父母一起住,过年过节自然跟父母在一起。

过年过节的时候必须在自己的家里过年,嫁出去的女儿泼出去的水,嫁出去的女儿就是婆家的人,因此她过年过节必须要在婆家过,过年的话可以在大年初二这一天和丈夫一起回娘家,当地有俗话,"媳妇大如天,不在娘家过腊月二十三",因此如果过年之前在娘家住着,腊月二十三一定要回婆家。过节一定要在婆婆家过完,条件允许的话,可以回娘家看看。过年的时候亲戚们可以在自己家过年。本家亲戚可以在自己家过年,如堂兄弟、宗族兄弟等等,但外戚不可以在自家过年,如舅舅姨妈等。

于家过年的时候不会去别人家过年。一是过年的习俗就是在自己家,和自己的家人在一起过,没有必要去别人家。二是作为外人去别人家过年心里感觉很别扭。三是过年是团圆的日子家家户户和自己的家人谈心说话,外人去了会给别人造成困扰。因此,过年都在自己家过年。如果有的人没有家,他会去别人家过年。一般会去自己的兄弟姐妹之类的血缘关系近的亲戚家中,其次是自己的街坊四邻,最后是外戚家中,如自己的舅舅、姨妈等。如果有的人过年的时候无处可去,以上提到的亲戚都会收留他。

过年的时候,全家人必须聚在一起吃团圆饭,平时出远门工作的人在过年的时候必须得赶回来。在平时过节的时候并不是必须得回来,规矩没有过年那么正式,重视程度也比过年较低。如果一个大家庭没有分家,过年过节时必须要聚在一起吃饭。如果已经分家了,但是住在同一个院落内,会在大年三十的时候聚在一起吃。在过年的那几天,于家和于家至亲的亲戚吃轮流饭,即今天在我家吃,明天在你家吃,并不仅仅限于夫家和婆家的亲戚们,特别要好的朋友可以来,街坊四邻也可以来。

(三)过年过节的仪式

1.春节仪式

春节的仪式相对比较复杂,主要集中在大年三十晚上和正月初一的早上。每年过年的大年三十晚上,女性家庭成员包好饺子之后,需要在院子里摆上供桌,由家长带领全家人,祭祀天地和各方神仙。由家长烧纸、上香,之后燃放鞭炮,示意过去的一年结束,新的一年马上开始。如果家长之上还有家主,则由家主带领全家人进行祭拜。仪式结束后,全家人去屋里围在一起吃年夜饭。接下来就是全家人在一起唠嗑,男性家庭成员在家长的带领下需要守岁,当十二点到了的时候,家长需要再点燃一串鞭炮,象征新的一年正式开始。四五点的时候,需要准备新的饺子和贡品,由家长带领全家人,穿上新衣服,开始一年一次的祭拜。饺子一定是新包的,不能是昨晚剩下的。因此,需要女性家庭成员三四点就起床包饺子。祭祀完之后,家长就带领着于家的男性家庭成员去亲戚朋友、左邻右舍家中进行磕头拜年,女性家庭成员则在家中等着其他亲戚朋友和左邻右舍过来串门聊天。

2.元宵节仪式

北方的元宵节没有像南方那么重视,就是全家人一起坐在一起吃饺子。不过在晚上吃饺子之前需要在院中摆上供桌,由家长带领全家人,再祭祀一次天地和各方神仙。如果家长之上还有家主,则由家主带领全家人进行祭拜。这次祭拜是整个正月里的最后一次祭拜,象征着过年的正式结束。

3.清明节仪式

清明节分成两部分,一部分是清明节的前一天叫作"寒食",在"寒食"这一天不允许各家各户烧火,饭菜都是寒食的前一天准备好的,多是煮鸡蛋,比较容易储存。有的也会煮一大锅米饭,按家里的人数盛到每个碗里,在每个碗底下写上吉利话,由家人去选哪一碗饭,并把哪一碗饭吃完,就预示着那句吉利话在新的一年里就会梦想成真。清明节那天,由家长带领家里的男性家庭成员去于家的祖坟那里,带上贡品、炸菜、瓜果等,祭祀祖先。也拿着锄头和瓦刀,如果祖坟哪里杂草丛生或是出现了损坏,就趁着这个时候,除草和修葺祖坟,也是人们说的扫墓。如果家中有家主,但家主身体不太好的话,清明节那天可以不用参加扫墓和祭祀。

四、家户信仰

(一)家庭成员大多无宗教信仰

于家的家长并没有单纯的信基督教、佛教和其他道门,只是跟随传统,过年过节的时候摆供桌,供养老天爷、灶王爷等神仙。在需要的时候,如遇到旱灾,需要祈雨的时候,去庙里祭拜。家中只有于绥孝的母亲有宗教信仰,信仰基督教。她并不是从小就有的信仰,而是在四五十岁的时候,由邻居带着去1949年以前村里的小教堂听到人们在唱基督教歌,感觉心里很舒服,很纯净,于是开始信仰基督教。1949年以前,信仰基督教的形式跟现在不太一样。1949年以前的教堂很破,就是一所平房,人们也不是每个星期天必须去教堂唱赞歌,因为1949年以前家庭任务比较重,所以大家都是有空就去,没有就算了。对于吃饭等其他基督教规矩遵循的也比较少。于绥孝的母亲在自己心里不舒服和有空的时候才去教堂做礼拜,吃饭时也没有祈祷等仪式。虽然于绥孝的母亲信基督教,但并没有带动全家人一起信教。于家在信教这个方面是比较开明的,家庭成员可以信教,家长不会进行干预,个人也无权干预其他人是否信教。

(二)家长的宗教信仰不具有支配性

如果家里有什么宗教信仰,不需要必须家长先信,其他家庭成员才可以信。而且如果家长有宗教信仰,家庭成员也不用跟着一起信。于家的当家人没有宗教信仰,于绥孝的母亲确信基督教,彼此之间没有什么阻碍,当家人也不介意于绥孝母亲的宗教信仰。

如果当家人信仰了一个宗教,其他家庭成员可以不信。宗教信仰是个人的心理支撑和依托,每个人都有每个人的心里追求,家长只可以约束家庭成员的行为,但不可以约束家庭成员的心里想法。因此,家长信仰宗教,家庭成员不一定非要跟随。家庭成员在宗教信仰这件事上能违背家长的意愿。

(三)家庭成员的宗教信仰不受限制

即使家长不信教,家庭成员也是可以信教的。于家的家长不信教,但于绥孝母亲却可以信基督教。家长不会阻止任何一名家庭成员信教,但家庭成员想信某个教的话,一定要提前告诉家长,得到家长的许可才可以。家庭成员可以和家长信奉不同的宗教,但必须家长认可。如果家长不同意家庭成员所信仰的宗教,他们也还会信仰,当家人会理解他们。家庭是家人的归宿,可以管理家庭成员的生活,但不能限制家庭成员的思想。

(四)信仰家神,重视其祭祀

1949年以前于家都供奉财神、关公、门神、灶神、观世音菩萨等,不同的神摆放的位置是不同的。财神在农村一般认为是关公,因此二者是指一个神仙,关公摆在家长的正屋的东面的柜子上,灶神贴在厨房的灶台边上,门神贴在大门口两扇门上,观世音菩萨在家长的卧室里,女当家人每晚睡觉前都会祭拜。于家的老人、当家人、儿媳妇、成家和未成家的儿子、未出嫁的闺女、小孩子都可以拜神,没有禁止。平时拜神和过年不一样,平时的拜神只需要磕头跪拜即可,过年过节或者去寺庙拜神的话,需要准备祭品、烧纸、上香等,过程比较烦琐,在祭拜家神时需要烧纸、上香、放鞭炮,一般由家长来做,需要贡品,贡品有水果多为苹果,炸菜,有炸鲤鱼、炸时令蔬菜等,由家中的女性家庭成员端上桌,家长作为祭拜仪式的组织者,组织全家人尽心祭拜。

(五)祖先信仰及祭祀

于家供奉的这些神,不同的神发挥不同的作用。关公即财神,保佑于家财源广进;观世音菩萨保佑于家全体家庭成员,平安康顺,多子多福;灶神保佑于家风调雨顺,粮食富足;门神保佑于家家宅安宁,趋吉避凶。于家认为祭祀家神有作用。

1. 由家长主持,以家庭为祭拜单元

于家全家人组织在一起拜神是有固定时间的,多是过年过节如春节、清明节等。需要拜神的时候,由当家人组织全家人进行拜神。遇到紧急情况和天灾人祸,需要祈求神灵保佑的时候就会拜神。这时候拜神就相对比较隆重,礼节也特别多。平时家庭成员也可以根据自己的时间来拜神,如相约寺庙拜神,或者在家里安一尊佛像,进行祭拜。这些都是家长允许的。如果没分家,就是全体家庭成员一起进行祭拜;如果分家,就是一家一户各拜各的。

于家拜神的时候,由家长来主持祭拜仪式,女性不可以主持祭拜。从小孩子懂事起就会开始教小孩子学着祭拜神明的规矩,当家人有空的话是由当家人来教,他主要是教长子或是教家里所有的男孩子,很少教女孩子。女孩子多由女当家人和孩子的母亲教授知识。因为男女所知道的规矩不一样。当家人没空的话,是女当家人或者孩子的父母来教小孩子学规矩。

2.于家家庭成员认为祖先神圣不可侵犯

于家的每一位家庭成员都知道于家的祖先是谁,从哪里来,怎么来的。这些内容在于氏族谱中都记录得很清楚。于家的家长很注重传承这件事,会不时地给于家的家庭成员讲于家祖先的故事,让每一个于家的家庭成员包括妇女儿童在内,记住自己的根本。于家的祖先觉世祖是清朝的高官,曾写过《感恩篇赘言》等著作,也是当地有名的大善人,喜欢帮助贫苦人民,广施善举。于家一直以自己的祖先为荣,这种乐于助人的品质一直是于家人时刻遵守的为人准则。

祖先在于家家庭成员的心目中是神圣不可侵犯的存在,要以祖先为目标,时刻激励自己,因此逢年过节必须祭拜祖先,这也是孝顺的一种。过年过节的时候,于家的家长都会在自己家中的院子里架起供桌,摆上香炉、炸菜等贡品来祭祀祖先,一是为了怀念祖先,二是为了祈求祖先保佑。

于家家长居住的堂屋,以前会摆放去世祖先的牌位,从于氏宗祠修葺以后,就把祖先的牌位挪到了祠堂。堂屋中就再也没有摆过去世祖先的牌位。于氏家族有一个家庙在于堤村的东头,修葺的特别繁华。占地面积有几百平方米,分为东西南北四个屋。北边是大堂,大堂正北方向,摆放着去世祖先的牌位,一世祖在正中央,牌位也是最大的,两边按照左上右下的顺序依次摆放其他祖先的牌位。东西两个屋是平常家族议会的地方,除非有大事,否则不会轻易开大堂的门。打扫宗祠的族人和管事的人居住在南边的屋里,大门也是在南边,方便看来往之人,保卫宗祠安全。对于家的家庭成员来说,祠堂是"神圣不可侵犯"的,祠堂甚至比家更重要。祠堂供奉的是整个于氏家族的祖先,有他们才有于氏一族的繁衍与荣耀,才会有于家,没有他们就没有于家。1949年以前当修葺于氏宗祠的时候,于家即使经济情况不好,也是既出钱又出力。

如果有家庭成员不尊重或者破坏祠堂,会受到家庭成员的指责和于家家长的惩罚,罚跪一天。如果有外人不尊重或者破坏祠堂,于家的每一个家庭成员都不答应,会对不尊重或者破坏祠堂的人进行殴打。除了平常过年过节,于家的家长代表于家来宗祠参与祭祀祖先的活动,一般当于家遇到重大事情的时候会去宗祠。最重要的就是红白两事:红事上,于家的男性家庭成员结婚第一天就需要来宗祠祭拜祖先,告诉祖先,自己已经长大成人,并把新婚妻子的名字添加到族谱上。白事上,会在发丧后,由家长来到宗祠,将家中去世之人的牌位摆放在宗祠上,并在族谱上划去这个人的名字。

于家有祖坟,祖坟是和于氏宗族的祖坟在一起的。每个家庭会从于氏祖坟中划出一部分作为各个家庭自己的祖坟。于家的祖坟在于氏宗族祖坟的西南角上,大约有五六亩地。每年清明节、七月半、去世祖先祭日和过年的时候,于家家长会带领家中男性成员来扫墓。如果祖坟有破损的地方,会顺便对祖坟进行维护和修缮。

当需要埋葬不同代际的人时,有埋葬的顺序,这个顺序是非常讲究的。男性家庭成员埋葬分为以下三种。第一种是"带子上殿",即父在前,子在后。根据辈分和年龄呈线状分布,长辈在前,晚辈在后。第二种是"怀钱抱子",根据辈分和年龄呈扇形分布,长辈在后面呈弧形分布,晚辈在前边,被长辈所包围。第三种是"抱子携孙",根据辈分和年龄呈不规则三角形分布,长辈在上,父辈在长辈前面,孙辈在一旁。男性家庭成员和妻子之间的埋葬分为以下两种。第一种是"排葬",男性在前,之后是原配,在后面是继妻、妾侍等,呈条状,一排排分布。第二种是"花葬"。男性在中间,左边是原配,右边是继妻、妾侍等。修祖坟的资金是由同家族有关系的农户们共同出钱,族长负责筹集。

于家家中有家谱,到目前为止一共修订了八个版本的家谱。家谱一般由家长保管,放在家长屋里的横梁上,不是有大事一般不会打开家谱。过年的时候还要拿出家谱来进行祭祀。家谱和去世祖先的牌位一样,对于家家庭成员来说意味着祖先灵魂的寄托,神圣不可侵犯。如果有家庭成员侵犯、亵渎家谱,会被家长罚跪一夜。1949年以前于缙孝比较调皮,曾偷偷爬到家长屋里的横梁上看家谱,被家长知道后,狠狠责骂了他一顿,并罚他在家中的院子里跪了一夜。

家谱并不是每一个家庭成员的名字都可以写上的,女性可以上族谱,但必须是正妻才可以,有的家庭的男性成员娶的妾侍都是不允许入家谱的。往家谱中添加或者去名字是很慎重的事情,一定要提前告知族长和宗族里地位比较高的人。如家庭成员结婚的话,一定要提前几天告诉族长,在结婚当天开宗祠,由族长亲自把新媳妇的名字添加到族谱上。

于家的家庭成员如果忤逆长辈、不听长辈的话,等长辈年纪大了也不赡养长辈甚至虐待长辈,就会被认为是"不孝"。对于"不肖子孙、不孝行为",于家的家长会实行家法来惩罚不孝之人。如果不管用就会上报给宗族,由族里根据族规进行处罚,轻则挨打重则赶出家门,在族谱上划去不孝之人的名字。于家很重视孝道,可以说是以孝立家,家规家训中都提到了"孝"的内容。于家对于祖先的孝与对于在世人的孝结合在一起,不孝敬老人就等于不孝敬祖宗。

3.祭拜祖先,祈求祖先保佑

于家祭拜祖先是在过年过节的时候,由于家的家长带领全家人进行祭拜,目的是表达后人对家庭里逝去的人的怀念,祈求过世的祖先保佑后代子孙平安健康,万事顺利;保佑家里的小孩子学业有成,光宗耀祖;保佑老人身体健康,长命百岁。

于家的家长在祭祀祖先的活动中是占支配地位,供桌怎么摆,具体摆什么都必须要当家人来做,由当家人拿主意。家中的女性祭拜祖先有严格要求。在家庭内部可以祭拜,但如果去宗祠祭拜,未出嫁的女儿不可以祭拜家里的祖先。一生只可以去宗祠祭拜一回祖先,就是在结婚回娘家的时候,但不能一个人去祖坟,一般都由家中的兄弟代替女性家庭成员前去祖坟祭拜祖先。结婚后成为别人家的媳妇,也不可以去宗祠祭拜夫家的祖先,只能结婚当天祭拜一次,祖坟不可以去。但过年过节在自己家中祭拜的时候是可以的。

小孩子们会在祭祀祖先的时候磕头、上香、烧纸,说一些自己的心愿。这是当家人要他们做的,于家的小孩子在三四岁的时候就开始教导他们祭祀祖先的一些礼节,大一点儿之后无须大人指导,自己就可以独立完成。祭祀祖先家中的每一个男性家庭成员都必须去做,无论年龄大小,如果小孩子不愿意祭拜,会被当家人责罚。

(六)庙宇信仰及祭祀

1.寺庙居多,功能各异

1949年前,于堤村里有四座庙,分别为三关庙、土地庙、观音庙和于家宗祠。三关庙供奉的是关公,为什么名字叫三关庙,无从考证了。去这个庙祭拜的一般是男性求平安和钱财,保佑家庭财源广进,家宅平安。这个庙距离于家稍微有点儿远,都是于家的家长带领于家的男性成员过年过节的时候,带着炸菜、瓜果来祭拜关公。

于家的女性家庭成员则喜欢祭拜观音庙。观音庙是三座庙里最大的一座庙,里面供奉着观音菩萨,保佑生育和姻缘。所以来这里祭拜的女性居多,于田氏就喜欢带着自己的媳妇和孙媳妇过年过节的时候拜一拜,保佑于家人丁兴旺。

土地庙在于堤村的作用和其他地方不太一样。这里的土地庙虽然也保佑风调雨顺、五谷丰登,但还有一个重要的职能就是安抚灵魂。于堤村有人去世后就会抬到土地庙一晚,安抚死者的灵魂,又叫"打浆水"。于家在遇到灾荒年的时候,于家的家长就会到土地庙祭拜祈雨,保佑地里粮食能丰收,渡过灾难。

于堤村还有一个庙,就是于氏宗祠,这个属于家庙,在于堤村这里是算作庙的一种。用来供奉先人,祭祀祖先。过年过节,于家的家长都会参与家族的祭祀大会,来祭祀祖先,保佑后人人丁兴旺,子孙平安。

于堤村有的村民家里会安神堂,平常家人不舒服的时候,按照迷信的思想就是"掉魂"的时候,于家就会去别人家自己的神堂里祭拜,也找神婆去给家庭成员招魂,保佑平安。去别人那里祭拜,要跟主人说一声。一般都由于田氏去跟主人家说,去说的时候,需要带点儿礼物,如点心水果等。主家欢迎别人去自己家的神堂祭拜的,可以得一点儿东西。如果遇到其他村民刚好都要去祭拜,就按先后次序来。

2.庙里祭拜没有限制

谁都可以去庙里拜神,不仅仅是家长、老人、儿媳妇、成家和未成家的儿子、未出嫁的闺女、小孩子都可以。可以单独去也可以与家长一起去。如果是结伴同行的话,一般是当家人领着家里的男性成员去祭拜,女当家人领着家里的女性成员去拜神。拜神需要得到当家人的允许,拜不同的神,情况是不一样的。遇到旱灾祈雨的话,一般会去土地庙。家里的女性成员求姻缘或者求子的话会去观音庙,求平安和财富的会去附近的三关庙。祭拜单位可以是家户、家族,也可以是个人,这个没有限制。如果是以家户为单位,主要是当家人领着家里的男性成员去祭拜。女当家人也可以领着家里的女性成员去拜神。拜神这种事情于家没有明令规定谁可以去谁不可以去。

于家在拜神时有时独自一人,有时和其他人一起去。如果结伴而行,一般是找街坊四邻或者亲戚朋友一起去,都是与于家关系亲近的人家结伴而行,所需要的费用各自承担。祭拜的东西不可以共用,祭品是凡人对于神仙的心意,心意这种东西只有自己亲自准备才能体现出来,自己才会觉得心诚则灵。即使是在小气抠门的人,在拜神的祭品上也不会抠门。

于家去寺庙祭拜时会带水果,一般都是苹果、点心,最多的是油炸菜,有油炸的鲤鱼、油炸的山药、油炸的蘑菇、油炸的藕盒和茄盒等;还会带一方肉,大约二斤左右,呈正方形。去不同的寺庙带的东西是相同的,多以油炸菜为主。去同一个寺庙每次带的东西不一定相同,有时候点心没有会换成馒头,油炸的菜除了鲤鱼以外,多以时令菜为主,每次去的时间可能不同,时令菜也不一样。像山药多在冬天,蘑菇在夏天,因此不能保证每次去的时候带的东西是一样的。带着这种东西是为了向神灵表达自己的心意,祈求自己所求的事情能够达成。当地最具特色的就是油炸的菜作为贡品。于绥孝说这种习俗是祖祖辈辈流传下来的,他也不知道从何时开始流行的,但听自己爷爷说过其中的缘由。原来在以前,有一户农民过年时祭拜神仙,但奈何家中实在不富裕,没有拿得出手的祭品,不能像有钱人家一样摆上大鱼大肉。看着家里仅有的野菜,暗自叹气。终于他想到,野菜和大鱼大肉的区别不就在大鱼大肉有油,而野菜没有油水。于是他把家中的野菜抹上面糊,拿到油锅里炸得金黄,看起来金灿灿的,丝毫不逊色于大户人家的鸡鸭鱼肉。街坊四邻见他这么做,感觉很是新奇,于是纷纷这么做,一时间蘑菇、山药统统都入了油锅。大户人家知道了,觉得自己落后了,于是把家里的鱼也拿到油锅里炸了。结果当年这个村庄地里全部大丰收,大家就把这件事归功于用油炸的东西祭祀神仙,神仙喜欢所得到的回报,于是这个习俗一直流传至今。

五、家户娱乐

(一)结交朋友以个人兴趣为主

在于家,每个家庭成员都有自己的朋友。家庭成员交朋友的标准几乎是一样的,都是找自己意气相投、脾气适合的人作为朋友。男性交朋友的范围比女性要广,男性不仅可以交同族同村,也可以交外村外族,甚至可以远到全国,并且男女老幼不限,只要彼此兴趣相投,有共同话题都能成为朋友。女性可以交朋友的范围相对较少,只能交街坊四邻、同族,最远一般就到同村,而且都以女性朋友为主。一是受1949年以前封建思想的束缚,女的尽量不能和男性说话,否则会引来非议;二是受身体条件的限制,三寸金莲不能走太远的路,导致女性的交际范围仅限于村子,因此很难交到外村外族的朋友。

于家人都愿意结交性格外向,心地善良,豪迈仗义的人,认为这样的人直率开朗,和他交往不会有压力,也不会设防,感觉很真实。于家在村里属于乐于助人,广结善缘的家庭,因此在村里村外的朋友比较多。在家庭内任何人都可以交朋友。家庭成员交朋友不需要得到当家人的同意。小孩交朋友也不需要得到大人同意,但如果小孩交的是不务正业、游手好闲的朋友,家长和孩子的父母都会让孩子和那个朋友断了联系。妻子交朋友需要得到丈夫同意,女性朋友一般不用请示,但如果是男性朋友,一定要请示。儿子交朋友不需要得到父亲同意,当家人交朋友更不需要与其他人商量。

家庭成员的朋友如果在家里留宿要与家长商量,家长同意才能留宿,家长不同意,不能留宿。如果父亲是家长,且没有爷爷奶奶的情况下,父亲的朋友则不需要跟其他人商量。如果父亲是家长,有爷爷奶奶的情况下,父亲需要请示爷爷奶奶,爷爷奶奶同意才可以。如果爷爷是家长,则只需要请爷爷同意就行。儿子的朋友需要请示家长和自己的父母同意,若朋友们常住的话也是如此,最主要的是需要请示家长的同意,只要家长同意,其他家庭成员一般不会有其他意见。交朋友没有特别的仪式和特定的称呼,但朋友之间可以起一些外号或者昵称,来称呼彼此。朋友会到对方家串门,双方有红白喜事,都会参加。不需要特意去请,都是不请自来的。红事需要"随份子",白事需要"收头",送礼的多少看实际情况而定,与距离远近没有关系。

于家交往的朋友多是种地或者做木匠活的人,因为这些朋友家庭主要职业与于家职业是一样的,比较有共同话题,更容易成为朋友。相比于家的条件,于家认识的朋友家庭条件和于家不分伯仲。主要收入来源是种地收入,家庭土地有五亩左右。如果朋友中有为官者或富裕者,有需要的话如遇到经济困难,会请其帮忙,也会介绍一起外出务工或经商。如果朋友家遇到经济困难,一定会提供帮助,尽全力帮助朋友渡过难关。于家交朋友有一条不成文的规定或准则,就是不和不学无术、游手好闲的人做朋友,除此没有什么忌讳。家庭成员都要遵守,包括大人、小孩,如果不遵守家长会强制家庭和这样的人断绝联系。

(二)打牌是主要的娱乐活动

打牌在当地就叫打牌,是村民日常娱乐的主要方式之一,并不是一件不好的事情。于家的家人比较喜欢打牌。不仅在家庭内部打,也跟村里人打。在家庭内部打得较少,多在村里的打。都可以跟村里人打牌,老人、当家人、未成家的儿子、女性都可以打牌。打牌是一件日常娱乐活动,没有什么忌讳和不好的地方,所以全家的人都可以打。打牌会按年龄段来分,大多老人跟老人打,年轻人跟年轻人打。当然老人或者年轻人凑不齐人的时候,老人也会和年轻人打,年轻人也和老人打。于家是跟家庭经济条件差不多的人家打牌比较多,因为彼此有话聊,不会拘束。在于家,于师棣比较爱打牌,其他家庭成员对此持支持的态度。于师棣白天干活特别累,晚上可以借打牌来放松身心,所以全家人支持于师棣去打牌,不会有人阻拦。

一般都是农闲的时间打牌,农忙的话也可以打牌,但农闲时打牌的频率要高一些。打牌都是在晚上,晚饭过后,街坊四邻凑一桌就可以开始了。晚上大家都没有事情,既不耽误正事也比较好凑齐人。夏天的话一般在几家门口外,既乘凉又打了牌。冬天打牌的相对较少,多在某一户人家的炕上。

打牌的时候,饭还是回自己家吃,在别人家吃会给别人添麻烦,别人也不会愿意的。打牌的时候不会有赌注,是以娱乐为主,并不是以赌钱为主。如果当家人爱打牌,输钱太多,会引起家庭矛盾。家庭成员会给当家人压力,但不会提出分家。如果输光了,会借钱翻本,没有人愿意借给他,怕他还不上。若当家人赌博上瘾,有可能会卖掉家产继续赌博。家里其他家庭成员会反对,反对不一定有效,当家人不一定会听。

家庭成员如果去打牌,钱是当家人给的零用钱,不是自己在外面借的,因为家庭成员不能以自己的名义在外面借钱。如果输钱了,会被当家人骂,当家人会为了让他以后少去打牌而做出一些措施,如禁止他出门。如果输钱太严重会受到家法的惩罚,若家庭成员赌博上瘾,会被责罚,甚至逐出家门。

(三)串门聊天多在邻居之间

1949 年以前,于家平时会串门。一家之中男人女人、大人小孩都能出去串门。男人去邻居和亲戚朋友那里串门,女人多去邻居家串门。一般是晚上晚饭后串门聊天。男性串门会聊一些政治和农业生产,女性串门都会聊些家长里短。串门不会留在别人家吃饭,因为会给别人添麻烦,串门时有不成文的规定或准则,不能披头散发,不能在别人吃饭和睡觉的时候去串门,尤其是中午午休的时候,一定不能去。这些规矩是潜移默化中形成的,家庭成员都要遵守。如果不遵守别人家会觉得于家人不懂礼貌。

别人会来于家串门,左邻右舍和亲戚朋友都会来。来于家一般是男性找男性聊天,女性找女性聊天。于家对来串门的客人很欢迎,会倒茶倒水,留人吃饭。于家觉得来串门的这些人都是客人,应该好好招待。如果家里人都去串门,不用留一个人看家。1949 年以前民风淳朴,不需要特别看东西。媳妇们都想出去串门就都可以去,不需要分先后顺序。

(四)逛庙会

1949 年以前于堤村有庙会,于家有时会去逛庙会。家庭成员有时是一起去,有时个人单独去。也可以与人结伴,如与邻居、朋友一起。

该庙会在外村,镇中心举行,大约一个半小时的路程,庙会每年过年过节的时候举行,一年举行很多次,庙会一次会持续三天左右。于家参加庙会一般会看戏、逛街、拜神。村庄会举行看戏等活动,有时是村里组织村里出钱,也有的时候是大户人家出钱。于家女性最爱去看戏,如果想去不需要跟当家人说。

在庙会时于家或者亲戚家里有举行聚会活动,一般与自家亲戚一起。举行聚会活动时于家是一家人都会参加。于家人自己决定去聚会要跟当家人说,当家人一般都会同意。在聚会的时候会吃饭、聊天,联络感情。庙会时村里有赶集,于家的家庭成员会去赶集,买一些生活用品和新奇的玩意,一般女性不会去赶集。

第五章　家户治理制度

家长是一家之长,家长管理的范围是以家门为界,管理着整个大家庭的各项事务。辈分和年龄是对家长的第一要求。家庭会带给家庭成员社会保护和情感上的支持。于家有祖先制定的成文的家规家训,于家的所有家庭成员都必须按照家规家训行事。家长是家规的绝对执行者和监督者,家庭秩序的维持是家长的重要责任之一。家族是血缘和心灵归属,因此家族事务要按时参与。村庄公共事务包括村务会议、修桥修路、村费征收等,家长具有绝对的代表性。当时国家正处于战乱动荡时期,国家事务相对较少,主要分为缴纳税费、摊派劳役和村民选举等活动,一般是由于家的家长代表家庭参加。

一、家长当家

(一)家长的确定

1.辈分和年龄是对家长的第一要求

在于堤村,各个家庭的家长的确立都是自动生成的,很少通过刻意开会进行选举。家长一般都是家里年龄最大、辈分最高的人担任,并不根据能力、学识等条件来确认。于家分家时,于缮孝比于缮孝学识更高,为人处事也更精明能干,如果他当家的话,于家的经济情况肯定会发展得更好,但选代理当家人时,于孔佑就选择了于缮孝,并没有选择于缮孝。于师棣曾说,"老二聪明、能干,为人处事精明能干,但并不是当家的料,作为一个家长,辈分和年龄是老祖宗传下来的规矩,是规矩就一定要遵守,当然更重要的还要有当家人的肚量和品质,作为一个当家人,管理的不是一个小家庭,而是一个大家庭。每个家庭成员都有每个人的想法,作为家长要调解其他家庭成员之间的关系,受得住每个人的脾气,没有当家人的度量,怎么去掌家。当然最重要的就是,当家人是作为咱们全家的代表去跟村里的老少爷们交流处事,为人老实比事事算计清要好得多,你于缮孝也许会是一个好的记账先生,但不会是一个好的当家人,所以这个家还是由你大哥当吧"。从于师棣的话中可以看出,作为一名当家人,年龄辈分是最主要的原因,其次是肚量和品质,最后才是学识和能力。

2.家长并不等于家主

在家中最有权威的那个人,即辈分最高、年龄最大的人被称为"家主",意为"一家之主"。在家中具体管事的那个人,在当地称为"当家人"或者"管事的人",即家长。家主有时并不等于家长,家长大都由家中年龄最大、辈分最高的人担任,家主则一定是家里辈分最高、年龄最大的人担任,因此家长一般都由家主担任。这时人们会先称呼其为家长或是当家人,家庭内部其他成员可以按辈分称呼为爷爷、父亲,也可以称其为"当家的",并不会称其为家主。但这种情况一般发生在家主精力心力都足够担任当家人的情况下,当家主年龄较大,精力心力都

511

不足以担任家长职位的时候,会主动将家长的位置让给自己的儿子,一般由长子接过当家的位置。这种情况并不会召开家庭会议特地进行宣布,而是顺其自然地发生。家主在自己感觉管家力不从心的时候,会陆续地把家里的事交给长子去办。在于家,当时的家主是于师棣,当他六十几岁的时候,因为自己年龄比较大,精力也不如以前,开始慢慢把管家的职责让于孔佑接手,如村里召开村务会议的时候会让于孔佑代替于师棣进行参加;村里分派劳务的时候会让于孔佑代替自己去;更重要的是家族各家家长集会商量全族性事务的时候,也让于孔佑代替自己去。经过这些家庭事务的逐渐移交,于家周围的街坊邻居,村里的父老乡亲以及本家的人就会意识到于家的管事之人发生了变化。这时人们称呼于师棣就是家主,或是于家的家主,不会称之为当家人或家长,而称呼于孔佑则是于家当家人或是家长,家庭内部成员的称呼不会发生太大的变化,依然按辈分叫,但因为于师棣还在世,所以并不会称呼于孔佑为当家人。虽然平时于师棣出门在外或者有事的时候也会让于孔佑代替自己参加村里的事务,但基本上只要让儿子参加了家族中各家当家人的聚会,就意味着于家的家长已经发生了变化。

3.女性当家仅限于家中

在于堤村,女性可以作为家长和当家人。女性当家长主要分为以下三种情况:第一种男家长去世,即使子女健在且已经成年,女性作为家庭中辈分最高、年龄最大的人,可以接替家长之位,管理家庭内的一切事务。在于家,于孔佑去世后,即使于缮孝和于缙孝已经成家,但于绥孝的母亲作为于家中辈分最高、年龄最大的人,依然接任于家当家的职责,管理于家的一切大小事务。当遇到家庭以外的事情,如家族会议和村里的村务会议等则由长子代为出席,并且赶集采买等事宜也需要长子代替女家长。第二种情况是丈夫逝去儿女尚小,此时可以选择女性当家,家里的一切大小事务由女性负责。当遇到家庭以外的事情如家族会议、村里的村务会议和赶集采买等则由女当家丈夫的亲兄弟代为出席和购买。如果女当家人的丈夫没有亲兄弟则需要同家族的本家兄弟代为帮忙。第三种情况是寡妇一人生活,父母逝去家中无儿子只有女儿,这种情况下,则由女性当家。但为了巩固女当家人的地位,会从叔伯兄弟中给她过继一个儿子。这时的女性当家人比上述两种情况下的女性当家人更为艰难,"寡妇门前是非多"这句话并不是空穴来风。在1949年以前,于堤村深受传统思想影响,哪个女性当家人稍微有点过失,如出门买东西、参加村务会议,甚至只要在男性多的地方出现都会被冷嘲热讽,致使整个家族蒙羞。尤其在这种情况下,女当家人没有公公婆婆也没有儿子,更是成为村民监视的对象,行为稍有差池就会被嘲讽。因此,1949年以前的女当家人不管在家中拥有与男当家人相同甚至更大的权力,但仅仅限于家中,出来之后的地位仍然低于男当家人,甚至不如长子。

4.家庭成员给予家长充分的尊重

每个家庭的家长都是家庭中年龄最大、辈分最高的人,是其他家庭成员拥有最亲近血缘关系的亲人,因此会不自觉地对自家的家长产生信任感,是一种血缘关系下的天性使然。在于家,于师棣的话不仅拥有最高权威,也被全家人所信服,完全地信任和执行。哪怕觉得他的话有可能是错的,但也相信他是为这个家好,不会怀疑他的用意和做法,仍然会去执行他的决定。

家庭成员会一直尊重自家的当家人。首先当家人年龄最大、辈分最高,是其他家庭成员的长辈,从血缘关系来看,家庭成员理应尊重自己的长辈。其次当家人作为一家之主,权力最大,地位最高,就如同家中的最高行政长官,其他家庭成员就像他的下级员工,按权力大小来讲,下级理应尊重上级。最重要的是当家人所做的决定都是基于大家庭着想,心系全家人,他的心胸和动机理应被家人尊重,所以家庭成员会给予家长充分的尊重。在1949年以前,于家全家人对于于师棣这个当家人是非常认同和满意的。于师棣是那种威严睿智的当家人,他也许不会说出来,但心里装着全家人,并且办事公道,不偏不倚,让人信服。

5.没有特定的家长变化标志

一个人确定成为一个家庭的家长之后,不需要在家里的门牌上写这个人的名字,也没有其他的象征性事物,让别人一看就知道这个人是家中的家长。男性继任家长明显的事情就是代表家庭参加宗族的会议,平时老家长生病、外出等原因也会找长子进行代替,但如果在特别正式的宗族会议上长子出席,则证明长子已经成为该家庭的当家人。而当女性成为家长之后,通常没有明显的仪式。

在于堤村,每家每户的家长变更都是很明显的事情。上一任的家长年老之后,会让自己的孩子进行接替,而男性家长去世后,会让自己的妻子进行接替。村民之间彼此相熟几十年,不需要特地告诉,他们也知道。于孔佑1949年以前接替于师棣家长的位置时,没有经过明确的接班仪式。就是在于师棣年龄大了之后,代替于师棣,代表于家参与村里的村务会议、宗族会议等外部事务,逐渐从于师棣的手里接过了于家的家长之位。于孔佑成为家长之后,没有明显的标志证明他就是于家的当家人。但因为邻里、宗族、村里大家都相熟,所以即使于孔佑没有家长标志,大家也都知道。

(二)家长的权力

1.祖赋父权

家长是一家之长,管理着整个大家庭的各项事务,也拥有掌管家庭各项事务的绝对权力。只有这样,才能让其他家庭成员听从安排、服从指挥,从而保证家庭的各项事务顺利进行,家庭生活和睦顺利。家长的权力不是天赋而是祖先赋予和其他家庭成员所给予的,是被整个家庭成员所承认的。家长的位子是这个家庭祖祖辈辈传下来的,家长的权力自然也是从祖祖辈辈传下来的。除此之外,更重要的是家庭成员对于家长权力的给予,只有当其他家庭成员上交自己的部分权力,选择听从家长的安排的情况下,家长才拥有绝对的权力,在家庭中拥有权威。所以家长的权力的由来包括两方面:一方面祖先赋予,另一方面是家庭成员给予。

在于家,于师棣作为于家年龄最大、辈分最高的人,自然而然地成了于家的家长。他的权力一方面是从他的父亲手里传承下来的,一方面就是于家其他家庭成员的给予,把家庭管理权让渡给于师棣,方便他更好地掌管于家这一个大家庭。

2.家长管理范围和方式

家长管理的范围是以家门为界,家长能够管到最远的一个人是家里最小的一个人,超过家门的任何一个人都不在家长的管理范围之内。而家庭事务则是与家庭有关的任何事务都在家长的管理范围之内。

家庭遇到大事,如土地买卖、房屋建设、嫁女儿、娶媳妇等,家长会与家庭其他成员开会商量,包括妇女和儿童。在于家,经常召开家庭会议。在会上,于家的当家人会首先介绍一下发生了什么事,事情发展到什么程度了,他接下来想怎么做。如果其他家庭成员有其他的意见允许发表,但具体能不能采纳就要看家长的决定。如果当家人觉得你说得有理,就会采纳你的建议,如果觉得你说得不对,他可以维持自己原来的决定。不论当家人采不采纳你的建议,只要当家人做出决定,你都要无条件地服从,不得有异议。当然,当家人是于孔佑时,当家的人的决定不是"至高无上"的,他需要询问老当家于师棣的意见,如果老当家同意,则事情就按于家家长的意思处理;但若老当家不同意,即使现任家长的想法可行,都不予同意。因此,家户内部做决定的一般是家里年龄最大、辈分最高的人。一般女性和小孩在这样的会议上基本不发言,由家庭男性成员之间进行交流。

3.家长拥有家庭所有的权力

（1）财产管理权

于家的收入主要来自于种地和打零工,有时会做一些副业贴补家用,但挣的钱较少。于家的财产是以当家人的名义全家共有。家庭成员认为这些财产是全家人共同挣得的,理应全家共同所有,并没有出现家庭成员在钱财上进行抱怨的事情。当家人管理全家的一切事务,最重要的就是财产管理权,并且对于财产权的管理是绝对的、不容置疑的,任何人不能违背家长对于财产的支配,所以家长有管理全家财产的权力,能全权对家庭财产进行分配。在于家,家庭成员出去挣钱回家后一定要先将钱交给当家人才能回自己的屋子,如果不把钱交给当家人,会受到当家人的责骂,严重的会受到处罚。即使家庭成员确实有事,并且不得已用钱,也要先把钱上交给家长,然后向家长说明缘由,在家长同意后才能支取一部分钱,若家长不同意仍然不可以支钱。

家长会给家庭成员一些零花钱,按儿子的小家数量来公平地分发,一般是由自己给,自己没有时间的话可以交给妻子。当家人给的时候主要是给儿子们,由妻子分发的话就是分发给儿媳妇们。但包括家长在内,任何家庭成员不能有私房钱,需要用钱的时候可以从家长那里支取,但不可以自己藏私房钱。如果有人藏私房钱被家长发现了会开全家会议进行批评,并责令该个人或家庭上交私房钱。

于家的贵重物品由于家的当家人进行掌管,如地契、分家单、过继单、现金等,这些贵重物品一般放在当家人的屋里,用箱子装着上锁后放在柜子里。仅有一把钥匙,由当家人管理。衣物等不重要的物品还没有发放给各个小家庭的时候是由女当家人管理,放在当家人屋里的柜子里,不用上锁。当分发之后,则由各个小家庭自己掌管。当家人一定要掌握财政权,只有握有家里的财政大权,当家人才会拥有更高的权威,从而更好地管理家庭。当家人与管钱的人可以不是同一个人,但这种情况只在大户人家才会出现。大户人家家庭琐事较多,家庭收支也较复杂,当家人自己难以完成,所以需要专门的账房先生或者管家帮忙打理。因此,当家人与管钱的人可以不是同一个人。

聘礼、彩礼是都由当家人来决定,准确地说是由男女双方的当家人共同商议决定的。儿媳妇进家门之后所带来的嫁妆仍归儿媳妇所有,一般情况下是归儿媳妇支配。但如果家里需要的话,当家人可以支配,但要经儿媳妇同意。分家时,不能分嫁妆,嫁妆该是谁的就是谁的。因为嫁妆是媳妇们的娘家给媳妇的体己钱,属于私有财产,理应归媳妇个人所有,不能归入大家庭的收入。嫁妆可以继承,母亲的嫁妆,在母亲去世后,可以平均分给自己的孩子,男女均可继承,即使女儿出嫁,母亲留给女儿的东西,女儿仍然有权继承,任何人不能阻拦。嫁妆的继承也由当家人说了算,如果老人有遗嘱的话,以遗嘱为准。于绥孝母亲的嫁妆是由于缮孝、于缙孝、于绥孝三个人平均分配继承的。

在土地买卖、租佃等重大事情上,家长会与家中其他成员商量,包括男性成员、女性成员和孩子。全家人会在晚饭后,聚集在家长的屋里,召开家庭会议。因为人数比较多,所以一般男性家庭成员拿着板凳坐在地上,女性成员和孩子坐在炕上。由家长简要说明土地买卖的相关事情,如土地的质量、交易的是谁、价格如何等等。说完之后,各个家庭成员有意见的可以进行发言,表明自己的观点。家长如果觉得有理,会予以采纳,如果觉得没道理或者不合适,则不会采纳家庭成员的意见,按自己的想法来。此时即使有的家庭成员有不满或者不理解,也必须听从家长的决定。

于家曾租赁了村里大户人家的七亩土地,1949年以前准备租这七亩土地的时候,于家家长召集全家人,包括于孔佑母亲、姑姑,于缮孝、于缙孝和于绥孝,开了一个家庭会议。于家当家人向其他家庭成员大体说明了这件事,租谁家的土地、租金多少、土地位于哪里、土地如何等。然后,其他家庭成员就这件事发表意见,于孔佑认为这块土地离于家自己的土地距离较远,耕种不方便,应该租靠近自己家土地的地。但于师棣则认为那块地地质好,收成好,距离也不算太远,完全可以租种,因此并没有采纳于孔佑的建议。其他家庭成员无人反对这件事,因此即使于孔佑有不满,也要按家长的决定办事,于是这件事就按于家家长的意见办了。第二天于家家长就找了双方都认识的本家二叔做中间人,去大户人家签订契约。契约一共有三栏,分别是于家当家人,中间人和大户人家的家长,契约方可生效。三方签订契约后,一式两份,于氏家长和大户人家的家长各保留一份,以此为凭。

这种家庭会议虽然召开有一定的作用,允许其他家庭成员发表自己的意见,但真正做决定的仍然是家长,并且女性在这样的家庭会议里虽然允许参加,但一般并不会发表意见,只是作为旁听者。在没分家的情况下,家里的一切物资都归集体所有,粮食也不例外,家里的粮食统一供全家人一起吃。每次有集市的时候都是当家人去赶集,买几天所吃的菜,然后每天有女当家人,即当家人的妻子安排每天吃什么。做饭都是全家的女性一起行动,有人择菜,有人做饭,有人蒸馒头,具体的工作由女当家人安排。

每个家里的院子里都有粮食墩,用来装粮食用。因为在院子里,家庭成员来来往往都可以看见,所以不需要安排专门的人进行看管。家庭粮食的买卖、用途都由当家人做主,其他的家庭成员需要听从家长的安排,不能私自做决定,更不能说没有经过家长的允许就把粮食偷拿出去卖,如果被家长知道后,会受到家法的处罚。在于家,于缮孝小时候吃粗粮馒头实在受不了了,想换一点儿白馒头,但于家家长于师棣不同意。情急之下于缮孝便偷拿了半袋粮食去换了几个白面馒头和于缙孝以及于绥孝偷偷分着吃了,回来后吃不下饭,被家长察觉出了不对劲,一问之下竟然是于缮孝偷拿了粮食,一气之下拿藤条抽了于缮孝二十下,并罚一天不许吃饭。于缙孝和于绥孝是共犯,不仅不加以劝阻还偷吃,罚他们藤条十下,也是一天不许吃饭。于绥孝说那次正好是夏天,后背上的伤被汗水一浸,火辣辣的疼,从此以后他们三个再也不敢违背家长的话偷粮食了。

土地房屋买卖、租佃或典当对于一个家庭来说是一件重中之重的大事,所以这种事必须由当家人和其他家庭成员开会讨论,经过全家人一致同意后才能找相关的人进行契约的签订,而在土地房屋买卖、租佃或典当的过程中,写各种单子的时候落款人必须写当家人的名字,家庭其他成员签订的单子并不能得到别人的承认,只有当家人签订的才可以。即使是代理当家人、女性当家或者长子当家在土地房屋买卖、租佃或典当的过程中,也必须等到当家人回来同意后,进行签约,签约的落款人也必须由当家人亲自填写,方可生效。

于家曾租赁了村里大户人家的七亩土地,有一年,于家想要续租,但于家的家长(那时为于孔佑当家)却出门务工没有回来,因此长子,即于缮孝想替父亲去签订续约合同,但大户人家的当家并没有同意。因此续约合同一直等到于家的家长于孔佑外出回来才签订。家长签订契约不仅仅代表个人,而是代表着整个于氏一家,其他人并不具有这样的代表力,因此其他人不能代表家长签订土地房屋买卖、租佃或典当的合同。

(2)制衣分配权

于家每年一般分两季统一制作新衣服,夏收一次,过年一次,其余时候的衣服全家不统一做,根据个人需要进行制作。以过年置新衣为例,每年衣服的布料一大半是家里的女性,即婆婆和媳妇们用织布机织的,如果不够则由当家人赶集的时候在集市上购买,然后根据每个人的尺寸分发布料和棉花。棉花是由当家人进行分配,按照每人所需棉花进行平均分配,不按照每户多少,所以即使某个小家庭人口比较多也不用担心棉花不够。一般衣服是由各个小家庭的媳妇给丈夫和孩子做,当家人的衣服由女当家人做。如果女当家人身体不好,年龄大了,当家人和女当家人的衣服则平均分给每个小家庭进行制作。如果小叔子没有结婚,自己的婆婆年纪比较大,一般小叔子的衣服就交给自己的嫂子做。1949年以前于绥孝还没结婚的时候,衣服就是交由自己的大嫂和二嫂做。如果给小家分配到的棉花有剩余,这个棉花不可以归小家自己所有,不可以小家庭自己处理,如出售换钱。需要统一交还给大家庭,由女当家人负责收齐,家长统一清点。

(3)劳动分配权

于家的劳动生产是根据性别来进行划分,男性负责种地、外出做工等体力劳动,女性负责织布、做饭等手工类活动。遇到具体情况的话,是由当家人做出的劳动分工和具体安排,家庭成员们都听从家长的安排,来进行劳动活动。如果不听从会受到惩罚,如责骂、责打等。

家庭里男性农忙时下地干活,农闲时外出务工,或者兼职做一些副业,制烟卷、做粉丝等。女性在农忙时来回地里给家里的男性送饭。农闲时纺纱织布,或者兼职做一些副业,制烟卷、做粉丝等。60岁以上的老人以他的身体健康情况而定,如果身体允许,可以做一些零散的农活,身体不允许的话,就每天散散步和邻居聊聊天、打打牌就行。小男孩和小女孩在八九岁就可以帮忙,十二三岁左右就开始参加劳动生产,十五六岁已经成为家庭劳动力了。

(4)婚丧嫁娶管理权

在娶媳妇、嫁女儿这方面,于家的孩子们必须要都要听从当家人的安排,父母之命、媒妁之言。于师棣当家,家长同意而孩子的父母亲不同意,这样也可以结婚。爷爷作为家主也是当家人,他说话的权威胜过孩子的父母。因此,相反的情况,如果孩子的父母亲同意结婚当家人却不同意,这样不能结婚。

结婚时爷爷当家,孙子辈结婚在证书上写既要写爷爷的名字也要写父亲的名字。于绥孝结婚时结婚证书上写的内容为:于绥孝,于师棣令孙,于孔佑率子,于绥孝在×年×月×日与张家女儿结婚,特此证明。签字人男方:于师棣、于孔佑、于绥孝;女方:于张氏、于张氏的父亲。

家庭成员离婚时需要得到当家人的同意,如果当家人不同意,他不可以离婚。如果当家人同意,也必须需要征得女方娘家的当家人的同意。男方家当家人作为代表去跟女方家进行交涉。如果家长对媳妇不满意,也不会叫儿子和她离婚。在1949年以前离婚是一件大事,对于男方家庭会被人嘲笑苛待媳妇,以后比较难再婚;对于女方来说更是致命的打击,女方被休回家后,可能一辈子都不能再嫁,且被人嘲笑,遭到唾弃。所以不是媳妇犯了大错,七出之条,当家人不会轻易让儿子和媳妇离婚。

家庭的祭祀活动是由当家人做代表进行祭祀,家庭的大型活动也是由当家人来组织和主持。当家人对于家庭具有绝对的代表性。当家人过世之前,若把他想做但是在生前没有做成功的事情立了遗嘱,后辈人会遵照老人的遗嘱办事。这是对于老人的尊重,也是后辈对他的孝顺。

(5)对外交往权

在对外关系中,家长具有绝对的代表性,是家庭成员中唯一一个可以代表整个家庭,其他人不具备这样的代表性和作用。家长具有的代表性既是对外代表性,又是对内代表性,是可以代表全家人以家庭的名义向外人进行借债。在村庄的开会、投票等事宜中,可以由当家人代表整个家庭去参与。当家人既是户代表,又是交税纳粮主要责任人。

家里有人要出去打工,必须要征得家长同意。在外面所挣的钱扣除在外面的花销,都要寄回来给当家人。如果自己想用一些钱,也要先征得家长的同意。但出门在外可能没有那么方便,只要数目不大且用在该用的地方,可以先应急,回来后再向当家人报告。如果儿子出门打工想带自己的妻子出去,需要征得当家人的同意。如果当家人不同意,妻子不可以跟着出去。如果妻子不告而别去找丈夫,当家人会给予惩罚,轻则责骂,重则鞭打。

(6)家长权力的约束

家长是按照年龄辈分来确定的,与能力关系不大,因此家长的能力不强,也可以当家长,家庭成员不会也不能重新选一个能力较强的人来家长。如果家长私自跟外界借债长期不还,且用于自己私事而不用于家庭公共事务,家庭成员会开家庭会议,对这件事情向家长提出意见,规劝当家人。如果家长不听,也只能忍受他的所作所为。当家人的负债由家庭成员共同承担。如果分家了,由当家人的儿子们来均摊承担,"父债子还"。"父债子还"是天经地义的,是儿子们应该做的,是对父亲尽孝道的一种表现。如果家长瞒着家里人做了不该做的事情,并且家长的意见与其他家庭成员的意见有分歧,家庭成员并不会就因此不相信家长了。家长不仅是家庭的管理者,更是家庭成员的父亲或爷爷,是血脉关系最近的人,当家长出现过错时会选择谅解和宽容,不会就此不信任他们。

家长要做到公平公正,一碗水端平。如果家长对家庭成员不一视同仁,对其中几个儿子有所偏爱,会难以得到所有家庭成员的尊重和信任而造成家庭不和谐。如果家长吸食鸦片成性或者沉迷赌博,将家产败光导致家庭衰败,他没有当家长的权力。家庭成员会采取一些措施来限制家长,如让长子代替家长当家。家族族长和保甲长不会参与到家庭的内部事务中来,因此不会对家长进行约束。

只要是家长做的决定,无论在不在情理之中,甚至做一些不被大家认可的事情,家庭成员都必须听从于他。家长的权力在家庭中是至高无上的,谁也无法撼动和制约。除非在家长的手中,家庭衰败,迫于无奈找人代替家长行使管理权力,但家长依然是家主,决策权力仍然不变。

4.家长权力的代理

如果一个家庭家长去世后,后辈全是女儿,可以请一个本家的人来代理家长,首要的人选就是这个家庭家长的亲兄弟,这样的关系既可以让该家庭有归属感和安全感,也方便代理家长管理家庭事务。如果这个家庭的家长没有亲生兄弟,会找家长的堂兄弟,再次之是找家族中与家长同辈的叔伯。这种代理家长是按照血缘关系的远近来进行选择,血缘关系越近,对于家庭成员来说越放心,对于代理家长的命令越服从。一般不会找叔伯家的儿子,因为叔伯家长的儿子跟家庭家长不属于一个辈分,在家长的位子上难以服众。其次因为年龄和辈分的差距,会让叔伯家的儿子对于这家的家庭事务不太了解,难以发挥代理当家人的职责。这种代理家长的职责一般担任到女儿成年出嫁,此时可以决定是找上门女婿或是在同族的人中选择一个适龄的男孩进行过继。但无论是哪种情况,代理当家人的职责都会取消。

于家没有发生过此类情况,即使是男丁较少,至少也会有一个,因此很少请代理当家人。但隔壁邻居张氏家中曾出现过这类的情况,张氏的父亲外出做短工,突发疾病去世了,母亲身体不好,无法主事,家中只有张氏一女,于是只好找张氏的大爷,张氏父亲的亲哥哥来代理主事,当代理当家人。张氏的大爷当代理当家人负责除财政权之外的家里的一切大小事务,家里的财政权在张氏母亲的手里。村里和族里需要开会或者出劳动力之类的事情,也是由张氏的大爷代替张氏母女办理,如果有需要用钱的地方,会提前和张氏的母亲说好,由张氏母亲把所需的费用给张氏的大爷。等张氏到了适婚年龄,由代理当家人即张氏的大爷和张氏的母亲张罗了一门婚事,丈夫是邻村的一个多子女家庭的老三,他家人口比较多,尤其是男丁,加上他家的生活条件不好,因此同意了当上门女婿。等张氏结婚后,张氏大爷的代理当家人的重担才算是放下了。

代理当家人可以处理家里的具体事务,可以代表所代理的家庭参加村里的开会、投票。女性代理人不可以参加村里的事务,宗族的事务也不可以。如果需要处理的话,会让自己的长子代替自己去参加村里和宗族的会议。邻居们、乡亲们认可女性代理当家人的事情,但不能接受女性当家人代表家庭参与家庭外部事务。于师棣外出时,由于田氏担任代理当家人,1949年以前家里的对外事务,如参加村务会议或宗族会议会由于孔佑代替于田氏参加。

作为家长,都是掌握家庭管理实权的人。只有当家长身体不适,无法管理家庭事务时,这个家长只是名义上的而不具体当家。而当家长年老退位的时候,并不能成为家长,而是家主。如一对兄弟,兄长头脑不灵活,兄长应该算家主,由弟弟来当家的话,弟弟才算家长。

如一对父子,家长年纪大了,但是已无力管理家庭事务,他变为家主,而具体的当家任务可以让自己的儿子去做,儿子则成为该家庭的家长。于家的老家长于师棣年纪大了以后,由于孔佑接管家长一职。而于师棣就不算家长,而是家主。家主指的是家中年龄最大、辈分最高的人,而家长则是掌握家庭管理职权,管理家庭内外大小事务的人。家主可以是家长,而家长只能由家长担任。

(三)家长的责任

1.家长需要管理家庭的内外事务

作为一个家长,他必须管理家庭的内外大小事务,外部事务包括代表家庭参加村里的征税会议、村务会议和宗族里的宗族会议等,内部事务包括家庭成员的衣食住行、生产、生活的安排等。如一家人没有粮食吃了,由当家人负责。如果没有衣服穿了,由他负责。如果需要从别人家借粮借款,也是由他代表家里去借。

作为一个家长,家长首先维持家庭内部和睦相处,家和才能万事兴。因此,需要当家人有相当大的肚量和为人处事的能力,在照顾家里特殊人群的同时满足其他家庭成员的需要,且不引起家庭矛盾,所以说当家长也是一门很高的学问。其次要满足家庭成员的温饱问题,家庭经济也是当家人需要承担的重要职责之一。当家人需要具有经济能力,带领家族发家致富,满足其他家庭成员的基本生活需求。最后家长也要具有对外代表能力,作为家长在外面代表的不是自己而是整个家庭,因此当家人在外面要时刻注重形象,代表着家庭的最高权威。任何对外的事情,家长出面就代表着整个家庭重视这件事情。所以家长除了要管理家庭成员的吃穿住行之外,也要保持家庭收支平衡。家长需要保证家庭和谐相处,尽量少发生一些内部矛盾。自家的小孩犯错误了,也是要由当家人代表本家庭去给别人家认错。

2.发家致富、治家有道才是好家长

好家长的标准并没有定义。于绥孝认为好的家长最主要的是既能让家庭成员和睦相处,又能让家庭发家致富。当然也要具备其他品质,如孝顺、善良、有担当等等。要无时无刻对父母看护,特别孝顺;对儿女照顾周到呵护有加,把自己的家里管理得井井有条。于绥孝到目前为止认为最好的最让人佩服的就是于师棣。于师棣是一个有大智慧的人,年少时远赴省城当学徒工,努力学习手艺,成为店里的大徒弟。因为家里需要回家担当起这个家,1949年以前于家家徒四壁,为此于师棣想了很多办法来挣钱养家,最终发展了做粉丝和制烟卷的手艺,帮助补贴家用,于家才慢慢地富裕起来,成了于堤村的中等水平的家庭。当家人最主要的是肚量和气魄,能容人所不能忍。1949年以前于家在正式分家之前闹了一阵分家,每一户都觉得自己分的东西少了,弄得于孔佑很是为难。最终是于师棣出来主持大局。于师棣什么也没说就把一杆秤摆在了屋里的八仙桌上,让人拿了油盐酱醋等东西,放在桌上,从盐开始一样一样过秤,平均分成三份。到了油,油还没上秤,于缙孝就起来说"爷爷我们错了,你这哪是秤东西,你这还不如打我们呢。我们不该斤斤计较。你和父亲想怎么分就怎么分吧,我没意见"。于缙孝一说,于绥孝和于缙孝也纷纷起来表态。而闹得最凶的大嫂和二嫂当时也是满脸羞愧,一句话也没说。就这样在于家老当家的主持下,于家顺利分了家。于绥孝说,当家人是一个家的脑子和心脏,忍常人不能忍,做常人不敢做,才是真正好的当家人。

家长没有胜任不胜任之说,他不像现在的政府官员,一旦不能胜任就会被罢免,只要担任了家长,除非家长年纪大了,没有能力管理整个家庭,否则家长即使做错了事情,甚至是大错,如沉迷于赌博、沉迷于吸食鸦片、沉迷于美色等都不会被罢免家长的职责。家主并不等于家长。家主是一家之主,是家里年纪最大、辈分最高的人担任。而家长则是家庭的管理者和决策者。家主在可以有心有力管理家庭事务的时候,家主就是家长。而在家主年龄大了时候,没有能力管理整个家庭的时候,就不能当家长,就需要另找一个当家人,自己则只是家庭的家主。于家的当家人,即于师棣在年纪大了,没有能力管理家庭事务的时候,就将家长之位让给了于孔佑。于孔佑成为家长后,于师棣就"退居二线",成了家主。

一个家庭只能有一个家长,不能有多个家长。如果一个家庭有多个家长就会造成权力分散,指挥混乱,其他家庭成员不知道该听谁的,无法认真完成家庭的各项任务。久而久之就会演变成家庭内部矛盾,影响家庭内部的和谐。因此一个家庭只能有一个家长,而不能出现多个家长。人们一般会受以下两种情况的误导:第一种情况,有的时候,人们会习惯称呼男性当家人为外当家,女性当家为内当家,给人造成一种错觉,家里是否有两个当家人。其实并不是这样的,内当家并不是真正的当家人。内当家即当家人的妻子,负责管理家庭的内部事务,包括家庭成员的一日三餐、衣服的购买等,都是由内当家负责安排。实际上这些任务都是男当家人安排给内当家人的,并且内当家人每天都要给男当家人汇报一天的工作,所以女当家人并不能算作真正的当家人。还有一种情况就是,当家人的父亲即老当家,人还在世的话,当家人遇到土地房屋的买卖、租赁、典当等家庭重大事情的时候会向老当家汇报,询问他的意见。这时人们就会说有两个当家人。事实上虽然老当家人仍然被叫作老当家人,但他从不承担当家人职责的时候,已经不能算作真正意义上的当家人,只能算作家主,即家庭里年龄最大、辈分最高的人。当家人遇到家庭的重大事情一定要向他讨论,除了向他讨教经验以外,老当家还是他的父亲和长辈,理应向他报告家里的重大变动。但老当家不承担家长的责任和义务,不对外代表整个家庭,因此已经不能算作真正的当家人。综上每个家庭真正的当家人只有一个。

在于家,于孔佑担任当家人后,家里的事情事无巨细都会向于师棣,即老当家进行汇报,于师棣会给予意见,有时也会强硬地做出决定,但在代表于家对外的活动中,如村务会议、家族集会等都由于孔佑代表于家出席。并且当于家面临经济困难的时候,也是于孔佑代表于家出面借钱,解决家庭危机,契约上签署的也是于孔佑的名字。所以在于家,即使老当家还在,但当家人只有一个,就是于孔佑。

(四)家长的更替

当家人出远门务工经商长期不在家,会找一个人来代理自己当家。如果当家人妻子的精力足够,会让自己的妻子来管理家中的事务。如果妻子身体不好,精力不足,则由长子来代为管理家中事务,但任何事情都要告知母亲,不能擅自做主。于家的当家人于师棣外出务工时,会把掌家之权交给自己的妻子于田氏,家中的大小事都由于田氏做主,但家庭之外的事情,如村里的村务会议或者家族议事等事都会由长子于孔佑代替母亲于田氏前去,回家后告诉母亲于田氏会议内容,需要做决定的事情由于田氏决定。

当家人生病或者因为身体其他原因无法照料家庭,可以让自己的妻子或长子来管理家中的事务,也可以找一个人来代理自己当家。具体怎么办要具体问题具体分析。第一种情况,如果当家人的妻子身体较好,有足够的心力去管理家庭,就由妻子来担任代理当家人,家里的大小一切事务都由妻子负责。除却一些重要的事情,如土地房屋的买卖、租赁等需要跟丈夫商量,其余的事均可自己决定。如果遇到村里的村务会议,家族的集会等需要出门的事情,一般由家中长子代替母亲出席,回家后将相关事情告诉母亲,请她做决定。第二种情况,如果当家人的妻子身体也不太好,无法担任管家事务的时候,则由长子担任代理当家人一职,全权管理家中的事务,其他的家庭成员也必须听从代理当家人即长子的安排。第三种情况,在当家人的妻子身体不好,子女又小的情况下,可以请其他人来担任代理当家人。一般首先考虑的是当家人的亲兄弟来担任代理当家人,其次是自家亲戚,最后是同宗族的本家兄弟。代理当家人的人选根据血缘关系的远近来决定。因为血缘关系越近,对于代理家庭的事务越了解,代理家庭对他的决定越信任,执行力越高,方便进行管理。代理当家人可以管理除财政权之外的其他一切事务。如果遇到村里的村务会议、家族集会等需要出门的事情,也可以代替代理家庭进行出席。

当家人过世了，如果不进行分家的话，则由当家人的妻子或者长子来管理家中事务。如果当家人过世了，大家庭进行分家，则分家后的各个小家会产生新的当家人。于家1949年以前，在于孔佑去世后，就分了家。于缮孝住在东屋，于缙孝住在西屋，于绥孝住在南屋，于绥孝的母亲住在北屋。母亲平时由各家做了饭给她送去。于缮孝、于缙孝和于绥孝即成为各家的家长。

当家人过世后，新的当家人不会在老当家的葬礼上做一些特别的事情来表现自己已经成为新的当家。新的当家人在老当家的在葬礼上必须担当起一个家庭领导者的角色，一切大小事务均由新当家来决定。比如葬礼仪式的大小，送往宾客的接待等。但如果新的当家人是女当家人，则由长子代为接送宾客以及出外采买。在于家，于师棣去世的时候，因为于田氏年龄大了，身体不好，新的当家人的职责就落在了于孔佑身上，于孔佑要求葬礼的仪式一定要隆重，礼节一定要周全。为此特意请了专门的葬礼司仪，确保一切仪式不出意外。丧礼持续了三天，这三天期间，于孔佑作为新的当家人，要出外采买、迎送宾客、带头守灵等。

在一个大家庭里，如果要更替当家人，会首先从当家人的儿子中选择，如果没有儿子的话就从同辈当中选择接替人。如果家庭过去的当家人有妻有妾，当家人过世，若妻妾都有儿子，由妻子的儿子来接替当家人，即使妾的儿子比妻子的儿子有能力也不行。若妻无儿子妾有儿子，则由妾的儿子来接替当家人。如果一个家庭关系很复杂，当家人过世了找不到接替人，当家人会先立一个遗嘱选定以后的当家人。新当家人只能是男性而不能是女性。如果家长去世了，家中的孩子还比较小，妻子可以接任当家人。如果一个家庭没有儿子全是女儿，则由其中一个女儿找一个上门女婿，由女婿接任。如果有多个女儿的情况，一定要长女招上门女婿。

二、家长不当家

（一）兄弟当家，家长权威不变

于家有家长不当家而由家长兄弟当家的情况。于缙孝早年出门当兵的时候，因为家中孩子还很小，二嫂对于掌家之事也不太懂，曾让于缮孝代为当家一段时间。家长的兄弟当家时除了不能管财产之外，其他内外家庭事务均可以负责。家长就是家长，怎么都不会变的，在家中的权威是一样的。只要家长回来，家里面有事必须找家长商量，向家长请示。

作为代理家长财产管理权和财产支配权应该在他的手上，但实际上财产的管理权和支配权都在家长的手里，用钱的时候必须向家长请示和说明。于缮孝做代理当家人时，于缙孝家的财权就在二嫂的手里，于缮孝每次都会把要做什么事、需要多少钱告诉二嫂，然后由二嫂把钱给于缮孝。

家长不管理家庭事务时，和家庭其他成员一样需要下地干活。农忙时下地耕种，农闲时做一些副业，贴补家用。空闲的时候会和街坊四邻聊天打牌或者去赶集买东西。如果家中要买卖、租佃、典当土地时，签契约的时候写的是家长的名字，不是在实际当家的兄弟的名字。如果遇到家中要买卖、租佃、典当土地时，实际当家的兄弟必须与家长商量之后才能决定，不能私自决定。如果家长有事不能及时赶回来，就像于缙孝一样，外出当兵，常年不回家。

这时父母健在就与自己的父母商量，父母不在就与于绥孝的二嫂商量。

家里如果晚辈结婚的时候，结婚证书上写的是家长的名字而不是实际当家人的名字。家长不当家时，如果兄弟众多，他一般会选择和他关系好的，并且有空闲时间，自己家的管家任务没有那么重的。如果只看重能力强和自己关系不好的话，也不会同意他的要求。他让别人来当家，别人一般不会有意见，会同意。但如果别人家事情比较多，他身体也不好，照顾不过来的时候也会拒绝自己兄弟的请求。让自己兄弟代为管理家庭效果还是可以的，虽然没有自己管理的那么称心，但因为彼此是兄弟，对方肯定尽心，所以也不会差到哪里去。家庭里的晚辈结婚，是让家长主持，并不是让当家的人来主持，当家的人只需要安排婚礼的具体细节就行，真正主持当然由家长主持。

（二）妻子当家，家长对外代表性减弱

于家曾经出现过由家长不当家而由家长的妻子当家的情况。出现这种情况并不是说妻子的能力比家长强，或者家长身体不好，这种情况出现一是于家的家长外出，二是于家的家长去世这两种情况。于家的家长外出，家中的事务交给妻子，妻子作为女家长，可以处理家中的大小事务，但遇到大事如买卖、典当、租赁房屋土地等事，需要等家长回来之后做决定。当于家家长去世之后，家长的妻子可以全权处理家中的大小事务，即使遇到买卖、典当、租赁房屋土地等事情也可以做主。如果遇到需要代表于家参与的村务会议、宗族会议则由长子进行代替。回来后再将事情告诉女当家人，请她做主。

妻子当家的时候，遇到村里的或者国家的公共事务，她没有权力代表家庭出面处理，但有权力派家庭成员一般为长子代替她代表家庭去做事。女当家人也是家长，家庭成员会听她的。如果不是大事的话，家庭成员不需要特意请示家长。

村里邻居的家庭在婚丧嫁娶方面需要请人帮忙，女当家人不能够代表家庭去帮忙，如果帮忙的话，不会被别人家接纳，但不会笑话。女性当家并不是只管理内部事务，她也负责管理外部事务。只是受封建思想"女子要大门不出二门不迈"和三寸金莲的束缚，无法出门代表家庭处理外部事务。

如果妻子当家，妻子不能以自己的名义去借钱，必须要以家长的名义去借钱。因为作为当家人，一言一行代表的都是整个家庭，什么事情都要站在家庭的利益上考虑，借钱也要代表家庭去借，不能以自己的名义去借。并且以自己的名义去借，对方也不会借给她，因为不相信她能有还款能力。其实女性当家的时候，借钱一般都会让别人替代自己，如自己的长子，让他代替自己代表于家去别人家中借钱，因此借款单上写的是长子的名字。

如果家长出远门，家里由妻子当家，家里面的琐事可以自己决定，土地出租、买卖、典当和借钱等事需要征求当家人同意，与当家人商量才能做决定。妻子如果有急事找当家人，需要找与当家人在一处打工的人带去口信。当家人知道后再找人将口信捎回，一来一去短则一两个月，长则大半年。因此，不是非常着急的事情，妻子一般不会给当家人捎口信。一是怕麻烦，来回耽误时间长。二是怕丈夫出门在外担心。如果妻子没有与当家人商量而私自决定一些事情，等当家人回来进行告知，只要不是做了非常错误的决定，伤害了家庭的利益和名誉，一般当家人都不会责怪妻子，也不会对她进行处罚。

（三）长子当家，权力传承

于家有家长不当家而由家长的长子做主的情况。于家的老当家于师棣年纪大了，身体不好,没办法管理家庭,于是把家长之职传给了长子,也就是于孔佑。一直以来家长之位都是给长子,一是因为长子嫡孙是自古以来流传的世袭规则;二是长子的年纪是兄弟们之中最大的,长子做家长,方便管理其他家庭成员;三是长子年纪大,人生阅历比其他几个兄弟丰富,心智也更加成熟,能更好地担当家长一职。于孔佑管理家庭刚开始的效果不如老当家好,但之后慢慢熟悉,效果和当家人一样好。于孔佑人比较勤劳、人品比较好,适合担当于家的家长,在村里受到很高的评价。

长子管理家庭的时候,其他家庭成员听从他的安排。他负责管理家庭内外的大小事情,具体管理主要是生产上的事情,如农耕安排、副业生产安排等,家庭的零散小事可以由女当家人代为管理。长子管理家庭的时候,遇到与家庭相关的大事,都需要事无巨细向老家长汇报。经济上如土地房屋的买卖、租赁、典当等;家庭成员的终身大事,如孩子的结婚嫁娶;村里宗族需要出钱出力的事情必须与老家长商量,向老家长请示。家庭中生产生活的安排可以自己做主。

长子有财产管理权,但财产由家长保管,如果长子私拿家里公共的钱会被家长责骂,但仍能够得到家长的看重和其他家庭成员的信任。如果长子当家,长子可以他自己的名义去向别人家借钱,但必须要向家长请示。家长同意后,才能去借钱。借款单上写长子的名字。长子当家,长子具有劳动分配权,他可以安排同辈兄弟们去做事,家庭成员也必须要听从他的安排。如果家长年纪大无法当家,需要在儿子中选一人当家,若家里比较贫穷,弟兄们都不想当家,这时只能让长子来当家,长子不能推辞,因为这是长子的责任。拿于家来说,于孔佑年龄大了以后,长子就有不可推卸的责任来照顾于家,不能拒绝和推辞,其他人只能接受不能有意见。

三、只有家长享有决策权

家里的大小事情全部是由家长决定,既包括家里又包括家外。当家人不等于家主,家主是一家之主,指的是家里年纪最大、辈分最高的人,而家长即当家人,指的是真正管事之人。家里的大小事是由家长说了算,但会请示家主。家庭内部的事情可以听婆婆的意见,但并不会以此为主,除非家长去世,婆婆变成家里辈分最高的人,才会由她做决定。兄长在家里有说话的权利,但真正做决定却需要家长进行决定。

如果当家人出远门,家里面的事情一般由他的妻子做决定,但对外出面时会让他的长子进行代劳。如果当家人委托家庭成员时,一般会委托妻子,当妻子身体不好或年龄较大时才会选择由长子代管家事,委托妻子时不会特意跟家里人说,因为是大家认为水到渠成的事,只有当委托长子或其他人时会提前跟家里人进行告知。

家长做的任何决定家庭成员都要服从并遵守,如果不服从,一方面将会受到处罚,另一方面将会受到别人的耻笑。在那样一个父母之命的时代,家长的话就如同圣旨一般受到遵从,即使你心里认为家长的决定不能理解甚至是错的,但在你提出意见没有被采纳的情况下,你只能选择按家长的指示行事,不得有异议。如果你不按照家主的决定办事,在1949年以前是一件大逆不道的事情,家主可以对你实行家法,如抽耳光;被外人知道,大家也是会嘲笑你,认为你没有规矩,并不会从你的角度去理解这件事。

于绥孝家1949年以前就晒粮食问题开家庭会议进行讨论,家长认为应该晒在村里公共的粮场,面积大,节省晒粮时间,而于孔佑却认为应该在家中分批晒,万一遇到天气突变可以及时收粮,以防粮食受潮。为这件关乎全家人今年收成的事,于孔佑第一次和家长大声争吵,且其他的家人劝阻无效,家主一气之下罚于孔佑闭门思过一天,并且一天禁止进食。家庭成员在任何情况下都会服从家长的决策,即使认为家长的决策是错的,也会服从家长的决策。即使家庭成员觉得家长的决策不正确,仍然会继续服从,就像古代的愚忠愚孝一般,无论对错,家长的话一定要听从。

家长是一家之长,拥有绝对的权威和地位,决策权是家长必要的权力之一。因此,如果家里的事情是家长一人独自做出的决策而没有与家庭成员商量,家庭成员也必须要服从。在于家,一直以来的惯例就是每天召开家庭会议,于家的家长把一天的事情总结一下,说一下明天需要做的事情,安排一下工作。需要做决定的事情,其他家庭成员可以发表自己的意见,但最终做决策的是家长。有时因为事发突然,比如邻居有急事借钱,只要找于家的家长说明情况,于家家长同意就可以借钱,不用召集家庭会议与其他家庭成员商量。

一个家庭当遇到涉及整个家庭利益的时候会需要共同商量做出决定,如买卖、租赁土地等,当家人会主动召集全家人开会进行讨论。一般是集体会议,这类会议全家人都要参与,一般用于买卖土地、房屋这类需要全家人都要知晓的事情。这时一般会选择晚饭结束后,召集一家人包括妇女、儿童,冬天时会在家长的房间里围在炕上,夏天的时候会在院子里搬上几张凳子,围成一圈进行讨论。这类会议允许大家发言,并且妇女也可以说出自己的看法。家长掌管着管家之权,家里的大小事务必须由家长做主,其他家庭成员不能在家长不知情或者不允许的情况下私自做主。

四、家户保护

(一)为家人提供完全庇护

当家里人在生产生活上与别人家发生一些矛盾,一般由家长出面解决,若事情简单矛盾小牵扯少由家长代表家庭出面调解,一人去即可。若事情比较复杂,牵扯的家人稍多,家长则需要带着与该事情相关的家人出面调解。只要家长体力够,精力够,一般遇到家庭矛盾都由家长出面调解,但若家长身体不好,可以委托长子代替自己出面。如果爷爷是当家人,小孩子与别人家发生矛盾,仍是由当家人去协调。

全家人任何一个人遇到危险或者困难都会告知家人,寻求家人宽慰或帮助,家人每次都会出面帮助解决,不会有出现家人不帮忙的情况。于家 1949 年以前并不是村里一个大家族,却反而因为人数较少,关系更加紧密,任何一个兄弟有事,其他兄弟都会尽全力帮忙,不会因为麻烦而独善其身。于绥孝年少时去隔壁村子打工,1949 年以前因为年少力气足,干得比别人快,也比别人多,家庭当然满意,却引起其他人的嫉妒和记恨,认为于绥孝故意干活多抹黑他们,让主家嫌弃他们,于是联合找于绥孝的麻烦。于绥孝回家后告诉了家主,家主认为于绥孝刚出门干活,立的就是信誉这块牌子,万不能坏在这件小事上,于是晚上召开家庭会议,和其他家人商议。于绥孝的哥哥知道这件事后,纷纷义愤填膺想帮于绥孝讨回公道,但被家主及时制止了。家主说虽然我们在理,但万不可鲁莽行事,毕竟这有关你们弟弟的名声,而且同时做工的我们要理解别人的难处,都是老少爷们,好好和人家解释,别人一定也能理解,毕竟谁都从那个时候过来的。因此隔天家长和于绥孝的两个哥哥一同去于绥孝干活的主家，找到与于绥孝一同干活的人，邀请他们晚上下工后来自己家吃饭。席间跟其他干活的人解释了一下，"孩子刚出去干活，不懂得人情世故，只想着闯个名声，对兄弟爷们没有恶意，望各位原谅他年少不懂事，看在我的老脸上原谅他"。其他人一听当家人都这么说了，纷纷表示自己误会孩子了，这才化干戈为玉帛。

家庭遇到事情时，无论事情大小、好坏，只要家长在家，必须由家长代表家庭出面。需要帮忙时，会带着长子或所有的儿子出面。女性无论女当家、出嫁或未出嫁的闺女，儿媳妇都不允许出面。当当家的是父母时，父母会保护孩子多一些，当当家的是儿子时，儿子会保护父母多一些。1949年以前的年代里，男人是女人的守护神，是女人的天和地，所以男人守护女人多一些。

在于家，当家庭成员与别人家发生矛盾时，其他的家庭成员无论对错都会站在自家家人一方，为他或她撑腰。当家人遇到麻烦时，会想尽办法为其他家人解决矛盾。如果有家庭成员犯错，必须由家长出面赔礼道歉，其他人不可以代表家长去赔礼道歉，如果当家人不在时，由长子代替，但当家长回来后，会再去当事者去道歉。小孩子犯错误，道歉的时候需要带着小孩子去，不论是不是孩子的错，家长去了都会首先说我们家孩子的错，然后跟对方的家主说明原委，有错的道歉，没错的替孩子讨回公道。而大人犯错误时，只需要家长去即可，不需要大人陪同。

于绥孝说1949年以前家里的规矩比较严，很少有孩子闹事或者打架。有一次大哥跟同村的崔某合伙出去打短工，回来后崔某并没有把钱给于缮孝，大哥索要无果的情况下，一气之下打掉了崔某的一颗门牙。全家人知道后并没有责怪大哥，反而都很生气，说大哥应该叫着他们，多个人多份力，不让大哥吃亏。于师棣是当时的家主，认为这件事虽然双方都有错，且崔某先有错，但毕竟长孙先动的手，于是领着长孙去崔某家进行调解。最终与崔家的家主商量，崔某退还大哥的一天工资，因为大哥打掉了崔某的一颗牙齿，于是赔偿崔某一半的工资。

家里有家庭成员犯错，并不是只能由家长来进行处罚，具体进行处罚的人由实际犯错者来定。犯错的人是女当家，除家长以外的家庭成员是没有处罚权利的，不仅不能处罚也不能用言语说，而且即使家长认为女当家不对，也不会在孩子面前责骂她或者处罚她，保护女家长的面子和权威，当地有"人前教妻，背后教子"的传统，因此家长都是私下来处罚女家长。如果犯错的是儿子，女家长和家长都有处罚的权利。如果犯错的是儿媳，会由女家长和儿媳的丈夫进行处罚，男家长和其他儿子不能责罚这个犯错的儿媳。如果犯错的是孩子，只要比他辈分高的其他家庭成员，均可教育他、处罚他，以此纠正他的过失，帮助他改正错误。

如果家人被欺负，对整个家庭来说是受到了侮辱，感觉一家人都被欺负了，家庭成员一定会为其讨回公道。一般是由当家人出面为被欺负的家庭成员讨回公道。如果女家长当家，则会让自己的长子出面替被欺负的家庭成员讨回公道，受欺负的若是长子，则让本家的叔伯出面替长子讨回公道，等男家长回来后带着长子去感谢叔伯。如果长子当家，则由长子出面替受委屈的家庭成员解决问题。

在于家，家庭成员有人犯错了，家里人会视情况而定帮助隐瞒，避免他被处罚。如果家庭成员犯了触犯家规、族规甚至法律，家里其他家庭成员会选择帮他隐瞒下来，帮他逃避处罚。如果是爷爷当家，小孩子犯错了，孩子的父母不会瞒着当家人，而是一五一十告诉当家人，请求当家人对其处罚,让小孩可以在正确的道路上成长。

如果孩子犯罪被村里的负责人知道了,当家人会先去找村里的人求情,争取靠一些关系将事情私了。但这种情况毕竟较少,一是因为村里为了更好地管理,所以需要一视同仁,让村民更加信服,增加村里的权威。二是1949年以前于家比较贫穷,没有多余的钱财去打通关系,因此这个方法不常用,家长只告诫家庭成员,做人要正气,万事顾全大局,家里不可能事事帮得上你。

(二)情感上的支持

家庭成员在外面受了委屈,被欺负了,都会回家诉说,一般会向母亲诉说,寻求安慰。之后会在晚饭过后,向家长和其他家庭成员诉说,希望可以帮助他讨回公道。跟家庭成员诉说之后,家里人会对其进行安慰,真正受了委屈也会帮他讨回公道。家永远是家人最坚强的后盾,无论遇到任何事情,家人永远站在你的身后,是情感最后的归宿。

如果出嫁的女儿在婆家受到委屈或者是不公正待遇,于家人一般不会去婆家接女儿。在当地,如果娘家派人去接出嫁的女儿,那就意味着两家有很大的矛盾,是很不给女儿婆家面子的做法,会造成娘家和婆家两个家庭的矛盾、两个家族的矛盾,更严重的是两个村之间的矛盾。所以除非闺女的婆家做出非常严重的事情,如打骂出嫁女儿、私自给儿子纳妾这类的事情,无论什么委屈或不公正的待遇,娘家都不会派人去接回女儿,更加不会主动提出解除婚约。在1949年以前,婚姻对于女人的要求就是从一而终,即使丈夫去世,她也需要守节、守孝,不能改嫁,何况因为这类事娘家更不会让女儿随便解除婚约。平常闺女受小委屈后,如和婆婆或丈夫闹矛盾,可以跟婆婆家的家长申请回娘家几天,家长一般都会准许闺女回娘家,双方缓和一下情绪。这时候女儿就会回家住几天(一般为三天左右),娘家的父母就会对她进行劝解和宽慰,心里想开了就会回婆家。如果说遇到大一点儿的矛盾,会托人捎口信给娘家,让娘家派人把自己接回去,这个时候娘家会派女儿的哥哥去女儿的婆家去了解情况,调解一下,顺便宽慰女儿,但不会去接女儿回娘家。女儿可以在哥哥走后再和家长申请回娘家小住几天。并且这种情况家长一般都不会去女儿的婆家,因为家长一去,事情就变了质,家长代表的整个家庭,家长去进行调解就如同两个家庭的对话,会让矛盾更为激化,反而小事变大,而女儿的哥哥去只是亲兄妹之间的关心,不会让婆家感到不舒服,有利于事件的解决。

一个家庭成员在外面待的时间长了,会很想家,尤其是在外面遇到挫折过得不开心,会更容易想家。如果媳妇在婆婆家或者是在外面受气,会想娘家人,想回娘家向母亲倾诉自己的心情。婆家再好,对于出嫁的女儿来说,娘家才是自己的家,是自己从小长大的地方,有自己的父亲、母亲和兄弟。

于师棣对于孔佑有很高的期望,但不是期望儿子取得很大的成就,而是希望他成为一个顶天立地的男子汉,心地善良,勤劳踏实,树立人生的牌子。于师棣一直说"人有多少钱不重要,重要的是人这个牌子,一旦做错了事情,毁了牌子,一辈子也就完了"。于孔佑也是这么要求于缮孝、于缙孝和于绥孝的,重视的是孩子的成长而不是成就,不会因为孩子没有大的成就就不认他,因此如果孩子在外面取得不怎么大的成就,也会回家,家人也会热情地欢迎他们。于绥孝认为家就是你不管遇到多大的困难、挫折都会无条件站在你身边帮你的人,是你不管受了多大的委屈第一时间想到倾诉的人,这才是"家是心灵的港湾"的定义。

(三)全家团结,防备天灾

1949 年以前遇到灾荒最严重的时候河流都没有水,地里都裂出了细纹,粮食颗粒无收,每年的粮食都是紧紧巴巴地凑合,中等家庭以下家里根本就没有存粮,一时间村里人见面都说不出话来,好多孩子因为没有粮食而饿死。于家 1949 年以前遇到旱灾时也是没有存粮,井里没有一滴水,地里的粮食全都旱死了,孩子们饿得脸都蜡黄蜡黄的。

发生灾荒时于家没有人抱怨,而是同舟共济,全家人一起团结起来渡过难关。当家人只能领着家里人去地里挖野菜挖树根,甚至把玉米棒芯磨成面粉做糊饼(一种椭圆形状,手掌大小的饼子)勉强果腹。幸亏于家的孩子相对较少,没有出现孩子饿死的现象。在天灾面前全家人更团结了。

发生灾害时,家庭并没有留有口粮应对灾害。因为 1949 年以前技术水平有限,地里的亩产量并不高,人口又多,每年的粮食只是勉强够养活一家人,并没有存粮留下。家里如果有粮食,由当家人安排,先让老人和孩子吃,后让青壮年吃,尽量保证每个人都有饭吃,所以每一个人都不会吃饱,仅够五六分饱已经不错了。

发生旱灾时,家里于家当家人带领家庭成员曾去土地庙求神、拜神,祈求老天爷降雨。灾害发生时村民会寻求国家、村庄、富裕人家或者家族的救济,家庭之中由当家人出面寻求。1949 年以前正处于战乱,国家并没有时间和精力去救济灾民,村庄也没有实力去救济大家,只能靠富裕人家开仓放粮救济大家。寻求来的粮食平均分配到各家,由各家的家长统一安排,不再分配到个人的手中而是交给大家庭,合理安排有限的食物。

如果没有存粮、没有救济,于家当家人曾去村里的大户人家借粮食但遭到了拒绝,迫于无奈只能变卖牲口。这种事情由当家人决定,但要召开家庭会议,告知家里的其他成员。如果以上行为均不奏效,只能选择变卖土地和房屋,不过幸亏那次旱灾及早结束,不然于家也只能为了生计变卖祖产。

在灾害发生期间,家庭成员仍然会听从家长的安排,以家长为主,站在大家庭的角度上解决问题,并不会趁乱自己顾自己。遇到灾荒的时候,于家一家人会一起节衣缩食。1949 年以前生活水平较低,家家户户勉强果腹,根本吃不上细粮。到了灾荒年更是连粗粮都没有,用细粮去换粗粮更是不可能。吃小麦、谷等,都是不去皮直接吃,遇到灾害严重的时候,甚至连小麦、谷子的皮都吃不上,只能吃野菜和树根。一家人并不能吃饱,如果吃不饱就去地里挖野菜、挖树根,把玉米棒芯磨成粉做饼子吃。于家当家人 1949 年以前去村里的大户人家的当家人去借粮,但因为大户人家人口多,粮食有限,不想借给于家,所以没有借到。在家庭遇到灾荒的时候,是先保护老人,然后是小孩,最后是青壮年。

(四)以村为单位防备盗匪

1949 年以前于堤村曾经闹过土匪,土匪并不是大规模地袭击,而是小股流窜。没有强盗但偶尔会有小偷,他们并不经常偷盗和抢劫,多集中在过年过节的时候。那个时候家家户户忙着过年,东西置办得比较多,又疏于防范,让小偷有了可乘之机。土匪抢劫,一般是抢劫村里,抢劫都是突发的,当然不会给村民发帖子,提前告知。土匪到了村里,一般抢劫大户人家,抢劫牲口、钱财,有时候也会抢妇女和儿童。如果在家庭内,逮到小偷或者劫匪会抓起来直接报官。即使是轻罪,如偷粮食,还是要报官。报给村里也是可以的,一样会有人管。如果是重罪,如杀人、放火,家里会打他来出气。如果打,由家里的男性成员动手,不会用武器,用手打,只要不打死,打哪里都可以。

(五)战乱时期,全村动员

于堤村发生过重大战役、经历过重大战乱,抗日战争时期,在村的西南方向发生枪战。战乱的时候遭遇过乱杀人乱抢东西的事情。于家的家庭成员没有人被随意抓走。如果被抓走只能听天由命,因为即使于家会去找村里面要人,村里也不会受理,没人去冒险找人。

在特殊时期,于家没有枪支,只有大户人家才有枪支。于堤村的大户人家曾有一把枪,在抗日战争时期支援了村里一名抗日英雄。枪支由家里的家长来保管,家里只有家长有枪支的使用权。于家1949年以前经济条件太差,地里的粮食也没有之前的年月收成好,因此没有钱对房子进行过重新修缮。战乱时期,于家也没有人逃出去躲避战乱。这是他们世代居住的地方,是他们的家,他们能逃到哪里去呢,所以于家当家人并没有带领他们逃跑。战乱期间,于家没有挖地道,整个于堤村也没有挖地道。

在战乱时期,于家有和其他家庭联合起来对抗过敌人。在1949年以前战争开打的时候,于家曾和周围邻居集体保卫,保护几家家庭成员的生命财产安全。于家在整个对抗的过程中是跟随者。于家为整个村庄的抵御做出的贡献比较大。抵御敌人的时候,是一家出一个人一起抵抗,或者只要是青壮年劳动力就要去。于家愿意让家里的所有人员都去,保卫村庄人人有责。遇到敌人的时候,于家最先保护老人、妇女和小孩的安全。于家家长会冲上前去抵御会让老人、妇女和小孩先逃跑,青年人保护老人多一些。

在战乱或盗匪多发的时候,村庄里曾经组织过人打更和巡夜。于是一家出一个人,贡献自己的力量。于家会派于孔佑或者于缮孝前去。他们年龄合适,体力也好,遇到危险可以解决。这名成员是听家长的安排,其他家庭成员不得有意见。

(六)乐于助人是于家的家训

于家的经济条件在村庄里算是中等水平,曾经有乞丐来于家乞讨。当于家遇到乞丐时会给予一些东西,但并不是出于保护家庭的原因,而是出于帮助和同情别人的心理给予他们东西。如果经常遇到这样的情况会每次少分给他们一点儿,多分几个人。于家的家长从小就教育他们即使再穷,哪怕只有一粒米,在能帮助人的时候也要帮助别人。于家家长也会时常救济贫苦家庭,即使于家的家庭条件也并不是那么富裕。不会害怕他们做出一些出格的事,于家一直认为穷人哪怕是乞丐也是善良的,他们只是受生活所迫不得不乞讨而已。

有时会有一些穷人来跟于家借钱或者借粮食,如果知道他们还不起,但还会借给他们。如果他们借了确实不还,于家的家长不会让于家的家庭成员去要。不去要的原因并不是因为不想得罪他们,而是因为同情他们,想帮助他们,但也尊重他们。如果他们不是不想还,但因为实在没有余粮,你去要的话,反而会伤害到他们的自尊心,认为别人不信任他们。所以于家的家长并不会让于家的其他家庭成员去跟贫苦人家要粮。于堤村有保安团,于家会去和保安团的人处理好关系,主要是家长去与保安团的人联系,会给保安团一些好处让其发生一些不安全的事时提前告知于家。

于家会对主动对村里的一些穷人家进行生产或者生活方面的救济,会帮助村庄的孤寡老人。这么做是自己家发自内心的善心,并不是为了寻求一定的社会保护,从而让穷人们不会轻易伤害自己或是让自己家有一定威望。

五、家户规矩

(一)祖辈流传下来的成文家规家法

于家有成文的家规、家训。是于家的祖先很久之前制定,于绥孝也说不上具体的制定时间。1949 年以前,于绥孝小时候就悬挂于家中,张贴于正北屋里的正墙上,即于家家长屋里的正墙上。对于这些"家教、家规、家训",于家的所有家庭成员都必须知道并要求按照家规家训行事。如果违反了,将会受到家长的惩罚,轻则责骂,重则挨打。于家出现过因为违反家规而受到处罚的情况。于家的三位儿媳,一直以来与家里的关系处得不好,因为一些生活琐事就发生争吵,没有做到家训中的"妯娌间,要和平;讲处事,要包容。虽不是,同母生;但是有,亲弟兄"。所以被家长惩罚到地里拔草三天,以示惩罚。小孩子从小就由于家的家长教导,学习家规家训。早上早饭前还被要求在家长的屋里背诵一遍。嫁到于家的媳妇也要经过专门的学习,在进门后由婆婆进行教导,必须要熟记于心。

每个家庭的家规各有不同,但家规是一个家庭的规矩,实施范围只在家庭内部之间,如果家规的内容和其他家庭的家规相冲突,彼此遵守彼此的家规家规,互不干涉。这些"家教、家规、家训"在家庭生活中发挥了重要的作用,告诉于家的家庭成员在生活中具体的行事规范,对内对外遇事怎么做,是处事的行为准则。

于家的家规:

 为父母,要仁慈;教子女,是必须。

 教言行,教学工;教其礼,教其耕。

 教其义,教其诚;好家风,要传承。

 为子女,要孝敬;知恩情,孝先行。

 养子女,为防老;家有老,视为宝。

 老欢心,子女好;物质敬,不能少。

 兄妹多,要和睦;养老时,不攀比。

 量力行,各尽义;有耐心,不烦气。

 为兄长,要有爱;爱弟弟,不忘怀。

 利谦让,有涵养;能包容,长者风。

 为人弟,要恭敬;尊兄长,莫独行。

 有难帮,有利让;手足情,不能忘。

 为人夫,要和蔼;对妻子,要有爱。

 知其苦,知其衰;勤沟通,不独裁。

 尊妻子,多商量;遇到事,有担当。

 为人妻,要温柔;对丈夫,爱当头。

 看长处,不扬丑;尊夫行,不逞强。

 事公婆,如亲生;家庭利,无须争。

 妯娌间,要和平;讲处事,要包容。

 虽不是,同母生;但是有,亲弟兄。

于家的家训：

爱国爱家	尊宗敬祖	孝敬父母	教育子女
和睦邻里	团结兄弟	应尽义务	尽力而为
艰苦创业	勤俭持家	衣食住行	不求奢华
求财致富	自力更生	富不自傲	贫不自轻
子女婚嫁	亲人殡葬	移风易俗	不搞铺张
祠堂整修	不能废弛	春秋祭奠	实事祭祀
见义勇为	奉献爱心	助学救苦	扶弱济贫
崇尚礼仪	实事求是	言行严谨	顾全大局
依法做事	不搞特殊	仁义为友	道德为师

上面明确写着家庭成员身在其位应该做什么,不应该做什么,但没有写家庭成员违反家规将受到什么处罚。家里的家规家训约束的范围是整个家庭,对外人没有约束力,包括亲戚、朋友和熟人在内。但如果亲戚朋友和熟人居住在家庭之内则需要遵守于家的家规家训。于绥孝的姑父曾居住在于家,1949年以前于家家规中有一条是"不搞特殊",因此规定吃饭的时候必须全家人一同吃饭,除非有特殊情况,否则没有例外。而于绥孝的姑父却习惯把饭菜端到自己的屋里吃,刚开始于绥孝的姑父作为客人例外了几次,但因为要住一个月,加上是自己家的姻亲,于是于家的家长找到于绥孝的姑父,要求他要遵守于家的规定,不然时常在屋里吃会让大家觉得有开小灶的嫌疑,于是于绥孝的姑父之后都一直出来用餐。

(二)不成文的家规较繁杂

在于家有一些默认的家规,这些家规有一部分是祖祖辈辈流传下来的,还有一部分是在日常生活中当家人要求的。于绥孝他们是由父辈告知或者在日常生活中潜移默化知道的。这些默认的规矩大家都要自觉地遵守,家长必须让每一个人都遵守。如果有家庭成员不遵守,会受到家长惩罚。

1.由女性轮流做饭

平时家里都是由女性轮流做饭,一个人就可以完成。如果是儿媳妇做饭,通常是由婆婆安排。吃什么饭由女当家人来决定,家人想吃什么饭菜能提出来。不同的人提出来效果不一样,当家人提出来,女当家人一定会照办,其他家庭成员提出来要视情况而定,条件允许就给做,条件不允许则不行。做饭需要买菜由当家人赶集的时候购买,买什么菜是由当家人决定,买菜的钱从大家庭的收入中来,买菜要记账。

于家吃饭的时候男性在桌子上吃,女性和孩子在炕上吃。如果是在桌上吃,家中男性可以上桌,座位有一定的讲究,当家人坐在主位上,家庭其他成员按照辈分依次从左往右坐,围成一圈。妇女不可以上桌,孩子也不可以上桌,女性和孩子在炕上吃。冬天家中有专门用作吃饭的茶几,孩子和妇女可以围坐在茶几周围吃饭,男性一般围坐在炕边的桌子上。冬天取暖的时候,都可以靠着炉子或火盆取暖,优先老人靠近取暖。

吃饭必须要把饭菜都吃完,不能剩下饭食,家里人把粮食都看得很珍贵。大人们会教小孩子们关于吃饭的规矩:一是先等当家人和长辈们就座,才可以坐下;二是当家人动筷子之前,不允许夹菜;三是盛饭的话按照辈分依次往下,优先给老人盛;四是喝汤吃饭嘴巴不允许出声,夹菜时筷子不能碰碗边发出声音;五是吃完饭等长辈走了才可以下桌,吃饭要挺胸抬头,不允许晃动身体,随意走动;六是夹菜按着一边吃,不能在盘子里随意搅动。吃饭时规矩一定要遵守,否则会受到当家人的责骂。

每个家庭成员吃的饭是一样的,老人家是可以吃得好一点儿,但是病人、孕妇、坐月子的和其他家庭成员吃的一样,不会特别对待。在特定时期内才能吃得好一点儿,如过年过节的时候。家里在农闲与农忙时候吃的饭是一样的,下地的和不下地吃的饭一样。吃饭的时候,媳妇给老人盛饭,媳妇来照顾小孩盛饭。男性家庭成员是不盛饭的,妻子要给丈夫盛饭,小孩子要给大人盛饭。盛饭时有先后顺序,要先给长辈盛,然后按着辈分依次往下。平时和过年盛菜都是统一盛。家里媳妇或者小孩子来端饭。

平时吃饭动筷子有顺序,当家人动筷后,其他家庭成员才可以动筷子吃饭。来客人、过年时,吃的饭会丰盛一点儿,来客人的话,客人先动筷子,过年的时候当家人依然是第一个动筷子的。农忙时一般在地里吃,晚饭在院子里吃。如果不坐桌,就男性坐在炕边上的小桌子上,女性和小孩上炕。农忙时候需要送饭,由女性家庭成员去送,不需要加餐。家庭成员都去做工的话由家里的孩子去送饭。吃完饭媳妇或者孩子刷碗洗锅,统一洗,轮流交替,女当家人来决定具体怎么安排。天冷天热、农忙和农闲、平时和来客人没有区别。

若家里雇有长工,长工与本家不一起吃饭。吃的饭菜不一样,长工们吃的饭是媳妇做的。若家里有管家和其他佣人,他们不与本家人一起吃饭,吃的饭菜不一样。农忙时家里雇短工的时候,由媳妇来做饭。短工们在地里吃饭,吃的不是和本家人一样,媳妇或者孩子去送饭。

2.按辈分安排座位规矩

在于家里堂屋中八仙桌旁的左右两把太师椅平日给于师棣和于田氏坐,左边为上座,爷爷坐左边,右边为下坐,奶奶坐右边。爷爷奶奶在世时晚辈不可以坐。如果爷爷去世,奶奶可以坐在左边。左边永远是家中辈分最高、年龄最大的人坐的位置。即使是于家的家长换成了于孔佑,但于师棣还在世的话,左边也仍由于师棣坐。

来客访问座位制度。家里来客人时,会请其坐太师椅上。具体坐在哪边,要看客人的辈分来决定。如果来的客人比于师棣辈分要高,要坐在八仙桌的左边。如果来的客人与于师棣平辈,无论客人是否比于师棣年龄大,都一律坐在左边,而于师棣则坐在右边。如果客人是于师棣的晚辈,则坐在右边。

家庭宴请座位制度。宴请餐桌中座位是有主次之分的。面朝南方的东边第一个座位作为上座,即在正对屋门的位置为上座。其他座位则从左往右,顺时针转,依次为主陪、副陪等。安排在上座最尊贵的宾客称为主客。落座之前主客之间会相互礼让,客套一番才会进行落座。

宴请座位制度与社会交往。当客人主要为本家亲戚时,是按照辈分排座位,如果是平辈的话就按照年龄排座位。当客人中有奶奶的娘家、母亲的娘家、姐妹的婆家、自己儿女亲家等亲戚时,奶奶的娘家排在上座,母亲的娘家亲戚次之,以此类推。按照谁的辈分高,谁家的娘家在于家的地位相对就高。

当客人主要是街坊邻居时,以街坊邻居的辈分年龄排座次。当邀请财主等干部、乡贤绅士作为客人时,干部是主客,而其他是贵客。座次排序是按照身份排序或辈分排序。当自家举行大型宴请活动,如结婚办喜酒等红白喜事时,如果本村财主保甲长等干部、乡贤绅士、本家亲戚、姥姥家亲戚、舅家亲戚,关系好的朋友或邻居都参加,本村财主保甲长等干部、乡贤绅士可以作为主客坐在主桌,座位顺序由家长安排,如果家长太忙的话可以让女当家人安排决定。于家每一次有大型的宴请活动,都是由女当家安排。特殊宴请活动中的座次如当于家遇到购田置产、宴请帮工、请人调解、调解赔礼等特殊的宴请活动,都是按照辈分安排座位,如果遇到平辈的则按照年龄来安排座位。

3.不用事事请示

生产活动中的请示。对于土地的经营管理,家里由家长说了算,包括全年农业生产与种植计划,耕地、犁地、播种、除草看护、收割、打场各项农业生产环节中的分工,生产工具的使用与借用、换用,牲畜的喂养与使用,经营模式与是否需要雇工,副业的选择与经营等经济生活中的事务。虽然于家家主年纪较大,不直接参与生产经营活动,但是家庭成员还需要请示老人家庭生活中的安排。自家每餐吃饭做什么吃什么、什么时候做衣服、谁来做事、购买生活必需品等日用物资等家庭生活中的琐事都需要请示,但请示相对比较简单,只需要告诉当家人一声就行。但购田置业等大宗交易则需要召开家庭会议,开会讨论决定。

外界交往中的请示。家庭成员外出活动(如上街赶集、到庙宇烧香)都需要向家长请示,包括走亲戚、宴请来客、结交朋友,或成为拜把子兄弟、认兄弟等。

请示的形式。对于生活中的琐事,于家是简单的口头请示汇报,不需要召开家庭会议。遇到房屋土地等于家中生活生产的大事则需要召开家庭会议,虽然家长拥有家庭一切事务的管理权,但其他家庭成员也拥有家庭事务的知情权。

老人不同意请示的话,家庭成员会遵照老人的想法执行。年轻人不可以违抗或私自变通长辈的命令,更不可以与老人进一步商量或讨价还价。老人是长辈,家中的晚辈一定要对老人有足够的尊重。若家中的老当家人过世,家中的晚辈们甚至新当家人遇到问题都要向老奶奶请示,最终由老奶奶做主。

4.根据请客对象安排席面

生产活动中的请客类型。于家修缮和扩建房屋时,开工与上梁封顶都需要请客,请亲戚朋友等全体帮工。家里家长来组织这些宴请活动,代表家庭去邀请别人。邀请的时候需要提前一天亲自上门去请。

生活中的请客类型。家中红白两事、孩子满月、老人祝寿都需要宴请。分别宴请与于家交好的左邻右舍和亲戚朋友。无论哪种宴请活动都需要下帖子。孩子上学和孩子跟随师傅做学徒都需要请客吃饭。一般都是请老师或者师傅去饭店里吃,很少来家里,以示庄重。

宴请特殊对象。于家在生产生活中举行宴请活动时,会需要邀请村内财主富户、保甲长等村庄管理者、乡贤绅士与本家家族长出席。这些人都是作为贵客邀请的,因此需要提前几天下帖和上门邀请。奶奶的娘家、母亲的娘家、姐妹的婆家、自己儿女亲家都是于家很近的亲戚,所以于家只要有宴请活动,他们就参加。这些人可以上门邀请,他们不会生气。

宴请规矩。宴请活动中,同一次宴席宴请不同的群体,饭菜的"数量与质量"有所差别。贵客都在主桌,主桌的饭菜会比其他桌的饭菜更好更精致。每次宴请宾客都有俗称的"八八席",为八碟、八碗、八盘子和"四六席",为四碟子、四盘子和六碗。宴请活动都会请当地有名的厨师来掌勺做菜。大型宴请活动在家中进行,场地不够时需要借用邻居家房间和场院用餐。

开席与散席。宴请时家长开始动筷子算作开席,开席动筷前要共同饮酒。主客吃好放下碗筷后,意味着散席。主客吃好放下碗筷后,同桌其他人不可以继续吃。

5.衣服由女性家庭成员来做

于家的衣服都是由女当家人和媳妇们来做,主要是妇女做的,已婚的男子的衣服由媳妇做,未婚的男子和未出嫁的女儿的衣服由女当家人做,女当家人身体不好,会由男子的嫂子或者弟媳来做。会由男子的嫂子来做。老人的衣服由媳妇来做。

家里老人的衣服由媳妇洗,外当家的衣服由当家人的妻子洗,内当家的衣服自己洗或者儿媳妇洗。未成家儿子的衣服由自己的母亲洗。成了家儿子的衣服由自己的妻子洗。未出嫁女儿的衣服自己洗,小孩的衣服由自己的母亲洗,老人的衣服媳妇洗,贴身衣物自己洗。这是由女当家人决定的,是根据实际情况变动的。

女性家庭成员一般在河边或者自己家里洗衣服。在自己家里一般洗小件的衣服,比较大的衣服在河里洗既方便又能节约家庭用水。用皂角或者洋皂来洗衣服,但因为洋皂的价格比较高,于家难以接受,因此一般女性家庭成员会用皂角,价格低廉效果且不错。洗衣服的时候要用棒槌来敲。这些东西家里就有,不需要从哪里买。洗衣服用盆子洗,用洗脸盆。没有什么规矩和讲究。将洗衣服的水倒在任何地方都可以。洗完衣服由洗衣服的人来晾,谁洗衣服谁晾衣服。衣服都晒在家里的院子里,家里有专门晾衣服的地方。如果儿媳妇洗衣服把衣服洗破了,只要不是故意的就不会受到责骂。1949年以前的衣服都是一件衣服穿几年,洗衣服洗久了本来就很容易破,所以破了缝缝接着穿就行了。

(三)家规家法由祖先制定

于家的这些家规家法是从上一辈人手中传来的,不是由现任当家人自己制定。这些家规家法已经延续了几代人,几百年的时间了,并会一直流传下去,家里人也会一直遵守下去。当家人会根据实际情况来对这个家规家法进行一定的修订,但只是口头上的,不会形成文字,修改原来的家规,只是加一些口头上的规定。制定修订家规家法的时候会同家庭成员商量,召开家庭会议,告知家里的每一位家庭成员,说这个规矩以后需要怎么做,让家庭成员以后就这么做。家庭成员可以提出意见,但最后要看家长是否予以采纳。如果不予采纳,则按家长的决定来,其他人不得有异议。

(四)家规家法由家长执行

家长是家规的绝对执行者和监督者,家庭秩序的维持是家长的重要责任之一。家长在平时的日常生活中都按照家规家法办事,发现了家人有违反的情况会及时提醒。家长要以身作则,从不违反家规家法。如果家长违背了家规会自我处罚,以身作则。家庭成员不拥有处罚违法家规的人的权力,只有家长才有这个权力并且监督家庭成员不能违法。其他家庭成员在日常生活中都会依照家规办事,如果不按照,会用家法严惩,所有家庭成员一视同仁,不会有例外。

(五)家规家法具有不可替代的影响力

于家的家庭成员们学习家规有很多种方式:一是当家人言行一致,以身作则,二是家人在日常生活中经常提醒,三是小孩子耳濡目染知道家里的规则。自家的小孩子,如果是爷爷当家,是爷爷从小教他家规。小孩的父母亲、叔叔伯伯和姑姑婶婶也会教。家庭成员必须要遵循家规家法,

家规家法一个家庭传承这么多年的规矩,必须要遵守,不仅仅是因为家长的要求,这也是每个家庭成员的自觉,流淌在血脉和骨子里的东西。如果不遵循会被家长惩罚。轻则当众

责骂,重则体罚。没有规矩不成方圆,家无法无以立,有了家规家法可以更好地管理家庭,维护家庭生产生活的秩序,维护家庭和睦。有助于家庭一代代繁荣和谐地流传下去。如果孩子们还没有犯错误,提前给他们说什么能做什么不能做,能够起到预防的作用,防患于未然。如果孩子们违反了家规家法,长辈们会惩罚孩子,让其长记性,给孩子纠错并且给他警示,以便下次不再犯。

(六)家庭禁忌时刻遵循

1.婚姻上的禁忌相对比较复杂

于堤村婚姻上的忌讳相对比较复杂。婚礼当天,新娘需要在娘家朝某个方向坐一夜,不允许动也不能调转方向,说会给夫家带来好运。具体坐哪个方向就找当地的神算子根据两位新人的八字决定。1949年以前于绥孝的妻子被要求朝西南方向坐一夜。新郎接新娘的时候,新娘即使心里难过也不允许回头看娘家,不然会对娘家不利。而且新娘在来新郎家中的时候,脚必须不沾地,不然意味着会把不好的事情带来夫家,因此一般是新郎背新娘或者抱新娘。结婚的时候新娘从里到外必须是红色,甚至结婚前一个月,新娘也必须穿红色、头戴红花,或头扎红绳,以示喜庆和吉利。举行完仪式后,会让夫家的小姑子送来饺子或者面条,叫作"送小饭",这个小饭一定要吃下,寓意多子多孙。而寡妇、没有儿子、没有孩子的女性不允许进婚房,怕沾染晦气。结婚第三天才允许回娘家,之前不允许回去。婚姻的礼节非常复杂和琐碎,但为了求彩头,各家各户依然遵循。这就需要找一个对结婚礼节熟知的媒人或者五福全的女性带领新娘子。五福全指的是,丈夫在世、上有公婆、家有父母亲、儿女双全、自身品德良好,是一婚的才能担当这个职责。

2.生育时禁止说忌讳的词语

于家的媳妇生育完后,不允许说"死""夭折"等词语,这会被认为不吉利的表现。因为1949年以前医疗水平不高,生活条件低下,不能给孩子吃饱,所以孩子的成活率比较低,普通家庭特别看中这个。于家因为不信教,在吃饭上并没有什么忌讳。但吃饭的时候,筷子不允许直立地插在碗里,这是葬礼上对去世的人才有的做法,如果被家中的长辈看到,会以为家中的晚辈希望他早去世。因此在于家,从小就会教给小孩子这样的规矩,以免惹家中的长辈不高兴。

3.丧葬的禁忌与后辈相联系

于家在丧葬上需要吃兜罐子上的福饼,祈求去世的人保佑一家人健康平安。守灵的时候男性家庭成员一晚上不允许睡觉,小孩子如果熬不住可以休息,但成年的男性一定要坚持,不然不吉利。如果不遵守这样的规定,会被外人说做不孝顺,被外人耻笑。

4.过年的禁忌与财源相联系

于家在过年过节的时候有自己的禁忌,是一家人都必须遵守的。过年的时候,大年初一不允许扫地倒垃圾,否则会意味着把一年的财运都给扫到门外去了。整个正月里,外甥不能剪头发,不然意味着"去旧"(去舅)不吉利。妇女大年初一不允许回门,不然会给娘家带来灾难。所以一般于绥孝的姑姑都是大年初二才回门。

清明节的前一天叫作"寒食",顾名思义这一天需要吃凉饭,不允许生火,因此于家一般都是在寒食的前一天准备好鸡蛋,以备第二天清明节的时候垫一垫肚子。中秋节的时候全家人无论在何处,都必须赶回家中团聚,不然意味着不团圆,一年不吉利。清明节和七月半的时候,女性无论出嫁还是未嫁,都不允许去祖坟祭拜,不然会引得祖先生气,怪罪后辈。

这些忌讳都是世代流传下来的，家人们都是在潜移默化中得知，不需要特别学习和教导。如果家庭成员有违背禁忌的情况，会受到当家人的惩罚，轻则责骂，重则挨打。新媳妇如果违反了禁忌，鉴于她刚嫁入于家门，规矩都不太熟悉，可以从轻责罚，其他家庭成员一律都不轻罚。

（七）族规族法影响力大于家规家法

于家是于堤村于氏家族的一个分支，必然要遵守于氏家族的一些族规。不仅是于家的家长要时刻遵守于氏家族的族规，于家其他家庭成员，包括于田氏、父亲、母亲、兄弟等。于家家长在于绥孝兄弟三人小时候就开始言传身教于氏家族的族规，希望他们能够严格遵守，做好于家人。除了教导，于家的家长也会时刻监督家庭成员遵守族规的情况，如果有家庭成员不遵守族规，就会受到于家家长的惩罚，轻则责打，重则挨打。

于氏族规的内容与于家家规的内容大体一致，一脉相承，因此遵守于氏族规就是遵守于家家规。宗族和家庭是分得比较清楚的，宗族一般很少牵扯各家各户的内部事务中来。招上门女婿、买卖土地、过继等虽然事情比较大，但都是家庭的内部事务，于氏宗族不会轻易进行管理，都是家庭内部解决。除非出现家庭解决不了的时候，于氏宗族才会出面。首先是违反族规的事情，如晚辈不孝顺，虐待老人，家中的女性不守妇道等。其次是家庭遇到困难，生活不下去，宗族会给予这个家庭一些支援。最后是于氏宗族的某一个家庭与其他姓氏家庭之间发生冲突，需要宗族出面解决问题，避免产生宗族之间的矛盾。

六、奖励惩罚

（一）对家庭成员的奖励

当于家的任何一个家庭成员在生产生活上表现较好的时候，于家的家长都可以代表家庭对个人给予相应奖励，以此来激励家庭成员努力工作。其他家庭成员看到这个也会起到一定的激励作用，家庭成员产生和谐的内部竞争。于家的家长就经常实行这样的奖励机制，对于做得好的家庭成员一般给予物质上的奖励，一件衣服，或过年制作粉丝分成的时候多给一些。有一年家长因为二嫂制烟卷的时候出了很多力，奖励于绥孝的二嫂一件新衣服。于绥孝的大嫂看到后很是羡慕，在后来的秋收中特别卖力工作，主动去地里送饭，秋收看场。秋收过后当家人不仅奖励了大嫂一件衣服，还准许她回娘家三天。

除了奖励家庭成员个人之外，也会奖励全家人。如果家庭成员平时干活比较认真，收获的时候获得较多的产量，家长也会奖励大家，饭菜会让女当家人更丰盛一点儿，过年时会额外每个人多得一点儿零花钱。遇到丰收年份，于家的余粮比较多，可以做更多的粉丝拿到集市上去卖，可以得到较多的收入。这个时候，家长就会奖励全家人，让妻子过年的时候多做几个好菜，可以吃上肉和饺子，也会多买点儿炮仗和零食给孩子们，女性们就额外奖励一件花棉袄。全家人都非常高兴，充满斗志，来年争取更好。

对于家中的小孩子，于家的家长特别重视对他们的教育。如果他们表现得好，在学校好好学习，回家后就会奖励好吃的。当家人去集市的话也会给他们带回来麦芽糖和芝麻棍[①]。于绥孝小时候每当受到先生的表扬，于师棣就会带他去河边钓虾。除了家长可以对家庭成员进

---

① 芝麻棍：当地的小孩子常吃的一种甜食。

行奖励以外,女当家人也可以对家庭成员进行奖励,一般都会奖励儿媳妇。当儿媳妇干活特别认真辛苦的时候,于田氏会奖励她们休息一天。

家中的年轻人一直孝顺老人会得到家庭成员的奖励和称赞,也会得到家族、四邻、乡亲的称赞。这种称赞对于家庭成员来说意味着肯定和鼓励,激励他不能骄傲自满要做得更好。身为他的家长,也会感到骄傲和自豪,甚至整个家庭在村里的名声都会变得越来越好。

(二)对家庭成员的惩罚

1.上一级的人有处罚下一级的权力

在1949年以前,家庭的秩序性和地位划分分明,作为上一级的人都有处罚下一级的权力,可以处罚自己的下一级。一个家庭中不仅仅只有当家人自己有惩罚别人的权力,其他人也可以。父亲可以惩罚儿女、母亲可以惩罚儿女、丈夫可以惩罚妻子、婆婆可以惩罚媳妇、兄长可以惩罚弟弟。当然家庭中拥有最高惩罚权的还是家长,家长可以惩罚家中的任何一个人。

于家家庭内部在惩罚小孩的时候,亲戚、邻居、熟人等外部家庭人员不会介入。这是于家自己的家庭内部事务,而且管教孩子是为了孩子以后更好地成长和发展,因此即使家长特别严厉,也不会有人去劝解。

于家的当家人很少处罚于孔佑,两个人顶多是生产活动安排不和的时候会起争执,但家长知道于孔佑是为家庭着想,并不会惩罚他。

于家的媳妇们在生活上犯错,都是由婆婆来惩罚,家长一般很少惩罚媳妇,多是奖励她们,如果婆婆惩罚媳妇时,其他家庭成员不会求情,丈夫们就算想求情也不敢张嘴。于绥孝的妻子刚嫁进来的时候,因为不清楚于家的规矩,农忙时中午做了饭要送到地里给地里的劳动力吃。结果她一直在家等他们回来吃饭,劳动力在地里也没有吃上饭。于绥孝的母亲从亲戚家回来后特别生气,罚于绥孝的妻子一天不准吃饭,于绥孝想劝说,但怕会惹母亲更生气,也只能在一旁看着,晚上的时候偷偷给妻子带了一个玉米饼。

于绥孝小时候特别调皮,经常和别人打架,打了别人,就需要当家人带着孩子,买着礼品,代表家庭去跟别人道歉。这样才会让人家看到于家的诚意,大事化小,小事化了。回到家里后就,当家人就会开始惩罚于绥孝,用藤条抽他十下、二十下的。小孩子做错一些事,如偷东西偷钱打人等,若孩子的父亲过世了,则由母亲承担孩子所犯的错误,如果母亲无法出面代表家庭带着小孩子去道歉,则由叔叔伯伯带着小孩子去别人家道歉。回到家后,母亲会对孩子进行教育和惩戒。于绥孝的三婶就是独自一人带领着孩子生活,每次于绥孝的堂兄惹祸,都会找于孔佑出面带着他跟别人赔礼道歉,回来后他妈都拿着擀面杖打他,让他知错能改。

除了身处上一级可以拥有惩罚权,有的时候平辈之间也可以拥有惩罚权,如哥哥处罚弟弟、哥哥处罚妹妹等。但一般要到成年以后才会使用这个权力,未成年的时候不会使用。

婆媳的地位是划分分明,婆婆永远是媳妇的长辈,当媳妇犯错的时候,婆婆可以惩罚媳妇。并且婆婆惩罚媳妇的时候外人是不可以介入的,即使是媳妇的娘家人也不可以干涉。首先婆婆是长辈,晚辈犯错,长辈惩罚晚辈,天经地义,外人没有理由介入。其次婆婆与媳妇是一家人,婆婆处罚儿媳属于家庭内部事务,外人无权干涉。就算是媳妇的娘家对于媳妇的婆家来说也算外人,因此无权干涉婆婆对于媳妇的处罚。最后,在1949年以前,家庭内部地位划分分明,婆婆的地位高于媳妇,换句话说,即使媳妇没有做错,婆婆想惩罚媳妇,外人也无权过问。

父亲可以惩罚儿子,外人无权也没有理由介入。按家庭地位来说,父亲是儿子的长辈,儿子如果做错事,长辈惩罚儿子无可厚非。外人没有理由进行干涉。按照血缘关系来说,作为父亲,他有权教育自己的儿子,"棍棒底下出孝子""不打不长才"都是老祖宗留出下来的话。按照家庭规矩来说,父亲作为家长,拥有管理家庭的职责和权利,在家庭里父亲有权惩罚儿子。作为家庭之外的人,不能介入。

2.惩罚对象只针对家庭成员

家庭里的惩罚只针对家庭成员,不能对家庭以外的人进行惩罚。家法是一家之法,只能用来管理家庭内部成员,作为家庭之外的人不属于家法管理的范围之内,因此无论外人是否做错事,是否在该家庭内部做错事,该家庭都不能惩罚外人。

家庭成员害怕被惩罚。家长在家庭里具有至高无上的权威,多数家庭成员是害怕家长的。对家长做出的惩罚,大多是心服口服的,如果不服惩罚,并提出意见的,家长会加倍惩罚。一是为了让家庭成员记住教训,改正错误,二是为了维护家长的权威,所以不服惩罚并提出质疑的话,惩罚会加重。

于缙孝属于从小比较调皮的那一种,喜欢和家长唱反调。家长让做什么,他偏不做什么,家长不让做什么,他非做什么,惹得家长时常处罚他。有一次,家长让于缙孝去地里施肥,告诉他施肥的时候一定要在幼苗的一侧,不能对着幼苗的心,否则会烧坏幼苗的。[①]但因为往旁边施肥的话需要弯腰,于缙孝为了偷懒,就直直的把肥施在了幼苗中间。幸亏家长不放心他,第二天去地里看了一次及时把肥料从幼苗心弄了出来,否则幼苗几乎烧死了一半。家长回去以后召开家庭会议,教训于缙孝,罚于缙孝两天不许吃饭,并且把地里的草全拔了。于缙孝一听处罚太严重了,于是反驳于家家长,认为处罚过重,他不能接受。于是于家家长被于缙孝气急了就开始拿着木棍敲他,并且处罚照旧。第二天于家家长找于缙孝谈话,告诉他,并没有处罚重他,因为如果粮食收成不好,有可能全家人饿肚子,他不能因为偷懒就不顾一大家子的生计。于缙孝非常惭愧,下午伤还没好就去地里拔草去了。

不同的惩罚形式有打骂、责骂、呵斥、警告、逐出家门,责骂、呵斥、警告属于较轻的惩罚,打骂是中等的惩罚,逐出家门是最严重的惩罚。由家长决定采取何种惩罚方式。

七、家族公共事务

(一)家族是血缘和心灵归属

家族是家庭成员在家庭之上的又一个归属,既是血缘归属又是心灵归属。家族为了提高凝聚力,会定期举行一些公共活动。如定期举办家族会议,族里有事情的时候进行商议,没有事情的时候,各家的家长在一起饮饮茶,聊聊天,增进彼此的感情。不至于出现身在一个家族,却彼此不认识的情景。一般都是一月一次,于家的家长代表于家参加,一上午的时间就可以结束。每次结束后,于家的家长都会和相熟的几个家长相约去其中的一个家中,打打牌,或者吃点儿小菜,聊聊天。如果家长不在家的话,则由于孔佑代替家长代表于家参加会议。即使当家人是女性,平时活动女性也是不可以参加,必须由长子进行代替。如果没有儿子的话,会让孩子的叔伯代替参加。如果女性是招来的上门女婿当家,这个女婿可以代表家庭去参加家

---

① 在本地这种做法俗称"烧心"。

族的公共事务。

（二）家族事务较少

于氏家族会定期在清明节的时候组织大型祭祀活动。当天由各家的家长带着家中所有的男性家庭成员，包括孩子一同参加。参加的时候各家各户需要带着黄纸和贡品，表示各家对祖先的一点儿敬意和孝意。当然族里也会准备好祭祀所需的一切东西，祭品也会更为丰盛。祭祀所需的花费从宗族的收入中支出。

于氏家族会定期翻修家庙或者是祠堂，由各家各户出钱出力，平摊任务。出劳动力的话，是一家人出一个劳动力。如果在翻修中产生费用，由各家各户均摊。于家出劳动力去参加家庙或祠堂的翻修的话，在于孔佑小的时候就由于师棣参与，于孔佑成年之后，就由于孔佑参与。如果产生的费用是用家庭公共经费来出。

于氏家族除了翻修祠堂外，对于资助族里的贫困家庭和有天赋的孩子上学，都会发起募捐，号召大家一起帮助。于氏家族对这种爱读书的孩子非常重视，因为于氏家族一直以书香传世，祖上出过很多才子名人，如觉世祖、松陵公等。如果于氏家族里出了比较会读书的人，但是他的家里比较穷，于家族内会集体出资供这个孩子上学。出资是按照家庭数量来均摊的，于家非常支持这样的事情，家里不会想着以后受这个孩子的回报才进行资助，而是出于同情和乐于帮助别人的心。

如果于氏家族内有的人家条件很差，过不下去生活，家族也会号召大家一起帮助这个人，可以提供资金和粮食，也可以提供住处。资金和粮食的话是由族里的家庭均摊，提供住处的话就是族里安排，一般就住在宗祠南边的空闲屋里。于氏家族内有孩子考上秀才或者进士，学成归来需要回家祭祖，于氏家族内的家庭有接待的义务，不需要出喜钱和提供其他的服务。对于这种光宗耀祖的事情，于家自愿提供这些服务。但如果不参与，会被家族内的人轻视，觉得不合群。

八、村庄公共事务

（一）参与主体

1.家长代表家庭参与村务会议

村里组织开展村务会议时，在于家，只要家长在，都是家长去开会，其他家庭成员甚至是长子都不能代表家长去，家长具有绝对的代表性。如果家长不在家，由家长的妻子当家时，则由长子代替母亲去开村务会议。1949年以前的妇女很少出门，一方面社会习俗要求女子大门不出二门不迈，遵守三从四德，如果去会遭到一部分村里人的非议；另一方面，以前的妇女都是裹小脚的三寸金莲，出门不便，所以村里有事一般由儿子代替女当家人参加，回来后告诉母亲，再由母亲做主。儿子当家的话，可以由长子直接代替当家人去开会，但要等当家人回来做主。如果当家人有急事不能去或者已经外出，可以请代理当家人去参加村务会议，一般代理当家人是家长的亲兄弟或本家兄弟，代理人开完会回来再告知当家人这件事情。

参加村务会议的时候，各家的当家人可以代表自己的家庭提出一些关于村庄事务的建议，如果建议合情合理且村里的条件能够达到，村里面一般都会准许。于家的当家人和其他几家的当家人在1949年以前参加会议时曾联合提议村里修建几口水井，以防旱灾的年份村民用水困难。修水井在当时并不会花多少钱，但花费时间会比较长，因为于堤村的地势比较高,给打水井增加了难度。鉴于旱灾是影响农民收成的重要原因,经过讨论,村里同意了几个当家人提出的建议。

2.征税会议是最重要的会议之一

征税会议是村里一年一度最重要的会议之一。村里每年开展征税会议,都首先通知各家的家长,告知开会的时间和地点,让每家每户的家长务必准时到场。去参加此种会议的人并不是只有家里有土地的人才能参加,而是每家每户都必须参加。因为1949年以前征收的税种并不仅仅有土地税,也有人丁税。土地税主要是针对有土地的家庭,按照每亩土地来征收税款,而人丁税则是针对没有土地的家庭,按照每个人头来进行征收。租别人土地的人家也需要去, 在1949年以前租别人家土地就意味着把所有的责任都转让给了租土地的人家,所以税费是由租土地的人家进行缴纳,会议也由他们出席。于家在1949年以前有五亩三分土地,又租了村里大户的十亩土地,因此于家的家长每次去参加会议的时候代表的都是十五亩三分土地,于家缴纳税款也是缴纳十五亩三分土地的税款。

3.其他会议

1949年前,村庄里没有召开过佃农会议、商人会议之类的小集体会议,于家的家长也没有代表家庭成员参加过此类会议。但于家的家长对于村庄的事务比较上心,只要是村庄里召开的会议,基本上不会缺席,需要出钱出力的事情,从来都是积极参与,有钱出钱,有力出力。于家的家长总是教育于绥孝、于缮孝和于缙孝,"村是大一点儿的家,只有家里舒适了,出门在外的人才会想家,在家的人才会有动力挣钱养家"。这句话一直被绥孝、于缮孝和于缙孝记着,一直到现在,村里开会,他一直前几个去,村里需要出钱出力,他们也积极参与,为村里做贡献。

每次村里开会回来的当天,晚饭过后,于家的家长都会告知其他家庭成员今天会议的内容,如果需要出钱出力的事情,允许其他家庭成员进行讨论,发表自己的观点,如果合理家长会予以采纳。于堤村村西头有一个大坝,每年三四月份都需要加固堤坝,这时就需要各家各户摊派劳动力,按标准是每家每户出一个劳动力,而于家每年都会出三个劳动力:于师棣、于孔佑和于缮孝,1949年以前于绥孝和于缙孝还小, 没有参与。等于绥孝和于缙孝长大了之后,便由于缮孝、于缙孝和于绥孝出劳动力,替下于家的家长和于孔佑。

村庄会议讨论出来的结果,一般各家的当家人都会接受。当然如果村庄会议讨论出来的结果,各家庭的家长不同意时,能提出反对意见,可以提出来,但要分具体的会议。例如村务会议可以发表自己的意见,但征税会议不可以。村务会议发表自己的意见,提出来后保甲长会根据村里的实际情况选择予以采纳或者拒绝,拒绝的话要如实告知各家的当家人,以防出现纷乱。

4.修桥、修路、修庙出工出钱

于堤村位于红莲湖畔,西依猪龙河,建有堤坝,因此时常有修桥、修坝的事情,而这样的事情在1949年以前属于政府,多是由村里组织,各家各户出钱出力、摊派劳务完成。修桥、修坝这种事情村里必须找各家家长,并不是直接找一个家里的青壮年让他帮忙出工就可以。因此,需要召开一个会议,召集各家的家长进行商议具体的事宜,如各家各户出多少钱,出多少劳动力,分别摊派多少任务,具体完成期限等,商量决定后才开始动工。如果没有分家的话就以大家庭为单位来提供人力, 哥哥兄弟分家的话就以小家庭为单位提供劳动力。于家1949

年以前并没有分家,因此以大家庭为单位提供劳动力。

各家出劳动力的数量要视具体情况而定。有时一个家庭只需要出一个劳动力,也有一个家庭出几个劳动力的情况。第一种情况,时间紧任务重,如夏季赶修堤坝,必须在规定期限内修完,以防堤坝不牢固出现坍塌引发洪水,这时各家各户一般出两到三个人,大户人家有时甚至把自己的长工都叫上。于家在赶修堤坝的时候一般会出三个人:于师棣、于孔佑和于缮孝。于师棣一直教育于绥孝、于缮孝和于缙孝,修坝不仅仅关乎的是一个村,甚至是一个镇一个县,数万人的生命,我们家不富裕,出不上钱,但我们可以出力,我们不能稀罕自己的力气。有一次夏季突发暴雨,猪龙河的水位上涨,堤坝面临塌陷的风险,村里紧急召开了动员会,希望各家各户的家庭成员只要有空就参与进来。于师棣回家告诉了其他家庭成员这件事,第二天早上,于家的所有男劳动力全部去了堤坝,包括于师棣、于孔佑、于缮孝、于缙孝,以及于绥孝,女劳动力包括于绥孝的大嫂和二嫂去村里帮忙做饭,而于田氏则在家里照看孩子。村里其他各户的劳动力也几乎倾巢出动,终于赶在大暴雨之前加固了堤坝,免除了这次大暴雨的危机。第二种情况,家里没有钱,只能用出劳动力进行相互抵消。除了上述两种情况,各家各户一般都出一个劳动力。

对于修桥、修路的事,是由保甲长召集各家各户的当家人开会,商讨相关的具体事宜,如怎么修,从哪修到哪,每家每户出多少劳动力,出多少钱等。然后会再让村里负责宣传的公职人员去各家各户在传达一遍。这种事在于缮孝、于缙孝和于绥孝年龄小的时候,是由当家人和于孔佑轮流去。等到于缮孝,于缙孝和于绥孝成家后,这种修桥修路的事情就由于缮孝、于缙孝和于绥孝轮流参加。

于家当家人安排修桥、修路事情的时候,秉承着公平公正的原则,不会偏袒每一个人,按照年龄顺序挨个轮。不会按照壮实程度等,让一个人干很多次。而且一次去一个轮流着来,每个人都会被安排到。有的时候如果轮到这个人,他有事的话,可以向家长和其他家庭成员说清楚缘由,与下一个劳动力交换,他则需要在下一次的时候参与。但如果下一个劳动力或者家长不同意,他还是要照常参与到公共事务中。

当遇到需要派摊劳动力的时候,于家都会由于绥孝三兄弟轮流出。如果其中一个小家庭,如于缙孝曾经当兵,家中没有劳动力的话,就由其他两个兄弟,于缮孝和于绥孝代为出工。如果说遇到整个家庭都没有劳动力的情,不需要花钱雇工,可以与村里说明白情况,由出劳动力改为出钱。但是不能说这次不参加,下次补上这样的话。因为这样会导致其他家庭争相效仿,村里难以进行管理。

修桥、修路可以让女性去,一般就是去给干活的劳动力做饭,送饭。其余的活她们也干不了。她们从小就裹脚,俗称三寸金莲,没办法从事重体力劳动,并不是怕她们唠嗑磨洋工。女性虽然去,并不能作为一个劳动力,不能作为代表家庭出的劳动力。她们只能算是村里在各家招募的志愿者,自愿帮忙。每次于家出劳动力,于家都会出一个女性家庭成员,既可以帮忙又可以顺便照顾劳动力,一举两得。

5.家户联合打井淘井

于堤村组织过集体打井淘井的活动。村庄打井是几户人家共同打井。打井时是以一个家庭出一个劳动力为标准,不会有人家愿意多出劳动力,但因为这是集体的事,与自己的家庭也有利,所以派出的劳动力都会积极参加。如果一个家庭出多个劳动力没有什么好处,这也算是给自己的家庭干活，不会追求什么好处。早干完，自己家也可以早用上井水。

村里打井淘井是必须找各家家长，找其他人不行。家长才能全权代表整个家庭做出决策，其他家庭成员不具有这样的代表性。找到了家长，由家长派家庭成员去。家长派任何一个人去，家庭成员都要听从家长的安排。没有反对家长安排的家庭成员。如果有需要的话，于家会主动号召过村民们打井淘井。由于家当家人号召的邻居们会听，而别人家来号召于家，只要于家有需要，于家的家长也会听，然后派家庭成员参加。

6.积极参与集体活动

于家会参加过村庄组织的一些集体娱乐活动，如村庄过年过节的表演等。是村里在公告栏上贴上告示，村民之间口口相传，一般都是街坊邻居通知当家人，然后当家人告诉家里的其他家庭成员。如果有家庭成员愿意去看节目，家长一般都会同意。男女老幼均可参加。不过于家没有人参加过这些娱乐性组织，参加这些组织是要经过家长的允许，于家家长不会允许和支持，他认为这是不务正业的表现，所以不准许于家人参加。于家知道村庄有集体活动可以从邻居口中听到消息，全家人都可以去，出去参加或者观看这些集体活动需要征得当家人同意。女性和小孩可以去参加观看这些集体活动。

7.按时缴纳村费

村里要进行村费征收必须找家长，当家长不在时可以找其他人带去口信，但家里的其他家庭成员不能替家长做决定。当家人可以将村费直接交给村里的人，也可以委托其他的家庭成员拿去交。主要是看家长是否有时间，如果家长有时间则家长前去，如果家长没有时间则一般让自己的长子替自己缴纳村费，长子有事的情况下，可以让其他儿子代替。如果家里没有钱交村费，当家人可以跟村里面求情说不交，但一般不会被村里的领导准许，因为在那个年代，除了村里的富足户，家家都比较贫穷，如果开了先例，以后没办法正常进行管理。再加上交村费是整个村的事，没有人可以例外，即使各家真有难处，自己想办法解决。就拿于家来说，1949年以前有一次缴纳村费时，于绥孝的姑姑正好出嫁，家里没有多余的钱，家长去村里说情也无功而返，没办法的情况下只能跟亲戚借了钱来缴纳村费。如果当家人出远门，钱交由家中的女当家来保管，如果女当家年龄比较大，可以交由长子进行保管。在当家人不在的情况下，村里要求上交村费，如果事情不着急可以等当家人回来再行决定。但若事情紧急，女当家人保管钱时，会把钱交给长子，由长子代为去交，等家长回来进行告知。长子保管钱时，长子可以先行交上，等家长回来再进行告知。

8.治理灾害，义不容辞

于堤村在1949年以前曾经发生过旱涝灾害，当灾害发生的时候，并不是自己家管理自己家而是会全村各家各户联合起来抵御灾害，互相帮助。若需要组织村民共同进行治理，由村里来直接通知家里的当家人，各家各户出钱出力，共渡难关。

出劳动力的话是以家庭为单位来提供人力，一般是一个家庭必须出一个，如果家庭愿意的话，也可以多出几个劳动力，于家遇到这种公共事务都非常积极，每次都会多出劳动力。有时候是当家人自己去，当当家人年纪大了，会派一个年轻力壮的家庭成员去。家庭成员都愿意听从当家人的安排，一是这是代表整个于家大家庭，二是这是公共事务，是为大家做贡献的事情，义不容辞。

当于堤村发生战乱时，村庄会号召大家一起维护村庄治安。于家为维护村庄治安会派家中的男性青壮年参加村里的保安队,保卫村庄和村民的生命财产安全。若村庄安排打更人,于家会积极参与。一般是每家每户轮流打更,于家是由家长派于孔佑去打更。村里会安排各家各户巡视,巡视的责任是由各家各户的家长承担。于家家长一般派人去巡视,如果发现危险,先通知村里再由村里去通知各家各户。

(二)按家筹资

村里组织修桥、修路、修庙、打井、淘井、治理灾害时,筹资是一家一份,直接找家庭的家长,用家庭里的公共资金去交给村庄。家里交给村庄的筹资花费,当家人是要跟家庭成员说清楚的,不需要选派一个家庭成员将这笔钱拿去交,由家长自己亲自去交。如果家庭交不起这笔钱,可以跟村庄请求,采取不交钱多出力的办法。家长就会多派家庭成员多为男性强壮年劳动力去做事,家庭成员们都会听从家长的安排。家庭如果没有多余的钱,一般不会采取卖粮食的办法筹集到这笔钱,因为粮食在以前比钱更加重要,会采取其他办法。如果当家人不在家,女性不能够自我决定交钱给村庄,要等当家人回来汇报此情况才能交。如果当家人长期不在家,授予女性当家人有财产管理权,则女当家人可以决定这笔钱是否交,如果女当家人决定交的话,由长子代替女当家人去交这笔钱。

(三)按户筹劳

村里组织修桥、修路、修庙、打井、淘井时,筹劳是一家一个,直接找家庭的家长,由家长来安排家庭成员去。

于堤村之所以名叫于堤村就是因为在村子的西边有一垄大坝,横跨在猪龙河上。每年夏天雨季时候,于堤村都会组织人手修缮大坝,预防洪涝灾害。每到这个时候,村里就号召村民各家各户分派劳动力和分摊费用。因为修缮堤坝正值农忙的时候,村民大都忙于农务,家里的劳动力本来就不够用,不愿意出劳动力。一家一个劳动力,已经是各家庭的极限了。但于家却是宁愿耽误几天农忙的时间,家里有几个劳动力就出几个劳动力。于缮孝、于缙孝和于绥孝年纪小的时候,就是于家的家长和于孔佑参与劳动。当于缮孝、于缙孝和于绥孝成年后,就是于孔佑和于缮孝、于缙孝和于绥孝一起去参与修缮活动。于家的家长教育家中的小孩子,修缮堤坝是大事,是关乎整个村,整个镇,甚至是整个县的事,不能马虎。如果堤坝塌了,即使是再好的收成也没用了,所以我们于家一定要多尽尽力。

于堤村有专门的看水员,管水员、看井人等专门的人员由村里承担这些人员的工资。这些活不多工资还多的工作一般都是给与村里公职人员有关系的家庭和个人。于家和保甲长等人没有很深的交情,所以这些职位不会找他们。于堤村里有晒场,专门给各家各户晒粮食用的,到了夏收和秋收的时候,于家的家长就会安排家庭成员轮流进行看场。一般看场都是看五天左右,白天晚上都不能离开人,因此为了减轻男性家庭成员的担子,有的时候女性家庭成员也会进行看场。男性家庭成员值晚班,女性家庭成员值白班。

于缮孝、于缙孝和于绥孝没有成年的时候,因为于师棣只有于孔佑一个儿子,因此没有分各个小家庭。每次需要于家出劳动力的时候,都是由于师棣带着于孔佑去。等到于缮孝、于缙孝和于绥孝成年,娶妻之后,都组成了自己的小家庭,这时候于家出劳动力都是一个小家庭出一个劳动力。当于缙孝当兵后,于缙孝的小家庭就没有了劳动力,于是每次出劳动力的时候,于家的家长都不会安排给于缙孝这个小家庭。如果说只要一个劳动力,就由于缮孝和于绥孝轮流参加公共事务。他们俩没有一次不愿意,因为这是替自己的亲兄弟,是应该的。

九、国家事务

(一)按时纳税

1.纳税以家庭为单位

于堤村这边是以家户为单位去纳税,纳税既按照土地面积计税,称为土地税,也按照家户人口单位计税,称为人丁税。有土地的家庭,按照土地面积纳税,只交土地税就行。如果没有土地的,就需要按照家里的人口,上交人丁税。如果是按照土地面积,一亩地交五六十斤粮食,如果是按照人口,一个人交五六十斤粮食。每年在夏收之后需要交税,既可以交粮食也可以交钱款。一年交一次,一次交五六百斤粮食左右。除了土地税和人丁税之外,于家没有交过其他税款。

2.由家长代表家庭缴税

每年收税时保甲长直接通知于家的家长,找其他家庭成员不行。如果家长在家,会自己去交税。如果家长不在家,会安排家里的其他人去交税。一般会安排长子即孔佑去交税。如果家长不在家,保甲长会告知家里的女当家人需要纳税。保甲长会让被告知的这个人转告家长,不会等家长在家的时候再亲自来告知一次。被直接告知的这个人没有权力直接去交税,必须等家长回来告知此事确认之后才能交税。如果家长在出门之前告知过女当家人,女当家人则有权利做决定,派长子代替自己去缴纳赋税。

如果家长长时间不在家,家里女当家人有权力代表家庭去交税,在家长离开的这段时间里她是家里的代理家长。但因为女性不轻易出门,则让长子代替她去。如果一个家庭是女性当家,保甲长会直接通知到这位女当家人,因为这就是家里的家长,要尊重她的权力,即使她是女性。

在收到纳税通知后,于家每年每次都会按时纳税,没有不纳税的情况,但有延迟纳税的情况。因为那一年于家粮食收成不好,于缮孝还要结婚,因此导致于家经济状况特别不好,不能按时缴纳税款。村里首先找家长催缴,家长会去向村里的人求情请求延长时间交税,家庭其他成员就会外出多打几天短工帮助家里交上税款。村里人有时会同意延迟交税,但不会帮忙垫交。因为1949年以前每家每户的情况都不太好,如果帮一家交上,不帮另一家交,就会引起大家的非议,被别的家庭说偏心,不利于村里的稳定,给管理造成困难。如果村里不同意,家长会去借粮借款交上。

于家没有请人代缴税费的情况。因为1949年以前每家每户的情况都不太好,按时缴纳上税款,都费了心力,与于家较好的都是中等及中等生活水平以下的家庭,就算有心他们也没有足够多的余粮来帮助于家渡过难关。如果实在交不起税费,村里会抓人。由村里的保安队来抓于家的家长,交不起的时候,可以说情,会找本家、亲戚、邻居求助。一般来说,先找亲戚朋友,再找街坊邻居,最后找本家宗族。这是大家有可能凑钱交上税款,赎出当家人来。若家庭交不起费用能逃跑,但一般没有人愿意逃跑。因为这是祖祖辈辈生活的地方,是家庭的根。在这里有土地、有房屋还有自己族里的兄弟,为了一年的税款,没有必要逃跑。逃跑去一个陌生的地方,有可能都生活不下去。

(二)征兵情况较少

1.征兵

于家没有过被征兵的情况,但于家的亲戚曾被征兵。征兵是按照家庭的男性人口多少来进行征兵。如果家庭被村里确定派兵,村里负责人是首先告知当家人,由家长告知家里被选中要去当兵的那个人。会确定期限说明几日之内交兵,一般是五天,方便被征兵的人在家里收拾一下东西。

有时是村里告诉家里会从你家征几个人当兵,具体的人选由家长自行决定。家长会从年龄、体力、重量和健康方面的因素考虑从几个儿子当中选出被派兵者。一般不会选年龄太大或者年龄太小的,所以长子和幼子都不会选。长子需要主持家务,幼子年龄太小。会从中间选年龄合适,身体状况好的人去征兵。被派兵的家庭成员没有什么意见,如果有意见他能提出来,但不能违背当家人的意愿而不去当兵。

如果有儿子被派兵,他的妻子儿女在家里会受到多一些照顾。由当家人或是婆婆或是其他叔伯妯娌照顾。如做些轻巧的活儿或者少做活儿,爷爷奶奶会因为孩子的父亲不在身边而对这个孩子多照顾,分配的时候多分一点儿东西给他们。如果没有人愿意去当兵,不会向别人家买过兵。因为无钱买起,每家每户的劳动力都很短缺,再加上人们不想当兵,所以就算有钱也没人愿意去。村庄一般不会向独子家庭征兵,以防独子出事,断了人家香火。被派兵的家庭村庄会给予一定的报酬,除此之外没有其他什么优惠。

2.抓壮丁

于家没有被抓过壮丁,但于家的亲戚家被抓过壮丁,抓了家里的两个人,分别是于家亲戚的大儿子和小儿子。如果几个儿子都成年了,面临被抓的风险,具体抓谁,当家人和其他家庭成员都没有说话的权利,一切听从来抓人的人。当家人会去为被抓的人求情,但一般抓人的人不会接受求情。抓壮丁的对象有一定的标准,年龄较小,身高较高,健康状况良好。这些都是抓壮丁的人,来到农户家中准备下手的。于家若被抓了壮丁,都是抓去如做苦力、修炮楼等,被抓壮丁是很累很辛苦的。于家为了避免自己家被抓壮丁,会采取一些措施,会托关系向那些负责抓丁的人打点财物,由家长去打点,主要打点抓人的人。当听到抓壮丁的风声了,于家的人不会逃跑。如果于家被抓壮丁了,不能用钱把人买回来。

3.自愿参军

于家有人在1949年以前自愿参军,于缙孝就是在1949年以前自愿参军的,加入的是中国共产党的军队。于缙孝大约是20岁左右的时候去参军的。因为他从小就调皮,在家不好好学习,不好好学手艺干活,希望可以出去闯一闯,于师棣和于孔佑怕他出去之后学坏,恰逢军队在招人,于是盘算让他去当几年兵,磨炼一下。于家家人参军必须需要得到当家人的同意,当家人不同意的话他不能去当兵。如果瞒着当家人偷偷跑去当兵,被当家人发现了会受到重罚。

家里有人自愿去参军之后,军队会给予一定报酬,给粮食或者少量钱财。这笔报酬是给去自愿参军的这个人自己。在于家,于缙孝去参军,1949年以前家里的劳动力不够了,于家不会去向村里请求劳动力支援来帮家里种地。因为1949年以前并没有这样的政策,村里也不会对军人的家庭另眼看待,多加照顾。

(三)按人口摊派劳役

于堤村摊派劳役是按照家户人口来算,每家平均出一到两个人。于家在1949年以前被摊派劳动力,一般是由于家的家长代表家庭参加。当于师棣年龄大了之后,是于孔佑代替参加。于缙孝、于缙孝和于绥孝成年后,就是于缙孝、于缙孝和于绥孝代替于孔佑摊派劳动力。

当地对出劳力没有什么特别的称呼,就叫"推丁"。一般都是因为修筑堤坝、修桥修路等事情而出力。

有时候除了出劳动力之外还需要出钱。出钱是按各家各户平摊,不会根据家庭富裕程度让大户人家多出,但如果家庭势力雄厚的家庭可以自愿多出一点儿。出劳力的话,一日三餐有时是统一管饭,如果不管饭的话,就需要家里的女性家庭成员从家里送饭。出劳力是没有工钱的,完全是免费的。这是公共性的事务,每家每户都需要出力,所以都不会有工资。

要派遣劳役,保甲长首先找家长,然后由家长告知其他家庭成员。由当家人再安排家里的其他人去出工。如果村里直接找家里的青壮年,是没有用的。家里的青壮年是不能越过家长擅自做出决定的,并且会被认为不尊重当家人,有可能得罪这一个家庭。如果直接找青壮年,青壮年不会不告知家长而擅自去出劳力,必须要跟当家的请示才能去。

村里通知到家长之后,由家长来指派家中的儿子代表家庭去出工。家长进行安排会考虑到年龄、长幼、性别等因素。一般是派长子去,如果有多次劳役,几个儿子是轮流去,不能只有一个儿子一直去。被指派者不能不听家长的话而不去,必须要按照家长的意愿办事,所有的家庭成员都会听家长的安排,由当家的说了算。于家的家长也会为大家着想进行轮流分配或者是平均分配。除劳力之外,于家摊派过费用,如公事费、保甲费、猪头费、壮丁费、人头费、杆子费等费用。具体是以户为单位进行分配,由家长代表家庭去上交这个摊派费。

(四)选举"有名无实"

1949年以前,于堤村的干部是由村民选举产生,而保甲长则是由上级任命。选举的开展并没有固定的具体时间,只局限在时间段内,导致大部分干部的任期并不相同。当准备进行换届选举的时候,上任干部会通知各家的当家人,告知换届选举的时间和询问各当家人有无参选的意愿,让有心参选的当家人做好竞选准备,村里的公告栏有时贴相关的公告,有时不贴,因为当时的教育落后,村民大多根本不识字,公告栏并没有实质性的作用,所以大多村里的消息都是通过口口相传的模式。

接下来在选举的时候,竞选人会进行竞选演讲,当时参选者说的话没有现在那么正式,都是庄里乡亲,所以大多几句话就可以了,没有正式的发言稿,有的时候这一环节甚至可以省略,然后直接进行投票。投票在当时并不是人人都有选举权和投票权,一个家庭派出一个代表投一票,有选举权和投票权的只有各家的当家人。女性不能参与投票,即使是当家人也不可以。于家在一次选举时,当家人出门在外没办法参与,于绥孝的母亲就让于缮孝代替当家人参与投票。代理当家人一般都是这家的本家人,可以代表这家参与投票。当家人进行选举时,并不会跟家里的其他家庭成员进行商议,自己决定即可,其他家庭成员一般不会有意见,因为1949年以前的选举并不受到大家的重视,往往认为选举无用,浪费时间,所以当家人选谁,于绥孝和于家的其他家庭成员根本不会在意。保甲长在1949年以前的农村,权力要比干部大得多。保甲长是由当时的官府任命,负责该村的一切政治事务,直接听命于上级,而村长是由村民选举产生,为了村民服务,所以村里的大小事是由保甲长说了算。

调查小记

2017 年 7 月 15 日　星期六　晴

今天是开始家户调查的第一天,心情又忐忑又激动。毕竟和同龄人交流比较多,很难想象和八十多岁的老爷爷、老奶奶怎么交流。但既然已经决定要做,就要努力做好。

为此我特地去老家问我奶奶,问她老年人交流都喜欢什么方式,谈话有什么特别的地方,争取既不让老人太累,又能顺利完成任务。奶奶笑着说怎么选择了这么一个社会实践的主题啊,许多那时候的老人不是不在了,就是记不清了,可能很难完成啊。我笑着说这是历史,我们这一辈人最不清楚却应该铭记的历史。奶奶摸着以前留下来的八仙桌说:"那段历史太苦了,现在日子越来越好了,以前都不敢想象。"

是啊,那个时候是中国不可以忘记的一段历史篇章,推翻封建社会,广大人民真正站起来也是在 1949 年以后,他们真正翻身做主人。从被土地捆绑,到站在土地上挺起脊梁,是新中国的成立给了他们新生。

我们不可能再经历过那一段历史,但我们却可以倾听老人们的故事,处在高楼林立的城市里,不被繁华遮住双眼,忘记了高楼起来的这片土地。

2017 年 7 月 16 日　星期天　阴

采访完两个小时了,接下来就是比采访更艰巨的任务了,就是把录音整理成文字材料。不整理不知道,一整理吓一跳啊。短短两小时的录音,我却整理了五个小时。手疼了,心烦了,想放弃了。可是看看整理出来的那半个小时的录音却满满的都是成就感。第一次采访,我就采访了两个小时,会越做越好的。接下来就是想办法怎样让老人在舒服和不厌烦的状态下坚持把录音录完,并采访到第一手的资料。加油!

2017 年 7 月 20 日　星期四　阴

今天问一位 88 岁老人,1949 年没分家之前,财主平常都是怎么对他们这些在财主家打短工的。我一直以为他会说财主每天剥削欺压他们,让他们吃不饱穿不暖,整日受尽欺凌,但老人的回答却让我大吃一惊。

老人告诉我,其实以前的财主并没有那么坏,甚至对他们还不错。他说:"大家都是一个村子住着,每天抬头不见低头见,再说不管长工还是短工都是找去给他家干活的,干得不好,他们可以不用;如果农民觉得他们对他们不好,他们也可以不干,所以不会出现打骂这样的现象。"

老人还说财主并不是电视里演的家财万贯,吃着山珍海味,他们只不过是省吃俭用,攒下钱就买地,比别人地多而已。有的时候他们还给短工吃咸鱼和窝头,这在那个时候已经是过年才能吃上的好饭了。

说实话,我今天对"财主"有了新的认知,虽然坏的财主也有,但老人说相对较少。也许在那个社会,他们也是身不由己吧。不过这才是进行调研的真正意义吧,不走出来,你又怎么会知道自己错了呢。

2017 年 7 月 26 日　星期三　晴

已经采访了四个小时了,说真的,心里还有点儿小激动呢。但在采访的过程中也发现了我的一些不足,致使采访过程不是那么顺利。

首先,太过墨守成规。总是按照访谈提纲的顺序进行提问,但老人们的思维是具有跳跃性的,总是他们已经跑到人民公社化了,我还留在土改以前,甚至我还在土改以前问他们的生活,他们已经跳到财主家孩子能不能娶媳妇的问题上了。没有按照老人的思维进行,导致老人的回忆中间打断,一些细节漏掉。

其次,就是问题表达过于复杂化,忽视了老人的理解能力。没有对问题的问法进行加工,用老人可以理解的方式表达出来,使老人在采访中途有点儿反感,说"怎么总是没分家之前"等。

最后,采访时间过长,老人的身体受不了。虽然采访过程中尽量注意这个问题,但有的时候一采访起来就忘记了时间,导致有的时候一录就是一个小时。老人们都很慈祥,尽量配合。可事后心里也挺过意不去的。以后尽量以半个小时为限,宁可自己多跑几趟,也要让采访顺利进行。

错误已经发现,就要认真对待并改正。一次小小的口述史,一直以为只是说话那么简单,事实却远不止如此。它不仅让我们学到了知识,也锻炼了我们的交往能力和调研能力。

2017 年 7 月 29 日　星期二　晴

这次采访吸取了前进几次采访的经验,采访过程可以说是比较顺利的。

这次采访时,老人给我讲述了他上学的经历。在那个年代,身为这家的长子,他身上就担负着照顾弟妹的任务,上学对他来说就是一个想都不敢想的名词。每次看到其他小伙伴们拿着书蹲在饭桌前有模有样地念着、写着的时候,他却只能去地里帮忙农收,他心里有说不出的委屈和羡慕。

他父亲看到了他多次偷看别的小朋友写作业的情况,知道孩子对上学的渴望。有一天找他谈话,告诉他说,家里困难,实在没能力让你上学,但既然你想,我就想办法,你小子只管给我好好学就行。

就这样,老人去上学了,因为他开蒙比较晚,学习吃力,但他只要一有时间就学习,在一年以后终于成了班里的第一名,而且再也没掉下去过。当时是住宿学校,每个月都要往学校交粮,虽然每月学校也发补贴,但对于当时正处于生长期的老人来说,根本不够吃。那怎么办呢,就从家里往学校背地瓜条、玉米饼。玉米饼泡水就可以成一大碗,吃了比较占肚子。老人说当时是一角钱一份菜,他根本就买不起,一星期吃不上一顿菜。

就这样,老人坚持上到了初中,但家里实在拿不出那么多粮食,老人只得放弃学业。但老人说他已经感到很满足了，上学是他那些年最好的记忆。

反观我们"90后"，父母支持，家境优渥，可我们却把学习当成一件最累最厌烦的事。我们缺少的就是热爱与感恩，人只有失去过才会感恩，我们应该在没失去之前做到珍惜。

2017年8月10日　星期二　晴

为期二十几天的采访已经逐渐接近尾声了，从当初的茫然到熟识，最后到不舍，这不仅是我的任务，已经成了我的使命了。

越走进家户的历史，越发现它远远不止我们想象的那么简单，我们对于那段历史的了解实在太少了。据老人们的介绍，1949年之前生活艰难，一日三餐都难以为继，家家户户饿死人的现象已经是司空见惯，甚至人饿得连埋人的力气都没有。老百姓不仅忍受着饥饿，还要每天承受着生离死别，人间地狱也不过如此。但大家庭却像是一个港湾，把他们聚集在一起，让他们在艰难的时候给他们一个依靠。

家户并不是短短家庭的聚集，而是类似于小国家一样，由家长带领家庭成员一起追求家庭的更好生活。老百姓的生活发生了翻天覆地的变化，从无地可种到家家有地，从饥饿度日到三餐温饱，也许对现在的我们来说没有太多的感受，可在那个年代来说，那已经是饱受苦难农民的最好的礼物了。

第六篇

中户自足：农商结合的家户变迁
——豫中石东村李氏家户调查

报告撰写：李　鑫[*]
受访对象：李永池

————————————

* 李鑫(1995—　)，女，河南许昌人，华中师范大学中国农村研究院 2017 级硕士研究生。

导 语

石东村是河南省长葛市石象乡下辖的一个村庄,位于长葛市东南方向,与沙沃庄、石西村为邻,是以农耕为主的典型农村区域。李姓为该村大姓,李姓成员占据全村人口的90%以上。李家祖籍为山西省洪洞县,元末明初时期,由于改朝换代,战乱不断,社会不稳定等原因,官方发起了规模较大的移民活动。当时山西人多,河南人口相对较少,所以李家祖上就由山西来到了河南。李氏一族最初落户于长葛县李河口村,后因为人口不断增加,李河口村已容纳不下这么多人,便把其中的几大家迁到了石东村。

中华民国时期,李家掌握蒸酒的手艺,而且在小范围内颇有名气,人称"东酒关",后来随着时间的推移,大家族由于多次分家而"分崩离析",家里的制酒业也就从繁荣走向衰败,兴盛一时的"东酒关"就成了大家口中的故事。

1950年以前,李家一共有十三口人,包括当家人李水柱、妻子李桂氏、长子李转运及其妻子李高氏,二子李广太及妻子时琴妮,三子李广升,孙子辈的李让、李永池、李永中、李永安、李永治,以及婚后仍在李家居住长达十年之久的李水柱的四妹王李氏,家中共有三代人,除此以外,李家1942年前后两年还有两个帮工。

李家的经济条件在村里整体处于中等偏上的水平,家中居住四合院,院内共有大小房间十二间,院外有一间临街房,是街坊四邻集中议事的场所。家里整体以农业生产为主,除此之外,在家里街外的临街房还做着小生意,店铺主要是由李广太来经营的,在农闲的时候,李水柱及长子偶尔也会出门卖豆腐以补贴家用。整体来看,李家的经济是以农为主、农商结合、农商互补的。李家所在的石东村大户人家并不多,仅有的两三家,都是恶霸类型的大户,而李家作为一个在各方面都处于中等水平的家庭,既没有像大户一样嚣张跋扈,也没有像小户一样唯唯诺诺,而是经常力所能及地帮助亲朋好友,所以李家在村里有着比较高的威望。

1950年以前,李家的当家掌柜是李水柱。1950年,李水柱去世,当家人转变为李水柱的长子李转运,二子李广太起着辅助作用。李家的长辈注重对子孙的家庭教育,讲求以身作则。同时李家有浓厚的自家人意识、家户至上意识和家户积德等意识,这些意识不仅体现在日常生活中,而且代代相传。

第一章 家户的由来和特性

李家祖上从山西洪洞县迁至河南,最初迁入李河口村,后因为李姓一族人丁兴旺,李河口村容纳不下这么多人,便将其中几个大户迁至石东村,李家便在其中。落定石东村以后,李家依靠酿酒手艺从商卖酒,兴旺一时,后随着时代的变迁转而衰败。1950年以前,李家的家庭成员一共有十三口人,其中包含一个住在李家十年的李水柱的四妹王李氏,除此之外,1942年前后还有两个帮工,这样的人口规模在石东村居于中等偏上的水平。李家房屋呈四合结构,坐北朝南,家中共有大小房间十二间,无租赁房屋情况。李家以农为主、以商为辅,处于完全的自给自足状况,同时还有余力帮助周围贫困之人,正是由于热心助人的品质,李家在村内享有很高的威望。李家的整体情况可以用"百年老户,三代同堂,中等人家"十二个字进行概括。

一、家户的由来

(一)家户迁徙与定居

1.祖籍山西,落定石东

石东村的大多数李姓村民都是从山西洪洞县迁过来的,李水柱家也不例外。李家祖籍在山西省洪洞县,是很多人所熟悉的寻根问祖的重要地点之一,从老一辈人开始这个迁移的故事就一代一代地传下来。元末明初时期,由于改朝换代,战乱不断,社会不稳定等原因,官府组织了规模较大的官方移民活动,又因为山西人多,所以从山西向外迁徙的人就比较多,同时,因为河南当时相对而言人口比较稀少,就自然而然地成了迁徙的目标地之一。当时洪洞县李姓的一支来到河南省,定居在现在的李河口村。这是大概六百年前发生的事情,据说扎根在这里,一是此处人员稀少适合安居,二是有官方的安排。后来,由于人口的增长、地域面积分配不合理等原因,只能将其中的几个人口较多的家户再往外迁,李家就在其中,他们来到了现在所居住的石东村。从李河口再度迁到石东村,其主要原因是李河口已容纳不下这么多李氏成员,而且这也是当时李姓家族老一辈人共同商议的结果。按照老一辈人的说法,石东村当时并没有当地人,李氏一支来到这里,几个大家长共同商议后划分地域,进行开垦和建房。最初时期,各大家相邻分布,划分好地域,各自安排生产生活,至此算是在石东村落户了。

2.来豫二十世,石东二百年

"山西来多年,先业真可传。道德文章美,刚俭忠正全。"这二十个字刻在第一代李姓人家的祖坟墓碑上,相传这每一个字就代表着一代人,也就是说从山西洪洞县迁徙到河南已有二十代人了,但是在河南已经没有李家的家谱、族谱了,但是有祖坟,祖坟原集中在河南省长葛市的李河口村,后来由于部分家族的再次迁徙,这部分家族的祖坟也跟着迁到了河南省长葛市石东村。李家在石东村落户后,至今自己家族在此已有大约十代人了。当地把一代人定为二十年,所以李家祖上在石东村已繁衍二百余年,但是由于家谱的缺失,李家子孙对于家族在此处的具体繁衍发展情况不是很清楚,只能了解到目前家族有四门,本来有五门,后来五门由于疾病伤亡现已无人,家中也没有相关的、可查证的记录,唯一一个对过往之事比较了解的老人前几年也去世了。

(二)家户的发展:兴盛一时,转而衰败

中华民国时期,李氏大家族在村里是做酒馆①的,酒都是用粮食蒸出来的,而李家成员会这门手艺。由于做工精良,口感醇厚,家里边的酒业在小范围内颇有名气,人称"东酒关",就是石东村卖酒的馆子。后来随着时间的推移,家族人口不断增多,在传手艺和分家方面矛盾不断增长,家庭的内部人员思想混乱,大家心不在一起,慢慢地,家族由于多次分家而分崩离析,家里的制酒业也就从繁荣走向衰败,兴盛一时的"东酒关"就成了大家口中的故事。

对李家家庭成员来说,印象比较深刻的灾难就是年景②上,整个石东村经济在这个时间都很凋敝,每家每户的生活都十分苦难,逃荒的逃荒,要饭的要饭,李家家里也受到了不小的打击。本来处于中等经济水平的家庭由于粮食歉收也颇为落魄,以至于灾难过去之后李家也没有恢复到原来的经济水平,但是毕竟是村里的中等户,情况比很多贫困人家还是要好一些的,在这种艰难的情况下,李家还是救济了一些人,帮助了一些人。

二、家户的特性

(一)家户成员基本情况

1.人数中等,成员略复杂

1950年以前,李家家里的家庭成员一共有十三口人,包括李水柱及妻子李桂氏,李水柱大儿子李转运及妻子李高氏,二儿子李广太及妻子时琴妮,三儿子李广升,李转运家女儿李让,儿子李永池、李永中,李广太家儿子李永安、李永治,还有一个常住在李家十年的李水柱的四妹王李氏。除此之外,1942年前后两年在家里的两个帮工李可尼和李栓林。李家家中共有三代人,李水柱是家里的独子,没有兄弟只有姐妹,在整个李氏大家族中排行老三,除他自己以外还有十二个叔伯兄弟,但是李水柱很早就独自过活。李家家中十几口人都居住在一起,这其中,李水柱及大儿子、二儿子,还有四妹都是已婚人士,由于四妹的丈夫和孩子并未在李家家中居住,所以家中共有三对夫妻,这三对夫妻都有孩子,都是自己生养的,没有收养或者过继孩子的情况。在李家家中常年居住的王李氏是因为婆家贫困,无以度日才在李家长期居住。

---

① 当时酒馆不是吃饭喝酒的地方,而是类似于现代的酒厂。
② 即在1942年,河南经历的一次严重的旱灾。

表 6-1　1951 年李家家户情况表

家庭基本情况	数据
家庭人口数	13
劳动力数	7
男性劳动力	4
家庭代际数	3
家内夫妻数	3
老人数量	2
儿童数量	5
常住亲戚	1
其他非亲属成员数	0

2.年龄分层明显,身体状况各异

1950 年前,李家一共有十三口人,包括李水柱夫妻两人,李水柱三个儿子,两个儿媳以及五个孙子孙女,除此之外,王李氏曾长期居住在李家,1942 年前后两年家里还有两个帮工。李水柱 1950 年以前大致 60 岁,身体欠佳,1950 年便去世。李桂氏,62 岁左右,身体状况良好。李转运,38 岁左右,身体状况良好。李高氏,37 岁,身体状况良好。李广太,30 岁,身体状况良好。时琴妮,30 岁,身体状况良好。李广升,17 岁,身体状况良好,1950 年前未婚。李让 13 岁,李永池 12 岁,李永中 8 岁,李永安 8 岁,李永治 6 岁。常年在李家中居住的王李氏 54 岁,身体状况良好。帮工李可尼 35 岁,身体状况良好;帮工李栓林 24 岁,身体状况良好。王李氏常年在李家居住是因为婆家十分贫困,生活艰难,受家族长辈即李水柱的父亲委托,在李家家中生活过一段时间。帮工李可尼,本在外地做帮工,后因其儿子生病,家里生活艰难,回到故土后,李水柱念其为本家子弟,便让其在家里干活,因为李可尼在外学到了不少使用牲畜的本事,便在李家家里饲养牲口,农忙时使用牲口。帮工李栓林也是本家子弟,因家境贫寒,父母双亡,尚未结婚,又赶上年景,生活无以为继,李水柱便让其来家中牲口房居住,并参与家里的生产活动。此二人都是在年景前后来到李家的,主要是为了度过艰难岁月。李家家中所有人员均无宗教信仰,1950 年以前也只有李广升和李永池上过学,其他家庭成员都没有上过学。

表 6-2　1950 年李家家庭成员概况表

成员序号	姓名	家庭身份	性别	年龄	婚姻状况	健康状况
1	李水柱	掌柜	男	60	已婚	良
2	李桂氏	掌柜妻子	女	62	已婚	良
3	王李氏	掌柜四妹	女	54	已婚	良
4	李转运	长子	男	38	已婚	优
5	李高氏	长媳	女	37	已婚	优
6	李广太	次子	男	30	已婚	良
7	时琴妮	次媳	女	30	已婚	优

成员序号	姓名	家庭身份	性别	年龄	婚姻状况	健康状况
8	李广升	三子	男	17	未婚	优
9	李让	长孙女	女	13	未婚	优
10	李永池	长孙	男	12	未婚	优
11	李永中	孙子	男	8	未婚	优
12	李永安	孙子	男	8	未婚	优
13	李永治	孙子	男	6	未婚	优

(二)家户经济基本情况
1.房屋呈四合结构,坐北朝南

1950 年以前,李水柱家居住在老院,位于现在石东村东西主路的南面一排。对于整个村庄而言,每家每户的房屋在位置上并没有优劣之分,都是祖传的房子,只是随着时间的推移,临街的家户开始做一些生意,占据一定的地理优势。李家的房子在临街一排的后面胡同内,当时说在布袋街中,房屋坐北朝南,门口也是一条东西连通的路。向东走大概三百米,是一个寨子,房屋东西两邻居都是李水柱的本家亲戚,是李转运的叔伯兄弟,关系比较密切,而且三家房屋结构基本相同,相差的仅是院内房屋的数量。李家的房子是草木结构,四合院的类型,厨房在东侧的南面的第一间,厕所在院内的西南角,牲口间紧挨着厕所有两间,门楼东侧是一个杂货间,放置着各类生产农具。家里共有大小房间十二间,北面包括一个堂屋,两个主厢房。主厢房住着李水柱夫妻以及王李氏和李让;院子西侧是两间西厢房,一间住着李广太一家,一间住着李广升;东侧是一间东厢房和一间厨房,东厢房住着李转运一家,里面有一个小隔间,住着李转运的两个儿子;南面是一个厕所、两间牲口棚、一间杂货室。除了住宅以外,门外还有一个小的临街房,一般是本家的一些人商量事情的时候用。从堂屋外东侧小道过去,主房屋后面是一个园子,主要用于摆放柴火和些许粮食。院内没有设计专门的排水沟。

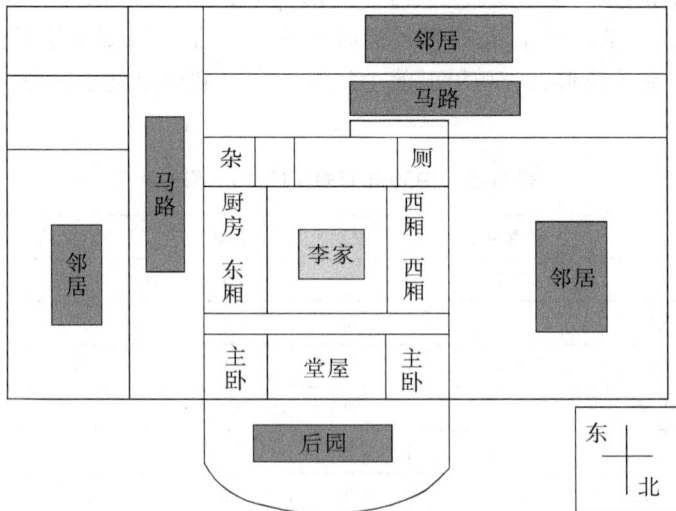

图 6-1 李家家户空间图

2.农商结合形式下的自给自足

1950年以前,李水柱家里有土地三十五亩,劳动力除了1942年两个帮工以外,带上王李氏共有八人。家里还有一头驴、一头牛,生产农具齐全。家里主要依靠种地为生,同时家里后院外的街上还有一间临街房用来做小生意,主要是由李广太经营的。李家整体来说还是以农为主、以农带商、农商结合、农商互补的,因为开店的本钱来自于农业生产的收入,在买卖中缺少资金周转的时候,也需要农业收入来补。家里经济情况在村里处于中等水平,能满足自给自足的需求,家里的主要收入为粮食,现金收入少之又少,可以忽略不计,整体收入也是略有盈余,有余力去帮助别人。家里的房子是祖上传承下来的,一家老小全部居住在此。农忙时,作为中农户,生产工具齐全,劳动力充足,牲口也可以满足自家生产需要,还会借出去帮助邻里。家里的劳力主要包括李水柱夫妻二人,李转运夫妻二人,李广太夫妻二人,李水柱四妹王李氏,李水柱三儿子李广升以及1942年前后在李家干活的两个帮工。

表6-3　1950年以前李家家计状况表

土地占有与经营情况	土地自有面积	35亩	租入土地面积		0
	土地耕作面积	35亩	租出土地面积		0
生产资料情况	大型农具	犁、耙、耧、太平车、碾、磨			
	牲畜情况	1耕牛 1驴			
雇工情况	雇工类型	长工		短工	其他( )
	雇工人数	0		0	0
收入	农作物收入				其他收入
	农作物名称	耕作面积①	亩产	单价	收入金额(折算)	收入来源	收入金额
	小麦	30	150斤	—	—	卖烟叶	几块钱
	大麦	3	120斤	—	—		
	豌豆	2	100斤	—	—		
	高粱	8	120斤	—	—		
	红薯	3	350斤	—	收入共计		
	谷子	5	100斤	—			
支出	食物消费	衣服鞋帽	燃料	肥料	租金		
	自给自足				—		
	赋税	雇工支出	医疗	其他	支出共计		
	几斗粮食	0	几块钱	—			
结余情况	—		资金借贷	借入金额	—		
				借出金额	—		

---

① 耕作面积累计之和大于三十五亩,是因为一些农作物是套种的,一些是不同时期在同一块土地上种的,此数据出自受访者。

(三)家户社会地位基本情况

1.无人做官,颇有声望

1950年以前,李水柱家中没有在当地担任乡长、保甲长等职务的人,家中没有一人担任过民间或官方的职位,也没有在官府任职的亲戚朋友,可以说是与官场毫无联系。但是客观来讲,石东村的大户很少,有那么两家还都属于恶霸财主,所以李家作为一个中户在村里口碑十分好,声望也比较高。其主要原因是,虽然李家不是大门大户,但是作为中户,经济状况在村里而言是中等偏上的,自给自足以外还略有剩余。在这种情况下,李家人经常向村里的贫穷之人伸以援助之手。在李家大门的门楼下,李家的人经常会把家里的粮食分给周围几户生活艰难的邻居,而且李家的家庭成员在为人处世方面很低调,不会仗势欺人,更不会找人麻烦,在与人发生摩擦的时候也是本着忍让的原则,所以村里的大多数人对李家的人都很是尊敬。李家门外有几棵老的梧桐树,村里人认为老梧桐树象征着良好的品质,所以村里经常会有人把李家的地位与老梧桐树相比。

2.百年老户,三代同堂,中等人家

（1）当家情况

1950年以前,李家共居住着三代人,由于李水柱是独子,没有亲兄弟,所以很早李水柱就带着妻子、儿子出来单过。搬出来以后,作为家里的顶梁柱,李水柱自然而然地便成了李家的大掌柜,管理着家里内外事务。他的妻子李桂氏在家里的事务中也发挥了重要的作用,比如做衣、做饭这样的事情都是由李桂氏具体安排的。家里没有管家,家里的人和事全都是由李水柱来管理的。到了1947年左右,李水柱身体状况不太好,家里的当家权力逐渐转移到了大儿子李转运身上。到1950年李水柱去世,李转运正式成为李家当家人,同时,李转运的二弟李广太也起到了辅助的作用。

（2）规模划分

1925年左右,石东村只有一个大户,就是李易兴家,他家中有四五十口人,土地面积高达上百亩,家里还有一个大型的酒厂,可谓家大业大,后来不知何原因迁走了。1935年左右,村里的大户有两家,就是"二宋"家,这两家后来被划分为财主成分,也是恶霸财主。按照一般的标准,一家人口数达到三十口以上便可称为大户,十五口以上可以成为中户,而且就村内的社会状况而言,人口多的必定是家里经济状况比较好的,一定是家大业大、地多财多的,所以区分大中小户的主要标准是人口数。就社会地位来说,大户往往具有更强的社会影响力,但是不见得就备受尊重,更不用说德高望重,仅仅是因为家大业大而已。

（3）中等农户

李水柱家中共有十三口人,还有1942年前后两年在李家干活的两个帮工。就总的人口数来说,李家在村里算是一个中户;就经济状况而言,李家也是名副其实的中户,比上不足比下有余,自给自足还略有盈余。"多比少好,强比弱好"这八个字对于农村社会来讲是完全的真理,农民基本上都是以农业为生,人口多少与农业生产的强弱又成正比,所以就当时的社会情况而言,一方面,人口多的家户一般经济条件都比较好;另一方面,人口多的家户相对比较有凝聚力,正所谓人多好办事,通俗地来讲,就是不容易被人欺负,但是李家也从不会仗势欺人。虽然有保甲制度,但是当时的官员并没有登记过每家每户的人口数和土地数量。李家的

土地和财产在村里均处于中等水平,这也是后来土地改革时划分为中农的重要依据。整体来说,李家的土地和财产在村里不算多的,也不算少的,属于中户,在这种情况下,李家既不会因为经济太过富足而欺压别人,也不会因为太过贫穷而受人欺负。此外,在略有盈余的情况下还会主动地力所能及地接济他人,帮助生活有困难的人解决一些小问题,所以在村里声望比较高,具有一定的影响力。

(4)百年老户

李家落户到石东村大约是在两百年以前,如今已繁衍了十代人,是石东村最早落户的大家之一,当然理所应当地算作老户,现如今村庄除了明朝时期落户到石东村的李姓一族,还有1940年左右新来的一些姓杨的、姓吴的,他们自然就是新户,新户人口较少,本家亲戚较少,所以这些新户作为小姓氏,在遇到红白喜事时,往往会相互聚到一起,积攒一下人气儿。

第二章　家户经济制度

李家的产权有着全家共享、独立外界的特点。1950年以前,李家有土地三十五亩,是由几代人开垦、继承而来的,家中土地较为分散,土地质量也是好坏不一。李家所居住的房屋是从祖辈那里继承来的,全家人共有,不存在侵占的情况。就生产资料、生活资料来看,李家大小工具齐全,且多为李水柱自己制作的工具,家里不仅有农业收入,还有经营商铺的收入,自给自足的特点十分突出。在分配、消费、借贷方面,李家当家人处于主体地位,享有绝对的权力,其中,李家消费有着中户自足、以粮为重的消费特点。关于借贷,李家所有成员都具有还贷的责任。在以集市为重要交易场所的交换中,李家家长是交换主体,货比三家是交换中的主要原则。

一、家户产权

(一)家户土地产权

1.土地为自耕田,有好有坏

1950年以前,李家有土地三十五亩。因为地处中原地带,这三十五亩土地均为旱地,用来种植粮食作物,这些地分布在不同的地方,甚至有的不在一个村,共分为七块土地,离家近的土地面积最大,几块土地相比较而言,土质差别不大,只有最远的一块地土质稍微有点儿低劣。就当时的条件而言,李家并没有在田地里开凿大的水井,但是有挖过土井,挖几丈以后用人力舀水,一次舀一桶,然后等好久才能有第二桶,李家也没有水车。土地周围也没有沟渠或者河流,不能进行灌溉,完全是靠天吃饭。李家的这些土地基本上没有发生过变化,家里最困难的时候也没有买卖过土地,这些土地均是从第一批落户于此的老一辈人那里不断开垦、继承过来的,土地一旦划定,村庄或者大家族都无权再对土地进行规划。

2.几代开垦,继承而来

李家的三十五亩土地皆是由上几代人不断开垦、最终划定后继承过来的。起初的土地是刚落户于此的第一代人划分土地得来的,后来两代人通过开垦荒地又拓展了土地的数量,经过几代的发展,土地数量就此固定并不断传下来。在发展的过程中李家无买卖的土地,但是是否出现过赠予的情况无从考究。这些土地共分为七块,分布在不同的方位,分散在三个村庄。

3.共同躬耕,家户成员共享收获

1950年以前,李家三十五亩土地,家中算上王李氏共有十三口人。就家里的传统而言,男女老少均对土地具有使用权,即共同躬耕、共享收获,但是王李氏和李让对土地并不具有所有权,即当要分家或者闺女出嫁,抑或是家中发生任何变故时,此二人不具备占有一定份额土地的权利。家中的媳妇嫁到李家来享有土地,如果被休的话,对土地的权利也就消失

了。在李家,这三十五亩土地不属于单独的某个人,即使是当家掌柜也不能说土地是他个人的,而是属于全家人的,家里也没有因为嫁娶而对这些土地进行过内部划分,每个小家庭和整个大家庭一样,共同使用这些土地,共同劳动。家里的两个帮工对土地只拥有耕作的权利,以粮食作为雇佣的工资,但是他们也同样对土地不具有所有权,也不会参与到分家时的分土地中。分家时,土地作为其中最重要的一部分会按人头进行分配;分家后,每一个新的小家庭都拥有属于自己的土地。未分家以前,土地共同所有,大大减轻了生产中的负担,提高了耕作效率,而且一家人共同劳动,共同收获,有利于增长家庭成员的凝聚力,大家劲儿往一处使,力往一块用,全家齐上阵,合理分工,这对于家庭的发展也是很有利的。

4.锄出灰界,地邻"心知肚明"

村里每家每户的土地多是分散的,每一家的土地左右都与其他家的土地相连。在划分土地之后,除了每家每户的人员心里都很清楚哪一块儿是自家的土地以外,为了避免在耕作的时候产生不必要的麻烦,比如不小心把自家的种子种到了别人家的土地里,或者是收割时别人家不小心把自己的粮食收割了一部分,所以在确定好各家的土地后,会在田头用锄子锄出一个坑,在里面放许多黑灰,叫作"灰界",并且每次播种的时候会再翻新一下,以免经历长年累月的风吹雨打后,找不到原来的界。虽然这个界是确实存在,但其实大家都对自己的土地比较熟悉,去自己家的地时,约莫着快到了,就可以找到那个界,一般都不会错,只是用来以防万一罢了。此外,每家每户的成员对自家的土地所有权都很重视,没有人能接受别人的肆意侵占。作为农民,依靠土地为生,对土地的了解程度比任何其他事物都要清楚,所以什么季节种什么,什么时候播种,什么时候收割,大家都是十分明白的,所以在种地的时候,这些事情不需要某个人做决定,至于粮食收获以后如何安排,这一般由掌柜决定,决定哪些平时食用,哪些留着备用,哪些留着做种子。当然,家里的种地行家也可以提一些自己的想法,只要合理有用,当家人也不会一意孤行,也是会参考其他人意见的。

5.同根同祖,侵占情况少有发生

李家所在的村庄大多数都是李姓村民,同根同祖。土地从无到有,既有最初的划分,也有中间的开垦,就像无形的契约一样,每个村民对自己所拥有的土地和他人所拥有的土地数量及分布的地点都有大概的了解,彼此默认,没有人会随意侵犯他人的土地或者干预其他人家土地的耕作和经营。土地无故被侵占的情况多发生于贫穷的家户,如果本家亲戚的土地被侵占,一般会由整个大家族的大家长出面进行协调。协调无果的情况多发生在恶霸财主的侵占,因为侵占者蛮不讲理,又仗势欺人,所以土地一般也要不回来。发生这种事情的时候,家族只能为被侵占者安排一个富裕的本家亲戚家去做工,帮别人干活以养家糊口。在这样的社会环境下,一般而言,官府不会随意占据其他人家的土地,但是很多时候会出现官霸一体或者官霸勾结的情况。有的是恶霸本身就是官员,他会野蛮地侵占农户的土地,有的是恶霸的亲友是官员,相互勾结、包庇也是常态。出现土地被侵占的情况时,指望官府出面主持公道十分困难。

(二)家户房屋产权

1.老奶奶的贴己地

1950年以前,李家的宅基地大约有一千平方米,西邻居为李水柱的本家亲戚李掌运一

559

家,两家宅基地的面积共为三亩,是"老奶奶的贴己地"①。分宅子时,从中间一分为二,两家占地面积相同,房屋构造结构也基本相同。李家院子内共有房屋十二间,有种说法是"三间房不占一分地",所以李家房屋的建筑面积大约为四分地的大小,即二百七十平方米左右。房屋的建筑布局是典型的北方风格,四合院的类型。房子东南西北四面都盖有房间,在村里边算是比较好、比较完整的,邻居李掌运家仅三面有房,村里的其他家也大多如此。总的来说,经济条件还不错的大多四面都有房间,而经济条件差的便只有三面。

家里的房子是传统的草木结构,房顶是用木条和柴草搭起的,房屋的墙壁由土坯构成。北面包括一个堂屋,两个主厢房,主厢房住着李水柱夫妻、王李氏及孙女。西侧是两间西厢房,一间住着李水柱二儿子夫妻一家,一间住着李水柱三儿子,东侧是一间东厢房和一间厨房,东厢房住着李水柱大儿子夫妻俩,而且里面有一个小隔间,住着他们的两个儿子。南面是一个厕所,两间牲口棚,一间杂货室。厨房在东侧的南面的第一间,厕所在院内的西南角,牲口间紧挨着厕所有两间,门楼东侧是一个杂货间,放置着各类生产农具。除此以外,院外还有一个小的临街房,一般是本家的一些人商量事情的时候用。从堂屋外东侧小道过去,主房屋后面是一个园子,主要用于摆放柴火和些许粮食。李水柱从自己爷爷奶奶那里继承过来这片住宅,这个房子到1950年前后已经住了五代人,除了因为前代人分家或者房屋坍塌等原因对房子进行小规模的整修以外,房子的变化不大,该院子一直使用到1955年。

2.房屋家户共有

李家房屋的使用权属于所有家庭成员,但是未出嫁的闺女对房屋不具有所有权,未出嫁以前在家中与大家一同使用房屋,出嫁的时候不能对房屋进行分割。嫁过来的媳妇对房屋也具有使用权,也有所有权,但是如果被休了,她对房屋的权利便消失。1950年以前,李水柱家有三对夫妻,每对夫妻都有一个独立的厢房,这是属于小家庭比较私人的空间,一般其他成员不会随意地在小家庭居住的地方随意走动。而堂屋、厕所、厨房、牲口屋、杂货室是大家可以任意活动的空间,可以说是公共空间。小夫妻的厢房通常情况下还会住着自己的孩子,这当然也是在孩子小的时候。就当时的社会风气来说,只要不是人口太多以至于现在的房子住不下,一般情况下不会分房子,只会划定小家庭睡觉的地方,其他房间都是大家共同使用的。家庭成员人人有份,大家住在一起,共同使用房子,这种方式使得家庭成员彼此依赖程度很高,家庭更有凝聚力,亲情感十足。

3.墙角种树作为界限

李家的西邻居为自家亲戚,两家是在当年分了老爷爷一代的房子。两家分房时,把三亩地一分为二,中间盖起了一道墙作为两家的分界。村里也有一些人家为了更好地表现出两家的界限,会在墙角处种一棵树,等到树长得枝繁叶茂的时候,大老远就能看到哪个是自己家,哪个是别人的家。边界一旦形成,就不容侵犯,任何人不得越过边界再修葺房屋。

家里房屋日常的使用均由当家人做主,因为家里除了当家人其他人都不掌握金钱,所以当房屋需要修缮的时候,都是由当家人提议的,一般大家也不会有意见,毕竟房屋没有问题的话是不会修的,这种事情当家人自己就能做主。但是如果涉及买卖房屋或者是因为分家需要分宅子,还需要告知大家族的长辈们,大家共同商议一下此事再做决定。分家之后,自家的

---

① 老奶奶的贴己地:指老一辈人留下来的土地,被子孙继承。

房屋支配权力一般掌握在分家后的男人手里,因为他自己又成了自己家的大家长,是新的当家人。

4.家长支配,家人支持

作为普通的中等户,李家的发展是比较稳定的。房屋的数量也仅限于足够使用,所以没有出租过房屋,也没有因为经济困难出售过房屋,但是在遇到房屋漏水、局部坍塌的时候会由当家人提议修缮房屋。1950年以前,李家大规模修缮房屋大概有两次,一次是李水柱携家眷搬进来的时候,一次是李广太结婚的时候,除此之外,只有小修小补的情况了。李水柱与李掌运共同分割三亩"老奶奶贴己地"的时候,除了两家共同在中间盖起了一道共墙外,李水柱把房屋进行了大规模的修葺,包括在南边盖起了牲口棚和杂货屋,还把房顶的草又加厚了不少,这些都是由李水柱这个当家人决定的,家里的其他人对房屋的修葺、买卖不享有权利,但是如果自己居住的屋子需要修缮而当家人却没有发现,自己可以去告诉当家人,请求修缮。

在李家,小家庭自己居住的地方可以视为是他们自己的私人空间,作为家长只会偶尔提醒他们打扫房间、检查是否需要修缮,一旦对他们的私人空间进行确定后,便不再加以干涉。家里房屋的分配和传统思想一致,老年人住在主厢,老大一家住在东侧,其他兄弟住在西侧。

5.村民彼此认可,互不侵犯

李家以及村庄其他李姓家户的宅基地所在地点以及面积、界限等,都是村民所默认的。大多数人家的宅子都是继承于上一代,虽然没有登记在册,但是就像谁家的老婆就是谁家的,这些宅子也都是属于这一家人所有,李家享有对这个宅基地的所有权利,任何人不得干预或是侵犯。在一般的情况下,整个大家族对于每一个小家族所拥有的宅基地情况都是十分了解的,当房子在某一家一户手中确定产权以后,大家族一般来说就不再参与小家族的房屋事务中来了,但是如果发生买卖或者置换房屋的事情,大家族里的长辈们会聚集在一起对这件事进行商议,以这家的实际情况作为重要参考。1930年左右,李家本家的一户贫农家,因为贫困处处受人欺负,家里的光景也不好,后来邻村的林家把这个贫户的房子给占了,而这个林家是出了名的穷凶极恶,家里人都是土匪恶霸,大家都不敢惹他们,房子的事情也就不了了之,后来是由本家长辈出面把这个贫户安排到本家的富裕户里做帮工,解决了生活上的问题。

(三)生产资料产权

1.生产资料齐全,多为自制

李家的经济条件在当地处于中等水平,虽说比上不足,但是比下还是有余的。家里的生产工具一应俱全,大型的农具也是有的,包括犁、耙、耧、太平车等,但是没有水车,在当地也只有一户财主家有水车。李家还饲养了一头牛、一头驴以此来作为农业生产的助力。家里平时出门都是依靠脚力,即使是送粮食,也是拉着车走的,没有其他交通工具。

李家的大掌柜李水柱有着木工的手艺,所以家里的生产工具大多是经由李水柱的手来完成的。家里的犁、耙、耧、太平车等大型工具,还有木掀等小工具,只要是采用木材的,都是李水柱做的。只是如果需要用到铁钉、铁片等非木制品时,需要去南席①的作坊购买,都是买

---

① 南席:地名,是离石东村比较近的一个乡镇。

561

一些小零配件。简单的工具都是由李水柱自己完成的,而稍微麻烦一点儿的,李水柱会请周边的几个木匠一起来完成。而家里的所有生产资料均属于全家人所有,每次去地里干活,大家都会拿着这些农具齐上阵。就李家而言,工具齐全,劳动力充足,一般不需要向其他人借工具,但是如果一些贫困户没有工具,在李家的工具空闲时会借给别人用,一般也都是借给周边的亲戚邻居。

2.全家共有,分配使用

虽然家里的生产工具大多是由李水柱自己做的,但是李水柱做这些工具就是为了能够让全家人一起参与劳动,并且能够使劳动更加方便,所以这些工具都是属于全家人所共用的,只是说像犁、耙这些工具女人使不动,只能男人来用,但并不是说这些东西就属于男人,女人不能用,这些工具不属于任何家里的个人,而是属于全家。除了嫁出去的闺女,其他家庭成员对这些工具都是有份的,即使是以后分家,这些工具、资料也是会按照人头分给每个小家庭的,但是没有分家以前,这些工具就是大家一起使用,因为土地是全家共有的,大家一起干活一起收获,没有人会说哪个生产资料就是自己的,别人不能用。在李家,家里的所有生产资料归全家所有,但是为了使劳动效率更高,一般会在劳动前对劳动任务进行分配,自然而然地,也会对生产资料进行分配,今天谁拿着什么去干什么,比如犁地的时候,一般李水柱会说自己拉着牲口、小推车、犁去犁地,李转运和李广太拿着耙去耙地,这样大家都有活干,不会有人太忙,也不会有人太闲。

3.家长享有支配权

1950年的时候,李家当家人由李水柱转变为李转运,这其中最主要的因素是年龄的变化和当家人李水柱去世,在李家当家人的转变可以说是一种自然变化的过程。当家人的身份一旦确定,就标志着这个当家人对家里的一切事务都有当家的权利,所以就生产资料这方面来说,家长具有实际的支配权力。除了很多农具都是李水柱手工所做以外,其余无论是再购买配件或是维修、借用都由当家人来做决定,之前是李水柱,后来是李转运。因为李家没有人长期外出工作,只是偶尔李水柱会外出卖豆腐,时间也不长,所以不用考虑当家人不在这些事情该由谁决定,毫无疑问是当家人来做决定的。如果有人来家里借生产工具,刚好当家人不在的话,要不就等一会儿,要不就之后再来,别的家庭成员不能私自做主把家里的生产工具借出去。

4.彼此认可,无须保护

生产资料作为一家一户农业生产的必备物品,无论是购买或是自己制作,一旦在家中开始使用,就相当于确定"主权"。和土地、房屋的概念是一样的,自己的东西不用多说便是自己的,无论是村民,还是大家族的人,都不会随意侵占别人家的生产资料。对于李家来讲,自家的生产资料不会遭到其他人强行买卖或者租用,家族的其他成员也不能不经李家当家人的同意就买卖、借给外人使用。也就是说在李家,除了李家当家人外,任何其他人都无权对李家的生产资料进行分配和使用。

(四)生活资料产权

1.家户生产资料充沛

1950年以前,从李家住宅向北过一个马路,那里有一个很大的空地,几家人合起来把那里作为一个晒粮食的场。打下来粮食以后,几家人划分好各自的晒粮区域,把粮食摊在那里进行晾晒,李家晒场的面积大概有一亩地的大小。1950年以前,家里的院子里也没有水井,相邻的三家人有一口井,吃水的时候都是拿担子挑。李家也有磨和碾,这些都不是后期置办的,而是从老一辈传下来的。1950年以前李家也没有太多桌椅板凳这些家具,只有一个招待宾客的方桌,还有两个带把手的椅子。

作为农民,日常消费最多的生活资料便是食物,其次就是调味料和衣物。李家日常消耗的食物多为粮食,这些粮食都是自己家种植的。因为土地足够,所以没有从外面买过粮食;因为家里李广太在做小店生意,里面卖的有油盐酱醋等调味料,除了李广太去进货外,家里不需要外出购买,也没有专门计算过多久买一次,家里没了就去前边的店里拿一些回来;家里的衣服也没有买过,一是因为卖衣服的极少,二是家里也没有多余的钱买衣服,家人的衣服都是自己做的。家里每年都种植两三亩棉花,然后用这些棉花来纺线织布做衣服。

2.家庭成员不分你我

虽然家里的生活资料大多来源于李广太经营的店里,但是这个店是李家全家的资产,所有这些生活资料拿回家里也是属于全家人的。全家在一个锅里吃饭,所有这些油盐酱醋都是全家人一起消费的,不存在哪些是个人的,哪些是小家庭的,都是李家所有人的。在李家人的心中,只要不分家,大家都是完全的一家人,很多事情不可以区分太明显,也不可能区分很明白。整体来说,这些物品的消耗与分配,都是由当家人来决定的。这种人人有份、人人参与的情况对于一个家庭来说是有益的,更有利于家庭的和睦与团结。

3.家长决定,他人参与

李家不是一个大户,人口也不算多,管理起来比较容易,所以李家当家人当的是所有家庭成员的家,也是所有家庭内外事务的家。李家在生活资料的购买、维修、借用等活动中,都是由当家人作为实际的支配者,不需要跟本家的长辈请示,也不用告知邻里,最多就是跟家里的人说一声,但是还是由自己做主,家里的其他成员也可以提意见。当家人虽然对所有家庭事务都有决定权,但是也有例外,有些事情不用他亲自做,因为当家人的事情比较多,可能注意不到家里太多的琐事,比如家里的盐没有了,自己家又卖,这种情况下,一般负责做饭的妇女会跟当家的说一下,然后自己去拿或者让李广升带回来,在这种事上没有固定的条条框框。而借东西给别人,往往是要当家人明确表态或者当面借给别人的,家里的其他人只能在当家人不在的情况下代为转达,但是不能私自做主。

4.村庄成员彼此默认

李家的生活资料多来自于自家经营的小店,这是村内所有人都知晓的。没有人会恶意地侵占李家人的生活资料,一般情况下,村里人都不会侵犯别人家的财产的,除非遇到土匪恶霸,当然也不存在强买强卖的情况,村里的许多人需要从李家的店铺里买一些日常用品,但是不是所有人都有钱,所以有的人会把粮食拿到李家的店铺里换成自己需要的生活物资。本家的一些穷人,如果真的急需一些东西而又没有钱,在经过李家当家人的同意后,也可以先拿走一些救救急,但是也是不能强行拿走东西的。当然,在一些动乱时期,也出现过一些官府人员去店里随意拿走一些东西的情况,但是毕竟是少数,大部分人还是讲规矩的。而且李家在村里是大姓,本家子弟很多,也不是谁想欺负谁就能欺负一下的,要是真的出现被人欺负的情况,本家是有老辈们儿出面讨公道的。但是在村里,大家都是邻里邻居的,都是和和气气地相处,很少发生这种相互找碴儿的情况,整体上民风还是很朴实的。

二、家户经营

(一)生产资料

1.短期雇工与搭伙

1950 年以前,李家除 1942 年前后的两个帮工以外有十三口人。这其中有八个劳动力,包括李水柱、李桂氏、王李氏、李转运、李高氏、李广太、时琴妮、李广升,其中,李水柱、李桂氏、王李氏是 50 岁以上,是李家爷爷辈的人,李转运、李高氏、李广太、时琴妮、李广升都属于中青年,是李家的第二代,是叔伯辈分的人,至于第三代,只有李让和李永池是 10 岁以上,但是并不算劳动力,只是偶尔帮帮小忙。除了家里的男性劳动力以外,李桂氏、李高氏、时琴妮三个成年女性也必须参加劳动,四妹王李氏在李家的时候也参与劳动。虽然社会风气仍受到封建社会的影响,但是相比繁重的劳务活,女性还是要出去劳动以减轻家里的负担。而且女性不仅需要干地里的活,更要做好家里的家务活,如果什么都不会做或者做不好的话,当家人是会指责她的,有些家庭也会出现打骂的情况。如果随着年龄增长,身体状况不好的话,是可以不用再干活的,在李水柱 55 岁以后,身体状况就十分不好,家里人就不让他出去干活。1949 年以前,家里的未成年人有五个,李让 13 岁,李永池 12 岁,李永中 8 岁,李永安 8 岁,李永志 6 岁,李让和李永池年龄稍微大一点儿,家里忙不开身的话,会让他俩一起去干活,虽然李让是女孩儿,也是没有特殊待遇的。除了两个帮工以外,外人不会无缘无故参加李家的生产劳动,每家都有自己的活要干,谁也不会闲的没事来主动参加别人家的生产活动。1942 年到 1943 年两年时间,李家有两个帮工,生产活动所需的劳动力是比较充足的。1930 年左右,当时李家的人口不多,家里劳动力不足,这时会和其他人一起搭伙干活,今天自己家几个人和别人家几个人一起先在一家干活,明天再去另外一家干活,这样就可以共用劳力,大家都可以把活干完。除了这两个特别时期之外,其他时候李家的劳动力是十分充足的,农闲的时候,李水柱和李转运会交替着外出卖豆腐来补贴家用。

1942 年到 1943 年两年的时间,李家有雇用两个帮工,一个叫李可尼,一个叫李栓林,这是在特殊时期的特殊决定。1942 年,河南地区旱灾,年景期间饿死了许多人,许多人家破人亡、外出逃荒,李可尼和李栓林也就是这个时候来到了李家。帮工李可尼,本在外地做帮工,后因其儿子生病,家里生活艰难,回到故土向本家长辈求助,李水柱念其为本家子弟,而且在外多年手艺不错,便让其在家里干活,因为李可尼在外学到了不少使用牲畜的本事,便在李家饲养牲口,农忙时使用牲口。帮工李栓林也是本家子弟,因家境贫寒,父母双亡,尚未结婚,又赶上年景,生活无以为继,李水柱便让其来家中牲口房居住,跟着李可尼学习喂牲口,并参与家里的生产活动。这算是艰苦年月的一点儿帮助,主要是希望他们能够通过在李家的劳动有吃的东西、有住的地方,不至于冻死、饿死。

除了一个时期缺劳动力与别人搭伙,还有一个时期雇用了两个帮工,其他时候三十五亩地都是由李家人自己来种的,也没有出租过自己家里的土地。

2.牲口基本自足,曾有搭伙

1950 年以前,李家有两头牲口,一头牛、一头驴,平时耕种的时候都是两头牲口一起用。比如在犁地的时候,一头牲口一个人一般是很难完成的,但是两头牲口一起就会省劲儿得多,一般情况下李家这两头牲口在农业生产的时候是足够用的,但是在 1930 年左右的时候,李家当时只有一头牲口,干活的时候有些吃力,这时候就会和村里家里也只有一头牲口的人家合用,共同把地里的活干完。和别人搭套使用也是有标准的,最好两家的牲口都是牛,因为牛的力气比较大,干活不费力,而且搭套使用牲口也多是找亲戚家里,这样比较好说话,还有就是找两家地离得比较近的人家,这样来回干活比较省事儿方便,避免来回走路的麻烦,节约时间和劳力,另外两家的土地面积也最好差不多,这样自己不会吃亏。除此以外,在自己家的劳动结束以后,如果本家的比较困难的亲戚家里没有牲口,也会借给他们用,他们有的时候也会帮李家干干活,算是互相帮助。

3.农具自制,互相帮忙

李家的李水柱会木工活,算是一个木匠,所以李家的大多数农具,无论是大农具还是小农具,很多都是李水柱自己做的,或是请人一起做的。自己家里单纯从外面买回来的农具是很少的,因为在那个时候,大多数的农具都是木制品,只要李水柱能做的都不会从外边买,而且大部分他都会做,只是需要从外面买一些小的零配件而已。比如做犁的时候,除了需要木头以外,还需要一些连接处的钉子、铁片,这些东西家里是没有的,会去专门的铺子里买。总的来说,除了配件、牲口套,其余的生产工具都是家里自制的,而且李家的生产工具可以说从小到大一应俱全,不需要借其他人家的东西,但是会有别人来借自家的,像犁、耙等大型工具,并不是人人家里都有,所以帮助别人这种事情在李家经常发生,但是借给别人也是要在自家使用完以后才能借出去。一般情况下,如果借出去的农具发生损坏,李家也是自己修一下就好了,因为李水柱也会修,不会让人家赔偿。无论贫户还是富户,每家每户都会扶扫帚[①],这些扫帚都是用高粱穗做的,制作起来也十分便利,基本上每一家都能自己做。

(二)生产过程

1.农业耕作

1950 年以前,作为以农为生的普通人家,李家为了保障生存,农业耕作是生活中最关键的部分,往往是全家齐上阵进行农业耕作。家里偶尔也会喂一头猪,是为了年底卖钱。除了农业生产以外,农闲期间,李水柱和李转运会轮流外出卖豆腐,此外,李广太还经营了一个小卖店,卖一些油、盐、点心、香纸等。但是作为农民,农业收成是最大的收入来源,因为粮食是最重要的,虽然李家也算得上有点儿经商收入,但是是农商结合、相互补贴的情况,并不靠商业来维持生活,一般家里少点油、盐之类的会去店里拿,但是店铺里进的货又来自于粮食收入,所以说这是一种循环的经济方式,经商利润很少,只是补贴家用罢了,总体还是以农为主。

李家人口不算多也不算少,但是干活方面分工还是很明确的。拿卖豆腐这件事来说,虽然是李水柱和李转运偶尔外出卖豆腐,但是在家一般都是李桂氏和儿媳妇一起磨豆腐;经营店铺主要是李广太在做,李永池有段时间一直跟着二叔做学徒,其他人不参与店铺生意;去地里干农活,往往是全家齐上阵,当然以男性为主,毕竟男性力气比较大,去地里干活的时候,每个人干什么都是由当家人来分配的,一般老人、孩子干的活比较轻,男人干得多,女人干得少。

一年是种两季粮食,春天就是种高粱,在阴历的七月收割,如果天气正常,不是旱天也不是雨天的话,在收完高粱以后,会在地里加种一季荞麦,因为荞麦的生长周期短,只需要七十

---

① 扶扫帚:制作扫帚。

天左右便可成熟,而且口感好,天时地利的时候会选择种一下,荞麦收割完毕后,再种上小麦。除了两季主要粮食外,还会种一些豌豆、谷子、大麦、红薯等作为补充,这其中小麦的种植面积是最大的,一般会达到三十亩,高粱最多也就是十亩左右,其他的都是种个两三亩。家里种什么、怎么种都是由当家人来决定的,不需要和家人商量,种植的时候也不用向其他人打招呼或者请示,最多就是邻里邻居的当家人大家随便讨论一下,交流一下经验,然后当家人自己做决定。

就种地的过程来说,无论种什么,都要经过犁地、耙地、播种、除草、灌溉、收割、平整晒场、收集粪便这几个过程,但是灌溉的话基本上是看天意,村里没有水井,李家也就是在最大的那块地挖了一个一两丈深的土井,用木架子、辘轳来摇水,摇出几桶水再进行灌溉。就犁地来说,李家通常由李水柱和李转运轮流去犁地,一般一个人就可以,两个人谁有空谁去,有的时候会带上个年龄大一点儿的孩子,坐在犁车上,拿一个板楔,如果牲口走得太急,小孩就把板楔楔到地里,起到一个减速的作用,犁地的时候带着驮车和犁耙,拉着牲口,犁地的同时也就把地给顺便耙了。去地里剔草一般都是女性劳动者,因为剔草不费劲儿,女性就可以完成,锄地一般是男性来干,收割的时候都是全家齐上阵。但是收割的时候男女使用的工具不同,一般都是男性拿着铲子在前边把粮食放倒,女性在后边用钎条把粮食割下来,再捆绑一下,等一趟走下来,再把收割的粮食放到一块,走的时候背回去。

2.饲养家畜

1950 年以前,李家养了一头牛、一头驴用于农业劳动,还养了一头猪春节卖掉来补贴家用。喂养用于农业劳动的牲畜都是由家里的男劳力来完成的,因为喂牲口是个技术活,喂什么、喂多少都是需要经验的,而且牲口对于一个家庭来说十分重要,一般都是男性当家人亲自来喂。在李家除了有帮工的时候,帮工李可尼会喂牲畜,所以此段时间由他专门来喂,除此之外,就是李水柱和李转运来喂,一般都是给驴吃干草,给牛吃麦秸,牲口要是上一顿吃得太饱,这一顿就吃不下,那就要多饿几顿,不然容易出毛病。家里种地全靠牲口,对普通农户来说,牛是比较好用的,牛擅长耕地,而且力气十分大,所以大家相比较其他牲口都比较喜欢养牛,家里的牲口除了用于种地,有时也用来从地里拉土,然后回来压粪。家里的猪一般都是女性来喂,都是散养的,没有猪圈,喂猪都是用刷锅水,还有用剩饭和泔水,养猪主要是为了春节的时候把它卖了补贴家用。卖猪有专门的猪市,有行户,都是当家的带着猪去卖,把钱拿回来补贴家用好过春节。如果在养猪的过程中猪死了,家里也不会把猪扔掉,会留着吃,普通人家家里大多困难,没有人会说怕猪生病就不要的,都是留着吃了,当然这都要由当家人来做决定。

3.以农带商

1950 年以前,李家除了农业之外,还有一个小店铺来卖东西,店铺主要是李广太在经营,李永池做学徒来帮忙,其他人不参与,这是李家自己的生意,与村庄无关。虽说李广太是自己在做生意,但是这也是李家全家人的生意,因为进货的资金来源于李家的农业收成,李广太也不是只管店里的事情,农忙的时候他也是要去地里干活的。除此之外,家里还会磨豆腐,农闲的时候,李水柱或者李转运会出去卖豆腐,但是他俩不是一起去,而是交替进行。家里这些事情的安排都是当家人来进行的,没有其他人能替当家人来做决定,这也就是为什么当家人叫作当家人,他就是要当家的所有事。

4.手艺传承

李水柱有木工手艺,可以称得上是一个木匠,但是李水柱并不以此手艺为生,因为在李家农业劳动是最主要的,木工手艺可以看作李水柱的业余爱好,他只是偶尔会帮村里其他专门做木工的人一起做点儿工赚点儿外快,而且李家自己家里的生产工具也都是李水柱做的。李水柱的这个木工手艺不是从祖辈那里传承下来的,而是自学的,因为村里有不少木匠,而李水柱对此手艺很着迷,就经常去附近的木匠家里观看做工,慢慢地自己就会了,从不会到会,从做不好到做得好,这是一个十分缓慢的过程。在李家这个木匠手艺也就只有李水柱自己会,李水柱的儿子、孙子都不会,之所以没有将木工手艺传承下来主要原因有三点:一是李水柱自己的手艺并没有达到出神入化的水平,教不了徒弟;二是李水柱三个儿子都各有所长,不需要依赖木匠手艺生存;三是随着时代的变化发展,生产工具由木制到铁制,木工手艺不再被社会所需要,所以可以说李水柱的木匠手艺是后继无人。

5.独自外出

李家的李水柱和李转运,在农闲的时候会出去卖豆腐,但是这个时间一般都很短,走得也不远,所以每次也就一个人带点儿粮食去。这种活动不会带着妻子或者孩子一起去的,一是外出时间短,二是本身就是外出挣钱的,带一个人会增加花销,得不偿失,所以都是自己一个人出去的。

(三)生产结果

1.看天吃饭的农业劳作

1950年以前,粮食种植的情况没有什么特殊性。一年两季主要粮食,一季高粱,一季小麦,同时也搭配种植一些其他的作物,有荞麦、豌豆、红薯等。一亩高粱产量一百三十斤,一亩小麦产量一百五十斤。对农民来说就是以农为大,看天吃饭,天气情况对农业生产的影响是极大的,无论你种得有多好,哪怕是即将成熟了,天变了,那收成就会发生极大的变化。李家家里没有所谓的种粮专家,无法预计某一年是丰收还是歉收,往往要在收割前才能确定这是否是个好年。除了1942年年景因为天气极旱粮食产量极其低下以外,其他年份粮食的产量都相差不大。

一年两季的粮食种植和收获关系全家人未来一年的生存情况,所以李家全家都很关注粮食的成长情况和收成情况。无论男女老少都清楚粮食对自己家里的每个人都很重要,就算是懵懂小儿也知道粮食多了家里就会好过些,就不会挨饿。

就李家的经济情况来看,即使是在1942年年景,家里的粮食也是能够维持家里人的基本生存的,但是因为这年天气环境极差,所以家里主要依靠种的红薯、红萝卜等来维持。

2.饲养家畜以补贴家用

李家在1950年以前只养了一头猪,还是为了春节的时候能换些钱来补贴家用,没有养其他的家畜,一是因为没有多余的时间去照看,二是不想浪费粮食去喂,三是担心在养殖的过程中如果死了反而还要赔钱,为了避免不必要的麻烦,家里人都觉得还是不养的好。家里养的猪养肥以后,春节由掌柜的拉着去猪市卖了,然后用卖掉的钱买一些肉和菜回来过春节用。

3.农商互补

李家的小本商业经营主要是与农业相互补给的,因为是家里所有人共同所有的生意,所以在经营的过程中,也没有人专门去计算做生意有多少收入,都是边挣边花。再有就是李广太挣点儿钱还要去进货,这样来回使用,有的时候还要用粮食的收入来补充进货的费用,家里挣得其实就是缺什么可以直接从店里拿的一些东西。做这个生意的主要是李广太,但是收入却是全家的,因为本钱是家里出的,又没有分家,所以这就是李家一家的生意。

三、家户分配

(一)分配主体:当家人统筹全局

李家是一个独立的家庭,虽然在村里有许多本家大家族的人,但是平时的生产生活也是互不干扰的,所以在分配时也是以李家这一户作为分配主体,村庄和村里的大家族对李家没有任何分配权力。

在李家,主要的分配人是当家掌柜的,他主要参与的就是劳动任务、粮食的分配。但是在李家不存在小家庭,所以当家人对于粮食的分配并不是把粮食具体地分到某个人或者某个小家庭手里,而是要把粮食收成进行安排,包括留多少做种子,留多少以备灾年,多少用来吃,每天吃多少,这个粮食的分配是在李家全家范围内进行的,不仅包括家人,也包括年景期间在李家做工的两个帮工。除了当家人以外,其他人不参与具体的分配,村庄、宗族的人更不会介入李家的分配。在李家,当家人是家户分配的实际支配者,尤其是在涉及粮食方面、收入方面的分配时,当家掌柜起着重要的作用。当家人不在家,任何的家庭成员都无权做决定,在李家,除了衣物的分配外,其他的都是男性当家人直接进行分配的,但是在李家不存在分配零花钱、私房钱的情况,家里的钱本来就很少,谈不上分配,而且家里的钱都掌握在当家人手中,其他家庭成员根本就见不到钱,更谈不上自己有零花钱、私房钱了。

(二)分配对象:全家人共享,帮助他人

李家在分配时,以李家的家里人作为分配对象,自家收获的财物是不可能跟邻居、亲友进行分配的,但是对于关系近而且家庭有困难的人,李家有的时候会帮助他们。而李家的家庭成员虽然不会明确说明他们是被分配的对象,但是每一个人都享有使用家庭所得的财物的权利,不过都需要统一听当家掌柜的安排。

(三)分配类型:多种分配,公平公正

1.农业收入分配

李家农业的收入主要就是三十五亩地的粮食收入,当然里面也包括种植两亩豆子磨成豆腐再卖的收入,还有种植两亩棉花再做成衣服的收入。好在李家的土地都是自家的,没有租赁的土地,所以不用缴纳租金,但是在那个时期,官府有派粮派款的行为,官府不定时地会送来一个条子,上边写着送多少粮食到什么地方去,那就得赶紧去送,这是没有定额的,让你什么时候交你就得什么时候交,让你交多少你就要交多少,没有讨价还价的余地。即使是在灾难年,派粮派款的行为也没有停止,但是相比较而言是稍微少了一点儿,但是官府是不会考虑你有多少的,他们限定了数额,你无论是买还是借,都要保证按时按量的上交,也不乏出现逼粮逼款的行为。李家交粮交款的活动,不管是准备粮食,还是去送粮食,都是当家人去的。

2.家庭副业收入分配

李家的副业包括农闲的时候卖豆腐,还有家里平时经营的小店。李家没有人专门去记录做这些生意每年的收入是多少,当时认为只要能顾得上日常开销就行,没有人去记账。家里的生意也不需要中间人进行介绍,所以没有额外的支出,这些副业收入都归全家所有,现金

收入很少,就算有一些现金,也都是掌柜的拿着的,平时家里有需要再拿出来。李家无论做什么的收入都属于全家,家里也没有因为收入分配生过气,大家都默认这些收入是大家庭所有的,大家同吃同住不分家,就是完全意义的不分家,如果在分配方面用其他的方法进行分配,就相当于明不分暗分。

3.衣物分配

在李家,一般大大小小的事情都是由当家掌柜的来安排,但是在衣物分配时,李家也有例外,在衣物分配方面,一般都由掌柜媳妇来管,但是只是说具体的分配由掌柜媳妇来做,其实是要提前和掌柜商量好,不是自己独自一人做决定。

李家在 1950 年以前没有买过衣服,家里的衣服都是自己做。家里为了穿衣服每年会种两三亩棉花,棉花是春种秋收,等棉花下来以后,家里就是轧花、纺线、织布,经过这些程序,在春节的时候就可以做衣服了。一般来说,做衣服都是先紧着在外头的人,就是掌柜的或者家里的成年男性,然后就是老人、孩子。这些都是既成的规矩,也没有固定的做衣服时间,从棉花变成衣服是一个时间比较长的过程,就算是妇女也有许多劳动任务,所以做衣服的准备过程是很长的。在李家,纺花、织布是所有嫁进门的媳妇和未出阁的闺女都要参与的,大家共同来纺花织布,但是具体做衣服的时候,是会按照人头来分布的,给每一个小家庭的媳妇相应的布料,让她给自己的丈夫、孩子做衣服,老人的衣服能自己做的都是自己做,不能做的有时候媳妇给做或者嫁出门的闺女回娘家的时候会给自己的父母做。如果衣服破了,一般男性衣服都是自己媳妇补,如果还没有结婚,那就是自己母亲或者嫂子给他补。

4.食物分配

一家之长在家里的地位是不言而喻的,但是作为大家长,当家的在食物分配的时候也不会因为自己做的事情比较多就给自己多一点儿。在李家,没有具体的食物分配,家庭成员同耕作、共收获,粮食作物收割以后,都是由当家人来进行安排的,但是不会具体说给谁多少粮食,都是说多少粮食用于缴纳,多少要留作种子,多少要留着吃。逢年过节的时候,当家人会安排买的肉怎么吃,以及家里有人过生日的时候要安排买鸡蛋,但是食物消耗时不会说给哪个小家庭多少,大家都是在一个锅里吃饭的,全家人不分彼此,但是如果有好的东西,一般会让老人先吃,然后是孩子。

(四)分配统筹:公平公正,尊老爱幼

李家在衣物、食物等的分配中都是当家掌柜的来做主,即使做衣服的分配不是掌柜的亲自来做,也是他授意的,家里的其他成员不能干涉,也不会干涉。而且在分配的时候不像土地耕作可以提意见,衣食分配是比较敏感的,没有人会说这样不合理,也没有人可以提不同意见,只能同意、接受,而且家长也是本着公平公正的原则,不会厚此薄彼的,所以大家也没有意见。

官府经常有派粮派款的行为,无论自己家的东西是否够用够吃,只要官府派给你了,你就得给,哪怕是借别人家的也得交。除了官派活动以外,其他情况下,家里的东西都是有计划的,多了多用点儿,少了少用点儿,一般不会出现入不敷出的情况。李家最主要的分配就是食物和衣物的分配,这两种分配都遵从满足大家需要、以老幼为先的原则,普通的粮食都要保障大家有吃的,如果偶尔买了小点心,还是要老人和孩子先吃的,因为尊老爱幼是中华民

族的传统美德,除此之外,再无特例。

(五)分配结果:以实际出发,充分考虑

李家不记账,也没有具体记录家里的收入多少用于赋税、多少用于分配。家里的钱很少,赋税也都是交粮,交粮又不定时,所以除了交粮以外,粮食再留一些种子和备用,其他都是用来吃了,这每年吃多少也都是要看每年的收成是多少,多了多吃,少了少吃,要做到自给自足,当家人分配的时候也是要充分考虑到家里的实际情况的,也会考虑到家庭成员每一个人的实际需要,尽量做到大家都满意,都没有意见。

四、家户消费

李家的消费主要是以家户承担的方式为主,并不涉及宗族负担或者村庄负担的情况,也就是说,李家在村里是一个独立存在的个体,即使李家自身无法负担某些消费时,外力也是不会介入的。李家所在的村庄,宗族管理的情况很少,尤其是消费方面,除了李家自己人以外,没有人会替李家分担消费的费用,同样,李家也只需管理好自己家的消费情况,外人家的消费李家也不会介入的,只是当别人家遇到特殊的困难急需帮助时,李家才会伸出援助之手,一般情况下大家都是自己管自己的事情。

在李家,无论是粮食消费、食物消费、衣物消费、住房消费、人情消费、教育消费、医疗消费,还是其他方面的消费,大多数情况下,都是由李家独自承担的,特殊的情况,也就是家里有红白喜事的时候,本家的亲戚朋友无论是在人力还是财力方面都会对李家有所帮助,这是十分正常的情况。

(一)家户消费:中等水平,自给自足

1950年以前,李家全家在一起生活,除了李广太做生意有一些金钱收入以外,家里面都是粮食收入。对于李家来讲,只要满足吃,一般就没有其他花销了,而李家的粮食充足,所以在吃的方面是不需要再从外买了,家里的油盐也都是从店里拿回来的,所以家里的支出主要就是进货,买一些小配件,这每一年的具体情况也不一样。李家也不记账,店里需要进货的时候,如果有钱就直接去进,如果钱不够,就去卖一些粮食,这个过程是没有专门记账的,挣了就花了,钱又很少,所以不值当记。家里的收入能满足家里的日常消费,一般都是够用的,相比较来看,李家在村里是处于中等以上的水平。

1942年年景,河南地区历经旱灾,每家每户的生活都很艰难,李家也不例外。好在家里还有地,李家就在这艰难的时候种了两亩红萝卜,两亩红薯,七亩高粱,粮食收下来以后,李水柱交代李家上下一定要节约粮食,萝卜缨、红薯叶、红薯梗等,只要能吃的全部都要留下来,不可以浪费。在此期间因为粮食很少,为了维持生存,这些萝卜缨、红薯叶就成了重要的食物,因为没有菜,就把这些蘸着辣椒吃,高粱太少,每次做饭就放一点儿高粱,掺着萝卜菜一起做汤,就是这样艰难地度过了年景。

(二)粮食消费:节约为主

1950年以前,粮食的消费在李家或者说在所有的农民家中都是最重要的部分。每年收成以后,除了交粮、留种子以外,其他收割的粮食都在家庭中使用,是家里消费最大的一部分。李家十几口人,三十多亩地,收成的粮食都是够吃的,不需要向外面买,家里的粮食是可以维持家里的日常消耗的,即使在年景,家里也没有从外面买或者是借粮食,完全是靠勒紧裤腰带来渡过难关的。在农民心中,粮食就是天,因为粮食是得以生存的必要所需。在李家,通常都是提倡做的饭不可剩下,吃多少盛多少不可以浪费,即使馒头或者菜掉在地上了也要捡起来吃了,不可以扔掉,同时家里成员都知道节约粮食是中国的传统美德。

李家的粮食消费活动,主要是由当家人来安排决定的,作为普通的农民家庭,粮食消费占据日常消费的重要部分,在李家,十几口人有三十五亩地,一般情况下是不需要从外面去购买粮食的,所消耗的粮食都来自于自家土地里所得。虽然并不从外购买,但是在粮食的消耗上,家长是实际的支配者,家长要大致算一下,决定一年家里粮食要消费的数量有多少,每天大约吃多少,碰到粮食歉收的年份,当家人还要决定如何节省粮食才能顾得上一大家的开销。

家里收获粮食以后,李水柱会大概计算一下每一天会吃多少粮食,然后告知李桂氏,因为做饭主要是李桂氏带着儿媳一起做的。一般情况下,每天吃什么都是李桂氏来安排的,有时候李桂氏不做饭,但是也会提前把做什么安排好,在做什么饭这件事上李桂氏是有一定决定权的,但是也有例外。大多数情况下,每天都是喝稀饭、吃饼子,这都是固定的,很少吃面条,因为吃面条太浪费面了。只有当李水柱说要吃面条的时候,家里才会破例做一次面条,平时都是做饼子,偶尔用好面做了馒头,都是先紧着老人和孩子吃。在年景的时候,家里的粮食都是省吃俭用的,原则就是不浪费,同时也会把稍微好一点儿的东西留给老人和孩子,因为在李家一直都认为尊老爱幼是必须遵守的原则。

(三)粮食为主要食物

1950年以前,李家除了种了高粱、小麦以外,还种了红薯、红萝卜、白萝卜、荠荠菜、辣椒等杂粮蔬菜。家里种什么、收什么便吃什么,红白萝卜会拿出来一部分用来腌咸菜,另外家里磨豆腐留下的豆腐渣也用来炒菜吃。总体来说,家里基本上没有从外边买食物的需要,偶尔要吃点儿点心,也是从家里经营的店铺里拿,所以能够满足日常的消费。虽然李家的经济状况在村子里还是算比较好的,但是平时也很少吃鸡蛋,只有家里有人生日的时候,会给过生日的人买两个鸡蛋,只有过生日的人可以吃,因为有吃鸡蛋消灾的说法,其他人是没有份儿的。如果是大人过生日,可能会把鸡蛋赏两口给孩子吃。平时也不会买肉吃肉,只有当春节的时候,因为要祭拜祖先,所以会割一些刀头去祭祖,留些肉来剁饺子馅儿,用来包饺子吃,吃肉的情况是很有限的。当然这些买鸡蛋买肉的行为也是要由当家人来去决定安排的。除此之外,李家便很少再购买其他的食物了,因为家里还有一个小卖店,所以真的需要买其他东西时,也可以从店里来拿,但是羊毛还是出在羊身上,只是没有用现钱支付而已。除此之外,家里很少再从外边买其他的食物,但是无论粮食的消费还是食物的消费,都是秉持着尊老爱幼的原则,先紧着老人和孩子,其他人次之,像做面条这种改善生活的情况,都是要有当家人发话的,其他人没有发言权。

(四)衣物多为自家制作

1950年以前,市场上还没有卖衣服的,就算有也不会有人买,因为一般的家里手头都是没有钱的,李家也是如此。家里没有在衣物上花的钱,根本不会买衣服,家里的衣服都是用自己种的棉花做的,不需要花钱,李家也从来没有向别人借过衣服,因为自己家做的完全够用。

在衣物消费方面,李家当家人便不再像其他方面那样全权做主,而是起到一个宏观调控的作用。因为李家在1950年以前是不买衣服不买布料的,李家的衣服大多是由手工制作的,李家种了两亩的棉花,每年棉花采摘之后,会把两亩棉花轧一轧,然后再用纺车进行纺线,再把纺成的线织成布,再拿织成的布来做衣服,这个过程一般需要很长的时间,而且做衣服这种手工活都是由女人来负责的。所以在衣物消费方面,李家基本上不产生费用,家里的纺车织布机,都是老一辈留下来的,修理也是由李水柱来进行的,除此之外需要买一些针线,这些只需要花极少的钱,而且男性当家的一般对这些事情并不了解,所以在李家,衣服消费方面都是由李桂氏来安排的。但是在买针线的时候也是需要告知当家的李水柱,因为家里的钱都是李水柱拿着的。除此之外,给每个人做多少衣服由谁来做怎么做,都是由李桂氏安排的。

因为李家并不从外面购买衣服或者布料,所以在做衣服的时候基本上是会分给每个小家庭布料,然后媳妇给自己的丈夫孩子还有自己做衣服,未婚的则是由母亲或者嫂子做,老人的由闺女或媳妇做。但是每年的棉花数量是有限的,不可能每一年每一个人都有新衣服穿,在做衣服方面当然还是由李桂氏来做具体的安排,但是基本上也是李水柱授意的。一般来说,做衣服都是先紧着家里的男人,因为他们外出的时间比较多,更需要衣服鞋子来装点自己,其他的人就很少添置新衣服了,都是在逢年过节的时候翻新一下,把老衣服变成新衣服,把大衣服改成小衣服给孩子穿,这样循环往复,直到衣服彻底不能穿为止才会做新衣服。除此之外,像李永池和李广升需要外出求学,在上学以前,也会给他们每一个人做一个新衣服,还有放书的布袋,以示鼓励,除此之外,家里的其他成员没有做新衣服的特权。

(五)房屋无租赁情况

李家带上李水柱四妹王李氏一共有十三个人。家里的厢房共有五间,堂屋两个厢房住着李水柱、李高氏、王李氏、李让,东厢房住着李转运和妻子还有二儿子李永中。因为1949年以前李广升还没有结婚,所以李转运大儿子李永池跟三叔李广升住在西厢房的第二间,西厢房第一间住着李广太和妻子及两个儿子,父母住屋里,然后隔一间孩子住,有的时候小孩子也可以跟着爷爷奶奶一起睡。1942年前后两年,家里的两个帮工,只有李栓林在李家住,住在牲口棚的一间,另一个帮工李可尼因为家离得很近所以一般都回家睡觉,除非李家特别忙他会和李栓林一起住在牲口棚。家里的房子整体上还是够用的,但也仅仅是够用,没有多余的房子拿来出租赚钱的,甚至还有一点儿拥挤。

李家基本上不存在住房方面的费用,至于在家里每个人住在哪一间屋子,这些都是传统习得的习惯,在所有的农户家中,长辈都是居住在堂屋的东侧,长子都是居住在东厢房,次子都是住在西侧。家里如果有妹妹姐姐的话都是居住在堂屋的西侧,不需要当家人刻意安排,这是每家每户一贯的安排,算是一种传统的居住方式。

(六)看病多为土方

1950年以前,李家家庭成员生病都是看中医先生。看病花钱是很少很少的,因为很多病都是没有药可以治或者治不好的,李家长孙李永池其实并不是长孙,他上边还有两个哥哥,但是都因为发高烧治不好就死了。李永池的姥爷、舅舅都是中医仙儿①,所以家里有人生病一般都是去找他们看,开一点儿土方子来治病,花的钱也是很少的,只是买药材的钱。其实也很少买药,比如发烧了一般就是搓艾叶放在肚脐和额头上,捂捂就好了,咳嗽的话就是弄点儿甘草熬水喝,很多都是不花钱的。一般家里有人生病,全家老小都是很上心,没有人会说不治的,都支持好好看病赶紧好起来。

---

① 仙儿:中医。

大多数人家医疗消费的情况并不是很多,基本上都是用土方子进行治疗。特殊情况下,都是去看中医仙儿,用中药来治病,而李水柱的大儿媳李高氏娘家爹,还有娘家兄弟都是中医仙儿,所以在李高氏嫁过来以后,由于两家离得也比较近,李家人如果生病的话,大多数情况都是去找李高氏的娘家人看病。这其中花费也是极少的,因为李高氏的娘家相比李家来说,家庭条件并不好,家里的粮食经常不够,所以李家会接济他们,因此在看病的时候李高氏的娘家一般也是不会收药钱的,所以说医疗消费方面花钱基本上是没有的。当然,如果需要看病或者买药,还是需要当家人李水柱做决定的,因为李水柱是家里年龄最大的,同时也是经验最为丰富的,所以在家里人生病时,李水柱也会做出判断,是需要看中医还是自己用土方先治疗一下,这都是李水柱来做决定的。在李高氏嫁过来以后,有时也会问一下李高氏,因为李高氏虽然没有上过学,但是受家里中医世家的影响,会背许多药书,积累了不少治疗小病的经验。

在医疗消费方面,决定吃土方子还是看中医的人是李水柱,其他人尤其是李高氏可以提意见。看病吃药的时候不分男女老少,在家里都是很受重视的,没有说给谁看病不给谁看病的说法,家里每个人的生命健康情况对于家人来说都很重要。

(七)以物随礼的人情消费模式

1950 年以前,人情消费主要不是通过钱而是物品,人情消费主要包括随礼、走亲戚、请吃饭几个方面。

随礼主要是在亲朋好友家里的红白喜事上,对于要参加的白事,李家的随礼情况一般分为本家和非本家的情况。本家的会和管事的人商量一下看大家都给多少钱,一般就是五块钱,本家以外的一般就是两块钱,主要是要出人去帮忙。除了要拿本家和非本家作为标准外,还要看这家人在自己有事情的时候随礼多少,这也是礼尚往来的过程。红事的话,结婚一般也是要随两三块钱的,但是如果是生孩子就是给鸡蛋,给几个鸡蛋就算是随礼了,这是普遍的习惯。

走亲戚分为新亲戚①和老亲戚②,走新亲戚的话就是带四样菜,一个肉的三个素的;走老亲戚就是割一块儿刀头、带点儿馒头和香纸。

请客吃饭的事情是比较少见的,一般生孩子的话就是去比较亲的人家里送一碗面条,就算是家底比较好的也不会宴请很多人的,也只是代一桌子客而已。

就李家的家庭情况来说,这些人情支出都是可以接受承担的,没有超出可承受的范围。

在人情消费方面,李水柱作为家里的长辈,也是当家人,享有绝对的支配权。因为家里的钱都掌握在李水柱的手里,而且李水柱作为当家人,在家庭的对外交往中具有最高的地位,李家之外的所有人情世故活动基本上都是由李水柱出面的。因为李姓在村里是最大的姓氏,所以虽然李水柱是独子,但是他还有很多的叔伯兄弟,在处理人情世故的时候都是要与本家的一些长辈或者兄弟来进行商量的,但是这里边并不存在谁能做谁的主这个情况,只是一个相互商议的过程,总体来说还是谁家的当家人做谁家的主,但是本家要保持一致。

尤其对于李家来说,办红白喜事是大事情,而大事情当然还是由当家掌柜的来做主。当

---

① 新亲戚:新婚夫妇走娘家。
② 老亲戚:闺女回父母去世的兄弟家。

家人不仅掌握着家里的财政大权,也掌握着许多事情的决定权。红白喜事的办理虽说是一件很复杂的事情,但是并不是说所有的琐事都要由李水柱自己来安排,办红白喜事的时候自然是李家自己的事,但是本家的大多数亲戚都会参与其中。一般来说,家里办红白喜事的时候都是要与本家的长辈进行商量,看看这件事情怎么开展,本家的一些人需要帮什么忙,每一件事情由谁来组织,但最终做决定的还是李水柱,就李家其他人来说,他们也只是参与到这件事的进行中来,安排他们做什么就做什么,可以提意见,但是不具有决定权。

(八)教育消费:全家支持

1950 年以前,李家只有李广升和李永池上过学,因为河南地区是在 1947 年解放的,1947 年以前他二人上学也是断断续续的,有在小学上学的情况,也有在私塾上学的情况。上学是不用交学费的,但是有产生买书的费用,一个人也就不到一块钱。另外因为用的是毛笔,所以上学需要配备笔墨纸砚,这一套也就几毛钱,除此之外,没有其他方面的教育支出。李广升上学是因为他在李家第二代里排行老小,与第三代李永池年龄相差甚少,当时同龄人普遍都去上学,他也不例外。李永池作为李家长孙,家里人也希望他能上学,所以他也上学了,其他几个孩子年龄比较小,所以没有上,之后年龄大了自然而然也上学,在家里经济条件不太好的年份,也就没人上学了,倒不是缺这几毛钱,而是因为家里要帮忙的事情比较多,在外上学的话就照顾不上家里了。

在 1950 年以前,李家上过学的也只有李水柱的三儿子李广升,李水柱的长孙李永池。当时决定让他们两个去上学的原因,一是两个人的年龄相差不大,要上学就都上学;二是当时社会上大多数年龄相仿的孩子都要去上学,这是一个趋势。所以李水柱就决定让自己的三儿子和自己的长孙去上学,在三儿子李广升上学一事上,李水柱就有绝对的决定权,但是在长孙李永池上学方面,李水柱虽然也有很大的决定权,但是还是要与李永池的父亲李转运进行商量的,其实也可以认为这是一种告知,当然,也是要告知李家其他成员这件事情的。他们俩上学是由李水柱决定的,当时家里孩子还有李水柱大孙女李让,李永池弟弟李永中,李水柱二儿子家两个孩子李永安和李永治,李让没有上学是因为是女孩儿,当时女孩儿上学是极少的,其他几个孩子没有上学是因为年龄还小不用上,而且家里也承担不了这么多人同时上学。而在年景的时候,家里很困难,李永池和李广升也都没有上学了。

(九)以粮为重的消费特点

李家在 1950 年以前,是中国万千普通农户中的一家,在所有消费中,最最重要的就是吃饭,也就是粮食的消费。因为没有太多金钱的收入,所以买食物的情况并不多,家里一年的消费中,绝大多数都是粮食的消费,没有用于购买衣物的费用。其次就是人情的消费,中国自古以来讲求礼尚往来,有来有往,别人家有事你参与了,等你家里有事别人也会来帮忙,与其把人情看作一种消费,大家更多地是当作一种投资。除了粮食、人情、医疗的消费是必需的以外,教育、衣物的消费都是可以舍弃的,在家里十分艰难的时候,没有人愿意,也不可能去上学,那样只会徒增家里的压力。

五、家户借贷

(一)少有借贷,以全家为单位

在 1950 年以前,李家的经济情况在全村处于中等水平,除了农业生产以外,还有商业经营,在这种以农为主、农商互补的条件下,李家基本上没有向别人借过钱,都是有了多用点儿,没有的话少用点儿,以前都是能不借就不借,不会把借钱作为解决问题的方法。一般情况下,家里的粮食都是够吃的,还会接济别人,即使在年景期间,李家也是勒紧裤腰带过活,在家里十分困难的那两年,家里上学的孩子也就不上学了,不会给他们借钱上学,因为在当时上学并不是一件必需的事情,如果需要借钱去上学的话,那这个学一定是不会上了。李家也没有赌博输钱的人,所以也没有人因为赌博输钱而向外借钱。就派粮派款来说,虽然官方的这种行为从来不顾及老百姓,随缺随派,但是当时的官方也会考虑每家每户的实际情况,家里确实没有的,他也不会给你派很多,明知道你也交不上,所以设定的数额大多情况下都是家里通过节衣缩食可以负担的。但是李家做的有生意,有的时候生意上进货,一时缺钱是会向亲朋好友先借一些,因为李家在村里口碑还是比较好的,所以偶尔借钱也是比较容易的。

在1950年以前,李家没有分家,这种没有分家的情况不仅仅是说一大家同吃同住,而是说家里的所有事务家庭成员都是负有责任的,任何事情都不是一个人的事情,而是全家的事情,借贷也是如此,李家的借贷都是以李家整体作为借贷单位的。

李家临街房的小卖店主要由李水柱的二儿子李广太经营,虽然是他一个人在经营,但是这个店铺属于李家所有人,包括他进货的费用,卖货所得的钱财,都是属于全家人所有。所以在需要进货但店里缺钱的时候,借钱就成了一种必要的解决方式,当然借钱也是属于全家人借的,而不是李广太的个人行为,而且借钱这件事情,并不是李广太自己去借,而是由当家人李水柱去借,李水柱去借钱代表的是整个李家,还钱的时候也是由整个李家去还,不是某个人去还。李家借钱的情况很少,但是一旦需要借、还钱,都是由当家人李水柱去做的,因为作为当家人,在村里的借钱行为是会被认可的,如果其他人去借钱,村里的人会搞不清楚这是李家在借钱还是这个人个人借钱。对于没有分家的家庭来说,只有代表整个家庭的行为才会被认可,在李家,任何以个人名义或者小家庭名义去借钱的行为都是不被允许的,也是不会存在的,一是家里需要借钱的情况很少,二是家庭成员对李水柱都很尊重,三是即使你以个人的名义或者小家庭的名义去借钱,村里的人也不会借给你的,因为大家认可的是你整个家庭的行为,你自己一个人借的钱,谁来还钱是个大问题,不仅仅是李家如此,其他没有分家的家庭也是如此。

(二)家长有权借贷

在李家,李水柱是借贷活动中的实际支配者,因为李水柱是当家掌柜的,所以家里的财务支出、收入、借贷都要经由李水柱之手。家里需要借钱的时候都是由李水柱出面的,当家人不在的时候,其他人没有权利去私自借钱,李水柱不会同意这种行为,其他人也不会认可这种行为。李水柱也从来不会委托家里的某个家庭成员去借钱,因为在李家借钱也算得上是一件很大的事情了,轻易不借钱,要借钱的话,当然需要掌柜的去出面,别人家才会相信你,才会愿意把钱借给你,并不是随随便便去个人,别人就会把钱借给你的。除了李水柱以外,李家的其他家庭成员都不具有借钱的权利,也没有去借过钱,更不会擅自做决定去借钱,是否需要借钱、借多少钱、向谁借,这些事情都是由李水柱根据家庭实际情况自己决定的,其他人无权干涉,更不能越权。

(三)全家负责还贷

李家为数很少的几次借钱行为都是由当家人李水柱完成的,但是他的借贷行为不是他个人的行为,而是代表了整个李家,所以还钱的时候也是由整个家庭来承担责任,不是某一个人的责任。李家的钱掌握在李水柱手里,借钱是为了整个家庭的生存发展,还钱的时候自然也是要全家负责的。借的时候是为了李家,还的时候当然也需要李家所有人一起还,但是借钱只能是李水柱来借,其他家庭成员不能去借钱,还钱的时候也是李水柱亲自去还钱。

(四)口头协议无抵押

在1950年以前,就李家而言,在村里还是有一定信誉的,借钱的次数也很少,还钱也很及时,所以借钱的时候没有打过借条,更没有做过抵押。但就当时的社会状况而言,一般的家庭很少借钱,一是不需要什么钱,二是别人家也没有多少钱,只是存在一些贫农或者雇农,他们家里在十分困难的时候,会向一些大户财主去借钱,这个时候往往是需要写借条或者写契约,更或者是抵押的。一般抵押的都是来年收成的粮食,或者是家里的房屋,也可能是签订一个卖身契约,如果还不上钱的话,自己或者家人就要去借钱的家里做工还钱,这都是到万不得已的时候才会发生的情况。如果写借条的话,也是要写清楚借钱的时间、还钱的时间以及借方是谁,署名也是写借钱的人的名字。一般情况下,作为穷人家也不愿意向大户借钱,很艰难的时候,一般也是选择向自己的亲戚去借一些粮食渡过难关,等到家里土地有收成的时候再还上,没有太大的借贷行为。就李家而言,即使是在李家最困难的时候,也是宁愿选择卖东西,砸锅卖铁,也不愿意借别人家的钱物。

就李家的借贷行为来说,无论是借别人的东西还是别人来借自己家的财物,都是口头协议,也不需要证人,因为在李家借贷行为的发生都是在熟悉的人身上,既然选择借了,那就代表信任他,相信他不会不还,因为有借有还再借不难的道理大家都是很清楚的。在艰苦的岁月里,每家每户都会有一点儿小麻烦,大家就是靠着相互帮衬才走过来的,这中间很重要的一点就是信任,此外借东西也是不需要利息的,当然,如果借东西的人在之后还钱或者东西的时候手头宽裕,除了还借的东西以外,再给点儿小礼物也是可以的。比如李家进货借钱了,去还钱的时候往往会把店里的小点心带一点儿过去,这都属于人之常情,即使没有利息,也不好白借,当然这还要看家里的实际经济情况,还有个人的想法了,并没有成文的要求在里面。

(五)主动还钱,共同承担

一般情况下,借钱借粮的时候都会说明还钱还物的时间,因为没有人会愿意把钱或者东西借给一个不说明什么时候还东西的人手里,只有说明了限定的时间,这个借贷的过程才会比较融洽。在说明了还东西的时间以后,等时间一到,主动去还钱还物是比较明智的选择,也是默认的行为,只有逾期不还别人才会来要,等到别人来要就会不好意思了,这种情况是不太好的。而且还钱还物都该一次性还清,如果有特殊情况,也该提前告知,让别人有个准备。还钱的时候也是当家人去还钱以再次表达谢意,借钱的时候是当家人去借,如果还钱的时候是家庭其他成员去还就会显得很不重视,也很不礼貌,这种行为是不提倡的,在李家也是没有发生过的。还钱的时间一般都是提前说好,选一个两边都同意的时间,保证钱能够按时的还上,又不伤害感情。而借粮食的话,还粮食一般要等到粮食收获以后再还,因为如果地里打不下粮食他也没有还,如果按期还不上又没有提前告诉人家,那人家的当家人就会来家里问问,催一下,一般都不想伤了和气。

李家没有借过别人家的粮食,但有把自己家的粮食借给别人,一般说定了还粮时间之后,如果人家没有按时还上,李家掌柜的李水柱会去人家家里问一下情况,如果家里实在有困难的话,可以先还一部分,其他的慢慢还,不会强迫别人。李家做生意进货借别人家的钱,次数很少,每次也都是按时还钱的,没有用别的东西抵过钱,一般的小农小户都是这样的,只有涉及向大家户、财主家借钱,才会有用工还钱、用地还钱的情况。

李家发生借贷行为的时候主要是由李水柱出面的,但这并不代表钱是李水柱个人借的,李水柱借钱都是为了家里的生意,或者说是家里的生计,也就是为全家人借的,在还钱的时候,当然也是要举全家之力去还钱。还钱的钱来自于家里的总体收入,而家里的收入是不分你的我的,而是大家的,所以即使借钱的人不在了,家里的其他人也要把钱还上,因为钱是所有大家庭成员借的,而不是某一个人借的,如果借钱的人不在了,家里又分家了,那么就由分家后的几个儿子平摊债务,这样是比较合理的。

如果大家长去世,还遗留下一定的债务问题,那还是要由家里的儿子们来共同承担,因为借钱的时候大家长是为整个家里来借的,而不是为了他自己,所以即使他去世了,这个债务也是属于整个大家庭的,当然要由大家庭的其他成员一起来还。如果没有分家,在家长去世后,家里的所有成员不分男女老少都对这个债务具有一定的责任,大家都要竭尽全力去还钱还物,如果分家了,就由当家的几个儿子去共同承担债务。如果是某一个兄弟个人行为的借贷,那分家以后其他兄弟就没有责任去还钱,全由他个人来承担,在李家是没有这种情况的,因为李家没有属于个人的借款行为。如果欠多人的债务,还款的顺序就按照借钱时所约定的还款时间的先后顺序进行还款,如果当家长去世,子孙无法偿还债务的话,债主就可以拿走家里的一些东西去作为抵押,如果家长去世,妻子回娘家或者改嫁,家里又后继无人的话,债主就只能自认倒霉了,别人也没有责任去还钱。

六、家户交换

(一)交换单位

1.家庭交换

1950年以前,李家所在的石东村很少有家户之间的交换,大多数的交换都发生在集市上,集市是主要的交易场所,无论是置买物品,还是看把式[①],都要在集市上进行。作为李家掌柜的李水柱,在家庭的日常交易中处于核心地位,无论是鸡蛋换盐两不找钱的物物交换情况,还是拿着现金去集市购买东西的情况,都是李水柱去完成的,需要去集市上买什么、买多少也都是李水柱决定的,家里的其他成员自己没有钱,也没有权利去买这些东西,因为家里的财政大权掌握在李水柱手里。在正常情况下进行集市交易是不需要请示保长或者家族成员的,每家每户的交易都由每家的家庭成员自己做主,其他外人不能干涉,也不会干涉。

2.家内小家交换

1950年以前,李家共居住着三对已婚夫妇,也就是说家里有三个小家庭,但由于李家没有分家,不分家就不仅仅是形式上没有分家,实质上也是没有分家的,所以李家的所有事务还是由李水柱来全权决定的。家里的财产也是在一起的,也就是说家里的所有钱都在李水柱手里,其他家庭成员抑或是某一个小家庭,都是没有钱的,所以他们也不可能私自进行市场交换。但是李水柱的二儿子李广太是个例外,因为李家临街房的小生意是由李广太总体负

---

① 看把式:寻找劳动力。

责的,也就是说李广太在做生意的时候是要与其他人进行交换的,在做生意的时候李广太还是具有决定权的,但是做生意得来的钱物还是要交给李水柱的。

3.个人交换

在李家,个人是不会进行经济交换的,其实整体来说,整个家庭进行经济交换的情况也是少之又少的,因为在当时最重要的便是粮食,而粮食自家地里产的又足够,家里自己种的也有菜,不用买菜,自己种的有棉花,不用买衣服,所以进行市场上经济交换的情况很少,更提不上个人去进行经济交换了,因为根本就没有必要去做交换,不需要添置特别的东西,真的需要什么了,也有当家人去做,其他人不用操这份心。

(二)交换主体

1.当家人交换

在为数很少的几次市场交易中,李家的当家家长李水柱是实际的支配者。因为李水柱掌握着家里的财政大权,在交易中的地位不言而明,一般来说家里需要买什么了都是李水柱去买,其他人也可以去集市上逛一逛,但是只是去凑热闹罢了,或者是帮李水柱拿东西,自己手里是不会拿钱的,因为手里没有钱,去凑热闹的家庭成员一般也就是孩子或者是成年男性,家里的女性是很少去集市上的。虽说李水柱拿着钱,但是买东西有的时候也是需要由家庭成员来告诉他的,毕竟如果家里缺了什么,李水柱不一定第一时间知道,一般还是要听其他的家庭成员说起来的,只要不是乱要乱买,李水柱还是会听大家的意见的。比如家里有人要过生日,李水柱作为当家人不一定把家里人的生日全部都记得,所以如果有人告诉他明天是某个人的生日,需要买鸡蛋,李水柱就会去买的。

2.当家人委托交换

虽说李水柱在家庭的经济交易中处于中心地位,但是也不是说所有的东西都要自己去买,当然一般情况下需要买什么都是由李水柱亲自去买的,也有个别情况李水柱会委托家里的其他人去买。比如在农忙的时候家里有人要过生日了,李水柱还要去地里干活,任务比较重,一般就不会亲自去买鸡蛋了,他会拿出来足够买鸡蛋的钱,把它交给一个小孩子或者是妇女,委托他们去给生日的人买鸡蛋,买过鸡蛋多余的钱回来还是要上交给李水柱的。如果李水柱没有发话,其他人也不可以私自去买东西,必须先要告知李水柱,这是基本的原则。因为李家开着小卖店,所以米、油、盐这些东西往往是不需要去买的,如果家里做饭的妇女告诉李水柱缺东西了,李水柱就会告诉儿子李广太,让他回家的时候带一些,如果做饭的时候突然发现少了什么东西,也会让家里的某个人去前面的店里拿一些,让谁拿并没有一个定数,一般来说就是谁闲着谁去拿。

除了李水柱繁忙的时候委托家庭成员进行交换以外,家里的其他人就不具有私自进行交换的可能,一是家里不允许这样做,二是除了李水柱以外,家里其他人也不享有财产的支配权,手里也都没有钱。如果擅自进行交换,一是会惹得大家长李水柱不高兴,二是还可能会造成家庭的一些误会和矛盾,所以除了李水柱以外,其他人都不可以进行市场交换。

(三)交换客体

1.重要方式:集市交易

李家除了从自家经营的商店里拿取柴米油盐这些日常所需外,其他东西都要在集市上进行交易,石东村家家户户如此。李家与集市打交道的人,主要是李家掌柜的李水柱,家里需要置办点儿必需品都是由李水柱去集市上购买的。村里只有一个大型的集市场,而且有固定的经营时间,刚开始是按照阴历逢双便有集会,后来变成逢四逢八有集会。集会在村里的中心街道举行,离李家走路只有不到十分钟的时间,一般都是早上去赶集市,因为早上东西齐全。李家是当家人李水柱去集市上购买东西,其他人很少去集市上,即使是去了也是空手回来的,手上没钱,纯属凑热闹。有时候李水柱去集市的时候会带着自己的儿子或者家里的小孩子,去帮他拿东西,当然偶尔小孩子要买个小东西,李水柱也是会满足他们的要求的。家里的女性基本上不去集市上,家里的女人一般是不出门的,更别说去许多男人聚集的地方了。至于买东西时东西的价格都是在讨价还价中确定的, 也会货比三家找一家价格最低的去买。家里的其他成员不会私自去集市进行交易,除非有集市的时候家里需要买东西,刚好李水柱又有农活或者其他事情要忙,就会委托大儿子李转运或者家里的其他人去买,给他一定的钱,买回来之后报账,多的要退回来。除此之外,家里的其他成员人都不可以单独在集市上购买东西。

集市是村里人集中买卖东西的地方,正常年月集市是井然有序的,有保长作为集市的管理者,但是其实也没有什么需要管理的,大家各买各的,只要不发生冲突即可。在战乱年份,市场一片混乱,更是没有人管理,一般情况下,只要不发生意外,大家去集市是不需要与集市的管理者,即保长有什么联系的,不需要和他打交道,需要打交道的话,也是当家人出面,家里的其他人是不参与的。

2.补充家用:粮行交易

在石东村有一个粮行,是村民们买卖粮食、交换粮食的地方。李家没有在粮行置换过粮食,但是曾经有卖过粮食,卖粮食主要是在家里丰产的年份,进货需要现钱的时候,李水柱会做出决定,算好家里生活所需的粮食后,把可以拿出来的粮食拿去粮行卖掉换成钱。什么时候卖、卖多少都是由李水柱决定的,因为粮行离李家也比较近,而且一般来说,李家卖的粮食也不算多,所以都是用肩背到粮行去,卖粮食是李水柱决定的,但是去卖的时候,李水柱会喊着自己的儿子,一般是大儿子,背着要卖的粮食一起去粮行。家里一年两季收获的粮食都由李水柱进行安排和管理,包括一年吃多少、留多少种子、留多少以备不时之需、需要的时候卖多少,家里的其他成员对家里收获的粮食不具有支配权,更不能擅自去买卖或者置换粮食。

3.跑担装:流动交易

在 1950 年以前的中国农村地区,作为普通农户进行买卖的情况很少,除了集市是集中买卖的场所以外,村里也有像李家商铺那样卖小东小西的人家,所以流动商贩很少。但是在村里有一个"常客",一个跑担装的河北人,因为石东村的大多数人都是自己做鞋子,而鞋底子需要一种桐油,当地是没有卖的,这个河北跑担装的,会提前搜集一下附近人需要多少桐油,然后去武汉进货,回来之后分卖给石东村里的人,也会带来一些新品种的糖果,村里也有人买给自己孩子的。李家做鞋子也需要桐油,但是李水柱不可能一直等着这个河北人来,他会提前把买桐油的钱交给自己的妻子李桂氏,等到这个河北人来到村里的时候,村里的妇女出来买,李桂氏也出来买,价格都是在一群人的唇枪舌剑中定下的。除此之外,很少遇到流动商贩,家里的其他人不经李水柱授权也不能与流动商贩打交道。

4.寻觅工人:"人市"交易

1950 年以前,在石东村的集市上,很少有一片区域是用来买卖劳动力的。家户找劳动力,都是找那些会养牲口、用牲口的,或者是在农忙的时候找一些短工。但是无论是看把式,还是找短工,中小家庭是很少通过集市上去找的,一是要找一个不认识的人回来干活,家里的人并不是很信任;二是在市场上找人的话,就是市场的价格有时不好商议,所以在很多情况下,看把式或者找工人都是通过私人介绍的。李家没有跟人市打过交道,因为家里需要找工人的情况基本上是没有的,家里的土地由李家自己种,是够用的,而之后李家的两个帮工都是本家的亲戚,因为家里难以度日才来到李家干活养活自己,这也不是通过市场找人的,而是本家长辈们的介绍,与本家长辈们进行商议的人是李水柱,能够决定用他们的也是李水柱,家里的其他成员不具有这个权利,更不能私自与人市打交道。

(四)交换过程

1.基本原则:货比三家

货比三家是李家买东西时的一个基本原则,李水柱去市场上买东西的时候,同类商品需要货比三家,他会到处逛一逛,问问每一家的价格之后再做决定。当然价格也不是唯一的标准,还要看质量,只有质量和价格都符合李水柱的要求时,才是李水柱需要买回家的东西。买东西的时候都是李水柱来买的,如果偶尔李水柱有事要忙,家里又急需去集市上买点儿东西,李水柱就会委托大儿子或者二儿子去集市上买,也会交代他们要货比三家。

2.特殊情况:与熟人交换

村里有集市的时候,也有卖家是村里的人,买东西的时候难免会碰到熟人。有时候买东西也会在熟人那里买,但并不是刻意的行为,买东西的时候不会优先考虑要买熟人的东西,因为买熟人的东西不好讲价,去熟人那里问了价钱,之后不买也不好意思,所以一般情况下也是避免在熟人那里买东西的,除非只有这个熟人那有李家需要买的东西。无论是熟人还是生人,买东西都是要李水柱亲自去做的,真的有特殊情况的话,也是需要李水柱授权别的家庭成员去集市买,家里没有人可以擅自去熟人那里买东西。

3.信用为本:过斗、过秤

去集市上买卖东西的时候都是要用杆子秤,买家自己不会掂着秤去买东西,都是由卖家提供秤然后称斤数的。就李家家庭成员来说,认识秤的人也很少,最起码女性都不太识称,但是并不影响什么,因为她们也不会去集市上买东西看秤。买东西的时候是李水柱去买,那看秤的时候自然也是李水柱来看,如果李水柱授权家里的其他人去集市上买东西了,那他授权的这个人一定也是会看秤的,一般来说村里民风淳朴,大家是不会在秤上动手脚的,都是村里村外的人,如果缺斤少两,这生意就不用做了。但是如果真的在集市上买了过秤的东西,又感觉不太够秤,李家是会回到自己的小卖店再过一下秤的,因为李家的小卖店里也有需要称重的东西出售,所以家里是有秤的,回家确认一下即可。在1950年以前,就李家买的东西来说,没有发现过缺斤少两的情况,买卖双方都是很诚实的,做生意最讲究的就是信用,没了信用就是砸自己的招牌。

4.口头协议:赊账、还账

大家做生意做的都是小本生意,所以很少出现赊账的情况,尤其是集市上摆摊的,他们是不会同意赊账的,但是就商铺来说就免不了会出现赊账的情况。李家在买东西的时候没有赊过别人的账,但李家做的商铺生意让别人赊过账,但是也不是人人都可以赊,这还要看这个人的品行和他还账的能力以及赊东西的数目,无论什么人如果要赊的东西很多,那也是不会给他的,如果只是急需一些小东小西,而且很快就能把账还上,又是李家比较熟悉的人,一般也是当家人,偶尔赊出去一次也是可以的,但对于那种经常到处赊账还不还账的人,即使跟他很熟悉也是不会赊给他的。做生意讲求的是盈利,就算不盈利,也不能赔本,对于那些信誉很好的,偶尔赊一次账还会立马还上的,李家也不会吝啬。赊账的时候也只是口头协议,而且赊的小东小西,一般来说仅一两天就能把钱还上,但是总体来说一般还是不愿意让别人赊账的,总是不踏实,李家就从来不赊别人的账,有钱就买,没钱就先不买,不是很着急的话,不会借钱买,更不会赊账。家长不会这样做,家里的其他成员更不可以这样做,绝对不允许出现未经家长同意单独赊账的情况,基本上每家每户的情况都是如此。就拿李家做生意来说,如果真的有人来赊账,也只是当家掌柜的,不是当家人来赊账,李家是不同意赊给他们的,因为还账不知道谁来还,更不知道人家家里的当家掌柜的知不知道,万一不认账了就麻烦了。

第三章　家户社会制度

　　李家成员在婚配方面遵循适龄结婚、长幼有序、门当户对等原则，子女结婚均为父母之命、媒妁之言。对李家而言，生育孩子是自然而然的过程，是为了传宗接代，为了家族生生不息，生育过程也十分简单，孩子起名字主要是以算八字的方式进行。李家于1958年分家，分家和继承的具体情况十分简单，没有产生矛盾。李家没有过继与抱养的情况，这里主要介绍村里存在此情形的家庭的具体情况。家户赡养部分主要以介绍李家在赡养李水柱及其妻子的情况为主要内容。家户内部交往主要介绍了李家父子、婆媳、夫妻、兄弟、妯娌、主雇之间的关系，主要特点是关系和谐、鲜有矛盾。家户外部交往主要介绍了李家与邻里、街坊、地邻、亲戚等的日常交往关系与冲突调解过程，主要特点是互帮互助、避免摩擦。

一、家户婚配

（一）家户婚姻情况

1.适龄成婚，知根知底

　　1950年以前，李家算上常住在李家的李水柱四妹王李氏共有十三口人，这其中成年人均已结婚成家，包括李水柱及妻子、王李氏、李转运及妻子、李广太及其妻子，王李氏的丈夫在另外的村庄居住，因为家境困难，所以王李氏长期居住在李家。其他家庭成员都是未成年，也没有结婚。李水柱妻子李桂氏是桂庄的，离石东村只有三里地，李转运的妻子李高氏是车庄的，离李家也只有三里地，李广太的妻子时琴妮是坡李王的，离石东村两里地，都属于石象乡，距离很近，都是周边几个村庄。这几门亲事也都是亲戚给介绍的，知根知底，不托底是不会介绍的，一般介绍人对男女双方及其家庭的具体情况都了解得很清楚，这样方便介绍并说明情况，更有说服力。

2.五辈外通婚，门当户对

　　因为石东村大多数都是姓李的一支迁过来的，也就是说最初这些人都是有亲戚关系的，所以在很长的一段时间内，石东村同姓李的人是不可以结婚的。后来到了民国时期，随着知识的传播，石东村只要超过五辈之外的都可以通婚。在"文化大革命"以前，石东村与旁边村庄明朗寺也是不能通婚的，因为明朗寺里面也住了许多当年迁过来的姓李的家族，后来只要超过了五辈人，同一个村庄同姓氏或者不同姓氏的都可以结婚。在婚配的过程中讲求门当户对，这也不是刻意为之的，只是大户人家一般也看不上小门小户的人，而小门小户的人也攀不上大门大户，所以一来二去门当户对就成了婚配的前提条件。而且一般来说男方的家庭条件要比女方的家庭条件稍好一些，李家就是如此。无论是掌柜的李水柱的妻子，还是李水柱两个儿子的妻子，娘家条件都不好，在很多时候都需要李家来接济他们。李水柱妻子娘家穷,李家经常会拿一些粮食补贴他们。李水柱的大儿媳,娘家也不富裕,因为李水柱会做木匠活,有时会把家里的木板给大儿媳的娘家,李水柱的二儿媳家里更穷,所以十六七岁的时候就来到李家。

(二)婚前准备

1.做主:父母之命、媒妁之言

1950年以前,家里有到年龄要结婚的,一般都是父母双方某一方提出来的,觉得自己的孩子年龄到了,是时候说个媒,可以结婚了,然后就会在村里找一个媒婆,说明一下自家孩子的情况,托她说个媒。也可能是偶尔跟亲戚朋友提起来,让他们操个心,有合适的介绍一下,就李家来说,说媒的都是亲戚,也都是主动帮忙说媒,觉得这家的儿子年龄合适,其他方面条件也不错,刚好自己也认识一个是适合年龄的闺女,就跟两家说合说合。

孩子结婚全靠父母之命、媒妁之言,孩子自己是没有自主权的,不要说自由恋爱了,可能自己都不知道自己要结婚了,更不知道对象是谁,长什么样子,无所谓喜不喜欢。那个时候根本就没有恋爱的概念,主要是靠媒人说合,然后男女双方的父母都同意,这门亲事也就算定下了。也有很多家里并不是到该结婚的年纪才说媒,而是在孩子很小的时候就定下了娃娃亲,这种情况一般是双方父母是好朋友或者是亲人,想要亲上加亲才这样做。一般来说,家里不管是几世同堂,孩子的亲事都是要由孩子的父母来做决定的,如果当家的是爷爷辈儿,那也要与爷爷商议,之后由父母决定,而不是当家的爷爷自己做决定。1950年以前,李家只有当家掌柜的结了婚,还有两个儿子结婚了,两个儿子的亲事都是由当家人李水柱来决定和安排的。

2.婚配条件:因素众多,多方考虑

谈婚论嫁要考察很多条件和因素,只是考察工作要由父母家人来承担,而不是当事人。无论是男方还是女方,考虑的条件主要有年龄、生辰、长相、脾气、做活、家庭条件各方面。

年龄:一般来讲,男女双方都要达到适婚年龄,而且男女双方的年龄相差不宜过大,一般都是男性比女性大一两岁,但是女性比男性大一两岁也是可以的,最好是两个人的年纪相当,这样在年龄上是比较合适的。一般来说不会出现年龄相差很多的情况,年龄相差很多的情况只会发生在特殊的条件下,比如男性丧偶,家里条件好,又娶了一个年纪小的老婆。这都属于个别现象,李水柱两个儿媳妇与儿子的年龄都是相仿的,上下不差两岁。

生辰:在说媒的时候都要考察男女双方的生辰八字和属相,通过看八字看两个人是否犯冲,通过看属相看两个人是否性格合适,这都是一些传统的做法。无论大户小户都会提前去看一下,如果生辰或者属相不合适,就不会去说媒,更谈不上结婚,这是很重要的一点。

长相:一般的家庭,对长相都没有很大的要求,只要身体健康,看得过去,没有明显的毛病,能够顺利地生儿育女就可以。长相不是很重要的条件,过去常说,什么好看?挂在墙上的画好看,人要那么好看有什么用?

脾气:一般在介绍男女双方的脾气时,媒婆主要介绍的是女方的脾气,最合适的便是温柔贤惠,平时大门不出,二门不迈。男方的脾气一般不作为重要的考察方面,但是给女方父母介绍的时候会说一下男方父母尤其是婆婆的情况,最合适的婆婆脾气好、人好,不会随便打人骂人。

做活:媒人在去男方家里介绍时,要介绍女方是否会做女工,也就是会不会纺花织布做衣服,手工活好不好。去女方家里介绍时,主要介绍男方是干什么的,是农民还是工人,平时干什么的。

家庭条件:媒人介绍家庭条件的时候,是要说明这家人是哪个村的,房子什么样,家里老人怎么样,有几个兄弟姐妹,排行老几。也是要讲求门当户对的,门不当户不对将来总会有矛盾,也偏向男方家庭条件好一点儿,也就是说女方家庭条件如何并不是很重要,只要这个闺女不错就可以,但是女方的父母不能是那种好吃懒做、偷奸耍滑的人,一般的家庭都不愿意跟这样的人家打交道。李家娶的媳妇家里条件都没有李家好,也可以说是贫穷,但是这个条件并不重要,只要女方人好就行。

3.态度:传宗接代,不可自谈

在李家人心里,那时候结婚不是因为什么爱情,谁也不懂得什么是爱情,就是年龄到了要结婚,就像人饿了要吃饭一样。结婚就是为了传宗接代,为了家里后继有人,为了家族能够生生不息,没有个人的情感在里面。对男性来说就是生儿育女,将来家里有后人,老了有人照顾,对于女性来说,就是找到一个依靠,将来不会受人欺负,更多地也是为了一个家庭能够繁衍生息,家族鼎盛。

自由恋爱在很长一段时间内都是不被允许或者接纳的,也很少有人自由恋爱,也不知道什么是自由恋爱。不是李家家里不允许自由恋爱,而是根本就没有自由恋爱这一说。那些自由恋爱的只会被说作疯了,会被人认为是伤风败俗、没有品行的,这是封建社会的常态,是一种思想上的禁锢,不是一个人一个家庭的做法,是整个社会的做法,这是由历史环境造成的。青年男女也不怎么出门,尤其是没有上过学的,他根本就不会想着自由恋爱,自由恋爱是一种进步的思想,在普通的农民身上是很难体现的。1950年以前,李家没有自由恋爱的青年人,家里的亲事都是父母决定的,媒人去说好的,跟要结婚的人是没有关系的。李家作为一个中等的农户家庭,家里没有自由恋爱的,那时村里仅有的大户更是不允许自由恋爱,他们更讲究的是门当户对,能够联姻来壮大自己家族的势力,那就更需要父母长辈的确认,因为关系家族的前途命运,所以显得更为重要。

4.聘礼、嫁妆:财物甚少,合适就好

要结婚的男女双方初次见面先是用毛巾换袜子,表示愿意。然后就结婚来说,男方的聘礼都是十分少的,不会送钱送房送车,最多也就是送一个新的被面,家里条件好的会再送几床被褥。女方的陪嫁也是很少的,家里条件好的娘家人会给她准备一个新的柜子,条件不好的,就把自己母亲的陪嫁柜子带回来,这些都是很有限的。李水柱三个儿子结婚的聘礼并不相同,老大和老二基本上是一样的,因为他俩年龄相当,所处的时代背景一致,都是在1950年以前结的婚,所以结婚的聘礼相差的不大。三儿子在1950年前才十四五岁,他结婚的时候已经是1950年以后的事情了,时代已经发生了大的变化,聘礼也就发生了变化,除了送被面以外,还给了一定数额的钱,但这个钱数已经记不清楚了,总体上还是跟当时的时代背景一致,与村里其他同等水平的家庭所下的聘礼差别不大。虽然三儿子结婚的聘礼跟大儿子、二儿子结婚时的聘礼不一样,但在家里也没有因为这件事情闹过矛盾,因为三儿子结婚的时候,掌柜的李水柱已经去世了,家里的事情由长子李转运操持,也就是说老三李广升结婚的时候是由他的大哥来操办的,二哥当然也要一起帮忙出主意。这个时候下多少聘礼,婚礼怎么去进行都是提前商量好的,所以之后也不会在这件事情上产生矛盾。一般来说,在同一时

代,无论是家里的儿子还是女儿结婚,都要保持着公平公正的态度,不会厚此薄彼,因为区别对待会让大家庭产生矛盾,造成隔阂。对于一些大户人家而言,下聘礼或者是送嫁妆,不仅要考虑自己家的情况,还要考虑对方家里的情况,而嫁闺女时的陪嫁也是要看男方给的什么,不可能对方给的少,自己倒贴很多,这是显而易见的道理。

定亲的时间并没有一个准确的界定,有的定了娃娃亲,在很小的时候就算是定亲了。有的媒人说媒,双方父母都同意之后,会商定一个时间作为定亲时间,一般都是在结婚前两三个月内定亲。定亲之后、结婚之前男女双方家庭是不走动的,结婚之后双方才有走动。新婚之后,新姑爷会来丈母娘家里串亲戚。很少有毁婚的情况,毁婚是一件很丢人的事情,李家没有出现过毁婚的情况,李家听说过的毁婚情况也是少之又少的,听说过定亲之后发现另一方的某些情况与媒婆所说不一致,或是因为家庭环境,或是因为一方的品行,遇到这种情况可以在结婚前毁婚,没有听说过有人无故毁婚的。

(三)婚配过程:家长安排,他人辅助

1950 年以前,因为李水柱是李家的当家人,所以儿子们的结婚方案也是由李水柱来制定。中间也会找本家的亲戚来商量,主要找的都是那些家里办过喜事儿的人,因为他们有经验。找媒人是由李水柱的妻子李桂氏来操持,主要负责跟媒人联系一下,让她来家里给她说一下家里儿子的情况,然后再委托媒人去女方家里说一下自己家里的情况。家长在子女婚配过程中起着绝对性的支配作用,在两方父母的共同同意下,此门婚事就算是说定了。结婚也是要写婚帖的,村里有专门写婚帖的人,如果李家儿子结婚,李水柱就会委托这个写婚帖的人,以李水柱这个当家掌柜的名义写一则婚帖交于媒婆,媒婆再转交给女方家里,这又叫叠红纸。除了写字以外,还要叠四折,里面说明迎亲的时间,最后的署名是李水柱,都是以当家人的名字落款的。

在李家,李水柱的大儿子和二儿子结婚都是由李水柱总体操持的,因为李水柱是独子,父母亲又死得早,所以在两个儿子结婚的时候,他主要与本家的几个长辈进行商议,他的妻子也要全力配合他。尤其是在大儿子结婚的时候,自己家里能帮上忙的人很少,主要是求助于本家的亲戚,在二儿子结婚的时候,自己的妻子以及大儿子大儿媳都共同地参与到其中来,主要是起到一个帮忙的作用,并不具有决定权和支配权,大权还是掌握在李水柱手里的,也就是说在李家,李水柱在家庭成员的婚配中占据重要地位,家里的其他人主要是出于一个服从和帮忙的地位。基本上每一个家庭的情况都大致如此,家里成员的婚配都由当家人来决定,如果是当家人的孙子结婚,那当家人便处于一个总指挥的地位,他的儿子、儿媳要具体来操办。

(四)婚配原则

1.长幼有序

1950 年以前,李水柱负责给自己的大儿子和二儿子操持了婚礼,先大儿子结婚,然后二儿子结婚,三儿子是在 1950 年以后结的婚。总体的结婚顺序就是先长后幼,老大结完婚之后老二结婚,之所以这样,一是年龄的大小决定的,老大比老二要大三四岁,因为结婚年龄又早,老大要结婚的时候,老二还不到结婚年纪,所以老二也不可能先结婚;二是习惯决定的,又因为讲求长幼有序,在结婚方面也体现得很明显,如果不是特殊情况,一定是老大先结婚,老二后结婚,每家每户的情况都是如此。特殊情况就是老大和老二年龄相差很小,差不过两岁,如果老大很不成器,找不到媳妇,老二也是可以先结婚的,或者老大在外地工作,找媳妇又要回家,时间不合适,而老二与老大年纪相差不大,家里又有合适的人,老二也是可以先结婚的。如果家里有闺女,一般情况下哥哥不结婚,妹妹是不能嫁人的,姐姐也一样,但是如果做哥哥的很不成器,找不到合适的人愿意和他结婚,年龄大了闺女该走还是要走的,总不会因为哥哥打光棍,妹妹就等成老闺女,这也是非常不合适的。

2.少有花费,答谢媒人

对于结婚来说,不管是娶媳妇还是嫁闺女,花费都不多。1950年以前对李家来说就只是娶媳妇,而娶媳妇需要花钱的地方就是下聘时的两床被面,结婚时待客吃饭,还有就是给抬轿子的人封礼,但是这给的钱都是十分有限的。婚礼前后帮忙的人很少给钱,都是结婚的时候管他们饭。这待客吃饭对李家来说也不是大操大办,只是请一些帮忙的人还有本家比较亲的人,本家来吃饭也不是家里男女老少都来吃饭,只有男性来,所以摆桌也没几桌。再有一个就是待媒人,结婚如果中间没有说媒的,总觉得于礼不合,所以从牵线到入洞房,媒人的作用很关键,所以在男女双方顺利结婚以后,男方会给媒婆封礼。在李家,媒人都是自家的亲戚朋友,谈不上封礼,就是会在结婚后的某一天,把媒人请到家里,再请几个女方的客人,摆一桌专门答谢媒人,这时媒人是要上座的。除了以上这些,基本上结婚就没有其他花费了,而具体结婚会花多少钱也不是很清楚。

(五)其他婚配形式

1.娶小老婆

纳妾也就是娶小老婆,1950年以前从李水柱组建家庭往后的三代人没有出现过娶小老婆的情况,一般的家庭都不会娶小老婆的,李家在村里只是一个普通的中等水平的家庭,所以无论是李水柱还是三个儿子都没有娶小老婆的情况。李水柱当家的时候是由李水柱的老婆李桂氏帮忙打理家务,后来儿子娶了亲,由儿媳和李桂氏一同打理家务,没有小老婆的存在。一般娶小老婆的都是大户人家,比如恶霸、财主,石东村经济条件并不是特别的好,整个村庄的经济水平都处于一般水平,大户很少,只有两个姓宋的人家成分比较高,是村里恶霸级别的财主,人称"二宋"。"二宋"家主要是在1937年以前比较猖狂,后来不知什么原因两家都举家迁走了。"二宋"在的时候,村里只有这两家人有娶小老婆的现象,因为他们的家庭条件比较好,又仗势欺人,所以大宋家娶了一个小老婆,主要是因为小老婆长得比较好看,家里人也同意多娶一个回来开枝散叶,所以才娶进门。二宋家娶的小老婆,不知道是从哪里抢过来的,长得也好看,听闻是欠二宋家里的钱,娶过来抵债用的。大户人家娶小老婆的原因总是有种种,要不就是看上了一个长相俊秀的姑娘,要娶来当小老婆,因为家里比较有钱,所以也比较随意,要不就是大老婆不能生儿子,又不想休妻,就再娶一个小老婆。而普通的家户,如果遇到妻子不能生,最多也就是把妻子休了再娶一个,也不会同时有两个老婆,因为家里顾不上这么多开销,大多数情况下都是从外面买一个孩子回来,而不是再娶一个老婆。娶小老婆,大多数娶的都是那些家里条件一般,或者是家里很贫穷的,但是闺女长得好看,就嫁给别人做小老婆。闺女家里条件好的绝对不会去别人家做小老婆,因为做小老婆是很受气的,男方家里的人都看不起你,大老婆还会打骂你,有的小老婆活的像畜生一样。"二宋"走了以后,村里又发展起了一个大财主,因为他膀大腰圆,肚子特别大,大家都喊他陈大肚儿,他也有一个小老婆,他的小老婆每天都会跟在他身边,穿一身旗袍在路上招摇过市,他的小老婆长得特别好看,跟着陈大肚儿一起去地里,走一路都有别人看她。娶小老婆的事情都发生在大户人家,有的是老子娶小老婆,有的是儿子娶小老婆,有的是老子和儿子都娶小老婆,这主要是看男人的意愿,对大户人家来说娶一个老婆也就是多了一碗饭而已,娶来开枝散叶对自己家里来说也是好的,所以只要男性想娶家里就会同意,有的就算男性还没有想娶,家里的父母就会催他要给他取小老婆,因为妇女地位极低,娶小老婆这件事情是不用和自己的大老婆商量的,大老婆也做不了主。

2.团圆媳妇

村里有还没结婚,闺女就到男方家里生活的情况,这种情况是闺女家庭条件很差,娘家养活不起,就在闺女小的时候,大多是在达到结婚年龄的前两三年,来到男方家里,由男方养着他,等到了结婚年纪再完婚,这样的媳妇在河南许多地区被称为团圆媳妇①。李家的媳妇里面也有一个团圆媳妇,那就是李水柱的二儿媳时琴妮,时琴妮的娘家爹抽大烟败家,把家里搞得很是亏空,家里生活很困难,再一个时家和李家都共同认识的朋友那里说了情况,让他帮忙给自己的闺女找一个婆家,找一个家庭条件还不错的,让她去做团圆媳妇,就这样找到了李家。因为李家在村里处于中等水平,土地和粮食都是足够的,家里边的人又不多,就成了很好的对象,再加上时琴妮长得还可以,品行端庄,所以一说就成了。在时琴妮14岁左右就从娘家来到了李家,做了团圆媳妇,大概在18岁左右的时候又完了婚。李家收养团圆媳妇是由李家掌柜的李水柱来做主的,当时自己的儿子年龄还小,对这些事情都不懂,所以二儿子李广太根本就不知道这个在自己家里住了四五年的人最后竟然是自己的媳妇,收养这个团圆媳妇的时候也并没有写文书,只是双方和一个介绍人之间的口头协议,有介绍人作证就可以。

作为一个普通的家庭,收养团圆媳妇的时候也并没有给团圆媳妇的娘家粮食或者钱财,因为家里多了一口人,本来就是一种负担,人家把闺女送过来当团圆媳妇,也是为了减轻自家的负担,因为不是买卖关系,所以没有给粮食或者给钱的说法。但是就李家而言,在自家粮食足够的情况下,如果时家来借粮食,李家也是会满足他们的要求的,说是借,其实就是给,如果时家还需要其他的东西,只要李家有富余,也会毫不吝啬地帮助他们。

3.改嫁

李家没有出现过改嫁的情况,因为李家除了李水柱和李水柱的三儿子李广升没有活到很大的年纪,其他人都是与自己的妻子白头偕老的。李水柱过世的时候是60岁出头,三儿子李广升去世的时候是55岁,他们的妻子当时也是和他们年龄相当,都不年轻了,所以也没有出现因为丧偶而改嫁的情况。

村里有人家有改嫁的情况,改嫁都是因为丈夫过世,自己年龄也不大,自己或者家人不想让自己守寡,所以就改嫁。改嫁主要取决于女方及其娘家家庭的意愿,男方家庭做不了主,但是如果有孩子,婆婆一般会劝一下,当然也不会强迫,但是就算决定改嫁,也不能把孩子带走,更不能分得男方家庭的财产,要净身出户。改嫁也是需要媒人的,总要有人牵线搭桥,不可能由女方自己去说,一般改嫁的对象也是二婚的,要不是老婆死了,要不是老婆跑了,要不就是因为其他一些原因休了妻的,一般不会嫁到第一婚的,除非是男方家里很穷,一直没有娶到老婆,这样丧偶的女人嫁过去,就是两个人搭伙过日子。

---

① 团圆媳妇:指童养媳,团圆媳妇为河南地区叫法。

4.上门女婿

李水柱没有闺女,所以也没有女婿入赘的情况,李家家里经济条件又是不错,所以自家的儿子也不会去人家家里当上门女婿。一般家里招上门女婿的大致有两种情况:一个是家里没有儿子需要有人养老,所以就招一个家里经济条件一般的上门女婿,二是女方家里比较有钱,即使有儿子但是只有一个女儿,女儿比较娇,不舍得嫁出去,也会招一个上门女婿,一般来说都是第一种情况。

上门女婿不会被人看不起,除非他对女方父母不好或者没有劳动的能力,这样就会被村里的人指指点点,背后说坏话,不仅看不起这个上门女婿,对这个女方家庭也会颇有说辞。上门女婿来到女方家里也不会地位低下,因为女方家里没有男性劳动力,招他来也是为了老人的养老送终,所以都会对他好的,因为要指望他,这就相当于自己的亲儿子,只要踏实能干,以后女方家里的资产都是他和女儿的。为了使家里后继有人,等有了孩子,第一个儿子要跟女方姓,之后再有了儿子可以跟男方姓,女儿的话跟谁姓都可以。

入赘这件事也是需要男女双方家长都同意的,尤其是男方家里,因为一旦自己的儿子做了上门女婿,对自己父母就不再有养老送终的义务了,这就是别人家的儿子了。这种情况下,一般男方家里条件不好,而且又有几个儿子,养老送终不是问题,这样男方家里才会同意。对女方父母来说,只要这个女婿踏实肯干、老实孝顺、对自己对女儿好就可以了。

(六)婚配终止

1.休妻

李家没有出现过休妻的情况,家里的夫妻都是相处和睦的。村里有休妻的情况,休妻有丈夫提出来的,也有公婆提出来的。休妻对于普通家庭还是少见的,毕竟娶个媳妇不容易,彼此能将就就将就了。休妻无非有以下几种情况:一是老婆不能生,男方家里又不愿意让抱养,所以只能休妻再娶了,毕竟不孝有三、无后为大的传统思想还是深入人心的。但是对一般家庭来说都还是选择抱养,因为生不出孩子休妻再娶也是一件不光彩的事。二是男方父母在与儿媳妇的接触中,尤其是婆婆对媳妇有诸多不满的话,就会怂恿儿子休妻再娶。面对强势的母亲或者母亲的软硬兼施,做儿子的一般会妥协,老婆可以再找,父母就这一个,不愿意因为女人让父母不高兴。三是这女人品行不端,乱勾搭人,男方发现被戴了"绿帽子",这是说什么都要休妻的。休妻是要写休书的,休书是要由丈夫亲手写的,也有自己不认字找别人来写的,被休了的女人没有分得财产的权利。如果是因为男方的问题休妻会赔一些粮食,把女性送回家,如果是女性问题那就得净身出户,大多数情况都是女性净身出户的,因为封建社会女性没地位,要遵守的规矩多,要找女人的问题容易得很,只要是铁定了心要休妻随便说一个理由就能休了。

2.守寡

在1950年以前,李家有一位守寡的人,那就是李水柱的妻子李桂氏。李桂氏守寡是在63岁,李水柱因为长年累月的劳动,身体一直都不好,在1950年的时候去世了,李桂氏也就成了寡妇。这个时候李桂氏的两个儿子都已经结婚了,一大家子也没有分家,有的是人陪她照顾她,因为李桂氏身体也不太好,又吃习惯了大儿媳李高氏的饭,所以她的生活起居主要是大儿媳照顾她,一直到分了家,也是跟着大儿子一起,家里的儿子媳妇也很孝敬她。没有改嫁的李桂氏始终都是李家的人,去世以后与自己的丈夫合坟了,埋在李家的祖坟里。村里的其他人家,这女性只要五十多岁以上,儿子又成家了,一般都是不会改嫁的,都是跟着自己儿子、儿媳生活直至死亡。

二、家户生育

（一）生育基本情况：三代同堂，有夭折情况

1950 年以前，李水柱家里有三代人，李水柱是爷爷辈的，还有三个儿子和几个孙子孙女。李水柱是独子，这里的独子并不是说他的父母只有他一个孩子，而是说只有他一个儿子。李水柱还有五个姐姐妹妹，因为没有兄弟，父母又去世得比较早，所以李水柱很早就出来单过了。李水柱有三个儿子，没有女儿，1950 年以前，李水柱的大儿子和二儿子都结婚了，下面有一个孙女，四个孙子。到 1950 年以后，李水柱这三个儿子都结婚了，共有十三个孙子，三个孙女，但是那个时候李水柱已经过世了，也已经分家了。无论是分家前还是分家后，李家的人口数在村里都处于一个中等偏上的水平。李家家里也出现过孩子夭折的情况，李水柱的大儿子李转运家夭折过两个儿子，二儿子李广太家也夭折过一个儿子，李转运家夭折的两个儿子是他的前两个儿子，也就是在李永池之前的两个儿子，这两个孩子都是在七八岁的时候发了高烧，各方面求医都治不好，最后夭折了。在李永池七八岁的时候也得了高烧，家里的人特别的惶恐，担心这个孩子也活不下去，就四处求医。在一个晚上找到了一个中医先生，中医先生不知道从哪里拿出来了一点儿末末，让李永池的父亲带回家给孩子泡茶喝，当时就说了如果喝了这个茶好了就好了，如果不好也不用再来找他了。后来果然喝了这个茶李永池就好了，算是保下来一条命，家里的人担心这种情况再次发生，就给李永池认了一个干爹，去认干爹干娘就是为了让孩子消灾解难，此后，李永池再也没有因为高烧而差点儿丢性命的情况发生了，因此李永池就成了家里的长孙。李水柱的二儿子家里也夭折过一个儿子，但不是他们家的第一个儿子，而是中间的一个孩子，他也是因为生病，当时也不知道是什么病，一直治不好，最后就死了。除此之外，1950 年以后，李水柱的三儿子李广升家里虽然没有出现过夭折的情况，但是有一个儿子因为发高烧烧坏了脑子，变成了一个傻子，后来也跑丢了，到现在也没有见过他。李家的孩子都是正常出生的，没有特殊的情况，家里没有出现过没有结婚就生育孩子的情况，都是结婚之后一两年才有孩子的。

（二）生育目的与态度

1.繁衍后代以求生生不息

李家所有的家庭成员和其他人家普通农民的看法一致，认为生育儿女就是为了传宗接代，就是为了整个家族能够生生不息。生儿育女不仅仅是男女双方的事情，也是一个家庭，甚至说两个家庭的事情，结婚就是为了生孩子，生孩子就是为了整个家族能够人丁兴旺，能够代代相传。而且对于一个家庭来说，总是要有儿子的，这样你这一支一脉才算是繁衍下去了，才算是后继有人。如果只是有女儿的话，女儿长大了总要嫁出去的，这样的话，你这一脉就没有人了，与祖宗礼法不符，对自己的爷爷奶奶父母也没法交代。生育子女，不仅是为了使自己家里的人口能够得以延续，也是为了自己家里的农业、商业等行业能够发展下去，如果没有孩子，自己打拼下来的财富就无人继承，在一定程度上就表示你是白干了一辈子，这是冤大头才会做的事，人辛辛苦苦一辈子就是为了活人，为了自己的子孙后代。

2.生育态度：儿女双全，生儿防老

在石东村，每一家每一户都想要儿子，他们当然都希望能够有儿有女，儿女双全是最好

的。但是如果只有女儿,这家人会抬不起头来,如果只有儿子没有女儿最多是遗憾,而只有女儿没有儿子有的就是丢人。所以对于普通农户来说,只要还能生就一直生,直到生到儿子为止。也不乏出现因为生育孩子难产去世的人,有相当一部分人都是为了生儿子才一直生下去,因为大家都认为生了女儿是要嫁给别人的,就是替别人养闺女,生了儿子才能保障自己的老年生活,才能使自己家里后继有人,不仅可以壮大门楣,还可以防止别人欺负自己。生儿子不仅是为了家庭能够有延续,而且生儿子可以壮大自己家里的劳动力队伍,因为男性的劳动能力要比女性高,生了儿子,以后家里干活有人分担,而闺女虽然能干活,但是干体力活却是少之又少,只能干一些轻活或者家务活,对于一个家庭的生产发展来说并不是很重要,所以大家都倾向于要儿子。无论是发生的还是听说的,总会出现那些因为生不出来儿子被休的女人,或者是因为家里没有儿子又不想休妻,只能抱养一个儿子的情况,总之家里得有儿子,而且最好能有几个儿子,一是为了家里能够有人传宗接代,二是为了自己老年以后有人养老送终,三是为了满足家里生产发展的需要,四是为了壮大门楣,五是为了防止意外发生,万一只有一个儿子,他不幸去世了,那家里就又后继无人了。所以有多子多福的说法,也是有一定道理的。

3.非婚生育乃伤风败俗之事

李家没有发生过没有结婚就生孩子的情况,但是也听说过这种事情。李家认为这是一种伤风败俗的事情,是一件非常丢脸的事情,尤其是对于那个女性来说,别人一定会在背后议论她的,或者当面都会指指点点。一般的人家都很难接受这样的事情,在结婚前就怀孕对男性来说没什么,但对女性来说就是道德问题,如果她嫁过来了,婆家也不会高看她,如果她没有嫁过来,她以后再想出嫁也是一件十分困难的事情,她终身都会被认为是不知检点的坏女人,在哪里都没有地位,不仅大家看不起她,还有可能把她当作一个随便的女人任意糟蹋,总之结果是十分不好的。李家不允许这样的事情发生,虽然不是大户人家,但是无论是儿子还是女儿都要守规矩,不能做伤风败俗的事情,要行得正走得端,不能发生让别人背后说闲话的事情。

4.适龄婚孕,随大流

1950 年以前,李家结婚的几个人大概都是在 20 岁左右结的婚,在结婚后一两年陆续有的孩子,这个年纪在当时属于普遍的年纪,不算早婚早孕,属于正常的年纪。一般孩子只要一到了十八九岁,家里人就开始张罗给他找对象了,都认为 20 岁是结婚的黄金年龄,都要赶在这个时候结婚,这是符合时代风气的。20 岁结婚生子在当时不算早婚早孕,家里人是极其反对这个年龄不结婚的,只能往前赶,不能往后拖,如果错过了这个年龄,就很难找到合适的对象了。因为同龄人都是这个时候开始张罗亲事,男性错过了这个年龄就不好找媳妇,女性错过了这个年龄就会被人说成是老闺女,别人就会说三说四,总归是不好。所以村里不论大户还是小户,都会让自己的孩子在适婚的年纪结婚生子,就像到了中午就要做午饭、吃午饭一样,过了时间就饿过头了。在 20 岁的年纪结婚,之后一两年生孩子,一是因为整个社会都是如此,自家自然也是跟着大趋势走,二是这个年龄刚好是一代人的年龄,这个时候结婚生子家里就有望三代同堂或四代同堂,对一个家庭来讲寓意也是好的。

5.多生多育,壮大门楣

不论是李家还是其他的家户,在生儿育女方面都倾向于多生,无论儿子还是女儿只要是能生那就是越多越好。家里人口多了在村里的地位就高了,不会因为势单力薄而受人欺负,所以不论是富裕的还是贫穷的家户都倾向于多生,富裕了生活好点儿,贫穷了过得艰苦一点儿,总之孩子是越多越好。当然生育也不仅仅是意愿上的问题,也是缺乏避孕措施的结果,因为没有学一些生理知识,大多数人不仅不知道如何怀孕,更不知道如何避孕,除了自己想生以外,有的时候也是不得不生,因为自己也不知道如何控制,而且由于没有计划生育的政策,对国家来说也是希望你能够多生一些孩子,这样国家人口多也是昌盛。一般来说,对于一个家庭,有五六个孩子,里面有儿有女是最好的,能有三个儿子两个女儿对一个家庭来说是比较圆满的,家里人员充足总归是好的,无论是大户还是小户,在这个观念上都是一致的,多子多福大家都是认同的。

(三)生育过程

1.缺乏常识,无避孕措施

在李家作为长辈的李水柱及其妻子当然是希望自己的儿媳妇能够多生几个孩子,为李家开枝散叶。作为小辈,在当时对生儿育女这件事情也并不是很清楚,对生不生、生多少根本就没有概念,李家的男性对于结婚生子这件事情也是不清不楚的,他们每个人也不知道这孩子是怎么生的,妻子是怎样怀孕的,所以说根本就谈不上说生不生、生多少由谁决定,一是没有概念,二是没有相关政策,三是没有避孕措施,在能生的情况下就一直生。当然作为家里的长辈或者是作为自己,在家庭条件允许的情况下,还是希望家里的孩子能够多一些,也就是能多生几个孩子。一般来说,当家掌柜的或者长辈们这个愿望尤为强烈,夫妻双方当然也是响应父母的呼声,生孩子、养孩子在这个时期那都是很容易的事情,只要能生、只要愿意生就一直生。

2.孕期干活,产后休息三天

农村的女人一点儿也不娇气,女人们从小就在家里、在地里干活,身体都很皮实。所以即使家里女人怀孕了,她也是要干活的,尤其是在前几个月,对当时的人来说怀孕几个月并不算什么,在身体变得笨重以前,她还是该干什么就干什么的,该去地里干活就去地里干活,该在家里做饭就在家里做饭,并不会因为怀孕就在家里歇着,在床上待着。平时家里的其他人也不需要给她特殊的照顾,但是当她身体确实不舒服的时候,她的婆婆或者嫂子还是会为她提供便利的,毕竟怀的是李家的孩子,还是要以孩子为重,都希望孩子能够顺顺利利地生下来。在吃饭方面也没有特别的待遇,不会专门为孕妇去买一些营养品,但是有时家里为老人做的好面馍也会让孕妇吃一点儿。如果怀孕期间赶上家里有人过生日,买的鸡蛋也会分给她一个,这就算是特别的照顾了。到了怀孕后期,孕妇身体变得笨重了,家里的人就不会让她再出去干活了,她起居不方便的时候都是由自己的婆婆来照顾。

生孩子基本上都是顺产,没有剖腹产这一说,顺产恢复是很快的,所以女人生了孩子过个三四天以后,身体稍微有点儿恢复,就开始参加家里的劳动了。但是不会去地里干活,因为身体还是有点儿虚的,家里的家务活是要参与的,像做饭、纺花、织布这些活,产妇还是要尽自己所能去做的,能承担一些便承担一些。如果身体太虚支撑不住的话,也可以告诉自己的婆婆申请休息,但是绝对不会一直去休息的。刚生完孩子的那两天,产妇的生活主要是由自己的婆婆、嫂子或者小姑来照顾的,自己的丈夫还要出去干活,对自己的照顾不会太多。生完孩子的女人需要恢复血气,所以家里会买一些红糖来做红糖水给产妇喝,那些亲朋好友送过来的鸡蛋,也会先紧着产妇来吃,一是恢复身体状态,二是利于哺乳,营养跟不上的话孩子就很难吃到奶,这对孩子的发育不好,所以照顾产妇一是考虑产妇,二是考虑孩子。

3.产婆接生,以礼代钱

女人生孩子都是在家里生,都是请产婆来接生。从女人怀孕开始婆婆就会提前算好媳妇生孩子的大致时间,等到该生的那一月,会提前告知附近的产婆。等到媳妇有该生产的前兆时,比如阵痛,做婆婆的就会赶紧去产婆家里,把产婆请到自己家,给自己的媳妇看看是不是要生了,如果确实要生了产婆就在这等着,如果还不到时间,产婆也会告诉这家的人再过多久去叫她,让他们做好准备。什么时候请产婆是由生过孩子的婆婆或者嫂子来说的,请产婆都是由孕妇的婆婆去的,一般男性不会去请产婆。

因为生孩子不去医院,所以也产生不了大的费用,家里条件好的会给产婆一点儿钱,算作封礼,家里条件一般的,在孩子顺利生产之后,会宴请一下产婆。对于李家来说,无论是给产婆一点儿礼还是宴请产婆,这个费用都是由李家这个大家庭来出的,而不是生孩子的这个小家庭,因为在1950年以前李家并没有分家,大家的钱也在一起,在花费上是不分你我的,而且媳妇生孩子也是为了李家来开枝散叶的,所以于情于理这笔钱都是由这个大家庭来出的。而李家分家以后出生的孩子,生育费用都是由分家以后的小家庭独自来承担的,因为分了家,大家的财产就分开了,自己的兄弟及父母没有为自己承担开支的责任了,但是如果自己有困难,父母和兄弟姐妹还是会很乐意帮助自己的,并不是说一分开大家就各顾各的,毕竟生的孩子还是姓李,还是自家的血脉。

4.各家各户情况基本类同

对于普通的家户来说,孕妇生完孩子那两天都是由自己的婆婆来照顾,而且休息三四天以后都要开始干活,因为这些女人都不娇气,家里也没有多余的人手来参与劳动,所以自己要尽快地恢复并参与到劳动中来。而那些大户,家里是会请奶娘的,还有丫鬟伺候,所以产妇生完孩子主要任务就是恢复,自己的生活起居有丫鬟来照顾,孩子有奶娘来照顾,自己也不用着急去干活。当然这样的情况主要发生在女子的家庭地位比较高,生了一个儿子在家里地位又得到巩固,这样才会有好的待遇。如果你接二连三生的都是女儿,那你的家庭地位就不言而喻了,生完孩子不仅不会得到好的照顾,说不定还要承受心理和生理双重的压力,这也正可谓豪门是非多。所以李家作为普通的家户,媳妇没有多好的待遇,也没有多大的委屈,就是和村里大多数女人都是一样的。

(四)送面条,宴请娘家人

生了孩子之后并没有烦琐的仪式,尤其是对小门小户来说,生的孩子多,不可能经常大操大办,就是小操小办也没有什么钱,但是家里有了新生命毕竟是一件喜事,所以还是要张罗一下的。生了孩子三天以后都是送面条,即有新生孩子的家庭,会做很多面条,然后送到本家的亲戚和邻居好友那里,算是报喜,别人也知道你家有个孩子,会回送几个鸡蛋。生男生女送面条的时候也是有区别的,因为送的是捞面条,所以里面放的菜不同,一般来说生的男孩儿会有荤菜,生的女孩儿就是素菜,别人回鸡蛋的时候也是根据面条菜的不同判断你家是男孩还是女孩,再确定回鸡蛋的个数,一般男孩回的是偶数,女孩回的是单数,男孩都会比女孩多上一个。除此之外,生完孩子的七八天左右,家里还会派人去媳妇的娘家,请几个娘家人来吃饭,在家里摆上一桌算是待客。像李家这样的一般家庭也是不会办满月酒的,花费太大负担不起。不管是送面条还是请娘家人来吃饭,这笔花费都是由李家这个大家庭来出的,因为李家没有分家,小家庭自己手里是没有钱的,而且生孩子是为了给李家传宗接代,所以这笔费用当然要有李家这个大家庭来出了。在满月的前一天,产妇会带着孩子去娘家住几天,这也算是一个小的习惯或者习俗,去娘家住几天是为了让孩子能够顺利长大,有消灾解难的意思在里面。

(五)合八字,长辈起名

家里有了孩子,孩子的名字都是由孩子的父亲或者爷爷来起的,一般都是由爷爷来起,尤其是男孩的名字。在孩子出生以前也不会提前给孩子想名字,因为不知道是男是女,所以给孩子起名字的事情都是在孩子出生以后。在李家李水柱三个儿子的名字都是由李水柱来起的,虽然李水柱也没有学问,但是给孩子起名字还是往好的寓意上来。大儿子叫李转运,是希望他能够时来运转,二儿子叫李广太,是希望他能够太平度日,三儿子叫李广升,是希望他能够往上走。而李水柱的孙子起名字,这个时候已经兴合八字起名了,最关键的在于长孙的名字,李水柱的长孙叫李永池,出生之后李水柱去给他合八字,算命先生说他五行缺水,所以名字里要含有水,所以李水柱就给长孙起名叫李水池,但是李永池的父亲李转运认为自己的儿子叫李水池不合适,因为自己的父亲名字里也有一个水,这样总感觉是同辈人,所以就在水上加了一点变成了永,叫永池,这样一个名字既含有水,又与自己的父亲名字不相重合,算是一个皆大欢喜的名字。因为李家没有族谱、家谱,所以长孙李永池的名字确定下来以后,李水柱后面的几个孙子的名字中间都是永字,孙女们的名字没有特殊的含义,都是随便叫的。李家的孩子们也都只有一个名字,无论是在家里还是在外面都只有这样一个大名,没有学名,但是村里边的人都习惯把一个家里的孩子按照从大到小的顺序起个小名,都是很随意的来喊的,比如他排行老三就喊他三儿,排行老四,就喊他小四儿,没有特别的讲究。村里的大户人家起名也有很讲究的,不仅要算八字,还要请算命先生来起名字,不仅如此,还要与自己的家谱、族谱保持一致,有的大户人家的孩子在外上学,还会起一个学名,普通的人家都没有这样复杂的情况。

三、家户分家与继承

(一)分家

1.自然分家

李家的当家掌柜李水柱这一辈儿不存在分家的情况,因为他只有五个姐姐妹妹,没有兄弟,所以无论是他的父母在世或者不在世,他都谈不上分家,而李水柱与他的儿子孙子们组建的大家庭在1950年以前是没有分家的。

石东村大多数家庭的分家都是一个自然而然的过程,家里不是因为矛盾或者冲突而分家,主要是第一代当家人过世,而家里又有一辈儿人了,家里的第二代人都已经成婚,而且陆续有了第三代人,家里家庭成员越来越多,家里的房屋已经不能满足家里所有成员的住宿,所以会选择分家。

如果家庭内部是和平分家,而且确实方方面面的原因都摆在这里不得不分,那么无论是村里的人还是本家的人对此家庭分家都不会有其他的看法,其他人一般来说也不会过多地介入到别人家的家庭事务中。

石东村没有几个特别大的户,都是普通的户,分家情况也大致相同,一般都是因为人口多了不得不分家,或者是老人过世了,兄弟几个都各自成家了,所以决定分开过,也有因为家里兄弟或者姑娌之间发生矛盾而分家的,但是不论是因为成家生子还是家里发生矛盾,其根本原因都是因为人口增多了,人一多就容易发生矛盾,这是显而易见的,有的大户人家也可能是因为在财产支配方面有争议所以要分家,这都是根据具体情况而定的。

2.多子同分

石东村大多数人家分家情况都是十分简单的,因为大多数人家的家庭成员上没有特殊性,分家仅限于自己的几个儿子之中,这种情况最普遍也最简单。一般就是在第一代当家人过世之后或者家庭成员越来越多时,现实条件要求分家。而分家的范围仅限于家里的几个儿子,闺女是不参与到分家中来的,尤其是已经出嫁的闺女,家里分家的时候是完全不用考虑她的,而对于分家的时候家里还有没有出嫁的闺女,如果父母都在的话,分家的时候她就是随着父母,虽然不会给她分什么东西,但是会考虑到她还没有出嫁,在资产上多照顾一下父母,而对于父母去世的,未出嫁的闺女都是跟着大哥,由大哥大嫂负责她的嫁人,正所谓"长兄为父,长嫂如母",这种情况在分家的时候也会考虑进去,会给负责安排出嫁的这一家多分一些资产。如果还有老人,还会预留一部分老人的养老费用,除此之外就无特别了。

但是也有家里分家比较复杂的,比如一些大户,本身人口就多,有的还有小老婆,这种情况就比较复杂了。因为大老婆与小老婆生的孩子,即使都是儿子,地位也是不一样的,就算不是名门望族,他们也是会讲究大房长子的规矩,在分家的时候,尤其是家里有发展副业的,都是会优先考虑长房长子,而小老婆生的就是庶出,在分家的时候优势不明显,但是如果大老婆没有生儿子那情况就另当别论了。

3.本家长辈监督

分家的时候大多是由当时的当家人提出来的,家里的男性都同意以后,当家人就会去找本家几位年龄比较大的老人,把要分家的事情告诉他们,请他们来自己的家里一起商量一下具体的分家事宜。参与商议的本家老人其实就是家庭分家的见证人,当家人向本家的老人说明自家的分家情况,即为什么要分家、准备怎么分等一系列问题,这些本家的老人会在听完之后把自己认为不太合理的地方提出来,当然也只是仅供参考而已。在基本商议完成之后,本家的几个老人也会提出希望,希望他们能够公平公正地进行分家,分家以后也要保持良好的兄弟关系,还要相亲相爱,像没有分家前的一家人一样,更要孝顺他们家的老人。之后家里的人也会表态无论是否分家,都会互相帮忙,相亲相爱,都会承担家里老人的养老责任,那些本家的老人作为分家时的商议者,也是见证人,他们的作用主要是提议、监督、见证,对他们分家的具体情况提出建议,监督他们分家过程中是否公平公正,确实没有存在欺负家人的情况,见证他们的分家结果,如果以后有人问起来或者对某事提出质疑,他们也是证人。请见证人是由家里的当家人去做的,只有当家人有这个权利,其他的家庭成员或者家庭以外的外人都没有这个权利。

4.分家单

即使家庭是在没有分歧的情况下和气分家的,但是还是有分家单的,相当于一个契约。分家单由本家德高望重的、会写字的老人来写,主要的内容就是说于某年某月某日某家几个兄弟在谁谁谁的见证下分家,主要分了什么,怎么分的,见证人是谁,最后见证人还有分家的几个兄弟都要签名或者盖手印。有的家里分家只写一份分家单,由见证人保管,见证人过世后由他的孩子保管,有的家里是几个人参与分家就写几份,再外加一个见证人的,这样是保障将来如果真出了问题,有证据也有证人,不会产生太大的矛盾。签订分家单只能由见证人和分家的兄弟来完成,其他的家庭成员或者家庭以外的人员都不能参与进来,这是习惯问题,家里的女人孩子都不能参与,本家除了老人要来商议事情以外,其他人也不能参与,因为这是李家自家的家务事。

5.外界认可

在村里只要家里的人口数达到一定的量,到了不得不分的时候,大家都会选择分家,这是一个自然而然的过程,所以在某个家庭提出分家的时候,本家的亲戚们也都表示理解,没有人提出异议。本家的几个德高望重的老人来到这个家庭共同商议分家的事情直到彻底分家,由见证人和分家的人共同签订分家单后,这些本家的老人对该家庭的分家情况就会表示认可,这个分家的过程就算完成了。虽然李姓在村里是大姓,但是村里并没有族长,也没有祠堂,所以分家的事情没有像召开宗族会议等这些烦琐的程序。分家对于大多数家庭而言都是一个自然而然的过程,不需要去纠结什么,大家都很清楚,所以村里不管是哪一家分家了,很快就会在村里传开,一方面是知道人家分家了,另一方面也是有人会去八卦他们分家的细节,看看有没有吃亏占便宜的事情发生,这些都是很正常的。但是说到底,分家还只是这一家一户自己的事情,告诉本家的亲人是一个传统习惯的问题,邻里皆知是一个显而易见的情况。但是并不是说分家是必须要让别人来认可别人来同意才能够进行的活动,所以村庄、政府是否认可大家并不清楚,这也并不重要,户籍制度管理也并不严格,在分家以后也没有相关人员来负责户籍的改变记录,详细登记造册是之后的事情了,跟分家无关。

(二)继承

1.母跟长子,三子继承

就继承而言,一个家庭里面享有继承权的只有这家的儿子、孙子,就家庭内部而言,并不是人人都享有继承权,家庭的外部成员更没有这个权利和资格。李家拥有继承资格的便是李水柱的三个儿子:李转运、李广太和李广升,他们的妻子和儿子和他们是一体的,不单独享有继承权,而李水柱的妻子在分家时已与大儿子李转运的家庭连为一体,所以她也不单独享有继承权,正所谓在家从父、出门从夫、夫死从子便是这个道理。无论是李家还是其他家庭,继承权只有儿子有,入赘到别人家的儿子没有继承权,招上门的女婿具有继承权,自己没有生儿子抱养回来的儿子也有继承权,但是女儿没有继承权,即使是招了上门女婿,女儿的继承权也是依赖于招上门的女婿而存在的,但是如果自己只有女儿,而又因为各种原因没有女婿,则女儿有继承权。家庭的外部成员一般是没有继承权的,除非这个人无儿无女,后继无人,那他会把自己的家产赠予自己的兄弟或者侄子,由他们来继承,这种情况是比较少见的,一般情况下即使自己不会生也会抱养的。李家没有听说过某个家庭有孩子还把自己的家产给外人的情况。如果家里有好几个儿子,在分家以后某个儿子对父母没有尽赡养的义务,或者不孝顺老人,那等老人去世以后,在老人的授意下,这个儿子也不享有继承的权利,但是这必须是老人生前自己说的,不能由其他人自己做判断。如果儿子犯了大错被赶出家门,在老人生前没有原谅他,也说过与他一刀两断的话,那他就不具有继承权,如果被赶出家门以后,在某个时机老人原谅他了,只要老人生前说过还认这个儿子,那他就还有继承权。

2.抓阄定房

1950 年之前几年,村里大多数家庭里财物的继承是采用抓阄的方法,桌柜是个例外,因为家里的桌柜大多都不是购买的,都是媳妇嫁过来的时候带的嫁妆,那分家的时候就是谁带来的谁分走。在这之前家户成员的继承,主要内容不仅有土地、生产工具、房屋、家具、金钱等物件,还有手艺、生意等。土地、生产工具、房屋、家具、金钱等物件,在继承时一般是采用均分的方法,有几个儿子就平均分为几份,不偏不倚,至于分得好坏主要是靠抓阄来决定的,而手艺、生意一般都是传给自己的大儿子,尤其是生意,一般都是传给长子,而手艺的话也可能几个儿子都会。

3.家户成员默认

一般的继承权都是大家默认的,像父亲死了儿子来继承,几个儿子财产要平分,家里有生意了大儿子来继承,当然也会口头上再说一下,但是大家都不会有异议,因为这是普遍的做法,家里的成员都会遵从的。一般情况下也不需要写遗嘱,在当家人自己身体开始不适的时候,就会提前把家人召集在一起说一下这件事,家里的人都在就算是立遗嘱了,虽然只是口头上的,但是大家都会遵从。有的家庭在继承上会有分歧,一般都是有钱人家,普通家庭人少钱少需要解决的事情就少,家里富裕的人家家庭环境复杂,家里人员多,既有妻又有妾,既有嫡出的孩子又有庶出的孩子,在财产继承的时候就会有许多矛盾出现。而且家里如果家大业大的话产业也是有好有坏,所以平均分配也是不合理的,数量上一致质量也大不一样,所以继承上会有纠纷。大户人家继承上发生纠纷都是由本家德高望重的人出面调解的,村里的保长或者其他当官的一般不会参与到别人家的家务事里,不管是分家还是继承财产,都是一家一户自己的事,别人不愿意掺和进来,自家人也不愿意别人参与进自己的家务事。总的来说,就继承权来讲,小门小户是比较简单的,大家户的情况比较复杂。

4.继承原则:和平和气,公平公正,团结向前

继承往往与分家相联系,也与分家的情形相一致,在石东村对于大多数普通农户家庭来说,无论是分家还是继承都不外乎这几个原则:①和平和气。大家在分家和继承上都是被动的,被动地要分家,被动地要继承,所以没有抱着争抢的想法,一切都进行得很和气,要分要继承的东西也很有限,各自如何发展都还要看自己家庭的努力,所以不会在物质的分配上彼此产生分歧。②公平公正。虽说大多数家庭里没有太多可以继承的东西,但是还是要公平公正的,当家人怎么说,儿子们就怎么落实,而且为了公平起见,很多家庭都采取了抓阄的方法。③团结向前。虽然分家、继承就预示着各自一家,开始为了自己小家庭的发展而努力了,但是家庭成员本身的血缘关系、几个小家庭的亲属联系是不会改变的,大家各自有自己的小目标,也该有整个大家的大目标,即自家的努力也是为了整个大家的荣誉声望,自己发达了不能忘了兄弟,大家要团结一致向前走,为了整体的发展大家的心还要在一起。

四、家户过继与抱养

(一)过继

1.过继讲求你情我愿

李家没有出现过继的情况,因为李水柱是独子,没有兄弟只有姐妹,所以他那一代没有发生这样的情况。李水柱有三个儿子,所以没有过继过别人家的孩子,因为自己亲戚少,他的

儿子也没有过继出去,但是村庄里是有家庭有过继情况的。过继一般分为两种情况:一是这对夫妻的儿子在青少年时期不幸夭折了,夫妻也没有生育能力,年龄也大了,不愿意从外抱养一个小孩子回来,这个时候就会选择从丈夫的亲兄弟的孩子中过继一个来,如果没有亲兄弟,也可以选择本宗族内部的;二是自己有儿子,但是自己的兄弟意外去世,留下妻子儿子,如果儿子多,弟媳负担过重,可由弟媳向当家人提出,把自己的儿子过继给孩子的大伯。第一种情况是为了自己这一支后继有人,有人为自己养老送终,第二种情况是为了整个家族的和谐发展。一般来说过继这种情况都发生在亲兄弟之间,这样能保证血缘的纯粹,但是如果需要过继但是亲兄弟家的子嗣也很单薄,那也是可以选择堂兄弟或者本家兄弟的。

过继是一个你情我愿的过程,不是单方面可以决定的,不仅当家的要发话,而且双方的父母也得同意,不是强制发生的。李家本家的一个亲戚,早年间只有一个儿子、几个女儿,后来女儿出嫁了,抗日战争爆发的时候,这家人的儿子在战乱中不幸去世,老两口找到自己的大哥,说了自己家的情况和自己希望过继一个侄子的愿望,大哥一家也很是理解,就把自己家的三儿子过继给他们了,他们过继就是为了延续香火,有人养老送终。李家自己家是没有过继情况的,但是对于过继这件事情,他们都认为这是人之常情,但是更倾向于亲兄弟之间的过继,因为这样血缘不变,而且这个过继的孩子就是两家的孩子,有这个共同的儿子,两家的关系也会更为紧密。

2.过继次序以长幼人情为依据

在过继的时候一般都是希望能够过继到自己亲兄弟家的孩子,因为这样血缘是一致的,整个家族的血脉没有发生变化,而且比较好商议。如果自家亲兄弟家子嗣单薄,儿子只有一个或者两个,这是不会过继的,因为他们自己也需要儿子,这个时候可以选择自己的堂兄弟或者本家亲属,最低得有三代以内的血缘联系,没有亲属关系的一般是不会过继的。在过继的时候,不能过继大儿子,因为大儿子是一个家庭往后延续的根本,小儿子也很少过继出去,因为年龄小比较受大家照顾,一般都是中间的儿子过继出去,但是除了大儿子不能过继出去以外,其他的也可以多作考虑,比如小儿子与自己伯伯或者叔叔一家关系很密切,感情很好,也是可以把小儿子过继过去的,所以过继的时候不仅仅是要考虑长幼的顺序,也会把人情考虑进去。

3.两家商议,家长做主

一般来说,一个家庭出继自己的儿子并不是一个非常容易的决定,尽管大多数都是出继给自己的亲兄弟,但是儿子一旦送出去了,就是别人家的了,这是毋庸置疑的。在没有分家的时候,如果需要过继一般都是当家人提出的,也就是爷爷辈的人,他会把自己的几个儿子召集在一起开一个家庭会议,说清楚其中一个儿子目前的家庭情况,再把自己的想法陈述一下,说明一下自己的意思,然后让大家发表一下看法,看看由谁家出继比较合适。如果有人主动提出可以出继自己家的儿子,这当然是最好的,如果大家都表示可以的话,或者无人发表自己的看法,那当家人就会一个一个地询问,并自己选一个比较合适的人,然后再征求大家的意见。一般在有当家人的家里,当家人如果发话了,这一般就是最合适的结果,大家都会遵从的,当然在出继这件事情上,还是要尊重出继这边父母的意愿,得看他们是否愿意。一般自己家儿子多的话对于自家兄弟的过继是没有太大问题的,都会同意的,但是虽然开会是男人来开的,还是要征求一下自己妻子的意见,毕竟这也是她的儿子,不过这样的征求大多数都是告知,女人也没有自己的看法。如果分家了各自是各自的当家人,那想要过继孩子的这个当家人会找到自己兄弟家中,说明自己的来意,询问一下他们的想法,如果同意的话,就告知本家亲戚,请他们做个见证,不管是哪一种情况,过继中当家人的作用是比较突出的。

过继大多是发生在亲兄弟之间,过继过去的孩子是不用改名换姓的,而且过继都是完全的过继,没有过继一半的情况,这也是为了防止以后发生矛盾。这个孩子过继出去了,那他亲生父母的养老问题就不用他负责了,他只需要管自己入继家里父母的养老问题。

过继总的来说是两个家庭的事,只要你情我愿就不需要得到村庄或者村民的认可,也没有烦琐的程序。一般来讲就是两个家庭确立了出继和入继的关系后,两家人找一个时间坐在一起把这件事情正式地说一下,必要的时候也可以找一个本家的人来做见证,也可以拿纸笔确立一下关系,并说明以后会遇到的一些情况,这样就算是完成了。一般亲兄弟之间也是不会因为过继而发生金钱财物的交换,因为这不是买卖关系,只是要说清楚以后这个孩子的日常花费出继家庭不再有任何的给予,以后这儿子也不需要为自己养老送终,而且这个孩子将来娶妻生子的费用出继家庭也不再承担。出继总体来说就是当家人之间的商议,孩子不参与,也没有发言权,愿不愿意也都是这样了。

(二)抱养

1.抱养情形:主动和被动

李家李水柱有三个儿子,李水柱活着的时候,大儿子家有一个女儿、两个儿子,二儿子家有两个儿子,三儿子还没有结婚,这是1950年以前的情况。在李水柱去世后,他的三个儿子共为李家繁衍了十三个男孩,三个女孩,这也就是说李家的人口数量还是比较多的,所以李家没有从外抱养过孩子,因为李家还是一个中农成分的家庭,家里是自给自足的,可以说虽然没有很多盈余,但也是吃穿不愁的,也没有把孩子送出去的,所以在李家不存在抱养的情况,但是村里边的农户是存在抱养情况的。

一般来说,抱养分为两种情况:一种是主动抱养,一种是被动抱养。主动抱养是因为这家夫妻不会生育,需要抱养一个孩子来延续家庭,或者是因为家里生的都是女儿没有儿子,需要抱养一个孩子来养老送终、传宗接代,所以在这种主动的情况下,一般抱养的都是男孩;被动抱养是这家自己有孩子,或者都是儿子或者有儿有女,不需要从外抱养,但是自己的亲戚家家庭条件比较差,又有几个孩子生下来养活不起,人家来家里希望这家人抱走一个孩子。如果这家人家庭条件还不错的话,多养一个孩子不成问题,就会选择抱养一个,减轻别人的负担的同时也增加自家的人口,这种情况下一般抱养的有男孩,也有女孩,抱养女孩的一般是家里只有男孩,没有女孩,其他情况一般大家都选择抱养男孩。把自家的孩子抱养给别人的,大多都是家庭条件不好的,孩子养活不起,又不忍心让他饿死或者扔掉,就把孩子抱养给那些需要孩子或者多一个孩子也能养活的好人家。抱养一般发生在孩子出生之后还未懂事之前,这与过继不同,这种抱养更具有彻底性,孩子抱走以后就与这家彻底没有联系了,所以主动抱养的人家一般选择抱养那些离自己家比较远的远方亲戚或者熟人介绍的人家。主动抱养的人家都是希望这个孩子能够长长久久地在自己家里,不希望他知道自己不是这家亲生的,而被动抱养的孩子多是自己亲戚朋友家里的,都是比较熟悉的,因为被动抱养算是帮助,大家不会平白无故地去帮助陌生人。

被抱养者的家庭条件一般都是不是很好,但凡过得去都不愿意把孩子送出去,毕竟是自己的亲骨肉,如果节省节省就能养活一个孩子,都不会把孩子送出去。而抱养者的家庭条件一般都是中等以上的,只有自己家里过得还不错,才有能力去抱养别人家的孩子,如果自己的生活都很艰难,怎么可能去抱养别人家的孩子。经济状况在抱养的过程中起着重要的作用,是最重要的条件。主动去抱养的家庭一般希望抱养本村之外的孩子,越远越好,不希望将来会跟被抱养者的家庭发生联系,减少不必要的矛盾,而被动抱养的人家抱养本村或者本村外的都有,但是一般还是希望抱养远一点儿的,这样日后问题会比较少。主动抱养孩子的人家之所以抱养孩子,就是希望自己的家族血脉能够延续下去,能够有人为自己养老送终,在这种情况下,他们对抱养过来的孩子是十分爱护的,因为对他们有所指望。而被动抱养的人家能不能做到对抱养者和亲生孩子一视同仁这很难说,因为这取决于很多因素,比如这个孩子是否聪明可人、讨人喜欢,又或者说这个孩子来自自己的新兄弟姐妹家中,与自己有血缘关系等,情况是比较复杂的。

2.家长决定,口头协议

如上所说抱养一般发生在孩子出生以后懂事之前,所以抱养这件事孩子是没有发言权的,也可以说孩子是不清楚、不知道的,是完全被动的。无论一个家庭是准备抱养别人的孩子,还是准备把自己的孩子给别人抱养,都是要经过自己家庭当家人的同意,或者说决定抱养都是由当家人提出和决定的,当然一般也会告知本家的长辈,毕竟这也算是添人口了。但是是否抱养还是取决于这家人自己的想法以及两家人的共同商议,其他的人,无论是本村的村民还是本家的亲人都不可能强加干预的,因为这属于家务事,别人无权干涉。因为抱养分为主动抱养和被动抱养两种情况,所以抱养给不给钱、给不给东西也是要分两种情况的。对于主动抱养的人家,家庭条件好了就给一些钱,家庭条件一般的就给一些粮食,这并不是说是买卖关系,而是聊表谢意。对于被动抱养的人家,一般都不会给钱、给粮食的,因为家里多了一个人开销就大了,能接受抱养就算是帮忙了,所以不会给钱给粮食,被抱养家庭也不会要。抱养一般发生在比较熟悉的人之间,或者是由中间人来介绍,抱养者家庭和被抱养者家庭在这个时候是彼此信任的,所以一般也没有人写契约书,双方都属于口头协议,而且抱养一个孩子在村里来说是很透明的,村里的人对这件事情都知晓,所以也都算是证人了,如果以后有什么问题,随便找一个人问问就很清楚了。抱养孩子和过继孩子不太一样,过继孩子的时候一般不会过继别人家的长子,因为人家不会同意,但是抱养孩子主要取决于被抱养者家庭的想法,一般的家庭都不愿意把自己的长子抱养出去,但是家里很困难,自己的长子也养活不起了,那也只能抱养出去,一般来说,家里再贫困也会给自己留后,所以长子一般都不会抱养。

3.深思熟虑,你情我愿

抱养本身就是一个你情我愿的过程,双方虽然达成的是口头协议,但也是即时生效的,一般没有人反悔,但是也有例外。如果抱养者家庭发生了意外,家里的经济陷入困境,自家人还无以为生的时候,如果能找到被抱养者的家庭,就会去说明情况,看是否能把孩子送回来,或者由自己做中介把孩子送到另外一个人家去。因为抱养的时候是两家人决定的,那抱养之后要反悔也是要两家人碰面说一下的,一般来说没有人反悔,因为抱养都是经过深思熟虑的。

4.外界认可

总的来说,抱养是发生在抱养者家庭和被抱养者家庭两个家庭之间的事,算是家庭的家务事,所以不需要得到除两个家庭以外其他人的同意。抱养者家庭会把抱养孩子的情况告知本家或者本族管事的,但也只是告知,并不是请示,这不是一件需要得到别人同意才可以进行的事。一个村庄很小,发生任何一点儿芝麻大的小事都会很快传遍整个村庄,抱养孩子更是如此,即使再小心翼翼,没有经过十月怀胎就多了一个孩子,大家就知道是怎么回事了,这也是隐瞒不了的。对于家里有特殊情况的,村里人也都会表示理解,但是至于背后会不会去指指点点,这都是控制不了的事情,也是在所难免的。只要抱养者家庭对于被抱养者关爱有加,被抱养者长大后对抱养的家庭父母又很孝顺,父慈子孝,这种情况下村里边或者是本家的人都不会看不起这个孩子或者这个家庭,但是也确实无法保证在这个孩子成长过程中是否有人会看不起他,但是作为抱养者家庭来说,他们是不允许村里的或者本家的人来欺负自己的孩子,即使是抱养的。

(三)买卖孩子

李家没有买卖孩子的情况,村里也很少发生或者听说这样的事情。因为既没有计划生育政策,又没有科学的避孕措施,所以大多数家庭都有很多孩子。在大部分情况中,通过过继和抱养就能满足大家对孩子的需要,不需要买卖,因为也没有钱,况且孩子是人不是物件,买卖总归不好,所以一般家庭不会买卖孩子。但是也有例外,石东村隔壁的一个村庄,有一对夫妻生了好多儿子没有一个女儿,而且家里十分贫穷,不知从哪里得知可以把孩子交给中间人,中间人帮他们把孩子卖掉,主要是卖给一些家里条件富足但是没有儿子的人家,会得到一笔不错的收入,最后这对夫妻卖掉了三个儿子。通过中间人买卖孩子对于卖方家庭来说算是生意,对于买方家庭来说算是便利,因为没有人知道孩子卖给谁了,也没有人知道自己买的是谁家的孩子,这样就会避免抱养和过继孩子后续会出现的潜在问题,比如孩子长大以后想找亲生父母,亲生父母想找回孩子等,而买卖可以最大限度地避免这些问题的发生,因为买卖一般都需要中间人。

买卖孩子与抱养、过继不同,一般都是在暗地里进行的,而且买卖双方离得很远,也不会见面,主要是由中间人负责联系,如果被人发现买卖孩子,是会被大家谴责或者要见官的。卖孩子的都是穷苦人家,买孩子的都是大户人家,一般的家庭不会卖孩子,更不会买孩子,一方面买卖孩子是不光彩的事,另一方面一般的家庭也没有钱买孩子,此外大多数家庭也都有孩子。李家没有发生过这样的事,也很少听说这样的事,所以对买卖孩子这样的事情了解甚少。

五、家户赡养

(一)赡养父母,天经地义

赡养老人是一家一户自己的事情,与邻居、村民、本家等家庭外部成员没有直接的关系,这属于家务事,一般情况下别人是不会也不愿意参与的,但是家庭外部成员的言语或行为会间接影响到自己家赡养老人的活动。如果自己家对老人很孝顺,老人的老年生活安排得很妥当,那么邻居、村里还有本家的人对自己家赡养老人的情况都会赞誉有加,进而起到榜样作用,督促自己做得更好;如果自己家不尽赡养老人的义务,村里的人都会在背后议论的,如果行为太过分,出现几个兄弟都没有人赡养自己的父母,导致父母老无所养、老无所依的情况,这个时候一般会有本家的几个老人出面,与这家的几个兄弟谈一下,看看他们到底是为什么这么做,并进行教育,希望他们加以改正。

在李家的教育观念中,由子女来赡养父母是天经地义的,所以在李水柱及妻子李桂氏老年时,他们的老年生活主要是由儿子媳妇来照顾的,李水柱在世时还没有分家,他的身体状况不好,家里的儿子、媳妇,包括孙子在内都会照顾他。李水柱没有女儿,但是一般而言,女儿出嫁前也是要赡养老人的,出嫁以后不需要用钱物来赡养父母,只是在父母生病的时候提供适当的照顾。

(二)赡养形式

1.分家前:共同赡养

在 1950 年以前,李家生活着三代人,李水柱是爷爷辈,李转运三兄弟是叔伯辈,李永池几个兄弟姐妹是孙子辈。家里的养老主要涉及的是李水柱和妻子李桂氏的养老。李水柱有三个儿子,在李水柱活着的时候家里没有分家,年轻的时候不存在赡养问题,但是李水柱在 55 岁之后,身体状况日渐不好,尤其到了后两年,日子几乎都是在床上过的,因为没有分家,所以也没有细分谁来照顾他。平时的生活都是由他的老伴李桂氏还有儿媳妇们来照顾的,也不存在轮流,做饭还是一样的做饭,洗衣服还是一样的洗衣服,和过去李水柱身体好的时候是一样的。只是这个时候需要把饭端到李水柱的床前,这不需要分工,一般大家都是很自觉的,不会在谁多干了一点儿谁少干了一点儿这类事情上纠结,因为孝敬老人不是给别人看的。李家成员都认为这是大家的事情,是一个大家庭的事情,不需要具体划分谁来照顾老人,如何照顾,一切都和过去是一样的,主要还是由李水柱的妻子李桂氏负责李水柱日常的生活,其儿媳妇作为辅助。

2.分家后:主动承担

1950 年李水柱去世后,这个时候需要赡养的老人只有李水柱的妻子李桂氏了,因为三个儿子要分家,这母亲如何照顾也就成了头等大事。刚开始母亲提议说可以轮流照顾,一轮一个月或者半年,李水柱的二儿子李广太和三儿子李广升也都表示同意,但是李水柱的大儿子李转运不同意。他认为母亲应该跟着自己,一是因为自己是老大,自己的孩子也大了,家里有精力来照顾老人,二是因为在父亲去世以后分家以前这段时间,母亲都是由自己的妻子李高氏来照顾的,妻子和母亲的口味一致,对饭菜的软硬要求也一样,照顾起来比较方便,自己的母亲也习惯于妻子的照顾,直接让母亲与自家在一起生活是比较合适的。同时李转运也表示不需要其他两个兄弟为赡养母亲提供财物,只要在自己需要帮忙的时候能够提供帮助就可以了,最后李桂氏确实是跟着李转运一家人生活。但是老二李广太和老三李广升也承担了一定的赡养义务,两家每年都会定期把一百二十斤粮食给李转运一家,作为赡养母亲的养老粮,这种赡养关系一直维持到 1974 年,这一年李转运的妻子李高氏因病去世,家里一直负责照顾李桂氏的人没了,李桂氏就去了二儿子家里生活直至去世。

3.三子共同商议,老大做决定

李家两个老人的赡养方式都是由三个儿子商量决定的,李水柱在世时家里的当家人已经变成李水柱的大儿子李转运,没分家以前,一个大家庭生活在一起。李水柱卧病在床的一段时间,大儿子李转运没有提议过父亲如何赡养的问题,一切都和以前一样,所以没有人就这件事情发表看法。分家以后在母亲李桂氏的赡养问题上,三个儿子以及老母亲都参与到了这件事的讨论中,但是最后还是由当家人李转运拍板决定让母亲与自己家一同生活,自己家来主要承担母亲的赡养义务,同时也表示不需要其他两个兄弟来承担赡养母亲的费用,但是两个兄弟还是每年主动把一百二十斤粮食拿到李转运家里作为母亲的养老粮。在父母亲的养老问题上,李家没有存在过分歧和争议,因为对于他们来讲赡养父母是自己的义务和责任,不存在吃亏占便宜的事情。

在李家父母如何赡养主要决定权还是在当家人手里,其他人也可以提意见,但是总的来说还是由当时的当家人李转运来决定。好在李家没有出现不愿意赡养父母的情况,三个兄弟的关系比较和谐,三个小家庭之间也没有矛盾,所以可以说大家都是争着抢着想要赡养父母的,因为他们从小接受的家庭教育就是要孝顺父母。当然,在决定父母如何赡养的过程中,也只有父母两人还有自己的兄弟可以发表意见或者想法,家里的女人、小孩不会参与到这件事情中来,更没有决定权。

(三)养老钱粮,全凭自觉

李家在赡养问题上主要就涉及一个分家以后母亲的养老问题,大哥李转运在表示母亲跟自己家一块儿住,不需要其他兄弟提供钱物的时候,两个兄弟是主动提出每年两家定期给大哥家一百二十斤粮食作为母亲的养老粮。因为这个时期已经逐渐走向集体化了,所以自家基本上没有土地,粮食都是一年到头按工分分配的,无论这一年这一家分配的粮食有多少,他们都会一斤不差地拿到李转运家,而且逢年过节的时候他们也会带着一些东西来看自己的母亲。给母亲养老粮并不是李转运要求的,是两个兄弟主动提出的,毕竟是家里多了一口人,而且一百二十斤粮食也不算多,所以李转运也就欣然接受了。在母亲的养老问题上,家里三兄弟没有争议,处理过程也很融洽,没有发生过矛盾。在李转运的妻子去世以后,母亲去到二儿子家,这个给粮食的传统也没有变,而且还会给一些钱,这主要是跟随时代发展的,这个时期家里还是有些金钱收入的。在村里不同家庭对于老人的赡养问题,大多数也都是由当家人决定的,孩子多的基本上都是轮流,这样比较公正,孩子少的也可以像李家这样,让老人居住在一个固定的儿子家中,其他的儿子可以给母亲一些养老钱或者养老粮,这是比较灵活的,也要看儿子的收入情况。一般而言,几个儿子所要拿出的钱或者粮都应该是一样的,但是如果儿子们家庭收入情况悬殊比较大,那家庭收入多的也可以主动多拿一些钱物,但是其他兄弟不能要求他这样做,全靠自觉。

(四)治病与送终
1.看病

李水柱活着的时候李家没有分家,李水柱又卧病在床,经常需要吃一些药,产生了不少看病的费用。但是因为这个时候李家是没有分家的,家里的钱都在一起,这个时候当家人是李水柱的大儿子李转运,因为大家还是在一起生活,所以给李水柱看病的费用都来自整个大家庭的收入,没有区分你的还是我的,等于说是所有人都共同参与其中,也就是说三个儿子都给老人看病。分家以后李水柱的妻子李桂氏与自己的大儿子李转运一家人生活在一起,李桂氏日常的生活由李转运一家人来照顾,平时看个小病,吃个小药,也是李转运一家出的钱,但是如果花费比较多的时候,三个儿子都会共同出钱的,这个时候费用是平摊的,因为每个家庭都不是很富裕,仅仅让一家人拿出这笔钱也不合理。好在李家三个兄弟都是很明事理的,没有说有哪一个人不愿意为自己的母亲看病出钱出力的,而且李桂氏在世的时候平时也没有大病,只是眼睛有白内障,一直没有得到治疗,倒不是不愿意给她治疗,而是那个时候没有治疗白内障的方法。

在老人看病过程中发挥支配作用的还是李转运,虽然与两个兄弟已经分家,但是一方面他是老大，另一方面老母亲住在他的家里，于情于理他的话都是最有分量的，当然其他的兄弟也可以发表意见。

2.送终

李水柱去世的时候，家里没有分家，所以李水柱的丧葬费用是由整个大家庭来承担的，每个小家庭都参与其中，不分你我，这是一个大家庭的事情。李桂氏去世的时候已经是1950年以后的事情了，当时李转运还活着，三兄弟李广升因高血压和心脏病也已经去世，李转运和二弟李广太商量着母亲的丧葬由三家共同承担，平均分摊。当时李广太一家人在外地，李转运在家里，他寻思着自己的儿子们也都在外工作，手头比较宽松，所以就决定自己家先把丧葬所需的费用拿出来，之后兑钱的事情都放在事情办完以后。在母亲丧事办完以后，李转运又考虑到三兄弟已经去世，家里的孩子们还没有结婚，而自己家里儿子们都已经在外成家立业，家里的经济条件还是可以的，所以就决定由自家人负担这笔费用，不需要别人再兑钱了，后来也确实没有让三兄弟家兑钱，他二兄弟家后来是主动拿出来了一部分钱财。在李家，无论是老人的养老还是老人的丧葬问题，李转运作为家里的长子都发挥了极其重要的带头作用，不怕吃亏，勇于承担，心里会考虑其他兄弟家的情况，所以李家的兄弟关系上是很和谐的，家里没有什么矛盾。

（五）自家事务，道德约束

李家所在的石东村是万千中国普通农村的一个代表，没有浓厚的宗族气息，所以每家每户都是一个独立的主体，家务事都是自己解决的，从来就不涉及宗族，更不涉及村庄问题。就赡养问题来说，赡养老人是李家自己的事情，由谁赡养、如何赡养都是李家自家人来进行的，最多也就是告知一下本家的长辈儿。

当然村里也有在赡养问题上发生矛盾的时候，由本家或者村里德高望重的人出面调解的情况，这大多发生在几个儿子不养父母或者因为赡养义务分配不合理产生矛盾的时候，自家人已经没有办法或者没有能力解决的时候会求助于本家或者村里，也或者是本家人主动介入，这些都是少数情况。子女不赡养老人传出去是一件十分丢人的事情，村里的人不仅会看不起这家的某个人，还会对这整个家庭都产生负面看法，他们会成为反面教材用来教育自己的孩子。虽然没有人能对他们不赡养父母的行为造成实质性的惩罚，但是对他们整个家庭的声誉会造成严重的影响，恐怕他们自己也会遭到良心的谴责，那些不赡养父母的人大家不会尊重他们，久而久之他们自己也会感觉到自己在村里没有地位，大家都看不起他们。

六、家户内部交往

（一）父子关系

1.权利义务关系：养育、教育、婚配

总的来说父亲对儿子具有养育、教育、婚配等责任，每家每户都是如此，李家也不例外。

养育：对于李家来说，家里的孩子一出生，做父母的对他就具有抚养权。在李家的观念里面，父母养育自己的孩子就像孩子孝顺自己的父母一样，是天经地义的。虽然没有法律明确说明不抚养孩子会有什么惩罚，但是生儿不养儿总归是没有道德的，是不符合人伦的，而且中国不像国外那样把孩子养到18岁就算可以了，李家对孩子的抚养都是要到孩子成家立业为止。当然，村里有的家庭也会有特殊情况，在社会动乱、社会环境复杂的时候，有时家

庭孩子生下来,家里没有条件抚养他,也只能把他送出去,这都是不得已才做出来的决定,很少有父母会不愿意抚养自己的孩子。

教育:正所谓养不教父之过,对于李家的人来说,虽然李水柱及其儿子两代人没有受过正规的教育,但是都认为把孩子生下来不仅对他有抚养的责任,更有教育的责任。普通的家户很少有能力把自己的孩子送进学堂,所以教育孩子的责任就完全落到了家庭,而家庭里边承担主要教育责任的便是父亲。在李家,父亲对孩子的教育主要分为做人和做事,这主要是针对儿子来说的,家里的女儿一般都由母亲来教育。在做人方面,比如李水柱,他就会教儿子做一个明白是非、有正义感、有责任感的人,教儿子如何与别人打交道;在做事方面,一般来说,李家的父辈都会教给儿子生存的本领。对于农民来说,要教会自己的儿子怎么种地,同时如果自己有手艺的话也要传给他,如果自己没有手艺,也要通过亲戚朋友让自己的儿子去当学徒,学会养家糊口的本领,这都是要靠父亲来督促完成的。李水柱虽然没有把木匠手艺传给自己的儿子,但是教会了三个儿子种地的本领,也支持二儿子经营商铺,送三儿子去学手艺。在李家,父亲是很严格的,大多数家庭父亲对儿子的教育方式往往都是靠打骂的,棍棒底下出孝子对大多数家庭来说是一个真理,做父亲的都认为不打不骂不成才,李家也不例外。

婚配:对于父母而言直到安排并看见儿子结婚,自己对儿子的责任算是基本到底了。一个家庭一般都是父亲当家,而婚姻又是父母之命,媒妁之言,所以大多数情况下,儿子的婚配问题都是由父亲来全权负责的,当然母亲也要参与其中,但是决定权掌握在父亲手里,李家就是如此。李水柱在世时,大儿子和二儿子的婚事都是他一手操持的,虽然妻子李桂氏也参与其中,但是李水柱的作用最大,三儿子结婚的时候李水柱已经去世了,由长子代为操办。

父亲对儿子有诸多的责任和义务,同时对儿子也享有很多的权利,做儿子的对于父亲的话简直就是言听计从,不管对的、错的都得听,没有反驳的余地,可以说是逆来顺受,做儿子的也都很听话,不敢违逆父亲。对于儿子来说,并不是父亲很慈爱就是一个好父亲,好的父亲应该是那些能够教会你做人做事,能为整个家庭提供依赖的父亲,好吃懒做不务正业的父亲是最可恶的;对于父亲来说,只要儿子听话,努力向上,该学会的东西都按时学会,孝顺父母友爱兄弟姐妹,就是一个好儿子。

2.日常交往关系:父父子子,不说闲话

1950年以前,农村地区封建思想还是很浓厚的,父子、君臣的观念还是比较深入人心的。在李家父子之间也不是平等关系,更不是亦师亦友的关系,父亲对儿子具有教养的责任。作为儿子一般都很害怕自己的父亲,因为在家里父亲一般都是比较严肃的,严父慈母的模式在普通的家庭中是比较常见的,李家的父子关系谈不上融洽或者不融洽,基本上就是一种命令和遵从的关系,父子之间都是不会开玩笑的。对于李家来说,不管是李水柱和他三个儿子,还是这三个儿子与他们自己的孩子,关系都是比较严肃的,大家都在为了生计而忙活,没有闲心情去开玩笑,只是在孩子小的时候可能会逗逗孩子,长大以后除了生产活动一般也没有交流。大家都忙活在乡间土地上,闲暇的时间很少,家里也没有闲钱,所以在儿子长大以后父子之间一般也不会喝酒,除了逢年过节的时候可能会喝两杯,因为作为儿子一般都很惧怕自己的父亲,这是一个社会的风气所在,不是一家一户的情况,而是整个社会的情况。儿子之所以会怕父亲,是因为家庭的教育方式大都是打骂,而打骂的主体一般都是父亲,因为父亲管得比较严,而且也由于家里的生产活动都比较忙,父亲和孩子之间的闲话很少,所以孩子都怕他。

3.父严子从,鲜有冲突

做父亲的对儿子是管教,儿子对父亲则是听从,因为儿子都很怕父亲,所以不管父亲做的是对还是错,儿子都不会与他发生争执。在李家,虽然父子之间的关系比较严肃,但是也是比较和谐的,没有发生过父子之间的矛盾冲突,即使是父亲生气打骂儿子,儿子也是打不还手,骂不还口,所以从来也没有发生过需要外人介入的矛盾冲突,即使有过小打小闹,但也不影响家里的和谐关系。

(二)婆媳关系

1.婆婆管教媳妇,媳妇尊重婆婆

李水柱的三个儿媳妇都是比较听话的,婆婆说什么媳妇做什么,所以婆媳之间矛盾就比较少,李家的婆媳关系也是比较融洽的,媳妇们对自己的婆婆很好,婆婆对自己的媳妇也是公平公正。李水柱与李桂氏共孕育三个儿子,也就是后来有三个儿媳妇,作为婆婆,既要指导媳妇做家务,也要负责伺候媳妇坐月子,这是做婆婆的责任和义务所在。李桂氏的大儿媳和三儿媳正在适婚年纪嫁过来的,二儿媳是作为团圆媳妇,在结婚之前在李家住过两三年的时间。二儿媳在李家做团圆媳妇期间,李桂氏不仅要教她洗衣做饭,还要教会她纺纱织布。三个儿媳都嫁到李家以后,作为婆婆的李桂氏在平时会安排三个儿媳轮流做饭洗衣,共同伺候一家老小的生活。一般来说,婆婆的话对于媳妇来说就是圣旨,婆婆的话,媳妇要无条件服从,因为尊重孝顺公婆,也是作为一个媳妇应该做的。好的婆婆应该是一个讲道理明事理的婆婆,对待自己的儿媳妇不偏不倚,不恶意为难,而好的儿媳妇应该是尊重婆婆、听婆婆话的媳妇,也要勤劳朴素,干活积极。

2.集中干活,婆媳相互交流

在一个大家庭没有分家以前,就拿李家来说,三个儿媳妇与婆婆相处的时间甚至超过了与自己丈夫相处的时间。因为男性一般白天都去地里干活了,家里只剩下了妇女,也就是婆婆和儿媳妇,她们在家里自然也是不会闲着的。在婆婆年轻的时候是要带头干活的,包括洗衣服做饭,纺花织布做衣服,可以说一天中的绝大多数时间婆婆和儿媳都在一起,所以二者之间的关系是否融洽,对于一个家庭是否和谐是十分重要的。李家的婆媳关系比较融洽,白天的时候主要由婆婆安排三个儿媳洗衣服做饭,有时去地里给自己家的人送饭,晚上的时候,婆媳四人就会集中在一起织布,这个过程中婆媳的交流是必然的。女人聚集在一起难免就要说天说地,总体来说聊的都是村里和家里的事情,说的都是家长里短,偶尔也会开个玩笑。在李家与其说媳妇怕婆婆,倒不如说是媳妇尊重婆婆,因为李桂氏为人和善,对待媳妇也是比较和蔼的,所以对于李家的儿媳妇来说,婆婆还是比较好接近的,比较容易相处的。

3.整体关系融洽

李家的婆媳关系比较融洽,没有发生过矛盾冲突。偶尔媳妇做错了事情,婆婆教育几句就可以了,媳妇也没有与婆婆争执的,李桂氏和三个儿媳几乎没有红过脸,三个儿媳妇对于婆婆都很孝顺,在李桂氏年迈生病的时候,三个儿媳妇对她也是照顾有加。李桂氏从来没有因为一些琐碎的事情打骂过自己的儿媳妇,但是家庭生活总是有苦有甜,小矛盾不断才是一个家庭的本色,所以在李家也免不了日常时候李桂氏安排媳妇做一些事情,媳妇没有做好或做错,然后李桂氏也会说她们几句,这都是很正常、很自然的现象,算不上矛盾,因为人和人之间的关系总会发生摩擦,如果说几句就算矛盾的话,那一个家庭的矛盾会积累很多很多。一个家庭都是以和为贵的,李家也是如此,作为婆婆的李桂氏偶尔因为儿媳妇做错事吵她几句不可避免,但这也造成不了一个家庭的矛盾,因为作为儿媳,在婆婆吵了自己以后自己也是不会还嘴的,所以发生不了太大的矛盾,李家也着实没有发生过需要外人介入李家家庭内部进行调节的婆媳矛盾,其他的家庭也很少发生,毕竟这不是一件很光彩的事情,但也不是不存在。李家的一个本家亲戚家,因为婆婆很强势,也很能干,老是看不上自己的儿媳妇,因为她脾气又比较暴躁,所以经常打骂自己的儿媳妇,而且家里的儿子闺女,也与她保持一致,在很多时候这种情况都是家庭内部解决,打骂之后也就算了,没有人会再提。但是这家也有一次把媳妇打得很厉害,儿媳妇实在受不了了,就回到了娘家,娘家人来到这家讨说法,不让自己的女儿做这家的媳妇了,因为当时婆媳妇很难,这家人也就表态保证不再打儿媳妇了,所以说在一个家庭婆媳关系闹得不可开交时,最多也就是娘家人和婆家人在一起商量解决这件事情,外人也是不会介入的,因为这是一个家庭的内在家务事,外人介入也不太好,毕竟清官难断家务事,可能会越帮越忙的。

(三)夫妻关系

1.责任义务关系:养妻育子,夫唱妇随

对于李家的男人而言,作为丈夫把妻子娶进门,就有对她进行照顾的责任。女性作为弱者,在农业生产等方面都不占据优势,把妻子娶进门,就相当于家里多了一个亲人,除了在妻子生病怀孕的时候照料妻子,也要多干活来养活妻子,养活家庭。1950年以前,李家有三对夫妻,男女性家庭地位并不是对等的,一般家庭男性对内对外都掌权,也就是说家里家外都由男性说了算,即使说男性不具体负责家务事的分配,女性也不会擅自做主,在很多时候妻子都要听从丈夫的意见,一般来说,丈夫说的话就是算数的,无论他说的对错,做妻子的都要听,女性很少干活挣钱,养家的事情都是男性来做,所以男性家庭地位比较高,而且男性力气比较大,作为女性一般不敢违逆他们,在李家没有发生过丈夫对妻子打骂的情况,但是村里其他家庭还是有这种情况发生的。好的丈夫应该是有担当、有责任,在家里勇于奉献的丈夫,好的妻子应该是温柔体贴,体恤丈夫,照顾好家里的妻子,李家便是这样。

2.日常相处模式:男强女弱,互相尊重

李家的当家掌柜的是李水柱,家里家外的事都由李水柱一个人说了算,但是因为李水柱在外的生产活动比较繁忙,所以他的妻子李桂氏具体负责家里活动的分配,丈夫主要负责带着自己的儿子去地里进行生产活动,而李桂氏负责带着儿媳妇们把家里的活干好。家里的夫妻关系也是比较融洽的,李水柱的儿子和儿媳们相处也比较融洽,偶尔小吵小闹都不影响感情,因为劳动强度还是比较大的,夫妻相处的时间也并不多,各自都有各自的事情要忙,没有多余的时间去聊家常,也没有闲情去开玩笑。夫妻二人的关系就是相互尊重,男人掌握大权,因为男性家庭地位比较高,作为妻子,一般情况下是比较畏惧自己的丈夫,封建社会对女性多多少少是看不起的,因为女性的劳动能力比较弱,所以地位就比较低。无论这家夫妻的关系再融洽,作为妻子一般都是比较害怕自己的丈夫,总是担心自己会不会做错事,生活中还是比较小心翼翼的,而且女性性格也比较柔弱,除了听从自己丈夫的话以外,绝对不会对丈夫所做的事指指点点或者是大吵大闹。正所谓在家从父,出门从夫,作为女性在家里做闺女的时候就是听父亲的话,结婚以后嫁到别人家就是听丈夫的话,这也

算是一种妇女美德。

3.时有拌嘴,无大矛盾

在李家,夫妻之间没有发生过大的矛盾冲突,但是偶尔也会有小矛盾,但是大多数情况下都是丈夫吵妻子,妻子一般也是不会还嘴的,所以矛盾不会激化,因为这只是单方面地指责,而不是两方的争吵。在李家没有发生过需要外人介入进行调和的夫妻矛盾,村里也很少听说有夫妻矛盾闹得不可调和的情况,一是做妻子的一般不敢违抗丈夫,二是即使矛盾很大一般也不会告诉外人,因为这是比较丢脸的事情,而且是家务事,家庭内部解决就可以了,不需要麻烦别人。

(四)兄弟关系

1.长兄如父

在李家,兄弟之间的关系最为密切,兄长对于弟弟要承担的责任就相当于一个父亲要对儿子承担的责任。在大多数家庭,尤其是针对兄长与弟弟两人年龄差距比较大的,这样的兄长往往要承担着很多的责任,比如父母不在了,兄长就要与妻子一起照顾未成年的弟弟妹妹,要负责弟弟的娶妻和妹妹的嫁人,这是作为兄长应尽的责任和义务,一直都有长兄如父、长嫂如母的说法。李水柱在1950年左右去世,当时李水柱的三儿子李广升还没有结婚,家里又没有分家,家里的当家人已经变为了李水柱的大儿子李转运,在李广升结婚的时候,主要就是由大哥李转运负责操办的,二哥李广太也帮忙。如果父母不在,家里安排活动就由兄长说了算,弟弟只能听从,在弟弟小的时候,如果不听话,兄长也是可以打骂他的,因为这个时候兄长的角色是父亲。好的兄长应该是能够照顾弟弟妹妹,能够承担一个家庭的生活负担,有责任感的兄长;好的弟弟应该是能够听从兄长的话,主动帮助兄长干活的弟弟。

2.兄弟之间关系密切

在李家,相对于父子之间、夫妻之间的关系,兄弟之间的关系应该是最为融洽的,因为他们大多年龄相仿、家庭地位一样,所以彼此是完全平等的关系,相处起来就比较简单、容易。在家里安排劳动的时候往往会让兄弟在一起,他们彼此相处的时间也比较多,兄弟之间聊聊天、打打闹闹笑笑这些都是比较常见的,也是最自然不过的家庭相处模式。一般弟弟是不怕自己的哥哥的,因为毕竟哥哥和自己在家里的地位应该是一样的,不过是哥哥年龄大,要承担的责任多一点而已,哥哥管教自己的时候还是要听的,尤其是年纪相差大的。李家三个兄弟,老大和老二的年纪比较相近,老三比较小,在1950年以前家里也没有分家,三个兄弟都在一起,彼此关系亲昵,相处很好。

3.分工合作,互不推搡

1950年以前,李家没有分家,所有人都生活在一起,因为老三比较小,所以老大和老二的小家庭是家里的主要劳动成员。老大主要负责家里的农业生产,当然所有能进行农业生产的家庭成员也都会参与其中,而老二主要是负责家里临街房小商铺的买卖,但是无论是农业生产的粮食收入还是小卖店的金钱收入都是李家整个大家庭的收入,大家是不分彼此的。在这个过程中,家里也没有因为金钱产生过矛盾冲突,因为李家的向心力和凝聚力很强,后来由于各种因素要分家了,李家也没有在分家上产生过大的矛盾和冲突,兄弟几个都勇于承担自己的责任,不会互相推搡,所以家里没有发生过大的矛盾冲突,李家和谐的家庭关系在村里也是有口皆碑的。

(五)妯娌关系

1.长嫂如母

李家李水柱有三个儿媳妇,1950年有妯娌两人,在分家以前有妯娌三人。作为嫂子,对于弟媳没有太大的责任,妯娌之间就是互相配合做好家务不闹矛盾。李家的老二媳妇是团圆媳妇,所以在她没有嫁过来就在李家居住了几年时间,作为大嫂的李高氏对二弟媳也是照顾有加,和婆婆一起教她洗衣做饭、纺花织布,两人的关系很好。后来三弟媳来到李家,作为长嫂的李高氏也没有随意使唤她们,因为自己的婆婆还健在,家里的家务事大多还是婆婆来安排的,妯娌三人就是相互配合着干活,作为嫂子是不可以打骂弟媳的,李家也没有发生过这样的事,妯娌之间的关系是平等的,大家各自做好各自手里的活,和睦相处,不为家庭增加麻烦就好。但是一般来说弟媳都是比较尊重自己的嫂子的,毕竟比自己年长几岁,又早嫁过来几年,所以做弟媳的不会轻易与嫂子发生矛盾。

好的嫂子应该是在家务活方面以身作则,又能指导弟媳的嫂子,好的弟媳应该是尊重嫂子,主动帮嫂子承担家务活的弟媳,只要互相理解,就不会产生大矛盾,更不会有矛盾激化的那一天。

2.相处和睦

在李家男人们大多都一起去地里干农活或者出去找活干,为了养家糊口,而在家里则由李桂氏带着自己的三个儿媳一起干家务活。虽说家务活相对于出去干活是比较轻松的,但是也是比较烦琐的,一般做婆婆的会把任务分配一下,或者几个媳妇轮着做,或者几个媳妇一起做。因为都是自己织布做衣服,所以在晚上的时候儿媳妇和婆婆都会一起织布,在织布的时候互相都会聊一些家长里短的事情,偶尔也会开个玩笑,所以说妯娌之间的关系还是比较和谐的,弟媳也不存在说怕嫂子这种情况,因为大家都是各干各的活,互不影响,互相平等。

在李家这三个妯娌之间没有发生过大的摩擦,三个人都很讲道理、识大体,也都很听婆婆的话,大家都是按照婆婆的指示去劳动的,而且婆婆也很公正,分配任务的时候不偏不倚,三个人没有因为家务劳动发生过矛盾,都是自觉承担责任的。在分家以前大家的目标一致,都是希望家和万事兴,自己的男人认真干活养家,自己也绝对不会在家里为他们增加麻烦,所以李家的妯娌关系比较和谐,没有发生过需要人调和的妯娌矛盾。

(六)主雇关系

1942年,河南地区发生了很严重的旱灾,很多家庭都无以度日,李家作为一个中农户,家里的日子也并不十分好过,但是好在家里有三十余亩地,虽然旱灾,但是还是想尽办法种个七八亩的粮食,总算是可以糊口,但是有的亲戚家里就比较难熬了。本家的李可尼和李栓林就是代表,他们不仅家里人口凋敝,而且在灾难年生活艰难,作为本家互相帮衬是分内之事,本家的几家人在特殊时期坐在一起把本家范围内家庭很难以度日的人列出来,并希望本家有能力的人能够伸出援助之手,帮他们渡过难关。李可尼和李栓林就是在本家人的商量之后,得到李水柱的同意来到李家家里做了两年的工,吃住都在李家,就这样产生了两年的雇佣关系。

因为这两年每家每户的生活都很困难,李家也是如此,家里多了两口人,生活就更为艰难了,没有金钱收入,也不可能给这两个帮工发钱,李家所做的就只能是为这两个人提供食宿让他们不至于饿死街头,这就是李家的全部责任。因为从根本上来说这两个人都是李家的亲戚,让他们来李家帮工也只是为了帮助他们度过这个艰难的年月,所以他们与李家也不仅仅是简单的雇佣关系。在李家帮工的这两年,李家人对待他们就像对待亲人一样,没有打骂过他们,只是正常地安排他们进行农业劳动,家里的饭菜标准也是一样的,没有因为他们是帮工而区别对待,大家相处也是比较和谐的。这两个帮工主要是帮助喂牲口,使牲口并进行农业生产,只要他们认真干、好好干,李家人也是不会亏待他们的。灾年一过,这两个人就离开了李家,所以也算不上雇用长工,他们在李家的这两年可以说没有受过委屈,是李家帮助了他们,如果没有李家在关键的时候伸出援助之手,他们可能早就饿死街头了,所以他们在李家生活、劳动的这两年,他们干活做事也是兢兢业业,本本分分,没有可挑剔的,李家对他们也更不用说,所以二者之间没有发生过矛盾,和平地来到李家,和平地离开李家。

七、家户外部交往

(一)邻里关系

常说远亲不如近邻,对于李家来说更是如此。石东村居住的大多都是李姓的,往上数几辈儿都是一家人,所以大家的联系都是比较亲密的。1950年以前,李家的左右邻居都是本家的亲戚,所以周围的邻居不仅是自己的邻居,也是自己的亲人,大家的关系都非常好。一般情况下邻里相处比较和睦,邻里之间互相照看一下孩子、借用一些东西都是十分平常的小事。在家里需要办红白喜事的时候,邻居也是非常重要的一员,自家办事的时候如果地方不够时可能还要用到邻居的家,大家都会相互帮助的,因为有来有往,别人需要帮助的时候,如果你不提供帮助,等到你需要帮助的时候,别人也不会帮你,这种帮忙的关系都是相互的。更何况对于邻居来说,抬头不见低头见,很多时候只要别人开口自己就会答应的,除非是很为难的事情或自己办不到的事情。像李家对自己的邻居就是比较慷慨的,因为自己的邻居是自己的本家亲戚,家里又是贫农,生活条件不好,李家作为中农,经济条件稍微好一些,农忙的时候自己家里忙完了,就会把家里的生产工具或者牲口借给邻居使用,而自家生产的时候缺人手,邻居也会来帮忙,这是一个相互的过程,所以邻里之间的关系比较融洽,相处十分和睦。就周边邻居的家庭情况来看,李家的经济条件是其中最好的,日常最频繁的交往就是邻居来借自己家的东西,比如生产工具等,但是邻里之间的关系是平等的,没有谁欺负谁、谁怕谁的情况,大家就是互相帮忙的关系,但是像李家家庭条件稍好,其实无形中就会说话比较硬气,所以没有出现过李家被人欺负的情况,自己家也没有欺负过别人。

(二)街坊关系

街坊的范围比邻居又大了一些,对于李家来说,这些街坊大多也是有沾亲带故的,大家生活在一个村庄里,有需要的时候互相帮帮忙也是应该的,但是不存在责任或者义务,帮助你是情分,不帮你也是本分,只要不是一些违背原则的事情,大家都是比较顾念街坊之间的情谊,该帮忙的时候绝不吝啬,能不发生争执就要避免冲突,一般在家里有红白喜事的时候,街坊的作用是很大的,大家都讲究捧个人场,而办红白喜事的时候就是捧人场的时候,如果街坊四邻都不来参与你家的红白事,这是一件比较失败的事情,很掉面子,所以一般情况下街坊四邻都会相互捧场。

李家的住宅外面有两棵大槐树,而且也临街,平时农闲吃饭的时候,这一条街上的几户人都会端着碗来大槐树下吃饭,大家聊聊天,街坊之间的关系很融洽,但是参与聊天的都是家里的男人,女人是不会端着碗出来吃饭聊天的,她们都是蹲在家里。村里没有大户,一般大家来往的都是一些中户和小户,所以没有大矛盾,偶尔拌拌嘴也是正常的,没有一家怕另一家的情况,因为大家条件差不了多少。李家门口还有一小间房,平时街里街坊的有事情也会集中在这里讨论、商量,所以大家的关系还是可以的。

(三)地邻关系

每家每户的土地分布的都比较分散,就拿李家来说,李家的三十多亩地就分布在七八个地方,与自家土地相邻的就有很多户人家,地邻之间是比较容易产生矛盾的。因为土地相邻,很有可能就把自家的粮食种到了别人家地里,或者收割了别人家的粮食,所以地邻之间需要做的就是划清界限,标明地界避免不必要的矛盾和冲突。当然地邻之间的关系也是很密切的,因为作为农民,每天在田地里的时间是最多的,与地邻的接触也很多,地邻之间提供的帮助主要就是生产方面的帮助,在干活的时候不一定就遇到了问题,需要别人帮忙,比如自己在田地里忙活,旁边的地邻要回家拿个东西或者干什么,可以让他帮忙告知自家人来送个饭,这都属于举手之劳,大家都会热情帮助的。而且在每家每户人手不够或者牲口、生产工具不够的时候,如果需要借用或者合用,地邻是最佳的选择,因为土地挨在一起,干起活来比较方便。

土地分散,而自家的土地会有好多地邻,因为土地是农民的命根子,所以因为土地发生矛盾的情况比较多,而地邻关系相对于其他关系更容易发生摩擦。李家偶尔也会因为土地的界限没有划分明确与地邻产生一点儿小矛盾,这一般不会与别人争执,更不会打架,就是讲道理,其实土地上的问题解决起来也比较简单,只要不是仗势欺人、故意霸占别人家的土地就好解决,只要彼此把界限明确,互不侵犯就能和平相处,因为土地挨着,在生产的时候有问题的话相互帮助是很必要的,大家也都不愿意发生不愉快的事情。

(四)亲戚关系

亲戚之间尤其是离得比较近的亲戚之间,相互帮忙是一件非常常见的事情,很多忙邻居帮不了,但是亲戚能帮。比如借钱这件事,一般大家不会选择向没有亲戚关系的邻居借钱,因为说实话家里有钱有粮食的、能借出去的也是很少的,所以如果家里急需用钱或者粮食也不会向家里条件一般的、关系一般的人家去借。这个时候家庭条件还可以的亲戚就是比较好的求助对象,因为亲戚之间一般比较信任,对自己家里的情况、自己的为人比较了解,如果能借,你张口亲戚就会借给你,这是一般的邻居做不到的,而且家里如果要办红白喜事的话,有些活有些忙,只能亲戚来干,亲戚来帮,普通的邻居也是代替不了的,比如待客的时候端盘子都是要本家的亲戚来做的。

李家作为中农户,粮食充足,而且自己家还经营着一个商铺,所以手头上略有盈余,很多时候亲戚需要帮助的时候都会来找李家,李家在大多数情况下也会帮助他们,但是也不是完全没有发生矛盾的。李家的小卖店由李水柱的二儿子李广太负责经营,虽然在借东西这件事情上李广太并不做主,但是亲戚需要借店里的东西,都会先来问问李广太有没有,然后再去找当家的李水柱说。有一次一个亲戚来到李广太的店里,当时李广太出去了,只有李永池在,李永池就说自己的二叔出去了,这个人便走了,李广太回来以后进了里屋,这个时候那个人又来了,刚好看见李广太从屋里出来,便认为是李永池在说谎,认为他们家联合起来欺骗他,不愿意借就算了,还骗他,于是就破口大骂,连续几天在街上乱骂。李家当时也确实很生气,几个儿子说要找他去理论,或者说是解释一下,一是不想让他继续误会他们骂他们,二是也不想让村里的人误会。李水柱就说不要管他，让他骂去吧，我们不仗势欺人，也不争得道理，等过一段时间他不骂了，如果他还需要帮助我们再帮助他，到时候再跟他解释。对于李家来说，因为自己家里的条件稍微好一点儿，所以很多亲戚都会来找李家帮忙，李家很多时候也不可能有求必应，所以偶尔也会发生矛盾摩擦，这些都是在所难免的，有机会李家也会跟他们解释，大家也会重归于好。

（五）主雇关系

因为李家在村里做着商铺生意，所以家里的对外关系中还存在着一种主顾关系。李家的商铺经营时间长达二十年，经营者主要为李水柱的二儿子李广太。因为店铺开在李家靠近街面一侧的临街房里，所以平时的顾客多为街坊四邻，最大的范围也就是村庄偶尔会有过路的人来置买一些东西。李家人平时为人和善，待人宽厚，做生意时也十分讲诚信，所以村里虽然还有其他经营店铺的人，但是很多人还是选择来李家买。对于李家所熟悉的人，如果偶尔遇到经济上的困难需要赊账，李广太在请示李水柱之后是会同意的，遇到特别困难又急需一些小物品的人时，李家就会免费送给他们。在李家经营商铺的二十年时间里，没有出现过与顾客发生争执的事件，更没有因为主顾矛盾外人介入调解的情况。

除了以上几种关系，就李家来说，其他关系体现得并不明显，大家都没有闲钱，更没有闲时间，所以很少有专门的朋友，能聊聊天，说说话的也就是邻居和亲戚了，交往的范围一般都在自己本村，很少与村外的人接触，而且李家作为中农户，家里也没有租佃关系，不用赘述。

（六）冲突调适

李家很少与邻居、街坊、亲戚、地邻等发生矛盾，因为李水柱经常对自己家里的人进行教育，嘱咐他们不能仗势欺人，更何况自己家也没有什么势力，不能因为自己家里的人多或者是经济条件稍微好一点儿就看不起别人、欺负别人，而且要经常性力所能及地帮助别人，这是积德行善的事情。但是偶尔家里真的与外人发生了矛盾，李家也是坚持大事化小、小事化了的原则，由当家人李水柱出面解决矛盾，家里的其他人不能随便与外人发生摩擦，在发生摩擦之后，更不能擅自解决，要回来告诉当家人，让当家人出面协调。在李水柱的教育理念中，如果自家的孩子在外面与别人发生了矛盾，无论是谁挑的事自家人也都有过错，因为他平时就一直告诫自己的孩子出门在外不可惹是生非，能忍让就忍让，所以一旦发生了矛盾，自己家的孩子他也是不会向着的，解决的话还是由李水柱来解决。

无论是邻里之间、街坊之间、地邻之间、亲戚之间还是主顾之间，如果发生矛盾的话，需要解决的都是由李水柱来解决，当然这些事情都是在李水柱活着的时候由李水柱来解决，也就是在1950年以前。这个时候矛盾容易协调，也是因为民风比较朴实，有事情的话解释一下也就过去了。但是随着时间的推移情况也逐渐发生了变化，对于分家以后的家庭，作为每个小家庭，有与其他外人发生矛盾的时候，一个人的矛盾会成为一个小家庭与另一个家庭的矛盾，甚至会成为几个小家庭与另一个大家庭之间的矛盾。李家也有这样的事情，就是李水柱三儿子李广升家要盖房子，因为砖和水泥占用了一部分道路，一个邻居出言不逊，没有素质地乱骂人，李广升家就与他们家发生了矛盾，后来李家三兄弟家都与这家人不来往，这也不是外人调解能解决的，一般来说，如果村里两家人之间发生了矛盾，很少有人会主动掺和进来去解决矛盾的，因为大家各执一词，各自有理，这是说不清楚的，除非有人请村里德高望重的人来调解。

第四章　家户文化制度

由于李家的经济水平在全村处于中等地位,所以在流行上学的阶段,家里的适龄儿童基本上都上了学,经历过私塾教育和学校教育。家里的长辈注重对子孙的家庭教育,讲求以身作则。同时李家有浓厚的自家人意识、家户至上意识和家户积德等意识,这些意识不仅体现在日常生活中,而且代代相传。以春节和家庭红白喜事为例,李家的习俗仪式及过程与村庄整体无异,没有太多场面的讲究,主要在于心意。从信仰方面来看,李家家中有供奉家神,也会祭拜祖先或者去庙宇里烧香拜佛。李家作为传统的农户,日常的娱乐活动不多,主要以逛庙会、串门聊天为主,在逢年过节的时候会参与村庄举行的娱乐活动。

一、家户教育

(一)家户教育概况

1950年以前,李家真正上过学的只有李水柱的三儿子李广升和长孙李永池,李水柱和妻子李桂氏都没有上过学,是一个大字不识的文盲,李转运在有私塾的时候上过几个月的私学,李转运的妻子李高氏没有上过学,但是因为家里的父亲和哥哥都是中医,所以她虽然不会写字但是会背许多药书,是因为听得比较多,李广太也就上过几天私学,妻子时琴妮没有上过学。李永池作为家里的长孙,在1950年以前上到了小学,自己的姐姐李让没有上过学,家里的弟弟们当时年纪还小没有上学,只有李水柱三儿子李广升和李永池年龄差不多,所以1950年以前他俩都在上小学,后来李永池读到了大学,李广升读到初中,家里的其他兄弟姐妹最多也是读到了初中,还有小学都没有毕业的。孩子们都是9岁左右上的学,李永池是家里上学最多的,他是八九岁上小学,上到小学四年级就在私塾里上了两年,后来中华人民共和国成立,当时李永池已经十四五岁了,又接着读了五年级,十六七岁上了初中,后来又读了大学。家里除了李永池,其他的兄弟们没有上学大多都是因为自己不想上了,也有因为家里生活困难不上学的,家里孩子比较多不可能都去上学,而且当时上学也并不是很重要,所以几个孩子自己说不上了家里也就同意了。

李家还没有分家的时候,李水柱在世时,李广升和李永池去上学是李水柱决定的,当时同龄人都去上学了,家里这两个适龄的男孩也就去上学了。后来李水柱不当家了,只要社会环境稳定,该上学的孩子也都让他们去上学了,只是后来由于战争或者社会动乱,不想继续上学的也就不上学了,分家以后,大家各自生活,自家的孩子上到小学、初中就不上了主要是因为他们自己学不会、学不进去不想上了,不是其他人的意思。

1950年以前,作为农民对孩子上学没有过多的想法,仅仅是因为社会大环境的影响,周围的适龄儿童都上学了,不可能不让自己家的孩子上学,因为李家的经济条件在当时还是可以的;中华人民共和国成立以后,随着国家政策宣传,农民们也逐渐意识到了上学学知识的重要性,在家里条件允许的情况下,一般都会把儿子送去学堂读书,就是为了让他们改变命运,希望他们能够进入城市,能够生活得更好。1950年以前,村里面很少会有人让自己的女儿去读书的,尤其是在公立的学校根本就见不着女孩子的影子,在私塾里面,有时候还会碰见两三个财主家的闺女。女孩上学的还是比较少的,因为大家常说女子无才便是德,就算是有点儿才华也是纺花织布这类女工才能。在这之后,随着政策的宣传,男女平等观念的日渐深入,一般的家庭可能会让自己的女儿去上学,但也并不会抱有太大的希望,就是希望她们能够认识字就可以了,不指望,也不希望她们能够学业有成光宗耀祖,这些期望一般都是给男孩的。

(二)私塾教育

1947年左右,因为连年的战争,社会状况十分混乱,原本正在上小学的李永池和三叔李广升也没有学上了。村里当时有一个教书先生自己办了一个私塾,李水柱就把自己的三儿子李广升和长孙李永池送到了私塾去念书,这是由当家人李水柱决定的,而当时家里到念书年龄的还有李永池的亲姐姐李让,李让比李永池年长几岁,但是从来没有上过学,因为她是女孩,家里人都认为女孩上学不上学都无所谓,不如在家跟着大人学纺纱织布来得实在,所以家里只有李永池和李广升去私塾念过书。因为当时李家还是李水柱当家,所以让他俩去私塾念书是李水柱的决定,其他人也同意。去私塾上学是不用交太多学费的,当时他们每人每年就是交两斗粮食,这就是学费,粮食是由整个大家庭来出的,大家的收入都在一起,不分你我,虽然不交学费,但是需要自己买要学的书本还有笔墨纸砚,这些钱也都是从大家庭里出的,而不是某个人的父母来出。他们上学的私塾离李家也比较近,大概就是二里地,平时都是走路过去的,因为他们当时年龄也不小了,所以上学都是他俩结伴而行或者与周围的同龄人结伴而行,不需要家里人的接送。他们上课地点就是在私塾先生家的草棚,主要的学习内容就是四书五经,这些书都是自己买的,每天去上课的内容就是围绕着书本,先生念一句解释一句,念完一大段以后,大家自由读书,背会了才可以回家。在私塾上课是没有时间限制的,就是早上去,中午回来,下午去,晚上回来,每个人的时间点也不太一样,因为背书背不会,先生就不让你走,所以有的人会晚走一点儿,大概一晌就是三四个小时。李永池和三叔李广升在私塾里面读了大概两年,逢年过节的时候也没有人会给私塾先生送礼,因为作为学费的粮食已经交过了,教书育人就是私塾先生分内的事情,不需要额外送礼。

(三)学校教育

李家李水柱儿子这一代只有三儿子李广升在学校念过书,李水柱孙子李永池这一代除了李永池的姐姐李让没有念过书,其他的兄弟姐妹都在学校念过书,李让没有上过学,是因为她的年龄最大,在1950年以前女孩上学的很少,所以李让没有上过学。1950年以后,女孩也逐渐开始上学了,可当时李让的年纪已经比较大了,没有适合她的学上,所以她就一直没有读过书。李永池这一辈儿人共有兄弟十三个,姐妹三个,基本上都上过学,除了李永池上到了大学,其他的都是初中、小学就不上了。他们上小学都是在村里的学校读书,村里没有中学,所以到初中的时候他们都到县城以外的洧川上的学,上学不是报名去上的,而是需要通过考试,他们去上中学都是周围年龄相当的人一同去报名考试,然后谁考上谁去,不需要家人来帮他们报名。

李家分家以前,只要社会条件允许,家里到了年龄的孩子都可以去上学,除了刚开始的时候女孩儿不上学,其他就没有特别的规矩了,没有说这个可以上,那个不可以上,都是一视同仁的。而且李家的经济条件还可以,只要孩子想上,就会让他们上,不会因为经济问题阻碍他们上学,当然这都是在1950年以前来说的。后来到了合作化、集体化阶段,李家的经济条件也不好了,家里很多孩子都是在这个时候辍学的,当然这个时候也不仅仅是因为没有钱,还有很大一部分是自己也不想上了。李永池是个例外,1958年左右,李永池的小家生活也很拮据,李永池当时已经上到大学二年级了,因为家里劳动力不够,挣工分的人少,李永池就主动放弃上学了,但是他是想继续上学的。

在新中国成立初期,上学是不需要交学费的,只要想上都可以上,所以当时上学的人很多,那时李家还没有分家,只要年龄合适的都去上学了,孩子上学买书、纸、笔的钱都是整个大家庭来出的,不分爷爷还是父亲。后来李家分家了,各家孩子的上学费用由各自的小家庭来出,其他小家庭也不进行干涉,但是家庭对于上学的观念还不深厚,所以如果孩子自己说不想上了或者学不进去了那他就可以不上了,家里人也不会强迫他去。像李永池就是自己想要继续读书,因为社会环境让他感觉读书可以前途光明,他也不愿意一辈子做农民,在家庭条件允许的情况下,他还是继续读书的,直到后来大学二年级辍学,大学的辍学对李永池来讲还是有遗憾的,但凡家里当时生活条件过得去,他就会继续读的,这是历史所迫、环境所迫,而个人不得不低头。

（四）家户教育

在1950年前的农村社会,孩子去学堂上学的人是少数,能在学堂里面念许多年书的就更少了,所以对于一个孩子的成长来说,家庭教育扮演着最重要的角色。儿童的主要教育都来自于自己的家庭,来自于自己亲人的言传身教,这里面不仅有自己父母亲的,还有自己爷爷、奶奶、叔叔、婶婶的。对于1950年以前的李家来说,家里孩子在家时受的教育大多都来自于自己的爷爷李水柱,李水柱虽然没有上过学,但却是一个内心有大格局的人,在李水柱老年阶段对于孙子辈儿、儿子辈儿的教育主要是精神方面的,他总是教育自己的儿子孙子出门在外要少惹是生非,尤其自己家在村里属于中户,各方面都处于中等水平,比上不足比下有余,千万不可依仗着自己家里人口数量还可以、经济收入还不错就去欺负别人,更不可以无故打人骂人,即使别人故意招惹自己,也要能忍则忍,最好不要和大家发生正面冲突,免得别人说自己仗势欺人。中老年阶段的李水柱就不再传授给自己儿子、孙子生产方面的知识了,年轻的时候,他教自己的儿子如何种地,如何使牲口,年迈了就主要教自己的儿子孙子如何做人,孙子们生产方面的知识都是由他们的父亲来传授的,一般奶奶不管多少事情。

在一个家庭里面,作为父亲通常要教会自己的儿子女儿做人的道理,还要教给儿子生存的本事,比如如何生产、如何做手艺活、如何挣钱养家。而作为母亲,主要负责教育女儿,教会她洗衣做饭纺花织布,也会随着女儿年龄的增长告诉她以后结婚之后在婆家应该怎么做,总的来说就是父亲教育儿子,母亲教育女儿。家里有三代人的,一般第三代人的教育还是由他们的父母亲来进行的,爷爷奶奶只是起到一个辅助的作用,但是对于爷爷奶奶来说,他们也更侧重于教育自己的孙子辈如何做人,起到一个鞭策和督促的作用。家里孩子懂事的都早,孩子还很小的时候就开始跟着去地里干活,在家里干活,但是不管这孩子有多听话懂事,但是父母眼里他们都还是孩子,直到他们娶妻生子了,父母亲才会逐渐认为自己的孩子长大了。

(五)家教与人格形成

对于一个孩子的成长来说,对于他的性格发展,家庭教育无疑是决定性的因素,父母亲及其家人的思维方式和性格对于孩子的成长来说起着潜移默化的作用。一般来说,与自己接触最多的父母亲、爷爷奶奶是什么样的人,孩子也会朝着这个方向发展。就李家来说,李家没有分家以前就已经是三代人了,对于第三代的孩子来说,平时自己的爷爷如何教育自己的父亲、自己的父亲又是如何做的,这对于孩子的成长来说是很重要的。就像在李家,有的时候爷爷李水柱会直接教育自己的孙子辈,要他们谨慎做人,但更多的时候是教育自己的儿子们,孙子辈的人看着自己的父亲如何做自己就会被影响到。李家李水柱是一个十分低调的人,无论自己家条件怎么样,都不会去与别人攀比或者炫耀,对于人和人之间发生的小矛盾能够尽力缓和就尽力缓和,不愿意跟别人发生争执,而且提倡多帮助人,自己也是这样做的,这种为人处事的方法不仅影响到自己的儿子,也影响到了自己的孙子,李家这几代人为人处世的方法都和李水柱相同,这就是潜移默化造成的结果。

家庭教育对于孩子的人格发展有影响,家庭环境对于孩子的性格发展也有影响,在家庭和睦氛围中成长出来的孩子性格一般比较积极乐观,出现任何问题都往好的地方想,都是思考着解决的方法;在家庭破碎的环境中成长出来的孩子,性格一般比较孤僻,而且想法比较悲观。在李家,无论是父子关系、爷孙关系、兄弟关系、夫妻关系还是妯娌关系基本上都是比较和谐的,家里没有分家之前就是一个和谐的大家庭,家里分家之后,三兄弟之间也是比较团结的,所以李家的孩子性格都比较健全,遇到事情都会主动想着如何解决,如何更好地解决,而不是逃避问题逃脱责任。

其实在农村有很多事情都不需要专门地去学习,而是通过看和做,像春节每天都要干什么,去祭祖需要准备些什么,逢年过节走亲戚需要拿些什么,这些都是不需要别人来教的,对于农村的孩子来说这些都属于风俗习惯,从小就接触很多,耳濡目染就会了。

在李家对于家庭富裕的看法就是相信勤劳能够致富,相信只要脚踏实地地干活就能够拥有比较幸福的生活,李家也正是这样做的。李家李水柱包括自己的三个孩子都是很能干的,所以家里的经济条件在村里才能处于中等水平,当然村里的大多数人都是很能干的,因为大家都要靠着自己的土地去吃饭,不努力干农业活,就养活不了自己和家庭,所以总的来说大家都是很勤劳的。但是李家的人不仅仅只进行农业生产活动,农忙的时候在地里,农闲的时候自己也不闲着,像李水柱和自己的大儿子就会经常在农闲的时候出去卖豆腐补贴家用,一年到头没有多少休息的时间。而李水柱二儿子李广太除了农忙的时候要在家里做农活以外,还要经营着李家的小商铺,买卖不是一件很困难的事,但是因为没有交通工具进货是一件很困难的事,李广太每次都要步行推着车去其他县城进货,一来一去就是好多天都走在路上,也是十分辛苦的,但是李家人都认为辛苦是值得的,因为只有辛勤劳动才能创造财富。

像李家是在不得不分家的时候才分家的,所以家里的关系一直都很和谐,以至于在分家的时候大家都不愿意分家。对于李家来说,家庭和睦比其他任何事情都要重要,因为家和万事兴,在李家的日常生活中,家里的人很少因为一些生活中的琐碎事情发生争执,因为大家一直都是秉持着尊老爱幼的原则,对老人很尊重,一般不轻易违背他们的意愿,老人说什么就听什么,都很孝顺,长辈对于孩子也从不溺爱,孩子们也很懂事,所以家里也很和睦,令人欣慰。对于李家家庭成员来说,家是一个永恒的港湾,因为很温暖很和谐,是一个值得依赖和信赖的地方。对于李永池来说,这个家给予他的支持是很多的,因为在他想上学的时候,家里人都支持他去,包括他爷爷奶奶、叔叔婶婶,没有人阻止他完成自己的学业,最后不得已辍学,也是因为自己确实不想让家里再承受太大负担了,与家庭无关。

(六)家教与劳动技能

对于李家而言,孩子只要能下地跑了就会跟着去地里干活,在孩子很小的时候还不会干活的时候也去地里跑,能干一点儿是一点儿,干不了重活干轻活,比如递个东西、撒个种子,干农活的时候都是男女齐上阵,男孩女孩也都去,所以无论男女都会生产技能,倒不是说谁刻意地去教他们,而是从小就耳濡目染了。农业生产是农民家中的头等大事,所以无论是日常的生产活动还是平时的交谈中,都离不开讨论农业技能,孩子们从小到大都是听着这些长大的,所以自然而然地就会了。就农业生产来说,手艺一般都是由父亲教给自己的儿子,比如喂牲口、使牲口、犁地,这一般都是由男性劳动者来做,所以父亲只会教给自己的儿子,不会教给自己的女儿,而这种农业生产的技能是男孩子必须会的,因为对于农民来说,这就是养家糊口的本领。对于女孩子来说,除了要会一些基本的农业技能以外可以帮上忙,必要学会的还有洗衣做饭、纺花织布这些家庭生活技能或生产技能,这些一般都是由自己的母亲或者奶奶教会的。无论是男孩还是女孩,家里所传授给他们的这些本事都是必需的,不仅是生产技能,还有生活技能,作为农民的男孩你如果对于地里的活动不熟悉,对于农业生产一窍不通的话,就算别人不笑话你,你将来也很难生活下去,而且一般没有人不会,这些可以说是生存的技能;对于女孩来说,洗衣做饭是必需的,纺花织布大多数人也都会,因为对于一个女人来说,你早晚要嫁到别人家里去,如果这些基本的生活本领你没有,就照顾不了整个家庭的生活,势必是会被婆家人看不上的,婆婆好的可能会从头教你,时不时地说你几句,婆婆不好的要不就是打骂你,要不就是怂恿自己的儿子休妻,这种情况还是有的。所以无论是男孩还是女孩,作为在农村家庭中长大的孩子,这些基本的生活本领都是要掌握的,而且大部分人也都会,不需要刻意地去教,用眼睛去看,用手去练习就可以了。

(七)学手艺

在李家李水柱是会做木匠活儿的,有着比较好的手艺,因为生产工具大多都是木制品,所以家里的生产工具大多数都是李水柱自己做的,有时也会帮别人家做,李水柱的木匠手艺并不是从哪一辈儿传下来的,而是李水柱自己自学成才的。因为石东村有好几个木匠,李水柱经常去看人家做木工活,所以自己就会了。而且李水柱的木匠手艺并没有传给自己的儿子或者孙子,因为随着时代的发展,生产工具的锻造也开始发生了变化,以前都是木制品,逐渐地开始是铁制品了,木匠手艺也就不符合时代发展的要求了,所以也没有人学,也不需要学,而且当时家里也没有人有时间学,李水柱大儿子李转运主要是在地里进行农业生产,每天都很忙,二儿子李广太主要负责经营家里的小商铺,也没有时间学木匠手艺,三儿子李广升年纪小,大多时间都在上学后来又去当兵了。

虽然李家没有独门的手艺传给自己的下一代的,但是作为李家的长辈,还是要为自己的孩子负责的,都希望自己的孩子能学一门除了农业生产以外的手艺。1946年左右,李水柱的一个表妹在西安,发电报告诉李水柱,让三儿子来西安学一门手艺,李水柱二话不说就让李广升收拾行李去了西安,结果李广升阴差阳错地去了国民党在西安的部队电台里,就这样当了几年兵,直到国民党战败,李广升才回到家里,什么手艺也没有学到。李永池十五六岁的时候,没上学的那段时间,他的父亲李转运给他找到了一个铁匠学徒的机会,主要是学习锻造推车铁轱辘的,去当学徒就是去当奴隶,整个生活状态就是"吃不完的剩饭,招不完的谋趣",后来李永池还没有学会就又回到学校上学了。

给自家的孩子找学手艺的地方都是通过熟人,大部分都是亲戚,去学手艺要给别人送点儿粮食,在没分家以前这些花费都是由大家庭来承担的,如果分了家就由自己的小家庭来承担。让孩子学手艺就是为了保障孩子以后的生存,为了让孩子能够将来生活得更好,农民对上学没有概念,不会认为上学会使得孩子的将来生活更好,而学手艺对他们来说就是上学,只要把一门手艺学精湛了,孩子日后的生活就不用家里人操心了,而且学会一个独门的手艺收入也是极其不错的,不仅孩子一个人脸上有面子,整个家里也都跟着沾光。

二、家户意识

(一)自家人意识

李水柱活着的时候认为除了在家里同吃同住的儿子、儿媳、孙子儿媳以外,已经嫁出去的李水柱的姐妹们也都算是李家的自家人,无论谁家里遇到困难,李水柱都会伸出援助之手。所以李水柱在世时,他的四妹曾在李家长期居住,就是因为四妹的婆家经济条件十分差,四妹在婆家生活不下去,所以就长期在李家居住,而且四妹夫和四妹的儿子也时常来李家居住,所以李水柱的孙子一辈儿都把四姑奶奶作为自家人。后来李水柱的四妹搬回婆家住了,那李家自然就认为居住在一个大家庭里同吃同住、同收入、同开销的一大家子人是自家人,包括李水柱和妻子、李水柱的三个儿子、儿媳以及孙子、孙女,大家都是一家人,都是自家人,不分彼此,而且互相也不计较得失,彼此忍让、体谅、和谐相处。

自家人和外人的界限还是很明确的,自己家的粮食收入当然要紧着自家人来吃,外人就算是与李家再亲近,李家也不可能保证他们都能从李家吃饱穿足,李家也没有这个义务和责任。自家人遇到困难不用多说就会去帮他解决,这不叫帮忙,而叫分内之事,但对于外人就不一样了,对于外人的帮助要量力而行,即使再热心也不可能永远都伸出援助之手。在李家没有分家以前整个大家庭就是一个家庭,家庭成员之间是不分彼此的,更不分大家庭小家庭,所以在家人的心中,家里的这些成员都是自家人,即使在分家以后,李家变成了三个小家庭,在这三个小家庭的成员心里大家还是一家人,只是迫于无奈而分开住了。但是一般来说舅舅、姨、姨夫这些母亲的娘家人只算是很亲的亲戚,而不能算是自家人。对于李家而言,是否是自家人,并不是按照居住距离的远近,也不是按照是否能够帮助自己家、是否比较靠得住,最主要的是血缘,是否居住在一起,是否吃一个锅里的饭,只有有密切的血缘关系,分家前同吃同住同劳动同收入的才算是自家人。

对于李家人来说,自家人是与自己最亲近的人,是最值得依赖和信赖的人,因为在成长的过程中,自家人给予了自己很多的支持和帮助,是对自己来说最为重要的人,是有高兴的事情可以一起分享,有困难问题可以一起解决的人,尤其是在分家前,这种心理最为明确。在分家以后,虽说小家庭之间的关系还是比较密切,在整个村庄来说关系最为密切的,但是毕竟各自有各自的生活轨道,大家的生活目标也不一样了,不可能朝着一个方向努力,所以一般来说好关系还要继续保持,不好的问题就要尽量回避,不能做伤感情的事情,不要轻易介入虽然很亲近但已经分家的小家庭的家务事,这也算是一个底线,或者说保持良好关系的一个原则。

就李家的日常交往来说,李家的家里人一般不会介入别人家的家事,分家前不会轻易介入村里其他人家的家务事,分家以后,作为每个小家庭的家庭成员也不会轻易介入另外一个小家庭的家务事,因为大家都知道清官难断家务事,谁也不愿意自找麻烦。对于别人来说也是如此,其他人也不会轻易介入李家的家务事,因为大家的想法都是一样的,除非是这个家庭发生了一些大事,请人来参与,别人才会来进行调解,绝对不会不请自来的。比如分家对于农户来说就是一件大事,而且分家也就是自己家的家务事,但是村里的传统一般都会请本家的一些德高望重的长辈来参与家里的分家,做个见证人,这个时候外人是会介入的。当然偶尔周围的邻居因为小事拌嘴,旁边的人听到了也会出来劝两句,这也都属于人之常情,但是如果发生了大矛盾,比如村里两家人互相不友好不说话,一般也不会有人主动去进行调和的。

对于李家或者说其他任何一家来说,同自家人交往和同外人交往在方式方法上也不尽相同。自家人之间不会计较太多,所以偶尔说错一句话、做错一件事都是可以互相包容的,但是对于外人则不一样,说话、做事还是要谨慎的,不一定什么时候就无意中把别人给伤害了,就会造成矛盾,所以与外人交往的时候没有像和自家人交往那样随意。

(二)家户一体意识

1.家人的相互扶持

对于李家来说没有分家那就是完完整整的一家人,整个家庭就是同劳动同收获。在分家以前,李家由李水柱当家,作为男性劳动的带头人,在生产的时候主要是由李水柱带着三个儿子进行农业生产,妇女和儿童也会帮忙。李水柱及三个儿子在农业生产上并不是相互帮助的关系,而是相互合作的关系,因为大家的目标一致,就是希望土地能够种好、收成能够更多,家里的日子能够过得更好一些,他们之间互相合作就是为了整个家庭的生计。而在家里总是由李水柱的妻子李桂氏带领着自己的儿媳妇从事家务劳动,她们三个妯娌之间也不是互相帮助的关系,也是相互协作的关系,当然,因为家里的家务劳动并没有像田地里的农业劳动那样繁重,所以很多时候不需要几个人齐上阵进行家务活动,有的时候闲着的人也会帮助他们完成家务,这个时候也是有帮助关系在里面的。

对于没有分家的李家来说,整个家庭就是一荣俱荣,一损俱损。家里有人出息了,整个家里都沾光,家里要是有人做得不好,整个家里都没有面子。同样的道理,如果家里有人受到外人的欺负,那就是欺负整个李家,好在李水柱常常教育自己的子孙,出门在外要低调,不要惹是生非,自己不要欺负别人,如果别人欺负自己,能忍也就忍,不能忍的话回来告诉当家人,由当家人出面解决。

李家在没有分家的时候,家里的经济条件在全村处于中等以上的水平,而李家分家的时候已经是集体化时期,家里除了分了住宅以外也没有其他东西可以分了,三个小家庭的经济条件都差不多。因为已经是按工分吃饭,就是靠劳动力,不存在谁家特别好,谁家特别差的情况,所以作为李家的小家庭之间也没有出现相互补给的关系,但是如果某一个小家庭遇到困难,另外两个小家庭也会竭力相助的,因为在他们心中即使大家分家了也是一家人,能帮忙还是要帮的。

2.家户的共同目标

发家致富是经济目标。对于李家来说,他们就是普通的老农民,几乎全部的关心都在粮食是否丰收上，因为粮食的收成决定了一家人的生计。除此以外，李家还经营了一间商铺，家里的经济来源是农商结合的，对于李家的人来说，除了农忙的时候全体参加农业生产以外，一有闲空家里就想着从事点儿副业补贴家用，除了经营小商铺以外，偶尔还出去卖豆腐。对于李家人来说，谁也不嫌钱多，家里人努力奋斗不留闲空就是为了能够使家里的收入更多一些，能够凭借自家人的劳动使得李家发家致富是值得努力的奋斗目标，但是大家也都明白发家致富不是一个人的事情，大家得思想一致、共同努力才可以。

家庭和睦是共同目标。"家和万事兴"是李家人常说的话，家里人干活再苦再累都没有关系，只要家里关系和谐，家庭氛围和睦，一切都是值得的。在李家没有分家的时候，一大家子生活在一起，大家同吃同住，不分彼此，如果因为一点儿小事就闹矛盾，这个家庭早就不复存在了，李家的家庭关系一直都是比较和睦的，所以1950年以前家里一直没有分家。

光耀门楣是终极目标。其实在以农为生的阶段，李家也没有光耀门楣的思考，就是希望家里人能够各自做好各自的事情，该种地的种好地，该做生意的做好生意，家庭收入能满足家里生活需要就行，没有别的想法，直到后来社会安稳了，开始流行上学了，李家人才逐渐有了读书改变命运进而光宗耀祖的想法。当然，不管是什么时候，李家人也都希望自己家的子孙能有出息，能对得起李家的祖先，如果家里人有大出息，就会修祖坟、立墓碑、唱大戏，这都是比较传统的观念，也是李家子孙的终极目标。

（三）家户至上意识

李家人认为个人是依附于家庭而存在的，一个家庭的重要性往往要比个人的重要性大。在李家没有人因为个人的利益而去放弃整个家庭的利益，而且对于李家来说，他们没有分家以前大家没有个人利益之说，个人的利益就是家庭的利益，家庭的利益就是个人的利益，二者是一体的，只要家庭利益得到了充分的保障，那个人的利益就会体现出来。就像李水柱的二儿子李广太经营李家的小商店一样，他不仅要做家里的农活，还要管理商店的生意，有时还要起早贪黑地去进货，这种辛苦的做法并不是为了他个人，并不是说挣的钱都是他个人所有，所以他才卖力干活，他的每一分收入都属于整个李家，但这也并不影响他努力赚钱，因为他个人的利益与家庭的利益是直接相连的，他多赚了钱，家里的生活就会更好一些，家里的生活更好一些，他自己也会更好一些。所以在李家大家所做的每件事都是为了李家的生计，为了李家的发展，大家考虑事情的时候都会以家庭为重，首先想到的都是自己的家庭，而不是自己个人的情况。就算是家里的小孩子，在小的时候也不可能只想着自己玩，只要能干动活的时候就开始做一些自己力所能及的劳动，虽然是父母亲要求的，但是在无形中孩子们从小就养成了这种习惯，做事不能只考虑自己，是要考虑整个家庭。对于李家的任何一个人来说，如果有需要让他们放弃个人利益而成全家庭利益的时候，他们都会认为这是义不容辞的事，而且对于没有接受过太多教育的农民来说，他们不会意识到作为父母要让自己的孩子自我发展，而不是牵绊他们，没有当家人的发话，孩子自己是不可以主动要求或者是擅自做主去外地工作或者学习的，不可以在做事情的时候只考虑自己，不考虑家人，即使自己想了也没用，做事情前必须要先经过当家人的同意。

在家庭与读书、工作的机会之间的抉择李永池是最有发言权的，因为他就曾经为了家庭而放弃了进一步读书和工作的机会，这也是李永池最为遗憾的事情。他倒是不后悔因为家庭放弃了读书和工作的机会，而是感慨那个大时代环境，很多事情人都是不得不做。在1950年以前,李永池上学上到小学四年级,后来因为社会动乱学校就停办了,李永池就去了村里的一个私塾学习,上了没两年就开始跟着别人做学徒,主要是在二叔李广太店里帮忙。后来村里所有的私家店铺都要转为供销社,李永池有了去供销社工作的机会,但是当时又有机会继续去学校读书了,李永池就跟家里人商量说自己想要去读书而不想要去工作,家里人也就同意了。李永池在小学里继续读了五年级,而六年级的课程是自己自学的,之后趁着假期他又报名参加了洧川中学的考试,结果也顺利考上了。中学毕业,李永池又考上了郑州的水电工程学校,算是读大学了,但是李永池的大学没有读完,主要原因是在 1959 到 1961 年三年自然灾害的时候,整个河南地区的生活都很艰难,所以学校就放了一年长假,等自然灾害过去以后,学校重新开始开课。当时李永池只上了两年,本来也是要回去继续念书的,可是当时家里十分困难,这个时期已经是按工分吃饭了,李永池一走家里就少了一个强壮的劳动力,家里的生活会更为困难,而且上学也需要钱,李永池当时二话不说就告诉自己的母亲自己不要上学了,要在家里和他们一起劳动,于是母亲和李永池抱头痛哭了好久,李永池的上学之路也就此结束了。可以说李永池是为了整个家庭的生计而决定休学的,这个决定对于他日后的发展也是产生了很大的影响,因为学没有上完,所以他也没有能够拿到一个本科的毕业证,之后去学校开了一个证明,办了一个专科的毕业证,专科和本科毕业证在工作中差别还是很大的,李永池现在想想还是有些遗憾,但是也不后悔做这个决定,因为自己在家里劳动也确实帮上家里很多忙,减轻了父母亲的负担。

李永池上学没有上完是考虑到父母亲所在的家庭负担太重,为了父母亲决定不上学了。后来李永池在许昌的地质队工作,在当时来说是比较好的工作机会,但是当时李永池已经结婚有孩子了,虽然自己在外工作有点儿收入,但是自己家里没有主心骨,劳动力比较短缺,家里生活也不是很如意,所以李永池就辞掉了原先的工作回到了家乡的中学教书,这次工作的变动是考虑到了自己妻儿的生活状况,也是为了整个家庭做出的牺牲。后来自己的大儿子长大了需要工作,这个时候李永池听说原先工作的地质队有一个可以接班的机会,他又申请调回了许昌地质队,最后帮儿子安排了工作。由于工作的再三辗转,李永池的教师生涯也没有进行到底,所以退休工资方面也有影响,但是李永池也并不后悔自己做过的决定,毕竟自己是为了自己的家庭做出了牺牲,这都不值一提,只要家人生活的幸福,自己做出一点牺牲也是没关系的。前面也提到李水柱的三儿子李广升曾经阴差阳错地在国民党的军队电台里工作了两三年,在国民党要撤退的时候,他本身是要跟军队一起走的,但是家里发来电报希望他回去生活,他也就离开了自己工作多年的地方回到了家乡。在家人的期望面前,李家的人都会充分考虑家人的感受和想法,能牺牲一点儿就牺牲一点儿,失去一点儿自己发展的机会却能让家人满意也是值得的。

(四)家户积德意识

在李家掌柜的李水柱年轻的时候,作为当家人,他经常会接济别人。因为自家在村里是一个中等偏上的农户,自给自足是一个大的特点,同时就粮食的收成来说,每年也会略有剩余,所以李家经常会帮助一些自己的亲戚或者邻居。比如李家的邻居是李家的本家亲戚,关系离得也比较近,他家的经济条件就不好,是属于贫农的,平时两家人干完活回来都会在李家的门楼下休息一会儿,说会儿话,这个时候李水柱的妻子李桂氏就会把做好的饼子卷着咸菜拿出来,不仅让自己家里的人吃,也让邻居家的这个亲戚吃,不是问他饿不饿,而是直接给他让他吃。还有就是李家几个媳妇的娘家比起李家都不算富裕,在他们家里边遇到困难或者粮食不足的时候求助李家,李家都会力所能及地去帮助他们。

李水柱老了之后不再当家了,但是他也经常教育自己的子孙要做好事做善事,要经常帮助别人,不能斤斤计较。虽然他可能没有善有善报、恶有恶报的概念,但是他知道只要做好事就会有好报,对子孙是好的。平时家门口有个要饭的,李家人也会给他们一些粮食,李家做好事的传统一直延续着。李家的子孙后代在逢年过节的时候,也会去敬老院或者孤儿院送些慰问品,而且是做好事不留姓名的,也不会跟村里的人进行宣传,因为大家都认为做好事是自己的,跟别人没有关系,不需要让别人知道。再比如说虽然骗子比较多,但是只要在街上遇到要饭要钱的,李家人还是会或多或少的也会给人家一些,因为他们觉得总会碰到一些真的,不能因为有一个两个的骗子就忘了还有更多需要帮助的人,他们也相信自己做了好事,对于自己家庭及子孙是有帮助的。

石东村许多年前也是有一个李家祠堂的,李家的长辈也会在逢年过节的时候去祠堂里祭拜一下,一是表示对祖先的尊重和怀念,二是也祈愿自己的家人能够健康平安。老人们也都认为自己做了好事就会造福到自己及其子孙的身上。有一次李家的后辈儿在走长途的时候车辆抛锚了,正愁没有办法的时候,刚好就看见旁边有一个修车店,就让别人过来帮忙修了,既没有发生意外又没有耽搁时间,他们都认为这是平时积德行善的回报,更加坚定了他们多做好事的信念。虽说不能搞封建迷信的那一套,但是多做好事总归是没有错的,李家一直都是这样教育自己子孙而且还会一直这样做下去。

三、家户习俗

(一)春节习俗

1.春节准备

石东村几乎每家每户都有一本万年历,上面对于每个节日的标识都很清楚,李家也有一本万年历放在堂屋门口。传统的春节是从腊月二十三开始,也就是小年那一天,老人们常说过了二十三就是年,从腊月二十三李家就开始陆陆续续地准备年货了。其实对于整个石东村来说,从腊月二十就开始有年集了,即本来只有逢四逢八才有的集会从腊月二十这天开始就天天都有了,大家都可以陆陆续续地去置办年货。置办年货是没有时间规定的,李家置办年货也不是一天都买齐全,就是想到缺什么了就去买点儿什么。对于李家来说,春节需要办的年货并不复杂,不要求鸡鸭鱼肉全部都有,虽然李家在村里经济条件还算是比较好的,但是过春节的时候买的肉也是有限的,只要够串亲戚、祭祖,还有包饺子用就可以了,主要买的就是一些豆腐、小点心、果子等,春节也不用买春联儿,因为村里有会写字的人,给他一根烟或者其他东西就能请他写一副,等陆陆续续把该准备的东西都准备齐全了,李家就等着过春节了。

春节是辞旧迎新的节日,所以免不了要大扫除。对于李家来说,大扫除除了是要把家里打扫干净以外,也是寓意着把一年的晦气全部扫走,希望来年能够顺顺利利。因为有的年份没有大年三十,二十九就是除夕,而大扫除要赶在除夕之前,所以李家每年的大扫除都是在腊月二十八,这天李家全家老小都会参与到家里的大扫除队伍当中,男女老少分工把家里里里外外都打扫一遍,等待着新一年的到来。

在春节期间贴春联也是一个大事,一般贴春联要在大年三十中午之前完成,大多数人家都是在大年二十八到大年三十之间贴春联,李家一般都是在大年二十八这天贴春联。村里老人常讲"二十八贴嘎嘎,二十九贴倒有",也就是在农历的腊月二十八这天贴春联,包括在门上贴对联、贴门神,在树和梯子上贴竖联,每家每户都布满红色,寓意着来年家里红红火火,无灾无难,二十九这天要把福字倒着贴,寓意着福气天天有、月月有、年年有。在李家,无论是贴春联还是贴倒福,都是由李水柱的三个儿子和孙子一起完成的,虽然李家有三个小家庭,但是没有分家大家就是一个大家庭,大家都是在一起过春节的。过春节的时候,一般外人不会来自己家里,自己也不会去别人家里,到了李家分家以后,每年的大年三十大家还是会聚在一起吃团圆饭、守岁,守岁就是在大年三十的晚上,全家人吃完饭以后坐在一起聊天直到深夜,对于这一天来说熬夜就是熬福,既是表达对过去一年的追忆,又是表达对未来生活的向往,这是传统的风俗习惯。

2.春节祭祖

虽然李姓在村里是大姓,但是李姓在定居石东村以后分了好多脉、好多支,所以在还有祠堂的时候,李姓的男性成员会一起去祠堂里祭拜一下,但大多数的时间春节祭祖只限于祭拜自己家的祖先,一般也只包括自己的父母和爷爷奶奶。对于李家来说,祭拜祖先也不是一件非常复杂或者说隆重的事情,也就是在大年初三的时候,家里的男性子弟一起去坟地里给自己的祖辈们烧烧纸、进进贡、磕磕头,家里的女人一般不去。因为不需要这么多人,而且有男性全权代表就行了,毕竟这是男性家里的祖先,有的时候连家里的男性都不一定全去,去两三个代表一下就可以了,祭祖的时候也不用摆桌,就是拿着盘子放在地上画个圈就可以了,没有太多的讲究。

3.春节走亲戚

在李家,春节需要走亲戚的就是李水柱的妻子李桂氏以及李家的三个儿媳妇。春节走亲戚都是家里的女性要回娘家走亲戚,所以走亲戚一般分为两种:一种是走新亲戚,一种是走老亲戚。走新亲戚就是说这个媳妇是刚嫁过来的,今年第一次春节回娘家;走老亲戚就是普通的媳妇回娘家,走新亲戚姑爷是第一次去媳妇娘家过春节,一般形式是比较多的,两个人去娘家要带着四样菜,一般包括一荤三素,而娘家人要负责招待他们,一般还会找陪客,给新姑爷准备上好酒好菜,让他喝到满意为止。而走老亲戚很多时候姑爷就不去了,有媳妇一个人回娘家,当天去当天回。去娘家走亲戚一般都在大年初二,但是如果女方的父母不在了,一般都是在大年初四去,这种情况除了要带四样菜以外,还要带着香纸回家给自己的父母烧烧纸。

4.春节拜年

春节拜年都是在大年初一这一天早上,也就是迎神的时候,这几天大家都比着谁起得早,然后由本家的一两个大人带着一群孩子,手里拿着鞭炮去本家亲戚的家里拜年,如果去到人家家里,人家已经起床开门了,看到长辈小孩子们就跪下来磕个头,成年人就作个揖、说句吉祥话,这就算是拜年了,如果人家家没有起床,那就要放鞭炮把他们喊醒,然后再接着拜年。

李水柱在世的时候,春节拜年都是由李水柱带着李家的孙男弟女去本家亲戚家里拜年,去人家家里拜年是不需要带礼物的,因为村里大多数人家里条件都一般,没有什么可以带的,只是图喜气而已,这是一种由家里人带着的形式。还有一种就是自由拜年,不分男女老少,初一一早大家就各自出门在街上溜达,遇到比自己年长的人就拜个年,遇到同龄的也相互拜个年,光是图个喜气,也是传统的风俗习惯。李家的成年男性这一天也会出去逛,遇见熟人就拜个年,家里的妇女就在自家门口逛一逛,与邻居拜个年。在李家除了大年初一早上出去拜年以外,大年三十晚上全家人聚集在一起的时候也是要给长辈拜年的,比如李水柱及妻子在世的时候,先是两个人坐在高椅上,其他的儿子儿媳孙子孙女们一起给他们磕头拜年,然后就是儿子儿媳和李水柱夫妻两个人坐在一起,孙子孙女们一起向他们磕头拜年,作为爷爷奶奶的李水柱和李桂氏也会给他们发几毛钱当作压岁钱,这就算是拜年的全部形式了。

5.春节团圆

李家过春节的时候都是一大家子人在一起过的,李家还没有分家以前,春节从准备阶段到结束时间都是李家全家一起经过的,年夜饭自然也是全家人在一起吃的,没有分家以前就不分大家小家,大家都是一个家,一家人当然要在一起过春节。分家以后,春节就是一家一户的事情了,但是除夕夜晚的年夜饭还是会聚在一起吃的,李水柱去世以后,他的妻子李桂氏与大儿子李转运家生活在一起,春节吃年夜饭的时候李转运的两个兄弟及其家人都会来到李转运家中吃饺子守岁。虽说已经分家了,但是春节是一个团圆的时间,所以大家也会借此机会聚在一起,除了春节以外,只要是属于团圆的日子里,李家都会聚在一起吃个便饭,这已经成为李家的一个习惯了。

过年过节的时候都是团圆的日子,所以大家一般是不会去别人家串门的,除非是走亲戚,其他时候都不会去别人家打扰人家的,因为过年过节就是一大家子团圆相聚的日子,一个外人去于情于理都不合适,即使是亲戚,也没有去别人家过春节的道理。嫁出去的女儿在春节的时候也是不能回娘家过春节的,不符合礼仪传统,因为嫁出去的女儿泼出去的水这个道理大家都是懂的,过春节回娘家会让村里人笑话,婆家也会不高兴的,所以嫁出去的闺女在春节期间只有串亲戚那天回娘家,而且必须当天去当天走,因为当地有种说法,如果闺女串亲戚初二没有走,初三早上一大早就得赶紧离开,不然自己的婆婆会瞎,虽然这都是封建迷信,但是这个传统一直保持着。

(二)红白喜事

1.红事习俗

李家虽然在村里的经济情况处于中等,但是办喜事的时候也没有太多的排场讲究。李家娶媳妇在意的习俗也并不多,就是在结婚当天新郎去迎娶新娘的时间要越早越好,用轿子把新娘接回来以后,新娘的脚是不能挨着地的,所以必须由新郎把新娘背到院子里去拜天地,而且新娘子也不是一到婆家就立马下花轿的,男方的家人要给抬轿子的人封礼,抬轿子的人满意了,才能把新娘背下去。拜完天地要入洞房,这里的入洞房也不是真的入洞房,只是先走一个形式,在洞房里,新郎的妹妹或者侄女要端着一盘水来到新娘子的面前,让新娘子洗手,也叫"金盆洗手",一种说法是说要洗去风尘,另一种说法是"新娘洗手越洗越有",表示这个新娘子嫁过来以后,家里的日子会蒸蒸日上。李水柱只有三个儿子,新郎没有亲妹妹,所以大儿子和二儿子结婚的时候由本家的叔伯妹妹来做这件事,三儿子结婚的时候,是由大哥家的大女儿李让来做的。李水柱没有女儿,所以也没有嫁过女儿,但是像李水柱孙女出嫁的时候该有的习俗还是有的。结婚当天,新娘子的母亲和大婶、婶子要给新娘子梳头,边梳边说一些吉祥话,说的话大体都是一样的,"一梳梳到头,富贵不用愁;二梳梳到头,无病又无忧;三梳梳到头,多子又多寿"。而且在新娘坐上花轿的时候,新娘和母亲都会痛哭,这算不得哭嫁,只是一种风俗习惯,表达了新娘对娘家的牵挂,还有娘家人对闺女不舍。嫁到婆家以后,一般来说,新婚的第二天都是要早起为公婆做饭的,而且第三天早起还要为全家人擀面条,一般新媳妇要起三天早,第三天,新郎还要携新媳妇给本家的长辈们磕头,而且在第三天的时候,娘家人会来婆家叫自己的闺女回娘家,这叫归宁,然后第四天把新媳妇送回来,至此算是完结了。

2.白事习俗

一般来说家里有人去世都是在三天以后下葬的,这三天是亲朋好友来吊孝的时间,逝者的亲戚朋友都要来家里哭丧。下葬以后,家里人还有亲近的亲戚还要"做七",包括一七、二七、三七、五七,每七天是一个周期,但是如果赶上第七天刚好是阴历逢七的日子,就要提前一天来做,做七对于普通的人家来说就是烧纸。头七一般认为是死者会回家的时候,这一天会在大门前的东南方向烧纸,如果烟气往西上方走就是好的,表明死者要去极乐世界享福了;二七就是死者的儿子去坟地给死者烧纸,让他路上不缺钱;三七的时候死者的儿子儿媳都要去烧纸送行。只有到了五七死者的女儿才可以去坟头烧纸,到五七的时候就算是归期了,死者就彻底离开这个世界去往另一个世界了。对于闺女来说,父母亲只有一方去世的,她平时逢年过节的时候是不能去烧纸祭拜的,只有到忌辰的时候才可以去,因为流传着一方父母在世闺女去祭拜会使娘家变穷的说法,如果父母双方都去世了,她就可以不用顾忌太多了,逢年过节的时候可以跟自己的兄弟姐妹一起去坟地给父母烧纸。

(三)节庆仪式及家长支配

对于李家来说,逢年过节的也没有大的仪式,就是需要去坟地祭拜的去祭拜一下,需要在家里安排吃饭的安排一下,在李家这些事情都是由当家人带头决定、安排的。比如说去坟地祭拜,那当家人是一定要去的,在不需要大家都去的时间里,当家人会提议家里谁去,然后和他一起去祭拜祖先,然后再安排一下家里需要提前准备些什么,包括煮肉、摆盘、叠香纸等。在李家分家以后,各自组建了小家庭,有的家庭在后期发展过程中去了县外工作,家里还有李转运一家人,赶到家里老人忌辰的时候大家都回来,李转运家就会安排一下大家的吃饭问题,包括摆一桌还是两桌,买些什么菜等,其他的家庭成员就是处于被支配的地位,落实当家人的安排,帮忙把这些事情准备好、做好就可以了,除了当家人以外其他人不具有支配权,都处于服从地位。

四、家户信仰

李家的所有家庭成员都没有明确的宗教信仰,并不信奉基督教、道教、佛教等宗教。村里的大多数人家也是如此,不是大家不信,是当时就没有信教的概念,但其实从古至今大多数中国人的潜意识里面都是信奉佛教或者道教的,或者是佛道一体,因为大多数人家都供奉着菩萨和财神,但是大家不把这当成是信仰的某个宗教,因为平时也并不参加宗教活动,只是逢年过节的时候烧烧香罢了。村里也有观音庙,却很少组织活动,但是石东村基本上每家每户都会供奉家神,也会祭祀祖先。

(一)家神信仰及祭祀

1.逢年过节时烧香摆贡

1950 年以前,李家在家里供奉了菩萨、财神、王母娘娘、门神、灶神等神明。有的是请了一尊像摆在家里,有的只是在烧香的时候把他的尊号带上,菩萨、财神、灶神都是有一尊像的,其他的没有。不仅李家这样,其他人家也基本上是这样的,每年大年初一五更天在院子里请神,在李家,菩萨、财神、王母娘娘是请在堂屋的,门神就以门上贴的画为准,灶神是在厨房的灶台上。1950年以前拜家里供奉的这些神明都是由家里的长辈们来做的,小孩子也跟着磕头,后来在发展的过程中,家里的男性就不再拜神了,主要是由家里的女性,一般是女性长辈带着家里的孩子、媳妇一起磕头,然后由这个女性长辈烧香烧纸来祭拜。在家里祭拜家神的时候要上香、烧纸,还需要摆放供品,一般的供品要摆放的是馒头、水果,小年的时候摆放的是油馍、面条,大年初一是刀头、白馍。以前男性长辈负责祭拜的时候就有男性长辈来负责摆放和烧香烧纸,后来是女性长辈负责又换成女性长辈来做。对于家神的祭拜并不仅仅限于逢年过节的时候,平时的阴历初一、十五也是要祭拜家神的,主要的形式就是清晨早起摆贡品、烧香。

2.供奉神明作为心灵寄托

在家里供奉神明的目的显而易见,对于每家每户来说都一样,供奉不同的神明有不同的目的,其实都是为了求心里太平,这就是一种内心的信仰。供奉菩萨就是为了求得全家的平安,希望菩萨能够保佑全家老小健康平安、事事如意;供奉财神就是为了祈求财运,希望财神能够保佑家里财源滚滚;供奉王母娘娘就是因为王母娘娘神通广大,心系百姓,希望王母娘娘能够了解家里发生的事情,并解决遇到的困难;供奉门神就是为了祈求两位门神能够看家护院,保障家里一年四季平安;供奉灶神就是祈求灶王爷能够让家里粮食充沛,年年有余。就祭拜神明来说,家里的人当然是希望所有的愿望都能成真,但是不会把希望都寄托在神明身上,只能说把这理解为一种信仰,一种心灵的寄托,大家并不会期待所有的作用都是神明发挥的,人自己需要做的事情还有很多。

3.家长主持祭拜事宜

家里祭拜神明都是由家长来主持的,其他后辈们不能进行安排。拿李家来说,过去的时候都是由李水柱来负责,后来就变成了李水柱的妻子李桂氏来主持。但其实这个仪式也并不复杂,因为李家也不属于大门大户,在祭拜神明的时候也并没有太强烈的仪式感,主要就是由长辈们带着孙子辈的人一起磕头拜神,长辈需要提前做的就是安排好摆放的祭品以及上香、烧纸。祭拜神明不仅仅是在逢年过节的时候,在阴历的初一、十五也是要上香烧纸的,在家里有人要外出、有学生要考试或者有人生病的时候,家里的长辈一般也会烧香祭拜神明祈求平安和顺利,在李家祭拜神明是很平常的事情,没有某些时候是特别隆重的。

(二)祖先信仰及祭祀

1.祭拜祖先,尊崇孝道

对于李家的家庭成员来说,他们对于自己家族的了解也仅限于自己爷爷的父母亲那一代,即自己的老爷、老奶,对石东村李姓这一脉最初从哪里迁过来又何时定居有所了解,也都是听老辈儿的人说起来的,李水柱这一代人还是比较了解的,但是他的重孙一代就不了解了。因为在李水柱年轻的时候村里还是有李姓祠堂的,大家对李姓祖先的存在还是很敬畏的,到祠堂不存在以后,这些后辈们对于几代以前的祖先就不了解了。大多数人都是一样,只知道自己的老爷老奶,逢年过节祭拜的时候也仅限于祭拜已经逝去的自己的老爷老奶、爷爷奶奶和父母,但是并不是说他们对于自己的祖先就没有敬畏之情,老一辈人总是要给自己的子孙讲讲祖先的故事。石东村的李姓一族,在村里也有一块祖坟,占地面积有五十亩地,埋着所有的李姓成员,但是李姓家族庞大,经过几世几代的发展成为无数个小的家户,所以在祭拜的时候村里也没有专门的组织者去祭拜所有的祖先,每家每户都只是祭拜自家三四代以内的祖先。祭拜祖先是后代人对于祖先的怀念和敬仰,是不容忽视的一种礼仪,不祭拜祖先就是对于祖先的不敬。

对于李家来说堂屋摆放的先人照片,不是所有去世的老人照片都摆在这里,习惯是只摆自己父母的。就像李家分家以后,李水柱及妻子双双去世之后,三个儿子家中都摆放着二老的照片,而没有自己爷爷奶奶的,再比如李水柱大儿子李转运家里,李转运及妻子去世以后,他们儿子家里就摆着他们的照片,而没有李水柱和李桂氏的。李家没有家庙,也没有祠堂,但在村里李姓一族的祖坟里,有一片属于自己家族的坟地,里边埋藏着李家的几代人,一般来说夫妻二人都是合葬的,一个老人去世后,在他(她)的棺木旁边会有一个空的位置,等到他的妻子或者丈夫去世以后,再将两人合葬,之后他们的儿子孙子及媳妇们也都埋在这里,一般都是挨着自己的父母。在石东村埋葬老人的方位也是有讲究的,一般都是头在东北方向,脚在西南方向,因为石东村东北方向是一个寨,西南方向是一个庙,所以一直有着头枕寨脚蹬庙的说法。祭拜祖先是一种信仰,更是一种孝道,李家祖祖辈辈都很讲究孝道,从孩子懂事之际开始就教育孩子,要听老人听父母的话,老人老了之后要孝顺父母,赡养父母,李家的子孙们也都是如此做的。李家也从来没有出现过不孝之徒,而且李家的成员们都很看不起那些不孝顺父母的人,对于亲戚里面不孝顺父母的人,李家都是不愿意同他们来往的。李水柱有一个表侄子,过去与李家来往很密切,后来表妹生病了,长年卧病在床,有一次李水柱一家人一起去他们家看望她,结果就听到这个表侄子一直在抱怨自己的母亲,言语之间多是不满和不敬,李水柱当场就把那个人给教训了一番,走的时候也告诉他如果不把自己的母亲照顾好,以后不要再与自家来往了。

2.追思怀念,一种信仰习惯

祭拜祖先既是一种信仰习惯,又是一种对祖先的追思怀念。作为一种信仰,每年定时去祭拜祖先是为了使祖先了解自己家里的状况,希望能够得到庇佑,希望祖先能够保佑自己家里的成员万事如意、事事顺心。作为一种怀念,每年去祭拜祖先也是孝道的一种体现,因为自己去祭拜的大多都是自己的父母、爷爷奶奶和老爷老奶,人在的时候要孝顺,人不在的时候也要挂念。因为逢年过节的时候去给自己的祖先烧纸,也是为了让他们在另外一个世界的生活能够安逸,希望他们不缺钱花、不愁吃穿。祭拜祖先的时间一是在逢年过节的时候、在活着的人团圆的时候,这个时候也不能忘了逝者。另外就是在忌辰的时候,祭拜祖先的时候烧纸,烧纸就是送钱,活着的人就会告诉死者不要节省,该买什么就买什么,生活一定要舒适,钱不够了,他们会再来送,同时在磕头的时候也会祈求他们保佑家里的大人们工作顺利,孩子们学习进步、身体健康。

3.家长组织祭拜祖先活动

李水柱活着的时候,祭拜祖先的时候都是由他带着自己的儿子孙子们一起,他去世了,也是由他的大儿子带着自己的兄弟和孩子们一起去祭拜。一般来说,家里的女性是不去坟地里祭拜的,都是李姓的男性子孙去祭拜,女人不去是因为她们没有必要去,家里的男性就可以全权代表,孩子们跟着去是希望孩子们从小就能够对这件事情产生重视,知道祭拜祖先的时候需要准备些什么。当然祭拜时的安排都是由男性当家人来进行的,包括提前准备些什么祭品,祭拜的时候都有谁去,这些都由大家长决定,因为有的时候祭拜祖先不需要所有的男性都去,去两三个人就可以了,但是当家家长是一定会去的。

(三)庙宇信仰及祭祀

1950 年以前,石东村东南角是李家祠堂,东北角是观音庙和土地庙,西门外是一个火神庙,西北角是一个龙王庙。这几个庙离李家都不算很远,因为它们坐落在四个角,石东村也不大,李家也刚好位于基本上中心的位置,所以离李家最远的也就是七八百米,最近的就是两三百米。去观音庙里祭拜观音是为了求平安,去土地庙里拜土地爷为了祈求丰收,去火神庙祭拜火神是祈求万物生辉、村里不发生火灾,去龙王庙拜龙王就是为了祈求下雨。这些庙都还在的时候,李家的长辈也会去庙里祭拜,平时大家也不会去祭拜,都是在特殊的时间去,观音庙是经常会有人去的,每个阴历的初一、十五庙里都有不少人;去土地庙祭拜,一般都是在农历的二月初二,因为相传这一天是土地爷的生日,也有在每一季粮食播种以前去祭拜土地爷,祈求的是五谷丰登;祭拜火神是在正月初七,在石东村祭拜火神那天也没有大型的庙会,只是去给火神上香,祭拜龙王都是在旱季,希望龙王能够大发慈悲降雨,让粮食丰收。

去庙里拜神,不限制家里的谁去,大家都可以去,但一般情况下都是家里的老人去,尤其是在村里组织大型的祭拜上,因为老人祭拜显得更有诚意,大家认为这样祭拜的效果更好,更能够得到回报。但是除了老人必须去以外,家里的其他成员也是可以去的,不分男女老少,有时周围几个妇女结伴一起去祭拜也是有的。除了村里统一组织的大型祭拜以外,平时的私人祭拜都是代表一个家庭的,也有个人的祭拜,像求雨这样的事情都属于大型祭拜,都会有村里的老年人组织的,而祈求平安或者某件事要顺利的都是家庭祭拜或者个人祭拜。村里还有一种习惯,就是去土地庙祭拜的时候一般都是老年的女性,如果男性要去必须戴上草帽。祭拜神明的时候要带着香纸、馍,有时也要带着肉,这些祭拜产生的费用都是由一个家庭来出的,如果是个人要去祭拜告诉家长,家长也会给他一些费用的,一般来说祭拜都会结伴同行的,或者是跟家人,或者是跟邻居。

五、家户娱乐

(一)结交朋友

李家的家庭成员都可以交朋友,只要是与家庭成员认可的人交朋友,尤其是家长认可的人,家庭里都不会限制的。说是朋友,其实也可以说是邻居或者是街坊,李家在村里属于一个中等户,平时接触的范围也并不多,仅限于村里,在村里除了亲戚以外接触最多的就是邻居或者街坊,自然而然关系好的就可以成为朋友,小孩子玩耍的时候有同龄伙伴,大人不分男女老少也都有一同干活的左邻右舍,自然也都是朋友,这些一同干活关系较好的左邻右舍是自然发展成为的朋友。作为李家人很少与非街坊的人成为朋友,因为每个人每天都有很多的劳动量,没有多余的时间去交朋友,而且朋友就是闲的时候在一起吃吃饭喝喝酒,李家虽然经济条件还可以,但是也没有多余的钱去处理这些人际关系,有钱就有朋友,没钱就不谈交情,所以李家除了邻居亲戚以外也没有其他的朋友。作为家里的男性偶尔出去干活或者买卖东西接触的人比较多,可能还会有几个泛泛之交,作为家里的女性,除了在娘家的时候会有几个比较好的玩伴,嫁到婆家来以后接触的范围就更小了,除了自己家里的人也就是自己的左邻右舍了,也没有朋友。李家的李广太因为经营着李家的小商铺,有的时候需要去外地进货,也确实认识了几个朋友,因为路途遥远,有的时候当晚回不来,可能需要留宿在外面,有时就会留宿在朋友家里,这个时候李广太会提前跟李水柱打声招呼,说晚上可能回不来要住在朋友家里,一般情况下李水柱也会应允的。李家的家庭成员没有朋友在家里留宿过,因为在分家以前,李家的房屋尽管够住,但也比较紧张,没有空余的客房。对于李家人来说,交朋友是不限距离远近或者经济条件的好坏,最看重的就是人的品质,最重要的品质就是吃苦耐劳,讲诚信,只要是好人,李家就愿意给他交朋友。

(二)打牌

在石东村打牌只有一种形式,就是推十点半,所以大家平常组织打牌的时候也并不说打牌,而是说推十点半,玩牌的人说推十点半,不玩牌的人就把它称为赌博。对于农民来说种地是一件十分重要的事情,既花费时间又花费精力,一般大家都没有闲时间去进行娱乐活动,所以大家普遍认为那些打牌的人都是不务正业的,既浪费时间又浪费精力,有的还会赌得倾家荡产,所以村里的人对于打牌就叫作赌博,认为这是一件十分不好的事情,只要是稍微有点儿上进心的,都不会把时间、精力、金钱浪费在打牌上。

李家不分男女老少都没人打牌,因为李家普遍认为打牌是一件玩物丧志的事情,对于李家成员参与打牌的行为也是会严厉制止的。李永池十四五岁的时候跟着李广太在店里做学徒,有一段时间被人诱惑,每天晚上都出去打牌,晚上打牌,白天精力就不振,而且李永池打牌的时候都是偷偷地拿了店里的零钱。李广太发现了,某一个晚上把李永池抓了个现行,然后打了他一顿,回家又告诉了李永池的父亲李转运以及大家长李水柱,家里人又是打了他一顿,还教训了几天,从这以后李永池再也没有去打过牌。

村里人打牌都是在晚上,而且参与打牌的大多是经济条件稍微好一点儿的人,因为他们有钱赌,当然也有一些家里情况不好的人借钱来赌,影响十分恶劣。所以在石东村的大多数村民来看,打牌是一件性质十分恶劣的事情,都不愿意让自家人染上打牌,对他们来说,打牌不是一件消磨时光的事情,而是一件玩物丧志的事情,对大多数人来说,生计是唯一需要考虑的事情,有的人连吃穿都顾不上了,怎么还能去打牌。

(三)串门聊天

1950年以前,李家不经常有串门的情况,除了逢年过节去亲戚家串门,平时也就是邻居之间的互相走动一下,也就是闲聊几句。去邻居家串门的,一般都是男性,去商量个事情或者借个东西,对于家里的女性来说,一般都是大门不出二门不迈的,就算去串门也是不会留在人家家里吃饭的,说完话就走了。对于村里的大多数人来讲,平时也不怎么串门,因为大家吃饭的时候都喜欢端着碗蹲在门口,几个人聚在一起,边吃饭边聊天,把该说的话都说完,可以说大家大多数人都是穷人,对一顿饭的量都是斤斤计较的,所以一般性的串门是不会在人家家里吃饭的,这是十分不礼貌的行为,就算自己不会觉得不好意思,别人也会觉得厌烦。别人来李家串门也是一样的,李家也不会留他们吃饭的,最多就是倒碗水,聊会儿天,说完就走了。除了逢年过节串亲戚以外,平时串门都是因为有事情要谈或者随便聊几句,说的都是家长里短的事情,在村里平时串门的范围也很小,一般就是周围这几家,除非有特殊的事情要跟某家人谈,而且大家一般都是吃罢饭或者吃饭前去串门,没有人赶在饭点去人家里谈事情的。

（四）逛庙会

1950年以前石东村是有庙会的，庙会的时间是在农历的四月十八，庙会就在村里的西南方向举行，因为这里有一个大戏台可以看戏，庙会一年只举行一次，一次大概有三天时间，其中有两天都是戏，一天是大型的买卖市场。村里举行庙会的地方离李家还是比较近的，走路就是十分钟左右。每年举行庙会的时候是村里一年到头最热闹的时候，比春节的集市还热闹，这几天家里的人都会去逛庙会，家里的小孩子都是跟村里的同龄人一起跑着玩，家里的成年人不分男女都去逛庙会，看戏的时候往往全家人都在一起，女性也去看。村里有两个戏班儿，都是村里人自己组织的，每年这个时候两个戏班就轮流唱戏，村里人都很高兴，因为大家都喜欢看戏，村里有庙会的时候，家里在村外的亲戚也有的会来逛，也算是走亲戚，如果有亲戚来到李家逛庙会，李家也是要招待他们，管他们一顿饭的，领着亲戚一起去看戏，中午吃一顿饭，下午可以接着去看戏或者去逛。有庙会的时候，街上热闹得很，卖什么的都有，还有不少新奇玩意儿，小孩子们都跑着去看新鲜，家里的人也会去逛逛，这个时候女性也是可以去的，但大多数都是结伴而行或者跟家人一起，或者跟周围的人一起。

（五）其他娱乐活动

石东村自己组织娱乐活动的情况很少，除了之前村里有两个戏班以外，村里便很少组织大型的娱乐活动了。每年的正月十五、十六两天，村东头的常庄总是会请一些玩狮子的队伍，还有踩高跷的队伍，但是石东村就没有这种活动，所以每年的这两天村里很多人都会去常庄看热闹。家里忙的时候没人会去看，闲的时候就会结伴去，妇女一般也很少去，都是家里的男性带着孩子或者是小孩们结伴而行。从李家到常庄走路需要三四十分钟，还是比较远的，一来一回要耽误好多事情，所以一般情况下家里只要稍微有点儿活干，大家就不会去，去之前还是要跟家里的家长说一声的，家长同意了才可以去，如果大家长说今天还有什么事情要做，不让去那也就是不能去了。村里很少组织关于武术、音乐、跳舞的活动，除了有两个戏班以外，也没有其他的组织，但是家里有白事的时候会请响器班，石东村没有人会吹，所以一般都从外村里请，响器班里吹拉弹唱的都是男性，没有女性，李家无论男女老少也都没有人参与到这样的组织中去。对于李家来说，平时除了干活就是吃饭睡觉，农活已经很繁重了，所以很少有人有时间去从事一些娱乐活动，对他们来说最大的娱乐活动也就是在吃饭的时候端着碗饭在树下与别人聊天了，而且端着碗出去吃饭的大多也是男性，女性很少这样。

第五章　家户治理制度

从家庭层面来看,李家当家人在家户治理中处于核心位置,具有绝对的支配权力,无论是李水柱当家还是后来长子李转运当家,家长的威信都是不可动摇的,家长对于家户财产、成员制衣权、对外交往权等方方面面都有决策权力。李家没有成文家规,只有默认家规,默认家规包括做饭、吃饭、请客、请示等主要内容,其中李家家长是李家家规家法的主要制定者和执行者,同时,当家家长还有奖惩家庭成员的权力。从村庄层面来看,村里会通过修桥、修路、看寨、巡逻等各类活动对村民进行管理,也是村庄保护的一种形式。从国家层面来看,国家主要是通过税收和征兵两方面内容对村庄进行管理,而李家家庭成员也通过按时交纳税款、参军等方式参与到国家的治理中去。

一、家长当家

(一)家长威信

1950 年以前李家的当家人是李水柱,因为当时李家只有三代人,其中李水柱是第一代,而且李水柱是没有亲兄弟的,只有几个姐妹,所以李水柱早早地就成了李家的当家人,因为他是唯一的男性后代,所以当家人自然就是他。1950 年李水柱去世,李家的当家人就变成了李水柱的大儿子李转运,李转运之所以成为李家第二个当家人,主要原因是因为他是李水柱的大儿子,一般家庭接替当家人都是家里的老大,而且李转运为人处事都比较放得上台面,在李家也很有威信,所以由李转运作为第二任当家人在家里也是很有说服力的。

在一个大家庭里,家长的权力是最大的,而这种权力也可以理解为是一种世袭的,就像封建社会王孙贵族传位是一样的,而且一般都遵从"嫡长子继承制",对于一家一户的家长权力也是这样的,当家家长的权力都是由自己的父辈交给自己的后辈,这样代代相传的。同时这个权力也是被家庭成员所承认的,因为对于上一代人把当家权力交给下一代人的选择中,上一代当家人也是十分谨慎的,也是经过一定考察的,虽然在大多数的时间都是把当家权力传给了自己的大儿子,但是也有例外,因为选择当家人不仅仅是要考虑年龄,还要考察他的办事能力和责任担当。有的家庭明显大儿子不争气、不成才,那当家人的权力自然是不能交到他的手里,这个时候就可以考虑让自己另外的儿子来担任,所以在当家人的选择上一般都是慎重再慎重的,都是经过充分考虑选择了那个能促进家庭发展的人,所以家长权力一旦确定,就会被这所有的家庭成员所承认。作为一个家里的大家长,他所要管理的就是家庭内外大大小小的事务,虽然有的事情不需要身体力行,但是也要做到统筹兼顾、统领全局,而且作为大家长,他管理着家里的每一个成员,只要大家在一起同吃同住同劳动的,都是大家长的管理范围,大到家庭成员的娶妻生子,小到赶集买东西,家里没有一件事情是不经由当家人决定的。遇到家里成员娶妻生子这样的大事时，家里也是会召开家庭会议的，主要就是由当家人来说一下这件事情，并说明一下自己想要怎么办，然后其他的能说上话的家庭成员可以提些建议，但最终这些建议是否被采纳以及这件事情怎样开展，还是要由当家人拍板决定的。一般来说，家里的其他成员是不具有决定权的，也就是说不管事。

在石东村，每家每户在家中最有权威的那个人就是当家人。他不仅最有权威，而且管理着家里里里外外的事务，大家都称每家的当家人为这家掌柜的，顾名思义，掌柜的就是拿着家里的钥匙，掌握着家里的大权，如果有外人来到李家借东西，就会问你家掌柜的在不在，可见大家对于掌柜的地位的认可。在李家家中具体管事的人就是家里的大家长，即掌柜的，家里家外无论大小事务基本上都是由掌柜的来决定的，虽然像做饭做衣这样的事情是由女人来具体做的，但是一般都要首先获得掌柜的认可，比如今天想要改善一下伙食，就要有掌柜的提出或者向掌柜的提议。

一般情况下，每家每户的掌柜的都是家里的男性，女性很少有当家的，但是也不是完全没有，有的女人丈夫去世了，婆婆也不在，儿子还小，这种情况下，这个女人如果不改嫁的话也是可以当家的，因为没有别人能当，但是等到儿子长大了就要让儿子来当家。还有的人家女性比较厉害，她也可能会当家，尤其是家里的事务可能都会由她一手来安排，但是就是这种情况下，她的丈夫对外也是当家人，外面的事务还是要由丈夫出面，只是这个女人在家里会提前跟丈夫商量好，不像男性当家的人家，丈夫做决定，从来不会跟自己的妻子商量。

在李家，家庭成员们对于自己家的当家人是给予完全的信任和尊重的，家里所有人的粮食收入或者金钱收入都掌握在当家人手里，家里的大小事务都由大家长来决定，其他人虽然有时也可以提意见，但是决定权还是掌握在家长手里，大家对于当家人的决定都要服从。一般作为当家人，他要照顾整个家庭事务的周全，所以在做事的时候都会秉持公正公平的原则，避免引发家庭矛盾，家庭成员对于大家长的身份也是十分认可的，对于大家长做的决定大多时候也是满意的，因为大家长所做的事情也都是为了整个家庭的发展考虑。就像在李家李水柱作为大家长，他安排谁去地里干活，他安排每天吃多少粮食，这都不是为了他自己考虑，都是为了整个大家庭的生计，而且干活的时候当家长的并不是只指挥别人，自己也是要带头干的，所以不存在对大家长不满意不信任的情况。

（二）家长权力

1.财产管理权

在石东村，对当家人的称呼就是掌柜的，叫掌柜的最主要的方面就是因为他掌握着家里的钱，因为钱一般都是放在柜子里用钥匙锁起来的，而钥匙就在掌柜的手里。李家的日常收入主要包括粮食收入和金钱收入，粮食主要来自于家里的土地，而金钱收入则来自于李水柱二儿子李广太经营的商铺。因为李家三十五亩地是由李家全家老小一同耕作的，所以粮食收获以后不管是多是少都是属于全家人的，这点是毫无疑问的。而李广太经营的商铺，虽然是李广太在负责经营，但这个商铺是属于李家全家人所有的，因为这个商铺进货的钱最初来自于家里收获的粮食，而且在商铺入不敷出的时候，也是以农补商的，又因为李家没有分家，当家人是李水柱，李广太日常的一些收入都是交到李水柱这里，所以在李家是没有私人财产的，这些钱虽然掌握在李水柱手里，但也并不是李水柱私有的，他不可能拿这些钱去购买个人物品，满足个人的需求。

家里的每一分钱都要花到家里人身上,都是为了整个家庭的生产生活,家庭成员没有也不能有私房钱,家里的所有现金以及其他重要的物品都在李水柱手里掌握着,他可能会把钱还有一些其他东西锁在柜子里,这个钥匙也只有李水柱自己有,其他人不能拿。平时家里无论男女老少都没有零花钱,如果需要购买物品都是由李水柱去买,或者由李水柱给某个人一些钱,让他去买,这些钱一般都是刚好的,如果多了也会把钱再拿回来,没有人会藏私房钱。李家儿子们娶亲的聘礼是很少的,因为整个时代就是这样,具体有多少也没有记录过,但是家里媳妇进门时带的嫁妆,大多都是一些柜子,这些东西带过来都属于她个人所有,放在他们小家庭居住的屋子里使用,等到分家的时候,谁带了东西谁还分走,不会把它分给别人。作为当家人,还要在粮食收获以后大致安排一下粮食的用度,包括留多少种子,留多少作为税,留多少以备灾患,以及每天大致吃多少才能保证大家吃饱,这些都是提前有计划的,而且这些计划都是由当家人来做的,而且家里一年两季收获的粮食都是放在家里的棚子里,全家人共同吃,这些粮食也不需要有人看守,因为粮食是放在里面的,不会有人来偷,家里的家庭成员也没有人敢偷偷地把粮食带出去卖掉换钱。如果家里真的需要钱来周转,比如经营的小卖店需要进货资金,那是否卖粮食以及卖多少粮食都要由当家人来决定,其他人无权私自做决定。

2.制衣分配权

李家人的衣物都是由李家妇女自己亲手做的,因为李家种了二亩棉花,每年都会把这些棉花轧一轧,然后纺线织布做衣服。一般来说,做衣服时具体的安排都由当家人的妻子来做,比如李水柱当家的时候就由他妻子李桂氏来做具体的安排,但是也是经过李水柱默许的,如果在某件事上需要专门为谁做一件衣服,这是需要提前请示李水柱的,比如家里有孩子要外出上学,做母亲的想要为自己的儿子做一件新衣服,那就要去告诉李水柱一声,虽然说李水柱是一定会同意的,但是也必须得告诉他。除了特殊情况以外,平时轧棉花纺纱织布都是李桂氏领着媳妇们一起来进行的,等到所有的布匹都织完要做新衣服的时候,是需要大致分配一下布匹的,是按照家里每一个小家庭的成员来分配的,在婆婆年轻的时候,婆婆可以把自己和丈夫的衣服做了,等到婆婆年迈做不动衣服的时候,公公婆婆的衣服就要由媳妇来做,而做媳妇的不仅要把自己丈夫和孩子的衣服做好,同时轮流为自己的公婆做衣服。

3.劳动分配权

农民的日常生产劳动都是围绕着土地进行的,在做农业活的时候,一般都是全家老小齐上阵的,老人只要身体状况还不错,就能去地里干活,在村里不乏70多岁的人还在田里干活的,而小孩子只要开始会跑,就会去田里跟着大人帮个小忙。对于李家来说,干农活也是全家老小齐上阵的,刚开始的时候当家人是要具体分配一下每个人干什么,比如男性要来犁地、使牲口、耙地,而女性一般就是播种、拔草。也就是说,一般情况下大的力气活都有男性来干,轻松一点儿的活女性来干。到了后来,大家对田里的活都十分清楚了,就不需要每一次都由当家人来安排,每个人都知道自己应该做些什么,农忙的时候大家各自干好各自的活,农闲的时候李家的女性一般都是在家里织布做衣服,而李家的男性就会磨豆腐卖豆腐。总之上至七旬老汉,下至五岁孩童,只要身体康健,在田地里就能看到他们劳动的身影,这就是农民的常态。

4.婚丧嫁娶管理权

婚姻大事向来都是父母之命、媒妁之言,在李家也不例外。李家人的婚事都是由当家人来具体安排的,李水柱在世时操持了两个儿子的婚事,三儿子结婚的时候他已经去世了,是由大儿子来操持的。在李家,孩子们的婚事既是由父母决定的,也是由当家人决定的,因为父母和当家人是一体的,尤其是父亲,李水柱在世时他的两个儿子结婚就是由他全权负责的,当时李水柱也是李家的当家人。李水柱的孙子结婚时李水柱已经不在世了,而且李家已经分家了,所以孙子们的婚事都是由他们的父母决定的,而他们的父亲也是他们家的当家人。家里有老人去世,丧事的具体操办也是由当家人与本家长辈进行商议之后做的决定,其他人没有这个权力。祭拜祖先的时候也是由当家人来做具体安排,其他的家庭成员服从并参与即可,有些不需要全员祭拜的情况,就由当家人一个人或者再带着兄弟或儿子去祭拜就可以了,但是当家人是必须参与的。

5.对外交往权

在李家,家长是对外关系的代表者,是处理一切对外关系的权力所有者,家长在对外关系中往往代表着整个家庭成员的意愿,而不仅仅是他个人的。因为李家经营了一间小卖店,所以有的时候在资金周转方面会存在一些问题,偶尔需要向别人借个两三天的钱周转一下,这个时候去借钱的都是当家人,因为只有当家人有权力去借钱,而且外人也只认可当家人出面借钱的行为,如果家里的其他成员出去借钱,别人是不会借给他的,因为他不是当家人,那么还钱的时候就不知道该向谁要。因为大家都默认当家人的借钱行为是代表了整个家庭,到时候还钱的时候要有整个家庭来负担,但是如果是家里某一个成员来借的钱,没有人知道他是否经过了当家人的同意,万一之后他不还钱了,别人拿他也没有办法,也不能向当家人催账。别人家来向李家借钱也是如此,李家人也只可能借给关系比较好的当家人,如果不是当家人来借的话,就要问问是否是当家人的意思,还要向当家人求证之后才能借。家长对外关系的代表权体现在方方面面,政府有派粮派款的情况,派粮派款的时候都有官家拿着一张纸条来到家里,这个时候就一定要找到家里的当家人,而不是随便的一个成员,把纸条交给他,让他按时按地点交上粮食、款项,而且对于李家来说,去交粮食或者款项的时候都是李家的当家人去,也就是李水柱,因为到李转运当上掌柜的时候已经没有这一项活动了。

李水柱的子孙们无论是外出做学徒还是去外地进货都是要经过李水柱批准的,或者说都是李水柱提前安排好的,李家没有外出打工的,其他儿子都在家里,除了三儿子李广升曾经阴差阳错地去到了国民党部队当了两年兵,当时也没有让他往家里寄钱。但是在李家分家以前,家里所有人的收入都是在李水柱手里掌握着,无论是家里经营的小卖店的收入,还是家里妇女织的布多了卖掉的钱,无论是谁的劳动,最后的钱都要交到李水柱手里统一保管。

6.权力约束

一家一户当家人的权力都是由上一代人传下来的,所以当家人的权力一旦确定,一般情况下是不会改变的,尤其是在那种父亲当家的大家庭里,无论是他的妻子、儿子还是媳妇、孙子,没有人能够对他进行限制,一般对于当家人的话都是言听计从的,即使是当家人做了错事,家庭成员也不敢指责他,只能大家共同承担后果,不会出现再选一个当家人的情况。而对于父母去世,家里由某一个兄弟当家的情况,一般当家人犯了错事,其他人也不敢说什么,但是免不了在小家庭内部议论,因为兄弟当家与父亲当家还是不太一样的,作为兄弟之间容忍度不高,当对掌柜的不满积累到一定的程度,虽然不能要求换当家人,但是可以要求分家,这个时候可以去找本家里的长辈们来说说理,然后进行分家。除此之外,平时家里家外的事务都是由当家人说了算,其他家庭成员没有太多发言的权利,更不可能随意去指责当家人的行为,只能听从,家族内部的本家人大多情况下也不能干预什么,只能是提醒。但是作为当家人,一般都是以家庭内部的整体利益作为自己做事情的出发点,很少有人会故意做那些损人不利己的事情,所以一般来说当家人都是很负责任的,即使会犯错,也不会故意犯一些无法弥补的错误。

7.权力代理

对于一个家庭来说,家长只能是自己家的人,必须是直接有血缘关系,最至亲的人,不能由其他人代理,即使是本家也不可以。李家就有一个本家的亲戚,家里没有儿子,只有两个女儿,他去世的时候女儿还没有结婚,家里的大小事务就由他的妻子来当家,后来女儿长大了,就招了上门女婿,女婿来了之后就由女婿当家,因为招上门女婿就是招到自己家里的儿子,让他做当家人也是合情合理的。也就是说,即使家里没有男人,也由女性当家,而不会选择一个外人来代理,这不符合一家一户自己管理生活的习惯,虽然妇女当家有诸多的不便,但是如果遇到问题,她是可以向本家求助的,但是不能请人来代理家长,一是自己家的人不会愿意让一个外人来过问自己家里的事, 二是对于一个外人来说他一般也不愿意去管理别人家的事,因为这在日后可能会产生很多的问题和麻烦。

村里每家每户只要是有掌柜的,那这个当家人就掌握着实际的权力,不存在只是名义上当家人这种情况,虽然说选当家人一般都选择自己的大儿子,但是如果大儿子痴呆,或者能力不济,确实无法担任当家人,那也是可以选择另一个儿子来担任的,没有出现过让大儿子做名义上的当家人,实际上由二儿子来进行管理的情况,因为对于小门小户来说不需要这么烦琐,是什么就是什么。

(三)家长的责任

对于一个家庭来说,当家长的不仅拥有很多的权力,同时也有很多义务和责任,这些义务和责任是伴随着当家人的身份而存在的,体现在家庭生产生活的方方面面。

1.当家人必须要做的事情

(1)安排生产劳动

在农村对于一个农户来说,生产劳动占据了日常生活的绝大部分时间,所以这也是大家长特别需要安排的地方。在农忙的时候,大家长要合理安排家里的劳动力,采用齐上阵和轮流上阵交替的方式进行农业生产,家里男女老少只要能干动活的都会参与到劳动中来。当家人也会根据家庭成员每个人的情况(年龄、性别、身体状况、劳动技能)进行分配,尽量保证每个人的活动能够平均下来,不会有人太累,也不会有人太闲,大家都能做到力所能及的劳动强度,只是作为当家人,他也要发挥带头作用。在李家农忙的时候,像犁地、耙地这样的重活都是由当家人带头做的,所以大家对他的安排也都很顺从,不会觉得不满。

(2)分配粮食、衣物

李家作为一个大家庭,大家是在一个灶台里吃饭的,虽然没有把收成的粮食分到每一个小家庭手里,但是作为当家人还是要提前安排好粮食的使用,即大致计算一下一天会消耗的粮食数量,然后告诉自己的妻子,让她在做饭的时候计算着量,每天不可以超过自己规定的数量。如果家里想要改善一下生活,偶尔吃个面条也是需要向当家人提议的,当家人同意才可以。李家的衣服都是自己做的，虽然李家掌柜的不参与做衣服的过程，但是还是要提前计划好，告诉做衣服的妇女做衣服的时候先紧着谁做，这些都是需要当家人来操心和决定的。

（3）为后代谋生计

作为一个家庭的大家长，不仅要考虑眼前家庭的生计，还要为自己的子孙后代着想。像在李家，李水柱虽然会一些木工活，但是随着时代的发展，这种木匠活市场并不大，而且如果家里仅仅依靠农业生产也不可能发展，所以李水柱就千方百计地想要家里人去学手艺，将来能够养活自己，这在自己的孙子辈上体现得尤为明显。李水柱在世的时候就托人把自己的三儿子和大孙子找个地方做学徒学手艺，结果机缘巧合，三儿子在去做学徒的时候当了兵，没有学到手艺，而大孙子学手艺还没有学完就又回到学校上学了。李水柱去世前又交代自己的儿子们一定要让自己的孙子学有所成，无论是做学徒还是上学，都要为自己的以后做打算。

（4）协调家庭矛盾

对于一个家庭来说，和睦相处是最为重要的，因为家和才会万事兴，在李家虽然没有发生过大的矛盾，但是作为一个家庭，日常生活十分琐碎，难免会有磕磕碰碰的时候，这个时候一个有力的协调者也是十分重要的，而家长就在其中扮演着这样的角色。比如在家里的生产劳动过程中，有的时候难免会有某个人干的活多了一些，太过劳累的时候会抱怨几句，不免会让其他人听到之后觉得不高兴，偶尔拌几句嘴也是有的，这个时候当家人就会说"吃亏是福，多干一点儿少干一点儿有什么影响呢，咱们都是一家人，更多是为了整个家里，不要斤斤计较"，就这样小摩擦就解决了。对于小的矛盾要及时发现并解决，因为积累的时间长了会变成大矛盾，作为当家人对这种事情都很了解，所以在日常都发挥着协调和教育的作用。

（5）负责婚丧嫁娶

对于一个家庭来说，无论是父亲当家还是兄弟当家，如果家里还有人没有结婚，那等到他结婚的时候，做家长的就要全权负责，对他的婚事进行操持，包括协调着找媒人，下聘礼，请本家人来帮忙，招待宾客，这些事情当家人都要具体的来安排，其他人不会操这么多心。

2.好家长的标准

对于李家来说，好的家长并不是要慈眉善目，也并不是说严厉的家长就不是好家长，好的家长不是要体现在性格上，而是要体现在作为上。好的家长应该是在安排事务时有条不紊，处理麻烦时得心应手，对待家人要公平公正，凡事都以整个家庭的利益为先，不会为了自己的利益牺牲家人的利益，在必要的时候也会牺牲自己的利益，成全家人的利益，有顾全大局的考虑。尤其是对于兄弟当家的，不能只想自己一个小家庭的利益，而是要关注整个大家庭的利益，甚至对于别人小家庭的关心要多于对自己小家的关心。

3.家长的数量

对于李家来说，家里只有一个家长，不存在名义上的家长和实际上的家长并存的关系，也不可能同时有两个管事的家长。虽然有的家庭可能会存在男主外、女主内的情况，但是即使在男主外、女主内的情况下，一般家里的事情还是要提前请示男性的外当家，只是具体安排的事情由家内的女性来做，对于家长年龄大了不能继续管理家事的情况，不会安排一个人来辅助他，而是直接进行更替，所以大多数家庭始终都是保持一个家庭只有一个家长的情况。

(四)家长的更替

1.更替的情况及人员

（1）出远门

李家李水柱做掌柜的时候，在农闲的时候有时会出去卖豆腐，一来一回也就是一两周的时间。李水柱出门卖豆腐是在自己比较年轻的时候，当时自己的孩子们也都还小，在他不在的一段时间内，都是由自己的妻子李桂氏来处理家里家外的事情，后来自己的大儿子长大以后，如果偶尔自己出趟远门，就都是由大儿子来做主，自己的妻子也就不管了。不仅李家如此，大多数的家庭都是如此，大家的主业基本上都在地里干活，所以当家人外出情况也并不多，偶尔外出如果儿子还小的话，家里内外的事就由妻子全权做主，如果儿子长大了就由儿子来做主。

（2）生病或年迈

在一个家庭内部，如果当家人身体状况变差，而这种情况又是短暂的，一般就由自己的妻子来管理家庭内外的事情。如果是因为年纪大了，身体状况不好，这种情况就要变更家长了，就不会再让自己的妻子代为管理了。对于一般的人家来说，都是选择自己的长子作为接替对象，开始接手家庭内外的事务，李家便是如此，李水柱去世前两年身体状况就不太好了，家里的大多数事情都是由大儿子李转运来做决定的。

（3）过世

对于当家人过世这种情况也分为两种：一种是在年轻的时候意外过世，这个时候自己的儿子年纪如果还小，是不可能让他做当家人的，如果还没有分家，就有自己的兄弟来当当家人，如果自己家已经是一个小家庭了，那就由自己的妻子当家；另外一种是因为年迈去世，这个时候家长的位置就会交到自己儿子手里，一般都是自己的长子。而当家人去世以后是否要分家，各自小家庭产生新的当家人，要看家里的具体情况，比如人口数量以及大家是否愿意分家，李家李水柱去世以后就没有分家，而是由李水柱的大儿子李转运当家，管理家里的事务。

2.更替的顺序及表现

当一个家庭出现变故需要更换当家人的时候，如果原先的家长是父亲一辈的，那只要儿子大了，就由长子来接替，如果儿子还小，就由妻子接替；如果原先的家长是兄弟辈的，家里没有分家，那就由自己的兄弟接替，直到分家以后再由自己的儿子接替。不管是在富户还是贫户，一般都是长子来当下一个当家人，有妻有妾的人家，只要妻子生的有儿子就是儿子来做当家人，如果妻子没有生儿子，就由妾生的儿子做当家人。对于家里没有儿子只有闺女的人家，一般会让自己的大女儿或者小女儿留到家里招上门女婿，由上门女婿来做家里的掌柜的。

只要确定了下一个当家人的权力，那家里的大小事务都由新的当家人来接管了，最重要的一项就是把家里的房契、地契、钥匙都交到新的当家人的手里，同时也会告知本家的长辈，这样一传十十传百的全村就知道了。

二、家长不当家，长子当家

李家在分家以前有过两代的当家人：第一代是李水柱，第二代是李水柱的大儿子李转运，而且这个当家的权力并不是在李水柱过世之后才发生更替的，而是在李水柱过世前的两三年。李水柱由于长年累月的劳动，身体状况越来越差，需要长时间在床上待着，已经没有精力和体力去处理庭内外的事务了,所以就把当家人的权力交给了自己的儿子。之所以由自己的大儿子来接替当家人的位置,一是因为传统习惯,一般家庭都是由长子接替的;二是因为自己的大儿子比自己的二儿子还年长七八岁,年龄上他最合适;三是因为大儿子李转运由于年长几岁所以在家里的劳动能力最强,所以就由他来接替最为合适,家里的人也都愿意。事实证明,在李转运当家的一段时间里,家庭内外的事务处理得很好,家庭成员们也很尊重他,而且李转运农活干得很好,能起到带头作用。在李转运当家的时候,他所拥有的权力和自己的父亲是一样的,一直到合作化阶段以前,李转运一直都对家里的劳动进行分配,而且分配合理,同时,家里的财政大权也掌握在他的手里,家里的每一分钱都要花到全家人最需要的地方,大家挣得每一分钱也都交到李转运手里,由李转运统一保管,大家还是不分你我的,而且李转运当家的时候,还为自己的三弟李广升操办了婚礼,尽到了一个当大哥、当掌柜的责任。

三、家长决策

(一)决策的主体

早年间,在李水柱还年轻的时候,李家家里家外的大小事情都由他全权做主。因为他是李家的当家人,即使在洗衣做饭这样的事情上,虽然他不用做具体的安排,都是由他的妻子李桂氏来做的,但是都是经过李水柱的同意,或者说经过李水柱的授权,比如做衣服要先紧着谁做,做饭要用多少粮食,这些都是李水柱提前告知李桂氏的,所以家里的事情也是由李水柱做主的,没有另一个家内当家人。

李家的所有人都很听李水柱说的话,在大多数事情上只有李水柱有发言权和决定权,其他人只有服从。随着李水柱年龄的增长,在他把当家权交给大儿子李转运的手里之前身体状况就不是特别好了,有许多他力不从心的事情,这个时候大儿子李转运在家里就有一定的权力了,有的时候李水柱会委托李转运去做一些事情,这个时候大家也都默认了李转运将是家里的第二个当家人,所以他说的话大家也都听。前面提到李水柱年轻的时候在农闲期间会出去卖豆腐,这一来一去也会耽误一两周的时间,他不在家的这个时间家里大小事务由自己的妻子做决定,而涉及村民家外的事务,要等到李水柱回来之后才决定,他不在的时间把权力交到妻子手里,不需要特别的向大家庭里的人交代,只会告诉自己的儿子媳妇自己不在家的时间要听母亲的话,不可以惹是生非。

李家家长做出来的所有决定其他家庭成员都是无条件地服从,没有人会违逆当家人的意愿。因为在大多数时间当家人的决定都是经过再三考虑做出的最终决定,一般不会有大的问题,或者说其他的家庭成员自己也没有更好的想法,所以大家都是服从。在李家没有出现过当家人做的决定其他人不满意或者有意见的时候,当然在李家有的时候也是很民主的,有些事情需要商量,李水柱会把家里能参与商量的人召集在一起,把自己的想法说明以后,让其他人发表一下自己的看法。比如在李家做生意这件事上,起初决定做这个生意就是李水柱和成年儿子们的共同意见,大家都同意才这样做,在遇到娶妻生子这样的大事情上,很多具体的细节也需要家里的人共同参与商量,李水柱一个人也不可能把这些事情都做完,因为太琐碎了。家里人进行商量的时候大多都是在吃过晚饭睡觉以前,当家人一号召,家里的人围在一起共同商量一下这件事,一般都是家里的男性参与,如果妇女也在,她们也就只是听听,不会发表意见。

（二）决策的事务

对于李家来说，家里的大小事务无一不经过当家人的手，大到家里人的婚丧嫁娶，小到家里人的吃饭穿衣，李水柱都要关心、安排，尤其是在涉及家庭所有成员的共同事务上，或者是某一家庭成员的终身大事时，当家人的权力是不容置疑的，他拥有着绝对的决策权，但是也不是说当家人在家里发生的任何一件事情都要参与管理和决策。比如说当家人要协调家里的和谐关系，如果家里发生了比较大的矛盾，或者是明面上的小矛盾，当家人就会进行协调，对当事人进行教育和说理，但是如果家里某一个小家庭夫妻两个人吵架拌嘴，当家人一般也不会管的，对于每一个小家庭，父母教育孩子，就算是打骂，当家人一般也不会管的，因为只要闹不大，就是他们小家庭的内部事情，由他们自己解决就可以了。在家里涉及婚丧嫁娶或者买卖土地、房屋等这样的大事情，都必须是由当家人来决策的，其他一些小事情需要决策的，家里的人也可以参与进来，但是最终还是要由当家人来拍板决定的，其他人不具有最终的决策权。

四、家户保护

（一）社会庇护

1.家长调解矛盾

其实对于李家来说，基本上没有和外人发生大冲突的时候，因为从李水柱平时就经常教育自己的儿子在生活中要以忍让为主，自己的儿子又教育自己的孙子，所以李家没有在外惹是生非的人。但是也不是说完全没有发生过矛盾，邻里邻居相处总会有发生摩擦的时候，尤其是小孩子，街坊之间的小孩经常在一起玩耍，这就不免会发生争执或者磕碰的情况。如果两个孩子发生矛盾，一般都由他的父亲出面调解，特别是在他的爷爷是当家人的时候，孩子之间的矛盾用不着当家人出面，双方父母见个面就可以了，如果是家里的成年人在外与别人发生矛盾，比如前面提到的李家本家一个亲戚因为向李家借钱产生误会，在街面上破口大骂的情况，这个时候就由当家人出面进行解释，好在最后也能圆满解决，这种大一点儿的矛盾都是由当家人出面协调的，如果当家人出面也没有得到解决，就会有本家的长辈们进行协调，因为大家都不希望矛盾激化。

2.依赖家庭

对于李家的家庭成员来说，家里的人就是自己最大的依赖，如果在外遇到了危险或者困难，第一时间想到的就是家人。而作为家人，在自己的亲人遇到危险或者困难的时候，总是第一时间就去帮助他解决，因为对于李家的人来说，家人的事情就是自己的事情，帮助家人解决困难，就是帮助自己解决困难，在孩子小的时候总是父母对于孩子的保护多一些，当孩子长大了，如果村里有人欺辱自己的父母，那作为孩子也一定会帮父母出气的。

3.处理矛盾

李水柱做当家人时对于李家人的教育就是出门在外不要招惹是非，要低调，即使是别人故意找茬，也要学会忍让，不可随便与别人发生争执，所以在李家的人与外人发生矛盾时，李家的人一般也都不护短，如果自己确实也有错，就会由当家人出面向别人道歉，如果是小孩子的话就由父母带着孩子去道歉，但是如果错不在于自己，而在于别人，那李家也是要去找人家要个说法的，李家作为一个中户，自己不欺负别人，但也绝对不容许别人欺负自己。

4.惩罚家人

对于家里成员犯错的情况,李家是不容许别人来教训自己家的人,自己家人即使有错,也要由自家的人进行管教,外人不能进行处罚,就像李永池偷偷打牌的时候被二叔李广太发现了,李广太先是打了他一顿,又把这件事情告诉当家人李水柱和李永池的父亲李转运,又是对他进行了一番教育,也是打了他一顿。打牌这件事情确实有错,而且在李家也不希望有人沾染上赌博,但是即使李永池做错了,除了他的爷爷、父亲和叔叔,其他的本家人都不能够打他或者惩罚他,因为他们没有这个权利。

5.讨公道

对于李家来说,他们从不招惹是非,因为李水柱经常说,自己家在村里还属于一个中等户,无论是在人口还是经济方面都比大多数人要好,因为村里没有几个大户,所以绝对不可以仗势欺人,让别人背后骂自己,所以为人处事很谨慎,从来不会欺负别人。但是作为李家也是绝对不容许别人来欺负自己的,如果家里某个家庭成员在外受了委屈,那对于李家来说就是欺负了整个李家,虽然李家也不会去教训别人,但是还是要去讨个说法的,不能白白受到欺负,去讨公道的时候都是由当家人去,或者当家人会带着自己的儿子一同去。

6.家丑不可外扬

李家对于家丑不可外扬的说法是十分认同的,家里发生了不好的事情都不想传出去,因为他们认为说出去也没有好处,除了丢人也没有收益。尤其是对于家里内部发生矛盾的事情,李家认为如果传出去只有两种情况:一是别人与李家关系甚好,会来进行劝解,但是清官难断家务事,家庭内部的矛盾由家庭内部解决最好,别人也掺合不来;二是与李家关系一般的人,可能还会进行挑拨离间,这样会使矛盾更加激化,可能会发展到不能解决的地步,所以把家丑传出去对于一个家来说绝对没有任何好处。

(二)情感支持

对于李家的家庭成员们来说,家永远都是可以依靠和依赖的地方,在外边遇到开心的事情想要跟家人分享,遇到挫折的时候想要向家人寻求安慰。对于在外求学的李永池来说更是如此,1949年以后,李水柱的长孙李永池经过自己的不懈努力最终考上了大学。在李永池上大学的时候,家里已经不像原先那样富裕了,出门求学只有一身衣服可以换洗,他每天都是晚上洗衣服,早上穿上,一个季节只有一身衣服,而自己的同班同学大多是城市里的人,父母都是干部或者工人,只有自己是农村人,再加上家里经济条件也不好了,李永池在求学的过程中总是少不了受委屈。从石东村到郑州上学,中间有六七十公里的路,家里也没有其他的交通工具,只有一辆破自行车,李永池每周都骑着自行车往返,在学校受了委屈,回家不敢告诉自己的父亲,就告诉自己的母亲,母亲就会安慰他,会告诉他虽然家里很困难,但是只要能坚持就让他上学。李永池在外上学总是会思念自己的家人,但是无奈求学之路漫漫,又是自己选择的道路,所以只能坚持再坚持。在李家,父母对于自己的孩子也没有过高的期望,就是希望他们能够学到一门手艺,能保证将来自己的生计不成问题,李永池在外求学是他自己的选择,而不是家人的要求或期望,家人只是支持他,不会给他太大的压力,对于李家的人来说,不管走多远心都是在家里的。

(三)防范天灾

一个人的一生不可能一直顺顺利利,总会遇到这样或那样的磨难,对于一个家庭来说也是如此，天灾人祸总是难免的。河南在1942年发生了十分罕见的旱灾，这对于以农为生的农民来说无疑是一个巨大的打击，对于李家来说也是这样。

这场巨大的旱灾让许多家庭都受到了严重的创伤，许多贫苦的人家无以为生，饿死的饿死，逃荒的逃荒，李家作为村里的中等户，虽然家里没有饿死人，也没有人逃荒，但是日子也不好过。三十多亩的土地只有十亩左右能够耕种，李家在这艰难的时候种了两亩红萝卜，两亩红薯，七亩高粱，粮食收下来以后，李水柱交代李家上下一定要节约粮食，萝卜缨、红薯叶、红薯梗等只要能吃的，全部都要留下来，不可以浪费，在此期间因为粮食很少，为了维持生存，这些萝卜缨、红薯叶就成了重要的食物，因为没有菜，就把这些蘸着辣椒吃，高粱太少，每次做饭就放一点儿高粱，掺着萝卜菜一起做汤，就是这样艰难地度过了年景。虽然大家生活得很艰辛，每顿饭都吃得半饱，但是全家人同舟共济，力往一处使心往一块聚，遇到再大的困难，只要大家携手共进，就不用害怕。在这样巨大的困难下，家里全由李水柱来总体指挥，其他家庭成员也都配合李水柱，每个人都充分发挥勤俭节约的精神，正是大家的团结一心才使这场灾难变得没有那么令人恐惧，在每天做饭的时候，大家的伙食是一样的，但是也始终记得尊老爱幼的传统，比较新鲜的菜，先让老人和孩子吃，虽然大家的伙食都不好，但是家里但凡能有一点儿好的东西都先给老人和孩子，在灾难面前，当家人也是尤为重要的，全家老小全靠这个主心骨。

旱灾来势凶猛，整个河南地区都受到了影响，家家户户都很紧张，村里的老年人便组织大家去龙王庙求雨，去土地庙祭拜，这样的活动在这个时期很频繁，大家都把希望寄托在这些神明身上，李家也不例外。李家的人也积极地响应村里的组织，去祭神拜神，祈求神明显灵，能够救大家于水深火热之中，因为当时的旱灾并不是一家一户的事情，整个河南地区都很严重，也因为当时战乱不断，社会动荡，政府也不作为，也没有政府拨粮的情况，所以有很多人饿死，有很多人逃亡。李家能够苟延残喘地活下来全靠节衣缩食，全靠对所有的粮食作物进行全面的利用，只要能吃就不浪费，基本上除了泥以外就没有扔掉的部分，基本上全都是粗粮，但是李家也有一部分好粮食，那都是在过去正常年份下预留出来以备不时之需的，但是数量很有限，几个月还不吃一次，而且做了以后还是先紧着老人和孩子吃，年轻的成年人还是吃粗粮咸菜。

（四）防备盗匪
1.村里的土匪

1950年以前石东村也存在有土匪，而这些土匪大多是村里的贫困户，家里穷得一穷二白，他们也并不是贫穷人联合起来成为土匪，而是依附于村里的"二宋"家，即宋全升和宋宪兵家，这两户人家是村里的恶霸财主，有权有势，村里的贫穷人家，就依附于他们，算是与恶霸勾结的狗腿子。

这些人大多都是村里的人，也有周边村庄的，他们一般情况下不会抢劫村里的村民，主要是劫路，打劫过往的商户或过路人，有的抢钱，有的抢粮食，就是有什么抢什么。这些土匪一般情况下不抢村里，是因为他们对村里的情况很了解，石东村并不富裕，村里能数得上的也就那两三家，还都是恶霸财主，是他们的依附对象，村里的其他人家家里条件都一般，他们想要去抢些东西也抢不来，只要不招惹他们，定期交点儿保护费，就不会被他们刁难，但是招惹他们的人，不一定什么时候就被他们拉出去杀了。因为他们依附于村里的恶霸财主，所以是狗仗人势,连官府都拿他们没有办法,所以大家尽量都不会去招惹他们,能躲就躲,实在不能躲了就尽可能地满足他们。李家没有遭遇过土匪抢劫,过去家里也没有为了防止土匪抢劫而加固门楼,因为每家每户的情况都一样,你再怎么加固别人想要抢劫你也没有办法,普通人也只能逆来顺受,毫无反击之力。

2.本家遭遇绑架

李家一个本家的亲戚叫李掌运,在他十二三岁的时候被山上的"傥僵"[①]抓走过,当时抓走了很多人,然后留下纸条说让家里人拿钱去赎人,不然就把他们杀了。但是因为这些流窜的匪徒对石东村并不了解,抓走的大部分都是穷人,这个本家的李掌运家里也是很穷,大家根本就没有钱去赎孩子,听说当时这些"傥僵"的一个头头等了几天实在等不及了,就把抓来的这些人带到林子里,准备用枪把他们都敲[②]了,敲了几个以后一个头头回来说你把他们都杀了,谁给你钱,后来也没有把他们杀完,最后也不知怎么地,这些人就跑回来了,这个本家的亲戚也跑了回来。

3.防范土匪

在石东村,为了防止土匪来犯,四周都建有寨墙,而且每家每户都要出人晚上在寨墙上轮流巡视,巡逻的人手里都有家伙,而且寨墙很高,所以一般是没有外边的土匪来抢劫的,寨墙是石东村防范土匪的重要保障。

(五)防备战乱

石东村是切切实实地经历了日本侵略战争的后期,当时国民党的军队驻扎在石东村,日本鬼子来了之后,国民党的军队没有奋起抗战而是落荒而逃,日本军队在石东村不战而胜。这个时期日本人在中国待的时间已经很长了,战争迟迟不结束,日本军队里应该也有亏空,所以在石东村发生的抢劫事件很多,虽然这些日本鬼子在石东村并不是见人就杀,但是他们经常性地去家家户户里进行搜寻,抢农民的粮食和家禽,如果遇到反抗的就会杀掉。尤其是他们刚到石东村的时候,村里的每家每户都是坐立难安,这些日本人来到家里,家里的每一处都要搜索一遍,连面缸都要翻个底朝天。因为村里发生过晚上日本军队去家里把全家都杀光的情况,所以刚开始李家每到晚上就全家老小去田地里睡觉,不敢在家里待着,因为李家没有防范对策,家里既没有枪支弹药,也没有挖地道,只能靠躲藏。石东村也没有组织大家进行反抗,都是能不招惹就不招惹,好在家里没有人受到伤害,而且日本军队在石东村待的时间并不久,很快就去到了许昌,在许昌的时候没有打赢就全面投降。

五、家规家法

(一)默认家规及主要内容

1.家规的形成

李家在村里不是大门大户,家里的大多数人也没有上过学,所以家里也没有成文的家规家训。家里只有不少的默认家规,而这些家规都是由长辈们言传身教传下来的,在日常的生活中,在做每一件事情的过程中,家里的长辈就会告诉你该如何做,怎样做才是对的,通过耳

---

① 傥僵:指流窜的土匪。
② 敲:用枪子儿射死。

濡目染和潜移默化,这些不成文的家规就印在了每一代人的心里并实践在生活的点滴中。这些家规虽然没有白纸黑字地写着,但是大家都要自觉地遵守。在李家,家里的规矩都是由李水柱定下的,他会经常教育自己的子孙,督促他们遵守。

2.做饭及吃饭的规矩

在李家平时做饭的都是家里的妇女,包括李水柱的妻子李桂氏和她的儿媳妇们。李桂氏年轻的时候做饭都是她领着儿媳妇们一起的,有人洗菜,有人炒菜,有人烧汤,这样效率会高一些,后来李桂氏年纪大了就不做饭了,她把事情都交代给自己的大儿媳,让大儿媳带着她的妯娌几个一起干。三儿媳妇还没有进家门以前,就是李桂氏和两个儿媳一起干,三儿媳进家门以后,就是三个儿媳妇一起做饭,大多数时间都是她们三个一起的,而不是轮流做饭,因为家里要吃饭的人很多,一起做会比较节省时间,但是刷碗是需要轮流刷的,因为刷碗活儿不重,一个人就能做。

在李家一天吃多少粮食,这个量是由当家人在粮食收成以后大致计算后的结果。对于李家这样的中等户来说,在吃饭方面也只是能吃饱不会受饿,但也不会吃得很好、很丰盛,他们每天吃什么是多少,基本上都是固定的,一天三顿饭都是烧汤、炒菜、吃包皮馍①,所以不需要安排,妇女就自觉主动地去做。不会说谁想吃什么家里就做什么,一是大家没有这个权力,二是家里也没有这个条件,但是当家人是个例外,作为当家人他偶尔会提出吃一顿捞面条,吃一顿捞面条,对于李家来说就算是改善生活。因为做捞面条要用的面是好几天烧汤的量,而且吃捞面条就要买菜,平时都是吃家里面的菜,但是吃捞面条的时候就要割豆腐、买粉条,所以只有当家人提出来才可以,家里的其他人提出要改善生活是不被允许的,而且一般也没有人敢提。

在李家平时很少买菜,自家种的就有红萝卜、白萝卜,还有不少的野菜,平时都是变着样地吃这些,所以不需要从外买。但是偶尔需要买菜的话都是由掌柜的去,因为家里的钱在掌柜的手里,其他人没钱去买菜,如果当家人没有时间,而家里又需要买菜,当家人就会拿一点儿钱委托给自己的大儿子,让他去买,钱没用完回来还是要上交的。

李家平时吃饭不会在桌子上吃,因为家里除了一个方桌以外没有其他的桌子凳子,这个方桌是在家里有大的事情时才拿出来用的,平时没有人会在上面吃饭。另外村里都是有"饭市"的,就是吃饭的市场,家里做好饭以后,家里的男人、小孩就会端着饭去外边,一般都是在树下,街坊四邻都围在一起,说着吃着,这就是"饭市"。基本上每条街都有一个点,李家的门口有几棵大槐树,这里是大家集中吃饭的地方,端着碗出去吃饭一般只有家里的男性才会这样做,家里的妇女都是在院子里或在屋里吃饭,很少有人端着碗出去的。

对于农民来说吃饭是头等大事,而且对于很多农民来说都是吃不饱饭,像李家这样能吃饱饭的都是大家羡慕的对象。但是也并不是说李家就十分富裕,能吃饱是能吃饱,但是也绝对不可以浪费。李家的人没有人会剩饭,只要盛到自己碗里的就一定会吃完,哪怕是手里的馒头掉到了泥坑里,也要捡起来把它吃了,倒也不是因为说你不吃完或者不捡起来的话家人会打骂你,而是家里的粮食是很有限的,家里的饭做好以后在每个人手里的量也是一定的,如果你浪费了,那你就吃不饱了,而且如果因为是自己盛的饭太多没有吃完,家里的人就会

---

① 包皮馍:外包裹着一层好面,里边是粗粮面。

谴责你,严重的话下一顿就不让你吃,所以大家都不会浪费粮食。

在李家无论男女老少,即使是1942年前后在李家做工的两个人,大家吃的饭都是一样的,都是在一个锅里做出来的。对于李家来说就这些粮食,再怎么变着法的也就这些东西,基本上没有好坏之分,而且每天吃的饭菜都基本一样,所以根本就不存在谁吃得好一点儿,谁吃得差一点儿,因为家里不可能做两锅饭。但是因为大部分粮食都是粗粮,平时吃的都是黑面馍,所以有时家里会蒸两个好面馍给老年人吃,有时也让小孩子吃两口,家里妇女坐月子,隔三岔五地给她煮一个鸡蛋补充一下营养,如果家里有人生日,就给这个过生日的人买两个鸡蛋,除此之外家里在吃饭方面就没有特殊的待遇了。当然虽然饭菜的标准一样,但是每个人吃的量是不一样的,像家里边在外劳动量大的男性,每天做的饭当然要给他们多盛一些,不是因为他们劳动辛苦了要多吃点儿饭,而是因为男性饭量本身就是比女性或者孩子、老人的多,所以让他们多吃一点儿也是合理的。

在李家做饭是妇女做,盛饭也是妇女盛,家里男女老少的饭都是妇女来盛,男人是不会盛饭的,等着吃就可以,一般都是先给老人盛,再给男人盛,然后给小孩盛,最后自己吃,盛饭的时候给老人的饭要熟的透一些,给男人盛的饭要多一些,给孩子的要少一些,然后端饭的时候都是由家里的小孩们去端,先给自己的爷爷奶奶,再给自己的父亲,最后就是自己吃。

一般情况下男性都端着饭碗出去吃饭,老人、妇女在家吃,或者有的时候下雨天大家都在屋里吃饭,老人不动筷子,其他人是不会动的,这是一个礼貌问题。如果家里来客人了,需要招待客人,在盛完饭之后,就必须是客人先动筷子,然后其他人才能动,这是一个教养问题。

农忙的时候,家里的男劳动力就不回家吃饭了,就在地里吃饭,妇女们在家把饭做好之后,有时会让未成年的大孩子去送饭,有时家里的某个妇女去送饭,这都是比较随意的。送饭没有固定的人,谁有空谁去,在劳动量比较大的时间,家里人去送饭的时候会比平时的量多一些,一般都是多拿几个馒头,让他们半晌饿的时候再吃,算是加餐。

3.座位规矩

李家基本上是没有桌子椅子这些家具的,只有一个方桌,还有两把带扶手的椅子,还有就是用麦秸秆做的墩子,这些平时家里人都很少用。白天没有人会坐着,都在干活,吃饭的时候都是端着碗蹲在屋里或者外面,这些东西都用不上。但是如果家里来客人了,一般会让客人坐在墩子上,因为带扶手的椅子是家里的老人才能坐的,也是在特殊的场合才会坐的,比如家里的晚辈要结婚拜天地,那爷爷就坐在左边,奶奶就坐在右边接受新人的跪拜。而家里的方桌只有在招待重要宾客的时候才会用,比如招待媒人,面朝门的为上座,重要客人就坐在上座上,如果重要的客人不止一个,那上座的东面也算是主座,因为东为主,依次排开便可。除了这种因为感谢专门招待某个人的时候是这样坐的,其他时候招待客人都是要考虑身份、年龄和辈分的,对于李家这样的普通农户,如果招待官员,那不管官员的年龄是大是小,都是让他坐在主座上的,如果招待街坊或者自家的亲人时,都是按照年龄和辈分,年龄越大辈分越高就越要尊重,他们就坐在主座上。

4.请示规矩

在李家,家里家外的事务都有掌柜的来决定,掌柜的做事不需要请示别人,而家里人做事都是按照掌柜的安排,所以很少存在请示一说,但是也是有例外的。

（1）借东西的请示

按说别人来李家借东西，不管是借钱、借生产工具或者牲口，都是应该直接向当家人李水柱借的，但是有时候人家来的时候李水柱不在家，家里的其他成员又无权把东西借给他，所以等到李水柱回来之后要向他请示，告诉他谁什么时候来家里借什么东西，看是否能够借给他。如果当家人同意了，当家人就会告诉家里的人，如果下次人家再来的时候，他不在家就可以直接把东西借给他，借东西是需要事先请示的，不能擅自做主。

（2）生产经营的请示

李家在劳动生产的时候，家里成员每个人的任务都是李水柱提前说好的，大家尽管干好自己手里的活就好，大家各自做好分配到自己手里的任务，没有需要请示当家人的地方。但是李水柱的二儿子李广太经营着李家的商铺，在进货的时候需要请示李水柱，在进货之前要告诉李水柱他需要买什么东西，大概需要多少钱，要去哪儿进货，去多久，李水柱同意之后他才可以去。而且李广太经营商铺的收入，每天都要交到当家人手里，并大致地说一下今天都卖掉了什么东西，挣了多少钱，做到家里人尤其是当家人心中有数。

（3）家庭生活的请示

李家的日常生活也是由当家人做主的，因为每天所吃的粮食的量都是由当家人提前计算好的，而且吃什么基本上都是固定的，所以不需要请示，由妇女自己做就可以，除非是当家人有要求才会有例外。如果家里有人生日而当家人不记得的话，家里的妇女就会请示一下当家人，说明家里有人要生日，需要买鸡蛋，当家人就会亲自去买或者委托家里的某个人去买，平时家里买生活用品也都是由当家人亲自去的，但是当家人不可能时刻关注着家里缺什么，所以家里的成员尤其是当家人的妻子，在发现家里少了些什么之后要立马请示当家人，看是否需要购买，如果需要的话就要当家人去买，或者委托家里的人去买。

（4）外界交往中的请示

一般来说，李家上街赶集或到庙里烧香都是由当家人去的，但是也不是说其他人不可以去，家里的其他成员想要去庙里烧香或者去集上看热闹的话都要请示当家人，当家人同意了，他们才可以去。家里的媳妇们要去走亲戚，虽然当家人一定会同意，但是还是要提前请示一下，说明自己什么时候去，当家人会嘱咐他们带什么东西并要求早去早回。

日常的这些请示都是口头上的，当事人去找当家人说一下就可以了，不需要书面解释或者召开家庭会议，因为都是小事情才请示，大事都是由当家人决定的，其他人请示也没用。在一个家庭里面，一般请示的都是家里的当家人，而不是说老人，当然，在遇到大事情当家人做决定的时候，还是要与老人商量一下的，因为老年人毕竟经验丰富，所以征求一下意见都是没有错的，但最终的决定权还是在当家人手里，如何判断，如何选择就看当家人的想法。

5.请客规矩

小门小户生活都是比较艰难，像李家这样的中户能顾住自己家人吃穿就很不错了，很少再组织请客吃饭这样浪费物力财力的事情，只有在不得不请的时候才会请客，次数是比较少的。

（1）生产活动中的请客

李水柱会做木工活，所以李家很多生产工具或者日常用品都是李水柱亲自做的。但是像犁、耙、推车这样的大型农具，李水柱一个木匠是无法完成的，好在石东村还有几个木匠,所以在李水柱需要其他木匠来帮忙制作工具的时候,李水柱就会提前去这几家问问,看看某一天谁有空,约到两三个人以后,说明一下做工时间,两三个人一起干活的话。一般两天就能完成,因为这也不是大事,所以不需要专门宴请他们,但是在李家做工的这两天李家需要管这几个人饭,而且做得要稍微好一点儿,多加一个菜或者做一顿捞面条,不能让别人背后提意见。

(2)生活中的请客类型

家里办红白事的时候是一定要请客吃饭的,包括结婚待客、答谢媒人、孩子出生、宴请娘家人、丧礼待客,这几个都是必须要请客的,是不可避免的。其中答谢媒人、宴请娘家人都是摆一桌专门的饭菜,然后找几个陪客,好酒好菜的招待。孩子出生对于普通的农户家庭来说也是不需要办酒席的,但是需要给本家亲戚和街坊邻居送面条,也是一笔不小的开支。结婚、白事是要举行大型待客的,要办上很多桌,找专门会做饭的师傅来,每一桌的饭菜都是一样的,而且标准要和村里同等水平人家的一样,不能比别人的好太多,也不能比别人的差太多,这关乎一个面子问题。办大宴席的时候不需要下请帖,都是家里人直接去通知的,因为交往的范围比较小,有事都是当面进行口头通知。

(3)宴请特殊对象

李家与村里的大户或者当官的来往并不密切,所以没有需要专门宴请他们的时候,但是家里有喜事的时候也会告知他们一声,欢迎他们来捧场。家里的红白喜事都会通知到亲戚和街坊四邻,但是宴请娘家人一般都是专门找出一天,不会和宴请别人的时间放在一起,尤其是在红白喜事方面。

(4)宴请规矩

像宴请媒人或者宴请娘家人的时候一般就是准备一两桌就可以了,这两桌的饭菜是完全一样的,因为同一时间宴请一些人不可能厚此薄彼,是否是主桌对饭菜数量或者质量并没有影响,只是桌上坐的人不一样而已,摆一两桌饭菜的时候都是自家人买好菜自己做饭招待。在举行大型的宴请宾客时,十几桌的饭菜也是完全一样的,但是这个时候是邀请专门的厨师来做的,因为数量太大,而且对质量的要求比较高,家里人做不来。而且一般在举行红白喜事宴请的时候,一个家庭的空间是不够的,需要借用邻居的院子摆几桌,而且还要借邻居的桌子、凳子、碗筷等,不需要租金,因为大家都是互相帮忙,这次你找他帮忙,下次他也会找到你,所以大家都不会太斤斤计较。

(5)陪客规矩

家里摆一两桌招待宾客的时候都是由当家人负责接待的,包括出门迎接和安排座位,主客都是坐在主桌,与这家的当家人坐在一起。一般都是由自家人进行陪客,有时也会请本家的或者邻居关系好的、会办事的人来陪客。如果来家里的客人有男有女,那就是男人一桌、女人一桌,家里的男人招待男客人,家里的女人招待女客人,开席之前就会由当家人告诉客人一定要吃好喝好要尽兴。家里举行大型宴请的时候,因为人员比较多,当家人一个人也忙不过来,一般都是请几个本家管事的来帮忙,一起迎接宾客、安排座位,吃饭的时候,当家人要带着儿子给每桌敬酒,并且交代大家吃好喝好。在男客人多的桌上,当家人也会找一个陪客,让他陪好大家伙,一般当家人会坐在主桌上招待重要的宾客。

6.房屋及进出居室的规矩

（1）房屋结构

李家的房屋是典型的坐北朝南四合院类型，家里共有大小房间十二间，北面包括一个堂屋，两个主厢房，西侧是两间西厢房，东侧是一间东厢房和一间厨房，院子南面是一个厕所，两间牲口棚，一间杂货室，除了住宅以外，门外还有一个小的临街房。从堂屋外东侧小道过去，主房屋后面是一个园子，主要用于摆放柴火和些许粮食。李家的房子勉强够住，没有多余的房间租出去。李家的房子是传统的四合院形式，院子里除了石磨没有摆放多余的东西，但院子里种了不少的树，有杏树、梨树、槐树、榆树、杨树，而且家里也有门楼，门楼在院子的东南处。

（2）"看好"①

李家的房子是从老人手里继承过来的，在分家以前李家因为是草木结构的房子，所以没有重新盖过，就是修补。分家以后开始流行砖木结构的房子，李家也开始盖，盖房子是要请人来"看好"的，看看哪一天开始动土，哪个方位高一点儿，哪个方位低一点儿，这都是有讲究的，这也要支付一定的钱，不过很少，具体有多少也记不得了。

（3）出入房间及议事

李家一个大家庭在一起生活，虽说不分彼此，但是也是有私人空间的。除了堂屋、厨房、牲口棚等公共空间大家都可以随便进出以外，其他每个小家庭的房屋除了每个小家庭的成员以外，家里其他人是不会随意进出的，包括当家人也只是在自己的房间和公共空间随便活动的。比如做儿媳妇的在没有公婆授意的情况下是不可以私自进入公婆的卧室的，妯娌之间要去对方卧室里说话也会先在门口喊一声，说明来意后对方应允了才会推门进去，兄弟之间也是如此，在别人不在屋里时是不会私自进入别人卧室的。家里人议事的时候就是在堂屋，外人来李家议事的时候多都是在李家门外的临街房，因为李家临街房比较宽敞，又处于所在街道的中间地段，李家人也和气，所以本家亲戚或者周围邻居都喜欢来这说事儿。

7.制衣洗衣的规矩

（1）制衣

李家的衣服都是由李桂氏和儿媳妇们来做的，从轧棉花、纺线、织布到最后裁剪衣物都是家里的女性来完成的。家里已婚男子的衣服都是由他们的妻子来做，比如李转运和李广太的衣服都是他们的媳妇做，未婚男子的衣服都是由他们的母亲或者嫂子来做，比如李水柱的三儿子李广升在1949年以前是没有结婚的，他的母亲李桂氏年轻的时候，他的衣服都是母亲做的，后来母亲身体不太好不做衣服了，他的衣服都是大嫂做的。李水柱没有女儿但是有孙女，孙女小的时候衣服是自己的母亲来做，长大一点儿开始学做衣服了，有时就自己做，还会给自己的母亲做，家里老人的衣服都是由媳妇来做的，别的人家如果有女儿，女儿也做。

（2）洗衣

洗衣服这种事在李家都是女人来做的，一般就是小家庭内部洗衣服。比如李水柱的大儿子李转运这个小家庭，李转运及自己孩子们的衣服都是由妻子李高氏来洗的，而李水柱的衣服也是由自己的妻子李桂氏来洗的，后来二人的年龄大了，他们的衣服就由自己的儿媳妇轮

---

① 看好：请专门的风水先生来安排一些事宜。

流来洗。未婚的女子衣服自己洗，未婚的男子外衣可以嫂子洗，贴身的衣服母亲洗，总之没有自己洗衣服的男人，自己洗别人会笑话，家里人也没面子，家里帮工的衣服他们自己洗或者拿回家洗。其实洗衣服的次数很少，衣服都是穿很久才洗，洗衣服都是去附近的水坑洗，也没有盆子，就是在石头上敲，而且没有肥皂，就是把麦秸秆沤①一下，放在房屋边上，下雨天的时候拿个小桶在下边接着流下的水，这种水有碱性，可以用来洗衣服，后来才开始用皂角。洗完的衣服都是放在家里院子里晾晒，有一根长绳子专门用来晒衣服，晒衣服的时候都是分开晒，按照一个小家庭这样把衣服挨在一起，一般是男性衣服放在一起，女性衣服挨在一起，要不然不方便。

（二）家规家法的制定者和执行者

1.家规家法的制定者

李家的家规家法是一代一代的传下来的，并不是家中某个人制定的，而是由整个时代背景所决定的，整个社会上的风气都是如此，或者说李家周围的家户也都是这个习惯。与其把这些当作家规家法，倒不如把它们当作一些约定俗成的习惯，这些习惯到了李家以后，李家便通过日常的生活把它们规范下来，成为家人都要遵守的规矩，这些家规家法已经延续了三四代人，依旧如此。李家人认为家里的人会一直遵守下去，即使这个社会再怎么变化，有些传统的东西还是不能变，要一直延续下去。

2.家规家法的执行者

李家这些不成文的家规家法在无形中影响着家人生活的方方面面，李家的人从小到大都受到这样的熏陶，自然就毫无疑问地遵守，嫁到李家来的媳妇们通过在李家一两年的生活，对李家的家规家法也很熟悉，大家都会自觉地遵守。因为家里的长辈都是以身作则、言传身教，如果晚辈们哪一点做得不好，当家人或者家里的长辈就会指出来，自己改正就可以了，也不会有惩罚，除非是犯了大错，那可能就要打一顿或者罚跪，打骂孩子是比较寻常的事情，因为，大家都坚信棍棒底下出孝子。

六、奖励惩罚

（一）对家庭成员的奖励

在李家很少有对家庭成员进行奖励的情况，因为家里的生活条件也不是很好，没有多余的物资去进行奖励。而且对于李家来说，如果家庭成员在生产活动中表现得很好，或者是在自己学手艺、求学的过程中表现得很好，那对于李家来说这就是你分内的事情，你只是把自己该做的事情做好，这没有什么值得奖励的，最多也就是口头表扬一下，而且进行表扬的都是当家人。

对于孩子来说，不打不骂还被表扬就是一件十分好的事情，对于大人一般就没有值得表扬或者奖励的事情，但有时对于孩子还是要略微表示一下的，比如在李水柱的三儿子李广升上中学的时候，因为口才比较好，就被村里的干部选中做演讲，是在乡镇领导面前做演讲，这件事情提前告知了李家人，李家的人普遍认为这是一件非常光荣的事情，认为李广升应该被奖励一下。李水柱就让他的妻子李桂氏抓紧时间为李广升做一件新衣服，一是让他演讲的时

---

① 沤：用水长时间浸泡。

候能够神采飞扬,二是作为奖励。对于李家来说,因为他们家庭关系和睦,而且子孙都孝顺老人,所以在村里得到大家一致的赞赏,这对于李家人来说是一件值得骄傲的事情,虽然他们只是都做了分内的事情,但能够得到大家的认可也是觉得十分有面子。

(二)对家庭成员的惩罚

在李家这个大家庭里,因为人口比较多,所以在有些时候会有人犯错。对于李家这个大家庭,除了家里的当家人有惩罚家人的权力,如果是小孩子们犯错,他的父母也有惩罚他的权力,主要是父亲,一般母亲不会惩罚自己的孩子,一是不舍得,二是没权力。按道理来说,夫妻双方是平等的,但是妇女地位十分低下,丈夫做错事了,妻子是不会或者不敢去说的,但是妻子做错事了,丈夫就会责怪她,有的家庭还会有打骂妻子的情况。因为婆婆和媳妇待在一起做工的时间比较长,所以如果媳妇做错事了,婆婆是可以说她的,有的家庭也有婆婆打骂儿媳的情况,但是李家基本上没有出现过打老婆打儿媳的情况,但是有骂她们的情况,打骂就是惩罚。

对家庭成员的惩罚是一个家庭内部的事情,外人是不可能介入的,无论是惩罚儿子还是媳妇,都是自家人关起门的事,属于家务事,外人不可以介入也不愿意介入,因为惩罚都是针对家庭成员的,李家不会介入别人家庭惩罚家庭成员的事情,所以别人家也不会介入你家这样的事情,而且惩罚只能针对自家人,别人家有人犯错,自家人是不可以去惩罚别人的,因为没有这个权力。在李家,惩罚只有呵斥、责骂,最严重就是打骂的形式,没有逐出家门的情况。

七、村庄公共事务

(一)会议

石东村的农民们常说"国民党税多,共产党会多",在国民党当权的时候,村里是很少组织会议的,偶尔走个形式开个会议,都是由村里当官的手下人来村里通知的,敲着锣边走边嚷嚷。这个时候去参加会议的人都是每家每户的当家人,家里的其他人没有权力去开会,而且这当官的要求也是家里管事的去开会。如果家里没有男人,是女性当家的话,这个时候女性也是不去开会的,就是让本家的人回来转告一声就可以了。无论谁去开会,都是去听一下而已,没有发表意见和建议的权利,说多了恐怕还要被教训,当官的让干什么,干什么就好了,大家管住自己的事情就好,没有人愿意多说话。

村里开征税会议,都是由狗腿子来通知每家每户的当家人,说好什么时间在某个地方聚集一下,说一下交税的事情。刚开始的时候还开会,后来就是狗腿子直接拿着一张纸条交给当家人,通知当家人在什么时候去什么地方交多少粮食,根本不需要开会这种形式。在很长一段时间里,村里无论家里是否有地都要交粮食,只是他们也会考虑每家每户的具体情况,但对于家里地多的会多收一些,那些家里没有地的,你问他要再多他也交不上,所以只能少要点,让他借一下。

(二)修路、修庙、修寨墙、修炮楼

1.修路、修庙

在河南地区解放以前,也就是1947年以前,石东村官方没有组织村民修过路、修过庙,村里修路修庙都是农民自发组织的。村里是不会大规模地组织村民去修路,比如李家所在的那一条街,如果路不好走了,影响大家的日常生活,这附近的几家当家人就会在一起商量一

下,自己把路修一修。因为修路也很简单,只是需要拉点儿沙子和石头,把坑坑洼洼的地方填一下,所以几家人商量以后如果同意修路,就分配一下任务,谁去拉沙子,谁去拿石头,谁负责铺地,还有各家各户都出几个劳动力,以及最后产生的费用大家平均分摊,不会让任何一家吃亏,也不会有任何一家愿意吃亏,大家所支出的费用和所提供的劳力都是相同的。

2.修寨墙、修炮楼

很早以前石东村四面都有寨墙,为了防范流窜的土匪,村里总会隔一段时间就组织村民们修寨墙,村里面一般也很配合,因为这是为了大家的安全着想。修寨墙在石东村也不算是一个大工程,因为并不是要把它扒了重建,而是在原有的基础上加固,所以也花费不了太多的钱,都是由村里给每家当家人集中开会之后,由每家每户出一个或者两个劳动力,村里的乡绅负责监督,最后修建完成之后,费用由每家每户来均摊,前期先由村里垫付。石东村四个角都有炮楼,修建炮楼的时候每家每户都要参与,而且这是个大工程,家里只要是劳力的都要去参加劳动,修炮楼的花费是村里和村民们共同承担的。

(三)维护村庄治安

村庄发生战乱的时候,村里是没有组织村民一同来维护治安的,村里死的死、逃的逃,连军队都不在了,只能是任人宰割,大家都没有反抗的能力,更不会联合起来与敌军抗衡。但是在战争爆发以前,为了保障村里人的安全和防止土匪作乱,村里有组织村民们一起看寨,即在寨墙上巡逻,在寨墙上巡逻是每家每户要参与的,一般来说每家每户会出两个年轻的劳力,整个村子里排下来轮流站岗,尤其是晚上要保障一个垛有一个人,不可以有人旷工。因为到半夜的时候局子①里的人还会来查岗,如果发现谁家的人不在,那这家就要倒霉了,这个不在的人少不了一顿打,家里的人也要跟着遭殃。如果在巡逻的时候发现有危险,会派一个人去局子里通知村里当官的,其他人会把火把点起来,还会放鞭炮把村里边的人喊醒,这个时候村里有的大户人家的家奴就会拿着家里的枪支来寨墙上,共同维护村里的安全,而且在石东村四个角都有炮楼,如果有需要还会开炮。

八、国家事务

(一)纳税

1.纳税的情况

农民们习惯把交税看作交皇粮,就是把它当作和封建时期给官府交粮是一样的。不同的是这个时期的交皇粮被称作为派粮派款,即当地的政府会隔三岔五地要求农户交粮或者交款,政府给你派粮派款并不是以你家的人口、土地面积或者日常收入为标准,而是以他们所了解到的你家的生活条件为标准。一年至少交两次,也就是在两季粮食收获的时候,有的年月还会交的次数更多。总之,交税的量和时间并不是固定的。政府派粮派款也是根据你家户的大小,像李家属于中户,经常被派粮派款,而且交的要比贫户家的多,因为政府也不可能问贫户家要的太多,你要他们也没有,只是徒增麻烦罢了,倒不如压迫一些大户或中户来得方便快捷。

---

① 局子:当时的政府组织。

2.纳税的主体

每次派粮派款的时候,都是局子里的狗腿子来家里通知当家人的,像保长之类的一般也不会亲自来,都是派下边的人来通知。狗腿子们拿一张纸条,上面写明着数量和时间以及地点,当家人拿到之后按时把粮食或者钱交过去就好了,交税这件事情在李家都是李家当家人去交的,其他人不能代劳。如果局子里的人来通知的时候当家人不在家,那就会把纸条交给当家人的妻子或者成年的儿子,督促他们在当家人回来之后转交,及时上交粮食或钱,但是转交纸条的人是没有权力直接去交税的,必须要等到当家人回来确认之后才能交,因为交税的时候基本上都是粮食刚打下来的时候,当家人都在家,所以在李家交税都是当家人去交的,没有其他家庭成员去交过税。

3.纳税的过程

对于李家来说,每次收到交税通知后都及时上交,没有怠慢的情况,因为对于李家来说家里人都不敢招惹也不愿意招惹官府的人,而且一般家里都有粮食或者钱去交,所以每次都是按时按量的上交。比如交粮食的时候,一般都不是交到村里,而是要交到县里或者乡镇里,这都是有一定路程的,所以每次李家收到派粮的通知后,李水柱就会把要求的粮食装起来用车拉着,送到局子里,只敢早不敢晚,村里的大多数人也是如此,一收到派粮派款的通知就赶紧行动起来,如果自家的粮食不够,就赶紧借或者买,都不敢怠慢,如果不按时上缴,轻则一顿打,重则可能连命都没了。

(二)征兵

1.征兵

有征兵的情况,征兵都是军队通过村里管事的把他们需要的人数告诉村里,让村里自行安排,村里的局子会派有一些人手去每一条街道进行集中的讲说,按照每一条街上每一户人家的劳动力人数进行摊派,家里适龄人多的多派一个,适龄人少的就少派一个,主要是把人数和期限告诉当家人,一般会给几天的准备时间。李家也曾经被派过两个人,但是李家并没有人在征兵的时候去当兵,因为李水柱不舍得自己的孩子去,因为李家生活条件还算可以,村里也有买兵的情况。征兵的人并不限制买兵,只要你家把合适的人交上来就可以了,不管是你家的还是买的。由于有的家庭孩子多,家里环境又不好,所以也有卖兵的情况,只要两家说好就达成交易了,买兵的钱或者粮食由整个大家庭来出,李家买兵花了多少钱并不清楚,买兵的时候应该是用的粮食而不是现钱。

2.参军

李家没有人在征兵的时候去当兵,也没有人自愿参军,但是却有一个人阴差阳错当了兵,那就是李水柱的三儿子李广升。在他十五六岁的时候,李水柱的三妹在西安生活,她发电报给李水柱说西安这里有一个熟人是搞技术的,看李水柱家有没有合适的人愿意来当学徒,当时李水柱征求了李广升的意见,李广升表示愿意去就立马动身去西安了,结果那个人就是国民党军队里的人,李广升去了以后便跟着这个人去了国民党的电台,莫名其妙地在国民党军队里当了两年的兵,直到国民党战败的时候李广升才回到家里,李广升在军队里面待遇还是可以的。

(三)摊派劳役

不管是村里、乡镇里还是县里,派劳役的时候都是按每家每户的人口来算的,男性成年人多的就多派几个,少的就少派几个。因为李家家里劳动力还是比较充足的,所以经常被派劳役,当时也不说派劳役,就说出工。当时,县里要砸河①,分配到每个村里都有不少的人数,李家就有两个,去出工就是出的免费工,算是任务而不是出去打工挣钱,所以没有给发工钱,但是干活是管饭的,只要在那干活,一天三顿饭是管的,吃饱吃不饱就另说了。

派劳役的时候都是村里的狗腿子来家里通知当家人,告诉当家人这家需要出几个人去干什么,什么时候去。出劳役都是家里的青壮年去,李水柱年轻的时候就是李水柱去,后来就是他和大儿子李转运一起去,出劳役主要是看年龄,太老或者太小都是不合适的,具体谁去是当家人来做决定,派到家里的名额是必须要够的,而且去干活不能偷懒,否则旁边的监工就会拿柳条抽,把人抽的皮开肉绽的还得继续干活。

---

① 砸河:修河道。

调查小记

2017 年 7 月 1 日　周六　晴

结束了百村和老年人问卷的工作，就转而投入到了家户调查的工作中。提前几天我就感到忐忑，因为要找到合适的访问对象确实比较难，因为条件多，对于北方的大部分地区来说，高龄的男性老人很难找，而且要采访的时间比较长，大多数人可能接受不了，所以我一直担心找不到合适的访问对象。最初试图通过网络和同学关系找到一个合适的访问对象，结果并没有什么收获，最后决定找寒假做过口述史的一位本家爷爷。他年龄合适，成分合适，还是知识分子，比较健谈，今天一早便带了一提茶叶，在父亲的陪伴下来到这位爷爷的住处。

向爷爷说明来意后，他显然有些不太情愿，虽然言语里多是一些客气话，但是还是一直强调自己说不出来什么，说这些东西也没意义，说太多回忆陈年旧事会惹自己伤心，总之就是不太愿意。我再三表示这些内容不涉及敏感话题，就是聊聊家常，追溯一下自己家族的历史，是一件很有意义的事情，最终老人同意先试试，时不我待，就从今天开始访问。

因为老人在自己女儿的门店帮忙，所以目前住在店里，门店里边十分热闹，我们就去厨房进行访谈。我按照提纲先问了老人家祖上的迁徙情况，发现老人还是有所了解的，能说出来不少东西，也是出乎我意料，老人顺势讲了许多他听说过的事情，虽然有的与访问无关，但是我还是很认真地在听，因为我觉得这是一个好的开始，最起码老人愿意同我说。就这样，进行了一两个小时的聊天之后，我告诉老人这个访问可能持续时间比较久，考虑到他身体、生活等各方面的情况，我准备隔一天来一次，一次两三个小时，而且担心老人有抗拒心理，我就说大概需要三四次时间，老人表示可以，我就在他们家里做饭之前离开了。

2017 年 7 月 5 日　周三　晴

今天是第三次来采访老爷爷，天气燥热，父亲上班也没有陪我一同前来。我开车来到老爷爷的住所，在路边买了一些水果，与老爷爷家人寒暄几句便进入正题。这个老爷爷记忆比较好，因为当过教师的原因又十分健谈。访谈中间他多次岔开话题，我要不断地把老爷爷拉回来，打断他的思路是有点儿尴尬，但是为了获取更多有用的内容不得不这么做，好在老爷爷也没有生气，问什么知道什么便说什么，没有为我的访谈增加难度。这三次访问都比较顺利，就是问到的东西比较少，每次访问都是早上去，赶到中午吃饭前回来，因为与老人家是本家，所以他的家人对我也很客气，每次中午都会要我留下吃饭，但是为了不给他们增加麻烦，我每一次都婉言谢绝了，都是访问结束就离开了，我认为这样大家都比较方便。

2017 年 7 月 11 日　周二　晴

今天一大早就准备开车再次去拜访这个本家爷爷，结果奶奶打电话给父亲说这个老爷爷今天回老家了，没有在他闺女那里，就问我是否要回老家访问。这个老爷爷与我奶奶家是左右邻居，在老家访问是最方便的，所以我就带上了生活用品开车回老家，决定这个爷爷在家里住几天，我也就在奶奶家住几天，这样可以一直访问，如果他还要走，那我也就回家。回到奶奶家已经是上午九点，本来打算下午再去那个爷爷家，结果奶奶出去买菜的时候遇到他了，那个爷爷让我现在就去，可以聊到中午。我提前给这个爷爷买了两箱饮料，拿着饮料和材料来到这个爷爷家里开始今天的访问，说到十一点的时候，怕耽误老人家吃饭，我起身准备离开，老人说吃不了这么早，让我说到十二点，在这吃完饭再走，然后就又说了一会儿，该吃饭的时候我就离开了。老爷爷表示下午三点再来，中午他要午休，并说争取这两天在家里多问一下，争取弄完，这样我就不用来回跑了。下午三点的时候我来到爷爷家敲门，没人应答，我就回奶奶家了，到三点半的时候爷爷来家里叫我，我们又接着访问。这一天的访问量是前四天的量，感谢老爷爷的耐心和帮助。

2017 年 7 月 13 日　周四　雨

因为老爷爷在家里居住，我也住在奶奶家，这样就方便了许多，进展也很快，上午下午都可以访问，而且不像之前隔一天去一次，着实很便利。今天的访问在上午就接近尾声了，只需要下午补充一下即可，下午我如约来到老爷爷家里，把后续的访问都结束了，跟老爷爷再三表示感谢。老爷爷说他也要谢我，因为给他充分的倾诉时间，把很多过去想说却没人可说、轻易不想说的话都说出来了，他觉得很高兴，而且他也表示这是他第一次这么长时间接触我们这一代人，他觉得有时代和思想的碰撞，还是很不错的。这个结果让大家都很开心，老爷爷还开玩笑说将来如果我这个"记者"出名了，可别忘了他这个辛苦付出的受访者，我表示绝对不会忘。

因为今天天气不好，眼看就要下雨了，我匆匆道别，回奶奶家收拾东西准备开车回家，结果倒车的时候把倒车镜给撞折了，但是还是要马不停蹄地走。刚驶出村口，大雨倾盆而下，第一次雨天开车，我内心夹杂着完成任务的喜悦和对路况的担忧，车开得很慢，一路上我都在想，虽然自己一直认为这个任务很艰难，对自己来说是个挑战，但是对于受访者来说更是艰难，炎炎夏日一位 80 多岁的老人每天要与我连续说几个小时的话，连我自己都觉得累，老人就更累了，而且回忆家族的历史难免会想到过去的恩恩怨怨，心里也不舒服。就像老人自己说的，刚开始每天访问完他晚上都失眠，辗转反侧地想过去的事情，这对老人来说很不容易，想到这里，自然而然就想到一定要好好整理材料，不能辜负自己的努力，更不能辜负老人家的配合。

长达七个月的家户调查与报告的撰写、修改，期间遇到了许多人，经历了不少事，到此时此刻，我唯一迫切想要表达的就是感谢。感谢中国农村研究院给予我这个初出茅庐的研一新生一次参与调查的宝贵机会，让我真正了解到调查是什么；感谢学院各位领导、老师和师兄师姐的辛勤审核与指导，让我的家户报告不断得以完善；感谢我的家人与朋友对我学习的理解与支持，让我可以专注于自己的事情不分心；更要感谢愿意接受我访问的李永池老人，没有他的热情与帮助，就没有这篇家户报告，在此由衷地感谢老人家。

附录　调查图片

1 傅家

①	②
③	④
	⑤

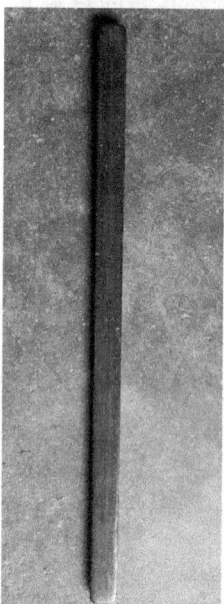

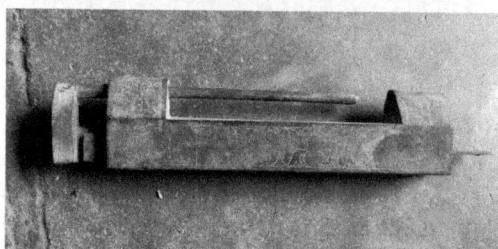

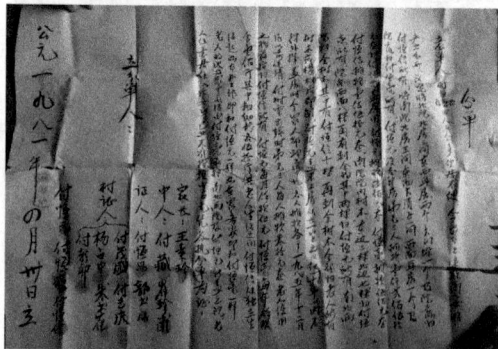

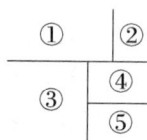

①受访者王素贞
②泡子灯
③制衣量尺
④老式花纹铜锁
⑤分家单

2 周家

①	②
③	
④	⑤
⑥	⑦

①受访者周俊庭
②周俊庭全家福
③老宅子主房
④1949年以前一般房屋主房样式
⑤1949年以前深门浅窗主房样式
⑥周俊庭原住老宅
⑦周俊庭现住宅子主房

3 卢家

受访者与调查员合照

受访者主房屋

4 阮家

受访者与调查员合照

自湖广入川以来有前代难追
忠字辈开始

阮祖兴之妻郭氏生有三子阮永高
昌
贵

湖广入川以来唯有三子阮永昌之
妻又生六子亦忘其字 从湖广

2014 年重修阮氏族谱

受访者主房屋

5 于家

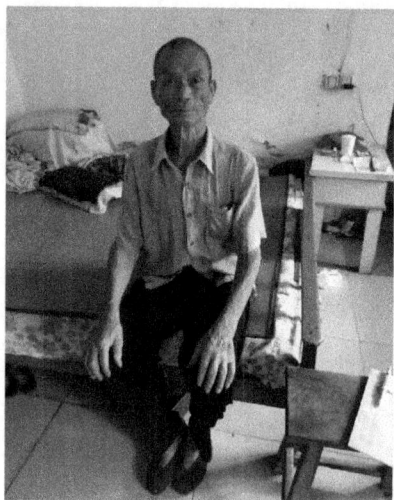

受访者于绥孝

受访者与调查员合照

受访者主房屋

6 李家

受访者李永池

受访者房屋

后　记

　　2016 年年末,在徐勇教授和邓大才教授的主持下,作为华中师范大学中国农村研究院的"世纪工程"之一,"家户制度调查"顺利启动。"家户制度调查"以家户制度为核心,以家户关系为重点,对 1949 年以前的传统典型家户进行全面深入的调查,其内容涵盖家户的由来与特性、家户经济制度、家户社会制度、家户文化制度、家户治理制度等诸多方面。调查者通过对传统时期典型家户的当事人进行系统访谈,搜集了大量翔实、第一手的文献资料、访谈资料、录音资料和图片资料,并在此基础上完成家户制度调查报告。本卷从调查员所撰写的家户调查报告中择优选择六篇编辑而成,力求以平实客观的文风、原汁原味的笔触还原传统时期典型家户的运行与变迁。

　　2017 年 1 月,"家户制度调查"开始试调查,同年 7 月,"家户制度调查"项目全面启动。两批共二百余位调查员分赴全国各地,实地采访仍然健在的传统典型家户的亲历者,大量搜集有关典型家户的各类家谱、族谱、账本等文字文本材料,走进乡镇、县市政府档案部门搜集查找典型家户相关资料,整理和撰写家户调查报告……正是调查员们前期深入地调查,中期不厌其烦地整理,后期认真仔细地写作,使本卷能收录到质量极高的调查报告。在此,感谢各位调查员们认真负责的态度、吃苦耐劳的精神以及对学术孜孜不倦的追求。

　　本卷的问世首先要感谢接受调查员访谈的傅恒元、王素珍、周俊庭、卢礼泉、阮修培、于绥孝、李永池这几位老人。

　　同时还要感谢为家户制度调查员提供帮助和便利的衡水市、定西市、浏阳市、宜宾市、淄博市、长葛市六个市县的朋友们。感谢傅家庄村党支部书记、傅丙申老人、王素珍老人及其长子傅恒元对调研员王美娜的帮助和关心。感谢东升村村民杨曾才对调研员周世东在找到合适访谈对象并得以顺利访谈中的支持、关心和帮助。感谢浏阳市电力局卢志明、浏阳市烟草局欧阳建辉以及民生银行卢星妤对调研员王琎在找到合适受访对象并得以顺利访谈中的支持、关心和帮助。感谢孔滩镇副镇长涂芳,李台村村民阮修发、赵术群对调研员阮海波在找到合适受访对象并得以顺利访谈中的支持、关心和帮助。感谢于堤村村民于亦方、村民于永修以及于绥孝老人对调查员巩俊齐在找到合适受访对象并得以顺利访谈中的支持、关心和帮助。感谢石象镇石东村村民王便和李永池老人对调研员李鑫在寻找访谈对象并顺利进行访谈中提供的支持和帮助。这些提供支持和帮助的人有各市、县的领导干部,也有调查员的亲友,正是在他们的支持和帮助下,我们的调查员才得以顺利完成调查并撰写出高质量的调查报告。

　　本卷得以顺利付梓,最为重要也是最要感谢的是徐勇教授和邓大才教授的倾力贡献。他们前瞻性、创造性地提出了"家户制度调查"这一重大调查领域,并持续推动着家户调查工作的进展。为了打造这一"学术三峡工程",徐勇教授和邓大才教授不辞辛苦、孜孜以求,为本卷内容的构思、写作、编排、出版倾注了极大的心血。从调查前的理论指导到调查提纲的设计修改,从调查培训到调研指导,从报告撰写再到报告定稿出版,两位老师全力支持、全程参与、全心投入。正是两位老师的心血倾注,才能使得本卷得以保质保量迅速完成。

本卷是《中国农村调查(总第 36 卷·家户类第 5 卷·中等家户第 3 卷)》,分别收录了六位调查员的家户调查报告:一是王美娜的《合力共生:耕读报国的和善家庭》,计 12.4 万字;二是周世东的《掌柜"拿"家:农耕家户的治理与维续》,计 12.6 万字;三是王琎的《中户自主:整体意识中的家户秩序》,计 12.2 万字;四是阮海波的《人多力少:结构不均衡家庭的生存艺术》,计 14.1 万字;五是巩俊齐的《以商助农:副业发达的中等家庭传承》,计 15.8 万字;六是李鑫的《中户自足:农商结合的家户变迁》,计 12.9 万字。感谢华中师范大学中国农村研究院黄振华老师对家户报告出版的指导和协助,同时感谢黄老师及张航、朱露、何婷对家户报告审核的倾力付出,正是他们卓有成效的工作,保证了调查报告的前期质量和水准。此外,还要感谢天津人民出版社王琤、王佳欢等老师对著作出版的大力支持与辛勤劳动。本卷的统稿、编辑与校对工作由朱露负责,内容核实与修改工作由各位报告的撰写者负责,在此表示感谢。

由于编者的水平有限,错漏之处难以避免,敬请专家、学者及读者批评指正,我们将在今后的编辑中不断改进和完善。

编者谨记